U0331322

工业 4.0 手册

［德］甘特·莱因哈特（Gunther Reinhart） 主编

闵峻英　张为民　何林曦　徐南婕　颜 哲　林文波
陈书虹　胡邦宇　戴小兵　倪 瑞　杨清峰　李宗浩　译
林 源　陈 玮　张引强　魏翔宇　高天虹

机械工业出版社

在德国，任何一家想要在未来几年内保持竞争力的企业，都已经在致力于工业 4.0 的研究。

《工业 4.0 手册》由来自德国的 148 位专家和学者编写而成。全书共分 3 篇，在系统上它们互为基础。第 1 篇为智能工厂，阐述了智能工厂中流程的变化，流程中涉及的组织、技术、法律、人性化等方面的内容，并介绍了新的商业模型及其相关的转型策略。第 2 篇为机电一体化（信息 - 物理融合）的自动化组件，描述了生产过程中所需要的信息物理系统元件，包括从具有产品记忆能力的智能组件，到将其与工具、机床以及连接设备一起延展为信息物理系统，最后到安装、物流、自动化等内容。第 3 篇为工业 4.0 的应用实例，介绍了工业 4.0 在加工技术领域、飞机制造领域、电子品生产、小批量个性化生产、汽车制造领域等方面的应用。

《工业 4.0 手册》可为我国工业企业从事工业 4.0 研发的科学技术人员提供重要参考，也可作为企事业单位的管理人员政策制定者学习工业 4.0、具体实施工业 4.0 的参考用书。

Handbuch Industrie 4.0/by Gunther Reinhart/ISBN：978-3-446-44642-7

Copyright© Carl Hanser Verlag, München 2017

图书在版编目（CIP）数据

工业4.0手册/（德）甘特·莱因哈特主编；闵峻英等译. —北京：机械工业出版社，2020.9（2023.8重印）

ISBN 978-7-111-66257-0

Ⅰ.①工…　Ⅱ.①甘…②闵…　Ⅲ.①制造工业 – 研究 – 德国 – 手册　Ⅳ.①F451.664–62

中国版本图书馆CIP数据核字（2020）第140914号

机械工业出版社（北京市百万庄大街22号　邮政编码100037）
策划编辑：孔　劲　责任编辑：孔　劲　李含杨　王彦青
责任校对：刘雅娜　封面设计：鞠　杨
责任印制：单爱军
北京虎彩文化传播有限公司印刷
2023年8月第1版第2次印刷
184mm×260mm·33.25印张·2插页·1142千字
标准书号：ISBN 978-7-111-66257-0
定价：198.00元

电话服务　　　　　　网络服务
客服电话：010-88361066　机 工 官 网：www.cmpbook.com
　　　　　010-88379833　机 工 官 博：weibo.com/cmp1952
　　　　　010-68326294　金 书 网：www.golden-book.com
封底无防伪标均为盗版　机工教育服务网：www.cmpedu.com

译 者 序

　　自18世纪中叶第一次工业革命以来，世界工业已经历了三次划时代的变革，制造业也成为国民经济的支柱产业，并受到世界各国的高度重视。

　　自2013年德国在汉诺威工业博览会上提出"工业4.0"战略以来，工业4.0概念在全球迅速传播，第四次工业革命序幕正式拉开。不同的是，以往的三次工业革命主要是对制造过程与技术进行革新，而第四次工业革命则以智能工厂、智能生产、智能物流作为其三大核心主题，涉及产品全生命周期的开发、生产、使用、回收的技术变革。

　　无论是率先完成工业化的英、德、美等发达国家，抑或是中国、印度等发展中国家，工业4.0都为我们带来了机遇，同时也带来了挑战。世界工业体系正在发生变化，毫无疑问，谁能更快、更精准地意识到这场变革的核心并找到应对之道，谁就能获得有利地位。

　　《工业4.0手册》由德国慕尼黑工业大学的Gunther Reinhart教授担任主编，由多位德国工业4.0专家联合编著而成。全书共3篇26章，涉及工业4.0的商业模式、工艺和技术等，从智能工厂、机电一体化（信息-物理融合）的自动化组件以及工业4.0的应用实例三个大的方面分别对工业4.0的整体框架、物联网在工业4.0中的体现以及工业4.0在典型生产加工领域的应用进行了介绍。该手册可作为企事业单位和政府机关的技术与管理人员学习工业4.0以及具体实施工业4.0的参考书。

　　《工业4.0手册》的翻译工作由同济大学中德机械工程中心十七位师生共同完成。由于时间仓促和译者水平的限制，书中难免有错误和不甚通畅之处，请读者们包涵并指正。感谢机械工业出版社对我们的信任，特别感谢孔劲博士的耐心指导和沟通，对此书的编辑和校对等工作人员也一并致以真诚的感谢！

闵峻英　张为民
于同济大学

作者简介

甘特·莱因哈特（Gunther Reinhart）

教授、博士

甘特·莱因哈特（Gunther Reinhart），慕尼黑工业大学工商管理与装配技术专业全职教授。所学专业是机械工程，主攻设计与开发，师从 J.Milberg 博士生导师，在慕尼黑工业大学机床与管理科学研究所（iwb）获得博士学位。随后，他在慕尼黑宝马公司和丁果耳芬公司担任过各种管理职务。1993 年，Reinhart 教授被任命为慕尼黑工业大学工商管理与装配技术专业教授，并进入 iwb 管理层。

2002 年 3 月到 2007 年 2 月，Reinhart 先生放下了在 iwb 的工作，接任位于卡尔斯鲁厄的 IWKA 股份有限公司的技术与市场总监一职，该公司是一家在世界范围内拥有大约 13000 名员工的机械制造企业集团。在集团内，Reinhart 先生主要致力于全球范围内新市场的开拓、生产制造体系的建立以及 IWKA 包装技术改组。

2007 年以来，Reinhart 先生重新回到慕尼黑工业大学，与 Michael F.Zah 教授共同管理在慕尼黑与奥格斯堡附近的 Garching 地区的研究所。在此期间，研究所的工作人员增加到 100 多人。与此同时，他也是 Bayerischen Clusters für Mechatronik und Automation e. V. 的董事长。

2016 年，Reinhart 先生还担任坐落于奥格斯堡的 Fraunhofer IGCV（弗劳恩霍夫铸造、复合材料和加工技术机构）的执行董事。该研究所重点研究智能网络化生产结构中混合式轻质结构的加工方法和处理。

Reinhart 先生是德国工业 4.0 平台的科学顾问，巴伐利亚州数字化中心的数字化生产平台主题发言人，也是位于奥格斯堡的中小企业 4.0 能力中心的负责人。他以监事会成员和顾问的身份为多个组织与企业提供支持。

此外，他也是众多学术机构和科学院的成员（Acatech—德国工程院、WGP、CIRP、WiGeP 和 WG-MHI）。他在前沿专业期刊上发表了大约 800 篇论文，是 12 本书和两套丛书的作者和主编，并指导超过 100 位科研工作者攻读博士。

前 言

一个新的工业化时代开始了：对象、机器与设备将智能化，它们能借助物联网以自然的方式与人类通信，有足够的潜力重新定义自动化生产。这样的变化不仅提升了速度，而且变得更加高效与智能。在这样一个新时代，伴随着第四次工业革命概念的提出，我们非常高兴来介绍我们工厂的转变。而在未来的几年中，这样的变革将会彻底改变产品的研发、生产与分配的方式。

通过客户、制造商和供应商的数字网络连接，全新的工作流程得以建立。本手册会伴随您了解其发展过程。手册中会写到企业如何利用无处不在的计算能力（云计算）和有意义的可用数据容量（大数据）来扩展新的商业领域。这本书也会回答我们在仪器、机器人、设备共同作用下将会产生何种信息物理生产系统，如何生产全新的自动化设备、建立自动化系统，并将其投放到工业装配的国际市场中。

不幸的是，工业 4.0 既不是一种产品也不是一个流程。首先，与其说它是一个项目，不如说它是在制造工业中的一种提议、一种需求。这种需要意味着要将当今信息与通信技术、新型智能化制造设备以及制造系统不断融合发展。英语中"智能工厂"的概念同样可以应用于此。每个企业都需要为自身的发展而决定他们的智能工厂是怎样的。为此，公司的高级管理层需要草拟合适的项目，旨在定义与搭建公司自己的智能网络制造系统。至少以下工业 4.0 的组件（也就是智能工厂的组成部分）是众所周知的：信息物理制造系统、传感器网络、云服务、大数据分析、数据保护与数据备份。简而言之就是数字化工厂。同时，也不可忽视协作机器人等感知物理辅助系统的使用。

从本手册中读者可以了解到：如何通过投入新的技术在经济上实现用于客户个性化产品与服务的新型制造系统。同时，产品与服务的联合以及以软件为基础的新型商业平台也将投入应用。本手册也将介绍我们如何将现有的资源转变为智能工厂。许多可获得的自动化元件、机床以及加工机械已经实现向工业 4.0 转化或者准备向其转变。而其挑战在于通过信息物理系统（CPS）实现有效的实时通信。

本手册共分 3 篇，它们在系统上互为基础。第 1 篇为智能工厂，阐述了智能工厂中流程的变化，流程中涉及的组织、技术、法律、人性化等方面的内容，并介绍了新的商业模型及其相关的转型策略。第 2 篇为机电一体化（信息 - 物理融合）的自动化组件，描述了生产过程中所需要的信息物理系统元件，包括从具有存储功能的智能组件，到将其与工具、机床以及连接设备一起延展为信息物理系统，最后到安装、物流、自动化等内容。第 3 篇为工业 4.0 的应用实例，介绍了工业 4.0 在汽车工业、航空工业、电子工业以及个性化小批量生产制造中的应用，包括切削加工的交互设备、交互装配设备、包装设备等内容。

本手册将已经引入、并在消费市场所建立的信息技术与通信技术所属的设备同新结构、新流程的发展结合起来。任何一家想要在接下来的几年内保持竞争力的企业，都已经致力于工业 4.0 的研究。而本手册则是在这个工业 4.0 新时代道路上一个不可或缺的参考。

在这里我衷心感谢众多的作者、我的同事以及其他的工作人员。他们自发而主动地着手于本手册中观点的研究，并丰富了手册的内容。正是这样，我们才可以在如此短的时间内编写出这样的著作。同时，我非常感谢本手册的编辑们，特别是 Dino Knoll 先生。他和他的同事们不知疲倦地投入到书稿的排版工作，使之在内容和时间的排序上更协调，其中的概念更匹配，从而得到一个更具有实践意义的著作。最后我要感谢 Hanser 出版社，特别是 Volker Herzberg 先生和 Julia Stepp 女士，感谢你们为本手册提供的专业支持，使整本书能够完成并出版。

Gunther Reinhart
2017 年 4 月于慕尼黑

——从计算机集成制造（CIM）到工业 4.0

工业革命

1. 前三次以技术为驱动的工业革命

自 18 世纪初机械工程开始商业化以来，它一直是制造业科技发展的推动者。这样的发展过程并不是以线性的方式进行的，而是分为几个技术发展的阶段，也就是今天所说的工业革命（见图 0-1）。第一次工业革命始于 18 世纪，并持续影响到 19 世纪。在这个时期，适逢七年战争结束，人口增长，人们对能够简化生活产品的需求量大大增加。在当时，首个技术上的里程碑无疑是通过蒸汽机替代人力、畜力以及不稳定的空气和水产生的动力。借此可以首次脱离对风和天气的依赖而进行生产。在此期间，金属加工所获得的经验又反过来引发机床的突破性发展，同时也促使 19 世纪初第一条铁路的建立。1797 年，Henry Maudslay 设计了第一台全金属车床，通过十字支撑、刀架溜板和导向螺杆，使之通过机械控制刀具进给，从而生产出可重复性的精确螺纹。

1. 18世纪，机械化生产设备的引入

2. 1870年起，出现劳动分工化的大规模生产以及自动化（泰勒制）

3. 1969年起，由于引入电子与IT技术，引发进一步的生产自动化

4. 至2020年，智能设备和物联网的普及

图 0-1　四次以技术为驱动的工业革命

从 19 世纪末开始，又发生了一次技术变革，后来被称为第二次工业革命。电能得以使用，并带来了许多新的应用领域，不仅有电力驱动、电力照明，还有电话形式的通信。这使得生产迅猛发展成为可能。那些充满噪声又危险的传动系统从工厂厂房里消失。除技术进步外，不能不提到在生产组织方式上的进步，这样的进步主要源于美国，代表着批量生产时代的开始。泰勒主义（以美国 Frederick W. Taylor 命名）描述了脑力劳动和手工劳动严格划分的原则，并对所有的工作步骤进行了精确的前期规划，细致到每个手柄的操作。福特主义（以美国公司创始人 Henry Ford 命名）改变了泰勒主义，而福特 T 型车的批量生产就是建立在福特主义的基础上的。

第三次工业革命发生在 20 世纪五六十年代，主要是由电子技术的进步引发的。第一台商用计算机在市场上的出现，给公司、银行和市政的许多行政管理领域带来了革命性的变化。微电子技术的迅速发展同时也为机械工程、工业生产中的生产流程自动化方面开辟了全新的可能性。1950 年前后，麻省理工学院（MIT）开发了数控系统，这使得通过计算机铣削复杂几何形状的零件成为可能。在 20 世纪 60 年代中期，第一台 CNC（计算机数字控制）机床进入市场，而早在 1956 年，两位美国人 George Devol 和 Joseph F. Engelberger 已经创立了世界上首家机器人化的制造企业 Unimation。

2. 从 CAD 和 NC、CIM 到工业 4.0

随着 20 世纪 50 年代末数控技术的发明，特别是 1969 年发明的 SPS 控制系统（PLC），使机械工程领域发生了巨大的变化。迄今为止，基于硬件的机械控制均具有可编程性，即机器专用硬件被通用性硬件和软件所取代。在 20 世纪 70 年代，过程控制计算机首次在工厂控制层面提供了基于软件的解决方案，而首次机器间互联在 1968 年的美国就已经开始。基于此，首个在工业中投入使用的 DNC 系统在 20 世纪 70 年代中期被制造出来。然而，这样的系统仍然受到计算机、网络所需巨大成本的影响，同

时也低估了软件开发。后来，在 1976 年发起了一项由 BMBF 资助的大型项目。该项目的合作者，即亚琛的 WZL、Jülich 核研究中心和工业伙伴 Dietz（过程计算机）、VFW（如今的空客公司，作为用户）共同研发出了基于首个高性能网络的、适用于工业的 DNC 系统，命名为 CAMAC。由此开启了一个新的时代，一个最终产生工业 4.0 模式的时代。

由于计算能力的不断提高，越来越多的业务功能都会在接下来的几年中被数字化，特别是在工程领域和规划领域。因此，第一个用于计算机辅助设计的 CAD 系统、用于机床编程的 CAM 系统以及用于生产规划和任务控制的 PPS 系统诞生了。随后，世界级公司 IBM 推出了个人计算机（PC），在 20 世纪 80 年代中期实现了下一阶段的数字化。现在，每个工作场所都使用着物美价廉的计算机技术。与此同时，由于 IBM 规范的公开，这种新技术迅速传播。在随后的几年中，个人计算机被许多亚洲的公司模仿制造并大规模地进入市场。由于该技术在工业领域的有效应用需要在计算机间进行数据传输，而当时计算机的工作能力仍比较薄弱，市场正在寻找高性价比的网络解决方案。这最终带来了以太网。自 20 世纪 70 年代初发明以来，以太网已经发展成为工业上的可用网络。现如今，其他所有的相关技术的基础均基于此，其目的是实现自动化技术的巨大飞跃。

1985 年前后，CIM 时代宣布了它的到来。该缩写代表了计算机集成制造，由 J. Harrington 在 1973 年首次提出。该概念描述了当时一个网络化工厂的愿景，而不是具体的实现。相应的技术尚未成熟，因此 CIM 实现仍需要 10 年的时间。根据 AWF（经济生产委员会，1985 年）的定义：CIM 描述了与制造相关的所有领域的电子数据处理的应用，它包括 CAD、CAP、CAM、CAQ 和 PPS 之间的信息技术交互，目的是要实现产品生产的技术和组织功能的整合。这就需要在电子数据处理系统中共享所有数据，也称为数据库（维基百科）。

自 20 世纪 80 年代中期以来，CIM 在短时间内发展为世界级的焦点，并引发了极大的国际上研究和应用的浪潮。其原因之一是通用汽车公司（General Motors，GM）从 1980 年开始迫切地寻找实现更好的生产网络化的解决方案。同时，为了能够在独立于制造商的情况下正常运行，通用汽车公司开始制定一个名为制造自动化协议（Manufacturing Automation Protocol，MAP）的工作标准，并在 1984 年提出了首个版本。MAP 应设置对应于 ISO/OSI 7 层模型中的 5~7 层的通信标准。在其下的 1~4 层中，

以太网和令牌环作为现有 IEEE 标准的首选项。最终，全球不同制造商制造的机器（和计算机）应该能够用统一的语言格式进行通信。通用汽车公司很快意识到，这样的标准要想取得成功，第一是要被全世界所接受，第二是要与机器的制造商共同进行研发。因此，一个在工业化世界分支林立的 MAP 社区成立了，它开始争取机器和控制制造商的参与，共同制定一套标准。与此同时，DIN 和 ISO 等官方标准化委员会也开始配合工作，目的是创建一套具有国际约束力的通信标准。这样的工作一直持续到 20 世纪 90 年代初，直到最后，人们不得不承认其标准制定的费用明显被低估，而且技术的改变比标准的制定要快得多。作为补充，MAP 在波音公司几乎同时进行着研发，名称为技术和办公室协议（Technical and Office Protocol，TOP），为制造层面上层的操作规划层制定相应的标准。

回想起来，不得不说，20 世纪 80 年代末，人们在对全计算机化的生产方式持普遍喜悦之时，做出了一些误判。在当时的技术条件下，全自动化的工业环境的复杂度被严重低估；可用的计算机，特别是其网络尚不能简便地使用，仍需要有全面 IT 技术的专家；虽然有一些简陋的 IT 系统，但对它们与工业生产的联系仍然一无所知。此时，有关技术信息学以及计算机自动化技术领域的工程培训刚刚开始。另一个主要的误判是从自动化的一般观念中得出结论，科技能够在重复的劳动中完全代替人类。特别是当时的日本，想要向全世界证明无人工厂不久将会投入使用。这样的浪潮也很快波及德国。

例如，在 20 世纪 80 年代中期，大众汽车公司开始在沃尔夫斯堡建造 54 号馆，高尔夫车的装配完成后将基本实现全自动化。其目标是大幅降低人员成本，也用于确保大众汽车公司在生产制造领域的主导地位。在 1985 年年中 54 号馆启动阶段，当访问团参观时，当时工厂的负责人员骄傲地宣称："由于访问团的参观，场馆仍然被灯光照亮。下周这里的灯会被关闭，因为这里再也没有人来工作。"然而，每个人都知道，这里的灯光从未被关闭。这段话说明了当时行业的欣欣向荣，但从今天的角度来看，也提醒我们要重新考虑新一代技术的机遇和风险。

回顾 CIM 的发展，"CIM 泡沫"破灭的速度比它产生的速度更快也就不足为奇了。这是由于当年不能令人满意的信息技术以及通信技术，尤其是完全低估了软件开发的问题。实现的系统非常容易发生故障，其成本比计划的要高，从而掩盖了 CIM 的优势。1990 年，Womack/Jones/Roos 编写的《改变世

界的机器》一书，描述并分析了成功的丰田生产模式，一种没有被自动化主导但非常成功的生产模式。基于此产生了精益生产的愿景，并成为未来 20 年的核心生产模式。

3. 精益生产——组织的革命

精益生产，即在德语中所谓的 Schlanke Produktion，自 20 世纪 90 年代初以来日益普及。尽管它的作用并不算小，但也算不上是工业革命。相比之前提到的工业革命，精益生产不是一种技术上的成就，而是形式上的改变，充其量只能说与泰勒主义相媲美。精益生产的原则是生产过程的方向与客户完全一致，同时避免浪费。丰田生产系统创始人大野耐一制定了以下基本思想："我们所做的全部都基于时间线，它起始于客户订单，终止于收到付款。我们正通过缩减无价值的浪费来缩短时间线的长度。"（Ohno 2013）。与传统生产相比，精益生产的目标是最大限度地利用资源，并将加快订单处理时间作为考虑的核心。为了实现这一点，将通过各种方法不断地、持续地避免浪费。

精益生产的实施为许多企业带来了巨大的挑战。虽然一些方法由于其原则简单而易于理解和快速实施，但大部分的企业还未能取得很大的成果。人们对企业结构的深层次转变以及对各个层级持续改进心态的深刻变化关注太少。因此，在错误的背景下或在错误的目标下应用了各种方法，当然无法获得期望的效益。由此产生的接受问题，导致了一些企业需要三至四次尝试，才能可持续性地确定对丰田生产方式（通常称为整体生产方式）的诠释。

同时，基于汽车行业的精益生产范式已经在各行业中建立并将继续传播。根据客户的要求，以变体、数量变化和产品变化的形式进行灵活的生产，从而能够应对产品生命周期动态变化的大趋势。同时，避免浪费也有助于使生产过程更加经济，从而抵消了全球化大趋势造成的成本压力。因此，即使

在未来的生产环境变化中，精益生产的趋势也将继续存在。

4. 工业 4.0：数字化革命

新千年伊始，下一个技术的量变即将到来。如今它被预言为第四次工业革命，简称工业 4.0。

市场的不可预测性和波动性日益增加，以及产品种类增多而其生产数量减少，这让企业不断面临新的挑战，这也是第三次工业革命中固有的自动化理念无法应对的。此外，全球增值网络还需要沿着整体价值链进行信息交流，并且加强相互合作。对于提高生产率，并且能够同时提供灵活性和可变的价值链来说，将涉及价值创造的所有参与人员与系统紧密地连接是必不可少的。

通过对传感器和执行器周围的物理系统进行拓展，加上具有数据处理和独立通信功能的嵌入式软件，创建了所谓的信息物理系统（CPS），它成为连接数字和物理世界的桥梁。

通过提高增值流程中的数字网络化程度，开辟了一个巨大的提高盈利能力的解决方案领域。实际流程与其数字描述的同步，使得透明度和信息可用性达到前所未有的程度。这样，人类或自动决策的效率将会提高，但这种透明度也带来了全新的流程或商业模式。信息物理系统及其在生产中的网络化带来的变化是巨大的，以至于早在 2011 年汉诺威工业博览会上就首次提到了第四次工业革命，即工业 4.0。

图 0-2 所示为 CPS 在制造过程中的应用。例如，CPS 产品可能需要 CPS 夹具以特定夹紧力来夹紧产品。通过制造岛与机床之间的信息交流，使得它们可以对需要处理的产品做出调整，并调用相应的 NC 程序或类似的程序。智能箱体可以自动触发额外的运输，整个生产过程可以使用适当的辅助系统和管理驾驶舱进行预先模拟和控制。上述的只是几个例子，它们展现了将信息物理系统集成到生产中的许多潜力。

图 0-2　CPS 在制造过程中的应用（图片来源：Fraunhofer IGCV）

除了联邦研究部重点的研究项目"生产中的智能网络 - 对未来工业 4.0 项目的贡献"以及联邦经济部"AUTONOMIK 工业 4.0"，许多公司也早就认识到了数字化的优势，并着手研究了一些应用的方案和商业模型，其中一些将在本书中予以介绍。此外，三家行业协会 BITKOM、VDMA 和 ZVEI 也探讨了这一主题，并支持工业 4.0 的进一步开发和实施。

能够实现生产过程的逐步数字化，其原因可能有两个，即全球经济因素和技术因素。由于全球经济因素是通过对市场需求的反应而产生的，故也被称为市场拉动，但也允许新技术在技术影响因素下能够产生新的商业模式，这也被称为技术推动。这两个影响因素的最重要的发展情况如下所述。

全球经济影响因素（市场拉动）

生产企业必须面对目前市场的大趋势（Abele/Reinhart 2011）。例如，全球化对价格有很大的影响，而且也导致新型全球采购市场这种形式的出现，而产品生命周期的动态性已成为其特色，这是由于产品生命周期的缩短、个性化产品种类的增多，以及由此带来的固有产品种类的生产数量减少所造成的。为了应对不断变化的客户需求，企业开发了基于互联网的新的商业模式和产品，推动了信息物理系统的传播。

1. 从产品到服务的需求

自 19 世纪贝尔电话公司首次开创租赁模式以来，不是产品，而是使用付费的这种商业模式变得越来越重要。另一个发展是所谓的混合式功能捆绑或产品服务系统，其中销售对象由财产和服务部分组成。例如，这些对象可能是与机器购买相关的服务合同或所谓的"付费生产"模式，这种模式下，客户为生产的每个单元支付合同约定的金额。生产设备的采购、安装和维护是销售伙伴的责任。生产本身也可以由客户的工作人员来完成。

尤其是大公司、大型制造商和复杂商品制造商，越来越多地关注混合式功能捆绑的新业务模式（Schröter 等 2010）。采用这种方式，可以降低生产线的规划和组织成本或提高其可用性。一些这样的服务合约，如签订保证可用性或上述的付费生产模式的合约，这些合约的提供者所追寻的目标是以尽可能低的成本实现尽可能高的系统可用性。它要求在出现故障前能够及时更换机器的磨损部件，并且要尽可能长时间地保证使用寿命或迅速消除损伤。在非数字化世界中，这一策略需要定期对设备进行检查。检查的周期越短，越容易发现如传动带等这种

部件的磨损。但同时，检查周期的缩短导致了更多的费用。在这种条件下，混合功能的供应商被迫削减检查的成本，目的是将现场的客户服务限制在组件更换或修理的情况下。信息物理系统组件能够通过整合传感器，来随时提供有关其运行状态的数据。这使得供应商能够远程识别运行状态与正常工作状态之间的偏差，并通过有关系统行为的知识来找出故障的原因，并采取相应的对策。与此同时，可以降低由客户的误操作或合约框架之外的操作所带来的风险，如更严重的磨损、机器损坏以及一些不可估量的损失。然而，客户作为生产设备的使用者，也从这些成就中受益，因为机器的数据采集也被大大地简化了。通过对用于规划和操作的 IT 系统施行标准接口，可以完全消除人工反馈或传输所带来的费用。

联合开发除了具有降低成本的潜力，这样的运营模式还具有可持续发展的优势。如果要将更多的产品出售给客户，可以通过缩短其寿命（如通过特意设计的电器预定断点）来实现销售量的增加。如果产品的制造商同时也是运营商，那么目标将是尽可能地延长产品的使用寿命，以便尽可能地推迟新投资的时间。因此，产品设计使用寿命长将可以节约资源。

除了上述长期服务合约外，信息物理系统也有助于建立短期服务合同。例如，"共享汽车"的想法并不新鲜。但在前互联网时代，它的应用仅限于固定用户群体和车辆的固定停车位，其使用的情况，特别是使用的自发性受到严重限制。随着人们对出行的渴望越来越强烈，以及私家车作为身份象征的重要性越来越低，导致了对可以随时随地预约出行服务的需求越来越多。只有装载了附加传感器设备和联网车载系统的车辆才能清楚地识别驾驶员的身份，打开车辆并允许用户使用，确定路线，并将这些数据发送到中央计算机进行计费。此外，车辆的永久互联网连接允许通过智能手机搜寻，从而实现在预设环境中的任何地点停放。

2. 已饱和的市场需要在现有产品中找到新的客户利益

市场普及率很高的产品却只有很低的增长率，以至于市场份额仍只能在竞争对手的压力下得到，这就导致了价格战。而像洗衣机这些长时间耐用的消费产品，则减少了进一步销售的可能性。

为了避免价格战以及将高价产品推向市场，仅仅改善产品的特性是不够的（如洗衣机的耗水量）。相反，客户期望的是独特的新卖点，能够为他们带来增值，从而将这些高品质的个性化产品与大众产

品区分开来。例如，这样的变化表现在 2000 年初的手机上。起初其功能仅限于通话及短消息，但在极短的时间内添加了新的功能，如日历、游戏、彩色显示屏，不久之后又集成了摄像头。更进一步的是互联网的引入，又一次带来了更多的新功能。而如今，人们已经几乎不可能全面地了解智能手机所囊括的所有使用可能性。通过光传感器、接近传感器、位置传感器、运动传感器、高分辨率摄像头、GPS 接收器以及通过为各自的系统开发特有的 APP，让手机成为在个人领域提升设备功能覆盖面的合适工具。

特别是这些生产高品质、耐用消费产品的生产厂家，已经在很多地方抓住了这样的机会，通过有吸引力的新功能，给使用者带来新的购买欲。例如，能够使用 Miele@mobile 访问洗衣机的状态，让之前已经准备好原材料的机器能够在希望的时间启动，而原先的操作人员就可以舒舒服服地躺在沙发上了；全自动咖啡机能够通过智能手机实现咖啡的预选、咖啡研磨度的总体调整以及温度的调节；同时，家居总体的光、电、热管理也能够通过互联网来控制（智能家居）。

这样，传统的家庭助手转变成了信息物理系统，参与的设备数量不断增加，系统之间的网络化程度越来越高，使智能能量管理成为可能。

3. 从大规模定制到自由定制产品

饱和市场引发的另一个影响是用户需求的不断提高（Lindemann 2006），而工业则正在通过扩大个性化的可能性来应对。由此产生了由数量到种类增长的过渡（见图 0-3），这导致了同类产品数量的减少。根据产品种类管理的概念，特别是大规模定制的原则，工厂和设备的投资成本变得越来越高。这样做的目的是在为客户提供具有外部的高度化差异产品的同时，还保证其内部的差异很小。

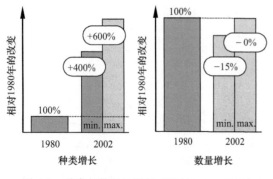

图 0-3　种类与数量的增长（Wildemann 2009）

例如，通过对设备元件精巧的变化，让欧宝

Adam——一款简洁的微型城市车，已经能够提供超过 30000 种变化方式。而在改变更多元件的情况下，理论上可能的设备组合数量迅速达到百万级的量级。为了协助客户进行配置，还提供了一些网络配置功能，以此通过个性化进程有针对性地为客户服务。因此，客户能够在家中舒适地尝试不同的设备组合，并最终与商家洽谈他们喜爱的选择。对于低价值消费产品，在某些情况下，从配置器到订单分配的生产链已经完全实现自动化。例如，自 20 世纪 90 年代末，计算机制造商戴尔就开始提供 PC 的在线配置和订购服务。

由于大众定制的传统产品通常只能配置预定义的选项，因此近年来，用户的个性化趋势越来越强。例如，Ritterwerk GmbH 可以让客户在面包机上印制个性化的图案主题。由于这个改变仅集中于印刷的设计，所以相比之下这样的做法容易实现。然而，转移客户印制的主题，就需要一个贯通配置器到制造商的生产支持系统的连续数字链。由德国联邦经济与能源部（BMWi）资助的研究项目 "集成设计和生产面向客户的信息物理制造系统产品"（InnoCyFer）给出了未来个性化可能性的展望，客户也将参与一些生产元件的物理设计。最近，显而易见的是，随着客户对产品的影响越来越大，从而对产品生产开发的影响也越来越多，从产品的设计到生产设备的连续数字链变得不可或缺。因此，由更强的个性化所驱动的市场追求成为影响工业 4.0 的因素之一。

4. 额外的客户使用需求使网络化工厂的高投资有足够盈利

信息物理系统在生产中需要很高的初始投资。一方面，与传统物理系统相比，它需要更高的购置价格；另一方面，信息物理系统的运行需要稳定的互联网连接以及辅助系统，以确保 CPS 与企业自身的规划和控制系统的 IT 连接。

因此，特别是企业对企业（B2B）领域的 CPS 制造商必须向客户证明这些初始投资是合理的，客户投资的总成本是较低的。此时，单一功能通常是不够的，需要将更多的功能集成到 CPS 组件中，或者将附加服务作为产品服务系统。例如，一个 CPS 驱动部件，如果只是将其转速及其状态传递给上级机器，将无法盈利。而额外的辅助系统，根据转速得出生产量，并将其提供给控制系统，相比之下扩大了功能范围。就像与制造商签订的服务合同，在确定损耗的基础上提供了完美的定制维护服务。有了这些附加功能，这样的 CPS 组件安装才是值得的。

对配备传感器的信息物理系统的最大潜力的追

求，使得 CPS 在市场上能有更多的应用，从而增加了其在市场上的存在感。此外，每增加一个新的功能范围，都可以增加潜在的用户数量与实际的用户数量，因此额外客户利益的需求是工业 4.0 自我强化的驱动力。

技术影响因素（IK 技术推动）

除市场因素外，新技术的发展也为企业提供了强有力的动力。这些动力将用于新的商业模式，从而增加市场份额或开拓新市场。

1. 全球数据可用性

相比于工业 3.0，信息物理系统与因特网的连接不会像工业 3.0 一样局限于单个企业或单个企业的网络。相反，它可以在任何时间与任何具有网络连接的地方访问相应的系统。这不仅能让在世界另一端出差的生产经理对其工厂的现状一目了然，还能在全球企业网络中实现新的全球规划和控制。

数据的实时性使得人们早在启动阶段就能检测到与计划流程的偏差，能够更好地保护全球供应链免受干扰，从而在干扰发生前做出反应，甚至对下游生产流程产生影响。除了供应安全外，全球数据可用性还能够发挥更多的潜力，如根据销售波动及早调整生产能力，监测和控制生产流程和供应商，以避免过度投放和交货延误。

间接区域的员工也可以在全球范围内接入公司的网络，从而能够不受地点限制灵活地工作。在直接区域，员工可以通过内部工作流程进行相互协调，从而为每个生产能力的需求配备相应的供应需求，同时也为个人的需求创造空间。

企业还可以在产品使用阶段继续支持他们的产品，随时接收相应的状态数据，从而实现有针对性的维护和修理。同时，这些数据提供了对使用行为的新见解，从而为新产品的开发提供了依据。

2. 传感器价格下降

安装在智能手机和其他智能设备中的传感器越来越多，由于规模效应导致了传感器价格的下降。在拉斯维加斯举行的 CES 电子贸易展览会的开幕式上，CES 首席经济学家 Shawn DuBravac 以 iPhone 的加速度传感器为例：2007 年，第一代 iPhone 产品推出时的价格约为 7 美元，而 8 年后仅 50 美分就能采购到。对于工业应用，传感器的价格同样低廉，因此制造领域中的传感器数量及其记录的数据正在稳步增加。

这种发展有利于那些依赖于传感器的应用，如实现人与机器人的交互或自动化处理难以处理的部件和复杂连接操作。此外，众多不同的数据可以丰富相互联系的数据，以获得对生产情况全面和实时的了解。其中一个例子是亚琛工业大学（RWTH）的亚琛高分辨率生产管理（HRPM），以及来自消费领域的系统，如 Microsoft Kinect 系统，也越来越多地应用于工业领域，因为与以往的系统不同，它们能够实现对环境的低成本检测。

3. 电子元件代替机械元件

执行器等电子元件价格的下降，同样影响了复杂功能部件的设计。由于电子元件的材料价值较低，且其简单的批量生产使成本更低、重量更轻、更耐损耗，因此机械元件和继电器正越来越多地被它们所取代。此外，电子元件的使用减少了装配工作。传感器、执行器和其他电子元件的组合，使得在许多情况下可以执行与机械元件相同的功能。如果相关的功能不仅能通过电子元件实现，而且具有了与环境交流的附加可能性，这时就能够为客户开辟全新的潜在利益。产生的错误可以直接上传至制造商，并且通过远程维护可节省昂贵的服务人员费用。此外，通过安装新的软件版本，还可以更新或升级产品，而无须更换物理部件。例如，特斯拉汽车公司通过软件更新能够为车辆配备自动驾驶仪，该功能允许在某些条件下进行自动驾驶。

目　录

第 1 篇　智能工厂

第 2 篇　机电一体化（信息 - 物理融合）的自动化组件

第 3 篇　工业 4.0 的应用实例

第 1 章　联网设备在切削加工中的应用 ········ 416

第 2 章　装配系统："全球生产"学习工厂中的可扩展自动化 ········ 428

第 3 章　工业 4.0 在加工技术领域的应用 ········ 439

第 1 篇

智能工厂

第 1 章

商业模式的创新

Günther Schuh, Michael Salmen, Philipp Jussen, Michael Riesener,
Violett Zeller, Tobias Hensen, Advan Begovic, Martin Birkmeier, Christian
Hocken, Felix Jordan, Jan Kantelberg, Christoph Kelzenberg, Dominik Kolz,
Christian Maasem, Jan Siegers, Maximilian Stark, Christian Tönnes

1.1 从产品供应商到解决方案提供商的转型

迄今为止，德国的经济重心主要集中在汽车和汽车零部件、机械、数据处理设备以及电子和光学产品等商品的生产上，其贸易额占 2013 年出口总额的一半（DeStatis 2015）。产品的变化越来越快，差异化带来的压力也在持续增长，快速全球化导致国际竞争日益加剧（Ng 等 2012；Fischer 等 2010；Spath und Demuß 2006）。在这种背景下，工业服务提供了一种提升产品技术能力的方式，同时又能在国际市场上划分竞争（Schuh 等 2004；Völker 2012；Meyer und Böttcher 2012）。产品通过工业服务扩展为超越产品核心特征的全面、具体的解决方案，并作为一个综合系统来解决用户或客户的问题（Schuh/Gudergan 2009；Olivia/Kallenberg 2003）。根据《南亚协定》（Belz 1991），产品和服务都可以看作为提供服务的系统，它不是单一产品或某项服务，而是作为服务组成部分的组合，全面地、经济地来解决特定的客户问题（Belz 等 1997；Grönroos 2006）。

原则上来说，企业从产品的供应商到解决方案的提供商的转变已不新奇：20 世纪 80 年代末（Vandermerwe/Rada 1988）就已经是商业服务时代，并且描述了产品服务所产生的附加值。对数据的系统性处理和相应知识的生成促使解决方案越来越多地参与到知识的商品化中，这为客户提供了重要的附加价值。在未来，公司可以有意义地增加知识管理者的岗位，这些管理者向客户销售他们通过数据所获得的知识。图 1-1-1 描述了沿着 Hildenbrand 转型线，基于不同的战略选择，从单一的生产商到全面服务和解决方案的供应商，以及最后成为运营模式的供应商的发展过程。

从目前的发展情况来看，服务水平协议和面向生产的商业模式分别仅由 18% 和 13% 全球工业企业（总营业额超过 10 亿美元）（Oxford Economics 2015）提供。从硬件供应商到解决方案提供商的转型对企业的商业模式产生了重大影响，并给企业带来了以下四大挑战：

1）制造商的风险承担：尤其是运营模式的财务风险。在这里，风险将从客户转移到机器设备的运营商。根据合同条款，事故和故障可能会导致巨额违约金。成功的运营模式会基于不同使用方式，对机器数据和设备数据进行系统性的评估，并将这些

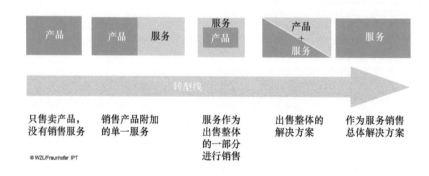

图 1-1-1 转型线（Schub 等 2016；i.A.a.Hildenbrand 2006）

知识转化为现实中的使用保障。这要求进行全面的风险管理并以此为依据创建合同。

2）客户需求的确定：首先基于数据的知识优势，针对客户需求，提供精准的、量身定做的解决方案。这些数据包括使用行为、资源需求或外部影响（如预期的天气情况），以此为基础，可以预测未来的客户需求。

3）价值链的变化：以平台为基础的新型服务可能对价值链及其中的参与者产生深远的影响。由于丢失了客户接口并经常会损失与此相关的数据主权，生产商可能从平台和市场的活跃参与者逐渐变成单纯的供应商。因此，该产品就成为普通商品（Enke 2014）。平台运营商能够通过对客户的直接访问，在不使用自己的产品和编排信息的情况下，向客户提供附加值，并处理第三方的产品（Ziegenheist 2014）。

4）企业的适应性：服务转型成功的关键在于企业内部结构和流程组织的及时调整，以及在引入新的任务方针和技术时，员工能够快速接受。

1. 工业 4.0 时代下的商业模式

在现有文献中对商业模式并没有统一定义，许多作者对其进行了不同的解读。这主要是由于在不同的学科概念下，需要考虑的侧重点不同。但所有定义都有一个共同点，即商业模式的作用是通过市场导向和资源型观点的理论和方法来对战略管理过程进行描述。这样可以促进系统理论战略工具的战略实施和运作实施（Schuh 2010）。一般来说，一种商业模式描述了企业在社会环境下，为了实现确定的业务目标而进行的商业过程。该术语包括愿景、想法、描述特征和设计模型。商业模式帮助企业将商业过程视为整体，但在复杂度较低的情况下仅需反映基本要素方面（Schuh 2010）。在这种情况下，商业模式可作为一个分析单元，也可以作为在市场上能够产生价值的运作机制（Schuh 2010）。在这里，Müller-Stewens/Lechner（2003）指出，商业模型的建立只能限制整个过程的复杂性，以提供完成计划所需的一切必要信息，并且可以实现商业模式之前的商业想法（MüllerStewens/Lechner 2003；Bach 2003）。因此，根据 Bieger 等（2002）和 Müller-Stewens/Lechner（2003）的观点，在本章的后续内容中，我们使用了一个简化的、全面的商业模式，即企业或行业在市场上创造价值的方式。它将战略市场定位和价值创造模式具体化，并在商业计划中得到验证（Frick 2006）。

商业模式是由不同的元素组成的，这在文献中有着较为一致的理解。在所有不同的描述中，部分模型或更确切地说四个基本元素模型是相同的。服务模型解决了向什么样的客户提供什么类型服务的问题；对于如何获得新客户以及保持和维护现有客户，营销模型则给出了答案；收益模型描述了商业模式中产量的安排，而服务提供模型涉及生产服务的增值流程（见图 1-1-2）（Schuh 2010；Müller-Stewens/Lechner 2003；Meinhardt 2002；Bieger 等 2002）。

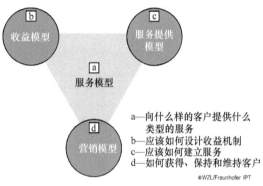

图 1-1-2　商业模式的部分模型和主要问题

实际上，商业模式不是静态的结构，他们会受到环境和企业变化的影响，在生命周期的不同阶段，这些对商业模式的影响或变大或变小。借鉴产品生命周期的阶段，商业模式生命周期的阶段可以细分为引入、增长、成熟和衰落。从中可以清楚地看出，商业模式的生命周期越来越短，因此在许多商业模式中，时间因素非常重要（Hoban 2001；Stähler 2002）。

企业或环境产生了新的框架条件，这意味着必须审查现有的商业模式、酌情调整，甚至开发新的商业模式。这种商业模式创新代表了一个持续和重塑过程，它能引用商业模式的单个子模型或引用整体商业模式。原则上，商业模式创新意在更好地满足那些得不到满足的、新的或潜在的客户需求，从而分化竞争对手，并为客户提供巨大的附加值（Osterwalder 等 2010；Stähler 2002）。与产品创新和流程创新不同，商业模式创新的决定性优势在于竞争对手难以对其进行模仿（Lindgardt 2009）。

工业 4.0 正是这样一个有利于商业模式创新的框架条件。根据预测，2020 年将有 500 亿台设备连接到互联网并互相通信（Cisco 2011）。此预测只有通过不断缩小晶体管和持续改进传感器和执行器的能量消耗才能得以实现。通过连接设备（如 WiFi、蓝牙或 Beacons）和可识别设备（RFID 或 NFC）不仅可以访问日常设备，如恒温器和健身追踪器，还可以在工业机器和设备的整个产品生命周期中使用。

1

预计 2015—2021 年移动数据访问将翻番，移动数据流量增加 10 倍，因此移动通信，尤其是第五代移动通信（5G）将成为人、机器、对象和 ICT 系统（Ericsson 2015）实时联网的基础。到目前为止，在过去两年内，产生了迄今为止 90% 的全球数据量。这一信息爆炸将持续，并将在 2020 年增长 44 倍（Gobble 2013）。将来，人们能够随时随地将数据、信息和知识连接到智能手机等设备，当然也可以连接到机器和设备。

由于附加值的协同性，工业 4.0 缩短了交货时间并提高了产品质量。通过分析数据，可以在更短的时间内更精确地处理客户需求，这大大缩短了开发周期，并且产品比以往更能满足客户要求。同时，也可以通过生产参数的实时调整来缩短生产的处理时间（Kaufmann 2015）。因此，越来越多的制造商可以发展成为解决方案的供应商。其商业模式根本上不同于传统制造商的模式。这样，智能产品，即所谓的信息物理系统（CPS），使知识从用户转移到生产者成为可能。CPS 收集数据并提供给智能服务，而智能服务则有助于将其统一于客户流程中并承担客户的原有增值活动。开源概念使得许多不同供应商在同一平台上开发新产品成为可能。这样，这些产品可以随时根据客户需求进行个性化定制，并通过增值网络的协作（Kaufmann 2015）以非常高效的方式生产出来。在工业 4.0 中，企业从生产制造商转向解决方案提供商，必须建立创新的结构，才能使用数字孪生构建知识（见 1.2 节），并将这些知识统一为以数据为基础、以客户为核心的商业模式，进行货币化。

Kaufmann 在工业 4.0 框架内定义了新商业模式创新的三个原则（见图 1-1-3）。其中，最简单的原则是基于基本指标方面对现有的商业模式进行改进。此外，基于其他行业现存的商业模式创新也可以直接实施，或者间接改进已定义的新型商业模式。这种商业模式既能够借鉴其他行业成功的经验，也能针对自己企业的情况，制定仅适合于自己企业的新模式。最后一个原则是定义全新的商业模式。商业模式可以通过组合现有子模型来创建，也可以根据具体需求进行调整，并针对具体的个案进行开发。尽管开发的概念包含更高的复杂程度，以及更多的时间成本和经济成本，但独特的商业模式却显示出其独一无二的竞争优势（Kaufmann 2015）。

2. 工业 4.0 对商业模式的影响

服务模型是商业模式的基础，并与其他子模型相互作用。它以物理意义上的产品、服务及其组合形式来确定产品的策略，又通过内部、外部的竞争潜力分析和市场需求来安排策略内容。此外，在子模型中定义的产品和服务要与客户的要求相适应、相匹配，确保客户利益的最大化。客户利益由 Meinhardt（2002）定义为"影响购买力的产品（不同加权的）特征的总和"。这些特征包括预期价格、所需质量以及期望的交货周期。自己的服务报价之间的区分是划分策略的重要组成部分，并且可以确保达到可识别的竞争优势。这些优势包括定义并持续实施那些用于维护、扩大和重新创造竞争优势的措施（Frick 2006；Meinhardt 2000），如通过不断的服务创新或诸如此类的创新。

在工业 4.0 时代，服务模型发生了根本性的改变。物理产品和服务之间供应的界限变得模糊。通过对产品和服务的数字化改进，销售服务与服务体系相互交织，真实的物理产品也随之逐渐丧失其重要性。此外，在工业 4.0 中，服务确定的过程也在

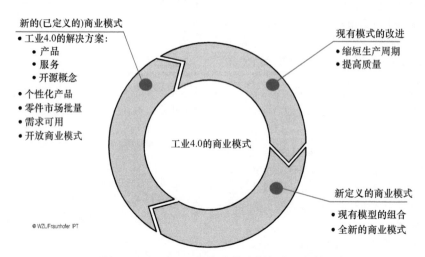

图 1-1-3　工业 4.0 的商业模式创新的可能性

不断变化。企业对如订单模式或使用行为的客户数据进行分析，能更加精确、全面地理解内部客户和市场。因此，企业可以更明确地分配服务，并且对服务进行优化地开发。通过大数据的数据采集工具和数据挖掘的分析方法，企业可以获得具体的信息。通过对客户精确的了解，企业可以为客户提供量身定制的服务，可以更有效地调整和确定产品和服务，从而显著提高企业的利益。因此，工业 4.0 让企业能够开发以出口为导向的商业模式，使得其中的服务模式适应客户的需求。这些服务可以通过智能产品和智能服务，由企业自主解决。

收益模型描述了公司定价和销售政策的策略。在收益模型中，区分了依靠选择和不作选择的销售以及许多混合形式。长期可持续收益战略的重点是确保长期可持续发展以及其他三个子模型目标的可行性（Meinhardt 2000）。在这些子模型中，可以识别和选择价格制定区域，还可以估计交易收益结构。此外，还可以显示收入潜力。公司会不断地分析成本和收益结构的变化和目标，并传递给其他子模型。只有考虑到了其他的子模型，才能实现对基于高度反馈的目标产量结构的调整（Frick 2006）。服务范围和目标销售模型对合理选取收益模型起到了决定性的影响。收益模型还定义了如效率、速率等增值模型的要求（Meinhardt 2000）。此外，增值模式以及一般的公司政策背后都是重要的成本结构。在收益模型中会考虑到这些结构，并通过标准的价格条件、支付条件、佣金设计和供应设计来定义和销售（Frick 2006）。

在收益模型中，工业 4.0 也对许多变化产生了影响。一方面，企业可以通过提高自身商业模式的透明度，来了解新的收益领域，如新的销售市场、新的销售渠道等；但是，由于对这些领域了解得并不充分，迄今为止还未能充分利用。在考虑到备选方案的情况下，新的收益模式也允许新的市场参与者开辟新的客户领域。

然而，这也要求企业自身的收益结构必须具有柔性。此外，由于智能分析系统的集成，客户、供应商和产品之间能够实现自身内部的通信。对服务的独立要求也要能够达到，如维修工作的调试。由于低廉的通信成本和交易成本，新的价格模型可得到一定的开发和实施，这些模型也精准地反映出了客户的产出。收益模型对实体产品关注不多，而更多地是关注与其相关联的服务。以数据为基础，它通过对已有的服务进行评估，可以提供更有针对性的服务。因此，对于收益模型的质量来说，生成的数据的可用性、转移性和质量是非常重要的。

营销模型从服务模型和收益模型的基础上出发，并确定了两种模型的结果如何传送到外部的策略（Meinhardt 2000）。因此，营销模型是企业和客户之间的具体关系服务。设计营销模型时，区分不同的客户群体和客户团体，以及不同产品群体和供应群体是非常重要的（Hermans/Sauter 1999）。客户关系可以通过确定信息转移关系和货物转移关系的形式来加以确定，还可以对处理方法和相关工具进行重新定义，使其能够更加积极地处理新客户和现有客户，从而实现高效的定期通信。此外，营销模型对于处理客户关系的方法、公司的概览和产品的展示都提供了建议。总体而言，营销模型确定和说明了企业销售的结构和销售文化（Meinhardt 2000；Frick 2006）。

借助于工业 4.0 的发展，传统意义上的销售已经逐渐被网络营销的形式所取代，如电子商务。通过对基于客户和指定产品的搜索行为进行分析，可以建立个性化的通信途径和通信内容，从而实现面向个人的销售。对已用产品的测量数据和材料是销售协定的基础。获得的产品数据可以实时地集成到产品通信中。这些相关信息针对各自的联系人提供了合适的销售理论。此外，电子商务还开辟了新的交流渠道和交流平台，并加强了与客户之间的联系，使成功接触到新客户群体的可能性变得越来越大。另外，通过新获得的数据，可以得到关于服务模型和服务提供模型的结论。一方面通过更深入地理解客户需求，产品具有更高的针对性；另一方面，在分析营销模型的同时，配合其他子模型，能够更深入地了解其依赖性，从而促进对系统的理解和优化。这样，即便客户不是最终用户，制造商也可以有针对性地销售复杂和智能的产品。了解投资的质量，也就是了解客户的需求，这可以在交流复杂的产品特性时产生非常大的优势。通过这种方式，可与其他市场参与者的产品比较可能存在的价格差异，为未来做出更好的决策，当然决策也需要考虑实际的生产周期。

服务提供模型定义了在企业或企业网络中建立服务的方式。它们存在不同的形式和方法，在企业（网络）内的差异化和集成化程度上也有一定的区别。其目的在于，详细解释和实施可持续价值创造结构。结构的质量对于所有的三个子模型都至关重要，因为价值链的安排可以产生协同效应，这在所有领域都具有决定性的竞争优势（Meinhardt 2000）。

除了价值创造结构，还要额外地做出"买或卖"的决策，以及明确界定增值合作伙伴的任务，以便能明确分配资源和能力。另外，在整个价值链中，通信工具和协调工具的定义和实施是独立于内部或外部绩效来确定的。谨慎地创建一个合适的 IT 基础设施是很重要的。这个设施在能够提供对知识和个人快速方便访问的同时，也要求其具备低复杂度和低成本（Frick 2006）。

工业 4.0 改变了企业服务的很多部分。由于在工业 4.0 中，提供了智能产品（Smart Products）和智能服务（Smart Services），服务不再局限于单纯的硬件生产，而是增加生产的深度，开发新的服务领域。此外，大数据和数据挖掘分析还提高了数据的透明度，并且需要重新理解服务的含义。另外，这还导致交货期限的延长、服务柔性的提高以及在降低成本的同时，要求提高质量。总体来说，由于透明度、服务效率的提高，现有的花费成本将显著提高。

综上所述，可以发现，整个商业模式中各子模型之间是相互依赖的，而在工业 4.0 的帮助下，每个单独子模型都可通过整个产品生命周期的实时数据联网而变得更加透明化。这为开发对所有领域都有影响的新潜力开辟了道路。

有了这些技术，就可以更有目的和个性化地设计单个子模型，并且更好地与其他子模型联系。其结果是降低了商业模式和单个子模型的适应性成本，减少了复杂性，并且有更深层次了的了解，企业整体效率也会更高。因此，这使得竞争的区别更加详细化和短暂化。

可行的、数据驱动的商业模式是基于综合产品开发、技术开发和服务开发的基础之上的，其中的一个例子就是劳斯莱斯的"一小时能量"。企业不再为客户提供发动机，而是为客户提供飞行时间。数据是成功建立这种商业模式的基础。在众多传感器的帮助下，企业可以实时数字化跟踪发动机的行为和特征，可以了解特定空间状态下发动机的行为和可用性，并以此为基础向客户提供以小时计算的费用。这降低了用户的风险，因为设备的采购和维护可由时间控制的计费所取代。如今，大约 70% 的收入是由"每小时能量"（Stampfl 2011；Gassmann 等2013）产生的。

为了使制造企业发挥工业 4.0 的潜力，借此能够适应或更新其商业模式，就需要在工业 4.0 时代对商业模式的核心方面进行全面地分析。供应商不仅需要提供解决方案，还需要通过与客户的密切联系以提供相关的数据。因此，客户和解决方案提供商之间有一个连续的数据交换。这些数据来自智能产品，并且表现了其数字孪生（见 1.2 节）。这些数据的系统记录、处理和使用是工业 4.0 商业模式的核心。通过对数据的分析和评估，可以实现更有针对性地逐步或突破性创新（见 1.3 节），并且加强创新过程中

的客户导向。但是，解决方案供应商除了要与客户紧密合作，还要通过协作平台（见 1.5 节）与其增值合作伙伴（见 1.4 节）紧密联系。在纵向和横向与增值合作伙伴进行通信，允许解决方案供应商访问源数据，从而明确了解数据的真相（单一来源的真相）。考虑到这些方面，企业，特别是对于高度柔性的中型企业，可以改变其商业模式，并向工业 4.0 能力企业转型（见 1.6 节）。新技术使解决方案供应商的商业模式成为可能，然而这也要求企业具有新的能力，而在中小企业中很少有企业具有这些能力。同样，必须建立其他 IT 资源，而现在小企业几乎没有任何机会来使用现有的资源。由于不同的供应商之间存在许多差异，因此为每个试点项目定义客户，并通过开创性的角色积极地向解决方案供应商过渡是很重要的。

1.2 数字孪生作为预测分析的基础

围绕工业 4.0 讨论最多的往往是利用协同生产力潜力的可能性。要实现附加价值，需要对生产中的对象进行数字化提炼并弄清它们的数字化身份。类似于人和机器这类对象的数字化身份就可以称为数字孪生。

通常，术语"数字孪生"被称为所谓的二次数据，每个人每天都在通过使用数字产品为信息增长贡献这样的数据，并且零售商越来越多地使用这些数据为互联网个性化营销活动服务（Gantz 2008）。除了个人数字孪生，在制造业中，价值链上的每个阶段以及生命周期各阶段的每一个产品，都能够通过传感器和传输技术的发展来产生自己的数字孪生。因此，数字孪生代表数据的采集，其中以数字化形式包括了所有增值过程中的相关信息，以及整个产品生命周期中的产品信息。这种采集为合作生产力的潜力使用了基础，而潜力是基于数据的采集、分析和使用的。与此同时，对于制造企业，需确定数据采集的合适程度，从而最大限度地增大必要花费和产生效益之比。从技术和经济上来说，无限生成的数据（大数据）不是主要目的，因此必须在特定企业的应用环境下来确定相关数据。

在市场领先的零售企业和物流企业，大数据处理和数字孪生的使用已经普及了好几年，如为了获得市场知识或在互联网上进行个性化广告的宣传。同样在制造业方面，企业越来越清楚地意识到那些用于产生所有与生产相关对象数字孪生的数据的必要性，所以在汽车行业的自动化生产流程中已经采集了大量数据（Audi 2015）。除制造业外，整个企业

内部的数据流同样也在显著增加，但对于详细的数据分析，可使用的数据仍显不足。根据 VDMA 研究表明，虽然有 2/3 的企业已经为数据采集奠定了基础，然而只有 10.9% 的制造企业能够全面地采集机器数据和生产过程数据，并能对数据进行相应的分析（VDMA 2015）。目前，数据采集主要基于鲁棒的、稳定的传感器技术，但这些数据通常仅用于控制和调节各个生产过程。与之相反，传感器的联网程度很小，并且很少使用为生产流程信息交换而设置的标准接口。另外，制造业企业发挥产品使用阶段的产品数据的潜力，仅仅是凤毛麟角。目前，只有不到一半的企业能够提供基于 IT 附加功能的产品，并以此方法收集产品数据（PwC 2013）。

制造业数据收集的现状表明，对目标数字孪生的开发具有很大的需求。数字孪生的发展从根本上改变了目标对象。因此，数字增强对象由三个组件组成：物理组件、智能组件和网络组件。

物理组件就是机械和电子元件，它们已经是对象数字化强化的一部分。在汽车的应用环境中，轮胎或发动机就是这样的例子。智能组件（智能系统）包括传感器、微处理器、数据存储设备、控制元件和软件，以及具有用户友好操作界面的集成操作系统。许多对象都能使用一些智能组件，如汽车上用于自动雨刮的雨水传感器或用于语音识别的传感器。可以预计，与硬件支持的组件相比，软件支持的智能组件在对象中的份额将会增加，因为它们在应用环境中能够进行远程控制和成本调整。数字增强对象的第三个组件是网络组件，它使得产生的数据能够通过标准接口、天线和协议来传输。一方面，通过这种方式，网络组件能够在对象和其周围环境之间进行数据交换；另一方面，它可以使大数据的数据库系统与外部服务器相连（Porter 2014）。

为了利用数字增强对象生成的数据，企业必须建立一个数字化技术基础架构，来实现所有数字增强对象稳定和安全地连接、相互通信以及基础设施从外部元素可调节性地扩展（见图 1-1-4）。

技术基础架构的核心是云系统，它能通过网络基础设施连接到企业的数字增强对象以及外部元素。云系统提供了必要的 IT 资源（存储空间、计算能力、软件应用程序等），因此处于所有对象的数字孪生的管理位置。数据在未来将成为关键的原材料，所以数据的保护以及生产对象数字身份的访问权限必须从一开始就明确界定和保证。

在这种关系中，基本上可以将这些构成对象数字孪生的数据分为三类，即结构化数据、半结构化数据和非结构化数据，这是根据数据的结构化程度来分类的。结构化数据具有确定的格式和确定的长度，如表格式的测量结果（Minelli 2013）。此外，可以将更广泛的信息分配给结构化数据，并以原数据的形式归入上一级的关系。非结构化数据既没有统一的格式也没有确定的结构。与结构化数据相比，非结构化数据需要耗费巨大的精力来读取模型或关系。半结构化数据为两个极限表达的中间阶段，虽然它没有结构，但包含有关结构的信息。大数据的80% 是由非结构化数据组成的，因此需要大量存储设备（Hurwitz 2015）。非结构化数据总量包含着大量信息，它的使用在未来将产生巨大的潜力，因此掌握来自数字孪生的非结构化数据将会具有竞争优势。根据这些数据，可以得出以前未知的因果关系（见 1.6 节），并作为决策的依据。

为了使数据能够在对象的数字孪生中使用，首先必须存储获取的原始数据信息。然而，在数据存储的所有维度（数据量：卷；数据结构：品种；数据创建速度：速度）中，大数据都超过了以前已知的范围，这将使传统的数据采集和存储方法失效。因此，必须首先进行数据的预处理，在预处理中过滤原始数据并提取相关信息。这就解释了为什么应定义选定的事件，这对对象或过程非常重要，也为数据采集奠定了基础。基于此，通过如平均值或首次回归分析等方式对数据收集过程建立第一数学模型，以便压缩个体数据，然后将所选信息与相关附加信息相关联。这可以反映数据创建的整体环境，从而使后续分析的有效性不受限制。当以这种方式处理数据时，系统中的所有数据都是以高度结构化的形式存储在数据库中。根据数据仓库的概念，数据可以无限期地存储。

数字孪生为工业 4.0 中增值潜力和市场潜力的利用提供了基础。利用所有生产过程中涉及对象的数

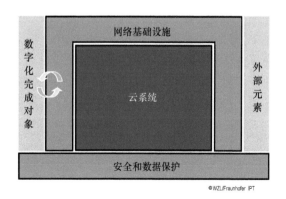

图 1-1-4　用于支持新商业模式的
数字化技术基础架构

1

字身份，创建一个前所未有的信息基础，它将在预测分析的帮助下大大提高生产率。其结果是，人们能够理解功能和过程，并通过因果关系的识别做出基于数据的预测。这反映出增值循环在自我优化系统最高成熟阶段达到顶峰。

1.3 通过新的创新流程引入新的商业模式和客户导向的创新类型

随着越来越多的企业实施工业 4.0，企业掌握了大量的数据，不仅可以用于优化生产过程，还可用于开发新型产品。虽然数字化大大地简化了数据的采集，但工业 4.0 也可以实现日常生活中对象的联网，以便企业拥有更多的数据量（Schuh 2015b）。此外，收集来自客户的初级数据比以往任何时候都更加容易（Atzori 2010；Erevelles 2015）。迄今为止，对消费者的理解主要用于销售预测、确定客户关系和确定客户群（Lee 2014），这也为与客户沟通的直接方式提供了全新的见解，这些见解可用于新产品的开发（De Jong 2015）。通过对产品数据采集，可以在使用阶段获得数据，并在访问客户时使主观印象最小化。

原则上，对于产品开发的市场情报与营销目标的数据采集应区别对待（Song 2009）。后者主要关注的是定价策略与宣传策略的成功因素，而与产品开发相关的数据采集则对与客户相关的产品功能和改进潜力更感兴趣。

在这种背景下，核心的问题是如何在面向解决方案供应商的商业模式发展的背景下，根据新的数据可用性来形成对产品和服务的开发。这里重点介绍工业 4.0 对创新类型和创新过程实施的影响。

1. 工业 4.0 对创新的影响

创新对于开发新的商业模式尤为重要。要从硬件供应商转型为解决方案供应商，尤其需要长期地对商业模式进行创新。原则上，创新总是体现在技术进步和市场影响的维度（Garcia 2010；Hauschildt 2005）。它分为四个主要创新类型：渐进式创新、技术飞跃、颠覆性创新和游戏规则变革（见图 1-1-5）。虽然工业 4.0 不会产生全新的创新类型，但数据可用性对创新过程有重大影响，也导致现有的创新类型进一步发展。

技术飞跃、游戏规则变革和颠覆性创新这三个创新类型的最大特点为突破性创新，因为其对竞争有重大影响。与突破性创新相应的是渐进式创新，它在七项标准上不同于突破性创新（见图 1-1-6）。

第一个区别是创新的形成。渐进式创新代表了现有产品的进一步发展，因此它也是由市场或内部优化所驱动的适应性调整。在这个方面，工业 4.0 的潜力在于评估用户数据，以便识别这些产品的改进。另一方面，突破性创新具有新颖性，这样的新颖性代表了只有这一家企业才能实现的技术推动力。在这里，工业 4.0 提供了通过嵌入式系统（Embedded Systems）、传感器和执行器来设计产品的可能性，使其能够与其环境进行通信（Anderl 2014）。

在潜在的市场不确定性方面，突破性创新和渐进式创新也不尽相同。渐进式创新的市场应用可以很好评估，而突破性创新由于其新颖度要求是非常困难的。这与创新的技术不确定性相似。由于渐进式创新是对产品的进一步发展，因此在技术上得到了很好的评估，而突破性创新在这方面则表现出了高度的不确定性。

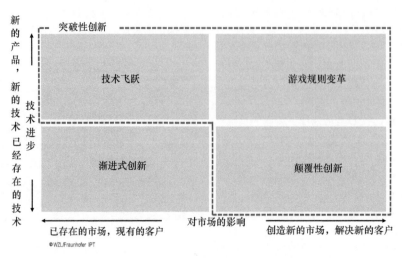

图 1-1-5　创新类型的分类（Garcia 2010）

渐进式创新		突破性创新
	标准	
市场拉动	创新的形成	技术/服务推动
已知	潜在的市场应用	不知
低	市场不确定性	高
低	技术不确定性	高
传统的市场调研	信息获得	探索性市场研究
短期	信息跨度	长期
低	创新收益	高

© WZL/Fraunhofer IPT

图 1-1-6　区分创新类型的七项标准

从倒数第三个标准中可以得出实施这两种创新所需的信息类型。渐进式创新可以通过传统的市场调研获得质量足够的所需数据，而要取得突破性的创新，则必须采用新的探索性方法，特别是在工业 4.0 潜力发挥了作用的领域。因为工业 4.0 可以通过对象的联网创建新的数据记录，这些记录能够用新式方法对其进行实时评估并用于对潜力进行评估。

基于同样的理由，渐进式创新的回报率[⊖]较低，而成功的突破性创新则有潜力去开发全新的产品类别或市场（Booz 等 1982；Christensen 2006）。因此，这种创新的回报是非常高的。因为起初没有竞争，并且第一个供应商可以从中抽走创新的全部潜力。总之，图 1-1-6 展示了区分创新类型和对其特性整理的七项标准。

就图 1-1-5 所示的创新类型而言，在工业 4.0 的背景下，沿着两个坐标轴有两种进一步发展的目标方向。其重点是通过生命周期和服务导向来开发解决方案供应商的商业模式（Emmerich 2015）。

在技术创新领域，创新是由技术创新的程度来定义的。在这个领域中，工业 4.0 的技术使各系统之间的相互作用更为密切。智能产品（见 1.2 节）可以更直接地与用户沟通，并与其他产品进行交互（Anderl 2013）。此外，这使数据从产品使用阶段反馈到产品开发成为可能。但是一个新的智能产品并不意味着会产生新的商业模式，只有通过嵌入相应的数据驱动服务，才能持续改善客户的利益（Kaufmann 2015）。该产品的"嵌入式智能"可帮助企业显著地提高针对用户的产品性能和可用性，并借此提高开发的效率（见 1.1 节）。例如，配备有传

感器的山地自行车可以在当前旅程中向开发者传送实时性能数据，然后他可以用数据进行模拟和分析。这样制造商就可以模拟维修，或者借此得出有关下一代产品改进的结论（PTC Santa Cruz 2016）。

在市场影响力方面，工业 4.0 也意味着创新更加注重服务，以便能够为客户提供全面的解决方案。颠覆性的创新恰恰针对的是新市场（Christensen 2006）。起初，颠覆性创新看起来不那么有前途，因为它们没有表现出既定产品的成熟度，而且直接对比的表现更加糟糕。因此，这种创新不是建立在商业领域的老牌企业之上，而是建立在新入市的竞争者之上的（Danneels 2014）。许多新的商业模式创新只有通过系统联网才能实现。因此，提供农业天气数据可以使收割更有效率。天气预报和收割机的联网为机器参数的设定提供了保障，以便在发生恶劣天气前完成收割（Telekom Claas 2016）。通过这种合作，参与的企业已经在市场中立足。这样的市场仅是基于天气数据评估和 CPS 实时连接。如果没有工业 4.0 的成功和进步，这个商业模式就不可能实现。

总而言之，工业 4.0 通过产品和数据的联网对创新产生了很大的影响。一方面，即便在产品销售之后，技术上新颖的智能产品也使企业有机会与客户保持联系；另一方面，这样的产品也提供了全新的、更直接的市场调研机会，这对发展下一代产品具有重大影响。但是，通过对数据记录进行实时评估和实际对象的快速影响，企业也有可能建立商业模式并将其引入迄今为止尚不可行的市场。

2. 以合适的创新过程实现以用户为导向

由于其新颖性，创新总是以技术上或市场上的

⊖　ROI= 营业额/发展预算（Kandybin 2004）。

1

不确定性为特征（Schuh 2012），突破性创新尤为如此。在竞争日益激烈、市场发展和技术发展日益活跃以及全球化日益加剧的时期，需要更加强化以用户需求为导向，以获得竞争优势（见 1.1 节）（Schuh 2006）。在此背景下，工业 4.0 提供了更好的机会：通过对用户数据的系统评估，能够更好地了解和预测用户需求。然而，将根据经验预测的客户需求转化成可用和可销售的产品需要全新的创新过程。这些创新过程的重点是在发布的基础上短周期实现与客户有关的功能，而不是完整而漫长地开发整个系统，以便能够对市场和客户的动态做出反应（Schuh 2016）。

自 20 世纪 90 年代以来，这种短周期开发的方法已经成功应用于软件行业。由于客户需求日益增长，交货时间越来越短，软件行业在 20 世纪 90 年代开发了经验自适应行动模型。这些模型具有很高的柔性和适应性，并且依然是成功应对快速变化的客户需求以及日益缩短的产品生命周期的方法（Bleek 2008）。这些敏捷的行动模型中最为人知和应用最广的是 Schwaber 提出的 Scrum 方法学。通过这种方法，在项目经理（Scrum Masters）的指导下，一个小型团队开发了新产品。然后，在 5~20 天内的每个间隔时间段中逐步完成所承诺的要求，即所谓的冲刺。在每个冲刺结束时，一些要求被转换成所谓的增量，作为验证对象来减少基于市场或基于功能的不确定性。根据验证的反馈，这些增量将在后续冲刺中不断发展（见图 1-1-7）（Schwaber 1997）。

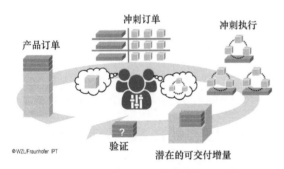

图 1-1-7　Scrum 背景下的一般程序（Schwaber 1997）

虽然，软件开发由于其无形性和非确定性过程（Lehmbach 2007）等特点，简化了这种经验自适应的过程形式的应用，但是将其转移到非软件特定领域是有希望的（West/Grant 2010）。在机电一体化或信息物理产品发展的方面，基于 Scrum 方法的高度迭代式创新过程侧重于实现单个产品功能的迭代，同时也考虑到较高硬件比例的边界条件。（Schuh 2015c）与软件开发相比，考虑到产品的实

物性（Lehmbach 2007），合并规划和生产阶段不大可能。尤其是验证具有高度技术新颖性的先前开发的功能，需要以"外观和感觉"方式的形式实现，以使得用户能够完全真实地感知并且获得合理的反馈作为后续开发活动的基础。因此，在所述情况下，单独考虑设计过程是不够的。更确切地说，需要对产品开发相关领域进行综合考虑，以便能够以逐步实现个别功能的形式实现基于硬件产品的高度迭代式开发，从而在产品开发中实现更高的客户定位。在这种情况下，客户视角或市场视角确定了相关要求，并按照客户使用情况持续对其进行评估。根据确定的要求，提出了短周期开发的解决方案，这种方案通过生产来实际地实现，为项目进展评估提供依据。在每个冲刺中完成相关单一功能领域的整合（见图 1-1-8）。

图 1-1-8　产品开发的独特功能区域的高度迭代整合

与 Scrum 流程一样，产品待办订单代表了高度迭代的开发过程中心和决定冲刺的元素（Schuh 2015d）。这些产品待办订单，以用户故事为形式来表达待开发产品的当前全部需求。在这种情况下，用户故事描述了从内部或外部客户角度直接可感知的被开发产品的功能（Wirdemann 2011）。因此，产品待办订单是所有高迭代开发项目中开发活动的起点，它基于当前的市场数据，以客户的需求数据库形式出现。与现有的创新流程相比，这个需求数据库被理解为一个活动的文档，它可以在开发期间进行扩展或更新，以便能考虑最新的发现或新的客户需求，并通过迭代过程的形式快速实现。

在每个冲刺开始时，会以客户为导向的相关性评估为基础，将产品待办订单的部分内容转换为冲

刺订单。这些冲刺订单是对应着相应迭代循环的特殊文档，并且包含一些在产品待办订单中的内容，这些内容被允许在冲刺的条件下在技术上进行开发。虽然在选择待办产品订单的相关内容时以用户为导向至关重要，但对基于硬件的产品也必须考虑相关组件、原材料或资产的交付时间以及认证消耗和保障消耗，以确保符合时间上的项目目标。在这种情况下，有必要与相应的供应商和认证机构建立数据技术接口，根据预测冲刺的时间计划，从而确保高效的流程。

高度迭代创新过程中的实际开发工作基于特定的功能范围，这种功能范围是在冲刺订单中为冲刺定义的。类似在 Scrum 过程中，对于使用的设计方法也没有直接预先的规定。更确切地说，重点是开发团队的自我责任和自我组织（Schwaber 2004）。特别地，自我组织和相关的自身控制需要数据技术上的透明度超过既定目标，也需要被开发要求和功能在冲刺相关和冲刺优先方面的进展。这种透明度由项目团队在每日协调会议中使用，即所谓的"每日 Scrum 会议"，来进行自我控制。

技术上实现冲刺订单中预先定义的需求和功能形式的产品增量构建了每个开发迭代的结果。这些增量是后续验证的基础，该验证从客户的角度评估不确定的需求和功能。为了在验证阶段最大程度地对知识进行验证，相应地最大程度取得开发进步，有必要对其自然应用环境中的增量进行验证。对于依赖硬件的产品，通常有必要以物理原型的形式来投入使用。因此，相应的短周期集成需要对原型生产和测试环境进行高度迭代的调整，以满足开发中针对需求和功能详细的解决方案概念。

根据现有的数据自动生成工作计划和测试说明，在这种情况下为高度迭代的实现提供迄今为止不可能的、对物理原型的支持。

工业 4.0 对信息物理或机电系统高度迭代的创新过程的影响可以从两个不同的层面来说明。一方面，工业 4.0 能够通过系统联网以及全面的数据可用性来实现自动决策并记录开发进度。因此，工业 4.0 作为短周期过程设计的推动者，提高了信息物理或机电产品高度迭代创新的效率。另一方面，运用系统的数据采集、数据选择和数据处理，可以有目的地识别用户增值特点和解决方案，这些可以在开发过程中通过简短的过程反馈快速执行。结合工业 4.0，高度迭代的创新流程，能够让人们从最新的用户行为中识别当时对用户还未意识到的市场需求。这些以物理原型的形式在最短时间内被客户利益验证，并有针对性地以客户为导向，提高创新效率。

1.4 网络式增值系统

工业 4.0 的总体目标是实时地、智能地让人、机器、对象以及信息技术和通信技术相连，从而实现对复杂系统的动态控制（Acatech 2013）。除了企业内部的系统和流程之外，网络还包括供应商、网站和客户整个生产环境。在工业 4.0 的背景下，整体联网符合对"网络式增值系统"的表述，也就是说是相互依赖，或者更确切地说是相互作用的价值链。网络式增值系统的任务和目标是通过协作提高所有参与者的生产力，并以客户的利益为基础进行个性化的定制（Bauer 等 2014）。所谓的协作生产力是企业能够动态地、单独地调整其附加价值的同时更加经济地管理和发展。构建网络式增值系统是服务提供模型的关键组成部分（见 1.1 节），可以通过纵向和横向网络的协作提高生产率。

1. 纵向联网 - 公司内部联网

纵向联网是横向联网的基础，同时也是开发和建立网络式增值系统的必要基础。纵向联网是将生产中不同等级层面中不同的 IT 系统整合为一个一致的解决方案（Acatech 2013）。在科学中对一个生产中的不同等级层面是用经典的自动化金字塔来表示的（见图 1-1-9）。

对于任何企业，以下五个等级层面的区别如下：在企业层面，包括了确保企业在市场上存在的所有流程，如人力资源和生产领域的市场分析或战略决策，这两者都支持企业资源规划系统（ERP）。在下一级的运营层面中将运行一些流程，以确保企业业务的日常运作，其中包括生产流程、计划流程和成本分析。支持这些流程的软件解决方案被称为制造执行系统（MES）。在流程层面，将运行实现设备自动化的流程，即生产过程监控、生产过程优化和生产过程保障。这里所使用的系统包括过程控制系统以及人机交互（HMI）和监控与数据采集（SCADA）。在控制层面，负责数据的采集和数据的评估，以及后续可以通过可编程逻辑控制器（SPS）来对生产过程进行控制（德语 SPS 就是英语中 PLC）。在现场层面，有技术生产过程的接口，这是通过传感器和执行器完成的。根据行业和企业的规模，可能会存在更多的中间级别和不同的名称（Heinrich 等 2014；Roth 2016）。

纵向联网打破了制造企业内部的自动化金字塔的经典结构，产生了自我组织和自我控制的生产设备，即所谓的信息物理生产系统（CPPS），它们作为企业内部的网络化和分散化的服务来进行运作

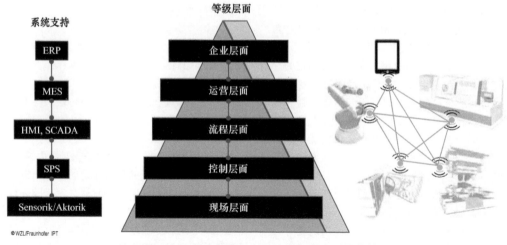

图 1-1-9 纵向联网 - 自动化金字塔和系统支持

（VDI/VDE 2013）。生产结构不是传统定义的或先前固定的，而是通过与信息相关的配置规则来确定的。这些配置规则使制造企业能够根据情况的变化，自动调整生产系统。根据特定情况开发的拓扑，还包括现有的依赖关系、模型、数据和算法（Acatech 2013）。纵向联网成功的前提是企业内部数字化的一致性，它能够用来联系和协调现有的 IT 系统。纵向联网运营的实施还取决于来自软件供应商现有的或正在开发的解决方案：敏捷生产系统需要柔性的软件系统来对生产过程进行实时地规划和控制，以及对出现的数据量进行记录和处理。

2. 横向联网 - 沿着价值链的联网

横向联网描述了企业在生产环境中的整体联网情况（见图 1-1-10）。不同的 IT 系统被用于处理企业内部的能源流、材料流和信息流以及跨企业

流程，从而形成一个综合解决方案（Acatech 2013；Kempermann/Lichtblau 2014）。该解决方案可以实现价值链上不同实体之间的通信，从而实现实时过程的同步（Kempermann/Lichtblau 2014）。

横向联网的核心部分是与供应商联网和增值合作伙伴之间的联网、企业内部联网以及与客户的联网。与供应商的联网主要侧重于与物料供应商和系统供应商的联网。例如，通过供应商和企业之间的信息技术连接，就能自动触发和处理物料订单。与增值合作伙伴之间的联网侧重于加强企业与外部合作伙伴，以及企业集团在价值链上其他网点之间的密切合作和系统联系。特别是对于制造业企业来说，如果涉及具有战略价值并且难以取代的资源或物理产品，就应该争取紧密的联系。与其他企业网点联网的目的，一方面是通过基于能力、基于产能或基

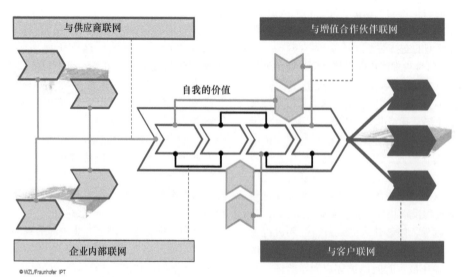

图 1-1-10 横向联网 - 沿着价值链的联网

于时间的集团内部增值范围分配，来实现协同效应；另一方面，行政和其他非增值活动应该同步，并且在时间上高效地进行。工业 4.0 能够将现实中的增值合作伙伴的实际能力实时地与自身能力要求进行比较，从而能够对可能出现的变化灵活而快速地做出反应。其重点应始终放在企业和增值合作伙伴的共同利益上。与客户建立联系是建立长期业务关系的先决条件。在工业 4.0 的背景下，通过企业和客户之间的联系，可以预测如机器、设备和工具的行为，从而预测其故障情况。因此，通过这种方式可以进行预防性的维护和维修。由此带来的针对客户的生产力提升，可为企业带来额外的收入。

对于与企业界限以外的实体之间的所有联网可能性来说，系统端的连接是一个很大的挑战。其基本前提是基于信任的关系以及联网产生互惠的确定性。内部企业的联网侧重于企业内部各个生产过程步骤的同步。对连续子过程的实时协调有助于缩短全过程的时间，长期来说可以减少控制的工作量，如通过组件的自动传输。在横向联网的情况下，所有联网种类都必须被分配相同的优先级。只有全方位的联网才能发挥网络式增值系统的潜力（Schuh 等 2013）。

除纵向联网以外，高性能平台的存在是横向联网的前提条件，也是网络增值系统的前提条件（见 1.5 节）。来自生产过程以及沿着产品生命周期中的数据量不断地增加、变复杂，可通过智能软件结构来应对。横向联网通过纵向联网转化为整个价值链网络，使得制造企业具有能够传递生产力和柔性的优势。因此，整个供应链以及企业的资源使用和其他跨企业的生产过程，都可以通过增值合作伙伴在全球范围内进行实时协调和管理（Kempermann/Lichtblau 2014）。

3. 将网络化式增值系统作为差异化的标准

在全球高度动荡的市场中，网络化式增值系统将成为制造企业决定性的差异化标准。工业制成品的生产逐步在销售市场上进行，并且同时也被不断变化的客户需求所影响。成功应对这些挑战的核心方法是在生产环境中对企业进行全面的联网，这可以通过 IT 和软件解决方案实现。除了所有等级层面的企业内部联网之外，与供应商、增值合作伙伴和客户的系统联网对于建立网络化式增值系统尤为重要。例如，使用智能 IT 和软件解决方案可以实现生产流程的实时柔性，以及生产订单的自动化重新排序。除了可以通过网络协作提高生产力外，还可以通过自适应生产系统更高效地利用生产资源和员工资源。特意针对行业和企业提供的基于网络的增值系统，为优化价值创造提供了更多的潜力。这方面的例子是，（很大程度上）自动启动和运营物流中的交付流程或企业集团设备和系统之间的通信和交易。在工业 4.0 时代，制造企业将需要长期在网络化式增值系统内开展业务。只有这样，他们才有可能成为不可或缺的解决方案供应商，为客户提供长期的竞争优势。

1.5 协作平台

通过互联网对机器、设备和单个（工件）部件进行联网，主要是通过各种平台来进行的。这些平台作为数据聚合和数据交换的"市场"，提高了各个行业之间的相关性。根据 Acatech（2015），可以将（数字化）平台理解为一种协作环境，它提供了一个开放的运行环境，并且为基于此的智能服务的开发和执行提供了必要的框架。平台使企业能够将经济生态系统中不同参与者的数据进行整合。这些平台为数字化增值服务的开发提供了技术基础（Acatech 2015）。因此也不足为奇，越来越多的企业借助数字化平台和基于此的智能化服务，尝试利用数字化和工业 4.0 的附加价值。下面将更详细地讨论平台技术的基础知识以及潜在的基于平台的企业商业模式。

1. 平台技术基础

基于平台的商业模式并不是全新的理念，它已经以相似的形式存在了很长时间。一个平台可将市场的所有参与者聚集在一起，每个人通过他们的行动，将自己的利益最大化，并且为其他的市场参与者或平台参与者贡献利益（Osterwalder 等 2010）。平台的参与者有供应商或运营商、一个或多个服务的提供者以及客户或用户。当今平台的差异在于基础技术：数字化平台利用信息技术的优势和互联网的连接，通过巨大的信息范围、快速的信息提供和信息处理来保证。要提供这类服务，就必须同时提供仓库、咨询或代表处和员工的非分布式网络。图 1-1-11 说明了实现平台需要哪些不同的、相互构造的元素。

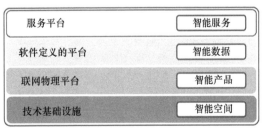

图 1-1-11 所需数字化平台的分层模型
（acatech 2015）

1

技术引入和网络通信可以简化跨越企业边界和系统障碍的数据交换，从而在全球范围内无障碍地使用平台。除了工作范围大之外，数字平台相对简单的可扩展性对所有参与者来说都是一个很大的优势，特别是新平台供应商的市场进入条件得到了简化；他们可以迅速扩大能力，而不必花费大量时间在建立自己的资源上。与类似的平台相比，可扩展性的提高能带来成本优势（Evans 2003）。在传统商业模式中，用户必须建立和维护适当规模的 IT 基础架构，因此其投资成本要低于传统商业模式。这增加了客户的满意度，降低了维护成本或允许协同使用与开发潜力（McKinsey 2015）。

互联网提供了多样化的联网可能性，这使平台能够为广大用户群提供现有的服务，还能为客户提供新颖的服务。许多全新服务的基础是针对客户对大量不同的原始数据的处理和改进（见第 1.2 节）（Acatech 2015）。除了数字化平台解决方案的优势之外，这种平台可以自己基于过去已经使用了的技术产生一些通用要求。对平台更进一步的要求都是相当个性化的，并且强烈依赖于提供的相应服务和所使用的数据库（Eurodata 2015）。在各方互动的背景下，要满足供应商、服务提供商和开发者之间的数据交换的畅通，其最基本的要求是在各部分都有足够的带宽，以足够的速度提供正确的数据。除了带宽和服务器容量之外，供应商还扮演着至关重要的角色。

供应商对平台功能的本质贡献，是确保所提供的商品和服务的质量标准（McKinsey 2015），这可以通过不同的机制来保证。因此，强制性指引方针能帮助用户和服务提供商提高双方的信任。除了指导方针之外，也可以要求供应商提供可能的认证作为准入的前提。根据供应商的市场意义和提供的服务类型，供应商可以自己开展和颁发这些认证证明，或者使用外部公司提供的证书。重要的是，认证中要覆盖有关质量方面的内容。另一种方法可以是由第三方对平台和供应商进行评估和审查，或者供应商与用户以及供应商和公众之间保持高度的透明度。例如，供应商可以允许用户洞察某一技术，从而允许其检查对于该技术至关重要的方面，这也可以通过开源的方式来完成。在这种方法下，审查由感兴趣的公众来执行。通过这些控制的可能性，可以建立对平台和服务的信任。

服务中除了用户的信任和平台的相应质量之外，数据的保护也是至关重要的。用户在与平台和服务的互动下，有时会提供一些敏感信息。提供者有责任采取行动来保护这些数据免受平台各方的不当使用和网络攻击。特别是防范网络攻击，它占有最高的优先级，因为随着数字平台的不断进步，不断提供用户综合数据，可能带来巨大的商业和经济损失（Acatech 2015）。对于数据保护，建议根据相关关于隐私的设计方法制定安全标准，来确定平台的基本方向和结构。另外，应该明确应对的措施，（以应对）如果攻击成功或其他不可预见的事件发生。除了整个平台的隐私设计方法外，也建议供应商建立业务的可持续性管理。在拥有众多用户的数字平台中，特别是在 B2B 背景下，长期的崩溃对于所有参与者来说都会有严重的经济劣势。供应商必须能够在很短的时间内恢复平台的运行，或者更确切地说，为用户重新提供核心服务。同样，通过适当的工具，在服务平台上必须对有害和危险的进程进行隔离和缓解，如外部攻击。可以通过定期使用数据恢复点，尽可能最小化数据丢失所造成的损失。

除了这些对平台奖励相关方之间的相关信任所提出的要求，使用用户友好型和直观操作对用户和服务提供商也起到了至关重要的作用。当用户面对清晰的用户界面时，在应用情况下对适当复杂度级别的产品接受度更高。在服务提供商方面，这种情况也非常相似。人们应该容易理解不仅是使用所提供的服务，还有服务的提供和分成收入，这都不是太复杂（Acatech 2015）。

平台的另一个重要组成部分是数据的准备和数据的处理能力（见 1.6 节）。由于不同的应用案例和专项技术的多样性，战略性技术选择必须与平台的当前和未来目标相协调。同时，考虑到未来的变化，还要保留平台的柔性和可扩展性。但总的来说，应该指出的是，这通常需要汇集大量的非结构化异构数据（见 1.2 节）。只有当一个平台能够有效地整合和汇总来自不同媒体的异构原始数据时，才能创造出额外能够提供的项目和附加服务，为客户创造真正的附加价值（见 MindSphere——西门子 AG 针对工业的云端或 Fraunhofer IPT 的 Virtual Fort Knox）。

2. 基于平台的商业模式

平台的建立为企业及其客户创造了巨大潜力（Bloching 等 2015；Sohn 2015）。这些潜力包括：

- 增效，如通过降低交易成本（客户方面和供应商方面）。

- 网络效应或规模效应，即用户越多，个人的利益就越大。

- 可扩展性，即销售变化（几乎）独立于固定成本。

- 确保市场地位，如为确定的服务建立标准平台。

通过可持续的商业模式来实现这些潜力是很重要的。基于平台的商业模式基本上具有两个关键特征：它们将不同的数据汇总为客户的附加值，并提供从单个产品到整个经济生态系统的指导。这两种观点（产品数据和系统数据）的结合产生了附加值，这是因为只有通过经济生态系统的指导才可能实现对数据的有效汇总。平台要实时监控客户的需求，并针对性地向他们提供必要的信息或产品，以此来帮助企业通过以销售为导向来设计自己的商业模式。通过这种方式可以为客户建立量身定制的服务。上述两种观点的结合产生了四种不同的基于数据的服务类型，如图 1-1-12 所示。

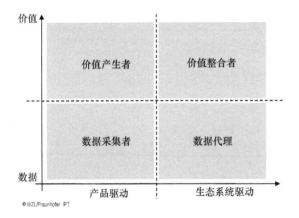

图 1-1-12　基于数据的服务类型（FIR e.V.an der RWTH Aachen）

数据采集者收集数据并以该数据为基础获取有关机器或设备状态的信息。它以服务的形式使用这些信息，从而来监测机器状态，并根据这些数据"了解"不同条件下机器的特性和运行状态。

数据代理的服务类型将整个观察区域扩展到整个经济生态系统。数据代理收集并借鉴来自各种基础架构的数据，并对其进行处理。这是硅谷众多知名商业模式（Google，Facebook 等）采取的措施。它们收集尽可能多的用户数据，然后提供给第三方来收取费用。

价值产生者的类型描述了一类企业，该企业把收集到的产品数据作为以产品为中心的服务基础，提供给拥有产生数据的产品的客户来使用。这样的服务可能处于较初级的发展阶段，因为基于此可以给用户提供数据分析和优化建议。在使用产品数据的同时，始终如一地以用户价值为中心，形成了保证产品可用性和性能的商业模式。产品制造商可以在操作过程中密切观察产品，并结合他的开发和生产制造知识，确保服务的准确性。在这些商业模式

中，由于将数据转化为客户的价值是至关重要的，因此这种类型被称为价值产生者。

价值整合者的性能类型扩展了观察区域。它可以通过客户数据和提供服务之间 1∶1 的关系来解决。最后，通过获得除产品的个人用户数据外，还有来自相同或完全不同产品的其他用户数据，可以增加由服务产生的附加价值。这里可能考虑了基准和最佳实践 - 交换，如从技术数据中获得的信息。另一方面，可以将经济生态系统中其他参与者的服务传递给客户，来扩展观察区域。例如，可以结合保险服务提供商，为客户提供量身定制的产品策略，因为他知道保险客户的用户数据，因此可以准确地计算风险。

上述平台模型的日益相关性表明，未来我们可以在工业环境中使用多个平台进行并行计算。这将包括针对部分特定行业的调整，并随着不同的商业模式而转化。

1.6　转型为工业 4.0 企业

工业 4.0 的持续实施不仅在技术上建立了新标准，还提出了结构和工作方法的要求。因此，工业 4.0 不仅能够实现商业模式的转变，还需要整个企业内部进行转型（Agiplan GmbH 2015）。企业不可能在一夜之间就能成功转型为工业 4.0 企业，而是需要企业根据个性化确定需求，走可持续道路，才能进一步的发展。对于这样的大型项目，在启动时有一个明确的中间目标战略是非常重要的。管理层、专业部门和 IT 机构必须共同拟定战略和目标，并不断改进以确保有效实施（Geissbauer 等 2014）。

1. 中间目标和离散利益阶级

工业 4.0 中间目标的特点是在达到目标时，能使获利分散化。每个目标可以看成是转型的终点或实现另一个目标的起点。图 1-1-13 所示为工业 4.0 的发展阶段。

工业 4.0 转型的起点是数字化，并且与企业的计算机化和连接性相结合。要想成为工业 4.0 企业，需要经历几个阶段，从一个阶段到另外一个阶段需要企业拥有越来越强大的数据采集和使用数据的能力。第一个子目标是使企业中的关键信息可见。只有确保这些必要的相关信息以适当的决策粒度显现，下一步才是保证透明度，也就是说，能够回答企业流程的原因。当企业能够提供这些答案，也就能够更准确预测运营过程中的变化，从而在未来能主动应对诸如订单过程和生产过程这样的变化。预测能力是工业 4.0 转型的总体目标。根据自身的特点，通过

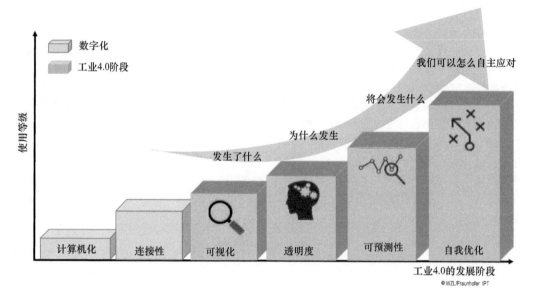

图 1-1-13　工业 4.0 的发展阶段

"自我优化"的选择，可以自动对企业变化的框架条件做出反应。

2. 掌握成功的关键信息

企业走向工业 4.0 需要实现的第一个中间目标就是能够以数字方式重现公司流程的能力，并构建数字孪生（见 1.2 节），能够回答"公司发生了什么事情？"这种通过获得全面数据所有权的可见性形式对许多企业来说都是一项重大挑战。一方面，根据企业历史，有很多分散的、部分"隐形"的数据资产存在，它们在企业中未能与运用相结合；另一方面，由于生产过程中缺乏数据收集，导致没有可见性，因此企业难以确定确切的物料清单。与此同时，保存数据资产给企业带来了提取重要信息的挑战，或者更确切地说是确定数据结构粒度。这是一个重要的标准，通过提供大型、复杂和动态变化的数据源从而做出明智决策。我们的目标是获得企业运营的重要信息的可见性，要求在企业范围内全面地采集管理流程、商业流程以及支持流程中的数据，从而能够足够准确地描述企业的数字图像。运营数据收集在这里起着重要的作用。传感器、自动识别方法和终端车间提供了必要的数据基础。

3. 解释联系

为了创建透明度，认识到企业内部存在的影响，就有必要分析在相关背景下商业活动中产生的数据，以便能够正确地解读它们。只有将数据语义上链接或整合成信息，并分类从属的上下文，才能代表决策所需的过程知识。新型数字化技术在这里提供了重要的帮助，它同时也为海量数据的评估提供了

支持。

由于数据量大，往往不能采用传统的分析方法进行处理和分析，所以需要新的技术。因此，越来越多的技术和应用程序应运而生，它们能够处理和链接这些非常大的、通常是异构的数据集（Hilbert 2016）。通常，大数据应用程序与企业资源规划系统（ERP）或制造执行系统（MES）等企业应用程序系统并行或相互连接。凭借着大数据本身以及广泛的随机数据分析，大数据应用程序构成了通用基础，从而揭示了企业中数字孪生未知的相互依赖关系。获得的数据模型又可以作为输入参数，提供给各种 IT 系统进行处理。这种应用大数据来过滤信息的传递方式，也被称为复杂事件处理（CEP）。这是近乎实时数据处理的事件驱动形式，根据特定的规则将观测数据流中的模式处理为更有价值的事件信息。CEP 的规则是结构化的处理模式，它必须在事件采集开始时就已经确定，以便能够正确识别、汇总和转发所希望的事件。因此，与其他大数据应用程序和其他操作应用程序系统的协调交互对事件检测和处理的质量至关重要。通过 CEP，企业能够将信息有目的地传递给负责的 IT 系统进行处理。作为可选项，还可以基于需求显示的方式传递给用户。

4. 通过预测识别和控制风险

在商业环境中当事件达到可视化和透明度后，下一个也是决定性的中间目标是建立和提高企业的预测能力。预测旨在确保公司为即将发生的事件做好准备，并应对由此产生的影响。为此，预测未来可能出现的企业状况，并且评估各个状况发生的可

能性，企业才能及时识别即将发生的事件并采取必要的应对行动。

减少意外事件，如中断或调度计划偏差，可以实现更鲁棒的业务流程。良好的预测对企业的计划也有积极的影响：预测结果越好，生产计划就越准确。企业预测能力在很大程度上取决于前两个阶段的准备工作。将充分建立的数字孪生与已知的因果关系结合在一起，为高质量的预测以及从中得出的行动建议奠定基础。因此，潜在的信息质量对预测的承受能力具有重大影响。不可避免的信息质量波动会对生成建议的可靠性产生影响，通常通过识别和提供发生概率来补偿。为了对发生概率的相关系数进行陈述，信息质量的量化是必需的，但目前来说它仍然是一个挑战。首先需要经验知识和专业知识来将可靠的假设形式化。

5. 使用预测进行自我优化

如果制造企业能够从充分的数据依赖性评估中识别相互依赖关系和预测，就能在不断接受新知识的基础上进行自我优化，这些知识是通过透明度和预测来获得的。自适应使企业能够在达到某个阶段时运行自我优化的生产控制系统。这个系统包括所有商业成功所必需的实例，即完成生产计划、生产控制和生产管理所需的程序。通过这个系统，它可以根据变化的商业环境自主实时地进行自我调整。自我优化系统的自主程度是一个成本收益比的问题。此时应该检查可重复的工作步骤以获得基本的自主权。应该注意的是，必须严格评估与客户和供应商的自动交易相关的发布和确认。如果企业成功地使用数字孪生数据，使系统能够在最短的时间内做出最有利的决定并实施最终的措施，就可以实现自我优化的目标。

参 考 文 献

acatech (Hrsg.): Umsetzungsempfehlungen für das Zukunftsprojekt Industrie 4.0. Abschlussbericht des Arbeitskreises Industrie 4.0. Frankfurt 2013. *https://www.bmbf.de/files/Umsetzungsempfehlungen_Industrie4_0.pdf*(Stand: März 2016)

acatech (Hrsg.): Umsetzungsempfehlungen für das Zukunftspro-jekt Smart Service Welt-Internetbasierte Dienste für die Wirtschaft. Abschlussbericht des Arbeitskreises Smart Service Welt. Frankfurt 2013. *https://www.accenture.com/_acnmedia/Accenture/Conversion-Assets/DotCom/Documents/Local/de-de/PDF_2/Accenture-Bericht-Smart-Service-Welt-2015.pdf*(Stand: März 2016)

agiplan GmbH im Auftrag des Bundesministeriums für Wirtschaft und Energie (Hrsg.): Erschließen der Potenziale der Anwendung von„ Industrie 4.0 " im Mittelstand. Kurzfassung der Studie.*http://www.bmwi.de/BMWi/Redaktion/PDF/Publikationen/Studien/erschliessen-der-potenziale-der-anwendung-von-industrie-4-0-im-mittelstand-kurzfassung,property=pdf,bereich=bmwi2012,sprache=de,rwb=true.pdf*(Stand: März 2016)

Anderl, R.; Picard, A.; Albrecht, K.: Smart Engineering for Smart Products. In: Abramovici, M.; Stark, R.(Hrsg.): Smart Engineering for Smart Products. Proceedings of the 23rd CIRP Design Conference Bochum. Springer, Berlin 2013. S.1-10

Atzori L.; Iera, A.; Morabito, G.: The Internet of Things: A Survey. In: Computer Networks, Volume 54, Issue 15, 28 October 2010,p. 2787-2805

Bach, N.; Buchholz, W.; Eichler, B.: Geschäftsmodelle für Wertschöpfungsnetzwerke. Begriffliche und konzeptionelle Grundlagen. In: Bach, N.; Buchholz, W.; Eichler, B.(Hrsg): Geschäftsmodelle für Wertschöpfungsnetzwerke. Gabler, Wiesbaden 2003

Baines, T.: Proving the Service Continuum: Quantifying the strategic and economic impact of global service transformation. Oxford Economics for PTC. *https://www.ptc.com/~/media/Files/PDFs/SLM/Professor-Tim-Baines-on-Oxford-Economics-study-Proving-the-Service-Continuum.ashx?la=en*(Stand: März 2016)

Bauer, W.; Schlund, S.; Marrenbach, D.; Ganschar, O.: Industrie 4.0-Volkswirtschaftliches Potenzial für Deutschland. Studie. BITKOM 2014

Belz, C.: Erfolgreiche Leistungssysteme. Anleitungen und Beispiele. Schäffer-Poeschel, Stuttgart 1991

Belz, C. et al. (Hrsg.): Industrie als Dienstleister. Thexis, St. Gallen 1997

Bieger, T.; Rüegg-Stürm, J.; Rohr, T. von: Strukturen und Ansätze einer Gestaltung von Beziehungskonfigurationen. Das Konzept Geschäftsmodell. In: Bieger, T.; Bickoff, N.; Caspers, R.;Knyphausen-Aufsess, D. zu; Reding, K.(Hrsg.): Zukünftige Ge schäftsmodelle: Konzept und Anwendung in der Netzökonomie. Springer, Berlin 2002

Bleek, W.-G.: Agile Softwareentwicklung. dpunkt, Heidelberg 2008

Booz, Allen, Hamilton Inc. (Hrsg.): New Product Management for the 1980s. New York 1982

Bloching, B.; Luck, L.; Ramge, T.: Smart Data – Datenstrategien, die Kunden wirklich wollen und Unternehmen nützen. Redline Verlag, München 2015

Christensen, C.M.: The Innovator's Dilemma: When New Technologies Cause Great Firms to Fail. Harvard Business School Publishing Corporation, Boston 2006

De Jong, M.; Van Dijk, M.: Disrupting beliefs: A new approach to business-model innovation. In: McKinsey Quarterly 2015, Nr. 3, S.66-76

Emmerich, V.; Döbele, M.; Bauernhansel, T.; Paulus-Rohmus, D.; Schatz, A.; Weskamp, M.: Geschäftsmodell-Innovation durch Industrie 4.0. Dr. Wieselhuber & Partner Gmbh, 2015

Erevelles, S.; Fukawa, N.; Linda Swayne, L.: Big Data consumer analytics and the transformation of marketing. In: Journal of Business Research, Volume 69, Issue 2, February 2016, p. 897-904

Eurodata (Hrsg.): Smart Services und intelligente Vernetzung machen neue Geschäftsmodelle möglich. 2015

Evans, D.S.: Some Empirical Aspects of Multi-sided Platform In dustries. In: Review of Network Economics, Vol. 2, Issue 3, September 2003

Evans, D.: Das Internet der Dinge. So verändert die nächste Dimension des Internet die Welt. *http://www.cisco.com/web/DE/assets/executives/pdf/Internet_of_Things_IoT_IBSG_0411FINAL.pdf* (Stand: März 2016)

Ewaldsson, U.: 5G for the Networked Society. *http://www.ericsson.com/de/spotlight/5g#section_2* (Stand: März 2016)

Fischer, T.; Gebauer, H.; Gregory, M.; Ren, G.; Fleisch, E.: Exploitation or exploration in service business development? Insights from a dynamic capabilities perspective. In: Journal of Service Management 21, 2010, S.591-624

Frick, L.: Erfolgreiche Geschäftsmodelle im Werkzeugbau. Dissertation. RWTH Aachen/Shaker Verlag, Aachen 2006

Gantz, J. (Hrsg.): The Diverse and Exploding Digital Universe. IDC, Framingham 2008

Garcia, R.: Types of Innovation. In: Narayana, V.K., O'Connor, G.C.(Hrsg.): Encyclopedia of Technology and Innovation Management. John Wiley & Son Ltd 2010, S.89-95

Gassmann, O.; Frankenberger, K.; Csik, M.: Geschäftsmodelle entwickeln. 55 innovative Konzepte mit dem St. Galler Business Model Navigator. Carl Hanser Verlag, München 2013

Geissbauer, R.; Koch, V.; Kuge, S.; Schrauf, S.: Industrie 4.0-Chancen und Herausforderungen der vierten industriellen Revolution. Hrsg. Von PricewaterhouseCoopers AG. *http://www.strategyand.pwc.com/media/file/Industrie-4-0.pdf* (Stand: März 2016)

Grönroos, C.: Service Management and Marketing. A Customer Relationship Management Approach. 2. Auflage. Wiley, Chichester 2006

Hauschildt, J., Salomo, S.: Innovationsmanagement. 5. Auflage. Vahlen, München 2011

Heinrich, B., Linke, P., Glöckler, M.: Grundlagen Automatisierung. Sensorik, Regelung, Steuerung. Springer Vieweg, Wiesbaden 2015

Hermanns, A; Sauter, M.: Electronic Commerce-Grundlagen, Potentiale, Marktteilnehmer und Transaktionen. In: Management-Handbuch Electronic Commerce. Vahlen, München 1999, S.13-29

Hilbert, M.: Big Data for Development: A Review of Promises and Challenges. In: Development Policy Review 34(1), S.135-174. DOI: 10.1111/dpr.12142

Hildenbrand, K.: Strategisches Dienstleistungsmanagement in produzierenden Unternehmen. Dissertation. Universität St. Gallen 2006

Hoban, C.; Wise, R.; Sovie, D.: Business Design Innovation: Transforming Ideas into Results-Identifying Opportunities in Only Half the job. In: Mercer Management Journal, Nr. 13, 2001, S.1-14

Homburg, C.; Staritz, M.; Bingemer, S.: Commodity-Differenzierung-Ein branchenübergreifender Ansatz. In: Enke, M.; Geigenmüller, A.; Leisching, A.(Hrsg.): Commodity Marketing.Grundlagen-Besonderheiten-Erfahrungen. Gabler, Wiesbaden 2014, S.27-36

Hurwitz, J.; Kaufman, M.; Bowles, A.: Cognitive Computing and Big Data Analysis. Wiley, New Jersey 2015

IHK Karlsruhe (Hrsg.): Standortfaktor Breitband. 2014

Kandybin, A.; Kihn, M.: Raising Your Return on Innovation Investment. In: Strategy+Business, May 2004

Kaufmann, T.: Geschäftsmodelle in Industrie 4.0 und dem Internet der Dinge. Der Weg vom Anspruch in die Wirklichkeit. Springer, Wiesbaden u.a. 2015

Kaufmann, T.: Datenzentrierte Geschäftsmodelle. In: Geschäftsmodell für Industrie 4.0 und dem Internet der Dinge. Springer, Wiesbaden 2015. S.11-30

Kempermann, H., Lichtblau, K.: Dienstleistungspotenziale im Rahmen von Industrie 4.0. vbw, München 2014

Lee, J.; Kao, H.; Yang, S.: Service Innovation and Smart Analytics for Industry 4.0 and Big Data Environment. In: Procedia CIRP, Volume 16, 2014, S.3-8

Lehmbach, J.: Vorgehensmodelle im Spannungsfeld traditioneller, agiler und Open-Source-Softwareentwicklung. Marburg 2007

Lindgardt, Z.; Reeves, M.; Stalk, G.; Deimler M.: Business model innovation: when the game gets tough change the game. The Boston Consulting Group 2009

Meinhardt, Y.: Veränderungen von Geschäftsmodellen in dynamischen Industrien. Fallstudien aus der Biotech-/ Pharmaindustrie und bei Business-to-Consumer Portalen. Deutscher Universitäts-Verlag, Wiesbaden 2002

Meyer, K.; Böttcher, M.: Entwicklungspfad Service Engineering 2.0. Neue Perspektiven für die Dienstleistungsentwicklung. Leipziger Beiträge zur Informatik, Bd. 29. Leipzig 2011

Minelli, M.; Chambers, M.; Dhiraj, A.: Big Data, Big Analytics-Emerging Business Intelligence and Analytic Trends for Today's Businesses. Wiley, New Jersey 2013

Müller-Stewens, G.; Lechner, C.: Strategisches Management-Wie strategische Initiativen zum Wandel führen. 2. Auflage. Schäffer-Poeschel, Stuttgart 2003

Ng, I.; Parry, G.; Smith, L.; Maull, R.U. Briscoe, G.: Transitioning from a goods-dominant to a service-dominant logic: Visualising the value proposition of Rolls-Royce. In: Journal of Service Management 23, 2012, S.416-439

Oliva, R.; Kallenberg, R.: Managing the transition from products to services. In: International Journal of Service Industry Management 14, 2002, S.160-172

Osterwalder, A.; Pigneur, Y.; Clark, H. (Hrsg.): Business model generation. A Handbook for Visionairs, Game Changers, and Challengers. Wiley, New Jersey 2010. S.76-79

Porter, M.; Heppelmann, J.: Wie smarte Produkte den Wettbewerb verändern. In: Harvard Business Manager, 12/2014, 2014, S.34-61

Porter, M.E.; Heppelmann, J.E.: How Smart, Connected Products Are Transforming Competition. In: Harvard Business Review 92(2014)11, S.64-88

PTC Santa Cruz:„ Digital Twin " -PTC's neue Strategie für IoT, Big Data und Augmented-Reality-Technologie. 2016.*http:// www.cadplace.de/News/Messeberichte/Digital-Twin-PTC-s-neue-Strategie-fuer-IoT-Big-Data-und-Augmented-Reality-Technologie*(Stand: März 2016)

PwC (PricewaterhouseCoopers AG): Big Data-Bedeutung, Nutzen, Mehrwert. Frankfurt am Main 2013.*https://www.pwc. de/de/prozessoptimierung/assets/pwc-big-data-bedeutung-nutzenmehrwert.pdf*

Reil, H.: Smart Faction-Audi denkt die Produktion neu. In: Dialoge Smart Factory.Audi, Ingolstadt 2015.S.27-31

Siepmann, D.: Industrie 4.0-Technologische Komponenten. In: Roth, A.(Hrsg.): Einführung und Umsetzung von Industrie 4.0. Grundlagen, Vorgehensmodell und Use Cases aus der Praxis. Springer, Berlin u.a. 2016

Schuh, G.; Boos, W.; Kampker, A.; Gartzen, U.: Strategie.

In: Schuh, G.(Hrsg.); Kampker, A.(Hrsg.): Handbuch Produktion und Management 1. Strategie und Management produzierender Unternehmen. 2. Auflage. Springer, Berlin u.a. 2010

Schuh, G. (Hrsg.): Innovationsmanagement. Handbuch Produktion und Management 3. Springer, Berlin u.a. 2012

Schuh, G.; Gudergan, G.; Thomassen, P.; Brenken, B.: Strategisches Management industrieller Dienstleistungen. In: Schuh, G.; Gudergan, G.; Kampker, A.(Hrsg.): Management industrieller Dienstleistungen. Handbuch Produktion und Management. Bd. 8. VDI-Buch. 2. Auflage. Springer Vieweg, Berlin u.a. 2016. S.31-63

Schuh, G.; Gudergan, G.: Service engineering as an approach to designing industrial product service systems. In: Roy, R.(Hrsg.): Industrial product-service systems(IPS2). Proceedings of the 1st CIRP IPS2 Conference. Cranfield University Press 2009. S.1-7

Schuh, G.; Friedli, T.U.; Gebauer, H.: Fit for Service: Industrie als Dienstleister. Carl Hanser Verlag, München 2004

Schuh, G.; Schöning, S.; Lenders, M.; Kubosch, A.: Lean Innovation. Idealtypisches Management von Innovationsprozessen in der Investitionsgüterindustrie. In: Gleich, R.(Hrsg.): Innovationsmanagement in der Investitionsgüterindustrie treffsicher voranbringen. Konzepte und Lösungen. VDMA-Verlag, Frankfurt am Main 2006. S.186-206

Schuh, G.; Reuter, C.; Hauptvogel, A.; Dölle, C.: Hypotheses for a Theory of Production in the Context of Industrie 4.0. In: Brecher, C.(Hrsg.): Advances in Production Technology. Springer 2015a. S.11-23

Schuh, G.; Rudolf, S.; Riesener, M.; Kantelberg, J.: Application of Highly-Iterative Product Development in Automotive and Manufacturing Industry. In: Proceedings from The ISPIM Innovation Forum 2016(Boston): Charting The Future Of Innovation Management. Boston 2016. S.1-13

Schuh, G.; Rudolf, S.; Schrey, E.: Digitaler Turbo für Geschäftsprozesse. In: Industrie Anzeiger 137, 2015b, 3, S.28-32

Schuh, G.; Rudolf, S.; Diels, F.: Highly Iterative Product Development Process for Engineering Projects, In: Applied Mechanics and Materials, Ausgabe 794, 2015c, S.532-539

Schuh, G.; Rudolf, S.; Diels, F.: Methodology for the evaluation and selection of the suitability of highly iterative product development methods for individual segments of an overall development project, In: 2015 IEEE International Conference on Industrial Engineering and Engineering Management(IEEM). 2015d. S.661-665

Schuh, G., Kuhlmann, K., Pitsch, M, Komorek, N., Varnhagen,

1

V., Bechthold, J., Stich, C., Lauenstein, C.: Fokus Automobilindustrie-Digitale Wertschöpfungsnetzwerke im Werkzeugbau. Apprimus, Aachen 2013

Schwaber, K.: SCRUM Development Process. In: Sutherland, J.; Casanave C.; Miller, J.; Patel P.; Hollowell G.(Eds.): Business Object Design and Implementation. Springer, London 1997. S.117-134

Schwaber, K.: Agile project management with Scrum. Microsoft Press, Redmond 2004

Sohn, G. (2015):„ From Pipelines to platforms " -Wie verändern digitale Plattformen die Wirtschaft? http:// nexteconomy.me/2015/10/12/from-pipelines-to-platforms-wie-vera%CC%88nderndigitale-plattformen-die-wirtschaft-neo15-session(Stand: März 2016)

Song, M.; Thieme, J.: The Role of Suppliers in Market Intelligence Gathering for Radical and Incremental Innovation. In: Journal of Product Innovation Management, Volume 26, Issue 1, 2009, S.43-57

Spath, D.; Demuß, L.: Entwicklung hybrider Produkte. Gestaltung materieller und immaterieller Leistungsbündel. In: Bullinger, H.-J.; Scheer, A.-W.(Hrsg.): Service Engineering. Entwicklung und Gestaltung innovativer Dienstleistungen. 2. Auflage. Springer, Berlin u.a. 2006. S.463-502

Stähler, P.: Geschäftsmodelle in der digitalen Ökonomie: Merkmale Strategien und Auswirkungen. Dissertation. Universität St. Gallen 2002

Stampfl, N.: Die Zukunft der Dienstleistungsökonomie. Momentaufnahme und Perspektiven. Springer, Berlin u.a. 2011

Statistisches Bundesamt (Hrsg.): Deutscher Außenhandel. Export und Import im Zeichen der Globalisierung. Ausgabe 2015. https://www.destatis.de/DE/Publikationen/Thematisch/ Aus senhandel/Gesamtentwicklung/AussenhandelWelthand el5510006139004.pdf?_ _blob=publicationFile(Stand: März 2016)

Telekom CLAAS: Ein Netz im Kornfeld. https://www.telekom. com/de/konzern/details/ein-netz-im-kornfeld-348230(Stand: März 2016)

Vandermerwe, S.; Rada, J.: Servitization of business. Adding value by adding services. In: European Management Journal 6(1988)4, S.314-324

VDI/VDE-Gesellschaft Mess- und Automatisierungstechnik. CyberPhysical Systems: Chance und Nutzen aus Sicht der Automation. Düsseldorf 2013

VDMA: Industrie 4.0-Readiness. VDMA-Studie. Aachen/Köln 2015

Völker, O.; Meier, H. (Hrsg.): Erbringungsorganisation hybrider Leistungsbündel. Dissertation. Universität Bochum 2012/ Schriftenreihe des Lehrstuhls für Produktionssysteme(Bd. 2012, 4). Shaker Verlag, Aachen 2012

West, D.; Grant, T.: Agile Development: Mainstream Adoption Has Changed Agility-Trends In Real-World Adoption Of Agile Methods. Forrester Inc. 2010

Wirdemann, R.: Scrum mit User Stories. Carl Hanser Verlag, München 2011

Ziegengeist A.; Weber E.; Gronau N.: Wandlungsbereitschaft von Mitarbeitern-Wie lässt sie sich messen und welche Faktoren sind ausschlaggebend? In: ZFO 83,6/2014,S.421-426

第 2 章 生产计划与控制的变化

Peter Nyhuis，Marco Hübner，Melissa Quirico，
Philipp Schäfers，Matthias Schmidt

本章讨论了工业 4.0 对生产规划与控制（PPS）的影响以及潜力。首先是 PPS 概述，然后介绍日益增加的数据透明度及其对 PPS 每个任务的预期变化，最后讨论一些 PPS 的普遍预想和工业 4.0 对 PPS 影响的局限性。

2.1 PPS 概述

首先简要描述一下 PPS 的发展历程及其主要任务。图 1-2-1 所示为著名的汉诺威供应链模型（HaLiMo）。这个模型沿着企业内部的供应链，将 PPS 的任务与物流的调整参数、调节量和目标值相结合，描述了上述参数存在的相互作用关系，并且

指出了其目标中的冲突。

模型的下半部分（供应链部分）描绘了企业内部供应链，包括采购、生产准备阶段、半成品仓储、生产的最终阶段以及产品发货。在进一步的细节层面（这里没有表示出来）描述了各个核心过程的原材料流的目标情况、计划情况和实际情况之间的相互关系，以及其对物流目标值的影响。此模型就是根据 Lödding（2008）在生产控制中已经使用了的方法来建立的。

下面对 PPS 过程进行简要的描述，以便能够更好地通过 PPS 理解工业 4.0 的作用和潜力。如果想要得到关于 HaLiMo 模型更加详细完整的描述以及对 PPS 更进一步的解释，可查阅 www.hannoveraner-

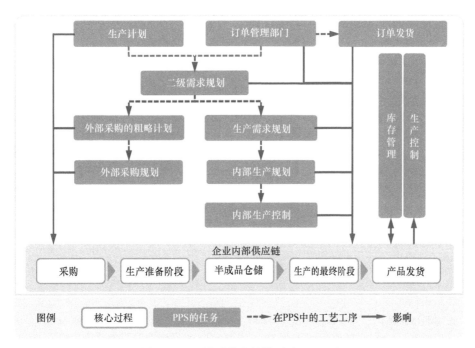

图 1-2-1　汉诺威供应链模型（HaLiMo）

1

lieferkettenmodell.de 或 www.hasupmo.education。

PPS 有一个与客户订单无关的原始目标和一个以客户订单为中心的原始目标。首先，在生产计划的框架下给出与客户订单无关的需求趋势信息（如对过去销售数据的评价）。作为补充，还将引入市场指标以及关于客户框架协议的信息，这些都不需要以个别的订单作为依据。在此基础上制订销售计划，如每月一次。根据毛主要需求的确定和净主要需求的确定以及需求和企业资源之间大致的平衡关系，并且考虑已经接收到的客户特殊订单，订单管理部门将依此制订生产计划。

在二级需求规划（如每周）的框架下，通过对零件清单的分解、预处理和循环流通，得出毛二级需求和净二级需求。与此相关的是对零件获取方法的分类（外部采购或内部生产）。从二级需求规划可以得出外部采购计划建议和内部生产计划建议。

外部采购计划建议会在外部采购的粗略计划中起作用。计划采购的二级需求必须与供应商协调一致。当与供应商磋商并确定可以购买时，外部采购计划才可以实施。外部采购计划是外部采购规划的基础。首先会对预算进行估算，目的是将核心的预定数量和预定期限确定下来，然后对不同的供应商进行询问、报价，最后对预算进行核准。

基于二级需求规划所得到的内部生产规划建议，在生产需求规划的框架下计算出所需要的加工能力，并且与现有的加工能力进行比较。生产需求规划的结果就是生成内部生产规划。

这为内部生产规划奠定了基础。首先对批量大小进行计算，然后进行生产订单的连续调度，以便确定订单工作流程的开始和结束日期。此外，还将审核是否可以满足所需要的加工能力。

从内部生产规划中得到的生产计划被安排到内部生产控制中。订单在对所需资源进行可行性检查后发布，然后进行实质性生产。此外，在各个工作系统中，对发布后的订单进行容量控制和次序建立。

作为订单发货的一部分，产品在完成后交付给客户。这里关系到那些与客户订单有关的（订单完成者）或与客户订单无关的（仓储完成者）产品。

在企业内部供应链中，几乎所有的过程都需要对库存进行管理和控制。在主要任务库存管理下，其涵盖的各个任务都要紧密结合。这对原材料、半成品和最终产品的仓储等级尤为适用，因为它们之间的库存量将会相互影响。

在生产控制的框架下，人们可以沿着企业内部供应链获取反馈信息。这样就可以查明供应链中订单的真实情况，并将其与目标和计划进行比较。在此基础上，可以指导性地介入其中并采取一些措施，进一步完善企业内部供应链的物流特性。

2.2　通过提供数据提高透明度和 PPS 的效果

正确的信息以正确的方式在正确的时间出现在正确的地方，这是高效 PPS 至关重要的基础。与此同时，在数字化和工业 4.0 的框架下，信息供应成为必须克服的核心挑战。除此之外，不同系统的庞大数据产生了不同形式的复杂问题，需要组织和处理，从而实现透明度。这些挑战应该使用工业 4.0 的方法来解决：通过有意识地、深思熟虑的方式，避免数据崩溃和千差万别。对于 PPS 来说，员工和机器上的传感器将生成更多的来自生产的且格式可用的信息。

从图 1-2-2 所示的产品规划和控制的分层体系结构可以看出子系统之间相互作用的复杂性。这个结构由最顶层的战略性企业资源规划（ERP）系统、操作端的制造执行系统（MES）和执行端的车间层面组成。车间层面将操作和生产监控的过程控制层（数据采集与监视控制系统 SCADA）与控制/传感器/信号层再次统一起来。一方面，纵向存在系统中断；另一方面，在车间的横向层面上将会出现联网问题，如由于冗余和矛盾的反馈信息，在更高一级的 PPS 中出现质量很差的数据。

信息物理系统（CPS）的整合展现了一种新的手段，它可以借助较少的资产投入，来为现有的工作系统适当地配备传感器（Schuh 等 2014）。这就需要用到智能传感器，它们可以相互连接并且进行数据交换、评估、储存，如果有必要的话也可通过执行器来做出相应的反应（Sauter 等 2015；Obermaier/Kirsch 2015）。在车间层面上，这种连接是工业 4.0 和更高透明度的基础。另外一个能够产生透明的、牢固的数据库的先决条件是，尽可能避免由工作人员手动输入数据，目的是减少主观影响并尽可能阻止错误信息的输入。因此，需要能够直接与传感器层面相整合且能与车间层面统一连接的自动化协议。这样就可以在更高的系统级别向 MES 和 ERP 传输一致的信息，并在 PPS 中生成一个虚拟图像（数字投影），可实时记录和显示系统和过程状态。

MES 在工业 4.0 中具有特殊的意义。它是作为连接"工业 4.0- 基础工艺"（Obermaier/Kirsch 2015）的一部分，与 ERP 和车间层面相结合。其目标是建立一个遍及整个网络的整体系统（Obermaier/Kirsch 2015），从而形成一个信息物理生产系统（CPPS）。

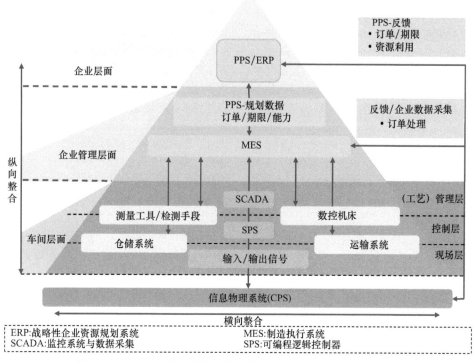

图 1-2-2　生产规划和控制及信息物理系统（Obermaier 等 2010）

因此，最下层非常重要，因为它不仅要在内部通过标准化的接口来连接，还要负责在横向上发生的仓储过程、生产过程、检验过程以及运输过程全面的系统整合。

系统全面连接的第一步已经成功了：现在已有与机器相连、基于网络的传感器，这在 CPS 的意义上已经实现了与 ERP 系统层面上的连接。通过这种方式可以查询工作系统上的当前处理状态，从而进行高度详细的调度且不会遇到通常的协调工作。

但总体来说，仅仅提高数据的可用性和数据普遍性还不足以提高 PPS 的性能。不过，如果数据可用性是在统一的、标准独立的系统中，并结合正确的评价方法，则可以创建透明度，以便在将来更详细地描述生产情况。这创造了不断改进 PPS 主数据和规划数据的潜力，如在更大规模上应用供应链的现有描述模型和影响模型（Nyhuis 等 2014）。更多详细信息参阅本篇第 6 章 "用于规划和生产的组织、质量及 IT 系统"。

2.3　PPS 任务的数字化潜力

在第 2.1 节中对 PPS 的过程进行简要说明后，本节将讨论工业 4.0 对 PPS 会带来哪些影响和潜力。以下陈述基于汉诺威供应链模型（HaLiMo）（见图 1-2-1）。首先，对 PPS 的每个主要任务及其逻辑过程进行简短的描述；然后，将通过示例说明工业 4.0 如何影响任务的完成，以及由于日益增加的数字化增加而产生的潜力。

2.3.1　生产计划

生产计划的主要任务是确定要生产的成品。首先是销售计划。一方面由销售市场根据需求发展信息进行初始化，另一方面由具有框架协议信息的客户进行初始化。这些初始化后的信息将逐渐完善，从而转变为销售程序。根据可能的销售计划和计划库存确定总生产需求，从而确定生产成品的需求。其次是与现有的成品库存进行对比，从而确定成品的净需求，这相当于第一个生产计划提案。此时进行资源规划，并通过可行性研究来检查生产计划提案。如有必要可以随后进行迭代调整。

现如今，在许多行业都存在从与客户无关的库存生产到与客户有关的订单生产的转型，这使得制造业也面临着确保较大的交货日期柔性和销售量柔性的挑战（Jodlbauer 2007）。销售计划的另一个挑战是难以预测销售波动（Wiendahl 2010），这可能是由于无法预料的事件或广告造成无法估量的影响，这在某些情况下可能会导致供给不足或生产过剩。

一种更好的销售预测的新方法源于通过智能

"大数据分析"和定量分析来使用搜索引擎中数据的想法。通过评估产品和商品特定级别的搜索查询历史，生成具有更高实用性和更多细节的数据。搜索引擎的预测基于以下假设：对产品的搜索访问频率与其实际销售之间存在相关性。在宏观经济层面已经表明其具有相应较低的细节程度，而在数学模型中实施的基于搜索引擎的预测方法可使预测误差显著降低（Kholodilin 等 2010；Choi/Varian 2012；Vosen/Schmidt 2011）。与那些基于宏观经济指标或历史价值的方法相比，基于搜索引擎的预测的优势在于数据库的高可靠性，它可以实时地适应环境。基于搜索引擎的销售预测还能更快地检测趋势变化，因此可用于战略决策支持。

2.3.2　订单管理和订单发送

订单管理和订单发送构成了与客户的核心接口。

通过订单管理可以将客户订单存在 PPS 中，以对生产计划进行补充，因此订单管理根据客户具体的意愿来进行。首先，订单管理部门与客户共同明确订单，然后大致安排与客户订单相关的生产订单以及确定完成时间。通过这种方法，可以消除生产过程可能出现的中断，即消除与生产订单计划通过时间的偏差，确定该客户订单的生产计划开始时间和结束时间。然后将其与可用资源进行一个粗略的比较。通过可行性检验后，可以接受客户订单并商讨交货日期，最后执行订单的生产计划。订单发送是将订购的物品提供给客户。在订单发送中，要区分两种不同的订单处理类型：一种是定制订单（合约

制造商），其交货日期是与客户商定的；另一种是库存商品订单（仓库管理员），这些物品将在承诺的交货时间范围内发送给客户。

个性化产品以及满足用户特定要求的趋势，对订单管理提出了更高的要求。只有通过重组结构的销售过程和精益的订单生产制造，以及使用现代化信息技术和通信技术，在客户和制造商之间建立全数字化的信息流才能确保高效和低成本地实现这些需求。工业 4.0 的发展意味着可以实现在最短的交货时间内满足生产个性化产品的任务。即使有完全数字化的数据流，订单管理仍可作为客户订单的接收工具，并作为客户接口。这里可通过牙科行业植入物的生产例子来说明。

牙齿植入物是高度个性化的产品，需根据患者要求单独制造。几年前，牙齿植入物主要由手工业企业生产。在高成本压力的推动下，技术发展逐渐使这些工艺越来越接近工业合同制造。牙齿植入物在大型集中式铣削中心加工，通过在线平台直接与牙医连接。虽然技术上的加工和成形的主要部分由中央铣削中心完成，但是分散在实验室的牙科技师更倾向于承担高端饰面和美学适应的任务。随着口腔扫描技术的提高，在未来可能所有的加工全部由集中化的铣削和牙科技术中心来完成。工艺的减少和新创造的价值链将主要通过数字化的订单管理来实现（见图 1-2-3）。客户（牙医）可直接通过线上平台与铣削和牙科技术中心（制造商）联系。客户上传数字化模型，制造商对产能可行性进行检验之后，即可完成订单确定。由于计算机处理数据准确，制

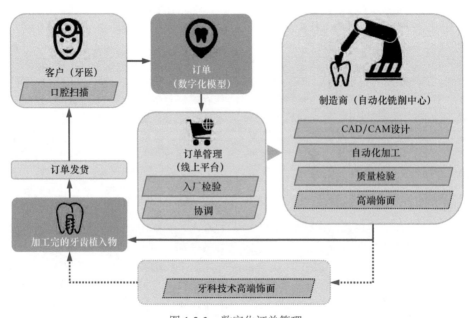

图 1-2-3　数字化订单管理

定交货期和订单处理可通过线上平台直接且迅速地进行。通过对技术和生产能力的潜在改善和自动化，可发掘更多潜力，因此理想的情况是根据生产订单可以实时告知交付日期。

这个例子表明，通过持续地避免数据崩溃和精简订单管理，创建直接的客户连接，可在未来将协调工作减少到最低限度并缩短订单处理时间。

2.3.3　二级需求规划

在生产计划和相应的主要需求确定之后，下一步就是确定二级需求规划。

二级需求是所有原材料、组件和构件的总和，这对最终产品的生产以及通过它满足主要需求是必不可少的。其他如必要的帮助和驱动材料将作为三级需求。与二级需求相比，三级需求经常独立于生产程序，因此不考虑三级需求（Koether 2006）。如果要维持特定产品的仓储量，那么进一步区别毛需求和净需求是很必要的。毛需求包含了各需求材料的数量，这些需求材料在时间上与计划周期或交货期相关。毛需求和现有库存之间的差值就是净需求（Wiendahl 2010）。需求确定完成后，还要进行采购类型分配（自产或外购）。

工业 4.0 所带来的数字化联网，使整个企业内部和跨企业供应链的数据可用性和数据评估得以改善。为了描述工业 4.0 对二级需求规划的影响，接下来将介绍三种基于不同的数据库的调整毛需求量的方法（见图 1-2-4）。

在启发式需求评估中，仅估计二次供应的需求。其大多数情况下是基于员工的经验，并且不需要任何数值的数据和信息（Wiendahl 2010）。由于工业 4.0 改进的数字化数据生成和配置对这种类型的需求评估几乎没有任何影响。

确定性需求评估与启发式需求评估类似，它是根据生产计划中确定的主要需求，通过零件清单分解来精确计算次要需求（Wiendahl 2010）。对此，工业 4.0 几乎没有改变的可能性，因为这种计算现在已经可以通过传统系统进行。

随机需求评估的情况则不同。它不对材料需求进行精确计算，而是根据以往消费数据进行消费预测（Wiendahl 2010）。鉴于为此使用的消费统计和消费预测，工业 4.0 可通过日益提升的数据可用性提供一个更好的改善潜力。例如，记录高粒度库存可以更精细地查看单个物品的消耗情况，这对基于过去的预测和统计准确度有积极的影响，并因此反过来影响基于此的随机需求评估的优势。这可以通过二级需求库存控制的新方法来实现，如可以与内部货物通信的智能集装箱。除此之外，这些技术还简化了净二级需求的评估，因为可以实时地了解零件的当前库存（见 2.3.7 节）。

总而言之，工业 4.0 不太可能改变二级需求规划。但是，技术发展可为基于过去的预测和统计提供更好的信息基础，这对基于消费的需求评估的准确性将产生积极影响。

2.3.4　外部采购粗略计划和外部采购规划

由二级需求规划得出的外部采购计划提案触发了外部采购粗略计划，它包含要采购的主要需求和二级需求。必须将计划中的可行性采购需求与供应

图 1-2-4　需求评估的方法（Wiendahl 2010）

1

商的交付时间表进行比较，如果无法按计划外部采购物品和产品，则必须调整外部采购计划提案；如果与供应商协商后外部采购可如期进行，就可以发布外部采购计划提案。

在外部采购计划中，依据外部采购计划的订单进行预算，以确定最优的订购时间与数量，从而产生了预算计划提案。在此基础上，对供应商进行详细咨询。假如没有长期供货合同和框架协议，可由几个不同的供应商来完成。通过企业来对其进行调查和评估。在供应商的选择过程中，企业从供应商处选择特定报价。外部采购计划的最终结果就是下达采购订单。为了在库存管理中更好地实现库存控制，要在此传递有关订单的信息（见图 1-2-5）。

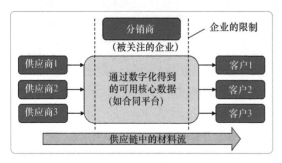

图 1-2-5   从供应商、分销商到客户的数字信息流和可用核心数据

接下来，通过两个例子来阐述工业 4.0 在外部采购（粗略）计划上提供的潜力。

在第一个例子中，我们关注一个销售与生产无关的钢材和其他金属企业。持续实施数字化战略并将具有启动性的公司中的必要活动捆绑在一起，旨在加强传统钢铁行业中供应商、分销商和客户之间的联网，从而更好地协调生产和需求。应简化供应链并显著降低库存（包括分销商和客户），以便有针对性地整合到客户的价值创造中。该企业设立了明确的目标，用数字化的方法将与供应商尤其是与客户之间的全部流程设计得更加简单且更加高效。重点是从生产者到顾客的连续数字信息流，以便通过电话、传真或电子邮件取消客户的订单。首先是研发合同平台，并让客户立即使用。在采购方面，数字化的链接建立在钢铁制造商和大型代理商之间。通过该方法，客户和销售伙伴能够接触可用的核心数据并加以使用。建设工业平台被视为一个长期计划，它不仅能够连接客户和供应商，还能与竞争者建立连接（NORD/LB 2015）。

在第二个例子中描述了供应商之间联系的另一种处理方式。该方法也是基于系统集成。如图 1-2-6 所示，这种方法将生产中的二级需求物品的库存和供应商调度之间建立联系。生产者可以自动地对取样过程进行信息收集。这在技术上可以通过使用手持设备对条形码扫描，使用 RFID 技术或在入库的集

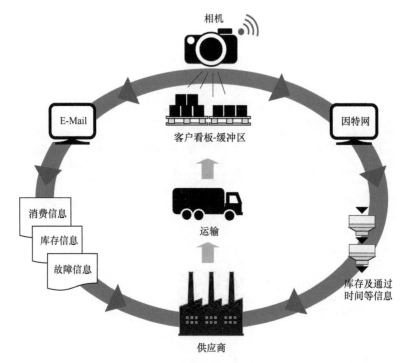

图 1-2-6   通过制造商和供应商之间的系统集成，实现自动库存记录和数据传输

装箱标签和光学技术（相机）得以实施。我们可以从采集到的信息，自动得出关于供应商调度系统的信息。因此，系统间信息技术的直接联系是有必要的。

获得的数据为评估提供了多种可能性。该实际的例子中，库存控制通过复杂的供应循环来实现。因此，必须沿着供应链确定合适的测量点，记录投入和产出的实际值，并且与计划值进行对比。因此，可以评估供应链中每个部分的库存和交货时间，并从订单到交付进行可视化。此外，通过有针对性的设计，评估可用于消除供应链中的薄弱环节。

所示示例还生成用于检测关键系统状态的消息（要求有安全库存或零库存、消耗明显比计划的过大或过小、交货期推迟等），并能很快地消除它们，或者从一开始就避免它们。这对应于数字的预警系统（见第 1 篇第 6 章）。

正如两个例子所示，通过过程的数字化和网络化以及系统的集成，外部采购有可能得到改善。通过这种方式，复杂的供应链可以越过企业的限制，进行更可靠地控制。

2.3.5　生产需求规划

由生产计划和二级需求规划得到的自产计划提案为生产需求规划提供了输入信息。自产计划提案与中期计划一同审查，确认其是否可以实施。首先，在合适的生产中评估资源的产能需求，然后将负载和提供的产能进行比较，此时不仅关注人力资源，还要关注设备的投入。为了检验自产计划提案的可实现性，除了关于负债和产能的信息外，还将利用来自外部采购粗略计划的可行性信息。那些对将上述建议转化到实际生产至关重要的，然而并没有相互关系的缺失的材料，在这里将得以补充调整、进行比较，确定它们是否是实施提案所必需的以及是否有外来相关材料可用。如果自产计划提案被证实没有可行性，那么就有必要对生产计划和订单管理做出新一轮决定。反之，如果这个提案是可实现的，那么可下达自产计划，其包含在自产计划中，并且传递到库存管理以进行库存计划。

虽然工业 4.0 存在一些局限性，但它为更好的数据基础带来可能。由于制订销售计划（见 2.3.1 节）以及订单管理（见 2.3.2 节）的更多可能性，得出有关生产规划更准确的数据是有可能的。从而在外部采购和自产计划提案以及最后的自产计划中获得更高的质量。这些改进源于数字化和跨企业边界的联网性。通过工业 4.0，可以得到来自生产过程中数量更多、质量更高的实时数据，相比控制任务，这些数据提供更多的是规划任务的潜力，因为规划任务中考虑的时间范围延伸到未来。

2.3.6　自产计划

基于自产计划，具体的生产订单在自产规划中产生。首先将通过计算批量大小确定生产数量，然后在加工过程层面上确定产品订单的通过时间，即确定加工系统中各加工过程的计划开始时间和计划结束时间，最后在资源精细计划中（交货期和加工量的可预见性）审查是否有实现订单的产能。总之，基于交货期和数量创建的生产订单生成生产计划，还必须针对其可实现性进行检验。如果出现了不良结果，就必须采取措施，如为了调整负载推迟订单。如果结果是好的，就可以下发生产计划。为了实施生产计划，将其传递给自产控制。

由于工业 4.0 的发展，自产计划得益于规划数据库质量的提高，这将通过提高报告的准确性和一致性来实现（见 2.2 节）。

通过这种方法，作为通过期限结果的各加工过程的开始时间和结束时间更可能是准确且可行的。特别是资源精细计划受益于更好的计划数据库，而后者又基于更低的聚合级别。更好的计划数据库可由如生产渗透率的提高和具有自动反馈点的加工过程产生。因此，可更准确地记录各加工过程的产能要求，并且再次提供给资源精细规划。

自产计划越精确、越确定，越能在 PPS 的进一步过程中减少协调工作量。

2.3.7　自产控制

在自产控制中发布生产订单及其在生产的控制。为此，首先将对计划资源进行可行性检查。若订单根据计划生产，那么发布订单，并随后确定计划开始时间（Wiendahl 2010）。为了确保已发布订单的计划完成日期，在自产控制中要确定各加工系统中的顺序以及控制产能（Lödding 2008）。

尤其在自产控制中，工业 4.0 的发展改善了信息获取和提供的潜力。日益增长的数字化简化了各工作站的反馈和确认，由此带来的改进数据可用性和质量，反过来为数据处理提供了新的可能性。因此，关于订单和资源，可以提供关于系统状态的实时信息。在资源方面，可以持续地对比机器或员工的产能要求和可用性，并且可直观地显示赤字和盈余。例如，通过长期对产能的监控，支持以计划为导向的产能控制。通过这种方法，对已知实际产能和计划产能之间的差距进行检测，如有必要，采取产能适应的措施（Lodding 2008）。通过工业 4.0 中改进的数据处理，可以实时且易于理解的方式向负

1

责员工提供此类信息。此外，通过持续地对各加工系统的实际产出进行记录，实时监控这些加工系统的富余能力[⊖]。对产能控制基于富余能力控制的，则可以在所谓的实时图中直接显示超过极限富余能力[⊖]的水平（见图 1-2-7）。在这种情况下，数字网络可在发生中断时启用即时报告。据此可获得当前的生产状态信息，并且在订单下发时加以考虑。总而言之，工业 4.0 尤其为控制任务的员工创建了各资源状态更高的透明度，并且有助于认识到他们进行干预的必要性。

除了对机器和加工系统的监控之外，工业 4.0 通过生成更高分辨率的反馈数据，更容易监控各订单的加工进度。持续地比较加工计划中各站点的计划期限和实际期限。如果存在偏差风险或已经出现延迟，则直接产生警告信息，并且可以在早期显示操作和控制要求。为此，一个能够提供易懂好记的可视化界面是很有好处的，因为它可以作为一个容易理解的提示器，对控制决策很是必要。

2.3.8　库存管理

在库存管理中，将处理所有采购和生产物品的动态数据（Wiendahl 2010）。图 1-2-8 所示为一个可能的库存数据。库存管理人员考虑来自采购、临时

存储和发货的反馈信息。这些信息是沿着企业内部和企业间的供应链被处理的，如在库存规划以及库存分析和库存控制下（Schuh 2012）。

在库存规划中弄清并获得对库存特征值的目标值，如登记库存和预算数量（Wiendahl 2010）。此外，安全库存的规模是为了弥补供应和供应的不确定性（Wiendahl 2010；Schonsleben 2011）。这不仅适用于生产物品，还适用于库存中储存的二级需求物品，因为不仅要保证对顾客的供应能力，还要保证在生产中的供应。其目的是以尽可能低的成本达到高服务度（Wiendahl 2010）.

在工业 4.0 的库存管理中必须确定上面提到的以及图 1-2-8 左侧所示的特征值。但是，更加值得期待的是，整个企业和超行业供应链的数据可用性更高。一方面，可实现一个新的潜力，即依赖于确定的库存特征值与供应商建立连接并传输预算（见 2.3.4 节）；另一方面，安全库存规模可利用这些信息。

对于数量和期限偏离调整以及需求波动，安全库存是至关重要的（Hartmann 2005）。通过安全库存可以确保供应能力以及达到更高服务度（Gudehus 2010）。因此，安全库存可以用来补偿意料之外的事件。然而，由于资金问题，一个合乎目标的库存规模是很有必要的（Gudehus 2012）。

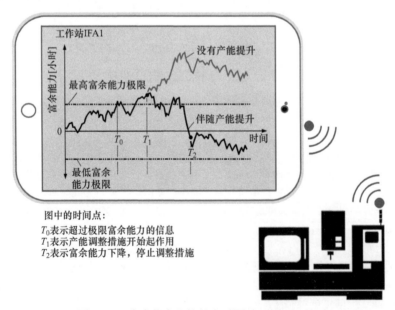

图中的时间点：
T_0 表示超过极限富余能力的信息
T_1 表示产能调整措施开始起作用
T_2 表示富余能力下降，停止调整措施

图 1-2-7　富余能力监控的实时图（Lödding 2008）

⊖ 加工系统的富余能力被定义为计划产出和实际产出的差值（Wiendahl 2010）。

⊖ 富余能力控制是产能控制中最重要的方法。根据生产或确定的加工系统的详细程度，可以通过比较累计的计划产出和实际产出来进行富余能力测量。一旦超过了定义的富余能力上限值（时间点 T_0），则需要采取产能适应措施，以进行弥补。这在一定反应时间后的 T_1 时间点起作用。在完全去除了富余能力之后（时间点 T_2），停止措施。若超出了富余能力下限值，则同样的过程也适用于负富余能力（Lödding 2008）。

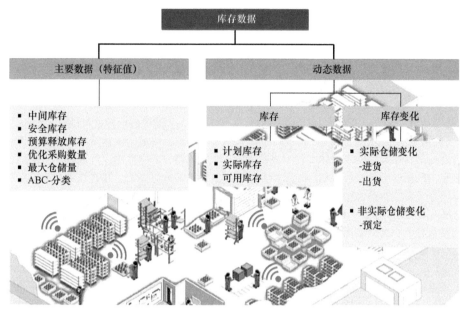

图 1-2-8　库存数据（REFA 1991 和 IFA）

即使在工业 4.0 时代，图 1-2-8 中的指标也应根据库存管理方法确定，其通过沿着供应链和企业内部及企业间的实时信息交换所获得的更多连接来实现。这也导致了数据分析的新可能性以及基于此对需求行为的更准确预测。因此，可以对预期需求进行更好的预测，以此减少不确定性（Bruhl 2015）。此外，还可以在大数据评价时采用智能算法，对需求趋势进行更简便的估计（Sauter 等 2015）。供应链中不断增加的数据可用性以及由此提高的预测质量，为资本约束的安全库存提供了新的规模确定方法。例如，可基于更好的数据库，并且在考虑了销售预测的情况下，动态地进行库存量调整。模拟研究已经表明，新开发的基于预测的计算方法，在保持服务水平的同时减少库存方面具有相当大的潜力（Becker 等 2016）。

对于库存分析和库存管理的各个过程，工业 4.0 在提供信息和数据评估方面也有着巨大的潜力，特别是由于数据可用性的提高。例如，智能集装箱可以报告物品的数量，并可在任何时刻进行信息反馈。目前正通过光学全尺寸测量和编号系统来实现。这种即时反馈功能可以实时生成完整的库存。连续且更准确的二级需求物品确定还可以与供应商的商品经济系统相结合，从而在供应商连接方面开辟了新的设计选择（见 2.3.4 节）。集装箱系统可以直接地、自主地实现在到达指定库存后自动释放库存的功能，从而简化流程并提高供应安全性。此外，它还实现了对需求高峰和波动的早期响应。除了集装箱

内物品的透明化和基于此的自动化库存管理，还可通过长期对库存信息的采集和资料整理，对过去的消费情况进行更好地统计评估，以及在生产中对库存等级进行优化，从而实现对库存进行更好的规划（Kozany 2013）。

2.3.9　生产控制

企业采集的关于实际投入和实际产出结果的数据，在生产控制的主要任务中得以运用。例如，这些企业反馈数据包含加工系统对已完成加工过程的反馈或生产订单的预约。这些企业反馈数据一方面用于监控订单的实施进程对订单履行和订单加工过程中的任何中断做出响应，这可通过内部生产控制中的产量控制措施来完成。另一方面，反馈数据可用来对实际值、计划值和目标值之间的差距进行研究和分析，这样能够在生产控制中推导出企业内部供应链的核心流程中提高物流效率和减少物流成本的措施。

汉诺威莱布尼兹大学的工厂设备和物流研究所（IFA）的学习工厂（www.ifa-lernfabrik.de）是工业 4.0 在生产控制领域中应用的一个实践示范。这是一个适应性强的培训环境，参与者通过真实的制造和装配流程进入真实的运营环境。通过这个概念，生产物流连接对于培训人员来说是切实可行的。IFA 学习工厂的生产是根据车间原则来进行组织的。这里有生产控制，它会根据客户订单生成并发布生产订单。根据车间原则，生产订单根据要生产的产品经历不

1

同的加工系统（如铣床）。生产订单的原材料、半成品和成品将通过物流商，从一个加工系统到另一个加工系统，以及最后向发货部门运输。加工系统上待处理请求的执行顺序由加工系统上的员工根据给定规则（如 FIFO，优化设置订单等）进行。在生产控制中（加工系统对加工的反馈或生产订单的预订），上述操作数据的集合可以在实践中通过各种技术来执行（见第 1 篇第 6 章）。

一种可能性是，在实际的表格和文件中进行手动登记。这会在数据的记录以及后期的加工上产生很高的成本，并且要注意高出错风险；另外一种可能性是，通过输入装置（键盘、鼠标、触摸屏等）在数据库中自动保存，也可以使用条形码。数字技术在时间戳的记录和存储方面提供了极大的简化潜力。在 IFA 学习工厂，时间戳是通过 RFID- 技术进行全自动采集。通过这项技术，向生产工人提供反馈所需的时间特别短，几乎可以忽略不计；同时，通过自动化采集可实现以非常低的采集成本来获得高质量的数据。这也开启了增加反馈点数量的可能性，而无须花费大量额外的记录时间。

对于 IFA 学习工厂中的每个加工站，记录两次订单运行，从中可以计算五个时间间隔：在前系统加工后的存放、到当前加工系统的运输、在加工前的存放、装夹和加工。一个加工系统实际通过时间是这五个时间间隔的总和。合计各个加工站的通过时间，可以计算出订单在生产中需要的总通过时间。

由此可见，可以及时获得大量信息，从而将生产情况实时投影。为此可编写一个在 PC、平板电脑和智能手机上访问的应用程序。通过这种方法，数据和评价就可以根据需求在办公室或直接在车间中使用。这个 App 可实现对生产和订单进程的监管。除此之外，还可使员工具备做出目标明确的控制决策的能力，以及最后能够找出生产系统更好配置的方法。

通过这个 App，首先人们可以查询到实时的订单库存、各工作系统实时的交货期限状况以及整个系统的信息。这些信息的评估以特征值、流程图和与关于交货期限差距的直方图的形式来进行。生产控制人员通过这些评估，可以立即知道为加工系统建立库存的时机。如有必要，他还可通过提高产能的方式进行干预。

除此之外，该 App 还实现了对生产中各个订单的精确定位。因此，通过对各个加工系统现有订单库存的信息整合，可以得到各个订单的当前通过时间，甚至可以对各个订单的剩余通过时间进行评估。可根据需要指定各个订单的优先级。

该 App 的特定视图中还包含了生产布局，这样可以在布局中定位加工系统的状态或订单的位置。对观看者来说非常直接。而且这个布局不是静态的，可以通过安装在屋顶上的摄像机或安装在加工系统上的传感器采集数据。因此，可实时获得布局的示意图。通过该技术的使用，也可分析生产员工的出入情况，如通过所谓的意大利面条图的形式来实现。

通过上述每个工作站上的大量反馈点以及由此产生的高分辨率数据，可以将周转时间分解为其基本组成部分。因此，通过该 App，可以对通过时间进行非常准确的分析，从而有针对性地提出减少通过时间的措施。以这个评估为例，如果订单在向下一个加工系统转移前需要在当前加工系统中等待很长的时间，那么就要对当前运输管理进行重新审核。尤其是随着工业 4.0 实现的数据可用性的增加，存在着在生产控制中进行过多和过复杂评估的风险。这可能导致需要对这些评估进行最终解释，并且对做决策的使用者来说，负担过重。用户的能力是工业 4.0 在生产控制中增值使用的成功因素。所需要的是易于理解且尤其丰富的可视化。为此，就需要通过如表格的形式来引入物流模型（Wiendahl 2012）。该模型可以通过功能简化（忽略不重要的特征）和功能理想化（简化不可忽略的特征）来创建现实的简化图像（Stachowiak 1973），如图 1-2-9 所示。

图 1-2-9   个人工作站的可视化状态报告（IFW 2015）

2.4   关于 PPS 4.0 的几种说法

Peter Nyhuis，Matthias Schmidt，Melissa Quirico

在 2.3 节中描述了工业 4.0 能够为生产规划与控制（PPS）提供哪些潜力。同样重要的是，也知道了哪些是在工业 4.0 这种背景下不能做到的，以及其应用的局限性在哪里。下面对在工业 4.0 的潜力讨论中经常提到的一系列传说进行分析和说明。

说法 1：工业 4.0 实现单件批量

在有关工业 4.0 的讨论中，经常提到根据单件批量拟定要求。工业 4.0 可以直接实现单件批量，这个观点似乎广为流传。

技术的发展和数字化技术的进步，为将个性化的客户订单直接转变成生产订单提供了可能（见 2.3.2 节），但通常不能转换为自动确定单件批量，这是由于批量大小对生产的经济性有很大的影响。如果订单更改造成的成本可以忽略不计，则单件批量以具有成本效益的方式生产，不会产生任何设置成本。因此，减少设置时间和设置成本是绝对必要的先决条件。但是，工业 4.0 由于特定生产过程的限制而影响有限。为进一步了解，需区分数字设置和技术设置。

虽然数字设置是提供订单所需的信息，但在技术设置过程中需要对加工系统进行物理修改。由工业 4.0 创建的数字化网络在信息传输和信息处理方面拥有巨大的潜力，因此有关工件或制造参数的信息和工件的数量都能通过订单进行数字化传输。如果仅仅是生产相同型号的产品，即不需要物理地改变设置，则数字化信息就能提供单件批量的经济性产品。但是，如果产品的多样性需要进行技术设置，如更换刀具或夹具，这样尽管使用了工业 4.0 的技术，还是会产生设置成本，并在订单变更成本中体现出来。

因此，即使在工业 4.0 时代，对各个生产过程的差异化考虑和基于它们的经济批量确定也是重要且必要的。在这种情况下，经济批量将会依赖于技术限制和安装成本并始终大于 1。

总的来看，数字化实现了在产品订单中对个性化用户订单的直接转化。产品的经济性将受到批量大小的影响，这些批量大小由上述的因素决定。由于在信息传输和传递方面日益数字化，工业 4.0 被描述为实现单件批量的启动器，但工业 4.0 的到来与单件批量之间并没有联系。

说法 2：工业 4.0 可以减少库存和通过时间

工业 4.0 经常被提及的另一种潜力就是可以减少库存和通过时间。

在这里首先要弄清各个库存的方式，它们对 PPS 的不同任务有不同的影响。

增加系统状态知识储备使工业 4.0 成为降低流通库存的调节剂。生产中的流通库存尤其受到订单释放和自产控制中产能控制的影响。如果对各个加工系统的状态和行为有更好地了解和认知，那么就可以在生产过程中更有目的地调节库存，并且使得库

存水平整体下降；同时，还可以缩短通过时间（见 2.3.6 节）。另一方面，基于日益提升的数据可用性，工业 4.0 能够沿着整体供应链精准地预测销量和需求，并为成品库存规模提供信息基础。例如，改进的预测依据可以确定安全库存的动态规模，这反过来又可以降低仓库中的库存，同时保持所需的服务水平（见 2.3.7 节）。

此外，还有与新的调度和供应商连接流程相关的库存潜力（见 2.3.4 节）。然而，仅仅引进工业 4.0 的技术，无法自动减少库存和通过时间。PPS 在自产管理或库存管理中尤其影响这些量（库存和通过时间），其由于数字化的提升可提供改进的数据库。为达到预期效果，对已有数据的正确诠释从而获得库存控制和生产控制的正确决策是必不可少的。

说法 3：工业 4.0 可以省去计划通过时间的确定和规范

关于工业 4.0 普遍存在的另一个传说是，提供生产的真实图像可以省去计划通过时间的确定和规范。

省去计划通过时间很重要，特别是如果现有生产计划与完成日期相关联。这涉及客户的个性化订单和客户希望的交货期限。在这种情况下，即使在工业 4.0 时代，也应该提出切实可行的计划通过时间，以启动逆行调度，并且确定生产订单的计划开始时间。如果订单处理的计划并不是基于计划通过时间，订单发布的标准将受到质疑。如果交货周期不是基于计划通过时间的话，那么发布生产订单可直接根据客户订单的一般方法来进行。这至少会一定程度上致使该订单的产品具有较低的时间优先级。这反过来表明了执行短期进入和高优先级订单的优先级所需的能力。如果省去计划通过时间，并根据一般方法立即发布订单，那么可能导致有更多的订单在规定的交货期限内不能完成。反过来使实际交货时间缺乏可预测性，并致使完工和交货日期以及库存积累缺乏可预测性。因此，几乎不可能可靠地计算出交货时间，但这是高交付可靠性的基础，对于客户满意度而言越来越重要。

说法 4：工业 4.0 实时真实地描述了生产的情况

工业 4.0 最重要的是提供实时或接近实时的生产系统的真实图像。

原则上，已经可以使用传统系统基于数据对生产进行描绘。数字化提供创造更好的、实时的数据基础。因此，工业 4.0 被认为可提供具有更高粒度生产的实时和真实数据图像。在此情况下，除了数据生成，数据评价和处理以及信息提供都极为重要。目前在工业实践中，并非所有记录的数据都经常被处理且用于获得改善生产情况的措施。对此，工业

1

4.0 通常使用用于模式识别的智能算法来解决自动化大数据分析。然而，这种分析涉及错误诠释的重大风险（见说法 5）。为了获得有针对性的正确决策，对反馈数据进行安全和正确的诠释是至关重要的。因此，开发合适的工具和方法，对于开发与增加的数据可用性相关的潜力非常重要。在未来，数据诠释和做出决策将大部分由 PPS 的员工来进行。为了支持这些员工，需要新的教学概念和视觉辅助工具，以确保在正确的时间、正确的地点和正确的形式提供正确的数据。理想情况下，使用适当的系统也可以轻松估算决策的后果。因此，有针对性地培训员工安全使用工业 4.0 数据和技术具有重要意义。

说法 5：工业 4.0 和大数据分析实现了自动的、基于算法的生产交互推导

在工业 4.0 背景下，将会产生很庞大的数据量。关于这些数据的评估，往往会讨论大数据分析。这就要求能够通过智能算法对数据记录进行模式识别，并且能够对现有生产中的交互进行诠释。

对已有的庞大数量的数据进行评估和合理使用，是工业 4.0 实施的最大挑战之一。数据分析有效性的基本先决条件是要检查的数据集的一致性。工业 4.0 能够以数量更大、质量更好的方式记录反馈数据。然而，即使使用了最新的技术，也不能完全排除数据记录中的错误和不一致，这也是在数据处理中需要考虑的问题。

大量数据的自动化评估是在大数据分析的框架下通过智能算法进行的，这些智能算法可以识别数据集中的模式和相关性。通过大数据分析实现的智能模式识别，也存在错误诠释的风险。通过算法识别的相关性和影响不一定是完全正确的，由于它们都是基于过去的。结果是相关的结构变化没有得到充分的体现。因此，基于这些结果的一般性陈述的推导和控制决策必须质疑。在生产计划和生产控制中考虑的关系是复杂的。对于从反馈数据分析中导出有效的陈述，了解 PPS 中真实的交互是必不可少的。因此，基于算法的大数据分析应该与演绎模型相结合。否则，错误的诠释将导致错误的决策。反过来，其后果可能会产生深远的影响，如交货期延迟、服务水平低下或流通库存和库存升高，这些对生产的经济性和客户的满意度都会产生很大的影响。

说法 6：工业 4.0 可实现分散的、基于状态的生产自主控制

工业 4.0 通常与独立自主的生产自主控制联系起来。

在这种情况下，重要的是区分订单处理的计划和控制以及内部物流中的物料流控制。智能物料流系统的开发，实现了工厂内部工件的自主运输，工件将能够通过生产独立找到自己的路线，并在必要时搜索替代路线。

但是，生产中订单处理的自我控制需要以另一种加工计划的存在为前提。替代方案通常仅代表第二个最佳解决方案，因为最开始的加工计划可被认为是经济上最佳的。在某些情况下，与特定订单的初始计划相比，选择较不经济的路线可能仍然具有意义。这同样适用于保证交货期，尤其是在加工系统产生故障时，或者在处理个别有很高的交货期优先级的订单时。如果发生此类计划和控制相关事件，基于 IT 的情景评估可以作为决策的基础。在这种情况下，由于计算能力越来越高，工业 4.0 具有巨大的潜力。考虑替代方案时需要注意，更改订单处理会影响其他的订单。此外，选择替代方法的积极影响只有在库存水平很低时才会体现出来。如果替代的加工系统面对的是高库存量，则调整后订单的等待时间可能仅在局部转移。引入这种基于条件控制的控制成本效益比应单独权衡。

说法 7：工业 4.0 的技术独自承担了生产规划与控制的任务

对于工业 4.0，人们往往担心的是 PPS 的任务在将来由智能系统和算法独自承担。

据估计，工业 4.0 中的技术发展会对生产组织和员工要求带来巨大的影响。能够正确分析生产的系统状态和交互，以及能够由此做出正确的规划决策和控制决策，对将来经济处理订单来说必不可少。那些在整条供应链上掌握了反馈数据的获取和正确诠释的专家级员工，将对 PPS 的成功越来越重要。改善信息提供和信息处理，可以提升生产过程的效率和决策的质量。所用技术的不断发展，就要求引进有富有经验的 PPS 员工。在生产计划和生产控制的执行过程中，所预期的变化在 PPS 的不同任务中是有差异的。对于策略性决定，如采购种类的分类（自产或外购），实时数据处理几乎没有任何作用。在实际进行规划和控制时，员工将会越来越多地获得数字系统的支持（见第 2.3 节），但工业 4.0 的引入预计不会通过这些技术实现 PPS 的独立自主实施。

说法 8：工业 4.0 对准确交付有积极影响

与工业 4.0 相关的另一个期望是可降低交货期偏差和对准时交付的积极影响。

对此，重要的是要考虑出现交货期偏差的原因。通常交货期偏差分为两种：与顺序有关和与积压有关（Lödding 2008）。通过工业 4.0 改进的数据基础和系统状态知识可以促进面向交货期的排序，从而降低与顺序相关的交货期偏差，但这可能受到生产限制的约束。如果在实践中过程需要设置最佳顺序，则对准确交付的实现效果非常有限。与积压有关的交货期偏差绝大程度上是受到了产能规划和产能控制的影响。工业 4.0 对中长期的产能规划很难起到明显作用，但可为短期的产能规划起到支持作用（见2.3.6 节）。这对规定期限内交付有积极的作用，但这种短期控制措施无法弥补不明智的计划（如错误的计划通过时间）。

说法 9：精益理念的成功实施是将工业 4.0 引入 PPS 必不可少的条件

通常情况下，精益理念的成功实施是工业 4.0 技术支持 PPS 的必要前提。

一方面，生产中的精益流程能够提供对生产控制及其反馈数据的记录、质量和评估的改进情况；另一方面，特别是预期投资量的水平和新技术的实施受到现有流程质量的强烈影响。为了能够实现尽可能少的财务支出和安装成本，应事先对流程进行精简和标准化。

然而，在引入精益理念的过程中，并非一定要这样做。更确切地说，实施工业 4.0 的初衷就是对这些流程进行评估和改进。此外，日益提升的数字化技术的发展为 PPS 以及企业其他领域的管理流程简化创造了新的潜力。因此，精益理念的实施与工业4.0 技术可以交互影响，而不是按照一定的顺序来进行的。

参 考 文 献

Becker, J.; Niehsen, E.; Münzberg, B.: Dynamische Bestandsdimensionierung in Zeiten von Industrie 4.0: Mit der dynamischen Servicegradkennlinie logistische und monetäre Potenziale nutzen. In: Productivity Management 21(2016)3, S.13-15

Bertsch, S.: Modellbasierte Berechnung der Termintreue. Dissertation. Leibniz Universität Hannover/Berichte aus dem IFA Band 2. PZH Verlag, Garbsen 2015

Brühl, V.: Wirtschaft des 21. Jahrhunderts: Herausforderungen in der Hightech-Ökonomie. Springer Fachmedien, Wiesbaden 2015

Choi, H.; Varian, H.: Predicting the present with Google Trends. In: Economic Record 88(2012)s1, S.2-9

Gudehus T.: Logistik. Grundlagen, Strategien, Anwendungen. 4. Auflage. Springer, Berlin/Heidelberg/New York 2010

Gudehus, T.: Dynamische Disposition. 3. Auflage. Springer, Berlin/Heidelberg 2012

Hartmann, H.: Materialwirtschaft: Organisation, Planung, Durchführung, Kontrolle. 9. Auflage. Deutscher Betriebswirte-Verlag, Gernsbach 2005

IFA-Institut für Fabrikanlagen und Logistik, Leibniz Universität Hannover

IFW-Institut für Fertigungstechnik und Werkzeugmaschinen, Leibniz Universität Hannover

Jodlbauer, H.: Produktionsoptimierung. Wertschaffende sowie kundenorientierte Planung und Steuerung. Springers Kurzlehrbücher der Wirtschaftswissenschaften. Springer, Wien 2007

Kholodilin, K.A.; Podstawski, M.; Siliverstovs, B.: Do Google searches help in nowcasting private consumption? A real-time evidence for the US. In: KOF Swiss Economic Institute Working Paper 256(2010)

Koether, R. (Hrsg.): Taschenbuch der Logistik. 2. Auflage. Carl Hanser Verlag, München/Wien 2006

Kozany, S.: iBin – Bestände im Blick: iNFORMATIV. iNNOVATIV. iNTELLIGENT. Pressemitteilung vom 16.01.2013. Würth Industrie Service GmbH & Co. KG

Lödding, H.: Verfahren der Fertigungssteuerung: Grundlagen, Beschreibung, Konfiguration. 2. Auflage. Springer, Berlin/Heidelberg 2008

Lutz, S.: Kennliniengestütztes Lagermanagement. Dissertation. Leibniz Universität Hannover/Fortschritt-Berichte VDI. Düsseldorf 2002

NORD/LB: Mehr Effizienz in der Lieferkette durch digitale Vernetzung. In: 52° Nord(2015)2, S.12-15

Nyhuis, P.; Mayer, J.; Kuprat, T.: Die Bedeutung von Industrie 4.0 als Enabler für logistische Modelle. In: Industrie 4(2014):79-100

Obermaier, R.; Hofmann, J.; Kellner, F.: Webbasierte Fertigungssteuerung in der Praxis. In: HMD Praxis der Wirtschaftsinformatik 2.47(2010): 49-59

Obermaier, R., Kirsch, V.: Wirtschaftlichkeitseffekte von Industrie 4.0-Investitionen. In: CON 27(2015)8-9, S.493-503

REFA-Verband für Arbeitsgestaltung, Betriebsorganisation und Unternehmensentwicklung (Hrsg.): Methodenlehre der Betriebsorganisation. Planung und Steuerung. 6 Bände. Carl Hanser Verlag, München 1991

Sauter, R.; Bode, M.; Kittelberger, D.: Auswirkungen von Industrie 4.0 auf die produktionsnahe Steuerung der Wertschöpfung. In: CON 27(2015)8-9, S.475-484

Sauter, R.; Bode, M.; Kittelberger, D.: Wie Industrie 4.0 die Steuerung der Wertschöpfung verändert. White Paper. Horváth & Partners Management Consultants 2015

Schönsleben, P.: Integrales Logistikmanagement: Operations und Supply Chain Management innerhalb des Unternehmens und unternehmensübergreifend. 6. Auflage. Springer, Berlin/

Heidelberg 2011

Schuh, G.; Potente, T.; Thomas, C.; Hauptvogel, A.: Steigerung der Kollaborationsproduktivität durch cyber-physische Systeme. Industrie 4.0 in Produktion, Automatisierung und Logistik. Springer, Wiesbaden 2014

Schuh, G.; Stich, V. (Hrsg.): Produktionsplanung und -steuerung 1: Grundlagen der PPS. 4. Auflage. Springer, Berlin/ Heidelberg 2012

Stachowiak, H.: Allgemeine Modelltheorie. Springer, Wien 1973

Vosen, S.; Schmidt, T.: Forecasting private consumption: Surveybased indicators vs. Google trends. In: Journal of Forecasting 30(2011)

Wiendahl, H.P.: Betriebsorganisation für Ingenieure. 7. Auflage. Carl Hanser Verlag, München 2010

Wiendahl, H.P.; Nyhuis, P.; Bertsch, S.; Grigutsch, M.: Controlling in Lieferketten. Produktionsplanung und -steuerung 2-Evolution der PPS. 4., überarbeitete Auflage. Springer, Heidelberg 2012

*www.hannoveraner-lieferkettenmodell.de-Website des Instituts für Fabrikanlagen und Logistik (IFA) der Gottfried Wilhelm Leibniz Universität Hannover(*Stand: Oktober 2016)

第 3 章

未来生产中人的工作

Gunther Reinhart，Klaus Bengler，Christiane Dollinger，Carsten Intra，
Christopher Lock，Severina Popova-Dlogosch，Christoph Rimpau，
Jonas Schmidtler，Severin Teubner，Susanne Vernim

尽管在工业 4.0 时代有许多的科技进步，但生产专家们仍然一致认为，人将在未来的生产中起到一个核心的作用。为了指明人将扮演怎样的角色，本文首先阐明了工业 4.0 对于人在生产中的意义，并且明确指出其中发生的一些基本变化、存在潜能以及可能风险（见 3.1 节）。为了能够从生产计划和人体工程学的角度系统地分析和实施工业 4.0 中未来工作环境的设计和评估，提出了基本概念和模型（见 3.2 节）。在此基础上，3.3~3.6 节将论述可能的解决方案和行动建议。

3.1　工业 4.0 对员工的意义

Klaus Bengler，Christopher Lock，
Gunther Reinhart

早先工业 1.0~3.0 的技术发展主要是通过使用机器来减轻劳动者重复性的、危险的或单调的体力工作。这种发展促使生产率显著提高，从而使劳动者的工作负荷得到减轻。通过相应的规划措施、安全概念的形成以及人员培训，应确保由工业 1.0 和工业 2.0 中机器产生的明显更高的能量可由人类掌控，并有目的地投入使用。随着信息技术和自动化技术越来越多地被应用，导致具备高认知特点的监督工作也随之增加。其已转变成为一种更具有互补特性的职能分工。从员工的角度来看，仍然是在信息获取、决策和行动执行方面进行分工；从技术角度来看，可以找到用于数据可视化、扩展系统操作、辅助系统、内部物流系统以及不同尺度下人机交互的解决方案。

工业 4.0 倡导技术和组织发展，其特点是生产和物流过程中设备的数字化和网络化的大幅提高，并且可能对生产和加工系统中的各种元素产生不同的影响。加工系统可定义为："包含了一个或多个员工 / 用户与加工设备的交互，其目的是在给定的条件

下，在加工空间和加工环境中实现系统的功能"（DIN EN ISO 6385：2004）。根据 REFA 2002，加工系统由七个要素组成，除人以外，还包括加工任务、加工设备、加工对象和环境影响，以及输入量和输出量。本文重点介绍装配员工、专家和生产相关的管理人员以及关于这些角色所发生的变化（见图 1-3-1）。

一般情况下，在生产中加工系统的输入量包括加工对象（材料，半成品等）、信息和能量。工业 4.0 通常被理解为是基于传感技术和数据的可用性而产生的"加工和装配过程的信息化"。传输的信息和数据量以及输入量都显著增加，而且增长速度还在提高。这种变化加重了人们认知方面的负担，使人们无法独自应对处理这些信息流。特别是在这种情况下的工作记忆和长期记忆显得尤其重要。基于这样的数据量以及数据之间的相互联系，决策和执行有针对性的行动变得越来越复杂。特别是对生产相关的管理人员来说，有目的性的信息控制将发挥重要作用，使高效生产成为可能，同时还不会增加装配员工的认知负担。

尽管如此，通过广泛使用算法，符合人体工程学设计的创新的加工设备，可实现更高水平的自动化，以及在生产中更灵活地应用辅助工具（Windmann/Niggemann 2016）。相对信息技术而言，这种发展变化在机器人领域最为明显，其中自动化的模式已朝着类型丰富的机器人交互形式的方向发展。如果生产技术，如以机器人的形式，不再只是作为必须被监控的孤立自动的机器，而是提供协助或合作，那么新的问题随之而来，并且现有的人体工程学原理有了重要的意义。以下举例说明各种可能性：

■ 合作机器人的下一个行动计划是什么？

■ 对于合作的、自适应的机器，人类行为的可预见性如何？

■ 如何确保用户信任这个合作系统，并且建立一个正确的心理模型？

1

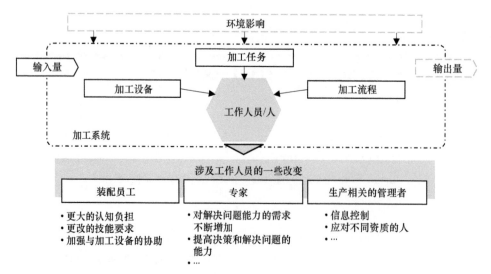

图 1-3-1 工业系统变化对人的影响（REFA 2002）

■ 如何确保人机交互不止在技术上可行，而且还能够被用户接受，即用户能有足够的安全感，并且不会因为机器人的存在而受影响？

人类的角色也将受到影响，所以在生产和物流系统中的工作人员也会受到影响，人类和技术之间的角色分配也是如此。这就促使或要求对人 - 技术交互进行重新设计。更短的产品生命周期和更多生产变量结合不断变化，并与现有加工设备的交互，不仅对工作人员提出了新的要求，而且还包括生产中的人员（装配员工/专家）以及生产相关的管理人员。特别是对于装配员工来说，上述变化需要相应的技能培训，因为在智能工厂中，人的所有行为和决策都将起到重要作用。

这些设备的用户心理模型必须被充分考虑，这并不是一个新的问题。当人类要和机器进行交互时，就产生了一个问题，即技术系统的设计者是否成功地把机器的交互设计根据要求设计好了，使得它在显示和输入元素中首先与交互逻辑、用户期望及体验相匹配（见图 1-3-2）。

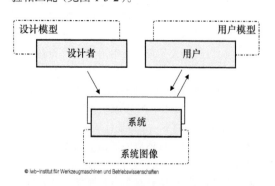

© lwb-Institut für Werkzeugmaschinen und Betriebswissenschaften

图 1-3-2 系统设计中的概念模型（Norman 1988）

目前生产中的人体工程学涵盖了工业中工作场所的设计（另请参见 Landau 2007）。设备的用户虽然具有一定的差异性，但仍会被假定为已知。到目前为止，这些使用条件可以通过内在的设计在很大程度上实现标准化。此时，工业 4.0 中能够适用不同员工的系统表现出很大的潜力。

随着在工业 4.0 中工作场所数字化的发展以及与人口的发展，生产中的人体工程学变得越来越重要。用户特点及其认知范围被了解甚少，最重要的是其差异性更大，那么使用条件可能呈现出很大的差异。人体工程学在消费品及软件应用的设计方面也存在同样的情况。通过工业 4.0 制定出相似的框架条件，与设备的交互不需要在固定的地方，也不需要在某个特定的时间点，而是分散的且可以适应用户的不同特点。因此，人 - 计算机交互的比重会随着日益提升的数字化有明显的提高。这种情况下的计算机的概念要宽泛得多，交互将远远超出屏幕、鼠标和键盘这个范畴，并且需要设计协作系统（Bengler 等 2012）。

除此之外，这对于加工任务本身和加工流程，以及为了完成相应加工任务的必需活动都有影响。工业 4.0 的成功实施应该会显著提高效率，同时减轻员工的压力。如果没有人体工程学的概念，并且没有为人提供一致的解决方案设计，这可能是有疑问的。因为在工业 4.0 中，人仍将一如既往地扮演着各种类型的角色。

技术目标通常是被明确制定的，并提供强大的内部效率潜力。可惜在人 - 技术交互方面没有类似的清晰描述。因此，在这个章节的后续部分会介绍各种模型及相关的框架，使得在人机工程意义上的设计和评价中，有一个目标导向型的过程。人的目标（同样也是工业 4.0 的目标）与以往一样，都是尽可能地快速高效地完成相关的工作，所以仍然与以往一样，问题是如何为生产设备和信息系统设计符合人体工程学的相关指示及操作概念。此外，还有相应的流程模型，以便在规划阶段可以考虑符合人体工程学的各种要求。人体工程学的模型和知识应该在人体工程学的早期应用阶段被不断发展。通过仔细观察可以发现，工作场所设计的人体工程学的基本方法仍然适用，但在工业 4.0 中，某些主题有特殊意义。Adrian 等（2016）给出了一个关于设计指南和流程示例的很好的概述。

人员工作结构（见图 1-3-3）的一般性仍然适用于讨论未来交互设计的挑战。

在任何情况下，人与机器或技术之间的交互都是必需的，以便在必要时对这些复杂系统进行参数设置，并通过用户对其进行监控和有针对性地施加影响。为使用户能够进行有预见性地决策和行动，系统应该尽可能充分地告诉用户，并将目前为止的执行结果向用户反馈。工业 4.0 的发展可能会导致任务本身复杂性和多样性的变化，以及与机器的直接交互会产生无法直接观察到的结果。也就是说，网络化会让各种相互关系变得难以理解。

在高度合作的情况下，不会过多地对操作人员提出要求，并且机器不会让操作人员单独决策；相反，使用的乐趣应该有所提升。因此，值得注意的是，需要为员工确保系统的透明度、可学习性和模式意识（对系统当前状态的意识）。

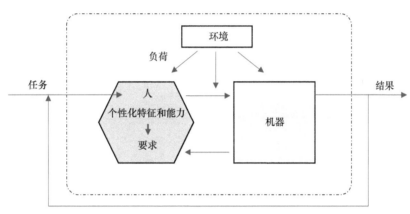

图 1-3-3　人员工作结构

3.2　基础概念和模型

Klaus Bengler，Christopher Lock，Severin Teubner，Gunther Reinhart

3.2.1　人 - 技术 - 组织（MTO）的概念

工业 4.0 所带来的变化主要是人、技术和组织等领域之间的互动。因此，有必要明确对这几个方面的具体要求，并提供具体的行动建议。

1. 概述

人 - 技术 - 组织（MTO）概念的主要目标是理解各个元素，特别是各元素之间的连接方式，因为只有这样才能对它们之间的依赖关系有一个基本的理解。为了能够保证所涉及合作伙伴之间的最佳合作，这种理解是必要的。

MTO 概念是通过社会技术手段分析生产中人类工作条件的基本方法之一，从而能够在未来生产系统的规划中确定重要的调控方式（见图 1-3-4）。

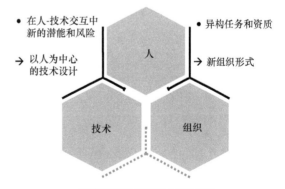

图 1-3-4　MTO 的概念

Ulich（2005）定义了四个研究层次，用于分析各个元素以及这些元素之间的接口。

● 企业层面的分析：在企业层面上，需要分析的内容包括：企业目标、企业战略、企业内部组织架构、市场定位、产品和生产条件、人事结构、技术应用、质量管理、创新行为、薪酬体系、工作时间模型、员工代表类型、谈判过程，以及企业的社会和技术系统。企业分析是进一步分析的基础。

• 组织层面的分析和评估：在 MTO 中分析了分工的形式，并在完成后评估了各个组织单位的基本任务。这个过程的完成借助面向过程的订单流分析和结构相关的加工系统分析。

• 团队层面的分析：研究工作和工作条件的集体管理的可能性。确定根据条件记录的关键活动。

• 个体层面的分析：由于员工的主观感受并不总是与工作情况的客观条件一致，因此需要对员工进行主观评价和分析。

2. 人 - 技术接口

MTO 概念中的核心关系就是人 - 技术接口（Ulich 2005），其目标是以人为本技术设计。该接口对技术的发展进步有很强的依赖性。例如，以前只能通过打印出来的工作指示提供有关装配操作的信息，而现在有许多方法可以提供信息。除了高分辨率显示器和固定在手腕上的智能手机之外，如今生产环境中还有关于"增强现实"的解决方案。一方面，与工业 4.0 相关的许多发展，开辟了在未来很长一段时间内实现人与技术之间相互作用的必要改进的可能性；另一方面，如果设计不佳，它们也有可能过度要求员工或导致他们执行一些错误的操作。因此，传感器数量增长以及与此相应的信息量增长的同时，要避免因为不恰当的设计而导致对用户认知方面的过度要求。

从工业 4.0 的角度来看，可使基于存储数据的技术系统适应当前环境和用户。这种适应可以影响信息的呈现及其功能逻辑。因此，通过集成适应算法，机器模型会变得自适应且更加复杂。这给用户带来了挑战，即要识别机器的当前状态并正确解释它。除基本的 HMI（人机界面）概念设计，设计人员还负责为用户提供透明的适应过程。

3. 人 - 组织接口

人 - 组织接口代表了人与组织之间的联系，组织必须创造基本的先决条件，使得人可以完成既定的工作目标（Ulich 2005；Hartmann 2006）。一方面，需要考虑任务的协调，其中包括协调内部合作；另一方面，任务的分配也很重要，它把不同的工作步骤在人和机器之间进行分配。从 3.1 节描述的工作内容和员工技能的结构变化来看，可发现任务、技能和人员部署的差异化会带来不同的组织形式。

一方面，生产系统降低了对员工的要求，以便进行几乎没有操作空间的最简单的活动以及标准化

的监控任务。此外，还需要高资质的专家和技术专家传授生产管理任务以及事故管理等决策任务。

另一方面，有可能形成所谓的群体组织（Neef/Burmeister 2005；Lee/Seppelt 2009；Cummings/Bruni 2009），其目标是在高水平资质基础上达到较高的柔性，以及能够通过合格称职的员工互动应对无法预料的情况。

4. 技术 - 组织接口

这个接口代表技术与组织之间的联系（Ulich 2005）。核心内容是以组织为中心的技术设计，其中设计部分是在任务、任务载体、材料资源和所需信息的分析之后进行的（Hartmann 2006）。在工业 4.0 中发展的相关技术，为组织设定了新的框架条件。信息物理系统为引入和驱动创新组织和交互概念的组合应用提供了新的技术可能性。

3.2.2 负荷 - 要求模型

图 1-3-5 所示为人体工程学中的负荷 - 要求模型，它描述了现有负荷与由不同环境影响造成的、针对员工个性化要求之间的关系。

© Iwb–Institut für Werkzeugmaschinen und Betriebswissenschaften

图 1-3-5　负荷 - 要求模型（Landau 2007）

Schmidtke（1993）和 Luczak（1986）已经非常详细地展示了如何通过有针对性的方法和工作场所的人体工程学设计，来降低对人的要求。此模型在工业 4.0 中仍然有效。由于各种原因，将其用作工作环境设计的起点仍是有用的。

许多降低要求的方法是在数据集的基础上进行参数化。基于这些数据集，通过人体测量，获得如夹持空间、身体部位大小、最大力等人为特性的描述（另见 Jürgens1993）。通过在机器上有针对性地设计一些作用力，使得关节上的负荷保持适度，避免长时间的错误使用和短期过载使用。这既涉及机器和系统上的作用力，也涉及那些必须用手工操作的单个负载部件重量。因此，应创造一个合理的负载状态。结合员工及其个人特征确定了可实现的要求，但对具体情况来说，无论是短期还是长期，都必须保持在一个可接受的且无害的范围内。此外，该模型还考虑了相关的环境影响及其对要求的影响。

由于人口发展,有必要区分力量和运动的设计。因为随着年龄的增长,最大力量在个体之间有很大差异,并且最重要的是,总体上不会降低。各种影响因素,如培训效果,尤其是健康状况,意味着需要个性化或个性化的解决方案,以通过改变负载来实现对员工不同的要求。在多数情况下,建议通过对员工群体进行测量和调查,以确定这些特征的现状。

通过增加工作环境中的传感器来增加对周围条件的了解,可使得负荷差异化得以处理,这在工业3.0 的环境下同样可行。

3.2.3　辅助系统设计

辅助系统的发展有助于进一步减轻员工的负荷。辅助系统可理解为任何在其操作中支持员工的系统。其中涉及信息、决策和执行这几个层面,可以把感知和决策辅助系统理解为认知层面上的支持,而执行辅助系统属于身体上的支持(见图 1-3-6)。

例如,在考虑工作任务时,提供要安装组件的简单零件列表,就像复杂的基于 IT 的员工信息系统,这个系统为员工提供关于其需要完成的工作内容的信息(见 3.4 节)。目前,决策支持中的辅助系统还不太成熟,但软件解决方案未来可以使复杂的决策情况变得更加容易,这些复杂情况可能仅凭人自身无法充分地被了解。基于应用背景敏感的系统,可考虑数字化辅助,根据关键绩效指标(如人员规划或情景评估)确定任务的优先级并做出决策。执行辅助系统提供从手动液压搬运车到人 - 机器人协作的广泛范围(见 3.5 节),目前仍占较大比例。在工业 4.0 的进程中,认知辅助系统变得越来越重要,对减轻工作人员负荷和提高生产力来说是不可或缺的。

人机交互模式是处于人的自主执行与完全自动化之间的中间地带。在两个极端之间是各种不同类型的辅助系统。

Sheridan/Verplank(1978)和 Parasuraman 等人(2000)对人与机器之间任务分工的不同层次进行了很好的概述。其对应了不同程度的自动化水平,每个水平都描述了人与机器之间不同的角色分配,包括人对机器的完全控制和人借助机器的协助,以及随着自动化程度的提高,最后是完全自主的机器,其在特定情况下必须由人进行监控。

显而易见的是,这些不同的特征对应了不同的规则,这是为了职业安全和劳动保护总是能够满足需求。但需要注意的是,在人机交互的设计中会涉及各种迥异要求,因为人机交互的范畴包括信息设计、决策过程、MRK(人与机器人协作)的情况和生物力学层面。因此,在设计这些未来系统时,明确自动化程度是至关重要的。许多问题源于人与机器之间实施、指导和组织分配角色之间的错误协议。众所周知,在任务的完成过程中,角色分配的变化需要重新审视交互设计及工作条件(Hollnagel/Woods 1983)。

通过有针对性的信息设计进行认知压力的管理。基于人工信息处理的模型,在工业 4.0 中增长的信息量将为员工进行质量及数量上的优化。以下是已知的两种具有本质区别的方法(Oppermann 1994):

- 自适应系统,可独立适应不断变化的环境条件(环境自适应)或用户(属性)(用户自适应)。

- 可适应系统,可通过用户适应不断变化的环境条件(环境可适应的)或用户(属性)(用户可适应的)。

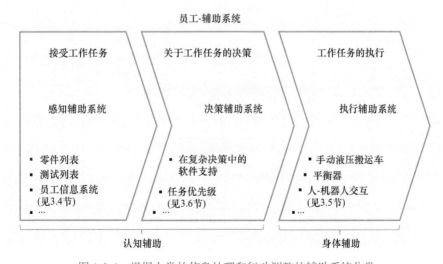

图 1-3-6　根据人类的信息处理和行动调整的辅助系统分类

在工业 4.0 中，随着对环境和使用数据的掌握越来越多，自适应性和可适应性显示出了非常大的发展潜力。一般来说，应该注意的是，在自适应解决方案下，系统状态必须始终能够被用户清楚地识别，并且自适应性不得导致系统透明度的缺失。因此，必须预先计划相应的指示及特定情况下的可视化。另外，在不利的情况下，系统的自适应性将受到用户的监视。相比之下，可适应性解决方案通常具有更高的接受度和系统透明度，但不允许在设置或编程上耗费过多的时间。

特别是在用户自适应概念下，必须考虑员工将在频繁重复的工作环境中经历着一个学习过程，而这个过程绝不应该受到技术系统自适应性的干扰。如果系统在用户熟悉了新的设备控制之后，又马上进入其他的操作模式，以便通过改变流程使相应的交互变得更加简单，那么人和机器的适应过程将处于不利的情况下且会出现波动。

Rasmussen（1983）提出的定性模型中给出了人的不同处理水平的概念，其对应员工的频繁或罕见活动。基本上可以认为，该员工通过在相似环境下重复工作，从基于知识的加工层面转向基于工艺的层面，这一点受到高效自动化行为的强烈影响。不利的机器自适应性会严重妨碍这种学习过程，这是高效率的、常规化的工作的基础（Sauer 等 2012）。"实践权力法则"（Card 等 1986）也表明，工作的持续时间随着不断地重复而缩短。因此，在员工各自

延长或高度波动的执行时间的情况下，员工认识到可能需要支持，但并不一定导致自动触发自适应性。

3.2.4 系统人体工程学分析

为了能够考虑工业 4.0 中各种复杂的相互关系，对员工的要求及先决条件有必要在规划或具体执行过程中进行详细分析（Schmidtke 1993）。这里的分析不仅包括获取信息的工作能力及局限性（视力、听力等），还包括那些人体测量方面或生物力学方面的客观事实。

另外，还需要分析所处理的工作任务的内容及要求，从而决定信息和交互的设计。在联网程度日益复杂的背景下，需要对局部的信息进行认真的分析，而且还要对员工的差异性进行具体的描述，从而获得技术系统的所需功能。图 1-3-7 描述了人 - 机器 - 系统中各种不同的输入量，不仅包含了任务分析、操作人员分析，还包括了组织的相关内容。在人机交互中，基于人体工程学设计的基本要求符合 DIN 标准，这些内容在此不详细讨论。之前需要的设计尺寸和极限值仍然适用（另见 Schmidtke/Jastrzebska-Fraczek 2013）。鉴于技术系统的复杂性及动态变化特性，在设计目标中，系统的透明度及其包含可用性的可学习性变得越来越重要。此外，人与机器交互形式的范围也在扩大。

原则上，那些机械式的互动形式将发生变化，并以识别过程为基础（语音输入、手势输入、手写

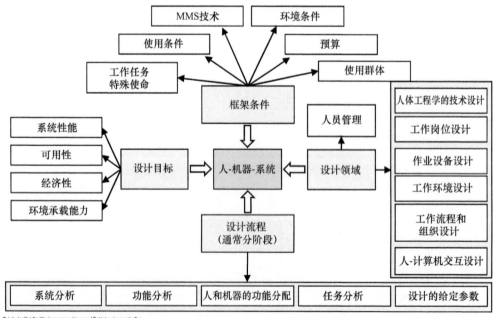

图 1-3-7　人 - 机器 - 系统中的设计目标、框架条件、设计领域及设计流程（Kraiss 1989）

输入，见 Rühmann 1993；Bengler 2001）。虽然对于传统的机械式的设置部分已经有了明确的设计规范，但这些设计最好还是能够把基于识别过程的工作模式考虑进去。Breuninger/Popova-Dlugosch（2015）给出了一个关于触摸屏界面设计的很好的概述。

3.3　工业 4.0 中生产员工的技能培训

Susanne Vernim, Gunther Reinhart, Klaus Bengler

在技术和组织的企业环境中，由工业 4.0 而带来的各种发展（见 3.1 节）引起了生产过程中一些明显的变化。这不仅与技术有关，而且同样影响着人的工作内容以及员工本身。

下面将讲述这种影响的含义，以及生产工作因此在未来会如何发展（见 3.3.1 节），未来生产员工的特征（见 3.3.2 节），在 3.3.3 节中将针对必要的培训措施介绍一些具体的操作建议。

为了将 3.1 节中阐述的由工业 4.0 引起的员工变化具体化，接下来将重点介绍工业 4.0 发展与全球化趋势的相互依赖关系。后者将导致生活中不同领域的巨大社会性变化，由于工业生产的核心地位，这些变化在德国工业界，尤其是在工作生活中非常突出。这些变化对生产工作有不同的影响。在此，这种影响可被理解为在生产员工的活动或能力方面各自发展变化的潜力。

3.3.1　由工业 4.0 带来的生产工作的发展趋势

除了工业 4.0 的重要因素驱动属性外，还可以确定五个全球社会性发展，即所谓的大趋势，这些与工业 4.0 相关，而且导致工作的变化及生产员工培训需求的变化。

除了人口变化，即人口老龄化以及与此同时社会中人们受教育水平越来越高的趋势，这些变化在德国体现为：

- 全球化。
- 波动性。
- 城市化。
- 个性化。

为了满足这些全球社会大趋势以及由此产生的对生产不断增长的需求，已经从工业 4.0 的相关文献中确定了九个技术驱动因素，这些驱动因素为生产员工带来了重大变化，并导致员工相关资质和能力特征的变化（Vernim 等 2016）。

这些因素包括：

- 数字化。

- 智能对象。
- 网络化。
- 自主性。
- 辅助系统。
- 去中心化。
- 可视化。
- 学习 4.0。
- 柔性化。

上述驱动因素的分析显示，它们彼此存在各种特定的联系，并相互影响，或者甚至是为彼此提供技术支持（见图 1-3-8）。

工业 4.0 中总结的驱动因素的基础及其核心要素是数字化。为实现数字化，需要智能对象。这些对象是通过微型芯片和传感器等进行的智能化配置。通过相互识别和通信，它们可以将资源和产品与信息物理系统进行联网，从而在生产系统中建立自主性，如通过控制产品的生产设备。因此，人类在某些方面得到了解脱，因为不再需要自己执行某些任务。例如，不再需要去识别一个已经自主控制的工作任务并决定需要做什么，而是直接通过设备与产品或该工作任务进行信息交换，然后开始相应的处理环节。为了让人仍然能够与系统紧密联系起来，必须创造联网以及借助智能对象进行交互的各种可能性，为此辅助系统是必要的。这些辅助系统可以以信息传递的方式提供一个认知上的支持，也在身体方面减轻人的负荷，还通过与生产系统和人的联网使其适应各种工作任务及人当前的身体状况。在认知支持方面，辅助系统可实现一种新的学习形式，即学习 4.0。学习 4.0 描述的是一种与地点无关的、与员工个体相关的学习方式，因此可实现在工作岗位上的进修，甚至是在工作执行过程中进行学习。技术系统的日益自主性和辅助系统的使用同样使生产中的去中心化成为可能。这不仅适用于世界范围的生产网络中的某个产地、员工或工厂系统中的单一元素，而且都可以借此更加独立地完成决策，并有效地实现由于变体数量增加而导致的复杂生产规划。为了在去中心化的分布式生产系统中对最新的情况和生产系统的状态有一个大致的了解，重要的信息必须集中呈现。这种生产中关键数据的可视化是对一个复杂系统进行真实描述的基础，而且它将反过来使人与工厂中的对象的交互成为可能。除此之外，新的设备，如智能手机或者智能手表，提供了非常理想的可视化方案（Vernim 等 2016）。所有的驱动因素除了它们之间的相互影响或相互支持外，还有一个共同特征，即它们的最终目标是使生产或生产系统中已经参与其中的员工能够更加灵活。通

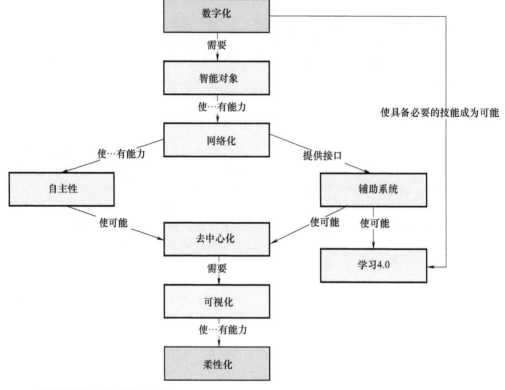

© iwb-Institut für Werkzeugmaschinen und Betriebswissenschaften

图 1-3-8　工业 4.0 背景下当前技术驱动因素的赋能链（Vernime 等 2016）

过柔性化，制造企业可以更好地对新的市场状况做出反应，而且也能够处理好新的状况。这些技术性的驱动因素与全球化大趋势相结合产生了表 1-3-1 所列的关于未来生产中工作的发展趋势。

表 1-3-1 所列的趋势使得适应全球化大趋势及将其应用于未来生产工作中的设计成为可能。此外，对于单一趋势的转化可以导出各种可能的场景。为了实现这些目标，就需要对于未来的生产员工有具体的要求。

3.3.2　未来生产员工的特征

基于 3.3.1 节中所描述的发展趋势，未来生产中员工的任务范围将发生变化，由此对员工的要求也会发生变化，所以他们需要调整以掌握必要的能力。对于员工来说，这种发展既有对工作条件改善的期待，也有对工作环境稳定的担忧。由此产生了一个矛盾，它发生在工作环境变化的员工个人层面与工业 4.0 发展所带来的改变之间。图 1-3-9 所示为未来生产中员工的特征，它可以通过有针对性的员工培训来解决。

未来的生产员工更多的是针对这个新的、具有自主性的生产系统做一些协调工作，而不是做单调的工作或通过控制机器或设备来完成任务。因此，对员工的灵活性、团队合作能力及协调统筹能力方面的要求会明显增加。此时，员工可以得到辅助系统的支持，这个辅助系统将系统的实时信息反馈给员工，而且还能检测和解决问题，并在必要的情况下做一些短期的决策，但这需要更高的抗压能力和学习能力。那些仍需要由人来执行的少量体力工作也将通过与人紧密合作的辅助系统来帮助完成。

在生产中的新趋势，尤其是生产系统日益提高的网络化程度及自主性，要求生产员工具备理解网络化系统及其相互关系的能力，至少在一般情况下如此。否则，对于生产员工来说，将难以掌握系统单元的具体操作方法，如一个自主设备的相关操作，而且难以在生产环境中认清自己的工作。为此，暂且不谈其他能力，员工在信息技术领域的相关能力必须得到提高，如掌握关于自主系统工作原理的基础知识或所使用软件的操作知识。因为即使运用了新的技术，未来的生产仍然不会进入无人化，所以诸如沟通能力等软技能仍是生产员工的一项核心能力。尤其是随着信息知识交流的全球化发展，在解决问题时，就需要这种能力，在某些情况下这些员工甚至必须跨文化、跨语言工作。

表 1-3-1　未来生产中工作的趋势（基于 Vernim 等 2016）

序号	工作趋势	备注
T1	通过灵活地将全球范围内工作人员和生产设施联网，可以更有效地解决问题	全球化
T2	生产人员不再需要在现场工作	
T3	可视化协助我们向所有人传达信息，并克服语言和文化障碍	
T4	通过学习 4.0，可以在全球范围内教授统一的培训标准	
T5	增强生产人员的自主性，可以更好地应对波动性	波动性
T6	生产人员必须通过提高灵活性来应对不断增加的波动性	
T7	通过学习 4.0，可以将增长的波动性带来的空闲时间用于培训生产人员	
T8	生产人员与辅助系统的联网使工作与生活能够更好地整合	城市化
T9	去中心化可使城市中的小型生产基地得以实现，为生产人员提供更具吸引力的工作岗位	
T10	城市中的生产人员将来可能同时在几个生产基地工作	
T11	自主性系统可以完成标准化的工作内容并精简相关的工作岗位	人口变化
T12	借助辅助系统，年长的生产人员也可以更长时间、更有效地工作	
T13	用户友好的可视化解决方案可以呈现直观且与年龄相符的信息	
T14	通过学习 4.0，进一步的教育和培训可以直接在工作场所进行，不再需要停止工作	
T15	学习 4.0 保证了终身学习，老年人也可以一直具备最新的知识储备	
T16	联网的生产人员通过独立安排自己的工作时间，可以个性化地安排自己的日常生活	个性化
T17	辅助系统能够满足各个生产人员的个人需求	
T18	通过学习 4.0，生产人员可以根据自己的能力和需求定制学习	

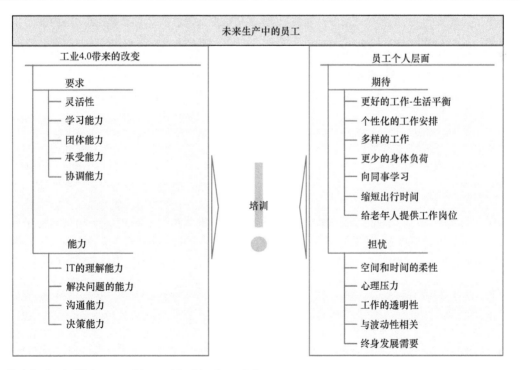

©iwb–Institut für Werkzeugmaschinen und Betriebswissenschaften

图 1-3-9　未来生产中员工的特征（基于 Vernim 等 2016）

这种由工业 4.0 带来的变化与生产员工个人的期待和担忧形成对比。

相对而言，在未来员工需要在空间、时间、内容层面上具备更高的灵活性的同时个人的安全感也会有所缺失。内容上的灵活性只能通过扩大培训范围来实现。生产员工的职业技能必须得到持续性地拓展，并与那些快速更新的最新生产要求相适应。柔性对生产员工来说可能也意味着更大的压力、更高的要求及心理负担，这些都是员工必须面对的。除了这些限制之外，未来员工还必须接受一个事实，即由于生产系统的网络化以及基于辅助系统的新的工作形式，其工作会变得更加透明。

同时，随着生产中协调性任务的增加，日常工作会更加多样化，员工可以更加个性化地安排这些工作。通过这种柔性，家庭、休闲时间和工作之间的协调在未来会变得更容易。通过学习 4.0，培训将更加贴近实际工作。学习 4.0 是时间上和空间上柔性的新方法，它通过数字媒体进行深入或拓展培训，因此培训可以更好地与工作相适应，而且生产员工可以更快、更容易获得晋升的机会。身体的辅助系统减轻了身体的负担，并使生产员工在年龄渐长后仍能找到有吸引力的工作岗位。由于城市中生产地点分散的趋势，以后生产员工上班所需路程将缩短。许多已经提到的方面及相关发展，主要涉及生产员工，其在加工或装配中充当一个协调的角色，如员工在加工中负责某个特定的部分，或者是在装配中负责范围广泛的工作内容。当然，这些并非适用所有类型的生产。尽管在系统的柔性和自主性上有许多发展，但仍然会继续创造工作岗位，这些岗位的工作内容非常简单且界定明确，但其自动化耗费很高。在这些岗位上，上述种种发展将不会出现，或者说是非必须的。因为对于一个需要在短周期内同时完成特定的手工操作及工作流程来说，除了员工，没有更好的选择。

3.3.3　未来生产员工的培训需求

为了在未来满足 3.3.1 节和 3.3.2 节中介绍的种种要求，生产员工必须相应地做好准备。一方面，这意味着要积极地认识并熟悉新的技术；另一方面，对制造企业来说，尤其在数据处理和信息技术方面的复杂领域要有明确的拓展培训需求。

仅靠经济无法实现这一点，只有教育、协会及企业领域等各种合作伙伴密切合作，才能实现宏观经济的成功发展。

图 1-3-10 所示为在工业 4.0 框架下的资质要求和培训措施。其中包括三个资质集合（数据、跨学科和标准），这些展示了最大的资质潜力。另外，对负责各自培训措施的合作伙伴（学校 / 职业学校、大学、咨询机构 / 研究所以及协会）进行了细分。企业最终会受益于所有此类措施或测试，所以没有特别指出。他们理所当然地参与设计和执行所有措施。

1. 资质集合"数据"

随着数字化的发展，可以或必须产生、管理和处理的数据量也随之增加。这些主题在培训中被提及甚少，所以有必要对学校和职业培训机构有一个明确的要求，而且高等教育也不例外。特别是年轻人必须及早了解现代信息和通信技术的功能。对此首先想到的方法就是在学校里设立信息技术课程，但这只能涵盖一小部分技术内容。这就是为什么大部分的青少年和年轻人总是会首先把信息技术与经常使用的智能手机和笔记本电脑等移动设备联系起来，但却没有深入了解这些设备背后的技术和运行原理。这也关系到隐私权和安全。社交媒体及其使用经常掩盖了这方面的问题，因此需要在这些培训中提高对这些技术的认识和了解。

2. 资质集合"标准"

数字化技术的进一步发展也因此促进不同系统之间的交互作用。标准对于促进工业适用性、提高韧性以及系统完整性都具有重要作用但这不仅涉及了信息及通信技术，而关于要应用的语言、接口和基准的标准和规范明显使具体应用实例的转化变得更容易。在这种背景下，各种协会在定义和传播时显得尤为重要。他们与各领域的管理者有紧密的联系，并且明白标准制定的必要性和意义。

3. 资质集合"跨学科"

更值得注意的是，尽管总体技术发展和 IT 之间有如此的紧密联系，但我们已经知道，跨学科思维和行动在工业 4.0 中将继续成为焦点，而且将变得越来越重要。因此，在资质集合"跨学科"中有几个核心元素，它们应该在此背景下进行培训。这些行动的重点尤其在于项目管理及跨领域的设计和构造方面。由于这不是非常专业的内容，而更多的是需要一种跨学科的方法，因此外部咨询服务以及作为企业服务的供应商在这里特别受欢迎。

并非所有针对职业培训需求的措施都能立即被实施，有些暂时仍有待开发，有些则必须改变现存的结构或方法。特别是新专业或职业培训的引入只能在未来几年内实施，而且只有当所有参与其中的群体共同努力寻求最佳解决方案时才能取得成功。

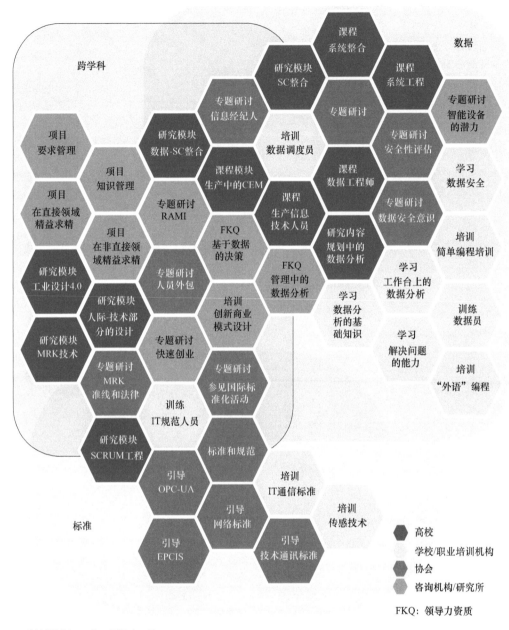

图 1-3-10　在工业 4.0 框架下的资质要求和培训措施

3.4　个性化的动态员工信息系统

Severin Teubner，Klaus Bengler，Gunther Reinhart，
Christoph Rimpau（MAN），Carsten Intra（MAN）

正如在本书引言部分和 3.1 节中所述，制造企业正处在一种极不稳定的环境中。每天都需要提供类型丰富且部分定制的满足质量要求的系列产品，而这需要通过全体员工来完成。这些员工的组成受人口变化的影响，而且经常是由各种专业人员与临时工混合组成。

需要有系统让企业能够轻松高效地完成类型多样的工作，员工信息系统在这里做出了重要贡献。它会通知员工需要完成的工作，并告知其要完成一项工作任务的操作顺序（见 3.2.3 节）。

"员工信息系统将信息管理的一部分与知识管理的一部分统一起来，旨在确保在正确的时间以适当的形式向员工提供与当前工作内容相关的员工信息"，以便有效地开展工作（Lang 2007, S.19; Dombrowski 等 2010, S.282）。

执行系统往往无法适应日益多样化的工作。通过那些常见的纸质工作说明可能很难形象地描述产品多样性及短暂的产品生命周期，所以它们经常是过时的，从而不能发现需要注意的事项或报告一些错误信息。另外，它们还没有考虑个性化的信息需求，而这些在一个由各种受训人员、临时劳动力及专业工作人员组成的差异化工作团体中必须被满足。

传统员工信息系统只适应于一小部分员工（见图 1-3-11）。在以前，信息需求对于许多员工来说都是一样的，因为大部分的员工都拥有相似的经验。在今天，人口变化发生在较有经验的员工之中，由于临时劳动力投入的增多，许多缺乏经验的员工也在增加。中等水平经验的员工比例逐渐降低，信息需求呈现出明显的差异。一个通用的解决方案不再足够，最终导致对信息的忽视。

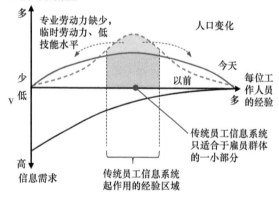

图 1-3-11　个体化员工信息的必要性

此外，信息供应很少是动态的。也就是说，一个员工收到的信息是不同的，这取决于他的处境，而这往往是由媒介的限制造成的，如纸质工作说明。

日益增长的产品多样性和更短的产品生命周期，有效地提高了产品的多样化。越来越多的产品多样性在生产中并非一个独立的因素。换句话说，它无法在不改变装配工作的情况下实现，而这些对于员工来说是难以控制的，而且容易出错。较短的产品生命周期中的平均错误数量要明显高于稳定生产状态（见图 1-3-12），这归因于培训效果较差。在这种情况下，动态的信息供应在这里起作用，并可避免对重要信息的忽视，为此需要特别关注生产中的各种变化或容易出错的工作环节。

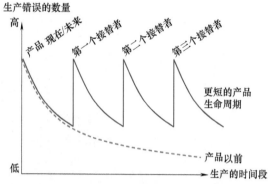

图 1-3-12　动态员工信息的必要性

总的来说，过去流行的员工信息的形式在现在经常是过时的，对于变化丰富的工作内容已经不再适用，而且其单一化的设计以致员工不重视这些信息。个性化的、动态的员工信息系统在这里提供了一个解决方案，目的是满足员工对个性化的信息需求，以及避免一些错误的发生。

要在保证生产率的情况下实现生产的多样化、个性化及动态化，需要工业 4.0 的各种技术作为基础。另外，通过适用于员工和生产情况的信息"负荷"，主观感受到的要求也在下降（见图 1-3-5）。

3.4.1　员工信息系统概况

如前所述，员工信息系统给员工提供了关于其工作内容的信息。参考人机模型（见 3.1 节），它们将工作任务传递给人，人再根据生产要求在设备的协助下执行这些任务。员工与用于明确任务的员工信息系统的人机交互同样可以用人机模型来分析。人的任务是弄清楚那些与其工作内容相关的工作说明。

图 1-3-13 展示了所传递的信息或工作指示的处理情况。来自员工信息系统的信息与生产环境和工作人员的个人经验的联系创造了行动的必要知识，这里的行动即执行工作任务（Nonaka 等 1997, S.71; North 2011, S.36-38）。

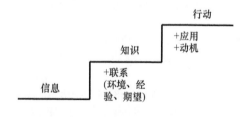

图 1-3-13　知识阶梯（North 2011, S.36）

一般而言，员工信息系统可以通过以下内容来描述，"什么将如何（用哪种方法），通过什么传递？"由此可以得出完成员工信息系统所需的三个模块，即信息程度（信息完整度）、信息设计（信息呈现）和信息设备（信息传递），其中还包括不同特征的设计参数（见图 1-3-14）。

其他信息系统的应用模块包括谁、什么时候、哪里和为什么传递信息（Krcmar 2015，S.102-103；Zachman 2011），为了简单起见，将这些假设为不变量，因此后面不再考虑这些模块。这样做假设是在工作完成时，再向员工提供工作指示，以支持其工作。

图 1-3-14　员工信息系统的三个模块和设计参数

1. 信息程度（什么）

在这个模块需要选择信息类型和信息数量。信息也可以（根据 Lang 2007，S.21-23）按照以下信息类型进行分类：

• 与产品相关的信息，涉及产品属性（如要组装的零件清单或零件编号）。

• 与订单相关信息，包括订单处理数据（如数量、客户、期限）。

• 与工作内容及过程相关的信息，引导员工如何完成其工作（如装配零件的顺序、设备的使用方法）。

• 与流程相关的信息，描述了比较重要的组织层面上的过程（如企业内部物流管理，其目的是为工作站点提供装配所需的零件）。

• 与质量相关的信息，包含了其他信息类型的具体内容以及概要组。其突出了确保产品质量的重点（如用于检查装配的测试指令）。

• 一般信息，由对装配比较重要的剩余信息构成（如工人的轮班时间表）。

对员工来说，在类型丰富（客户个性化）的批量装配中，为了完成零件处理步骤中的工作任务，与产品相关的或与工作内容即过程相关的信息是比较重要的。这些信息会通过员工信息系统传递给员工。这两组包含了质量相关信息的概要组，因此这个组没有单独列出。

第二个设计参数是信息数量。它决定了信息的详细程度，将通过字节的数量来描述并呈现给员工。

信息类型和信息数量这个组合的共同作用可通过法兰装配这个例子进行说明。因为所需的设备和螺钉都已放在了工作站点，所以在员工信息系统中不会显示它们的使用方法，同时也不需要工作或过程相关信息。只有装配的位置会作为产品相关信息被显示，其根据产品而异。由于员工明白产品的正面总是参考基准，所以只计算到该基准的距离。也可以省去测量单位的指示如毫米（mm），因为用厘米（cm）或米（m）来作为单位时可能会超出产品本身的尺寸。

2. 信息设计（如何 - 用哪种方法）

该模块涉及信息呈现的方式。因为员工信息在一般情况下是由数个信息类型和信息数量不同的信息包组成，这个包可以用不同的方式呈现，从而创建了针对整个员工信息系统呈现的设计参数的组合。

首先必须确认的是，应该选取哪种感知方式来接收信息。大多数情况下是通过视觉感知。这种方法非常适合，因为它相比其他感知方式拥有最高的信息传递效率，而且大部分情况下装配环境是嘈杂的，所以声音传递经常是不合适的，但也偶尔使用（Wiesbeck 2014，S.64）。

与感官有关的还有不同的信息呈现形式。对于视觉通道，可分为三种形式，即文本、图片和动态图像（视频）。在听觉方面，通过信号音或语音消息呈现是可行的。

风格作为第三个设计参数，代表进一步的差异化。根据模式的不同，有许多可供选择的方案。表 1-3-2 总结了上面所提到的三种视觉和两种听觉模式中最常见的选择。

表 1-3-2　员工信息系统设计范围和设计参数

设计范围	设计参数	特　点
信息程度（什么）	信息类型	产品相关的，订单相关的，工作内容和过程相关的，流程相关的，质量相关的，一般的
	信息数量	少量（指示），中等（总结），多（完整的解释）
信息设计（如何）	接收（感知器官）	视觉（看）- 眼睛，听觉（听）- 耳朵
	形式	文本、图片、动态图像
		信号音、语音
	风格	不同的语言、简单的文本（字、句、文章）、专业术语、表格
		象形图/素描、绘图/图表、照片、"增强现实"照片
		动画/仿真，视频，"增强现实"视频
		提示音（成功、错误信息）、警告音、警报音
		语音信息（关键字、整个句子）
	强度	字体大小、字体颜色
		图片大小、图片颜色
		视频大小、视频颜色
		音量、音高
信息设备（借助什么）	传递形式	口头的，纸质的，数字的/基于 IT 的
	传递媒介	工作人员
		纸
		固定/静态（PC+ 显示器/投影仪）
		移动/便携（笔记本电脑）
		手机/手持式（智能手机、平板电脑）
		便携/可穿戴（智能手表、数据眼镜）
		注入
		耳机，扬声器
	交互可能/反馈	不存在的，视觉 - 手势，听觉 - 语音，机械（触觉）- 触摸、压力

　　最后需要确定信息呈现的强度。将信息包根据其重要性进行不同程度的呈现是值得推荐的。文本、图片和动态图像（视频）尤其可以通过不同尺寸和颜色进行强化。

　　信号音或声音的强度主要是由音量和音调决定的。

3. 信息设备（借助什么）

　　该模块将展示通过什么方式可以实现信息的传递。

　　原则上，可以分为口头、纸质或数字/基于 IT 等传递形式（Neuschwinger 2003，S.63）。根据传递形式的不同，也存在不同的传递媒介。在口头传递的情况下，指导人员将从信息系统中得到的情况传递给员工，而在纸质传递形式下，员工必须自己从纸上读取这些信息。表 1-3-2 中包含了基于 IT 的用于视觉和听觉感知的传递媒介的分类。

　　另外，设备可以具有不同的交互或反馈选择。首先是机械类，在此类型下，与员工信息系统的交互是通过接触或压力实现的（触摸屏、按键等）。在私人客户中，听觉（语音控制）或视觉（手势控制）交互正在逐步发展，其使用已偶尔在工业运营中实施，并且在未来肯定会更加普遍。在嘈杂和繁忙的环境中，语音控制和手势控制的实现难度被若干提高生产率的潜力所抵消。例如，语音控制允许双手不间断地工作，而手势控制可以节省在输入设备上花费的时间（Bengler 等 2012）。

正如 3.2.3 节中所述，辅助系统可以实现不同程度的支持。随着工业 4.0 中越来越多地使用传感技术和数据处理技术，引发了关于员工信息系统的自适应性或可适应性的问题。自适应员工信息系统根据员工、工作任务及工作环境提供工作指示。这样，员工可以在收集信息时得到最大程度的支持，但同时可能受到系统的约束，从而可能导致不透明和不可接受。如果这种自适应无法完美实现，那么它完全有可能带来更多缺点。可适应的员工信息系统会将信息事先准备好，只有在员工需要时才会给出，或者可以在它们的设计中（如信息量、重点）由员工进行参数化。因此，员工在工作中不会受到系统的约束，但操作上需要花费更多，而且在某些情况下会接受一些错误信息。

员工信息系统成功的关键在于给员工提供关于他们工作内容的有效信息。图 1-3-15 所示为用于支持生产的有效信息的几个重要支柱。

这对人体工程学来说是非常复杂的。在设计系统时，根据表 1-3-2 所列举的设计参数，进行系统人体工程学分析之后，首先需要分析工作任务，其次生产因素决定了生产背景。任务和背景（生产系统）对员工信息系统也有影响。表 1-3-3 列出了在工作任务和环境（生产系统）中影响员工信息系统设计的因素。有关设计人体工程学分析的详细说明，请参考相应的专业文献，如 Bubb 等 2015。

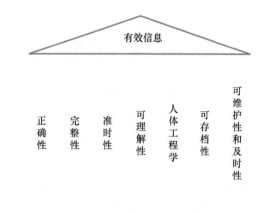

图 1-3-15　用于支持生产的有效信息的重要支柱
（Lang 2007，S.25）

3.4.2　个性化的员工信息

如图 1-3-11 所示，信息需求因每位工作人员的经验而差异很大。如果信息的类型或数量不足或让人无法理解，那么员工无法将这些信息与其以往的经验联系起来，而且必要的操作也可能无法顺利执行，即分配给员工的工作因此而受影响。这些往往发生在学徒或临时工身上，他们不具备足够的经验，因此在缺少信息的情况下会在操作上显得能力不足或容易出现差错。

表 1-3-3　在工作任务和环境（生产系统）中影响员工信息系统设计的因素

项　　目	组	影 响 因 素	注　　释
任务	角色相关	任务难度	需要的基础知识/资质
		每个工作周期的工作内容重复	重复的步骤（装配六个螺栓）；不同的单一步骤（螺栓、铆钉、夹子）
		位置/工作地点	坐着、站着、运动中
		必要的工具/生产设备（不用手）	双手操作、单手操作、无须双手操作（只是暂时的）
		特殊的穿着/PSA（个人保护装备）	头盔、手套、眼镜、外衣、面具
生产系统	工厂相关	布局/生产原理	施工现场生产、车间生产、团队生产、流水线生产
		生产类型	单件生产、批量生产、大规模生产
		照明/光线条件	可能干扰可视化的指示
		噪声/背景噪声	可能干扰声音指示
		气候	可能影响技术设备
		（机械的）振动	可能影响屏幕的可读性
	市场相关	产品类型	由产品类型导致的不同工作任务的数量
		产品混合	每个周期、每天、每周轮换
		周期	影响可收集信息的时间

1

另一个极端是提供过多的信息，而这种情况也时有发生。太多的信息会让人耗费过多时间或不愿意花时间去理解它，因为这些对于员工来说太耗费精力了。"多多益善"在这里是不成立的。这种以为在不确定的情况下提供更多信息会更加稳妥的想法，会造成大量浪费以及带来不透明性（最糟的情况是完全没有重点），背离了精益生产的原则。用合适的方式提供适用于个性化的信息是一项非常艰巨的任务。员工不用花费太多时间就可以获取工作所需的知识。信息类型和信息数量以及呈现方式，可以通过个性化的设计减轻员工负担，同时也会提高生产率。对于经验不足的员工，最好将大量的信息通过图像或视频而不是通过文本进行传递，而对于经验丰富的员工，可能只需要极少的信息。由于视力不同，字体大小按差异化进行设置也是值得期许或必须的。

已经可以实现基于网络技术的信息设备（设备）个性化，但由于各种信息设备所需的投入和维护费用较高，其应用目前还存在一些争议。

下面以 MAN Truck & Bus AG 的一个员工信息系统为例进行讲解。尤其是在商用车工业中，生产的多样化显得非常突出。在重型货车的装配线上，为了应对世界范围内不同的客户需求，会产生多种车辆类型和不同的装备要求，需要不同的生产步骤，给装配过程带来很大的变化。

接下来要介绍的员工信息系统目前应用在装配线末端的一个工作站点上，在这里完成货车最后的精细调试工作。

员工信息系统的设计是在对工作任务、生产环境及工作人员的分析之后进行的。

第一阶段，参考表 1-3-3 分析（工作）任务和背景（生产系统）。在这个站点上，两位员工负责调整转向和轮距。对于重型货车有基本的了解是有帮助的，但并不是必须的。这个工作任务包含了许多工作内容。为了减轻身体上的负荷，两位员工会交换工作任务，使得任务的时间周期翻倍。工作内容大多数都需要用到双手，不仅要弯腰站在车辆旁边，还要站在凹坑里，在车辆下面抬头工作。除了规定的标准防护着装，如安全鞋或手套，没有其他会影响或限制运动的特殊穿着要求。

由于工业环境下的噪声很大，双方以及与驾驶员之间交流的需要，声学的工作指示是不适用的，所以优先选用视觉的工作指示。由于 MAN 需要进行客户个性化的批量生产，员工必须能够应对大量的产品类型和明显的产品混搭。很少有两个同样的车型或同样的工作任务连在一起。大约 12min 的循环时间加上任务变化，导致一系列工作持续了 24min。

一方面，这需要大量有关工作步骤的信息；另一方面，需留有足够的时间来收集信息。

第二阶段是进一步观察员工。为了提高在人员配置计划中的灵活性，经验不足的员工将不断在该工作站点上接受有关工作内容的培训。这些员工是正在开发的个性化员工信息系统的目标群体，而这个系统旨在提高学习的质量并缩短学习过程。目前的纸质版工作指示有些文本太长或写得太复杂，为了能够更快地获取信息，这里还有改良的空间。通过对所有工作步骤的全局观察，学习过程可以更好地得到支持。

在表 1-3-4 中，将目标群体根据员工要素进行了分类。通过这种方式，同类型的群体可以获得个性化的工作指示，而不必使用那些为有经验的员工设计的工作指示进行工作。员工要素或指标可以根据人、收集、处理、转化的信息技术模型进行区分（见 Schmidtke 1993；Wickens/Hollands 2000）。

目标群体中的所有员工都精通德语，并且偏好视觉的、图像化的工作指示。健康方面的局限性不必考虑，员工仅在工作站点和相关部门工作了数日。所有的员工都可以证明，他们具备与工作站点要求相关的学历资格和受过相关的培训。基于这两个分析模块（任务和生产背景分析以及员工分析），可以从三个模块，即信息程度、信息设计和信息设备中选择出设计参数的特征。在每种特征下，都考虑了任务、生产系统和员工的影响因素之间的共同作用，以及设计参数之间的相互影响。

由于员工是在非常大的工作站点接受培训，所以必须给他们提供大量关于产品和工作内容的信息，即过程相关信息。由于工业环境的背景噪声、员工对协调的需求以及对信息的高度需求，工作指示应以图片的形式或以视频结合简要说明的形式进行呈现。德语对任何员工都不构成障碍，因此工作指令可以保持单一语种。基于员工良好的健康情况（没有视力问题），在描述信息时，可以不用刻意放大字体或图像。

由于需要在重型货车下方和周边工作，所以选择使用平板电脑。不仅如此，受训人员第一天跟着有经验的员工工作，期间可以对展示的工作内容直接在平板电脑上进行理解，并在整个过程中对其进行整理记忆。此外，他们可以回到一个安静的房间，用平板电脑来学习这些工作指示。由于在该站点有足够的存放面积和较长的工作循环周期，容许携带或手持设备等这种看起来不太好的行为。

为了在屏幕上显示大量的信息，引入了三个层次的显示概念。在顶层（见图 1-3-16）仅向两位员

表 1-3-4 针对工作人员的员工信息系统的设计的影响因素

信息步骤	指标组	二级指标	一级指标	影响因素	注 释
信息接收	个人方面	—	国籍	语言	语言障碍使信息接收变难
		—	大多数喜欢视觉接收	学习类型/接收类型	不同的接收或类型倾向；大部分是视觉的和图片的
	健康	年龄	戴眼镜的人（远视眼、近视眼）	视力	字体大小
			助听器	听力	音量大小
			工龄	身体上的限制	接收信息所必需的时间
信息处理	经验、知识	年龄	在工作站、模块/部门、企业中的工作日	产品装配的频率（工作人员特定的）	工作人员多久装配一次这个产品类型
				错误类型	错误的工作步骤或缺少被实施的工作步骤
				错误数量	工作人员迄今为止犯了多少错误
信息应用	能力	技能	学校获得的资质	理论知识	促进信息应用，由于信息与已经学到的东西联系起来；专业语言也是可能的
			培训/训练	技术实践能力和技能	特定情况下不需要操作说明
			IT 资质/继续教育	IT 能力和技能	通过员工信息系统，常见的 IT 解决方案简化了工作

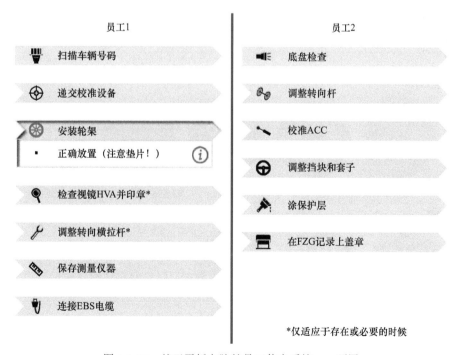

图 1-3-16 基于平板电脑的员工信息系统——顶层

1

工显示流程步骤。通过这种方式，可以对所需完成的工作内容有一个宏观的了解，这反过来也便于将整个任务分成一些单独的小任务。将整个流程进行划分，从而得到一个明确的步骤数量。根据 Miller（1956）的说法，7±2 个心理学单位对人类来说是比较好记的。此外，为每个流程步骤创建了一个符号，以提高它的可记忆强度。对于每个流程步骤，都有一个带有项目符号的下拉菜单，其中提供了简短的说明。通过信息按钮，员工可以到达下一个中间层。

在中间层（见图 1-3-17）使用图片和文本全屏解释每个流程步骤。在由前后轴的两个工作流程组成的"轮架装配"中，轮架根据轮辋类型进行不同的装配（在轮架上有用于轮距调节的传感器）。如果员工不知道如何安装轮架，可以选择相应的轮辋类型便可进一步获得信息。同时，可选的选项会向培训中的员工显示现有类型，而这些是员工必须学习并掌握的。

使用流程步骤栏中的选择或水平滑块，员工可以调用后续或之前的流程步骤。通过单击主页符号，员工可以返回到流程概述。

在底层（见图 1-3-18）员工将收到非常详细的指示：用什么工具来安装所选的轮架。员工只能再次回到流程步骤的页面，就不会失去方向。

在一开始，员工仍需要调用底层的信息；能力

上升之后，可以跳过一些细节，只需利用中间层或顶层信息指导工作。如果员工忘记了一个细节信息，如安装一个少见的轮辋，可以随时再次查看这些信息，但并不会一直被这些信息干扰。

在可适应性方面，通过这种方式，使得根据学习进度进行可用信息的个性化适应成为可能。这种个性化的员工信息系统被有意地设计成可适应的系统。通过选择显示的信息，员工可以更加了解其工作内容的框架。在自适应解决方案下，工作步骤的顺序和变化可能更难以理解，从而不利于学习的过程。除此之外，软件的投入使用需要耗费更多时间。最简单的情况是这个基于平板电脑的员工信息系统可以在几天内借助常用的演示软件投入使用。例如，（Breuninger/Popova-Dlugosch 2015）给出了进一步的设计说明。关于机床，第 2 篇的 3.5 节介绍了新的以用户为中心的设计概念。

3.4.3　动态的员工信息

在本章 3.4 节的引言部分，通过举例的方式提到，动态信息可用于被更改的产品。动态信息意味着员工信息系统的形式根据既定的规则而变化。原则上，这种改变可能会影响员工信息系统的所有设计参数，并旨在引起人们对这些信息的关注。动态信息形成的三个主要原因可能是：

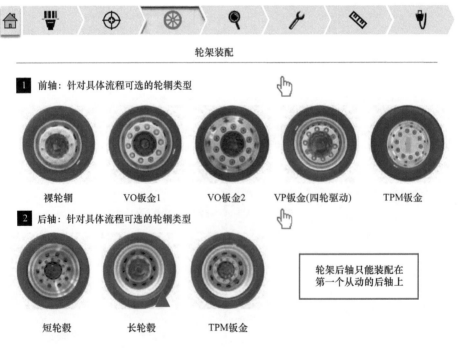

图 1-3-17　基于平板电脑的员工信息系统——中间层

轮辋VA　"VO钣金2"

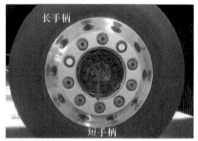

- 注意垫片
- 确定字母MAN的方向！
  （对准MAN中的"A"安装）

- 请勿让轮架刮擦盖板！

© iwb-Institut für Werkzeugmaschinen und Betriebswissenschaften；MAN Truck & Bus AG

图 1-3-18　基于平板电脑的员工信息系统——底层

■ 特别容易出错的产品或工作步骤可以通过质量报告看出，并以动态信息的形式引起员工的关注，以便在执行相应的工作步骤时能够更加谨慎。

■ 为了确保员工在更换产品时不会无意间遵循以往的工作模式，一个引人注目的信息发布可引起员工的注意力和专注力，这对于需要 24h 内快速完成大批量生产并供货的产品来说尤其重要。在这种情况下，员工可能会因为习惯和熟练而不去获取与工作内容相关的信息，从而忽视了各种变化。

■ 对于不常见产品（外来的），可以通过预警性的特殊提示来引导员工的注意力。

因此，对于动态的员工信息系统，自适应的解决方案非常有用，因为它需要引起员工的关注。可以通过一次由系统而非员工触发的行动来很好地实现，如简单的改变可以是用闪烁的红色框把一张图片框起来。

3.5　人 - 机器人交互

Klaus Bengler, Jonas Schmidtler

正如之前关于信息系统的描述，传感技术、电机技术和系统网络化领域中的技术进步带来了新型的人 - 机器人交互。根据 Schmidtler 等（2015）认为，这些可以细分为共存、合作和协作（见图 1-3-19；另见 Onnasch 等 2016；Onnasch 等 2014；Thiemermann 2005；Bortot 等 2012）。

用于划分边界的理解是：

- 共存：人与机器人同时在同一个工作空间。
- 合作：人与机器人同时在同一个工作空间内有一个共同的目标。
- 协作：人与机器人同时在同一个工作空间内有一个共同的目标，并紧密地联合行动，如通过手势、语言或触觉来沟通。

在人口变化和生产多样化的背景下，这些特征中的每一个都能使工作设计解决方案优于传统的自动化方案。由人和自动化设备组成的所谓混合团队（Lotter/Wiendahl 2006），代表了一种很有前景的解决方案，可以满足定制化批量生产和降低员工身体负荷。一般的逻辑是，将两个合作伙伴（人与机器）的优点结合起来，以便补偿各自的弱点。此外，必须考虑其他的设计因素，以确保机器人的安全性、使用能力、接受程度和舒适性，因为迄今为止，机器人是在空间和时间上与人分离的情况下使用的。

虽然机器人（产品人体工程学）的安全、高效和减压设计应属于制造商的责任范畴，但工作场所的设计（生产人体工程学）是雇主的责任。在此范围内，必须遵守现行标准（DIN EN ISO 10218 和 ISO/TS 15066）。此外，Bortot（2014）概述了共存/合作领域的重要设计因素，以及这些因素可能的量化建议（仅供参考）。

因此，须注意：

- 人与机器人之间可能的最小距离。
- 机器人的移动速度和速度曲线。

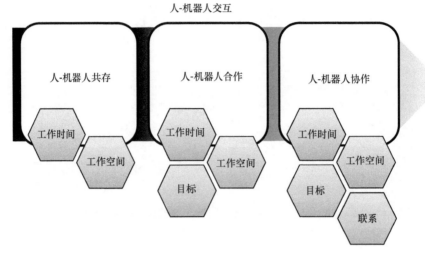

图 1-3-19　人 - 机器人交互的分类（Schmidtier 等 2015）

■ 机器人的噪声特性作为干扰因素，也可作为避免碰撞的定向辅助。

■ 机器人上的视觉指示系统，用于获取当前和未来状态的信息。

■ TCP 的工作高度。

■ 支持人可预测行动的轨迹规划和设计（从机器人控制的角度来看，它相比人工完成要更加高效）。

■ 机器人的外部设计（形状、颜色、材料）。

如果在一个任务中人与机器人的合作从偶尔和短暂变为永久和互补，那么除了已经描述的设计因素之外，还必须应用以下内容：

■ 通过机器人控制（阻抗/导纳控制）、过程参数（组件重量和大小）和移动类型（快速/不准确和慢/准确），调整交互时人所需施加的力。

■ 向人身体施力（特别是在身体上佩戴外骨骼和机器人矫形器的情况下）。

■ 针对人操作过程的数量和类型（适应性的、动态的和互补的功能划分）。

■ 考虑人的影响因素（基于年龄、性别、身体和认知条件，以及其他多样化参数的不同能力和特征）。

可以证明，这些因素对人的舒适性和接受度产生了相当大的影响，从而影响整体生产率（Schmidtler/Bengler 2016；Knott 等 2016）。

除了所描述的人与机器人之间的双边合作，从偶尔接触到避开（如在移动机器人过程中），再到长久的信息和物理信号交换（如在力辅助系统中），编程应该是使用未来机器人系统的一个不

可忽略的因素。可以预知，类型的丰富性和机器人系统的数量都将增加（参见 World Robotics Executive Summary 2015）。这意味着日常工作将面临更多的编程和适应任务。这种机器人编程也会由非专业人员完成，由此产生了针对编程概念方面及其软件的人体工程学质量方面的明确要求（Herbst 2015）。

3.6　人力资源管理

Christiane Dollinger, Klaus Bengler,
Gunther Reinhart

组织由其结构、办事流程、文化和互动的人员构成，具有明确的空间和时间限制。如今用于工业 4.0 的活动主要是数字化和网络化的，并在改变对组织的现有理解。传统的领导理论，如 Evans & House 的路径目标理论，都是以组织中个人和团体以及管理人员的激励支持为基础，来实现预定的目标（House 1971），此处假设下属和上级的人际关系是不对称的。目前的领导理论包括典型的管理任务，如图 1-3-20 所示。

在下文中，将讨论工业 4.0 中的几个变化及其他驱动因素，并分析它们对上述管理任务的影响。员工的进一步发展已经在 3.3 节中详细解释过，因此本节不再讨论。管理任务取决于管理层。此处所述的变化明确涉及与生产相关的管理机构，如部门经理、生产计划员或制造专家。图 1-3-21 所示为影响组织及其管理的因素。

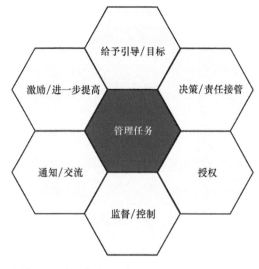

© iwb-Institut für Werkzeugmaschinen und Betriebswissenschaften

图 1-3-20 管理任务

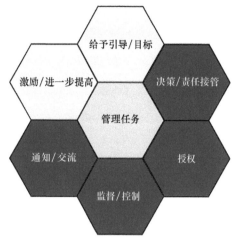

© iwb-Institut für Werkzeugmaschinen und Betriebswissenschaften

图 1-3-22 管理任务——更强大的网络化及
数字化所带来的影响

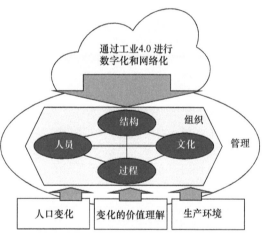

© iwb-Institut für Werkzeugmaschinen und Betriebswissenschaften

图 1-3-21 影响组织及其管理的因素

3.6.1 更强大的网络化和数字化带来的影响

由于生产技术环境中更强大的网络化和数字化，新的通信方式正在产生。通过使用互联网和数字技术，与传统工作流程相比，通信路径可以是实时的、与位置无关的、自动化的和定制的。通常，诸如智能手机或平板电脑等所谓智能设备会被用作通信媒介。这些产品使得员工能够直接与生产设备、控制系统及其同事进行交互。工作订单可被自动输入系统，无须更高权限的干预，即可直接传送给相关员工。如图 1-3-22 所示，其中六个管理任务中的四个任务会受到更强大的网络化和数字化的影响。

其中许多任务，如委派或制定决策，未来将通过智能的系统算法来完成，所以人的工作绩效，尤其是管理机构的工作绩效，需要重新定义。传感器和软件都在增强其人工智能，从而可以通过人的逻辑连接来进行知识密集型决策。因此，挑战在于如何利用协同效应，让员工与系统算法之间进行有效的交互。在未来，管理人员将主动控制更少的流程，与员工沟通并告知他们当前的状态信息。借助社交技术，如社区或共享点，可以更快更省力地交换信息，也可以从任何地方检索信息。因此，跨部门和跨站点的项目任务可以由团队中的各个兴趣小组自行组织并完成。一方面，这将影响管理风格（减少委派和沟通难度，提高团队的独立性）；另一方面，将影响组织文化。其结果是管理层与员工之间产生密切和充满信任的合作关系，层级间的差异变小。由于互联互通提供了更高的透明度，它有助于管理人员控制流程进度，将数据整合在一起并进行分析，以便立即获得对当前状态的评估。这使得因果关系易于重现，并且可供所有组织成员使用。项目的偏离、发生的问题以及与其他项目的依赖性都可以被掌握，并且在必要的情况下也可以及时进行干预。它创造了一种分享知识和资源、合作和开放的新文化，使工作更有成效，减少了管理人员监督和控制的工作量。这种运作良好的组织必须接受开放的反馈文化，正面应对错误、问题和根源。员工需顺应这种文化，并将其作为自身发展和自我实现的机会。表 1-3-5 列出了网络化和数字化给管理方面带来的变化，以及其给管理任务带来的影响。

表 1-3-5 网络化和数字化给管理带来的变化和影响

网络化和数字化	管理方面的变化	给管理带来的影响
决策/责任接管	• 实现系统支持（例如数字评估，模拟） • 通过智能算法/系统进行决策辅助 • 透明的数据链接	• 个人责任增加（如因果关系的透明可追溯性） • 决策责任减少（系统和人分担决策） • 认知负荷降低 • 决策要求降低（系统接管决策）
授权	• 智能系统接管授权（通过系统直接将任务分配给工作人员） • 中心化提供和管理数据 • 与位置无关的数据库访问	• 授权工作的减少 • 对工作人员的更高信任度
监督/控制	• 通过智能系统自动检测错误、瓶颈等 • 增加工厂、工作站点、工作人员和计划系统的联网 • 借助系统算法进行过程控制	• 减少操作流程的监督/控制的工作量 • 增加对系统信息的控制（问题等） • 监督/控制将不受限于时间和地点（永久可访问性）
通知/交流	• 用于企业中通信的数字技术 • 中心化、数字化的信息呈现 • 快速且与位置无关的通信通道	• 更简单直接的沟通成为可能 • 减少传播信息的工作量

3.6.2 人口变化和价值观变化带来的影响

工业 4.0 中的运动代表了组织影响因素的一部分。此外，进一步的变化也会对组织的结构、办事流程、文化和人员以及管理人员的角色产生影响。社会发展一方面表现在人口变化上，另一方面表现在对价值理解的改变上，这使得未来组织的运作和管理变得更加困难。图 1-3-23 所示为管理任务——人口变化和价值观变化所带来的影响。

图 1-3-23 管理任务——人口变化和价值观变化
带来的影响

由于企业中老员工的比例很高，出现由不同代人组成的差异化职员群体，其必须得到协调安排。

例如，带有战后价值观的工作人员，他们在企业中会习惯于在指示和强大的竞争压力下工作；个人生活理念从属于工作任务和操作要求；奖励和认可只能通过勤奋和融入给定的组织结构来实现，目的是尽可能多地积累知识和经验，以确保相对同事的领先优势并获得更高的报酬。

这个职员群体中现在包含了年轻的、精通媒体的一代，他们已经在私人环境中实践了社交网络，并认为信息的透明度是不言而喻的。沟通的需要和人际社交的知识交流因此而明显增加。个性化储备的知识在未来所起的作用将更小，而使用新媒体快速查找相关信息的能力将变得越来越重要。这种情况与之前所说的关于知识获取和知识保存的思维方式相矛盾，从而在两代人之间造成潜在的冲突。这也许将导致老年人厌恶使用这些新媒体作为交流手段。

但是，不仅仅是年轻人对新技术的敏感性及其对智能设备的熟练掌握，可能导致矛盾的产生，在价值观方面缺乏共识同样也会如此。这个年轻的职员群体，也被称为 Y 代或数字原住民，很少会感觉到这种适应的必要性，而更多的是希望获得平等的职权和发言权。工作任务会被质疑和讨论，独裁性的管理会遭到拒绝，而个人发展、发言权、自主权、自由安排和自我组织的愿望也在增强（授权）。此时私人生活是很重要的，它与工作处于一种平衡关系（工作与生活的平衡）。这些不再是仅限于最高技术人员的特权，而是适用于整个职员群体，从经理到生产线上的员工。管理人员的任务是汇集这些不同的见解，利用各自的优势，建立富有成效的团队，使自我组织的工作成为可能（激励／进一步发展）。

　　通过独立工作，员工和团队具有高度的流程责任，这意味着管理人员必须监控更少的操作流程，而更多地关注团队协作（监督／控制）的生产率。管理人员成为团队协调员。未来的管理理念必须是一个自主（自我管理、独立的、理智的、有尊严和自我意识的）的职员群体，年轻一代与年长一代共同工作，每个人的个人能力、技能和价值观都能得到认可（给予指引／目标）。为此，企业必须制定结构化变革管理的流程，并确定其企业哲学。变革管理可以理解为"准备、分析、计划、执行和整体变化措施的持续发展（目的是理解），企业从某个实际情况出发继续发展，并使所有业务活动的效率和效益可持续地增长"（Vahs/Weiand 2013，S.7）。目前有许多关于如何设计这种变革流程的方法和途径（Lauer 2014；Petschnig 2014；Rank 2010）。

　　表 1-3-6 列出了人口变化和价值观的改变给管理带来的变化和影响。

表 1-3-6　人口变化和价值观的改变给管理带来的变化和影响

人口变化和价值观的改变	管理方面的变化	给管理带来的影响
激励/进一步提高	• 企业的归属感在年轻一代心中有所下降：如果自己的愿景无法实现，就会跳槽 • 工作人员希望受到挑战和提升 • 年轻一代视私人生活和个人实现高于工作本身	• 必须创造绩效激励（内在动机） • 必须强调企业内部的进一步发展的可能（企业忠诚度） • 必须理解和支持工作人员适当的"工作与生活平衡"的需求
授权	• 年轻一代争取实现共同决策和对自己负责 • 老一代会期望接到明确分配的任务	• 在年轻一代中授权工作会更加容易 • 对年轻一代价值理解的信任 • 意识对老一代而言，授权是一种习惯
监督/控制	• 年轻一代的独立工作正在增加 • 要求领会团体给出的结果 • 关于社区的知识共享正在增加	• 减少操作任务的监督/控制工作量 • 管理者成为小组协调员：负责监督小组成果/进步 • 必须维护和控制团队的动态
给予引导/目标	• 代际冲突	• 必须掌握和实践变革管理方法的应用 • 必须制定共同方针（独立自主的雇员群体）

3.6.3　生产技术环境的影响

　　管理人员的角色和任务也受到生产技术环境的影响。从一个已经发展起来的卖方市场陷入波动并转向不确定的买方市场，这些使得企业面临持续性的创新和业绩压力；同时，满足客户定制化要求所需的过程复杂性显著提高。企业的愿景和管理战略必须灵活，并快速适应新的框架条件。在生产方面，这意味着订单会在短时间内发生变化，产品种类和客户的要求会持续增加，质量要求也会提高。基本上可以说，不稳定的、矛盾的和复杂的变化环境会对员工的工作量产生负面影响。首先是认知上和心理上的过度要求。如图 1-3-24 所示，上述管理任务受到了生产技术环境变化的影响。

　　管理人员必须学会在漫长的时间和效益压力下以及非常复杂的流程中做出决策并为之负责（决策／责任，监督／控制）。作为支持媒介，可以使用数字网络和数字技术的潜力（如用于决策的智能算法）。

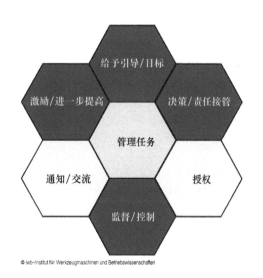

© lwb-Institut für Werkzeugmaschinen und Betriebswissenschaften

图 1-3-24　管理任务——生产技术环境
所带来的影响

然而，不仅管理层会受到这种变化的影响，职员群体也会感觉到快节奏和变革的压力，这常常导致（对失败的）恐惧和辞职。在这种情况下，管理人员为员工提供适当的指导，并通过目标的建立为其指明未来的道路，这一点非常重要。愿景必须作为指导原则被阐明，并用于激发动力。制造企业的生产力依赖于那些希望面对新挑战的、敬业的、热情的员工。为此，一方面，管理人员必须展示继续发展的潜力和机会；另一方面，员工必须参与制定变革管理计划。

表 1-3-7 列出了生产技术环境给管理带来的变化和影响。

表 1-3-7　生产技术环境给管理带来的变化和影响

生产技术环境	管理方面的变化	给管理带来的影响
激励/进一步提高	• 不断变化 • 引入新技术/流程 • 未来变得更难以预测	• 提早认识到进一步提高的需求 • 看到进一步提高的可能并将其提供给工作人员 • 在应对不断变化的生产技术环境时，工作人员需要管理者的教导 • 工作人员必须被激励（积极应对改变）
决策/责任接管	• 复杂的事实 • 时间压力大 • 更加个性化的客户需求 • 提高的质量要求	• 管理者需要在巨大的时间压力下做出决策 • 满足客户要求的责任正在增加 • 增加了管理层的认知负担
监督/控制	• 复杂的事实 • 时间压力大 • 提高的质量要求 • 更加个性化的客户需求	• 监督/控制过程的复杂性增加 • 管理者的认知超负荷
给予引导/目标	• 引入新技术/流程 • 不断变化 • 未来变得更难以预测	• 管理者负责提供愿景 • 必须树立并制定合适的目标以适应环境 • 面向未来的指导方针对工作人员来说变得越来越重要

下面通过示例描述了一个生产环境的场景，并介绍了一种方法，即如何通过使用数字和智能媒体来支持管理人员的工作，从而减轻他们的认知负担。

3.6.4　示例：为管理人员减轻认知负担

在 3.6.3 节中提到了负担因素，这些因素源于生产技术环境的变化，并可能导致管理人员更大的心理压力。过度要求的后果是由于错误的操作产生更大的压力和引起长期疾病。这里介绍的方法提供了一种可能，即使用数字媒体和更强大的网络来智能地支持管理人员的日常工作（见图 1-3-25）。以下支持措施可能通过系统的辅助进行：

- 环境敏感的信息传输。
- 对复杂问题的决策支持。
- 规划密集型事务的接管。
- 操作步骤的优先顺序。

1. 环境敏感的信息传输

环境敏感意味着信息是根据特定情况或事实传输的。因此，管理人员会接收到重要的信息和通知，而这些与他们当前的位置或工作有关。例如，生产主管一旦返回工作场所就会首先收到供应商的电话提醒，在大厅现场时会收到系统的故障信息，并可以查看这个问题。此外，只要员工尚未将第一条信息更改为"正在处理"状态，系统就不会向员工发送任何进一步的故障信息。

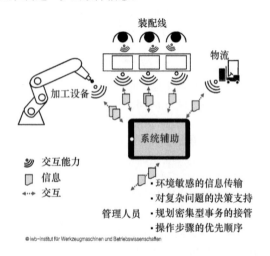

图 1-3-25　给管理人员预防性的系统辅助

2. 对复杂问题的决策支持

借助智能算法，可以模拟各种情景及其发生的概率，从而将其用作决策的基础。其先决条件是要有一个具有说服力的且最新的数据结构。

3. 规划密集型事务的接管

通过资源、设备和 PPS（生产规划与控制）系统的联系，系统辅助可以实现实时控制，并在必要时进行干预。以人员部署规划为例，通过长期监控，可及早发现和纠正在工作站点上可能存在的产量瓶颈或故障。系统辅助与各种数据库和其他系统相结合，以便尽快为瓶颈站点找到合适的支持或替补员工，并告知他们相应的位置。为此，被系统选择的员工会在智能手机上收到消息，内容包含工作场所、任务和工作所需时间。为了让管理人员掌握这些情况，会通过该员工向管理人员传递一个确认消息。

4. 操作步骤的优先顺序

面对日益增加的数据流和信息量，管理人员会长期收到各种消息，如出现的问题、需要完成的新订单或一般信息。此时，可能会无法对信息有一个大致的了解，无法将这些信息按优先次序排列。在这种情况下，系统辅助可以帮助管理人员将消息按照优先次序进行排序后呈现。这个优先顺序取决于企业内部目标。下面简要介绍创建用于完成上述任务的辅助系统的设计步骤。这些步骤应被看作是一个工作包，需要每个企业单独开发，从而确保系统满足运行期间的主要要求。

步骤 1：支持系统和管理人员之间的接口分析。
- 分析企业现有的信息系统和 PPS 系统。
- 系统与管理人员之间交互的透明描述。
- 推导出在心理压力方面影响系统与管理人员之间交互的标准。
- 制定系统支持的各种要求。

步骤 2：支持系统的优先级规则/决策逻辑的概念。
- 识别和定义一个能使负荷降低的优先级逻辑/决策逻辑的要求。
- 增加现有的、员工个性化的优先顺序（获得相关管理人员的意见）或决策程序。
- 基于先前得到的数据，开发应用于优先次序排序的算法。

步骤 3：使用智能设备进行技术开发。
- 分析现有智能设备在辅助系统和企业内部的适用性。
- 智能设备的要求和可能的外围功能定义（视企业而定）。
- 开发智能设备的应用程序。

- 如有必要，基于先前定义的外围功能开发适配的硬件。

引入这种辅助系统需要强大的企业文化和员工较强的改变意愿。用户必须有很强的信心，并接受系统辅助给出的决策。否则，这种系统的作用很小，因为不确定性和怀疑会增加员工的心理负担。此外，它还需要先进的 IT 基础架构，以实现全面的数据采集和通信。

参 考 文 献

Abele, E.; Reinhart, G. (Hrsg.): Zukunft der Produktion. Herausforderungen, Forschungsfelder, Chancen. Carl Hanser Verlag,München 2011

Adrian, B.; Riediger, D.; Hinrichsen, S.: Trends in der Weiterentwicklung von Maschinenbediensystemen im Kontext der Industrie 4.0. In: Arbeit in komplexen Systemen. Digital, vernetzt, human?! Bericht zum 62. Kongress der Gesellschaft für Arbeitswissenschaft e.V.(GfA), Aachen, 2. bis 4. März 2016

Bengler, K.: Aspekte der multimodalen Bedienung und Anzeige im Automobil. In: Jürgensohn, T.; Timpe, K.-P.(Hrsg.): Kraftfahrzeugführung. Springer, Berlin 2001

Bengler, K.; Bubb, H.; Totzke, I.; Schumann, J.; Flemisch F.: Automotive. In: Sandl, P.; Stein, M.: Information Ergonomics-A theoretical approach and practical experience in transportation. Springer, Berlin 2012

Bortot, D.; Hawe, B.; Schmidt, S.; Bengler, K.: Industrial robots-the new friends of an aging workforce? In: Trzcieliński, S.;Karwowski, W.(Hrsg.): Advances in ergonomics in manufacturing. 4th International Conference on Applied Human Factors and Ergonomics, San Francisco, 21. -25.7.2012, S.253-262

Bortot, D.: Ergonomic Human-Robot Coexistence in the Branch of Production. Verlag Dr. Hut, München

Breuninger, J.; Popova-Dlugosch, S.: Gestaltung moderner Touchscreen-Interaktion für technische Anlagen. In: Vogel-Heuser, B.; Bauernhansl, T.; Ten Hompel, M.(Hrsg.): Handbuch Indus trie 4.0. Springer, Berlin 2015

Bubb, H.; Breuninger, J.; Popova-Dlugosch, S.: Ergonomische Produktgestaltung. In: Lindemann, U.(Hrsg.): Handbuch Produktentwicklung. Carl Hanser Verlag, München 2016

Card, S.K.; Moran, T.P.; Newell, A.: The Model Human Processor: An Engineering Model of Human Performance. In: Boff, K.R.; Kaufman, L.; Thomas, J.P.(Hrsg): Handbook of perception and human performance. Band 11-Cognitive Processes and Performance. Wiley, New York 1986

1

Cummings, M.; Bruni, S.: Collaborative Human-Automation Decision Making. In: Nof, S.(Hrsg.): Handbook of Automation. Berlin 2009, S.437-447

Dombrowski, U.; Wesemann, S.; Korn, G.H.: Werkerinformationssystem -Effiziente Information für die mitarbeiterorientierte Produktion. ZWF 105(2010)4, S.282-287

Hartmann, E.A.: Arbeitssysteme und Arbeitsprozesse. Vdf Hochschulverlag, Zürich 2006

Herbst, U.: Gestaltung eines ergonomischen Interaktionskonzeptes für flexibel einsetzbare und transportable Roboterzellen. Dissertation. Technische Universität München 2015

Hollnagel, E.; Woods, D.D.: Cognitive Systems Engineering: New wine in new bottles. In: International Journal of Man-Machine Studies 18(1983)6, S.583-600

House, R.J.: A Path Goal Theory of Leader Effectivness. In: Administrative Science Quaterly, 1971, S.321-339

Jürgens, H.W.: Anthropometrische Grundlagen der Arbeitsgestaltung. In: Schmidtke, H.(Hrsg.): Ergonomie. 3. Auflage. Carl Hanser Verlag, München 1993

Knott, V. C.; Wiest, A.; Bengler, K.: Repetitive Lifting Tasks in Logistics-Effects on Humans at Different Lifting Task Durations. In: Proceedings of the Human Factors and Ergonomics Society Annual Meeting 60(2016)S.2034-2038

Kraiss, K.F.: Allgemeine Entwurfsproblematik bei Mensch-Maschine-Systemen. In: Schmidtke, H.: Handbuch der Ergonomie. Herausgegeben vom Bundesamt für Ausrüstung, Informationstechnik und Nutzung der Bundeswehr, Koblenz 1989

Krcmar, H.: Informationsmanagement. 6. Auflage. Springer, Berlin 2015

Landau, K. (Hrsg.): Lexikon der Arbeitsgestaltung. Gentner Verlag, Stuttgart 2007

Lang, S.: Durchgängige Mitarbeiterinformation zur Steigerung von Effizienz und Prozesssicherheit in der Produktion. Meisenbach Verlag, Bamberg 2007

Lauer, T.: Change Management: Grundlagen und Erfolgsfaktoren. Springer, Berlin 2014

Lee, J.D.; Seppelt, B.D.: Supporting Operator Reliance on Automation Through Continuous Feedback. Dissertation. University of Iowa 2009

Lotter, B.; Wiendahl, H.-P. (Hrsg.): Montage in der industriellen Produktion. Springer, Berlin 2006

Luczak, H.: Manuelle Montagesysteme. In: Spur, G.(Hrsg.): Handbuch der Fertigungstechnik. Fügen, Handhaben und Montage. Carl Hanser Verlag, München 1986

Miller, G.A.: The Magical Number Seven Plus or Minus Two: Some Limits on Our Capacity for Processing Information. In:Psychological Review 63(1956)2, S.81-97

Neef, A.; Burmeister, K.: In the long run. Oekom Verlag, München 2005

Neuschwinger, A.: Multimediales, informationsmodellbasiertes Arbeitsplatz-Kommunikationssystem. Shaker Verlag, Aachen 2003

Nonaka, I.; Takeuchi, H.; Mader, F.: Die Organisation des Wissens. Campus Verlag, Frankfurt am Main 1997

Norman, D.: The Design of Everyday Things. Basic Books, New York 1988

North, K.: Wissensorientierte Unternehmensführung. Gabler, Wiesbaden 2011

Onnasch, L.; Maier, X.; Jürgensohn, T.: Mensch-Roboter-Interaktion-Eine Taxonomie für alle Anwendungsfälle. Baua(Bundesanstalt für Arbeitsschutz und Arbeitsmedizin), Dortmund 2016

Onnasch, L.; Wickens, C.D.; Li, H.; Manzey, D.: Human performance consequences of stages and levels of automation: An integrated meta-analysis. In: Human Factors 56(2014)3, S.476-488

Oppermann, R. (Hrsg.): Adaptive user support: ergonomic design of manually and automatically adaptable software. CRC Press, Boca Raton 1994

Parasuraman, R.; Sheridan, T.B.; Wickens, C.D.: A model for types and levels of human interaction with automation. In: IEEE Transactions on Systems, Man and Cybernetics 30(2000)3, Part A: Systems and Humans, S.286-297

Petschnig, S.: Veränderungsmanagement: Werkzeuge zur Umsetzung von KMU. Igel Verlag RWS, Hamburg 2014

Rank S.: Change-Management in der Praxis: Beispiele, Methoden, Instrument. Erich Schmidt Verlag, Berlin 2010

Rasmussen, J.: Skills, rules and knowledge; signals, signs and symbols and other distructions in human performance models. In: IEEE Transaction on Systems, Man and Cybernetics 13(1983), S.157-266

REFA: Ausgewählte Methoden zur Prozessorientierten Arbeitsorganisation. REFA, Darmstadt 2002

Rühmann, H.: Schnittstellen in Mensch-Maschine-Systemen. In: Schmidtke, H.(Hrsg.): Ergonomie. 3. Auflage. Carl Hanser Verlag, München 1993

Sauer, J.; Kao, C.-S.; Wastell, D.: A comparison of adaptive and adaptable automation under different levels of environmental stress. In: Ergonomics 55(2012)8, S.840-853

Schmidtler, J.; Bengler, K.: Size-weight illusion in human-robot collaboration. In: 25th IEEE International Symposium on Robot and Human Interactive Communication(RO-MAN)2016, S.874-879

Schmidtler, J.; Knott, V.; Hölzel, C.; Bengler, K.: Human Centered Assistance Applications for the working environment of the future. In: Occupational Ergonomics 12(2015)3, S.83-95

Schmidtke, H.: Ergonomie. 3. Auflage. Carl Hanser Verlag, München 1993

Schmidtke, H.; Jastrzebska-Fraczek, I.: Ergonomie: Daten zur Systemgestaltung und Begriffsbestimmungen. Carl Hanser Verlag, München 2013

Sheridan, T.B.; Verplank, W.L.: Human and computer control of undersea teleoperators. Dissertation. Massachusetts Institute of Technology, Cambridge 1978

Spillner, R.: Einsatz und Planung von Roboterassistenz zur Berücksichtigung von Leistungswandlungen in der Produktion. Utz Verlag, München 2014

Thiemermann, S.: Direkte Mensch-Roboter-Kooperation in der Kleinteilemontage mit einem SCARA-Roboter. Jost-Jetter, Heimsheim 2005

Ulich, E.: Arbeitspsychologie. Vdf Hochschulverlag, Zürich/ Schäffer-Poeschel Verlag, Stuttgart 2005

Vahs, D., Weiand, A.: Workbook Change Management: Methoden und Techniken. Schäffer-Poeschel Verlag, Stuttgart 2013

Vernim, S.; Wehrle, P.; Reinhart, G.: Entwicklungstendenzen für die Produktionsarbeit von morgen. In: Zeitschrift für wirtschaftlichen Fabrikbetrieb, 111(2016)9, S.569-572

Wickens, C.D.; Hollands, J.G.: Engineering psychology and human performance. Prentice Hall, New Jersey 2000

Wiesbeck, M.: Struktur zur Repräsentation von Montagesequenzen für die situationsorientierte Werkerführung. Utz Verlag, München 2014

Windmann, S.; Niggemann, O.: A GPU-Based Method for Robust and Efficient Fault Detection in Industrial Automation Processes. In: 14th International IEEE Conference on Industrial Informatics(INDIN), Poltiers(France)2016

Zachman, J.P.: The Zachman Framework Evolution(2011). *www.zachman.com/ea-articlesreference/54-the-zachman-frameworkevolution(*Stand: August 2016)

1

第 4 章 工业 4.0 的数据、信息和知识

Jörg Krüger, Axel Vick, Moritz Chemnitz, Martin Rosenstrauch, Johannes Hugle, Maximilian Fechteler, Matthias Blankenburg

在生产中，工业 4.0 不仅提供了新的商业模式和分散的生产计划，还通过网络化的机器和设备输送了更多的数据。现代 IT 工具可用于对数据的存储、管理和处理。为了使这些工具能够灵活地适应这些需求，它们被用来作为一种云端服务。此外，通过大数据算法，可以从这些数据中提取信息，为企业和社会提供有价值的知识。为了将不同的数据源与云端的高性能算法进行互联，需要将传统和现代通信媒体相结合。

柏林生产中心（PTZ）、柏林工业大学工厂机械研究所（IWF）和弗劳恩霍夫生产系统与设计研究所（IPK）正在研究最新的方法和工具，以使工业 4.0 技术可以在大型用户中得以应用。

4.1 云端的机器控制——自动化作为一种服务

4.1.1 云平台和云服务的导入

在工业 4.0 的云计算环境中，有三个不同的角色：云提供商、服务提供商和最终用户。云提供商按照 "一切都是服务" 的模式（XaaS），负责 IT 基础架构的集中提供，在适当的情况下，还可以预先安装运行的软件。它主要为客户提供面向需求的独立的计算能力、存储空间和可访问性。云提供商的客户是一类服务提供商，目前他们可以在自己的责任框架下使用可支配的 IT 资源来创建和发布服务。一旦服务运行，最终用户可以对其进行访问并使用其功能。

 使 IT 基础设施进入云端的构想首先由国家标准与技术研究所 NIST（Mell/Grance 2011）定义，包括以下特征：

- 按需自助服务＝自动提供资源（如计算能力、数据存储）。
- 广泛的网络接入＝这些服务可通过统一的接口来使用。
- 资源池＝资源放置于池中，可供许多用户使用。
- 快速柔性＝服务可以快速、灵活地被提供来使用，并且在大部分情况下可以自动化。
- 可量化服务＝资源使用情况可以相应地测量、监控和调整。

1. 云存储

特别是在社交网络的传播中，云技术对分布式数据存储的使用已经变得越来越重要。但是，以此为基础的公共云模型仅在一定程度上适合存储和处理机密数据，如在生产环境中出现的机密数据。然而，云系统也可以集成在一起，使得 IT 基础设施和上述服务只能在组织或企业内部使用，在外部则被封锁（私有云）。公共云和私有云的混合形式，就是所谓的社区云，其中私有云的 IT 基础设施和服务可以提供给有限的本地分布式用户组。这种模式最有可能满足越来越多的网络化和数字化生产的需求，同时满足对数据的完整性、真实性和保护性的严格要求。这些要求不仅适用于数据的存储，还适用于所有其他的服务，如数据计算。

2. 云计算

云计算的原理可追溯到 20 世纪 90 年代计算能力和计算过程的分配，以及数据在网络计算机系统中的分布式存储。在云端对计算机系统的联网可以灵活地提供 IT 资源。为此，NIST 已经定义了所谓的服务模型，用它可以动态地提供和使用计算机系统的性能（Mell/Grance 2011）。

这里，我们要区分三种服务模式：①提供计算机硬件，即所谓的基础架构即服务（IaaS）；②提供计算平台，用户可以在其上编程和执行自己的软件（平台即服务——PaaS）；③提供服务导向的应用程序，能够用它来满足需求（软件即服务——SaaS）。

3. 基础架构即服务（IaaS）

IaaS 将服务器、存储和网络基础架构（部分虚拟化）作为网络服务提供。网络和安全管理、监控和系统管理等附加服务可作为企业使用的基本元素的扩展。亚马逊网络服务（AWS）、谷歌计算引擎、微软的 Windows Azure、惠普融合云、IBM 云智能企业版、T-Systems 的动态服务基础设施、Rackspace 公司开放式云计算和 ProfitBricks 都是 IaaS 解决方案的供应商。

4. 平台即服务（PaaS）

PaaS 提供开发工具、数据库、运行环境和技术框架，以创建和运行用户定制的应用程序，并将其作为服务。通常情况下会创建一个虚拟服务器，在这个服务器上，可以自由选择操作系统和预先安装的程序和工具。在这个远程系统上，服务提供商可以开发和提供他们的服务。PaaS 解决方案的大型供应商有 Amazon Web Services Elastic Beanstalk、Microsoft Azure、Google App Engine 和 T-Systems Cloud Integration Center。

5. 软件即服务（SaaS）

SaaS 以提供软件的方式通过互联网提供服务。它允许根据实际使用，进行灵活和透明的计费。如果不再需要这项功能，相关接入点和信息通道可以在很短的时间内重新设置和关闭。与传统的授权模式相比，企业可以调整自己在软件上的支出，以更好地适应当前情况，并从数据和信息的定期更新和安全备份中额外获利。

SaaS 解决方案的供应商非常多，它们专门从事网络商店、项目管理系统、会计、办公应用或电话和视频会议系统等具体应用。

6. 小结

云端以极为灵活的方式提供 IT 资源，使其可以适应几乎所有的需求。根据云端的优势，提供完整的计算系统（IaaS）、运行环境（PaaS）或单个应用程序（SaaS），并根据实际使用情况，拓展和计算各自的费用。这些项目的重点在于存储大量数据，并快速响应不断变化的计算能力需求。

使用云平台也有缺点，它需要持续的互联网连接，需要可信任的外包第三方来处理数据、信息和生产过程，并且可能由此导致对服务可靠性和可用性产生依赖。但在网络化的世界中，这些问题大多

数都是通过技术措施来解决的。通过冗余的通信路径以及加密和整体检查的方法，可以在类似的应用程序中，用与网上银行一样的安全系统来保护关键数据。

4.1.2　生产云的潜力

1. 应用潜力

在数据和计算机系统需要高度连接或已经连接的领域，如协同开发过程、控制过程、制造技术、机器和设备的调试、操作、保养和维修，以及过程监控和质量控制，基于云的生产平台具有良好的应用前景。

1）协同开发过程。企业利用通用开发平台（PaaS）将安全数据交付给有限的用户群（社区云），这可简化系统的维护和保养，确保分布式共享数据的一致性。如果联网的程度提高了，那么发展过程的潜在效率也会因此而增加。

2）控制过程。基于服务器的计算机结构和多核计算体系结构，能够提供灵活的计算能力，以控制机器和设备。因此，复杂的几何计算、5 轴联动或传感器数据处理，以及全程质量控制都是可行的。通过在共享的云存储区域之间进行通信，代替异构现场总线结构，可以简化机器和系统之间的连接。在运用新的控制技术对旧系统进行改造之后，可以通过虚拟化实现传统系统的整合，这使得控制功能对硬件的依赖逐渐消失，而它们的操作系统以及 IT 安全功能将不再得到支持。最终，标准化的接口使得操作数据采集得以简化，直到提供自动化功能"作为服务"。

3）制造技术。在制造技术的背景下，云存储提供技术参数的安全管理，并高效复制相同的制造过程。

4）机器和设备的调试、操作、保养和维修。机器和设备的性能参数记录在私有云或社区云中。增值服务通过分析来自机器和设备各部分系统的数据，从而识别各流程之间的关系（相关性）和依赖性（因果关系），如优化能源的使用。

5）过程监控和质量控制。高效率地提供数据和信息，以及以高质量相关的过程数据分析和模式识别，都可以更好地了解生产过程及其内部和外部影响。

2. 增值潜力

一方面，生产中使用云技术可以直接访问基于云的生产平台；另一方面，通过服务来集成和运营基于云的生产平台，也能间接创造附加价值，如图 1-4-1 所示。

1

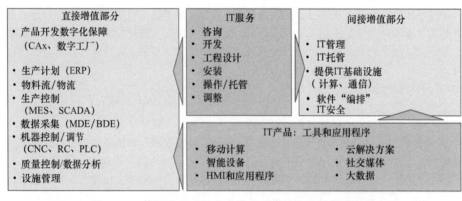

图 1-4-1　使用基于云的生产平台时直接和间接增值部分

然而，对于运营商来说，尤其是那些基于云计算的生产平台的直接增值潜力，可以通过增值服务获得。

　　增值服务是独立的程序，除了基本的控制功能外，还提供额外的数据处理。服务范围从数据的简单时间整合到统计处理，再到复杂的分析算法。特别是在以下的应用领域，会提供这些服务：
- 订单管理/生产计划的调整。
- 机器和设备的编程。
- 智能数据分析和状态预测。
- 信息的移动化。
- 组件、系统和数据的可视化。
- 报告。

4.1.3　实现基于云的自动化途径

1. 技术现状
专业的云平台（大多数还在开发中），通过它们的结构和服务来支持生产过程和流程。已建立的

IT 和自动化技术的企业，开发或扩展平台和服务以优化生产流程（SAP News Center 2016；Siemens AG 2016）。这些发展的重点大部分是企业资源规划（ERP）流程，如订单管理、资源管理、物流控制或报告控制。基于云计算的数据采集潜力，越来越多地被用于全面的数据分析和可视化，并且提供相应的解决方案（Siemens AG 2016）。

目前，制造业应用的限制因素是生产设施与云基础设施之间的接口。一系列商业和研究机构的各种开发活动正在应对这一挑战（RetroNet 2015）。

2. 研究活动和研究需求
基于云计算的自动化 IT 结构，其潜力远远超出了现有的标准工厂组织。"自动化金字塔"（见图 1-4-2）的解决方案使得分层的信息结构和通信结构逐渐演变为高度网络化的结构，这在很大程度上克服了从现场层（机器）到单元层和导向层以及工厂控制层的典型分离。

随着系统的联网，自动化、控制和调节，以及数据采集和复杂数据分析的潜力和功能变得比以前更有效。基于云的生产系统，所需的信息、方法和算法始终可以符合所有子系统中最新的状况，从而

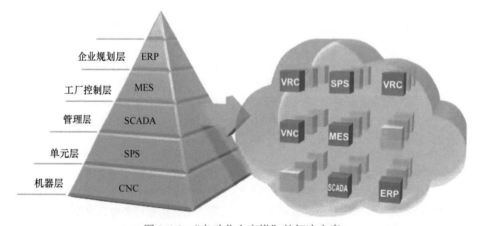

图 1-4-2　"自动化金字塔"的解决方案

使得效率得到提高。云的另一种潜力是能够灵活地调整存储能力和计算能力，以适应相关子系统生产能力的需求。云的这种"弹性"在 NIST 的云定义中被称为"快速弹性"（Mell/Grance 2011）。

3. 基于服务的自动化功能部署

基于云计算的生产平台，一个关键要素是把所提供的功能和特定硬件的服务分开。未来，这种方法具有内在成本效益，因为这种可灵活扩展且可互换的计算机结构，可用来提供迄今为止在自动化金字塔中分层排列的功能，这些功能允许通过云机制实现以服务为导向的使用，也就是基础设施服务、平台服务或软件服务。

面向服务的软件体系架构（SOA）为云中自动化功能软件的架构提供了基础，这也让此类技术能够像简单服务一样"配置"复杂的功能。例如，以基于图像捕获或图像预处理的基本服务为基础，将其整合为复杂的功能，来实现图像处理和模式识别，从而用于光学质量控制。特别是复杂的自动化功能，如光学质量控制，可以有效地集成到基于云的生产平台中。通过云计算，能够将生产中的机器学习和模式识别的方法有效地收集到"工厂视觉知识"中，也可以供其他自动化流程使用。图 1-4-3 所示为基于服务的自动化功能原型。它可用于机器的运动控制（Vick 等 2015）、图像处理和模式识别以及增强现实（Guhl 等 2016），这些正是基于云的

生产平台研究的一部分，其目标是在自动化即服务的意义上，开发基于云和基于服务的自动化框架体系架构。

4. 基于云的控制平台

由德国教育和研究局出资的 pICASSO 研究项目即为结合信息物理系统的生产提供工业上基于云的控制平台（pICASSO 项目），其目标是通过灵活地提供控制技术，提高工业生产中的信息物理系统效率。伴随着云计算机制的扩展，如中央数据处理和面向服务的软件体系架构，现有的单片机控制技术也逐渐分解并模块化。图 1-4-4 描绘了一个可能的应用场景。两个虚拟机器人控制器（VRC）和一个虚拟 CNC 控制器（VNC）与 MES 在同一层进行通信，而移动终端也用于可视化或编程，并通过增值服务和应用程序来进行相互连接。

5. 云平台在生产中的实时能力

当前，云中生产系统的集成和联网正在达到极限，尤其是在对实时性有严格要求的地方。这些在数字控制环路中尤其明显，如在 1ms 内控制状态和速度，同时需要较短的等待时间和较小的时间波动（相位抖动）。目前，云平台的操作系统结构和通信结构尚不能完全符合这样的要求。因此，pICASSO 项目也探索了云平台在控制系统方面的实时能力。

图 1-4-5 所示为通过 VPN 实现端对端加密的实验室规模云兼容机器人控制。机器人的程序创建、

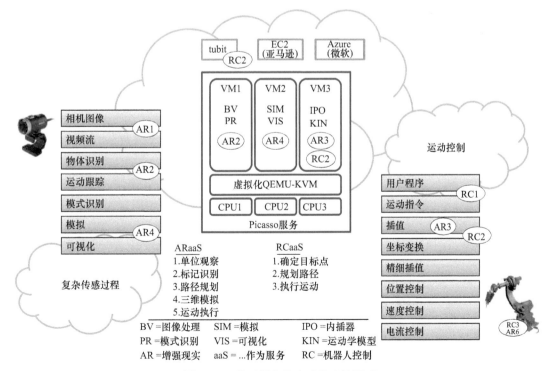

图 1-4-3　基于服务的自动化功能原型

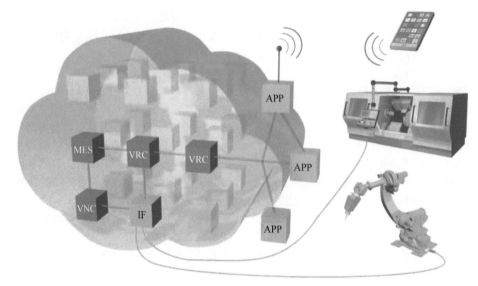

图 1-4-4　基于云的控制系统的基本模型：pICASSO

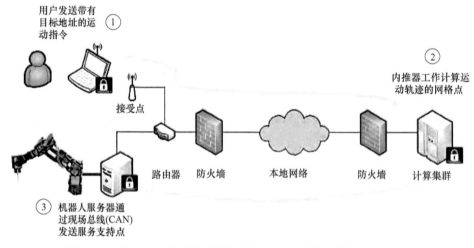

图 1-4-5　通过 VPN 实现端对端加密的实验室规模云兼容机器人控制

路径规划和跟踪控制功能的执行环境都是不同的。复杂计算由中央 IT 基础设施负责，可以在完全不同的位置进行。此外，随着下一代移动通信（5G）的推出，可以期待更多的突破。

6. 云和生产系统之间的接口

较新的生产设备通常具有与其控制器相连的接口，允许通过基于以太网的通信结构与其他计算机系统进行简单的联网。然而，在较老的机器和设备中，情况往往不同。研究项目 RetroNet 是由 BMBF 资助的，它针对工业 4.0 技术的联网，对机器和设备进行改造（RetroNet 2015）。其目的是开发具有通信能力和联网能力的组件和方法，使服务多年的现有机器和设备实现通信和联网。信息物理系统的集成是基于连接（连接器）技术，这项技术充当单个机器和信息物理体系架构（硬件和软件）之间的连接。此外，OPC/UA 领域的发展，将推动云与生产系统之间的连接，从而实现软件技术层面的接口标准化。

7. 目录服务

在基于云的生产平台上对自动化金字塔的基于服务的功能进行高效编排，以及可用的服务及其接口，对用户来说是透明的。在未来，这将需要一个类似于"工业 4.0 黄页"（Kretschmer/Lechler 2015）的目录服务结构，来灵活地管理基于云的生产平台的增值服务，并与之互联。

增值服务主要来自以下这些领域：

- 订单管理/生产数据采集。
- 状态监测。

- 几何计算/冲突控制。
- 复杂的传感器数据处理。
- 质量控制。
- 能效优化。
- 与外围设备互联/同步。
- 模拟。
- 过程可视化和几何可视化。
- 与物流或更高级别的控制系统进行数据交换/同步。

8. 应用程序相关的评估现状

对于云技术在生产技术价值创造过程中的合理性评估，有助于探讨当前研究工作和开发工作的成熟度。成熟度等级（RGx）与技术成熟等级 TRLx（Horizon 2020-Work Programme 2016—2017，Annex G）的对应关系如下：

- 成熟度等级 0：有一个未经考验的想法。相当于 TRL 1~2。
- 成熟度等级 1：有一个具有应用示例的技术概念。相当于 TRL 3。
- 成熟度等级 2：提供用于实验室规模实验的测试装置。相当于 TRL 4。
- 成熟度等级 3：可在现场使用的原型/演示器。相当于 TRL 5~6。
- 成熟度等级 4：该技术可作为产品提供给最终用户，相当于 TRL 7~9。

成熟度等级（RGx）不仅仅是基于现有的云技术，而且要考虑相应过程的实际可用性。

考虑了云技术的以下要素：

- 数据存储（DS）。
- 计算能力（RL）。
- 柔性的负载分配（LV）。

考虑了如下的价值创造过程：

- 协作开发过程。
- 生产计划（生产技术管理）。
- 基于云的机器控制。
- 生命周期监控（调试、操作、维护等）。
- 质量控制。

表 1-4-1 列出了当前考虑的流程和技术的成熟度。

9. 用户的迁移路径

如之前在自动化金字塔中所描述的一样，生产中传统结构的信息技术和通信技术向基于云的生产平台的过渡，可以在几个步骤中完成。一个关键的步骤是解除特定硬件的信息技术功能。

图 1-4-6 所示为在生产中使用云机制的步骤模型。第一步，控制功能是模块化和虚拟化的，在虚拟化的运行环境下，模块可以直接集成到相应通信接口中；第二步是将虚拟化功能映射到服务器结构或云平台；第三步是使用云机制，如需求驱动的扩展和增值服务的连接。

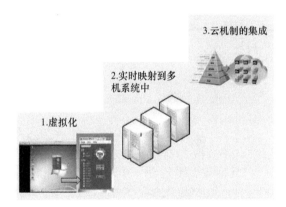

图 1-4-6　在生产中使用云机制的步骤模型

表 1-4-1　流程和技术的成熟度

过程/技术	数据存储	计算能量	负载分配
开发过程	⊕	⊕	⊕
生产计划	⊕	⊕	⊕
机器控制	⊕	⊕	⊕
操作	⊕	⊕	⊕
质量控制	⊕	⊕	⊕

注：等级：⊕= RG0，⊕= RG1，⊕= RG2，⊕= RG3，⊕= RG4作为初步评估

10. 云平台是信息物理系统整合的基础

Reinhart、Zäh、Zühlke、Schüppstuhl 对 CPS 的定义为："CPS 是嵌入式软件系统。它具有传感器和执行器，能够评估和存储采集的数据，并在全球网络中相互通信，使用和提供可用的数据与服务，从而支持虚拟计划并具有人机界面。"利用 CPS 和云的关系，提供了功能划分。云用来存储大量数据，计算精细的分析算法，汇总、评估和处理从数据中获得的信息，并作为进一步服务的平台。

CPS 创建与外界的接口，仅包含必要的传感器、执行器、基本控制电子元件和评估电子元件以及云通信接口。在某些应用中，如用于压缩或加密，要传输的数据的预过滤还可能涉及位于 CPS 上的扩展算术单元。其中一个例子就是 IP 相机，它从原始数据中产生一个压缩的视频流并通过网络发送。在服务架构中，每个 CPS 都通过标准化接口提供硬件驱动服务，以便从任何端点都能使用设备的各个功能。

对于人与这些联网设备之间的交互，人机界面本身也可以被视为 CPS。作为输入/输出系统，操作面板、笔记本电脑、移动设备甚至触觉引导机器人，通过其通信能力，使得这套系统已经符合 CPS 的定义。

4.2　大数据

Johannes Hügle, Maximilian Fechteler

从文明世界开始直至 2003 年，人类已经产生了大约 5EB 的数据。我们今天只需要两天就可以达到（Intel 2012）这个数额。数十亿的联网设备，如智能手机、个人计算机、传感器和联网机器产生了大量复杂的结构化和非结构化数据，充斥着整个数据库。

自 2011 年以来，科学界越来越关注这些数据量的存储、处理和分析，以便为社会和企业提供附加价值。在这种情况下，"大数据"这个术语越发频繁地出现，而本章将对其定义、应用的工具和应用领域进行更详细的说明，如图 1-4-7 和图 1-4-8 所示。

4.2.1　定义

人们做了很多尝试来定义"大数据"这个术语，但至今尚没有统一的定义能够将这些形象的表达联系起来。本节将介绍一些最常用的定义，并且阐释其相同之处和不同之处。

对大数据特征，最常用的定义来自 META Group 分析师（现在的 Gartner）Doug Laney 的一篇科学论文（Laney 2001）。在这篇论文中，作者将数据管理系统定义为：必须能够应对容量爆炸式增长（Volume），数据生成和数据处理速度（Velocity）以及各种数据种类（Variety）的挑战。这些维度也被称为"3V"。虽然论文中未出现"大数据"概念，但 3 V 经常用来定义数据的特征。后来，又有几位作者用数据的正确性（Veractiy）和企业数据的价值（Value）扩展了其维度。

其他定义反映的不是数据的特征，而是描述了分析方法。微软将这个术语描述为一个过程，在这个过程中，大量的计算能力可应用于大量而且往往非常复杂的数据。微软将大数据视为能够获得全新见解的机会。若能管理每个人生活中产生的全部数据，并提供工具来处理这些数据，则可以回答所有问题，包括那些可能还未提出的问题（Microsoft 2013）。美国国家标准与技术协会（NIST）将大数据视为综合数据集，它需要一个可扩展的架构来进行高效的存储、处理和分析（NIST 2015）。

图 1-4-7　"大数据"概念词汇云（Wikimedia 2016）

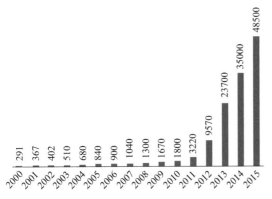

图 1-4-8　Scholar.Google.com 上标记为
"大数据"的科学出版物数量

第三类定义描述了大数据当前的极限。根据 Dumbill（2013），只有当数据在规模或速度上超过了常规数据库系统的数据处理能力，或者与数据库结构不兼容，才能称之为大数据。在这种情况下，必须选择另一种数据处理方式。Fischer（2012）将大数据定义为遵循摩尔定律且不断增长的数据量。如果一个记录太大而无法存储在一个硬盘上，那么数据必须被分割到多个硬盘上，这是大数据。

对于 Danah Boyd 来说，大数据并不是大的数据量，而是搜索、聚合和连接大量数据的能力（Boyd 2012）。大数据在这里被看作是一种文化、技术和科学现象，其侧重于技术的相互作用（计算能力最大化和算法准确性，以此来收集、分析、连接和比较大的数据集）、分析（大量数据能够实现可视化，从而能够识别经济、社会、技术或法律主张）和神话（普遍认为大型数据集提供更多的知识，提供以前对真相、现实和准确性认为不可能的见解）。

表 1-4-2 列出了有关大数据的各种定义。

表 1-4-2　大数据的各种定义
（De Mauro 等 2014）

序号	定　义
1	数据生成速度快、信息种类多的大数据量，是信息处理的经济有效和创新形式，能够增强洞察力和决策能力
2	定义大数据的四个特征是体量、速度、多样性和价值
3	复杂、非结构化或大量的数据
4	数据的特点是基数、连续性和复杂性
5	大数据是数据的体量、速度、多样性和真实性的组合，为企业在当今的数字市场中获得竞争优势创造了一种途径

（续）

序号	定　义
6	全面的数据集，主要体现在数据量、速度和/或品种特性方面，这些数据集需要可扩展的架构来进行高效存储、处理和分析
7	对大型或复杂数据集进行存储和分析，并应用各种技术（如 NoSQL、MapReduce 和机器学习）
8	通过大量的计算能力，将机器学习和人工智能领域最新的成果，应用于巨大且往往非常复杂的信息的过程
9	超过了传统数据库系统处理能力的数据
10	无法处理和编辑的数据
11	对于典型的数据库软件工具来说，数据集太大，无法捕获、存储、管理和分析
12	应用程序中的数据集和分析方法非常庞大而且复杂，需要先进且独特的存储、管理、分析和可视化方法
13	基于技术、分析和预期之间相互作用的文化、科技和科学现象
14	这个现象涉及我们如何分析信息的三个根本性的变化，这改变了我们的理解和社会的组织：更多的数据、无序的（不完整的）数据、相关性克服了因果关系

这些定义的相似之处可概括如下：

- 体量、速度和多样性成为数据的特征。
- 需要特殊的技术和方法来满足特殊要求。
- 它能够洞察曾经的未知信息，从而为公司带来了经济价值。

De Mauro 等人（2014）已经建立了以下正式的定义："大数据代表着对体量、速度和多样性有着极高要求的信息状态，因此需要特定的技术和分析方法来利用它们。"

4.2.2　工具

为了从大数据中获取有用的价值，必须开发新的分析方法。这里将介绍一些用于存储、分析和可视化的已有平台和应用程序。

1. Apache Hadoop

Apache Hadoop 是一个用 Java 编写的开源软件框架，用于分布式存储和处理大量数据。它允许把数据分给几台计算机（所谓的计算机集群），以便实现并行且更高效的数据处理。Hadoop 使用 Google 推出的 MapReduce 模型来同时计算 PB 级别的大数据。Hadoop 分布式文件系统（HDFS）存储和分发数据到各个计算机（称为节点），并提供对存储数据访问的权限。HDFS 通过复制多台机器上的数据提供终端的安全性。默认情况下，HDFS 把所有数据设置为三个节点：一个机架中的两个节点和另一个机架中的一个节点。节点之间可以相互通信，以便当其中一个节点发生故障或包含损坏数据时，将数据的副本发送到适当的节点。这种冗余理论上不再需要 RAID 配置，但可用来进一步提高性能。

2. NoSQL

NoSQL（Not Only SQL）数据库使用非表格的方式来存储和读取数据。使用基于表格的数据库，可以在很短的时间内访问少量的数据，但显示大数据量有些困难。与严格的 SQL 系统相比，在 NoSQL 系统中可以存储大量的数据且不会造成损失，这是通过数据库的横向可伸缩性来实现的。随着数据库的增长，可以添加新的节点，以增强存储能力和计算能力。NoSQL 的一些例子可以细分如下（Lingstädt 2011）：

- 键值导向：创建一组键值对。可以查询密钥并返回相应的值（Voldemort，Redis，Riak）
- 列导向：访问特定的字段。只读取与查询相关的数据（Google BigTable，Apache Cassandra）。
- 文档导向：这种实施方式可以看作是键值变体的延伸。该值可能是结构化的和非结构化的扩展数据（CouchDB，BaseX，MongoDB）。
- 图像导向：这种方式是用来快速遍历对象的，如查找图形节点之间的最短路径（Neo4j，Sones，InfoGrid）。

3. 扩展

大数据分析应用程序的选择范围很广，许多的公司都提供了用于各种目的的软件（Cloud News Daily 2015）。这只是大数据分析领域已经建立的应用程序的一小部分。IBM Analytics 的 BigInsights 产品为 Hadoop 带来了一种快速、经济高效的开源方式，用以浏览、管理和分析结构化及非结构化数据，也可以在云端使用（BigInsights on Cloud）。它提供了一个免费的基础版本，可使用有限的数据集和一些示例应用程序来浏览软件，也有功能齐全的商业版本。戴尔大数据分析还提供了自己的大数据包。戴尔的解决方案能够将 Oracle 数据库与 Hadoop 集群相匹配，从而简化数据集成。借助自然语言的机器处理、机器学习和强大的可视化等技术，该软件可以在不同的数据流之间建立关系。Gooddata 是一个纯粹的云一体化分析平台。在这方面，Gooddate 是公认的屡获殊荣的领导者。其图形界面的设计也适用于移动设备。

4.2.3 应用程序

多年来，"数据经济"市场蓬勃发展（见图 1-4-9）。在 2011 年，这个细分市场产生了 237 亿欧元的全球销售额；2014 年，销售额已经达到 735 亿欧元。预计年平均增长率将达到 46.6%，2016 年销售额将达到 1606 亿欧元，这相当于 2011 年销售额的 8 倍。

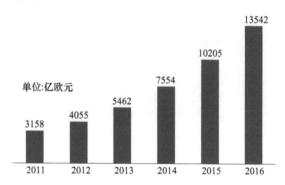

图 1-4-9 IT 架构、软件和服务（大数据）的发展

"数据化市场"或"数据经济"可分为三大领域：分析服务和数据产品领域最大，占比为 86.2%（2014年），包括工业 4.0、医疗保健或联网汽车等标志区域；第二大领域是大数据 IT 架构，占比为 10.2%（2014 年），包括 IT 硬件、基础设施和软件；第三个领域是物联网，占比为 3.4%，主要是传感器和网络等。

尽管大数据历史较短，但其已经成为对 IT 市场相当重要的部分，并具有很大的潜力（BITKOM 2014）。

4.2.4 可能的应用

根据 Gartner 预测，大数据将在不久的将来带来巨大的变化。在 Gartner Symposium/ITxpo 2015 上，对未来几年做出如下预测：

到 2018 年，机器将创建 20% 的商业内容。因此，如市场报告、新闻稿和文章都可以自动创建。

到 2018 年，机器人老板将领导 300 多万工人。机器人老板将越来越多地做出以前只由人类管理者做出的决定（Gartner 2015）。

根据 Gartner（2015），与大数据和工业 4.0 相关的几个主题在未来也是高度相关的。因此，机器学习、自动驾驶汽车或物联网（IOT）等话题会被高度重视。这些话题都近似于"兴奋峰值"（见图 1-4-10）。物联网和大数据自然紧密地联系在一起。数十亿设备连接到互联网，产生大量的数据。根据数字宇宙 EMC/IDC 的数据，从现有数据中获得最大的价值有五项标准：数据必须易于获取、实时可用、影响力大、有变革性，并且具有超出原有任何一项标准的优势（EMC/IDC 2014）。这些标准可以在物联网数据中找到，因此非常有价值。

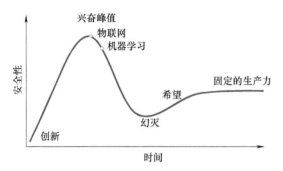

图 1-4-10　新兴技术的类型周期

 预测性警务 - 大数据时代的警察执法

随着"预测性警务"的诞生，一个没有犯罪的世界的梦想将会成为现实。警方可以在犯罪行为发生之前到达现场，从而阻止犯罪发生。通过专用软件连接不同的数据源，能够预测未来的结果。目前对预测性警务还没有统一的定义，一方面是关于刑事犯罪预测的讨论，另一方面是对已犯罪行的查证（Koss 2015；Perry 等 2013）。目前还不知道美国如何和多大程度上使用预测性警务，同样未知的还有所使用的算法和数据库（ABIDA 2016）。

1. 成功的实施

目前，已经发布的与工业 4.0 相关的大数据应用程序中，成功实施的数量有限。用户范围广泛，从商业、社交媒体、汽车行业到钢铁行业。

货物自动调度和销售计划。过去，Kaiser 的 Tengelmann 销售计划主要是手动进行的；现在，采购预测分析软件可以降低采购计划的成本，针对性进行销售预测并捕捉每个位置的客户需求。将过去四年的数据提供给软件，作为基础，进行学习。这些记录包括在其他位置精度所有销售总部/分部，在此期间所有关于总部和分部的部分，如促销时期、价格变化、融资计划和折旧的附加信息。结合这个数据库（很多的 TB）和每日的更新数据，可以帮助我们预测未来 14 天的订单，包括单件商品或商品组合。在试点运营中，借助该软件，三个地理位置独立的市场中的烈酒、水果罐头和蔬菜罐头应该实现自动化。在三个月的试用期内，可以避免库存过量

或库存不足以及卖空。Kaiser 的 Tengelmann 有巨大的利用空间，以至于从 2015 年以来，已有 500 家分支机构在使用这个软件。在发展中期，干货、非食品和乳制品的订单将实现自动化（BITKOM 2015）。

 云中的状态监视

状态监测系统在提高机器可用性、降低维护和维修成本以及提高过程质量方面起着至关重要的作用。近年来，它们在实践中得到了加强。然而，传感器用于这种状态监测，通常是复杂且昂贵的。因此，柏林 Fraunhofer IPK 公司提出了一种云状态监测的概念。借助 Raspberry Pi 2 和 MEMS 加速度计等低成本组件，将智能分布式数据采集、数据处理和数据配置用于智能维护，从而能够实现工业 4.0。这包括数据采集、信号预处理、传感器节点级别的特征提取和分类，以及数据传输到云端，以实现针对不同用户的移动数据分配和交付。针对机床上易磨损的驱动主轴的状态监测，该解决方案已在轴测试台（Fraunhofer IPK 2015）上成功实施。

2. 基于大数据分析的智能流程预测（iPRODICT）

在此项目中，依靠 blue yonder 公司、Pattern Recognition 有限公司、Software AG 公司的帮助，德国研究人工智能的有限公司研究中心与研究智能分析系统和信息系统的弗劳恩霍夫研究所一起优化了萨尔钢铁股份有限公司的生产质量。其面临的挑战是生产过程中的内部和外部因素对钢铁生产过程的显著影响，这也导致了全球约三分之一的钢铁产品可以被描述为废钢。对于 70% 的废品而言，只有在所有工艺步骤完成后才确定其是否为废品。此外，由于非确定性生产所必需的缓冲时间减少，以及过去人工操作在历史上做出的慷慨设置，存在进一步的优化潜力（见图 1-4-11）。该解决方案基于现有的"记录系统"，如 MES（制造执行系统）、SPS 和传感器网络，并使用这些数据来识别当前的动态，以及对其进行实时分析和预测。

从这个预测来看，流程可以在管理者的观察下进行调整和优化。该项目使用了大量的大数据典型分析，包括描述性分析、预测性分析和规范性分析。描述性分析生成的数据用于分析系统的当前状态。预测分析可以从非结构化原始数据生成结构化数据。汇总后的数据可用于事后总结分析和事前预测分析。事后总结分析能够从新模式和观察到的过程行为中产生相关性。这些模式可以被学习、优化，然后用

来检测过程偏差。为了能够在最短的时间内做出决定，流程责任人必须对流程进行监督。为了达到这一目的，可以使用规定性分析将数据和事实联系到合适的可视化画面中，如已有的仪表板功能。此外，一旦责任人负责的活动必不可少或发生不规范的系统状态，就可以主动地通知员工。在这个项目中，大数据定义的 3 V 原则完全满足。在生产过程中，两台轧机的机芯通过视频传感器以每年数百 TB 的数据量进行实时监控（Volume）。半成品制备和半成品加工配备了不同传感网络的各种传感器，目前每个月有 50 万个数据集，并计划扩大（Variety）。轧机机芯可以以最高 360km/h 的速度运行，因此识别错误和反应的时间是必不可少的（Velocity）（BITKOM 2015）。

100%/10.40亿吨钢铁

30%/334亿吨废铁

23%/2.34亿吨废铁经历了所有的工序

1336亿欧元的全球优化潜力

图 1-4-11　美国热轧带钢价格优化潜力
（2015-04-16）

3. 作为六西格玛新合作伙伴的大数据：离散生产的优化

在这个项目中，通过减少校准步骤，同时保持相同的质量并取代现行的方法，一个中等规模的汽车供应商能够提高其过程效率。该公司为乘用车和商用车领域的原始设备制造商开发和生产传感器和电子元件。由于生产流程日益复杂，除人为经验之外，自动化生产线的过程数据，也是理解和优化流程的另一有用信息来源。为了解决这个问题，在机器人数据银行软件有限公司的数据挖掘专家和 R 编程语言的帮助下，已经实现了一个执行未来选择的启发式预测方法。回归分析的基础，以及为创建用于链接测量和相应目标变量的模型基础，是已制造的传感器及其正确校准设置的数据库。为了实现这一目的，可以利用算法，如广义线性模型和随机森林（见图 1-4-12）。通过互相关，可以检查模型的可靠性。用 10% 的可用数据对模型进行训练，并用剩下的 90% 进行验证。由于资源有限和数据量大，程序分为两步：第一步，使用快速广义线性模型算法来创建简单的预测模型，以确定校准装置的最有

意义的测量点；第二步，寻找预测算法和输入变量的最优组合。因此，生成了与其他过程变量相结合的最佳测量点组合模型。为了进行回归分析，使用 5100 万个来自生产过程的测量值。7 个测量点是从每个传感器的 500 个点中得到，它们可以被认定为相关的，并且允许以恒定的校准质量将校准复杂度降低 99%，但校准过程显著加速。六西格玛方法本身并没有改进（BITKOM 2015）。

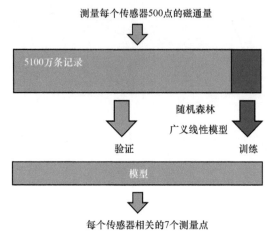

测量每个传感器500点的磁通量

5100万条记录

随机森林

广义线性模型

验证　　　　训练

模型

每个传感器相关的7个测量点

图 1-4-12　计算有意义的校准点的预测模型

4.3　通信

Moritz Chemnitz, Martin Rosenstrauch

4.3.1　生产通信技术：为工业 4.0 做准备

物联网概念出现于 21 世纪初。基于对互联互通的这种理解，人类不仅作为通信的伙伴，也作为通信的物质对象，正在推进第四次工业革命。与工业化开始以来的发展一样，其目标是提高生产率，即降低相同产品的单件成本。生产资源互联既是一个独立的趋势，也是深入了解生产过程的必要条件——与一个班次、一天、一周的时间常数相比，其时间常数在秒的范围内。因为这种见解有望进一步提高生产率。

1. 生产过程的模型

自 20 世纪中期以来，生产过程的理论模型和生产过程中成本的理论模型，一直是许多生产理论的主题，其可以用生产函数来描述。在古腾贝格的工作基础上，出现了越来越复杂的模型，如海宁模型、克洛克模型、Küpper 模型以及 Matthes 模型。古腾贝格生产函数（B 型）根据所使用的原材料、生产

强度和持续时间以及机器的数量建模。海宁模型（C型）将生产过程进一步分为不同的阶段——启动阶段、加工阶段、制动和空转阶段。21 世纪后，自我优化生产工作得到继续开展（Brecher 2011）。

建立基于这些生产理论的生产建模和优化生产，需要全面详细的生产信息。因此，克洛克模型以完整的信息为前提（Steinmetz 等 2003），如果没有相关过程的当前状态，生产的自我优化是不可想象的。基于此，开发了模糊生产函数（Steven 2007），可以从生产中获得更准确和更快的信息，通过生产函数可以更加精确地建模，分析和优化这一过程。

2. 从过程自动化到自动化数据采集

在生产的理论讨论中，自动化在实践中可大幅降低单件成本。在自动化技术和计算机控制的机器引入生产过程后，生产过程中的很大一部分可能会自动化。但与自动化效率相反，由于高度的自动化仍然需要高昂的投资，并带来巨大的复杂性。因此，与生产自动化正交，可以看到从过程中自动提取数据。生产自动化需要本地信息来实现过程控制和过程耦合。从远程进程或更高级别的控制器访问这些详细信息是必要的。自动化数据采集的重点是获得（相关的）生产数据，以及非自动化或非关联的过程。如上所述，这些数据可用于生产函数，以优化流程并降低成本。

前三次工业革命推动了旨在提高产量和降低成本的自动化，而现在的重点是实现生产过程中信息连续的可用性。其基础是生产要素的广泛联系，尤其是运营资源，如果有必要的话，也可能是材料。为了继续确保生产的透明、可控和以人为本，就不应该忽视在这个沟通网络中将人纳入其中。在自动化进程中，已经收集了大量数据，包括机器、连接设备或质量控制站的数据。但是，目前还无法统一利用现有数据。因此，工业 4.0 的挑战是在所有通信层面（从总线系统到通信协议以及数据的语义描述）中创建统一的标准。

3. "互联网"技术的潜力和风险

在过去三十年来，特别是 2000 年以来，信息技术和通信技术出现了重大创新。一方面，互联网是一项基础技术，移动电话得到蓬勃发展，并向智能手机转型；另一方面，一些企业（如谷歌、苹果、Facebook 或亚马逊）开始拥有巨大的存储器、处理能力、用户行为数据和用户行为预测，新技术才得以发展。例如，"云"作为独立于终端个人数据的中央存储器，并具有其自身的计算能力，用于从数据中提取未使用的信息、交叉关系和派生知识。目前，

云的这种使用形式尚未在工业中进行推广。基于一种制造云的设想打破了目前建立的生产控制层面，并将其置于密集的网络中，也为设备集成到该网络中提供了很多选择（见图 1-4-2）。

过去十年中所有的新发展都是在工业中慢慢地适应。尽管生产设施通过因特网联网，如用于远程维护，但由于通常不采取必要的措施来保障操作安全，还是会产生新的危险。

特别是对于功能安全（Safety）以及 IT 安全（Security）而言，重要的是将来自设备的信息是否记录下来，或者控制信息是否应该返回。设备干预有如下问题：是否只进行控制性干预，或者是否涉及监管。控制性干预是触发新订单或设置参数。由于这不涉及系统的当前状态，所以时间行为并不是非常关键。但是，如果在设备中进行控制性干预（换句话说，必须考虑当前的系统状态），则信息的往返时间及及时到达都很重要。即便仅仅采用采集连接，也必须考虑数据量，从而避免通信接口或处理器超载。特别是在汇聚层中，会产生大量的数据和数据率。一旦从生产过程中收集到详细信息，就可以认为这些信息对公司很重要；随后将控制数据发送给机器。因此，从一开始就必须考虑数据安全。IT 安全区别于其他保密性、完整性、可用性、可靠性和可归责性。对于数据收集，保密性（没有其他人可以读取数据）、完整性（数据是真实的）和可靠性（发送者和接收者相互信任）是必要的。对于控制数据的交换，可用性（时间限制得到遵守）和可归责性是重要的。

　　通信技术的基础知识，如何获得不同的层次模型以及在这些层上建立协议，可以从 AS Tannenbaum（Prentice Hall, ISBN 978-0132126953）的计算机网络或 W.Stallings 的数据和计算机通信（Pearson, ISBN 978-0133506488）中获得。

4.3.2　现场层面的通信

许多技术成熟和稳定的现场总线可用于现场层面的通信。可以预测，除了现有的工业上的以太网解决方案以及像工业无限和 5G 等新发展之外，现场总线也将被投入使用，尤其是如果经典的现场总线系统可以满足通信网络的技术要求的话。可以预测，在适当和可能的情况下，经典通信总线与新通信技术之间将实现共存与合作，从而最大程度地实现相同层级和各个层次级别之间网络连接。表 1-4-3 列出

1

了经典通信方法概览（选择）。概述了自动化技术中常用总线系统的选择，并将它们与一些基本属性进行比较。由于经典现场总线和工业以太网中（见 IEC 61158 和 IEC 61784）的许多系统相互竞争，因此许多系统都能提供满足特定要求的最佳性能，故表格没有显示完整。

表 1-4-3　经典通信方法概览（选择）

项目	现场总线		工业以太网					
标准	总线	CAN	联网 RT/IRT（*）	以太网/ IP	以太网卡	电力联通	调制总线 TCP	SERCOS Ⅲ
延时	<2ms	1ms	5~10ms *到250μs	5~10ms	<100μs	200μs	×	标准最大 1ms，到31、25μs
拓扑结构	总线形、环形	总线形、可能星形	星形、 *树形	总线形	总线形、环形、树形、星形	星形、树形、总线形、环形	总线形	总线形、环形
可以用的外部设备/传播	多/多	多/多	多/多 *非常少/ 非常多	多/多	非常多/ 非常多	非常多/ 非常多	非常多/ 非常多	非常少/多
花费	中等	少	中等/ *非常高	少	少	中等	非常少	高

> **[!]** 重要：现场总线的特性不能一概而论。例如，总线系统的延迟在很大程度上取决于层面的拓扑、节点的数量以及各个节点之间的距离。

4.3.3　工厂中的无线通信

在自动化金字塔中，各层自身或之间的通信基本上也可以无线集成。避免烦琐的布线或空间上可灵活布置要联网的终端的优点与工业应用的高要求互相矛盾。工业应用要求在具有电磁干扰领域的恶劣环境中（温度，灰尘，湿度），同时保障所需数据速率和传输范围，以及可靠性和传输/操纵安全性。

虽然大多数家庭已经拥有了很多年的无线网联接，如个人设备之间的无线通信，但在此很久之后工业上才有了无线网接入。不同于传统的 WLAN，工业 WLAN 或 IWLAN 拥有更强大的外围设备，可以进行及时的数据传输，这些数据也是生产的基本要素。特别是对于这样的工业应用模型，已经开发了 Sub-GHz 或 Wireless Hart 的无线技术。

在更简单的发射器 - 接收器级别，已经建立了 RFID（射频识别）技术。如果在生产过程中，为单个部件、半成品、工具或其他物体提供发送应答器（所谓的 RFID 标签），则相应的读取器可以在非接触的情况下识别和定位它们。根据使用的频率，距离可在几厘米到几米之间。

5G 技术的传输速度可以增加 10 倍（超过 1.5GB/s），响应时间小于 1ms，旨在取代目前的 LTE 标准（4G）。随着 2020 年的市场预测（截至 2016 年），该技术将为未来的工厂带来水平和垂直无线通信的全新机会（Bedo 2015）。

4.3.4　中间设备和标准：工厂间相互联网

共同的语言很重要，否则将无法沟通。本章前面章节中介绍了较低级别的通信介质和标准，然后讨论了机器中、无关传输协议所定义的信息交换标准。下面介绍的标准都需要至少一个 IP 通信。

第一个分类特征是发送者和接收者之间的关系。除了传统的客户端 - 服务器方法之外，发布 - 订阅架构变得越来越重要。在客户端 - 服务器的概念中，服务器提供服务；当服务器被动地等待连接时，客户端主动发起通信。在这种方案中，附件通常充当服务器并提供信息。发布 - 订阅架构恰好相反，发布者发布的消息可被无限数量的接收者接收。收件人订阅这些信息，这些信息往往具有特定的主题或过滤一些相关内容。

接口和协议

在工业 4.0 的背景下，OPC UA（统一架构）已经成为一种固定设备。其协议内容是由 OPC 基金会出版的标准系列规范 IEC 62541。在 1.03 版本被开发为客户端 - 服务器模型之前，发布 - 订阅方法集成到标准中是可以预见的。就 OPC UA 而言，当出现与制造商无关的标准时，也允许对信息进行语义描述。在发展过程中，需要明确考虑通讯的安全性，如除了传输加密数据外，还要定义通信伙伴的认证和授权。

除 OPC UA 外，还有其他许多标准。特别是在美国，MT Connect 不可忽视。这是一个客户端 - 服务器协议，旨在对与机床的通信进行标准化。基于 HTTP 的已知协议，这些数据在 XML 显示时，只能由机器将其转换为更高级别的系统；干预机器是不可能的（Jasperneite 等 2015）。另一个例子是 UMCM（通用机器连接 MES），在其上它能接收到电报建模，并将其传输到指定的传输层，如 OPC UA。

在发布 - 订阅协议中，许多发展起源于 ICT 领域，而前文提到的协议则以生产 IT 为重点。AMQP（高级消息队列协议）起源于金融行业环境；在版本 1.0 中，它被标准化为 ISO/IEC 19464：2014。OPC UA 中的发布 - 订阅模型的实现目前由 AMQP 驱动。AMQP 由微软支持并集成到其 Azure 云服务中。在 2015 年汉诺威工业博览会上展示了 OPC UA 设备在微软云（Azure IoT 服务）中的集成（Microsoft 2015）。

另一个常用的协议是消息队列遥测传输（MQTT），旨在以低带宽和高内存有效传送遥测数据，同时方便保存文件。其重点是将数据从多个传感器传输到一台或几台中央服务器。最初被广泛用于 IBM 产品，自 3.1.1 版本开始，它被标准化为 ISO/IEC PRF 20922（Götz 2014）。

对象管理组（OMG）的标准数据分发服务（DDS）也属于发布 - 订阅协议，并且基于实时发布订阅（RTPS）协议。与许多其他协议相比，它不需要中央代理商，但被设计为分散式、无代理系统（Pardo-Castellote 2007）。与上述两个协议不同，其侧重点在于尽可能低的延迟（毫秒范围内），并在没有中央基础设施的情况下在参与者之间分发信息。此外，该协议不限于 TCP 作为传输协议，还可使用多点传播来进行。应用于防御技术系统或风力发电厂中。

Schneider（2013）对上述发布 - 订阅协议之间进行了比较。许多其他协议将不做更详细的描述，如 CoAP；ZeroMQ；XMPP。在发布订阅区域之外，还有 WebSockets。

ROS（机器人操作系统）项目在版本 1 中使用专有的发布 - 订阅协议，但版本 2 中则以 DDS 为导向，而其他协议也会存在诸如此类的问题（Woodall 2015）。

4.3.5 触觉互联网的潜力

触觉互联网这一术语正在兴起，并由 Fettweis（2014）对其进行了描述。该术语起源于将机械刺激的被动感知指定为人类触觉的一部分，其被称为触觉感知。人可以触摸感知高达约 700Hz 的振动（Dahiya 等 2010；Dargahi/Najarian 2004）。要建立一个自然的与人类互动的技术系统，系统必须比人类感知反应更快。这意味着技术系统中的环路（包括传感器数据采集、数据处理和数据转发）必须在 10ms 内完成，以便与人的触觉感知交互（见图 1-4-13）。对于触觉互联网这一术语来说，1ms 的端到端延迟（数据采集到输出）已经得到认同。

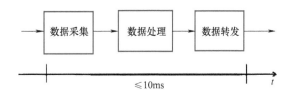

图 1-4-13 经典的接收 - 处理 - 发布理论

触觉互联网与下一代移动标准（5G、4G LTE 之后）密切相关，因此可以满足对延迟和带宽的极高要求。尽管有时需要特殊的硬件支持（ProfiNet IRT，EtherCat），特别是上述工业现场总线中，但本地网络已经可以实现 1ms 延迟的要求。这里，将以太网标准 IEEE 802.x 进一步扩展，建立具有时间敏感网络（TSN）。TSN 由已建立的 802.1BA 音频视频桥接（AVB）进一步发展而来。AVB 最初的目的是在非工业环境中传输音频/视频流。TSN 任务组正在开发新的 IEEE 802.x 标准，从而适应工业应用对实时性和同步性的高要求。事实上，TSN 是否会达到或取代现有的、已建立的工业以太网标准，目前尚未可知。

TSN 第一代设备已投入应用，第二代设备已在筹划中。TSN 第二代设备主要是针对工业应用做了进一步的改进，如通过主动使用最短路径改进网络的使用。

 以太，英语为 Ether，在 19 世纪提出。它是一种曾被假想的电磁波的传播媒介，如光。术语以太网就是基于此。

参考文献

ABIDA (Assessing Big Data): Predictive Policing. Polizeiliche Strafverfolgung in Zeiten von Big Data. Januar 2016

De Mauro, A.; Greco, M.; Grimaldi, M.: What is big data? A

Censensual definition and a review of key research topics. AIP Conference Proceedings 2014

Bedo, J.-S.: White Paper on Factories of the Future. 2015 *https://5gppp.eu/wp-content/uploads/2014/02/5G-PPP-White-Paper-onFactories-of-the-Future-Vertical-Sector.pdf*(Stand: August 2016)

BITKOM: Big Data und Geschäftsmodell-Innovationen in der Praxis: 40+ Beispiele. Berlin 2015

BITKOM: Weltmarkt für Big Data wächst rasant. 4. April 2014(*http://www.bitkom-bigdata.de/presse/weltmarkt-f%C3%BCrbig-data-w%C3%A4chst-rasant*)

Brecher, C. (Hrsg.): Produktionstechnik für Hochlohnländer. Springer, Berlin 2011

Cloud News Daily: Guide to Big Data Analytics. Platforms, Software, Companies Tools, Solutions and Hadoop. 2015(*http://cloudnewsdaily.com/big-data-analytics*)

Dahiya, R.S.; Metta, G.; Valle, M.; Sandini, G.: Tactile Sensing-from Humans to Humanoids. IEEE Transactions on Robotics, Vol.26, No.1, 2010. p.1-20

Boyd, D.; Crawford, K.: Information, Communication & Society. In: Critical Questions for Big Data, 2012, p.662-679

Dargahi, J.; Najarian, S.: Human tactile perception as a standard for artificial tactile sensing-a review. In: Int J Med Robot, Juni 2004, p.23-35

Dumbill, E.: Making Sense of Big Data. In: Big Data, Volume 1, Issue 1, März 2013

EMC/IDC: The Digital Universe Study 2014. Hopkinton, April 2014

Fettweis, G.P. et al.: Das Taktile Internet. Positionspapier. 2014

Fischer, D.: Interactions with Big Data analytics. In: Interactions 19(3), 2012

Fraunhofer IPK: Jahresbericht 2015. Berlin 2015

Gartner: Gartner Symposium/ITxpo. Orlando 2015.

Götz, C.: MQTT: Protokoll für das Internet der Dinge. 15. April 2014 *(http://www.heise.de/developer/artikel/MQTT-Protokoll-fuerdas-Internet-der-Dinge-2168152.html)*

Guhl, J.; Vick, A.; Lambrecht, J.; Krüger, J.: Cloudsteuerung für Industrieroboter. Integrationsansätze. In: Industrie 4.0 Management. 2016

Intel: Einführung in Big Data. Die Analyse unstrukturierter Daten. 2012 *(http://www.intel.de/content/dam/www/public/emea/de/de/pdf/unstructured-data-analytics-paper.pdf)*

Jasperneite, J.; Neuman, A.; Pethig, F.: OPC UA versus MTConnect. In: Computer Automation, 05 2015

Koss, K.K.: Leveraging Predictive Policing Algorithms to Restore Fourth Amendment Protections in High-Crime Areas in a PostWardlow World. In: Chicago-Kent Law Review 2015

Kretschmer, F.; Lechler, A.: Teilnehmerverwaltung und -zuordnung innerhalb einer cloudbasierten Steuerungsplattform. In: Industrie 4.0-Innovative Konzepte zur Automatisierung. Fortschritt-Berichte VDI, Nr. 693. VDI Verlag GmbH, Düsseldorf 2015

Laney, D.: 3D data management. Controlling data volume, velocity and variety. META Group, 6. Februar 2001(*http://blogs.gartner.com/doug-laney/files/2012/01/ad949-3D-Data-ManagementControlling-Data-Volume-Velocity-and-Variety.pdf*)

Lingstädt, D.: NoSQL. Einsatzgebiete für die neue Datenbank-Generation. In: JavaSPEKTRUM 2011

Mell, P.; Grance, T.: The NIST Definition of Cloud Computing. NIST Special Publication. National Institute of Standards and Technology, Gaithersburg/USA 2011

Microsoft: The Big Bang: How the Big Data Explosion Is Changing the World. 11. Februar 2013.(*https://news.microsoft.com/2013/02/11/the-big-bang-how-the-big-data-explosion-is-changing-theworld/#sm.0000001cvan9jicobr28hys0gwgwp*)

Microsoft: Simplifying IoT connectivity in manufacturing. 14. April 2015(*https://blogs.microsoft.com/iot/2015/04/14/simplify ing-iot-connectivity-in-manufacturing*)

NIST (National Institute for Standards and Technology): Big Data Interoperability Framework: Definitions. 2015

Pardo-Castellote, G.: Analysis of the Advanced Message Queuing Protocol(AMQP)and comparison with the Real-Time Publish Subscribe Protocol(DDS-RTPS Interoperability Protocol). RealTime Innovations, Inc. 2007

Perry, W.L.; McInnis, B.; Price, C.C.; Smith, S.C.; Hollywood, J.S.: Predictive Policing. The Role of Crime Forecasting in Law Enforcement Operations. Santa Monica 2013

Projekt pICASSO(Industrielle CloudbASierte Steuerungsplatt-form für eine Produktion mit cyber-physischen Systemen. *http://www.projekt-picasso.de*(Stand: August 2016)

RetroNet: Retrofitting von Maschinen und Anlagen für die Vernetzung mit Industrie 4.0 Technologie. Verbundprojekt. Projektträger Karlsruhe. Projektdauer: 01.12.15-30.11.18. *http://www.produktionsforschung.de/verbundprojekte/vp/index.htm?VP_ID=4120*(Stand: August 2016)

SAP News Center: SAP Leads the Way to Industry Cloud. 2. Juni 2014.*http://news.sap.com/pre-sapphire-industry-cloud*(Stand: August 2016)

Schneider, S.: Understanding The Protocols Behind The Internet

Of Things. 9. Oktober 2013(*http://electronicdesign.com/iot/ understanding-protocols-behind-internet-things*)

Siemens AG: Open cloud platform boosts digital service. 8. Oktober 2015.*https://www.industry.siemens.com/services/ global/en/portfolio/plant-data-services/cloud-for-industry/ Documents/Press-release/PR2015100331DFEN.pdf*(Stand: August 2016)

Siemens AG: Siemens Cloud for Industry. *http://siemens.com/ cloud-for-industry*(Stand: August 2016)

Steven, M.: Handbuch Produktion. Theorie-Management-Logistik-Controlling. Kohlhammer, Stuttgart 2007

Steinmetz, U.; Rollberg, R.; Mirschel, S.: Technologische Fundierung der Produktionsfunktion vom Typ D mit Hilfe von Verbrauchs- und Erzeugnisfunktionen. April 2003

Vick, A.; Vonasek, V.; Penicka, R.; Krüger, J.: Robot control as a service. Towards cloud-based motion planning and control for industrial robots. Proceedings of the 10th IEEE International Workshop on Robot Motion and Control(RoMoCo)2015

Wikimedia: Word-Cloud zum Begriff„ Big Data " (*https://com mons.wikimedia.org/wiki/File:BigData_2267x1146_white.png*)

Woodall, W.: ROS on DDS. 2015. *http://design.ros2.org/ articles/ros_on_dds.html*

1

第 5 章

工业 4.0 的网络安全

Claudia Eckert

5.1　动机

工业 4.0 描述了与制造业和自动化工业相对应的数字化转型所带来的挑战和机遇。根据 2013 年 4 月德国工程院（Acatech）研究（Kagermann 等 2013）中关于工业 4.0 未来项目转化实施建议的概念定义，"工业 4.0 将专注于智能产品、工艺及过程的开发"，并作为物联网（IoT）和服务联网发展的一部分。工业 4.0 平台[⊖] 对这些概念定义进行了补充："工业 4.0 一词代表了第四次工业革命，即产品生命周期内整个价值链的组织与控制的新阶段。"

该周期针对日益个性化的客户要求，将订单、研发、加工及产品交付终端客户的概念扩展到回收环节，包含了与之相关的服务。前提是，能够通过将所有与该价值创造相关的部门网络化，并实时地获得所有重要信息，以及能够从这些数据中得出对应每个时间节点的最优价值流。通过人、对象和系统的联接，形成了动态的、实时优化的、自我管理的、跨企业的价值网络，并且根据不同的标准，如成本、可用性和资源消耗，实现周期最优化。

以工业 4.0 为特征的数字化转型既改变了产品生产过程，也改善了由此产生的产品（如机器、零部件或最终产品），这些产品通过集成信息通信技术获得了新的性能，并变得更加智能。通过数字化转型以及逐渐深入的网络化，生产信息技术（也经常被称为工作的信息技术）和传统的办公信息技术与以往的信息通信技术（IKT）之间的界限消失了。安全要求差异很大的 IT 系统相互联接，却由此产生了明显的安全漏洞以及被针对性攻击的可能。这个攻击行为会侵入系统并操控数据，窃取专有技术，甚至影响设备的可用性。这种攻击通过智能传感器和执行器不

间断地采集、预处理数据，并在不同的平台上提供增值服务（如预见性维护）。而这些相关数据通常包括企业中重要的专有技术，如生产过程中的某些具体细节，它们只允许可控地传输，并且只允许在可控的情况下使用。

在 BitKom 各种各样的民意调查中，或者在博世软件创新产业市场报告《工业 4.0：网络化软件解决方案的需求和效益》（Bosch 2015）中，数据和信息安全都被视为工业 4.0 全面实施时的潜在障碍，特别是在中小型企业中。

最大的风险在于产品、机器以及和生产相关系统可能被操控，数据被泄露，使得形成差异化竞争的专有技术落入他人之手。因此，工业 4.0 中的数据和信息安全必须满足各种要求，以应对网络化生产所带来的安全保障问题，并保障生产的智能产品或新数据驱动的商业过程（数据密集型服务）的安全性。工业 4.0 将物理系统、虚拟对象以及必须受到保护的信息物理系统（CPS）融合到一起。

网络安全一词反映了真实的世界和虚拟的、IT 驱动的世界的趋同。因此，网络安全可以被理解为 IT 安全进一步发展的必然产物（Eckert 2014）。其任务是保护企业及其价值，如专有技术、客户数据或生产过程数据，防止其受到损害，或者至少要控制可能的损害所带来的影响。因此，网络安全涵盖了一些措施，其目的是保护系统及其各个部分免受恶意操控。这就是完整性的保护目标，目的是保障敏感信息的机密性，以及功能和服务的可用性。完整性、机密性以及可用性是传统的 IT 安全中业已设定的保护目标。然而，随着数字世界与物理世界的联接，这些目标的实现变得越来越困难，通信更是越来越复杂。

为了实现这些保护目标，还需要一些分析和识

别程序，目的是在早期以尽可能高的精确度把网络化系统中的薄弱环节和具体的攻击或攻击企图识别出来，并控制可能发生的损失。通过主动性的监控和检查措施，可有效防止恶意操控企图和非期望的信息外流，或者至少可大大增加其难度，使得攻击者的成本效益比变得不再具有吸引力。由于网络化系统的复杂性、网络化软件和硬件的多样性以及生产过程的高动态性，成功的攻击不可避免，因此系统必须做好准备，通过技术措施和有组织的过程，有准备地主动应对损害情况。这个业务连续性计划在传统的办公信息技术中很常见。例如，在生产信息技术方面的紧急情况计划中，紧急关闭按钮被人们熟知且已经建立，但其中通过一般的措施仍无法掌握有针对性的网络攻击，所以紧急情况计划和紧急情况反应措施必须相应地进一步扩展。因此，与研发网络化系统的方法一样（其通过设计实现高度的安全性），攻击识别和响应的技术，也是网络安全的一部分。在这种情况下，人们也经常会提到"设计安全"。对于工业 4.0，生产和自动化系统的高可用性是一个核心要求，然而熟知的、专注于操控保护和机密保护的设计安全模式略显不足，因此需要更多支持"设计攻击弹性"新模式的技术和开发方法。

为了系统地认识工业 4.0 中网络安全的具体挑战和要求，本篇 5.2 节中更详细地阐明了工业 4.0 的特征，从而说明并引出核心的安全要求；5.3 节深入介绍了旨在提升工业 4.0 系统安全状态的现有或研发中的多种方法，其中包括了含有行动建议的指导手册，以及实施这些建议所需的具体技术解决方案纲领；5.4 节则将这些重要的内容再进行一次总结。

5.2　安全威胁和挑战

基于工业 4.0 的特征，下面将更详细地讨论信息和数据安全问题的重要特征，并进一步说明由此给网络安全带来的挑战。

5.2.1　工业 4.0 的特征

1）产品生命周期内整个价值链的组织与控制：为了将智能产品从生产到销售、使用和维护，在整个价值链中推广到生命周期的所有部门，该供应链中的不同企业都通过多个 IT 平台紧密合作。目前该平台通常都基于云提供服务。此类智能对象（产品、机器等）在云端拥有一个虚拟代理。这可以是一个完整的、真实的原始数字拷贝（"数字双胞胎"），也可以是一个描述概念，如工业 4.0 平台（Plattform Industrie 4.0 2016a）。这个虚拟模型在物理原始对

象的整个生命周期中都有效，也为在整个生命周期和整个价值链中监控、控制和维护产品提供了一个基础。

2）所有涉及价值创造的部门联网：该特征既需要一个垂直的、贯穿自动化金字塔的组件的联网，也需要一个横向的、跨组织和跨公司的联网。因此，可以在车间层面和后台系统的云平台之间，维持一个持续的、包含整个生产生命周期的传感器和机器的数据交换。联网可以通过各种不同的技术实现，如用于 PLC 组件联网的现场总线（如 CAN 或 PROFIBUS），通过 WLAN（802.11）或蓝牙 LE 进行无线通信，或者通过有线通信进行。高网络化是节约时间和成本的设备远程维护和远程监控的基础。

如上所述，云平台适用于贯穿价值链的多个部门的联网。云平台上的数据服务随时候命，以便价值链的各个部门可以访问物理对象的虚拟代理。人们可以评估组件状态的数据（存储、损耗、维修等），将不同来源的数据组合成增值的服务，或者通过适当的接口直接与物理组件交互，如建立连接、为组件加载软件更新。通过将数据和服务分发到云平台上的不同物理服务器，可以确保数据和服务的高可用性。云端能够自动快速地响应云组件的故障，并及时且透明地将云服务迁移到其他组件，以预防供给量不足。

3）智能产品生产、工艺及过程：除提到的通信能力之外，智能产品、机器或是零部件具有产品记忆（存储容量）能力，以及执行部分自主行动的能力（计算能力），如以自组织方式主动干预生产过程。另外，它们还可以适应新的要求，为此它们需要借助传感技术获取环境信息，并调整它们的行为，或者通过开放接口重新加载新的软件功能或更新现有软件（如通过远程维护服务）。作为智能的高科技产品，它们是企业中重要专有技术，如特殊生产工艺的载体。

4）面向个性化的客户要求：一个软件驱动的生产过程可以实现所需的灵活性和动态适应性。机器和零部件通过开放的接口连接到后台系统甚至移动终端。在操作过程中，它们可以重新加载和运行软件，如智能工厂应用程序，并灵活地调整它们的生产配置，以满足个性化的客户要求（如通过远程的更新服务）。此外，如 3D 打印等自适应加工技术，可以在终端客户附近实现快速、个性化制造。

5）实时提供相关信息：人、机器、生产设备、业务流程、产品和服务产生大量数据，其将被用于控制和监控生产以及企业中的其他关键流程，或者用于控制设备和机器的行为，以作为新的业务流程

1

的基础。因此，数据和信息是宝贵的资产。有针对性地操控或未经授权地泄露这些数据都可能给生产带来灾难性后果，并带来严重的经济损失。

5.2.2 威胁

在下文中，将首先介绍一些重要的攻击或攻击者的类型，参见（Eckert 2014）；然后简要介绍一下工业控制系统面临的十大最重要威胁，如联邦信息安全办公室的出版物（BSI 2014）所述。这些威胁对工业 4.0 而言也非常重要，但仅涵盖了本质上更复杂的工业 4.0 情形中必须要重视的多种威胁的一部分。基于工业 4.0 的特征，下文解释了在工业 4.0 中有关网络安全的进一步威胁和要求。图 1-5-3 总结了一些主要威胁和可能的攻击，并遵循众所周知的自动化金字塔。

5.2.2.1 攻击者类型

道德黑客往往是精通技术的攻击者，其目的是找出系统中的薄弱环节和漏洞并制定攻击策略，然后利用程序提醒目标客户注意漏洞。他们的目的不是从利用漏洞中获取个人利益，而是帮助客户了解自己系统的弱点，并为客户提出改进建议。然而，越来越多的犯罪黑客专门为了自己的利益或损害第三方的利益而展开攻击。因此，只要攻击是切实可行的，并且可以为攻击者带来经济或其他好处，那么就存在一个异常的危险。这些攻击者的一个主要目标是在系统上注入恶意程序，即所谓的特洛伊木马程序，他们在不被发现的情况下收集信息并使攻击者能够访问该系统。例如，这种被探查出的信息可以是存储的密码和访问代码。

与精通技术的攻击者不同，现在越来越多的互联网用户使用免费的攻击程序来发动攻击。此类攻击通常会导致系统可用性受损，从而不再提供服务并且流程被迫中断。非技术性互联网用户能够轻易地使用攻击程序实施攻击，这对于现在的网络化系统形成了巨大的威胁，尤其是对未来的网络化系统更是如此。攻击行为还越来越多地涉及经济犯罪、秘密监控、有组织的犯罪。除了通过各种形式的敲诈勒索，如所谓的勒索软件（Eckert 2014），还有越来越多的针对性攻击将矛头指向了管理者，一般他们在其企业中都是掌握着许多敏感信息的调取权限。这些攻击旨在窃取他们的访问权限，如密码。勒索软件包括这样的勒索攻击，即在攻击者潜入陌生系统后，将本地磁盘上的数据加密，使得这些用户无法获取这些数据。为了解锁数据，攻击者通常会索要一笔钱，这笔钱必须通过像 PayPal 这样的在线支付系统划过去。针对德国信息技术安全的 BSI 管理

报告（BSI 2015）证实了这种趋势，即网络犯罪的商业化和专业化。

5.2.2.2 对工业控制系统的威胁

BSI 在（BSI 2014）中指出了制造和过程自动化系统（即工业控制系统）中面临的多种重要威胁，因为攻击者可以潜入系统并造成直接或间接损害。攻击示例是刻意引发技术性的错误行为，甚至是对配置参数的操控，如不能直接检测的焊缝，只有在产品寿命的后期才会造成损坏。这些相应的威胁对工业 4.0 系统也非常重要。高网络化和大量网络化组件使得工业 4.0 系统中的风险增加，即其中一个网络化组件具有可针对性攻击的漏洞。由于网络系统中的级联效应，损害程度可能相当大。各种攻击可能造成的损害可以是生产中断、专有技术外流、设备的物理损坏甚至功能安全性受损。

根据一般案例研究，首先讨论一些重要威胁，然后进行 BSI 的系统分析。

案例：一般工业控制系统面临的威胁

可编程逻辑控制器（SPS）在工业 4.0 的集成网络中发挥着关键作用（Wiedermann 2015）。在一般情况下，我们假定该设备包括一个工程站点、可编程逻辑控制器（SPS）、输入/输出单元（E/A）以及过程控制的传感器和执行器（见图 1-5-1）。

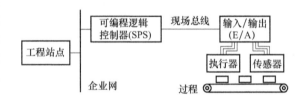

图 1-5-1　工业控制设备常见的架构

在工程站点，开发用于过程控制的程序，然后通过企业网将其传送到 SPS，接着 SPS 运行程序。这些生成的控制命令通过现场总线传输，并由 E/A 单元转换为连接的执行器的信号，传感器监控该过程。它们的测量值通过 E/A 单元和现场总线传回控制器。工程站点和 SPS 之间的通信通常通过基于以太网的企业网实现，但是通过 WLAN 的连接也很常见。SPS 和 E/A 单元之间的通信通过现场总线进行，也可使用如 CAN（ISO11898）、EtherCAT（IEC61158）、Modbus（IEC61158）或 PROFIBUS 等各种不同的技术。E/A 单元通过（模拟）控制线与控制的过程实现连接。这里，执行器直接接收脉冲，传感器提供测量值。该系统结构可能存在以下的攻击点：

■ 通过通信连接进行攻击，目的是通过不充分保护的接口将恶意软件引入 SPS。

■ 引入能够访问现场总线或企业网且受攻击者控制的附加组件，因此可以监控和影响通信。

■ 攻击现有组件，其目的是直接从存储器或通过不受保护的调试访问路径，窃取 SPS 控制软件中代表重要专有技术的二进制代码，并且通过逆向工程重建这些保护性的专有技术。

5.3.2.2 节介绍了针对此类攻击可采取保护措施。

下面列出并介绍 BSI 在 BSI 2014 中明确的 10 个最重要的威胁。有关详细说明，请参阅该研究。

1）通过互联网和内部网感染恶意软件。

2）通过可移动媒体和外部硬件引入恶意软件。

3）社会工程，即有意误导人们粗心操作。

4）人为错误和破坏。

5）通过远程维护访问进行入侵。

6）连接互联网的控制组件。

7）技术性错误行为和不可抗力。

8）控制在生产环境中的智能手机。

9）控制外部网和云组件。

10）(D) DoS (denial of service) 攻击。

前两类威胁充分利用了现有漏洞。通过将生产信息技术（OT）与传统办公信息技术联系起来，办公领域的漏洞可能会导致对 OT 的直接威胁。网段的分离似乎是防止级联损害传播必不可少的措施。虽然第 1 类攻击通常是由外部攻击者引起的，但在第 2 类中，内部犯罪者（如工作人员、服务提供商和附属机构）更有可能触发攻击。第 3 类和第 4 类攻击基于人为错误，如内部和外部操作员以及可以访问资产并滥用这些权限的维护人员。需要采取强有力的措施来验证身份和权限。这些必须很好地结合到生产过程中，使它们无法被绕过，但也不会干扰工作流程。现如今，通过远程访问维护机器已经非常普遍。BSI 将外部人员通过保护不当的远程维护访问入口潜入设备的这类威胁，归为中等威胁类别。然而，在工业 4.0 组件的网络化过程中，这些访问入口不仅用于维护任务，还用于数据中心化的增值服务，其需要以各种方式从机器和生产设备采集数据。因此，在未来，由于不安全的远程维护访问入口而导致数据流出和操控的这类风险将显著增加。

诸如智能手机和平板电脑之类的移动设备已经在生产环境中发挥重要作用，如将其用于读出机器数据或改变生产参数。不安全的设备可能会未经授权地泄露生产环境中的信息，或者它们可能是恶意软件注入的首选入口。对于这一威胁等级，随着工业 4.0 中生产过程灵活性的增加，被绑定的移动设备数量将增加，相比 BSI 研究中针对 ICS 的评估，保护它们的安全显得更加有意义。

在针对工业控制系统的 BSI 研究中，基于云的各种威胁尚未成为重点。但是，这些将在工业 4.0 的背景下发生巨大变化。为了管理产品虚拟代理或通过云平台处理数据驱动型服务（如远程维护），基于云的协作平台在工业 4.0 中将变得非常重要。在工业 4.0 中，迫切需要采取措施保护云中的数据或动态检验云产品的安全性。

最后一类攻击涉及所谓的分布式阻断服务（DoS）攻击，攻击者试图通过故意施加过载导致功能崩溃。对于这类威胁，它们在工业 4.0 中也将变得更加重要，因为机器可用性的中断或生产过程的中断可能会造成严重的破坏。

5.2.3　对网络安全的要求

上述对工业控制系统的威胁已经涵盖了重要的问题范围，最后根据工业 4.0 的特征，介绍在各种工业 4.0 的情境中有关网络安全的哪些附加要求必须得到重视。

5.2.3.1　所有涉及价值创造的部门的联网

网络化需要建立安全的通信渠道（见 Plattform Industrie 4.0 2016b），以确保在可识别的合作伙伴之间进行可靠的数据交换。数据将跨企业地在机器之间进行交换，这不仅仅发生在管理层（MES/ERP）上，而且未来在机器或对象上也将与供应商直接通信。在整个增值流程中，安全地交换信息需要一些概念，用来跨企业时更好地识别工作人员、机器和过程。可靠的身份识别的重要性如今仍处于被低估的状态，特别是在中小企业中。因此，工业 4.0 平台的第 3 工作组在（Plattform Industrie 4.0 2016c）中阐明了工业 4.0 中针对可靠身份识别的挑战、要求和方法，并提出了行动建议。

工业 4.0 情境中跨企业交互过程的动态需要采取一些措施，借此快速地建立通信关系；通信伙伴必须能够建立一个可靠的通信渠道。只要对实时处理或资源节省没有太高的要求，已经在办公信息技术环境中广泛使用的通信密钥的敏捷分发程序可以直接大范围地应用。此外，还需要采取措施，确保在通信伙伴那里信息的安全处理有所保障。这需要支持审核的技术措施（如使用加密方法）以及有组织的措施，如信息安全管理系统（ISMS）的集成。

对于工业 4.0 情境中的那些过程，可选的通信方式的稳健性和可用性至关重要。网络监控和警报系统必须确保在早期就能检测到偏离正常行为的或异常的通信行为，并采取措施进行处理。然而，工业 4.0 中的问题在于，正常行为在未来不再容易预测，因为合作模式动态变化以及生产过程变得更加个性化，以至于现在可以使用检测正常行为偏差的技术，必须用更灵活的方法替换掉已用于网络监控的技术（如使用机器学习技术）。

工业 4.0 系统的网络化和合作中越来越重要的主题是，通过直接的机器到机器的交互来映射正当的重要交易，如在订单处理或物流中已经是这种情况。在这里，要解释清楚一个不可否认的问题，即行动的可归入性以及行动的及时性、完整性、正确性和责任问题。通过所谓智能的、正当可靠的协议，机器间进行自动化协商，目前这仍然是研究的主题，并且将非常深入地研究区块链技术在这里可应用到什么程度。最初用作比特币（Nakamoto 2008）等加密货币的技术，后来发展出了各种不同的应用领域（见 Wood 2014）。但是，区块链方法在技术上非常复杂。目前，企业很难评估基于区块链的应用程序实际上可以提供哪些保证以及如何评估其使用风险。因此，在 Fraunhofer AISEC 的区块链实验室中，正在建立一个实验和评估环境。在这种环境中，可以在不同的情境中建立不同的区块链技术，并检查其安全性和稳健性。

5.2.3.2 通过产品生命周期对整个价值链进行组织和控制

如 5.2.1 节所述，此要求将需要从机器层面到后端系统的垂直网络，但也需要跨企业的横向网络。基于云的基础架构将在这里发挥关键作用。这要求保护云中的数据，以防止未经同意的访问，确保数据以安全可靠的方式执行处理。可靠的云计算是工业 4.0 的核心问题。云服务和单个机器之间的数据和控制命令的传输必须通过安全渠道。与云的通信一般通过因特网进行。数据通过公共网络传输，并在从发送方到接收方的途中将通过网络中的各个节点。因此，对云与生产工厂之间的传输路径的持续保护提出了很高的安全性要求。

必须保护数据免受未经授权的云访问，并且必须监控数据使用、处理和传递，以防止未经授权和非预期的信息流出。如果几个可能的竞争方的数据由一个云服务管理，则尤其如此。一方面，必须保证安全的客户隔离，并且一个角色模型必须可靠地贯彻各个角色的权限；另一方面，云的基础构架还应促进工业 4.0 价值链中参与者的可靠合作，因为人们并不想完全隔离各方数据和活动。因此，需要灵活可配置和可监控的技术，以便能够根据所涉及的各方任务和责任来处理和传递数据。其基础是相关角色的可靠的数字身份（Plattform Industrie 4.0 2016c）。这里的角色可以是机器层面的传感器、单个机器、移动终端设备、服务器，也可以是自主机

器人和服务，当然也可以是人，如技术服务人员或操作员。它需要识别物体和人的技术，以及包含要识别的参与者异质性的联合身份管理系统，这些系统是可以跨企业使用的，且不影响其可用性。

5.2.3.3 智能产品、工艺和过程的生产

各种具体要求源于工业设备的高可用性要求。这些系统的许多组件必须全天候完成任务，通常是在严格的给定时间内停机。另外，它们通常要检验合格性，因为它无法像在办公信息技术中一样，在正常运作中使用安全补丁。该行业中的机械和设备通常计划长期使用，大部分要使用 20 年甚至更长时间。因此，需要整合了安全纲领的解决方案（设计原则安全性）。

除了针对联网物体的网络攻击危险，在工业 4.0 中还有需要格外注意基于物理访问的攻击。例如，可以从一个设备窃取信息，以便通过网络对系统网络中的其他设备或机器进行攻击。因此，迫切需要防止对嵌入式设备的本地攻击，并且需要基于硬件的预防措施。但是，那些必要的基于硬件的保护措施是无法通过上传数据完成更新的。因此，在设计阶段就必须选择合适的保护装置。这个硬件必须能够安全地存储敏感数据，如加密密钥、证书和密码，以确保软件防篡改。

智能产品还带有专有技术，因为它们拥有可以保存有价值数据的产品记忆，而且它们通常是高科技产品，其软件和固件是多年研发的结果。这也使技术剽窃和产品假冒成为值得追求的重要目标。产品假冒和技术剽窃已经导致机械制造业每年损失数十亿美元。除了直接的经济损失，如果企业的产品被仿制并在客户端显示出质量缺陷，那么企业形象的损害将是巨大的；低质量的假冒产品还可能危及消费者的安全。因此，保护嵌入式组件及其防止篡改和未经授权的读取显得非常重要。例如，电子电路板为各种可能的攻击方式提供了许多接口。通过技术手段，可以主动或被动地对电路板的各个组件进行访问（见图 1-5-2），从而分析组件的相互作用；还可以获取固件及其控制逻辑，从而通过逆向工程等方法实现其篡改甚至是重建。

5.2.3.4 面向个性化的客户要求

工业 4.0 系统是软件密集型系统，其中遗留系统必须与新开发的内容集成。办公环境中的软件产品在生产环境中越来越多地使用，所以其中那些已知的薄弱环节和漏洞给网络化的生产系统带来了越来越大的风险，特别是因为通常没有建立补丁管理，或者是可用性或合格化的基础不可行。在调试可能的薄弱环节之前，需要采取技术措施以尽可能

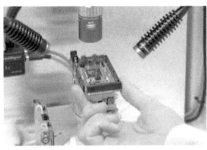

图 1-5-2　硬件入侵：多倍激光器、旁通道分析

自动地分析软件。智能工厂应用程序扮演着一个特殊的角色，它可以实现个性化服务和新的商业模式。一方面，需要测试环境才能使用自动化工具来测试软件的安全性；另一方面，必须建立各种方法和工具，以确保软件在整个软件生命周期中可靠地开发、发布，可靠地维护和保持最新状态。有关安全软件更新的问题在此特别重要，因此必须确保没有被篡改的代码部分被加载到机器上并被执行，关键系统区域应与非关键部分隔离，从而隔离潜在的损坏风险。

另外，在处理客户数据方面也会出现特殊的安全性挑战，其包含了作为敏感数据处理的指定客户要求，或是那些专有技术。例如，后者将在自适应制造和 3D 打印方面发挥作用。因此，确保机密性、防止篡改和防止误用是自适应制造环境的重要要求。它们更加需要安全地识别参与者、保密通信，特别

是证明数据正在可信环境中处理。

5.2.3.5　相关信息的实时可用性

日益提升的网络化和生产过程的数字化，产生了大量的数据。这些数据变成了价值创造（通过基于数据的增值服务的开发）和质量改善（通过基于数据的控制和规划）的重要组成部分。数据和数据中心化的应用程序都因此变成了有价值的、值得保护的资产。这需要信息权限管理中的各种概念，以保证数据的所有者可以决定，允许谁拥有和处理他的数据。实时关键数据的加载需要引入特殊的组件，如智能路由器，其能够按计划响应，并通过非实时链接尽早请求数据，以及在特定情况下做好取消请求的准备。因此，在云中的数据处理与转移将部分地进入网络组件（边缘云）。

图 1-5-3 所示为基于自动化金字塔的在工业 4.0 环境下入侵的可能性。

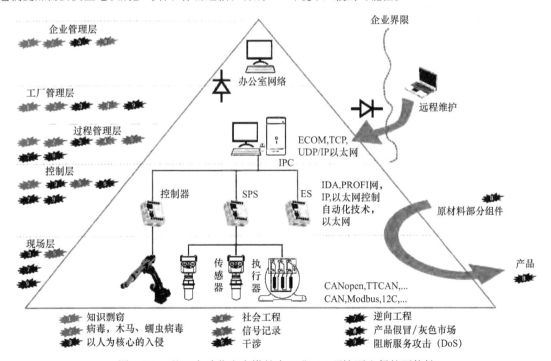

图 1-5-3　基于自动化金字塔的在工业 4.0 环境下入侵的可能性

1

对于工业 4.0 来说，重要的是威胁可以在金字塔的不同层面上发生，也可以跨越金字塔的边界发生。在工业 4.0 中，传统的边界变得模糊，因此将现场总线或控制级别的传感器和 PLC 组件直接连接到云平台。这些要么由企业自己作为后台系统运营，要么由增值网络的参与者共同作为平台进行使用。如上所述，这会产生一系列额外的威胁。

5.3 网络安全：解决方案

当对实时处理或服务的高可用性没有特殊要求时，如今的办公信息技术（如防火墙、VPN 或 SSL/TLS 加密通信）中的经典 IT 安全技术（Eckert 2014）也适用于许多生产信息技术领域。因此，这些措施可以在很多领域形成抵御攻击的第一道防线。例如，它们还可以通过网络分段，在发生安全事件时减少损失。但是，工业组件经常受到物理攻击，攻击者可以直接访问物理设备，并能够添加、删除或操控硬件。预接通滤波器组件和类似于防火墙的其他解决方案是为了监视数据的传输，也可以用于避免将保护措施直接集成到要保护的组件中，但必须对其进行更改；这也意味着额外的沟通工作，将使多个流程延迟。此外，无法检测到受操控的组件。保护工业 4.0 系统需要先进的保护理念，以支持专有技术保护和数据主权，在基于云的平台上实现安全协作，或是在将自动化软件投入到网络化生产设备中使用之前，检测其中可能的漏洞。

对工业 4.0 系统的适当保护是一项复杂的任务，不仅需要技术解决方案，还需要非常大范围的有组织的措施。目前，许多法律相关的框架问题仍然存在，如责任问题或机器之间协商产生的合同的合法有效性（智能合同）。

5.3.1 安全指南

2016 年 4 月发布的 VDMA（VDMA 2016a）"工业 4.0 安全"指南包含针对中型企业需求的行动建议。该指南涵盖了组织的主题，如风险分析的实施以及技术主题，网络分段或用户账户管理。该指南基于工业 4.0 的 VDMA 工具箱（VDMA 2015），清楚地描述了最重要的功能类及其在"工业 4.0 准备就绪"方向上的成熟度发展。该指南的目的是为中小企业在执行安全措施方面提出一些最低要求，以便在满足这些最低要求的情况下实现机械的基本保护。但是，本指南未涉及第 5.2 节中讨论的具体问题，如产品和专有技术保护、软件安全性或确保跨企业协作中的数据主权。

该指南区分了产品生命周期中的四个阶段：开发、集成、有制造商保修的时间和无保修的剩余时间。此外，还确定了负责实施措施的行为者，如制造商、集成商和运营商，目的是明确责任。但是，这种分配不是规范的，而是基于 VDMA 工具箱的四个应用级别产生的技术要求：传感器和执行器的集成、通信、数据存储和信息交换以及监控。

下面是 17 项行动建议：

1）能够全面了解：在整个企业内的风险分析中，首先需要明确企业要保护的资产，如知识产权、特殊的设计程序，也包括关乎安全性的流程中或用于处理客户重要数据的组件；然后必须明确这些值得保护的资产可能面临的潜在威胁并评估其潜在的损害，以便在此基础上采取必要的措施。

2）网络分段：建议根据系统的保护要求将系统的多个部分划分为多个区域，并通过技术措施实现网段的隔离以及各个区域之间的受控过渡。

3）限制访问：通过设置单个用户账户以及分配和管理访问权限，可以实现使用限制的个性化设定及监控，包括检查参与者的数字身份。

4）安全协议：应尽可能使用 SSL/TLS 等标准协议进行安全通信。

5）无线电技术：在使用无线电技术时，必须注意控制对无线电媒体的访问，并确保数据通过无线电信道安全传输。

6）远程维护：必须采取技术和组织措施，以确保只有授权的参与者才能获得访问权限，并且尽可能精确地描述要执行的操作，以便检测与预期行为的偏差。

7）监控：为了尽早识别和抵御攻击，建议将对机器的访问直接集成到机器控制面板中，并使用基于网络的方法进行异常检测以监控网络。

8）恢复计划：如备份等技术措施应提前准备，以便能够在发生故障时将系统再次恢复到可靠的状态。

9）产品生命周期：机器的制造商、集成商和运营商都需要不断分析和评估它们的机器和产品是否存在新的漏洞和攻击，并针对如何应对出现的漏洞，建立相关处理流程。除此之外，还要确定如何设置通知渠道、责任如何分配以及采取哪些措施来纠正这些责任。

10）持续检查：为了适应使用环境的动态变化，应持续地检查系统配置、那些定义的安全功能以及分配的访问授权和使用的软件，包括必须设置合适的测试环境。

11）减少潜在攻击区域：应删除或禁用未使用的软件或系统服务，以减少攻击者获取系统访问权限的机会。

12）组件强化：除了系统的隔离和监控外，还建议对各个组件进行有针对性的强化，以确保在组件上执行的代码具有质量保证。

13）隔离：类似于网络分段，还应通过使用虚拟化等技术措施在机器上建立隔离区域，如将操作和配置数据与机器上的应用程序数据分开。

14）加密：为了保护敏感数据或专有技术，应该使用先进的加密技术。

15）对供应商的要求：为了能够保证所需的安全水平，供应商和服务提供商必须满足安全要求，并且必须说明它们是如何满足这些安全要求的。

16）归档：应将与安全相关的接口（如调试接口）以及风险分析的执行和结果，已拟定的安全纲领或已授予的访问权限以及有组织的各个安全流程和角色归档。

17）培训：通过针对开发人员、设计人员和设备制造者等量身定制的培训，使员工重视其各自任务中的安全问题。他们应熟悉各种方法和流程，并被安排到相应的岗位上，以便能够为安全水平的可持续改进做出贡献。

有关更详细的说明，请参阅 VDMA（2016a）中的研究。

除了指南，VDI/VDE 准则 2182"工业自动化中的 IT 安全"描述了一个常见的过程模型，其中组件制造商、机器制造商或集成商和设备运营商的角色都被考虑在内。该模型描述了以下八个过程：

1）识别资产。

2）分析威胁。

3）确定重要的保护目标。

4）分析和评估风险。

5）提出保护措施并评估有效性。

6）选择保护措施。

7）实施保护措施。

8）执行过程审核。

对于每个过程，须将结果和决策路径归档，以形成过程文档，并确保其可追溯性，这也是审核的基础。根据该准则，设备的运营商负责通过识别和评估 IT 安全威胁进行风险评估，确定降低风险所需的措施，对机器制造商或集成商的要求也将据此提出。分析和评估必定定期反复进行。机器制造商或集成商应将设备运营商的要求付诸实践，它们也会从自己的角度出发，向相应的组件制造商提出各种要求。

5.3.2　产品和专有技术保护

工业 4.0 中的智能产品将面临被抄袭和窃取专有技术的更高风险。受抄袭影响的产品范围很广，不仅有消费品也有投资品。仿制的例子可以在机械组件中找到，也可以在电子设备（单个组件和整个系统）中找到。有关该主题的论述可以在有关产品抄袭的研究中找到（Filipović/Schimmel 2011）。

为了保护自己的利益并打击产品抄袭，制造商可以采取有组织的、法律上的和技术上的保护措施。对选定的产品组和专有技术要么无动于衷，要么区别对待。有组织的措施包括，生产地点的选择、对专有技术或供应链的规范访问以及创新管理；法律上的措施包括工业产权的适用和执行（如专利、商标权）；从技术上讲，可以采取各种措施，并从不同的层面开始执行。据此可以保护企业自己的通信基础设施免受工业间谍活动的影响，以防止有价值的企业专有技术被偷走。出于安全考虑，企业可以为此使用合适的设备（Eckert 2014）。此外，产品的逆向工程可以通过技术对策进行反制，这些对策将直接集成到产品中。在下文中，我们将进一步研究作为产品抄袭方面主要威胁的软件逆向工程的可能方法，并阐述可能的对策（Filipović/Schimmel 2011）。

5.3.2.1　软件逆向工程和对策

根据 VDMA 关于产品抄袭的研究（VDMA 2016b），逆向工程是最常见的抄袭方式，约占 69%。

如果可以访问微控制器的机器代码（十六进制转储）或实现 FPGA，则可以提取所有专有技术。通过了解所使用的处理器及其指令集，可以使用反汇编器将机器代码转换回汇编代码。由于汇编代码通常不够清晰，因此还有其他工具（反编译器），它们将汇编代码转换为更容易理解的伪代码，因此难以阅读的机器代码变成了易于理解的程序代码，这些代码使得那些编写的程序能够被理解，而且还能直接在此基础上继续编写。

如果可以读出诸如闪存模块的非易失性存储器，或者通过网上提供的更新文件来获取固件代码，则可以通过逆向工程来获得配置文件或机密的参数之类的重要信息。该信息允许对固件进行有针对性的操作，这样就可以在特定情况下，避开安全性查询或对固件进行添加。此外，这些代码可以很容易地传输到构造相同的功能块。对抄袭代码的证明并非没有意义。利用代码级别的数字水印或通过统计方法，可证明相同代码序列同时重现的概率很低。如能证明代码抄袭，则可通过法律手段来打击造假者。

有效防止间谍或逆向工程软件产品需要一些硬

件支持。如果软件的二进制代码完全可用，只要它们是仅基于软件的，则可以分析其中包含的保护措施。将加密方法和相应的密钥存储在软件代码中以保护其他软件部分是毫无意义的。通过适当的硬件支持，可以加密保护某些软件部分。例如，在专用硬件组件中，所需的加密方法和密钥始终位于硬件模块上，并且不会存在于软件的二进制代码中。因此，无论是通过二进制代码的静态分析，还是通过在虚拟环境中仿真软件，都无法从软件中提取它们。在这种情况下，硬件和软件形成一个功能单元，如果没有特殊的硬件，就不可能对加密的软件部分进行有用的更改或分析。

一个软件产品本身就是知识产权保护品，因此攻击者甚至无法理解软件组件工作原理和内部功能。人们使用所谓的混淆器来使软件的代码难以识别。对于 Java 和 C＃等编程语言，这种保护很重要，因为这些语言不会生成本机的机器代码，而是将源文件编译为中间语言。在这种中间语言中，可以执行二进制代码分析，因此可以通过适当的类浏览器从 Microsoft .Net Framework 的程序集中重建原始源代码。考虑到产品抄袭，这样的特征并非人们想要的。因此，对于 Java 和 .NET 语言，有一些程序包可以

将所有函数、变量、对象、类和类型重写为最无意义的名称。此外，这些程序包将伪装各种组件之间的调用和链接，加密所有字符串，并创建混乱的"面条式代码"，使得攻击者尽可能少地获得分析线索（见图 1-5-4a）。

混淆措施使得商业攻击者所需的成本和时间变得难以估计并显著增加，但在程序转换后进行任何必要的故障排除几乎都不可行。此外，由于维护工作难以进行，混淆器转换甚至可能导致软件产品中更多的错误，可能会给客户造成无法预估的成本。在某些情况下，由于程序运行时行为发生变化，内存需求增加或更新或补丁难以进行，也会出现问题。因此，在使用混淆工具时需要专业的咨询。

加密或压缩方法也用于保护软件。虽然通过合适的流程和专业实现，保护水平可能非常高，但可能会出现性能损失，而实现这种保护需要高水平的专业知识。

代码的静态分析可以揭示加密计算是否发生以及在何处发生。相应的位置在程序二进制代码中可以通过特征代码签名找到（类似于病毒扫描程序的工作方式）。因此，除了标准方法，有时也使用专有方法，或者使用混淆技术来混淆代码。图 1-5-5 所示为一种产

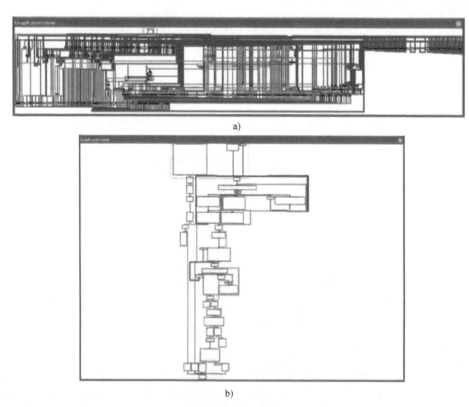

a)

b)

图 1-5-4　混淆的代码和解除混淆的具有可读性的代码
a）混淆的代码　b）解除混淆的代码

图 1-5-5　产品保护：加密的固件和组件的硬件相连接

品保护的解决方案，即加密的固件和组件的硬件相连接。在这种情况下，要保护的固件被混淆处理，而且以加密的形式存储在电子组件中，加密过程与组件的硬件属性相关联。即使成功读取固件，也无法在其他设备上解密；存储在固件中的专有技术仍然受到保护。

尽管是加密的，但如果系统中相关的加密参数无法执行，程序运行时的动态代码分析和内存监控则可能会损害程序或重要数据。因此，理想的方式是将加密方法与特殊硬件进行组合。没有特殊硬件，二进制代码还是有可能被攻击，如在调试器或虚拟运行环境的执行期间。与标准化 PC 系统相比，为了最优化地整合各种加密方法，客户定制的嵌入式系统提供了更多自由度，尽管是在安全性方面可以相互适应的软件和硬件中。

软件加密狗（防复制插头）主要用于保护软件免受未经授权的复制。某些制造商会将其与开发包一起出售。原则上，它们可以被认为是硬件安全模块，其中的密钥用于防御物理攻击（如侧信道攻击）和基于软件的攻击。用于 USB 接口的现代加密狗的大小与内存卡大小相当，并且通常在其自身的存储器中包含必要的驱动程序。由于有了内部存储器，加密方法可以直接集成在加密狗中。加密措施使攻击者更难以定位并阻止程序中的隐藏查询。可以通过验证过程来检查加密狗的存在。此外，可以在程序运行期间使用加密狗来保护软件免受篡改（如通过存储器中的二进制代码指令的加密完整性检查），至少软件的重新编程要困难得多。因此，最新一代的加密狗加上正确使用，文件将很难被攻破。通过加密，那些知识产权就不会被外人知晓，因为攻击者首先必须解锁，才能开始对其进行分析。

安全存储设备的工作方式与加密狗非常相似。安全存储器设备已经作为组件集成在硬件设计中，而不是连接到外部接口。除了内部存储器（可能包含单独的参数或具有唯一的芯片标识符），这些组件还提供有效的加密基本功能，用于保护整个系统（硬件和软件）。

在笔记本电脑、PC 和服务器中，都可以找到

被称为可信平台模块（TPM）的专用芯片（Eckert 2014），它们主要用于抵御在操作系统 BIOS 和加载器中的篡改。芯片包含唯一标识符，因此可用于识别集成芯片的系统。作为加密设备，芯片主控加密程序，并用作安全密钥库和随机数生成器。TPM 2.0 版目前还提供适用于备份嵌入式系统的硬件安全模块。

目前正在深入研究所谓的物理不可克隆标识（PUF）及其在产品保护中的应用（Merli 等 2013）。PUF 技术通常用于唯一地识别产品和对象，可以对所有产品部件进行明确地标识，并且可以在组装期间进行检查。因此，在生产中进行产品测试，可确保使用原版部件。如果人们将生产数据存储在产品中，则产品可以在以后使用时进行自我检查，并识别未经授权的部件或对产品的修改。

身份标识也可以用于各个单一组件。例如，微控制器和存储器唯一地相互连接，为此需要加密存储器的内容，这样它只能由特定的微控制器解密。由此，一方面有效地防止了未加密程序代码被读取；另一方面，不可能将加密的存储器内容复制到其他产品。

但是，这些概念对物流和生产过程具有相当大的影响。人们需要管理大量的身份和密钥，这些过程中的错误会导致生产中断。因此，仍然需要进行研究和开发，以便为工业环境中的实际应用制定可靠且一致的解决方案。第一步已经成功地采用了 PEP 保护膜，其应用了 PUF 的概念。图 1-5-6 展示了控制组件中的电子元件，该电子元件使用保护膜来防止攻击。

图 1-5-6　电子元件使用保护膜来防止攻击

⊖　vgl http://www.aisec.fraunhofer.de/de/fields-of-expertise/product-protection/pep-protecting-electronic-products.html.

5.3.2.2 工业控制设备的防护概念

为了防护图 1-5-1 所示的工业控制设备的架构，每个组件都配备了一个安全模块（安全元件）（见图 1-5-7），它为敏感数据和加密功能提供安全存储。该基础用于在组件之间建立安全通道，从而防止与 PLC 的通信过程被攻击。要传输的程序在传输之前被加密，工程站点通过数字签名确认程序的真实性。PLC 拥有必要的密钥来检查签名的作者身份以及程序的作者身份，并验证程序是否被修改。成功测试后，程序代码在 PLC 上解密并执行。

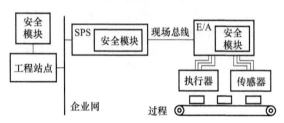

图 1-5-7 拥有安全模块的工业控制设备

因此，不会引入错误的组件，所有组件都通过安全模块具有唯一的数字标识，组件必须在与其他组件通信之前验证其真实性和及时性。

PLC 控制程序的加密存储实现了对 PLC 程序所代表的专业技术的保护。

如需要解锁，则需要一把密钥，而它被以防止访问的方式放在安全模块存储器中。

5.3.3 应用程序的安全性

如前所述，工业 4.0 系统是软件密集型的，可提供人们想要的灵活性和适应性。智能工厂的许多应用程序如今已经开发出来，其也将支持维护工作、提供协助服务或接管机器控制，包括通过应用程序提供远程维护服务。应用程序的安全性和可信性至关重要，基于此，在使用应用程序时，专有技术不会无意外流，机器不会被针对性地篡改，或者过程不会被干扰。在生产信息技术中通常使用（嵌入式的）Linux，且越来越多地使用基于 Linux 的 android 系统，包括平板电脑。对于生产环境，开发了在设备上执行的专用应用程序。同时来自 Google Play 商店中的应用也会加载到生产环境中使用的移动设备上。因此，重要的是要了解应用程序在执行时会读取哪些数据（潜在的信息泄露），或者是利用了哪些数据（潜在操作），它将建立哪个通信链路，以及它在设备上执行了哪些动作。各种调查研究，如针

对 Google Play 商店的一万个应用程序的分析（见 Fraunhofer AISEC3[一]）表明，大多数分析应用程序存在着严重的安全缺陷。分析工具，如 App-Ray 软件，它会自动地检验应用程序的安全性，并支持应用程序开发人员开发安全应用程序代码，此类工具是人们迫切需要的。

5.3.3.1 Android 应用程序的选定问题范围

相比传统应用程序，现在的应用程序通常更加严格隔离。它们通常封装在所谓的沙箱中，因此可以防止其他应用程序访问，但也限制了它们对系统的访问。但是，要使应用程序能够使用 WLAN、相机或电话簿等组件，必须明确开放使用；应用必须明确"询问"是否允许使用。为此，应用程序会申请适当的权限，即所谓的许可。这些在安装应用程序时以简化形式显示，并且必须得到明确的批准。Android 应用程序存在的问题是"完全有或完全没有"的概念；也就是说，必须批准所有权限才能安装该应用程序。随着 Android M 的推出，这种非常严格的管控被放宽了。

权限的控制和授予是在 Android 系统的不同组件中进行的。它们没有被捆绑在一个中心位置。由于缺少这样的中央控制管理，应用程序可以访问组件，即使它没有被授予相应的许可。例如，在被分析的应用中，没有明确授权的应用可能获得对 WLAN 的访问，并且能够查找关于设备的行踪信息，并将其传送给第三方。

虽然应用程序在自己的沙箱中彼此隔离运行，但应用程序之间会进行人们想要的交互和数据交换。所谓的组件间通信（ICC）提供了一种机制，通过该机制，应用程序可以提供自己的数据或订阅来自其他应用程序或系统的信息。典型的应用示例是联系人应用，允许其他应用访问存储的联系人。提供和使用这些接口在 Android 系统中相对容易，但在开发应用程序时，了解这些接口的问题并为其实施保护措施非常重要。例如，如果应用程序开发格式不正确，可能将后来安装的应用程序或激活麦克风或 Wi-Fi 接口等权限传递给第三方应用[二]。

应用程序开发通常将现有软件库集成到应用程序中。由于链接库具有与应用程序本身相同的访问权限，因此几乎不可能严格地将应用程序的数据和库的数据分开。如果库服务访问设备上的敏感数据并其传送给第三方，则可能会发生严重的数据泄漏，因为这些对于用户来说是不可见的。

⊖ https://www.aisec.fraunhofer.de。

⊜ http://sh4ka.fr/android/galaxys3/from_0perm_to_INSTALL_PACKAGES_on_galaxy_S3.html。

因此，应用程序的运行可能导致信息流出、数据篡改或其他威胁，其可以通过多种可能方式实现。

5.3.3.2　App-Ray 分析工具

使用 App-Ray 等分析软件（Titze 等 2013），可以自动检测应用程序中可能存在的漏洞。这个分析大致包括三个阶段：①元数据分析，②静态代码分析，③动态分析。图 1-5-8 所示为分析工具 App-Ray 的架构。可以将应用从公共商店或其他来源加载到分析工具中。然后，他们将完成元数据分析、静态代码分析和动态分析三个阶段，这些阶段对应于应用程序有监控的运行过程。

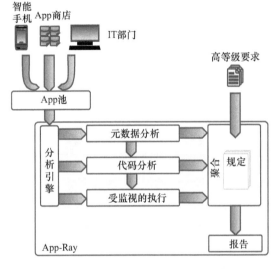

图 1-5-8　分析工具 App-Ray 的架构

分析可以有个性化，并通过规则进行。规则用 Java 编程，可以重新加载。通过这种方式，能够以规则集（通过工具自动测试）的形式制定各企业的准则。该分析结果会被总结成一份报告。

应用程序的元数据包含有关应用程序的信息，尤其是应用程序请求的许可。此数据可以在 AndroidManifest.xml 文件中找到，该文件与 Android

应用程序（APK）中的字节码和其他文件组合在一起。在第一个阶段，分析此元数据以识别有问题的许可。例如，ReadLogs 许可可访问系统的日志文件，这些文件通常存储密码或其他敏感信息。授予此类许可可能会有问题。在第二个阶段，将静态分析应用程序的字节码。通过此类分析检测到的常见安全漏洞是 SSL 证书的错误验证，这意味着不会检查应用程序的通信端点的标识。此外，检查代码以查看它是否包含一些指向恶意代码的可疑调用，或者在代码中是否存在数据泄露。为此，创建了所谓的数据和信息流图，其允许跟踪，哪些数据可能被访问以及数据可能流向何处（如它们是否被传递到外部）。图 1-5-9 所示为手机应用程序的数据泄露示例。分析显示应用程序访问设备中的电话号码，并在必要时将此信息传递到外部。

为了研究应用程序在其运行期间的实际行为并发现数据泄露，人们将实施动态分析。为此，应用程序在特殊环境中进行模拟，并监视其行为。Android 模拟器允许记录和监控所有流量和所有文件系统访问。例如，其可以使用这些分析来确定通信链路的实际端点，这些通信链路上传递着敏感数据的实际数据值或所使用的加密方法，所以应用程序经常是在开启后，在用户接受任何条款或设置隐私权之前，立即把数据发出去。这些分析可用于记录和合并由执行不同的单独功能而产生的各种信息。例如，一旦接收到特定 SMS，就可以确定是否正在将数据发送到服务器。

在动态分析期间，还可以扩展被分析的应用程序。因此，可以插入特殊命令。这些特殊命令允许直接在屏幕上监视活动的准确调用顺序，如敏感数据具体什么时候被访问，或者麦克风或摄像机具体什么时候被打开。静态和动态分析模块可以协同工作。例如，如果人们在静态分析期间发现应用程序可以重新加载代码，则实际上可以将其加载到动态分析中以便用于后续静态分析。

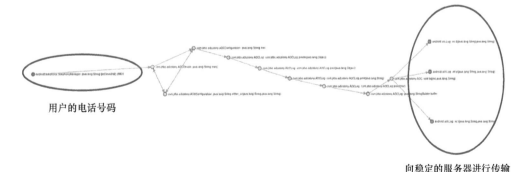

用户的电话号码　　　　　　　　向稳定的服务器进行传输

图 1-5-9　数据泄露示例

图 1-5-10 所示为 PayPal-App 的分析报告。该报告表明，检测到数据泄漏：应用程序从 SIM 卡读取电话号码 IMEI，并将其发送到一个服务器。此外，它显示应用程序还会访问位置坐标，并可以通过 SMS 在不被察觉的情况下（悄无声息地）转发此信息，并且应用程序会动态地重新加载其他代码，而这些代码可能是有问题的。静态代码分析表明，信任管理器包含空实现，该管理器用于检查应用的通信伙伴的证书以确定通信端点是否可信。也就是说，不执行检查并且接受每个端点。动态分析表明，即使在用户接受使用条款之前，应用程序在开始时已经与全球十个不同的服务器进行了通信。

应用程序分析工具不仅对识别应用程序中的安全性问题（由第三方创建并加载到工业 4.0 系统中的机器和设备上）非常重要，而且可以检查生产和服务应用程序的安全性。

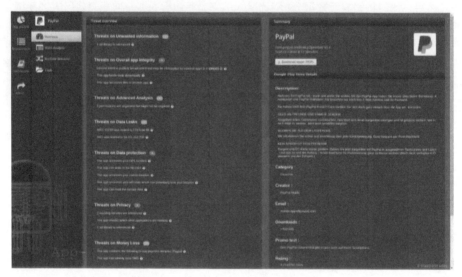

图 1-5-10　PayPal-App 的分析报告

5.3.4　数据主权：工业数据空间

在工业 4.0 中，智能服务、创新服务和自动化业务流程的先决条件是增值网络中数据的安全交换。

工业数据空间⊖计划旨在创建安全的数据空间，使各种类型和规模的企业能够以主权方式管理其数据资产。这个数据空间基于分散的架构方法，数据所有者不必放弃其数据主权。目标是在实施数据空间时尽可能地利用现有技术和标准，并纳入现有的行业计划和标准。一些行业已经使用了成熟的数据传输标准，如 OPC UA。但是，工业 4.0 中的增值网络跨越不同的行业，因此必须能够安全地将来自不同行业的数据源网络化。通过参考架构，工业数据空间为发展共同的数据经济提供了技术以及用于管理的模型和流程概念。

工业数据空间的发展分为两个层次：一个是由联邦教育和研究部资助的研究项目，其中几个 Fraunhofer 研究所联合起来，开发了那些缺失的技术和概念，这是从 2015 年秋季开始的。另一个是工业协会。它是一个由来自不同行业的企业组成的协会，为工业数据空间提供应用场景，并验证开发出来的架构理念。

5.3.4.1　架构概述

工业数据空间本质上是一种面向服务的架构。图 1-5-11 所示为工业数据空间的软件架构组件。该架构的关键组件是工业数据空间连接器，它有两种形式，即作为外部工业数据空间连接器和作为内部工业数据空间连接器。外部工业数据空间连接器（EXIC）支持工业数据空间参与者之间的数据交换。通常，此组件在安全限制区域（如防火墙外）中运行，因此无法直接访问内部系统，但在一台机器上执行也是可能的。外部连接器可以提供数据服务，允许将数据转发给其他参与者。EXIC 还可以在企业中单独运行或外包到云架构上运行，以进一步处理其他数据源，并作为增值数据本身的数据源。

内部工业数据空间连接器（INIC）通常在安全的企业网络中运行。该组件访问内部数据源并为 EXIC 提供数据。内部连接器用于连接内部系统，如具有

⊖　http://www.fraunhofer.de/content/dam/zv/de/Forschungsfelder/industrial-data-space/Industrial-Data-Space_whitepaper.pdf。

1

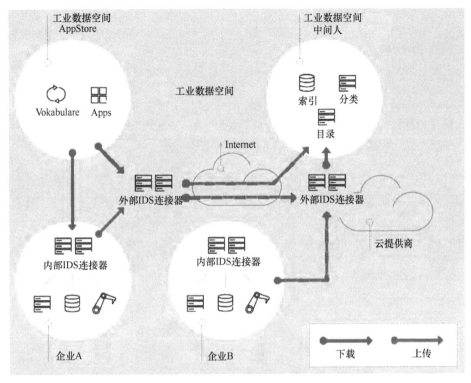

图 1-5-11　工业数据空间的软件架构组件

专有协议的传感器，这些设备通过系统适配器集成。考虑到性能要求，数据密集型评估和分析操作应尽可能靠近数据源，并减少通信工作量。

允许代理发布服务及其元数据。例如，该元数据可以描述服务的数据格式，或者可以包含使用条款。该代理还提供复杂搜索查询的机制，并包含执行清除进程的机制。

该架构的另一个组成基础是应用商店，它包含词汇表、系统适配器以及数据和服务应用程序。这些组件可以加载到连接器上并在那里执行。系统适配器用于连接不属于数据空间的系统；数据和服务应用程序可以很简单，仅用于过滤或匿名化数据，但它们也可以压缩来自多个源的数据并执行复杂的操作。可将各个数据服务链接在一起，从而组合成具有高增值的复杂服务。

5.3.4.2　安全架构

工业数据空间的安全架构包括各种不同的概念。各个安全概念的组合和不同特征使得各种安全级别的实现成为可能。

工业数据空间参与者之间的通信受到保护，从而不被篡改和窃听。为了进行账目清算、消息安全和访问控制，工业数据空间中的参与者必须是唯一可识别的。为此，身份信息将以属性的形式提供，其描述了工业数据空间的相应参与者。访问数据提

供者的数据可能受到条件限制。例如，这些数据只能在特定情况下通过购买获得，或者说数据用户必须遵守安全和数据处理的最低标准。数据的使用也可能受到限制，如可以设置使用时长，并将它与符合准则的传输数据绑定，或者仅允许某些特定的查询和某种程度的整合，而原始数据和不需要的数据仍然无法访问。为了获得确定的安全级别，用于数据使用控制的模块将是工业数据空间连接器的永久组件，并允许数据控制器在数据传输之前管理使用权。

工业数据空间支持各种级别的安全性。最低级别允许工业数据空间连接器在不安全的平台上运行，但这种连接器仅提供安全通信。这些简单的连接器无法提供进一步保证，如数据使用的正确性或处理的机密性。

一个基于容器概念的安全执行环境确保了更高级别的安全性。因此，可以将服务隔离在由特权化、加强化的核心容器控制的单个容器中，也可以启用或禁用通信过程。因此，不同提供商的服务不可能相互影响。默认情况下，容器会被完全隔离，并根据需求显式地链接在一起。

具有安全执行环境的连接器有各种不同的类型，从而可以在所实现的安全级别上进一步分级。提供更高级别安全性的连接器对技术实现提出了相应更

高的要求，但允许对敏感数据进行差异化的可控访问，并保证其在连接器中的安全处理。安全架构的基本功能（如安全通信）将在每个安全级别实现，并且不能停用。进一步的特性取决于所使用的硬件设备和配置。

图 1-5-12 所示为当前最高安全级别的连接器架构。其基于硬件信任锚，如可信平台模块（TPM）2.0，验证发出请求的连接器的身份。此架构还可以提供执行保证（如用于预处理源连接器中的数据）或启用目标连接器中的使用规则。这些机制还允许连接器对数据使用进行可靠的计算，如当计费基于使用令牌时，令牌消费可以被记录下来。

目前，Fraunhofer AISEC 正在逐步开发连接器的安全架构。为了实现最高级别的安全性，将开发基于 Linux 容器的 Trust-X 解决方案，其将 TPM2.0 集成为安全模块（见图 1-5-13）。

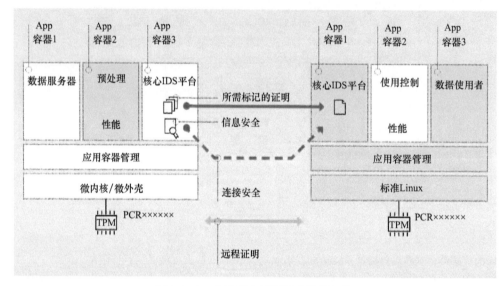

图 1-5-12　最高安全级别的连接器架构

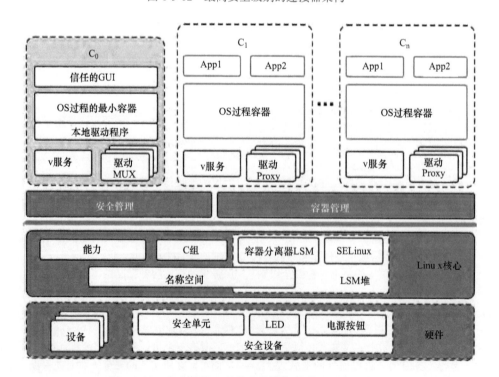

图 1-5-13　安全等级 3 上的连接器架构的 Trust-X 应用

最后，使用预测性维护应用场景诠释了工业数据空间概念的优势。

5.3.4.3　应用场景：预测性维护

通过网络化传感器实现生产的信息传递，可以精确地了解生产线的状况和参数。基于数据分析算法，收集的传感器数据可用于对要执行的维护工作进行预测，从而减少不必要的技术人员投入，并尽量减少生产发生事故的风险。

提供这种维护服务的机器供应商，需要获取客户的生产数据。然而，完整公布上述所有数据是不可能的，因为这些数据可能"透露"了生产细节，如工作流程、配方或人员安排。此外，如果必须直接传输所有传感器数据，就会出现大量数据。图 1-5-14 使用工业数据空间概念说明了这一构想使数据供应商能顺利地交换数据。

在同样的情况下，也可以在源连接器中完成数据的预处理（见图 1-5-14 左）。其中，先过滤掉敏感数据并预先压缩数据，然后在目标连接器中执行供应

商的分析算法（见图 1-5-14 右）。在这种情况下，如果所提供的数据不重要，则目标连接器具有低安全级别可能就足够了。

如果增值服务的实现需要企业生产中的关键数据，那么有两种实现方案是可行的。如果数据提供者（见图 1-5-14 左）拥有一个最高安全级别的连接器，那么就可以保障在这个连接器上的任意一个容器中被执行的数据和代码可以得到保护。供应商可以将它的分析算法加载到源连接器的这样一个容器中，并直接在现场执行。该连接器为数据提供商确保该分析程序只能访问必要的数据，并为供应商确保其分析程序的代码得到保护。因此，所有耗时且敏感的计算将靠近源数据来完成。当目标连接器是在最高安全级别时，也可以选择将敏感数据从源头传送到相应的供应商。这些数据还可以与使用条款和明确的删除日期一起提供。目标连接器将可验证地满足可信数据处理的这些要求。

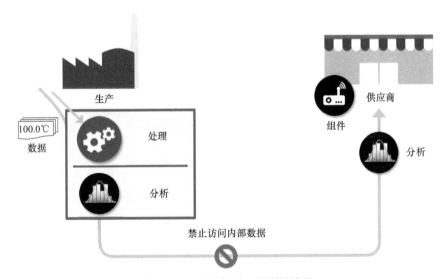

图 1-5-14　应用场景：预测性维护

5.4　总结

工业 4.0 特征的数字化转型涉及生产过程以及新兴的智能产品，它们通过集成的 ICT 技术获得新的技能，且能够主动地采集数据并进行预处理，还能够进行通信或以产品记忆的形式存储那些数据。由于数字化转型和不断深入的网络化，生产信息技术和传统办公信息计算之间的界限正在逐渐消失。具有不同安全要求的 IT 系统相互关联，从而导致新的漏洞产生，并带来网络安全挑战。目前，缺乏网络

安全仍被视为工业 4.0 广泛引入的障碍（特别是在中小型企业中）：生产设备的可用性可能被干扰，企业中关键的专有技术泄露，或者机器和产品被针对性地篡改，这些都被视为非常严重的风险。恰当地保护工业 4.0 系统是一项复杂的任务，所以以本章首先从工业 4.0 的关键特征引出网络安全的挑战。

为了能够从生产到销售、使用和维护的整个价值链中控制智能产品，该链中的各个企业需要通过基于云的平台协同工作。网络连接需要建立安全的跨企业通信渠道，以确保可识别合作伙伴，如机器、

服务、产品和人之间的可信数据交换。工业 4.0 同时需要垂直和水平网络，以实现从车间级别的传感器和机器到后台系统的整个生产生命周期的全面数据交换。基于云的基础架构在这里发挥着关键作用。因此，安全云计算是工业 4.0 的核心问题。必须保护数据免受未经授权的云访问，控制数据的使用、处理和传递，以防止其非法和无意的信息泄露。

在产品生命周期的所有阶段都会生成大量的数据，其代表了有价值的、值得保护的资产。做出决定后，数据所有者便有权确定谁能够拥有并处理数据。特别地，智能产品是关键任务数据的载体，因此专有技术和产品保护至关重要。移动应用程序和服务应用程序提供了高度的灵活性，但也可能导致严重的网络安全威胁。自动化的应用程序分析工具，用以检测和防止通过应用程序可能发生的数据泄露、恶意的篡改或干扰，而且还要在数据出错之前将其识别并关闭。

除了上述的技术挑战，有组织的要求也适用于安全的、网络化的工业 4.0 系统的创建和运行。第一个指南框架可以在 VDMA 指南中找到，其中提出了行动建议，规定了中小企业在满足安全措施方面的最低要求。在技术层面，办公信息技术领域的许多著名且经过验证的安全概念也可用于工业 4.0 的安全保障。然而，考虑到产品保护、应用程序安全性以及数据主权和使用控制要求的实施问题，则出现了一些特殊要求。因此，本章侧重于为这三个方面寻找解决方案。

参 考 文 献

Bosch Software Innovations: Marktstudie Industrie 4.0: Bedarf und Nutzen vernetzter Softwarelösungen. 2015. *https://www. bosch-si.com/media/de/bosch_software_innovations/media_ landingpages/market_survey_industry_4_0/management_ summary_en.pdf*

Bundesamt für Sicherheit in der Informationstechnik(BSI): Industrial Control System Security. Top 10 Bedrohungen und Gegenmaßnahmen 2014. BSI-Veröffentlichungen 2014. *https://www.allianz-fuer-cybersicherheit.de/ACS/DE/_/ downloads/BSI-CS_005.pdf*

Bundesamt für Sicherheit in der Informationstechnik(BSI): Die Lage der IT-Sicherheit in Deutschland 2015. *https://www.bsi. bund.de/SharedDocs/Downloads/DE/BSI/Publikationen/Lage berichte/Lagebericht2015.pdf*

Eckert, C.: IT-Sicherheit: Konzepte-Verfahren-Protokolle. 9. Auflage. De Gruyter, Berlin 2014

Filipović, B.; Schimmel, O.: Schutz eingebetteter Systeme vor Produktpiraterie. Technologischer Hintergrund und Vorbeugemaßnahmen. Fraunhofer AISEC, Garching 2011. *http://www.aisec.fraunhofer.de/content/dam/aisec/ Dokumente/Publikationen/Studien_TechReports/deutsch/ Produktschutz-Studie.pdf*

Kagermann, H.; Helbig, J.; Hellinger, A.; Wahlster, W.: Umsetzungsempfehlungen für das Zukunftsprojekt Industrie 4.0. Deutschlands Zukunft als Produktionsstandort sichern. Abschlussbericht des Arbeitskreises Industrie 4.0. Forschungsunion 2013. *https://www.bmbf.de/files/ Umsetzungsempfehlungen_Indus trie4_0.pdf*

Merli, D.; Sigl, G.; Eckert, C.: Identities for Embedded Systems Enabled by Physical Unclonable Functions. In: Number Theory and Cryptography(Lecture Notes in Computer Science), 8260:125-138, 2013

Nakamoto, S.: Bitcoin: A Peer-to-Peer Electronic Cash System. 2008. *https://bitcoin.org/bitcoin.pdf*

Plattform Industrie 4.0: Struktur der Verwaltungsschale. Fortentwicklung des Referenzmodells für die Industrie 4.0-Komponente. Ergebnispapier. Herausgegeben vom Bundesministerium für Wirtschaft und Energie(BMWi). April 2016a. *http://www.plattform-i40.de/I40/Redaktion/DE/ Downloads/Publika tion/struktur-der-verwaltungsschale. pdf?_blob=publication File&v=7*

Plattform Industrie 4.0: Technischer Überblick: Sichere unternehmensubergreifende Kommunikation. Ergebnispapier. Herausgegeben vom Bundesministerium für Wirtschaft und Energie(BMWi). April 2016b. *https://www.plattform-i40. de/I40/Redak tion/DE/Downloads/Publikation/sichere-unternehmensueber greifende-kommunikation.pdf?_ blob=publicationFile&v=8*

Plattform Industrie 4.0: Technischer Überblick: Sichere Identitäten. Ergebnispapier. Herausgegeben vom Bunde-sministerium für Wirtschaft und Energie(BMWi). April 2016c. *https://www.plattform-i40.de/I40/Redaktion/DE/ Downloads/Publikation/sichere-identitaeten.pdf?_blob= publicationFile&v=8*

Titze, D.; Stephanow, P.; Schütte, J.: A configurable and extensible security service architecture for smartphones. International Symposium on Frontiers of Information Systems and Network Applications(FINA)2013

Verband Deutscher Maschinen- und Anlagenbau(VDMA): Leitfaden Industrie 4.0. Orientierungshilfe zur Einführung in den Mittelstand. VDMA-Verlag, Frankfurt a. M. 2015

Verband Deutscher Maschinen- und Anlagenbau(VDMA): Leitfaden Industrie 4.0 Security. Handlungsempfehlungen für den Mittelstand. VDMA-Verlag, Frankfurt a. M. 2016a (Auszug unter *http://industrie40.vdma.org/documents/ 214230/5356229/Leitfaden Industrie 4.0 Security Auszug. pdf*)

Verband Deutscher Maschinen- und Anlagenbau(VDMA): VDMA Studie Produktpiraterie 2016. VDMA-Verlag, Frankfurt a. M. 2016b. *http://pks.vdma.org/article/-/*

articleview/13069313

Wiedermann, N.: Absicherungskonzepte für Industrie 4.0. In: Datenschutz und Datensicherheit(DuD). Volume 39, Issue 10, September 2015, pp. 652–656

Wood, G.: Ethereum: A Secure Decentralised Generalized Transaction Ledger. Self-publication. 2014. *http://gavwood. com/Paper.pdf*

1

第 6 章

用于规划和生产的组织、质量及 IT 系统

Michael Niehues，Gunther Reinhart，Robert H. Schmitt，Günther Schuh，Felix Brambring，Max Ellerich，Hannes Elser，Daniel Frank，Sebastian Groggert，Andreas Gützlaff，Verena Heinrichs，Thomas Hempel，Kevin Kostyszyn，Hao Ngo，Laura Niendorf，Eike Permin，Jan-Philipp Prote，Christina Reuter，Robin Türtmann

6.1 业务流程系统

Gunther Reinhart, Michael Niehues

随着第三次工业革命，信息技术系统（IT 系统）逐渐进入企业之中。在日益复杂的环境中，信息技术系统用于实现业务流程的自动化和应对不断增加的数据量。随着数字化程度的提高（工业 4.0），这些系统的重要性进一步提升。在这一章中将首先介绍支持业务流程的重要系统（见 6.1.1 节），随后描述工业 4.0 所引领的趋势（见 6.1.2 节）。

6.1.1 用于业务流程规划和生产的系统

6.1.1.1 企业资源规划

企业资源规划（ERP）系统是最常见的支持业务流程的 IT 系统。它描绘了不同业务部门的 IT 职能，并基于共同的数据库进行跨部门的工作（Corsten/Gössinger 2012）。不同的任务、功能和数据在一个信息系统中融合是它的一个基本特征。其任务类型和应用领域如图 1-6-1 所示。

ERP 系统起源于物料需求规划（MRP）。自 1960 年以来，人们用它在一个确定的生产项目中，通过物料清单的分解来计算初级需求和二级需求。

MRP 在采购、生产、销售和财务整合形式上的发展是由 Wight 在 1984 年提出，它被称为制造资源规划（MRP II），它同时也是建立 ERP 系统的基础。今天的系统提供了多种不同的功能，这些功能贴近并适应客户。

因为主数据处于中心位置，所以他们对于来自不同领域的访问总是动态的，这样可以避免重复保存数据和数据老化的风险。从历史发展上看，ERP 系统主要是针对长时间跨度（一周、一个月），因此它不太灵活。

6.1.1.2 制造执行系统

ERP 系统控制任务时间跨度长，这必然导致短时间内缺乏数据细节，而这些细节是控制所要求的。出于这个原因，工程师开发了制造执行系统（MES）。它不仅作为 ERP 的一个系统，也作为一种附加解决方案被提出（Kurbel 2005；Schuh/Lassen 2006）。MES 作为 ERP 系统的功能性补充，用于制造过程及时的规划和控制，以及实时物料流和信息流的清晰描述。此外，通过数据评估，MES 能够为持续改进过程提供支持（VDI 5600-1）。

在企业管理层面，MES 构建了上层 ERP 系统和机器设备控制系统之间的接口（见图 1-6-2）。

根据 VDI 5600-1，MES 涉及过程执行中的三个时间层面：

- 预测层面：生产精细规划。
- 实时层面：控制/生产过程的调节。
- 历史层面：根据收集的数据评价和评估生产过程。

虽然生产过程的监测和控制是 MES 的重点，但它还包含了操作质量管理和人员调配的职能（Kletti 2006）。它们通常表现为模块化的组件，使 MES 软件可用于特定的配置。

除了主要功能，MES 也能实现制造订单的管理、生产能力可支配性的测试、订单的放行和管理，以及工作文件的印刷。

与此同时，误差的及时检测（如技术故障、短期内的订单变化或加工时间的偏差等）也能被 MES 获取，并实现快速反应。

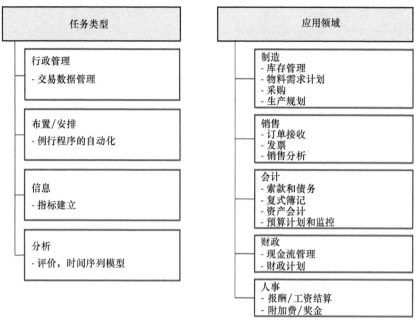

图 1-6-1　ERP 系统的任务类型和应用领域

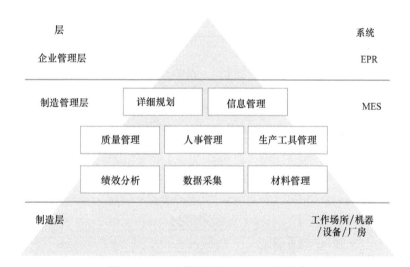

图 1-6-2　企业管理层面上 MES 的组成

6.1.1.3　高级规划与排程

随着供应链的逐步网络化，特定的控制系统也不断发展。这些系统被称为高级规划与排程系统（APS），有时也被称为高级规划系统。通过这个系统和信息较高的可用性来实现价值链的全面组织，以及相关生产和物流过程的优化（Günther/Tempelmeier 2009）。

APS 系统的核心功能：一方面是供应链的长期配置和规划，另一方面是流程的中短期规划（Vahrenkamp/Siepermann 2008）。相应的软件模块是由供应链规划矩阵来描述的，它反映了时间周期与价值创造链上不同层次的分布（见图 1-6-3）。

图 1-6-3　供应链规划矩阵中的
生产规划和控制

6.1.1.4　PPS：ERP 和 MES 的交集

生产规划控制系统（PPS）对如今复杂的制造工艺下的高效生产来说是必不可少的。然而它不是一个独立的 IT 系统种类，而是作为 ERP 系统、MES 系统或 APS 系统的部分功能而存在。在 ERP 系统中，PPS 通常是作为一个模块集成。PPS 的性能取决于 ERP 系统的应用领域（Kurbel 2005）。出于结构的原因，主数据作为 PPS 所有活动的基础具有重要的意义（Gronau 2014）。首先，ERP 系统是针对由控制器执行的中长期生产计划，然而控制机制大多数情况下仅部分实施（Kurbel 2005）。

PPS 在 MES 中主要实现控制台或计划板的功能。该工具支持生产计划者的工作，在工作中将所有制造订单的当前状态以图表的形式呈现，通过规划进程等工具，根据不同的优先级来实现订单进程的仿真、确定和变更（Vahrenkamp/Siepermann 2008）。通过可视化，使得竞争订单和日程的冲突可简单地在低层级解决（Vahrenkamp/Siepermann 2008）。与基于优先级原则或其他算法的自动化初始规划不同，该问题的解决方案通常是手动实现的（Schönsleben 2011）。图 1-6-4 所示为 MES 控制台功能的计划面板。

虽然在 20 世纪 80 年代的第一次 CIM 浪潮中已经证明了控制台的主要发展，但直至今日它仍是生产规划和控制的重要工具。在如人扮演重要角色的

系统中，控制台的核心思想仍然保留着。

如图 1-6-3 所示，PPS 在 APS 系统中仅仅是总功能的一部分，这部分也被称为生产规划或详细计划（Günther/Tempelmeier 2009）。为了优化现有的基本工作计划，APS 系统通常采用复杂的算法和类似 MES 的手段使结果可视化。

6.1.2　规划与排程的趋势

6.1.2.1　实时数据采集和跨公司部署

随着生产日益网络化，减少在制品和缩短供货时间变得尤为重要，因此要求实时控制，并需要制造软件模型与实际车间的在制品情况相协调，从而得出有针对性的控制措施。在所谓的第三次工业革命中，必要的生产数据采集经历了巨大的变革。通过生产数据采集（BDE）终端工人可直接在工作场所将相关的数据输入 ERP 系统或 MES 中，以减少由手动填写工资单并确认表格的传统手动反馈带来的长时间延迟。此外，条形码扫描仪或射频识别（RFID）等非接触式采集可显著地缩短采集的时间。在传统生产中，生产数据采集仍然是依靠工作人员，通过单个读取点获取特定地点、特定时间点的数据。

如今生产中传感器技术的集成度越来越高，数据的采集已不再是问题，问题在于通过上下文数据的浓缩提炼才能提供可以作为规划和生产的 IT 系统的输入信息。

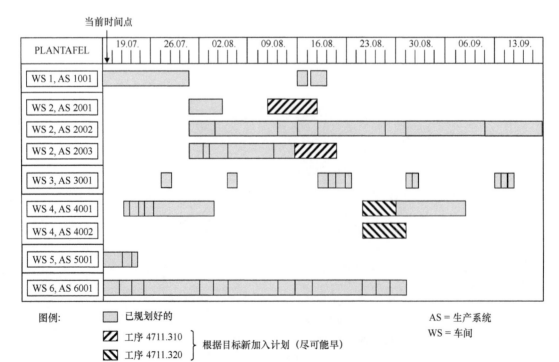

图 1-6-4　MES 控制台功能的计划面板

这些高分辨率的生产数据除了用于控制，还可用于更新规划数据，以提高规划的准确性（Schuh 等 2013）。这个概念也被称为高分辨率生产管理（HRPM）。然而，现有的传感器系统并不总是提供适用于控制所需的所有数据，如车间生产方案和按序列交付的这两种情况。

1. 在具有不可预测过程的环境中用于控制支持的目标定位（见 6.2.2.1 节）

在物体目标定位领域，诸如被动 RFID 定位系统等新技术，即使在复杂的环境中（如金属环境），对物体的空间定位（在室内）也越来越精确。因此，用于 IT 辅助的过程控制的启动器定位，将在一个物料流和仓储不遵循预定规则的环境下进行。

其中第一个例子是车间生产，它在单件、小批量生产中仍然是不可或缺的（Niehues 等 2012）。由于不定向物料流和用于平衡处理加工时间差异的缓冲库存造成长时间等待，目前还无法实现控制系统和实际流程的实时结合。即使直接输入 BDE 系统，手动数据采集通常也会导致长时间延迟。自动采集，如 RFID 采集虽然速度有所提高，但是不定向和不同的物料流导致两种时间数据采集之间的情况也并不明确（Niehues 等 2015）。

另一方面，目标定位可以使配备应答器的生产订单被永久记录下来。由于它的生产路径可通过在生产规划中标记的加工步骤和生产设备推导出来，因此可以根据制造中的位置对加工状态进行归纳，从而可以同步地将车间中的实时事件发送到生产控制环节。通过这种方式，使得新型的、高效的算法在生产控制中得以应用，尤其能减少故障引起的延迟以及进一步的成本增加（Niehues 等 2015）。

目标定位的另一个应用领域是汽车的返修，如 Wertmann 等人（2012）的应用案例所示。目标定位可以对车辆进行长期跟踪，这样一方面可以省去记录工作，另一方面可以减少搜索工作。此外，基于定位收集的信息，可以引导车辆在返修过程中缩短等待时间。最终通过减少错误以提高质量。同样地，由于省去了搜索工作，也就有可能降低工艺成本。

通过目标定位，新的目标参数也被纳入生产控制中。例如，在晶片生产中，将订单与工作站的距离作为生产顺序的决策标准之一，在这里也减少了搜索的工作量，因为工人通过定位系统能立即找到 100% 的订单而不是之前的 65% 的订单（Thiesse/Fleisch 2006）。

2. 跨企业的数据供应提供了新的控制选项

在准时化顺序供应（JIS）和准时生产（JIT）采购中，流程会有一定的损失风险，尤其是当供应商不是在客户附近，而是在一个更远的地方时。从安装到下单之间有几个小时的时间窗口，交通拥堵、事故以及生产中的问题都可能导致客户的生产中断。在潜在故障阶段（发生故障之前）或指示性的故障阶段（指示即将发生的故障的第一个信号）检测这些偏差，能使客户提早采取措施，从而避免因此造成的严重影响（Genç 2015）。

这种早期故障检测的先决条件是通过互联网实现的接近实时、跨公司的提供。生产事件，如订单的完成被存储在公司内部事件存储器中（见图 1-6-5）。一个集中的、跨企业的时间管理器可协调合作伙伴的访问，以及某些已确定或预约事件的授权。这样几乎没有任何时间延迟，产品就已经离开供应商而在发货的路上。该控制构架是研究项目 RAN（见说明）的成果，在此基础上开发了基于事件的预警系统（Genç 2015）。通过对输入事件的评估，可以识别出模型并推导出基于知识的解决方案。

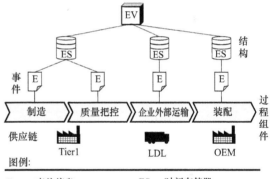

图例：	
E:　　事件信息	ES:　时间存储器
EV:　事件管理员	LDL:　物流服务提供商
OEM: 制造商	Tier1:　供应商

图 1-6-5　控制构架（依据 Genç 2015）

 基于 RFID 的汽车网络（RAN）

在由德国联邦经济技术部（BMWi）资助的研究项目 RAN 中，汽车制造商、汽车供应商、技术、物流和软件公司联盟与大学合作，通过使用 RFID 技术来改进汽车供应商网络的流程。除了标准化流程的定义，所谓的 Infobroker 概念是作为事件存储和中央事件管理器（Infobroker）的组合，基于相关过程的标准化数据，实现跨公司的数据实时交换。同样地，项目中先进的自动识别设备和辅助系统能够实现这些事件的生成和处理。RFID 应用的经济性评价与资源效率研究形成了一种成熟的评价方法（另见 Lepratti 等 2014）。

除了生成事件数据，RFID 技术还可以跨公司传输产品的相关数据，如在用户存储器中，RFID 答应器的扩展存储器中需携带或标记质量特征的文档。通过这种方式，可以将数据提供给供应链中的后续环节，而不需要额外的数据传输基础设施。一个主要挑战在于用户内存的结构化，这样数据可以由授权的合作伙伴补充或更改。在 SemProM 研究项目中开发的 SemProM 数据结构（见图 1-6-6），实现了通过元信息（头）描述存储器块中所有的二进制信息，节约存储空间（Engelhardt 2015；另见 SemProM 2010）。

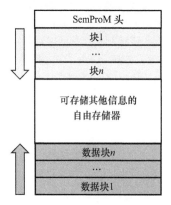

图 1-6-6　SemProM 数据结构

跨企业的事件数据传输和产品数据携带都是以 Adam Opel AG 为原型实施的（以 Sitzmontage 为例）。除了在车座组装完成时生成的事件，产品特定的数据也被存储在应答器上。在安装时，从相应的应答器读取来自座椅和车辆的数据，并将其在同一个事件中链接，然后将扭矩和角度存储在应答器上，从而分散存储在车辆各处（Reinhart 等 2013）。

3. 内存数据库推动实时数据管理

随着数据量的不断增加和可用性的快速增长，传统的关系数据库正在达到其性能上限。为此，人们开发了一种新的存储方法，采用内存存储技术，将数据及相应的工作过程都存储在主存储器（RAM）中或运行。这种方法使得快速查询和大量数据的实时可用成为可能。但数据不是永久的，当数据库发生故障时，数据将丢失。在生产控制中，大部分数据只需要在短时间内被使用，因此内存数据库非常适用于生产控制的应用。对于要长期使用的数据，如基础数据，则优先选择具有高备份标准的、基于硬盘的数据系统。

6.1.2.2　集中式、分散式和混合式控制结构

工业 4.0 环境下的另一个趋势是底层控制结构的变化。一方面，这些定义了生产中单个要素的决策能力；另一方面，又定义了这些要素之间的沟通与流动（Ostgathe 2012）。智能对象或信息物理系统能够独立地与环境进行沟通，并做出与控制相关的决策，这意味着经典的集中控制的生产系统将向分散式控制的生产系统转移。下面将对这些概念进行描述，并对集中式、分散式和混合式控制结构进行介绍（见图 1-6-7）。

1. 集中式控制结构

在集中式控制结构中，一方面，生产流程的跨学科规划由一个总体的上级组织单位进行，这使得部分任务更容易协调；另一方面，个别生产区域只具有执行功能（Ostgathe 2012）。在出现故障的情况下，不能独立地进行重新规划，而是将数据返回

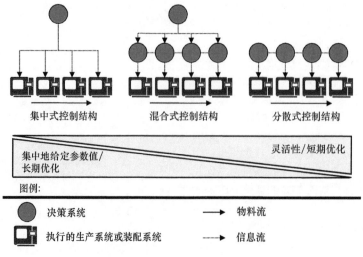

图 1-6-7　生产控制结构的基本形式（Ostgathe 2012）

到上级系统；在考虑临近区域的情况下，由控制中心执行反应措施。集中式控制结构适用于最初生产支持的 IT 系统的控制架构，并在计算机集成制造（CIM）过程中得到大量采用。由于目前认为 CIM 的目标（即一个完全集中的自动化生产）是过时的，所以这种评价往往也被用在一般的集中式控制结构上。尽管如此，许多 IT 系统，如所有的 ERP 系统以及控制台支持的系统都是集中式的控制结构。特别地，如果没有集中式控制机构来解决冲突，就无法控制由于相互依赖而需要高度协调的生产系统。不断提升的计算能力扩大了这些系统的应用范围。例如，可以进一步缩短集中生产规划更新的控制间隔，或者可以采用新的功能和更强的优化算法（见 Niehues 等 2015）。

2. 分散式控制结构

控制决策权的下放，意味着各个生产区域自主权的增加。长期以来建立了分散式控制结构的一个例子是看板控制系统自主控制回路，它不再需要外部的干预。与集中式控制系统相比，它具有以下显著的优势（Ostgathe 2012）：

- 决策过程短。
- 更少的协调工作。
- 更高的柔性。
- 更低的规划复杂度。
- 应对故障的高稳定性。

个别生产区还与邻近生产区合作，从而有针对性地协调生产过程（Ostgathe 2012）。尽管如此，规划复杂度的降低也意味着决策过程被限制在少数订单和参数上，从而使得生产过程的整体协调和优化变得困难。

在实际应用中，分散式结构有经典的、基于规则的控制系统，如看板或在所谓的多代理机构系统（MAS）中面向分散式库存的生产控制（DBF，Lödding 2008）。在后一种情况下，生产要素由以相同方式运行的软件代理机构确定，特别是随着信息物理系统在生产中日益发展以及决策能力的下放，相应的 IT 系统的权利下放也是必要的。

3. 混合式控制结构

同时包含集中式和分散式两个部分的结构被称为混合式结构，因此它既拥有灵活的分散式控制的优点，又具有协调的集中功能。影响整体生产过程（如粗略规划）的职能是集中进行的，需要快速反应的分散式控制过程则是分散进行的。原则上，集中控制活动实施地越详细，分散控制职能的控制范围就越小（Ostgathe 2012）。以混合控制的单件和小批量生产为例，可以为整个生产控制系统集中协

调生产订单的详细规划，并在规定的时间窗口内为分散的顺序优化留出空间。智能订单同样能够通过相应配置的 MES 系统分散地触发机器进行调整。

使用哪个控制结构取决于使用的情况和信息物理系统的设计框架。例如，如果只识别智能对象，然后从数据库（Data-on-Net，vgl. Günthner/ten Hompel 2010）访问特定对象的数据，则集中式控制结构更适用。如果智能对象自带额外的对象专用数据（data-on-tag），需立即读取和处理，去集中化是一个不错的选择。但如果对象具有实现可执行代码的独立运算单元（agent-on-tag），则必须提供部分或完全的去集中化。

6.1.2.3　平台战略与基于 App（应用程序）的个性化

在企业的 IT 系统实施中存在以下两种类型（vgl. Hessler/Görtz 2007）：

- 标准软件：标准软件是根据系统供应商的行业要求量身定做的，通常提供多种功能。采用标准软件，通常要求客户的业务流程与系统提供的流程相适应。在这种情况下，采用 ERP 系统会有很好的成本效益，但调整所需的时间和精力会很快导致成本迅速增加。

- 定制软件：标准软件的替代方案是根据企业的业务流程定做的定制软件，在 IT 系统中可以完全反映该公司的流程。特别是对于建立竞争优势的流程，定制软件的使用是一个理想的解决方案。定制解决方案通常购买成本较高，因此客户需进行必要的更新并为此支付费用。对标准软件来说，这些通常包含在许可和维护协议中。

随着网络化程度的提高，传感器技术在生产中的渗透率越来越高，不同的接口数量及系统的复杂性也在稳步增加。其中的关键问题是保护内部数据免受外部攻击，使辅助的 IT 系统保持处于最新状态。这些发展意味着需要更多、更频繁地进行修改和更新，而且时间间隔越来越短。在维护协议的框架下，标准软件的客户可以访问扩展和安全更新，但定制软件的每个补丁都要付出高昂的成本。可以通过将标准软件设置为平台来遏制这些高昂的费用。例如，在 ERP 系统下，某些领域可以由其他供应商的软件模块来补充。

这种 IT 解决方案的组合是来自市场的最佳解决方案，也被称为最佳策略。它允许用户在没有完整的定制软件的情况下，采用适应自己需求的 IT 解决方案。与此同时，除了先进的 ERP 软件系统市场化之外，一些系统集成商已经建立了量身定制的软件模块和应用程序，它涵盖了特殊的功能，从而使客户能创建一个定制的 IT 系统，而其集成成本也是客

户可接受的。

6.1.2.4　特定目标群数据处理的工具

在数字化过程中,不仅数据量增大,而且 IT 功能也在增加。这导致辅助系统的操作越来越复杂,因为根据用户的不同,需要进行不同的评估和交易。交易的执行通常会由于反映系统中所有功能的任务而复杂化,因此在处理系统时,需要进行一定的培训和一定的操作训练。

个人智能手机上的用户界面和应用程序易于使用,这些系统的用户习惯了直观的操作界面,并希望其能应用于工作场所中,而忽略复杂性的差异。一些供应商利用了这一市场空白,为平板电脑和智能手机提供应用软件,通过与 ERP 系统的接口来读取数据,并以应用程序友好的方式进行工作。因此,可以直观地在许多标准应用程序中处理数据,并将其放置在上下文中。典型的应用包括基本的生产数据访问(如订单、bom 表等)、工厂状态的可视化(如故障、工件数等)、移动维护或循环装配的支持(见图 1-6-8)。由于智能设备良好的成本效益比,它取代了传统的、昂贵的终端,在生产中得到广泛的应用,并且已成为一种趋势。

图 1-6-8　以扫码业务为例的可视化

6.2　组织和 IT

Günther Schuh, Christina Reuter, Felix
Brambring, Jan-Philipp Prote,
Thomas Hempel, Andreas Gützlaff

6.2.1　规划和运营组织

规划和运营是每个生产企业的重要组成部分。由于资源和流程必须根据客户的利益和附加值为客户量身定做,因此每个企业的生产组织形式也不尽相同。亚琛 PPS 模型为生产系统提供了一种不依赖于特定企业组织架构的整体性方法(Schuh/Stich 2012)。

亚琛 PPS 模型的任务参考图为规划和运营提供了一个组织框架(见图 1-6-9)。具体的规划和运营任务被分为网络任务、核心任务和贯穿任务。核心任务包括生产项目规划、生产需求规划、外部采购计划以及内部生产计划,这些任务都能辅助贯穿任务的优化,这有利于整合网络任务和核心任务,从而对规划和运营进行优化。所有的任务种类都涉及数据管理,由于遵循"单一来源"原则,因此所有的任务都应使用统一且一致的数据。建立任务参考图时不依赖于组织构架的划分方式,这样在原则上任务才能被分配到不同的单元上。

6.2.2　支持规划和运营的信息物理系统

本节介绍了信息物理系统在规划和运营中的必要性及其应用可能性。首先是通过将传感器技术整合到企业的 IT 系统中的高分辨率数据记录。这种整合是进行实时仿真预测的先决条件,让计划人员能够借助直观的可视化在短期内做出有理有据的决策,实现优化运营。

6.2.2.1　高分辨率的数据记录

除主数据和销售预期,规划和运营也依赖于运营过程中产生的反馈数据。数据的质量越好,数据采集的实时性越强,规划和运营就越能通过仿真获得更精确的支持。现在的数据质量往往并不很高,无法提供好的规划和运营支持。其原因在于不精确的、昂贵且缓慢的数据采集甚至是错误的反馈数据(Schuh/Stich 2013)。

通过高分辨率、近乎实时的传感器技术对生产状态进行低消耗、高自动化的数据记录,是高分辨率反馈数据的先决条件。反馈数据存储在 ERP 或 MES 系统中,用于生产规划的检索。通过实时仿真获得良好的预测能力,从而实现生产过程的最优控

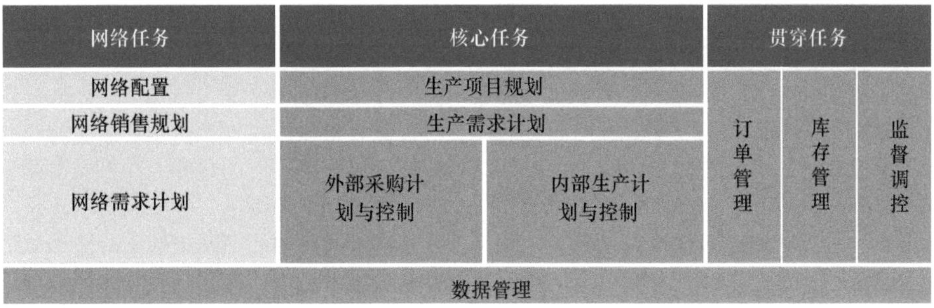

网络任务	核心任务		贯穿任务		
网络配置	生产项目规划		订单管理	库存管理	监督调控
网络销售规划	生产需求计划				
网络需求计划	外部采购计划与控制	内部生产计划与控制			
数据管理					

图 1-6-9　亚琛 PPS 模型（Schuh/Stich 2012）

制。传感器技术，如射频识别（RFID）、实时定位系统（RTLS）、信标、条形码或激光跟踪，能够实时、自动地从生产环境中记录数据。通过这些方法，不仅是采集到的数据质量，还有时间精度都能得到极大的提高，因此可以非常精确地反映生产过程，并用于支持规划和运营中的决策（见 6.2.2.2 节）。为保证必要的透明度，在整个生产环境中使用高分辨传感技术来获得生产过程的全貌是非常必要的。传感器的优点是能够自适应地耦合现有资源。这些技术包括终端生产数据采集（BED）和机床数据采集（MDE）（其数据直接来自现代数控机床的机械控制系统）。因此，可以在生产中通过少量的资金投入来实现大规模化生产效果。

利用传感器技术进行高分辨率数据采集的一个应用实例是在生产中通过 RFID 对订单进行位置检测。为此，在生产中使用的载体都配备有应答器（Transpondern）。在订单开始时，每个订单都会分配到被使用的载体的应答器上。此外，如订单的数量和材料等更多信息也可写入到应答器中。加工过程中，在生产区的重要位置检测点上，如车间生产区各自的工作站之前，都安装了配有 RFID 系统和激光扫描仪的识别站（见图 1-6-10）。只要载体靠近识别站，激光扫描仪就会将载体识别为相对于识别站位置的物体。RFID 传感器读取应答器，通过传感器之间的通信，订单分配给各个工作位置。这使得生产状态可以实时地高分辨率显示。通过结合传感器事件，能获得订单的时间和位置，并将其发送给相应的 MES/ERP 系统。

由于供应商数量众多，需要系统地选择适合各自应用的传感器技术。仅在德国就有超过 800 个中小型传感器供应商（Künzel 2013）。与普通分类不同，形态图标能描述出几个特征或某个特征的应用领域（Schun 2015），这有助于选择，因为传感器通常具有一定的粒度和频域。对于个别应用场合，可将具体要求与相关传感器及其特性范围一起确定，并将其定位在形态图标中。需求区域的内传感器最终形成了解决方案领域。有必要将传感器数据集成到 IT 系统，建立相关的 IT 结构。如今，制造企业

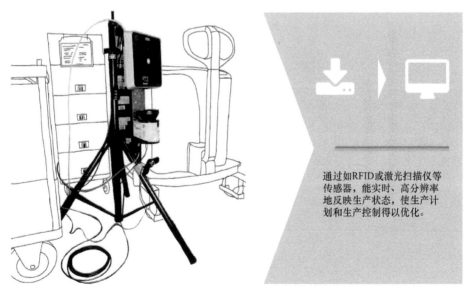

通过如 RFID 或激光扫描仪等传感器，能实时、高分辨率地反映生产状态，使生产计划和生产控制得以优化。

图 1-6-10　高分辨率、接近实时的生产状态记录

主要使用 ERP、APS 和 MES 系统来创建和存储当前的生产计划。之前的生产计划每天都会被新产生计划流程所覆盖，这意味着无法检查生产计划的质量（Haupt vogel 2015），除非对每日更新的生产计划进行成本高昂的手动备份（见 6.2.2.2 节）。此外，也不可能通过实时仿真进行预测。同时，众多传感器制造商和技术的存在，意味着传感器和 IT 系统之间的接口的技术实现的可能性很大。

在 ProSense 研究项目的框架下，DIN SPEC 91329 "用于聚合生产事件在企业信息系统应用的 EPICS 事件模型"（Schuh 2015）被研发并用于传感器和 IT 系统之间接口的标准化和规范化（见图 1-6-11）。项目重点是有目的地和简化地使用对机器层、MES、ERP 和其他操作应用系统之间的聚合生产信息。通过标准化的接口，将不同的传感器技术集成到生产企业的 IT 环境中，从而减少在生产中由于引入高分辨率数据记录的资本使用和时间支出。

DIN SPEC 将内部 IT 结构分为机器层、MES 和 ERP（见 6.1.1 节）。机器层由机器或可编程逻辑控制器（SPS）、传感器元件、智能传感器和反馈终端组成。MES 系统包括机器数据采集、操作数据采集和连接详细系统。此外，还有一个所谓的"事件数据库"，用于保护历史传感器事件，以便能够进行长期分析从而改进规划和运营。可进一步整合运营应用系统。在各个层次，用户可以通过人机界面（HMI）和外部系统与 IT 系统进行交互。

通过先进的 IT 系统的应用（通常是 ERP 系统）和在中央数据库中数据的统一存储，IT 结构符合"单一来源"的范例，它可以实现快速数据聚合以支持高分辨率数据。

高分辨率的数据记录和 IT 系统的集成为利用实时仿真来预测规划和操作创造了先决条件。错误的数据会导致错误的预测。在机器层的生产中，反馈数据主要是采用单一的传感器技术来采集的。这种通过外部影响和不确定性来防止干扰的方法，其成本是非常昂贵的且复杂的。在如自动驾驶和机器人等其他应用领域中，数据的采集是多模式的。不同传感器技术的同时应用会导致冗余。通过整合，可以检测到错误的反馈并覆盖掉，使总体数据质量变得更好。例如，在自动驾驶时，GPS、距离传感器和摄像系统被共同用来持续监测环境，以提高安全性。

同样地，在车间中也可以提高数据的安全性。例如，在前面提到的例子中，可以用一个实时位置系统（RTLS）来补充辅助 RFID 识别站。位置数据匹配可以补偿单个传感器技术的不确定性。此外，传感器网络可以提高数据采集的准确性和速度。使用多个价格实惠的传感器来代替单个高品质但昂贵的传感器，从而用更低的成本来获得更高的安全性和准确性。

对反馈数据的合并在多模态数据采集中是必不可少的。首先，将数据转换为统一的、可比较的格式。如图 1-6-12 所示，将数据传输到统一的数据库中，在下一步检查冗余数据是否有冲突，并尽可能解决冲突。对数据进行比较，可以确定实测值之间的差异。如果进行大多数传感器的数据匹配，则会

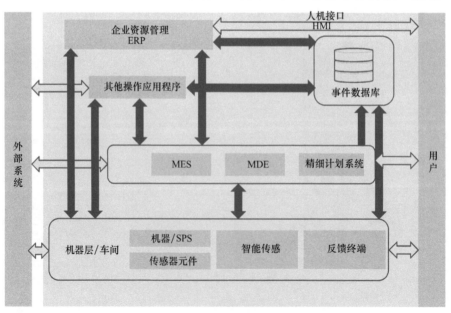

图 1-6-11　IT 系统中传感器的整合

合并这些数值，并且只将正确的数值存储在数据库中以创建无冗余的数据结构。

数据来源	安装时间	加工时间
光栅	32.5 min	24.5 min
负载舱	32.5 min	34.5min
磁判定元件	62 min	34.5min
历史中值	34min	35min

图 1-6-12　通过对传感器数据的比较解决数据冲突

　　一个应用示例是由三个不同的传感器测量设置和处理时间：光栅识别员工在机器上工作，负载舱用于加载和卸载机器，并确定物料运输的开始和结束时间；与此同时，生产机器的 MDE 系统通过程序模拟查询收集相同的时间节点。在这个例子中，数据采集有两个错误：MDE 系统过早切换到安装模式和光栅测量的处理时间太短。通过对其他传感器数据的对比，并与产品反馈数据的历史值可信度测试，可获得正确的安装时间和处理时间，并将其存储在数据库中。

　　高分辨率的数据记录、通过标准化接口向 IT 系统传输反馈数据以及确保数据质量的多模态数据捕获，为通过信息物理系统支持规划和运营创造了先决条件。

6.2.2.2　实时仿真预测能力

　　高分辨率的数据记录可提高规划和运营的预测能力。特别是在种类丰富的单件、小批量生产中，由于复杂生产环境的动态变化，负责的员工在日常工作中需要观察边界条件的高度波动。此类复杂性的驱动因素包括计划偏差的所有内部和外部原因，如机器报废、机器故障或异常、客户要求的变更、员工因疾病缺勤或供应商延迟交货。使用自动生成的仿真模型是信息物理规划方法的核心。通过自动模型生成可以大幅缩短操作性和战略性业务问题的决策流程。自动模型生成的最大潜力在于通过仿真模型以一种高效、真实的方式准确地映射实际生产。另一个优点是用户不必具备特定的仿真技能。

　　下文解释了自动的模型生成过程，它被应用在 RWTH 亚琛的机床实验室 WZL 中，并且在不断发展（Schuh 2015）。该过程代表了自动模型生成的一套完整方法。

　　所有从生产中产生的反馈数据，如时间戳或生产数量等，都会首先临时存储在中央数据承载的 ERP 系统数据库中。数据采集器是一个专门开发的数据库应用程序，它通过 ERP 系统的数据创建了数据反馈的历史记录。通过标准化的传输形式，数据采集器形成了所使用的 ERP 系统与离散事件仿真软件 Plant Simulation 之间的接口，在该仿真软件中建立仿真模型（见图 1-6-13）。

　　该仿真模型由一系列强制必需的和可选的主数据、反馈数据以及企业的其他数据，如班次模型、机器等价和员工资质档案等自动生成的。为此，借

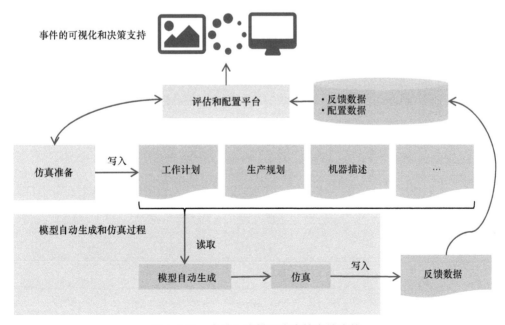

图 1-6-13　自动生成模型来支持高效决策

助输入数据存储在仿真程序中的通用模块，自动生成了机器、生产程序（包含所有工作计划的生产计划以及所有必需的主数据）。此外，此步骤还配置了仿真模型的参数。一个运营组织重要特征的参数化，如控制模块、序列形成逻辑、订单释放或容量控制，可以通过人工神经网络的函数逼近等方式来实现（Bergmann 2011）。

然后需要检测所做的设置是否可信。对组织结构关系、可见操作过程和结构映射进行检查，这对所建的仿真模型的质量起到决定性作用。为此，要进行一系列自动实例化的模拟运行。

这些模拟运行的结果将根据不同的指标（如平均中值、电流流量的标准差、单位时间平均产能和平均机器利用率）得到一个信任系数。利用信任系数，自动生成的仿真模型的用户可以更好地评价仿真的可靠性，从而提高决策的客观性。

在自动生成的仿真模型的基础上，对可能的行动方案进行模拟，从而优化生产物流的关键数据，如交货期、生产时间、产能利用率和当前库存等。在亚琛工业大学机床实验室的一个研究项目的框架内，一般措施都会被分配到四项预定的短期生产控制行动领域（即影响范围从小时到几天）（Schuh 2015）。行动领域分为机器能力以及人员能力、紧急订单和订单释放。这四个操作领域代表着必要的短期生产控制的调整杆，用来影响企业生产物流的效率。行动领域的"机器能力"追求的目标是在即将到来的生产周识别并解决预期的机器能力过剩问题。如果供不应求，可以确认的是需要通过有针对性的措施来缓解超负荷的工作系统。行动领域"人员能力"的目标在于识别多机作业中不必要的等待时间，

应通过有针对性地分配员工和使用其他未充分利用的机器来缩短等待时间。"紧急订单"是为了向员工说明订单的优先级，有短生产时间的要求。此处记录的仍然是允许的订单比例，这不会对平均交货期产生负面影响。"订单释放"的目的是要确定流通库存的"黄金区"，这个区反映了在企业利用率高的情况下，实现短生产的最佳库存点。表 1-6-1 列出了一般措施及其对确定的行动领域的影响。

在针对性的参数化过程中，为了合理地缩短仿真时间，应预先限制解决方案空间。例如，可以模拟出现人员短缺时不同的加班或其他班次方案。假设每一分钟的仿真时间以及需要十次重复以平滑统计偏差，在其四个责任区域内对生产控制的所有可参数化措施进行全面模拟，累计需要几年时间。因此，对考虑到的参数化的进行预过滤是绝对必要的，如此能使预估的模拟时间被接受。

在不同的模拟运行中对这些措施进行模拟后，就必须对行动的有效性进行评估，这可通过目标函数来完成。在这个目标函数的帮助下，应对模拟过程中确定的行动效果进行评估和优先排序，以便提供高效的决策支持。建立生产计划和控制的目标函数的标准可包括以下几点：

- 最小化平均处理和设置时间。
- 最小化计划和计划日期的平均偏差。
- 将流通库存的平均偏差降至"黄金区"。
- 最大化生产订单的数量。

在 WZL 程序中，所有模拟的措施按其物流目标呈降序排列（根据目标函数进行评估）。每个行动领域和生产区域的三个最佳措施，被提供给应用程序的用户界面上的生产控制器以供选择。

表 1-6-1　在定义的行动领域中的通用措施及其作用

措施	机器生产力	人员生产力	紧急订单状况	订单发放
机器代替	■		■	
外部分配订单	■		■	
最小化安装时间（调整顺序）	■			
实施多机操作		■		
分配员工到其他领域		■		
安排加班	■	■		
安排额外班次	■	■		
优先权再分配			■	
发放更多的订单				■
发放更少的订单				■

注：表中 ■ 为作用于操作领域的措施。

1

6.2.2.3 通过直观的可视化提供决策支持

在生产过程和生产领域中的员工有很多决策要做。上面我们讨论了如何通过仿真来获得和确定决策支持行动的优先级。但是，如果因为决策被误解或未被理解而导致执行员工不能理解系统所推荐的处理措施，那么这个系统就没有效果。为了解决这个问题，应该以直观的、透明的和针对用户的决策备选方案为目标。

原则上，可供选择的方案有两种策略，这取决于使用者的熟练程度。应该给予车间中不熟练员工无须复杂处理的、预先定义的信息作为决策支持，重要的是向员工解释，为什么系统推荐的决策是有意义的。对高素质的员工，如生产管理者，可以在应用目标的选择上有更大的自由度，他们还能通过与现实情况的对比来做出选择。从心理学角度来看，更大的自由度有助于提高工作满意度。但是，在这两种策略中，必须保证对所需数据有简单的访问权。

然而，在生产管理中经常遇见具有许多变化的

决策情况下，所有员工都需要来自于 IT 解决方案的支持，不管他们接受过的是什么培训。通过智能可视化，员工可有效地应对复杂的决策问题。生产控制人员的心智模型应该完全由决策支持的可视化完成，这样就不会由于错误的假设导致做出错误的决策（Schuh 2014）。图 1-6-14 所示为用于决策支持的直观可视化。

用户界面的直观易用性是基本要求，这样才能有尽可能多的员工使用它进行分析和评估。在 ProSense 研究项目的框架内，设计师和科学家们合作开发了适当的用户界面，以说明上述在生产控制中高度复杂的相互关系。开发出的应用程序以可理解的方式提出了可能的解决方案。它提供了预期的不良发展的情况信息，并说明了需要提前做些什么，从而能够防止或减缓这些不良发展。所有相关信息都统一翻译成图形字符和可视化变量，以确保快速理解相互关系。在这样的决策支持下，尽管自动化程度很高，但员工仍然是一个决策者，可以按照系统给予的支持性建议采取行动（Schuh 2015）。

交互网站工具是一种代替PPT和Excel的非常好的工具，它能分析复杂的生产问题并辅助做出正确的决策

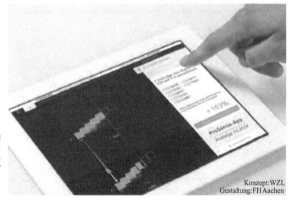

图 1-6-14　用于决策支持的直观可视化

6.3　质量和信息技术（IT）

Robert H. Schmitt，Eike Permin，Sebastian Groggert，Laura Niendorf，Max Ellerich，Hannes Elser，Hao Ngo，Verena Heinrichs，Daniel Frank，Robin Türtmann，Kevin Kostyszyn

根据 DIN EN ISO9000，质量被定义为客户的显性和隐性要求与企业和产品提供的属性之间的重合程度。这种定义是在企业层面对于质量的理解，在满足客户需求的同时针对企业方向和企业能力提出来的（Schmitt 2015）。

在企业范围的质量管理系统内，为了划分、

制定一个与企业质量相关的任务，并使企业质量最优化，亚琛质量管理模型（见图 1-6-15）应运而生。

亚琛质量管理模型的三个核心元素是管理、质量流和资源与服务，为质量管理任务的业务实施设定了参考框架。质量流可理解为所有与质量相关的企业绩效的总和。所有与企业质量相关活动的出发点都是市场，市场既是企业绩效的起点，也是企业绩效的终点（Pfeifer/Schmitt 2014）。

亚琛质量管理模式的多视角方法，使人们有可能专注于不同的观察对象、利益相关者的利益或目标。此时，市场、管理、运营互相区分。

市场层面作为关键的调节杆，通过产品或绩效

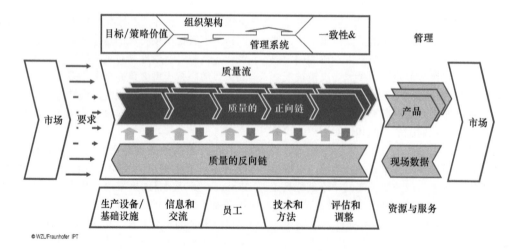

图 1-6-15　亚琛质量管理模型

特征来提高与市场要求的契合程度。因此，观察的对象是产品的质量。

企业定位的设计和进一步发展，需从管理的角度来考虑。考虑到客户的要求和企业的定位，可以对质量流进行评估，以实现企业的整体化运作，并采取进一步的发展措施。这样一来，管理学的视觉主要是关注系统质量。

企业层面包含两个其他层面，以确保资源和服务得到最佳利用，其重点是过程质量。

工业 4.0 背景下的趋势是从各个方面将新技术和 IT 整合到质量管理的各个角度（见图 1-6-16），从而有助于开发产品、系统和过程质量的新潜力（Schmitt 2015b）。在详细介绍各个趋势之前，下面首先对计算机辅助质量管理的历史进行简单介绍。

6.3.1　计算机化的质量

1. 计算机辅助质量（CAQ）系统的基础知识

基于计算机或 IT 的质量管理的起源是所谓的 CAQ 系统，自 20 世纪 80 年代以来，一直用于企业质量管理的数字支持。通过模块化设计以及建立各种接口（如 PPS 生产规划或 ERP 企业资源规划系统），使得现代 CAQ 系统可以无缝集成到现有的企业信息技术基础设施中。呈现一个持续的、一致的企业内部数据库是 CAQ 系统应用的重要前提（Schmitt 2015b）。

现代 CAQ 系统在集成化的质量管理形式下，具有大量功能各异的模块，而且在很大程度上是可以自由支配的。尽管在实践中有大量互异的配置选项，

	市场角度	执行角度	运营角度
工业4.0趋势	产品质量	系统质量	过程质量
数据分析	●	◔	●
智能设备	◔	◑	●
基于平台的合作	◑	◑	●
自优化测试系统	●	●	◕
交互的过程文件	◔	●	●

◔　对潜力开发促进作用很小

●　对潜力开发促进作用很大

图 1-6-16　质量管理的工业 4.0 趋势

但在实践中明显常常倾向于使用集成的标准模块（Lins 等 2008；CAQ-Markt 2013）。下文将以产品研发、制造和测试为例，对常见的 CAQ 模块及其功能进行详细介绍（见图 1-6-17）。

产品研发除包括产品生产前所有必要步骤之外，还包括研发、结构、生产和检测过程计划。在产品研发的框架下，模块或方法通常用于记录和实现新产品的规格，这就是"产品质量先期计划"（APQP）、"失效模式及影响分析"（FMEA）（Schmitt 2015b）。"测试计划"模块有助于用户对后续产品生产的测试过程进行构思。

在产品制造的框架下，CAQ 系统支持用户执行测试过程或保护产品质量。测试结果可以用模块"测试数据采集"来记录，然后用"统计过程控制"（SPC）等模块进行分析和解释。可用"测试设备管理"模块来管理已安装测试设备的使用。

产品制造完成后一定要能经受住客户的检验。例如，早期的故障会引起客户的投诉，这种情况并不少见。"投诉管理"模块支持用户收集和分析这些投诉。

此外，CAQ 系统还提供了更多的模块，用于产品创新和产品生产以及产品验证。其中包括"文档和指标管理"，支持用户对数字、数据和事实进行总体把握。其他模块包括"审计管理"，用于对内外部审计的计划、实施，以及"供应商评估"。

2. "计算机化质量"的扩展

上述的 CAQ 功能是 IT 支持的质量管理的起源，未来将陆续扩展。工业 4.0 为开发新的方法和解决方案提供了质量管理潜力，以便在未来能够满足企业对产品质量、系统质量和过程质量的要求。

由于数字化和网络化，数据的生成量在持续增长。在数据分析方法的帮助下，评估这些数据，使得过程质量的生成有依据、能诊断、易规范。除此之外，社会媒体平台的分析和评估，能够确定产品是否能够满足客户需求；然后可使用由此产生的关于客户的知识，反过来提高开发过程中的产品质量（见 6.3.2.1 节）。

过去，企业质量管理中的这些控制回路通常具有较长时间的系统延迟。如今，工业 4.0 可以通过如智能设备的应用实现极短的质量控制回路。在这个过程中，能够根据环境和需求直接获取或提供信息（见 6.3.2.2 节）。

过去的信息技术行业经常带有独立系统的色彩，而如今的网络化，如云科技，使这些系统以平台概念的形式存在。企业内部和跨企业合作有助于更好地利用现有资源，并且可消除效率低下的问题。企业内部进程中，现有的工作知识技能可以被联结和利用，而且可以同步跨企业的过程，因此可调配产能（见 6.3.2.3 节）。

通过将信息技术、学习算法和认知方法集成到生产中，还可以实现生产系统的自我优化。通过对质量相关的数据进行评估，可独立（自主）地优化过程质量和产品质量。自我优化测试系统作为自我优化生产系统的一部分，可以自主识别相关的测试对象，识别其测试特性，并利用过去的测试数据制定新的测试程序（见 6.3.2.4 节）。

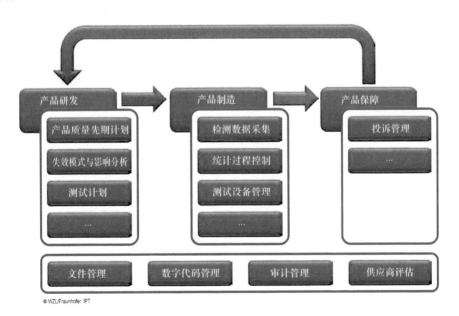

© WZL/Fraunhofer IPT

图 1-6-17　CAQ 系统的示例模块

如果说前面提到的趋势主要与过程和产品质量的潜力有关，那么 IT 的应用也可以为系统质量做出有价值的贡献。在过去，流程记录一次，只为了给接下来的认证和审核做准备（所谓的 QM 手册），但交互的、基于 WIKI 的流程文档，使得这个流程能够持续地被所有的员工审查和修改。当前相应（ISO 9000ff）形式的修订版本已经实现，为此不再需要经典的质量管理手册。

实例表明，人、技术、组织的网络化以及智能数据的评估和使用，为企业质量的保证提供了新的途径。因此，信息技术越来越支持企业保证质量的实现，这也是它被称作"计算机化质量"的原因。

6.3.2   工业 4.0 背景下的趋势

下面将详细介绍工业 4.0 背景下质量管理的趋势。趋势是当前的研究领域，表明质量管理通过工业 4.0 向哪些方向发展（见图 1-6-16）。创新的 IT 解决方案的应用在这里起着核心作用。

6.3.2.1 提高生产和工艺质量的数据分析

全球的数据量呈指数型增长，大多数出版物的数据量约为 10^{21} 字节（2016 年的数据）。一项来自 2011 年的调查显示，大约 2% 的数据量来源于生产或与生产相关的领域（McKinsey 2011）。传感器安装的增加以及在传统机床、生产设备中的通信和联网也助长了这种趋势。由于 IT 系统在生产企业中的高度普及，目前也产生了大量数据。有时需要新的工具和方法，将这些数据细化为信息和最终变成知识，这就是所谓的数据挖掘。

下面介绍从大量数据中提取知识的两个过程：数据库中的知识发现 KDD（Ester/Sander 2000；Vossen 2009）和跨行业数据挖掘标准流程 CRISP-DM（Oscar 等 2009）（见图 1-6-18）。

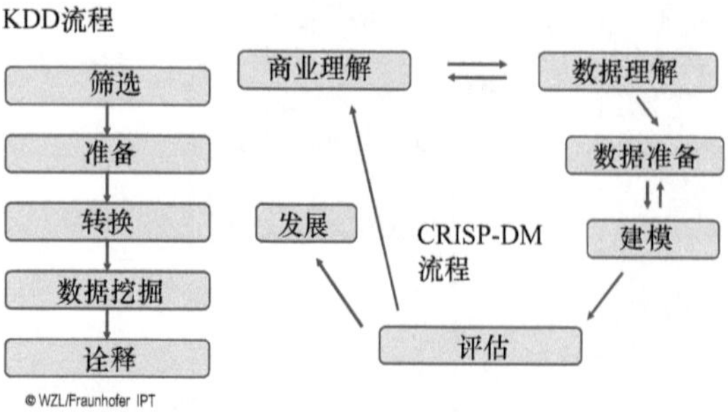

图 1-6-18   KDD 和 CRISP-DM 流程的比较

当数据库的知识发现过程单独作为已定义了的步骤运行时，可将跨行业数据挖掘标准流程理解为迭代和多重过程。对于许多应用程序来说，这是一个更可行的方法，因为在大数据中处理和提取有用信息几乎是不可逆的（Schmitt 2015c）。

相比单个步骤的确切顺序或个别程序的优缺点，更重要的是（在这两种模式下同等重要），认识到信息评估和表示知识的算法工具仅占整个过程中的一小部分。典型的算法有人工神经网络、聚类算法或树形结构分类算法（Vossen 2009）。此外，数据的谨慎筛选和处理与结果的后期解释同样重要，对所考虑的环境（如生产过程）的理解是必不可少的。因此，从大量数据中提取知识，要求生产技术专家与数据分析师密切互动，也就是充分利用专业人员。类似于统计方法和六西格玛原则，从大量数据中提取知识主要是作为一个工具箱，这可以为受过适当培训的员工提供帮助，并从生产中获得技术知识。在整个产品生命周期中，数据挖掘可以作为一种高效可持续改进产品和过程质量的手段。持续生成知识的数据离线处理与数据直接在线使用之间有区别是合理的，因为它已经在 SCADA 控制回路中得到了部分应用。

1. 工艺数据的知识生成与离线处理

通过工艺数据和质量数据的选择性整理来收集生产过程中的信息，可用于生产过程中的性能、质量和错误分析。除了对数据进行评估外，还可以创建详细的定性和定量工艺模型，从而给出有关实际工艺的解释。在此基础上，可系统地分析数据，挖掘模型的影响和产生有用信息，这些信息不仅可用于追溯（回校），而且还可用于规划未来的生产工艺。

在 KOBOLD 研究项目中，该程序的铣削工艺已在先前的研究项目中进行了测试。在工艺模型的基础上，除了工艺参数和铣削策略，还有目的地记录影响产品质量的因素，如刀具位移和刀具磨损。因此，对于这些的测量是通过机器集成测量技术进行的，并直接指向以前定义的产品特性曲线（如曲线半径）。与机器集成类似，表面质量会被列入这种定义了的特性曲线中。所有信息都存储在一个公共数据库中，这也允许单值和复值的组合。通过对下游数据编辑和产品质量的分析，有针对性地评估影响因素建立了新零件的工艺规划预测模型。

该方法不仅对工艺模型进行了验证和量化，而且还以预测模型的形式生成附加信息。这样可使员工能够在今后的工作中以信息为基础去规划流程，并大大缩短流程时间，从而减少废品、节约资源和成本。除此之外，这种方法的潜力是将获得的数据集成到一个直接的、自适应的过程控制系统中。当前的挑战不仅在于信息的实时处理，也在于机器控制或机器部件的反馈（KOBOLD 2016）。

随着资源节约和高能效工艺的相关性越来越高，数据挖掘应用程序得到进一步优化：资源消耗的数据获取不仅可以支持员工进行工艺规划，还有助于优化能源和材料的使用。以 EFFEkT 研究项目为例，其中光学透镜是通过非等温压制工艺的进一步发展而生产的。由于周期较短，工艺控制或工艺规划是非常有限的，因而可靠的工艺规划和模拟就显得特别重要。因此，该项目将采集工艺模型验证所需的相关数据，并将其用于改进现有的仿真模型和仿真工艺，以实现较短的生产过程（Enargus 2016）。

在比较类似工艺链的效率方面，进一步的潜力在于数据的处理。因此，可基于目标规格，在技术、经济和生态方面快速有效地评估产品和工艺变体。除此之外，此方法已成功用于 EFFEkT 研究项目、弗朗恩霍夫旗舰项目 E3（关于涡轮制造）以及由 BMBF 资助的国际项目 Stellar（关于纤维增强复合材料生产）中（Enargus 2016；E3-Produktion 2016）。

2. 工艺数据的在线数据处理

数据挖掘方法在产品定制领域的应用也越来越受到重视。如前所述，基于信息和相似性的流程规划发挥着至关重要的作用。就现有的客户和工艺要求而言，更为广泛的应用是能够自适应地控制和优化工艺链。这是非常有必要的，因为每个含有次品和返工件的批次对生产成本和产品价格有很大的影响。

这一方法适用于欧盟开放性思维研究项目，它涉及个性化医疗设备的生产。为整个流程链创建定性和定量的工艺模型，是整体工艺和质量监控的基础。在这个过程中，有针对性地采集和处理工艺流程及产品质量的稳定性所必需的数据和指标，然后开发一种算法以处理流程中每个步骤的数据并将其传递给后续的流程，这样通过后续步骤的自适应性控制，即使发生不可预测的影响，产品仍能按客户的需求进行生产。通过这种方法对工艺链进行全面监控和有预见性的控制，按照"第一时间权"的要求，第一时间生产出符合要求的产品，防止了废品的产生（OPENMIND 2016）。

3. 基于 IT 的错误管理

工业 4.0 也为错误管理提供了巨大的潜力（Bauernhansl 等 2014）。错误数据可以与产品和流程数据自动链接。丰富的电子数据为自动分析错误数据提供了一个基本的智能算法。该算法囊括了独立的、实时的错误关键点，并在此基础上通知受影响的生产设备和相关人员（Kagermann 等 2013；Hornflck 等 2010）。为了捕获错误数据，需要集成相应的误差传感器。内部错误信息从现有的系统接

收或由生产工厂的传感器自动记录，或者通过以用户为中心的人机交互界面进行数字化采集（Kolerus/Wassermann 2008）。

4. 通过分析社会媒体数据来改进产品

除了面向过程、员工参与和管理，面向客户也是质量管理的支柱之一。企业需要了解客户当前的需求，预测其未来的需求并超越其预期（ISO 9000）。然而，仅仅询问客户的偏好已不足以在市场上立足。如今，企业需要知道谁是他们的客户，才能满足产品质量要求。

通过分析来自社交媒体的客户反馈，让客户有了认同感。在在线产品评价中，客户对质量的感知表现在文本层面上（Heinrichs 等 2015）。此外，在线产品评价中还包含有关个人使用情况、客户与产品使用相关的其他情况信息（Fels，Heinrichs 2016）。这些信息的总和作为现场数据，对于开发符合目标群体的产品具有特殊的价值（Schmitt 等 2014）。文本挖掘工具将文本中包含的信息按任意维度分类。例如，情感分析根据相应的极性对文本进行分类（Bhatt 等 2015；Fang/Zhan 2015）。

尽管有上述的潜力，但企业只能在有限的范围内使用社交媒体，并以客户为导向保证企业质量。企业主要是利用社会媒体作为一个进一步宣传和销售渠道的工具。到目前为止，只有 38% 的企业使用通过此方法提供的信息以客户为导向来设计产品，并有选择性地提高产品质量（Bitkom 2014）。

所有的例子表明，沿整个价值链和整个产品生命周期，有目的地使用与质量相关的数据，对于质量管理有很大的推动潜力。然而，有效地采集、使用和进一步处理数据的先决条件是对过程和产品的深刻理解

6.3.2.2　智能设备用于质量保证

在工业 4.0 中，除了对现有数据进行有针对性的分析，基于情境和需求的所得出的结果也是一个额外的成功因素。另外，在工业 4.0 的以人为本的生产系统中，所谓的智能设备起着核心的作用（见 6.1.2.4 节）。这些设备通常被理解为通过基于传感器的信息处理以及通过通信提供特殊功能的电子设备和部分移动设备（Gabler 2016；Poslad 2009）。因此，智能手机或平板电脑实现的不仅仅是拨打电话或运行通用的 Office 应用程序。开发人员友好的操作系统和接口，允许任何不同应用程序的编程。内置摄像头、陀螺仪和其他传感器以及互联网功能，使智能设备成为人、环境和数字世界之间的纽带。在技术不断发展和智能设备日益多样化的过程中，质量保证也呈现了新的可能性。

因此，可以使用智能设备直接与运行中的生产进行交互，包括对质量数据的读取和处理，以及对机器参数有针对性的修改。无线网络、智能算法以及各种数据输入和输出选项，使得在任意位置上都可以有专家介入，以确保质量。然而，这是假定所有的机器和测量设备都以网络为基础。CAQ（计算机辅助质量）系统或 MES 生产管理系统也可以连接到软件系统。特定类型的数据输入和输出取决于所使用的智能设备。当使用现代数据（头戴式智能）眼镜时，可以通过语音命令、眼镜架上的触觉传感器或遥控器进行数据输入，也可通过不同的渠道将机器和测量数据传送给专家。视觉感知被认为是最强的人类感官知觉，因此非常具有前景（Mihatsch 2006）。显示器或指示灯可以有效地传输一般质量数据，并通知意想不到的质量下降等特殊事件。此外，还可以使用触觉信号，如振动或声学信号。

当生产中出现意想不到的问题时，通常需要迅速采取行动，以便在有限的交货时间内继续满足质量要求。简短的沟通渠道是非常必要的，而智能设备的网络化提供了特别的优势。通过使用数据眼镜，机器的维修或保养可以通过远程连接获得专家支持。专家通过内置摄像头查看机器，并能为维修工程师提供具体建议。在维修工程师的视野中，他可以在数据眼镜的屏幕上标注可能有缺陷的机器部件。这种真实的图像是通过丰富的人工元素实现的（现实增强）。由于双手保持自由，维修或保养可以并行进行（见图 1-6-19）。

图 1-6-19　数据眼镜在机器维修中的应用

例如，在装配中，有缺陷的零件必须被视为对质量影响很大。一旦检测到缺陷零件，可以使用移动智能设备通过扫描该部件上的 QR 代码向仓库发送运输订单。通过与物料管理系统的同步通信，可以自动更新缺陷零件的实时状态，然后反馈引供应商。数据传输后，智能设备就可以将订单信息反馈给员工。通过这些简化和自动化的过程，员工可以

有效地通过使用智能设备获得必要的信息。同时，这也减少了工作中的时间浪费，把过程时间降到最低。在上述例子中，以智能穿戴的形式使用 QR 码扫描仪是值得推荐的。其方法是以环状佩戴的形式使用智能手表或扫描仪。直接携带在身上的方式节省了搜索设备的时间。

除缺陷或故障报告，智能设备还可以帮助检测。具有更精细分辨率的相机模块和智能图像处理方法可用在算法上捕获错误。智能眼镜可以直接在测试人员的视野中显示缺陷，或者也可以将图与显示的 3d 模型进行比较。无须学习材料清单或技术图纸，错误的安装部件也可以被快速检测。

智能设备具有保证和提高生产质量的潜力。高柔性和通用性也能缩短质量保证的工作流程。生产类企业日益增长的利益表明，智能设备将随着时间的推移逐渐进入生产。

6.3.2.3　用于提高资源利用率的基于平台的协作

与日俱增的个性化定制和柔性化，对企业的产品和工艺质量的控制是一个巨大的挑战。同时，这些也是全球化市场上的主要差异化特征。避免产品和工艺质量低下的一个重要的前提条件是综合利用企业内部现有的资源。例如，在制造中充分利用产能（生产负荷和生产能力），还包括向员工传授的专业知识。如果可用的内部资源不足以拓展订单，则合作企业可以在特定需求的基础上参与价值创造过程。在实践中，这些价值创造多以低效率为特征，主要归结为对接问题以及缺乏跨企业的最优化方法。无论在企业内部抑或跨企业层面，企业协作作为一种强有力的合作形式，是提高产品质量和工艺质量的关键因素。工业 4.0 背景下的数字化、网络化，以及它们所依托的支持技术（如云技术），是今后企业协作的基础（见图 1-6-20）。

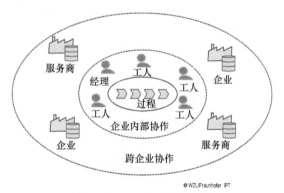

图 1-6-20　基于平台的合作

1. 企业内部合作

满足客户特定的需求，无论是对特定的产品特

性（批量）还是以需求的形式（当天交货），必须确保更好地执行订单处理的概念。这引发了一些新的概念，如大规模定制（ElMaraghy 等 2009）或同步的个性生产（Ziskoven 2013）。这两种方式的目的都是高效生产客户定制化的产品：一方面是基于大规模定制的基本情形，另一方面是基于合同制造（同步的个性生产）的情况。对于后一种情况，即以持续的工业化为目标，从而优化客户定制的生产过程，工业 4.0 提供了巨大的潜力。

从工作计划和人员到位情况，到每个订单的处理时间和处理工位，再到详尽的生产信息（如设置键），都需要大量的信息。一段时间以来，对个别流程的数字化研究一直在进行，如从已有 CAD 模型中自动生成用于准备工作的信息（见计算机辅助工艺规划 CAPP，如 Nonaka 等 2013）。这种方法是针对特殊情况而建立的，但尚未得到广泛应用，特别是在中小企业中。因此，特别是对于小企业，相对于执行和维护成本而言，附加值太低。相应地，订单处理中的决策通常是"凭直觉"做出的，这就导致流程效率低下和浪费。

如今，企业往往已经掌握了内部流程优化的相关信息，即通过员工现有但分散的专业知识来优化内部运营。这些人非常清楚地知道一个订单最终需要采取的处理步骤或每个加工步骤所需的时间。特别是在工业 4.0 时代，员工作为生产的核心要素，为了使其更好地融入企业内部，必须开发相关概念和接口（Steinberger 2013）。双方都会从这种融合中获利，而与复杂的信息技术相关的解决方案对于信息的解释已经不再适用，员工可以胜任更高价值的任务，并能在生产中越来越多地影响和优化生产组织过程。如此可提高员工积极性，从而进一步提高工作效率（闭环）。

例如，在协作式同步制造（KoSyF）中，考虑到不同的需求，不同企业部门的员工参与其中来优化生产过程（KoSyF 2016）。基于在生产中对员工的要求，建立了以人为本的概念，这个概念支持从工人阶层到管理阶层的内部协作。通过一个开放平台（具有广泛的可访问性）确保了企业与所有员工的协作。同时，解决方案、平台以及接口的可伸缩性也起着至关重要的作用。以私有云或公有云形式提供的网页应用程序代表了企业协作的基本技术框架，可以使用多种设备（PC、平板电脑、智能穿戴设备等）进行访问。

未来，这些平台将继续支持以人为中心的协作，并给予员工更多的发言权，这样企业就能更好地处理员工的信息。因此，可用资源，如专家知识等，能够更好地优化内部流程。

2. 企业间的合作

基于平台的合作也为企业间的协作和联网提供了巨大的潜力，即在跨企业的层面，通过更好地利用现有资源以提高产品质量和工艺质量。生产技术能力市场的概念描述了这样一种方法，即生产企业可以互相灵活和动态地交换生产能力和生产技能（Groggert 等 2015）。能力市场不再像以前的方法那样，如虚拟工厂的概念，建立基于项目的跨企业价值创造（Schuh 等 1998）。目标是必须将合作方面永久地融入未来的生产过程中，这使得工业 4.0 的支持技术，特别是云技术成为可能。除了企业内部专家知识的集成外，合作企业的生产能力也可以长期地集成，但需要动态和灵活地优化自己的生产和装配过程。基础仍然是由企业内部系统提供，但这些系统正逐步通过已定义的接口和事先定义的访问权限向其他企业开放。例如，中央云平台可以作为生产能力交易市场（生产技术的能力市场）。企业的 IT 系统是 ISO 集成的，因此相互关联，从而使未来的发展瓶颈，甚至合作企业的能力变得可视化，并在它们之间进行交易，即交换。这使得各企业的生产能力平整化，并实现沿整个价值链研发过程的最优化。在企业之间同步过程步骤，这减少了对口问题，增加了透明度，大大提高了所有参与其中企业的过程质量。继续将更多的利益相关者集合到该平台，将持续推动各企业生产过程的整体优化。例如，企业生产客户的个性化定制产品（在市场生产能力之下），伴随的大量后勤工作可能导致效率低下。但是，开放的云平台可以集成其他服务提供商，如外部物流供应商（4PL）。在能力市场中可以规划和控制企业运输网络，并对其进行整体优化。如果这些概念在过去只对大企业来说是可以想象的，那么现在基于云计算的合作也允许中小企业利用这些服务的潜力。

最近的研究表明，企业协作可以使利用率提高 20%（Schmitt 等 2015d）。同时，已经确定的是，企业只能通过企业间合作来改进，由此相应的潜力随着合作企业数量的增加而不断增加（Schmitt 等 2015d）。这表明，工业 4.0 的潜力，不仅仅是在质量管理方面，在对新技术和增值概念的开放程度越高，其潜力就越大。只有在如市场生产能力此类概念下，将由此产生的利益具体化充分量化，并排除潜在的危险，才能实现这一点。特别是在企业间合作的情况下，以下风险仍然是无处不在的，如数据安全性不足或不愿向竞争企业转让信息，这也阻碍了进一步发展的潜力。

6.3.2.4   自优化测试系统

越来越多的客户个性化定制也给成熟的制造系统、测试系统和测试技术带来了巨大的挑战。因此，目前的研究主要着眼于如何用认知（可行）方法提高自优化效率，以及如何在制造系统和测试系统中提高自主性。在这种情况下，通过相应的传感器将质量检测部分转移到生产机器上，以使这些系统能够针对质量问题进行自主调整。然而，这些通常是间接的检测，如通过加工过程中产生的切屑来检查钻头的磨损状态（Klocke 等 2014）。能够对零件或产品进行整体的全自动检测过程目前只存在于简单的检测操作中，如食品行业的废品检测或低波动性的大批量生产（如螺纹制造）。

对于复杂的测试过程尽管有相应的测试系统，如研究传感器的一致性和均匀性，但市场上现有的系统只能部分自动化，需要加入手动操作（Bartelt 等 2012；Rösler 等 2009；Zwick 2016）。因此，在许多领域的客户个性化定制需求日益增加和自动化期望日益强烈的背景下，工业 4.0 研究的是认知方法，如怎样将自优化转移到技术测试系统中。质量控制测试为认识方法提供了一个有趣的应用对象。通过自优化技术测试系统可以独立识别要测试的对象和相关产品特性，建立合适的测试程序，并根据测试的范围对过去的测试进行调整。这个过程可以类似被理解为控制回路中目标变量的反馈。已实现的一个应用案例是一个用于测试触觉产品功能的机器人系统，该系统实现了自我优化过程（见图 1-6-21）。

图 1-6-21   用于测试触觉产品功能的
自优化机器人系统

6.3.2.5   基于维基的过程文件交互

根据 DIN ISO 9001，企业现有的进程、责任和流程文件仍然是认证的基本先决条件，因此这些也是质量管理的一项重要任务。同时，最近对这一标准的修订也显示了此类说明在管理方面的一个重要变化：虽然质量管理手册一词一直都是明文规定的，

但自 2015 年起，没有规定固定的文件载体，这更加坚定了目前市场上数字化质量管理手册的发展趋势。

特别是近年来，基于维基的管理系统越来越多地进入工业应用。所有流程、文档和相关责任都以数字化的形式存储和管理在一个中央系统中。企业任意一台 PC 工作站的网页浏览都是可行的，且类似于维基网页的版本并可更新。通过使用如亚琛质量管理模型作为系统的监管框架，可以有条理地快速提交信息、文件和流程，并在不断最新的水平上提供给员工。

这些系统代表了制造企业数字质量管理的现状。超越这些行政操作系统的新挑战和技术可能性，为未来的质量管理开辟了巨大的潜力。

6.3.3   结论

在本章中以 CAQ 系统形式，从基于 IT 的质量管理的起源出发，介绍了工业 4.0 背景下质量管理的发展趋势。显然，信息和通信技术的广泛应用对提高产品质量、过程质量和系统质量带来了很大的潜力。就企业质量管理的任务范围而言，有新意的、有前途的趋势性主题包括：通过网络化系统将开发、生产和服务紧密联系在一起，通过智能设备构建超短控制回路，以及自动评估大量数据，以扩展现有的生产过程和产品知识。平台概念为价值链中的合作企业建立更为强大的联系网络，从而促进同步生产进程。企业协作的交互式过程文档和合作平台，确保了所有员工都能参与到持续改进的运营流程中。

参 考 文 献

Bauernhansl, T.; ten Hompel, M.; Vogel-Heuser, B.: Industrie 4.0 in Produktion, Automatisierung und Logistik. 1. Auflage. Springer,Heidelberg 2014

Bartelt, M.; et al.: A Flexible Haptic Test Bed. In: Proceedings for the conference of ROBOTIK 2012 - 7th German Conference on Robotics. VDE Verlag GmbH, 21. bis 22. Mai 2012, S. 1-6

Bergmann, S.: Automatische Generierung adaptiver und lernfähiger Modelle zur Simulation von Produktio-nssystemen. Technische Universität Ilmenau 2011

Bhatt A.; Patel A.; Chheda H.; Gawande K.: Amazon Review Classification and Sentiment Analysis. IJCSIT Vol. 6(6), 2015

Bitkom: Social Media Kompass 2014

CAQ-Markt. QZ 58(2013), S. 58-63

Corsten, H.; Gössinger, R.: Produktionswirtschaft: Einführung in das industrielle Produktionsmanagement. 13. Auflage.

Oldenbourg, München 2012

E3-Produktion - Leitprojekt der Fraunhofer Gesellschaft(1. November 2011 bis voraussichtlich 30. April 2017), *http://www.e3-produktion.de* [Stand: August 2016]

ElMaraghy, H.; Azab, A.; Schuh, G.; Pulz, C.: Managing variations in products, processes and manufacturing systems. Annals of the CIRP, 58/1(2009), S. 441-446

EnArgus: Verbundvorhaben EFFEkT. *https://www.enargus.de/pub/bscw.cgi/26?op=enargus.eps2&m=0&v=10&p=0&q=verbund vorhaben+effekt+glasoptiken* [Stand: August 2016]

Engelhardt, P. R.: System für die RFID-gestützte situationsbasierte Produktionssteuerung in der auftragsbezogenen Fertigung und Montage. Dissertation, Technische Universität München. iwb-Forschungsberichte, Band 299. Utz, Munchen 2015

Ester, M.; Sander, J.: Knowledge Discovery in Databases Techniken und Anwendungen. Springer, Berlin 2000

Fang X.; Zhan J.: Sentiment analysis using product review data. Journal of Big Data Vol. 2(5), 2015

Fels, A.; Heinrichs, V.: Integrated analysis of customer reviews: correlation between content categories and text classification on sentence-level. In: Social Network Analysis and Mining 2016 [Paper eingereicht]

Gabler Wirtschaftslexikon: Stichwort „Smart Devices ". Springer Gabler, Wiesbaden 2016

Genç, E.: Frühwarnsystem fur ein adaptives Störungsmanagement. Dissertation, Technische Universität München. iwb-Forschungsberichte, Band 308. Utz, Munchen 2015

Groggert, S.; Ellerich, M.; Schmitt, R.: Kollaborative Produktionsplanung und -steuerung in der Cloud. ZWF 110 7-8(2015),S. 399-402

Günther, H.-O.; Tempelmeier, H.: Produktion und Logistik. 6. Auflage. Springer, Berlin/Heidelberg 2005

Günthner, W.; ten Hompel, M.: Internet der Dinge. Springer, Berlin 2010

Gronau, N.: Enterprise Resource Planning: Architektur, Funktionen und Management von ERP-Systemen. Lehrbücher Wirtschaftsinformatik. 3. Auflage. Oldenburg, München 2014

Hansmann, K.-W.: Industrielles Management. 8. Auflage. Oldenbourg, München 2006

Hauptvogel, A.: Bewertung und Gestaltung von cyberphysischer Feinplanung. Apprimus, Aachen 2015

Heinrichs, V.; Laass, M.; Falk, B.; Schmitt, R.: SoNR - Extraktion und Analyse der Stimme des Kunden aus sozialen Netzwerken. In: GQW-Tagung. Qualitätsmethoden im Diskurs zwischen Wissenschaft und Praxis, 24. und 25.

Februar 2015, Wuppertal

Hesseler, M.; Görtz, M.: Basiswissen ERP-Systeme: Auswahl, Einführung & Einsatz betriebswirtschaftlicher Standardsoftware. W3L Witten, Herdecke 2007

Horn, S.; Claus, A.; Neidig, J.; Kiesel, B.; Hansen, T.; Haupert, J.: The SEMPROM Data Format. In: Wahlster, W. (Hrsg.): Sem-ProM: Foundations of Semantic Product Memories for the Internet of Things. Springer, Berlin 2013, S. 127-148 (ISBN: 9783642373763)

Hornfeck, R.; Plach, A.; Rieg, F.; Roth, J.: FAMOS - Ein ganzheitlicher Ansatz zum Fehlermanagement. Nurnberg 2010

Kagermann, H.; Wahlster, W.; Helbig, J.: Umsetzungsempfehlungen für das Zukunftsprojekt Industrie 4.0 - Abschlussbericht des Arbeitskreises Industrie 4.0, 2013

Kletti, J. H.: MES - Manufacturing Execution System: Moderne Informationstechnologie zur Prozessfähigkeit der Wertschöpfung. Springer, Berlin 2006

Klocke, F.; Keitzel, G.; Veselovac, D.: Innovative Sensor Concept for Chip Transport Monitoring of Gun Drilling Processes. 6th CIRP International Conference on High Performance Cutting, HPC2014. Procedia CIRP 14 (2014), S. 460-465

KOBOLD - Knowledge-based optimisation by extensive control and data acquisition in milling. *http://www.kobold-project.com* [Stand: August 2016]

Kolerus, J.; Wassermann, J.: Zustandsüberwachung von Maschinen. 4. Auflage. expert-Verlag, Renningen 2008

KoSyF - Kollaborativ-Synchronisierte Fertigung. *http://www.kosyf.de* [Stand: August 2016]

Kunzel, M.: Methodik zur Umwelterkennung und -modellierung: Multimodale Sensorik. Berlin 2013

Kurbel, K.: Produktionsplanung und -steuerung im Enterprise Resource Planning und Supply Chain Management. 6. Auflage. Oldenbourg, München, Wien 2005

Lepratti, R.; Lamparter, S.; Schröder, R. (Hrsg.): Transparenz in globalen Lieferketten der Automobilindustrie: Ansätze zur Logistik-und Produktionsoptimierung. Publicis Publishing, Erlangen 2014, S. 18-20

Linß, G.; Wasmuth, S.; Roßdeutscher, A.: Studie zum Rechnergestützten Qualitätsmanagement in KMU. Der Mittelstand arbeitet mit Bordmitteln. QZ 53 (2008), S. 32-36

Lödding, H.: Verfahren der Fertigungssteuerung: Grundlagen, Beschreibung, Konfiguration. 2. Auflage. Springer, Berlin/Heidelberg 2008

Marbán, Ó.; Mariscal, G.; Segovia, J.: A data mining &

knowledge discovery process model. In: Data Mining and Knowledge Discovery in Real Life Applications, 2009

McKinsey Global Institute (2011): Big data: The next frontier for innovation, competition, and productivity. *http://germany. emc.com/leadership/digital-universe/2014iview/executive-summary.htm* [Stand: August 2016]

Meyr, H.; Wagner, M.; Rohde, J.: Structure of Advanced Planning

Systems. In: Stadtler, H.; Kilger, C. (Hrsg.): Supply Chain Management and Advanced Planning. Springer, Berlin/ Heidelberg/New York 2002, S. 99-104

Mihatsch, W.: Kongnitive Grundlagen Lexikalischer Hierarchien. Max Niemeyer Verlag, Tubingen 2006

Niehues, M.; Nissen, F.; Reinhart, G.: Moderne Werkstattfertigung: Effiziente Fertigung hochvarianter Produkte durch Echtzeit-Ortung und adaptive Steuerung der Auftragsreihenfolge mittels bionischer Algorithmen. In: ZWF - Zeitschrift für wirtschaftlichen Fabrikbetrieb 107 (2012) 12, S. 892-896

Niehues, M.; Buschle, F.; Reinhart, G.: Adaptive Job-shop Control Based on Permanent Order Sequencing. Procedia CIRP. In:Proceedings of the 9th CIRP Conference on Intelligent Computation in Manufacturing Engineering - CIRP ICME'14. 33 (2015), S. 127-32

Nonaka, Y.; Erdös, G.; Kis, T.; Kovacs, A.; Monostori, L.; Nakano, T.;Váncza, J,: Generating alternative process plans for complex parts. Annals of the CIRP 62 (1) 2013, S. 453-458

DIN EN ISO 9000: Qualitatsmanagementsysteme - Grundlagen und Begriffe. 2005-2011

OPENMIND - On demand medical devices. *http://www.open mind-project.eu* [Stand: August 2016]

Pfeifer T., Schmitt R.: Masing Handbuch Qualitätsmanagement. 6. Auflage. Carl Hanser Verlag, München 2014

Poslad, S.: Ubiquitous Computing - Smart Devices, Environments and Interactions. John Wiley & Sons Ltd., Chichester 2009

Reinhart, G.; Engelhardt, P.; Genc, E.: RFID-basierte Steuerung von Wertschöpfungsketten: Ein Ansatz zur ereignisbasierten Absicherung von Produktionsabläufen in der Automobilindustrie. In: wt Werkstattstechnik online 103(2013)2, S. 104-108

Rösler, F.; Battenberg, G.; Schüttler, F. : Subjektive Empfindungen und objektive Charakteristika von Bedienelementen. In: Automobiltechnische Zeitschrift 111 (04) 2009, S. 292-297

Schmitt, R.; Humphrey, S.; Ellerich, M.; Groggert, S.: Kapazitäts-markt - Ressourcenhandel für die Produktion. In: Industrie 4.0 Management 31 (4) 2015, S. 30-34

Schmitt R.: Basiswissen Qualitätsmanagement. 1. Auflage.

Symposion, Düsseldorf 2015a

Schmitt R.; Pfeifer T.: Qualitätsmanagement. Strategien - Methoden- Techniken. 5. aktualisierte Auflage. Carl Hanser Verlag, München 2015b

Schmitt, R.; Schmitt, S.; Linder, A.; Rüßmann, M.; Heinrichs, V.: Fehlerinformationen nutzen. Produkte nachhaltig absichern. In: 18. Businessforum Qualität. Daten für die Qualität von morgen- generieren, interpretieren und nutzen, 24. und 25. September 2014, Aachen

Schmitt, R. et al.: Herausforderung Informationsqualität. Daten effizient generieren, richtig interpretieren und adressatenge-recht bereitstellen. In: Tagungsband zum 19. Business Forum Qualität. Apprimus, Aachen 2015c

Schönsleben, P.: Integrales Logistikmanagement: Operations und Supply Chain Management innerhalb des Unternehmens und unternehmensübergreifend. 6. Auflage. Springer, Heidelberg 2011

Schuh, G.: Ergebnisbericht des BMBF-Verbundprojektes ProSense, 1. Auflage. Apprimus, Aachen 2015

Schuh, G.; Lassen, S.: Aachener PPS-Modell: Funktionen. In: Schuh, G. (Hrsg.): Produktionsplanung und -steuerung. Springer, Berlin 2006, S. 195-292

Schuh, G.; Millarg, K.; Goranson, A.: Virtuelle Fabrik - neue Marktchancen durch dynamische Netzwerke. Munchen 1998

Schuh, G.; Potente, T., Thomas, C.; Hauptvogel, A.: High Resolution Production Management. In: wt Werkstattstechnik online 103 (2) 2013, S. 96-99

Schuh, G., Potente, T., Thomas, C., Hauptvogel, A.: Steigerung der Kollaborationsproduktivität durch cyber-physische Systeme. In: Bauernhansl, T.: Industrie 4.0 in Produktion, Automatisierung und Logistik. Springer, Wiesbaden 2014

Schuh, G.; Stich, V.: Produktionsplanung und -steuerung 1. Grundlagen der PPS. 4. Auflage. Springer, Heidelberg 2012

Schuh, G.; Stich, V.: Produktion am Standort Deutschland. FIR e. V. an der RWTH Aachen, 2013

SemProM (Semantic Product Memory) Container Format Version 1.0 (2010). *http://www.w3.org/2005/Incubator/omm/ wiki/Sem ProM_Container_Format_Version_1.0#Meta_ Format_overview* [Stand: 17. 04. 2016]

Statista: Prognose zum Volumen der jährlich generierten digitalen Datenmenge weltweit in den Jahren 2005 bis 2020. *http://de.statista.com/statistik/daten/studie/267974/umfrage/ progno se-zum-weltweit-generierten-datenvolumen* [Stand: August 2016]

Steinberger, V.: Arbeit in der Industrie 4.0 - Jetzt die Weichen richtig stellen. In: Computer und Arbeit 6 (2013), S. 4-11

Thiesse, F.; Fleisch, E.: On the value of location to lot scheduling in complex manufacturing processes. International Journal of Production Economics 112 (2) 2008, S. 532-547

Vahrenkamp, R.; Siepermann, C.: Produktionsmanagement. 6. Auflage. Oldenbourg, Munchen 2008

Vossen, G.: Datenmodelle, Datenbanksprachen und Datenbankmanagementsysteme. Oldenbourg, München 2009

VDI Richtlinie 5600 Blatt 1: Fertigungsmanagementsysteme Manufacturing Execution Systems (MES). Band ICS 35.240.50. Beuth, Berlin 2007

Werthmann, D.; Lappe, D.; Otterstedt, N.; Scholz-Reiter, B.: Ortungsgestütztes Produktionsleitsystem für die Nacharbeit bei Automobilherstellern. In: wt Werkstattstechnik online 102 (3) 2012, S. 114-119

Wight, O. W.: Manufacturing Resource Planning: MRP II: Unlocking America's Productivity Potential. Essex Junction, VT: O. Wight Ltd. Publications 1984

Ziskoven, H.: Methodik zur Gestaltung und Auftragseinplanung einer getakteten Fertigung im Werkzeugbau. Dissertation. RWTH Aachen 2013

Zwick Roell Gruppe: Prüfmaschinen und Prüfsysteme für die Automobilbranche. *https://www.zwick.de/-/media/files/share point/vertriebsdoku_br/99_389_automotive_fp_d.pdf* [Stand: August 2016]

1

第 7 章

工业 4.0 工厂规划方面

Uwe Dombrowski，Tobias Stefanak，Philipp Krenkel

产业结构在不断变化，带来的挑战也在不断增加。这一趋势在强调增值策略的汽车工业中尤为明显（Dombrowski 2015）。不断缩短的创新周期和相关的产品生命周期，导致开发和规划工作的成本增加，这引起了工厂和生产设备的使用时间缩短，需要快速、稳定、陡峭的生产启动，以及多样化的生产和建筑结构，包括材料流、信息流和相应的布局。

为了适应这一发展，今天的工厂规划师需要满足各种要求。生产流程必须透明，工厂内的流程必须与外部网络协调。今天，在新工厂的未来规划中需要考虑许多因素，如将 CAD 模型纳入虚拟现实，或者集成柔性的网络化生产设施。多年来，数字工厂的工具和方法已经成功地支持了这些复杂的规划任务。数字工厂的不断发展，促进了行业和许多工厂规划的成功立项。在引入工业 4.0 的背景下，不应该过于执着发展数字工厂的新方法，而应该更有效地将现有的流程和资源进行联网。在未来，数字网络将增强数字工厂的方法和工具，从而扩展数字工厂的应用领域。网络提供了相当巨大的潜力，但是在规划方面也存在许多的挑战。本章首先描述了数字工厂的现状与未来的发展。基于此，将使用布伦瑞克工业大学（TU Braunschweig）的工厂运营和企业研究所（IFU）的工厂生命周期参考模型来描述数字工厂对工厂规划向工业 4.0 方向发展的贡献。

7.1 数字工厂的现状与未来的发展

生产企业框架条件的改变主要归结于产品种类的增多，供货时间和产品生命周期的缩短，以及物流复杂性的增长（见图 1-7-1）。据此可给企业定义四项关键要求，即灵活性、快速性、机动性和经济性。生产企业仅靠组织措施已不能满足这些要求。为了

在未来保持竞争力，它们必须比以往任何时候都更能适应变化、更灵活。数字工厂已经成为规划未来工厂的解决方案（Dombrowski 等 2001）。只有通过整合信息和通信技术，工厂规划人员才能应对挑战，提高规划质量（Dombrowski/Tiedemann 2005）。通过应用数字工厂方法，可以协调和优化生产计划流程，还能将规划活动并行化，以提高规划速度。此外，整合所有参与规划和生产的用户群体，提高了规划的质量，从而避免了操作期间的成本密集型变化。这些优势确保了数字工厂多年来的稳步发展，并使其能够在业界立足。

7.1.1 数字工厂的定义

由于数字工厂的规划和运营理念已经成为许多行业和研究机构的重要课题，因此存在多种不同的应用方法，但都是以全数字图片、工厂的持续适应、生产设施以及工艺为核心。为了能可靠地模拟未来工厂的情况，应尽可能真实地表现数字工厂的特性。不同的方法以及研究和应用领域，有大量不同的术语来定义数字工厂。针对这一情况，德国工程师协会（VDI）成立了"FA205 数字工厂技术委员会"，并对数字工厂的定义和操作说明进行了深入的研究。在 VDI 准则 4499 中，关于数字工厂的不同定义被合并成了一个统一的定义（Westkämper 等 2013）。

图 1-7-2 所示为数字工厂和数字工厂运营。在 VDI 准则 4499 的表 1 中，它被定义为"关于数字模型、方法和工具（包括模拟和三维可视化）的综合网络的总称，这些是由全面的数据管理系统集成的。因此，它不仅局限于在规划阶段对工厂的可视化和模拟，还包括整个产品生命周期中的数据管理。这将使实际工厂的所有基本结构、流程和资源与产品一起进行整体规划、评估和持续改进"（VDI 4499）。

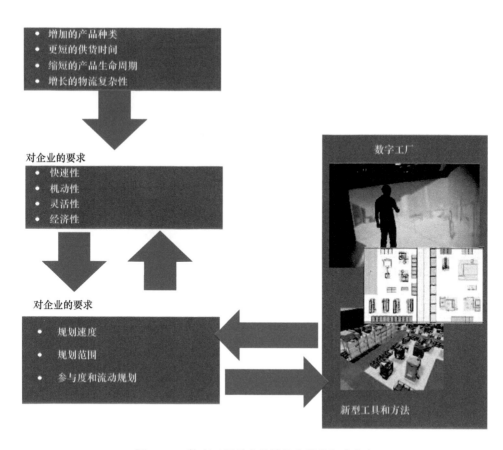

图 1-7-1　数字工厂是产业结构变革的解决方案

数字工厂

数字工厂是一个数字模型、方法和工具(包括模拟和三维可视化)的综合网络的总称,通过全面数据管理进行集成数字工厂的目标是对与产品相关的实际工厂的所有基本结构、流程和资源进行整体规划、评估和持续改进

数字工厂运营

数字工厂运营指的是数字工厂的方法、模型和工具的使用和相互作用,用于调试单台设备、启动多台设备和执行实际生产过程。其目标是提高生产质量、缩短产品生产周期和对批量生产进行持续优化。为此,根据实际描述了单台生产设备、复杂的生产系统和生产过程的动态行为,包括信息技术和控制技术。虚拟组件和真实组件可以耦合在一起

在全面数据管理的基础上,数字化工厂的运营在数字工厂中采用了生产计划的结果,并为运营中的 IT 系统提供了数据。在批量生产中使用时,不断根据真实情况调整模型。

图 1-7-2　数字工厂和数字工厂运营

数字工厂的重点是生产计划。在生产计划中能了解生产过程和生产系统的计划。现在的数字工厂能够支持工厂规划、产品创建过程和订单处理。数字工厂因此变成了工厂规划、产品开发过程和生产

计划之间的接口,并使它们之间能够相互进行早期协调。计算机上的虚拟模型确保了已经处于早期开发阶段的产品,制造过程和生产序列的功能。此外,还通过数字手段对生产进行检查和改进。因此,数字工厂可用于生产生命周期的所有阶段,从产品开发、生产计划、生产启动到运营和订单管理(VDI 4499)。

数字工厂的应用领域如图 **1-7-3** 所示。涉及从设计到物料清单、项目管理、原型或数字模拟、外部和内部物流、装配和生产工艺计划、生产设备规划、生产设备的装配和调试、开机管理,一直到批量生产、销售和外部物流、销售和订单录入、售后服务和维护、市场需求等一系列的规划领域。在每个应用领域,都有合适的工具来支持规划。例如,一个数字模拟(数字测试模型)用来检查产品原型的可行性,由布局计划来指导生产设施的安排,并且在实际开始之前就先通过物料流程的模拟对它们进行调试。

除了对数字工厂的定义,VDI 准则还增加了一个题为"数字工厂—数字工厂运营"的表格,并对数字工厂运营这一术语进行了定义(Westkämper

1

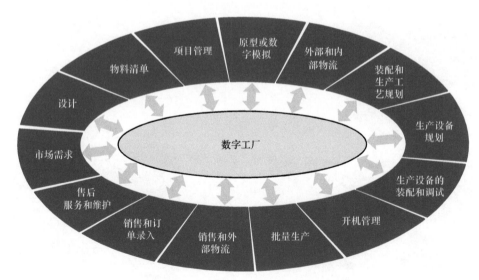

图 1-7-3　数字工厂的应用领域

2013）。这个定义在图 1-7-2 中也可找到，"指的是数字工厂的方法、模型和工具的使用和交互作用，用于调试单台设备、启动多台设备和执行实际生产过程。"数字工厂运营的目标是"提高生产质量，缩短产品生产周期和对批量生产进行持续优化"（VDI 4499）。这个定义已经凸显了工厂运营数字化的重要性。为了实现数字工厂运营的目标，"根据实际情况描述了单台生产设备、复杂生产系统和生产过程的动态行为，包括信息技术和控制技术。虚拟组件和真实组件可以耦合在一起"（信息物理系统）。此外，在数字工厂的运营中，"在全面数据管理的基础上"，采用"生产计划的结果"，并将这些结果再次作为"运营 IT 系统的数据"使用（网络）。此外，当"在批量生产中使用时，应不断根据真实情况调整模型"（实时数据）。

实践表明，尽管在使用数字工厂运营方面取得了成功，但在连续和持续改进批量生产方面仍然存在着很大的不足。数字工厂的潜能不能被充分利用，因为数字工厂通常伴随着工厂规划，一直到批量计划开始。在整个工厂生命周期中普遍没有对数据进行永久性的更新，导致数字工厂的潜能一开始就被忽视了。在 7.2.3 节（精细规划）和 7.2.5 节（运营、调整和适应）中将重点介绍在工业 4.0 的背景下，如何通过引进改进的数字孪生来改变这种情况。

7.1.2　数字工厂的方法和工具

数字工厂为工厂规划人员提供了大量的方法和工具，使他们能够有效和有目的地实施复杂的规划任务（Westkämper 等 2013）。模型、方法和工具

术语是"基于计算机科学的定义"，并在 VDI 准则 3633 中被定义（见图 1-7-4）。通过不同的建模、分析和可视化方法来创建和应用数字工厂的每个模型。一个系统的、有目的性的、成熟的程序能为不同的问题提供有意义的解决方法，它是通过一个或多个软件技术来实现的。软件程序有助于计算机化，图 1-7-5 列出的工具是一种或多种实现的方法。例如，软件程序的用户界面可通过各种可视化方法来实现（Bracht 等 2011）。

模型

模型指"在另一个概念或客观系统中将计划或实际存在的原始系统及其流程进行简化复制"。"研究相关的特性，它与样本中只依赖于研究目标公差范围不同"

方法

方法是"系统化的、有针对性的方法和深思熟虑的程序，它为大量问题提供了合理的解决方案。"

工具

"基于IT的工具（软件程序）描述了某种方法或多种方法的组合在软件技术上的实施，使其能在计算机辅助下使用。"

图 1-7-4　模型、方法和工具术语的定义
（VDI 3633；Brac 11）

随着信息和通信技术的日益普及，人们开发了更多的功能强大的软件，用于工厂规划领域。因此，物象模型已越来越多地被数字模型所取代（Dombrowski/Tiedemann 2005）。由于数字工厂的先决条件是以数字形式提供规划任务所需的所有信息，因此信息和数据的采集方法非常重要。只有这

样，才能保证一个连续的数字网络。然而，在许多中小型企业（KMU）中，情况并非如此。建筑图样和机器图样是类似的，必须在数字工厂的背景下进行数字化，以备将来使用（Dombrowski/Tiedemann 2005）。必须对记录的数据进行解释和评估，以便能够在规划过程中使用。这里使用数字规划和分析方法的目的是为了表现不同系统的可量化相关性。这些分析模型使用数学函数和计算规则来获得互相作用的情况和结果（Bracht 等 2011）。

图 1-7-5 给出了不同的工具组，从无计算机支持的计划到数字工厂。功能的集成程度自下而上，数字工厂最终整合了所有与工厂和生产计划以及产品开发相关的工具。从工厂和生产计划的整体角度出发，必须考虑布局规划、物料流模拟、人体工程学模拟、数控编程和机器人编程模拟等工具，同时也要考虑产品开发中的 CAx 系统和有限元（FEM）系统。所有这些工具都具有可视化能力，以满足在规划任务中增加通信的需要。在这一点上，可视化工具使用虚拟现实和数字模型：它们是工厂和生产计划以及产品开发之间的接口。总体功能还有 Office 程序和群组软件、项目管理和知识管理系统。最重要的是它们支持规划团队的合作（Dombrowski/Tiedemann 2005）。

每个工具组都有一个特定的任务区域，需要合理使用。对于一个非常简单的任务，使用具有大量功能的工具的意义有限。在这种情况下，规划质量虽然非常高，但为购置和操作所使用工具的成本也会很高，并且规划期更长，总体花费更高。反之，不应试图用简单的工具来处理复杂的关系。可以预见的是，计划人员将无法在规划任务中完成此工作，这样会产生一个更差的计划结果，以至于在工厂运作的后期，会由于需要调整而导致不必要的成本增加。按复杂程度对计划任务进行分类，可以将工厂规划工具分配给相应的计划任务。可以使用简单的静态观察来规划一个刚性联动的单个产品的简单生产系统。另一方面，许多内部依赖性和生产种类只能在最小的设备上（如一个柔性生产单元）通过物料流模拟来规划。如果工厂里存在手工装配单元，那么复杂性会进一步增加。人的过程活动是通过人体工程学模拟和由此产生的结果数据来表示的。此外，必须检查层级模型并考虑故障补偿。数控机床和工业机器人的使用也导致了规划复杂程度的增加。为了在短时启动或停机时实现生产的平稳运行，控制程序必须（如通过虚拟调试）对潜在的错误进行检查。由此可以推断，安全规划的要求随所规划系统的复杂程度而增加。生产系统越复杂，就必须对越多的数据、信息和限制进行确定、储存和管理，并最终考虑或纳入规划过程（Dombrowski/Tiedemann 2005）。

数字工厂的工具必须通过逼真的可视化手段，尽可能直观地理解工厂的规划任务，以满足当今工厂规划任务日益增加的通信需求。同步工程的方法使得有必要为另一个项目组准备结果，以便尽可能快地理解它们。此外，通过对数据进行数字化，项目团队还可以进行协作，而不必在同一时间内处于同一位置。信息可以被发送到世界各地，以获得专家的意见（Dombrowski/Tiedemann 2005）。为了实现这一基于计算机的协作，从产品开发到工厂运营的所有任务、信息、数据和软件工具的联网是必要的（Bracht 等 2011）。

最后要指出的是，数字工厂的许多方法和工具可用于实现 VDI 准则 4499 中确定的目标。在这种情

图 1-7-5 在工厂、生产计划和产品开发中的工具（Dombrowski/Tiedemann 2005）

1

况下，一个有详细定义的完整的清单将突破框架的限制。然而，根据方法和工具的应用领域进行分类，使人们对数字工厂潜在的应用有了基本理解，从而说明其广泛的应用范围（Schenk 等 2014）。

7.1.3　数字工厂的优势

"数字工厂的目标是实现整体规划和建模。方法和标准通过综合规划平台，为规划的各个领域提供支持。中央数据库支持所有计划数据的快速定位和统一保存。"（Dombrowski 等 2001）。

目前，数字工厂最大的潜力是作为工厂规划和产品开发的一部分（Schenk 等 2014）。除航空航天工业，特别是汽车行业，一直是发展和使用数字工厂概念的先驱。由于生产量大，质量要求高，产品的交货期长，利用这一概念产生了很高的效益。每个单独生产步骤都被非常精确地计划，并且使用可能的最佳计划方法，以此来获得巨大的经济利益（Bracht 等 2011）。

数字工厂的优势（Schenk 等 2014）可以通过五个目标值来描述：经济性、质量、通信、标准化以及知识的获取和保存。可通过所有规划活动的尽可能的并行化、优化和跨学科合作，以及提供无冗余、最新和正确的数据来保证经济性，因为这样能够降低成本和节省时间（Hanke 等 2014）。当开发者仍然以数字方式保障产品的安全时，策划人员已经可以并行设计生产流程并保障产品的安全（Hanke 2015）。这些同样也适用于工厂规划，可以使生产的启动速度更快、更高效，最重要的是更稳定。在数字工厂中，通过对产品的数字保护和在生产启动之前的准备来最大限度地减少计划错误，从而避免在运行过程中的成本变化。产品的可制造性，类似于生产的数字保护，也可以通过考虑计划资源的

容量提供，并动态地镜像未来生产订单的容量负载，通过数字规划的方法来完成。这样一来，可以预先考虑各种情况（如生产扩张）（Dombrowski 等 2003）。

图 1-7-6 所示为使用数字工厂所带来的支出变化。可以看出，在产品开发过程的早期阶段（前端加载）重新定位工作负载，可以缩短产品上市时间。这是由于产品开发和生产计划的并行化，以及更高的规划质量大大缩短了操作时间。

Schenk 等人制定的目标质量如下：为了满足产品的质量要求，生产计划过程必须协调、优化。这有利于改善计划质量和生产标准（Schenk 等 2014）。数字工厂的使用提高了数据的质量，创建了一个一致的文档，所有参与规划过程的人员都可以访问这些文件，以缩短产品计划的时间，同时还能提高计划质量。数字工厂的另一个巨大潜力来自于从职业健康的角度使用规划结果。以这种方式，可以预先识别符合人体工程学的关键运动和活动，并且可以根据人体工程学知识直接优化生产现场（Dombrowski 等 2003）。

通信有利于集成所有参与规划和生产的用户群体。为了突破空间的界限，必须能够随时获得统一和一致的规划数据（Schenk 等 2014）。由于规划不再依赖于员工，与数字工厂相关的统一规划方法为所有参与规划人员确定了工作流程，因此这是一种进一步的合理化。通过统一的规划方法，再加上定义的信息转移点和前后关系，使计划能够变得更加高效。其先决条件是流程组织，即不再将责任归结于职能部门，而是严格按照客户流程执行。通过由此产生的内部客户 - 供应商关系，可以制定独特的服务协议，并最大限度地减少接口问题（Dombrowski 等 2015），这样就能从一开始避免由模糊的流程、责

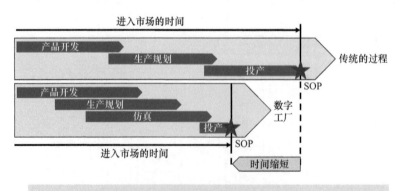

使用同步工程，通过并行产品开发和进行
工作准备，缩短上市时间。

图 1-7-6　缩短产品上市时间

任和任务分配而产生的不必要的通信（Dombrowski 等 2003）。

规划过程的标准化旨在将所谓的最佳实践解决方案、模型构建模块和众所周知的项目结果应用于未来的规划活动（Schenk 等 2014）。现有岛屿解决方案与生产和建筑设施的标准化相结合，可以缩短规划流程。一旦开发的生产设施和建筑综合体被规范化，那么如有需要，可从存放的库中读取它们。除了简化实际的规划之外，这种标准化还为工厂采购或工厂共享提供了合理化的潜力，因为工厂可以与相应的供应商签订框架协议，并在没有复杂规格数据的情况下启动订单（Dombrowski 等 2003）。

为了促进知识的获取和保存，需要创造一个规划知识应用的先决条件。这对规范计划流程、降低计划费用和缩短时间、增加计划的安全性，以及对员工参与规划任务的高效培训等方面都有积极的作用（Schenk 等 2014）。

在下一节中，将数字工厂的选择方法和工具分配到工厂生命周期的各个阶段，使其与 IFU 参考模型相对应。数字工厂方法和工具的使用越有条理，在产品开发过程中的潜在效益就越大。这样一来，就必须把精力转移到产品开发的早期阶段。这意味着，虽然在项目开始时使用数字工厂涉及额外的规划资源支出，但在项目结束时，这也会被大量的资源节约所抵消（Schenk 等 2014）。除了节省大量资金外，数字工厂的使用也为引入工业 4.0 的工厂规划做了准备，这也是本章节的实际重点。

7.2 数字工厂对工业 4.0 工厂规划的贡献

工厂规划项目由于涉及的范围广、专业多，通常是非常复杂的。为了在这个复杂的环境中实现结构化规划，IFU 建立了统一的参考模型，将工厂规划过程划分为不同的阶段。利用该模型，可以对工厂规划过程进行系统的处理（见图 1-7-7）

前三个阶段的运营分析、粗略规划和精细规划构成了工厂规划项目的基本框架。运营分析（阶段 1）包括确定企业目标，并在分析框架内纳入所有重要的初始数据，如生产计划、销售计划、人员要求和空间要求。在粗略规划（阶段 2）中，首先根据位置因素进行选址，其次是总体发展规划和建筑结构规划。在此基础上，工厂内部开始规划。为此，必须选择生产的组织形式。对于生产的优化设计，需要对物料流和输送系统进行分析。布局规划是粗略规划的最后一步。在精细规划（阶段 3）中，详细设计了布局。机器安装和储存区的设计要考虑到环境影响，办公区域也必须在这里考虑和设计。前三个阶段的时间重合往往需要迭代规化，而迭代规划以递归循环为代表。在完成精细规划过程后，计划中的工厂的实施（阶段 4）得以实现。然而，正如 7.1 节所阐述，工厂规划人员的任务并没有以第四阶段的实施而结束。相反，必须在整个工厂运营阶段（阶段 5）进行适当的连续调整和适应（阶段 A），以确保效率和工厂的竞争力，以及应对不断变化的条件。根据已确定的调整和/或适应范围，有必要以不同的

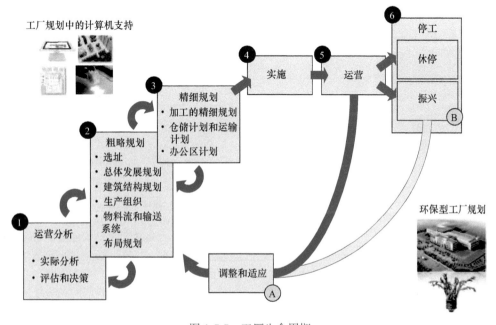

图 1-7-7 工厂生命周期

权重和准确度重新运行选定的计划阶段（运营分析、粗略规划和精细规划），从而优化工厂。一旦工厂达到了与操作需求相关的最大适应潜力，就不再可能在工厂现有的框架内运行了。然而，停工（阶段 6）并不意味着工厂的生命周期不可避免地结束了。通过使用适当的再利用或振兴概念（阶段 B），可以延长或重新启动生命周期。相反，必须通过适当的方法和工具（阶段 A）来对工厂进行调整和改造。在工厂的整个生命周期中，计算机支持的和环保型工厂规划变得越来越重要，它们适用于所有规划阶段。

在介绍工厂规划过程的基础上，本节介绍了数字工厂的影响同时也介绍了数字工厂对工厂规划向工业 4.0 方向发展的贡献。为此，介绍了数字工厂的方法和工具在工厂规划过程各个阶段的应用，并说明了在工业 4.0 的背景下，它们的进一步发展对工厂规划的影响。通过这种方式，可以显示工业 4.0 的潜力，以及未来的需求。

7.2.1 运营分析

考虑到既定的企业目标、前提、边界条件和限制，运营分析的任务是为新的工厂结构制定一个战略性的粗略概念。这需要对国家状况进行详细分析，明确界定要实现的目标。对不同的方案进行评估后，这一阶段的结论是为工厂的管理建立一个"制定决策"的基础。这方面的重要分析领域如下（Kettner 1984）：

- 业务目标和原则。
- 销售计划和生产计划。
- 操作程序。
- 设备需求。
- 人员需求。
- 空间需求。
- 能源需求。
- 资本需求。
- 时间需求。

这些重要的初始数据分析和评估在工业 4.0 背景下越来越多地融合在一起。例如，现在有了功能强大的预测软件，它为基于销售计划的进一步分析提供了数据。大数据的应用程序正在成为工业 4.0 的智能化组成部分。

运营分析的另一个重要步骤是工厂结构的建模或数字化，它是所有进一步分析的出发点，并通过现有工厂建筑的实际记录来完成。工厂结构的计算往往需要付出巨大的努力，而且容易出现错误。对于老工厂或中小企业来说尤其如此，因为它们的建筑、钢结构、建筑技术和输送技术都是在没有数字工厂的情况下规划的，并且是以图样的形式提供的

（Schenk 等 2014）。如果这些数据丢失，计算机辅助的 3D 规划和优化方法的综合运用就会受到严重阻碍，并大大降低规划的准确性，且显著增加规划工作量（Bracht 等 2011）。

针对这种情况，可使用无人机/无人飞行器以及 3D 扫描仪来进行数字测量。这样生成的数据是立即可用的，并可长期用于分析或规划工厂未来的扩张。此外，可以自动评估数据，从而生成直接可用的解决方案。

1. 无人机/无人飞行器

现代无人机系统（unmanned aircraft system, UAS）采用多旋翼（见图 1-7-8）形式，允许相对较高的负载能力和使用热成像和高分辨率摄像机（这些摄像机用于以前未知或非常复杂的视角），既可鸟瞰厂区建筑，也可以在厂区内难以到达的地方进行拍摄。摄像机的图像以无线方式实时显示，如在平板电脑上，从而支持飞行员进行导航和控制。记录的数据可以用来表示建设进度包括现有的工厂布局或进行热成像分析。例如，热成像仪拍摄的图像（见图 1-7-8）可用于自动确定厂房内需要更换窗户或外墙的区域，也可以快速检测到压缩空气管线上的泄漏。为此，无人机会飞到厂房上的某些位置，并使用特殊的定向麦克风定位潜在的泄漏点。

2. 3D 激光扫描仪

由于激光扫描仪的速度快、分辨率和精度高，目前已经可以对工厂厂房和建筑物进行快速、准确和高分辨率的现场勘查。物体的表面几何形状在 3D 激光扫描中以数字方式自动记录，不需要接触。这将创建一个测量点云———组离散的采样点集及其在空间中的坐标——然后可以进一步处理。各个测量点的数量和准确度决定了这一过程的质量。根据应用领域，可分为三种技术：激光器是固定的，以确定的水平和垂直方向转动；激光器围绕待扫描物体作规定的移动；激光器是刚性固定的，物体以确定的方式旋转。第二种和第三种仅限于中小型对象，第一种适用于整个建筑和工厂设施的空间扫描（Bracht 等 2011）。图 1-7-9 显示了数字工厂如何将 3D 规划模型与已扫描的数据（如建筑或建筑基础设施的扫描数据）连接起来。

将点云转移到 CAD 工具中（如 AutoCAD、Micro Station、Intergraph 或 CATIA）是很常见的，以便可以直接处理数据。利用点云可以构造 CAD 模型。与构建的 3D CAD 模型相比，3D 扫描呈现的是现实中原始真实的图像，从而提供了附加信息，它们可以在后期的规划过程中作为参考和文献资料重复使用。可以随时检查点云形式的真实图像，将其与 CAD 模

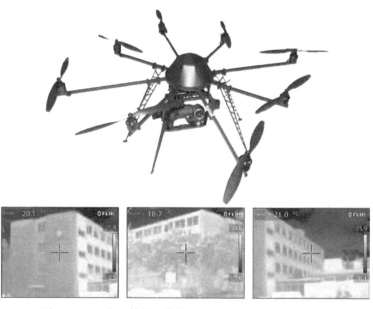

图 1-7-8　配有红外热成像仪 FLLR T440 的 ARF-OktoXL

型连接并用于进一步建模（Bracht 等 2011）。

　　这将省去重复性的任务，如调研任务、数据记录和数据评估。此外，还将为后续规划阶段的工业 4.0 应用建立数据基础。

图 1-7-9　点云与虚拟工厂环境的结合（来源：FARO Focus 3D bei der MAN Truck and Bus AG，Salzgitter）

7.2.2　粗略规划

　　粗略规划的任务首先是选址、总体发展规划和建筑结构规划，其次是生产组织、物料流和输送系统以及布局规划，这些通常是粗略规划的重点。随着企业选址及其个性化的选择，选址规划对企业的各个方面都有广泛和深远的影响，这可能包括该地点的特定边界条件（如交通连接、能源供应的可能性），还包括法律要求、公共部门补贴，以及对特定地区或国家的市场和市场份额的影响等方面。今后，重新设计工厂时，重要的地质数据（土壤结构、梯度）将被记录在数据库中，并可自动化评估，纳入选址和规划中。除了用于场地规划外，该数据还可用于建筑结构规划，以定义厂房基础以及壳体参数。

　　然后是生产组织，并对物料流和输送系统及布局进行规划。IFU 规划桌 4.0 提供了一种方法，能更有效地执行这些粗略规划任务。出发点是工厂规划项目的复杂性，需要一个由来自不同部门员工组成的项目团队。在这个项目团队中，需要高度的协作和协调，以确保可靠的规划结果。特别是生产中的操作人员，因为他们有广泛的、隐性的和无记录的知识经验，因此他们的重要性不言而喻。

　　这种认识促成了参与性规划桌的发展。规划桌将数字工厂的几个工具组合到一个直观的、参与性的布局规划中。在具有多点触控功能的显示器上，显示要构建或重构的工厂的二维布局。与平板电脑或智能手机一样，用户可以根据自己的意愿，使用手指来操纵、改变或改进布局。与此同时，在规划桌的前方设置 3D 投影墙（见图 1-7-10）（Dombrowski 等 2011）。

图 1-7-10　规划桌上的参与性工作

1

用户可以实时接收到规划结果的数字空间视图。在每次更改时，规划桌都会对布局进行相对于理想状态的评估，以便立即查看改进或恶化的地方。因此，在设计一个面向物流的布局时，参与者也得到了支持。通过其参与性，规划桌促进了对规划结果的接受度，整合了隐性知识，加速了规划过程，因为所有参与人员在同一规划级别同时工作，并且可以在布局创建过程中进行可能的更正。通过这种方式，就可以在整个团队中以同一层级的方式进行规划并整合隐性知识。

通过直观的软件和用户友好交互设计，多点触控规划桌的使用让员工能够参与到布局规划中。该软件引导用户一步步完成建筑布局的规划。基于对象库，用户可以将规划所需的资源导入布局，并在此基础上进行布置。除了用操作设备上的象形图表示可能的危险源信息，操作设备之间的关系流的可视化支持规划人员去设计一个面向物料流的布局。除了使用区域（如卫生或社会空间和路径），还将估计并存储在对象库中员工的数量。与软件的交互是通过直观的多点触摸手势来完成的（见图 1-7-11）。所有参与此过程的用户都能将自己的想法集成到布局中，并一起使用规划桌工具。

最新一代规划桌（IFU 规划桌 4.0）的概念通过使用与要布置的机器和系统相对应的增材制造 3D 模型得到了补充。这些触觉模型增强了规划桌的直观性，从而对员工的参与度产生了积极的影响。该模型提供了一个集成的 RFID 标签，用于从规划桌中识别它们，这样当将一个物理 3D 对象放置在规划桌上时，在布局规划软件中将自动创建数字图像。3D 对象与消防和工作场所的规范以及机器的具体数据相关联，这些数据通过基于云的在线数据库随时更新。该数据库使用一个智能的、基于功能的规划系统，在相应的规则、法规被违反或必须遵守的情况下，就会主动通知用户，这是为了确保规划始终在现行版本中进行，即使是非专业人员也可以通过与对象的联系考虑这些限制。通过已描述的规划桌的智能性和将最重要的信息直接集成到布局中，以及系统支持的验证，用户在进行规划活动时将得到支持。这样，快速、简化，最重要的是使得可靠的布局规划成为可能。这将促进规划团队更好地整合，并更快地适应现有工厂结构。IFU 规划桌 4.0 的工作原理如图 1-7-12 所示（Bauernhansl/Dombrowski 2016）。

Lanza（Bauernhansl/Dombrowski 2016）认为，IFU 规划桌的功能是面向以人为中心的控制回路，在

图 1-7-11　参与性规划桌的多触点软件界面

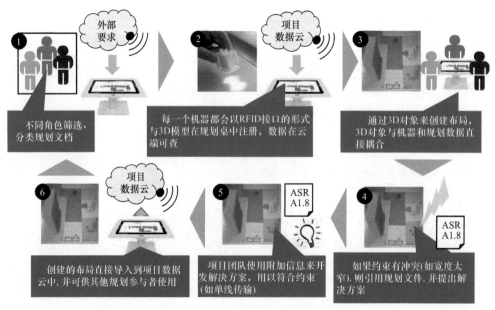

图 1-7-12　IFU 规划桌 4.0 的工作原理

算法的帮助下，进行数据关联，以便将上下文信息主动提供给用户。这些信息可作为布局规划时的决策支持。然而，实际的决定仍然是由员工自己来做的。工业 4.0 的方法支持员工能够做出明智的决定。规划结果存储在中央数据库中，新生成的结果可直接用于未来规划（Bauernhansl/Dombrowski 2016）。

今后，更为广泛的工厂参数，如湿度或照度，将与规划桌一起纳入规划过程。同时，目前还不清楚对生产系统中各个要素之间快速变化的联系的规划必须如何进行。在工业 4.0 的背景下，分散为生产的自主组织和过程控制提供了基础（Bauernhansl 2014）。人、产品和机器应该以批量化为目标，自主地组织在一起（Dombrowski 等 2014）。然而，这些可能性与经典的工厂规划相矛盾，因为不可能假设一个预先定义的生产程序或彼此的分配。相反，具有挑战的是如何适应生产系统中各个要素的快速变化，以便对变化的条件或新的生产订单做出反应。通过这个特设的可联网性，工业 4.0 的系统边界不是静态的而是动态的，这就导致在布局规划中，将生产计划作为规划基础，预测的难度较大。由于人、产品或机器根据决策逻辑指定的标准来决定最佳工艺流程，因此布局和物料流的规划就变得更加困难。在工业 4.0 中，所有机器都以物流方式连接，使产品可以灵活地从一台机器运输到另一台机器。由于加工顺序不同，在布局规划中没有关于生产步骤的基本要求。因此，在工厂规划中需要制定新的标准和方法，并根据该标准和方法进行布局规划。总之，工厂规划必须考虑自主工艺流程的分散式决策逻辑，以实现分散式组织和控制（Aurich 等 2015）。

7.2.3　精细规划

完成粗略规划后，确定了包括建筑服务在内的建筑结构，并将生产区域分配给各个车间。在随后的精细规划中，工厂将进行详细的数字规划，这形成了人们所说的数字孪生，即虚拟工厂模型。与数字工厂相比，数字孪生更加细致，包含了机电一体化系统的动态模型（如生产线或输送技术）。精细规划的主要目标是在以人为本的工作条件下，为生产过程提供技术上完美无瑕的经济过程。在这项任务的范围内，必须处理大量不同但往往相互依存的子任务，其中包括技术、法律、组织和人体工程学方面的问题。责任领域包括机器和工作场所的精细布置及其虚拟保护、工作环境的设计、工作流程的人体工程学设计、仓储和运输规划。因此，详细的生产计划旨在实现人、机、物三者之间的无障碍互动，并以需求为导向。基于数字孪生，可以检查这些要

求，并且在实施之前对工厂的任何必要更改进行模拟测试和优化，而无须直接干预生产过程。当然，数字孪生仅是一个静态快照，后期需要在工厂运行过程中不断调整和优化，就像工厂本身一样。接下来将会讨论基于数字孪生的机器和工作场所的精细布置，以及人体工程学的工作场所设计。

1. 机器和工作场所的精细布置

在向工业 4.0 转型的过程中，工厂规划面临着挑战，需要寻找新标准并制定切实可行的方法，对机器和工作场所进行精细布置。与粗略规划一样，精细规划由于在生产过程中产生的分散的、动态的人、机、产品间的配合问题而变得更加困难。通过网络产生的各种可能性与传统的工厂规划相冲突，因为生产过程需要可变的动态的整合。这里最重要的就是机器和工作场地所的精细布置，这主要取决于生产计划的类型和一致性、机器的功能和规模，以及运输和交通线路。由于所有产品和机器直接联网，在工厂规划中必须注意硬件软件接口的统一化和标准化，才能保证不同厂商间产品和机床的点对点通信。现在的工厂规划还没有注意到这些，但在未来的工厂规划过程中需要予以考虑（Aurich 等 2015）。

除了机器和工作场所的精细布置，工作流程的不确定性也会对仓储和运输规划中产生相应的影响。（Aurich 等 2015）。在仓储规划中，必须特别注意在生产和市场数据的波动的情况下，确保生产和交付准备就绪，确保货物的成本效益和材料相容性，以及快速获取周转率高的货物的要求；必须确定哪些货物要以何种数量、何种位置，以何种方式、何种成本储存。因此，需要对仓储规划的影响因素有一个全面的考虑和分析。物流将在工业 4.0 中发挥重要的作用，因为工业 4.0 的主要目标和由此产生的挑战都直接或间接地与物流相关（Bauernhansl 等 2014）。其中一个关键目标是横向和纵向价值链的跨公司网络。为实现这个目标，供应链管理扮演了重要角色。云计算和大数据的应用也是物流产业在工业 4.0 规划中的一个重要转变。通过大数据，可以在短时间内对大量的数据进行分析和处理。在实际应用中，它可用于处理客户订单或管理财务和订单等（Bauernhansl 等 2014）。室内导航解决方案使得基于位置的物流流程控制成为可能，提高了无人驾驶运输系统（FTS）和以需求为导向的物流概念（Milkruns）的应用。更多的工业 4.0 应用实例将在仓储规划中体现，尤其是 E-Kanban、RFID 标记和数据眼镜在优化仓储过程中显示出很大潜力，因此这些技术一方面必须在新工厂的规划中予以考虑，另一

方面也要考虑将这些技术引进到已有的工厂中。

2. 人体工程学的工作场所设计

对于面临人口结构变化及其后果挑战的制造企业而言，生产中的智能自适应工作场所提供了一个充满希望的概念。进入工作区后，工作场所将会根据各个员工和流程参数自动调整。有了这一概念，可以减少甚至消除由于错误的姿态调整和有缺陷的人体工程学设计而造成的拉伤。对于生产中的站立式工作场所，需要考虑工作台高度与人体身高的关系，抓取空间的设计与手臂和手肘长度的关系，以及避免超过心脏高度的工作，都是重要的技术和人体工程学的设计参数。人体参数为光学传感器自动测量提供了一个很好的出发点。结果表明，对站立式工作场所采取的相关人体测量学技术是低成本且用户友好的。IFU 基于开源软件开发了一个自适应工作场所的传感器和执行器技术的评价和控制的应用程序。通过与应用程序链接的数据库，可以将测量的人体数据与人体工程学的工作场所设计要求（DIN 33406）进行比较。其结果是，该应用程序能够为每位员工提供符合人体工程学的工作场所设计的个性化建议。

通过对产品开发的初期（PEP）进行干预。可以显著减少通过人体工程学优化的装配部分创建适合年龄的工作场所所需的工作量。例如，通过使用运动捕捉，将它们映射到虚拟现实中，使用据此生成的数字人体模型可以在早期阶段虚拟地保护装配过程。可以采用基于数字化的、计算机辅助的人体工程学的工作场所分析。因此，可以尽早地识别出不符合人体工程学的装配工作场所，并且有针对性地改进它们。通过揭示身体的过劳和人体工程学压力，可以在工作场所的设计中减少人体的负荷，从而考虑人员结构内变化（Hering/Schleich 2012）。

图 1-7-13 所示为在虚拟工厂环境中使用运动捕捉进行人体模型仿真。一个测试人员身穿含有人体传感器的运动捕捉套装，所使用的运动捕捉系统是一种结合光学跟踪和自动追踪的混合跟踪系统（Hering/Schleich 2012）。这种运动测绘方法已经在汽车工业的人体工程学装配中得以使用。尽管在测试中设备或身体部位会遮挡测试人员，但仍能获得可靠的数据。服装中集成的传感器被分配到相关的肢体上，并将相关的测量方法和信号处理算法结合在一个组件中。通过这些方法，可以弥补单个方法的缺点，如陀螺仪缓慢归零的问题（漂移）。传感器的数据将通过无线网络实时传送给计算机（Bracht 等 2011）。通过将产品数据和资源数据与制造过程相关联，所需的组件或设备的设计数据将由产品数据管理系统提供。利用这种方法，数字仿真模型

将进行自动装配。利用运动捕捉系统获得的运动数据，可用于数字工厂的手动装配过程或相关工作场所的人体工程学分析，也可以反馈给所连接的数据库。运动捕捉系统与虚拟工厂的结合在 Dassault 公司的仿真软件 DELMIA 中通过 Haption 接口成功实现（见图 1-7-13）。当场景移动时，运动捕捉系统通过 CAVE 自动模拟环境来为测试人员提供虚拟工作场景。

图 1-7-13   在虚拟工厂环境中使用运动
捕捉进行人体模型仿真

为了实现适合员工年龄的工作场所，另外一种可能是在装配中使用机器人。这样一来，就可以减轻员工的体力劳动，并且改善人体工程学，提高生产灵活性。然而，出于安全考虑，如今的人工装配站和自动装配站必须严格分离开来，这仍然存在很大的问题，而解决这个问题的办法就是人机协作（MRK）。它描述了在合作完成一个任务时，员工与机器人在同一工作空间内的协同工作（Schenk 等 2014）。协作双方都可以充分发挥各自的能力。通过固有的结构或控制，设置力和功率的极限，可确保员工的安全。由于协作过程中机器人和员工的空间距离可能会缩小，增加了实施过程的规模和复杂性。在 DIN EN ISO 10218 中规定了人机协作的要求。风险评估的关键在于确定机器人在动作时是否有可能与员工有直接接触。技术规范 ISO TS 15066 规定了直接接触时的生物力学范围。这些规定的力学范围需要通过测力验证来实现。力和压力的影响取决于机器人模型、工具、组件以及其他在生产过程中的有关设备，与敏感部位，如头、颈的接触除外（DIN EN ISO 10218-1，DIN EN ISO 10218-2）。

另外，MRK（人机协作）的场景可以在早期就得到保证。通过将交互式物理模拟融入虚拟工厂环境中，并应用力反馈装置，可以对人与机器人之间的直接接触进行映射和评估。图 1-7-14 中展示了一个人体模型（Delmia）与一个 KUKA LBRiiwa 14

R820 仿真模型之间的碰撞。在放大的部分（关节）以红色箭头将人与机器人之间的实时单独碰撞进行可视化。所产生的力可以直接映射到人体模型的不同部位，并与力的大小、位置、时间等参数作为数据流储存起来。通过用产品和设备数据丰富这个仿真环境，可以详细建立 MRK 场景，机器人的关键动作可以预先在一个虚拟的环境中进行风险评估，并且为它确定一个安全的工作空间。

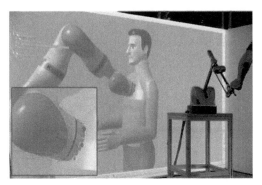

图 1-7-14　虚拟现实中的人机协作与
直接接触力的仿真

7.2.4　执行

执行部分包括厂房的建设和工厂设备的布置。这里通过增强现实，展示了数字工厂厂房建设和设备布置的过程，通过比较实际的建造阶段和虚拟规划模型来实现。增强现实（AR）是扩展真实性的意思，是虚拟现实（VR）的一种扩展（Tönnis 2010）。在 VR 技术的背景下，工厂规划中的每个部分，包括制造和物流过程，都可以作为虚拟仿真模型存储在计算机的数据库中（Schenk 等 2014）。在单独使用 VR 系统时，还缺少与现实环境的交互。AR 系统提供了这些交互，通过把现实和虚拟元素结合起来，可以在实际环境中实时显示可视化信息。在实践中，信息将以图像或视频的形式展示。摄像机捕捉真实环境，并使用标记或明显的轮廓来为插入的虚拟对象确定空间位置。因此，AR 系统需要具备高灵活性和简单直观的操作性；同时，操作员必须能够始终区分虚拟环境和现实环境（Bracht 等 2011）。现代的定位系统可以精确地定位虚拟现实和新建的工厂。此时可以假设所有组件的当前 CAD 数据都存储在一个中央数据库中。最终通过增强现实的使用，确保更高的规划可靠性，并在规划或建设过程中及时发现错误，从而节约时间和成本（Pettenrieder 2008）。

例如，AR 系统的应用催生了 DIOTA 工业增强（见图 1-7-15）。图中展示了加入虚拟增强之后的工

厂真实图像。已有的管道由集成在平板电脑中的摄像机进行拍摄，尚未安装的容器虚拟模型将被动态集成。在此基础上，可以直接与现场确定障碍物是否妨碍安装（如由于所需的安装空间）。如果虚拟模型需要更改，则可以将它们直接插入平板电脑，并在 AR 环境中进行检查。

图 1-7-15　增强现实在工厂规划中的应用
（来源：DIOTA Augmented Industries）

7.2.5　运营、调整和适应

在开始运营时，工厂规划基本完成。生产设备投入使用并开始生产。将当前版本中运营分析阶段开发的数字规划数据以及精细和粗略规划交给运营商。这种数据状态是所谓的数字孪生，已在 7.2.3 节（精细规划）中介绍过。除了数字孪生，在工厂增值过程中产生的和更新的数据，将对未来的再规划以及调整和适应非常重要。此项工作的目标是，在将来不需要数字和媒体支持，并且在理想状况下能通过相关算法完全自动运行。只有这样，才能实现工业 4.0 意义上的高效、面向未来的工业生产。沿着价值流对信息流进行横向的集成或互联，以及进行更高规格的规划、控制、监测。所有相关系统和相关参与者之间的交互，将通过设备控制、设备监测以及在生产过程中使用的传感器，从而形成一个共同的系统。数据被采集并归入一个代表实际生产的数据模型中，从而建立产品数据和生产过程数据之间的联系，并形成了一个生产的实时图像，即所谓数字孪生（Abele 等 2015；Bauernhansl/Dombrowski 2016）。

价值流的数字化是工业 4.0 的推动力，也为效率的提升提供了巨大潜力。对生产设备的状态、生产过程和产品状况进行持续控制和评估。对加工过程的质量进行实时监测，可以保护设备及其组件。通过对得到的数据进行针对性处理，可为相关设备的生产过程提供实时服务，如维修，可以通过主动维修来减少维修和维护成本，并优化性能参数（Abele

1

等 2015）。另外一个利用所获得的数据的例子是智能电网（智能栅栏），控制能量密集型系统并以成本导向的方式控制价格。这可以使产生的电力得到保护和有效利用。"通过这样一个状态监测系统的集成，可以对生产质量、成本控制和生产速度产生积极的影响。具体来说，是对人员、流程、网络和资源的有效控制。"（Abele 等 2015）。在此基础上，决策可以更加有效和透明，包括在工厂规划中的调整和措施也是如此。生产中的动态产能，如设备的吞吐时间和可用性，是调整和改善生产流程和工厂结构的基础。

图 1-7-16 所示为实际工厂中信息流沿不同的信息层流动及其反馈的过程，描述了数据可用性及其对

数字工厂产生的总体影响。通过数字孪生和工业 4.0 的引入，实际工厂和数字工厂的信息流将显著增加。随着数字化的普及和传感器技术的广泛应用，以及由此实现的网络化，使得传感器/执行器级别的数据量骤增，因此需要在控制层面上评估大量的数据。数据密度将大大增加。信息流量的增加和事件数量的增加，也将导致规划层面的周期持续缩短。对于数字工厂中的规划任务，这个更短的规划周期意味着更频繁的信息反馈、更短的规划时间和更详细的规划内容。除此之外，这反映在数字孪生的引入中，它比数字工厂的详细程度要高得多。由于计算能力的显著提高以及在未来将会进一步提高，因此在工作中可使用精细模型，并不需要对它们进行简化。

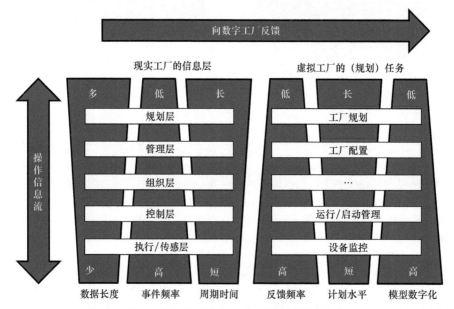

图 1-7-16   信息流的流动及其反馈的过程

由于数字孪生和数字孪生带来的运营信息流大大增加，数据密度越来越高，确保了运营阶段以及调整和适应性的日益融合，并进行永久性的数字运营分析。将传感器/执行器的数字孪生信息反馈到数字孪生模型中，可实现更高规划精度的数字工厂运营。个别生产设施的交换或扩展以及虚拟模型中模块化生产部分的重组，都显示出对真实工厂的影响。规划风险可以实现复杂工厂结构的短周期重新规划。通过这种方式，工业 4.0 实现了产品单件小批量（Losgröße 1）的生产、客户定制化程度的提高。

此外，在调整和适应过程中，工业 4.0 技术的应用也可以引入到已有的工厂中。所需的基础设施可以改装并集成到现有的工厂环境中。具体的任务和

要求目前尚不清楚。其前提条件是规划数据的实时性，以便可以定期记录现有工厂的实际数据或与现有数据进行比对。另外，需要考虑统一的通信接口，实现人、机、产品之间的通信。

7.3   总结与展望

工厂规划与数字工厂的规划目标（经济性、质量、通信、标准化，以及知识的获取和保存）保持一致，有利于引入工业 4.0。在这里，重点也是通过最大限度地平行开展规划活动来节省时间和费用。在这种情况下，由于数字化和网络的增加，提高经济效益的基础是极高的数据和信息密度。存储在网络数据库（也就是所谓的云）中的数据，将改进和提高

参与规划和生产的所有用户群体之间的跨学科交流。所有参与者可以在任何时间、任何地点对这些数据进行访问。中央存储促进了标准的发展，但更重要的是，促进了标准的传播与优化。通过将数字投影中的数据和信息反馈到数字孪生，可实现高规划精度的数字工厂运营。可直接在虚拟模型上验证重新规划的效率。这些变化将对实际工厂产生直接影响，而不会造成生产损失的风险。生成的信息能够回传至数据库，也可以保存在其他路径以供后续的产品使用。这些复杂工厂结构的短周期重新规划最终导致工厂生命周期内各个阶段的交互变得越来越强烈。

这表明，工业 4.0 对工厂规划在未来会产生显著影响。这些影响反映在工厂规划和规划的实际过程中所需要考虑的任务和内容。工厂规划进程会因此受到多大的影响，以及该项目的开发将持续多久，目前还不能确定。

尽管数字工厂及其产业在工业 4.0 进程中具有诸多优势，但并不代表经典的工厂规划要被全面取代。工业 4.0 也提供了这样的可能性，将数字工厂规划与经典工厂规划相结合，以丰富生产系统的信息库，同时通过更高的规划精度来避免规划错误，并节约成本。可以看出，在数字工厂的框架内，许多发展已经促进工厂规划向工业 4.0 的方向发展。为了解答一系列尚未解决的问题，有必要探究进一步的发展。另外，未来工厂规划的一个重要问题是缺乏对人、机器和产品的确定性分配。在工业 4.0 的模拟生产系统中，所有要素都是暂时连接起来的，这十分有利于生产周期的规划。除此之外，生产组织形式的定义或布局规划都与此直接相关。工厂规划中组织系统如何进行自我处理，仍然有待解决。然而，最后值得一提的是，数字工厂的规划为成功启动工业 4.0 提供了全部的基本工具。

参 考 文 献

Abele E.; Anderl, R.; Metternich, J.; Wank, A.; Anokhin, O.; Arndt, A.; Meudt, T.; Sauer, M.: Effiziente Fabrik 4.0. Einzug von Industrie 4.0 in bestehende Produktionssysteme. In: Zeitschrift für wirtschaftlichen Fabrikbetrieb 110(3)2015, S. 150-153

Aurich, J. C.; Steimer, C.; Meissner, H.; Menck, N.: Einfluss von Industrie 4.0 auf die Fabrikplanung. Auswirkungen der besonderen Charakteristika cybertronischer Produktionssysteme auf die Fabrikplanung. In: wt Werkstattstechnik online 105(4), 2015, S. 190-194

Bauernhansl, T.: Die Vierte Industrielle Revolution - Der Weg in ein wertschaffendes Produktionsparadigma. In:

Bauernhansl, T.; ten Hompel, M.; Vogel-Heuser, B.: Industrie 4.0 in Produktion,Automatisierung und Logistik. Springer Vieweg, Wiesbaden 2014, S. 5-35

Bauernhansl, T.; Dombrowski, U.: Welchen Einfluss wird Industrie 4.0 auf unsere Fabriken und Fabrikplanung haben? In: 13. Deutscher Fachkongress Fabrikplanung. Marktplatz der Fabrikplaner. Ludwigsburg, 20. und 21. April 2016. Süddeutscher Verlag 2016

Bracht, U.; Geckler, D.; Wenzel, S.: Digitale Fabrik. Methoden und Praxisbeispiele. Springer(VDI-Buch), Berlin, New York 2011(online verfügbar unter *http://lib.myilibrary.com/detail. asp?id=308242*)

DIN EN ISO 10218-1:2011: Industrieroboter - Sicherheitsanforderungen- Teil 1: Roboter

DIN EN ISO 10218-2:2011: Industrieroboter - Sicherheitsanforderungen- Teil 2: Robotersysteme und Integration

Dombrowski, U.; Tiedemann, H.; Bothe, T.: Auf dem Weg zur Digitalen Fabrik. In: Carolo Wilhelmina, Forschungsmagazin der TU Braunschweig(1), 2001, S. 44-49

Dombrowski, U.; Tiedemann, H.; Quack, S.: Die Digitale Fabrik. Ein neuer Meilenstein in der Fabrikplanung. Teraport GmbH/M+W Zander/Jenoptik. Stuttgart, 20. 01. 2003

Dombrowski, U.; Tiedemann, H.: Die richtigen Fabrikplanungswerkzeuge auswählen. Eine Methode zur Entscheidungsunterstützung. In: Zeitschrift für wirtschaftlichen Fabrikbetrieb 100(3), 2005, S. 136-140

Dombrowski, U.; Riechel, C.; Schulze, S.: Multitouch-Planungstisch als Werkzeug der partizipativen Fabrikplanung. In: IQ Journal(2), Verein Deutscher Ingenieure - VDI, Braunschweiger Bezirksverein e. V. 2011

Dombrowski, U. (Hrsg.): Lean Development. Aktueller Stand und zukünftige Entwicklungen. Springer Vieweg(VDI-Buch), Berlin,Heidelberg 2015 (online verfügbar unter *http://dx.doi. org/10.1007/978-3-662-47421-1*)

Hering, L.; Schleich, H.: Unterstutzung der entwicklungsnahen Montageplanung für Nutzfahrzeuge durch Virtual und Augmented Reality. In: Scientific Reports der Hochschule Mittweida,2012

Kettner, H.; Schmidt, J.; Greim, H.-R.: Leitfaden der systematischen Fabrikplanung.: Carl Hanser Verlag, München 1984

Pentenrieder, K.: Augmented Reality Based Factory Planning. Institut fur Informatik der Technischen Universität München 2008

Schenk, M.; Wirth, S.; Müller, E.: Fabrikplanung und Fabrikbetrieb. Methoden für die wandlungsfähige, vernetzte

1

und ressourceneffiziente Fabrik. 2., vollst. überarb. und erw. Aufl. Springer Vieweg(VDI-Buch), Berlin 2014(online verfügbar unter *http://dx.doi.org/10.1007/978-3-642-05459-4*)

Tönnis, M.: Augmented Reality - Schneller und unkomplizierter Einstieg in das Thema Augmented Reality. Springer, Berlin/ Heidelberg 2010

VDI Richtlinie 3633 Blatt 1: Simulation von Logistik-, Materialfluss-und Produktionssystemen - Grundlagen. VDI Verlag, Düsseldorf 2010

VDI Richtlinie 4499 Blatt 2: Digitale Fabrik Digitaler Fabrikbetrieb.VDI Verlag, Düsseldorf 2011

VDI Richtlinie 4499 Blatt1: Digitale Fabrik Grundlagen. VDI Verlag, Düsseldorf 2008

第 8 章

工业 4.0 的法律问题：框架条件、挑战和解决方案

Gerrit Hornung，Kai Hofmann

8.1　采取行动的必要性

随着信息物理系统（CPS）的应用日益增加，制造业的参与者面临新的挑战。可以说这一变革过程与早期工业革命所带来的变革一样彻底。在任何情况下，构建一个基本结构都是十分必要的。这首先是指技术系统和技术方法，然后是企业内部的流程，最后是跨企业的价值链和价值网络。

随着 CPS 的出现，新的数据流、新的参与者、新的商业模式和新的监管策略正不断涌现。因此，如果将"工业 4.0"理解为纯粹的技术挑战是非常狭隘的。相反，它是一个技术和社会的创新，不能只依据可行性技术范式设计。除此之外，还有经济实用性的考量、与员工和客户交流时的接受度问题，以及德国和欧洲法律的法律要求[一]（非功能性要求）。

当技术创新符合现行的法律时，往往在复杂的交互过程中互相影响。根据其本身的概念，法律具有"控制"[二]非法开发的作用。但是，在强大的市场主体创新的情况下，法律也面临着相当大的适应压力，一方面它是合法经济利益的体现，另一方面也是经济失衡的症状。

无论如何，从法学角度来看，以下两者是必不可少的：适应法律的技术创造[三]和适用创新的法律[四]。

这方面的出发点必须是尽早地对现有法律框架进行分析，以适应新兴技术的创新。下文概述了工业 4.0 中 CPS 的应用情况，并指出了相应的挑战。

8.2　数据主权

发展工业 4.0 的一个基本要素是在价值链[五]的所有领域内广泛地使用 CPS，如此将产生以下后果：将来会产生大量与生产过程和物流过程相关的细粒度数据，这些数据在各 CPS 之间（甚至是跨企业之间）自动交换并被专门地评估。随着数据对工业的价值创造变得越来越重要，这些数据的主权问题也变得更加紧迫。换言之，是谁"拥有"这些有价值的数据，或者说谁有权利在经济层面使用它。

8.2.1　概念上的保护方向

数据主权基本上可以从两个不同的保护方向来考虑。在防御功能上，它保证了数据的保存、完整性和保密性，因此可理解为防止业务流程中断并阻止对企业窥探。独家实际获取的数据，也可用于商业化利用，但这不是法律上的权利，而是保密性的实际反映。区别于防御功能，数据主权的第二个功能是指定使用功能。它赋予持有者使用数据的权利，

○ 关于工业 4.0 法律问题的初步探讨 s. Bräutigam/Klindt 2015a；Bräutigam/Klindt 2015b；Hansen/Thiel 2012；Haustein 2013；Hofmann 2013；Hofmann 2016a；Hofmann 2016b；Hornung 2016b；Hornung/Hofmann 2013；Hornung/Hofmann 2015；Hötitzsch 2015；Peschel/Rockstroh 2014；Tschohl 2014；Zech 2015b . 一段时间以来，人们就物联网（s. Hofmann/Hornung 2015）以及最近的联网汽车（s. Hornung/Goeble 2015）开展了相关法律问题的讨论。

○ 这种控制的问题反复出现，尤其是从系统理论的角度来看（s. Di Fabio 1991, S. 205；Luhmann 1989, S. 4 ff.；Luhmann 1991, S. 142 ff.；Teubner/Willke 1984, S. 4 ff.；Willke 1984, S. 29 ff.）。然而，在法律学领域，已经开发了许多工具 - 特别是以市场为导向的工具 - 这些工具是有希望、部分成功的方法，来面对这些困难（s. Eifert 2012, S. 110 ff.；Roßnagel/Sanden 2007, S. 17 ff., 67 ff.）。

○ 基础：Roßnagel 1993。

○ 关于法律发展的创新导向分析 s . Hornung 2015a。

○ 见第 7 章（第 3 篇）。

并将其他人排除在外。与防御功能相反，此权限还扩展到不再具有排他性访问权限的数据（如被发布的数据）(Zech 2015a, S. 139 f.)。

不同的保护方向可通过一个基于状态的生产设备维护的例子来解释，机器状态和负载的数据将被记录，以预测下次需要维护的时间和范围。机器使用者的兴趣在于数据保密（防御功能）和专门使用（指定使用功能）。

在防御功能方面，数据主权应当防止数据（以及最终对维护要求的预测）受到不利影响，即防止数据被篡改或损坏[⊖]。此外，数据可能不仅包括关于机器状况的描述，而且还涉及生产方法或工厂的使用情况（根据机器的负荷或完工时间），以及最终公司订单状况。防止对这些数据进行未授权访问也是数据主权的防御功能的一部分。

在工业 4.0 中，由于数据的跨公司交流和新商业模式、所有权模式的出现，这种常见的冲突情况变得更加复杂，使得制造商越来越不愿意出售他们的机器，而是让他们在租赁模式或出租模式的框架下进行生产。机器的所有权和使用权相互分离，人们必须明确，谁可以合法地保护自己的数据免受第三方访问。此外，新的角色也正在出现。因此，故障预测也可以由外部服务提供商进行（既可以是受使用者委托，也可以是受制造商委托的情况，只要后者仍是其所有者）。然后，服务提供商可以访问相关的机器数据；这通常会涉及多个使用者的数据（可对其结果进行跨使用者的分析）。从使用者的角度来看，必须确保数据受到与内部使用时同样的保护，防止它们在未经过授权的情况下被访问，以及不能被用于分析生产过程和订单情况（Hofmann 2013, S. 210 f.）。

从指定使用功能可以得出，数据不仅仅对于机器的使用者有价值，对于想损害它的人来说也具有价值。相反，机器制造商可能有兴趣使用并获得对产品改进的认识。从制造商和服务提供商的角度来看，最广泛的数据分析开辟了新的业务模式，这也符合使用者的利益，如通过统计、跨公司和跨制造商的调查，揭示操作故障或其他故障来源。因此，它不仅开辟了使用者（或者说取决于模型制造商）和维护服务提供商之间的维修市场，还开辟了一个新的数据市场。在这个市场中，服务提供商向不同的制造商提供获取的情报（例如，在一个制造商的机器上检测到一个罕见且重要的故障，这一情报将被提供给另一家拥有相似技术机器的制造商）。这种情况

下的数据主权可能意味着，使用者也参与到了服务提供商与机器制造商的业务中，并从中获利，因为使用者的机器数据构成了该附加价值的基础。

8.2.2　直接影响范围内的保护

数据主权的建立首先考虑的是产权和合法财产，但由于这两者只针对物理对象，因此只能直接对数据载体进行保护。所有者和授权者将其他人排除在外的权力保护了存储在数据载体上的数据，同时也产生了副作用。未经授权的删除、篡改或访问也会影响数据载体。但是，如果数据在数据载体之外被处理，如数据已经传送给第三方，则它不属于这种产权相关或财产相关的保护（Zech 2015a, S. 141 f.）。

在类似方面，刑法保护排除了对数据泄露（§ 202a StGB）和数据篡改（§ 303a StGB）的间谍活动。受保护的是直接影响数据自身的存储人的处置权（Welp 1988, S. 447），即数据的存储本身（见 § 202a StGB：OLG Naumburg v. 27. 8. 2014 - 6 U 3/14, juris 2016, Rn. 25；见 § 303a StGB：OLG Nürnberg v. 23. 1. 2013 - 1 Ws 445/12, juris, Rn. 14）。这两个关于 § 823 Abs. 2 BGB 的标准在民法中作为保护法发挥作用（见 § 202a StGB：OLG Celle v. 22. 12. 2010 - 7 U 49/09, NJW-RR 2011, S. 1047 - 1049）。如果被授权人在访问数据及确保其完整性方面的权利受到影响，则受保护者将受到损害（Zech 2015a, S. 143；Zech 2015b, S. 1159）。与法律赋予数据载体的保护不同，有权利的人不一定是数据载体的所有者（Dorner 2014, S. 618）。例如，在雇用条件或合同条件下，创建数据具有一定的自主权，员工或受托人将被视为具有权利（OLG Naumburg v. 27. 8. 2014 - 6 U 3/14, juris 2016, Rn. 26）。基于状态维护的情况下，机器使用者或其雇员将由 §§ 202a, 303 aStGB 保护。但是，这只能保证数据主权的部分方面，因为保护从一开始就只是为了防止侵害。此外，在数据传送或送交独立处理时，将会改变数据分类（Hoeren 2013, S. 488；OLG Nürnberg v. 23. 1. 2013 - 1 Ws 445/12, juris, Rn. 16 f.）。尽管传送给第三方的数据（如提供给服务提供商用于维护预测的数据），根据 §§ 202a, 303a 条款仍然受到保护，但这对第三方有利。对于分析的结果，即维护预测本身，情况更是如此（Zech 2015b, S. 1159）。

同样，在 §§ 202a, 303a StGB 中将数据保护作为"其他权利" i. S. d. § 823 Abs. 1 BGB（Hoeren 2013, S. 491）。因此，存储位置获得了独立于数据载

⊖　在实施方面，这涉及复杂的 IT 安全措施；见第 1 篇的第 5 章和第 8 章第 5 节。

体所有权的保护地位，该保护地位同样仅仅针对防御，而且仅延伸到数据的传输或传送（Zech 2015a，S. 143；Zech 2015b，S. 1158；gänzlich ablehnend Dorner 2014，S. 621）。

总体而言，只要数据在其直接影响的范围内，数据就能得到全面的保护，其完整性或机密性不会受到损害。但是，这种保护与数据的信息内容无关，因此不会专门安排给所有者。只有与数据载体有关的法律地位和数据处理的实际权力受到保护。这涵盖了上面讨论的工业 4.0 的一些情况，但绝不是全部。

8.2.3　知识产权

知识产权法是一种完全不同的数据保护方法，如专利权、商标权和作者的使用权。这并不是保证相关数据的完整性和保密性，而是为了保护所有者的利益（vgl. Zech 2015a, S. 139）[⊖]。为此，各自的保护对象都被分配给一个具体的专业人员，无论他是否处于具体的实际影响范围之内。保护的前提是法律上标准化的知识产权（如专利、商标、企业名称、版权）。数据本身是有价值的，因此从经济的角度来看，它也代表一种知识产权，然而目前立法者并没有建立相应的数据知识产权。例如，根据 § 2 Abs. 2 UrhG 著作权法，只保护个人智力创作。机器数据不被单独考虑，因为人在其产生过程中没有起到决定性的影响作用（Dorner 2014, S. 621；Roßnagel 等 2016, S. 4；Zech 2015a, S. 141；2015b, S. 1157）。

然而，§§ 87a ff UrhG 关于保护数据库制造商的规定与作为独立知识产权的数据保护非常接近。例如，在工业 4.0 中使用这些数据时，原始数据在数据库中被收集和处理，以作为分析的依据，如维护预测（Zech 2015b, S. 1157 f.）。根据 87b UrhG 的规定，数据库制造商被授予专有的权利，可复制、传播和公开提供整个数据库或其中的主要部分，但这与严格意义上的专有使用权（如版权数据）并无关联。根本原因在于 §§ 87a ff. UrhG 中只包含所谓的邻接权。因此，数据库和日期本身都没有受到保护，而仅仅是与数据库的采购、核查或描述有关的重要投资得到了保护。第三方总是可以自由获得同样的数据（BGH v.21. 7. 2005 - I ZR 290/02, BGHZ 164, S. 37, Rn. 23）。由于不存在对某一数据的履约保护权利，保护进一步受到削弱。这是由于根据 §87bAbs.1 UrhG，使用权仅涉及数据库，而不涉及其中的数据。

与数据载体的法律类似，数据库的相关法律仅仅是作为一种附加作用来保护数据，并且只在整个数据库或主要部分受到影响的情况下起作用。

尽管有这些限制，工业 4.0 中的数据库保护仍具有重要的意义。更大的、系统的数据收集（如关于所提及的系统状态或维护要求）应该在任何情况下都具有其经济价值，由此产生了合法分类的问题。对这些数据的全面分析必然会触及数据库制造商的权利。虽然数据库保护并不延伸到分析的结果，但分析本身在技术上是无法实现的，如果不同时的、至少是暂时地复制数据库的最小重要部分，根据 87b Abs. 1 UrhG，只是由数据库制造者来决定（Zech 2015b, S.1158）[⊖]。

更突出的问题是，数据库制造商是谁，而谁将因此获得邻接权。根据 87a Abs.2 UrhG 的规定，决定性因素是谁为数据的采购、检验或生产进行了投资，即谁承担了其经济风险，并直接参与损益（Thum/Hermes 2014a, Rn. 131）。

在采购方面，首先出现的标界问题涉及确定和采集现有数据，而非数据的生成（EuGH, ECLI: EU:C:2004:695, Rn. 31；EuGH, ECLI:EU:C:2004: 696, Rn. 24；EuGH, ECLI:EU:C:2004:697, Rn. 38 ff.；EuGH, ECLI:EU:C:2004:694, Rn. 34 f.）。此前关于工业 4.0 的讨论中，人们一致认为，数据生成机器的运营商没有做出需要考量的投资（Peschel/ Rockstroh 2014, S. 573；Żdanowiecki 2015, S. 22；so wohlauchZech 2015b, S. 1157 f），但这必然是有疑问的。欧洲法院的限制性司法权已被用于体育赛事的赛事计划之中。其中所包含的数据（如时间、举办地和参赛者）仅由组织者确定，自然也只能是他们知晓；另一方面，获取数据是衡量和观察真实事件的前提（BGH v. 21. 7. 2005 - I ZR 290/02, BGHZ 164, S. 37, Rn. 23；BGH v. 25. 3. 2010 - I ZR 47/08, CR 2011, S. 43, Rn. 19；Leistner 2000, S. 151 f.；Thum/ Hermes 2014a, Rn. 49；Vogel 2010a, S. 53；a. A. LG Köln v. 18. 11. 2005 - 28 O 322/04, juris, 47；Wiebe 2014, S. 4）。联邦法院在保护收费系统的数据库时，也会考虑在固定收费站及流动车辆设备上的投资（BGH v. 25. 3. 2010 - I ZR 47/08, CR 2011, S. 43, Rn. 23）。

如果将这一理念应用到工业 4.0，就必须考虑与传感器技术相关的用于数据采集的

⊖　一些知识产权，如版权法，还包括保护作者与其作品的个人关系的个人权利组成部分。

⊖　§ 44aUrhG 仅用于临时副本的例外情况，不适用于数据库的使用（Thum/Hermes 2014b, Rn. 39 ff.；Welser 2014, Rn. 23）。

机器上的投资，但须明确量化。如果记录机器数据的传感器系统与实际的机器在经济上紧密相连，则数据采集将被添加到机器的操作中，从而增加了不被考虑在内的数据生成（EuGH, ECLI:EU:C:2004:695, Rn. 35；EuGH, ECLI:EU:C:2004:696, Rn. 29；EuGH, ECLI:EU:C:2004:697, Rn. 45）。另一方面，如果将测量仪器和测量对象分开，则需考虑对测量仪器的投资和操作。

除了保护采购投资这个关键问题之外，数据的核查和列报也包括在这类投资。这包括维护和运行数据库的所有费用，特别是软件和技术基础设施的成本。反过来，分析本身也生成数据，这就是为什么此处不考虑成本的原因[⊖]。

如果机器使用者向服务提供商支付数据库的运行费用，则根据 § 87a（2）UrhG，这不会自动使其成为数据库制造商（BGH v. 25. 3. 2010 - I ZR 47/08, CR 2011, S. 43, Rn. 26 f.）。对于经济风险的分配取决于计费模式的类型。如果机器使用者支付固定的费用，服务提供商应承担费用的风险[⊜]。另一方面，如果机器使用者不考虑结果而承担所有费用，他将承担这种风险，并且他将成为数据库制造商。这同样也适用于测量仪器，如果他们仍然是服务提供商的财产[⊜]，那么数据采集的投资就属于服务提供商。但如果设备成为机器使用者的财产（无论是否通过担保或类似的方式转让所有权），则由机器使用者投资。如果投资是双方共同承担——例如，由于测量仪器由机器使用者投资，而数据库基础设施是由服务提供商投资的，则机器使用者和服务提供商也可以共同组成数据库的制造商（Thum/Hermes 2014a, Rn. 138）。

如果这样的设计被证明是不切实际的，或者不符合当事方的利益，则可以通过合同协议来消除。数据库制造商的财产完全只由 § 87a Abs. 2 UrhG 确定。如果谁只想支付一定的价格，或者相反的，如果不能将传感器与实际机器分开，根据协议也不能成为（唯一的）数据库制造商（BGH v. 30. 4. 2009 - I ZR 191/05, GRUR 2009, S. 852-856）。然而，根据 § 87b UrhG 所产生的权利可以自由转让（Thum/Hermes 2014a；Vogel 2010b, Rn. 72），因此也可以集中于一方当事人。

8.2.4 商业机密保护

在 § 17 UWG 中规定的商业机密（公司机密）保护，在一定程度上处于直接影响范围内的保护和知识产权保护之间。一方面，保护不在于机密的内容，而是在于其实际的专属权（Beyerbach 2012, S. 210 f.；Dorner 2014, S. 623；Wolff 1997, S. 100 f.；Zech 2015a, S. 141；2015b, S. 1156）。如果具体信息变得明显，则不再有任何保护。另一方面，这种保护并不完全仅限于所有者的影响范围。根据 17 Abs.1 和 2 Nr.1 UWG 的规定，雇员泄露公司机密和工业间谍活动将受到惩罚；根据 17 Abs.2 Nr.2 UWG，通过这种方式或其他未经授权的方式获得公司机密也将受到惩罚。因此，机密所有人有权排除第三方对具体机密的使用。但与邻接权类似，他不能阻止他人通过正当途径获取信息，如通过自身的努力（Ohly 2014b, Rn. 23）。

对公司机密的定义标准是非常低的。如果存在保密利益，该保护适用于所有与公司相关的非公开事实。所有与公司相关的，构成保密性利益的事物（通常为内部事物）都被归入保护范围内（BGH v. 27. 4. 2006 - I ZR 126/03, GRUR 2006, S. 1044, 1046；BGH v. 26. 2. 2009 - I ZR 28/06, GRUR 2009, S. 603, 604）。因此，简单的机器数据也是受到保护的。对于生产环境中复杂的操作信息、错误来源或不同 CPS 相互作用数据，情况更是如此（Zech 2015b, S. 1155）。如果公司机密（如在合同中规定的维修方案和价值链中的机器数据）在保密的情况下发给合作伙伴，则法律评价将部分改变，但这并不是根本性的改变。在合同期限内，服务提供商未经授权不得擅自获取数据，但不是法律上的禁令使用（a. A. Peschel/Rockstroh 2014, S. 574）。然而，由于这一原因，几乎所有这类合同都包含了保密条款，规定了合法使用机密的性质和范围，并禁止任何超出该范围的用途。合同结束后，通常会有后续的契约保密协议，充分保障公司的利益，并恢复法律保护。如果服务提供商保存客户的数据，不会被视为工业间谍活动，但这些数据被认为是"未经授权而获得的"（BGH v. 26. 2. 2009 - I ZR 28/06, GRUR 2009, S. 603, Rn. 15）并因此被归入 § 17 Abs. 2 Nr. 2 UWG 的使用禁令和传播禁令中。

法律上的机密保护在多大程度上与分析结果相关，这个问题是值得商榷的。在基于状态的维

⊖ 根据通行费数据计算出的通行费：BGH v. 25. 3. 2010 - I ZR 47/08, CR 2011, S. 43, Rn. 23。

⊜ 见电影制造商：LG München I v. 1. 12. 2005 - 7 O 12664/05, ZUM 2008, S. 161, 163。

⊜ 如 Toll Collect 的移动车辆设备（On Board Unit 或 "OBU"）（https://www.tollcollect.de/de/web/public/toll_collect/rund_um_die_maut/einbuchung/automatisch_einbuchen_mit_der_on_board_unit/einbuchung.html）。

修方案中，该信息包括有关下一个维修周期的信息，并且可能还包括机器使用者的订单情况。如果服务提供商与多家公司合作，他也可以得出有关行业整体市场状况的结论。根据机密保护，这些信息的分类取决于服务提供商是如何获取底层机器数据的。如果他们未经授权获取数据，则根据 § 17 Abs. 2 UWG，机密保护还延伸到这些数据的使用以及分析结果上（Zech 2015b，S. 1156）。但是，如果机器使用者自愿披露这些机器数据，则不存在禁止使用可能对分析结果产生影响情况（Żdanowiecki 2015，S. 23）。此时机器数据的分类不再重要，分析结果作为"新"的机密被独立地分类，机密保护仅强化了信息实际的独占性。在机密的实际范围内，关键在于谁掌握了具体的信息（Zech 2015a，S. 141；Zech 2015b，S. 1156；a. A. Dorner 2014，S. 623）。因此，分析结果的机密拥有者是在自愿披露原材料情况下执行分析的服务提供商。机器使用者或数据制造商在这方面不受法律保护（a. A. Dorner 2014）。

这一漏洞具有很高的实际意义，因为自愿向服务提供商披露数据将成为规则。在保密条款中必须考虑这一点。由于风险情况类似，可以借鉴个人信息保护的规定（Chirco 2015，S. 524；Hofmann 2013，S. 216）。与个人数据一样，虽然每个数据可能都无关紧要，但在量大的情况下，敏感数据都是从这些数据中获取的（Hofmann 2013，S. 210 f.）。数据保护法根据 §4Abs.1 BDSG 中所谓的禁止原则来应对这些风险，根据这些原则，任何采集、处理或使用个人数据都需要证明理由。如果这些理由存在，那么数据的处理必须达到具体的（协商确定的）目的，并仅限于达到目的所必需的程度。这些保护可以在企业机密和商业机密方面达成一致。除了明确约定的目的和所允许的数据处理外，还应在合同中确定禁止原则（i. E. auchRoßnagel 等 2016，S. 27 f.）。今后，如果考虑到新的使用行为，可以通过这种方式来明确，谁可以授权他们为"数据掌握者"（Żdanowiecki 2015，S. 26）。然而，与法律规定不同的是，这种合同机密保护只在各自协议的当事方之间进行。如

果服务提供商将分析结果传递给第三方，作为机器数据来源的使用者，则无法控制这些第三方。因此，服务提供商有义务与其合作伙伴订立合同，这样他们和机器使用者之间达成的限制就被传递给合同链中的第三方（ebd.，S. 26 f.）。

8.2.5 通过软件保护实现数据主权

另一个问题是，机器制造商是否可以使用他的版权，有效地将机器产生的数据用于他们的垄断。[一] 例如，在基于状态的维护方案中，他们可能会加密原始数据的输出接口，使得该设备与竞争对手的分析工具不兼容[二]。这种做法引发了反托拉斯法和竞争法的问题。此外，根据协议和行业惯例，也可能构成机器的重大缺陷，从而导致买方提出保修要求（Roßnagel 2014，S. 283）。

然而，在数据主权方面，机器的使用者在某些情况下，可以在不借助制造商的情况下，尝试自行读取机器运行期间产生的数据。就数据本身而言，不涉及机器制造商的权利。虽然它们算不上一种无形的财富，但是根据 § 17 UWG 和 § 202a StGB 中机密保护的规定，它们属于机器使用者或负责机器的员工。无论商业模式和所有权模式如何，这都适用，因为它不取决于财产，而是取决于"scripturakt"，也就是谁主动存储或传输数据（见 8.2.2 节）。因此，机器制造商无法阻止对此数据的访问[三]。

这种自助形式的前提是机器使用者能实现访问。为此，他可以尝试改变控制软件的界面，或者使分析工具与现有的界面兼容。在这种情况下，控制软件[四]的版权可能会受到侵害，因为根据 §69c Nr. 2 UrhG，对程序的任何修改，不仅包括修改，还包括目标代码和源代码的编译，反之亦然（Dreier 2015a，Rn. 15 f.），版权归作者所有。此外，控制软件还包含制造商的公司机密，这些机密信息并不因机器的转让而公开，因此 §17Abs.2 UWG 特别针对逆向工程进行保护（Ohly 2014a，Rn. 10）。但是，根据 §§ 69d，69e UrhG，有程序复制授权的用户是例外情况。根据 § 69d Abs. 1 UrhG，如果是为了预期用途

○ 根据 TRIPS 协定第 39 条第（1）款和第（2）款，必须将其用作解释国内法的国际法合同，成员国应保护未披露的信息，作为防止不公平竞争的一部分。因此，在某些情况下，自然人和法人可能"有机会阻止任何合法控制的信息未经他们的同意，以违反诚实的工商实务的方式被第三方披露、获取或使用"（第 2 段，重点补充）。因此，对于信息的分配，合法获得的实际控制是权威的。

○ 例如，拖拉机制造商试图阻止机器软件的修改，就会有这样的例子（Merkert 2015）。

○ 见速度测量系统的情况，其原始数据只能由制造商读取（OLG Naumburg v. 27. 8. 2014 - 6 U 3/14，juris 2016）。

○ 用于对速度测量系统的原始测量数据的读数进行刑事评估，OLG Naumburg v. 27. 8. 2014 - 6 U 3/14，juris 2016，Rn. 26。

○ 该计划的作者只能是那些实际参与的人。但是，就涉及制造商的员工而言，根据 §69bUrhG，有权利行使产权。

（包括错误更正），且不存在合同规定，则可以对程序进行修改。但是，即使适用于个别情况，这种使用也不需要公开原始数据输出接口。无论如何，可以认为，在工业 4.0 中，机器的转让协议将明确地将接口开放性排除在预期用途之外。因此，在实践中，应该消除故障排除的路径。

但是，使用者可以选择将自己的分析程序与机器的控制软件相适应。为了获得有关程序接口的必要信息，§ 69e UrhG 允许对合法的副本进行反编译，并以这种方式获取对源代码的访问。这条规定实质上是竞争法，根据 § 69g Abs. 2 UrhG 的规定，在合同上是不可剥夺的，应该避免程序中的版权被使用，以及版权上允许的补充程序控制市场（Dreier 2015b，Rn. 1）。因此，在反编译对于建立互操作性必不可少和制造商不能提供必要信息的情况下，反编译的范围和目的是受到限制的。此外，根据 69e（3）UrhG，利益平衡总是必须的。由于规范本身已经设定了非常狭窄的界限（同上，Rn.22），至少在所描述的例子中是以牺牲制造商的利益为代价的。如果 69e UrhG 的要求全部得到满足，则制造商的机密也不如使用者的权力重要。

因此，被制造商锁定的机器的使用者可在有限的范围内进行自助操作，即使制造商不愿意，使用者也能读取机器生成的数据。若使用者遇到技术障碍，如没有兼容的数据分析软件，他也可以对机器的软件进行干涉。他被禁止更改这些软件，但如有必要，他可以对其进行反编译，以获得自己软件兼容设计所需的信息。

8.2.6　数据所有权

上文表明，数据本身最多拥有防御权，但没有专有使用权。这种漏洞可以通过建立一般性的、民事的"数据所有权"来填补。但应指出，使用知识产权的权利涉及垄断风险，可能影响第三方和整个社会的合法利益。该决定是立法机关的责任。因此，超出所述法律框架的数据权利不能仅仅通过法律教育来建立（Dorner 2014, S. 625; Heun/Assion 2015, S. 814; Hofmann 2015, Rn. 60; Zech 2015a, S. 144; 2015b, S. 1159 f.; a. A. Hoeren 2013）。

然而，从法律政策的角度来看，数据所有权偶尔被认为是可取的（Zech 2015a, S. 144; a. A. Dorner 2014, S. 626）。关于这一权利的确切内容和范围的讨论还处在一个非常初级的阶段。（Hoeren 2013）《刑法》第 303a 条提出将其用于刑法保护（见第 8.2.2 节）。然而，由于这种保护没有延伸到副本，更不用说基于副本的分析结果了，因此这里概述的问题仍未

得到解决。Zech（2015a, p.145 f., 2015b, p.1159 f.）建议，创建一个"数据生产者权利"，旨在通过记录或测量来保护数据生成方面的投资，但不会阻止通过重新纳入而产生相同的数据。由于这样的权利也会延伸到副本，由外部服务提供商进行的大数据分析将取决于记录数据的机器使用者的协议，甚至超出任何可能的保密保护范围（Zech 2015a, S. 145）。

然而，立法干预的理由并不能令人信服。原则上，如果像这里提出的那样，测量工作被认为可以证明是数据库制造商的辅助版权的投资，那么保护的漏洞就会受到怀疑（见 8.2.3 节）。此外，至少工业 4.0 的情况大大偏离了知识产权法中的基本情况。在知识产权法中，只有所有者的无形资产（如专利发明）或可公开利用的知识产权（如版权作品或数据库）被保护。由于缺乏对无形资产的专有实际访问权限，这一保护权仅仅构成了恢复谈判的基础。否则，每个人都可以使用这些资产，而不去与创作者、发明者和制作人进行磋商。但是，如果一台机器的使用者拥有对机器数据的实际独占访问权限，他可以将其作为与外部服务提供商磋商的基础。

对于数据生产者来说，权利保护的必要性只存在于机器制造商而非使用者确定对数据访问的情况下，因为只有制造商具有关于接口或评估所必需的关键技术。然而，物权是否能够改变市场的权力平衡，这是值得怀疑的（Hornung/Goeble 2015）。相应地，还应该考虑向数据生产者转让时相应的合同法的限制（Zech 2015b, S. 1160）。例如，根据 §§ 87f ff. UrhG，新闻出版商的附属版权仍然基本上是无效的。至少市场上的领头羊 Google 总是被授予免费许可证（Bitkom 2015）。改变这种发展背后的经济失衡可能要由国家来决定。但仅从宪法的角度来说，这就需要特殊的合法性。这一点可以在消费者保护中找到，但在这里讨论的工业 4.0 情况并没有足够例证。

8.2.7　小结

根据目前的立法情况，没有一个一致的数据主权体系。如果在工业 4.0 中排除合同协议，并将个别法律条例应用于基于状态维护的例子，则会出现以下情况：制造商的法律地位最低。他们既不能对公司生成的数据要求权利，也不能通过对机器控制软件的版权来合法地保护现有的数据生成的实际影响。相比之下，机器使用者可以抵御对机器数据完整性和机密性的干扰。如果将数据传输给外部服务提供商，则在合同期结束后，法律禁止将这些数据作为公司机密，但法律也不允许使用包含运营商企

业信息的分析结果。数据库的运营商拥有相对较强的法律地位，该地位也许可以由机器使用者与外部服务提供商共享。就像机器使用者一样，他可以抵御攻击，并拥有附属版权，这使得他有权使用数据库，而非只是其中的单个数据。如果在实际分析中涉及另一个服务提供商，则需要数据库制造商的批准，因为如果不使用数据库就不能创建分析。

在工业 4.0 的实践中，这些合法地位的优势和劣势在大多数情况下不能充分覆盖有关各方的利益，而且与其他经济生活一样，强大的市场主体希望能在市场上获得超越法律保护的法律地位，这两者都适用于机器制造商。例如，他们作为早期推动者，开发新的商业模式，甚至涉足新兴的数据经济，从单一来源提供机器和服务。鉴于机器使用者的法定地位相对较弱（无论是在保密方面，还是在数据使用权方面），他至少在这方面也不得不依赖合同条款。在这方面，似乎应该按照保护个人数据的例子，将数据分析明确限制在商定的目的上，并规定服务提供商有义务在合同上将此限制传递给其合作伙伴。此外，按合同规定的数据使用权是否能协商一致，是一个经济上的问题。

如果出于上述原因，工业 4.0 数据主权的法律问题是由合同全面规范的，那么从长远来看，可能会出现这样的问题，即相关条款是否有法律上的限制。解决方法可能会在 AGB 法、竞争法和反垄断法中找到，但这还需要进一步的研究。

8.3　责任和合法交易

在工业 4.0 中，生产和物流过程的设计更加高效和灵活，从而使得所涉及的 CPS 彼此沟通，并能直接相互控制。它们不仅交换数据，而且给出解释。只要在公司内部发生这种情况，那么它基本上不存在法律问题，而是一个程序运作的组织问题。

然而，以下两个方面使得 CPS 的充分互动成为一个法律挑战。一方面，它们只能发挥其在跨公司价值创造链中的潜力，其中不同法律实体之间的协调必须在法律上保证安全；另一方面，工业 4.0 的自动化进程具有空前的复杂性。特别是，如果涉及相互控制的 CPS 的多个"自主"操作，则可能导致难以预料的相互作用。另外，一些系统应该能够通过机器学习的方式，获得新的、变异的行为。因此，跨公司的自动化解决方案应运而生，其行为对于宏观的观察者来说是确定性的，但对操作者来说，他们在实践中对其行为可能完全无法预料（Hofmann/Hornung 2015，S. 183；Hompel/Kerner 2015，S. 179；

Kirn/Müller-Hengstenberg 2014，S. 228 ff.；Schuhr 2013，S. 17）。这对于责任问题和合法业务转让都带来了特殊挑战。

8.3.1　责任

由于密集的数据交换、基于大数据分析的生产控制和先进人工智能模型的使用，工业 4.0 中可能出现新的损害类型，而这些损害还没有从法律的角度进行结论性的分析。

8.3.1.1　合同责任

如果信息被错误地输入生产，可能会产生级联效应，从而妨碍许多其他利益相关者的行为（Hornung/Hofmann 2013，S. 63）。例如，如果工件将有故障的数值传递给机器，或者如果机器的维护预测被证明是不正确的，那么它不仅会导致生产的损失，而且还会造成生产计划中下游供应链的中断。在这种情况下，首先要承担合同责任，除了直接损失（如设备上），也包括间接损失（如利润损失或使用损失）。其前提是（除了有关各方之间存在合同关系外，见 Roßnagel 等 2016，S.10ff.）债务人违约，即使在复杂或者说不可能完美的产品和服务的情况下，如果偏离了目标条件，原则上也必须承担责任（Klindt 等 2015，S. 77 f.）。鉴于这一宽泛的缺陷概念，生产网络中 CPS 的错误操作和不准确的数据分析都应构成违反义务的行为（Roßnagel 等 2016，S. 16）。债务人只有在无过失责任，即既无故意又无过失的情况下，才能逃避责任。当使用者可预见机器的行为时，那么特别需要对此负责（Müller-Hengstenberg/Kirn 2014，S. 311）。

在工业 4.0 中，这些责任标准很可能通过个别公司之间的合同协议或在相应的数据市场和价值创造网络中进行具体化和修改（dazunäherRoßnagel 等 2016，S. 18 f.）。这需要新的合同和责任模式来充分分配相应的责任风险，并在必要时提供保险覆盖，尤其应该对复杂系统中难以预见的行为加以规范。这特别适用于一些细节，如确切的数据传输点和数据质量的定义（Chirco 2015，S. 528；Peschel/Rockstroh 2014，S. 575）。否则，中小型企业的利益相关方也有可能被阻止使用 CPS。

因此，合同虽然开放了设计选项，但也受到 AGB 法的限制。司法对其范围进行了广泛的解释。针对多种情况预先制定的条约，只有在缔约双方当事人之间经过谈判的情况下，才能根据 § 305 Abs. 1 S. 3 BGB 中的条款撤销条约。因此，仅仅对整个条约进行谈判是不够的。相反，必须认真考虑具体规定的内容。司法上要求，AGB 的使用者明确声明自己同意对个别条款进行预期的修改（BGH v. 20. 3. 2014 - VII ZR 248/13，BGHZ 200，S. 326，Rn. 27）。如果要将一个条款归类为一般条款和条件，则根据德国民法第 307 条的规定，基本的合同义务只能由于严重的原因才能被撤销（BGH v. 20. 7. 2005 - VIII ZR 121/04，BGHZ 164，S. 11，Rn. 39）。这种控制制度在实践中被视为阻碍工业 4.0 中构建适当的法律结构的绊脚石（Klindt 等 2015，S. 78 f.，82）。因此，不可能加以限制或完全排除通常可预见的损害赔偿责任，特别是对利润损失和使用损失、重大过失的责任（BGH v. 27. 9. 2000 - VIII ZR 155/99，BGHZ 145，S. 203，Rn. 109 ff.）。同样地，如果损失的实际数量超过了 AGB 的控制范围（BGH v. 27. 9. 2000 -VIII ZR 155/99，BGHZ 145，S. 203，50 ff.），那么最大的损失数量就是 AGB 控制的最大数量，从而达到简化处理索赔的目的（Cloppenburg/Mahnken 2014）。为了确保 B2B 领域必要的灵活性，必须将 AGB 法的适用范围限制在当事人不影响合同内容的范围内（Klindt 等 2015，S. 83）。然而，将来是否会在司法中考虑这一要求，是值得怀疑的。因此，制定详细的质量协议、明确服务范围，对于复杂的服务类型，尤其是大数据分析等尤为重要。因此，可以在一定程度上，将违约责任和误差控制在可以接受的范围内（Klindt 等 2015，S. 79；i. E. Roßnagel 等 2016，S. 29），但先决条件是没有约定隐性免责条款（Klindt 等 2015，S. 79）。

8.3.1.2　法律责任

合同责任区分了各种法定责任的情况，包括一些具体部门的特殊标准，但仅在不被合同约定覆盖的情况下，合同责任才具有实际意义[⊖]。因此，只有在直接的合同伙伴之间，如机器使用者和服务提供商之间的维修预测或价值创造网络的直接参与者之间，合同责任才会发挥作用。如果缺少直接的合同关系，则只考虑法律责任。例如，第三方（卖方或服务提供商）涉及制造商和产品用户，且用户与该第三方保持合同关系；作为损害赔偿者的制造商，虽然具有更大的偿付能力，但用户与他们之间并没有合同关系。除对卖方或服务提供商提出的任何索赔外，法律责任在这种情况下也生效。

对于因产品缺陷造成的人身伤害和私人货物的损坏，ProdHaftG§1 第 1 款拟定了一个独立责任条款。另外，根据 823 BGB，往往可以回避一般的侵权责任（也包含对商用货物的损害），但这是以侵权者的失误为前提的，原则上这必须由受害方来证明。

在产品不合格的情况下，制造商有义务根据司法制定的制造商责任原则，证明自己的清白（BGH v. 26. 11 .1968 - VI ZR 212/66，BGHZ 51，S. 91，Rn. 36；BGH v. 25. 10. 1988 - VI ZR 344/87，BGHZ 105，S. 346，Rn. 17）。

这些责任概念并没有受到工业 4.0 具体部门生产环境的质疑。根据《产品责任法》，最终产品的制造商与子产品或原材料的制造商，还必须共同且各自对由于参与该过程的其他当事人的行为造成的错误承担责任（Riehm 2014，S. 114；Wagner 2013a，Rn. 8）。只有仔细挑选、认真指导合作伙伴，并同时考虑必要的责任保险，才能使得这些合作伙伴自己把控质量，从而避免侵权责任。在此背景下，质量保证协议至关重要（Wagner 2013b，Rn. 628 f.）。

此外，工业 4.0 也没有看到产品责任改革的根本性需求。工业 4.0 与新的生产形式有关。就"智能"产品而言，涉及它们的生产过程控制，因为它们"知道"它们是如何制造的以及它们需要交货的地点（Acatech 2013，S. 23）。虽然这种自主的、部分不可预知的操作系统现象对目前的责任概念提出了挑战，但在工业 4.0 中，这种现象较少发生在终端客户领域，而主要发生在生产环境中，这可以通过合同解决（见上文）。对于机器人，特别是自动驾驶汽车来说，自主产品的制造商和运营商的法律责任都有讨论（Hanisch 2013；Klindt 2015；Klindt 等 2015，S. 89 ff.；Riehm 2014；Schuhr 2013；Spindler 2013），但这并不是工业 4.0 的具体问题。

员工的人身伤害，如在工业 4.0 中可能发生的人与机器人的相互协作，根据 §104 及以后的 SGB VII，完全被排除在民事赔偿责任之外，而是由公共意外伤害保险所涵盖。这里的"责任"是非常宽泛的。按照第 8 条 SGB VII 的规定，如果损害是由于被保险人的活动而造成的，而与雇主或第三方是否造成事故无关（vgl. BGH v. 11. 5. 1989 - X ZR 108/87，BGHZ 107，S. 258-267），都属于与工作相关的事故。

除了对法律状况进行评估外，主要困难可能在于事实调查领域，即证据。越来越多日益自主的 CPS 导致了许多可能的错误源和相关方。两者只有在能够以合法的方式记录个人索赔（或反之亦然，正确的运作或行为）时才予以澄清。例如，系统状态被记录并以电子方式签名（Horner/Kaulartz 2015，S. 513；Hornung/Hofmann 2013，S. 64；Tschohl 2014，

⊖　例如，根据 §14ProdHaftG，可以免除制造商支付损害赔偿的义务。但是，由于其范围有限，该标准无论如何都与公司之间的责任无关。

S. 220），或者产品自动携带产品存储器（Klindt 等 2015，S. 85；Kröner 2010）。此外，还建议分发举证责任合同协议（Horner/Kaulartz 2015，S. 514 f）。

8.3.2 法律行为

在法律层面上，自动提交声明的 IT 系统被视为传达其运营商意图声明的信使（BGH v. 26. 1. 2005 - VIII ZR 79/04，juris，Rn. 12；Gitter 2007，S. 162 ff.）。因为它们只执行预定义的安排，所以使用者只需有意识地将这些系统投入运行就可以了（OLG Frankfurt v. 20. 11. 2002 - 9 U 94/02，juris，28；Cornelius 2002，S. 355；Gitter/Roßnagel 2003，S. 66；Sester/Nitschke 2004，S. 550；Spindler 2015b，S. 6）。根据这个逻辑，它承担了无意识误导的风险，必须对系统的所有申报活动承担责任。唯一例外的是在声明本身的措词中错误地纳入了经营者的信息。在销售产品的系统中（如价格）以及在购买系统中（如数量），相应参数是由操作员指定的，而不是由系统本身决定的（Kitz 2015，Rn. 211；Spindler 2015a，Rn. 11）。因此，如果一家自动化制造工厂订购了太多的材料，而由于智能仓库的技术故障报告了过少的数量，那么没有理由提出异议。这对没有正确计算需求的情况也同样适用。但是，如果运营商提供了声明的内容，并且规定了交付的条件（如果数量低于 x，则补订 100 份），然后内容被错误地传输（订购 1000 份），根据 §120 BGB 的规定，它有权通过因错误传达导致的异议来撤销合同（i. E. BGH v. 26. 1. 2005 - VIII ZR 79/04，juris，15 f.），但这可能会导致对相信声明的其他人的损害赔偿责任。

与过失责任领域不同的是，经营者不能以自己没有预见到机器的具体行为为抗辩理由。在越来越复杂的自动化解决方案的背景下，似乎可以放宽对操作员声明的划分（näher Hofmann/Hornung 2015，S. 189 ff.）。这里可以建立一个代理的制度，根据 § 164 BGB，只将代理人在其代理权范围内做的声明纳入其中。如果他越权，根据 179 BGB，该代理人对另一方将承担责任。然而，这个制度是基于一个事实的，即代理人有自己的意愿，并且（不是为了排除责任）拥有自己的资产。根据现行法律，放宽是不考虑的（Brautigam/Klindt 2015a，S. 1138；Cornelius 2002，S. 354 f.；Gitter/Rosnagel 2003，S. 66；Sester/Nitschke 2004，S. 550）。

在法律政策层面[⊖]，有人提议宣布 IT 系统为"电子人"，为其提供自己的责任库，并将信息存储在注册表中（Beck 2013，S. 255 ff.；Chopra/White 2011，S. 160 ff.；Pagallo 2013，S. 59 ff.；Wettig/Zehendner 2003，IV.4）。如果系统将自己标识为这样的人，并超出了自己的权限，那么它就不应该是使用者，而应该对自己的声明负责。但这也导致了难以解决的问题（Hofmann/Hornung 2015，S. 189 ff.）。正如（股份有限公司或上市公司）法人的概念那样，法律并没有疏远责任人的假定，但这是基于这样的假设，即法人实体的行为合理，不会任意损害其责任，主体性是其经济存在的基础。如果不能保证这一点（就像儿童和精神活动紊乱的人一样）：通过自己的声明合法地约束自己，则他们不能承担责任。对于经济生活而言，这种"生存意志"是由法人确保的，即对于实际行为人（董事、总经理或其他代表）而言，严重违法行为将被纳入责任范围（Grigoleit，2006，S.321ff.）。但是，如果不是一个人的创造而是创造一个人（像电子人那样），那么这种保护机制将不再起作用。只有在 IT 系统可以编程为"生存意志"的情况下，才能实现简化。实际上，这将至少与人类意志相等，那么划分的放宽才是可能的。

鉴于这些巨大的挑战，几乎不可能对自主机器实行一般宽松的划分。然而，在所有缔约方都对这种形式的法律业务互动感兴趣的封闭式系统内，这是可能的。例如，工业 4.0 数据和服务市场规则可以被固定在面向利益的条例中，特别是允许人们摆脱程序错误导致的声明（Hofmann/Hornung 2015，S. 191）。证券交易所的细分交易规则，允许证券交易所的管理层取消由于技术系统错误而以与市场不符的价格进行的交易，这可以作为该模式的一种模型（见 Schäfer 2015，Rn. 40）。

8.4 数据保护法

在数据密集型工业 4.0 中，客户以及员工数据的保护问题变得越来越重要。特别是前者，关于物联网，特别是无处不在的计算的一般讨论已经持续了一段时间（如 Hansen/Thiel 2012；Roßnagel 2007；ULD/IWI 2006）。相比之下，对内部效应的分析仍处于起步阶段（Hofmann 2016b；Hornung/Hofmann 2015；Roßnagel 2013）。考虑的一个重点应该是协助系统，如向员工提供信息，或者将最合适的任务分配给员工。这种系统可望带来可观的效率提升，但也可能带来跨员工、个人技能、行踪、工作步骤和工作中断等大规模数据采集的风险。

⊖ Chopra/White 2011，p.186 ff.and Hildebrandt 2013，p.41，也提倡面向社会有用的法律政策。

根据数据保护法禁止原则（§4 Abs. 1 BDSG），每次采集和使用个人数据都需要获得许可或合法授权。在企业中，许可是很难实行的，因为它们可以被拒绝，也可被撤销。因此，实际上，数据处理是基于公司协议或 § 32 BDSG 中非常模糊的规定（Hofmann 2016b，S. 14）。

8.4.1 企业的共同决策

根据 §87 Abs.1 Nr.6 BetrVG，定期处理员工个人数据会触发企业工会的共同决定权。据此，雇主必须让工会引进和应用"专门设计"的技术设备，以监督雇员的行为或表现。BAG 在已确定的司法权中扩大了标准，当该机构在具体案件中客观上适用于业绩控制或行为控制，则适用共同决定权，并且监督仅取决于雇主的意愿（BAG v. 14. 5. 1974 - 1 ABR 45/73，AP Nr. 1 zu § 87 BetrVG 1972 Überwachung；BAG v. 27. 1. 2004 - 1 ABR 7/03，BAGE 109，S. 235-243）。

因此，将 CPS 引入公司通常伴随着工作协议的签订（Hofmann 2016b，S. 14；Hornung/Hofmann 2015，S. 170），而除了第 32 款 BDSG 外，工作协议还是处理个人数据的独立法律依据（BAG v. 27. 5. 1986 -1 ABR 48/84，BAGE 52，S. 88，Rn. 44 ff.；BAG v. 20. 12. 1995 - 7 ABR 8/95，BAGE 82，S. 36，Rn. 52）。但是，根据 § 75 Abs. 2 BetrVG 的规定，协议各方的管理权限受到其促进员工个性自由发展的义务的限制（BAG v. 29. 6. 2004 - 1 ABR 21/03，BAGE 111，S. 173，Rn. 13）。因此，只能有选择地降低 BDSG 的保护水平并采取适当的对策（Seifert 2014，Rn. 167；Thüsing/Granetzny 2014，Rn. 17）。企业缔约方的核心任务是明确法律要求（Hofmann 2016b，S. 14）。这可以实现企业具体的解决方案，但它仍然缺乏工业 4.0 的最佳实践。

8.4.2 企业的基本要求

两个公认的数据保护工具——必要性原则和专用性原则——要求雇主（和通过公司协议的缔约方）只能以采集为目的处理数据，并且仅限于具体目的下必要的数据处理。在这种情况下，雇主/缔约方有责任在"雇佣关系执行"的法律规定中明确目的 [32（1）BDSG]。由于技术设计和公司具体利益的范围很广，因此在一般的情况下很难回答必要性问题。必须清楚的是，更有效的操作流程设计当然可以证明更多的数据处理是合理的。然而，这必须始终是透明的，在时间和空间方面保持区域不受控制，并规定滥用管制措施。即使低于这个临界值，也应该选择尽可能的微创设计。经典的解决办法是

尽可能减少数据的数量、存储的持续时间以及访问和使用的可能性（Hofmann 2016b，S. 15；Hornung/Hofmann 2015，S. 170 ff.）。然而，根据工业 4.0 应用，它可能会达到极限，特别是在集成化、复杂和数据密集型 CPS 的情况下。

个性化工作的目的需要大量的数据采集，而大数据分析的设计是基于尽可能广泛的数据处理和永久性存储的基础上，不是为了经济性，这样专用性和必要性的概念从根本上受到了质疑（Roßnagel 2013；Skistims 等 2012，S. 33 f.）。在这种情况下，只有不断地回避，才能保护当事人的人身权利，即通过初始或随后的匿名化和假名来实现（Skistims 等，2012，S. 35；Beispiel bei Müller 2014）。工作流程可以在不建立综合控制系统的情况下进行优化。新的欧洲数据保护条例也加强了"设计隐私"的概念（Art. 25 DS-GVO；näher Hofmann 2016a；Hornung 2013）。总体而言，欧洲立法者目前通过第 88 条 DS-GVO 中的开放条款，将成员国的员工数据保护问题留给成员国。然而，鉴于德国许多徒劳无功的尝试（Seifert 2014，Rn. 2），它是否会在可预见的将来达成和解似乎是个疑问。

8.4.3 与第三方合作

由于企业在统一流程中横向一体化程度的提高，不同企业之间在不同的技术和法律模式下的数据交换需求，将在工业 4.0 中大大增加。在某些情况下，这将具体涉及员工的个人数据（如某些技能）。此外，即使是与机器相关的数据，如果仔细分析，也可以得出关于具体或可识别的人的结论——即使这可能不是有意的。如果可以从这些数据中获得有关工作场所的行为信息（运动概况、中断时间、工作速度和工作质量等），那么雇主和员工都将对确保这些数据不会提供给任何其他公司的综合增值网络产生相当的关注。

这方面的法律文书是专用性和必要性的一般规定。因此，必须确保第三方的数据处理不超过内部目的的限制（Roßnagel 等 2006，S. 115）。在自动数据处理的情况下，可以通过相应的（双边和多边）合同在法律层面确保这一点，而且还要对每个潜在接收者和每个数据类别进行技术初步审查。特别地，网络不能按照每个参与者都随时可以访问所有个人数据的原则来组织。这为"透明供应链"（如 New 2010）等概念设定了法律标准。所涉企业和技术传输工具必需的可靠性，可以通过适当审查后颁发独立的第三方的数据保护印章（Hofmann，2016a）来证明，这将在欧洲数据保护改革通过后获得进一步

的重视（Hornung/Hartl 2014，S. 222 ff.）。

　　针对这些与众多参与者的复杂交互机制开发新的合同模式，这不仅确保了各公司的数据主权（见 8.2 节），还保护了员工的个人权利。为此，第 26 条 DS-GVO 包含了对几个"共同责任处理"的规定，但这依赖于通过合同的方式实施。此外，传统的订单数据处理工具（§11 BDSG）在某些领域仍保留着其权威。对于应用程序（如基于条件的维护，其设计更多的是与合作伙伴进行数据交换，而不是网络内的数据共享），设计中为二人关系设计的订单数据处理提供了适当的操作选项，它允许在与内部数据处理相同的条件下进行数据处理。所面临的挑战在于，开发同时满足工业 4.0 需求和欧洲数据保护法（第 27 条及以下 DS-BER）新要求的双边合同模式。这将在客户的控制义务方面产生问题。

　　特别成问题的是具有国际性的案例。在这里，未来的法律形势存在着不确定性：虽然目前在德国（§ 3 Abs. 8 BDSG），从一开始就排除了欧盟/欧洲经济共同体以外的服务提供商委托处理数据的可能性，但至少根据 Abs. 2 DS-GVO 的第三条，在欧盟任命一名代表的情况下，允许发生这种情况。如果受援国没有"适当的保护水平"，将制定新的国际转让壁垒。标准化的例外情况通常会涉及现有的、相对复杂的工具（如所谓的标准合同条款以及所谓的"绑定公司条款"），目前已尝试设计允许的传输模型（Forst 2012；Götz 2013；Lejeune 2013）。不过，改革也开辟了新的途径，如在核准的认证机制基础上进行传播。实施的机制目前是敞开的，无论如何，在最重要的情况下（传送至美国），根据欧洲法院的"安全港判决"（EuGH，ECLI:EU:C:2015:650），还有一个额外的问题，即所有这些工具都受到法院对美国安全机构全面的监控机制批评的覆盖。2016 年推出的欧盟 - 美国隐私保护法案受到了相当大的批评（Schaar 2016），因此未来在何种条件下满足传播仍有待观察。

8.5　IT 安全法

　　IT 安全的建立是工业 4.0 的核心任务之一。IT 安全更多的是一项技术任务（参见第 1 篇，第 4 章），但需要一个法律框架。在某些技术领域（特别是根据 TKG 的提供方）以及在处理个人数据（§9 BDSG）方面，这种做法已经存在了很长一段时间。另外，2015 年 7 月 17 日新颁布的《信息技术系统安全法》（IT 安全法），最近对关键基础设施的 IT 安全提出了具体要求，这些在工业 4.0 中都具有特殊意义。在 2015 年 12 月 18 日的三边对话协商后，即将通过相应的欧洲法令（参见 Gercke 2016）。

8.5.1　IT 安全法的范围

　　IT 安全措施通常具有预防性。在许多情况下，它们的成本很高，难以证明其合理性，特别是在有效时，因为这种情况下不会发生任何损害，并且由于假设情景所产生的费用必须是合理的。当 IT 安全事故发生时，通常不只涉及一个参与者，因为系统被许多其他人使用。负责人担心声誉受损和客户信心的丧失，因此非常自然地有意不披露事件。IT 安全法从两个角度解决了这些问题：制定 IT 安全的物质标准，并要求运营商报告 IT 安全事件。这是 IT 安全合法化的一个步骤，同时通过政府与企业合作的方式，提供了改善底层基础架构弹性的机会（"弹性"，s. Gander 等 2012；Lewinski 2016）。

　　这些新要求在多大程度上影响工业 4.0，一方面取决于各自对该术语的理解，另一方面取决于"关键基础设施"的定义。

　　术语"关键基础设施"的定义见 BSIG 第 2（10）节，而根据第 10（1）节 BSIG 的更详细规定，则由联邦内政部的法令确定。BSIG 第 2 节（10）中的定义涵盖了某些"部门"，即"能源、信息技术和电信、运输和交通、卫生、水、食品、金融和保险"，它们对社会的运作非常重要，因为它们的失败或受损将导致严重的供应短缺或威胁到公共安全。为此，BSIG 第 10（1）段第 2 句规定，根据"行业具体的门槛值"确定的覆盖面应根据各部门中被视为至关重要的服务来确定。对于该法令，联邦内政部计划采用两阶段的方法，在 2016 年 1 月 13 日 BSI Critis 法规的初稿中初步涉及能源（§2 BSI-KritisV-E）、水（§3 BSI-KritisV-E）、食品（第 4 节 BSI-KritisV-E）以

⊖　在这方面，与云计算有相似之处（参见 AG Legal Framework 2012，S. 12 ff.；Hornung/Sädtler 2012，S. 643；Sädtler 2013，S.258）。此时的通用数据保护法规开使使用数据保护图章（参见 Borges 2014，S.168；Hofmann 2016a）。

⊜　BGBl. I，S.1324；对内容和背景的影响。Gerling 2015；Lattice et al . 2015；Guckelberger 2015；Hornung 2015b；Lurz et al . 2015；Rath et al . 2015；Roos 2015；Roßnagel2015。

⊜　关于确保联盟内高度共同的网络安全和信息安全的措施（NIS 指令）；见 denEntwurf der Kommission in KOM（2013）48；näher Beucher/Utzerath2013；Heinickel/Feiler 2014；Roos 2013。

⊗　见以下内容：Hornung 2015b。

及信息技术和电信（第 5 节 BSIKritisV-E）[二]。其他部门（运输和交通、卫生、金融和保险）将在第二阶段介绍。

8.5.2　对工业 4.0 的影响

今后，几乎所有的部门都将使用 CPS，尤其是能源、信息技术和电信以及运输和交通领域。因此，相应的阈值至关重要。作为一个标准，BSI Critis 法规草案将 50 万人的供应量确定为基准。如果一项资产的失败影响到至少这个数量的人，那么这项资产就成为关键基础设施。估计在这些部门（即第一阶段），将覆盖约 650 个运营商。如果适用范围已经公开，§8a 要求 BSIG 采取适当的组织和技术措施，以防止与其功能相关的 IT 系统、组件或流程的可用性、完整性、真实性和机密性受到干扰（见 Hornung 2015b Hornung 2016a）。必须每两年通过安全审计、测试或认证来证明这一点。§8b（4）BSIG 有责任报告 IT 系统、组件和流程的可用性、完整性、真实性和机密性发生的"重大"故障，前提是这些故障可能导致或已经导致关键基础设施功能的失效或损害。[二]假如在结果中没有发生故障，则可以通过部门的"共同上级联系点"来发出通知，这样具体的运营商可在 BSI 上显示为假名。

对于工业 4.0 的注册运营商而言，IT 安全法具有重要意义：将实施信息技术安全措施（根据第 8a（1）句第 2 句 BSIG）"应该遵守最先进的技术水平"，而第 2 段允许行业协会制定行业具体安全标准，并执行可能耗资巨大的检测程序。此外，在企业内部，如果发生 IT 安全事故，则必须设置给定消息的联系点，因此法律也会影响企业的内部组织。

对 CPS 的供应商和工业 4.0 的服务提供商（即上述维护公司）也会产生进一步的影响。预计，IT 安全法下的运营商将通过购买条款，将 IT 安全要求传递给供应商，并且要求它们通过审核或认证提供此类证据，否则 BSI 很难证明使用的组件是安全的。因此，IT 安全法的要求是以这种方式"传承"的，并催生新的担保和责任问题。一方面，服务提供商开放了一个新的市场，因为许多公司依赖 IT 安全问题的外部专业知识；另一方面，也有新的责任，因为服务提供商必须证明具有适当的专业知识。

总的来说，即使只有那些过去疏忽掉的供应商才需要新的 IT 安全措施，但这所需的努力（特别是

对于认证和通知）也是相当可观的。然而，相关的努力是值得的，也是符合集体利益的，因为最终所有受影响的供应商都会受益。出于同样的原因，企业不应该抗拒参与具体行业的标准。

8.5.3　BSI[三]的调查权力

IT 安全法的另一项创新迄今尚未受到重视，但它对于工业 4.0 系统和组件的开发者和制造商而言，很可能成为非常重要的一个创新。§7a BSIG 为检查市场提供的或为部署和使用第三方而提供的 IT 产品和系统营造了机会（见 Hornung 2015b，S.3339）。该机构目前拥有逆向工程的合法授权。

通过参考 BSIG 第 3（1）款第 2、第 1、第 14 和第 17 条规定的任务，该权力的意义非常深远，并赋予主管部门甚至以违背制造商意愿的权利，去检查各种产品和系统；制造商们甚至不必知情。所吸取的经验教训可以以安全和咨询为目的的传播，甚至在必要时公布，并给制造商提供评论的机会。BSI 将在多大程度上利用这些权力还有待观察。无论如何，通过或在 BSI 监督下进行独立和详细的控制是确保工业 4.0 中 IT 安全的重要基石。2016 年春天，OPC UA 通信协议的安全性分析迈出了重要的一步（BSI 2016）。

8.6　小结

因此，分析结果表明，在制造业中应用 CPS 引发了一系列尚未解决的问题，尽管这些问题很大程度上是可以解决的法律问题。从法律学的角度来看，这些问题大部分不是全新的问题，而是在其他机械化进程中的讨论中延续下来的。参与该行业的人士的观点可能会完全不同，因为许多参与者第一次遇到与他们很少或根本没有关系的法律问题。因此，需要有咨询意见、可管理的最佳做法和示范合同或公司协议。

虽然工业 4.0 应用程序的引入正在全面展开，但仍处于起步阶段，其对设计有很大的需求。这是一个相当大的挑战，但同时也是一个独特的机会：如果将法律要求和选项解释以及技术、组织和经济要求，用作 CPS 开发和实施过程中的设计标准，这不仅可以为受影响的人提供法律保障，也可为各系统供应商提供市场优势。

    ◑ 更近：Hornung 2016a。

    ◑ 关于未定义的物权和损害的法律概念。Bräutigam/Wilmer 2015，S. 40 f.

    ◑ BSI：联邦信息安全办公室。

参 考 文 献

acatech (Deutsche Akademie der Technikwissenschaften): Umset-zungsempfehlungen für das Zukunftsprojekt Industrie 4.0. Abschlussbericht des Arbeitskreises Industrie 4.0, Frankfurt am Main 2013 (*https://www.bmbf.de/files/ Umsetzungsempfeh lungen_Industrie4_0.pdf*)

AG Rechtsrahmen (Arbeitsgruppe „Rechtsrahmen des Cloud Computings"): Thesenpapier - Datenschutzrechtliche Lösungen für Cloud Computing 2012 (*http://www.tcdp. de/data/pdf/01_Thesenpapier_Datenschutzrechtliche-Loesungen-fuer-Cloud-Computing.pdf*)

Beck, S.: Über Sinn und Unsinn von Statusfragen - zu Vor- und Nachteilen der Einführung einer elektronischen Person. In: Hilgendorf, E. (Hrsg.): Robotik und Gesetzgebung. Beiträge der Tagung vom 7. bis 9. Mai 2012, Bielefeld. Nomos, Baden-Baden 2013, S. 239-260

Beucher, K.; Utzerath, J.: Cybersicherheit - Nationale und interna-tionale Regulierungsinitiativen - Folgen für die IT-Compliance und die Haftungsmaßstäbe. MMR 16 (2013) 6, S. 362-367

Beyerbach, H.: Die geheime Unternehmensinformation. Grund-rechtlich geschützte Betriebs- und Geschäftsgeheimnisse als Schranke einfachrechtlicher Informationsansprüche. Mohr Siebeck, Tübingen 2012

Bitkom (Bundesverband Informationswirtschaft, Telekommunika-tion und neue Medien e. V.): Leistungsschutzrecht für Presse-verleger - eine Bestandsaufnahme. Berlin 2015 (*https://www. bitkom.org/Bitkom/Publikationen/Leistungsschutzrecht-fuer-Presseverleger-eine-Bestandsaufnahme.html*)

Borges, G.: Cloud Computing und Datenschutz. Zertifizierung als Ausweg aus einem Dilemma. DuD 38 (2014) 3, S. 165-169

Bräutigam, P.; Klindt, T.: Industrie 4.0, das Internet der Dinge und das Recht. NJW 68 (2015a) 16, S. 1137-1142

Bräutigam, P.; Klindt, T.: Digitalisierte Wirtschaft/Industrie 4.0. Ein Gutachten der Noerr LLP im Auftrag des BDI zur rechtli-chen Situation, zum Handlungsbedarf und zu ersten Lösungs-ansätzen. 2015b (*http://bdi.eu/media/presse/publikationen/ information-und-telekommunikation/201511_Industrie-40_ Rechtliche-Herausforderungen-der-Digitalisierung.pdf*)

Bräutigam, P.; Wilmer, S.: Big brother is watching you? - Melde-pflichten im geplanten IT-Sicherheitsgesetz. ZRP 48 (2015) 2, S. 38-42

BSI (Bundesamtes für Sicherheit in der Informationstechnik): Sicherheitsanalyse Open Platform Communications Unified Architecture (OPC UA) 2016 (*https://www.bsi.bund.de/DE/ Publikationen/Studien/OPCUA/OPCUA_node.html*)

Chirco, C.: Industrie 4.0 in der Praxis. Die Auswirkungen der Ver-netzung von Wertschöpfungsketten auf die anwaltliche Bera-tung. In: Taeger, J. (Hrsg.): Internet der Dinge. Digitalisierung von Wirtschaft und Gesellschaft. Tagungsband DSRI Herbst-akademie 2015. OlWIR, Edewecht 2015, S. 519-535

Chopra, S.; White, L. F.: A legal theory for autonomous artificial agents. University of Michigan Press, Ann Arbor 2011

Cloppenburg, J.; Mahnken, V.: Haftungsbeschränkungen im An-lagenbau und AGB-Recht. NZBau 15 (2014) 12, S. 743-750

Cornelius, K.: Vertragsabschluss durch autonome elektronische Agenten,. MMR 5 (2002) 6, S. 353-358

Di Fabio, U.: Oener Diskurs und geschlossene Systeme. Das Ver-hältnis von Individuum und Gesellschaft in argumentations- und systemtheoretischer Perspektive. Duncker & Humblot, Berlin 1991

Dorner, M.: Big Data und „Dateneigentum". CR 30 (2014) 9, S. 617-624

Dreier, T.: §69c UrhG. In: Dreier, T., Schulze, G. (Hrsg.): Urheber-rechtsgesetz. Urheberrechtswahrnehmungsgesetz, Kunsturhe-bergesetz. 5. Auflage. C. H. Beck, München 2015a

Dreier, T.: §69e UrhG. In: Dreier, T.; Schulze, G. (Hrsg.): Urheber-rechtsgesetz. Urheberrechtswahrnehmungsgesetz, Kunsturhe-bergesetz. 5. Auflage. C. H. Beck, München 2015b

Eifert, M.: § 19 Regulierungsstrategien. In: Homann-Riem, W.; Schmidt-Aßmann, E.; Hoffmann-Riem, W. (Hrsg.): Grundlagen des Verwaltungsrechts. Band I: Methoden, Maßstäbe, Auf-gaben, Organisation. 2. Auflage. C. H. Beck, München 2012, S. 1319–1394

Forst, G.: Verarbeitung personenbezogener Daten in der inter-nationalen Unternehmensgruppe. Der Konzern 10 (2012) 4, S. 170 –185

Gander, H.-H.; Perron, W.; Poscher, R.; Riescher, G.; Würtenberger, T. (Hrsg.): Resilienz in der oenen Gesellschaft. Symposium des Centre for Security and Society. Nomos, Baden-Baden 2012

Gercke, M.: Der Entwurf für eine EU-Richtlinie über Netz- und Informationssicherheit (NIS). CR 32 (2016) 1, S. 28–30

Gerling, R. W.: Das IT-Sicherheitsgesetz: purer Aktionismus oder doch mehr IT-Sicherheit? RDV 31 (2015) 4, S. 167–170

Gitter, R.: Softwareagenten im elektronischen Geschäftsverkehr. Rechtliche Vorgaben und Gestaltungsvorschläge. Nomos, Ba-den-Baden 2007

Gitter, R.; Meißner, A.; Spauschus, P.: Das neue IT-Sicherheits-gesetz - IT-Sicherheit zwischen Digitalisierung und digitaler

Abhängigkeit. ZD 5 (2015) 11, S. 512 -516

Gitter, R.; Roßnagel, A.: Rechtsfragen mobiler Agentensysteme im E-Commerce. K&R 6 (2003) 2, S. 64–72

Götz, C.: Grenzüberschreitende Datenübermittlung im Konzern. Zulässigkeit nach BDSG und Entwurf der EU-DS-GVO. DuD 37 (2013) 10, S. 631-638

Grigoleit, H.C.: Gesellschafterhaftung für interne Einflussnahme im Recht der GmbH. Dezentrale Gewinnverfolgung als Leitprinzip des dynamischen Gläubigerschutzes. C. H. Beck, Mün-chen 2006

Guckelberger, A.: Energie als kritische Infrastruktur. DVBl. 130 (2015) 19, S. 1213-1221

Hanisch, J.: Zivilrechtliche Haftungskonzepte für Robotik. In: Hilgendorf, E. (Hrsg.): Robotik im Kontext von Recht und Moral. Nomos, Baden-Baden 2013, S. 27-61

Hansen, M.; Thiel, C.: Cyber-Physical Systems und Privatsphärenschutz. DuD 36 (2012) 1, S. 26-30

Haustein, B. H.: Herausforderungen des Datenschutzrechtes vor dem Hintergrund aktueller Entwicklungen in der Robotik. In: Hilgendorf, E. (Hrsg.): Robotik und Gesetzgebung. Beiträge der Tagung vom 7. bis 9. Mai 2012 in Bielefeld. Nomos, Baden-Ba-den 2013, S. 93-107

Heinickel, C.; Feiler, L.: Der Entwurf für ein IT-Sicherheitsgesetz - europarechtlicher Kontext und die (eigentlichen) Bedürfnisse der Praxis. CR 30 (2014) 11, S. 708–714

Heun, S.-E.; Assion, S.: Internet(recht) der Dinge. CR 31 (2015) 12, S. 812-818

Hildebrandt, M.: From Galatea 2.2 to Watson - And Back? In: Hildebrandt, M.; Gaakeer, J. (Hrsg.): Human Law and Computer Law. Comparative Perspectives. Springer, Dordrecht/Heidel-berg/New York/London 2013, S. 23-45

Hoeren, T.: Dateneigentum. Versuch einer Anwendung von § STGB § 303a StGB im Zivilrecht. MMR 16 (2013) 8, S. 486–491

Hofmann, K.: Schutz der informationellen Selbstbestimmung von Unternehmen in „intelligenten " Netzwerken. InTeR 1 (2013) 4, S. 210-216

Hofmann, K.: Big Data in der Industrie 4.0. Zum Schutz der in-formationellen Selbstbestimmung von Unternehmen in „intel-ligenten " Netzwerken. JurPC 2015 Web-Dok. 158

Hofmann, K.: Datenschutz in der Industrie 4.0. Neue Lösungs-ansätze der Europäischen Datenschutzgrundverordnung. In: Obermaier, R. (Hrsg.): Industrie 4.0 als unternehmerische Gestaltungsaufgabe. Springer, Wiesbaden 2016a, S. 171-190

Hofmann, K.: Smart Factory - Arbeitnehmerdatenschutz in der Industrie 4.0. Datenschutzrechtliche Besonderheiten und Her-ausforderungen. ZD 6 (2016b) 1, S. 12-17

Hofmann, K.; Hornung, G.: Rechtliche Herausforderungen des Internets der Dinge. In: Engemann, C., Sprenger, F. (Hrsg.): Internet der Dinge. Über smarte Objekte, intelligente Umge-bungen und die technische Durchdringung der Welt. transcript, Bielefeld 2015, S. 181-203

Hompel, M. ten; Kerner, S.: Logistik 4.0. Informatik Spektrum 38 (2015) 3, S. 176-182

Horner, S.; Kaulartz, M.: Rechtliche Herausforderungen durch Industrie 4.0: Brauchen wir ein neues Haftungsrecht? Delikti-sche und vertragliche Haftung am Beispiel „Smart Factory ". In: Taeger, J. (Hrsg.): Internet der Dinge. Digitalisierung von Wirtschaft und Gesellschaft. Tagungsband DSRI Herbstakade-mie 2015. OlWIR, Edewecht 2015, S. 510-518

Hornung, G.: Regulating privacy enhancing technologies: seizing the opportunity of the future European Data Prote-ction Framework. Innovation: The European Journal of Social Science Research 26 (2013) 1, S. 181-196

Hornung, G.: Grundrechtsinnovationen. Mohr Siebeck, Tübingen 2015a

Hornung, G.: Neue Pflichten für Betreiber kritischer Infrastruktu-ren: Das IT-Sicherheitsgesetz des Bundes. NJW 68 (2015b) 46, S. 3334-3340

Hornung, G.: IT-Sicherheit als gemeinsame Aufgabe von Staat und Wirtschaft: Vorgaben des IT-Sicherheitsgesetzes zur Identifizierung. Abwehr und Bewältigung von Risiken für Kritische Infrastrukturen. In: Scholz, M.; Baumgärtel, M. (Hrsg.): DGRIJahrbuch 2015. Otto Schmidt, Köln 2016a, S. 43-71

Hornung, G.: Rechtliche Herausforderungen der Industrie 4.0. In: Obermaier, R. (Hrsg.): Industrie 4.0 als unternehmerische Gestaltungsaufgabe. Springer, Wiesbaden 2016b, S. 69-84

Hornung, G.; Goeble, T.: „Data Ownership " im vernetzten Auto-mobil. Die rechtliche Analyse des wirtschaftlichen Werts von Automobildaten und ihr Beitrag zum besseren Verständnis der Informationsordnung. CR 31 (2015) 4, S. 265–273

Hornung, G.; Hartl, K.: Datenschutz durch Marktanreize - auch in Europa? Stand der Diskussion zu Datenschutzzertifizierung und Datenschutzaudit. ZD 4 (2014) 5, S. 219-225

Hornung, G.; Hofmann, K.: Rechtliche Rahmenbedingungen (Ka-pitel 5.7). In: acatech 2013, S. 62-65

Hornung, G.; Hofmann, K.: Datenschutz als Herausforderungen der Arbeit in der Industrie 4.0. In: Hirsch-Kreinsen, H. (Hrsg.): Digitalisierung industrieller Arbeit. Die Vision Industrie 4.0 und ihre sozialen Herausforderungen. Nomos,

Baden-Baden 2015, S. 165-182

Hornung, G.; Sädtler, S.: Europas Wolken. Die Auswirkungen des Entwurfs für eine Datenschutz-Grundverordnung auf das Cloud Computing. CR 28 (2012) 10, S. 638-645

Hötitzsch, S.: Juristische Herausforderungen im Kontext von „Industrie 4.0 ". Benötigt die vierte industrielle Revolution einen neuen Rechtsrahmen? In: Hilgendorf, E.; Hötitzsch, S. (Hrsg.): Das Recht vor den Herausforderungen der modernen Technik. Nomos 2015, S. 75-96

Kirn, S.; Müller-Hengstenberg, C. D.: Intelligente (Software-) Agenten: Von der Automatisierung zur Autonomie? Verselbstständigung technischer Systeme. MMR 17 (2014) 4, S. 225-232

Kitz, V.: Teil 13.1. In: Hoeren, T.; Sieber, U.; Holznagel, B. (Hrsg.): Handbuch Multimedia-Recht. Rechtsfragen des elektronischen Geschäftsverkehrs. Lfg. 37. C. H. Beck, München 2015

Klindt, T.: Fahrzeugautomatisierung unter dem Blickwinkel des Produktsicherheits- und Produkthaftungsrechts. In: Hilgendorf, E.; Hötitzsch, S.; Lutz, L. S. (Hrsg.): Rechtliche Aspekte automatisierter Fahrzeuge. Beiträge zur 2. Würzburger Tagung zum Technikrecht im Oktober 2014. Nomos, Baden-Baden 2015, S. 61-66

Klindt, T.; Wende, S.; Burrer, S.; Schaloske, H.; Żdanowiecki, K.: (Produkt-) Haftung für Softwaremängel und versicherungsrechtliche Aspekte. In: Bräutigam, P.; Klindt, T.: Digitalisierte Wirtschaft/Industrie 4.0. Ein Gutachten der Noerr LLP im Auftrag des BDI zur rechtlichen Situation, zum Handlungsbedarf und zu ersten Lösungsansätzen. 2015, S. 76-99

Kröner, A.: Digitales Produktgedächtnis. In: Vieweg, K., Gerhäu-ser, H. (Hrsg.): Digitale Daten in Geräten und Systemen. Hey-manns, Köln 2010, S. 183-208

Leistner, M.: Der Rechtsschutz von Datenbanken im deutschen und europäischen Recht. Eine Untersuchung zur Richtlinie 96/9/EG und zu ihrer Umsetzung in das deutsche Urheberrechtsgesetz. C. H. Beck, München 2000

Lejeune, M.: Datenaustausch mit den Vereinigten Staaten von Amerika. Was gilt und was nach EU-Datenschutz-GVO und für eine Freihandelszone gelten soll. CR 29 (2013) 12, S. 822-828

Lewinski, K. von (Hrsg.): Resilienz des Rechts (i. E.). Nomos, Baden-Baden 2016

Luhmann, N.: Politische Steuerung: Ein Diskussionsbeitrag. PVS 30 (1989) 1, S. 4-9

Luhmann, N.: Steuerung durch Recht? Einige klarstellende Bemerkungen. Zeitschrift für Rechtssoziologie 12 (1991) 1,

S. 142–146

Lurz, H.; Scheben, B.; Dolle, W.: Das IT-Sicherheitsgesetz: Heraus-forderungen und Chancen für Unternehmen - vor allem für KMU. BB 70 (2015) 46, S. 2755-2762

Merkert, J.: Finger weg von deinem eigenen Traktor: John Deere wehrt sich gegen „Traktor-Modding ". *http://heise.de/-2616920* (22. 04. 2015)

Müller, M. C.: Preserving Privacy in Production. In: Hansen, M.; Hoepman, J.-H.; Leenes, R.; Whitehouse, D. (Hrsg.): Privacy and Identity Management for Emerging Services and Technologies. Bd. 421. Springer, Berlin/Heidelberg 2014, S. 177-187

Müller-Hengstenberg, C. D.; Kirn, S.: Intelligente (Software-) Agenten: Eine neue Herausforderung unseres Rechtssystems. Rechtliche Konsequenzen der „Verselbstständigung " technischer Systeme. MMR 17 (2014) 5, S. 307-313

New, S.: The Transparent Supply Chain. Where your products come from is everybody's business. How to tell the world about it is yours alone. HBR 2010, S. 76-83

Ohly, A.: § 17 UWG. In: Ohly, A.; Sosnitza, O. (Hrsg.): Gesetz gegen den unlauteren Wettbewerb. mit Preisangabenverordnung. 6. Auflage. C. H. Beck, München 2014a

Ohly, A.: Vor §§ 17-19 UrhG. In: Ohly, A.; Sosnitza, O. (Hrsg.): Gesetz gegen den unlauteren Wettbewerb. mit Preisangabenverordnung. 6. Auflage. C. H. Beck, München 2014b

Pagallo, U.: What Robots Want. Autonomous Machines, Codes and New Frontiers of Legal Responsibility. In: Hildebrandt, M.; Gaakeer, J. (Hrsg.): Human Law and Computer Law. Comparative Perspectives. Springer, Dordrecht/Heidelberg/New York/London 2013, S. 47–65

Peschel, C.; Rockstroh, S.: Big Data in der Industrie. Chancen und Risiken neuer datenbasierter Dienste. MMR 17 (2014) 9, S. 571-576

Rath, M.; Kuss, C.; Bach, S.: Das neue IT-Sicherheitsgesetz. K & R 15 (2015) 7-8, S. 437-440

Riehm, T.: Von Drohnen, Google-Cars und Software-Agenten. Rechtliche Herausforderungen autonomer Systeme. ITRB 14 (2014) 5, S. 113-115

Roos, P.: Der Entwurf eines IT-Sicherheitsgesetzes: Regelungsinhalte und ihre Übereinstimmung mit dem Richtlinienvorschlag der EU-Kommission. K&R 16 (2013) 12, S. 769-775

Roos, P.: Das IT-Sicherheitsgesetz - Wegbereiter oder Tropfen auf den heisen Stein? MMR 18 (2015) 10, S. 636-645

Roßnagel, A.: Rechtswissenschaftliche Technikfolgenforschung. Umrisse einer Forschungsdisziplin. Nomos, Baden-Baden 1993

Roßnagel, A.: Datenschutz in einem informatisierten Alltag. Gutachten im Auftrag der Friedrich-Ebert-Stiftung. Friedrich-Ebert-Stiftung, Berlin 2007

Roßnagel, A.: Big Data - Small Privacy? Konzeptionelle Herausforderungen für das Datenschutzrecht. ZD 3 (2013) 11, S. 562-567

Roßnagel, A.: Fahrzeugdaten - wer darf über sie entscheiden? Zuordnungen - Ansprüche - Haftung. SVR 14 (2014) 8, S. 281– 287

Roßnagel, A.: Das IT-Sicherheitsgesetz. DVBl. 130 (2015) 19, S. 1206-1212

Roßnagel, A., Jandt, S., Marschall, K.: Juristische Aspekte bei der Datenanalyse für Industrie 4.0. In: Vogel-Heuser, B.; Bauernhansl, T.; Hompel, M. ten (Hrsg.): Handbuch Industrie 4.0. Springer, Berlin/Heidelberg 2016, S. 1–33

Roßnagel, A.; Jandt, S.; Müller, J.; Gutscher, A.; Heesen, J.: Datenschutzfragen mobiler kontextbezogener Systeme. DUV Deutscher Universitäts-Verlag, Wiesbaden 2006

Roßnagel, A.; Sanden, J.: Grundlagen der Weiterentwicklung von rechtlichen Instrumenten zur Ressourcenschonung. Erich Schmidt, Berlin 2007

Sädtler, S.: Aktuelle Rechtsfragen des Cloud Computing. Identitätsmanagement, Einsatz elektronischer Ausweise. In: Taeger, J. (Hrsg.): Law as a Service. Recht im Internet- und Cloud-Zeitalter. Tagungsband DSRI Herbstakademie 2013. OIWIR, Edewecht 2013, S. 251–270

Schaar, P.: Ist das „Privacy Shield " endlich ein sicherer Hafen? *http://heise.de/-3091735* (02. 02. 2016)

Schäfer, U.: § 13. In: Assmann, H.-D.; Schütze, R.A. (Hrsg.): Hand-buch des Kapitalanlagerechts. 4. Auflage. C.H. Beck, München 2015

Schuhr, J. C.: Neudefinition tradierter Begrie (Pseudo-Zurechnungen an Roboter). In: Hilgendorf, E. (Hrsg.): Robotik im Kontext von Recht und Moral. Nomos, Baden-Baden 2013, S. 13-26

Seifert, A.: § 32 BDSG. In: Simitis, S. (Hrsg.): Bundesdatenschutzgesetz. Kommentar. 8. Auflage. Nomos, Baden-Baden 2014

Sester, P.; Nitschke, T.: Software-Agent mit Lizenz zum …? Vertragsschluss und Verbraucherschutz beim Einsatz von Softwareagenten CR 20 (2004) 7, S. 548–554

Skistims, H.; Voigtmann, C.; David, K.; Roßnagel, A.: Datenschutzgerechte Gestaltung von kontextvorhersagenden Algorithmen. DuD 36 (2012) 1, S. 31-36

Spindler, G.: Zivilrechtliche Fragen beim Einsatz von Robotern. In: Hilgendorf, E. (Hrsg.): Robotik im Kontext von Recht und Moral. Nomos, Baden-Baden 2013, S. 63-80

Spindler, G.: § 120 BGB. In: Spindler, G.; Schuster, F. (Hrsg.): Recht der elektronischen Medien. 3. Auflage. C. H. Beck, München 2015a

Spindler, G.: Vorbemerkung §§ 116 ff. BGB. In: Spindler, G.; Schus-ter, F. (Hrsg.): Recht der elektronischen Medien. 3. Auflage. C.H. Beck, München 2015b, S. 6-13

Teubner, G.; Willke, H.: Kontext und Autonomie: Gesellschaftliche Selbststeuerung durch reflexives Recht. Zeitschrift für Rechtssoziologie 5 (1984) 1, S. 4–35

Thum, D.; Hermes, K.: § 87a UrhG. In: Wandtke, A.; Bullinger, W. (Hrsg.): Praxiskommentar zum Urheberrecht. 4. Auflage. C. H. Beck, München 2014a

Thum, D.; Hermes, K.: § 87c UrhG. In: Wandtke, A.; Bullinger, W. (Hrsg.): Praxiskommentar zum Urheberrecht. 4. Auflage. C. H. Beck, München 2014b

Thüsing, G.; Granetzny, T.: § 4. In: Thüsing, G. (Hrsg.): Beschäftigtendatenschutz und Compliance. Eektive Compliance im Spannungsfeld von BDSG, Persönlichkeitsschutz und betrieb-licher Mitbestimmung. 2. Auflage. C. H. Beck, München 2014

Tschohl, C.: Industrie 4.0 aus rechtlicher Perspektive. e & i 131 (2014) 7, S. 219-222

ULD (Unabhängiges Landeszentrum für Datenschutz Schleswig-Holstein)/IWI (Institut für Wirtschaftsinformatik, HU Berlin): TAUCIS. Technikfolgenabschätzung Ubiquitäres Computing und Informationelle Selbstbestimmung. Kiel, Berlin 2006 (*https://www.datenschutzzentrum.de/taucis/ita_taucis.pdf*)

Vogel, M.: § 87a UrhG. In: Loewenheim, U.; Dietz, A.; Schricker, G. (Hrsg.): Urheberrecht. Kommentar. 4. Auflage. C. H. Beck,Munchen 2010a

Vogel, M.: § 87b UrhG. In: Loewenheim, U.; Dietz, A.; Schricker, G. (Hrsg.): Urheberrecht. Kommentar. 4. Auflage. C. H. Beck, Mün chen 2010b

Wagner, G.: § 4 ProdHaftG. In: Säcker, F.J.; Rixecker, R. (Hrsg.): Münchener Kommentar zum Bürgerlichen Gesetzbuch. 6. Auf-lage. C. H. Beck, München 2013a

Wagner, G.: § 823. In: Säcker, F. J.; Rixecker, R. (Hrsg.): Münchener Kommentar zum Bürgerlichen Gesetzbuch. 6. Auflage. C.H. Beck, München 2013b

Welp, J.: Datenveränderung (§ 303a StGB) - Teil 1. iur 1988, S. 443-449

Welser, M. von: § 44a UrhG. In: Wandtke, A.; Bullinger, W. (Hrsg.): Praxiskommentar zum Urheberrecht. 4. Auflage. C.H. Beck, München 2014

Wettig, S.; Zehendner, E.: The Electronic Agent: A Legal Persona-lity under German Law? In: Proceedings of the 2nd Workshop The Law and Electronic Agents. Edinburgh 2003

Wiebe, A.: Der Schutz von Datenbanken: ungeliebtes Stiefkind des Immaterialgüterrechts. Eine Zwischenbilanz sechzehn Jahre nach Einführung der §§ 87a ff. UrhG. CR 30 (2014) 1, S. 1-10

Willke, H.: Gesellschaftssteuerung. In: Glagow, M. (Hrsg.): Gesellschaftssteuerung zwischen Korporatismus und Subsidiarität. AJZ, Bielefeld 1984, S. 29-53

Wolff, H. A.: Der verfassungsrechtliche Schutz der Betriebs- und Geschäftsgeheimnisse. NJW 50 (1997) 2, S. 98-101

Żdanowiecki, K.: Recht an den Daten. In: Bräutigam, P.; Klindt, T.: Digitalisierte Wirtschaft/Industrie 4.0. Ein Gutachten der Noerr LLP im Auftrag des BDI zur rechtlichen Situation, zum Handlungsbedarf und zu ersten Lösungsansätzen. 2015, S. 19-29

Zech, H.: Daten als Wirtschaftsgut - Überlegungen zu einem „Recht des Datenerzeugers". Gibt es für Anwenderdaten ein eigenes Vermögensrecht bzw. ein übertragbares Ausschließlichkeitsrecht? CR 31 (2015a) 3, S. 137-146

Zech, H.: „Industrie 4.0" - Rechtsrahmen für eine Datenwirtschaft im digitalen Binnenmarkt, GRUR 117 (2015b) 12, S. 1151-1160

第9章 生产环境的转型战略

Dennis Kolberg, EllinaMarseu, Dominic Gorecky, Jonas Koch,
Christian Plehn, Detlef Zühlke, Gunther Reinhart

为了将现有生产环境转变为工业4.0环境，需要方法和流程模型来指导用户，并将复杂性和风险降至最低。9.1节举例说明了如何使用成熟度模型来确定转型的行动需求，在随后的9.2节中，MCM流程被描述为制造变更管理（同时也是生产变更管理）的核心组成部分，该流程建立在这些行动需求之上，并支持基于流程的生产变更的识别、分析、规划和实施。根据变更的范围，个别变更作为独立项目在MCM流程范围内实施。对于工业4.0和信息物理生产设备（CPPA）的改革项目，

为明确的订单定义制定需求目录或规范非常重要，以避免在实施此类复杂系统时产生误解。9.3节介绍了一种适应信息物理系统（CPS）特性的程序，用于创建规范。此外，9.4节更详细地介绍了CPPA的开发方法，为分散式、模块化系统的跨学科开发提供了全面的支持。本章使用户能够有条不紊地、有目的地从认识数字化生产中生产变更管理的发展潜力到具体的变更实现，从而掌握从各自现状到工业4.0生产的转变。本章的结构如图1-9-1所示。

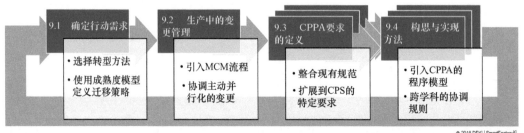

图 1-9-1　向工业 4.0 生产环境转变的概念和工程概述

9.1　确定行动需求

"工业4.0"一词是"数字化转型所带来的未来生产"的同义词。在这方面，人们常常提出一个问题：工业4.0究竟是革命还是演化。这个问题的答案主要取决于对"革命"和"演化"这些术语的解释。

革命是一种基本的、可持续的结构变革，通常发生在相对较短的时间内（Weis 2004）。相比之下，演化代表了一个系统的逐渐演变，每个新系统只是略微改变了原有系统。因此，观察者应首先判断生

产系统中数字转换的速度和程度，再确定最终是否有必要谈及革命或演化。

然而，这个问题是回顾性的回答，制造企业如何在企业实践中塑造工业4.0的转型，对经济具有重要意义。为了阐明和持续挖掘工业4.0[⊖]对各自企业的多方面潜力，选择合适的转型方法和定义企业特定的迁移策略（在此基础上可推导出具体的行动需求）至关重要。

1. 选择转型方法

对于制造企业来说，首先需要选择一种合适的

[⊖]　需要指出的是，"工业4.0"并没有明确的目标定位，而是抽象地概括了其实现过程中的新一代概念和生产技术。

转型方法，将新的概念和技术转移到工业实践中。选择转型办法的核心问题是，在多大程度上考虑和保留现有的技术和组织框架条件，还是不考虑以前的标准，而全部实施新概念和技术。因此，可分为三种不同的工业 4.0 转型方法（见图 1-9-2）。

■ 刀片（Glass Blade）方法：刀片方法在很大程度上保留了老一代的现有技术组织环境，并且只补充新一代的选定元素或进行替换。这里重点介绍单个组件（如在传统的 PLC 控制的生产车间中安装 CPS 现场设备）。

■ 棕地（Brownfield）方法：棕地方法也基本上基于现有的技术组织环境，但与刀片方法相比，新一代概念和技术的整合是全面和系统的。这里涉及整个系统内的至少一个子系统（如用 CPS 现场设备替换生产车间中的传统 PLC 控制）。

■ 绿地（Greengield）方法：在绿地方法中，新一代的概念和技术被全面实施，不考虑现有的技术和组织标准。在这里，整个系统被全面重新设计（如根据新标准的生产设施的构思和建造）。

刀片方法引入了适合的、在当前背景下显示出低相关性的组件和技术。相比之下，这种方法似乎没有实现工业 4.0 的前景。工业 4.0 设想了一个根本性的、结构性的系统变革，其全部潜力只有通过异构系统的整体网络才能显现出来。

从迁移角度来看，按照绿地方法实施工业 4.0 的问题更少一些，因为在这种情况下，它被计划为系统整体的一个根本性、结构性的重新设计。前提条件是，成熟的概念和技术被用来实现相关用途。尽管现如今存在各种不同的按照绿地方法设计的工业

4.0 试验工厂，但该方法不但具有技术风险、经济风险，而且是不切实际的。一旦缺少为了全面实施工业 4.0 的可靠标准和产品，绿地方法就变成只能在特定的情况下适用，如仅在设计试验及研究工厂时适用。

实践表明，由于存在研究周期，制造企业往往不会突然地改变现有的生产方式，而是逐渐地适应新的概念和技术。工业 4.0 的引入一直在实现利用合理成本和现有技术能力来提升经济潜力（Bischoff 2015，S.19）。这种情况下，棕地方法就具有了一个特别的意义，因为它支持现有的产品和服务系统化，逐步向新市场转移，争取实施工业 4.0。

2. 使用成熟度模型定义迁移策略

选择了基本的转型方法后，制造企业必须确定向工业 4.0 迁移的策略。一般来说，每个制造企业都有其独特的出发点，包括行业隶属关系、企业规模以及增值深度等。

由于起步情况不同，普遍适用的迁移策略对工业 4.0 的实施帮助不大。相反，需要一个程序，考虑到具体的实施状况和要求，并将其转入企业的具体迁移策略。定义企业特定迁移策略的一个重要辅助工具是所谓的成熟度模型。

成熟度模型是一种对系统的当前状态（初始状态）和潜在的发展潜力（目标状态）进行评价的方法。为此，首先根据选定的标准对所审议的系统进行分析，并在预设的成熟度阶段中分类；然后，评估其向更高的成熟度阶段发展的可能性，并提出相应的实施建议。成熟度模型也出现在大数据领域（Trost 2015）和物联网领域（Axeda 2014；Houston

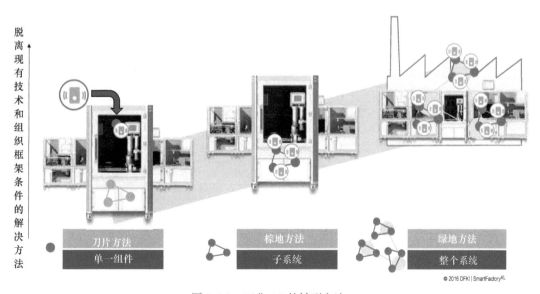

© 2016 DFKI | SmartFactory^{KL}

图 1-9-2 工业 4.0 的转型方法

2016）。在工业 4.0 的背景下，成熟度模型用于确定实际概念和使用的技术与现有发展机会之间的差距。据此观点认为，工业 4.0 不是按照"要么全，要么无"的原则，而是在不同的层次和应用领域中实现的。某些最低要求是实现相应更高级别的先决条件。

有关工业 4.0 主题的许多成熟度模型由行业协会和研究机构提供，用于在线或纸质版的自我评估（Lichtblau 2015），其他的是由专门从事战略、组织和流程咨询的公司作为提供的服务（Koch 2014）。完善度模型的主要不同之处在于阶段数量（即一个企业可以接受的、可能产生的状态数量）和范畴（即企业在考虑时用于分析的不同思考范围和应用范围）。下面以 VDMA（德国机械及制造协会）工业 4.0——就绪 - 检查为例介绍一个工业 4.0 背景下的成熟度模型。

VDMA 工业 4.0—— 就绪 - 检查（Lichtblau 2015）可以在线免费进行，该检查基于一个包含六个不同阶段的，特别是针对德国机械设备制造需求的成熟度模型。成熟度模型的基础由六大类组成，每一类都会对成熟度的每个具体问题进行检测。这六大类包括"战略与组织""智能工厂""智能运营""智能产品""数据驱动服务"以及"员工"共 18 个主题，其中

给出了进一步的具体说明（见图 1-9-3）。

在执行自评过程中，每个主题领域都会提出具体的问题，并预先给出选项供选择。通过问题的自动评价，成熟度将在个别和整体当中被反映出来。由此实现六个不同的成熟度阶段（见图 1-9-4）：

阶段 0（局外人）：该企业对工业 4.0 的实施几乎没有制定计划或措施。

阶段 1（初学者）：企业借助试点计划在少数特定领域内实施工业 4.0，但在许多领域内仍缺乏工业 4.0 持续扩展所需要的能力。

阶段 2（进阶者）：企业在战略方向上引入了工业 4.0 主题；实施工业 4.0 的基本方法已经在某些领域建立起来了，但在某几个领域内仍然缺乏工业 4.0 持续扩展所需要的能力。

阶段 3（有经验者）：企业有自己的工业 4.0 战略；基本的工业 4.0 实施已经在许多领域实现；企业已大范围地发展了工业 4.0，并且拥有工业 4.0 持续扩展所必要的技能。

阶段 4（专家）：企业对自己工业 4.0 战略的实施情况进行跟踪及评估；先进的工业 4.0 实现方式已经在许多领域得到实施；企业已大范围地发展了工业 4.0，并具有工业 4.0 进一步发展所必要的大部分技能。

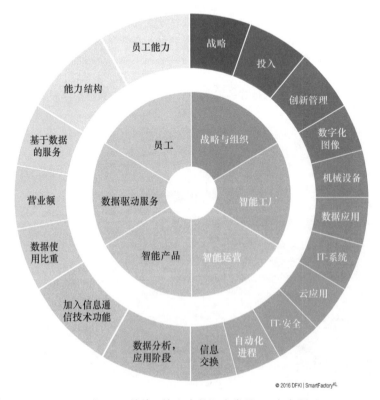

© 2016 DFKI | SmartFactory KL

图 1-9-3　VDMA 工业 4.0—就绪 - 检查中的六大类及 18 个专题（Lichtblau 2015）

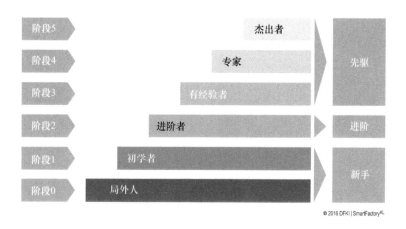

图 1-9-4　VDMA 工业 4.0—就绪 - 检查中的六个阶段（Lichtblau 2015）

阶段 5（杰出者）：企业已经实施了工业 4.0 战略，并定期审查进一步项目的执行情况；先进的工业 4.0 实施方案已经得到完全实现；企业拥有确保和发展自身在工业 4.0 领域的杰出地位所需的全部能力。

为了更好地对自己的成果进行分类，在执行自评的过程中，可根据行业隶属关系和企业规模选择不同的比较组，并进行成果的对比。进行比较的数据是通过 2015 年进行的一个研究来采集的。除此之外，为了提高各个类别的成熟度，自动生成的建议中包括了一些大致的行动建议。

正如 VDMA 工业 4.0—就绪 - 检查展示的那样，成熟度模型可简化对执行情况和企业发展前景的调查，并以此提供切入点来识别和刺激行动需求以及必要的变化。

9.2　生产中的变更管理

生产中遇到的变更向每个制造企业提出了一种持续的挑战。近年来，已经开发了不同的方法和概念，从工厂系统角度和规划角度来支持并实施变更。因此，在工厂系统、生产设备和企业部门的规划上，会更多地考虑革新能力，其中包含易变性与柔性等方面（Cisek 2005；Klemke 2014）。对于工厂的（重新）规划，除了经典的工厂规划之外，还开发了所谓的连续规划。其以控制回路的概念为基础，将与调整需求有关的工厂监控和解决方案的规划结合在一起（Nofen 2006；Nyhuis 2010）。

此外，考虑到生产中大量不同的变更，变更的实施、审批和记录的法律法则越来越严格，以及生产的逐步数字化，提出了生产中的变更管理概念。总的来说，在工业 4.0 主题领域中，有两个方面与变更管理特别相关：一是工厂及其组件（如生产设备或文件）的越来越多的跨职能并通常由此导致的复杂变化，二是更加密集地在生产系统的分析、规划和调整中使用数字工厂（工厂的数字图像）。为了使数字化的分析结果可以在实际工厂中直接被使用，需要数字化模型与物理系统持续地和谐统一。跨职能变更的例子包括将传感器和软件加装到生产线上，改用基于工件的制造系统或引入交互式工人辅助系统；使用数字工厂的例子是布局规划或物料流规划以及生产变化的分析。

"制造变更管理"（MCM）是在最初的生产变更管理方法的基础上，直接移植了产品研发中的工程变更管理（ECM）（Aurich 2004；Rößing 2007；Malak 2013；ProSTEP iViP 2015），代表了一种全面的、以流程为基础的生产变更管理方法。根据 Koch（2016），下面将介绍整体概念、变更流程，并在 Plehn（2016）之后介绍数字化生产中的变更分析实施。

9.2.1　生产中变更管理的结构和背景

为了理解和描述出实体工厂与数字工厂的协作、变化和变化原因，变化过程、角色、提供支持的 IT 系统、工具和方法，以及企业中的 ECM 之间的互动关系，必须对这些概念以及它们在应用背景下的联系有一个基本的了解。图 1-9-5 中的 MCM 背景模型展示了数字化生产中变更管理整体架构中的相互关系。在此基础上，可以对企业运用的变更管理程序进行分析和设计，以便改进。

该背景模型在生产方面包括 MCM，在产品方面包括 ECM。这两个方面是通过变更原因和流程支持直接相互联系的。后者总结了与 ECM 和 MCM 相关的基本要素。除此之外，其他要素，如产品与工厂之间、MCM 流程与工厂之间或生产变更与 MCM 流程之间的基本关系也是需要关注的。

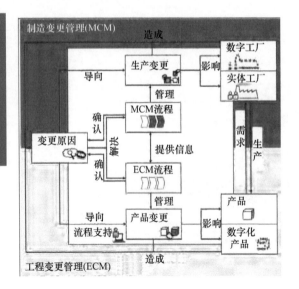

图 1-9-5 数字化生产的 MCM 背景模型
（基于 Koch 2015a 和 Koch 2016）

变更原因：描述通常发生的生产变更和产品变更事件或起因的领域/主题领域，包括工厂生命周期、产品变更和生产上的困难、产品生命周期、产品变更以及产品上的缺陷。其他一般的变更原因可归入法律法规、技术、经营活动、持续改善和采购中。

生产变更：描述工厂或工厂要素的任何变更，如已发布或已投入使用的设备、流程或工作描述。变更可指出不同的规模、加工时间以及涉及的人数和加工时间。

MCM 流程：描述为生产变更管理而开展的活动。通常来讲，这不是一个线性的过程，而是像阶段 - 关卡流程所描述的一个活动网络。

实体工厂和数字工厂：包含具有工厂系统、生产流程、文件和工厂组织的真实工厂，也包括数字工厂中它们的图像。

流程支持：包含相关的角色、方法和工具，以及支持软件和其他变更管理的辅助元素。

ECM 元素：包括 ECM 流程、产品变更和产品本身。

就工业 4.0 而言，在 MCM 领域，各要素，如变更原因与 MCM 流程之间，或者生产变更与数字化和实体工厂之间的相互关系，是尤其重要的。因此，识别发生变更的原因以及因此可能的生产变更是变更流程中的一项基本任务；在数字化生产中，变更不仅影响实体工厂，还影响数字工厂。同时，生产变更本身总会给工厂或产品带来额外的变化。这种现象被称为变更传播，而且由于当今工厂（社会）技术系统的复杂性，变更管理面临着越来越大的挑战。此外，使用 MCM 特定方法和基于软件工具的流程支持，可生成全面的变更管理数据库和信息库，用于主动和回顾性变更分析。

9.2.2 数字化生产的变更流程

在数字化生产的变更管理中，变更流程形成了针对生产变更中有效支持和有效方法的核心要素。与为产品开发中的技术变更管理一样，该流程提出了活动网络概念，这意味着变更流程包含大量并行和迭代活动。这些可分为共同描述生产变更流程的三个基本时期：主动性变更管理、反应性变更管理和回顾性变更管理。

相比之下，将变更流程描述为生产和开发中的纯线性工作流程，以及将重点放在变更管理的响应阶段的情况仍然很普遍。同时，主动性和回顾性被看作是变更管理中最重要的挑战之一。一项关于生产中变更管理的研究表明，它对于生产的重要性将在未来几年内大幅增加（Koch 2015b）（见图 1-9-6）。

成熟的生产变更流程是一个阶段 - 关卡流程，其中每一个阶段都存在一个关卡。这些阶段包含了活动、关卡和所提供的中间结果，其中每一个活动都提供一个中间结果。这种架构简化了职责规划、职责分配和变更前景控制。总而言之，变更流程包含八个阶段和八个关卡，图 1-9-7 所示为生产中变更管理的 MCM 流程，展示了主动性、反应性或回顾性是如何划分的。

9.2.2.1 时期Ⅰ：主动性

通常来说，越早认识到生产变更并分析它的影响，所需要的时间和要求就越少，由此产生的变更成本就越低，这也就是所谓的"Rule of 10"（Clark/Fujimoto 1991）。其中的困难并不是企业缺乏未来变更的信息和知识，而是变更的原因可能有很多，并且信息和知识分布在生产、开发、物流、采购、管理等不同的职能部门和领域。除此之外，大量的信息也随着生产的数字化在数据库或通过传感器在实际生产中生成。这些信息同样能够为必需或可能的变更提供线索。因此，识别和利用该信息以及企业中的现有知识，为变更管理提供了巨大的潜力，但需要在生产方面采取更积极主动的方法。

为了建立和规范这种用于生产变更的管理方法并使其为员工所接受，在变更流程中必需的活动被看作是一个时期，也就是所谓的主动时期，可分为两个阶段和两个关卡。

阶段 1：关注变更原因及潜在变更的主动管理。

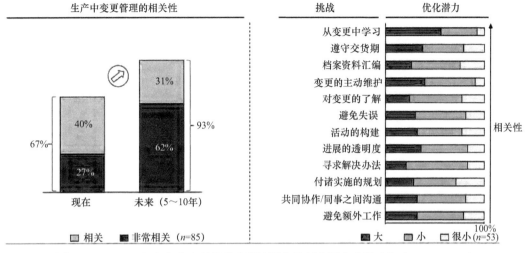

图 1-9-6　MCM 和生产中变更管理重要性研究的部分研究成果（基于 Koch 2015b）

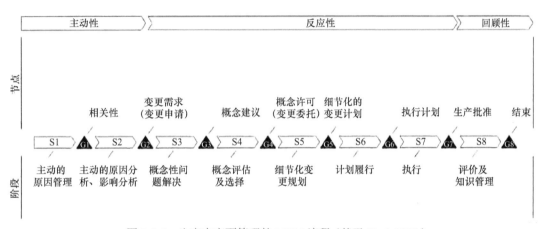

图 1-9-7　生产中变更管理的 MCM 流程（基于 Koch 2016）

包括搜索、识别以及变更原因和潜在变更的概念。成功的阶段 1 应建立变更档案，并进行职责划分。阶段 1 以一个潜在变更（关卡 1）相关性的确认为结束。

　　阶段 2：包含对变更原因和变更影响的主动分析。包括对利益相关者的识别、对潜在变更及其影响的描述和评估、变更建议的提出以及变更档案的审查和更新。阶段 2 以变更申请的提出和通过/拒绝为结束（关卡 2）。

　　为了能够在主动活动中有针对性地寻找潜在的变更及其原因，了解相关学科领域和经常发生这些变更的领域是很有帮助的。总的来说，可以确定其中 11 个主题领域的变化原因，可以根据企业的具体情况进行补充或进一步详细说明（见 MCM 背景模型）。

9.2.2.2　时期Ⅱ：反应性

　　变更的规划和执行构成了生产变更管理中第二个时期（反应时期）的核心。在数字化生产中，这包括对数字工厂和实体工厂的规划和执行。此处至关重要的是，两个工厂的每个变更都要以模拟的形式出现，以便数字工厂可以随时提供正确的、可为开发者或工厂规划者使用的、现实工厂的图像。除此之外，来自不同领域（如物流、采购、质量管理）的许多利益相关者，会在变更通知、规划和许多措施或后续变更的执行方面进行协作。在这些活动中，责任人通过反应时期的五个阶段和五个关卡获得支持。

　　阶段 3：重点是提出解决方案的概念，分析变更可能的传播途径，并对成本和效益进行估算。完整的解决方案概念，将并入变更简要说明（关卡 3）中，作为阶段 3 的结束。

　　阶段 4：对解决方案概念进行评估和选择。如有需要，将与客户协调，并对预期的成本进行详细的分析；然后确定优先的变更解决方案概念，检查并更新变更档案，以及确立变更任务。变更任务的通过/拒绝标志着这个阶段的结束（关卡 4）。

阶段 5：描述了详细的变更规划。从变更必需措施的具体化开始，制定出随后将被检查和启动的、详细的变更计划和采购计划；然后合并在详细的变更计划中，并最终通过/被拒绝（关卡 5）。

阶段 6：为变更的执行计划。既包括变更执行的时间、组织规划，也包括必要设备的购置（如资源、软件、传感器）、变更文件的更新、为变更执行最终通过而做的准备，以及实施和引入生产。本阶段将以通过/被拒绝作为结束（关卡 6）。

阶段 7：重点关注生产中变更的实施。这要根据详细的变更计划和执行计划来进行，为了确保它们的同步性，变更不仅要在实体工厂中实施，也要在数字工厂中实施。此外，必须对所有必需的文件和信息系统进行检查，必要时更新。作为这一阶段的结束，必须编制好变更文档，为最终的生产做准备。这一阶段以批准而结束（关卡 7）。

除实体工厂、数字工厂中执行必要的变更外，在变更流程的反应时期，还必须考虑与日益增加的数字化生产相关的其他特殊性。这主要是由于工厂的子系统和元件（如资源、生产设施、仓库或工厂基础设施）的网络化程度不断提高，以及相关的软件解决方案及与 IT 系统和软件所需接口的增加。特别值得关注的是，在日益复杂且高度网络化的系统中难以识别和分析变更效果和相应变更，不同利益相关者（如来自生产、开发、IT 和采购）数量的增加和由此产生的协调工作，以及这些复杂系统的实际规划和变更实施。

9.2.2.3　时期 Ⅲ：回顾性

变更流程的第三个时期，即回顾性时期，伴随着生产执行变更的批准开始。主要是对已执行的变更以及变更流程中的相关变更过程进行回顾性分析和评价。在这里，既可以利用相关员工的经验和知识，也可以利用变更流程中获取的信息。后者可在使用工作流程系统时以数字化方式来实现。此外，在数字化生产中存在一种可能性，即在变更中使用合适的传感器为设备功能测试进行采集和分析。在变更流程中，将这些回顾性活动合并在一个阶段，进行评价和知识管理，以达到变更管理的目的。

阶段 8：也是最后的一个阶段，包含对已执行的变更、变更文件和已取得的成果进行测试与评估。此外，如果有相关的经验教训，则进行总结并记录在案。最后，整理出完整的变更文件并发布，以便最终完成变更（关卡 8）。

除了对已完成的变更进行评估和分析外，在变更过程中获取变更附带信息，以及在回顾时期获得最终评估和经验教训，为软件支持的知识管理提供了新的可能性，特别是对今后的变更活动提供了的可能性。这样的学习型变更管理系统将利用采集到的关于过去变更的数据来生成变更传播的提议，或者整合相关的角色和功能（Wickel 2016）。

9.2.3　生产变更的分析

本节简要介绍了生产变更分析中面临的挑战。此外，对目前关于变更效果预测和评估的研究结果，以方法论概念的形式进行了说明，这也是 MCM 的一个重要组成部分。

生产变更（简称变更）的规划及实施需要使用大量的资源，这里用投资和工作时间来简化表示。从经济学观点来看，如果在所考虑的时间范围内的预期收益仅与付出的努力相当，则应该实施变更。例如，创新生产技术的预期收益应能体现出生产成本的降低、产品质量的提升或生产时间的缩短。当然，由于外界的环境因素，如，法律对职业安全的要求，也存在"必须的变更"，其必要性并不仅仅是由经济因素赋予的。

无论变更由什么原因引起，往往都会有一些替代性的实施方案，目的是通过变更来实现预期的目标状态。基于目前的环境，不同的定性因素和定量因素可起到决定性的作用。作为变更选择的通用评价标准，除预期收益外，还应指出必需的实施期限、投资成本、解决方案的灵活性以及变更的风险。由于生产系统各要素及其环境（如与生产相关的开发、采购和物流）之间的多层关系网络，形成了复杂的结构，因此在变更管理过程中，对计划变更的效果进行先验估计是一项极其困难的任务。

在过去的 15 年中，人们在产品开发领域开展了大规模的研究工作，涉及产品结构中的变更传播效果，以及设计参数之间的作用情况。如果系统元素的变更引起了系统中至少再发生一次变更，就存在变更传播，而这既不符合预期，也不是必需的（Giffin 2009）。虽然近年来在生产中已经认识到了这种影响，但目前还没有合适的方法能够对其进行分析、预测和评价（Richter 2014）。变更中无法预计的变化对其实施成本造成巨大影响，这是可以理解的。

如果必须推翻其他替代方案的决定，变更的实施时间越长，沉没成本通常就越大，参见"Rule of 10"（Clark/Fujimoto 1991）。因此，希望能够在变更流程的早期对替代变更选项进行可靠的评估。但此时潜在的信息量还不充足，而且还具有很大的不确定性和模糊性。为了能有效地管理变更实施过程，有必要采用系统的评估方法来评估和比较其他替代方案。

在特别研究领域 768"创新过程循环管理"的背景下，机床和工业管理研究所（iwb）开发了一种基于知识的预测和评估生产中变更效果的方法。在工业咨询项目中，可以根据 Plehn（2016）来评估该方法的有效性。下面简要介绍该方法的 6 个部分：

1）系统定义：变更分析的出发点应始终是对基本的社会技术系统有一个明确的定义，这就将分析的范围限制在分析目的之内。必须权衡忽视重要子系统或问题组成部分的风险，同时也要考虑成本增加所需的努力。在这一步，建议列出一个表，包含所有内外影响因素，这些因素对要研究的变更效果有加强或减弱的作用。构造"影响范围"（如产品组件、工厂区域、公司的职责范围等）的方法之一是逻辑树。在进行影响分析过程中，影响列表有助于以有意义的形式提供背景知识，可以显著提高专家估计的质量（Ayyub 2001）。

2）结构系统建模：基于知识的影响分析的基础是为所关注的社会技术系统建立一个专业领域的结构模型（见图 1-9-8）。这种结构模型一方面代表了系统内的因果关系和依赖关系，另一方面是作为之后影响力仿真的基础。鉴于大部分系统模型都相当复杂，充分利用计算机的支持是必要的。结构模型基于工程系统的多域矩阵（ES-MDM）（Bartolomei 2012）和修改过的模糊认知地图（FCMs）（Kosko 1987）。利用这种建模技术，可以灵活地对生产系统

中重要的领域和间接领域，如技术、人员、基础设施、功能、目标和活动，以及一般的因果网络（如"A 影响 B、B 加强 C、D 减少 A"等）进行建模。

3）专家咨询：为了建立系统模型，通常需要从系统专家那里收集隐性的知识。为了能够以基于知识的方式量化变更的传播效应及其影响，必须估计模型中两个节点 i 和 j 之间的每个关系的成本（cij）和时间（tij）方面的直接转移概率和影响。显然，这需要很高的成本，因此对于复杂生产结构模型，推荐选择节点数小于 n=50（Clarkson 等 2004）。对于较大的系统，往往可以将单个元素组合成子系统，进行相应的抽象程度调整。专家咨询的流程基于已建立的系统动力学建模程序，它支持概念建模和形式建模（Ford/Sterman 1998）。为了保证沟通的灵活与全面理解，在足够大的纸张或白板上写下结构模型及其参数化是很有帮助的。在建模过程中，结构模型以包含节点和连线的图表展示。ES-MDM 的可视化形式可作为后续步骤，以对模型中的所有关系进行重点参数化（Desthieux 2010）。适合的建模软件可作为补充使用，但这同时也增加了参与者由于经验不足而使整个模型脱离实际的风险。

4）形式上的知识建模：为了合理使用上文提到的信息（模型及参数），将其作为步骤 5 中模拟的基础使用，以下步骤是必要的。在参数化期间，将现有信息以反映系统结构的邻接矩阵的形式进行处理，这包括转换矩阵（概率）和最多三个影响矩阵，每个影响矩阵用于模型的每个关系的关于成本和实现

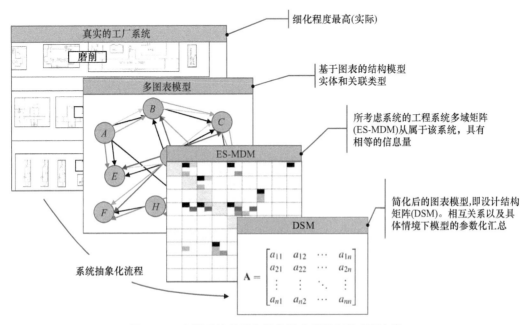

图 1-9-8　实际系统的逐步抽象以分析特定的变更方案

时间。建议对每种关系的"最好情况""最可能的情况"以及"最坏情况"进行估计，因此需要三个影响矩阵。通过这样的三点估计，可以有效地模拟专家的不确定性，并使后期的影响模拟可以定量地访问。三点估计可用于参数化三角分布或贝塔（β）分布的概率密度函数，作为影响模拟的基础（见图1-9-9）。贝塔（β）分布已被证明是一个有用的工具，可用于估计不确定的活动期限，尤其是在开发项目中（Browning 2002）。

5）变更影响的模拟：为了对变更影响进行模拟，人们开发了基本图形搜寻算法以及与蒙特卡洛模拟相结合的变更影响模拟图形算法（CISGA）。模拟的结果统计包括有关总预期成本、预期总持续时间，以及整个模型和个体关系的这些数量的分布的信息。例如，可以以直方图和影响热图的形式直观地显示结果。

6）解释与决策：虽然 CISGA 量化了一次性成本，但要对替代变更方案进行全面比较，还需要考虑当前成本和收益状况的预期未来差异。根据Silver/de Weck（2007），人们提出了一种简化的系统成本模型（Plehn 2016），利用这种模型，可以估算出某一确定观察时段内一个替代方案的差异资本价值（也是 Δ NPV）。针对非货币性的决策标准，层次分析法已经在技术领域建立起来了（根据 Saaty 1980）。

为了能够比较变更的货币性和非货币性效果，每一种选择的两个特征值都应可视化处理在一个图表中。Δ NPV-AHP 图（Plehn 2016）为此提供了一种合适的工具，也用框图的形式直观地展示了 Δ NPV 的分散性（见图 1-9-10）。

9.2.4　小结

在日益数字化的生产环境中，基于流程的变更管理对于使用如工厂之类的社会技术系统的可变性，以及对必要变更做出反应的能力至关重要。数字工厂、实体工厂日益提高的同步性要求以及相关系统和过程的数字化数据越来越多，对变更中的分析、规划和协作提出了新的要求。MCM 概念（Koch 2016）是通过以及在主动性的活动、反应性的活动和回顾性的活动中（考虑已开发的变更流程）来考虑到这一点的。MCM 的一个更重要的组成部分是生产变更中的效果分析。此外，该方法根据 Plehn（2016）使基于现有知识对变更效果的模型预测成为可能。

目前正在进行的、与特别研究领域 768 相关的研究工作，正致力于系统变更管理的 MCM 二次开发，它同样针对社会技术系统中的产品变更、生产变更及其效果进行研究。变更传播的分析方法将同样在这方面进行二次开发，以此大力推进数字化生产中有效、合理、关键的系统变更管理。

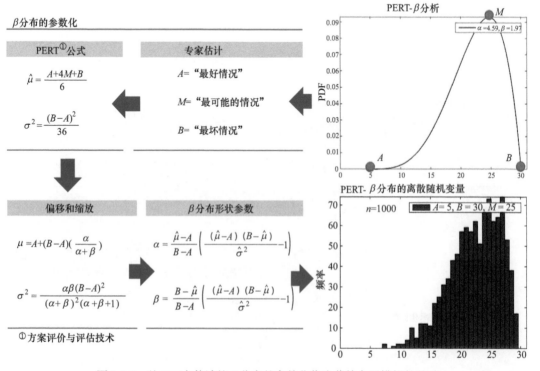

图 1-9-9　基于三点估计的 β 分布的参数化作为蒙特卡罗模拟的基础

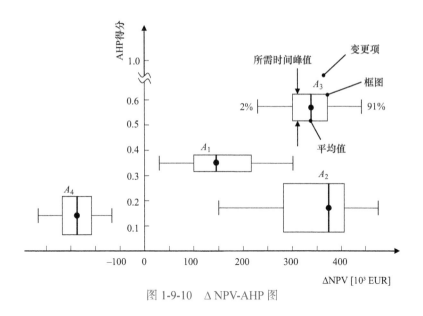

图 1-9-10　△ NPV-AHP 图

9.3　CPPA 要求的定义

上文所述的 MCM 概念支持基于流程的生产中的变更管理。根据其规模，这些变更是以独立项目的形式规划的，由内部或外部服务供应商实施。下面将描述在实现 CPPA 的项目过程中出现的特殊性，以及可以通过哪种方式应对这些特殊性。

 定义：

> 信息物理生产设备（CPPA）是一种由许多 CPS 模块组成的生产设备。CPS 模块既是嵌入式系统，也是带有特定物理接口和信息技术接口的机电一体化模块，能够自我组织和接收单个功能。在 CPPA 中，有模块化的、分散的 CPS 模块与周围的对象，如 CPS 模块或 IT 系统相连。

每个项目的出发点都是要具体说明打算实现的目标和澄清现有的资源（如 MCM 流程中的关卡 2 和关卡 3），这其中同样包括将复杂的系统分解为明确定义的目标和可管理的工作包。当使用 CPS（工业 4.0 的核心技术）的工厂实施 CPPA 时，这一点尤为重要。由于其网络化程度高、交互性强和跨学科的工作特点，CPPA 具有高度的复杂性。

需求工程（RE）是一种源于软件开发的、独立于学科的方法，目的是为了降低早期的复杂度。RE 的目标是通过系统的方法，在早期阶段就确定、协调并记录所有参与者的愿望和需求。此外，RE 用一种便于执行的技术语言在不同学科之间传输并详细

列举这些通常由专业部门提出的需求。RE 可被看作是项目进行过程中一个单独的时期，在具有外部服务供应商的复杂项目中更是如此，或者在敏捷方法的背景下作为连续活动（Pohl/Rupp 2011）。图 1-9-11 图像化地展示了这些选项。在上文提到的 MCM 流程背景下，RE 在变更申请结束时提出概念的步骤 2 中尤其重要。

以下是编制 CPPA 规范的具体要求，尤其是在项目启动阶段必须考虑到这一点。

图 1-9-11　项目生命周期中需求工程（RE）的分类

9.3.1　生产中设计规范创建现状

在 RE 范围内制定的要求通常被记录在德语国家的设计规范中。设计规范记录了从客户的角度开发系统的期望，它们是合同规范的重要组成部分，有助于对目标达成共识。责任规范的对应部分是需求规范，从承包商的角度描述了承包商或项目团队如何在技术上实现这些要求（DIN 69901-5：2009）。

现如今，各种标准和准则已经为 RE 及其规范的制定定义了通用的流程。VDI 准则 2519 的第一页除了对设计规范和责任规范制定的一般程序进行了

描述，还描述了为检查这些文件质量所用到的标准或检查清单。设计规范应包括以下强制性内容（VDI-2519-1）：

　　1）初始情况介绍及说明（现状）。

　　2）任务确立（目标状态）。

　　3）接口。

　　4）信息模型。

　　5）系统技术。

　　6）调试及使用。

　　7）质量要求。

　　8）项目进行。

　　9）附件，如概念定义词汇表。

作为补充，VDI 准则 2519 的第 2 页详细介绍了主要内容，当然也提到了传动系统和存储系统。在这些准则中，还有 VDI 准则 3694，它详细说明了自动化系统的规范和责任规范的制定，它同样遵循着最早提到的准则结构。此外，在 Zeppenfeld/Finger（2009）、Kletti（2007）以及 Ponn/Lindemann（2011）

中给出了与生产相关的 IT 系统，如 MES 的设计规范和责任规范的创建。此外，在 ANSI/IEEE Std. 29148-2011 中也解释了软件系统的设计规范和责任规范的建立，并被称为软件要求规范（International Standard 29148 2011）。在工业 4.0 的背景下，特别是 CPS 的使用，没有用于创建需求或规范目录的模板。然而，由于生产过程中与其他对象的高度互动、构件模块化，以及与之相关的控制任务的分散化和高度的独立性等特点，工业 4.0 对需求工程提出了新的要求。此外，应特别注意与第三方系统之间的持续通信和接口。

9.3.2　CPPA 设计规范创建的流程及清单

CPPA 设计规范的创建流程涉及上述的规定性内容和清单，并且对由于生产过程中 CPS 的使用而产生的新要求进行了补充。可细分为五个连续迭代的步骤。每个步骤的结果也是下一个步骤的基础。图 1-9-12 直观地显示了这一点。

图 1-9-12　CPPA 设计规范创建的流程

9.3.2.1　步骤 1：确立项目目标

步骤 1 的任务是构建更高层次的项目总目标并推导出子目标。此外，为了避免目标之间产生冲突，应优先考虑这些子目标。为了达成共识，并通过个人的加入保持高参与度，这些指导方针通常由管理层制定，但应由项目团队或各部门的利益相关方提供支持。

例如，目标的制定来自于公司策略、明确的问题、变更要求、市场要求或前述的 MCM 流程中的变更申请，并将项目与不相关的方面分开。

在此值得推荐的是自上而下的原则，它是由影响子目标的总目标推导出来的。树状图能较好地表示这种层次依赖关系，图 1-9-13 所示为树状图/目标列表的一个示例，更多的见 Andler（2009）。因此，对项目来说，这一步骤提供了一个按照类别和优先级进行细分的需要达到的决定性目标列表。

9.3.2.2　步骤 2：确定问题领域

在步骤 2 中，为了实现之前确立的项目总目标，需要确定项目范围内必须进行处理的主题领域或问题领域。该步骤用于确定影响目标的相关因素并能

够形成需求集合。在此建议将问题领域划分到"机械制造""电气工程"以及"信息技术"三个学科中，这样就可以尽早确定出任务的责任方。机械制造方面的问题领域涉及 CPPA 的布局和机械结构，并且可以由设计工程师进行处理；自动化技术人员和电气工程师致力于解决电气工程领域的问题，以及电气连接和联网的相关问题；信息技术问题领域主要针对逻辑控制。CPS 的使用，加强了对现代编程语言，如 Java、C 或 C# 的使用，这些由软件开发人员进行编辑。

为了确定问题领域，建议举行包含来自三个学科的参与者的研讨会。通过诸如头脑风暴、脑力写作或思维导图的方法，可以在短时间内明确问题领域的集合。确定问题领域，也必须确定这些问题领域的优先顺序。在此推荐将其分成必须性要求（强制履行）、建议性要求（最好履行）以及替代性要求（为进一步发展做出改进）。

这一步骤得到的结果是需求列表的分类方案，其中包含问题集合和主题集合。在下一步骤中，可以通过具体的要求对这些集合进行补充。图 1-9-14 所示为将目标分解为各学科具体问题领域示例。

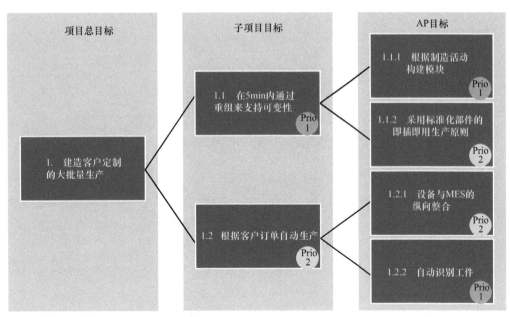

图 1-9-13　树状图/目标列表示例

针对目标1.1"在5min内通过重组来支持可变性"的问题领域
机械工程中更高一级的问题
将生产设备分配到逻辑模块中
为模块间交换选择可更换的设备
对不同模块组合的动作部件进行碰撞测试
……
电气工程学中更高一级的问题
执行器和传感器相对控制器的分配及其布线规则
考虑未来模块的功耗设计
……
计算机科学中更高一级的问题
分散控制的流程规划
服务与服务接口的定义

图 1-9-14　将目标分解为各学科具体问题领域示例

9.3.2.3　步骤 3：确定替代解决方案

在上一步采用了以问题为导向的观点之后，在这一步采用了以解决问题为导向的观点。现在必须根据问题领域对替代解决方案进行确定和检验。对于上述三个学科来说，这是可以并行进行的。但为了避免冗余和重复，负责人应做出安排，在并行流程中对问题领域进行划分。

可使用图 1-9-15 所示的功能性市场分析或形态框作为寻找解决方案的工具。功能性市场分析将解决方案划分为可实现的技术功能。反过来，针对这些技术功能，紧接着开发可实现的替代解决方案。例如，几个单独部件的装配可被划分为"一个工位针对所有单个步骤"和"多个工位每次针对一个步骤"的替代解决方案。反之，这两种替代解决方案

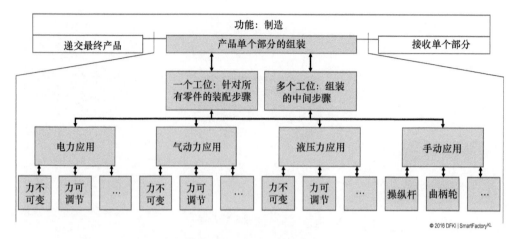

图 1-9-15 用于确定替代解决方案的功能性市场分析示例（Voigt 2008 ）

又可以通过电气、气动、液压或手动装置来实现（Voigt 2008）。另一方面，功能性市场分析是对被忽略的构造可能性进行识别的方法。为此，问题领域将被分解为子问题，并与不同的替代解决方案相比较。具体的解决方案必须根据其产生的领域进行命名（Andler 2009）。

这一步骤的结果是对需求清单的深化。不同的替代解决方案被分派给各个问题领域。在下一步骤中，必须对这些方案进行评估和协调，最后选择一个通用的解决方案。

9.3.2.4　步骤 4：协调并整合替代解决方案

这一步骤的目标是，在已确定的替代解决方案基础上确定一个通用的解决方案，来实现项目的总目标。为此，必须结合之前并行进行的学科活动，对该问题领域的解决方案的可行性和经济性进行评估和协调。最后，在这一步骤中为了对术语进行统一定义，需建立一个通用术语表。

估值工具包括盈利能力计算、投资计算和摊销等业务管理方法。除此之外，如产能利用率、产出量或风险评估等技术因素也是相关的。估值分析有助于衡量不同的评估标准，以及评估每个替代解决方案的目标贡献。

其结果是为每个单独的问题区域选择确定的解决方案。这些解决方案的总和形成整个系统或 CPPA，然后可制定具体要求。

9.3.2.5　步骤 5：制定最终的设计规范

CPPA 设计规范的结构遵循上面提到的 VDI 准则 3694 和准则 2519。下面将针对 CPS 使用的具体方面进行探讨。

与现有的解决方案相比，如 CPS 等新技术的引入通常会带来增值的问题，这是由步骤 1 得出的结果，在设计规范"项目介绍"一节中对此有说明。

在这一节中，CPS 是否只取代现有的功能（如在新设备中使用 CPS 而不是 PLC），或者是否实现目前设备尚不具备的新功能，是需要特别探讨的。CPS 使这些功能扩展成为可能，并适当地制定目标，使其包含在规范中，这些功能扩展的例子如下：

■ 在一种设备中使用几种 CPS，通过设备相应的模块化来分散控制以及优化可变性。

■ 将 CPS 作为设备与上一级系统之间的接口，目的是采集或预先汇总设备数据，并提供给分析系统。

■ 将 CPS 作为设备之间的统一通信接口，目的是进行设备之间的数据交换，从而将生产过程数字化。

■ 低成本 CPS 的使用，目的是使操作现场设备智能化，从而使更多的变型产品投入量产。

■ 与更昂贵的硬件相比，使用廉价的 CPS 来节约成本。

■ 利用 CPS 的多种接口和编程选项，实现新的操作概念，如数据眼镜的连接。

设计规范的"初始情况介绍及说明（现状）"一节中，必须记录下当前的生产结构和生产流程、维护流程和管理流程是什么样的，尤其需要考虑的是连通其他设备和系统的现有接口。由于 CPS 具有与生产中的其他对象通信量大的特点，因此必须对信息技术基础设施进行特别说明，包括所使用的通信协议和网络拓扑结构。如果相关，还应引入数字网络的限制。例如，为了 CPPA，是否可从供应商和客户那里获得第三方系统的审阅权？由于 CPPA 在很大程度上追求自主行动，因此必须包括先前的责任和义务，如谁提供生产订单的相关信息，产生故障时应通知谁，谁负责解决问题等。

然后，"任务确立（目标状态）"一节中描述了要制定 CPPA 的要求（参见步骤 3~5）。除了在现状描述中已经提到的特征，还存在对 CPPA 来说是一些其他新的方面。因为 CPS 具有对生产过程分散控制的特点，所以此处考虑将设备划分成模块。当使用多个 CPS 进行控制时，必须明确规定哪个 CPS 负责哪些功能，以及哪个 CPS 应该覆盖哪些故障情况。特别是当使用松散耦合的 CPS 时，如面向服务的体系（SOA）中，必须从 IT 的角度出发，将提供的功能或服务分配给 CPS。通过这些陈述，哪些执行器和传感器在 CPS 中是必要的，将随着机械和电子技术的发展而得以确认。另外，应尽可能地制定关于 CPS 之间关系的要求，包括如 CPS 的层次结构及其信息流。模块化的范式旨在使 CPPA 在未来变化的情况下更容易改变。早在需求的定义中，就应该在本节中描述，后者的开发和扩展阶段是从硬件和软件角度进行规划或考虑的。

在 CPS 背景下，设计规范中"接口"一节的内容尤其需要注意。一方面，CPPA 具有与其周围环境通信量大的特点；另一方面，由于这种通信方式，明确划分哪些组成部件与设备相关、哪些不相关的界限会更加困难。因此，系统物理界限，如设备的外部尺寸，并不一定定义了从属于设备的所有部件。相反地，在设计规范中必须考虑所涉及对象的逻辑系统边界在哪里。只有通过定义清晰的边界，才能识别和指定接口。在这一过程中，需要对下列生产参与者之间的接口进行检查（Kolberg 等2016）：

- 人（如员工、负责人）。
- 流程（如企业专用的规划流程、监测流程和控制流程）。
- 生产资源（如其他设备、工具、物流系统、基础设施/建筑）。
- IT 系统（如控制站、BDE 终端、ERP、MES）。
- 产品（如半成品和最终产品、从工程到售后服务）。
- 外部第三方（如相连的 IT 系统、其他生产资源、其他工人）。

除了考虑设备和环境之间的接口，还应考虑设备内部的接口。鉴于工业 4.0 的目的是提高可转换性，这就使得设备的模块化程度更高，在理想情况下可以像"搭积木"一样对设备的部件进行组装。因此，客户或专业部门在系统内的可预见或必需的模块应已在规范中定义。同样，在本节中也必须考虑它们的接口。

与现有的设计规范结构相比，新增的是"信息模型"一节。指定待交换信息内容的过程加强了对接口的描述。在设计规范中，技术上的实现不是相关的，而相关的仅是"究竟传输什么"这一问题。此外，必须定义哪些流程数据、能源数据、维护数据、仓储库存等在 CPS 之间进行交换，以及它们要存储多长时间。在这种情况下，语义描述可用于以机器可读的方式处理数值（Kolberg 2015）。

"系统技术"一节中包含非功能性的要求，如数据处理、数据管理、软件及硬件、整个系统的技术特性（如性能数据、可操作性和鲁棒性）以及硬件环境的描述及影响。

在"调试及使用"一节中，必须考虑项目结束后使用过程中产生的要求。一般来说，这些要求与对 CPPA 的要求是一致的。但是，当使用 CPS 和创新的 IKT 等新技术时，建议在设备中包含这些技术的详细文档，因为后续用户通常不直接参与项目，也就不熟悉这些技术。若不能预见设备的模块化，那么还要说明对某些特定应用情况下转换时间的要求。因此，应由承包商或项目组来决定模块化的程度。

对传统自动化系统的要求同样适用于项目的质量要求。如果 CPPA 中确实存在实时的关键流程，就必须依照标准对实时功能进行检查。另外，模块化测试应包括如改造操作的持续时间。

"项目进行"一节中描述了客户对承包商如何在项目框架下进行工作的要求。特别是 CPPA 的开发中存在一些陷阱，9.4 节描述的流程模型将解决这些问题，包括诸如机械工程、电气工程和信息技术三个学科之间的强大互动。CPS 和工业 4.0 在技术创新方面的影响表现得并不突出，而更多的是体现在工程中需要重新思考的新的范式上中。并非每个供应商和服务提供商都已经完成了这些范式的消化。如果采用错误的流程模型和不清晰的要求，那么设备将会继续"老式化"发展，从而不能充分发挥工业 4.0 的潜力。

总之，应该注意的是，由于工业 4.0 的高度复杂性，明确定义的要求起着非常重要的作用。需求工程可以在项目开始之前作为一个单独的阶段，或者作为一个伴随的、迭代的过程来进行。现有的标准，特别是针对设备制造的标准可继续使用，但应该尤其针对 CPS 的使用方面进行补充。要解决的重要主题包括模块化、任务分散化以及对接口和信息模型的关注。

最后，图 1-9-16 总结了设计规范中的各节内容。

CPPA设计规范的内容

0.项目的关键数据	新的目标，如分散的过程控制，将系统垂直整合到更高层次的系统中，为设备创建统一的通信接口，设备模块化
1.初始情况介绍及说明（现状）	现有IT基础设施，使用的通信协议，现场中现有（IT）系统及其任务的详细描述
2.任务确立（目标状态）	CPS的任务、自动化程度预期以及应用的工业4.0技术的说明
3.接口	对人、IT系统、其他设备等如数据格式、实时要求、使用的信息模型、执行器之间接口的定义
4.信息模型	要考虑的系统，它们的功能和要求/提供的信息以及与其他系统之间语义信息模型的互动
5.系统技术	关注非功能性数据处理及维护
6.调试及使用	生产中针对新信息及通信技术使用的操作、工艺指导文件以及培训要求
7.质量	如果有必要，对一个分散控制的生产环境中的数据交换提出实时性要求
8.项目进行	用于实现工业4.0系统的合适过程模型

注：蓝色突出显示的章节为特别受使用CPS影响的章节。

© 2016 DFKI | SmartFactory^KL

图 1-9-16　通过使用 CPS 创建规范结构和特殊功能

9.4 构思与实现方法

在 9.3 节中，从客户的角度来看，RE 和相关的规范汇编被认为是项目执行中的一个单独阶段。根据所提出的设计规范（见图 1-9-16），以下说明提供了一个开发过程模型，从承包商的角度来看，它作为责任规范是 CPPA 设计和实现的指导手册。机械工程、信息技术和电气工程领域的技术整合，导致开发过程日益复杂，因此不同的方法应跨学科联系起来。为了掌握这种复杂性，并在考虑新范式的情况下开发 CPPA，本节介绍的开发方法基于五阶段过程模型。该模型通过使用特定学科的方法和工具进行整合，代表了基于模型的跨学科设计。所提出的过程模型本身是基于现有的、特定学科的以及全面过程的模型。它们将更高一级的任务分解为单独的子任务（也被称为时期或步骤），确定其处理顺序，并针对每个时期与时期之间的里程碑提供方法和工具（Krallmann 1999）。9.4.1 节简要地介绍了现有的学科和跨学科的过程模型，并在此基础上介绍了基于 CPPA 的新的开发方法。

9.4.1 产品开发及系统开发的现状

下面将介绍各个学科和跨学科的过程模型，以及相应的流程、方法和工具。首先是机械学、电气技术和电子技术、软件开发和软件使用的学科，其次是机电一体化学科和系统工程学科。此外，还简要介绍了现有的基于 CPS 的解决方案和可转换的生产设备开发的流程模型。必须遵守术语"流程模型""过程""方法"和"工具"的定义（Eigner 2014a）：

- 过程是活动的一种逻辑顺序，其定义了为了实现一个目标要做"什么"。
- 方法包括实施这些活动用到的技术，从而对"如何实现这个目标"进行定义。
- 工具，如软件解决方案，就是保证方法的实施和效率。
- 因此，流程模型就包括考虑环境的流程、方法和工具。

9.4.1.1 特定学科的流程模型和工具

在 Eigner 的文章（Eigner 2014a）中，首先对一个具体学科的流程模型以及相应的流程、方法和工具进行了概述，其中包括机械学、电气工程、电子学和软件开发等学科。

采用 VDI 2221 的四阶段开发过程作为机械产品的替代设计，其中每个阶段进一步按照具体化程度的提升被细分为七个工作步骤（见图 1-9-17）。设计

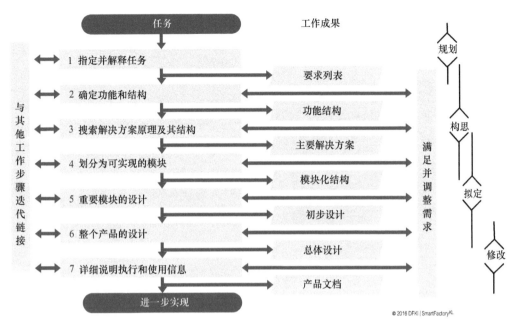

图 1-9-17　VDI 2221 开发与构建的流程（1993）

规范是规划阶段的工作成果。在构思阶段，需要寻找合适的功能和结构，并为功能的实现分配主要的解决方案，其在设计阶段的模块化结构中划分为可实现的模块。例如，区分以实用性为导向的设计重点的工作模块，用于面向装配的产品设计的装配模块或实现模块化结构的变体模块。在这个阶段，针对单个部件和组件的工作是并行的。在拟定阶段，最终确定负责开发和设计部门的生产和使用的产品文档。几乎所有机械学的流程模型都是基于类似的四阶段结构。

机械工程的方法和工具：
　　包含仿真功能、功能结构、主动结构、建筑结构的 MCAD（机械计算机辅助设计）软件。

　　VDI 准则 2422 适用于电气工程和电子学领域的流程设计，也适用于微电子控制器件的设计，并严格遵循 VDI 准则 2221，它描述了软件开发、电路开发以及机电一体化设备部件的开发流程（见图 1-9-18）。Gajski 图（Gajski 1983）也用作集成电路的开发流程，Walker/Thomas（1985）后来对其进行了改进。在这一模型中，Y 轴区分了三个不同的域：行为、结构和几何。此开发描述了一系列转换（抽象圆上更改域）和细化（轴上更改抽象层）（见图 1-9-18）。

电子和电气工程的方法和工具：
　　功能结构、电流图、逻辑图、测试图、信号图、流程图、电路图、平面图、接线图，以及具有仿真功能的 ECAD（电子 CAD）和用于微电子电路的 VHDL（超高速集成电路硬件描述语言）。

　　阶段模型（Eigner 2012）在四个可管理的、时间和内容有限的阶段描述了软件开发的典型活动，以便掌握软件创建和维护的复杂性（见图 1-9-19）。在系统设计中，组件及其任务，以及组件之间的接口应该在需求分析的基础上进行定义；同一阶段内还必须进行定义的是数据流及控制。在细节设计中，系统设计方案将被进一步具体化和精细化。编码和集成的最后阶段是对解决方案进行实施，即通过编程语言对详细设计的结构进行建模。瀑布模型（见图 1-9-19）以及由它发展而来的 V 模型被视为这一领域最著名的流程模型。第一个阶段开发流程必须依次、分阶段进行，也就是说，只有在前一个阶段完成后才能开始下一阶段。因此，这一流程模型提供了严格的自上而下的方法，在这种模式下，全部活动要按照正确的顺序执行。除开发阶段以外，V 模型也展现了质量保证的流程。因此，每个阶段都要指定测试阶段，用于检查软件与其规范之间的符合性。Boehm（1979）以他的风险驱动螺旋模型通过迭代方式进一步开发了这两个流程模型，从而降

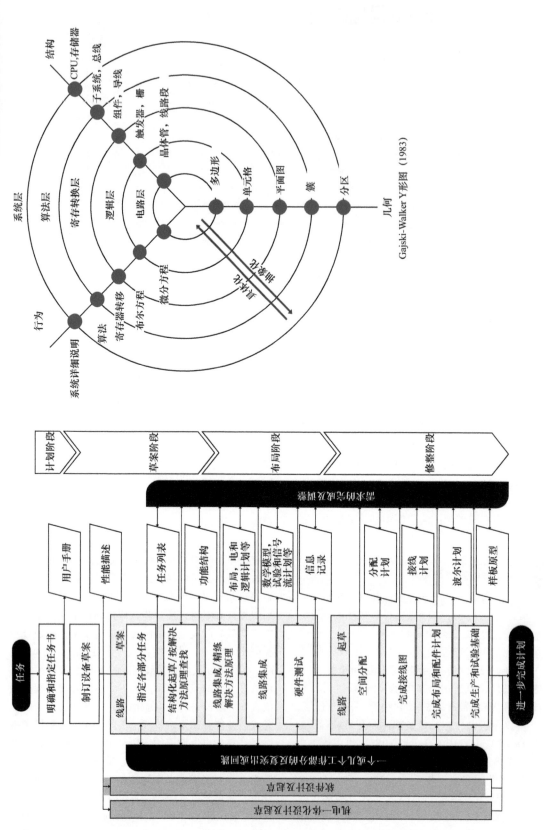

图 1-9-18　电子和电气工程的流程模型（基于 VDI 2422，1994 和 Gajski-Walker 1983）

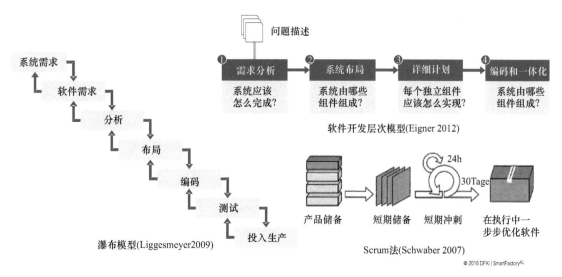

图 1-9-19　软件开发的流程模型（基于 Liggesmeyer 2009；Schwaber 2007）

低了软件开发过程中的开发风险。为了使软件开发过程比之前提到的严格的阶段模型更加灵活和简洁，可应用基于精益管理概念的敏捷的开发方法（Bleek 2008），包括 eXreme 编程（XP）、以团队为中心的 Scrum 方法和以价值产出为中心的 Kanban 方法。这些方法特别适合于需要灵活应对不断变化的要求。

 信息技术的方法和工具：

编程语言（如面向对象和高级编程语言，首选 Java、C# 或 C），以及用于（面向对象）模型描述、设计、文档和规范的，如 UML（统一建模语言）、SysML（系统建模语言）或 BPMN（业务流程模型和符号）的图形语言。不同的图表类型可用于描述一个系统的不同方面（Kahlbrandt 2001）：

1）通过类图和对象图进行静态方面的建模。

2）通过各种行为图（时序图、写作图、状态图）进行动态方面的建模。

3）使用用例图对系统功能需求进行建模。

4）通过组件图和部署图进行结构或拓扑的建模。

根据 Zühlke（2012），CPPA 软件、硬件的开发必须通过适合开发的机器操作系统对符合人体工程学的、用户友好的人机交互进行拓展。因此，在操作系统设计领域，Useware 工程与软硬件开发程序模型并驾齐驱。自 2011 年以来，在 DIN EN-ISO 9241-210 标准中已经对交互式系统的用户导向设计及其开发进行了描述（见图 1-9-20）。这一标准的活动在早期开发过程中迭代运行，从而作为软件开发流程模型的补充（Kugelmeier 2008）。德国认证委员会（DakkS）的"可用性指南"（DakkS 2010）中进一步提供了这一流程模型付诸实施的方法和工具。Zühlke（2012）中的 Useware 开发流程可分为四个阶段并进行评估（见图 1-9-20）。从分析阶段开始，使用情境的知识必须在结构设计阶段转移到与平台无关的使用模型中。在操作系统设计阶段选择硬件和软件平台，并以平台的要求和属性为依据进行粗略概念的选择。在实现阶段，通过软件、硬件以及根据人体工程学原则的精细构建来实现概念的落实，并通过在原型和用户评价的基础上通过不断地评估和迭代来改进结果。

 控制系统设计的方法和工具：

useML（Useware 标记语言），模型、编程语言以及图形语言（UML，SysML）。

所介绍的特定学科的流程模型提供了非常适合在自己的领域使用的流程、方法和工具。然而，CPPA 是复杂的跨学科产物，结合了机械学、信息技术、电子工程和 Useware 四个学科。在这种情况下，除了具体的学科方法和工具，还需要跨学科的流程模型。

9.4.1.2　跨学科的流程模型和工具

为了让读者理解跨学科流程模型对 CPS 开发的必要性，Eigner（2014a）在其论文中概述了与跨学科系统开发相关的跨学科流程模型以及相应的流程、方法和工具。其中包括机电一体化和系统工程

1

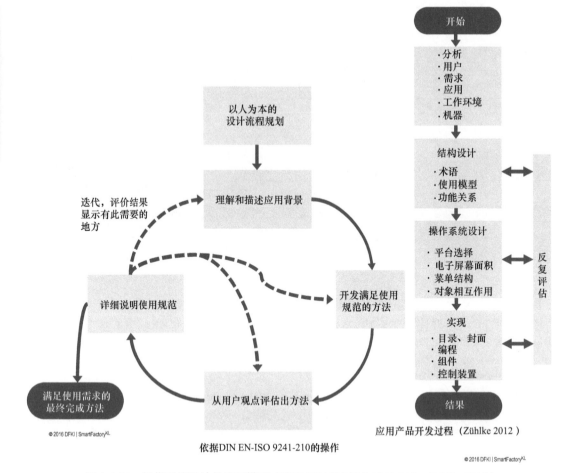

图 1-9-20　操作系统设计的流程模型（基于 DIN EN-ISO 9241-210；Zühlke 2012）

的方法。

　　Gausemeier（2008）介绍了机电一体化系统在设计空间中的开发过程，该过程是由综合步骤和分析步骤的相互作用组成的。在每种情况下，都要考虑结构、行为和形状。但还是规定了一个基本程序：从抽象到具体，从一般到详细，从功能到结构。众多流程模型都是从该领域软件开发的 V 模型中衍生出来的，在 VDI 准则 2206 中，还考虑到了机械工程、电气工程和信息技术三个学科同时进行的方法（见图 1-9-21）。Isermann（2008）也考虑了 V 模型中控制系统设计或系统与人的互动。根据 Bender（2004），三级的流程模型也可以算作是从 V 模型推导得到的流程模型，它实现了 V 模型的功能，并通过划分系统、子系统和组件级别来降低其复杂性。

　　在工业 4.0 背景下，现在的产品越来越多地由软件组件和嵌入式电子产品组成。因此，与传统产品相比，它们具有不同的、多变的特征。结果就是，产品开发不可避免地变成了系统工程（SE）。SE 是一致性的、跨学科的、文件驱动的方法，它为复杂的、高度网络化的系统提供建模和仿真支持（Haefellner 2012），其常常被视作成功开发 CPS（Broy 2013）等跨学科技术系统的合适方法。SE 流程模型（见图 1-9-22）基于自上而下的方法以及生命周期中系统开发和实现的结构，并考虑了变量形成的原理。因此，在寻求解决方案的原则时，首先是尽可能全面地了解可能的解决方案，以便后续进行选择，同时考虑各个解决方案的外观、效果、优点或缺点。此外，SE 流程模型将工作精力从实现阶段转移到开发阶段，这导致需求规范与实现之间的时间延长。出于这个原因，必须谨慎考虑开发过程中的原型开发，以便于能够了解系统的最终外观，从而促进需求的规范化（Haberfellner 2012）。

　　机电一体化和系统工程的方法与工具：

　　　　所有机械工程、电子工程、电气工程和信息技术的工具。

1

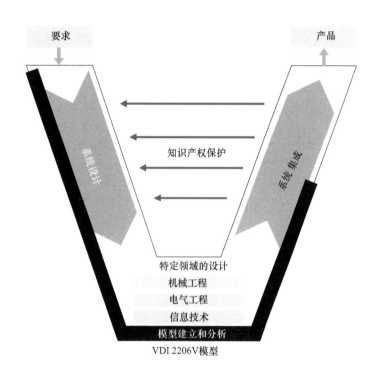

VDI 2206V模型

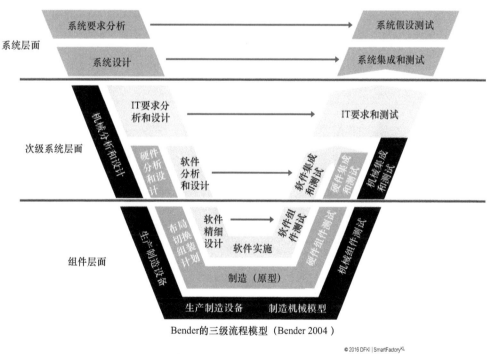

Bender的三级流程模型（Bender 2004）

© 2016 DFKI | SmartFactory^{KL}

图 1-9-21　机电一体化的流程模型（基于 VDI 2206；Bender 2004）

1

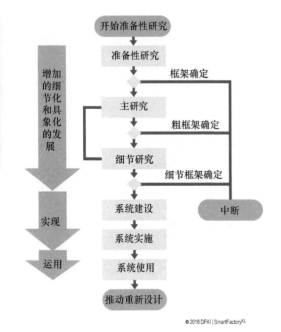

© 2016 DFKI | SmartFactory^{KL}

图 1-9-22　SE 流程模型（Haberfellner 2012）

9.4.1.3　基于 CPS 解决方案的发展现状

由于对基于 CPS 的解决方案的研究尚未完成，所以目前仍然没有针对其开发的统一的流程模型。在文献中，在其自身应用领域中可找到开发原则的定义。

Lee 等（2008）特别研究了 CPS 的软件功能，并寻求将软件架构工具延伸到基于模型的 CPS 开发中，其目的在于获取物理与数字组件之间的连接和交互，并通过使用 UML 或 SysML 实现对整个 CPS 的异构抽象。Lee/Seshia（2011）进一步考虑将 CPS 作为嵌入式系统，它们描述了系统设计的硬件组件和逻辑方面，以及模型测试的工作模式。

Eigner（2014a）以及 Broy（2013）认为，CPS 是一个创新的跨学科产品，它的发展需要端对端、量身定制的流程、方法和工具，从而将机械工程和电子工程的物理模型与软件开发的数字模型相结合（见图 1-9-23）。为此，MBSE 流程模型用 SE 的数字化工具拓展了针对机电一体化系统开发的 V 模型，它是经典的基于文件或纸质版 SE 的延续，并通过集中可用的数字模型，实现相关学科与开发阶段之间的协作（Eigner 2014b）。

迄今为止，提出的特定学科和跨学科的流程模型是适合其应用领域的。但是，它们主要提供端到端、集中式开发流程，并且仅限于可转换 CPPA 所需的模块化或分布式系统以及 Useware 软件集成。

9.4.1.4　可转换生产设备的发展现状

即便已经有了开发可转换生产设备的途径方法，在文献中也几乎找不到基于 CPS 的可转换生产设备开发的任何模型。Weber 等人（2016）专注基于功能的生产设备的模块化，以达到尽可能高的转换能力，并为此目的实施公理设计（AD）。该方法的目的是在开发过程中保持功能需求独立，以便能够正确地定义每个模块；另一方面，设计的信息内容应

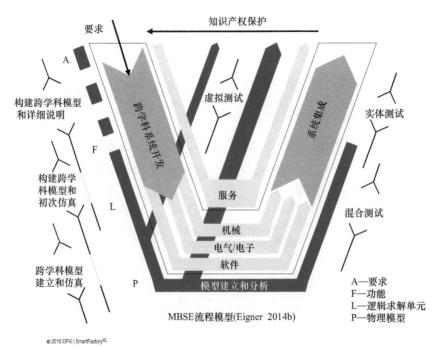

© 2016 DFKI | SmartFactory^{KL}

图 1-9-23　CPS 开发流程模型（基于 Eigner 2014b）

保持在最低限度，因为它与解决方案的复杂性有直接关系。多功能生产工厂（Francalanza 等 2014）的方法是面向对象的软件开发方法（Schuh 等 2009）。Yamazaki 等人（2016）在开发自动化系统的方法中使用精益模式，并认为可变性是精益工程的直接影响因素，这种精益生产可以避免浪费以及提高价值创造。因此，在精益生产工厂中，浪费可以被最小化，以增加柔性和灵敏性。在该方法中，通过聚合不同设备上相同类型的操作来提高设备或模块的利用率。从标准库中可以使用默认选项来实现生产任务。

在上述方法中，转换能力主要涉及模块之间的机械接口，只考虑了部分软件或 IT 接口。尽管这些方法允许采用模块化工程，在机械层面上对多功能系统的构件进行组合，但其并不考虑控制任务的分散化，也不能与更高层次的 IT 系统或生产工厂内的其他模块进行通信或接口。

9.4.2　信息物理生产设备（CPPA）的开发方法

表 1-9-1 列出了所提出的流程模型及其在 CPPA

开发要求方面的优缺点。因此，该表格可作为制定适合 CPPA 开发的方法的基础。

CPPA 开发的新方法部分涉及上述流程模型，并基于生产设备使用的 CPS 方法补充了新的要求。如 9.3 节所述的跨学科、与其他生产对象高度交互作用、模块化和过程控制的权限分散等问题尤其需要考虑。创建复杂的 CPPA 需要付出很大的努力，因此，其开发工作主要基于结构化的五阶段模型。它将开发过程细分为可管理的和内容有限的阶段，由此产生了图 1-9-24 所示的流程模型，包括 CPPA 的设计和集成。此方法详细说明了每一个阶段的结果，并致力于从技术上和专业上对客户要求的实现情况进行描述，如规范手册中的实施程度从阶段 1 到阶段 5 逐步增加最终形成一个完成的、通过测试的 CPPA。

在设计方面考虑多个抽象级别，并遵循自上而下的原则。因此，它将 CPPA 划分为整个系统、子系统和组件等三个层次，这降低了复杂性并简化了结构化过程，同时层间的过渡仍然是流畅的，层之间没有严格的分离。在研究整个系统的阶段 1 时，必

表 1-9-1　所提出的流程模型概述

项　　　目	优　　　点	缺点和不足
机械	■ 提供特定学科的方法和工具 ■ 考虑到机械模块化	■ 特定学科 ■ 无灵活性
电气、电子	■ 提供特定学科的方法和工具 ■ 考虑到微电子控制器件发展	■ 特定学科 ■ 无灵活性 ■ 没考虑模块化
信息	■ 提供特定学科的方法和工具 ■ 考虑到对象定向的模块化 ■ 考虑到敏捷性	■ 特定学科
用户	■ 提供特定学科的方法和工具 ■ 考虑到用户和软件的交互	■ 特定学科
机电	■ 提供特定学科的方法和工具跨学科的	■ 不考虑用户 ■ 不考虑模块化
系统工程	■ 提供特定学科的方法和工具 ■ 跨学科 ■ 考虑系统文档 ■ 考虑接口 - 规范 ■ 考虑模型分析	■ 不考虑用户 ■ 不考虑模块化
信息物理系统	■ 提供特定学科的方法和工具 ■ 部分跨学科 ■ 考虑到模块化	■ 不考虑用户 ■ 不考虑模块化
可变换生产设备	■ 考虑新的模块化方法，如 AD 模块与精益工程 ■ 对机械模块化	■ 不考虑跨学科 ■ 没有分散控制或分布式系统的视图 ■ 不考虑用户

1

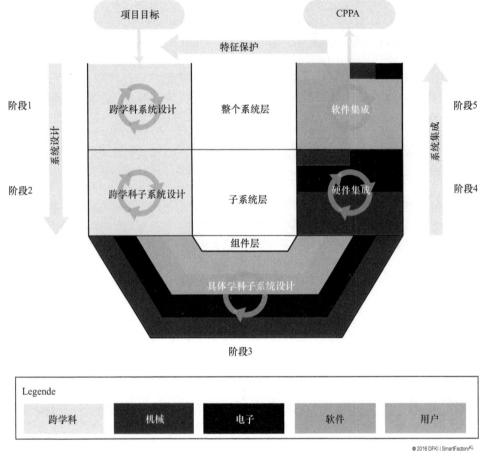

图 1-9-24   CPPA 开发流程模型

须将整个系统抽象化并迁移到子系统中。因此，在第一个高度抽象的层次上将创建一个基于模型的跨学科的 CPPA 描述。其次，在阶段 2 需要考虑更深的抽象层，以便在跨学科的子系统中对 CPPA 进行模块化和划分，并定义 CPS 模块的接口。在第三层次的抽象中，每个模块必须在阶段 3 中进行特定学科的深化，需在专业相关的任务中使用特定学科的方法和工具来支撑这一点。阶段 4 和 5 最终形成流程模型的集成端，并考虑 CPPA 模块的装配以及接口的协调。

各个阶段又分为几个步骤或活动，并采用特定学科的方法和工具。为了保证获得结果的准确性，各阶段及其发展步骤需迭代进行，以检查各阶段的目标是否完成。出于同样的原因，各阶段的特性将被不断地与需求进行匹配。每个阶段的结果都是下一阶段的输入。每个步骤、每个活动及其结果都应在程序中系统地记录。在整个流程中，必须考虑有关该项目的新信息，并分配给相关的学科，以便做出相关的变更。

9.4.2.1   阶段 1 和阶段 2：跨学科系统和子系统的设计

在项目启动阶段或在流程的第一步，为所有活动构想和设计建立一个由 9.3.2 节所定义的总目标和子目标共同形成的设计规范，图 1-9-24 左侧的 CPPA 开发流程模型中展示了这些内容。在启动阶段和系统设计之间，项目通常有一个平稳的过渡，因为需求分析是作为迭代方法的一部分与设计紧密协调完成的。

流程模型阶段 1 的目的是构思出一个待开发的 CPPA 总体模型，为所定义的要求或为后续的细化工作中有效地实现所有要求打下基础。由于这是一个总体模型，所有三个学科（机械工程、电气工程、信息技术）的负责人员都将参与其中。整个系统设计应包括流程、系统结构和功能映射，必须考虑系统和 / 或环境中的接口。这与在控制系统之间的信息交流有关，也与模块之间的其他物理对象流有关。

建模可以基于已经存在的计算机科学方法，如已经提到的 UML 或 SysML。使用适当的软件应用程序（如 Astah⊖，Visual Paradigm⊖或 Sparx Systems Enterprise Architect⊜）优于纯粹的可视化程序（如 Microsoft Visio），因为专业应用程序可以确保不同表示之间的一致性。这种一致性更为重要，因为复杂的系统需要更复杂的模型或变更更容易实现。

现有的用于分散式控制的生产环境建模方法，如 ALEM-P（Kolditz 2009）或 CyProF（Kolberg 等 2016；Kolberg 2015b），都是从函数和目标建模开始的。如果不能在规范的范围内完成建模，用例图（见图 1-9-25）也可用于建模。一个方面，它们描绘了客户所期望的项目功能或项目（子）目标；另一方面，它们允许识别用例之间的依赖性或细分用例。在创建用例图时，应参考规范中的"初始情况"和"接口

要求"两章，以考虑实际条件或与生产中和环境中的其他对象的现有接口。

然后，可以在系统层面上对结构和流程进行建模。应分别编辑各自的步骤。是否首先对结构或流程建模取决于项目团队的选项。推荐用 ARIS（Scheer 1999）或 CyProF 方法对流程进行建模。这集中在与创造增值或产品相关的过程中，它引导接下来的建模朝向正确的方向，并从现有的结构定义建模过程。另一方面，如 ALEM-P 这样的其他方法，是根据经验从结构开始的，这对参与人员来说更加直观，从而能使未经训练的建模人员可以更容易地入门。

当进行结构建模时，必须确定与后期 CPPA 相关的对象，这些对象可以是物理的，也可以是数字

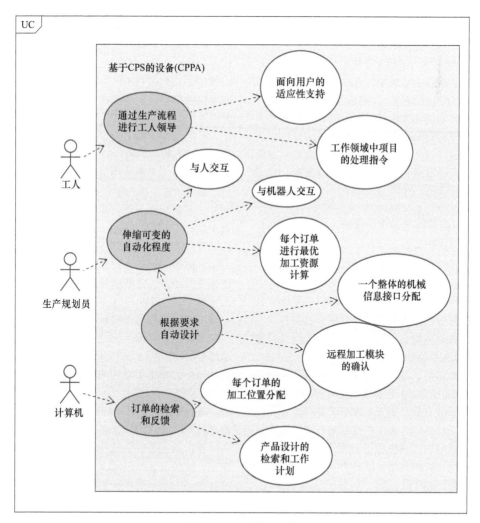

图 1-9-25　用例图示例

⊖　Siehe http://astah.net。

⊖　Siehe https://www.visual-paradigm.com。

⊜　Siehe http://www.sparx systems.com/products/ea/index.html。

的，还必须描述出这些对象之间相互依赖关系。例如，UML 提供的类、组件或分布图，或者 SysML 中使用的图块。在对结构进行建模时，应该指出的是，计算机科学中使用的抽象类和泛化等概念只能以有限的方式转移到物理对象上，并且与跨学科概念无关。

对于下一阶段的子系统细化，以及 CPPA 规范中所需模块化的实现，此处有一个关键点：在模型的基础上，必须确定 CPPA 中存在哪些子系统，以及这些子系统所实现的功能。其中主要分为面向功能的方法和面向对象的方法：

1）在面向功能的方法中，将具有相似结果的流程步骤组合在一起，然后再分配给模块。因此，文件化的过程是重点。它们被分解为单个步骤，并且具有相似输入和输出值的单个步骤组合成一个组。此组随后由一个子系统来执行。

2）面向对象的方法侧重于模型结构。标识的对象被分组到子系统中。例如，分组条件可以是空间接近或技术上类似的属性，如能源供应。

由于面向功能的方法更抽象，因此目标更难于实现，但考虑到 CAPP 的可替换性和可转换性，还是建议采用该方法。通过这种方式，可能需要采购冗余组件以确保模块化。然而，从长远来看，它可能是有利的。例如，CPPA 由于新的产品变体所需功能的调整，可以通过交换子系统快速而容易地实现。

由于 CPPA 中的每个子系统都由一个单独的控制器管理，因此将各自的控件按照它们所实现的功能以及它们所控制的执行器和传感器的类型来分类，这是很有利的。图 1-9-26 展示了这类建模的一种方法。这使软件开发人员能够在早期阶段识别哪些任务被控制、哪些执行器和传感器可用于此操作。它还支持电气和机械设计，因为 CPPA 中允许提供控制装置中的布线和定位信息。

对于流程建模，可以在这个较高的抽象层使用 UML 活动图或 BPMN，它们通常足以让所有参考者对这一流程形成共识。由于 CPPA 具有高度自治的特点，所以不仅要对常规生产流程进行建模，而且还要对所有的错误处理流程进行建模。例如，如果轴承是空心的，检测到质量缺陷或外部意外中断的行为，都要进行建模。

从建模的流程和结构中可以读取 CPS 和物理对象之间交换的信息。那些包含为第三方提供信息的早期规范，对于细分的子系统非常有用，因为它们可以清晰地定义接口。如图 1-9-27 所示，信息交换应由已确定的交换内容的规范来指定。例如，消息为"向 MES 提供关键数字"或"向 CPS 发送生产订单"中，已经确定了可以使用哪些关键数字，哪些是生产订单特有的属性，以及此消息在哪些对象之间进行交换。

阶段 2 的内容与阶段 1 的内容基本相同。然而，与阶段 1 不同的是，它们并不指整个 CPPA，而是深化了该工厂的子系统。在这种情况下，必须参阅规范的第 2 章"任务确立（目标状态）"。子系统或模块受系统其余部分的约束，它们与其他区域的接口很少，但都是有明确定义的，因此可以尽可能独立于设备的其余部分来设计和开发。这是一个重复的深化过程。这样一直重复，直到达到所需程度为止。这里最好的层次是现场设备层面的模块化，它们各自由自己的 CPS 控制并嵌入 CPPA 的环境中。经验表明，将 CPPA 细分为功能模块，用这些模块来预测变化，因此这种系统的设计兼具模块化和可转换化的功能。

一旦确定了这些子系统，有关各方就必须使用前面所描述的建立整个系统的方法来建模，并且需要特定的接口来与 CPPA 的其余部分相匹配。本规范至少要包括所提供函数的定义以及第三方可检索的属性：

■ 第三方可检索的属性描述了一个子系统中能够被第三方检索的值（如主数据）。例如，维护系统必须能够检索子系统的名称和总工期。这些属性来自于记录的过程和已确认的信息交换（见图 1-9-27）。此外，子系统还必须向外部提供强制值，如规范的第 4 章所述（信息模型）。所有相关控制器的这些属性的总和共同构成了 CPPA 的通用信息模型。

■ 这些函数包含的并不是数据，而是可执行的操作及其结果。这些函数必须记录的是如何调用它们（如什么协议以及使用哪个命令），还需要指定哪些输入和输出值是必需的。从信息的角度来看，子系统或 CPS 模块必须知道它接收到的输入值（如产品的 CAD 模型、BOM）和描述它的格式。调用该函数的第三方系统还必须能够确定它从子系统返回的信息（如操作的状态、完成时间戳）。从物理角度来看，有必要定义要处理的对象类型（如子系统所需的原材料，以及子系统输出什么和在什么条件下输出）。

面向服务的体系结构在计算机科学中已被广泛应用，这一方法被转移运用到 CPPA 中，利用相互耦合的子系统组成一个 CPPA。该功能的保证在于：与以往的方法不同，它并不开发单片机系统，而是在明确定义的、匹配的接口基础上组装出许多单独的组件（子系统具有自己的 CPS 作为控制器）。

这两个阶段的结果是要开发的系统的概念或模型，它尽可能多地考虑到规范中的目标和要求。此外，在这个概念或模型中确定了子系统，并定义了

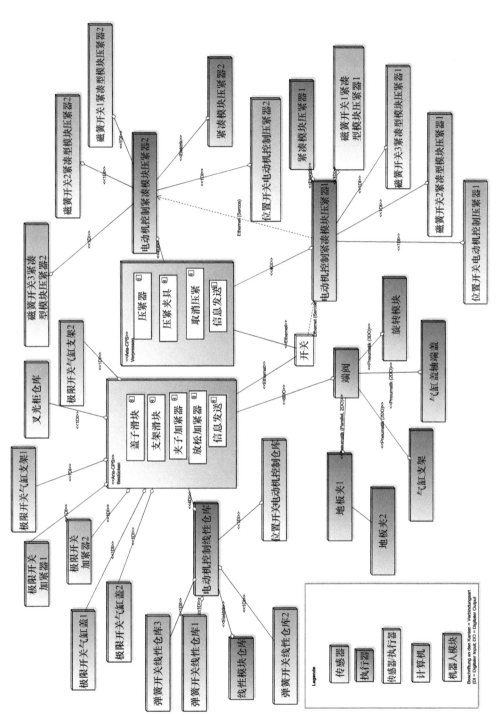

图 1-9-26 使用结构图将执行器和传感器分配到控制子系统控制示例（Auszug）

Nr.Z ugehörige 从属活动	来源	信息	流出口
1 自动检索订单信息	MES	产品配置(产品ID、产品名称、盖子颜色、镶嵌类型、激光图形)	CPS，物流
2 编写数字产品存储器	CPS,物流	工作计划(工作步骤)	产品，产品数字存储器
...			
5 当"装备夹子"到达工作站时，发送事件	CPS,物流	事件"位置，装备夹子"到达(位置地址，到达时间戳)	CPS，夹子
...			
9 通知工人放入盖子	CPS,夹子	图形"盖子放入"	工人及部门
10 发送事件"盖子放入"	CPS,夹子	事件"盖子插入"(插入的时间戳)	CPS，物流
...			
15 更新产品的生产进度	CPS,夹子	流程数据(按压"完成"，按压力)	产品，产品数字存储器

© 2016 DFKI | SmartFactory^{KL}

图 1-9-27　信息交换的列表示例

它们之间的接口，这确保了 CPPA 的模块化，并能在后期实现并行工作。通过所有项目参与人员共同工作这一概念，每个人对目标都有了一个共识，同时还确定了跨学科之间的依存关系。这个概念首先考虑了所使用的技术，但忽略了具体实施的细节。细节是属于下一阶段的内容，即具体学科的子系统设计。如前所述，这些阶段可能会有反馈。例如，如果具体学科的详细说明显示需要使用具体的技术，则必须根据创建的总体模型对此更改进行测试。

9.4.2.2　阶段 3：详细的子系统设计

在该阶段，每个子系统或模块必须专门设计成一个构建块，并将前两个阶段的设计规范和结果作为输入。

图 1-9-28 展示了洋葱围巾结构（Broy 2010），可更好地理解 CPS 模块的结构。

所显示的其他系统可能是公司拥有的制造资源（如其他工厂、工具和物流系统）、IT 系统（如 ERP、MES、PLM 软件）、供应单位和外部第三方（连接的 IT 系统、其他生产资源）。

根据设计规范上的解决方法，各个模块及其接口必须在接下来的具体过程中进行设计，同时还需要考虑到它们的功能。因此，阶段 3 主要对

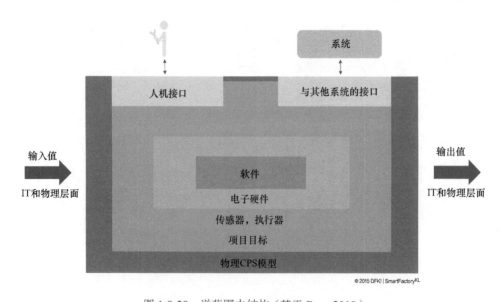

© 2015 DFKI | SmartFactory^{KL}

图 1-9-28　洋葱围巾结构（基于 Broy 2010）

个别 CPS 模块进行并行的具体学科的深化。以下四个学科的设计任务将在每个 CPS 模块中进行，如图 1-9-29 所示。

在以下步骤中，每个模块将通过特定的技术解决方案从具体学科的角度回答以下三问题：

a）值或对象的输入是如何实现的？

b）值或对象的输出是如何实现的？

c）可用功能是如何实现的？

1. 力学设计

力学设计包括以下几个部分：

■ 模块的基本结构设计。

■ 对相邻模块、其他系统（如物流系统）以及必要时对工作人员的物理接口的设计。

■ 机械接口的能源供应设计。

■ 实现模块功能所需的组件设计。

根据阶段 1 和阶段 2 的结果及设计规范，可以使用 MCAD 软件应用程序（如 Dassault Systèmes 的 SolidWorks 或 Catia）创建 CPS 模块的 3D 模型。因此，大多数供应商今天都能以不同的格式提供他们的 3D 产品模型，这些在他们的官方网站上都能找到。首先必须根据尺寸大小和灵活性的要求来设计基本结构的 CAD 模型。灵活性允许通过添加或删除模块来重新配置 CPPA。然后在与用户小组协商后，需要考虑与它们的接口（见"用户软件设计"）。供应接口仍需在 CAD 模型中与电子工程小组协商后进行设计（见"电子设计"）。在对相邻模块和工厂其他系统的耦合点的特殊设计中，主要考虑的是具有确定的产品转移点和确定的物料流向的运输系统以及模块与其他生产资源松散耦合。

为实现模块的功能，可以创建一个功能结构来详细设计解决方案。生成的结构集可以在装配视图

中（结构）来划分，并放置在 CAD 空间模型中。最初可设计成立方体，用于评估粗略的可视化流程和空间需求。结构对以后实现 CPPA 的搭建也是很有帮助的。

如果技术解决方案得到所有相关团队的支持，则可以进行详细的设计。这些模块仍然表示为 CAD 模型中的立方体，将作为与性能相关的功能，由机械、气动、液压或电气元件（执行器、传感器）来实现。这意味着在阶段 1 和阶段 2，供应商选择和安装与 CPS 相关的执行器和传感器。具体数据必须记录在案（如高 50cm、提升 80cm 等）。该活动必须与所有小组协商完成。根据结构的解决方案，对 CAD 模型的原理图进行详细地建模。装配和部件的机械模拟也可以在此时进行。模拟运动部件（气缸、直线单元、传送带等）的运动学，以便对其进行适当的干涉检查。此外，如果设备在高负载情况下工作，就非常有必要进行有限元模拟。

力学设计可能会迭代地进行，因为在模拟过程中可识别出问题，并可能导致重新设计单个组件或整个组件。如果一切都能被数字模拟，那么就能够获得模块的完整 3D 模型。

2. 电子设计

电子设计包括以下几个部分：

■ 用于控制功能的电子硬件设计。

■ 能源供应与网络的电气接口的设计。

■ 与相邻模块和其他系统的电气接口的设计。

■ 电路文件及传感器和执行器的电气布局创建。

为此，应首先列出在力学设计及其连接过程中选定的所有执行器和传感器。此列表可用于记录组件及其控件在模块中的连接类型和数量，然后可以相应地设计和选择电子硬件。信息物理设备或计算

方法 →

项目	机械	电子	软件	用户
CPS模块1	机械设计模块1	电子设计模块1	软件设计模块1	用户设计模块1
CPS模块2	机械设计模块2	电子设计模块2	软件设计模块2	用户设计模块2
CPS模块2	机械设计模块3	电子设计模块3	软件设计模块3	用户设计模块3
…	…	…	…	…

模块 ↓

© 2015 DFKI | SmartFactory^{KL}

图 1-9-29　单个模块的模块化设计矩阵

机系统，如从 Harting⊖或单片机（如 Raspberry Pi⊖），可用于网络和模块控制。模块的结构图也可通过所有执行器和传感器及其连接类型的列表进行补充（见图 1-9-26）。

此外，CPS 模块的电源电路文件必须用 sPlan 或 TinyCAD 等软件创建。通过这种方式来决定子系统是如何由电源和网络供电的。使用通用插头连接供电和联网，可以实现单个模块的即插即用功能。通过为整个 CPPA 建立供应基础设施，将 CPS 模块与压缩空气、强电、安全回路和工业以太网连接起来。通过这种供应基础设施，能够将全局的紧急情况停止回路集成到 CPPA 系统中。

紧接着必须考虑与其他系统的电气接口。相邻模块可通过一个基于 RFID 的系统，在模块的每个端口上实现检测。为此，接触面必须配备转发器和读卡器，接近传感器也可用于确保相邻模块的位置精度。由于所有要控制的组件以及它们与控件的连接都已设置完毕，因此可以在此处创建模块的电路文件。还必须设计出包含所有所需电子元器件（电源、开关、接入点、电动机控制器、插座等）的布局以便于电子元器件的集成或模块布线。为了确保文件的统一性，所有组件都应通过组件标签（BMK）在各种文件中进行标记。

3. 软件设计

软件设计必须考虑到工厂现有的网络拓扑结构和所使用的通信协议。

在前述操作中创建的信息模型可用于标识 CPPA 的结构和数据技术连接。每个设备都有各自唯一的地址，因此可以通过 IP 地址标识单个联网设备。可以通过 tcp/ip 兼容的接口进行设备与网络的连接。遵循面向服务的架构（SOA）的范式，可以利用模块提供的功能或服务。

此外，还必须确定数据存储的位置。数据可以直接在 CPPA 的各个模块中通过存储介质进行存储（如在供应基础结构中），或者通过公司内部或外部的中央服务器上的数据存储来完成。选择具体方式时，应考虑到数据量和访问频率以及与公司的相关性。

下一步是将模块进行横向和纵向集成。

1）横向集成涉及与其他生产资源进行内部和跨公司联网的模块或 IT 接口的通信。连接可以通过与所有模块相连的更高级的中间模块进行，或者通过基于网络的方法（如具有发布订阅功能的无状态服务）来实现。根据计算机科学所熟知的对象定向范

式，CPS 模块由其属性和功能进行描述，能够接收和发送来自其他 CPS 模块的消息，并允许在车间级别对生产过程进行逻辑控制。

2）纵向集成涉及其他高级 IT 系统的公司内部和公司之间数据技术连接。中间模块可以实时捕获、存储和提供模块的数据，并将其提供给综合 IT 系统。它提供了 IT 系统和模块之间的连接，承接了逻辑数据集成的功能，并在符合访问权限的前提下进行双向读写访问管理，这样就可以进行数据和状态消息以及控制命令的交换。它有一个统一的通信协议，用于访问模块和信息模型（如 OPC-UA）的信息。信息模型必须包含监视模块和控制相关模块的所有变量。定位信息（如关于相邻模块或进程状态）是不断实时更新的。IT 系统和中间模块之间的通信可以通过 MQTT、soap 或 rest Web 服务等协议进行。

此外，结构图中的模块应分配给与其连接的单个执行器和控制传感器，以便调用相应的软件组件（见图 1-9-26）；然后对各个代码进行编程，以实现模块的功能。为此，建议使用面向对象的编程语言，如 Java 或 C#。

4. 用户软件设计

用户软件的设计旨在通过用户友好的界面实现人机交互。使用操作规范时，必须首先通过使用 UseML 来将其转移到一个与硬件无关的用户模型中。在这个模型中，用户与模块的交互将以抽象的方式进行（见图 1-9-30）。因此，用户模型建立了用户任务和模块功能之间的接口，是对操作系统进行具体处理的基础。

在与机械和电子团队协商后，下一步是选择物理接口。在这种情况下，有必要在机械 CAD 模型中规划工作地点和交互装置，并酌情考虑它们的支架。例如，它可以是一个用于投射工作指令区域的投影仪，也可以是一个可视化显示器、平板电脑或简单开关。电子团队可专门解决设备的布线问题。

为了给用户显示适当的信息，产品的数字图像（程序集指令、BOM 和 3D 模型）必须在 IT 系统中处于可用且可检索的状态。这个功能需要与软件团队一起来实现（见"软件设计"）。在与软件团队进行协商的同时，还必须选择交互设备的软件平台。

在对设计进行验证后，就可以开始实际的编程。为此，可以使用 NetBeans、AndroidStudio 或微软视觉工作室（Microsoft Visual Studio）等开发工具。必须根据原型进行连续的开发，并且根据要求迭代地

⊖　Siehe http://www.harting-mica.com/startseite.

⊖　Siehe https://www.raspberrypi.org.

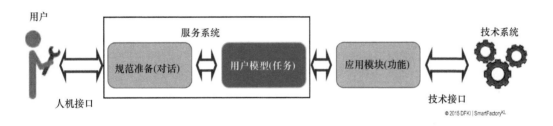

图 1-9-30　人机系统中用户模型的分类（Zühlke 2012）

进行改进，才能获得最终的开发结果。

9.4.2.3　阶段 4 和阶段 5：集成

在阶段 3 中设计开发了 CPPA 中的单个 CPS 模块。流程模型的阶段 4 和阶段 5 对应于这些子系统的实现和连接，如有必要，可与阶段 3 的工作迭代进行。CPPA 的功能由这两个阶段保证，在这两个阶段，各个模块通过彼此匹配的接口来进行组装。

首先，必须将各个模块组合在一起，以便对 CPPA 进行数字测试。推荐使用如西门子的 Plant Simulation 或 Dassault Systèmes 的 Delmia 等 PLM 软件，用于物料流和生产任务的模拟、可视化、分析和优化。由此产生的 CPPA 数字图像以后可用于对生产过程进行综合的、基于实验的规划、评估和控制（Reinhard 1999）。

CPPA 的模块现在可以用 CAD 模型和结构进行机械制造。此外，电子元器件必须嵌入在机械结构中，即先前设计的模块布局中需要配备所有的电子元器件。所有的执行器、传感器和电气元件都通过 BMK 标记，以便在电路文件中更好地找到它们。在对各个模块进行完整的布线之后，这些模块就可以相互组装起来，从而形成模块化的 CPPA。

在这一点上，每个模块都必须连接到供应基础结构，以便能够独立地测试其功能。例如，模块之间的物理接口可以根据它们的定位进行测试和协调，同时也要检查用户界面的人体工程学。通过该软件，每个模块必须继续进行纵向和横向集成。整个 CPPA 可以通过测试程序对其接口和功能进行测试。针对所有流程步骤的详细检查表可作为其测试计划。

到这一步，CPPA 的开发就结束了。同样，必须在项目结束后，根据第 6 章的设计规范对 CPPA 建立使用要求。因此，必须制定产品文件，包括行动和程序指示，并在必要时组织关于使用新的信息和通信技术的培训。

9.5　总结

由于高投资成本和相对年轻的技术带来的高风险，企业以绿地的方式无限制地建设其工业 4.0 生产是比较罕见的。更实际的是使用棕地方法将现有生产转化为工业 4.0 生产。

成熟度模型提供了一种系统的方法，用于评估现有的环境，以满足工业 4.0 并确定进一步发展的潜力。VDMA 的成熟度模型就是一个确定行动需求的例子。

如果一家企业确定了其工业 4.0 的目标，那么就不仅仅是要对生产做出一些改变。在越来越数字化的生产以及在数字工厂的全面使用中，除了传统的工厂规划之外，还需要新的方法，以便在早期识别、分析、规划和实施这些复杂的系统变化。所提出的 MCM 概念，通过基于流程的方法支持对生产变更的管理，该方法具有主动、被动和回顾性活动。

这些变化的实施往往是在与内部和外部服务提供商的独立项目中进行的。在跨学科和复杂的项目中，如在设计规范中，对目标状态明确由所有参与者进行定义就更为重要。特别是，使用 CPS 会导致现有准则（如 VDI 准则 3694 和 2519）的更改。这些必要的调整包括将控制器分配给执行器和传感器以及通信接口的集中点。

工业 4.0 项目的特点是高度的复杂性和跨学科的工作。CPPA 提出的开发方法，基于现有方法的流程模型，描述了机械工程、电气工程和信息技术如何与 CPPA 的概念和实现进行交互，以实现分布式控制的模块化系统。

所提出的流程模型和工具旨在帮助用户确定其在工业 4.0 背景下的需求，并以协调的方式来实现。尽管这些方法只是将现有的生产环境转换或迁移到工业 4.0 环境中，但该领域仍具有很高的发展潜力。它不仅提供了"如何使用新技术的问题"的答案，还为用户提供了实施新技术的支持。

参 考 文 献

Andler, N.: Tools für Projektmanagement, Workshops und Consulting. Kompendium der wichtigsten Techniken und Methoden.2. Auflage. Publicis Publishing, Erlangen 2009

International Standard 29148:2011: Systems and software engineering- Life cycle processes-Requirements engineering. 2011

Aurich, J. C.; Rößing, M.; Jaime, R.: Änderungsmanagement in der Produktion: Am Beispiel der Einführung einer Maschinenund Betriebsdatenerfassung. In: Zeitschrift für wirtschaftlichen Fabrikbetrieb 99 (2004) 7-8, S. 381-384

Axeda: Connected Product Maturity Model. Foxboro/USA 2014

Ayyub, B. M.: Elicitation of Expert Opinions for Uncertainty and Risks. CRC Press, London/New York 2001

Bartolomei, J. E.; Hastings, D. E.; de Neufville, R.; Rhodes, D. H.: Engineering Systems Multiple-Domain Matrix: An Organizing Framework for Modeling Large-Scale Complex Systems. In:Systems Engineering, Vol. 15 (2012), pp. 41-61

Bender, K. (Hrsg.): Embedded Systems: Qualitätsorientierte Entwicklung.Springer, Berlin 2004

Bischoff, J. (Hrsg.): Erschließen der Potenziale der Anwendung von 'Industrie 4.0' im Mittelstand. Agiplan, Mülheim an der Ruhr 2015

Bleek, W.; Wolf, H.: Agile Softwareentwicklung: Werte, Konzepte und Methoden. 1. Auflage. it-agile. dpunkt, Heidelberg 2008

Boehm, B.: Guidelines for Verifying and Validating Software Requirements and Design Specifications. In: Samet, P. A. (Hrsg.):Euro IFIP 79. North-Holland Publishing Company, Amsterdam 1979

Broy, M.: Cyber-Physical Systems: Innovation durch Software-intensive eingebettete Systeme. Springer, Berlin 2010

Broy, M.: Modellbasiertes Software und Systems Engineering als Element eines durchgängigen Systems Lifecycle Managements (SysLM). In: Sendler, U. (Hrsg.): Industrie 4.0: Beherrschung der industriellen Komplexität mit SysML. Springer Vieweg, Heidelberg 2013

Browning, T. R.; Eppinger, S. D.: Modeling Impacts of Process Architecture on Cost and Schedule Risk in Product Development. IEEE Transactions on Engineering Management, Vol. 49 (2002), No. 4, pp. 428-442

Cisek, R.: Planung und Bewertung von Rekonfigurationsprozessen in Produktionssystemen. Dissertation. TU München 2005

Clark, K. B.; Fujimoto, T.: Product Development Performance: Strategy, Organization, and Management in the world of Auto Industry. Harvard Business School Press, Boston/MA 1991

Clarkson, P. J.; Simons, C.; Eckert, C. M.: Predicting Change Propagation in Complex Design. In: Journal of Mechanical Design,Vol. 126 (2004), No. 5, pp. 788-797

Deutsche Akkreditierungsstelle GmbH: Leitfaden Usability. 2010. *http://www.dakks.de/sites/default/files/71_sd_2_007_leitfaden_usability_1.3_0.pdf* (Stand: Oktober 2016)

Desthieux, G.; Joerin, F; Lebreton, M.: Ulysse: a qualitative tool for eliciting mental models of complex systems. Methodological approach and application to regional development in Atlantic Canada. In: System Dynamics Review, Vol. 26 (2010), No. 2, pp. 163-192

DIN 69901-5:2009-01: Projektmanagement - Projektmanagement-systeme - Teil 5: Begriffe. 2009

Eigner, M.; Gerhardt, F.; Gilz, T.; Mogo Nem, F.: Informationstech-nologie für Ingenieure. Springer Vieweg, Heidelberg 2012

Eigner, M. (Hrsg.): Modellbasierte Virtuelle Produktentwicklung. Springer, Heidelberg 2014a

Eigner, M.: Modell Based Systems Engineering auf einer Platt-form für PLM. In: Stelzer, R. (Hrsg.): Entwickeln - Entwerfen-Erleben. Beiträge zur Virtuellen Produktentwicklung und Konstruktionstechnik. Verlag der Wissenschaften GmbH, Dresden 2014b

Ford, D. N.; Sterman, J. D.: Expert knowledge elicitation to improve formal and mental models. In: System Dynamics Review,Vol. 14 (1998), No. 4, pp. 309-340

Francalanza, E.; Borg, J.; Constantinescu, C.: Deriving a systematic approach to changeable manufacturing system design. In:Proceedings of the 47th CIRP Conference on Manufacturing Systems. Elsevier 2016

Gajski, D. D.: Construction of a large scale multiprocessor. Dept. of Computer Science, University of Illinois at Urbana-Champaign 1983

Gausemeier, J.: Domänenübergreifende Vorgehensmodelle. Heinz Nixdorf Institut, Universität Paderborn 2008

Giffin, M.; de Weck, O. L.; Bounova, G. A.; Keller, R.; Eckert, C. M.; Clarkson, P. J.: Change Propagation Analysis in Complex Technical Systems. In: Journal of Mechanical Design, Vol. 131, No. 8,2009

Haberfellner, R.; Fricke, E.; de Weck, O.; Vössner, S.: Systems Engineering: Grundlagen und Anwendung. Orell Füssli, Zürich 2012

Houston M.: Analytics Maturity Model for IoT. Vitira, Sunnyvale/USA, 16. Februar 2016. *http://www.vitria.com/blog/analyticsmaturity-model-for-IoT* (Stand: Oktober 2016)

Isermann, R.: Mechatronische Systeme: Grundlagen. 2. Auflage. Springer, Berlin 2008

Kahlbrandt, B.: Software-Engineering mit der Unified Modeling Language. Springer, Berlin 2001

Klemke, T.: Planung der systemischen Wandlungsfähigkeit von

1

Fabriken. Dissertation. Universität Hannover 2014

Kletti, J.: Konzeption und Einführung von MES-Systemen. 1. Auflage. Springer, Berlin/Heidelberg 2007

Koch, J.: Manufacturing Change Management - a process-based approach for the management of manufacturing changes. Dissertation. TU München 2016

Koch, J.; Michels, N.; Reinhart, G.: Context model design for a process-oriented Manufacturing Change Management. In: Procedia CIRP 2015, S. 33-38

Koch, J.; Brandl, F.; Hofer, A.; Reinhart, G.: Studie: Änderungsmanagement in der Produktion. (Survey: Change management in manufacturing). TU München

Koch, V.; Kuge, S.; Geissbauer, R.; Schrauf, S.: Industrie 4.0. Chancen und Herausforderungen der vierten industriellen Revolution. pwc 2014

Kolberg, D.: Informationsmodell für Cyber-Physische Systeme zur Beschreibung von Objekten von der Unternehmensebene bis zur Feldgeräteebene. In: Automation 2015. Benefits of Change - the Future of Automation. Baden-Baden, 11.-12. Juni 2015. VDI/VDE-Gesellschaft Mess- und Automatisierungstechnik 2015, S. 227-239

Kolberg, D.: Referenzarchitektur für die CPS-basierte Fabrik. In: Reinhart G.; Scholz-Reiter, B.; Wahlster, W.; Zühlke, D. (Hrsg.): Intelligente Vernetzung in der Fabrik. Industrie 4.0 Umsetzungsbeispiele für die Praxis. 1. Auflage. Fraunhofer Verlag, Stuttgart 2015, S. 53-68

Kolberg, D.; Berger, C.; Pirvu, B.-C.; Franke, M.; Michniewicz, J.: CyProF - Insights from a Framework for Designing Cyber-Physical Systems in Production Environments. In: 49th CIRP Conference on Manufacturing Systems (CIRP-CMS), Stuttgart 2016

Kolditz, J.: Vorgehensmodell zur Erstellung von Fachkonzepten für selbststeuernde produktionslogistische Prozesse. GITO Verlag, Berlin 2009

Kosko, B.: Fuzzy cognitive maps. In: Int. J. of Man-Machine Studies Vol. 24 (1986), pp. 65-75

Krallmann, H.; Frank, H.; Gronau, N.: Systemanalyse im Unternehmen. Oldenbourg Wissenschaftsverlag GmbH, München 1999

Kugelmeier, D.: Usability im Entwicklungs-Prozess: Benutzerorientierte Gestaltung interaktiver Systeme gemäß der Norm ISO 13407. *http://www.fit-fuer-usability.de/archiv/benutzerorientierte-gestaltung-interaktiver-systeme-gemaess-der-normiso-13407* (Stand: Oktober 2016)

Lee, E. A.: Cyber-Physical Systems: Design Challenges. In: International Symposium on Object/Component/Service-Oriented Real-Time Distributed Computing, Orlando 2008

Lee, E. A.; Seshia, S. A.: Introduction to Embedded Systems: A Cyber-Physical Systems Approach. LeeSeshia.org 2011

Lichtblau, K.; Stich, V.; Bertenrath, R.; Blum, M.; Bleider, M.; Millack, A.; Schmitt, K.; Schmitz, E.; Schröter, M.: Industrie 4.0-Readiness. IMPULS-Stiftung für den Maschinenbau, den Anlagenbau und die Informationstechnik, Frankfurt 2015

Liggesmeyer, P.: Software Entwicklung 2: Vorlesungsunterlagen. AG Software Engineering Dependability, TU Kaiserslautern 2009

Malak, R. C.: Methode zur softwarebasierten Planung technischer Änderungen in der Produktion. Produktionstechnische Berichte aus dem FBK. Vol. 5. TU Kaiserslautern 2013

Meierer, N.: Entwicklung und Realisierung einer CPS-Verpressstation nach den Grundlagen der methodischen Konstruktion. Diplomarbeit. Maschinenbau und Verfahrenstechnik, Technische Universitat Kaiserslautern 2013

Nofen, D.: Regelkreisbasierte Wandlungsprozesse der modularen Fabrik. Dissertation. Universität Hannover 2006

Nyhuis, P.; Klemke, T.; Wagner, C.: Wandlungsfähigkeit - ein systemischer Ansatz. In: Nyhuis, P. (Hrsg.): Wandlungsfähige Produktionssysteme. GITO, Berlin 2010, S. 3-21

Plehn, C.: A method for analyzing the impact of changes and their propagation in manufacturing systems. Dissertation. TU München 2016 (Submission in press)

Plehn, C.; Stein, F.; de Neufville, R.; Reinhart, G.: Assessing the Impact of Changes and their Knock-on Effects in Manufacturing Systems. Paper presented at 49th CIRP Conference on Manufacturing Systems, May 25-27, Stuttgart 2016

Plehn, C.: A Method for Analyzing the Impact of Changes and their Propagation in Manufacturing Systems. Dissertation. iwb, TU München 2016

Pohl, K.; Rupp, C.: Basiswissen Requirements Engineering. Ausund Weiterbildung zum „Certified Professional for Requirements Engineering ''; Foundation Level nach IREB-Standard. 3. Auflage. dpunkt, Heidelberg 2011

Ponn, J.; Lindemann, U.: Konzeptentwicklung und Gestaltung technischer Produkte: Systematisch von Anforderungen zu Konzepten und Gestaltlösungen. 2. Auflage. Springer, Heidelberg 2008

ProSTEP iViP e. V.: Manufacturing Change Management (Recommendation): Management of Changes during Production. *http://www.prostep.org/de/mediathek/veroeffentlichungen/empfehlungen -standards.html#c1064* (Stand: Oktober 2016)

Reinhard, G.; Grundwald, S.; Rick, F.: Virtuelle Produktion:

Virtuelle Produkte im Rechner produzieren. In: VDI-Z integrierte Produktion. Bd. 141, Nr. 12 (1999), S. 26-29

Richter, L.; Lübkemann, J; Nyhuis, P.: Development of a Model for the Redesign of Plant Structures. In: International Journal of Social, Education, Economics and Management Engineering, Vol. 8 (2014), No. 11, pp. 3295-3298

Rößing, M.: Technische Änderungen in der Produktion - Vorgehensweise zur systematischen Initialisierung, Durchführung und Nachbereitung. Dissertation. TU Kaiserslautern 2007

Saaty, T. L.: The analytic hierarchy process planning, priority setting, resource allocation. McGraw-Hill, New York 1980

Scheer, A.-W.: ARIS - Vom Geschäftsprozess zum Anwendungssystem.Springer, Berlin 1999

Schuh, G.; Lenders, M.; Nussbaum, C.; Kupke, D.: Design for Changeability.In: ElMaraghy, H. A. (Hrsg.): Changeable and Reconfigurable Manufacturing Systems. Springer, London 2009

Schwaber, K.: Agiles Projektmanagement mit Scrum. Microsoft Press Deutschland, Unterschleißheim 2007

Silver, M. R.; de Weck, O. L.: Time-Expanded Decision Networks: A Framework for Designing Evolvable Complex Systems. In: Systems Engineering, Vol. 10 (2007), No. 2, pp. 167-186

VDI-Richtlinie 2206: Entwicklungsmethodik für mechatronische Systeme. 2004

VDI-Richtlinie 2221: Methodik zum Entwickeln und Konstruieren technischer Systeme und Produkte. 1993

VDI-Richtlinie 2422: Entwicklungsmethodik für Geräte mit Steuerung durch Mikroelektronik. 1994

VDI-Richtlinie 2519, Blatt 1: Vorgehensweise bei der Erstellung von Lasten-/Pflichtenheften. 2001

Voigt, K.-I.: Industrielles Management. Industriebetriebslehre aus prozessorientierter Sicht. Springer, Berlin/Heidelberg 2008

Walker, R.: Applied Qualitative Research. Gower, Aldershot 1985

Weber, J.; Stäbler, M.; Thielen, S.; Paetzold, K.: Modularity as Key Enabler for Scalability of Final Assemble Units in the Automotive Sector. In: 49th CIRP Conference on Manufacturing Systems (CIRP-CMS), Stuttgart 2016

Weiß, U: Revolution/Revolutionstheorien. In: Nohlen, D. (Hrsg.):Lexikon der Politik. Band 7: Politische Begriffe. Directmedia,Berlin 2004

Wickel, M.: Datenbasierte Analyse technischer Anderungen. Dissertation.TU München 2016 (Submission in press)

Yamazki, Y.; Takata, S.; Onari, H.; Kojima, F.; Kato, S.: Lean Automation System Responding to the Changing Market. In: 49th CIRP Conference on Manufacturing Systems (CIRP-CMS), Stuttgart 2016

Zeppenfeld, K.; Finger, P.: SOA und WebServices. Springer, Berlin/Heidelberg 2009

Zöller, N.: Methodik zur Erstellung eines Lastenhefts für intelligente Produktionsanlagen. PAK, TU Kaiserslautern 2014

Zühlke, D.: Nutzergerechte Entwicklung von Mensch-Maschine-Systemen: Useware-Engineering für technische Systeme.2. Auflage. Springer, Berlin 2012

第 10 章 客户系统地参与创新过程

Simon Bock, Johann Füller, Giordano Koch, Udo Lindemann

本章重点介绍了在日益增长的数字化时代，客户参与新产品开发和服务的创新过程。第一部分解释了客户参与的必要性和机会（10.1 节），接着介绍了通过开放创新或共同创造来开拓创新过程的一般方法（10.2 节）；随后，通过具体方法（10.3 节）来说明外部人员参与创新过程的情况。第二部分介绍了大规模定制产品和客户创新产品在产品开发和生产中的现状（10.4 节）。随后，概述了敏捷开发过程（10.5 节）和相关产品体系架构（10.6 节）的挑战，并介绍了客户如何在未来实现个性化产品的方法。最后，从经济学的角度讨论了个性化产品的成本评估问题，以及让客户和其他外部群体参与到这个过程的必要性和可能性。

10.1 数字化时代客户参与的必要性和机会

传统意义上不参与公司创新过程的客户和其他外部人员，在近年来参与其中的比例稳步上升，并已成为许多领域企业战略的一个组成部分。这种发展，一方面是由于市场方面的需求不断变化（如客户需求形式的变化），另一方面是由于实施方面出现了新的机会和潜力，如通过技术发展，使得首次融入外部创新资源变得可行。最重要的是，日益增长的数字化使全球分散的利益相关者能够以成本效益的方式进行整合。

社会日益个性化的发展，人们对个性化，甚至是客户单件小批量产品的需求越来越大，改变了企业对新产品和服务的概念、开发和生产的要求。

人们对包容和个性化的渴望进一步提高了数字化产品的可能性，也改变了组织及其客户之间的沟通方式。Facebook 等社交平台上的企业简介允许客户（"追随者"或"粉丝"）与企业进行直接和公开

的交互，并为后者提出新的挑战。同时，客户与组织和品牌之间的互动性增加，加强了客户对组织和品牌的需求，使其更多地参与到流程中来。

长期以来，在某些领域，如数字游戏行业，常见的做法是在产品发布之前测试 beta 版软件，但如今，包括老牌技术行业在内，越来越注重在整个开发过程的各个阶段主动与客户互动和融合。

这逐渐导致了传统的企业内部单独进行产品和服务的研发与外面的客户、合作伙伴和专家之间的界限越来越模糊。

除客户的需求不断变化外，由于新产品和服务的实施越来越复杂，要求也越来越高，如更短的开发周期、需要新的能力和流程，或者为客户提供物理的、数字的和基于服务的产品，其开发周期存在快慢差异。例如，虽然近年来汽车行业新车的开发周期不断缩短，但仍然难以与车载数字产品或服务的更短开发周期相协调：在新一代汽车进入市场之前，从客户的角度来看，高档车的数字接口已经过时。

此外，所谓智能或智能产品的引入，如在物联网的背景下，需要更复杂的基础设施和生态系统，将不同的技术学科以及物理的、数字的和基于服务的产品组合协调在一个解决方案中。这通常需要与外部人员，如其他公司或开发者协会加强合作。

加强与客户、合作伙伴、供应商和竞争对手等外部人员的积极交互和参与，为自己的员工提供了真正激进创新的来源。图 1-10-1 显示了不同的创新来源对组织的意义。尽管企业内部员工产生的创新成果最多，但所有后来的外部人员参与和公司的创新成功有相当大的关系，并且他们的融入是必不可少的。

与此同时，数字化和渐进式技术的发展，不断为在市场上运作的组织开辟新的机会，让企业外部

1

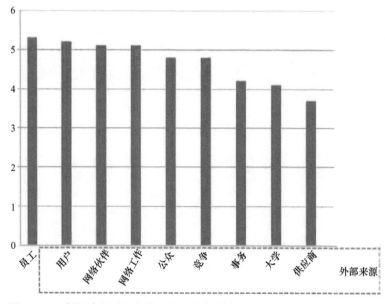

图 1-10-1　创新来源对组织的意义（版权所有：Advanced Innovation 2003）

人员参与到自己的设计、开发甚至生产中。大量的潜在创意提供者或问题解决者、跨学科、特定专业知识和直接参考客户需求，可确保并提高新产品和服务的市场成功率。

移动互联网、智能手机和新的数字应用，实现了与客户、专家和其他公司的全球联网，加速了客户在创新过程中各个阶段的参与。

除了与技术最先进的国家/地区的客户增加互动外，智能手机还确保了人们首次全球范围内访问计算机，从而确保与企业的直接和持续互动。企业不再仅仅通过成品来满足消费者的需求，而是在更早的阶段让消费者参与其中。可以通过反馈、产品的共同开发或产品和服务的个性化来完成。

10.2　通过开放创新开拓创新过程

创新过程的开放能让客户和其他外部人员都参与到创新过程中，这称为开放创新。开放创新描述

的是积极地、战略性地利用外部世界来提高创新的潜力，如企业的创新潜力。无论是渗入企业还是由企业输出的关于内外部营销方法的知识，都可以用来产生创新（见图 1-10-2）。这样，企业就可以利用外部的创意和专业知识，将新产品或服务带到市场，或者将未使用的知识（技术开发等）外包给使用该知识来生产产品的外部机构。在这两种情况下，都能成功地进入市场和创新。

企业的传统创新过程非常注重内部资源的使用。内部研发通常是后期创新的出发点，而客户对后期产品的贡献（除了市场研究的间接贡献）并没有发挥重要作用。它是一个封闭的系统，只有当产品进入了市场才对外开放，并且通常遵循一个明确定义的所谓的阶段门过程。这个过程取决于行业和组织，通常是为产品创新而设计的，它们大多数是增量的，因此是对已经上市的产品改进（见图 1-10-3）。

一个以开放创新为导向的创新过程，会利用内部资源和外部资源作为后期创新的出发点。根据

a)　　　　　　　　　　　　　b)

图 1-10-2　创新过程（来源：HYVE AG；基于 Chesbrough 2003/2006）
a）封闭　b）开放

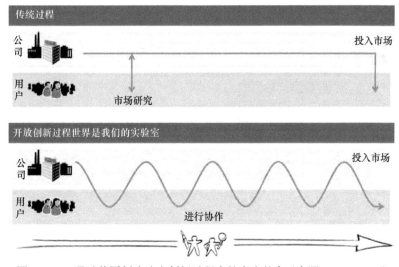

图 1-10-3　通过共同创造改变创新过程中的客户整合（来源：HYVE AG）

需求，对这两个最好的资源进行运用和组合。内部和外部资源的使用方式取决于各个企业的目标和要求，并可能因过程阶段而异。在开放系统中，沿着经典的阶段门过程，可以产生新的解耦、循环通过或共存。通过这个过程，可以计算不同的营销渠道和各种项目发展的速度。开放创新的过程旨在通过新的商业模式和与产品创新的合作来促进创新，并帮助企业通过使用如灵感或技术等外部知识来实施突破性的创新。在创新过程中，有机会让客户或其他外部人员和组织不断地参与进来。在这种情况下，由企业与客户共同开发产品来进行所谓的共同创新。

在大规模定制中，产品是由客户以大量但有限的方式配置，而共同创造是为了产生所谓的"定制创新"，即与客户共同开发实际产品。开放创新和共同创造可以用在企业的各种策略和方法上。

10.3　客户参与创新过程

10.3.1　客户参与的阶段

开放创新的方法和手段使外部人员能够融入产品开发过程的各个阶段，这样就可以产生新的关于产品和服务的创意，或者解决在组织开发过程中的技术问题，而这些技术问题要么在内部是不可能解决的，要么可以在外部更快、更经济地解决。

图 1-10-4 展示了从确定需求到产品或服务进入市场的五个简化创新阶段。实际的阶段和阶段分类则取决于组织的各自研究和发展过程。

在适当的参与下，消费者可以在产品开发的各

个阶段提供附加值。例如，在创意产生阶段，可以在专门创建的网络社区中开发出大量的新产品创意，然后可以在网络社区与来自本组织的创意提供者和专家一起进行评价，并确定创意的优先次序。虽然最终由本组织的专家进行选择，但与外部的不断交流使得所研发的创意，随后在市场进入时被接受的可能性更大。因此，在选择要处理的主题后，消费者和外部专家可以再次以积极的、创造性的角色参与概念开发，或者被动地作为反馈渠道参与。

在产品开发的框架内，外部人员的参与有多种方式，如解决技术问题。在这里，消费者也可以提出扩展和调整的建议。在与消费者进行测试阶段后，开放创新通过这些早期使用者首先进入市场，这通常可以在市场上产生信号效应。

在实践中，创新过程的部分环节通常是建模或伴随着开放创新方法，而一些组织则在整个过程中提供支持。一些企业对其业务模式进行了全面的开放式创新，这些都依赖外部人员的参与。例如，本地汽车公司提供了由在线和离线网络社区设计和开发的车辆。开发结束后，这些车辆将与参与人员在作为分散生产基地的微型工厂中进行生产。这些以及类似的商业模式展示了将开放创新紧密融入组织的方式。

10.3.2　客户和外部人员的参与方法

认识到客户的需求，并在整个创新过程中识别和整合客户的需求和愿望，是在创新过程开始时明确考虑的普遍做法。与传统的市场研究方法不同，在开放创新的早期阶段实施各种方法，可以提供特别相关的、有用的、关于人们需求的信息。以下是

1

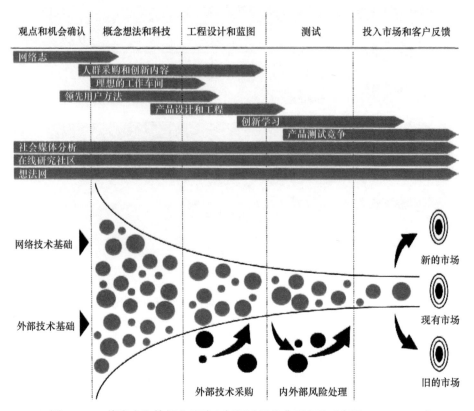

| 观点和机会确认 | 概念想法和科技 | 工程设计和蓝图 | 测试 | 投入市场和客户反馈 |

图 1-10-4　将客户和外部人员融入创新过程的典型方法（来源：HYVE AG）

两个基于在线的例子，即网络志和在线研究社区。

网络志是一个基于社会研究和互联网的方法，从民族术语中得到的合成词。它描述了一种观察性研究方法，用于分析群体及其成员行为。观察这些群体和成员在特定网络社区中的交流，而不参与其中，这就创造了在不影响研究主题的情况下进行分析的可能性。

公司使用网络志获取现有或潜在客户的信息，并在此基础上提出它们的新产品或服务的创意（见图 1-10-5）。通常，专门讨论某一主题的现有网络社区通过软件解决方案进行分析。该数据库是基于消费者在网络社区的贡献，如消费者分享他们的需求、不满、生活习惯或愿望。在分析中，网络志仍然经常需要人工阅读和评估结果，以确保对用户需求有深刻的理解。这种方法有以下特点：

■ 不影响消费者的反应行为。

■ 相比于市场研究，能更深入和更真实地对消费者进行研究。

■ 了解消费者行为的环境，揭示新的和未知的需求和用例。

所谓的在线研究社区是由组织或第三方主办的互联网平台，在这个平台上能与选定的人员讨论企业的相关问题，因此企业或另一方能够积极与被观察对象互动。这样一来，在客户知识的丰富性和对若干具体问题的考虑方面就有了广泛的可能性。

互联网平台的一部分是定性和/或定量的软件模块，如论坛、调查模块、配置器或创意输入选项，以实现与客户互动和处理提出的问题。该做法的目

图 1-10-5　网络志模块示例（来源：HYVE AG）

的是与消费者或专家进行尽可能有洞察力和针对性的对话。在线研究社区可以在项目相关的基础上使用，也可以通过在开发过程中使用它们来测试开发的概念或产品，以持续支持创新过程。该方法的特点是：

- 在较长的时间内反映反馈，以确定相关的客户需求和要求。
- 在开发中创建直接的消费者反馈渠道。

图 1-10-6 所示为在线研究社区与客户和专家互动的示范模块。

图 1-10-6　在线研究社区的示范模块（来源：HYVE AG）

10.3.3　创意、概念和技术

1. 开放创新社区与竞争

开放创新社区是由社区发起的社区，客户和专家参与创新过程。他们在不断创新的社区中和在基于竞争因此时间有限的开放创新竞赛中的行为是不同的。虽然基于活动的竞赛旨在产生创意和开发初始概念，但持续的开放创新社区可以使客户参与到整个创新过程中。

在开放创新社区中，客户可以参与到不同的阶段中：

1）在创意产生和概念阶段，重点是发现和产生新的机会以及非常规的创意和概念。例如，在线社区的外部参与者是发明家、所谓的潜在用户、设计者、工程师或其他有创造力的人。除了提供全新的推动力外，社区首先还能丰富或证实已经由企业员工提出的建议，然后对研发中的创意进行评估，以便在后续阶段进一步发展。评估是以多种方式进行的：通常专家文件被分配给企业员工，而社区的外部参与者也可以对创建的贡献进行评级。

2）在网络社区的设计和开发阶段，客户或外部专家与组织一起充当共同创建者或共同设计师的角色。现有各种方法可以使客户在社区中发挥更大的积极性和创造性作用。例如，用户设计的方法，允许社区参与者根据自己的需要和创意设计自己的产品。设计方案、可能的产品特性、技术开发限制以及对在线模块产品价格的影响，都会在一个在线模块中实时显示出来。因此，客户可以按照指定的框架条件创建自己理想的产品。这种类型的参与方式与传统的市场研究方法有很大的不同，因为客户没

有被直接或间接地询问他们的意见，而是被邀请使用自己的创造力和解决问题的技能来产生新的产品创意，对其进行评估或开发详细的产品概念。

3）在所谓的测试和市场进入阶段，社区的参与者承担了终端客户或买方的角色。他们对所生产的产品或服务概念提供反馈，讨论解决方案的选择或子功能。就实体产品而言，企业有机会向社区参与者发送原型或第一批产品。通过这种方式可以产生直接反馈，同时，参与者还可以通过接收到尚未发布的产品，进一步激发了其参与的积极性。

通过所述在线平台的各个阶段和不同模块，用户可以参与到一个企业各个阶段的创新过程中，从而支持以客户为中心的产品或服务的开发。活跃的参与者可以在这些阶段进行角色转换。因此，一些参加者更积极地贡献自己的设计，而另一些参加者则在早期阶段贡献创意，或者在后期阶段对概念进行初步评估并做出反馈。虽然企业给予奖金和非现金奖品或其他奖品，但参与者参与创意或创新过程的内在动机通常是由组织者提供的。

图 1-10-7 展示了网络社区的开放创新竞赛的组织过程，它是一个收集且开发创意和概念的竞赛。除了竞赛的概念和相关的在线平台外，在线平台上参与者的招聘和激活也是项目的核心组成部分。参与者的招聘可以通过各种在线渠道，或者通过企业专门为开放创新竞赛建立的现有在线社区。

除了上述客户和专家的经典集成外，还有许多其他应用方法可供开放创新社区使用。例如，大中型企业使用开放创新社区来更好地利用其内部能力，在这里可以创建新的概念，促进联网或解决具体问题。另一个用例是将企业的销售人员

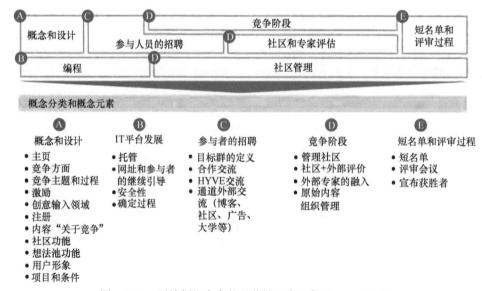

图 1-10-7　开放创新竞赛的示范性程序（来源：HYVE AG）

集成到创新过程中。虽然他们对当前客户的需求有最好的洞察力，但他们大多是在企业之外工作，因此他们往往是一个未被充分使用的知识来源。通过开放创新社区的移动访问，新的客户需求或新的产品或服务的具体建议能够以结构化的方式与企业共享（见图 1-10-8）。

2. 领先用户方法

领先用户方法的目标是在企业的员工团队和所谓的领先用户中产生创意，并将其转化为概念。领先用户是企业相关领域中特别优秀的人，他们能够在产品大量进入市场之前体验需求，并可将自己的想法和方法实施到项目和企业中。他们通常被明确地由某个具体项目确定，并应邀参加联合研讨会和项目。为了识别出这些用户，会使用专门的搜索方法，如筛选、金字塔式搜索和信号传递，或者在科技领域使用侦查手段。在项目或研讨会中，公司代表、领先用户、开发创意和想法的创意团队，以及创意产生领域的专家等各种参与者聚集在一起，其目的不仅仅是为了产生创意，更重要的是凝练和筛选，以使大量创意可被企业掌握和使用。此外，这些创意中最初的概念通常都是与领先用户共同开发的。与开放创新社区不同的是，所涉及外部人员或潜在客户的群体明显较小。

前面的章节表明，在许多情况下，从内容和商业角度来看，将客户系统地集成到产品和服务开发中是有意义的。特别是在数字化时代，由其带来的新机遇以及速度和融合的变化，这代表了一种新的创新方式。在新的框架条件下，个别企业甚至部门通常不能独立完成这些整体解决方案的制定要求。然而，在创新生态系统中，客户的积极参与、共同创造与创新在协作和开放的形式下起着决定性的作用，从而有可能产生整体解决方案。

虽然所述方法主要集中在系统地将客户的意愿、挑战以及可能的解决方案与企业的主管部门联系起来，但也有一些方法可以更进一步：使客户对自己的产品和服务开发负责，让客户在生产过程中成为自我管理的行动者。以下章节将详细介绍如何实现这一目标。

图 1-10-8　人员融入创新过程中的移动软件解决方案示例（来源：HYVE AG）

10.4 从大规模定制到客户创新产品

大规模定制仍然是一个被广泛使用的概念，是一个在科学以及部分在工业实践方面可以追溯到 20 世纪 90 年代的概念。几年后，个性化产品的概念接踵而至，并在 21 世纪 10 年代出现了客户创新产品的讨论，要么是大规模生产的产品市场，要么至少是经典的批量生产环境。本节的介绍很大程度上是基于 Lindemann/Baumberger 2006b，并补充了当前一些发展趋势。

产品在此处以及下文中可以理解为市场表现，其包括硬件、软件和服务，其中物理产品是核心。

在系列化产品市场上，即使由于破产或兼并而出现了细分市场，但总体上仍可看到变型产品的数量在不断增加。除了市场之外，产品技术、生产技术、物流技术以及分销技术也是创新的推动者。这与产品生命周期的缩短以及与市场上同时出现的不同代产品相辅相成。

市场竞争激烈。新的竞争者出现，与现有的竞争者一起进入竞争。顾客的期望值越来越高，但也改变了他们的行为方式。旧商业模式正受到新的挑战。

之前的战略是尽可能多地在市场上提供产品系列的变体，同时限制内部的多样性，这导致了模块化和系列解决方案、平台和可配置模块系统。尽可能让客户察觉不到的可重复策略和标准件战略，有利于产品多样性的管理，但由于产品和产品代际使用变更，在变化的情况下，这会产生问题或至少会导致成本变化。

基于平台、模块以及产品组合规则，客户可以根据具体配置定义最终产品的功能，制造商有义务保证产品组合基本的可能性，以及所需的安全性、可靠性和可用性。

这就引出了一个盈利能力的问题。在研发过程中所有被批准的组合必须在生产、功能、安全等方面得到保证，这需要相当大的费用甚至超出企业预算。此外，还可以看出不同产品需求量的不确定性。通常，所涉及组件的需求量往往只是最小值，实际上只能在有限的范围内代表企业的实际生产费用，这与市场价值的方向背道而驰。

这种在市场中广泛使用的战略充分考虑了产品的个性化，而与经典的、面向客户的产品研发相比，工程开销完全融入成本分析和定价中，工程技术人员只需最低限度地提高成本，交货时间和产品质量即可得到保证。

这种情况下的个性化意味着根据客户的想法或要求对产品进行调整，这可以包括服务、软件、接口、组件和功能，避免了一些早期方案的不必要开发、维护和管理。但是，个性化和企业效益所导致的浪费在市场上仍然可见。

- 选择的措施要依情况而定，一般情况下要适当搭配使用。
- 产品结构概念的讨论，必须与预期的未来发展以及个性化潜力相一致，从而适应市场需求。
- 在调查 - 预开发研发阶段，应该明确区分结构规划和个性化定制的概念。
- 除了产品外，必须考虑产品的组合及其研发、生产、物流和市场营销。
- 不同生产阶段与客户的交互在某些领域变得越来越重要。
- 围绕客户的创新型解决方案，即从形式、接口、附加功能，以及从创新功能到全新的产品概念等方面变得越来越重要。这涉及开放创新领域的工具（10.3 节），如增材制造技术的潜力。产品中持续增加的服务和软件份额也为其带来了新的潜力。
- 在个人和组织层面上，企业必须适应结构、合作以及竞争上的变化。
- 必须清楚关于安全、产品责任或财产权利的法律问题。

与客户交互的不同方式已经在 10.3 节中提出并讨论。

从标准设计、大规模定制、个性化定制到（部分）客户的创新解决方案，使得产品越来越具有多样化。

10.5 敏捷开发过程

从简单设备如咖啡机再到大型生产设施，产品开发人员多年来都面临着越来越多的技术和要求。传感器负责检测和控制产品的生产；软件已经成为产品和系统不可或缺的一部分，并且其份额持续增长；服务越来越多地融入市场产品中，并逐步与其他系统建立联网。此外，法律问题和一般社会问题在开发过程中占有越来越大的比重。一些支持开发人员的系统，如 CAD、PLM 或仿真系统的性能不断提高，但这些性能亟待应用到实际场景中。这些影响以及边界条件促进了企业的结构化、规范化开发过程，并且提供了明确的准则来保证成果。根据 Cooper/Edgett 2007，阶段门流程（见图 1-10-9）是一个典型的实例。除了最高管理层的支持和有针对性的方法使用外，根据 Graner（2013）的研究，这些结构化的方法与正式的研发过程对企业产生了显著的积极影响（见图 1-10-10）。

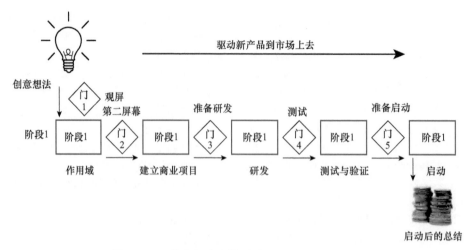

图 1-10-9   阶段门流程模型（Cooper/Edgett 2007）

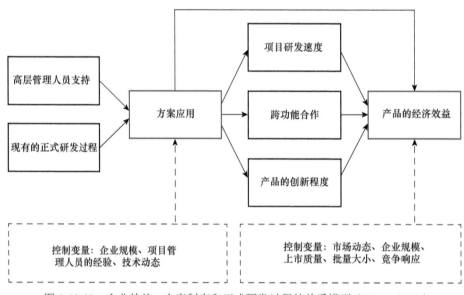

图 1-10-10   企业效益、方案制定和正式研发过程的关系模型（Graner 2013）

但是，它们或多或少地影响到了流程以及期间的问责，在某种程度上这是一种官僚体系，冗杂的协调以及报告造成了企业资源极大的浪费。相对之下，竞争和追求市场的贴近性要求开发时间较短，对市场变化的反应能力和灵活性要求较高，即更加敏捷。这尤其适用于创新过程，其中必须尽快就成功概率提出强有力的决策，而且竞争优势的问题也以迫切的方式出现。

1. 精益开发

支持敏捷性的一种重要管理方法称为精益开发（Moll 2016），旨在简化运营并显著增加开发中的增值资产。研究显示，高达 30% 的潜能可以通过更好的组织或减少官僚作风来提高。只有将这一份额减少至一半才能大大增加产能，并相应提高员工的满

意度。这种潜力的来源是多方面的，既可以是在不同文化的协调过程中，也可以是在企业内部电子邮件的通信过程中实现。

精益开发是围绕开发过程中的组织单元展开的，这是与其他企业合作时必须具备的基本要求。Helten（2014）介绍了适合中小型企业精益开发的框架条件。

敏捷性的重点在于工业设计和软件开发。该重点已经应用在相关的开发领域，如机械工程。举例介绍两种方法，应将精益开发视为初步工作或作为支持的基础。

（1）设计思维   设计思维方法（Plattner 等 2010）特别强调工业设计，需要跨学科的开发团队（活跃在一个创造性的环境中），严格地面向用户，强

调产品原型的快速设计（特别是在早期的开发阶段），从而实现解决方案的可视化和测试，以体验和学习为目标，并以此为基础进行迭代改进。

在新问题和执行办法方面可以看到特别明显的潜力。有趣的是，在敏捷开发的背景下，早期的用户与客户参与是通过演示陈述、产品原型或其他可视化的方式实现的。相比之下，工业设计的实际或感知优势也可以批判性地看待。相反，所有相关的学科都应该在平等的基础上进行合作。

（2）Scrum　Scrum（Schwaber 2007；Klein 2016）是另一个源自软件工程的、备受称赞的方法。"Scrum"来源于橄榄球比赛中的混乱局面，玩家们简单而集中地对下一步或下一阶段的游戏策略进行协调。这种为下一个步骤短暂而密集协调的方法已被纳入程序系统。

在 Scrum 过程开始时，有一个粗略的目标愿景，没有详细的规范。Scrum 过程不是面向一个特定的时间里程，也不是有具体时间要求的任务，而是在这些时间窗口下要实现的工作步骤。Scrum 强调定期和短期协调，以及透明的工作计划文件和任何可能出现的困难。Scrum 基于团队的自我组织和自我负责，这需要来自所需学科的高素质员工。

Scrum 的目标是提高研发过程的透明度，并不断审查，必要时调整目标，强调用户观点并逐步完善要求。图 1-10-11 展示了 Scrum 的一些重要组成部分（Klein 2016）。在这种情况下，项目被划分为多个冲刺，如一个冲刺可以是 30 天的时间窗口。在冲刺中，应该实现足够安全的产品结果。即使发生问题，冲刺也不会延长。除非调整要求，否则剩余的任务将转移到后续的冲刺中。

在已定义的固定时间窗口上，Scrum 是基于这些预先确定的冲刺计划。这些冲刺计划可以在较大的项目中并行，也可以按多个顺序执行。工作会议的期限应该是明确被限制的，如每天协商讨论的时间最多 15min，每周冲刺审查不超过 1h。正如在精益开发中所看到的，这些时间限制有助于避免无效的讨论。

Scrum 定义了三个核心角色：产品经理、Scrum 主管和团队。产品经理负责企业效益和经济效益，从而对产品属性负责；产品经理与其他利益相关者（客户、用户和管理人员）进行沟通，并协调这些和开发团队对产品的要求；产品经理也会处理产品积压的问题。

作为一种催化剂，Scrum 主管通过安排 Scrum 规则来支持开发团队。基于这种辅导功能，他们负责 Scrum 流程的成功（而不是内容本身）。

开发团队独立组织实施愿景和由此产生的要求。为此，在一个短的时间周期（如每天）内协调和记录（冲刺待办事项）各自的部分目标完成情况。

Scrum 流程的利益相关者是客户、用户和管理人员。客户是开发结果的买家，这种客户是经典形式的外部客户或内部的另一种业务功能。如果一个 Scrum 流程是在预开发环境中运行，那么此时客户可以是系列开发或产品组合管理。

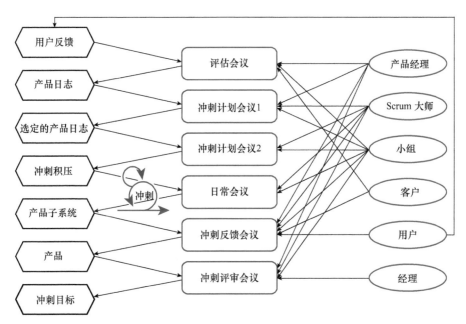

图 1-10-11　Scrum：重要组成部分（Klein 2016）

使用者/用户是直接使用产品功能的人员：机床的操作员、厨师或厨房辅助工具。管理层支持开发团队和 Scrum 主管，并提供必要人员和实际设备。这一进程的特点是通过工作会议确立不同的目标。

从第一次评估会议开始，分两个阶段召开规划会议，不断地确定和选择任务包（待办事项）。在冲刺期间，每天进行简短地协调，以确定每天内容以及记录问题。最后，在每个冲刺后和项目结束时都要进行严格的审查。所有会议都应遵守已明确限制的时长。

Scrum 创建并使用了一些文件和结果：

■ 用户背景：从用户角度来看，描述的应用场景包括即时使用以及情境语境（Michailidou 2015）。与传统的需求清单或规范相比，在这里传达了用户使用愿景意义上的图像，而这种图像是通过参照情况提供的。

■ 生产待办事项：不断完善的日志（待办事项）会列出任务、结果和问题，而这些要从产品的角度进行处理和解决。在这个过程中，主要以用户为导向，少以技术或解决方案为导向。对其负责的是产品经理。

■ 选定待办事项：在计划的冲刺中选择要处理的主题，作为待办事项。

■ 冲刺日志：在冲刺期间定期更新具体冲刺日志。

■ 产品子系统：列出与产品相关的成果清单。

■ 产品：产品总成果。

■ 冲刺目标：产品、过程、经验等方面的总体结果。

Scrum 的主要作用：

■ 以应用场景或视觉形式为目标。

■ 保持日志（待办）实时更新。

■ 短时间窗口作为工作节奏的基础，而不是活动或子流程的基础。

■ 实现各个中期目标，加强协调和文件编制。

■ 独立的团队。

■ 早期的原型设计允许/支持早期（也可能是密集的）客户参与。

■ 较大的项目被分解为时间段（如以 30 天为限的冲刺）。

总之，Scrum 可以提供相当多的机会，前提是有足够高素质和高积极性的员工，以及适当的管理文化和企业文化。

2. 可执行的系统模型

可执行的系统模型（VSM）（Beer 1984；Elezi 2015）是当前管理方法或改变的组织形式的基础，尤其是在动态和动荡的环境（市场、技术等）中提供了支持（见图 1-10-12）。这种基本方法支持功能型（相对于层次型）组织。可执行系统分为 5 个子系统，每个子系统都承担着特定的功能。

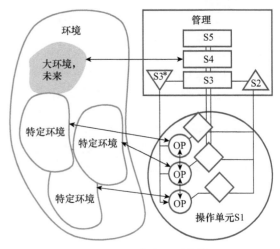

图 1-10-12　可执行的系统模型
（Beer 1984；Elezi 2015）

S5 指定价值体系和更高的价值目标。

S4 规划战略时考虑价值体系（S5）中规定的框架条件，并检查来自环境中不断变化的影响因素。

S3 具有控制功能，监测资源的使用情况，审查 S1 中的活动，并且通过战略规划（S4）协调必要的变更。

S2 在其自我组织工作中协调和支持运行和执行单元（S1）。

S1 是运行和执行的单元。

子系统 S5、S4 和 S3（价值体系、战略规划和控制功能）共同组成管理层，以市场、技术、法规等不断面向基本的甚至新兴的环境变化为导向。运行单元与其环境中的特定部分（客户、用户、供应商、服务提供商等）进行互动。

所有子系统之间相互沟通，从而独立地进行自我调节。这种结构可以用同一递归的方式在不同的层次上建立起来，类似于分形企业自相似模型的概念（Warnecke 1993）。自主、自律、反馈、缩减信息，也可以说是信息集中的基本原则，使得层级之间的沟通更为集中，从而易于处理管理方面的复杂问题。

另一方面，这种管理方式对于包括高管在内的员工素质提出了相当高的要求。领导文化必须以适当的方式发展，特别是对于具有成熟领导力的管理者来说，这将是一个重大的改变。员工不仅要做好准备并愿意以这种方式工作和承担责任，而且还必须具备必要的技能。敏捷性还要求在组织员工和使用外部技能方面具有更大的灵活性。开放创新作为一个起点，必须考虑到"开放组织"，同时在"开放组织"这一术语下展开讨论。通过不同方式围绕产品进行交流，使得价值链网络化，提出更高的服务灵活性和适应性要求，市场以及员工期望的变化也会导致组织形式发生改变。

无论敏捷性的特点如何实现，成功的关键因素在于员工以及组织的作用和能力。

具备领导能力的组织以及各种规章制度必须为员工提供自由空间，并且要兼顾敏捷性。当然，也存在与企业纪律和防止滥用此类边界条件的冲突。

员工必须具备上述技能，才能在专业敏捷的背景下工作，同时也要有创业精神和社会意识。这些都可以在教育，培训和实际工作中学习和训练。

激励员工接受这项与责任相关的任务是一个巨大的挑战。除了所有的个人前提条件外，企业文化和管理方式也必须在这里起到相应的促进作用。总之，这个观点可以用"能力""意愿"和"要求"这三个术语来描述（见图 1-10-13）。

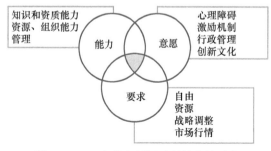

图 1-10-13　变革和创新过程的主导因素
（Gürtler/Lindemann 2016）

对于全新的合作，特别是当考虑到个人能力时，应强调以下三点（Sauer 等 2014）：

1）框架能力。包括在具体和持续的过程中快速创建订单或结构的能力，以及分析、选择、权衡和自控的能力。

2）处理能力。涉及在处理其他组织单元、学科、文化等，以及社交互动中的注意力、认同感和同情心等方面，每一个方面都与本能、信任、情感和专业平衡差距有关。

3）创造和发挥能力是非常重要的。在此，讨论了对工作对象（如创新方法）的艺术性和趣味性，在每种情况下，都结合了对未知的开放性，对新

的可能性的敏感度、对危机和干扰的有效处理以及一定的不可预测性。对于创新来说，这个能力是必须的。

 市场需要更高的灵活性、再加上创新和开发过程的反应时间短，这对流程设计以及业务和战略职能部门的工作人员提出了挑战，只有采用新的管理和领导方法才能应对这些挑战。

10.6　可适应和可定制产品的产品结构

使产品适应变化甚至新的要求需要事先进行仔细的规划，因为这些变化可能涉及成本、安全或可传递性等关键成功因素。定制的形式是从单纯的方案到产品零部件的变化，再到客户个性化定制。如果产品是整体产品的一部分，那么事先规划就变得尤为重要。

图 1-10-14 显示了基本过程及其基本步骤。从客户的个性化特点和产品用途出发，遵循客户与制造商或供应商之间的交互，以制定并具体化客户的个性化需求。与此相对应的是，制造商事先规划的具有明确自由度的产品结构是给定的，而结构规划将在以后讨论。

当客户的个性化要求与预先设想的、准备好的产品结构相吻合后，就会触发一个适应过程，即以最终的个性化产品定义的形式使产品适应特定要求，然后将其资源和能力转移到生产过程中。

在开发产品结构，进而制定产品架构及其所包含的平台和模块时，战略观点和现有的架构将被视为规划起点。规划阶段、运营阶段以及产品生命周期管理阶段是不同的（见图 1-10-15），因此必须在所有阶段自上而下地顾及战略方法以及真实的产品世界（自下而上）。

在灵活性规划阶段，灵活性是由自上而下的战略因素决定的。这些因素可能在技术、法规或市场的变化中看到。基于此，必须确定哪些产品性能可能受到影响。最后一步是根据对变革的制约因素（法律、竞争等）、动态以及与客户的相关性（从而也是竞争力）的评估，制定进一步开发步骤的轻重缓急。

从运营（自下而上）角度来看，必须分析产品结构，必要时必须分析整个产品体系（如果适用）与组织、组件、功能以及现有或计划方案之间（见图 1-10-16）的相互关系。有多种方法可供使用，这些方法作为实例发表在 Maurer/Lindemann（2014），

1

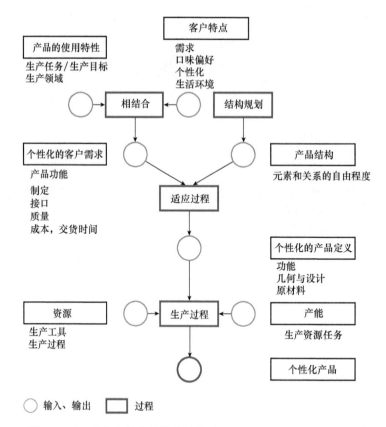

图 1-10-14　产品个性化的适应过程（Lindemann/Baumberger 2006a）

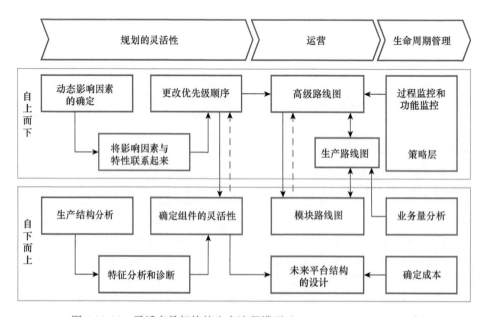

图 1-10-15　灵活产品架构的生产流程模型（Maurer/Lindemann 2014）

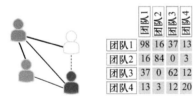

1. 从组织角度

	团队1	团队2	团队3	团队4
团队1	98	16	37	13
团队2	16	84	0	3
团队3	37	0	62	12
团队4	13	3	12	20

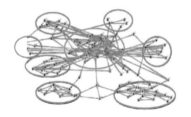

2. 从零件角度

3. 从功能角度

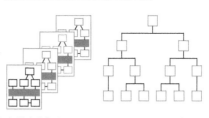

4. 从变体角度

图 1-10-16　　开发灵活的产品架构时应考虑的领域（Maurer/Lindemann 2014）

然后是预测可能发生的变化，并对变化的鲁棒性进行评估，从而对变化的灵活性进行定性。

在第二阶段的运营过程中，从战略的角度出发，制定产品组合以及个别产品的基本路线图在运营层面，将被细分到平台级和模块级。在生命周期管理中，即产品在市场存在期间的主动支持，在市场中对产品进行有效监控，观察产品在市场中的特性，并根据内部反馈情况进行分析。

除了从自下而上的角度分析组件结构外，还必须从功能角度、变体角度和组织角度去分析（见图 1-10-16）。功能分析构成了用户视图的界面，对变体或产品组合的整体视图也很重要。变体角度说明了产品变体或所涉及的产品组合的多样性和相关性。组织角度反映了相关责任和必要的合作，并应与其他观点相吻合。

对于产品组合及其变体以及后续产品，需要对其架构进行深入研究，尤其是市场和技术有时会导致快速的适应和变化。

10.7　可适应和可定制产品的成本评估

供应商方面的个性化驱动力主要体现在经济效益上。对客户来说，驱动力来源于不同的因素，可以是经济上的，也可以是心理上的。供应商的潜力在于通过开发新产品、扩大市场份额来提高销售额。

除了难以获得的形象收益以及市场吸引力外，更高的收益潜力也至关重要（见图 1-10-17）。

另一方面，由于生产力损失，从而产生额外的、新的支出，这可能是由于单位数量和单项生产的减少造成的。此外，客户之间的互动可能更为复杂，建立客户忠诚度和信任度的营销工作需要付出更大努力。

在直接成本方面，存在一定的成本降低潜力。其涉及"模块化经济"，通过利用标准化和专业化（规模经济）的影响或通过范围经济，如利用未充分利用资源的可能性来实现经济效益。

在"脱钩经济"中，通过基于个体客户的具体增值目标实现客户中性价值创造的有针对性的脱钩，其中脱钩应该在增值序列中尽可能晚地发生。

"一体化经济"致力于改进客户意愿和期望的知识基础，以及客户和用户的专有技术在产品配置、设计和功能方面的使用。脱钩方法支持并促进客户有针对性地融入第二个客户特定解决方案中。

"关系经济"提高了客户的忠诚度，这反映在后续的项目本身以及赢得客户或订单处理的相关费用中。

另一方面，最初开发阶段所降低的成本费用可能会用于投资，如在信息和通信领域的生产技术或生产措施。每个企业必须根据其具体战略回答个性化程度和适应性程度的问题，这里的产品范围包括从标准产品到可配置、至少部分可定制的产品，以及客户特定或客户创新的解决方案。无论如何，都

1

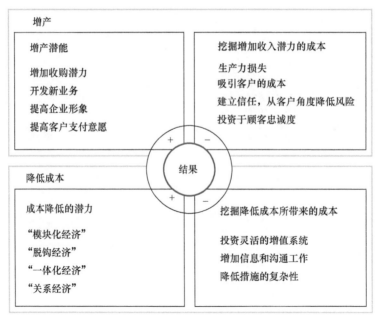

图 1-10-17　产品个性化的经济评估（Reichwald 等 2006）

必须反复询问和审查各自的战略，以确定其未来的适用性。

经济性问题（见图 1-10-18）在很大程度上取决于适应性程度以及由此产生的成本效益比。适应（或个性化）以及创造这种适应性的潜力所涉及的付出起着重要作用。这就产生了一个问题，即必要的投入对实现适应性有什么贡献，以及这需要多大的付出。

如果将来使用这些选项，则与替代值形成对比。总体估计是关于最终未来发展的可能性。这需要很好地了解市场发展，包括其动态。

目前，对未来方案的前期投入的评估是一项复杂的任务。图 1-10-19 提供了一个系统分析的概述（Schrieverhoff 2015）。"销售增长"一词囊括了市场容量、市场份额和利润率变化等效应。其他基本类别是降低成本的可能性以及导致相应支付意愿的额外收益。在此基础上制定了各种设想方案，然后根据这些设想方案推导出（估计）各个方面的具体发展情况。比较适应性的不同维度，首先考虑设计和产品。

"设计"指产品的设计和/或功能的变化，形成了新的产品版本和变体，从而更新或扩大产品范围。这样既能产生更多的销售额，又能节约成本。

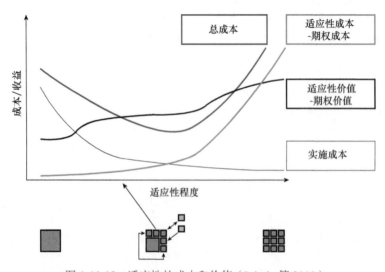

图 1-10-18　适应性的成本和价值（Schulz 等 2000）

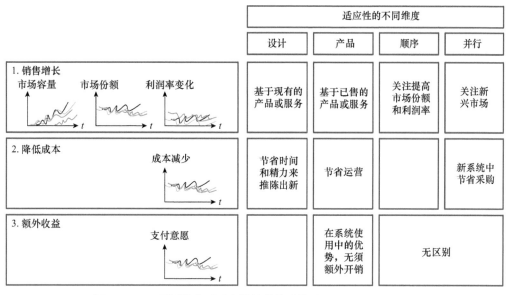

图 1-10-19　不同维度下适应性的价值功能（Schrieverhoff 2015）

"产品"指对客户已经使用的产品进行改变，可以通过更新换代或功能扩展来实现，也可以通过扩展或其他形式的使用来实现。

"顺序"和"并行"维度分别对应着各自的时序。在顺序适应性的情况下，这些措施根据需求和技术可用性交错排列，使得产品在市场上保持更长的时间。而对于并行的适应性调整，不存在这种时间上的依赖关系。

 　归根结底，可持续的经济性成功是考虑的核心。市场、技术和产品方面的动态变化，需要将经典的经济考量与平衡的风险/回报评估相结合进行重新思考。

参 考 文 献

Advanced Innovation: Erfolgsfaktor Innovation. Studie. Wien 2003

Beer, S.: The Viable System Model. Its Provenance, Development, Methodology and Pathology. In: Journal of the Operational Research Society 1984

Chesbrough, H.: Open Innovation. The New Imperative for Creating and Profiting from Technology. Harvard Business Review Press 2003/2006

Cooper, R. G.; Edgett, S. J.: Generating Breakthrough New Product Ideas. Feeding the Innovation Funnel. Product Development Institute Incorporated 2007

Elezi, F.: Supporting the Design of Management Control Systems in Engineering Companies from Management Cybernetics Perspective. Dissertation. Technische Universität München 2015

Füller, J.; Hinerth C.: Engaging the Creative Customer. In: EBF issue 10, 2004

Füller, J.; Mühlbacher H.; Rider B.: An die Arbeit lieber Kunde. Harvard Business Manager 2003

Graner, M.: Der Einsatz von Methoden in Produktentwicklungsprojekten. Springer Gabler, Wiesbaden 2013

Gurtler, M. R.; Lindemann, U.: Innovationsmanagement. In: *Lindemann, U.:* Handbuch Produktentwicklung. Hanser, München 2016

Helten, A. K.: Einführung von Lean Development in mittelständischen Unternehmen - Beschreibung, Erklärungsansatz und Handlungsempfehlungen. Dissertation. Technische Universität München 2014

Klein, T. P.: Agiles Engineering im Maschinen- und Anlagenbau. Dissertation. Technische Universität München 2016

Lindemann, U.: Methoden der Produktentwicklung. In: *Lindemann, U.:* Handbuch Produktentwicklung. Hanser, München 2016

Lindemann, U.; Baumberger, G. C.: Adaptionsprozesse für individualisierte Produkte. In: *Lindemann, U.; Reichwald, R.; Zäh, M.(Hrsg.):* Individualisierte Produkte. Springer, Berlin 2006a

Lindemann, U.; Baumberger, G. C.: Individualisierte Produkte. In: *Lindemann, U.; Reichwald, R.; Zäh, M.(Hrsg.):* Individualisierte Produkte. Springer, Berlin 2006b

Lindemann, U.; Reichwald, R.; Zäh, M.(Hrsg.): Individualisierte Produkte. Springer, Berlin 2006

Maurer, M.; Lindemann, U.(Hrsg.): Zyklenorientiertes Modulund Plattformdenken - Ein Leitfaden fur Praktiker. Lehrstuhl fur Produktentwicklung, Technische Universität München 2014

Michailidou, I.; Haid, C.; Gebauer, C.; Lindemann, U.: The twostage stroyboarding experience design method. IASDR Conference Brisbane 2015: International Association of Societies of Design Research. Queensland 2015

Moll, K.: Lean Development. In: Lindemann, U.: Handbuch Produktentwicklung. Hanser, München 2016

Plattner, H.; Meinel, C.; Leifer, L.: Design Thinking: Understand-Improve - Apply. Springer, Berlin 2010

Reichwald, R.; Moser, K.; Piller, F. T.; Stotko, C. M.: Wirtschaftlich-keitsbetrachtung individualisierter Produkte. In: *Lindemann, U.; Reichwald, R.; Zäh, M.(Hrsg.):* Individualisierte Produkte. Springer, Berlin 2006

Sauer, S.; Burgenmeister, M.; Porschen-Hueck, S., Huchler, N.: Open Organization: Öffnungstendenzen und Öffnungsstrate-gien. Ein Arbeitsbericht aus dem BMBF-geförderten Projekt Rakoon. 2014. *http://www.isf-muenchen.de/pdf/Open_organi zation.pdf* (Stand: Dezember 2016)

Schrieverhoff, P.: Valuation of Adaptability in System Architecture. Dissertation. Technische Universität München 2015

Schulz, A. P.; Clausing, D. P.; Fricke, E.; Negele, H.: Development and integration of winning technologies as key to competitive advantage. In: Systems Engineering, 2000

Schwaber, K.: Agiles Projektmanagement mit Scrum. Microsoft Press 2007

Warnecke, H.-J.: Revolution der Unternehmenskultur: Das Fraktale Unternehmen. Springer, Berlin 1993

第 11 章 工业 4.0 与能源效率提升

Sebastian Thiede，Gerrit Posselt，Christoph Herrmann

能源效率对制造业，特别是德国的制造业的重要性在不断提高。图 1-11-1 所示为生产中可持续性的驱动因素（Fichter 2005）。除了监管因素，如法律法规（规范推动）、支持计划、社会期望（社会推动）和企业信念（愿景拉动）也很重要。越来越多的高效技术（技术推动）以及市场引发的挑战（市场拉动），如成本压力或相应的客户期望增加是进一步的驱动因素。

从生态学的角度看，能源效率是工业中非常有意义的话题。就能源需求和相关的能源生产间接排放而言，约占全球温室气体排放量（CO_2 当量）的 11%。另外，还有 21% 的直接排放。制造业以总计 32% 的比例，是与生态相关度最高的经济部门［领先于农业（24%）和运输业（14%）］（IPCC 2014）。从单个制造企业的角度来看，其经济意义在很大程度上取决于企业和行业，能源成本在总成本中的相对比例小于 2% 的企业占 20%~25%，相对比例在 2%~20% 之间的企业占 60%~70%，相对比例超过 20% 的企业只有 10%（KFW 2013）。研究表明，能源效率提高的潜力在 20%~50% 之间（Fraunhofer 2008；Duflu 等 2012）。在工业 4.0 背景下，利用数字化的方法和工具，可以更有效地挖掘这些潜力。最后但仍然重要的是，能源效率的主题在如 acatech 的研究中被提及，作为工业 4.0 的明确行动领域或目标维度（Kagermann 等 2013）。

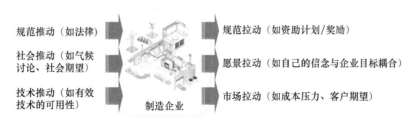

规范推动（如法律）　　　　　　　　规范拉动（如资助计划/奖励）

社会推动（如气候讨论、社会期望）　　愿景拉动（如自己的信念与企业目标耦合）

技术推动（如有效技术的可用性）　　市场拉动（如成本压力、客户期望）

制造企业

图 1-11-1　生产中可持续性的驱动因素（Fichter 2005）

11.1　生产中的能量流和能源效率

生产指在产生废料和其他排放物的同时将物料和能源等投入转化为产品价值的过程（见图 1-11-2 左）。生产设备的能源需求不是静态的而是动态的，它取决于设备的运行状态以及组成部分（Zein 2012）。这就形成了一个负荷曲线，电力负荷会随时间变化，从而可以确定基本负荷和工艺负荷，也可以区分增值和非增值能源的需求份额（见图 1-11-2 右）。通常情况下，80% 的能量都会用在生产准备上，而实际的生产过程（如材料去除）不会耗费太多的能量（Gutowski 2006；Duflu 等 2012）。

能源效率一般理解为增值或可用产出与能源投入之间的关系。能量强度或特定的能源需求代表相应的价值，即每个参考变量都对应一定的能源需求，如生产每辆车的能源需求（ISO 50001；Patterson 1996）。因此，能源效率的提高意味着相同的产出（数量、时间和质量）具有较低的能源需求或具有相同能源需求的更大产出。有两种机器的耗能分析方法，但可以用两者结合的方法的来提高能量效率，减少不必要的负载。例如，通过更有效的组件或替代性的过程控制，和/或缩短不同产出水平下的生产时间，如通过关闭非增值等待状态中的不必要的负载。

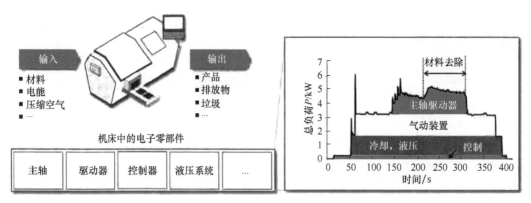

图 1-11-2　生产设备的能源需求（Zein 2011）

在工厂内，有大量具有特定负载特性的机器和设备，它们的总和在工厂层面产生了关于总负载的配置文件。为了系统地监控工厂能耗，同时防止一些问题被忽略，系统的整体视角是极为重要的（见图 1-11-3）。这包括工厂的所有相关子系统，除了生产设施外，还有能源、介质（如压缩空气冷却/加热、冷却润滑剂）和环境条件（如室内气候、空气纯度和建筑结构），这些子系统通过不同的物质流和信息流相互耦合（Hesselbach 2008；Thiede 2012）。

鉴于一些工厂能源需求的复杂性和动态性，文献中经常提到的几个挑战被称为生产中提高能源效率的技术障碍（Thiede 2012；Sorrell 等 2000；Thollander 2009；Thamling，2010；Schmid 2008）：

■ 一些机器和整个工厂能耗状态的透明度非常有限。能量流（相比于物质流）的不可见性使得情况更加糟糕。特别重要的是对各个目标群体的考虑，因为对机器操作人员、维护或管理等方面的能量信息要求差异很大。

■ 由于缺乏透明度，不可能进行系统和持续的改进，即能源热点或潜在的节约（从而在经济上和生态上最有价值的改进措施）无法不断地发现和解决。同样，也不能根据来源去分配成本和对环境的影响。

■ 来自时间、成本和质量维度的经典输出变量与能量效率是相互作用的。因此，制造业担心提高能源效率的措施会对生产设备的产量或可靠性带来负面影响。为此，对能源需求的考虑通常是附加的主题，并且与正常生产过程无关，最好由维修或环境管理等业务领域来处理。这将导致了信息的中断和冲突。

■ 由于缺乏合适的方法和工具，很难预测节能措施对日常运营中所有相关项目变量的影响。这既包括战略规划层面（如机器的选择和安装），也包括操作控制层次面（如在不对其他项目造成影响的情况下关闭机器，达到节能目的）。

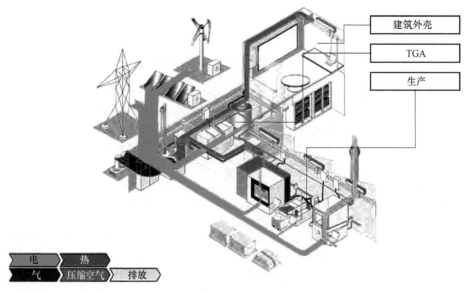

图 1-11-3　整个工厂系统与子系统的能量流（Posselt 2015）

11.2　能源效率背景下的信息物理生产系统

信息物理生产系统（CPPS）也为提高能源效率提供了很大的潜力，因为它可以直接解决上述技术上的挑战。图 1-11-4 所示为能源效率背景下的信息物理生产。展示了相应的信息物理控制回路，该回路将实际生产系统与其虚拟图像动态地连接起来（见数字孪生）。原则上，该控制回路可应用于单个机器和工艺链，也可应用于整个工厂。

由于技术的发展和日益增长的市场渗透率，在技术上使用更多更好的传感器变得越来越经济可行。各种工艺数据、机器数据、环境数据（机器的控制数据、处理的状态变量、能耗需求、环境温度）以及空间和时间上（包括实时捕获）的高分辨率记录都是可行的。在采集大量数据的基础上，"网络"世界需要高效智能的方法和工具来进行数据压缩、状态分析和预测。除了连续计算相关关键数据并进行趋势分析，或者将预期值和目标值进行比较外，这些数据挖掘或模拟也可能更为复杂。这些数字化的方法和工具不是分离的，而是与实际生产并行运行的。因此，它们可能被集成到机器、工艺链和工厂的控制中，或者持续提供针对具体环境和目标群体的行动建议，以改善实际的"物理生产"系统，但必须能在技术上和组织上进行干预。由于人在控制回路中的介入，创新的和可视化的形式就显得尤为重要。

上述的信息物理控制回路原则上适用于节能生产背景下工厂的各个层面。

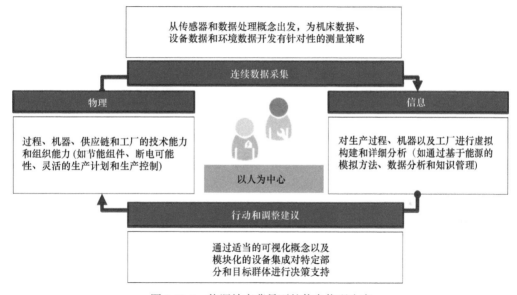

图 1-11-4　能源效率背景下的信息物理生产

11.3　能耗透明的机器

基于工厂的整体视图，能耗透明的机器主要集中在摆放展厅中，这也改变了观测的目标点。设备和机器中的能量转换过程极其复杂，无法用简单的技术规范或技术背景进行建模。其中的一个原因（Rudolph/Wagner 2008）是存在着大量的内部和外部的影响参数的个别实体。特别是在生产机器中，不仅有技术因素还有经济因素，它们以生产和生产控制的形式受到人的影响。因此，能量透明度方面的重要信息只能通过物理测量来获得。根据（Rudolph/Wagner 2008），在测量系统的设计上要遵循以下原则：

■ 对于物理量的间接测量，测量值必须是被测量物理量的有效图像。这两个数值之间的数学关系必须以可重复的方式来描述。

■ 测量点的选择是测量值后期质量的关键标准。其特别适用于具有多个供电点的配电网。

■ 通过形成关键图像，使用元数据构建和丰富测量数据，可以提高数据记录的信息价值。

信息物理系统的出发点之一是分布式智能传感器网络和工厂楼宇自动化系统的结合。这是 Herrmann 等所提到的，以实现能耗透明工厂和能耗透明设备（分布式实体）的愿景。通过中间件的处理，基于建筑和环境数据的无缝集成，以及基于机器数据与智能仪表的结合，可以在运营管理层面提供数据以支持决策（Herrmann 等 2011，pp. 325 - 326）。为了设计一个合适的硬件配置来获取机器层面和工厂层面的工艺和状态数据，特别是对于现有

1

的工厂（棕地），必须选择一个通用的平台。为此，Posselt 定义了一个硬件配置，在可连接的传感器方面具有高度的灵活性，用于检测电气和非电气工艺变量以及数字变量和模拟变量（见图 1-11-5）。

这样的平台既可以并行采集与机器相关的外围设备，也可以与机器的现有总线系统连接。嵌入式工业 PC 通过 OPC-UA 统一架构服务器，直接集成到现有的自动化系统中，并进行数据采集（如制造执行系统或能源管理系统）。集成的传感器或工业接口可以连接到各种传感器，进行读数、预处理，并在必要时保存一段时间。以机器为中心的人机界面（HMI）被用来显示用户的关键动态数据，并为他们提供行动上的基础建议。能耗透明机器代表了一种自下而上的方法，以提高能源流动的透明度，重点放在个别实体及其相关设备上（与机器相关的外围设

备，如能源分配系统和能源转换系统）。

作为测量策略的一部分，也可以使用虚拟测量点，这是一个潜在的物理实体数学模型。虚拟测量点可以用经验模型（见图 1-11-6b 织机中对生产速度和电力消耗的依赖性）来表示基于测量结果的可描述过程，但更复杂的关系也是可行的，如根据经验从材料去除率获得相关具体能耗（见图 1-11-6a）。

虚拟测量点可根据机器或生产（MDE/BDE）采集的数据（如工艺参数和时间），实现基于模型的单个实体能源需求的成本效益计算。由于一般不会考虑外部影响因素，这种方式与实物测量点相比具有较高的不确定性（Posselt 2012）。然而，信息物理控制方法还允许比可想象的扩展更复杂的模型或自学模型（Gao 等 2014）。

作为一个实例，EnyFlow（能量流创造透明度）是

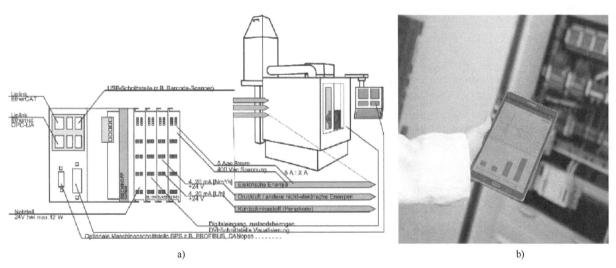

a)   b)

图 1-11-5   通用测量系统平台和移动可视化示例
a）棕地通用测量系统平台（Posselt 2015） b）移动可视化示例

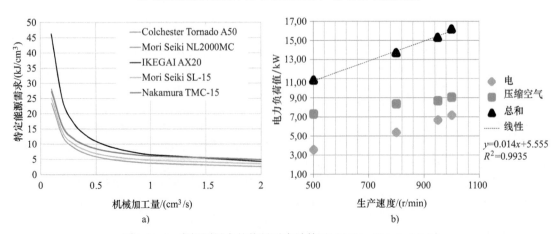

a)   b)

图 1-11-6   虚拟测量点的能量需求计算（Li 2011；Thiede 2012）
a）车床   b）织机

一个专注于整个车间层面的 iOS 原生软件应用（Farjah 2016）。其目标是在整个工厂沿着能量链将所有的能量流动可视化：从工厂（电力、燃气、区域供热等）到用户，最终转换为公用能源。EnyFlow 适用于（任何时间以及任何工厂的任何地点）进行任何线路连接的能量流动分析和评估。透明度的提高是提高效率的基础。图 1-11-7 展示了能量链（箭头）与工厂组织单元（实体）之间的逻辑联系。该图提供了大致的框架，代表了特定的机器、工厂、转换过程、分配系统和存储系统。

关于后端系统信息技术结构功能的详细描述见 Posselt 等人（2015）。这里的重点在能耗降低的图像上。基于前端移动设备的可视化，可以在生产环境中移动，并根据自己的位置，调用特定实体的所有连接能源的动态负荷曲线。以任何实体作为开始，都可以沿着能量链进行。以机床为例，观察者可以

追溯到压缩机（转换过程）的压缩空气能量，并分析从气流到压缩空气的转换过程。从电源可以反过来追溯主分配器和电网。由于能量链的可追溯性，与机器组、建筑物或整个工厂的总能量相比，可以在任何点对个体能量需求进行加权。EnyFlow 为用户提供了简单、直观的功能。例如，在动态负荷曲线中，可以标记非常合适的时间范围，并显示能量值以及由此产生的能源成本或间接二氧化碳排放量。

在图 1-11-4 介绍的信息物理系统的控制回路中，EnyFlow 作为一种工具具有"触发"的功能。可在车间实时采集能耗和状态数据，并可根据需要在移动终端上进行测量。实现的临时能量透明化为生产环境中的用户提供了一个简单的、可移动的基础，以避免能源浪费并提高能源效率。特别是在持续改进的背景下，这种工具是快速评估非可视能量流的一个重要手段。

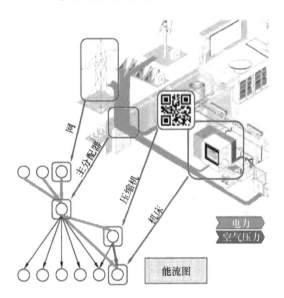

图 1-11-7　工厂内能量链的网络化［特设的透明度和可评估性（Posselt 2015）］

11.4　工艺链及动态能源流中的能源效率

传统的能源价值流是一种众所周知的用于表示能源需求的科学和工业符号，包括生产线或价值链的单一实体，并作为参考单位（Erlach 2009）与产品息息相关。目前的能源需求监测方法，如 Erlach/Weskamp（2009），允许对完整的能源价值流图进行结构化记录。

能源价值流的经典表达方式存在缺陷，如对于工厂能源过分依赖，以及考虑到动态的实时需求，可以通过监测能源价值流的动态方法来消除（Bogdanski 等 2013）。

采用图 1-11-5 所示测量点的方法，可以从实体

的各个测量点采集具体的能量数据，并可通过状态数据进行丰富。通过这种方式，可为每个实体区分具体的能量需求，以及区分出与生产状态相关的生产性和非生产性组件。因此，重点不仅要放在最耗能的工序上，而且要放在最大的节能潜力上。

如图 1-11-8 所示，动态调查可以直接分析由于实施改进措施所带来的系统变化。基于实时的数据采集，可以直接计算关键的性能数据和与时间序列相关的能源数据，并使得系统分析成为可能，如在持续改进过程中进行有针对性的事前和事后分析。

物理测量点和虚拟测量点都可以整合到动态能源价值流中，该表征基于价值流映射的命名法（Erlach/Weskamp 2009）。图 1-11-8 所示的指标包括

1

间接能源需求，是使用能源价值流的扩展方法获得的，仅在此时参考（Bogdanski 等 2013；Posselt 等 2014）。除了实际生产车间的直接能源需求外，间接能源需求还包括外围系统（如过滤器和排风系统）以及能邻系统（如供暖、空调）。根据需求来分配间接能源，以有目的地支持决策。与经典（静态）能量流分析和评估相比，动态能源价值流可以在动态过程中实施监测，该系统支持快照和时间序列分析（见图 1-11-9）。通过这种方式，物理工艺链中的变化变得直接可见并且与记录的时间序列相当。

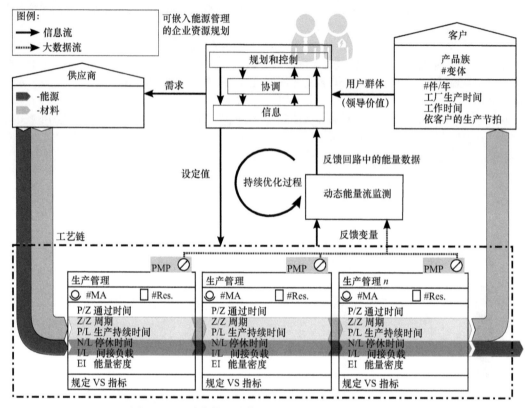

图 1-11-8　动态能源价值流的监测概念（Posselt 2015）

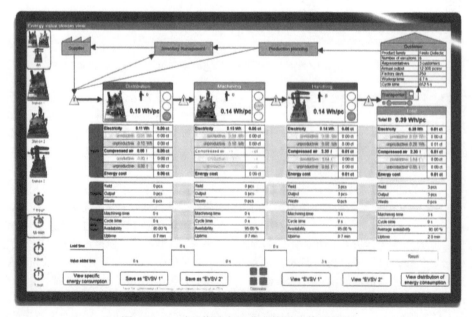

图 1-11-9　对工艺链实施动态能源价值流监控

11.5 工厂层面的能源效率

11.5.1 热耗散的三维监测

在生产车间，通常需要有明确的、尽可能稳定的环境条件（如温度、湿度、技术清洁度）。通风（RLT）和空调系统作为建筑设备的一部分负责提供这些环境条件。它们不仅影响工艺流程和产品质量，也影响员工的工作条件。持续保护这些环境条件与所需的能源密集型技术建筑设备（TGA）的能源需求相冲突。能源密集型技术设备占德国能源需求的很大一部分（10%~40%），这主要取决于本土的工业和相关框架体系（Ziesing 2012；Rebhan 2002）。事实上，暖通系统是根据标准、工作场所技术规则（ASR）和经验设计运作的。在许多情况下，只有对环境条件进行时空上的粗略测量，才能进行操作。图 1-11-10 是工厂生产中局部温度分布的一个例子，它受生产机械的种类和工作方式、TGA、建筑围护结构的条件和状态，以及外部温度和太阳辐射等外部条件的影响。可见，在特定的点上记录的实际数值只能在有限的范围内具有代表性，这是一个由安全附加费引起的超大型控制系统。反过来将导致暖通的能源需求增加（Hesselbach 等，2008）。

通过分布在大厅内的传感器节点与并行运行的 CFD 模拟无线通信，将空间上更易分辨的环境数据耦合在一起，可构建信息物理解决方案（见图 1-11-11）。传感器节点在大厅的关键处检测室内条件，如温度和空气流动，并将数据传送到空间级别的可视化计算机上。传感器数据的单独使用已经是一个显著的进步，但空间分辨率仍然有限（见图 1-11-11a）。监测系统利用传感器数据的插值得到改进，但仍然不能令人满意，因为热传递主要通过空气运动进行，这在与温度有关的插值中是无法考虑的（见图 1-11-11b）。通过将传感器数据和 CFD 模拟模型（求解非线性部分的 Navier-Stokes 方程）相结合，可实现高空间分辨率（见图 1-11-11c）。以图 1-11-11 中所示的生产车间为例，位于中心轴线的三台用于输入热量的风扇很容易识别。

根据信息物理的思路，模拟运行与数据采集并行。因此，它可直接用于 RLT 监控，也可用于向员工提出行动建议。另外，时间和空间温度分布图对于暖通设备的重新设计具有重要的指导作用。

11.5.2 多级模拟

除了提高工厂各个层面的能源透明度外，对组织和技术措施的影响预测也是一个重大的挑战，在这里，综合考虑所有技术经济效益和生态目标是十分必要的。使用耦合模拟模型的信息物理方法是一个可能的解决方案。

对于建筑围护结构和技术性建筑设备，已经有

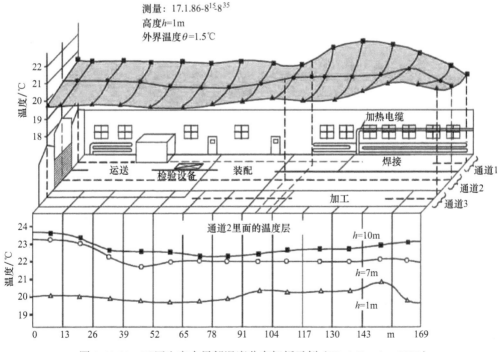

图 1-11-10 工厂生产中局部温度分布解析示例（Weck/Brecher 2006）

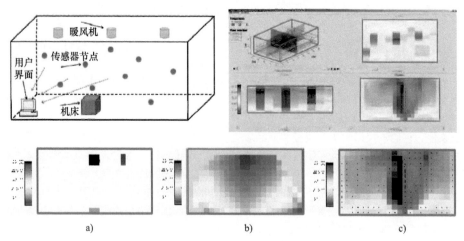

图 1-11-11　概念图像和热排放的 3D 屏幕截图（Posselt 等 2015）

a) 仅读数　b) 测量值的插值　c) 耦合传感器数据

了特定的和已建立的模拟方法来支持对这些子系统进行能源分析和设计（Wischhusen 等 2003; Andreassi 等 2009）。在生产设备和系统方面，模拟研究的重点是对工艺和工艺链的技术可行性或经济可行性和性能进行评估。近年来，能源需求已被纳入考虑范围。例如，在单个过程和单个机器的层面上，基于 Petri-Net 的方法可以根据机器状态和过程参数预测能源需求（Abele 等 2008；Dietmair 2009）。对于工艺链或工厂，首先进行传统的物料流模拟，从单个机器中得到基于状态的能源需求数据，并进行相应的分析和评价功能。因此，根据配置、控制逻辑和特定的生产程序，可以模拟能源负荷曲线。相应地也有可能在生产层面上评估技术和组织措施（Herrmann 等 2009；Heilala 等 2008；Weinert 等 2009；Johansson 等 2009；Wohlgemuth 2005；Rahimifard 等 2010；Solding 等 2009；Stoldt 等 2013；Sproedt 等 2011）。虽然这些对于能源需求的考虑已经向前迈出了重要的一步，但从今天的角度来看，它们是节能工厂规划和控制的必要条件，而非充分条件。进一步的潜力在于使用 TGA 和建筑围护结构的生产综合考虑（Junge 2007；Herrmann 等 2011；Thiede 2012；Steel 等 2013）。由于复杂性和跨学科性，这种方法迄今尚未在工业实践中得到广泛使用。在确保必要的介质供应和环境条件的同时，通过对生产的动态能效负荷（如电负荷曲线以及余热通量）的更详细了解，可对 TGA 进行更节能的确定和控制（Hesselbach 等 2008）。一种可能性是将 TGA 模型集成到生产系统模拟中。然而，必要的模拟逻辑的多样性（用于生产的离散模拟与用于 TGA 的连续模拟）、缺乏专业知识和创建这些模型的额外费用是主要障碍。在此

背景下，多级模拟（见图 1-11-12）是一种很有前景的解决方案。

在多级模拟中，工厂所有相关子系统的详细模型都是并行模拟的（通常是在不同的软件中），并通过中间件进行耦合。这生成了连续的或双向同步的状态变量或控制信号（如当前的能源需求量、可能的介质供应量和单个设备的开关信号等），并实现了能源效率以及其他目标的综合分析和改进（Schönemann 2016）。如图 1-11-12 所示，除了在信息物理方法层面上的模拟外，还可以直接与物理机器和系统（erkaj 等 2015）耦合，这意味着当前的数据可以随时用于模拟模型，大大提高了操作适用性（数据采集的成本更低，数据更加典型）。另外，模拟模型可以直接作为技术设备调节的一部分，从而直接为节能运营做出贡献。

11.6　总结与展望

本章强调了采用整体性工厂方法来提高生产中的能源效率的必要性，并说明了信息物理方法的潜力。在能源效率方面的主要技术障碍可以通过信息物理方法来解决。通过相关的方法和工具，借助关键图像的分析和预测，可以提高工厂所有子系统的能源效率，同时还能够查看先前的目标设置。然而，在引入能源效率的信息物理方法时，不能忽视投入与效益之间的关系。研究中经常提到的缺乏经济可行性或措施摊销期过长是提高工业能效的另一个障碍。因此，适应需求的信息物理生产系统的引入是非常重要的。有针对性的数据采集和处理与工厂的能源驱动同样重要。信息技术、微电子和传感器技

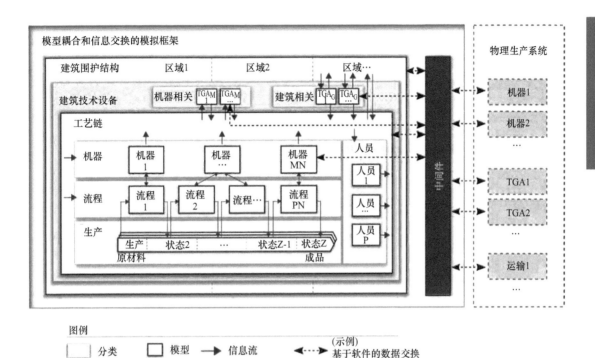

图 1-11-12　高能效工厂的信息物理多级模拟框架（Schönemann 2017）
TGA—建筑技术设备

术等领域的进步，将导致未来的投资要求下降、持续支出以及更多样应用的可能性。将能源考虑与传统的生产计划和控制相结合，可以进行并行的能源效率分析（除时间、成本和质量外），而无须额外的投入，并促成更广泛的应用。通过与其他商业学科的协同合作，可以增加经济吸引力，如与运营维护的强大互动。结合智能评估算法，能源数据可提供有关系统或其组件状态的极具价值的信息，从而为规划和控制维护活动提供支持。

参 考 文 献

Andreassi, L.; Ciminelli, M. V. et al.: Innovative method for energy management: Modelling and optimal operation of energy systems.In: Energy and Buildings, 41/4 2009, pp. 436-444

Bleicher, F.; Duer, F. et al.: Co-simulation environment for optimizing energy efficiency in production systems. In: CIRP Annals - Manufacturing Technology, 2014, Vol. 63, pp. 441-444

Bogdanski, G.; Schönemann, M.; Thiede, S.; Andrew, S.; Herrmann,C.: An Extended Energy Value Stream Approach Applied on the Electronics Industry. In: Emmanouilidis, C.; Taisch, M.; Kiritsis, D.(Hrsg.): Competitive manufacturing for innovative products and services. Revised Selected Papers. International Federation for Information Processing (IFIP) - International Conference on Advances in Production Management Systems, Rhodes/Greece, 24-26 September 2012/Springer, Berlin 2013,S. 65-72

Dietmair, A.; Verl, A.: A generic energy consumption model for decision making and energy efficiency optimisation in manufacturing. In: Int. J. of Sustainable Engineering, 2009, pp. 123-133

Duflou, J. R.; Sutherland, J. W.; Dornfeld, D.; Herrmann, C.; Jeswiet, J.; Kara, S.; Kellens, K.: Towards energy and resource efficient manufacturing: A processes and systems approach. In: CIRP Annals - Manufacturing Technology, 61(2)2012, pp. 587-609

Erlach, K.: Energiewertstrom-Methode. In: Erlach, K.; Westkämper, E. (Hrsg.): Energiewertstrom. Der Weg zur energieeffizienten Fabrik. Fraunhofer Verlag, Stuttgart 2009, S. 17-22

Erlach, K.; Weskamp, M.: Energiewertstromanalyse. In: Erlach, K.; Westkämper, E.(Hrsg.): Energiewertstrom. Der Weg zur energieeffizienten Fabrik. Fraunhofer Verlag, Stuttgart 2009, S. 23-50

Farjah, M.: Energieströme intelligent optimieren. In: VDI-Z Integrierte Produktion, Ausgabe 07/08, 2016

Fichter, K.: Interpreneurship. Nachhaltigkeitsinnovationen in

interaktiven Perspektiven eines vernetzenden Unternehmer-
tums. Habilitation. Universität Oldenburg/Theorie der Unter-
nehmung Nr. 33. Metropolis-Verlag, Marburg 2005

Fraunhofer: Energieeffizienz in der Produktion. Untersuchung
zum Handlungs- und Forschungsbedarf. Munchen 2008

*Gao, R.; Wang, L.; Teti, R.; Dornfeld, D.; Kumara, S.; Mori,
M.;Helu, M.:* Cloud-enabled prognosis for manufacturing.
In: CIRP Annals - Manufacturing Technology, 64(2)2015, pp.
749-772

Gutowski, T. G.; Dahmus, J. B.; Thiriez, A.: Electrical Energy
Requirements for Manufacturing Processes. In: Duflou, J.
R.(Hrsg.):Proceedings of the 13th CIRP Conference on Life
Cycle Engineering(LCE), Leuven, Belgium 2006, pp. 623-
627

*Heilala, J.; Vatanen, S.; Tonteri, H.; Montonen, J.; Lind, S.;
Johansson, B.; Stahre, J.:* Simulation-based sustainable
manufacturing system design. In: Mason, S. J. (Hrsg.): Winter
Simulation Conference, Miami/USA 2008, pp. 1922-1930

*Herrmann, C.; Suh, S.-H.; Bogdanski, G.; Zein, A.; Cha, J.-M.;
Um, J. et al.:* Context-Aware Analysis Approach to Enhance
Industrial Smart Metering. In: Hesselbach, J., Herrmann, C.
(Hrsg.):Glocalized Solutions for Sustainability in Manufa-
cturing. CIRP 18th International Conference on Life Cycle
Engineering,Braunschweig, 2.-4. Mai 2011/Springer, Berlin/
Heidelberg 2011, S. 323-328

Herrmann, C.; Thiede, S.: Process chain simulation to foster
energy efficiency in manufacturing. In: CIRP - Journal of
Manufacturing Science and Technology, Elsevier, 2009, Vol.
1, pp. 221-229

Herrmann, C.; Thiede, S. et al.: Energy oriented simulation of
manufacturing systems. In: CIRP Annals - Manufacturing
Technology, Elsevier, 2011, Vol. 60, No. 1, pp. 45-48

*Hesselbach, J.; Herrmann, C.; Detzer, R.; Martin, L.; Thiede,
S.; Lüdemann, B.:* Energy efficiency through optimised
coordination of production and technical building services.
In: Proceedings of the 15th CIRP International Conference
on Life Cycle Engineering 2008, S. 624

*IPCC - Intergovernmental Panel on Climate Change. Fifth
Assessment Report on Climate Change. 2014*

ISO 50001:2011/DIN EN ISO 50001:2011: Energiemanagement-
systeme - Anforderungen mit Anleitung zur Anwendung

Johansson, B.; Mani, M.; Skoogh, A.; Leong, S.: Discrete
Event Simulation to generate Requirements Specification for
Sustainable Manufacturing Systems Design. In: Proceedings
of the 9th Workshop on Performance Metrics for Intelligent
Systems 2009

Junge, M.: Simulationsgestützte Entwicklung und Optimierung
einer energieeffizienten Produktionssteuerung. University
Press, Kassel 2007

Kagermann, H.; Helbig, J.; Hellinger, A.; Wahlster, W.:
Umsetzungsempfehlungen für das Zukunftsprojekt Industrie
4.0. Deutschlands Zukunft als Produktionsstandort sichern.
Abschlussbericht des Arbeitskreises Industrie 4.0. 2013

KfW(Hrsg.): Energiekosten und Energieeffizienz im Mittelstand.
Sonderausgabe zum KfW-Mittelstandspanel. 2013

Li, W.; Kara, S.: An empirical model for predicting energy con-
sumption of manufacturing processes: A case of turning pro-
cess. Proceedings of the Institution of Mechanical Engineers.
Part B. In: Journal of Engineering Manufacture 225(9)2011,
pp. 1636-1646

Patterson, M. G.: What is energy efficiency? Concepts,
indicators and methodological issues. In: Energy Policy
24/1996, Palmerston North, pp. 377-390

Posselt, G.: Towards energy transparent factories. Sustainable
Production, Life Cycle Engineering and Management Series.
Springer, Berlin/New York 2015

*Posselt, G.; Booij, P.; Thiede, S.; Fransman, J.; Driessen, B.;
Herrmann, C.:* 3D thermal climate monitoring in factory
buildings. In: Procedia CIRP 29/2015, pp. 98-103

*Posselt, G.; Fischer, J.; Heinemann, T.; Thiede, S.; Alvandi, S.;
Weinert,N. et al.:* Extending Energy Value Stream Models
by the TBS Dimension. Applied on a Multi Product Process
Chain in the Railway Industry. CIRP 21st Conference on Life
Cycle Engineering,Trondheim/Norway, 18-20 June 2014. In:
Lien, T. K. (Hrsg.): Procedia CIRP. Life cycle engineering to
save energy, Vol. 15, 2014, Elsevier B. V. (15), pp. 80-85

Rahimifard, S.; Seow, Y.; Childs, T.: Minimising Embodied
Product Energy to support energy efficient manufacturing. In:
CIRP Annals - Manufacturing Technology, Vol. 59/2010, pp.
25-28

Rebhan, E.: Energiehandbuch. Engineering online library.
Springer, Berlin/Heidelberg 2002

Rudolph, M.; Wagner, U.: Energieanwendungstechnik. Wege
und Techniken zur effizienteren Energienutzung. Springer
2008

Schmid, C.: Energieeffizienz in Unternehmen - Eine wissens-
basierte Analyse von Einflussfaktoren und Instrumenten.
ETH Zürich/vdf Hochschulverlag AG 2008

Schönemann, M.: Multiscale simulation of battery production
systems. Sustainable Production, Life Cycle Engineering and
Management Series. Springer, Berlin/New York 2017

Solding, P.; Petku, D.; Mardan, N.: Using simulation for more sustainable production systems. Methodologies and case studies. In: International Journal of Sustainable Engineering, 2009, pp. 111-122

Sorrell, S.; Schleich, J.; Scott, S.; O'Malley, E.; Trace, F.; Boede, U.;Ostertag, K.; Radgen, P.: Barriers to Energy Efficiency in Public and Private Organisations. Final report to the European Commission. 2002

Sproedt, A.; Plehn, J.; Schneider, C.; Schonsleben, P.: Integrated Environmental and Economic Assessment of Production Systems Using a Material Flow Simulation Model. In: ElMaraghy, H. A.(Hrsg.): Enabling Manufacturing Competitiveness and Economic Sustainability. Springer, Berlin 2011, S. 415-421

Stahl, B.; Taisch, M. et al.: Combined Energy, Material and Building Simulation for Green Factory Planning. In: Proceedings of CIRP Conference on Life Cycle Engineering, Singapore, 2013, pp. 493-498

Stoldt, J.; Schlegel, A.; Franz, E.; Langer, T.; Putz, M.: Generic Energy-Enhancement Module for Consumption Analysis of Manufacturing Processes in Discrete Event Simulation. In: Proceedings of CIRP Conference on Life Cycle Engineering, Singapore, 2013, pp. 165-170

Terkaj, W.; Tolio, T.; Urgo, M.: A virtual factory approach for in situ simulation to support production and maintenance planning. In: CIRP Annals - Manufacturing Technology 64(1)2015, pp. 451-454

Thamling, N.; Seefeldt, F.; Glockner, U.: Rolle und Bedeutung von Energieeffizienz und Energiedienstleistungen in KMU. Prognos AG, Basel 2010

Thiede, S.; Seow, Y.; Andersson, J.; Johansson, B.: Environmental aspects in manufacturing system modelling and simulation. State of the art and research perspectives. In: CIRP - Journal of Manufacturing Science and Technology, Elsevier 2012

Thiede, S.: Energy efficiency in manufacturing systems. Sustai-nable Production, Life Cycle Engineering and Management Series. Springer, Berlin/New York 2012

Thollander, P.: Towards Increased Energy Efficiency in Swedish Industry: Barriers, Driving Forces & Policies. Dissertation. Linköping University 2009

Weck, M.; Brecher, C.: Thermisches Verhalten von Werkzeug-maschinen. In: Weck, M.; Brecher, C.: Werkzeugmaschinen 5. Messtechnische Untersuchung und Beurteilung, dynamische Stabilität. Springer 2006

Weinert, N.: Planung energieeffizienter Produktionssysteme. ZWF, 2010, Vol. 105, pp. 503-507

Wischhusen, S.; Ludemann, B.; Schmitz, G.: Economical Analysis of Complex Heating and Cooling Systems with the Simulation Tool HKSim. In: Proceedings of the 3rd International Modelica Conference, Linköping/Sweden 2003

Wohlgemuth, V.: Komponentenbasierte Unterstützung von Methoden der Modellbildung und Simulation im Einsatzkontext des betrieblichen Umweltschutzes. Dissertation. Universität Hamburg/Shaker Verlag, Aachen 2005

Zein, A.: Transition towards energy efficient machine tools. Sustainable Production, Life Cycle Engineering and Management Series. Springer, Berlin/New York 2012

Zein, A.; Li, W.; Herrmann, C.; Kara, S.: Energy efficiency measures for the design and operation of machine tools: an axiomatic approach. In: Hesselbach, J.; Herrmann, C.(Hrsg.): Glocalized Solutions for Sustainability in Manufacturing. CIRP 18th International Conference on Life Cycle Engineering, Braunschweig, 2.- 4. Mai 2011/Springer, Berlin/Heidelberg 2011, S. 274-279

Ziesing, H.-J.: Anwendungsbilanzen für die Endenergiesektoren in Deutschland in den Jahren 2011 und 2012. Vom Bundesminis-terium für Wirtschaft und Technologie beauftragte Studie. Berlin 2013, S. 6

第 **2** 篇

机电一体化（信息－物理融合）的自动化组件

第 1 章

基因智能工件

Berend Denkena，Marc-Andre Dittrich，Florian Uhlich，
Lukas Maibaum，Tobias Morke

在"工业 4.0"概念下所产生的一系列发展使工件有了一个范式转变，它们已经超出了加工过程的范畴，并延伸至工件的使用阶段。这项范式转变被定义为，工件从被动物体变为能相互通信的主动物体。为此，接收数据和通信的能力以及做出相应决策的能力是必不可少的。这项最新的发展为加工的柔性化、减少过程时间的可行性以及高效的质量监控提供了巨大的潜力。

1.1 愿景：基因智能工件

加工柔性到"单件"（Losgröße 1）将成为未来工业中最重要的挑战之一。这种对未来的预期源于客户要求的不断提高和对个性化产品的需求逐渐增强的趋势，比如交货时间或产品质量。"单件"（Losgröße 1）这个口号，描述了一种完全以客户订单为导向的加工情况，实现个性化的产品加工。除了对以柔性为导向的要求之外，对产品质量以及对加工资源的高效利用也具有越来越高的期望，后者是以低材料投入和加工过程的高经济性为基础的。

"工业 4.0"描述了工业中一系列应对上述挑战所布局的技术发展前景。其核心是，加工过程中的所有组件都具有相互连接以及通信的能力。这不仅涉及机器和工具，还与工件有关。工件具有相互通信的能力，在到达机器的时候，能够实现唯一的辨识。除此之外，如果工件可以通过整合在内部的传感器接收到负荷信息，那么就可以对生产过程中的参数进行相应的调整，譬如当生产过程中的负荷过高时，或者在加工时存在损坏威胁时。此外这些信息还被用来完善工件的数字孪生模型，其作为一种动态的生产模型，展现了实时的加工状态。整合的负荷传感器除了在加工过程中的应用之外，还在使用阶段应用于以状态为导向的修理中。采集记录的负荷信息将用于设计改进下一代产品。前文所述的流程表明工件也需要有数据接收、处理、储存以及通信的功能。

为了使工件能够满足上述要求并且能够提供更多的应用潜力，引入了"基因智能"的概念。"基因智能"这个新词模仿生物学，结合了工件的智能特性以及遗传特性，在"生命周期中的基因智能工件 - 在生产技术中使用可遗传的工件固有信息"特别研究计划（"653"计划）中起草了该词。基因智能工件或系统具有感知性、适应性以及通信能力。智能与遗传学的合并，实现了在加工和使用中连续的知识传递（智能）以及向下一代工件传递遗传信息相结合（遗传学）（见图 2-1-1）。

工件的遗传特性被定义为，工件的静态数据（含几何形状、材料特性等）可用于对工件进行识别或再生产。工件的智能特性被定义为，能够在生产和使用中对动态数据的接收和通信。在加工阶段将会有大量的载荷作用于工件上，比如热载荷或机械载荷。通过组件侧的传感器可以确定机械载荷，并且能够得到有关加工质量的结论。另外，在使用阶段记录下的载荷也很重要，它们可以被用来确定工件的损坏情况和是否要报废，并且能够据此推断出相应的解决方法。在这些数据的基础上，将根据各个工件的情况得出合适的修理策略，并且得到其真实的使用环境以及实际的载荷，这些信息作为智能和遗传学的结合点，对下一代工件的适应性更确切地说是结构演化起作用。这说明"基因智能"这个概念已经超越了加工的范围，而是和整个产品的生命周期相结合。

图 2-1-2 所示为一个"基因智能 "的车轮支

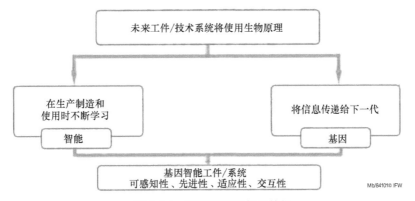

图 2-1-1 基因智能工件的特性

架，展示了"基因智能"在整个产品生命周期中的应用示例。这个在大学生方程式赛车[⊖]上使用的车轮支架可以采集载荷数据，并且可以对其进行储存和通信。在制造阶段，工件的上述功能用于在生产计划期间考虑工具磨损的信息，并且根据需要，选择是否采用替代机器。在使用阶段，接收更多的载荷数据，该数据对制订合适的修理策略极其重要，通过结构演化改进到下一代工件设计中。

对于所有的应用，工件载有的数据存储是实现智能工件的重要因素。工件载有的数据存储取消了工件和信息的物理分割。通过这种方式，获取到的数据将直接保存在工件上，这些数据在任何时刻都可以被调用，并且被唯一地归类。因此，基因智能工件代表了工业 4.0 实施的核心元件。

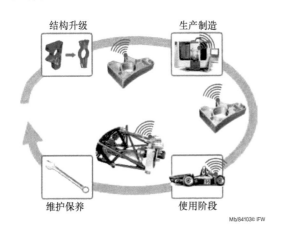

图 2-1-2 基因智能工件在整个产品
生命周期中的应用示例

1.2 愿景：基因智能工件的分类

一直以来，工件在加工过程中仅仅是一个被动的角色，事实上，它是工业生产过程中价值创造的核心。为了能够草拟基因智能工件的开发计划，此时，会用到多种标准，对不同的开发阶段进行区分，并且以此来形象化地对不同的工件能力等级进行描述，这是非常有意义的。Schmidt（2016）根据 Zbib（2010）和 Ostgathe（2012）建立了分类学，它用一些调整适应的方法，对基因智能工件进行了分类（见图 2-1-3）。

等级 1 的工件可保证自己的身份识别，如通过使用二维码的方式。除此之外，这些工件不具备其他任何能力，这意味着应用的可能性是有限的。作为一个典型的例子，我们将讨论其在物流以及交易领域中的应用，主要就跟踪功能，着重于对象的可追溯性。此外，身份识别在加工技术领域也被大量使用。对此的一个例子就是通过数据库的建立，来对加工时间进行计算或者对工件进行定位，从而实现加工过程中的瓶颈和等待队列的检测。如果要通过二维码实现对工件的身份识别，那就必须使得对象与读取设备之间有直接的视觉接触。等级 1 的对象是不能与其他的基因智能工件进行对话的。在参考文献中可以找到通过结合智能技术来实现身份识别的能力（Wong 2012）。基因智能的基础定义：一方面是，具有能够通过工件载有装置进行持续数据采集和存储的能力，这种能力仅仅通过身份识别是不能实现的；另一方面，工件在缺乏数据存储和遗传的功能时，就不具备遗传特性了。

作为替代的身份识别技术，工件还能够通过 RFID 芯片来实现身份识别。由于 RFID 芯片与二维码相比具有数据存储的能力，因此它能满足编入等

⊖ 大学生方程式赛车是一项针对大学生的国际设计竞赛（参见 *https://de.wikipedia.org/wiki/Formula_Student_Germany*）（时间：2016 年 10 月）。

工件的可能分类

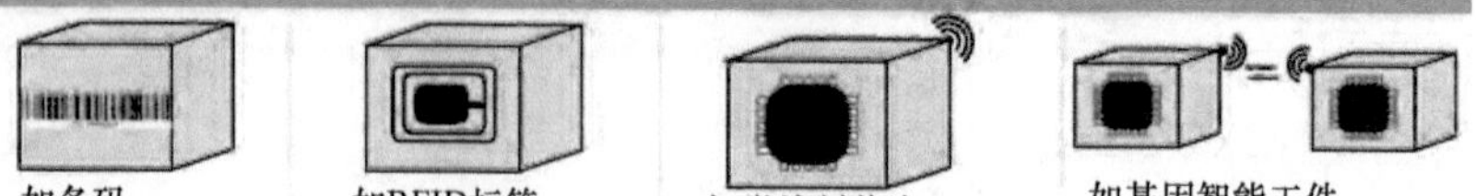

如条码	如RFID标签	如微控制芯片	如基因智能工件
等级1	等级2	等级3	等级4
身份识别	身份识别	身份识别	身份识别
—	存储空间	存储空间	存储空间
—	—	传感性/通信	传感性/通信
—	—	—	决策能力

Mb/84102© IFW

图 2-1-3　工件的可能分类（Schmidt 2016；Ostgathe 2012 和 Zbib 2010）

级 2 的要求。RFID 的另一个优势在于不需要直接的视觉接触，而是通过电磁波识别，即使在存在视觉障碍的场景下仍可实现身份的识别。除了上述应用之外，RFID 芯片将数据直接存储在工件上。虽然工件不能主动地独立获取数据，但是它可以仅仅作为一个被动的数据存储对象，这些数据通过外部的对象写入该工件。同样，工件在提取存储的数据时也是被动的。与二维码一样，RFID 也需要额外的读取设备，如 RFID 读取器。然而工件通过存储数据的能力，可以携带有关其来源、可能的加工路线以及预设的生产过程参数等信息。RFID 标签在物流、贸易以及加工中都有一定的应用。类似对于等级 1 的讨论，给出了一个描述关于等级 2 对象的智能特性的定义，由于它们既有身份识别能力又有数据存储能力，因此需要至少 2~4 个可能的标准，才能满足现有的分类（Sanchez Lopez 2009）。仅仅是这两个能力还不足以实现基因智能工件这个愿景。工件的智能被定义为，具有能够从整个产品生产周期中获得数据的能力。传统的 RFID 标签不具有提供上述功能的传感特性。因此，它们也不可能将使用数据遗传给下一代工件，用于结构演化。

等级 3 被定义为，工件可以自主地获取数据并进行通信。要将静态数据通过工件载有的存储器存储在工件上，身份识别能力和存储能力是其基础。但这些数据必须在工件生命周期的一开始就存储在工件上，或者在生命周期中人为地向工件上的存储器写入数据。根据上述方面的内容，等级 3 的对象具有更多的功能。通过传感器或工件材料来采集诸如实时载荷状态等动态数据。根据每个工件的使用目的和用途来决定哪些数据需要进行采集。这些数据包括温度、生产过程中的力或位移等。但如果只是对数据进行采集并存储到工件上，是不能包括获得所需要的信息的。一个强制性条件是，这些工件能够在其他不同工件或上一级的系统之间进行数据的通信。只有通过这样的交换才能创造实现基因智能工件的基础，因为数据通信可以基于工件上采集到且存储了的数据实现决策制定。

根据决策标准，有两个不同的特征：一方面，工件可以在没有与中心决策系统相结合的情况下，依旧可以拥有自主做出决策的能力；另一方面，工件可以自主地获得数据，并且通过通信与中心的上一级决策系统相结合，从而实现即使没有工件也可以做出决策。作为应用案例，存在一种工件，它可以将不同的替代加工路线存储在工件上。工件是否有能力根据接收到的或存储的数据来对不同的加工路线进行自主地评估，并且根据优先级的顺序进行排序，这些都取决于所谓的决策能力。如果工件不是自主地做出决策，而是通过中央机构来决策的，那么上述标准也是满足的。这些能力代表了基因智能工件的核心层面，以至于等级 4 的工件就被称为基因智能工件。

身份识别能力、数据存储、传感性和通信以及决策能力，这些都是为了能够将规划的基因智能工件运用于实际所必须满足的重要特征。那些要求在加工和使用阶段终身学习的智能，会将信息遗传给下一代，这就是所谓的遗传学特性，它将通过上述四个特性来实现。

1.3　实施：工件能力

为了获得基因智能工件，就需要赋予工件更多的功能。接下来介绍有关数据采集、存储和通信的技术，这些技术尤其适用于基因智能工件的应用。

1.3.1　数据采集

获取状态信息和载荷信息的能力，是工件的一个基因智能特性。该信息是基于工件在制造和使用过程中接收的数据进行分析所得的。可基于时间可变更性的标准，对来自于生产阶段和使用阶段的数据进行基本分类，将其分为静态数据和动态数据，这种划分对数据采集有重大意义。静态数据仅被一次性地获取，并且以一种恒定不变的形式存在，如工件的几何尺寸、工件材料和已使用的相关半成品以及零件数量和订单数量等信息，都是静态数据。很明显，这些数据通常是在工件加工时就获取到的，在工件的使用阶段这些数据也不再改变。然而，在加工阶段和使用阶段持续的数据可变更性是动态数据的典型特征。工件在加工过程中的过程力和使用阶段的热负荷、力载荷以及化学负荷，这些都是动态数据。静态数据在身份识别、生产过程优化以及抄袭保护方面有很多的应用，而动态数据更多地是用在生产过程监控和负荷监控以及结构演化中。

在实际应用中，数据的特性对数据采集有影响。在整个产品生命周期中不断变化的动态数据优选地通过工件直接获取，以进行持续一致的数据采集。另一种方法是通过分离的测量设备或正在加工的机床来采集数据。尤其是从整个产品生命周期来看，工件上的连续数据采集更具有优势，且在工件使用阶段也可以持续进行。除此之外，一些如工件的局部应变和温度等重要的特征值，也可以通过在工件上的数据采集系统来更加准确地获取。

通过评估工件材料的变化将传感器集成到工件中的方法或数据采集的过程被认为是实现工件载有数据采集的可能方式。传感器的一般功能是，将一个测量对象的物理参数转换为电输出信号。然而，如果工件要通过材料来获取负荷信息，那么就需要有一个处理器来将材料的变化转换为一个可以评估的输出信号。通过外部设备将材料的变化转变为电输出信号的必要性，是通过传感器进行数据采集的基本识别特征。

1.3.1.1 基于传感器的数据采集

传感器具有将物理测量值转变为电信号的能力。这些信号为获取信息提供了基础，而这些信息可被用来做出相应的决策。由于传感器基本上可以在产品整个生命周期中实现动态数据的采集，因此它们在工业 4.0 的背景下扮演着相应的角色。只有当传感器通过工件载有的传感器能够持续获取数据，基因智能工件的愿景才能够得以实现。

在加工以及使用阶段，需要用到力学、热学、电学以及化学原理的传感器，可获得更多针对工件所受影响的信息。尤其是通过工件载有的多个传感器采集多个测量值，来分析它们之间的相互作用。表 2-1-1 列出了不同种类的传感器。

工业 4.0 以及基因智能工件对于传感器的最特殊的挑战，在于传感器如何微型化以及如何将传感器整合到工件中去。如果将传感器整合到工件上，这些传感器会对工件的特性有所影响，基于此原因，目前追求将传感器的结构尺寸做得尽可能小，目的是尽可能地保证工件原有的主要特性不发生变化。另一个挑战就是在工件上整合尽可能多的传感器，这样就可以创建一个更加全面的数据库。这些传感器会以传感器矩阵或传感器列的形式组合在一起，这样它们就可以获取覆盖整个面的数据，而不是仅仅针对几个测量点的数据。

一种解决方法是将微型应变片整合到工件上，其已经在基因智能工件中得以运用。应变片（DMS）会随着变形改变其自身的电阻，从而作为一种测量力载荷的传感器。

传统的应用方式是使用一个 DMS，把它和工件粘贴在一起，其电阻随着工件的拉伸而变大，随着工件的压缩而减小。在制造和使用阶段，零件暴露于不利条件下，DMS 粘贴通常不够牢固。因此用一种新的方法，将薄的应变片直接嵌入在工件里，形成与工件足够牢固的集成。这样传感器就必须由至少两层组成。为了在金属工件和传感器之间形成电绝缘，用一种主要由 Al_2O_3 或 SiO_2 组成的或者由一种金属组成的绝缘层，而由金属层在变形时改变其电阻，用作传感器（见图 2-1-4）。

传感器功能要求金属层具有对应变敏感的导电电路以及接触面结构。目前，传感器大都是通过由多个步骤组成的光刻技术来制作。这项工艺仅仅适用于平面的制作，并且只有在大批量生产时才具有

表 2-1-1 不同传感器类型（Schaumburg 1992）

温度传感器	电阻传感器	电容传感器	电感传感器	电磁传感器	光学传感器
热敏电阻/PTC	压力传感器	位置传感器	电涡流传感器	霍尔探头	光电二极管
热电偶	电位器	距离传感器	速度传感器	GME 传感器	光栅
铁磁温度传感器	应变片	湿度传感器		AMR 传感器	光幕
热释电材料					对比传感器

经济性。在三维形状工件上的更多应用，是基因智能工件适用性的重要标准。针对这类 DMS 的合适的制作工艺，其实质是通过非常短的脉冲激光束选择性地将传感器层从绝缘层中分离出来。其难点在于如何在表面扫描的过程中改变聚焦点和入射角等参数。使用这种方法可获得许多不同的激光去除过程，因为界面反射是依赖于角度的，且激光的能量在要去除层上不是一个常数。然而通过一种新开发的激光去除模型，将有可能考虑这些不同的影响，这样就可以确保 DMS 在复杂形状工件上的应用（Düsing 2012）。图 2-1-5 所示为其中的一种应用。

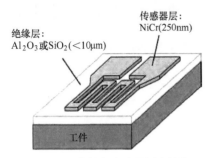

图 2-1-4　薄的应变片的层次结构
（Overmeyer 2012）

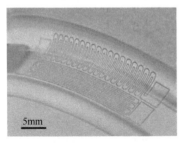

图 2-1-5　车轮轴套上的激光结构传感器
（Düsing 2014）

除了机械负载之外，热负荷对工件也有很大的影响。与 DMS 类似，热传感器也面临整合和微型化的挑战。现在有一种铂电阻温度传感器，它具有较小的尺寸并且可以直接整合到工件的受载部位。除上述标准之外，铂电阻温度传感器还具有快速响应的能力，这个特点允许其在生产过程中采集所需数据（Yoshioka 2004）。与 DMS 的生产工艺相比，温度传感器可以直接整合到工件上，以确保其稳定应用。其制作过程主要包括在工件上涂底漆，随后对底涂层进行结构化，然后再镀上一层铂，最后加上丙烯酸涂料（见图 2-1-6）。

与上面几种传感器相比，涡流传感器是基于电磁原理工作的。依赖于感应交变磁场"线圈工件"电特性的确定，构成了其基本框架。它使用一种时

变正弦交流电流 $i(t)$，电流流过一个励磁线圈并且产生一个一次磁场。

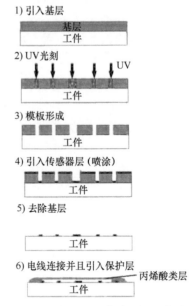

图 2-1-6　小型温度传感器的生产过程
（Yoshioka 2004）

如果此时有一个具有导电性的工件在这个磁场中，那么在这个导体中将会产生电涡流分布，这些电涡流都集中地朝向线圈绕组的方向。交变电流的强度由检测频率 f、磁导率 μ、导电性 σ 和工件的几何尺寸来确定。反过来，通过这些电涡流场将产生一个与一次磁场相反的二次磁场（见图 2-1-7），两个磁场的叠加形成了最终的磁通量 Φ，这个磁通量可以借助于一个接收线圈来进行测量（Weber 2002）。

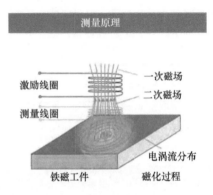

图 2-1-7　电涡流传感器的测量原理
（Reimche 2011）

预先内置的传感器可在数据保护的状态下实现对不同负荷形式的数据采集，这些信息可以用于

工件的加工阶段和使用阶段。其中最为关键的并不仅仅是传感器的工作原理，更重要的是与工件的整合可能性，以及用于采集多种负荷形式的模块可拓展性。

整合传感器的一个前提条件是能够在很薄的可弯曲载体薄膜上加工出微型传感器，或者彻底放弃使用载体，抑或是减少空间需求。传感器技术是基于磁性薄膜材料。一种方法是继续使用基板来制造，需要被去除的材料在蒸发器中被气化并在指定位置凝结。在此工艺中，基板只需要吸收很小的能量，因此能够形成薄层。比如温度传感器就是通过类似的电子束蒸发工艺，将铂或铜气化并沉积到工件表面上。除了加工这些功能层之外，还可以通过这种气相沉积来沉积绝缘材料。需要注意的是，并不是所有的材料都可以通过气相沉积的方式来加工。

另一种相关衍生方法是，完全不需要基板将传感器直接集成到工件上。这种方法是通过 PVD 工艺进行局部的涂层技术来实现的。该工艺将氧化铝作为绝缘体，铜作为导体，铬作为增附剂，以及具有软磁性的材料作为四种最为关键的喷涂材料，通过这种方式可生产出如 AMR 传感器、温度传感器、电涡流传感器以及应变片等。

总而言之，对于基因智能工件的传感器技术需要具备以下三种主要特性。首先传感器系统必须是模块化形式组成的，这样在不同的使用环境下都能够采集到相关的测量参数，并确保可以毫无困难地扩展和更换。一种方法是使传感器生产中的工艺步骤尽可能相似，并通过使用不同的材料实现变化的特性，这使得可以快速柔性地生产传感器。第二个对于传感器的核心要求是通过传感器阵列或传感器矩阵来实现平面上的测量值分布，从而实现不仅仅是一个点的，而是整个面上的测量。第三个特性就是要将传感器直接整合到基因智能工件上，从而实现强负荷影响环境下的应用。

1.3.1.2　基于零件边缘区域的数据采集

工件在疲劳断裂而失效很久之前就产生了由于机械负载导致的材料微小变形。工件材料的变形因此可以作为一项指标，通过它可得出工件所受负载的大小。

边缘区域包络了整个工件的体积范围，而体积范围内的特性又受加工工艺的影响（Breidenstein 2011）。此范围内典型特性的变化可被用来采集产品生命周期内的负荷信息。尤其是工件的内应力状态适合用来得出关于工件应力的结论，并据此预测工件剩余的使用寿命。

首先在加工阶段有目的地且可重复地设定工件的内应力状态。除了工件状态和工件尺寸这些影响因素外，一些特定的工艺参数扮演着极其重要的角色。车削试验研究表明，切削背吃刀量和切削速度对工件的残余应力状态有影响，因此它们是很重要的工艺参数。在随后的使用阶段，边缘区域的残余应力在第一次载荷振幅后开始减小，残余应力在之后的载荷循环中不断地减小。在交变弯曲载荷情况下，即使残余应力低于材料的屈服强度，残余应力也会从第一次加载循环开始减小。结果表明，工件材料（或工件的边缘区域）可作为机械负载大小和频率的指标（Denkena 2014c）。这些负载可能形成于工件的制造阶段和使用阶段。

如果数据只可从边缘区域读取，那么工件也只能通过边缘区域采集到数据。边缘区域的变化必须能够被诠释且可相互比较。这就需要能够读取边界区域当前状态的技术，从而提供可用的数据库。原则上，我们仅仅会考虑非破坏性的工艺方法，因为这样可以使得工件在加工之后，进入使用阶段的时候不会被损坏，并且保证数据采集不再受材料特性的影响。电磁法、超声波法、电涡流法、同步法、中子法和 X 射线法是确定边缘区残余应力状态实际应用的方法。这些方法具有特定的优点和缺点。电磁法、超声波法和电涡流法虽然具有良好的穿透深度，但空间分辨率往往不足。与之相对应地，虽然同步辐射和中子辐射同时具有良好的穿透深度和高空间分辨率，但是用于产生辐射的设备成本却很高。这方面与基因智能工件尤为相关，因为如果数据采集必须与高昂的设备成本相关，那么对于小型工件的连续数据采集是很困难的或不能实施的。例如，广泛使用的 X 射线 $\sin 2\Psi$ 方法可以不需要将传感器集成在工件上，但此方法也需要使用到外部设备，因此不能实现持续的状态监测。该方法是基于工件表面的不同倾角 Ψ 的测定，从而通过对晶格应变和峰值移动的测量来确定残余应力（Macherauch 1961）。

在基因智能工件的背景下，重点应用是将电涡流传感器与边缘区域中的残余应力结合使用。电涡流传感器可以通过电磁特性的变化来检测边缘区域的变化。电涡流传感器接收线圈感应的电压，会由于磁场强度 H 和磁通密度 B 之间的非线性关系而产生失真（见图 2-1-8）。失真使得测量信号中包含高次谐波信号成分，可用来分析其振幅大小和相位值或振幅的实部和虚部。对电涡流信号中的高次谐波测量值进行有针对性的评估，可以反映出磁场特性的变化以及工件状态的变化。

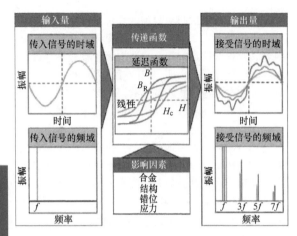

图 2-1-8　谐波的产生（Reimche 2011）

基于三次谐波，可以记录当前负荷条件下与工件热负荷和机械负载有关的数据，这为信息提取奠定了基础。使用电涡流传感器的优点在于其测量精度高，能够应用于铁磁性和非铁磁性工件中，尺寸小且具有耐各种污垢和负荷（湿气、油等）的能力。

将电涡流传感器与有目的引入的且经过分析了的边缘区域特性相结合使用，可以清楚地表明，通过材料进行数据采集必须始终与其他传感器一起进行。多种方法结合使用，可以显著抵抗外部的影响和小型结构缝的影响。基于不断变化的工件边缘区域的电涡流信号分析，提供了一种在同时考虑到所提到的边界条件的前提下，能够连续记录基因智能工件数据的方法。通过将传感器集成到工件中，边缘区域与涡流传感器结合的具体应用成为可能。

1.3.2　工件识别和工件上的数据存储

为了使生产系统具备可在任意时间跟踪工件状态的能力，工件必须是可识别的或可自主存储信息的。本节将描述可在工件上进行信息存储的技术。无论单件生产还是较大批量生产，数据实际分配给单个工件时，都会使用基于工件的特定存储，可通过两种不同的方式实现。只要能够保证唯一的分配方式，无论是将信息直接存储在工件上（内部）或存储在外部存储器或计算机系统上，均可实现。在下文中，提出了可以对单个工件进行唯一识别的方法，并以此能够在生产和使用阶段进行跟踪。此外，将介绍直接将数据存储在工件上的不同存储技术，以此来解释工件上数据的实际物理表示。为了存储并重新读取信息，载体的物理性质将被充分利用，并且创建可区分状态，代表不同的符号。将编码，即所用字符集的标准化，与用来描述解释字符的语义结合起来，形成一个存储系统。物理表示可以利用

光学可区分性，如纸上印刷的字母就是一种字符编码。日常生活中的另一个例子是硬盘，它在盘上使用不同的磁化作为信息载体并使用信息的二进制编码。存储系统的一般特征是信息的密度以及读写速度。此外其他的因素如鲁棒性，在工业环境中也起着重要作用。

1. 激光打标

激光打标使用激光脉冲，它通过热效应在边缘区域产生可见的变化。通过引导激光穿过表面或使用可配置的掩模，生成特定的文本或图案。引入的信息，如序列号或条形码，通常用于单个工件的识别，如图 2-1-9 所示。

图 2-1-9　用于识别工件的二维码
（Trumpf Laser- und Systemtechnik GmbH）

2. 通过独特的表面特征进行识别

机械加工后的表面具有确定性成分和随机性成分。确定性成分是由刀具几何尺寸和加工的运动学参数决定的。随机性成分是由诸如磨损或单个晶界造成的干扰所引起的，且同样反映在工件表面上。这些单独的表面干扰类似于一个独特的指纹，可用于对工件进行唯一的无标记识别。

为此，将工件表面的图像或扫描图案记录下来。在查看粗糙度轮廓时，其表面的波峰和波谷清晰可见。它们的排布对于每个工件来说都是独一无二的，这构成了无标记识别的基础。通过连续的小波变换，将记录的结构特性转换到频域上，就可以用来描述表面的空间频谱。在这个频谱中，可确定局部极点，其位置和形状将被定义为工件特定的指纹。通过对极点图案的特征识别，可以唯一地表征各个工件（Hockauf 2014）。图 2-1-10 所示为使用随机表面特征作为一次性指纹。存储在工件数据库中的特征与随后新采集的数据进行比较，如果新采集的特征与已知的特征相匹配，则认为它们是同一个工件。为了对特征进行比较，使用随机样本一致性算法来确定

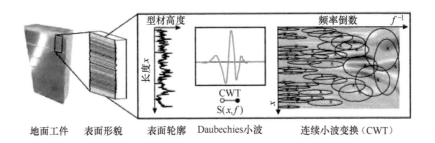

型材高度　　　　　　　　　　　　频率倒数　f^{-1}

Hoc/76889© IFW

图 2-1-10　使用随机表面特征作为一次性指纹

2

两个数据集的一致性程度。这种指纹匹配错误的可能性在 10^{-20} 的范围内，因此在实际应用中被认为完全安全。

表面的损坏或腐蚀可能会影响到工件的识别。试验研究表明，即使 20% 的表面发生改变，也可被成功识别。

该方法可用来作为防止剽窃的一种保护措施。一方面，它可以用来验证部件的真实性，以防劣质复制品投入使用。另一方面，制造商可确保被投诉的产品确实是自己的产品。为此，在生产线的末端将设置一个工位，该工位在交付之前确认工件指纹，以便被制造商识别并在之后可重新识别。

3. 通过驱动工具引入工件上的信息

机械加工过程的运动学参数，总是能够决定被加工工件具有工艺特征的表面结构。如果工艺过程的设计方式是通过有针对性的模型生成的，那么就可以用这种方式来写入信息，这将在表面的拓扑图中反映出来，并在之后可重新提取。通过专门开发的刀架来实现铣削加工过程中有针对性的影响（见图 2-1-11）。刀架可以在加工过程中以受控的方式使刀具偏转，从而在表面上形成特定的压痕。由于刀具以很高的速度进行旋转，因此进给被设计为动态的，并且通过使用

压电执行器来实现。通过可控方式引入压痕并将信息以二进制的形式存储，通过适当的激励工具将其写入工件。这样创建的表面与 CD 的表面类似，其中的数据可以通过不同的反射行为进行读取。

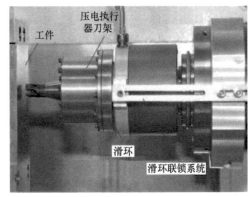

Sb/73967© IFW

图 2-1-11　执行器工具

只能通过损坏工件表面来抹除工件上写入的信息，因此可认为数据可以永久地粘合在工件上。文本会通过转换为 ASCII 格式进行存储，以这种格式一个字符需要 7 位二进制数，过程如图 2-1-12 所示。第一步，将需要存储的信息转换为二进制。这样可

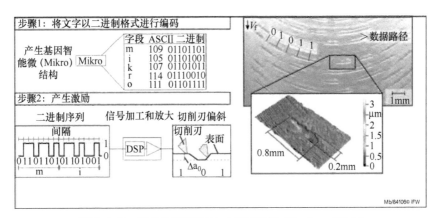

Mb/84106© IFW

图 2-1-12　工件表面存储的二进制数据（Denkena 2012）

将文本转换为文本的 ASCII 代码来表示,其中每个字母都会被分配到一个数字代码。结构化的机器可读信息,像带有指定值的参数,将通过使用标记语言,如 XML,进行存储,并将它们以二进制编码。通过随后一系列 0 和 1 的表示,将文本变为二进制,并用作控制铣削刀具的预定序列。在加工完成之后,可以在工件表面再次找到这些图案(以及伴有的编码数据)。可在放大的工件表面上看见清晰的压痕,如图 2-1-12 所示。

除了用于实际数据存储之外,这种方法还可用作表面功能化,如用于引入润滑槽以及产生确定的载重比。与激光打标相比,该方法的特点是成本较低。执行刀架具有一个标准支架。因此,无需进行必要的转换就可实现与传统机床的集成。此标识无需任何额外的处理步骤,并且可以在精加工过程中进行。

4. 利用磁效应进行存储

另一种方法是通过磁效应在工件上存储信息。该机理可以用于硬盘或录像带的写入。信息存储在电子旋转方向上,即所谓的自旋,它们可以通过外部磁场旋转到特定方向。但是,只有当材料具有铁磁性时,才能进行存储。镁就不具有这种铁磁性质。为了能够在这种非铁磁性材料上存储信息,目前已经研发了一种方法,向其中引入具有铁磁性质的粒子。这些粒子在成形过程中进行加入,如在烧结过程或铸造过程中。

通过引导写入头,从而实现在工件上的数据写入(见图 2-1-13a)。通过感应,旋转在材料中逐段对齐,从而存储信息。这种技术的一个优点是写入表面可以涂上去,并且可以实现肉眼不可见的、在光学上无干扰的数据存储。读取数据类似于写入过程,也是通过在工件表面引导读取头来进行的(见图 2-1-13b)。

5. 通过烧结过程中的外来粉末进行数据存储

另一种存储技术是通过有目的地将外来物质引入到工件中来实现的。引入的外来物质具有不同的物理性质,并以此在读取期间加以区分。这些外来粒子的排列可产生所需要的信息。图 2-1-14 所示为外来粉末在烧结过程中的数据存储。

通过这种方式就可以引入条形码、数字或符号。对引入信息的读取,取决于所使用物质的具体物理属性。当外来物质可以更多地吸收 X 射线并因此在 CT 图像中可见时,可使用 X 射线来读取。当外来粒子容易受磁场影响时,可以用电涡流传感器来读取。

实际上,引入的信息不会从工件上抹除。表面上的摩擦载荷也不会导致存储在工件内部的信息丢失。在不破坏工件的情况下,是不可能主动去除信

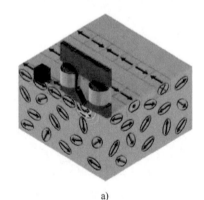

a)

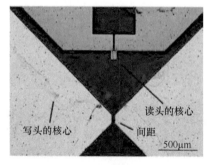

b)

图 2-1-13 读写头表面的磁性存储(Taptimthong 2014)

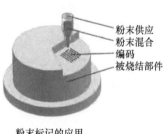

粉末标记的应用

可能的标记示例

具有外来粉末标记的圆柱形样品的CT图像

图 2-1-14 外来粉末在烧结过程中的数据存储(Behrens 2011)

息的。因此，该方法可用来标记与安全相关如具有被盗风险的产品。以这种方式编写的车辆号码是不可能被去除的（Strassmann 2007）。表 2-1-2 列出了传统的嵌入式存储技术。

6. 本地和中央存储之间的决策方面

将信息直接存储在工件上，不可避免地会引发一些问题，在什么情况下应该将数据存储在工件上，在哪些情况下应该存储在工件特定的网络存储器上。接下来将对几个关键因素进行解释，这些因素需要在基因智能应用时根据特定的条件进行考虑。要存储的数据范围，是一个重要的决策标准。工件上的存储技术，其每平方厘米的存储容量从几个字节到几千个字节不等，RFID 标签的存储容量甚至高达 100KB。然而，通过网络可存储几乎无限量的数据。

如果没有设置具备网络的中央基础设施和中央服务器可供使用，那么建立本地存储就是很有必要的。因此，工件上存储往往会逐渐形成复杂性较低的系统。此外，中央存储还依赖于可运行的网络和相应的服务。如果其中一个组件发生故障，那么所有的相关组件都将受到影响。

此外，以后对存储系统进行更改的成本，将取决于数据是存储在工件上还是中央存储的。如果要将额外的数值存储在工件上，那么工件上的存储容量必须是足够的。如果系统需要在正在进行的生产过程中进行扩展，那么必须与先前的数据结构兼容。另外，所有数据读取站和存储站也必须进行相应的调整。数据的安全性是另一个方面，它涉及谁能够看到这些信息，以及需要什么代价才能防止数据被提取等问题。此外，还应该考虑信息丢失的后果和相应的恢复措施。

7. GIML 格式

为了确保在不同的产品周期内进行一致的数据存储和交换，需要统一的数据格式。由于存储需求因加工过程和产品而异，因此基于 XML 提出了模块化格式。由此产生的 GIML（基因智能标记语言）格式可在基因智能产品的整个生命周期内实现交叉接口通信，确保一致的数据管理（Denka 2014b）。GIML 格式可以管理从设计到即将生产的特征及其几何形状，以及到使用指定的机器、工具和工艺参数的工作计划中的所有信息（Schmidt 2016）。GIML 格式的结构组成如图 2-1-15 所示。

表 2-1-2　传统的嵌入式存储技术

技　术	存储能力	可达距离	特　性	应用案例
条形码	最多 50B	约 0.5m	只读	身份识别
二维码	最多 3KB	约 0.5m	只读	身份识别，附加信息
RFID	最大 128KB	可达 6m	读写	识别，自动化
执行器主轴	$2KB/cm^2$	短距离	只读	抄袭保护，结构化
磁化	$175B/cm^2$	直接接触	只写	鲁棒性，不可见的标记
烧结粉	$2B/cm^2$	短距离	只读	安全关键部件

图 2-1-15　GIML 格式的结构组成

此外，如果新的应用案例及其需求可以集成到数据模型中，那么模块化格式可确保完整的向下兼容和向上兼容。由于压缩算法使得 GIML 文档的存储空间显著减少（所示示例文档需要压缩为 300 字节），因此可以在工件内部进行存储。

1.3.3　通信

信息沟通是基因智能工件的先决条件。由于在传感器技术方面和可用存储容量方面的不断发展，所传输的数据量在不断增加。在这种背景下，有必要继续开发现有的通信技术，以适应不断变化的需求并寻找新的解决方案。工业 4.0 将优先考虑无线电技术，因为有线通信在工件的生产和使用阶段都还没有找到已有的应用。无线电技术是利用电磁波进行无线信息传输，且基于其移动性可以优化地用于工件的生产和使用阶段。表 2-1-3 列出了常见的通信技术。

表 2-1-3　常见的通信技术（Weyrich 2014）

技　　术	有效距离	传输速率	集成成本
RFID	最多 6m	100kbit/s	少
蓝牙	100m	70625kbit/s	少
NFC	10cm	424kbit/s	少
WLAN	100m	600Mbit/s	非常高
LTE	10km	150Mbit/s	高

使用现有技术对当前的制造环境提出了新的挑战。例如，生产车间中大量对象之间的通信，会导致无线电频率的叠加和干扰。除此之外，旋转的机械或生产设备会对传输产生干扰也是个问题（Jondral 2016）。用于数据传输的频率在技术内部差异也很大，这样对于环境的特定适应性就非常有必要。除了移动性的核心要求之外，无线电技术尤其还需具有鲁棒性。

RFID 技术使用不同的频率，可以广泛运用于加工制造和物流，它是由标签、读/写设备和带有应用软件的计算机组成。RFID 系统的结构如图 2-1-16

所示。

标签由微芯片和天线组成，并直接放置在物体上。微芯片用于存储记录的数据，天线是为了传输数据，它可以与读写设备上的天线进行通信。通过无线电接口的非接触式耦合使得通信成为可能。除此之外，工件上的标签还可通过该接口提供能量。

通过软件可进行与标签通信的写入和读取设备的控制，该软件可控制读取和写入的操作顺序，并与更高级系统进行通信，如与制造执行系统（Engelhardt 2015）。

RFID 系统的传输频率可以不同（Kern 2006；Finkenzeller 2008；Ostgathe 2012）：

1）低频（LF）：120~135kHz。

2）高频（HF）：13.56MHz。

3）超高频（UHF）：868MHz（欧洲），915MHz（美国）。

4）微波（MW）：2.45GHz 或 5.9GHz。

传输频率影响着数据传输特性，图 2-1-17 所示为频率的范围和相关属性。

根据频率范围的不同，RFID 系统必须以各种不同的方式进行设计，并有不同的应用。这种柔性对于基因智能工件而言尤其重要，因为该应用领域已经不仅仅局限于生产加工领域，并且已经覆盖了整个生命周期的范围。Engelhardt（2015）提到基于 Finkenzeller（2008）和 Philipp（2014）中 的 RFID 具有以下优势：

1）所使用的微芯片具备高存储容量和高数据密度。可预计未来在这方面会有更进一步的发展。

2）RFID 系统中的物理耦合实现了即使没有视觉上接触也可以进行信息的传输。

3）使用无线电波可以提高读取速度、扩大传输范围。

RFID 技术在生产和物流中广泛应用，其优势是至关重要的（见第 2 篇第 6 章）。为了能在基因智能工件上使用，基于 RFID 的通信模块已经被开发为可用于整个产品生命周期的产品。其核心部件是可以直接集成到金属工件上的标签，根据小型化的原则，该标签具有尽可能小的安装空间，并且对于那些具

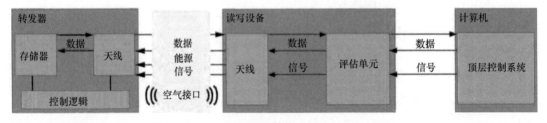

图 2-1-16　RFID 系统的结构（Finkenzeller 2008）

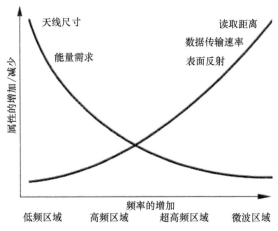

图 2-1-17　频率的范围和相关属性（Kern 2006）

有挑战性的使用条件具有相应的鲁棒性，以及可实现高射频。

　　传输使用的工作频率 24GHz 是经过全球认可的 ISM 频段，可实现非常高的数据传输率且工件尺寸小。标签通常情况下不需要通过具有能量的写入和读取设备来为其供电，其自身具有太阳能模块。到目前为止，数据传输速率可达 80kbit/s，传输距离可达 0.5m。进一步的研究涉及标签优化，其结构如图 2-1-18 所示。

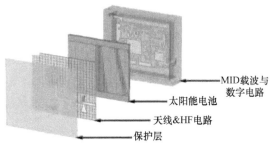

图 2-1-18　光学融合通信模块（Dao 2016）©2017

　　最上层是电介质保护层。平面的透明天线直接安装在太阳能电池组件上，以最大限度地减少能源供应造成的影响，同时最大限度减小系统的结构尺寸。除此之外，这些层必须实现电连接。而这些必要的连接端口直接集成于外壳中。

　　这种实际应用方式，体现了 RFID 技术的应用可能性。除此之外，近场通信有可能成为 RFID 技术的另一个规范。近距离读取是其基本的先决条件，通过这个条件可以保证系统具有明确的分配和可识别性。由于读取距离一般限制在 10cm 左右，因此读写器和标签之间会产生接触。这种通信结构的优点在于数据的高安全性（Kern 2006），并且由于数据的传输范围非常小，避免了生产制造车间中的干扰性

频率超调。蓝牙技术的使用存在类似的问题。

　　对于较长距离的通信，可以使用 WLAN 应用和其他相关移动通信技术。移动技术对于没有兼容性问题的连续通信来说，是最合适的。预期要面向多个工件并采用更加全面的采集方式，数据的采集量较大，对通信技术提出了更高要求，可以通过在工业 4.0 中使用的第五代移动 5G 来满足。上述介绍已经清楚地表明，关于基因智能工件之间的信息沟通，在哪种用途中优先采用哪种类型的通信方式，并不存在普遍有效的建议。基因智能工件之间通信要求的多样化影响着如何选择，是以非常高的数据传输率，还是最大可能的传输和数据安全性，抑或是要求通信模块需要尽可能小型化作为依据。无论是在生产加工阶段还是在使用阶段，都需要选择相应的无线通信技术。在工业环境下进行决策时，必须要考虑比个人应用环境更多的因素。除了数据采集、数据处理和数据存储之外，通信成为基因智能工件中成功实现这一愿景的重要组成部分。

1.4　应用

　　仅当获得的数据和信息被合并为知识，且被用于新产品的设计、过程优化和加工过程规划时，才能体现基因智能工件的实际附加价值。下文将介绍相应的技术应用。

1.4.1　加工制造阶段的应用

　　1. 基于非线性加工计划的综合加工规划和生产控制

　　（1）挑战　个性化产品和技术要求严格的生产过程，需要有效且高效的加工规划和生产控制。如果生产过程中发生中断、质量偏差和机器故障，则需要以重新规划或调整过程参数的形式对其柔性快速地做出响应。

　　（2）方法　一种可能的方法是自适应加工规划，它基于来自生产的最新信息库。为此需要将大量的实时生产数据进行结构化、处理和存储。一个特别的挑战是，从这些数据中提取所需要的必要信息，并根据这些信息做出相应的决策。通过对反馈的最新生产信息进行处理，可以实现特定工件的生产过程优化。工件在这方面起着核心作用。图 2-1-19 所示为工件驱动的基因智能生产。

　　（3）实施　自适应加工规划可分为两个阶段。第一阶段，在事先规划中定义所有可能的工件生产过程的路线。此步骤仅仅在每个工件模型中使用一次，并且必须在实际生产之前进行。第二阶段，即

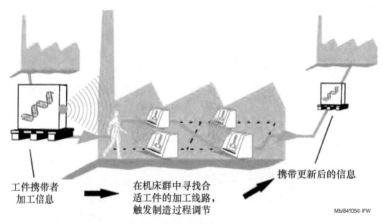

工件携带者
加工信息

在机床群中寻找合
适工件的加工线路,
触发制造过程调节

携带更新后的信息

Mb/84105© IFW

图 2-1-19 工件驱动的基因智能生产(Schmidt 2016)

生产控制阶段,在订单发布后将选择出一条合适的加工路线。在这个阶段不断地重新评估所有备用加工顺序(Denkena 2014a)。

在加工开始时,必须要有特定工件的非线性加工计划。非线性加工计划的特点是,可选加工序列将通过 AND 和 OR 运算符与操作顺序网络相关联。Lorenzen(2012)开发的算法可以自动生成非线性加工计划。该算法首先需要工件的数字化描述。通过特征技术,工件可以以各种形状元素进行几何描述,这些形状元素可以分配给合适的加工制造工艺。随后创建具有技术意义的加工顺序。Lorenzen 开发了一种算法,该算法借助于本体作为知识库,来创建所有可能的加工序列,包括用于生产工件的已经分配了的资源(机器、工具)。基于这些非线性加工计划,可以进行自适应加工规划。

图 2-1-20 所示为基于非线性加工计划的自适应加工规划流程。在时间点 t_0 时刻,订单被释放,此时工件尚未被加工,但可能的加工路线已经全部创建完毕。要选择合适的加工路线,需要得到关于机器运行状态及其产能的信息。根据已经定义了的目标时间和成本以及确定了的质量特征来选择最佳

加工路线。相关参数,如刀具状态或刀具的磨损程度或工件本身的状态将被永久监控,并根据此监控结果来确定适当的加工步骤。在所示的例子中(见图 2-1-20),加工步骤 1 必须位于加工开始的地方,因为此时没有可以选择的替代加工步骤,因此这里没有决策的余地。第一种可选的加工顺序可用于加工步骤 2 和 3。两个加工过程都有各自的替代方案 2' 和 3'。很显然,这种评估是在每个单独的加工过程之后进行的。在实时的决策点 t_e 处,将对随后的加工步骤重新进行评估。这确保了系统可以立即对当前的状态变化做出反应,并且通过自动评估,无需手动重新编程。

关于在这些应用中涉及替代加工路线评估的决策能力,可通过使用中央数据处理来实现。可定位工件,且机器可以将它们的状况传达给中央机构。在这个中央机构中有一个评级方案,其通过层次分析法(AHP)来计算各自的最优可用路线。

AHP 中需要考虑的目标群体(订单时间、生产成本、质量、生态、瓶颈等),可根据加工规划员的偏好在工具的用户界面上进行个性化选择和加权。这确保了加工路线的选择可根据需要进行调整。根

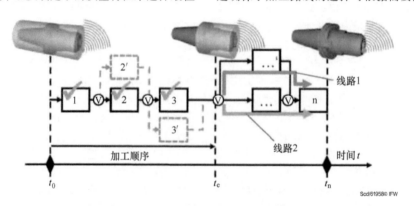

图 2-1-20 基于非线性加工计划的自适应加工规划流程(Schmidt 2016)

据各目标组的权重，算法会计算相应的加工路线。

基因智能工件可实现基于非线性加工计划的自适应工艺规划的描述情景。识别、数据存储、通信和传感能力是实施的关键标准。识别能力对于选择最佳加工路线是必不可少的，它可以获得关于机器当前可用性和能力的信息，并且能够使用工件接下来生产步骤的信息。数据存储和处理可分开或在工件上进行。在这种情况下，可能有一个加工背景下的中心解决方案。与中央机构以及其他工件的通信对于协调是很有必要的，线性工作计划背景下的工件传感能力在质量评估中扮演了重要角色。

2. 用于过程监控的动态工件模型和过程模型

（1）挑战　过程监控系统已成功用于机械加工，以保护机器和工件免受损坏。如果测量的信号偏离规定的监测限值，则会触发警报。通过这种方式，可确保高过程可靠性，并且可以保护生产机器免受后续损坏。为了能够从常规加工过程中区分有问题的加工过程，设置了必要的监控阈值。这些监控限值必须传递给每个需要监控的加工过程。过程参数化所需的工作量与要生产的件数无关。因此，这种流程特别适合批量生产。相反，由于较高的相对成本，监控小批量工件的生产通常是不经济的。对于单个零件而言这样的方法是完全不可能的，因为对于单件批量是不会有学习过程的。由于产品个性化的增加，需要开发针对小批量和单件的监控系统。

（2）方法　为了使对生产单个零件的过程监控成为可能，学习过程将通过对过程的预先仿真模拟来进行。对机器和加工过程的模拟会被用来预测过程力，基于这个基础可以对监控限值进行参数化。通过将动态工件模型与机器信号相混合，可以实现无学习过程的针对单个零件的机械加工过程监控。

（3）实施　在加工准备期间，将需要监测的过程在仿真中进行数字化。这可以显示机床和整个机械加工过程。机床的数字图像包括虚拟控制器和可移动的机器部件模型。虚拟机器的行为与真实的机器相似。加工过程使用工件模型，模拟由工件和刀具相对运动产生的材料去除效果。

使用动态模型来仿真材料去除，在仿真中刀具与工件相互作用。对去除的材料进行几何分析，可确定特定的工艺参数，如接触长度和压力角。由于材料去除与经历的时间有关，由此可以确定单位时间切削量。引入确定单位时间切削量的过程，可将整个加工过程细分为具有独立特征的不同阶段，并且对其分别进行评估。

图 2-1-21 所示为将一个过程分成单独阶段以及确定单位时间切削量的过程，在此基础上对监测限值进行参数化。所开发方法已成功通过整个监测链测试（从仿真到监测），并作为运输项目的一部分投入工业应用中。

3. 工件表面的在线评估

（1）挑战　为了对超过生产中所需公差的情况作出快速反应，工件质量最好在加工过程中就进行检测并获得认可。通过这种方式，可以进行诸如过程调整的措施。这可以尽可能避免或至少快速检测出废品。快速分离出不合格品，可确保有缺陷的工件不被进一步加工，并且不需要进一步的物流和加工过程，从而可以节约资源和产能。

（2）方法　通过工具和工件的相互作用，可以产生具有特征的加工过程量，包括在过程中产生的力。过程信号是高度动态的，并且会随着过程发生变化，如铣刀的各刀刃切削旋转期间产生的变化。由此产生的力的变化最终反映在表面的形成上。在特别研究计划（SFB）（"653" 计划）中，已经开发了一种方法，该方法基于加工过程的信号反馈，能够在机械加工过程中对工件表面实时在线进行重建，其目的是减少记录不同的个性化质量特性所需的工作量，在此过程中还能够预测工件的质量。

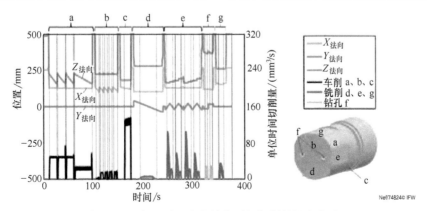

图 2-1-21　加工过程中的单位时间切削量的变化过程

（3）实施　为了使在线预测成为可能，已经开发了两个基本组件：一方面，通过对刀具各个齿受力进行识别，对力信号进行在线评估；另一方面，开发了刀具的柔性模型，可反映由于加工力引起的刀具偏转和刀具的同心度误差。

然后，将实际过程力同步加载到工具模型上。通过将由载荷变形的工具模型与几何工件模型相结合，可以计算得到表面，该过程如图 2-1-22 所示，可以看到所测力的变化过程以及预测的加工表面。

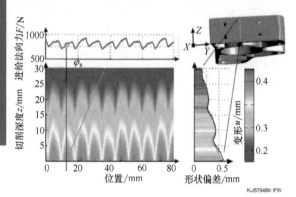

图 2-1-22　在线监测加工表面的工艺

这表明所开发的方法对表面形貌的预测具有高可靠性。该方法的性能已通过试验验证。在最好的情况下，如果获得的质量特征不明显，使用这样的动态过程模型可以省略后续的质量控制。在此基础上，动态产品模型和过程信号的组合可以节省资源和成本。

4. 工艺规划中的反馈和自学过程

（1）挑战　在加工工艺规划中，不仅需要确定工件将以何种方式进行加工，而且还要确定要使用哪些调整参数。根据加工制造技术的不同，定义不同的参数，如进给速度、主轴旋转速度或使用冷却液的量。这些参数对加工过程有很大的影响，从而影响产品质量特性。然而，除了加工结果之外，该

加工过程的经济性也取决于参数的选择，因为它们决定了资源消耗、刀具磨损和机器磨损以及加工时间。通常会在经济性和加工过程的有效性之间进行权衡。例如，在铣削时，如果选择较高的进给速度，则工艺更经济，因为这可以最大限度地缩短加工时间。然而，同时地，铣削偏差随着进给速度的提高而增加。

（2）方法　为了对切削加工做出经济性的规划，但也同时为了确保公差，将使用存储在动态工件模型中的数据。下面将介绍，如何使用机器学习来确定加工制造参数的影响和关键质量特性，以及优化加工过程。

（3）实施　在每次执行的加工过程中，工艺参数都存储在动态工件模型中，即数字工件投影中。除此之外，还可以记录通过并行加工过程模拟所确定的局部加工过程条件。在每个加工过程之后，获取如表面粗糙度和形状偏差等测量数据，并更新与这些信息相应的数字工件投影。

机器学习可创建具有大量函数参数的模型。使用已记录的数据进行学习可创建非线性模型，而不需要事先知道其特征外观。切削加工过程的输入变量是进给速度、切削速度、刀具直径和切屑几何形状。如果有足够的数据，就可以使用这些数据集建立一个模型，从而预测实际的形状误差和表面粗糙度。该模型可以用于估计调整变量、加工过程变量和质量特性之间的关系。图 2-1-23 所示为这样的模型。可以看出形状偏差是切削速度、齿进给量和啮合宽度的函数。另外，计算的置信区间可用三个标准偏差的方差来表示。

在通过系统地扫描建立的模型中，选择基于时间优化的加工过程，最终利用该过程可靠地实现目标。

通过使用回归模型进行建模，可以创建机器可访问的加工制造知识表示方法，也可以用于自主的自我优化过程。

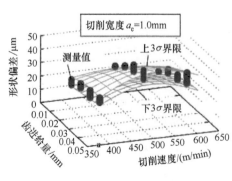
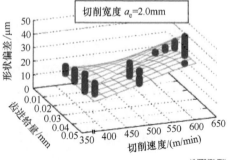

图 2-1-23　预测工件形状偏差的模型

1.4.2　使用阶段的应用

1. 工件状态驱动的维护

（1）挑战　目前，维护计划和维护措施的选择是在固定的维护间隔的基础上进行的。这些维护间隔是根据经验值和以往的测试来确定的。但是，以这种方式确定特定工件的维护策略是行不通的。尽管可以事先对测试中工件的使用和相关负荷进行粗略的分类，但这些并不完全符合实际应用和发生的负载。该问题产生的后果是无法预料的工件故障或额外的维护成本。

（2）方法　负荷的精确确定和状态驱动的维护是通过具体工件的特定负荷情况的数据采集得以实现的。工件的传感能力和通信能力使得通过材料疲劳的形式发现工件损坏成为可能，而材料可能还没发生外观上明显的变化。这种方法不仅仅是与工件的使用阶段相关。为了能够记录实际的、全面的工件负荷情况，加工阶段的信息也需要考虑在内。确定这些负荷情况是一个很复杂的过程。例如，不仅要考虑诸如负荷的频率和强度等因素，而且还要考虑诸如遇到负荷的顺序等参数，这些对材料疲劳程度有巨大影响（Mehdianpour 2003）。为此，开发了基于主动维护方法的解决方案。通过前文介绍的技术收集和数据处理，可以获取相关信息。在定义的控制回路的各个模块中评估该信息，并推导出相应的维护措施，其基础是在基因智能工件上的数据存储。

（3）实施　为主动维护方法开发的控制回路如图 2-1-24 所示。在一个用于方程式学生赛车的基因智能车轮支架上成功验证了该控制回路。所使用的传感器是一种磁性镁合金，它通过电涡流探头采集负荷信息并将其存储，从而得出工件的负荷情况。

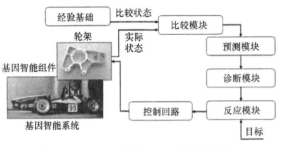

图 2-1-24　主动维护方法开发控制回路
（van Thiel 2013）

该控制回路的基本组成是经验基础、调整、预测、诊断和反应模块，从而可推导出合适的维护计划。这种方法遵循之前定义了的方案。调整模块记录工件的当前状态，并将该条件数据与来自可比较工件的经验数据进行比较。在预测模块内，会对比较数据进行统计评估，并在此基础上预测故障发生时间或剩余寿命，随后通过诊断模块选择合适的维护策略。

决定基因智能工件所受负荷的历史情况的参量是周期性载荷的数量、大小和加载时间以及加载顺序。为了从纯粹的负荷数据中获得有用信息，有必要将这些负荷转换为指定的状态特性。调整模块用来实现快速识别每个工件的损坏状态。与生命周期有关的关键指标，如最大损伤、每个区域的平均损伤和每个区域的标准偏差等，对于每个工件来说都是不一样的。经验数据库中包含了已完成产品生命周期的基因智能工件的比较数据集。比较数据集包含了加工时使用的加工机器、组件、工件类型、存储介质和状态信息。

在预测模块中，需要首先在经验数据库中识别出合适的比较数据集。为了获得精确的预测，需要寻求尽可能高的一致性。因此，只选择特定公差范围内的数据集。要比较的特征参数是在特定顺序中的最大损伤、每个区域的平均损伤和每个区域的标准偏差。此外，发生的时间点也进行相互比较。如果所有特征值都在公差范围内，那么就可以确定参考工件，该公差范围取决于可用比较数据的数量和工件传感器的测量精度。

由于负荷是变化的且不可预测的，因此回归分析不适合作为确定剩余寿命的评估方法。因此，比较工件的损坏程度是当前的预测基础。由于比较工件的载荷与真实载荷是相类似的，所以这些经验值用于统计评估，并由此确定待监测工件的剩余使用寿命。然而，这不能确定具体的破坏时间，只能确定一个可能发生破坏的时间段，在这个时间段内工件的情况遵循了破坏概率的统计分布，由此预测剩余服务寿命（见图 2-1-25）。

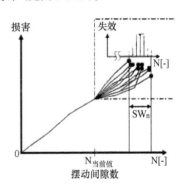

图 2-1-25　基因智能工件的维护
（van Thiel 2013）

预测模块之前，诊断模块进行工作。这主要是基于故障模式分析和故障影响分析（FMEA）。工件的每个部件都具有功能，它们可以进一步细分为子功能，从而形成功能网络。专家调查研究单个功能元素可能出现的故障，并以此扩展到整个因果网络。随后，针对每个错误路径确定风险优先系数（RPZ），该数值是利用传统方式将故障概率、故障重要性和检测到的概率相乘获得的。与这种传统的计算方法相对应，基因智能工件的风险优先系数（gRPZ）完全是通过将故障概率与误差的重要性相乘来确定的，因为基因智能工件的基础就是其检测到故障的概率为 100%。

预测模块的结果可用来补充诊断模块的结果，并共同构成了反应模块的基础。反应模块的目的是从给定的信息中得到合适的维护措施，例如更换工件。除了使用阶段的负荷信息外，生产阶段的信息也在产品生命周期中扮演着重要角色。其影响工件的稳定性，从而有助于估计剩余使用寿命和相关维护措施的内在评估（Winkens 2015a）。

反应模块使用的是基于事例推理的方法（见图 2-1-26）。其基础是从一组解决方案中选择与所考虑问题类似的算法（Winkens 2015b）。对此，预先在预测模块和诊断模块中确定必要的比较值。与传统工件相比，其决定性的优势在于可在工件上存储数据，从而能够在该经验数据库中进行精确分类，同样该数据库也基于特定工件的历史数据。传统工件不能提供类似关于其自身状态的详细信息，因此维护策略只能基于统计方法，而基因智能工件可以通过准确的状态信息，进行类别细分和维护。

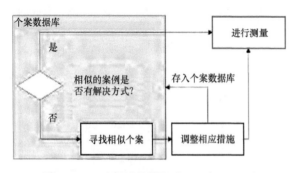

图 2-1-26　选择维护措施（van Thiel 2013）

用于维护规划的工件基因智能能力的详细描述清楚地表明了，从所记录的数据中提取需要的信息，这个概念是很有必要的。如果没有结构化的使用概念，仅仅采集大量的数据是不够的。在基因智能车轮支架案例中，数据是通过具有磁性的镁合金

记录在工件上的。通过电涡流传感器记录磁场变化，得出关于材料负荷的结论。这些信息用于推导出特定工件的维护计划。从而避免一些不必要的维护措施，防止工件失效，并创建最佳的经济和有效决策的基础。应该指出的是，目前还没有足够的数据来验证这些预测。此外，目前尚不能对多轴负荷进行记录。

尽管如此，这个应用实例展现了一个概念，在制造阶段和使用阶段中，基因智能工件采集到的信息得到整合，便于制定最佳的状态驱动维护决策。

2. 使用阶段的数据反馈：根据实际负荷情况进行形状优化

（1）挑战　机电部件的结构设计是一个复杂的过程。在第一步中，工件组的设计通常基于准则、假定的或标准化的载荷情况，或模拟情景。但是，这些假设仅在特殊情况下才能完全反映实际的运行环境。

（2）方法　自然界的不断发展演化（即进化）是一种极其有效的适应外部动态环境的方式，它可以让生物适应不断变化的生存空间长达数百万年。通过突变和结合，可以发展出具有适应性的新形式的动物和植物。随着时间的推移，不使用的功能逐渐消失，新的能力和结构得到发展。这种继承原则是从使用数据中进行形状优化的指导原则。通过使用阶段的实际负荷情况，创建根据实际使用目的而定制的个性化工件和产品。承受较小负载的区域可以设计得更加轻巧，而容易疲劳的部分需要设计得更加牢固。这样不但可以使得组件变得更轻和更加耐用，同时也节约资源。虽然这个想法描述起来容易，但实际实施是一项重大挑战。下文将介绍使用汉诺威大学的方程式学生赛车的例子，将负荷信息反馈实施到结构设计中。

（3）实际应用　用于下一代工件设计的负荷情况反馈，可以通过以下几步来实现：

1）记录实际负载。

2）算法化的数据反馈。

3）设计优化。

在使用阶段，通过工件上的传感器来记录实际负载情况。图 2-1-27 所示为汉诺威大学方程式学生赛车所考虑的基因智能组件。其车轮支架是由具有磁性的镁合金制成的，可通过电涡流传感器并根据 Villari（维拉里）效应来直接获得负载信息。在传动轴和横梁上，应变传感器采用激光装置来记录负载。在行驶期间，连续地记录被测量物理量。所测传感器数据通过无线电传输或在本地进行缓存。存储的数据在进站后或最迟在比赛结束后进行读取。记录的载荷值以测量位置处的

局部变形的方式记录下来。然而，局部变形并不直接对应于工件的结构应力。因此，使用替换模型可以帮助从被测量的值中，确定工件中的应力以及临界轴承力。

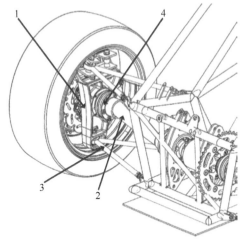

图 2-1-27　汉诺威大学方程式学生赛车上的基因
智能组件（Gottwald 2016）

1—轮架　2—传动轴　3—横梁　4—轮毂轴承

　　下一个必要的步骤是总结所有记录值的大小和应力情况，这些数据可以用于结构的演变。为此将数据分为典型的、最大和临界载荷。一个典型的案例是从静止处加速、直行或转弯行驶。这些负载情况可作为形状优化的基础。为此，将对负载数据进行聚类分析。图 2-1-28 所示为方程式学生赛车行驶的计算群集。

　　在识别出典型的载荷情况后，这些情况可被用于形状优化。对于进化设计优化，可以使用不同的方法，简要介绍如下：

　　1）参数优化：在该方法中，给定参数是变化的且需要优化。工件只能在所提供参数允许的范围内进行改变。

　　2）拓扑优化：通过在不同区域添加或移除材料来迭代地生成最佳的适应负载的形状。通过在不同区域添加或去除材料，来反复生成对负荷的最佳形状。优化的结果通常需要返工，以确保可制造性。

　　3）生成设计方案：这种方法基于具有连接点和大致结构的骨架，其充满了可互换的元素。通过元素互换和设计参数改变，对其进行优化。在此过程中需要考虑铸造或焊接工艺下的加工制造限制。使用所选择的加工方法得到的工件，无需进行再加工。该方法由汉诺威大学开发，如图 2-1-29 所示。

　　通过之前提到的方法，从工件的使用阶段中获得实际的使用数据。对典型情况下的负载进行总结和临界负载工况的确定，构成了形状优化的基础。通过进化方法，针对不同的边界条件，如最大材料应力、质量和采用的制造工艺，执行算法优化。由此，开发并实施了将使用数据系统反馈到结构中的方法。

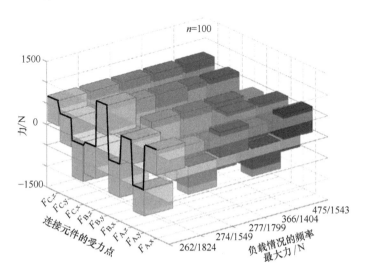

图 2-1-28　方程式学生赛车行驶的计算群集
（Gottwald 2016）

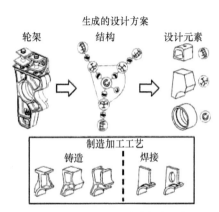

图 2-1-29　生成的设计方案图解
（Gottwald 2016）

参 考 文 献

Behrens, B.-A.; Vahed, N.; Gastan, E.; Lange, F.: Experimental and numerical investigation on manufacturing methods of powder metallurgy components with integrated information storage. In: Journal of Advanced Manufacturing Systems 10/2011,S. 11-20

Breidenstein, B.: Oberflächen und Randzonen hoch belasteter Bauteile. Habilitationsschrift. Leibniz Universität Hannover 2011

Dao, Q. H.; Skubacz-Feucht, A.; Lüers, B.; von Witzendorff, P.; von der Ahe, C.; Overmeyer, L.; Geck, B.: Novel design concept of an optoelectronic integrated RF communication module. 3rd International Conference on System-Integrated Intelligence:New Challenges for Product and Production Engineering. Paderborn,13.- 15. Juni 2016

Denkena, B.; Ostermann, J.; Breidenstein, B.; Morke, T.; Spitschan, B.: Advanced Machining and Accessing of Information by means of Gentelligent Micro Patterns. 1st International Symposium on System-Integrated Intelligence: New Challenges for Product and Production Engineering. Hannover, 27.- 29. Juni 2012

Denkena, B.; Schmidt, J.; Krüger, M.: Data mining approach for knowledge-based process planning. In: Procedia Technology 15/2014a, S. 406-415

Denkena, B.; Mörke, T.; Krüger, M.; Schmidt, J.; Boujnah, H.; Meyer, J.; Gottwald, P.; Spitschan, B.; Winkens, M.: Development and first applications of gentelligent components over their lifecycle. In: CIRP Journal of Manufacturing Science and Technology 7/2014b, S. 139-150

Denkena, B.; Breidenstein, B.; Reimche, W.; Mroz, G.; Mörke, T.;

Maier, H. J.: Changes of Subsurface Properties due to Fatigue Determined by Sin^{2}psi-method and Harmonic Analysis of Eddy Current Signals. In: Procedia Technology 15/2014, S. 503-513

Düsing, J. F.; Suttmann, O.; Koch, J.; Stute, U.; Overmeyer, L.: Ultrafast Laser Patterning of Thin Film on 3-D Shaped Surfaces for Strain Sensor Applications. In: JLMN - Journal of Laser Micro/Nanoengineering 7/2012, S. 311-315

Düsing. J. F.; Eichele, T.; Koch, J.; Suttmann, O.; Overmeyer, L.: Laser surface processing of integrated thin film systems on arbitrarily shaped components. In: Proceedings Technology 15/2014, S. 122-128

Engelhardt, P. R.: System für die RFID-gestützte situationsbasierte Produktionssteuerung in der auftragsbezogenen Fertigung und Montage. Dissertation. Technische Universität München 2015

Finkenzeller, K.: RFID-Handbuch: Grundlagen und praktische Anwendungen von Transpondern, kontaktlosen Chipkarten und NFC. 5. Auflage. Carl Hanser Verlag, München 2008

Gottwald, P.; Lachmayer, R.: Prozess einer generationsübergreifenden Produktentwicklung durch technische Vererbung. Dissertation. Leibniz Universität Hannover 2016

Hockauf, R.; Spitschan, B.; Mörke T.; Denkena, B.; Ostermann, J.; Grove, T.: Die Zukunft der Bauteilidentifikation-Innovative Methode zur Nutzung oberflächeninhärenter Bauteilinformationen. In: wt Werkstattstechnik online, Springer-VDI, Volume 104/11, 2014, S. 753-756

Jondral, F. K.: Industrie 4.0-Funk in der Fabrik. In: ZWF-Zeitschrift für wirtschaftlichen Fabrikbetrieb, Jahrgang 111, Heft 1-2/2016, S. 59-62

Kern, C.: Anwendung von RFID-Systemen. Springer, Berlin/Heidelberg/New York 2006

Krüger, M.: Modellbasierte Online-Bewertung von Fräsprozessen. Dissertation. Leibniz Universität Hannover 2014

Lorenzen, L.-E.: Entwicklung einer Methode zur gentelligenten Arbeitsplanung. Dissertation. Leibniz Universität Hannover 2012

Macherauch, E.; Muller P.: Das sin$^2\Psi$-Verfahren der röntgenographischen Spannungsermittlung. In: Zeitschrift für Angewandte Physik, Volume 13/1961, S. 305-12

Mehdianpour, M.: Lebensdauervorhersage von ermüdungsbeanspruchten Stahltragwerken mit Hilfe von Monitoring und begleitenden Versuchen. Dissertation. Technische Universität Braunschweig 2003

Ostgathe, M.: System zur produktbasierten Steuerung von Abläufen in der auftragsbezogenen Fertigung und Montage. Dissertation. Technische Universität München 2012

Overmeyer, L.; Düsing, J. F.; Suttmann, O.; Stute, U.: Laser patterning of thin film sensor on 3-D surfaces. In: CIRP Annals-Manufacturing Technology 61/2012, S. 215-218

Philipp, T. R.: RFID-gestutzte Produktionssteuerungsverfahren für die Herstellung von Werkstucken aus Faserverbundwerkstoffen. Dissertation. Technische Universität München 2014

Reimche, W.; Zwoch, S.; Bruchwald, O.; Bach, Fr.-W.; Klümper-Westkamp, H.; Lütjens, J.; Zoch, H.-W.: Hochtemperatur-Prüftechnik ermöglicht Einblick in die Werkstoffumwandlung und Phasenausbildung bei Hochleistungswerkstücken. DGZfP-Jahrestagung, 30. Mai - 01. Juni 2011

*Sanchez Lopez, T.; Ranasinghe, D. C.; Patkai, B.; McFarlane, D.:*Taxonomy, technology and applications of smart objects.

In: Information Systems Frontiers 13/2009

Schaumburg, H.: Sensoren. Werkstoffe und Bauelemente der Elektrotechnik 3. Teubner, Stuttgart 1992

Schmidt, J.: Integrierte Arbeitsplanung und Fertigungssteuerung aus Basis von Zustandsinformationen. Dissertation. Leibniz Universität Hannover 2016

Strassmann, B.: Das Ich im Zahnrad. In: Die Zeit, Nr. 17/2007

Taptimthong, P.; Rittinger, J.; Wurz, M. C.; Rissing, L.: Flexible Magnetic Writing/Reading System: Polymide Film as Flexible Substrate. In: Proceedings Technology 15/2015, S. 230-237

van Thiel, B.: Entwicklung einer Methodik zur Zustandsüberwachung von Werkstucken aus sensitiven Werkstoffen. Dissertation. Leibniz Universität Hannover 2013

Weber, W.: Zerstörungsfreie Prüfung dickwandiger austenitischer Rohre und Rohrbögen mit fortschrittlicher Wirbelstromtechnik. Dissertation. Leibniz Universität Hannover 2002

Weyrich, M.; Schmidt, J.-P.; Ebert, C.: Machine-to-Machine Communication. IEEE Softtware, Volume 31, Issue 4, 2014

Winkens, M.; Goerke, M.; Nyhuis, P.: Use of Life Cycle Data for Condition-Oriented Maintenance. In: International Journal of Social, Behavioral, Educational, Economic, Business and Industrial Engineering 9/2015a, S. 1220-1223

Winkens, M.; Nyhuis, P.: Determining a Suitable Maintenance Measure for Gentelligent Components Using Case-Based Reasoning. In: Journal of Mechanical, Aerospace, Industrial, Mechatronic and Manufacturing Engineering 9/2015b, S. 36-39

Wong, C. Y.; McFarlane, D.; Ahmad Zaharudin, A.; Agarwal, V.: The Intelligent Product Driven Supply Chain. In: Proceedings of the IEEE Conference Of Man And Cybernetics, Vol.4/2002

Yoshioka, H.; Hashizume, H.; Shinno, H.: In-process microsensor for ultraprecision machining. IEEE Proceedings Science, Measurement and Technology 151/2004, S. 121-125

Zbib, N.; Raileanu, S.; Sallez, Y.; Berger, T.; Trentesaux, D.: From passive products to intelligent products: the augmentation module concept. In: Bernard, A: Proceedings of the 5th International Conference on Digital Enterprise Technology 2008 (DET2008). Publibook, Paris 2010

2

智 能 刀 具

Michael Zäh，Philipp Rinck，Sebastian Pieczona，Eva Schaupp，
Thomas Grosch，Eberhard Abele，Joachim Metternich

2.1 刀具——迄今和未来

由于全球化造成的国际竞争日益加剧，生产技术始终面临新的挑战。这些挑战包括：

1）个性化的产品。

2）巨大的产品差异。

3）批量大小的柔性。

4）更短的产品生命周期。

上述要点对加工技术和机床提出了更高的要求。

加工过程必须能够在最短的时间内适应不同的产品和批量，从而保证持续地经济性生产。为了满足尽可能高的制造柔性和较高的部件质量，需要新型自控机床。在未来，需要一种能够自我监控的机床，该机床具有多种传感器来对加工过程进行控制。由此采集到的状态信息，会用于工艺规划、工艺过程控制和工艺过程优化。在生产环境中，机床与其他机器以及信息物理系统（CPS）联网，并互相进行通信。

为了实现具有最大制造柔性并且能够自主控制的生产加工过程，对机床所使用刀具的要求也在提升。迄今为止，用于切削零件的刀具通常是被动的，它们既没有自己的执行器用来影响整个加工过程，也没有传感器来收集和利用在制造过程产生的相关状态信息。因此，它们无法主动与生产环境进行通信，或获取与它们自己或生产过程状态相关的信息。

在将来，刀具自身可以成为信息物理系统中的一个角色。通过集成执行器和传感器可使刀具具有记录、处理和传输加工工艺数据的能力。有了这些数据的帮助，就可以用来记录并影响生产过程状态。与传统刀具相比，使用智能刀具可带来以下潜力：

1. 个性化加工

通过使用附带额外执行机构的刀具，可以在加工中心（BAZ）上执行多个加工步骤，在过去该加工中心可能需要更换刀具，甚至必须使用其他机床。因此，例如有了所谓的可控刀具，可以在铣削加工中心上进行车削操作。这可能使得在很多情况下，单件批量生产和小批量生产也是可以获益的。

2. 柔性化加工

通过使用智能刀具对生产加工过程实行自我控制，可以使得机床尽快调整适应新的工艺流程。生产系统会自动柔性地对生产中的不确定性做出反应，例如对由于材料特性变化而发生的不确定性做出反应。

3. 资源节约型加工

智能刀具与智能的刀具管理相结合，可实现柔性的工艺过程规划，从而省去了转换时间，提高了机床的可用性，其结果就是资源节约型加工。

2.2 智能刀具的当前用法及实例

2.2.1 刀具的分类

根据能力水平和与生产环境相整合的可能性，刀具可以分为四个不同的等级（见图 2-2-1）。只有具有能够处理记录的数据，并将其传送到生产环境中其他联网系统的能力，这种刀具才能被称为是智能的。

虽然 1 级刀具只具备识别自身的能力（如通过条形码或二维码），但 2 级刀具已经可以存储数据和从存储的数据中进行读取（如通过 RFID）。2 级刀具如今已经在加工中被广泛使用了。例如，几何数据和加工工艺数据可以存储在刀架上的 RFID 芯片上。由于加工中心的 RFID 读取器，数据可以被读取并传输到机床的 CNC 控制系统中。此外，有关刀具磨损的信息也可以存储在 RFID 芯片上，以便充分利用刀具的使用寿命。2 级刀具在写入和读取期间是被动

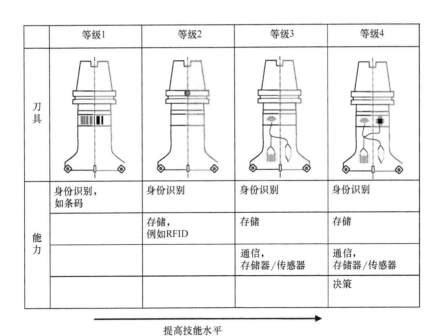

	等级1	等级2	等级3	等级4
刀具				
能力	身份识别，如条码	身份识别	身份识别	身份识别
		存储，例如RFID	存储	存储
			通信，存储器/传感器	通信，存储器/传感器
				决策

提高技能水平

图 2-2-1　智能刀具划分的四个等级（Ostgathe 2012）

的，这也就意味着，它们不能自主记录或传输数据。除了识别和存储数据以外，2 级刀具没有其他功能。3 级刀具可以自主收集数据并与生产环境中的其他系统进行通信。此外，还配备执行器，从而可以对加工过程进行影响。测量数据包括过程力、加速度、温度、应变、路径、噪声发射以及转速和转矩，通常由工具中的集成传感器采集。4 级刀具还能处理所记录的数据，并以此为依据做出合适决策。

2.2.2　智能刀具的应用案例

目前已经有一些具有执行器或传感器的刀具，它们可以增加机床的使用柔性，提高加工质量，从而提升经济效益。在刀具和机床控制之间进行数据交换的能力，可以实现各种不同的功能。到目前为

止，使用最广泛的是机床控制的自动配置。该刀具可将参数和最优预设值输入到机床控制系统中。这些工艺参数包括切削速度和进给速度以及刀具尺寸。相应的数据会直接存储在刀具上，可以通过目前广泛使用的 RFID 技术（Balluff 2011）。通过自动传输刀具预设值，可以避免耗时的手动输入和输入时可能产生的错误。

除了初始值的规范之外，还需要能够进行连续数据交换的应用程序。例如，用于过程参数的调节就属于这种情况（见图 2-2-2）。目前还是使用表格值来静态地预设如每个刀具的进给等工艺参数。操作人员根据实际的切削条件进行手动调整。进给调整也可以取决于负载，以增加单位时间切削量。对于高经济性而言追求的是最大进给量，但前提是要

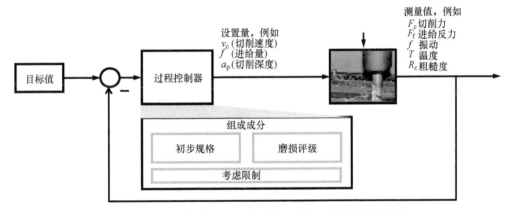

图 2-2-2　过程控制可以自动对制造过程中的变化做出反应

满足所需的表面质量。同时刀具破损的风险也大大增加了。因此，必须在施加力的同时尽可能测量刀具的载荷，并相应地调整进给量。通过这种方式，尤其是可以在不均匀材料或不确定作用比的情况下，例如在切削铸件时，增加单位时间切削体积是有可能的。

根据刀具的应用场合，有不同的工艺控制目标组，可与实际测量系统进行比较。为此，控制器中包含了针对刀具的初始值，并且可以将转速、弯曲和拉压载荷限制在允许值范围内，并对刀具磨损进行评估，从而可以更好地对刀具的真实状态进行描述。于是刀具可以被充分使用，从而可以降低刀具的成本。切削参数根据控制器的输出，调整以适应当前的切削条件（Spath 2002）。

图 2-2-3 所示为集成了传感器的、用于状态监测的刀具的一般结构。在这个例子中，该刀具配备了应变片、加速度传感器和热电偶。应变片可以检测刀具的机械变形。这些变形可以通过合适的处理单元，转换为造成形变的过程力和转矩，该处理单元也同样在刀具上。借助在线控制，可以通过调节切削深度或进给速度，避免不希望发生的较高刀具载荷或较高工件载荷。加速度传感器可用于测量刀具的振动频率和振幅。如果刀具转速选择得不合理，刀具可能会产生不必要的振动，一方面会降低工件的表面质量，另一方面会增加刀具的磨损。同样，处理单元可以通过在线控制来确定刀具转速，从而使得刀具不发生振动。处理单元通过遥测技术与工艺控制进行通信，再

反过来调整转速，以避免过早的刀具磨损、工件产生损坏或振动痕迹、或材料失效。另外，智能刀具可以将剩余使用寿命的数据传递给生产环境中的其他系统，以便及时更换刀具。通过这种方法，可以使机床利用率最大化。

图 2-2-3 所示的例子中，传感器被直接安装在刀具上。然而，对于较小的刀具，如钻头或端面铣刀，通常没有足够的空间将传感器安装在刀具上面。此时，传感器可以集成在刀架中。

尤其是在使用昂贵的专用刀具时，传感器集成技术及基于其的工艺控制或监控，可以很好地提高效率。例如，对于涡轮盘叶面的加工刀具，刀具寿命的假设是非常保守的，因此通常会提前更换刀具。这会造成不必要的更换时间和刀具成本的浪费。通过集成的传感器可以测量加工过程中刀具的温度和过程力，也可以确定刀具当前的磨损状态。为此，就必须要有一个通过分析获得的磨损模型，该模型可通过刀具的温度和过程力来计算当前的磨损情况（Brecher 2014）。该模型也可用于预测某些加工过程的刀具寿命（Herzhoff 2013）。

1. 智能执行刀具的应用案例

所谓可调节刀具是属于执行刀具一类。如果零件不在标准机床上加工，就需要特殊的机床。为此，可调节刀具具有主动系统，利用该系统可以相应地移动刀具切削刃。因此它们具有一个额外的 NC 轴，可以在一次夹紧中就加工出复杂的轮廓、底面切削或非圆柱形钻孔。从图 2-2-4 可以看出可调节刀具的原理，使用这种刀具可以在不旋转工件的前提下，

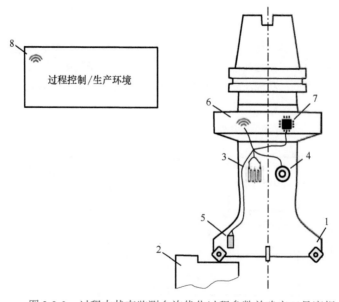

图 2-2-3　过程中状态监测允许优化过程参数并确定工具磨损

1—工具　2—工件　3—应变片　4—加速度传感器　5—热电偶　6—刀具上的天线　7—评估单位　8—生产环境的天线

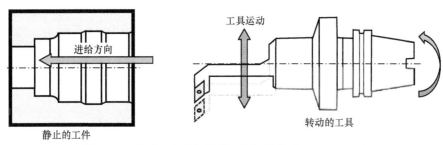

图 2-2-4　转动工具增加了机床的灵活性（Schmid 2014）

在标准机床上进行车削。车刀可以另外垂直于旋转轴进行移动，由此可以在孔中完成底面切削。

此外，可调节刀具也允许直接补偿刀具磨损。通过集成的测量装置，可以测量刀具的切削部分。机床控制系统计算实际几何形状和目标几何形状之间的偏差，并以此相应调整刀刃。因此，刀具磨损可以被自动补偿。

可调节刀具的一个应用，是用于对非圆形孔的变形补偿，比如内燃机中的活塞孔。由于强烈的机械负载和热负载，这些孔很容易在操作期间发生变形，导致孔壁与活塞销之间发生高摩擦，其结果会导致燃油消耗的增加。在变形补偿中，制造活塞销孔时预先考虑操作期间的变形，使得孔仅在负载下才会得到最佳形状。为此，该孔首先会使用智能的可调节刀具加工成圆形（MAPAL 2016）。所以刀具切削刃必须在切削过程中能够高度动态地调整。为了高度动态地定位刀刃，在该加工过程中，必须不断监控其位置并重新对其进行调整。位置控制直接在刀具中完成（MAPAL 2016）。

主动刀具的另一个应用领域就是所谓的复合方法。在该方法中，可以通过激光辐射或超声波振动来为整个切削过程提供支持。前者已被证明可适用于加工高强度钢材，以延长铣刀的使用寿命（Wiedenmann 2014）。用超声辅助切削加工时，在传统加工过程的运动学特性上叠加了额外的高频振荡。这在刀具切削刃处产生几微米以内的振动幅度，并由此在切削加工过程中引起高频的切削间隔。与传统的加工过程相比，附加的激振带来许多优点。这些优点中包括单位时间切削量的增加、工件表面质量的改善以及刀具寿命的延长（Hannig 2014）。通过将超声波激发器集成到机床控制系统中并测量过程力，对切削过程有目的地施加影响，可抑制一些问题（如松动等）。

2. 智能传感刀具的应用案例

在上文介绍了智能刀具如何通过监控加工制造过程，从而自动调整工艺参数。除了优化加工过程之外，智能刀具还有其他方面的应用，其中不是刀具而是工件受到监控。例如，通过三维按钮在加工过程中对零件进行检测，并在必要时进行后处理。另一个质量标准是表面粗糙度，可通过接触传感器来获得。对于在加工过程中集成的粗糙度测量，需要在机床和测量设备之间进行更广泛的数据交换。此外，粗糙度测量对污染或冷却润滑剂残留物很敏感。因此，为了在加工过程中可靠地集成粗糙度测量，必须使用具有高鲁棒性的测量方法，或者保护接触传感器免受加工过程中的负面影响。类似于与负载相关的进给控制（主要与粗加工过程相关），可以根据表面粗糙度来控制精加工中的进给量。在这两种情况下，通过加工的并行质量测量，对机床进行最佳设置，从而提高经济效益。

2.2.3　连接智能刀具的接口

1. 智能刀具的集成迄今仍是制造商特定的

所有智能刀具都需要与机床连接。然而，与传统刀具相比，纯粹的机械接口是不够的。此外还需要有电源，为集成的传感器和执行器提供电能。智能刀具的另一个基本特征是与环境进行通信的能力。因此，必须提供用于机床控制或生产环境的相应数据接口。这同样适用于在加工过程中使用冷却润滑剂（KSS）的介质供应，以及使用压缩空气作为清洁介质和控制计划。此外，执行器可用于使用液压油。

与机床和刀具之间的机械接口相反，电气和信息技术之间的连接是没有标准的。这些接口由不同的制造商独立开发以满足个性化需求。因此，市场上存在着许多种不同的接口。这些通常互不兼容，部分还相互排斥。同样，机床控制系统中的刀具集成目前也是制造商特定的，为此还需要很大的努力。因此，智能刀具的集成在大多数情况下是耗时的且成本高昂的。

2. 标准化成为工业 4.0 的核心组成部分

将 CPS 互相连接的一个基本先决条件是，创建标准化接口以及针对参考架构的开放标准（Acatech 2013；Spath 2013）。在研究项目"BaZmod-通过信息物理附加模块在生产中为特定部件的机床配置"

（BaZMod 2016）中，正在为此开发一种接口，通过该接口将 CPS 在未来以标准化的方式与机床相连接。

3. 标准化接口允许智能刀具轻松地集成到机床

研究项目 BaZMod 的目标，是在信息物理的附加刀具和生产环境之间，建立一个跨制造商的接口。该标准化接口可以将刀具的机械化和电气化集成到机床上，并形成双向数据交换和能量传输的基础（Vieler 2015）。生产环境和智能工具之间的接口如图 2-2-5 所示。

接口的一个重要组成部分是旋转传送器，它能够在 CPS 和生产环境之间进行数据通信，并为智能刀具提供电能，以及诸如冷却润滑剂和压缩空气等工作介质。

数据传输的接口要求是传输速率至少达到 10Mbit/s，并且具有低延迟、高实时能力以及数据安全性。由于所需数据传输速率较高，大多数系统只能在有限的条件下使用。可以实现这一目标的系统有 WLAN 系统、LTE 系统、光学系统以及通过感应实现的数据传输。根据实时性能力，尤其对于无线电技术只能在有限的条件下使用，因为其等待时间通常太长。数据安全性扮演着重要角色，特别是对于无线技术。系统必须受到保护，以防止未经授权的端口入侵。不同的标准依赖于不同的安全措施。光学和感应系统的发射器和接收器之间传输距离较短，因此被认为是安全的。尽管光学系统满足所需的数据传输速率和延迟特性，但所需发射器和接收器需要永久的可视接触。基于上述要求，BaZMod 接口使用感应式数据传输。

有多种方法可以将能量传输到回转系统中。表 2-2-1 比较了几种最常见的技术。这些技术在传输功率、传输范围和传输效率等方面有很大的差别。

表 2-2-1   常见能量传输技术

技 术	可传输功率	传输范围	传输效率
感应	高达几千瓦	高达 10cm	70%~90%
电容	高达几千瓦	几毫米到几厘米	40%~60%
光学	1~100W	几公里	高达 30%
声学	0.01~1000W	0.2~300m	1%~80%
液压	高达几千瓦	—	高达 90%
滑动接触	高达几千瓦	—	高达 100%

由于低效率和低传输功率，光学传输和电磁传输可被排除。机械能量传输和液压能量传输需要额外的组件，如发电机，这些组件无法安装在有限的安装空间内。由于能量是以电气形式提供的，因此建议使用电气系统。对此，一方面能够提供电容式和电感式的非接触式传输，另一方面可以通过滑动触点提供解决方案。在感应式传输中，能量由固定线圈通过旋转线圈上的微小气隙来感应电流（Parspour 2002）。为传递所需功率，滑动触点同样也是适用的。但是，由于摩擦会导致严重的磨损，因此必须在一定的时间后进行更换。基于上述要求，BaZMod 接口因此使用感应能量传输（见图 2-2-6）。

为了避免工作空间受到限制，旋转传送器位于主轴后面。同样地，电源线和数据线就像介质通道一样，穿过主轴到达刀具的夹紧装置。

在刀具夹紧装置上，通过 HSK 法兰上的触点与智能刀具连接（见图 2-2-7）。这些设计使得夹紧装置的外部轮廓不会改变，从而可以继续使用传统刀具。HSK 法兰表面共有 8 个触点，其中 4 个用于数据传输，另外的 4 个用于能量传输。电能以两个功

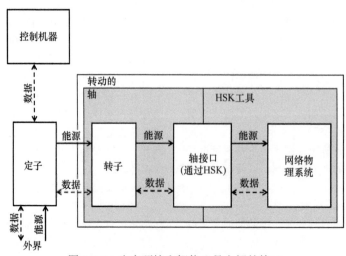

图 2-2-5   生产环境和智能工具之间的接口

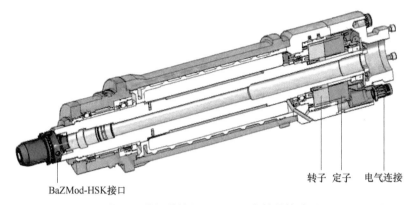

BaZMod-HSK接口　　　　　　　　　　　　　　转子　定子　电气连接

图 2-2-6　用于能量和数据传输的 BaZMod 主轴的构造（Kessler 2016）

图 2-2-7　使用 HSK-63A（MAPAL 2016）的示例（机床主轴和智能工具之间的接口）

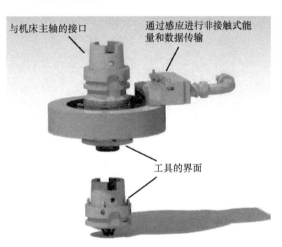

与机床主轴的接口　　　　通过感应进行非接触式能量和数据传输

工具的界面

图 2-2-8　用于将 BaZMod 接口集成到现有机床中的可改装适配器

率等级提供给智能刀具。对于传感器运行及其与生产环境通信，将提供 5V 的电压和最大 6A 的电流。为了能够操作大功率的可执行刀具，还有一个 48V 电压和 12.5A 电流的电气接口。

4. 用于改装现有机床的法兰适配器

对于未来的机床，BaZMod 接口可以直接集成到主轴上，为使用者带来小额投资成本。相比之下，由于需要更换主轴，对现有机床来说会带来很高的集成成本。

然而，为了能够以经济的成本，将 BaZMod 接口集成到现有机床，开发了一种改装适配器（见图 2-2-8）。该适配器应用在刀库中，必要时可以替代主轴头。然后用刀架将需要操作的 CPS 安装到改装适配器上。

5. 小结

在日益增加的生产系统联网的进程中，智能刀具得到广泛使用。这些刀具能够记录和处理数据，并将数据传输到生产环境中。通过集成执行器和传感器，智能刀具可以实时记录和处理加工过程中的状态信息。利用采集到的数据通过过程模型来优化工艺参数或确定刀具磨损情况。

迄今为止，还没有将智能刀具集成到机床中的统一接口。因此，研究项目 BaZMod 开发了一个标准化的接口，可实现智能刀具的能源和数据供应，从而大大减少集成所需成本。

2.3　刀具监控

前一节主要介绍了智能刀具的潜力，以及刀具监控情况。为此，需使用刀具上的集成传感器。然而，也可以使用未集成在刀具上的传感器来对刀具进行监测。可通过刀具监控系统来完成，其使用在线监控系统来对磨损率进行评价和估计。使用这样一个系统的基本目标是确定刀具状态，不仅要区分其状态是好还是坏，而且必须在持续运动的条件下确定其位置（Balazinski 2002）。除此之外，使用该系统还应检测刀具破损，并能够确定刀具的剩余使用寿命。基本上，此系统早已为人所知，因为第一个系统已于 20 世纪 80 年代后期推出，并且最初是用于切削刃磨损的控制。然而，由于数据收集和处理方面有了越来越多的可能性，产生了可用于确定磨损的新型创新方法。

刀具磨损是一个非常复杂的课题。因此，有必要首先确定应该关注哪种类型的磨损，并且应该如何用于状态评估。原则上，可以区分以下四种类型（Dimla/Dimla 2000）：

　　1）由刀具疲劳引起的刀具破损。

　　2）在高温下的扩散。

　　3）在切削加工中由硬质材料部分/物质导致的磨粒磨损。

　　4）伴随剪切面变形的黏着磨损。

　　以上列出的磨损类型并不是单独发生的，而是以复合形式发生的。哪些成分具有怎样的强度，这取决于许多因素，如切削参数或被切削材料。然而，无论磨损的类型如何，对刀具监控系统建立以下要求，这些要求早在 20 世纪 90 年代就建立起来了，并到现在仍然有效（Byrne 1995）：

　　1）确保和检测过程稳定性（如有可能，自动调整过程参数）。

　　2）在切削过程或机床上进行误差检测。

　　3）利用平衡机构，减少由切削刃磨损引起的加工误差。

　　4）机床的损害预防。

　　5）降低成本。

　　由于刀具磨损具有复杂性，仍没有建立具体的系统、研究方法或技术（Pal 2011）。随着更详细地研究切削过程，这是可以理解的。如需考虑非均匀材料结构，以系统理论的角度来看，难以在模型中对其进行描述。除此之外，在刀具磨损方面，工艺参数与切削条件之间的关系是复杂的且是高度非线性的。

　　考虑到这些挑战，过去几年已经有人提出了大量确定磨损的方法。无论该刀具或其组件是否需要评估其状态，文献中通常会在两种信号采集途径之间进行区分。一是使用已存在的内部传感器。这种类型的状态监控称为无传感器监控，因为它使用的信号已经可用，不需要进一步使用其他的传感器技术。对于磨损，必须对信号的适用性始终提出严格的质疑。过低的采样率可能由于信息密度太小，成为潜在的障碍。另一个是需要使用附加的外部传感器，为此必须对机床进行拓展。在硬件集成方面，必须在机床或在附加的运算单元上，确保信号得到正确的处理。使用外部传感器的优势很明显，所使用的系统可以根据用户的要求来定制。其缺点是成本较高，并且会增加机床的整体复杂性。

　　无论信号源如何，都必须满足某些信号要求，以便可以实现鲁棒且可靠的监控应用。鉴于信号的有效性方面，良好的信噪比（可能通过滤波器实现）或低灵敏度是非常重要的。简单的可测量性和对少量附加组件的必要性，使得某些信号对监测更具吸引力。如果传感器信号可用，则它们可以在时域或在变换后的状态中（如傅里叶变换、小波变换或伽柏变换）进行研究。下文通过文献中的例子，简要描述和说明最常见的方法或以此为基础的信号类型。此处使用哪些传感器以及它们的位置如何安排，总是取决于应用情况。

1. 声音发射

在切削加工过程中，工件会被刀具挤压，产生塑性变形。从而在变形区中释放能量，并且以声波的形式向外发射。通常声音的发射发生在图 2-2-9 所示的位置。具体来说，以下来源可以作为声音的起因，并且可以用于状态监控：

　　1）刀具破损。

　　2）工件的塑性变形。

　　3）切屑的塑性变形。

　　4）刀具和切屑之间的摩擦。

　　5）刀具和加工工件表面之间的摩擦。

　　6）切屑与刀具之间的碰撞。

　　7）切削断裂。

Li 2002 介绍了关于车床发出声音的概述。

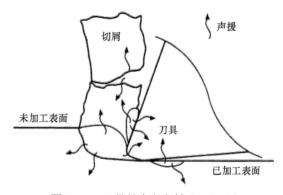

图 2-2-9　工具的声音发射（Li 2002）

　　除了发出声波之外，在加工过程中还会产生大量的热量。温度对刀具磨损的类型和速率都有影响，进一步，对切屑和刀具之间的摩擦，以及刀具和新加工的表面之间的摩擦也有影响。

2. 静态和动态切削力

　　确定刀具磨损的最常见方法一般是使用主切削力。这似乎是合乎逻辑的，因为刀具的磨损会导致刀具和工件之间更高的摩擦力，从而使切削力的信号发生明显变化。

　　Uros 等（2009）的工作用切削力描述了铣削精加工过程中的刀具磨损，其基础算法基于神经模糊系统。在过去的几年里，人们已经注意到在人工智能领域中该方法得到越来越多的应用。模糊方法、演化方法和人工神经网络在刀具监控中扮演着越来越重要的角色。

3. 振动

由于作用力矩和作用力，系统会发生振动。在刀具磨损的情况下，由过程中的切削力引起的振动是很有意思的。由于在运动中直接测量是很困难的，因此通过测量其他量来获得与位移相关的结果。例如，通过加速度传感器检测到的加速度来获取振动信息。

振动信号的可行应用是在 Alonso/Salgado 2008 中提到的磨损检测。使用该方法可以对车刀的振动行为进行研究，并且使用 SSA（奇异谱分析）进行评估。其结果给出了磨损和记录信号之间良好的关联性。为了对磨损状态做出最终的合理说明，再利用人工神经网络对之进行评估。

4. 更多实践

除了上述提到的三种磨损测试研究方法之外，过去几年中还开发了许多其他确定刀具磨损的方法。这些方法也使用得非常广泛，其中包括光学方法、超声波分析等（Dimla/Dimla 2000）。此外，还有通过测量电动机的电流来研究磨损情况。这可以通过作用力和作用力矩间接确定磨损情况。如在 Rivero 等 2008 中：他们使用主轴和进给驱动器的功率需求，确定高速铣削中的刀具磨损。

5. 传感器信号的连接

尽管上述方法仅使用一个主信号源，并已在许多方面得到成功使用，但可能还需要将方法或测量信号结合起来考虑。这意味着要使用多个传感器获取不同来源的信号，其最终目标是确定同样的磨损参数。不同传感器信号的组合，其目标通常是增加

信息明确度并因此提高可靠性。换句话说，这导致相对于主要参数或破坏性外部影响的较低灵敏度。使用多个传感器信号为整体刀具监控系统中切削加工过程的复杂性提供了良好的基础，这就是为什么它现在受到越来越多的关注。例如，在铣床上使用三个传感器（Wilkowsi 等 2011），采用两种物理效应：一方面是使用附加在主轴上的加速度传感器；另一方面是通过在工件上的接触传感器和非接触式传声器来测量声音发射。

6. 现有方法的扩展

由于近年来对刀具监控方面的深入研究，一些研究和开发工作不再仅是运用评估方法，而是超越它们。因此，不仅着眼于使用人工神经网络获取的声学信号来确定磨损状态，而且还展示了如何针对此目的对该神经网络进行最佳训练（Zafar 等 2015）。

2.4 智能刀具的使用周期

2.4.1 动机

小批量化、定制产品以及完整加工的趋势往往会增加刀具行业的复杂性。因此，在未来刀具管理必然在企业中占据更高的优先级。它涉及刀具使用周期的所有子领域，从刀具的存储到刀具的交付和刀具的处理（Geib 1997）。图 2-2-10 所示为刀具使用周期中的各个工位。这些通常与专有信息系统集成在一起，由于缺乏接口，这些系统无法交换所有的

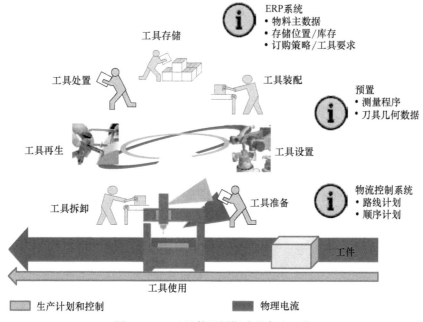

图 2-2-10　刀具使用周期中的各个工位

相关数据，从而妨碍了全面的系统透明度。

　　刀具管理的目标是在正确的时间、正确的地方、低成本和高质量的条件下，为生产加工提供正确的刀具。这对于确保工件的平稳生产至关重要。刀具管理的横截面特征，意味着刀具成本可能高达加工制造成本的 1/3（Iscar 2006）。越来越多的种类和更短的产品生命周期增加了对刀具管理的需求，因为需要大量的刀具和频繁的刀具更换。

2.4.2　智能刀具的功能块

　　为了满足这些日益增长的需求，联邦教育和研究部（BMBF）要求并由卡尔斯鲁厄（PTKA）承担的智能联网生产对未来项目工业 4.0 的贡献（Intelligente Vernetzung in der Produktion Ein Beitrag zum Zukunftsprojekt Industrie 4.0）项目指南下的为明天联网加工的智能刀具（Intelligente Werkzeuge fur die vernetzte Fertigung von morgen Smart Tool）项目，为智能刀具（所谓的信息物理刀具）的开发做出了贡献。这种智能刀具应该能够被它的使用环境所感知，并且能够采集和传输数据。

　　为此，为智能刀具定义了五个功能块：

1）个体身份识别。

2）当前存储位置的预订。

3）数据存储和数据传输。

4）过程量的测量。

5）总体接口模块软件。

这些功能块将在下面进行更详细的讨论。

　　1. 刀具个体身份识别

　　为了跟踪刀具个体或刀具整体，即可追溯性（Track & Trace），必须明确地识别刀具。为此，在项目中将区分刀具整体的以下部件：刀具夹具或刀架和刀具自身。这些单体组件配备了光学标签以及数据矩阵码（DMC）。DMC 是最著名且应用最广泛的二维码中的一种，因为在其算法集成了错误矫正器，因此具有很高的鲁棒性（Bartneck 2008），所以即使代码部分被破坏（高达 25%），也可以读取它们，因此，它们特别适用于机械加工等恶劣环境。DMC 的

结构是根据 ISO/IEC 15418 标准化的，对其定义了两种不同的数据标识。编码可以相应地根据 GS1 应用标识符（AI）或 ASC MH10 数据标识符（DI）来构造。AI 主要用于消费品行业，而在电子行业、汽车行业和钢铁行业，DI 的应用更为广泛。根据 ASC MH10 建立的代码结构如图 2-2-11 所示。

　　产品编号和序列号等各个不同代码段，可以根据需要进行集成。之前提到的 DI 是预先的组成部分，如图 2-2-11 所示，如果选择 DI 37S，则显示发证机构（Issuing Agency）、公司代码（Company Code）、产品编号（Product Number）和序列号（Part Serial Number）。代码段数量或代码长度是可以自由选择的。然而，与所使用的数据类型（如数字或字母数字字符）一样，模块数量以及刀具个体的空间需求也是至关重要的。因此，只有将尽可能多的段集成起来，才能进行明确地识别。原则上，编码的两种应用方法是有区别的：在间接标记的情况下，标签被应用在对象上，而在直接标记的情况下，对象本身就能够提供标记（Bartneck 2008）。由于旋转导致不平衡，间接标记不适用于旋转刀具。因此，一般着重于直接标记，其中激光打标技术尤为重要。它提供了非接触式、无压力、高分辨率的快速标记的可能性，即使对于难以标记的表面，如直径非常小的金属刀具（ACI Laser GmbH 2012）。通过激光照射将热量引入物体，使其成分发生变化或去除材料（Videojet Technologies GmbH 2016）。在选择激光方法或设置激光参数时，须注意到不要造成材料损坏或表面粗糙，而且只能处理表面材料。显然，这意味着用手指触摸时不会感觉到有明显的凹陷。

　　选择应用方法确定最小可能的模块大小。模块或代码的大小，目前不受应用方法的限制，主要受读取器的限制。为确保代码的可读性，读取器必须适用于刀具和刀具卡盘的反射表面。

　　另一个挑战是曲面。图 2-2-12 所示为半径为 r 的刀具横截面。圆上的弦 l 表示 DMC 投影面，b 表示高度。根据激光制造商的要求，这些参数都不应该超过 1mm（Cab 2015）。

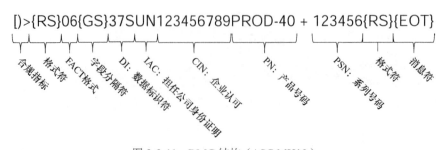

图 2-2-11　DMC 结构（ASC MH10）

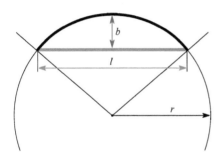

图 2-2-12 代码作为段高度函数的应用

考虑到这些限制和建议，选择矩形的 DMC （16×48 模块）进行刀具标记。同样可以通过对 ISO/IEC 16022 进行补充，以此来实现标准化。最好的测试结果是在模块大小为 0.125mm 的情况下获得的。对于 16×48 模块，代码的高度为 2mm，宽度为 6mm。

图 2-2-13 读取 DMC

由于可用空间合适，在刀具卡盘上使用了方形 DMC。因为表面光滑度低于刀具，所以其代码的应用和读取都不那么苛刻。

为了能够对整体刀具进行识别，将 RFID（无线射频识别）标签集成到刀具卡盘中。所使用的标签，即所谓的金属内嵌标签，它们会被植入到金属中，或根据 DIN 69893-1 嵌入到刀具卡盘中的标准直径为 10mm 的孔中。由于标签的高度小于孔的深度，并且标签应该尽可能与孔齐平，所以在标签下面放

置了金属小板。孔的其余部分填充了环氧树脂胶黏剂。测试表明，该胶黏剂至少能承受 15000r/min 的转速。安装标签的时候，考虑制造商提供的信息是很有必要的。上述安装情况如图 2-2-14 所示。

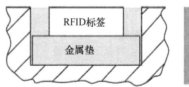

图 2-2-14 在工具夹头中安装 RFID 应答器

RFID 的技术特点在于，标签可以在不接触的情况下被读取。阅读器和标签之间的必要距离取决于传输频率等参数。有项目正在研究超高频（UHF）技术（300MHz~3GHz），因为它与广泛使用的 LF（低频）和 HF（高频）技术相比，可以实现更大的读取速度。对于使用金属内嵌标签，最大的读取范围为 1m。另一方面，可以同时读取多个标签，即所谓的脉冲读数（Finkenzeller 2012）。这对于同时识别在刀具车上运输的所有刀具是很有必要的。为此，建立了一个带有 RFID 天线的入口，并成功验证了脉冲读数。

2. 当前存储位置的预订

通过 DMC 识别的刀具个体始终处于被拆卸的状态，也就是说，例如这些个体都处在存储和读取期间以及在组装之前或拆卸之后。一旦个体被组装到刀具整体上，它们就会通过工具卡盘或 WZ 刀架（WZ-Halter）连接到适合的 RFID 标签并加以定义，如在设置设备和机床上。作为装配和调整的一个例子来解释如何识别个体（图 2-2-15）。在装配之前，使用光学读取器对单个部件如刀具卡盘和刀具（WZ）的 DMC 进行扫描。此时数字孪生被生成并存储在中央数据库中。在装配完成后，刀具整体（GWZ）被传送到设置设备，并通过 RFID 标签读入。然后中央

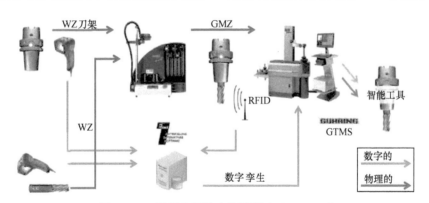

图 2-2-15 装配和调整中的识别（Abele 2016）

数据库将相关信息发送到设置设备，该设置设备在设置过程之后，将设置的数据发送到数据库中。

如前所述，在整个刀具使用周期的不同工位，都可以清楚地识别刀具个体或刀具整体。在这种情况下，将生成包括个体 DI、个体当前停留位置和时间戳等标准化信息的事件。这些事件将存储在数据库中，用于评估如通过时间和通过情况等。

3. 数据存储和数据传输

在刀具使用周期中，涉及的信息系统，如设置设备、机床或上级 MES（制造执行系统）或 ERP（企业资源规划）系统，将以不同的格式生成许多特定的刀具数据。为了在正确的时间以正确的格式提供这些信息，智能刀具需要存储和传输数据。下面将参照运用在机床中的刀具来举例说明该功能。通过 IEC 62541 标准化通信协议 OPC UA 来实现通信。

图 2-2-16 所示为该过程。数字信息流以蓝色显示，而刀具的实际物理运动以红色显示。在第一步（1）中，员工必须通过 HMI（人机界面）创建新的刀具或选择现有刀具。这里不需要输入特定的刀具数据。此时起，所开发的 OPC UA 智能刀具客户端就能够被识别，并且应用到刀具中，然后激活刀库上 / 内的 RFID 天线（2a）。当采用物理方法（2b）应用到刀库中时，整个刀具由标签进行唯一标识（3a），并且关闭 RFID 天线。客户使用该 ID 可以在中央数据库的智能刀具中心（STC）查询到刀具的数据（3b），并将信息传输至机床控制系统（4）。传输的数据不仅可以是刀具的几何数据，而且还可以传输刀具剩余的使用寿命或技术数据。此时起，所有

与使用刀具相关的信息，都可以在机床控制系统中使用，并分配给刀具。通过这种自动识别和数据传输，减少了错误的来源，并能够为员工的工作提供支持。

对卸载刀具时的数据流进行模拟。员工通过 HMI 输入后，数据传输将自动完成。在这种情况下，读取所有相关数据，如使用时间或随后的校正数据。利用智能刀具客户端，即使在加工过程中也可以访问机床参数，尽管不是实时的。

4. 过程量的测量

在刀具卡盘、工件夹紧装置或在 TCP（工具中心点）中的附加安装系统上，通过足够的、昂贵的和高度精确的测量设备，基本可实现对过程量的测量。借助智能刀具，可以实现一种高经济性的方法，建立一个将不同原理的传感器直接集成到刀具卡盘上的平台。图 2-2-17a 所示为电池的位置和天线的安装位置，图 2-2-17b 所示为柔性的电路板以及在卡盘中的安装位置。

由于电路板的柔性，整个电子设备可以安装在卡盘内，并且在其外表面上没有干涉轮廓。数据传输是通过无线电来实现的，这使得在工作空间中添加额外组件变得多余。所使用的组件采用的是低成本的标准微电子组件。使用的第一传感原理是加速度传感器。它是一个三轴 MEMS（微机电系统）接收器。这项技术也常用于移动终端。由智能刀具生成的工艺数据，不会像原有系统那样作为原始数据发送到处理单元，而直接在微控制器上进行预处理。通过这种方法，可以显著减少要发送的数据并延长电池寿命。

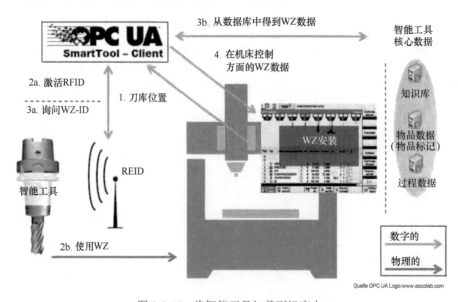

图 2-2-16　将智能刀具加载到机床中

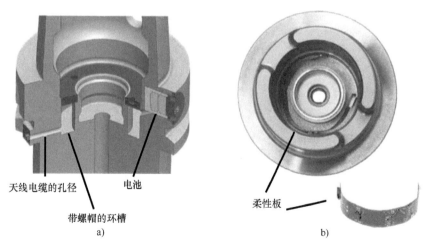

天线电缆的孔径　　　电池

带螺帽的环槽

a)

柔性板

b)

图 2-2-17　工具夹头中的智能刀具电子设备

a）CAD 模型　b）指定凹槽中的实际 PCB

2.4.3　小结和展望

　　智能刀具的集成具有很大的潜力。通过集成的追踪和跟踪系统（Track&Trace-System），可以实时提供有关库存和通过时间的信息。通过对这些数据的评估，可以优化从刀具存储到刀具可持续管理，最后到刀具处理的整个刀具使用周期。此外，功能块数据保存/数据传输和过程量的测量可用于得出有关刀具当前状态的信息，从而得出其剩余使用寿命。这可以优化组件的使用方法，并避免刀具的损坏。总而言之，智能刀具的集成允许对刀具使用周期进行整体优化，从而显著降低刀具的成本。

　　上述功能模块在达姆施塔特工业大学的生产管理、技术和机床研究所（PTW）的示范工位中应用。该工位包括刀具库或刀具柜、刀具组装和刀具预先设置、机床以及用于工位之间运输的刀具车。在各个工位上集成了识别系统和配件，以实现智能刀具的理念。该示范工位为进一步研究提供了良好起点，并提供了向企业分享项目成果的机会，以及通过工业 4.0 方法使企业了解员工支持和成本节约。

参 考 文 献

Abele, E.; Grosch, T.; Schaupp, E.: Smart Tool. Intelligentes sensorgestütztes Werkzeugmanagement. In: wt Werkstatttechnik online, Jahrgang 106, Nr. 3, 2016

acatech (Hrsg.): Umsetzungsempfehlungen für das Zukunftsprojekt Industrie 4.0. Abschlussbericht des Arbeitskreises Industrie 4.0. Frankfurt 2013. *www.bmbf.de/files/Umsetzungsempfehlungen_Industrie4_0.pdf* (Stand: Oktober 2016)

ACI Laser GmbH: Verbesserte Rückverfolgbarkeit dank Laser und 2D-Code. In: Laser Magazin, Nr. 3, 2012, S. 8-9

Alonso, F. J.; Salgado, D. R.: Analysis of the structure of vibration signals for tool wear detection. In: Mechanical Systems and Signal Processing, Vol. 22, No. 3, 2008, S. 735-748

Balluff GmbH: RFID-Werkzeugidentifikation-eine etablierte Technologie mit Mehrwert. In: Sensor Magazin 2/2011, S. 42 - 44

Balazinski, M.; Czogala, C.; Jemielniak, K.; Leski, J.: Tool condition monitoring using artificial intelligence methods. In: Engineering Applications of Artificial Intelligence. Vol. 15, No. 1, 2002, S. 73-80

Bartneck, N.; Klaas, V.; Schönherr, H. (Hrsg.): Prozesse optimieren mit RFID und Auto-ID. Publicis Corporate Publishing, Erlangen 2008

BaZMod-Bauteilgerechte Maschinenkonfiguration in der Fertigung durch Cyber-Physische Zusatzmodule. www.bazmod.de (Stand: Oktober 2016)

Brecher, C.; Klocke, F.; Schmitt, R.; Schuh, G.: Industrie 4.0: Aachener Perspektiven. Aachener Werkzeugmaschinenkolloquium 2014. Shaker Verlag, Aachen 2014

Byrne G.; Dornfeld D.; Inasaki I.; Ketteler G.; König W.; Teti R.: Tool condition monitoring (TCM) - the status of research and industrial application. In: Annals of CIRP 44 (2), 1995, S. 541-567

Cab Produkttechnik GmbH & Co. KG. Karlsruhe, September 2015

Dimla, E.; Dimla Snr.: Sensor signals for tool-wear monitoring in metal cutting operations-a review of methods. In: International Journal of Machine Tools and Manufacture,

Vol. 40, No. 8,2000, S. 1073-1098

DIN 69893-1: Kegel-Hohlschäfte mit Plananlage-Teil 1: Kegel-Hohlschäfte Form A und Form C; MaBe und Ausführung

Finkenzeller, K.: RFID Handbuch. Carl Hanser Verlag, München 2012

Franz Kessler GmbH. Bad Buchau. http://kessler-group.biz (Stand:Oktober 2016)

Geib, T.: Geschäftsprozessorientiertes Werkzeugmanagement. Gabler Verlag, Wiesbaden 1997

Hannig S.: Auslegung von komplexen Werkzeugen zur spanenden Bearbeitung mit Ultraschall. Apprimus Verlag, Aachen 2014

Herzhoff, S.: WerkzeugverschleiB bei mehrflankiger Spanbildung. Dissertation. RWTH Aachen/Apprimus Verlag, Aachen 2013

IEC 62541:2010: OPC Unified Architecture Specification

Iscar Germany GmbH: Studie zur Zusammensetzung der Werkzeugkosten. Ettlingen 2006

ISO/IEC DIS 15418:2015-05: Informationstechnik - Automatische Datenerfassung und Identifikation - GS1 Datenbezeichner und ASC MH10 Datenbezeichner und deren Pflege

ISO/IEC 16022:2006: Informationstechnik-Internationale Symbologie-Spezifizierung - Daten-Matrix

MAPAL Fabrik für Präzisionswerkzeuge Dr. Kress KG. Aalen. www.mapal.com (Stand: Oktober 2016)

Ostgathe, M.: System zur produktbasierten Steuerung von Abläufen in der auftragsbezogenen Fertigung und Montage. Dissertation. Institut für Werkzeugmaschinen und Betriebswissenschaften (iwb), Fakultät für Maschinenwesen, Technische Universität München 2012

Pal S.; Heyns P. S.; Freyer B. H.; Theron N. J.; Pal, S. K.: Tool wear monitoring and selection of optimum cutting conditions with progressive tool wear effect and input uncertainties. In: Journal of Intelligent Manufacturing, Vol. 22, No. 4, 2011, S. 491-504

Pantke, K.: Entwicklung und Einsatz eines temperatursensorischen Beschichtungssystems für Zerspanwerkzeuge. Dissertation. Technischen Universitat Dortmund 2014

Parspour, N.: Berührungslose Energieübertragung. Stand der Technologie. Publikation. Institut für Antriebstechnik, Universität Bremen 2002

pro-micron GmbH & Co. KG: Spike - Sensorischer Werkzeughalter. Zerspankraftmessung im Prozess. Kaufbeuren 2014

Rivero A.; López de Lacalle L. N.; Luz Penalva, M.: Tool wear detection in dry high-speed milling based upon the analysis of machine internal signals. In: Mechatronics, 18 (10), 2008, S. 627-633

Schmid, M.; Berger, S.; Rinck, P.; Fischbach, C.: Smarter statt schneller? Was bringen intelligente Werkzeuge? In: ZWF, 07-08/2014, S. 546-548

Spath, D.; Ganschar, O.; Gerlach, S.; Hämmerle, M.; Krause, T.; Schlund, S.: Produktionsarbeit der Zukunft - Industrie 4.0. Fraunhofer Verlag 2013 (ISBN: 978-3839605707)

Spath, D.: ACCOMAT-die genauigkeitsgeregelte Maschine. Abschlussbericht des Forschungsprojekts. 2002

Uros Z; Franc C.; Edi K.: Adaptive network based inference system for estimation of flank wear in end-milling. In: Journal of Materials Processing Technology, Vol. 209, No. 3, 2009, S. 1504-1511

Videojet Technologies GmbH: Verfahren für die Bauteil-Direktbeschriftung. Maschinenlesbare Kennzeichnung für die Automobil-sowie die Luft-und Raumfahrtindustrie. Limburg an der Lahn. *www.videojet.de/content/dam/pdf/Germany%20-%20German/Technical%20Guides/tg-methods-for-direct-part-mar king-de.pdf* (Stand: Oktober 2016)

Vieler, H.; Lechler, A.: Intelligente Schnittstellen für intelligente Werkzeuge-Smarte Tools mit einheitlicher Schnittstelle einfach verwenden. In: wt online 7/8-2015, S. 520-524

Wiedenmann, R.: Prozessmodell und Systemtechnik für das laserunterstützte Fräsen. Herbert Utz Verlag, Munchen 2014

Wilkowski, J.; Górski J.: Vibro-acoustic signals as a source of information about tool wear during laminated chipboard milling.In: Wood Research, Vol. 56, No. 1, 2011, S. 57-66

Zafar T.; Kamal K.; Kumar R.; Sheikh Z.; Mathavan S.; Ali U.: Tool health monitoring using airborne acoustic emission and a PSO-optimized neural network. In: IEEE 2nd International Conference on Cybernetics (CYBCONF), Gdynia/Polen 2015, S. 271-276

第 3 章

联 网 机 床

Christian Brecher，Werner Herfs，Denis Özdemir，Markus Obdenbusch，
Johannes Nittinger，Frederik Wellmann，Michael Königs，
Christian Krella，Simon Sittig

在德国，金属工业的年营业额达到 1000 亿欧元，并且创造了将近 65 万个重要产业的工作岗位（联邦统计局 2016）。根据产品种类的不同，如今工业生产通常都在生产机器上进行，其主要区别在于实施的加工方法、生产能力、复杂性和自动化程度。复杂且高度专业化或自动化的生产设备（如生产线）通常用于批量生产且通常不需要针对每个零件重新编程，然而尤其在机床领域中可能存在更高的部件差异，这也导致了更高的预算开支。减少预算是一个很重要的目标。为了实现这个目标，通常将人、机床、对象以及 IKT 系统⊖横向和纵向地相互联网，并提高系统的智能化程度。

本章阐明了涉及金属加工这一领域的工业 4.0 所带来的挑战和机遇，比如合同制造商和工具制造商。这些公司里的工作步骤大都相似：在一个项目的末期，需要进行产品开发、制造规划、生产规划、工具和夹具选择，然后才产生与加工过程有关的实际增值。采购和生产链的优化潜力见图 2-3-1。

如今这些工作步骤的特征就是相互独立的，在投入使用时他们通过相互独立的系统彼此分隔开。一方面，这导致问题在加工过程中或者最终的检查环节才显现出来。另一方面，不能充分发挥过程自动化的潜能，而这些潜能在重复性计划生产中体现。其优化的起点来自 CAD-CAM-NC 链⊜的联网中。加工过程的绝大部分可以通过 CAD 模型推导出来，然而，在实践中通常无法获得所需的元信息。在 3.1 节中首先

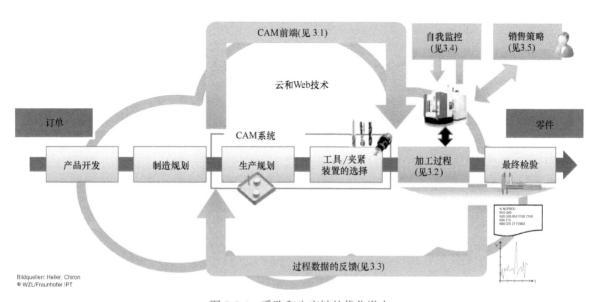

图 2-3-1　采购和生产链的优化潜力

⊖　信息和通信技术。
⊜　计算机辅助设计（CAD）、计算机辅助制造（CAM）、数控（NC）。

会描述一些在如今的 CAM 系统中存在的自动化机制，并介绍一下未来的研究需求。除此以外需要强调的是，当一个供应链成功运行以后，有可能通过这个普通的供应链使得一些 CAM 专家知识格式化，然后用它来自动生成程序。来自人工智能领域的一些解决方法，比如一些基础的结论，还有以支持向量机为基础的机器学习，能够为此提供重要支撑。

零件的质量显然不是通过数控代码来单独检验的，过程和机床的相互作用同样也起决定性作用。基于 NC 代码的动态加工模拟已成为现有技术，因此可以有效地避免碰撞并优化流程。然而，由于人们往往忽略了由于切削力和振动动力学导致的机床结构的弹性变形，对零件质量的预测几乎是不可能的。对物理上相互作用的有效、实用融合是正在研究的主题，将在 3.2 节进行介绍。

多年以来人们一直在致力于虚拟化零件、流程和机床。在工业 4.0 进程中，重要的是在该项工作的基础上，模型可以使用传感器数据进行有效评估。在物理形状的加工过程中，数据本身几乎没有价值，数据必须放置在模型中才有意义。只有这样才能通过生产系统的网络建立可用的知识，这些知识可用于追溯虚拟计划并开发新的服务。3.3 节介绍了这方面的第一种方法。

除零件加工之外，机床模型和传感器数据还可以用于状态监测，以实现自我监控机床的愿景。3.4 节介绍了一种监测状态的新方法。虽然基础理论（从传感器采集到特征提取到趋势分析）已经应用到机床制造领域，但更高级别的知识集成和自适应系统仍处于初级阶段。所面临的挑战不仅仅是技术性，还包括用于部件制造商、机床制造商和用户之间的整体系统优化的新平台和合作理念。

在此背景下，工业 4.0 的目标实际就是创建基于云和 Web 技术的开放系统架构，访问授权员工并评估和调整集中存储的数据。有了这种架构，即使在未来的生产中，员工自身仍然很重要。通过使用移动设备，员工直接参与生产过程（Spath 2013），通过配备信息创建、显示和操作的接口，并在当前任务就近获得支持（见 3.5 节）。这样就消除了分级控制，提供了创造性的余地，使工作变得有趣，并且能让员工更加负责任，并提出越来越多的实际问题的解决方案（Erb 2013）。这可以通过信息的多向交换创建一个以学习为导向的工作组织，从而使知识在员工或部门之间高效传输。

3.6 节总结了工业 4.0 对机床生产操作的影响。

3.1 通过高效的 CAD-CAM-NC 链进行前端加载

Johannes Nittinger, Christian Brecher

3.1.1 CAD-CAM-NC 链

实际制造的上游和下游步骤占总生产成本的很大一部分（见图 2-3-2），这在零件偏差大和批量很小或者批量很大的行业如工具和模具制造中尤为显著。这主要体现在大多数计算机控制的机床的加工准备和编程中，也就是所谓 NC 程序的创建。虽然 NC 编程也可以手动完成，但是对于复杂的零件，使用辅助编程系统已经成为现实。这些代码可以直接应用在机床上，也可以由机床操作员使用，也可以集成到上游 CAM 软件中，后者是几何复杂工件的首选解决方案。无论编程类型如何，从使用 CAD 系统的零件设计到基于相关 NC 程序的生产，都必须运行一系列规划步骤和工具。

为了有效地设计 CAD-CAM-NC 链，它在工业 4.0 的意义上被数字化映射，且各个信息系统和站彼此联网。一些订单，如由企业资源规划系统（ERP）所要求的订单，是在最开始就存在的。此时的订单

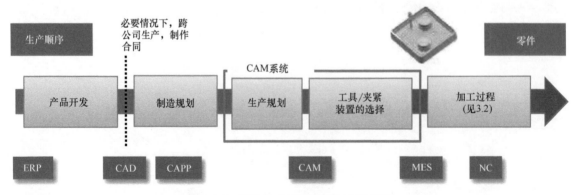

图 2-3-2   简化的 CAD-CAM-NC 链示例

一般包含了零件几何形状的参考（如识别号）以及件数。根据零件要求，对生产进行粗略规划，即生产步骤和流程的确定，以及对机床和其他生产资源的预选。这可以通过计算机辅助工艺规划（CAPP）系统来支持。各个步骤的精细计划最终以 CAM 编程结束，即结束于 NC 程序的创建、所需工具和夹紧装置的列表。当各个机床的 NC 程序完成后，它们被转移到制造执行系统（MES），其触发机床上程序的执行。

为了对 CAD-CAM-NC 链进行有效的设计，首先需要确定哪一个生产步骤最复杂。特别是 CAM 编程占很大比例，其耗费随零件复杂程度的增加而增加。在一些情况下，某些生产步骤是可以自动创建的。特别是对于 2.5D 零件，即那些形状主要以二维棱柱为特征的零件，可以简化和加快部分规划步骤。CAM-NC 规划的普遍标准化和后续自动化，甚至超越 2.5D 加工，为加工准备中的效率提高提供了巨大潜力。

纵观 CAD-CAM-NC 链的接口，它为更高效的设计提供了另一个起点。由于通常缺乏适当的全面数据交换，重要信息在设计和加工准备之间的接口处丢失。这种情况尤其发生于异构 CAD-CAM-NC 链，如跨企业进行生产、经常发生的合同制造情况等。除了信息丢失之外，系统转变以及相关数据转换都与人工操作有关。这可以从另一种 3D 格式的纯转换变化到根据图样重新设计零件和相应特征。

特别是由于各种不同的 3D 格式，诸如公差元数据、表面粗糙度或加工指令，通常不能以机床可读的形式互换。考虑到所使用的系统具有适当的兼容性，用于交换 3D CAD 数据的通用数据格式可以是相应 CAD 程序的原生格式，也可以是通用的、独立于供应商的格式，如 STEP（产品模型数据交换标准）或 IGES（初始图形交换规范）（Xu 2009）。实现高效自动化 CAM 编程的先决条件之一就是创建能够准确处理预期 3D 格式的普遍解决方案。

3.1.2　当今 CAM 系统中的自动化机制

正如在 3.1.1 节中所提到的，大多数机床上的加工过程通常使用 CAM 系统以一定的复杂程度进行规划。机床本身接收来自 CAD 模型的信息，在特殊情况下需要人工手动输入，输入的信息就是相应于特定机床的 NC 程序（Kief 2013；Weck 2006）。CAM 系统中的路径规划既可以由经过培训的操作人员完成，也可以由经常专门处理 CAM 编程的专家完成。这些操作的基本特征是手动选择轮廓、区域和体积，然后将这些元素应用到加工操作中（Brecher 2011a）。除分配几何元素外，还必须为每个操作选择一个特定的策略，并且必须定义一组工具和过程参数。基于这种大量手动输入的信息，CAM 系统能为每个操作计算相应的刀具路径。

研究表明，目前的 CAM 系统提供了不同的半自动化或全自动化机制，以支持 CAM 程序员创建重复的加工操作步骤（见图 2-3-3）。这些机制在用户执行自动化机制而必须做出的输入以及对不同零件和零件特征的适用性的广度上有所不同。实质上，这些机制的思路是一致的，相似或类似的零件特征

模板	特征宏映射	API扩展
■ 重复使用 经常使用 处理事件	■ 三维组件可配置 功能(孔、口袋、 线程、配合等)	■ 使用自己的软件模块 扩展CAM系统
■ 确定案件发生 由CAM程序员手 动完成	■ 具有这些功能的存储 处理序列的宏数据库	■ 自动CAD数据分析和加工操 作的创建
➕ 容易适用	➕ 关闭传动可能与建设	➕ 任何自动化机制都可行
➖ 高维护(一般多 样性难以管理)	➖ 仅适用于标准功能	➕ 可以集成到其他IT系统和工作 流程的映射中
➖ 通常在实践中不被员工使用	➖ 从设计到CAM的数据一致性要求	➖ 非常高的开发工作量

手动干预 　　　　　　　　　　　　　　　　　　　　　　　　　　　　　　初期支出

© WZL/Fraunhofer IPT

图 2-3-3　CAM 自动化领域的最新技术

可以用相似的加工操作来完成。但是这种相似性并非总是存在的，所以通常需要进行手动检查，并在必要时对所得结果进行调整。

然而，最简单的重复使用方法是基于模板的方法，但这种方法并不是真正的自动化。该方法仅仅是将之前已经预编译并测试完成的加工方法应用于新的尺寸上。这种方法的使用在很大程度上取决于确保新零件无差错加工所需的成本。这种方法的主要挑战是尽量减少维护模板数据库和识别零件特定模板的成本。从许多合同制造商制造出的零件差异来看，由于要维护模板数据库的大小，这种方法已不再可行。

第二种措施是特征宏映射。这样，加工特征（设计元素如可通过特定的表面元素排列来定义的孔、凹坑或凹槽）与孔直径、凹坑深度和通过宏的凹槽宽度等参数可以分配给具体的加工顺序（Klocke 2008a）。因此，特征识别可用于使用特征宏映射自动创建整个零件的加工序列，至少对于特征中包含的几何元素是如此。根据所使用的 CAD 工具，标准

特征的元数据通常在设计期间生成，如使用钻孔辅助或凹槽创建。由于不同数据格式的问题，通常从元数据一般不能直接到 CAM 系统。因此，大多数 CAM 系统提供了自动特征识别（AFR）功能。如在 Woo（2005）可找到常见 AFR 方法的描述。由于与基于模板的方法相比，宏通常只包含少量加工操作并被封装使用，宏数据库能够以更少的维护成本覆盖更大的零件范围。

在这种情况下的挑战是编辑功能的明确定义。图 2-3-4 所示为一个孔。仅考虑完全相同的孔，所以最初可以定义两侧的孔。此外，添加诸如边缘设计或底部类型的孔之类的特征作为附加自由度，其实际上通常可由设计者任意地定义，从而显著增加了定义可能性的数量。通常，由于必须存在与每个特征匹配的宏，所以宏数据库的大小和维护成本也会增加。为了高效地应用特征宏技术，需要在设计阶段就对特征进行统一和清晰的定义。

基于特征的规划方法是许多研究工作的一部分。例如使用具有 AFR 功能的 CAD 和 CAM 系统之间双

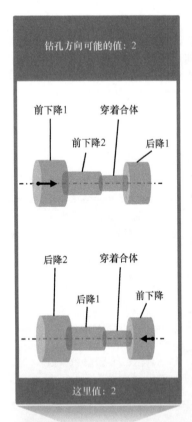

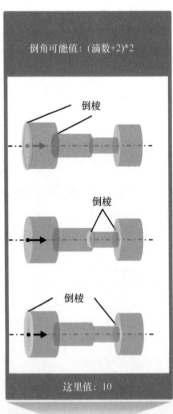

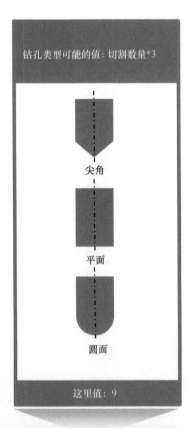

© WZU/Fraunhofer IPT

图 2-3-4　描述组件特征时的不明确性

向耦合进行几何建模和加工规划（Lee 1998；Hoque 2013）。为了能够在航空航天和汽车行业使用基于特征的宏技术，对于那些几何形状超出棱柱特征的复杂零件，出现了先进的特征描述（Tapie 2012）。还探索了作为设计和制造之间的普遍解决方案集成到产品生命周期管理（PLM）系统中（Tapie 2012）。

借助应用程序编程接口（API），可以通过 CAM 系统的自身扩展自动实现大部分 NC 规划的自动化。API 扩展通常可以访问 CAD 模型，因此可以对几何进行任何分析。同时它们可以调整或集成 CAM 系统的用户界面，并能够独立创建和参数化加工操作。还可以将数据技术和工作流程相关的部分集成到公司的系统环境中。然而，广泛的可能性还需要非常高的维护成本，并且在某些情况下需要很高的许可成本，因此通过 API 的自动化实际上仅在特殊情况下或特殊应用中实现。实现新 CAM 功能的可能性和费用高度依赖于相应的 CAM 系统和制造商提供的 API 功能。在更改 CAM 系统时，通常需要重新制定通过 API 增强功能来实现企业的特定功能，这可能会导致高成本。

3.1.3 进一步的研究和实践方法

为了使基于 API 的解决方案的全面功能和高柔性成为操作性强且易于管理的工具，将工作流建模系统与 CAM 系统结合使用。这种系统已经被用于业务流程建模软件中，如仅部分记录业务流程，还用于指导数据流、自动生成输入掩码或处理请求

（Allweyer 2011）。图 2-3-5 的上半部分所示为一个没有控制结构（如分支或循环）的简单过程，下半部分所示为这种用于生成工作流的系统的结构。其基本思想是软件开发人员提供由 CAM 系统自带的 API 功能，这些 API 功能作为可调用的单个步骤，由更抽象的特定领域来提供。随后由 CAM 管理员用这些单独的步骤创建特定的、类似零件类型的自动化操作。反过来，这些过程可以由 CAM 用户启动（或者在理想情况下，完全自动化）用于新的类型相似的零件，并作为结果提供相应的 NC 程序。通过这种方式，CAM 程序员的领域知识与软件开发人员的软件开发能力之间可以进行有效的分割。

在一些工作中，以上所描述的用于自动 CAM 规划和 NC 编程的方法也与 CAPP 的概念相关联，重点是辅助或自动生成工作计划（Denkena 2007）。CAPP 方法的一个基本输入是对生产资源的使用能力，如可以使用用于映射机床能力配置文件的模型（Newman 2009）。CAPP 方法还考虑了复杂工件的工艺步骤顺序、制造中的资源分配和夹紧选项的不同变体（Nonaka 2013）。

目前市场上可用的 CAM 系统已经可以提供特定的自动化机制。这样计算机就可以根据一些原则针对不同的零件应用不同的制造知识。这些系统的生产性用途的广泛程度取决于操作界面的用户友好程度以及对各种零件的适用性。下文将介绍一些软件解决方案中 CAM 自动化的可能性。

因此，MasterCam 公司的 CAM 系统 Prodrill 简

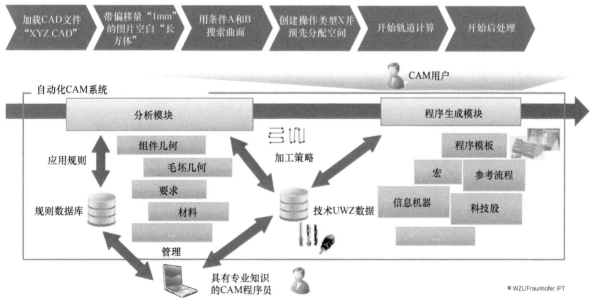

图 2-3-5　基于专家知识的自动 CAM 工作流程

化了钻孔工具的创建，且可以自动检测和生成钻孔操作（Moldplus 2014），因此自动特征识别经常被使用。Siemens. PLM 公司提供加工知识编辑器，作为 NX CAM 系统基于特征的加工（FBM）的一部分，可以利用自己的基于规则的编程语言和特征识别功能，自动编写钻孔和铣削加工的 NC 程序。CAM 制造商 OPEN MIND 通过 hyperMILL 特征技术提供了另一种用于 NC 编程的自动化解决方案。在 CAD 模型中，现有的几何图形可以用于 CAM 编程，典型的和重复的几何图形可以被定义为特征。除了指定的几何图形外，特征还可以获得所有与生产相关的信息，如表面、深度或起点（OPEN MIND Technologies AG 2014）。Edgecam 公司 的 CAM 系统（Edgecam 2016）采用了一种用流程图映射工作流的方法。由于高许可成本和不同制造商的 CAM 系统之间的计划部门结果的导入/导出缺乏合适的交换格式，因此，特别是具有异构软件环境的企业或通常被迫接受任何 3D 格式的合同制造商，目前仍然在这些机制基于需求的应用中受到严重的限制。

在钻孔领域，除简单的规则之外，基于知识的解决方案用于闭合 CAD/CAM 过程链中的 NC 编程的部分自动化（Papsch 2011）。数控编程在复杂的钻孔作业中提供了很大的潜力，因为使用频率高，而且有大量的变体多样性。对于单机和小机组制造商来说，80% 的自动化水平对于 NC 编程尤其经济。

为此，Papsch 2011 提出了一种方法，通过使用具有特征技术的推理引擎，可以将自动规划所需知识进行建模并作为规划过程的一部分提供。这样手动认知生成的计划结果就可以与计算机自动生成的计划结果相关联。根据工件类型，不能扩展到 2.5D 铣削加工以及基于知识的分类。

此外，用于预测过程参数的方法，有如使用神经网络、研究制造公司的工业适用性等。有条理的方法的使用，在可扩展的技术数据库中机床、产品、过程和测量数据的自动化存储，在线测量系统的使用以及集成到通用的 CAx 链中，进行这些研究，以便将已知的数据挖掘方法转化到成果中（GroßeBöckmann 2013）。在 AiF 资助的研究项目 "WiWaPro - 基于理论的中小企业工具选择的过程中，使用独立于制造商的工具描述和半自动信息捕获"（Brecher 2014c）正在对另一种基于知识的方法进行研究和实施。WiWaPro 旨在开发一种自学的、基于零件的 CAM 程序员支持概念，用于铣削和钻孔过程的工具选择（见图 2-3-6）。该项目基于案例推理和机器学习方法设计了公司特定的可扩展学习周期。为自动反馈相关过程和规划数据，该项目还开发了与选定 CAM 和刀具管理系统的连接接口。该研究项目的结果可用于通过确保选择最佳工具和加工策略来消除因个人知识储备不够而产生的对中小企业的经济损失。

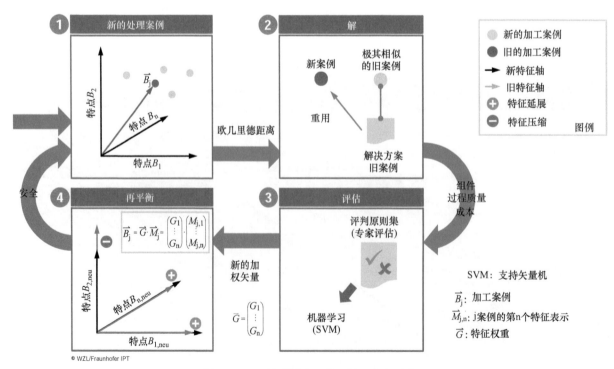

图 2-3-6　工具选择过程基于知识的自动化

3.1.4 小结

从产品定义中自动推导加工操作是工业 4.0 的基本先决条件，因为它可以通过这种方式实现加工单件批量的功能。对于加工而言，这意味着可以从 CAD 模型自动创建 NC 程序。原则上，来自各种提供商的强大软件可用于实现该目的。由于用户和具体需求的不同，商业软件解决方案可为 CAM 自动化提供一个起点，但不是现成的解决方案。在这种情况下，基于工作流的方法可实现正式地映射企业专业知识并使其在企业内部使用。这些工作流可以通过机器学习方法进行补充，以便识别类似的加工案例并从中提取知识。但应注意的是，即使从 CAD 模型到 NC 代码的通用链也不能保证在实际机床上进行正确而高效的加工。为此，在产品开发过程中应考虑制造过程与机床之间的交互。

3.2 产品开发过程中的工艺过程与机床特性仿真

Frederik Wellmann, Christian Brecher

由于产品种类的不断增加、产品上市时间的不断缩短，为了确保产品的质量，需要反复商榷产品开发过程（PEP）。因此，应该尽量避免公司内部各部门之间现存的成本高昂的优化循环。特别是在产品开发和加工准备之间，以及在加工准备和正式进行生产活动之间，与此相关的工作效率存在很大的提升空间（见图 2-3-7 上部分）。此处涉及的关键技术是如何把不同的部门相互连接起来以及有针对性地使用现代仿真工具，例如对过程 - 机床行为的早期预测。在此背景下，工业 4.0 代表了目前异构模型领域的各个模型之间的横向联系，以达到掌握产品、过程和机床之间交互的复杂性的目的。

在产品开发的时候就应开始持续提高效率。目前，新设计或改装产品的早期阶段应测试其理论负载能力和功能。各种用于各细分市场的 CAE 软件可用于此处。然而，到目前为止，仍然缺乏合适的模拟方法，新设计、变体设计或适应性设计也可以同样等效地具有相应的预测能力。因此，作为 BMBF 联合项目 "ReffiZ—实现高效加工工艺" 的一部分，探索了图 2-3-7 下半部分所示解决方案的技术基础（Brecher 2015a）。工业实施的决定性因素就是产品开发和生产计划越来越多地在同步工程意义上进行并行化（Eversheim 1995）。新的产品模型，特别是 CAD 数据，在开发早期就转移到生产计划或加工准

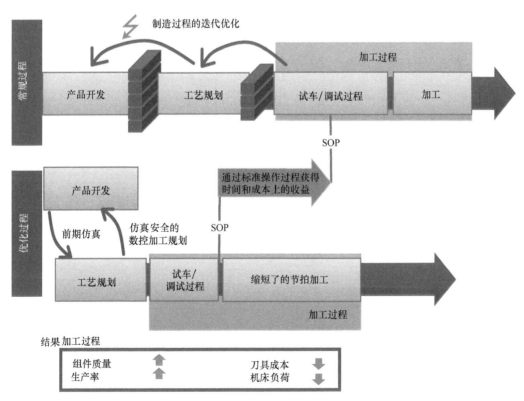

图 2-3-7　提高产品开发过程（PEP）的效率（Brecher 2015a）

备中（见图 2-3-8）。NC 规划员创建了一个完成度只有 80% 的计划，在此基础上模拟加工过程，包括过程 - 机床行为。变体设计或适应性设计的一个特殊优点是，现有的 NC 程序通常可以立即重新使用。仿真结果最终提供了关于加工过程局部薄弱点的信息。例如，预测可能由于静态冲击力或不希望的振动造成的超差。如果通过调整数控程序或选择替代夹紧装置或切削刀具不能消除这些问题，则通知负责产品开发设计的工程师。其检查是否可以通过建设性调整消除所识别的薄弱点，以及是否适当选择了所指定的公差。及时将生产方面的生产力和质量限制反馈到设计中对经济性至关重要，因为设计中设定了 70% 的后期产品成本（Ehrlenspiel 2014）。

产品开发完成后，在功能和生产效率均得到检验的情况下，紧接着就是生产计划的最终部分。在这里 80% 的解决方案会再次被优化。在软件上模拟测试新计划生产过程的可行性大大缩短了实际机床系统加工程序的运行时间。因此，即使在生产开始之前（SOP），也会带来显著的时间和成本效益（见图 2-3-7）。此外，通过整体优化的总体结果，可以显著缩短循环时间。因此，除了部件的质量得到更好的保障外，生产效率也有所提高。另外，通过可实现的过程管理可以降低工具成本和机床负载。

在 3.2.1 节中，将介绍一个车削和铣削过程 - 机床行为基于物理的仿真框架。特别讨论了在加工准备中对 NC 程序进行局部优化的潜力。在机床制造商和机床用户之间的跨学科交流中，描述的模拟工具可以在相同程度上有助于其有目的地开发生产资料。3.2.2 节介绍了机床开发的相关潜力。

3.2.1　加工准备阶段数控程序的优化

现代车床和铣床在制造过程的设计中提供了很大的自由度，因此是众多生产链中不可或缺的一部分。由于同一个加工任务可以通过不同的方式解决，所以加工规划员和 NC 规划员面临着挑选最佳技术组合的挑战。因此，可以在资源的选择中使用不同的夹紧装置和切削刀具。另外，还可以组合不同的加工策略、路径策略和切削布局。工艺质量是由进给量、切削速度和切削深度等工艺参数决定的（Klocke 2008b）。NC 规划员面临的矛盾是在尽可能短的加工时间内，同时保证稳定的工艺质量和零件质量。但是使用所选技术集可实现的质量水平只能在加工过程中或之后确定，如在零件测量过程中。因此，需要经常在实际机床上进行许多试运行以逐步优化加工过程（见图 2-3-9）。

为了在早期阶段创造透明度并将优化转移到加工准备中，在 BMBF 项目 ReffiZ（高效加工过程实现）中传统 CAM 和 NC 仿真系统的模型世界扩展到动态过程 - 机床模型（见图 2-3-9）。这样 NC 规划员就能够虚拟测试新创建的加工过程的生产效率极限。与许多其他仿真系统（MAL 2016；Biermann 2013；Brecher 2011a）不同，规划员可以在其熟悉的软件环境中执行此操作。还可以根据需要快速地对生产场景进行更改，例如可以有针对性地改变工艺参数和所使用的生产工具。在新的模拟运行过程中，更新后的结果可以再次与之前的结果进行比较，并把比较的结果以可视化的方式显示出来。通过这种方式，可实现用

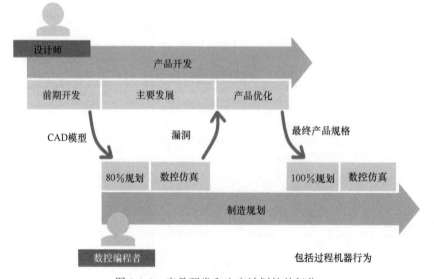

图 2-3-8　产品开发和生产计划的并行化

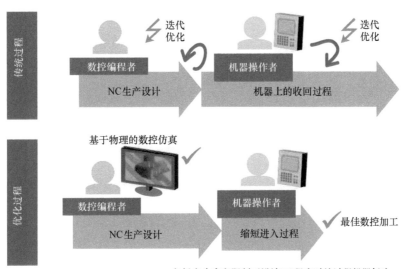

图 2-3-9　基于仿真的工作准备中的制造过程优化

户驱动的 Apriori 过程优化，从而确保首次的生产投入（Wagner 2012）。特别地，这种方法开辟了一个先河，不再需要将制造过程解释为全球妥协，而是对它们进行精细粒度地优化。重点仍然是有经验的用户的专业知识，他们根据可用的、预测的关键数据和过程模式独立推导出解决方案（Lohse 2014）。

图 2-3-10 所示为亚琛工业大学机床实验室（WZL）与西门子和 Gebr 公司合作使用的物理模型。该模型中 Heller Maschinenfabrik（恒轮集团）已被集成到 CAM 环境中。该研究的重点是 2.5D 铣削和车削工艺的映射，涵盖了绝大多数实际应用（Brecher 2014a）。切削刀具通过工件中的空腔或沿着弯曲路

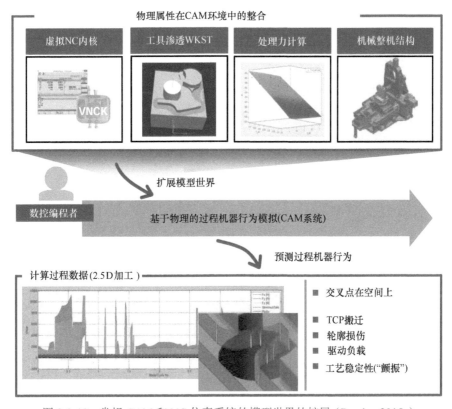

图 2-3-10　常规 CAM 和 NC 仿真系统的模型世界的扩展（Brecher 2015a）

径加工，即切削刀具和工件之间的接合条件是连续变化的。

虚拟控制器，如图 2-3-10 所示的西门子的 VNCK，属于现有技术，并且也可以从其他制造商处获得，如 Heidenhain 或 Fanuc。在默认情况下，它们允许检查 NC 程序序列。通过机床和夹紧装置的运动学几何刚体模型相结合，这些软件甚至可以进行碰撞检查。对于过程 - 机床仿真，虚拟控制的默认值可以转移到再现刀具和工件之间的相对运动的模型，并据此映射以时间为变量的刀具 - 工件的穿透。位置值的传输发生在控制器的插补周期（IPO 周期）中，通常为 2~8ms。所确定的干预条件反过来被用来计算过程力（Altintas 2012）。如在有些文献（Zabel 2010）中给出了过程力计算的替代方法。然而在几乎所有的情况下，重要的是存在用于计算切削力的合适系数。例如，可以从一些文献（Brecher 2015a；Rudolf 2014）中描述的方法得知，如何由传动的转矩确定电动机中的电流。

通过随后在机床的机械结构模型上施加过程力，可以预测工具中心点（TCP）的位移。通过使用合适的标准，可以提供有关产品轮廓或加工过程的不稳定性信息（Altintas 2004）。机床的动态顺应行为对位置是敏感的，这是一个重要的创新点。这样可以获得更好的近似值，特别是对于行程距离较大的机床，以及多个机床轴的同时运动，如图 2-3-11 所示，必须在多个位置测量频率响应。可以明显看出在所考虑的立式铣床中动态特性的变化，特别是随着 y 轴位置的变化。通过测量工作空间中一些比较简单的位置并使用它们来参数化有限元模型（Brecher 2015a），可以减少测量工作量。

使用参数化有限元模型模拟或测量的频率响应可以通过曲线拟合转换为振荡器模型（Surmann 2008）。每个频率响应都可以通过多个去耦单端振荡器来近似，这些振荡器由模态参数质量、阻尼和刚度来描述。模态参数作为基础存储在工作空间中的相应位置处，从而可以在它们之间进行插值。图 2-3-12 所示为两种通用的方法：基于 Vandermonde 矩阵（范德蒙矩阵）的 2D 多项式插值和在立方网格内基于插值点的三维线性插值。

这些模型的总体挑战在于所描述的模型的时间是否能同步，因为通常存在不同的计算周期，并且这些不同的虚拟周期都是有具体意义的。在使用控制器计算 IPO 周期中编程的默认值时，需要更高频率的虚拟分辨率来确定过程力（如 ReffiZ 项目中的 128 kHz）。在此背景下，西门子开发了一种原型用以共享内存，通过它模型可以成功集成到 CAM 系统 NX 中（Brecher 2015b）。共享内存周期性地分配对耦合模型的读写访问权限，并且是所有仿真结

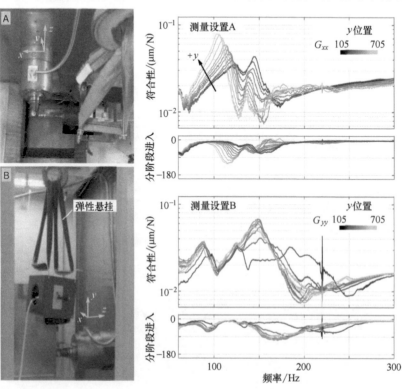

图 2-3-11　测量机床的刀具侧动态顺应性（Brecher 2015a）

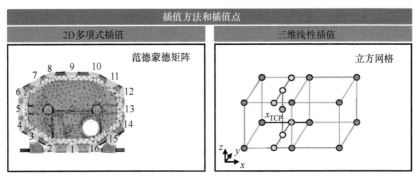

图 2-3-12 动态顺从性频率响应的位置灵敏插值（Altstädter，Heller）

果的中央数据收集器。在模拟运行结束后，结果可以在 CAM 系统中可视化（见图 2-3-13）。根据 Vitr 2012，除了各种 2D 表示外，还可以在刀具路径上投影信号值和计算的关键值。另外，模拟值还会分配给 NC 程序段。

3.2.2 来自生产工具开发阶段的知识反馈

目前，许多生产工具，从切削刀具到刀柄再到加工中心，都是针对特定应用而开发的，具体地说，就是材料、几何形状、零件尺寸和加工所需的精度范围。如果能以适当的方式对生产工具的物理特性进行建模，那么就为过程 - 机床行为的模拟提供了一种可能性，即在开发阶段的已定义的加工操作方面。更有趣的是，交钥匙解决方案的开发在许多生产工具制造商的营业额中占有越来越多的份额。最重要的是，经验丰富的机床制造商已经为开发一系列制造工艺建立了一个庞大的知识库。对它们来说，行业相关参考流程的模拟提供了基于过程稳定性评估机床设计动态顺应行为的机会。同样，它们可以使动态的机床行为适应客户特定生产过程的要求。

成功的关键在于生产工具属性的模块化封装。这使得各个制造商可以自由交换它们的模型。例如在机床设计的不同开发阶段与不同的机床进行比较，这一点尤其重要。图 2-3-14 以动态顺应频率响应为基础说明了这种模块化的概念。

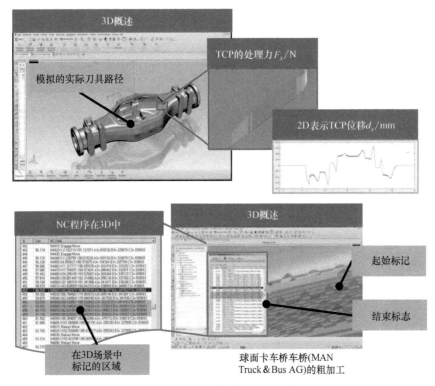

图 2-3-13 工艺数据的可视化

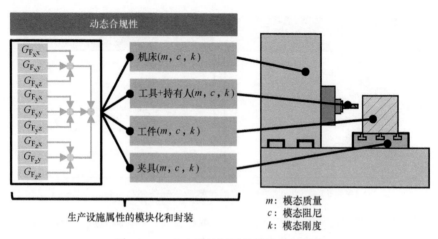

图 2-3-14　生产设施属性的模块化和封装

机床由多种结构部件组成，如床身、底座、托架、主轴箱和主轴，这些都是通过连接点连接，如导轨、轴承、安装元件、配件和驱动器。由于在机床的早期开发阶段没有实际测量数据可用，整个机床的有限元模型是基于 CAD 数据创建的。为了确保合理、高效的模拟，有必要在组装之前减少系统矩阵或结构部件的自由度。在 WZL（机床实验室），Craig-Bampton 方法已被证明是有用的（Rixen 2004）。连接元件的刚度可以根据制造商的说明并根据相关文件来确定（Brecher 2013；Brecher 2012a）。图 2-3-15 比较了 CAD 模型及其衍生的铣削中心的简化有限元模型。通过减少有限元零件数量，确定模态参数的计算时间减少了 94%（Brecher 2015a）。

由此产生的计算效率与模块化封装相结合，可以在开发的早期阶段进行模拟。此外，机床部件的调整可以在前面描述的基于定义的加工操作的过程 - 机床模拟的背景下进行测试。通过这种级别的个性

化水平，机床制造商创造了独特的销售方案，强化其在国际市场上的地位（Brecher 2015a）。

3.2.3　小结

基于通用的 CAD-CAM-NC 链（见 3.1 节），前文介绍了产品、过程和机床之间的交互。虽然 CAD-CAM-NC 链基本上是建立在几何约束基础上的，但现在的目标是虚拟地绘制加工过程的物理特性，以便及早发现加工问题，另一方面缩短机床首次进入市场的流程。一个关键的挑战是过程和机床的模型质量。一方面，尽最大可能去开发最详细的物理图像是非常重要的。另一方面，建模耗费与收益成比例。在此背景下，扩大常规 CAM 和 NC 仿真系统的模型领域，计量识别必要的模型参数并减少物理模型，以便快速计算。

前文的工作可以被视为工业 4.0 的先决条件。只有当可以虚拟地表征产品、过程和机床之间的交互

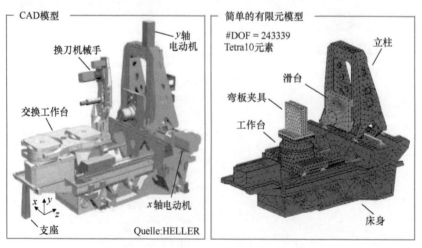

图 2-3-15　铣床的有限元仿真模型（Heller）

时，传感器数据和大数据技术才能有效地利用。对于机床来说，纯数据分析方法很少能够用于可靠的根本原因分析。物理模型和传感器数据必须相互关联，以便根据信息物理系统（CPS）的思想对所获取的数据进行评估和全球网络化，从而可以据此建立生产和工程中新服务的有用知识。3.3 节将介绍这个方向的第一种方法。

3.3 制造企业的大数据分析

Michael Königs，Christian Brecher

所要达到的生产质量受加工工艺和所使用的生产资源的影响。NC 控制和编程系统的规格也会对制造误差的产生有相当大的影响。对这些不同影响的详细分析经常受到错误原因、NC 程序集和制造错误之间相互依赖性的阻碍，并且目前仅在手动耗时的过程中是可行的。这与经济生产的需求形成鲜明对比，新工艺的转换时间越来越快，新工艺必须具有高度的性能。因此，不断开发所使用的技术至关重要。

在此背景下，需要通过额外的诊断和预测方法对加工计划进行广泛支持。一种可能性是从来自 CAD-CAM-NC 链的汇总加工数据中学习。本节重点介绍通过加工准备、加工和质量保证的联网来说明结构化数据库的结构。在此基础上，指出并讨论评估方法的潜力。

3.3.1 CAD-CAM-NC 链的一体化网络

3.1 节描述的 CAD-CAM-NC 链将从信息技术的角度在此再次阐述。NC 编程的起点通常是设计数据的传输。基于 CAD 几何信息和给定的加工公差，通

过 CAM 系统对加工过程进行说明。CAM 规划员通过选择模型区域以及工具和工艺参数来参数化加工操作，然后使用这些参数生成刀具路径。使用后处理器，这些路径被转换为机床特定的 NC 程序，其与毛坯、夹紧位置、零点和刀具列表的文档一起被传递到车间。在那里完成给定加工情况设置，这些包括刀具设置以及夹紧情况和刀库分配的生成。在完成加工过程之后，对成品工件的第一次质量检查通常直接在机床上进行。将检测到的错误或问题口头传达到加工准备。在质量保证中使用适当的测量技术进行详细检查。在此，通过重新诠释最初传输的 CAD 数据以及公差规范来创建测量和测试报告。确定的尺寸超差通常以纸张形式直接返回车间，并执行 NC 程序的手动调整。

在工业 4.0 的思想下，参考 CAD-CAM-NC 链，相应的信息和服务提供商相互联网。实际上，这是通过一个开放的系统架构实现的，所有员工都可以访问这个架构来集中创建和调整数据（Königs 2015）。除了当前软件系统的连接之外，员工本身对于未来的生产至关重要。通过使用移动设备，员工应该直接集成到生产过程中，从而得到特定位置和环境的支持（Spath 2013）。图 2-3-16 所示为 CAD-CAM-NC 链的传统流程。

集中数据管理最初只能确保持续的数据更新。为了继续进行跨部门数字信息传输和所需的员工支持，将使用更为广泛的数据集成方法（Königs 2015）。在 2016 年初完成的由 AiF 公司资助的研究项目 CAMCloud（云端计算机辅助制造系统）中（Brecher 2015b；CAMCloud 2016），数据通过待加工工件的 CAD 零件表面相互链接。通过 CAM 系统的扩展，CAD 模型的各个表面首先被指定为相关加工

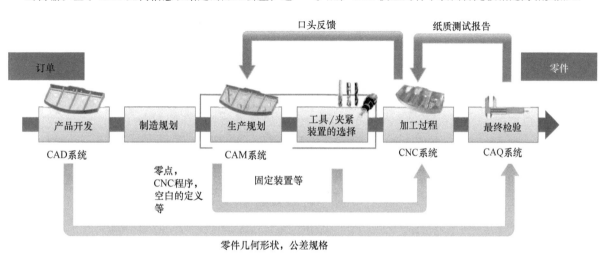

图 2-3-16 CAD-CAM-NC 链的传统流程（图片来源：Heller Chiron©WZL/Fraunhofer IPT）

操作的参考。此外，还将零点和夹紧装置分配给相关零件区域。将 IT 模型导出为中性数据格式后，可以集中用于其他工位。

通过台式 PC 和移动设备为基于任务的员工支持提供跨部门模型访问。这可以通过使用基于浏览器的 Web 界面来实现。除了描述如用于机床设置的零点和夹紧接触区域（见图 2-3-17），目前只有口头或纸质的加工公差反馈以这种方式进行。中心参考元素始终表示 CAD 零件的几何表面。

图 2-3-18 和图 2-3-19 所示为在车间和质量保证

中使用的反馈接口的两个特征。通过对虚拟部件表面进行颜色标记和分类，首先记录加工公差。然后，存储在标记表面上加工操作的参考被用于有针对性地返回到 CAM 系统（见图 2-3-18）。质量保证中的尺寸超差反馈以类似的方式进行（见图 2-3-19）。从坐标或粗糙度仪输出的目标和实际原始数据被赋予到虚拟零件表面。用颜色突出显示相关区域。此外，还有指向相应数字测量报告的链接。

所描述的流程可为员工在加工准备和制造中提供支持。通过对加工误差和质量问题的结构化反馈，

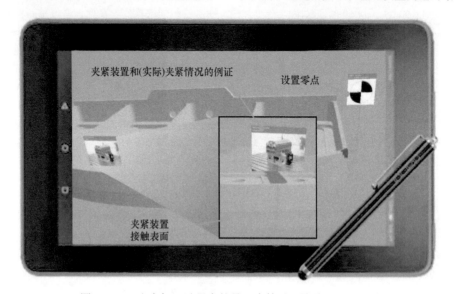

图 2-3-17　生产加工过程中的员工支持（亚马逊，Allmatic）

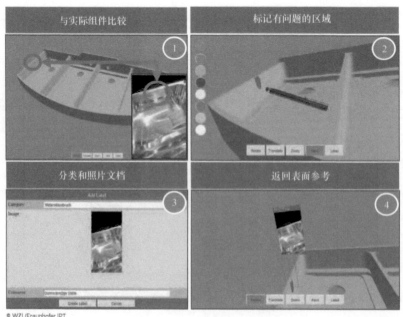

图 2-3-18　记录移动设备上的制造错误

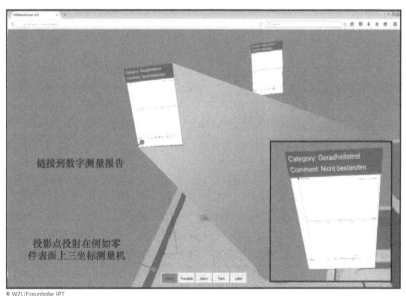

© WZL/Fraunhofer IPT

图 2-3-19　返回质量结果到工作准备

知识的直接传递可以返回到 CAM 系统中并用于未来的加工规划。

3.3.2　工艺数据反馈和语境化

　　使用来自成熟制造商的 NC 控制器，如今可以在插值或位置控制周期中获取实时信号（通常分别为 612ms 和 12ms）（Vitr 2012）。除了这些连续信号，还可以调用系统变量，如 kv 因子、运动学，刀具表和补偿表以及驱动参数。通过制造商提供的用于诊断和自动化的软件库（如 Siemens Sinumerik Operate Create MyHMI；Bosch CTA；Heidenhain RemoTools SDK；FANUC FOCAS），访问这些功能是特定于控制的。

　　除了众所周知的与表面相关的质量缺陷可追溯性之外，这种额外的信息来源为深入的过程分析开辟了新的可能性。只有通过零件表面、加工操作、NC 程序集、刀具、设定运动和实际运动以及控制信号和实现的零件质量的语境化，才能保证对加工问题进行针对性原因分析时具有足够的透明度。生成零件表面相关信号之后，可以根据 NC 控制器的加工过程或者实际数据进行减材制造的模拟。图 2-3-20 所示为相关程序的概述。

　　启动 NC 程序时，首先记录刀具表和运动学。过程并行地采集每轴、活跃 NC 程序段、零点和刀具的实际位置。通过诠释运动学模型和刀具校正值并基于零点和位置数据执行正向变换，计算刀具运动，这与 CAM 系统中的过程相似。使用 CAD 零件几何图形并提供一个小的加工余量，就可以计算虚拟的

材料去除。当材料去除时，对当前 NC 程序段以及材料去除时间的引用存储在相关零件表面上。通过这种方式实现零件表面、NC 程序和其他过程信号之间缺失的关系。信息链接仍存储在中央数据库中。

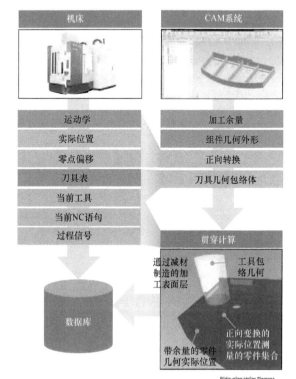

Bildquellen:Heller,Siemens
© WZL/Fraunhofer IPT

图 2-3-20　利用 NC 程序段、刀具、过程信号和零件表面生成的加工表层

3.3.3　数据评估

通过 CAD-CAM-NC 链中所有工位的联网以及所有结果信息的语境化呈现，可实现自动数据融合。下文介绍基于创建的数据库的分析方法和工具。

3.3.3.1　手动过程评估

在所创建数据的基础上，可以在完成加工过程之后，对手动评估记录的过程信号直接进行诊断。如果是在检测到的过程错误上标记 CAD 零件表面（见 3.3.1 节），则可以从记录数据的总和直接访问相关过程信号以及 NC 程序段、刀具和加工操作。然后执行以这种方式选择的信号区域的可视化，以便在刀具路径的相关区域（Vitr 2012；Lohse 2014）和直接在标记的部件表面上进行评估。这可以直接在 CAM 系统中实现，也可以在单独的、面向机器的评估工具中实现。例如，在图 2-3-21 中，沿相关的刀具路径着色显示了冲击。可以识别出冲击曲线的强烈振幅，其原因是所用端铣刀的材料退出。通过选择具有更高刚性的刀具并且使用相应的刀具特定技术参数，实现了冲击曲线的明显弱化并且因此免去了待加工工件上的表面标记。通过直接参考刀具和加工操作，把要进行的更改以数字方式转发到 CAM 系统。

3.3.3.2　生产力提高

除了手动评估和处理错误的诊断之外，所描述的反馈工具、语境化工具和评估工具也适用于识别 NC 程序的非生产性部分。在经典的 CAD-CAM-NC 链中，如果质量保证测试报告为负，通常会对进给和主轴速度参数进行全局且保守的调整。因此，负责测量质量的规划领域的局部调整性的潜力，几乎未被开发。

所提出的方法揭示了这种潜力。通过 CAD 零件几何表面关联质量保证测量数据和 NC 程序段（见 3.3.2 节），如果在相关的表面区域检测到尺寸超差，则可以选择性地对 NC 程序段进行局部更改。

该过程还可用于迭代地提高生产力。接下来，调整技术参数直到检测到第一次尺寸超差。对于相关的 NC 程序区域，记录前一次成功使用的技术参数。继续程序的其他部分，直到下一次尺寸超差发生。在实践中，该程序满足了所有要求的公差规范，同时实现了生产力 90%~140% 的提高。

3.3.3.3　自动评估和质量预测

通过 3.3.3.1 中提到的手动评估方法的算法实现，可以自动识别潜在的关键区域。对过程信号的分析是必要的，这不仅应针对特定零件进行，而且应使用大量不同的机床进行批量生产。除了计算加工缺陷发生的风险值以及随后在相关刀具路径上标记区域以外（Lohse 2014），即使在加工过程中也可以做出关于质量的陈述。通过圆度测试的例子来举例说明，与 3.3.3.2 节中的步骤类似，确定测试报告的原始数据与 CAD 零件的相关表面区域之间的连接是相关的，过程并行地记录设定值和实际位置信号（直接测量系统），如图 2-3-22 所示，两条路径产生的轮廓偏差（见图 2-3-22a，平滑 Delta），根据所用刀具的半径进行调整，与后续测试报告的结果显著相关（见图 2-3-22b）。

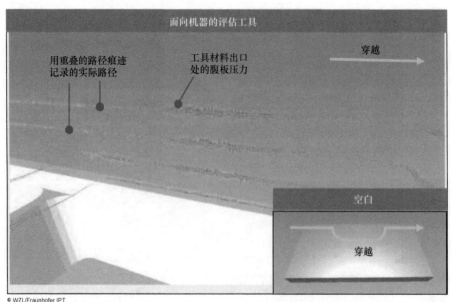

© WZL/Fraunhofer IPT

图 2-3-21　在面向机器的评估工具中刀具实际路径上的过程信号表示

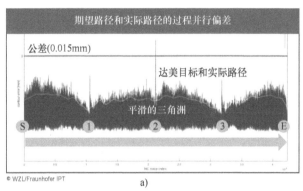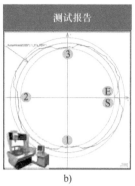

图 2-3-22　过程并行预测质量结果

此外，通过将材料去除模型与位置和刀具的实际数据结合使用，可以定性地预测实际表面特性。图 2-3-23 比较了航空航天结构部件的实际和在线计算加工结果，可以看到实际铣削图像与在线计算结果是明确一致的。

3.3.4　小结

本节基于加工准备、加工和质量保证联网的例子，展示了如何使用中央数据库以及 CAD-CAM-NC 链上加工站的 IT 特定和任务特定连接，创建统一的知识库，支持生产订单的进度控制和记录。链接相关"零件表面"域的逐站信息也为进一步的大数据分析奠定了基础。其范围从手动根本原因分析到生产力评估，再到在线质量检测。

虽然所提出的评估工具已经可以为提高生产力做出重大贡献，但所提出的质量预测方法尚不能用于精确陈述，因此还无法取代传统的测量方法。其原因在于目前对刀具、工件和机床的物理属性进行了简化。为了更准确地预测并由此早期检测加工误差，必须通过基于模型的有效计算方法来考虑这些额外的影响（见 3.2 节）。然而，在通过零件、机床或跨现场的过程信号评估的早期识别趋势中已经看到了潜力。然后可以在批量生产领域的统计工艺控制中考虑这些。应该注意的是，机床的特性在其生命周期中会发生变化，因此有必要对模型进行动态调整。因此，下一节介绍将 CAD-CAM-NC 链以外的机床数据用于监测机床状态和启动预测性维护措施的方法。

图 2-3-23　实际和在线计算的加工结果之间的比较

3.4　工业 4.0 对机床状态监测的推动 ○

Christian Krella，Christian Brecher

生产系统的信息技术联网意味着可以在一定程度上预测并避免由于机床故障而导致的密集型生产中断。其中必要的工具来自状态监测领域，也就是机床的状态监测。它们中许多只有通过工业 4.0 的发展才具有用武之地。语义丰富的数据的运用可进一步发展机床技术模型。同时，在生产技术和计算

○　本节是 Brecher（2014b）的精简版本。

机科学结合的过程中，这些模型可以获得更大程度的利用。作为这些发展背景下的一个可能愿景，2014 年亚琛机床研讨会上介绍了一种自我监控机床（Brecher 2014b）。下面，在此精简版本的基础上对这个愿景进行更详细的说明，并且以这种方式展示如何利用工业 4.0 环境中的状态监测所产生的潜在可能性实现更可靠的维护规划和生产规划以及加工准备。

3.4.1　自我监控机床的愿景

当前在机床及其子部件状态监测领域发展的一个可能目标是自我监控机床，如图 2-3-24 中所示的愿景。从生产机器开始，可以使用子部件来划定部件和机床部件，其能够自主传达操作数据，或者至少影响在别处采集的数据的功能，例如在机床控制系统中。对于部件，可以从跨企业网络（这里称为云）中检索模型，其中包含有关操作数据和部件或机床状态之间关系的知识。通过运用各自的运行数据，状态预测可以通过使用这些模型来推导。一方面，预测与实际状态之间的比较可以改进部件的预测模型；另一方面，与实际运行数据和信号变化一起，形成改进部件本身的基础。机床用户必须完全控制返回的数据并访问存储的数据。此外，数据安全具有高优先级。

自我监控机床愿景纳入当前工业 4.0 的重点，利用其特定的优势来提高自身能力，其核心是 CPS 作为具有自主智能的联网传感器/执行器单元。在机床状态分析的背景下，这些分析可以通过单独的功能部件或通过附加传感器技术和评估技术的机床部件来进行。由于现有智能，CPS 能够首次执行评估以

及由此产生的行动。但是，充分的效益潜力只能通过单个系统的联网来实现。由于各个系统的综合通信能力和所获知识的汇总，可以对单个生产工具进行最新的状态评估。通过进一步合并采集到的数据，动态地优化生产计划和生产控制以适应当前情况。这不仅导致单个生产工具的最优利用率，而且还导致整体最优的、具有成本效益的生产。

自我监控机床作为工业 4.0 概念的具体实现和应用，使用户能够更快、更容易地引入状态监控方法。自我监控机床的这种能力会产生一定的效益潜力，可以分为三部分（见图 2-3-25）。

特别地，自我监控机床可以在基于状态的维护情况下实现更高的可用性，这也意味着维护成本的降低。除此之外，其结果是降低了监控机床的成本，而这些成本目前需要大量的人工耗费，并且还降低了备件的存储成本。此外，自我监控机床可以对加工质量进行备份，这可能通过更改部件状态来产生影响。

提供关于生产设备状况的信息也允许更详细的生产计划，并因此允许更大程度地优化生产过程。因此，在理想情况下，可以通过对可用生产数据进行整体评估，来预测哪个零件可以在哪台机床上加工并仍然具有足够的质量。此外，维护规划可以最佳地适应生产规划。这说明了实际应用所需的网络和数据汇总的价值。

同时，部件的使用寿命信息使机床制造商能够更好地适应加工任务。关键的操作状态可以被制造商记录和使用，以进一步开发和优化部件。在这方面，基于云的基础设施将是首选。这些实现了可扩

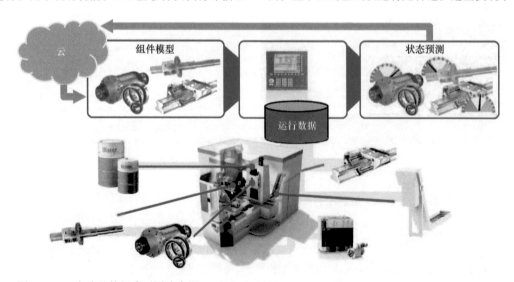

图 2-3-24　自我监控机床（图片来源：Dörries Scharmann Technologie，Weiss Spindeltechnologie，Blaser Swisslube，Knoll Maschinenbau，Siemens，Jena-Tec，Schaeffler）

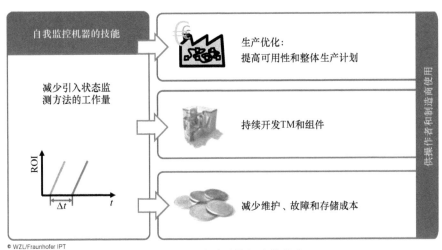

© WZL/Fraunhofer IPT

图 2-3-25　自我监控机床的优点

展的存储和组织以及对异构数据的评估，因此，可以提供更广泛的模型数据库。

3.4.2　用于服务寿命预测的机床部件模型

通常，使用宽带非结构化操作数据推导机床部件的状态评估以及随后的使用寿命的后续预测是完全可能的。然而，为实现此目的，需要创建数据库，其中包含了不同应用程序中一些相同机床部件的故障。通过使用现有的组件知识，可以大大减少甚至完全消除对经验数据的需求，该需求首先经济上可行地使用状态监测和机床部件的剩余使用寿命预测系统。这个先决条件是对部件和系统具有详细了解。

图 2-3-26 所示为评估机床部件状态基本程序的示意图。其起点是要监测的机床部件以及一个或多个损坏状态，这与诊断和后续预测剩余使用寿命相关。对于不同的损坏状态以及非损坏状态，必须在下一步中记录可用的运行数据。在理想情况下，还要采集表征状态更改过程的数据，从而为随后的组件状态预测提供有价值的信息。在接下来的步骤中，关于部件的知识发挥作用：原始数据被压缩成特征值，根据现有的机器部件模型（Metzele 2008），可以假设甚至知道与其条件的相关性。最后，根据特征值或其随时间的变化来推导部件的状态。

在 BMBF 资助的项目 ZuPro（可靠生产设备项目）中（Brecher 2010），信号支持的部件状态检测的

一个例子就是线性导轨和滚珠丝杠润滑不足的诊断。图 2-3-27 中的出发点是一个直线导轨，其润滑不足的情况已被确定为导致进一步损坏的原因（Brecher 2008），因此应在操作运行期间进行诊断。在润滑状态和润滑不足的情况下记录不同的信号，如温度、电动机电流和几个位置处的结构噪声。固体声信号的幅频谱中的差异示例在图 2-3-27 右侧。例如，在 10~25kHz 的频率范围内，可以区分直线导轨的无润滑状态和润滑状态。该频率范围内的曲线围成的面积（高通滤波的 RMS 值）与要诊断的条件相关，因此可用作状态模型中的特征值（Klein 2011）。使用在大频率范围检测振动的特征值，限制了结果对其他用例的可移植性。如果没有对基本动态系统的差异化观点，因此也存在错误诠释的风险。

如果基于信号形成的特征值受到不同的机床部件或外部干扰变量的显著影响，则存在状态误诊的风险。当特征值与特定部件状态基本相关时会发生这种情况；如果部件的其他状态组合存在且不明确，也会发生这种情况。提高模型细节程度，可避免此类错误的发生。

一般来说，目前基本上可以在某些机床部件的稳态运行条件下进行基于信号的剩余使用寿命预测。预测模型的可移植性和极限值会限制其在实际操作过程中的应用。这既涉及从试验到机床的知识转移，也涉及从一台机床到另一台机床，以及从一个部件

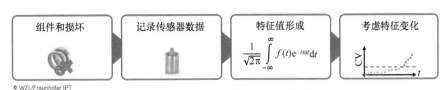

© WZL/Fraunhofer IPT

图 2-3-26　机床部件状态评估的程序示意图

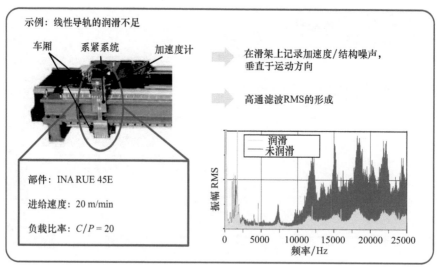

©WZL/Fraunhofer IPT

图 2-3-27　基于信号的线性导轨润滑不足诊断

尺寸和实施形式到另一个部件。例如，对于特定应用中的特定部件，用于评估部件适用状况的经验数据通常不足以确定其在另一用例中的相同部件的适用状况。只有借助附加模型才能产生一定程度上的可移植性。部件中和部件周围的已知物理关系越详细，其相关经验数据的普遍性越强。为了便于重复使用建立的模型，整体模型通常由不同的模块构成，必要时可以替换。下面将基于机床主轴轴承的示例来说明模块模型的耦合。

差异化考虑轴承载荷的一种可能性是基于模型计算主轴的安装轴承或轴承的单个触点的载荷和运行条件。模型以及该方法的输入和输出变量如图 2-3-28 所示。

考虑的出发点是作用在刀具切削刃上的过程力。

例如，通过使用来自机床主轴的转矩生成电动机电流的控制器内部数据（Rudolf 2014）。利用整个机器的模型，将作用在驱动器上的力按比例映射到主轴上。力分量被赋予到主轴轴承系统的耦合模型中。耦合模型中的计算包括与存储相结合的主轴计算以及来自作用轴承负载的单个接触载荷的迭代确定。

如果上述模型如图 2-3-28 所示耦合在一起，则在模拟结束时可以获得轴承单个滚珠的接触载荷和运动条件。原则上，该信息可用于确定当前运行状态导致的滚动面退化，同时考虑所有相关的相互作用的摩擦学因素，例如主要的润滑条件。目前还没有此类模型，但可以通过摩擦学试验台的比较试验获得，并提供了提取作用载荷与使用寿命缩短之间关系的可能性。如果累积计算期间内各个运行状态

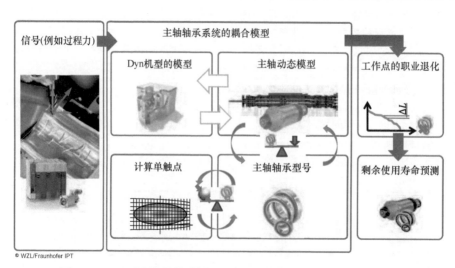

© WZL/Fraunhofer IPT

图 2-3-28　通过提高组件建模的细节水平来增加经验数据的一般性

的贡献，并设定与最大容许退化状态相关的贡献值，则可以预测剩余使用寿命。

在大多数情况下，寿命或使用寿命预测在部件设计期间"离线"进行。如上所述，在运行期间检测作用在部件上的实际载荷，则使用基于模型的方法来确定寿命或使用寿命以及更新部件寿命的预测，即预测是"在线"进行的。基于实际运行数据的在线使用寿命预测是估算机床部件的各自实际剩余使用寿命的重要步骤。故在使用寿命模型中不容易考虑部件润滑的瞬态故障，因此这不包括在剩余使用寿命预测中。但是，模型中已包含预先通知或存在的损坏，并能够将损坏状况与一个或多个基于信号的特性相关联。一个例子就是上面提到的直线导轨缺乏润滑反馈到固体声信号的有效值（见图 2-3-27）。这种基于信号的损伤诊断方法在此概括为"经典状态监测"。这些经典的状态监测模型与当前的生命模型和使用寿命模型以及学习系统的联系如图 2-3-29 所示，是当前项目的研究内容。

将知识融入适应性系统解决了采用先进的状态监测方法中的一个主要问题，并且能够同时在工业 4.0 中开发监测方法。在调试用于状态监测和状态分析的系统时，共同起点是机床用户希望监控系统能够发挥相应的功能。如果使用传统的状态监测系统，不能随着时间的推移进行学习，那么实际的系统效益可能落后于预期。如果使用自适应系统，而不依赖于专家模型这种形式的现有知识，则学习耗费较大且训练时间相应较长。在这段时间内，系统的误诊是不可避免的，但却几乎不能被容忍。即使在它发挥作用之前，系统也被归类为非功能性。该矛盾的解决方案是引入一个系统，该系统使用现有知识提供基本功能，同时提供适应具体应用情况的能力。用于锐化系统的额外运行数据还有助于进一步开发

通用模型。

3.4.3 集成到生产环境

下面将更详细地考虑参与自我监控机床、部件制造商和机床制造商以及用户的开发中不同参与者之间的相互作用。

上述方法产生的核心问题之一是有关各方提供模型和信息：部件制造商和机器制造商以及用户。可能的情况如图 2-3-30 所示，在这种情况下，部件制造商为其提供的机床元件提供诊断和预测模型。如有必要，可以将这些集成到上级装配模型中。这可以由部件供应商（如主轴的制造商）或由机床制造商完成。机床各个部件的模型由机床制造商组装成整体模型，并通过机床数据（如来自机床控制或来自进一步的 CPS）提供所需信息。在机床制造商的最终用户调试机器之后，机床的初步集成模型可用于预测状况和剩余使用寿命。此外，机床用户可以选择往更高级别的云中发送生成的数据。机床数据可结合来自生产的数据，如零件质量。这些通常可在企业资源规划（ERP）系统或 MES 中使用。通过大量异构数据（大数据），部件制造商、机床制造商或第三方供应商能够开发和提供改进的部件模型。反过来，用户可以将这些模型的改进结合到他们的机器中，并从改进模型的更高预测准确性中受益。

3.4.4 小结

根据上述的发展情况，这就引出了一个问题，那就是为什么现在不存在自我监控机床，目前有以下几个方面的原因。

机床层面的各种数据处理和数据采集单元之间的接口部分仍然不成熟，但最重要的是，不是标准化的或兼容的，这是一个主要缺陷。即使数据通信

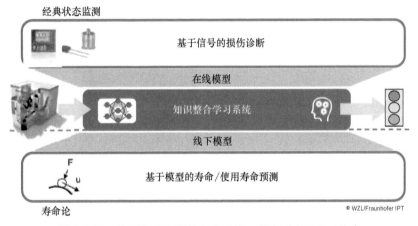

图 2-3-29 将寿命理论和状态监测模型集成到自适应系统中

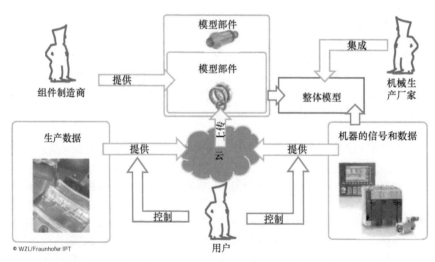

图 2-3-30　在基于模型的状态监测的背景下，行动者可能联网

在技术上已经可行，许多参与者在跨企业交换运营数据和部件模型的意愿仍然有限。造成这种情况的一个主要原因当然是对数据安全的怀疑，其他行业的媒体报道也推动了这一点。但是，所有自我监控机床的先决条件尚未在科学和技术层面得到满足，虽然已经存在许多用于机床子系统的模型，但尚未充分耦合。此外还有，模型的转移、从一个用例到另一个用例的限制，从作用载荷可能造成损坏的推导通常不能充分解决问题。

一些部件制造商和机器制造商以及用户的示例表明，正在积极解决各种挑战。与此同时，目前的大学研究项目正致力于机床系统和子系统模型的必要耦合和进一步发展。因此，出现第一台自我监控机床用于确保将来的生产似乎只是时间问题。应该强调的是，自我监控并不意味着决策过程的完全自动化，而是监控和诊断系统为工人提供决策基础。员工如何使用新的操作理念处理复杂的机床功能是下一节的主题。当然，应用领域超出了状态监测。

3.5　以用户为中心的新机床操作方案

Simon Sittig, Christian Brecher

近几十年来，机床已经发展到满足从相对简单的工具到复杂的高科技系统的经济生产的高要求，然而没有专门的技术培训或多年的经验，无法实现全面的操作（Brecher 2011b）。例如，今天的机床支持集成到自动工件流和工具流中，如多轴系统，用于在一个或多个带有集成测量和监控系统的工件上同时进行车削加工和铣削加工，并且在信息技术上是联网的。今天的机床具有一系列功能，在很大程

度上超越了原先解决的自动 NC 运动控制。尽管有这种发展，但机床的许多操作理念仍然是为降低系统复杂性而设计的，因此对机床操作员和程序员以及调试和维护人员的需求稳步增加。鉴于 CPS 逐步渗透到机床上，新操作理念的重要性将继续增长。以用户为中心的机床是将人整合到工业 4.0 中的基础。今天的大部分操作理念还不能为人类封装这种复杂性。

3.5.1　传统的操作理念

图 2-3-31 所示为目前在 NC 控制的机床上使用的典型机床控制面板。对于在机床上经常出现的两个任务：刀具补偿和数控编程，显示完成任务所需的用户界面的键和区域。用户连续输入需要在面板附近的输入之间跳转，然后在面板的底部和顶部进行操作。由此执行的操作步骤不直观地发生，而是通过例程进行，用户通过常规的重复类似过程来进行操作。

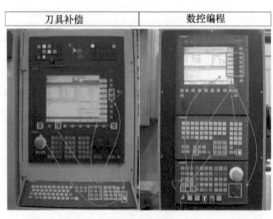

图 2-3-31　典型机床控制面板（Kolster 2014）

尤其对职业初学者和新人提出很高的要求。缺乏对交给他们的机床的全部功能的直观了解。因此，他们很难与这种新的技术密度保持同步（Abele 2011）。其原因在于存储机床功能的复杂分层菜单结构。因此，对用户来说，搜索特定功能通常是耗时的。对相应导航层次结构的调查表明，在至少 4 次点击后，可以实现总功能的 75%（Kolster 2014）。另一方面，可用性指南规定在最多 3、4 次点击后可以访问每个功能。此外，在传统的控制面板上，控制装置始终可见，并导致用户的视觉过度刺激。目前的输入设备没有充分发挥处理高功能密度的潜力。因此，从长远来看，有必要用直观的用户界面设计取代经典的培训理念，以熟悉机床操作。

通常，中央人机界面（HMI）用于控制和监视机床。如果在工作区、刀库或控制柜中进行活动，则不提供本地信息。例如将刀具装载到后部机床部件中的刀库中时，以读取 HMI 上的中间信息（如刀库位置、刀具长度和半径）或触发控制命令。由于这种变化也部分地影响了难以接近的机床区域，因此可能导致缺乏人因工程学的现象。

3.5.2　新的运营理念

消费者技术在用户友好性方面的优势通常归因于直观的处理，尤其是归因于多点触摸技术、情境上智能适应的信息呈现、位置独立性以及引起好奇心的功能。这些技术已经在生产环境中偶尔使用。然而，迄今为止，既没有考虑用于人 - 技术交互的、面向用户的系统，也没有考虑异构用户环境的个人、

年龄或起源相关的属性。

特别地，创新的显示和输入技术，如多点触摸或智能设备和透明显示器的使用（见图 2-3-32），结合考虑个人个性化的行为模式的方法，可以带来更高程度的用户差异化操作。这是机床制造商和控制器制造商在国际竞争中一个重要的独特卖点，其意义正在增长。为了使机床操作员，特别是旧的和新的员工以及其他文化的员工更容易使用他们的工具，BMBF 资助的联合项目 MaxiMMI[一]通过密切考虑生产技术和社会技术的边界条件，将通信领域的已知技术移植和适应到机床的操作中。

3.5.3　以用户为中心的操作理念的要求[二]

用于机床的、以用户为中心的操作理念的特征在于，用户能够在没有"直观"辅助的情况下使用机床，使得用户能够有效且令人满意地执行任务（CEN 2010）。从一些研究技术方法和工作中也出现了操作系统更强的行动方向的必要性，因为人在行动模式中思考并因此以情境为导向（Kolster 2014；Brecher 2011c）。基于情境的操作理念要求将用户界面适应当前的使用环境（Ablaßmeyer 2009）。使用环境描述了用户要执行的工作任务和可用设备，以及应用中存在的物理和社会环境条件（CEN 2010）。在优先级任务管理方面类似的共同兴趣组，可以以用户角色的形式聚合。因此，用户界面的适应性受限于某些角色配置文件，且不必为每个用户单独完成（Kolster 2014）。虽然角色模型同时引用多个用户，但是可以使用个性化来定制专门针对每个用户的系

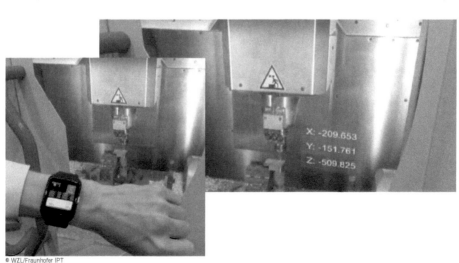

© WZL/Fraunhofer IPT

图 2-3-32　通过智能手表或透明显示器在用户视线方向上显示过程信息

[一]　http://www.maximmi.dc。

[二]　节选自 Brecher 2016。

统行为（如显示字体大小）。当前控制器不提供为外部表达准备数据的可能性。此外，存在高控制异质性：对机床数据的访问和外部操作的可能性根据控制器制造商、当前控制器版本和所使用的软件而不同。OPC UA 等标准化传输协议仅部分由控制器支持，并且仅允许对变量的有限访问（如仅从 PLC 变量读取）。

现有系统仅适用于用户具体的任务范围。因此，必须更加考虑对话内容对用户角色的关注，并需要适当的识别方法。此外，通常缺乏用户界面的个性化。当前未包括用户交互区域或未充分地体现在使用环境的描述中。为了获得特定于工位的信息，必须识别合适的本地化技术，通过考虑数据保护开发有效的本地化策略。这可以用作用户界面的各种终端，在可显示的信息量和交互选项范围方面差别很大。但缺乏用于表征设备类型的统一描述模型。

3.5.4 生产环境中的触摸屏操作

触摸屏作为传统操作面板的替代用户界面，其使用带来了新的机遇，也带来了新的挑战。下面对其进行简要描述。

1. 避免错误操作

意外触摸输入在安全关键功能方面至关重要。因此，操作理念以最佳可能方式避免错误触发功能。特别地，解决方案提供了具有多点触控功能的系统，其中例如需要同时按压多个 GUI 元件来触发功能。如果显示器上的按钮距离足够远，则可以强制进行双手操作，并由此强制局部绑定控制面板上的手。这是必要的，以确保在功能触发期间双手都在危险区域之外。

即使在诸如智能手表之类的非常小的设备上，也可以实现虚拟启动开关的原理。在这种情况下，通过按下停止按钮（1）用手指显示实际按钮（2），触发所需功能（见图 2-3-33）。

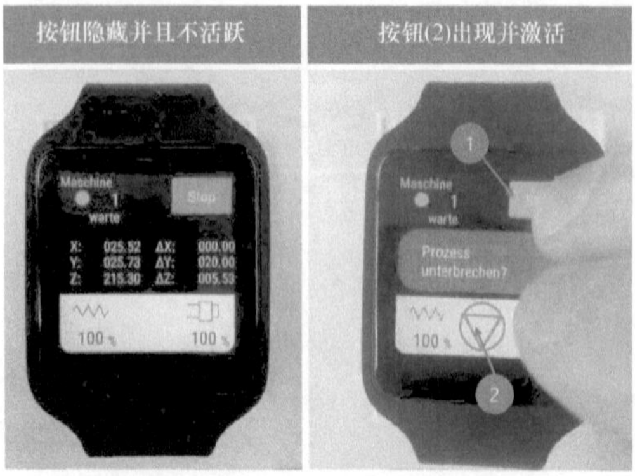

图 2-3-33　避免错误操作（通过双指触摸智能手表）

避免错误操作的其他方法是基于手势的功能解锁，如常见的消费者系统中实现的。一个例子是滑动解锁原理（Slide to Unlock），其中仅通过滑动虚拟的滑块元素，释放所需的功能。在 MaxiMMI 研究项目中，对这些概念的实际应用适用性和生产机床领域用户的接受度进行了测试。

2. 手套操作

在生产环境中，通常需要或甚至需要戴防护手套，这就是为什么也应该可以戴上手套操作触摸表面。一般来说，戴防护手套总是伴随着移动性的限制和较弱的触觉感知（Karwowski 2003；Kumar 2008），在使用基于触摸的输入设备时应该考虑到这一点。用户界面对手套操作的适用性取决于所使用的触摸技术。电阻表面对压力有反应，因此非常适合手套操作。在另一个变体中，屏幕输入由红外幕帘检测，红外幕帘直接安装在屏幕上方，并且基于光学阴影适用于任何不透明物品（Kolster 2014）。

3. 安全要求

并非所有机床控制面板的功能都可以在触摸表面上轻松实现。例如紧急停止装置的执行受某些特定规则的约束，如需要以硬件形式实施。此外，必须存在故障安全接线，或者在无线电传输信号的情况下，至少安全线路必须是双通道的。

4. 盲操作

即使安全相关的操作元件较少，也应详细分析数字成像是否支持用户并且不会妨碍或扰乱用户。硬件变体的优点的一个明显例子是用于控制 NC 机床的覆盖旋钮。这样，可以手动调节轴（如刀具）的进给速率，作为编程预设目标速率的百分比。由于控制转盘可以通过其几何形状和位置清晰地识别，即使没有控制面板的视图，用户也可以在任何时候足够精确地感受它并在观察工作空间时改变轴的速度（见图 2-3-34）。不建议将此类控件转移到经典触摸表面，因为它无法得出有关位置和当前设定值的结论。

为了至少在触发功能时获得反馈，可以使用触觉反馈。WZL 开发了一个交互式表面，通过不同的振动模式为用户提供输入操作的反馈（Brecher 2012b）。为了使手指在触摸表面上的空间定向，存在多种研究方法，其中通过触摸表面的局部变形，使数字操作元件变得可感知。另一种方法是表面摩擦力的动态改变，使屏幕上的区域过渡可感知。

3.5.5 以用户为中心的对话框设计

为了实现以用户为中心的操作理念，现有的和新的人机界面（MMS）必须合理地集成到机床用户

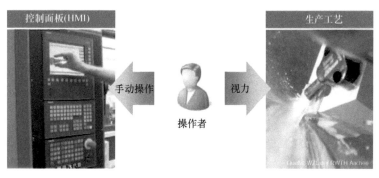

图 2-3-34　同步操作的挑战和工艺分类根据（Kolster 2014）

2

的工作流程以及现有的体系结构中。机床领域的最新发展涉及经典人机界面（如静态操作终端）的扩展，以便使用平板计算机或智能手表等移动设备来改善用户支持（Schamari 2012；Schäfer 2015），因为它们允许无位置束缚地提供信息和输入控制命令。此处可以考虑三个类别，如下所述（见图 2-3-35）。

1. 特定于设备的信息缩放

设备在提供信息和交互元素方面具有不同的属性。显示信息的数量和细节取决于显示区域，而可执行交互的类型取决于可用的控件。例如，智能手表的通常特征是通过小显示器、多点触摸操作和一些硬件来控制。根据设备型号，它还具有振动模块、扬声器和传声器。根据显示器的大小，可以为终端提供不同的信息密度。合理的可展示信息密度通过合适的设备描述自动确定。

2. 特定于角色的信息调整

可以根据用户当前的任务范围将不同的角色配置文件分配到用户。例如，维护人员、制定人员和

操作员的角色可以区分，尽管它们不应被理解为选择性的，因为机床操作员可以执行维护活动（维护人员的角色）或将任务分配给多个角色。根据角色，应向用户提供完成当前工作任务所需的所有信息（如设置表、机床状态、NC 程序、所要求的产品质量/数量）以及交互选项（如用于输入数据的输入设备、用于控制轴/外围设备的操作元件、用户权限认证设备）。为了实现高效的可用性，信息或功能的范围必须尽可能具体到角色，以便最大限度地提高用户支持，而不是使用大量不必要的信息和功能使其过载。

3. 面向任务的操作理念

需要用户对人机界面（MMS）采取行动的连续步骤，也应该能在对话框设计中找到它们的等效物。因此，为每个工作步骤向用户提供所需的信息和交互选项，例如在逐步指令中。特别地，频繁的工作任务应该反映在对话序列的结构中，这样用户就不必在各个对话之间来回跳转。

在下面的示例中，用户通过智能手表了解 NC

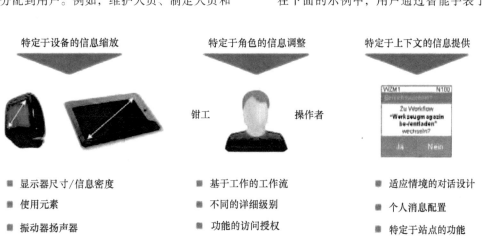

图 2-3-35　使用智能设备支持用户：以用户为中心的对话框设计的概念

程序中的特殊事件。程序进度报告的类型和时间可以由机床用户根据系统行为的各自适应性自由选择。如果发生了用户先前订阅的事件，则调用相应的消息（如在 1min 内转动工件）。因此，用户可以及时获知即将进行的人工干预并且做好适当的准备（Brecher 2016）。

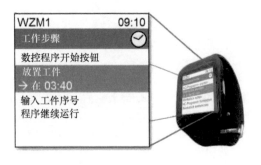

图 2-3-36　使用示例的面向任务的工作流设计宣布手工工作步骤

3.5.6　中间件

远程监控机床需要能够与机床控制系统通信的移动操作设备。须对用于设备连接的异构接口和各个解决方案进行标准化，以便能够轻松地建立和扩展相应的系统。目标是创建模块化和通用的系统架构，以实现任何设备的连接（BYOD - 自带设备）。须给出不同类型控制的兼容性或简单适应性，以及不同控制器制造商的连接。通过使用中间件解决方案，可以提供用于终端的标准化接口以及用于与不同类型的机器通信的控制专用接口。

3.5.7　小结

现有系统目前尚未充分适应但未来必须更加适应用户的具体任务范围。另外，通常缺乏用户界面的定制，以便即使对于老年人或身体受限的人也可以方便地访问。此外，当前未包括用户交互区域或未充分地体现在使用环境的描述中。为了获得特定于工位的信息，必须识别合适的本地化技术，通过考虑数据保护开发有效的本地化策略。可以用作用户界面的各种终端，在可显示的信息量和交互选项范围方面差别很大。目前，还没有用于表征设备类型的统一描述模型。创建标准化系统非常重要，可以实现移动设备的低功耗集成。

其中许多挑战已经在消费者市场中得到了全面有效的实施。这些技术和系统已具备直观的可用性，并且通常无需大量安装或培训即可使用。因此，工业 4.0 的任务必须是在生产环境中利用这些潜力。

3.6　结论

早在工业 4.0 概念建立之前，CAD-CAM-NC 链（见 3.1 节）以及过程和机床的虚拟化（见 3.2 节）就在研究议程上了。两者都是将工业 4.0 用于机床制造的想法付诸实践的先决条件。只有当用很少的努力可以创建足够精确的数字模型并且通用地连接它们时，才能在语义上合理的环境中查看大量的传感器数据。一个明显的例子是将机床上记录的加工信息反馈到 CAM 规划中（见 3.3 节）。只有当可靠的机床模型、产品模型和过程模型可用时，加工质量与记录的机器信号之间的相关性才能建立起来。纯粹基于数据的方法在这里是无效的。本章首先展示了如何在加工准备和状态监测（见 3.4 节）中使用数据。但是，纯粹的自动化方法不足以实现高机床生产力。可以从基于模型和基于数据的方法得出广泛的结论，但人仍然可以最好地识别复杂模式和特殊情况。然而，只有在适当的辅助系统可用于快速增加的信息密度时，才能通过该系统可以提高决策质量。为此，有必要特定于语境地准备信息，并使人参与信息流。来自消费者市场的产品为此提供了许多想法，但是，这些技术必须适应工业运行的要求（见 3.5 节）。从长远来看，工人的任务因此将从执行者的角色发展为决策者的角色。虽然 CAD-CAM-NC 链和虚拟化方面的发展远未完成，但跨机床的系统网络已经出现了许多新的研究领域。这方面的一个例子是基于云的状态监控，它可以"学习"每个服务应用。此外，还出现了如何根据工艺数据设计跨机床学习的问题。其相关关系通常仅适用于它们所源自的机床。只有物理建模才能将从数据中获取的知识从一台机床转移到另一台机床。因此，从科学的角度来看，问题在于物理模型如何与现代数据分析方法结合在一起。一旦知识变得可以跨机床和跨企业使用，就可以开发出新的商业模型，从而引发数据所有权和安全性的新问题。最后可看出，"未来的机床"在没有人的情况下是行不通的。人的智能与人工智能在加工过程中的相互作用将导致更为重要的、新的研究问题。

参 考 文 献

Abele, E.; Reinhart, G.: Zukunft der Produktion. Herausforderungen, Forschungsfelder, Chancen. Carl Hanser Verlag, München 2011

Ablaßmeier, M.: Multimodales, kontextadaptives Informationsmanagement im Automobil. Dissertation, Technische Universität München, Fakultät für Elektrotechnik und Informationstechnik 2009

Allweyer, T.: BPMN 2.0. Introduction to the Standard for Business Process Modeling. Books on Demand 2011

Altintas, Y.; Weck, M.: Chatter stability of metal cutting and grinding. CIRP Annals-Manufacturing Technology 53 (2004) 2, pp. 619-642

Altintas, Y.: Manufacturing Automation, Metal Cutting Mechanics, Machine Tool Vibrations and CNC Design. Cambridge University Press, New York 2012

Biermann, D.; Kersting, P.: Simulation of Process Dynamics and Thermal Effects of Milling Operations. In: Abele, E.; Metternich, J. (Hrsg.) : 10th International Conference on High Speed Machining 2013, S. 184-193

Brecher, C.; Witt, S.; Klein, W.: Condition monitoring of monorail guidance systems. In: Prod. Eng. Res. Devel., 2 (2008) 3, S. 333-337

Brecher, C. (Hrsg.): Zuverlässige Produktionsanlage (ZuPro) . Apprimus Verlag, Aachen 2010

Brecher, C.; Lohse, W.; Vitr, M.: CAM-NC Planning with Real and Virtual Process Data. In: Thoben, K.; Stich, V.; Imtiaz, A. (Hrsg.) : 17th International Conference on Concurrent Enterprising. Piscataway: IEEE (2011a) , S. 478-485

Brecher C.; Kolster D.; Herfs W.: Innovative Benutzerschnittstellen für die Bedienpanels von Werkzeugmaschinen. Zeitschrift für wirtschaftlichen Fabrikbetrieb (ZWF) 106, 2011b

Brecher, C.; Habermann, R.; Fey, M.: Ermittlung der Dämpfung eines Spindellagerpakets, wt Werkstattstechnik online 102 (2012a) 5, S. 282-287

Brecher, C.; Kolster, D.; Herfs, W.: Audio-Tactile Feedback Mechanisms for Multi-Touch HMI Panels of Production Engineering Systems. In: International Journal of Automation Technology 6 (2012b) 3

Brecher, C.; Fey, M.; Bäumler, S.: Damping models for machine tool components of linear axis. CIRP Annals - Manufacturing Technology 62 (2013) 1

Brecher, C.; Lohse, W.; Köpken, H.-G.; Amthor, K.-J.: Stabilitätsorientierte NC-Simulation - Effiziente Prozess-Maschine-Modellierung für 2,5D-Fräsbearbeitungen, wt Werkstattstechnik online 104 (2014a) , S. 272-278

Brecher, C. et al.: Auf dem Weg zur selbstüberwachenden Werkzeugmaschine. In: Integrative Produktion. Industrie 4.0 - Aachener Perspektiven. Shaker, Aachen 2014b, S. 293-326

Brecher, C.; Lohse, W.; Wellmann, F.: Automatisierter Werkzeugauswahlprozess. Ein wissensbasierter Ansatz für die 2,5DFräs- und Bohrbearbeitung. ZWF-Zeitschrift für wirtschaftlichen Fabrikbetrieb (2014c) 11, S. 792-795

Brecher, C.; Daniels, M.; Wellmann, F.; Neus, S.; Epple, A.:

Realisierung effizienter Zerspanprozesse - Ergebnisbericht des BMBF-Verbundprojekts ReffiZ. Shaker Verlag, Aachen 2015a

Brecher, C.; Lohse, W.; Königs, M.: Vernetzung von Arbeitsvorbereitung und Fertigung - Ein cloud-basierter Ansatz zur Erhöhung der Planungsqualität. Zeitschrift für wirtschaftlichen Fabrikbetrieb (ZWF) 01-02 (2015b) , S. 14-17

Brecher, C.; Sittig, S.; Hellig, T.; Obdenbusch, M.; Herfs, W.: Ansatz eines menschzentrierten ortsspezifischen Bedienkonzepts für Werkzeugmaschinen auf Basis applikations-und situationsabhängiger Informationsbereitstellung. In: Arbeit in komplexen Systemen. Digital, vernetzt, human. 62. Kongress der Gesellschaft für Arbeitswissenschaft. GfA-Press, Dortmund, 2016

CAMCloud - CAM System in der Cloud. AiF Projekt, Aktenzeichen FVP-18086 N/1

CEN European Committee for Standardization: Ergonomics of human-system interaction. Part 210: Human-centered design for interactive systems. EN ISO 9241-210, 2010

*Denkena, B.; Shpitalni, M.; Kowalski, P.; Molcho, G.; Zipori, Y.:*Knowledge Management in Process Planning. CIRP Annals - Manufacturing Technology 56 (2007) 1, S. 175-180

Statistisches Bundesamt: Produzierendes Gewerbe. Auftragseingang und Umsatz im Verarbeitenden Gewerbe-Indizes. Wiesbaden 2016 (*https://www.destatis.de/DE/ Publikationen/Thematisch/IndustrieVerarbeitendesGewerbe/ Konjunkturdaten/IndexAuftragseingang.html*)

edgecam: Edgecam - Strategy Manager. Überblick. *http://www. edgecam.de/strategymanager* [Stand: August 2016]

Erb, D.: Arbeiten in der Industrie 4.0. Metallzeitung, Ausgabe Mai 2013

Ehrlenspiel, K.; Kiewert, A.; Lindemann, U.; Mörtl, M.: Kostengünstig Entwickeln und Konstruieren: Kostenmanagement bei der integrierten Produktentwicklung. Springer Vieweg, Berlin 2014

Eversheim, W.; Bochtler, W.; Laufenberg, L.: Simultaneous Engineering- Erfahrungen aus der Industrie für die Industrie. Springer, Berlin 1995

Große Böckmann, M.; Krappig, R.; Stolorz, M.; Schmitt, R.: Data-Mining in der Produktion. In: Neue Methoden für eine robuste Prozessentwicklung (2013) 11, S. 921-925

Hoque, A.; Halder, P. K.; Parvez, M. S.; Szecsi, T.: Integrated manufacturing features and Design-for-manufacture guidelines for reducing product cost under CAD/CAM environment. Computers & Industrial Engineering (2013) 66, S. 988-1003

Karwowski, W.; Marras, W. S.: Occupational Ergonomics.

Engineering and Administrative Controls. Principles and Applications in Engineering Series. CRC Press, Boca Raton, Florida/USA 2003

Kief, H. B.; Roschiwal, H. A.: CNC-Handbuch 2013/14. CNC, DNC, CAD, CAM, FFS, SPS, RPD, LAN, CNC-Maschinen, CNC-Roboter, Antriebe, Energieeffizienz, Werkzeuge, Simulation, Fachwortverzeichnis. Carl Hanser Verlag, München 2013

Klein, W.: Zustandsüberwachung von Rollen-Profilschienenführungen und Kugelgewindetrieben. Dissertation, RWTH Aachen 2011

Klocke, M.; Kuhn, D.: Mit CAD-Geometrien zur automatisierten 2,5D-Bohr- und -Fräsbearbeitung. MaschinenMarkt 2008a

Klocke, F.; König, W.: Fertigungsverfahren 1. Drehen, Fräsen, Bohren. 8. Auflage. Springer, Berlin 2008b

Kolster, D.: Handlungsorientierte, multimodale Werkzeugmaschinen-Benutzerschnittstellen. Dissertation, RWTH Aachen. Apprimus Verlag, Aachen 2014

Königs, M.; Lohse, W.; Brecher, C.: Integrative Vernetzung von Arbeitsvorbereitung und Fertigung. In: Brecher, C. (Hrsg.): Industrie 4.0-innovative Konzepte zur Automatisierung. VDI Verlag, Düsseldorf 2015, S. 83-93

Kumar, Shrawan: Biomechanics in Ergonomics. 2nd ed. CRC Press, Boca Raton, Florida/USA 2008

Lee, J. Y.; Kim, K.: A feature-based approach to extracting machining features. Computer-Aided Design (1998) 30, S. 1019-1035

Lohse, W.: Evaluationsassistenz für die NC-Bearbeitungsplanung komplexer Fräsprozesse. Dissertation, RWTH Aachen. Apprimus Verlag, Aachen 2014

MAL - Manufacturing Automation Laboratories Inc.: CutPro 11 User Manual. MAL, Vancouver 2016

Metzele, M.: Ein Beitrag zur zustandsorientierten Instandhaltung von schnelllaufenden Werkzeugmaschinen-Hauptspindeln. Dissertation, RWTH Aachen 2008

Moldplus: ProDrill. Feature based Drilling for Mastercam. *http://www.moldplus.com/prodrill.htm* [Stand: August 2016]

Newman, S. T.; Nassehi, A.: Machine tool capability profile for intelligent process planning. CIRP Annals - Manufacturing Technology 58 (2009) 1, S. 421-424

Nonaka, Y.; Erdős, G.; Kis, T.; Kovács, A.; Monostori, L.; Nakano, T.; Váncza, J.: Generating alternative process plans for complex parts. CIRP Annals - Manufacturing Technology 62 (2013) 1, S. 453-458

OPEN MIND Technologies AG: OPEN MIND - hyperMILL: CAM Software for Milling. *http://www.openmind-tech.com/de/*

pro dukte/cam-software-hypermill.html [Stand: August 2016]

Papsch, A.: Wissensbasierte Fertigungsplanung für komplexe Bohrprozesse. Entwicklung einer 80-20-teilautomatisierten NC-Programmierung. Shaker, Aachen 2011

Rixen, D. J.: A dual Craig-Bampton method for dynamic substructuring. J. Comput. Appl. Math. 168 (2004) 1-2, S. 383-391

Roland Berger Strategy Consultants GmbH: Mastering product complexity. Marktstudie. Düsseldorf 2012

Rudolph, T.: Adaptierbare Parametrierung von Diagnosesystemen durch Verwendung digitaler Antriebssignale in der Prozessüberwachung. Dissertation, RWTH Aachen. Apprimus Verlag, Aachen 2014

Ruppert, G.: Industrieller Mittelstand 4.0-Spielend effizienter in der Produktion. Industrieanzeiger (2015) 30, S. 44

Schäfer, R.: Bedienen und Steuern 4.0. Maschinenmarkt (2015) 201, S. 108-111

Schamari UW: Mobile IT-Techniken erobern den Maschinenbau. Maschinenmarkt (2012) 25, S. 14

Spath, D.; Ganschar, O.; Gerlach, S.; Hämmerle, M.; Krause, T.; Schlund, S.: Produktionsarbeit der Zukunft - Industrie 4.0. Fraunhofer Verlag, 2013

Surmann, T.; Biermann, D.; Kehl, G.: Oscillator Model of Machine Tools for the Simulation of Self Excited Vibrations in Machining Processes. Proceedings of the 1st International Conference of Process Machine Interactions (2008) , S. 23-29

Tapie, L.; Mawussi, B.; Bernard, A.: Topological model for machining of parts with complex shapes. Computers in Industry (2012) 63, S. 528-541

VDMA e. V.: Statistisches Handbuch für den Maschinenbau-Ausg. 2009: VDMA Verlag, 2009

Vitr, M.: CAM-NC-Kopplung für einen durchgängigen, bidirektionalen Informationsfluss zwischen Planung und Fertigung. Apprimus Verlag, Aachen 2012

Wagner, P.; Mayer, M.; Altstädter, H.: „First Part Right " - Fertigungsgerechte Produktgestaltung im Konstruktionsprozess. Gebr. Heller Maschinenfabrik GmbH, Nürtingen 2012

Weck, M.; Brecher, C.: Werkzeugmaschinen 4. Automatisierung von Maschinen und Anlagen. Springer, Berlin 2006

Woo, Y.; Wang, E.; Kim, Y. S.; Rho, H. M.: A Hybrid Feature Recognizer for Machining Process Planning Systems. CIRP Annals -Manufacturing Technology 54 (2005) 1, S. 397-400

Xu, X.; Nee, Andrew Y. C (Hrsg.): Advanced Design and Manufacturing Based on STEP. Springer, London 2009

Zabel, A.: Prozesssimulation in der Zerspanung, Modellierung von Dreh- und Frasprozessen. Vulkan-Verlag, Essen 2010

第4章

加工设备和包装机

Jens-Peter Majschak，Marc Mauermann，Tobias Müller，
Christoph Richter，Marcel Wagner，Gunther Reinhart

4.1 消费品生产 4.0

4.1.1 消费品大规模生产的设备

在工艺过程中，初级产品由原材料生产而来，其必须在加工设备中进一步被加工成具有几何形状和其他特定性能的最终产品。如有可能需要连接在一起并包装，最终作为消费品提供给消费者。加工设备成为类似生产流程中物质转换工艺和物品处理工艺之间的接口（见图 2-4-1）。

在加工开始时，待加工的商品并不是预先存在的，而是由原材料沿着一系列的技术路线，如工艺、加工、制造和物流，获得的最终产品。这些加工设备涉及塑料、玻璃、陶瓷、纸张、食品、制药、印刷和包装等设备以及众多特殊设备。由于驱动和控制技术的逐步模块化和分散化，部分独立的组件（模块）、机器以及由机器链接组成的设备，这三者之间的区分变得越来越困难。并且大多数陈述基本都适用于这三种类别，因此讨论加工系统是合适的。为了能够使用引入的术语，下文将使用"加工设备"这一术语。

许多加工设备用于制造和包装食品、药品和其他消费品。待加工的天然材料（如食材、纸张、纸板等）和塑料（如薄膜、瓶罐等）的特性不仅复杂不稳定，还受到条件的影响。它们对加工行为的影响在很大程度上仍然鲜为人知，有时只有付出相当大的努力才能被测量和模拟。

大多数消费品生产领域与其他工业领域不同，尤其是在食品和药品的生产包装领域，从整个过程的开始就要安全地处理待加工材料。这包括规避由于性质变化或待加工产品的污染给消费者带来的风险。这对加工设备的要求、结构和设计产生了巨大的影响，并反映在例如：

1) 尽可能长时间地保存原材料。

2) 在开放过程中对当前条件进行局部调节（对于环境开放的材料）。

3) 或者出于各种不可抗拒的原因，采取措施调节整个生产环境（根据不同的卫生类别或净化室类别进行空间上的调节）。

由于大批量生产以及伴生的生产速度、物品的流动和安全等原因，加工设备（或各加工设备的组件）具有高度的集成度。从追求高度的可重构性意义上来说，高集成度对分解、模块化和可变结构是客观障碍。

通常在加工设备中存在多个链接和交互作用的加工流程。现有技术情况下加工材料在同一台机器

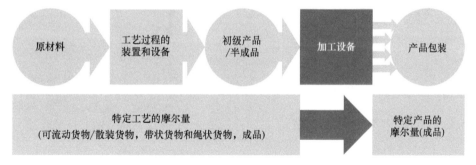

图 2-4-1 介于工艺过程和成品之间的加工设备

内通过这些流程。这导致加工机器中有复杂的功能、驱动和控制结构，以及相应结构中复杂的交互作用。因此加工材料或执行机构的运动通常是沿着复杂的生产轨迹进行的。

 实例

> 为了在杯子的成型、填充和密封机器内有效且安全地运输包装材料（见图 2-4-2），通常仅在成型、填充和密封之后将各个杯子分离出来。热成型塑料在冷却过程产生收缩，如果没有相应措施，将导致幅面缩小并改变幅面中空腔的距离从而影响填充、密封和分离站中的工具距离。在整个过程中，幅面上的作用力随着塑料类型、塑料配方以及其他条件的变化而变化。此外由于间歇的生产方式，幅面上会产生交变应力。连续的幅面运动或过早地将杯子从幅面中分离出来而显著增加机械操作（各个杯子的操作或各个工位的移动）。

多数情况下，极高的加工速度会伴随力学特性和扭矩特性的高度规则，如在管道罐装过程中，每分钟至少有 600 个酸奶杯成型、罐装、封装，每分钟至少有 1800 个烟卷被生产出来，或者每分钟有 2300 件糖果被包装。这个动态过程只有通过所有工作机构的参与，及其驱动系统和控制系统之间相互协调，再加上之前所提到的高度集成化才能实现。

尽管产品变体的生产在大规模量产背景下仍然取决于设备的子生产过程，但由于批量产品的个性化定制、产品变体的多样性以及每个设备上相应订单的改变频率，现如今已经有越来越多的产品变体。

由于行业限制，诸如研磨粉尘、无菌生产、利用化学的、机械的、流体的和热的方式进行清洁（通常组合使用），实施条件仍存在很大的困难。同时低技能员工也是企业面临的一大挑战。

因此，为了更好地协调效率和可变能力以及在基本要求的背景下实施适当的技术，产品变体层面的选择面临着下面的优化问题：

1）通过安全步骤保证生产的安全性。

2）适应特定目标的柔性和可重构性。

3）世界消费品市场的经济效益，其主要特点是严格的批发价格。

4.1.2　食品和制药行业的趋势

在短期内调整生产流程以适应市场和消费者需求的波动，是迈向工业 4.0 的关键一步。下面将简述这些需求的重要背景，以及从食品和制药行业中得出的市场结论。

对于食品行业来说，基本的社会人口趋势会以如下示范性的方式影响设备系统的发展：

全球人口增长：人口每增长 10 亿的时间间隔越来越短，这个数值已经低至 12 年（UNFPA 2011）。

工业全球化的背景下有利于世界人口增长，并在不同程度上促进了世界的繁荣。

然而，人口增长是在稳步城市化的背景下进行的，因为生产的效率和增长率目前是以集中和集约化为基础的。如今 50% 以上的人口居住在城市（UNDESA 2012）。世界人口、人均寿命、生活水平以及城市化水平的增长和提高都与此有关。

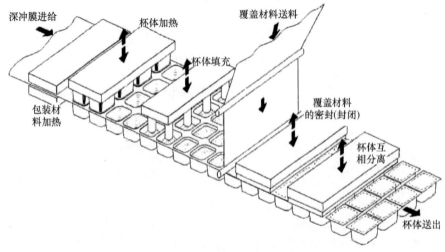

图 2-4-2　食用餐杯杯体（原则上）的成型、注射和封口
（根据 Bleisch 2011，也可以称为 FFS 机）(Form Fill and Seal)

对包装类食品日益增长的需求。

老龄化人口的医疗保健需求。

越来越多的高级、一人或两人家庭以及整体家庭规模逐渐缩小。

从另外的角度看，社会发展导致了：

1）对营养问题的健康意识提升和批判性辩论。

2）对食品安全问题透明度需求的增长。

3）在采购决策中提高可持续性以及重视环境问题。

4）渴望高品质有价值的产品，而不是需求大规模的廉价商品，但是平均膳食的准备时间大大缩短（有明显的地区特色）。

受上述消费行为的影响，产生了如下趋势：

1）对不同尺寸产品的需求日益增加。

2）越来越接受成品和便利产品，对最佳的新包装产品的需求同时增加。

3）不断增加的户外消费。

个性化的生活方式促进了特定目标群体对于个性化产品和包装的需求，而电子商务和在线商店正是瞄准了消费者的这种需求，不断提高产品促销力度、扩展新型市场以及客户群体。因此，越来越多的互联网用户导致了互联网业务中的客户数量增加。

卫生系统中的责任机构对于药品的价格持有越发强烈的质疑态度，从而减少、限制或抑制成本上升，这给制药商带来了很大的压力。这些措施还包括运营节约计划和提高生产效率。

专利危机：对于非常成功的老牌产品（如著名的止痛药、性功能药、抗高血压药），专利保护的过程往往与巨大的收入损失有关。这些产品重要性被越来越多的小众产品所抵消，不过这些产品的生产批量要小得多。相较于之前的大批量生产和非连续生产，小批量生产可以进行离线质量分析但效率太低。

在时间和产量可调的生产工艺（CP = 连续加工）中，连续生产活性成分和其他药物产品，以便容易地缩放产量，这种生产形式代替了之前的非连续批量生产（见图 2-4-3 和图 2-4-4）。所有大型制药公司目前都将其创新工作的重点放在生产技术上，从而从中获益：

精简工艺步骤进行集成化生产。

1）减少手动工作步骤。

2）缩短生产时间。

更小的机器和生产设备。

1）柔性生产。

2）降低资本成本和环境污染。

3）高效地小批量生产。

4）在商业条件下进行开发研究，最大限度地降低耗材。

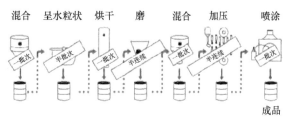

图 2-4-3 药片的传统生产过程举例

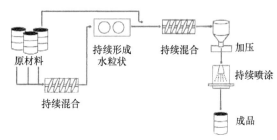

图 2-4-4 连续型药片生产的概念举例

该项措施的实现在许多方面仍有待研究。这需要所有生产单元、整体工艺模型和模块化组件进行安全的在线连接。此外，政府监管机构要求生产商更好地了解生产流程并引入工艺分析技术（PAT）。使用该技术后，生产商在每个工艺步骤都会收集大量数据，这些数据必须立即进行分析和压缩。对于工艺控制中信息的处理和使用，相关关系和质量标准的知识基础是至关重要的，也是监管过程批准的先决条件。

4.1.3 可变的加工工艺

与产品的制造或组装工艺不同，根据 4.1.1 节中提到的食品和制药行业的加工设备的具体情况，由于上述行业通常具有更严格的材料和几何特性，可变性的一些要求通过以下工艺管理目标得以扩展：

1）个性化产品的生产（见 4.1.2 节）。

2）为了使最终产品具有稳定的性能而对非稳定的原材料特性做出相应调整。确保可加工性的主题变得更具有挑战性。在市场驱动下，考虑例如包装材料中回收物、填料和整体材料用量减少的比例的预期增加，或添加越来越多的"天然"和尽可能新鲜的食品或食品成分。

3）记录非稳定原材料和中间产品的属性，以便进行分类并随后划分为不同的增值链，从而实现最大的价值产出。

具体而言，这些目标说明了掌握以下变化的自动化概念的必要性。

①加工类商品（未包装/待包装商品、包装/包装材料、先前流程中已生产的需要进一步加工或进一步打包的包裹）：

a. 与最终产品的可加工性和质量有关的化学、物理、生物和几何特性（形态、质量、黏度、成熟度、颜色、含糖量、缺陷等）。

b. 形式、包装类型、包装材料。

c. 环境和贮存条件引起的质量波动。

d. 可加工性和加工行为意义上的复杂工艺参数（如热成型性、摩擦因数、密封性）。

②所有加工设备的生产工艺中应该包括：

a. 应力类型、应力大小、污染、磨损。

b. 切换和反应时间，数据传输速率，来自上游和下游工艺或机器的信息。

c. 待加工产品的无规律进料。

d. 上游加工设备或工艺的可变输出。

③生产工艺中的环境条件：

a. 湿度、温度、光照条件。

b. 机器操作员。

为了对此类复杂的动态进行控制，给出以下基本策略，从而达到最优效率的目的：

a) 设备调整同时不改变加工工艺。

b) 加工工艺和加工条件的调整。

根据策略 a)，可变性的重点是设备的柔性和可重构性。该方面常用的术语是自参数化、自配置、监控和参数调节/自我优化。

策略 b) 的基础是降低材料的复杂性，这是为了便于在后续价值创造的工艺中，从基本成分（原材料/配方成分、基本品质）和相应的变化组合中产生所期望的产品多样性。投资一般集中在高度变化的内外部物流上。个别工艺步骤更倾向于在比策略 a) 更加稳定的条件下进行。根据各自要求的严格性和优先级，最优结果存在于策略 a) 和 b) 之间。对于药物类产品，由于授权条件的限制，策略 b) 将占主导地位，而对于水果蔬菜类的分散性加工则更倾向于策略 a) 或者策略 a) 与 b) 的混合。

有效的系统可用于加工设备内部信息的传输和处理。但是，当产品特定的制造和加工信息从一个信息链传输到另一个信息链并且实现特定产品的控制时，这将是一个值得探索的新领域。为了让自动化生产系统能够安全有效地对产品属性或生产条件的变化做出反应，包装被用于转发特定信息。因此，可以将"作为信息载体的包装"分配给某一个扩展任务领域。其技术实施的可能性（集成、打印或标记）已经在开发和研究中。另外，在每个处理步骤之前需要传感器记录相关属性。由于要考虑运输和

存储的临时影响，这种方法显得更加安全。但与此同时，必须考究技术和经济上的成本。这就引出了一个问题：什么是更经济的，每个加工步骤中最大的敏感性和可变性，还是为所有加工步骤包括储存、运输及其监控定义参数范围？

为了回答这个问题，还应该考虑到有计划地使用设备。例如：

a) 生产的产量平衡。

b)"最后 1 分钟"订单的加工。

c) 用相同的原料（合作生产）实现尽可能多样的最终产品？

4.2　可变工艺链中从材料到产品

4.2.1　可变流程

1. 个性化生产

个性化生产具有高度的产品柔性和产品模块化，这就意味着同一个产品（含有可替换特殊组件的产品）可以提供给不同的用户，从而单独进行包装和标记（Ternès 2015，见表 2-4-1）。尽管存在着个性化产品，但在大批量生产工艺中产品质量仍然是首要的。原则上大规模生产工艺中的个性化产品是部分或全部由天然原材料组成的。

人为的活动会影响到原材料特性的波动，而为了控制此类波动，可变流程应运而生。

图 2-4-5 表现了在预处理过程中原材料和前期产品特性波动和特性偏差与在各种加工目标的背景下加工工艺的可能性和结果之间的关系。

2. 流程与批量工艺

在加工技术中，流程主要包括物料转换、材料成型以及连接或材料流供给的基本工艺，材料流来自一种或多种加工产品、包装材料以及必要的包装辅助材料（见图 2-4-6）。

可变流程的特点是从原材料或初级产品到成品过程中物料流的自动化。这些过程的可变性意味着在给定的边界条件下设备可以柔性且快速高效地适应不断变化的生产条件（如原材料质量、产品变体或环境影响）。并且可以通过交换功能单元，对相应的工具以及模块进行配置（Nyhuis 2008）。尤其是对于产量、时间和数量上柔性较差的批量工艺中，必须尽可能为了连续工艺或准连续工艺进行重新配置（见 4.1.3 节）。

批量流程通常是在现有技术中选择方法，以通过混合大量材料实现初始分散质量的均匀化（见图 2-4-5）。替代方案是先将原材料分解成单个组分，然后再将它们混合在确定的组分中（如在奶制品行业

表 2-4-1　食品、化妆品和制药行业中个性化产品的例子

产　品	个　性　化
饮品	通过网络应用程序定制饮料标签
巧克力	用巧克力制成的个性化问候可以用作礼品
香水	顾客通过配置器将不同的香水混合成单个产品，将其填充到个性化的香水瓶中，连同个性化的包装在灵活系统上生产
药品	每周以及每天特定的药物组合根据患者的需求单独定制，同时满足最高安全要求
护发以及护肤产品	原材料的来源可以由客户自己决定（如生态的、不含动物成分、不含合成油等）

2

原材料和初级产品	预处理的目的	预处理的内容	再加工的目的，条件/结果		
			最终产品质量保证		
			个性化产品	具有质量差异的产品	质量稳定的大批量产品
具有不稳定特性的原材料	特性波动的均衡	购入时特性波动的均衡	具有复杂物流的高度选择性流程，通过筛选和有目的地进一步处理和分配从而实现个性化生产（如有机新鲜农产品）		高度选择性的处理过程
		大批量	特性波动时与大量的物质数量有关，个性化会受到限制（如不同的添加剂、个性化的包装）		
		针对中间的价值品	高度标准化的加工工艺，通过组合特定产品从而实现个性化，集中或分散地制备（分解）材料，极其分散的最终加工过程（如浓缩混合物饮料，"打印"食品）	利用传统技术便可以很容易展示随着产品变体的增加以及越来越高的生产效率，设备需要可调整性	
不允许产品特性波动	在严格控制的过程中有目标地进行（如生物技术）			较大差异下的最优条件产品驱动的控制可以延续到实现初级产品，通过并行化实现可扩展性	

图 2-4-5　预处理加工过程中原材料和前期产品波动特性的可能性（先决条件和后果）

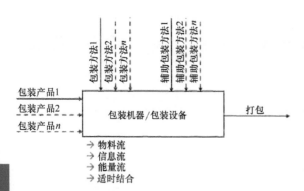

图 2-4-6　以包装厂为例，加工厂介于挥发性原料品质和均质性产品品质之间（Bleisch 2011）

中，出于其他原因也会用到批量流程），在规定条件下用生物生产技术替代传统的生物材料系统，或者采用和特定地利用具有波动性质的材料系统。另外，特别是对于长时间处理（如熟化过程）不允许连续或准连续材料流动的情况下，可以实现批量流程。随之而来的替代方法如下：

1）通过新方法强化并因此加速原过程。

2）通过减小有效加热体积（如加热时）以及通过并行化平衡物料流减少，来强化并因此加速原过程。

3）通过传递存储器（运动中的处理）集成工艺，然而这可能受到空间和成本的限制。

4）上述措施的组合（见图 2-4-7）。

因此，可变流程能够在源自社会趋势的生产工艺的要求下有效地工作（见 4.1.2 节）

3. 实现可变流程的概念

通过下述方法的组合实现可变流程。

（1）模块化、可重构性和并行化　一个加工设备包括数个加工机器或加工单元（见 4.1.1 节）。而加工机器又可以被拆解成数个单独的加工模块。模块内部存在一个或多个作用对（工具和工件）或工具或工具集。因此，可以使用不同的模块化层面和可重构性层面（见 4.2.2 节）。

这种重构既可以是线下的，即静止物料流下的模块/工具交换，也可以是线上的，即在正在进行的流程中。

在正在进行的流程中，该重构允许将物料流进行分配和并行化处理，有目的地通过一系列工位，在这期间决定是否执行加工步骤（或者部分执行）。产品可以通过并联或者串联的模块链实现个性化加工步骤（见表 2-4-2）。

表 2-4-2　加工设备中重构示例

	模块化	并行化
线下	用恒定的物料流重构工具和模块	
线上	工具和模块可灵活地响应波动的加工特性，或在一个生产节拍内被替换或重构	当工具和设备重构时，物料流会改变方向同时被存储起来

作为线上重构和线下重构的混合形式，材料流可以在短期内存储，以实现模块或工具交换。随后可以重新清空存储。并行材料流有一大优势：如果单个加工模块发生故障，整个设备不必停机，可以继续运行替代的加工路线。

通过有效地并行化加工设备的物料流，可以创建盈余。通过保持高输出以及并行化，还可以降低必要的加工速度，从而降低作用对的复杂性和误差敏感性。如果在工厂项目规划和开发过程中已经考虑了这些概念，则可以创建新的、可变的工厂架构（见 4.4.1 节）。

（2）柔性　通过使用可参数化的工具实现柔性，这些工具可以直接在作用点或作用区域，对不断变化的加工目的、边缘条件和加工条件做出反应。其目标是根据作用区域的加工情况进行能量和物质输入（如质量参数和效率参数）。这些变量也可以是强度参数、位置参数、时间参数和工艺参数。

柔性意味着工具会对产品产生不同的影响。工具的柔性可以是被动的或主动的。在一定范围内，被动的柔性工具被设计为具有一定的弹性，以适应

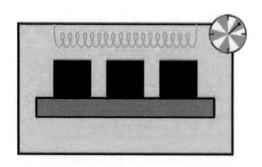 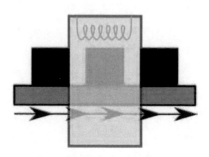

图 2-4-7　批量过程和流程过程（如具有停留时间的批量高压灭菌器和连续作用的高压灭菌器）

边界条件和加工条件的波动，并且能够在保证原材料质量、环境要求以及产品几何形状的条件下，实施加工任务。图 2-4-8 所示为一个柔性的拾放机器人卡爪。其可以按照不同的需求夹紧物体。该卡爪易于清洁，因此非常适合食品加工。对于主动工具可以通过控制来响应波动。为此，有必要从原材料或初级产品的相关加工特性中以及产品的质量参数中推导出工具所需的配置参数。为此需要一个合适的加工工艺模型（见 4.3 节和 4.4.3 节）。

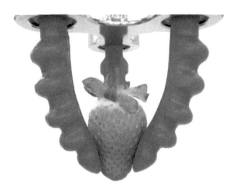

图 2-4-8 卫生地应用气动柔性夹具系统
（Fraunhofer 2016）

4. 实施

针对要加工的产品类别的具体要求（无过度调整、无过度概括），将上述提出的概念进行有效综合，并向可变流程过渡，对于消费品生产 4.0 的加工设备的设计和开发是至关重要的（见 4.1 节）。

4.2.2 加工设备的变体层

1. 加工设备的结构层和功能层

加工设备的变体层可以细分为结构层和功能层，

加工设备的结构层（见图 2-4-9）是：

1）加工设备的接口层（下游、上游、环境和其他设备），在设备层面是将各个机器链接到加工设备上。

2）加工设备的机器层包含内部的各个机器及其接口。

3）在机器内部，模块层包括各个加工模块。在单个模块或组合模块内，实施一个或多个加工任务（即成型、填充、密封）。

4）工具层包含各个加工模块中的工具和作用对。

5）链接层以及联网层还包括设备、机器、模块的连接元件，主要用于加工技术功能的传输和存储。

加工设备在功能层还可细分为物料、能量、信号/信息和空间（Bleisch 2011）。

在所有的变体层上，设备结构的可能变化范围包括自动化制造（可变的单功能机器）。

1）具有可重构模块的串联加工设备。

2）具有柔性模块的串联加工设备。

3）具有多通道且互联物料流网络的加工设备。

4）基于柔性互联系统的可变网络化高性能设备。

5）自由联网的加工模块，通过自主移动的运输单元松散链接，能够柔性地对可变原材料和初级产品做出反应，同时具有大量可生产的产品配置（见图 2-4-10）。

2. 主要变体层的选择标准

设计、规划和研发现代化加工设备时，相应产品类别和原材料类别的具体要求决定了设备的结构（Römisch 2014）。首选架构的选择以及主要变体层的选择可基于以下标准：

（1）待生产产品的数量以及批量 对于单件批量或小批次的个性化定制产品而言，使用串行设备

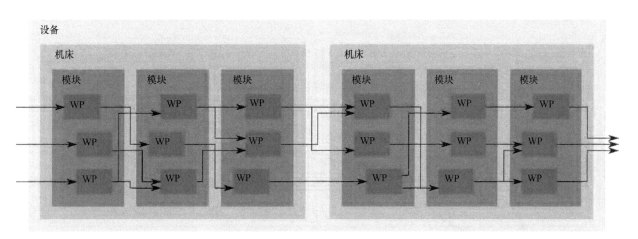

图 2-4-9 加工设备中变体层面的结构化

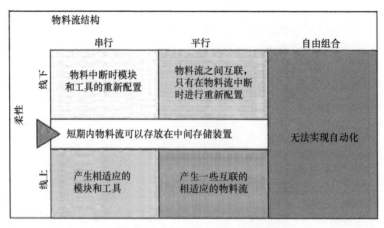

图 2-4-10　物料流结构和适应性

进行线下重新配置来进行高效生产几乎是不可能的，而对于具有高度柔性以及可变互联的加工设备而言，很难应用于具有固定加工特性的大批量生产工艺（见图 2-4-11）。

图 2-4-11　柔性和产量/产值

（2）产量和产品价值　低值产品（如硬焦糖）只能以非常高的产量进行经济地生产，而高价产品（如香水）也可以在低产量下进行生产（Römisch 2014）。

（3）节拍和复杂性　原材料和最终产品的复杂性通常反映在复杂的机器结构中。通常情况下，机器越复杂，高速运行下越容易出错。因此对于高价产品和复杂产品，最佳产量以及最佳加工速度可能低于系统的运行速度（额定速度）（见图 2-4-12）。

（4）卫生等级与可重构性　由于对原材料、生产环境和加工设备本身有很高的卫生要求，当更换机器模块进行设备重新配置时，大量的清洁和灭菌工作将会带来巨大的费用成本（Bleisch 2011）。因此使用封闭、易于清洁的系统更具有经济性。

根据上述内容，可变设备结构的概念和发展包括以下步骤：

1）设备层确定并分配应用实例的细节。

2）抽取机器和设备的机内流程及其各自的链接。

3）确定主要变体层并推导出相应的设备架构和结构。

4）考虑原材料和产品的变化范围，实施相关的设备范例。

5）对二级和三级变体层重复步骤 2~4。

加工设备结构的变种如图 2-4-13 所示。

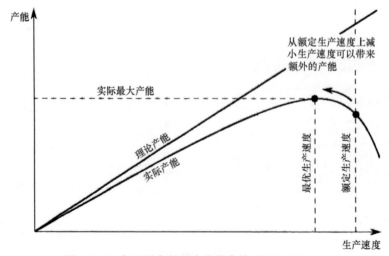

图 2-4-12　加工设备的最大产能曲线（Bleisch 2011）

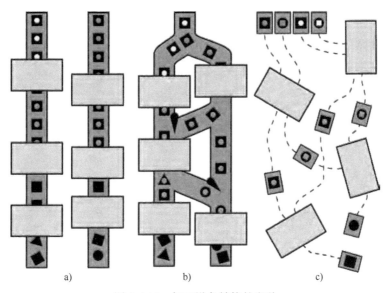

图 2-4-13 加工设备结构的变种
a）串联结构 b）并联结构 c）自由连接结构

4.3 可变加工设备的要素

4.3.1 质量控制工艺

对于加工设备的各个加工步骤以及为设备制定的整个工艺，确保以下内容是非常重要的：

1）原材料和初级产品的特性完全可以在加工工艺中生产出优质产品。

2）可以实现基于可用设备组件的必要工艺步骤。

3）工艺效率或工艺可靠性不受加工物品的干扰，该加工物品不能在相应的部件上加工。

4）可以识别用于进一步处理的最有效路径（即最大增值路径）（见 4.2.1 节），包括组件上尽可能优化的参数设置。

因此，必须尽可能在工艺开始时指定与加工相关的特性范围和最终产品所需的质量特性。除了质量影响和效率影响之外，该概念为所有子步骤的解决方案以及安全工艺管理和可能错误的可追溯性提供了基础。

然而，在实践中，这种描述已经受到 4.1.1 节中列出的模糊性和加工产品可描述局限性的限制。从而导致了以下显著的需求：

1）确定任何中间和最终产品的质量参数，并使其可测量或可验证（见 4.3.2 节）。

2）到目前为止，**渗透和拆解整个工艺以及个别加工步骤**，以便通过足够简单的模型来描述它们。

3）确定子流程的质量相关参数，并在部分模型中映射其效果。

4）定义子步骤和部分模型的接口条件，确保整个工艺的稳健运行，并使其可预测和可控。

5）根据效率目标，寻求技术解决方案，实现流程和设计，对于每个步骤的质量保证来说，控制和施加影响是可能的（见 4.3.3 节）。其挑战在于当前技术的高集成度和难度，以及在市场引导的效率要求下实现最佳分解（见 4.1.1 节）。

6）为这些系统的配置、操作和优化提供虚拟环境。

用使用高度可参数化的加热系统的塑料薄膜热成型的例子，来说明其详细含义。

为了将片状塑料初级产品如膜或板加工成三维薄壁成型体，热成型工艺已经使用了 70 多年（Throne 1999）。可生产的模制品的产品种类包括诸如碗、杯子或泡罩之类的包装，用于汽车工业的内部部件，以及设备和家具部件。

该工艺基本上由以下步骤组成：首先，通过接触加热或红外辐射将毛坯加热至其材料特定的成形温度。然后，将其模塑成型腔或凸模，冷却以进行模具固定，最后脱模。在成型机、灌装机和封装机之后还有其他工艺步骤，最后获得准备运输和准备销售的消费品，如酸奶杯（Bleisch 2011）。随着基于陶瓷厚膜技术的新型加热系统的发展，可以在非常小的空间内产生显著的温度梯度并将其转移到塑料中。然后，在随后的模塑工艺中，加热强度高的区域流动优于强度低的区域，这可以影响模塑部件的壁厚分布，并使其得以优化，如图 2-4-14 所示（Claus 2013）。

2

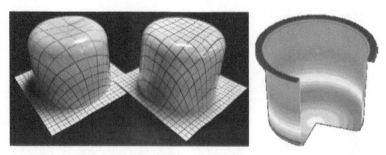

图 2-4-14　壁厚分布差异很大的杯子（左），杯子由于温度场优化均匀的壁厚分布（中心），
杯子的模型有不同的温度区域（右）

因此，在关键区域中实现最小必要壁厚不再仅仅通过选择初始材料厚度实现，而是可以通过产品特定的工艺管理，特别是主要通过加热器参数来实现。关于加热系统，将提到高度参数化的模具（见 4.1.3 节、4.2.2 节和 4.3.3 节）。然而，对于其控制和最优利用提出了以下问题：

1）最终产品（如用于灌装的酸奶杯）的哪些质量标准与热成型工艺的壁厚分布质量标准有关？

2）如何定量描述这种关系（建模）？（目标：例如上述酸奶杯的最小允许壁厚是多少？）

3）成型工艺一般有哪些可能性和限制（热力成型的模型）？

4）具体的成型站有哪些可能性和限制（作用配对模型）？

5）加热工艺（热模型）有哪些可能性和限制？

6）具体的加热站有哪些可能性和限制（作用对模型）？

7）塑料的哪些属性与上述模型相关（材料建模是上述模型构建过程的一部分）？

8）如何确定所需的材料参数（材料表征的手段和方法）？

如果不能回答这些问题（至少包括对最终产品的功能性壁厚分布的合理假设），新型加热系统的安全使用最多只能略高于传统系统的水平（在表面上更多或更少的均匀加热）。否则可能超越边界条件，或者只能承受损失（试验优化）或使用安全裕量（不必要地使用"稳健选择"的薄膜厚度的材料）。

回答上述问题带来了更多的挑战，特别是因为它们与价值链相关；与壁厚和材料的结构尺寸相关的参数是包装的渗透性（见图 2-4-15）。其通过包装壁厚保证了大规模运输的强度。对于类似的材料构造，大致适用以下特征：壁越薄，水蒸气和氧气的渗透性越高。这种物质交换过程对于大多数包装食品以及其他包装食品的质保至关重要（脱水或水分，香味损失或氧化是常见的腐坏机制）。因此，需要包装商品的质量规格、其敏感性的信息以及至少需要对腐败机制进行粗略的了解（最好是有效的模型）。另外，还需要各种包装材料的渗透模型。

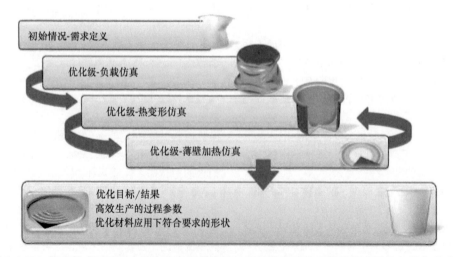

图 2-4-15　杯子热成型过程中温度分布的优化链，以最终产品的后续运输所需的机械负载为例，
并使用 cera2heat® 矩阵加热器实现优化结果（Stein 2014）

对壁厚分布要求的另一个影响来自在生产、货物处理和储存过程中作用在杯子上的机械载荷。这里最大的相关性可能是压力载荷。目前服务供应商通过试验模拟负载或负载曲线，还可以整合气候的附加影响。

从这些实际研究中可以获得负载数据，用于基于有限元的压缩应力模拟。优化算法有助于基于仿真的优化，实现包括杯子最佳壁厚分布的优化设计。

以这种方式优化的几何模型给出了关于模制部件复杂的几何目标要求。在热力模拟时，成型工艺可以在优化循环中运行，直到通过温度分布的变化，精确地找到在模拟成型工艺中所需壁厚分布的结果。完整的作用对模拟是确定热成型站设置参数的基础。

确定加热系统的设置参数和控制参数的最后一步是模拟该加热系统在塑料中的热输入，从而实现之前确定的最佳温度曲线。

一个特别的挑战在于塑料的典型非线性材料行为，其取决于工艺和环境的特定影响，对于天然物质也是如此。由于上述每个工艺都存在着特定影响，其需要材料表征来确定，因此建立充分有效的全局模型似乎是不切实际的。有以下原因：

1) 材料多样性。

2) 影响多样性。

3) 各种所需（兼容性意义上标准化的）材料表征方法，如温度影响下的双轴拉伸试验，差示扫量热法等。

4) 模型的复杂性。

5) 模拟工具的可用性。

6) 当前模拟的时间行为。

7) 可操作性和可诠释性。

8) 可验证性。

另一方面，提供价值链中各参与者特定能力范围内相应的部分模型更有意义。产品开发中的数据流（除了所举例子之外）无论如何是必不可少的。

该示例还展示了以下可能的内容：

1) 质量控制的产品配置和工艺配置。

2) 质量控制的工艺参数化和工艺控制。

3) 每个流程步骤中基于工艺数据的质量监控。

4) 质量缺陷原因的可追溯性。

5) 跨供应链优化方法。

出发点是最终产品的量化质量数据（见 4.3.2 节）。然而，示例中提到的基于技术的标准只是一部分。目前很难对产品质量进行全方位的评估，如食品方面。此外，开辟了一大片研究领域，如量化食品中所含或从不同环境（如工艺、包装）进入的气味或风味元素的影响（Guthry 2015）。

4.3.2　优质材料和优质产品

1. 波动的材料质量和一致的产品质量

原材料和其他待加工原材料的波动，与最终产品中可能的最低质量偏差要求形成对比。下游加工商和最终消费者期望在外观、感觉、一致性、味道、包装的形状和外观或效用（用于化妆品和药品）等标准方面具有一致的产品特性（Brennan 2006）。

为了满足这一要求，必须对原材料允许的质量变化进行限制。同时，要对大部分原材料进行处理，因为进厂检查和分拣不符合质量的材料过程非常复杂，并且高的废料量也是不经济的（原料 / 材料效率）。

这种冲突只能通过对波动的加工特性柔性地做出反应来解决。为了使系统能够对波动做出反应，必须直接测量或通过材料/工艺模型描绘现实情况。

目前通常从材料批次中取出单个样品并确定质量鉴定参数（在实验室中）。通常仅区分优质材料和废品，定义质量标准，让设备能在无需额外适应能力的情况下加工材料。

由于商品市场有时非常不稳定，因此有必要让更多的过去被归类为废料的材料能被加工。这样做一方面可以增加资源效率，另一方面可以使用先前未充分利用的资源（如部分可用的材料）。因此，用于消费品生产 4.0 的加工设备必须能够适应初始材料的质量波动，或者能够对波动柔性地做出反应（见 4.1.3 节和 4.2 节）。为此，必须充分记录有关原材料、各个加工步骤后的材料以及最终产品质量的数据。

另一方面，出于测量和分析技术的投资成本增加以及可变性实施的原因。寻找作用对，从根本上在基础物理效应及其实施条件下更好地进行适应，是十分重要的（见 4.3.3 节）。

2. 获取、分析以及有针对性地使用质量数据

实质上，质量数据的有效使用可分为三类。

（1）数据获取　质量数据由合适的传感器测量。传感器和测量数据的质量和可靠性对随后的评估和分析非常重要。此外，选择传感器时需要估计，在什么分辨率下哪些数据是获得质量波动响应所必需的。必须保持数据量的可管理性。特别是对于图像和视频这类可以在短时间内大量生成的数据。对波动的质量值的反应策略也取决于测量位置。如果在作用位置之后测量质量，则可以在下一个加工步骤中尽早进行反应。但是，如果在作用位置之前确定材料质量，则可以直接对测量的偏差做出反应（见图 2-4-16）。

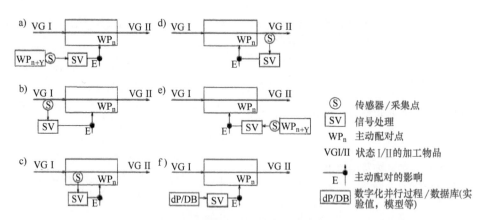

图 2-4-16 质量测量的位置（Bleisch 2014）
a）上游主动配对（WP）（上游） b）在 WP 之前 c）在 WP 中 d）在 WP 之后
e）WP 下游（下游） f）数字化并行过程，模型，实验室数据或数据库

在消费品行业，难以测量的数据（如味道、气味、一致性和感觉）（见 4.3.1 节）或药品中少量活性成分含量的采集是一个巨大的挑战。此外，在线测量是高性能流程中的一个挑战，因此，在没有合适的传感器的情况下（如对于单个包装的气密性），测量通常是离线的。尤其是对于食品，质量控制是由经过感知训练的人员手动进行的。

由于可变性，产品质量特性的在线分析或者至少是实时分析，以及对工艺和环境条件的检测，将变得越来越重要。目前大部分数据都是在实验室中离线确定或主观记录的。对此有两种可能的策略：

"实验室必须处于流程中"，或者必须用信息技术将实验室和流程整合在一起。表征食品加工中产品质量的特性是成熟度、含糖量、缺陷或表面污染量等。在诸如高光谱成像和荧光分析等光学方法中，正在寻求及时确定这些性质的解决方案，并在研究和开发项目中进一步研发。这也表明，食品和药品行业对于特定传感器和监测系统的巨大需求。

在此背景下，"虚拟传感器"的概念也很受关注。这实质上意味着各种运行数据、状态数据和环境数据的联网和分析，从而获得工艺信息。例如，通过功率测量、位移测量和力测量对超声波密封工艺进行监测（Thürling 2014；Baudrit 2014），通过伺服电动机的参数分析（Lotze 2008）检测密封接缝夹杂物，或者在纸张拉伸时记录冲压力曲线以进行质量监控。

质量分析的先决条件是确定质量特定的产品属性并进行精确描述。对于生产商和供应商而言，对原材料、中间产品和最终产品创建相关的本体论以及质量特征的结构化和标准化描述，是迈向标准化规范的必要步骤。

（2）材料模型和数据评估 为了在技术上说明操作划分的数据，材料、工艺和产品的数字模型是必要的。通过真实数据和虚拟模型的组合创建材料/产品的数字图像（数字阴影）。可以在充分了解物理效应的情况下，以分析方式进行建模。而经验模型也是可行的，其可以从数据本身生成，并且通过迭代包含新的数据，也能够在一定限度内进行学习。在创建材料、工艺和产品模型时，应该让模型涵盖质量参数的整个波动范围，而不是将模型抽象到不可能出现的材料、工艺或产品特定情况（Wallmeier 2015；Bach 2015）。

（3）反应策略和具体反应 基于模型的数据分析，可以推导出对观察到的波动做出的具体反应。设备操作员和专业人员也可以选择合理的反应策略（见 4.4.5 节）。根据特定材料/产品的质量波动，最有可能的反应在于调整或重新配置作用对（见 4.3.3 节）。例如：如果密封膜的厚度增加，则可以提高密封温度和增加密封时间，以便获得足够的接缝强度。如果纸箱在折叠过程中回弹太多，则可以进给折叠导轨以补偿弯曲。太潮湿的包装商品可以通过在干燥通道中延长停留时间或通过更高的温度干燥到相同的最终状态。

此外，待加工物品可以根据 4.1.3 节所述的质量等级送入其他加工链中（优质产品和标准产品）。

除了符合产品质量外，还必须遵守有关成分（过敏源、活性物质等）和加工条件（无菌、冷藏等）的严格规定，以及食品、化妆品和药品相应的产品标识（见 4.4.4 节）。

4.3.3 可变的作用对

如 4.2 节所述，可变的作用对是实现可变流程的方法之一。

如果以柔性和可重新配置的形式遵循可变性的两种实现方法，那么通过可参数化的柔性是作用对层的解决方案概念（除了调整整个机器或设备中的加工速度之外，还可能对诸如更薄且因此更敏感的薄膜之类的难加工条件做出反应）。与此同时，这可能导致工作点并不在最佳位置上（Römisch 2014）。

另一方面，通过作用对的重新配置，也可以主动的方式实现可变性。标准件或完整工具集的交换使得作用对能够产生质量兼容的产品，尽管这样会改变加工特性。同时，作用对应该能够在某个工作范围或公差范围内主动或被动地进行柔性响应。因此，可变的作用对范围包括：

1）可互换的工具和工具集。

2）适应性强且可调节的标准件（导轨、如图 2-4-17 所示的成型元件、用于计量装置中体积变化的活塞调节等）。

3）工具上可变的运动规范，用于适应规格或几何形状（激光切割工具或焊接工具、手动控制夹具、主动折叠设备等）。

4）可激活/可停用的作用区域或子区域（见 4.3.1 节中描述的加热系统）。

5）作用区域能量输入的柔性变化（成型力、密封力、薄膜拉伸力的调整等）。

6）调整反应时间（调整密封时间与薄膜厚度，使定量给料时间适应时间控制的定量给料装置）。

关于时间、压力、体积流量等参数的调整，还应该让清洁更好地适应卫生状态或机器的污染特性。

提高作用对可变性的方法：

1）减少工具中用以固定有效几何形状的几何限定，从而提高柔性。

示例 1：无柔性——冲刀；更高的柔性——直线切割刀（柔性的切割长度）；高柔性——激光切割工具。

示例 2：低柔性——腔室进料器；更高的柔性——可变行程的伺服控制活塞式进料器；高柔性——时间或体积流量控制计量阀。

2）通过作用几何体的适应性程度减少工具中的几何限定。

示例：低柔性——传统热成型模具；高柔性——可变热成型模具（见图 2-4-17）。

3）减少运动的几何限定（驱动系统的分散化）。

4）特定工具的分离和标准化的工具架。

5）功能分离（将一个工具中的复杂功能集成解析为连续的部分工艺），从而分离和扩大各个工艺的参数空间并增加组合。但是，如果产品上的两个加工步骤的几何关联度很高，例如，在杯子成型、填充和密封机器里，密封和分离轮廓具有几何相似性（见 4.1.1 节），则功能集成是有利的，只要部分工艺的不同个别要求是兼容的（如激光焊接和激光切割的组合）。

但是，这些措施中的每一项都需要对加工速度、精确性、空间需求和技术复杂性进行限制（见 4.1.3 节）。

新技术的影响：

1）3D 打印：可以实现全新的工具几何形状和工具功能（可以将额外的功能载体部分打印到材料中）。柔性元件允许更大的处理范围或新的运动。可以按照减少几何限定的概念直接打印产品（如夹心巧克力）。与规格固定和几何固定的缺点相对应，可以打印工具或工具的一部分。

2）一次性用品：廉价的"一次性工具"或标准件可以使工艺中的清洁/灭菌成本更低。当可以使用"丢掉"零件时，新的加工工艺和产品成为可能（一次性用品是工具，并且在加工任务完成后保留在产

图 2-4-17　热成型模具和夹紧工具的原型结构

品或包装中）。

3）纳米技术和生物技术：在未来有可能直接在分子水平上生产或种植食品等产品（Mironov 2012）。此外，这也提供了产品设计和功能化的巨大潜力。

4）活性材料和记忆材料：智能材料在特定的环境中对外部影响（如温度、磁场）做出反应，从而实现新的功能，如形状的适应性或自我修复的能力（Neugebauer 2012；Simon 2014）。

用于作用对柔性化的离散工作机构：

在现有技术中，工作机构的几何设计受到对加工材料几何特征的约束，其依赖于作用对的条件。示例包括轮廓切削刀具或成形模具。在加工系统中，这些通常是精加工部件，从经济角度来看，其一次性定制生产和常规机器设置使得批量生产和单件批量生产无利可图。为了减少工作机构的几何依赖性并增加机器柔性，工作机构的离散化是一种有前景的方法。工作机构由细分了的功能增量共同形成。为此，这些功能增量必须是可单独调节的。柔性随着这些增量的减小而提高。为了建立功能增量，微型化的传感部件和执行部件是必要的，随着当前技术的发展（如微系统技术领域），这些部件有了越来越多的选择。未来将实现智能控制概念，以控制或调节多个执行部件。产品开发过程中上游阶段的信息技术接口，对于自动控制功能增量和避免代价高昂的编程工作也是至关重要的。在下面的两个示例中，展示了用于加工不同半成品的离散工作机构。

实例 1：用于柔性塑料加工的数字成型。

该过程中成型模具和夹具在很大程度上依赖于待生产产品的几何形状。因此，这种工具系统通常是产品定制和客户定制的，有很高的投资密集程度。由于无处不在的市场波动会引起生产批量减少，导致特定于组件的工具成本增加。因此，需要柔性成型模具和夹紧工具以保持经济地生产。除了增材制造，数字成型是一种有前途的方法，可以柔性且快速地生产成型模具和夹紧工具。数字成型采用了离散工作机构的基本思想。下面将描述用于片状塑料半成品柔性成型和夹紧的功能原型结构。

这两个原型是基于利用离散水平表示必要作用面的原理。这些离散元件通过线性移动杆来实现（Simon 2014a）。由于成本原因，这些杆中并非每一个都可以由其自身的液压、气动或电动机驱动，因此开发了用于定位离散元件的新概念。由此实现了新的驱动系统。各个杆离散地放在可自由定位的平台上。在模具开始运作时，该平台携带所有的杆向上移动。随后，平台下降，杆被锁定在可自由调节的目标位置。在开发的夹紧单元中，集成了自锁机

构和电磁切换机构。因此，在无需连续电流的情况下，小于 25ms 的短脉冲能够非常节能地操作夹紧单元。由于夹紧单元数量众多，需要开发新的电路以及特殊控制板设计用于控制。这种结构对于这两个实现了的模具系统而言是一致的。

由于机械加工的要求，杆直径只能在有限的范围内缩小。有限的杆密度导致其表面稳定性的要求。为避免在成型结果中出现杆的压痕，需要采用中间层。此外，使用 FEM 模拟设计冲头以获得最佳成型结果（Simon 2014b）。与成型相比，在夹紧期间需要较小的杆密度。为了施加必要的夹紧力，采用了支架和吸式波纹管。这两个系统的功能已通过应用成功地获得实践验证（Simon 2013）。

实例 2：通过低压吸盘处理轮廓变化的半成品。

除了所述的半成品塑料产品的加工之外，纺织材料对自动化处理和加工也提出了很高的技术要求。这些材料也被称为纺织半成品，其特征是低尺寸稳定性和结构稳定性，可变的表面密度以及较高的透气性。由于其具有确定纤维方向的不均匀结构，合格的处理是在批量生产中保持经济性的必要先决条件。适用于纺织半成品的夹持原理是基于低压吸盘的原理，其应用可以很容易地转移到其他扁平而形状不稳定的材料上，如皮革、织物和薄膜等（Graf 2014a）。

以下使用工业纤维复合材料生产的实例描述了一个示范性的夹持系统是如何实现的。在工业工艺链中，首先使用切割系统在接收台上切割二维织物网。随后，将半成品用工具按照不同的轮廓放置到预制件中。利用低压吸盘原理，夹具用于清理、分离和分拣处理操作。其原理和工作模式如图 2-4-18 所示。力效应是由在作用面上施加的负压引起的，由此可以实现温和的操作处理。作用面具有离散的小开口，通过它们可分散负压。

为了分离和分拣，必须处理不同的轮廓，从而设定具体的负压。为此，要求有足够的作用面分辨率，这可以通过单独控制的部分区域来实现。通过打开和关闭磁力线圈实现离散分辨率，以及按需求对负压的位置进行调节。这些磁力线圈经过电流优化并安装在作用面内部（Berger 2015）。双稳态磁力线圈的控制可以通过相应的电压脉冲实现，因此只有在改变磁力线圈的位置时才消耗电能。同时，它可以记录夹具系统中的压力差，并为每个半成品指定压力差（Graf 2014b）。这扩展了处理其他形状不稳定形材料的可用性，如皮革、薄膜和其他纺织品。夹持系统的硬件实现如图 2-4-19 所示。

处理系统描述了整个生产链的子系统，并通过更高级别的应用软件集成到工艺链中。从库中指定

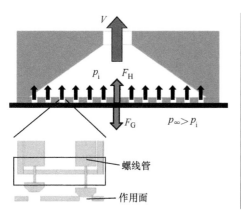

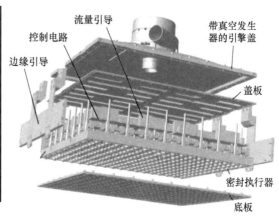

图 2-4-18　抓取模块的原理和工作模式

夹持系统的数据	
总面积	2.25m×1.20m
螺线管总数	4320
单个模块的数量	15
单个模块的尺寸	0.50m×0.45m
气孔的距离	2.5 mm

图 2-4-19　基于低压表面吸力原理的夹持系统的实施

要处理的纺织品的精确几何形状，利用磁力线圈设置所需的轮廓，通过机器人运动学计算必要的轨迹并为处理步骤给定负压。

4.4　可变加工设备

4.4.1　可变设备结构

1. 对可变设备结构的要求

由于原料特性不稳定，在加工厂中，可能需要对每种质量等级的输入材料使用不同的作用对或模块，以便能够进一步加工质量均一的产品（见 4.3.2 节）或相应不同的最终质量以满足不同的市场需求。在个性化产品或小批量产品的制造中，通常需要进行工具甚至整个设备的设置。随着订单规模的减小以及易出故障的启动而增加设置时间，是加工设备停机时间相应增加的原因。这包括计划的安装时间和必要的清洁和消毒时间，以及由于启动期间的不稳定而导致的意外停机时间（见 4.4.4 节）。因此，减少转换过程和掌握波动的材料特性对设备的经济效益有重大的影响。

2. 设备结构和分解级别的细分

可变设备结构可以解决高效特定加工与不同特性的材料、不同外观产品加工之间的冲突。为此，有必要设计设备结构，通过可变作用对和工具或者通过流经设备不同的特定流动路径（物质流），来实现对加工物品的需求反应。

经典的设备结构是刚性的且大多是串联的。所有（不同的）加工物品通过相同的链接设备始终以相同的顺序通过相同的作用位置。

固化的串联设备结构如图 2-4-20 所示，具有可重置工具的固化串联结构如图 2-4-21 所示。

图 2-4-20　固化的串联设备结构

图 2-4-21　具有可重置工具的固化串联结构

尽管采用了刚性串联的设备结构，但通过柔性且可重构的作用对，可以对加工物品进行适应反应。4.3.3 节已经详细介绍了这种作用对。具有自动可换工具的作用对子集，对于可变的设备结构这个世界级主题有着重要的意义。例如，可以从一个或多个中央工具库完成工具更换。在这种情况下，必须将相应的工具运输到各个机器模块。这可以由操作员手动完成，也可以由相应的进料装置自动完成。进料装置可以对应于加工物品的运输装置。

在第一分解级别，该概念被分解为柔性连接单元或并行（部分）联网材料流。

通过将加工物品分成不同的、并行的材料流（取决于加工特性或加工目标），从而可以流经具体不同的加工步骤，并以不同的表现方式产生不同的产品。然而，连接单元仍然是刚性的，并且材料流仅在一个方向上流动。

固化的网络结构如图 2-4-22 所示。

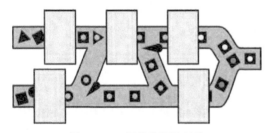

图 2-4-22　固化的网络结构

通过有效地选择和设计存储系统，使得即使各个模块加工速度不同，材料流也可以很好地同步进行。此外，存储系统可以在短时间内吸收材料流，以便能够（离线）更换工具或模块。这也是可变设备结构中的一个重要元素（Römisch 2014）。

加工设备中的存储系统如图 2-4-23 所示。

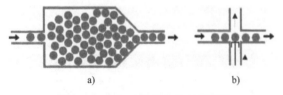

图 2-4-23　加工设备中的存储系统
a）串联存储器　b）并联存储器

使用柔性连接技术或运输模块（如搬运机）实现单独运输加工的货物。通过在运输模块中额外的功能集成（如称重技术、产品标签）可进一步实现加工步骤的合理化和个性化。功能可以集成在单个模块上，或者产生于多个模块的联动之中。已有这样的系统，其中两个运输模块通过力控制相互驱动，

并且能够实现例如托盘及箱子的安装（Pru ßmeier 2015）。第二个分解级别将各加工机器或加工模块的机械连接完全分解为加工站。通过有轨方式松散地完成链接，但在很大程度上是自主运输模块。

串行结构如图 2-4-24 所示，可调节的设备结构如图 2-4-25 所示。

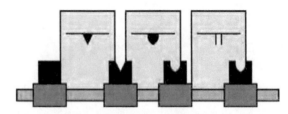

图 2-4-24　串行结构（具有可调节性，基于需求或功能的传输模块）

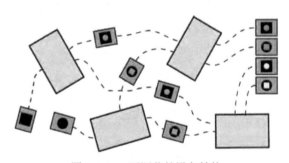

图 2-4-25　可调节的设备结构
（更加网络化、更灵活的连接）

通过对借助有轨链接运输模块的单个加工站和加工步骤的松散链接，在加工设备（或一组加工站）中，可以针对每个加工项目运行特定的加工序列。因此，该设备不仅能够柔性应对各加工特点和要求，而且还能达成对各个加工站更加优化的充分利用。另一个优点是其他工位或模块周围松散链接且模块化设备的简单扩展（至少是机械上的）（Jasperneite 2015）。

柔性运输模块也可以被用来为设备的作用对提供所需的工具。工具可以进行集中地存储、交换和清洁。例如某种情况下工具装备也可能"刚好及时"地执行，即在加工物品到达作用对之前。因此可以优化工具利用率，减少工具集（如在工具库中）的停留时间，工具使用从而变得更经济（Dickmann 2015）。

3. 基于自主生产控制的生产系统的柔性联网

由于生产顺序不同，对物料流的控制非常复杂，因此对每个产品的"路线"都必须单独进行规划。为了控制这种复杂性，生产企业正在逐渐避免流程的中央规划和控制（Kagermann 2013）。

分散化组织和更模块化的生产系统旨在使得关于后续流程步骤的情境决策更快、更高效。对于这类系统，应优先考虑"基于技能"的方法，也就是说，每台机器或每个模块都被赋予不同的技能（能力）（Backhaus 2014）。这是一种更抽象的任务描述形式，在任务导向的编程中可找到它们的起源。目前方法的问题是没有对工艺依赖性进行充分考虑。迄今为止，只能够将通过产品提出的"服务"与机器的"技能"要求进行比较，并检查匹配。所选加工站与所选用于移交产品的传输系统之间的依赖关系通常被视为下游。在现有系统中，所造成的潜在错误通过物流员工或机器操作员的最终移交实现最小化。这些依赖关系必须在未来针对日益增长的自动化水平，进行更详细的研究。

操作技术作为各个处理步骤之间的联系，尤其与这些工艺依赖性有关。例如，如果通过机器人和相关的末端执行器检查产品的基本可操作性，则该分析不提供关于从上游工艺（从工位移除）或到下游工艺（传送到工位）移交点的技术可行性信息。为了验证这些移交点，必须检查所有夹紧（加工）和夹紧系统（操作）的夹紧点，并检查重叠或碰撞（Schmalz 2015）。在刚性连接的生产系统中，这一步骤已经在工艺规划中被考虑到了。对于经济地生产个性化产品的各个加工站的柔性联网，其具有柔性加工计划和加工步骤，是不可能再现的。因此必须不断检查可将产品成功处理的途径。在操作技术和

材料控制领域，重要的是要优选快速解决方案，例如经济高效的解决方案（Günther 2010）。或者可以预先模拟制造工艺，以便在早期识别出潜在的接口问题。

在生产工艺中模拟这些工艺依赖性并对其进行检查的一种方法是使用多代理系统（MAS）。这些系统的特点是类似于 CPPS 的自主控制单元。"代理是一个具有明确目标的可定义实体。代理努力通过自主行为实现这些目标，并不断与其环境和其他代理进行交互（Wagner 2010）。"考虑到自动化系统，这些代理被细分为硬件和软件组件。硬件用于执行先前选择的和基于情境的参数化动作。之前用于选择和参数化的通信由代理的软件部分实现。这一软件部分通常被称为数字阴影或虚拟孪生（见图 2-4-26）。

单个代理不一定必须同时拥有两部分（软件和硬件）才能参与生产工艺（见图 2-4-26）。该方面的一个例子是产品代理。它作为一个真实的对象存在，但由于成本原因，没有进行硬件通信。通信（见图 2-4-26 虚线）仅通过相应产品的虚拟孪生进行。软件代理之间的信息交换取决于现有的代理平台（FIPA-OS、JADE、LEAP 等）。对硬件模块的信息传递可以通过如 OPC-UA 进行。在理想情况下，产品及其虚拟孪生之间的联系不会丢失。为了避免中断和随之而来的识别问题，可以为产品提供物理意义上的 ID（如条码或 RFID 芯片）。

在 RoboFill（机器人填装）4.0 项目中，MAS

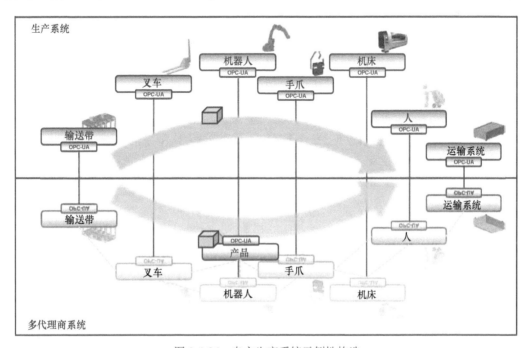

图 2-4-26　自主生产系统示例性构造

的方法正被推行，用于以自动和经济的方式生产单件批量的饮料。在多代理系统中，一方面将加工模块（冲洗器、填充器等）和执行模块（XTS 系统、机器人等）用于协调工艺控制；另一方面，每瓶产品都被分配了虚拟孪生，它们之前的联系可以通过二维码进行验证。根据生产进度，饮料瓶（饮料瓶代理）可以自行选择使用哪个加工模块（如果有多个合适的模块可供选择）来执行下一步骤，以及产品以何种方式送达哪里，例如使用自行设计的徽标或某种混合比例。由于设备的模块化和柔性，可以加工 0.33~0.75L 大小的饮料瓶。

在该项目中，这一设备概念将被转移到工业上可用的灌装设备中，并投入运行。这种小型灌装设备由于其模块化设计而具有良好的可扩展性，因此适用于客户创新产品的大批量生产。在项目结束时，所有使用的模块和 MAS 形式的生产控制架构均处于工业可用状态。项目运行期间各模块的优化将通过对数据的收集、分析和评估进行。

4.4.2 自我监控和自我优化的机床

1. 通过智能控制提高竞争力

加工机器的制造商一直为了能够使它们的生产设备高效而不懈努力。为了尽可能快地达到设定值，并补偿干扰变量和材料特性的波动，工艺控制和工艺管理起到了关键作用。

加工机器执行各种任务，如输送、填充或涂层（Berger 2015）。因此，加工机器的结构差异很大。由于这些机器执行的任务和工艺量巨大，对于每种类型的加工机器，工艺过程的建模都不相同。由于工艺的复杂性，事实表明只能对要建模的过程进行部分建模，在某些情况下则完全无法被解析建模。这是因为这些工艺只是被部分地理解，或者是存在对工艺产生无法描述的影响因素（见 4.1.1 节）。

为了弥补这一点，控制器参数被设置得很保守，因此施加的一些影响变量不会导致工艺中出现任何不稳定行为。另外，操作人员可以根据他们的经验将机器参数（进给速率、进给量、质量水平）根据生产订单进行校准（见图 2-4-27）。然而，这需要大量的经验，并且由于参数是由具体的操作员决定的，

可能会有所不同，从而导致行为不可再现。

因此，本节介绍的方法，用于构建仅部分理解的生产工艺的控制系统。除此之外，还将介绍如何识别影响受控系统的影响变量，其必须由控制器考虑。该方法通常适用于加工机器，并且将更详细地描述辊式胶印的情况。

2. 现代控制系统提高效率

显式地考虑影响变量的自适应控制概念，可以实现更高的工艺稳定性和动态性。这降低了生产成本，从而提高了经济效率和资源效率。

现代印刷机能够以低成本生产高质量的印刷产品。比如，除了采用驱动器控制之外，还可以连续调节卷筒纸张力和颜色压痕。由于工艺条件以及纸张特性和颜色特性的变化，控制器设计得比较保守，这就是造成特别是在印刷开始时，纸张浪费数量不成比例的原因。为了减小这种影响，需要优化控制，特别是考虑到诸如污染状态或输墨装置的机械设置（距离、间隙）等，手动测量所有干扰和影响变量是不合适的。

工艺控制的目标是在机器启动期间尽可能快地达到目标参数，但同时确保工艺和参数波动的高度稳定性。下面介绍如何构建自适应控制系统以及各个组件之间如何进行关联。该方法可通过一般性的构建转移到许多应用场景。

3. 技术现状

目前的机器和系统具有强大的计算机能力，能够实现大范围的数据处理方法。另外，大量的数据已经被记录，并可以用于机器和工艺监控。进一步评估被用于进行基于状态的维护。但是，通常不存在数据到机器控制或误差补偿的反馈（Schönitz 2010）。

自适应控制技术中的算法以观察者结构和模型结构（MRAC、MIAC、STR）为特征，由于提升工艺动力学而被人熟知。根据路径动力学，可以得出关于起因的结论，并可据此调整控制器参数。需要广泛的工艺知识和尽可能清晰的输出信号，才能得以实现（Föllinger 1997；Unbehauen 2000；You 2009）。

例如在轨道的传输行为非常复杂或无法进行具

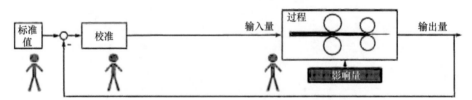

图 2-4-27　用户交互的简单过程控制经典流程

有足够准确度的数学描述情况下，模糊方法或机器学习方法已被用于对机器进行控制。利用这些方法，可以基于预定义的数据或先前的知识（You 2009；Eberhard 2006；Ramesh 2002；Wolters 2003）来实现工艺模型或控制器的预期传输行为。目前还不知道如何对先前未知的影响进行单独补偿。

大多数控制应用都是为固定操作条件而设计的。然而在现实中，要保证这一点是很难的。因此，有几个针对鲁棒控制器设计的概念。确定影响参数时要考虑参数的变化性及其对控制系统的影响。这可以确保控制回路的稳定性。应该明确考虑的影响取决于具体应用以及用户评价（Hollot 2001）。

相比之下，自适应控制系统将系统行为视为已知设置。与此同时，对系统参数进行不断地计算，以获得对系统及其控制参数的最佳调整。可变参数将被检测，但与相应的影响因素无关。此外，必须知道工艺的输出量和精确的数学描述（Föllinger 1988）。

现有生产设备的控制系统仅考虑了一些影响参数，这些参数是通过进一步的探索而被人熟知的。只有少数的方法被用来寻找影响参数和区分优先次序。根据生产数据分析结果创建系统的数学描述的控制器概念，能更强有力地对影响参数的优先级进行定位。数据集通过诸如例如神经网络或支持向量机等机器学习方法进行分析。要实现这一点，必须采集、存储和分析所有相关参数。因此，可以推导出参数对工艺的影响作为结果。这意味着所有参数都会产生高成本，即使其中一些参数与流程无关（Bambach 2012；Yong Lun 2002；Hafner 2011）。

包含所有影响因素和工艺输出的参数集是在专家知识（Govindhasamy 2005；Taki 2012）、文献（Boog 2010）或试验（Rajkumar 2003）的基础上开发

的。例如，对织机的影响可以分为几类。基于对工艺及其可测量性影响的粗略估计，可进行第一次筛选。这将产生大量冗余数据，并将其收集在数据库中，用于训练神经网络。只有在收集和训练之后才能对参数的影响做出说明（Wolters 2003）。

4. 整体概念的介绍

在下文中，提出了认知自适应的控制概念，它能够实现对未知影响变量的补偿，从而实现动态和稳健的系统行为。控制变量反馈给自适应控制器（见图 2-4-28 中的外部控制回路）。为了考虑现有的影响变量，扩展当前结构的适应性，以便得到后面的路线图。

控制回路的基本结构与自适应控制回路相当，但参数调整是在特定机器数据基础及其分析的基础上完成的，也就是被称为认知的过程。这包括根据相应的操作条件获取知识、存储知识和传输知识，以实现工艺模型和控制器的最佳行为。

工艺模型不断计算工艺状态，这对于具有死区时间的系统特别有利。知识获取模块根据过去的产品计算得出最佳工艺控制所必需的设置。这些数据根据向当前行为影响变量的知识转化，借助模块进行交流。此概念是基于人类行为模式的方法，其特点是观察和认知。机器操作员从经验中学习如何优化操作行为。即使不能形成数学依赖关系，也能隐式地考虑到相关因素。

下文将介绍用于设计自适应系统的过程，并且展示示例性的实现概念。有关各个组件块的深入讨论，请参阅具体专业文献（Unbehauen 2000；You 2009；Ramesh 2002）。

5. 分析输出情况和实现认知自适应系统的目标

为了给认知适应性控制创建一个合适的概念，必须事先明确定义质量标准。例如，如果设备连续

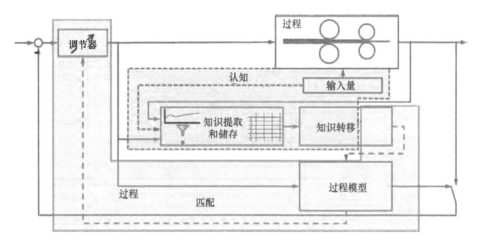

图 2-4-28　调整扩展的控制回路

运行或不连续运行，或者需要考虑工艺的特殊功能，则可能需要采用不同的方法。

作为工艺分析的一部分，需要描述机器中的工艺，并识别相关的工艺变量。物理工艺变量细分为影响变量、伺服变量、状态变量和输出变量。在化学工艺中，这些通常是温度或压力，在相应机械工艺中是位置和力。据此，可以确定机器或环境影响因素及其对工艺的影响。

影响变量或扰动变量可归纳出所有未被意识到和可能导致改变的工艺行为的影响因素。典型的例子是环境条件，如温度或所使用的操作材料特性或加工物品的特性。例如，在印刷工艺中，纸张和颜色特性会影响最佳机器设置，而在成型工艺中材料强度以及材料的弹性和塑性特性又占主导。

通过使用现代数据处理系统，可以实现系统动力学方面的改进，然而会增加开发成本。与之相反，必须考虑可实现的节约。在成本和资源密集型大量生产之中使用认知自适应的控制系统更有意义。应用示例是诸如钢铁、木材、造纸或化学工业中原材料的大规模生产和加工。

认知自适应的控制系统由工艺模型、（自适应）控制器、知识提取和知识转化四部分组成。这些组成模块可以通过各种方式实现。从经典线性控制技术来看，解析、显式、形式描述最常用于传递函数或分析计算。模糊逻辑使用模糊集及其隶属关系，其描述提供了其他可能性。此外，可以使用机器学

习方法，它可以基于给定的数据来模拟期望的行为。工艺模型可以是解析的，或通过模糊集或机器学习的方法来实现，如图 2-4-29 所示。

由于整个系统的模块化结构，每个模块都可以使用最合适的版本，从而跨越多维解决方案空间。

6. 认知自适应系统的实际实施

工艺的首要区别是连续或不连续的工艺。连续系统的特点是受到时间的明确影响。线性传递函数实现了工艺行为的时间分辨计算。此外，如有必要，可以映射非线性关系。如果基本规律不能用公式来描述，系统行为可以通过试验来近似。如果不能进行数学描述并且有专业知识可用，那么这些工艺可以用模糊逻辑来描述（Föllinger 1997）。

机器学习方法可以使用工艺数据来确定工艺描述。如果无法创建简化的传递函数，这种方法将特别有用。这里最著名的代表方法是神经网络，其他方法有支持向量机、回归分析或故障树分析（Yong 2002）。

不连续工艺的特征表现为，输入参数集将导致输出参数集这一现象，例如成型或注射成型工艺。输出参数的时间过程无关紧要。除了传递函数不适用于该描述，不连续工艺是用与连续工艺相似的方法进行描述的。在最简单的情况下，它是一个连接输入变量和输出变量的表格。同样，模糊逻辑或机器学习方法等工具也是可用的。

针对调节和控制存在各种方法，这些方法强烈

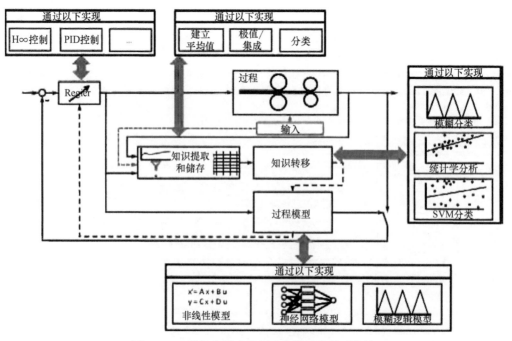

图 2-4-29　认知自适应控制系统构件块的互换性

依赖于建模类型。除了根据路径传递函数设计的连续控制器（Ziegler-Nichols，根据幅度最优或极点规格设计）之外，还有各种工具，通常基于状态空间表示［线性二次控制（LQR）或使用数学优化的且稳健的控制器设计（H∞）］。另一方面，在不连续工艺的情况下进行控制，这时输出变量只能以时间延迟进行测量。通过更高级别的控制，仍然可以实现连续的工艺调整。控制算法和调节算法基本上可以与工艺描述相媲美。除了连续控制之外，还使用模糊控制器或认知方法来实现所需的输出。

为了实现具有不同影响的最佳工艺控制，基于过去的产品适配控制器结构或控制器参数是合适的。为此，应在每个工艺步骤或每次生产之后进行系统行为的评估。一方面是形成描述工艺和影响变量的参数；另一方面，可以使用完整的数据来计算获得高建模质量和高控制性能的最佳参数。或者如果不能显式地计算最佳参数，那么遗传算法是合适的。质量标准或工艺参数是特征参数，例如稳态环路增益或连续系统的时间常数。特征参数的形成用于某些操作条件的参数集，存储在数据库中，其中基于影响因素描述了机器行为。

为了使存储在数据库中的知识用于下一步的生产，它将被描述为已知输入变量和影响变量的函数。一系列的机器学习方法可用于此目的。所有方法都需要一个培训阶段，根据现有数据记录学习行为。支持矢量机改变变换矩阵。n 维表描述基于现有 n 维数据集的表面。应该注意的是，不同的生产订单存在许多参数。根据帕累托（Pareto）原则，生产参数对于大量订单具有相同的价值。但是，对于少数订单，生产参数的值有很大差异。如果有新的生产参数可用于学习，那么它们中的大多数将具有相同的值，但是偏差值将大大低估。须指出的是，小数字根据相同的值进行加权，这样它们不会在特性曲线上消失。因此，新的数据集可用来学习，只供确定生产参数的值（见图 2-4-30）。

如果数据已被集成到合适的数据库中，则必须为新订单确定生产参数。随后，可以预测工艺动态，并可以设置控制器。这个模块由知识转化接管。

根据控制概念，可以根据控制器概念（LQR，H∞）直接传输参数或进行转换。例如，如果使用知识库计算工艺的稳态增益，则可以直接使用它来计算线性控制器的控制器参数。例如，对于 H∞ 控制，确定的路线参数需要进一步进行数学处理以获得较高的鲁棒性（Kwakernaak 1993）。

7. 为实施认知适应性系统选择合适的组件块

如前一节所述，系统的每个组件块都可以通过不同的方法来实现。分析实现与使用模糊数量以及机器学习方法一样可行。应该指出的是，每种方式都有几种方法，见表 2-4-3。分析模型可以作为 PT_1 系统或状态空间模型执行。

表 2-4-3   不同组件的方法和示例性特征

组件	方 法		
	解析	模糊数量	机器学习
调节器	控制器	具有 3 个模糊集的控制器	神经控制器
模型	PT_1 模型	带有 4 个模糊集的模型	支持矢量机
知识提取	手段	基于单一模糊集的聚类	前馈网络
知识转移	参数辨识	带模糊集的模型	神经网络

在下一步中，必须对表 2-4-3 中列出的不同系统选项进行比较，并选择最合适的选项。例如，可以使用评分矩阵（见表 2-4-4）来完成。一般的陈述只能在有限的范围内进行。由于线性传递函数简单，它是优选的。

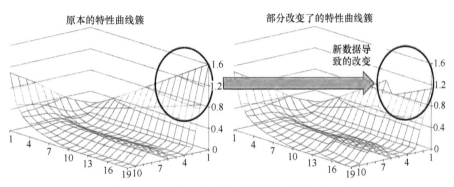

图 2-4-30   通过（定性）新数据改变特性曲线簇

表 2-4-4 评估分析过程模型的不同特征

模型的分析变体	可用的工具	适应性	解释性	等级
PT_2 模型	++	+	+	A
PT_1T_t 模型	0	+	++	B
状态空间模型	−	0	−	C

8. 形态盒总结

由于在实施图 2-4-29 中的组件块时可能采用不同的方法和特性，因此根据图 2-4-31（Ritchey 2002），表 2-4-3 可以扩展到三维形态盒。

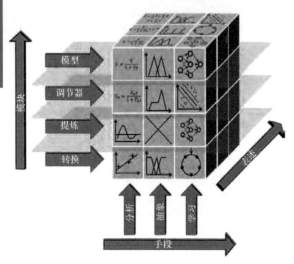

图 2-4-31 认知自适应系统设计的形态盒

对于该模型，可以通过 FuzzySets（模糊集）或通过机器学习方法进行映射来分析实现以及描述。所选方法中的表达式（第三维）的选择根据表 2-4-4 的评估矩阵进行。这个过程是针对组件块模型、控制器、知识提取和转化进行的。这使得单独和独立创建各个组件块成为可能。该过程受加工机器外部和内部的影响。例如加工物品或加工机器零件的磨损状态影响动态工艺。因此工艺模型和控制器总是可以设置为当前条件，所以必须确定影响变量。

应该指出的是，影响变量的整合取决于它们与工艺的关系。例如，如果可以通过解析来描述，则可以在解析模型中考虑；如果只能通过学习方法建立关系，则必须采取中间步骤，直到可用于控制系统。

为了能够考虑影响因素，必须采用上游步骤来确定哪些变量需要考虑。理论上，任何物理量都可以产生影响。然而，并不是所有变量都是感兴趣的，要么由于它们的影响太小，要么控制系统不需要考

虑变量的变化。因此，下面介绍一个如何识别和优先考虑影响因素的方法。

9. 生产系统的影响参数

有一些算法，如基于模型的自适应控制，使用模型来比较真实行为与模型。它们是不断更新的（Oda 1995）。为此，控制变量必须是已知的，并非适用于所有生产机器。因此，需要其他系统通过观察影响变量来识别系统，例如由神经网络拟合的模糊控制器（Gomez 2007）。对于这类控制器，用户需要知道哪些参数对工艺有影响，从而执行算法。

对于每台加工机器，一组特定的不同因素可能会干扰该工艺。一般来说，不能以相同的方式识别影响所有工艺的参数。例如，加工物品的光学特性对于印刷机来说非常重要，但对于机床来说则没什么影响。

有几种方法来处理可变参数。例如，它们可以保持不变或由机器控制器来控制从而补偿它们的影响。还必须要注意，有一些相关性小到可以忽略不计的影响。

一般而言，关于工艺的影响参数的了解程度对控制系统的设计很重要。因此，有必要确定所有相关因素，并找到将其整合到控制系统或消除其影响的方法。

已有可用于识别影响参数的解决方案，如回归分析（Braun 2007）。这些仅适用于正在运行的生产机器，并且不提供关于如何考虑影响变量的任何信息。

以下是使用整体方法识别与工艺相关的所有参数的方法。还展示了参数如何被研究和描述。根据工艺要求，将显示如何推导出适当且有效的措施来补偿影响参数对工艺的影响。这种方法已经被用于设计印刷机的自主学习控制器。

10. 相关参数的识别

（1）不同工艺的影响变量　影响参数是与工艺相互作用的物理量。这些参数可能很明显，例如卷筒纸胶印工艺中纸张的重量。其他影响，如相对湿度，表现为扰动效应。

必须注意的是，并非每个物理量都会影响工艺。此外，必须区分具有较大和较小影响的变量。机器控制器的设计师必须满足要求，例如机器速度、工艺稳定性、过冲和安装时间。一般而言，通过提高对工艺和影响参数的了解可以提高控制器的速度。这意味着已知因素的数量和控制器的知识深度决定了其性能。系统需要变得更灵敏，意味着在研究影响参数时必须做出更多努力。这也意味着开发人员必须知道并确定所有相关变量的优先级。

（2）考虑的工艺层　影响参数对工艺的多个层

次具有影响，从而影响产品的质量。图 2-4-32 所示为工艺影响的示意图。

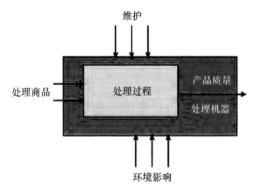

图 2-4-32　影响生产过程的各种因素

不同的产品需要不同的材料。例如，辊式胶印机使用各种类型的纸张，其比重和光泽度不同。这些属性中的每一个都会影响纸张吸收墨水的能力。此外，这些属性还可能取决于纸张的使用批次。

还必须考虑产品特性，因为它们会影响加工物品和原材料。例如，在辊式胶印中，打印图像定义了所需的墨水量。如果打印作业需要大量墨水，则打印单元表现出是动态的。如果墨水供应量减少，则墨水单元在高吞吐量时比低吞吐量时更快地清空。

机器的设计也可以改变生产工艺。虽然工艺的原理保持不变，但机械部件尤其影响工艺。例如，胶印机的宽度改变了经过印刷单元的墨水流动。由于辊的机械下垂，两个辊子之间的接触压力在中间与外部区域中的接触压力不同。机器越宽，该效应就越显著。

此外，机器的状态影响工艺。当机器的某个部件老化或被更换时，其行为会有所不同，从而影响工艺。在印刷机上，辊子的橡胶布会随着时间而老化。这一变化是缓慢而持续的。当更新时，其行为以及经过基材的墨水流动均发生变化。

最后，环境影响与制造工艺相互作用。此两者与加工物品和机器息息相关，并且影响它们的特性。在胶印中，空气湿度影响纸张的水分。这一环境因素也会改变纸张的吸收能力。

（3）识别相关参数的整体方法　对于特定应用案例的相关参数或影响变量的识别，提出了遵循整体方法的工艺。正如在开始时已经提到的，对于加工机器来说并不是所有相关的影响因素都是已知的。这方面的知识有时是基于经验主义的或不完整的。

为了能够在每个层级中都能识别出所有重要的影响变量，所有物理变量需要被考虑。主要有以下几类：

1）几何（长度、宽度……）。

2）运动学（速度、加速度……）。

3）力学或动力学（力、力矩……）。

4）电流（电压、电流……）。

5）磁性（磁场……）。

6）光学（光强度、颜色……）。

7）化学（pH 值、质量浓度……）。

8）辐射（频率、辐射强度……）。

理论上，任何物理因素都可能对工艺产生影响。然而，许多因素的影响太小，无法产生可衡量的影响。而其他变量可以影响工艺，这就是为什么要确定这些变量。图 2-4-33 所示为细分为可解析建模的影响，以及很小的影响或持续的影响。除了提到的这三种影响因素，还有一些未知的影响因素。

为了确定所有相关的影响变量，第一步是在五个层面考虑所有的物理变量，即加工物品、机器设计、机器状态、订单和环境影响。为了减少变量数量，进行几个阶段的筛选，下文将更详细地对其进行描述。

减少影响因素数量的第一步是经验知识的运用。通过运用经验知识可以区分重要和不重要的因素。例如，在印刷工艺中，人们知道磁性变量没有影响，而打印图像有非常大的影响。对于那些没有得到确认的影响，必须进行进一步研究。

下一步是检查参数随时间变化的程度。影响在整个时间内保持不变的影响因素不会改变工艺的动力学。因此，它们对于控制器的适应性，也可以忽略不计。在现有的文献和数学模型的基础上，可以对其他影响变量进行研究。对于某些物理变量，可以评估它们对工艺的影响程度以及如何对其进行考虑。

在许多生产系统中，可以同时进行数据采集和数据分析。通过数据库分析和回归分析，首先可以得到关于影响变量与产品质量的相关性（Govondhasamy 2005；Cosic 2011）。在这个阶段，没有必要精确描述影响。

最后，对缺乏认识的生产系统进行实证试验，可以获得影响因素与产品质量之间的关系。为此，可以在简单的测试系列中进行定性说明，可在进一步的步骤中更详细地描述。

图 2-4-33 所示为识别相关参数的整体方法。

（4）影响变量的表征　一旦所有对工艺产生影响的变量都确定了，那么就要确定它们的影响程度。需解决以下问题：

1）影响变量对工艺的影响有多大？

2）关注和控制影响大小要花费多少？

3）影响大小的相关性及其对工艺的影响方面的知识有多少？

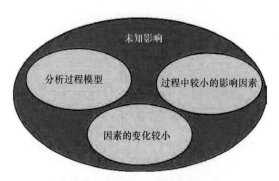

图 2-4-33　识别相关参数的整体方法

（5）确定相关性　相关性描述了参数对工艺影响的度量。为此目的定义了变量 ΔQ_{max}。它描述了生产工艺中质量波动的最大范围。ΔQ_{res} 描述产品质量波动的最大范围，这是由影响变量的变化引起的。ΔQ_{res} 和 ΔQ_{max} 的比值定义为相关性 r。

$$r = \frac{\Delta Q_{res}}{\Delta Q_{max}} \times 100\% \qquad (2\text{-}4\text{-}1)$$

如果一个物理变量足够大，从理论上来说它可以影响工艺。但是，影响变量在工艺中不能超过一定的限制。为了确定相关性，必须研究影响变量的变化范围。

有几种方法可用于确定相关性。一个整体的方法是通过数学相关性来确定。此外，模拟模型可以用来确定最好质量和最差质量，它们取决于影响因素。此外，现有的机器数据可以通过回归分析来使用。如果这些方法都不能使用，则可以通过试验确定关系。

在确定相关性时，必须注意物理变量可以相互影响。例如，在印刷工艺中，湿度影响纸张吸收油墨的能力。低品质的纸张比高品质的纸张吸收更多的水分。因此，前者更容易受到如湿度这样的环境条件影响。这些依赖性使得很难确定影响因素对工艺的绝对相关性。物理上完整的相关性观点往往既不是目标明显的也不是必需的。重要的是，应该考虑对生产工艺的最大可能影响。特别是，影响变量的最小和最大值通常是感兴趣的范围。例如，在印刷技术中，表面覆盖因素描述了印刷表面的百分比。这理论上可以在 0%（完全不打印）和 100%（完全打印）之间，并在很大程度上影响油墨单元的动力学。但是，大多数打印作业表面覆盖率不低于 3% 且不超过 30%。因此，当相关性确定在该范围内通常是足够的，控制器参数能非常精确地调整油墨单元的动力学。如果要为打印作业保持该范围，则可以保守地设置控制器，这仅仅会影响到所有打印作业中的一小部分。为了确定相关性，可以按 5% 的增量不断

增加表面覆盖率。

当研究结束后，可使用式（2-4-1）确定相关性。虽然无法对数值进行绝对评估，但它们可以被划分为三类，然后可以据此采取进一步的步骤。相关性在 0%~30% 之间的影响变量只有很小的影响。相关性在 30%~100% 之间被分为中等。如果影响变量的相关性超过了 100%，那么其被认为是有很大的影响。当一个变量位于三者边界上时，建议倾向于夸大其相关性，以免在以后使用时危及系统的稳定性。

（6）影响变量的可控性　下一步是确定影响变量的可控性。它描述了对影响因素施加影响的可能性。如果对工艺有影响的物理变量保持不变，则不必动态调整控制器的变化，而只是进行静态调整。这种情况可认为是高可控性。有些影响变量不能直接控制，但可以通过测量技术获得，其可控性可归类为中等。如上文所述，在印刷工艺中，一个高相关性的影响变量是表面覆盖率。它是由打印图像预先确定的，不能被改变，但它在很大程度上影响油墨单元的动力学。因此，必须确定每个订单的表面覆盖率，并根据表面覆盖率来调整控制器，从而优化机器的初始行为。如果影响变量不能被测量或测量成本很高，其可控性被归类为低。例如滚动轴承的磨损程度，只能由高度专业化的状态监测系统来确定。

11. 关于操作建议的推导（基于表征）

在所有相关的物理影响变量被确定和表征之后，对它们进行分类。不同的类别提供了有关如何考虑控制结构中的不同变量的信息。

该分类基于参数的相关性和可控性。根据分类，提出关于如何整合物理变量的不同措施（见图 2-4-34）。

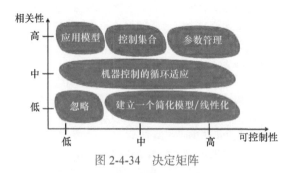

图 2-4-34　决定矩阵

如果影响变量的可控性低，并且对工艺也只有很小的影响，则可以忽略它。虽然它会影响工艺，但在控制系统中考虑它会导致过高的成本。

可控且相关性高的影响变量应保持恒定。因此，在控制系统中考虑它们的成本较低，同时也降低系统的复杂性和稳定性。

如果其他变量的可控性和相关性与所提出的两种情况不同，应在控制系统中考虑。为此存在已知的方法复杂性各异。例如，可以为一个低可控性高相关的物理变量建立模型。可用数学的方法来建立，或者若其数学关系无法被描述，可以通过自学习系统来实现。此外，还有其他方法，例如通过修正因子考虑影响变量，这种修正因子通常是定期更新的。

当所有相关的影响变量被确认并确定了其优先级时，接着对自适应控制系统进行最终设置。为此，必须将影响变量整合到控制系统。根据影响变量的可描述性，可以选择表 2-4-4 中列出的各种特征。对自适应系统进行建模之后，然后可以用已知的控制技术方法对各个组件进一步细化。

12. 总结

加工机器的一个重要要求是：在启功阶段，它们应该能够在很短的时间内达到预期的质量。该工艺还有许多尚不清楚的影响。许多工艺只能有条件地被理解。

为了使工艺控制系统能够在短时间内启动机器，控制器必须非常精确地对加工机器的条件及其影响进行调整。为此可运用由多个组件组成的自适应控制系统。

须根据影响变量和基本加工工艺对控制系统进行不同的设计。在选择时需要考虑多个因素，例如可行的工艺可描述性或系统实现的可能性。在此基础上，根据确定的影响变量对自适应控制系统进行

建模，该系统非常接近加工机器的条件。该工艺模型可用于运行阶段，并动态地调整控制器。这样可以优化控制行为，从而缩短启动阶段。

4.4.3　工艺集成的机电一体化仿真

1. 产品生命周期内仿真

仿真已经在产品生命周期的许多领域建立起来，用于机器和设备的数字保护。在仿真领域，根据应用和要检查的参数的不同存在不同的方法。例如熟知的方法之一是有限元法，它是开发过程中特定领域设计的最新技术。诸如较短的产品生命周期和零误差容限之类的全局驱动因素以及计算机不断增加的计算能力，使得能够在开发过程中建立进一步的仿真方法。示例包括多体仿真或运动学仿真。相比之下，在产品开发的早期阶段或生产中，几乎没有应用仿真技术。其中一个原因是当前的仿真方法非常注重高仿真质量。但是，这并不符合早期和后期开发阶段的要求，早期和后期阶段只需要低到中等质量的仿真结果来快速验证概念（见图 2-4-35，Hefner 2014）。使用仿真的一种方法是机电一体化模拟，其非常关注使用基于物理的模型进行低成本建模。

2. 机电一体化仿真的挑战

为了实现经济的仿真，需要对问题进行抽象化。环境特定的仿真方法的同步和重要结果的转化也是必要的。在这种背景下，由于在生产技术中软件占比日益增加，虚拟调试的方法越来越多地延伸到整

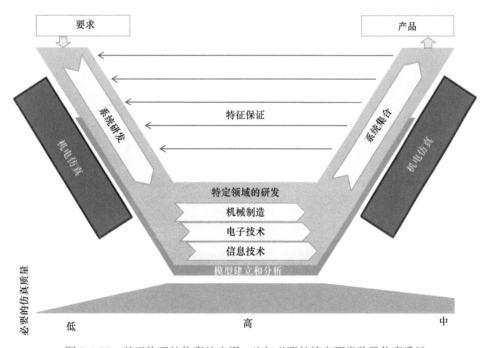

图 2-4-35　基于物理的仿真的应用，比如必要的特定研发阶段仿真质量

个产品生命周期（Roßmann 2006）。通过由此产生的工艺集成的机电一体化仿真，可以在整个产品生命周期中进行跨学科的改进，以提高最终的产品质量。

要做到经济的仿真，还需要对视图空间进行抽象化。在这方面，对特定环境的仿真方法的同步和结果转化仍然是开发过程中的巨大挑战。如今，在涉及工艺规划和开发的部门中，大量和多种仿真方法和相关工具往往导致单个系统作为孤岛解决方案使用。由于特定问题的建模以及有限的数据连续性和一致性，异构系统会导致高成本（Kühn 2006）。

在生产技术中软件占比日益增加的背景下，仿真图像的使用须扩展到整个开发过程。由此产生的机电一体化仿真是在整个产品和工艺开发过程中，计算机辅助地且多学科地验证开发成果（Bracht 2009）。

然而，一个重要原因在于成本与收益之比，由于在开发的早期和后期阶段很少使用模拟验证。在实施过程中，当前的仿真方法通常需要大量的工作和专家知识进行建模。因此，对碰撞检查等方面的物料流建模大多仍然是高成本的。大部分的建模活动包括功能相关的输入。例如，必须手动输入对象通过传送带传输的作用关系。由此产生了目前方法的缺点：

1）高度手动故而成本高昂。

2）纯应用特定的解决方案，而非柔性的解决方案。

仅在脚本的基础上映射真实的系统，而不考虑真实的作用关系（Krotil 2015a）。

3. 基于物理的工艺集成仿真

工艺集成的机电一体化仿真的解决方案是采用基于物理的方法。通过这些方法，可以在运输过程中包含物理效应，以便用物理过程（如引力、摩擦力、接触引起的碰撞响应）来映射设备的动态行为，或其他物料流物体和运输系统运动链。这样，仿真对象的传输行为就可以实时地利用物理定律和优化的计算方法进行仿真，而无需对其进行显式定义。通过从 3D 几何中推导出物料流行为，在很大程度上消除了 3D 区域中的仿真编程工作。因此，以物理为基础的机电一体化仿真方法减少了物理属性参数化仿真和模型运动学仿真的建模工作（Spitzweg 2009）。

此外，采用模块化系统为低成本的模型创建提供巨大的潜力。为系统地生成不同问题的信息模型和仿真模型，跨学科的机电功能描述提供了理想的出发点。在模拟验证之后，可系统地推导出进一步的开发文档，如设计图、示意图或软件片段（Gausemeier 2000）。

因此，在基于物理的模拟中利用物理引擎，自动遵循物理关系，从而增强仿真模型。因此，如传送带上的部件运送这种简单的相互关系，不再需要利用脚本和专家知识来手动而昂贵地进行建模。换而言之，使用已知的方程和参数自动解析物理关系。因此，大大减少了建模过程中的人工成本，并为物理作用关系的建模创造了一种独立于问题的普遍方法（见图 2-4-36）。

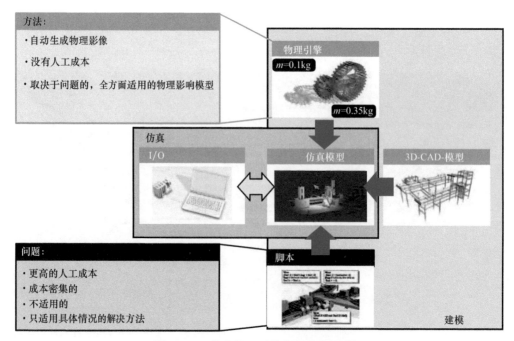

图 2-4-36　带有物理引擎仿真系统的建立

在建模时使用物理引擎，除了减少工作量之外，还可以进一步改进开发过程，例如可以在仿真过程中对数字图像进行在线修改。与预定义的脚本不同，物理参数可以在仿真过程中进行修改。建模的基本方法分为四个工艺步骤（Lacour 2011；Krotil 2015b），如图 2-4-37 所示。

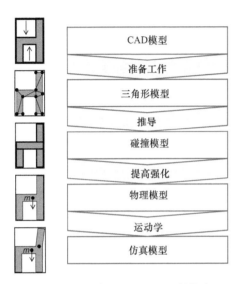

图 2-4-37　根据 Krotil 2015b 的仿真
建模的方法程序

创建仿真模型的第一步是将输入的 CAD 模型数据预处理为结构化三角模型。结构化意味着每个三角形都是一个具有属性的子模型，每个子模型本身就是一个被旋转和缩放的主模型实例。因此，三角模型中包含了 CAD 模型的零件和装配信息。接着，将三角化模型推导转换成碰撞模型。此步骤由多个子步骤组成。例如，在流体中，推导包括四个子步骤：三角分析、凸性分析和并行处理的凸分解（Krotil 2016a）。每次更新后，比如质量、焦点或表面特征

等物理参数都能丰富碰撞模型。这些信息都可以从数据库中提取。最后产生了物理模型的运动学。在这个工艺步骤中，可区分主动和被动运动学。例如，关节转向是被动运动学。相反，主动执行器可将外力引入到仿真中，这就属于主动运动学。

4. 工艺集成的仿真的应用实例

工艺集成的仿真可用于产品生命周期的不同阶段。在这方面，图 2-4-38 所示为两种不同的使用方案。

如图 2-4-38 所示，在开发过程的早期阶段，工艺集成的仿真可以对工艺起到验证作用。在该实例中，灌装工艺和瓶子在传送带上的运输工艺都被考虑了进去。这个应用案例中的开发人员对稳定性和周期时间方面都特别感兴趣。因此，通过综合考虑产生的力，在传输方面提高机电一体化仿真的意义（Reinhart 2008）。目前基于脚本的仿真不考虑这些；换言之，货物静态地附在传送带上。与此相反，利用物理仿真，可以直接考虑作用关系，比如在仿真中关注惯性力矩和摩擦力。因此，不仅能够对真实情况进行自动建模，而且更精确地描绘真实情况。

此外，数字孪生还可用于在生产阶段的工艺验证。图 2-4-38 右侧展示了这个实例。客户特定的产品在当前的工艺中经常面临重大挑战。例如，因为产品多样化，需要在生产中使用不固定摆放的不同包装。在这个情况中，很难实现确定性算法。然而，仿真可以对包裹所要放置的位置进行预估。为此，在操作运行期间给仿真提供即将到来的包裹的信息，可以使这些仿真在线检查不同的包裹所属的位置。这是由快的仿真速度和仿真模型的可修改性来实现的。根据仿真结果，然后将仿真结果提供给码垛机器人，可以使用评估了的摆放位置。

5. 总结

总之，可以说，工艺集成的仿真与使用快速计算的物理方法和使用数字孪生的方法具有很大的优

图 2-4-38　灌装和运输过程的模拟保护（左）以及码垛过程的流程整合模拟保护（右）

势。因此，无论是在产品开发还是生产中，自身仿真验证都可提高工艺质量，从而避免使用虚拟的图像进行错误的开发和生产（Krotil 2016b）。此外，在工业 4.0 中开发的模型可以直接用于联网生产工艺的开发。

4.4.4　可变设备的自动化清洁方面

设备清洁的目的是确保有足够的清洁度，如以最低的资源消耗来衡量产品加工的卫生要求。由于化学、热和力的交互作用的高复杂性，目前的工业清洁工艺主要是根据经验设计的，并且过度清洁以满足法律要求（Goode 2013）。

当前的清洁系统的自动化概念是基于固定工艺控制的，其缺点是该工艺是预先确定的，在清洁程序运行中通常没有关于当前清洁要求的信息（Wildbrett 2006；Ilberg 2007）。也没有对实际清洁工艺和剩余清洁要求的反馈。

1. 要求

当前的清洁要求和当前的清洁工艺导致了对清洁工艺自动化且充分动态地适应不断变化的要求。

适应性需要不断地监测清洁要求。这是从目前设备可接受的卫生条件和需要干预的卫生状况极限推导而来的。目前，可接受的卫生状况或清洁表面的定义基本上是针对食品加工中的"光学清洁"的。因此，设备制造商和运营商建议使用或多或少基于经验的间歇清洁。目前无菌加工工艺和制药工艺除外。这些工艺中的清洁验证是在运行之前进行的。

2. 清洁验证

记录证明：具有高可靠性的清洁工艺能够可靠且重复地保证确定的成功清洁并提供清洁的生产设备。

对于无菌设备，在 VDI 准则 4066 中定义了相应的验证过程，并命名了方法（VDI 2013）。在制药业，欧盟 GMP 指南的基本文件在附件 15 中说明了相关鉴定和验证的原则，也因此界定了其极限值（EU 2015）。设备、机器及其部件或功能的验证与具体医药产品无关。该鉴定遵循一个既定的程序，如欧盟 GMP 指南中附件 15 所述，是一个工艺验证的步骤。在完成鉴定之后，在特定的设备或机器上生产特定药品。这意味着验证总是与产品相关，因为它是基于特定药品的"质量属性"的。因此，清洁验证的极限值总是取决于活性成分及其浓度和机器中的条件。附件 15 中第 10.1 条给出了限制条件：如果已经科学地证明了可转移性，替代污染可以作为清洁验证的基础。

根据这一理念，在具有自动清洗系统的可变设备中，鉴定和验证还包括监测和检测系统。

必须通过适当的工艺控制措施补偿清洁要求和清洁工艺参数中与工艺相关的变化。从自动化的角度来看，需要进行范式转换：从基于经验到基于模型的设计、参数化和控制。在工艺模型中，足够精确地描述工艺参数与清洗结果之间的作用关系，并用于工艺控制。除了方法技术的基础，如清洁机理的知识及其影响或影响变量，还需关注特定于设备的边界条件并定义足够窄的工艺窗口。关于清洗工艺的构思和实现方面的知识和经验，是迈向知识型工艺管理的一大步。

除了工艺管理方面，设备技术方面也要求尽可能柔性的清洁系统，从而出现了开放式和封闭式两种机器系统，其根本区别在于使用的清洁方法和清洁机理。

封闭式系统中的清洁工艺：待清洁表面和清洗液的两相清洁系统。

例子：管道、换热器、阀门。

开放式系统中的清洁工艺：待清洁表面、清洗液和环境气氛的三相清洁系统。

例子：成型机器、灌装机器、密封机器，洗涤舱、连接系统、箱子。

其他变种方法有就地清洁（CIP）和换地清洁（COP）：

1）就地清洁，是在不拆除各个零件的情况下清洁设备或组件。

2）换地清洁，是拆除各个零件后清洁设备或组件。

因此，对于不具备 CIP 能力的组件，应提供自动 COP。与手工清洁相比一般倾向于使用自动化系统，因为其具有更高的安全性以及可以实现清洁效果的重复性。从目前清洁时间占总生产时间的比例来看，卫生领域的清洁工艺是高效的，如工具更换系统和小批量生产。例如，牛奶加工业的清洁时间平均是总生产时间的 15%（Endres 等 2002；Weile 2003）。该比例值在制药业中更高。

3. 方法和技术手段

清洁工艺的复杂性要求新的自动化策略。当前已经存在哪种方法可以实现自适应清洁和基于知识的工艺管理。

可以至少部分地通过人类认知和专家知识以及适用的行动建议来找到解决办法。文献中已有复合方法，如使用自适应清洁模糊系统（ANFIS）进行建模并预测清洁工艺（喷雾清洁）(Chen 2006；Daoming 2006）。Wilson 2015 提出了一个分析模型，描述喷雾清洁进程。在遗传算法（Madaeni 2012）的基础上，通过对复合连杆机构进行人工神经网络优化，可以找到最优工艺参数。如果有多个目标函数可用，通过帕累托优化可以在技术能力的极限内找到解决方案。通过该方法，以清洁效率作为目标函数，同时考虑最小能量和水量的要求（Köhler 2015）。该方法也适用于与时间相关的清洁效率。

通过光学检测系统中基于模型的控制/管理，提供有关清洁要求或卫生状态的必要信息。这样尤其适合作为技术解决方案，因为它们允许在清洁工艺中对污染沉积物和残留污染进行时间和空间分辨的检测。通过对整个清洁工艺进行定位和时间分辨的监控，所有的效果都可以被包含在分析中。清洁特征值的局部分辨率提供了复杂系统中清洁工艺的详细信息，并能够支持进行工艺优化。图 2-4-39 通过试验方法展示了在机器表面上两个位置的清洁工艺的时间进程评估。

在这种情况下，通过相机系统直接在食物的固有荧光上检测污染。评估的基础是荧光强度与污染量的关系。这种监测包括：

1）空间上的卫生状况和污染状况检测和清洁需求检测。

2）空间和时间上的清洁进程跟踪。

3）清洁成功的确定作为清洁工艺完成的标准。

清洁参数的动态调整信息是从历史过程中基于模型的评价信息、产品伴随信息、先验基本信息（如清洁特性的分类和模型选择）和清洁工艺的监测信息中得来的。

在 Mauermann 2012 中描述了关于这方面的基础研究，并基于此在 Boye 2013 中进行了面向应用的研究。对于由于其设计或复杂性而不能直接进行

光学检测的系统，诸如漂洗水分析的间接方法是有问题的（Ilberg 2007）。利用间接方法没有检测到残留污染，那么也不能说明被检查的系统确实是干净的。这只能证明这些污染物在漂洗水中没有进一步被溶解。

目前的清洁系统概念不仅在机械结构方面的适应性的成熟度相当低。开放和封闭式系统主要有以下变体选择：

1）在功能模块集成的系统中（固定的清洁系统、移动清洁机器人作为加工模块的组成部分）。

2）移动系统（清洁机器人、移动清洁装置）。

3）空间固定的系统（COP 的清洁站）。

变体 1）可以特定于模块地进行优化设计，因此清洁工艺是非常有效的。系统的空间柔性程度以及由此定义的清洁区域大小、清洁特定地点的可能性，从机械工程方面来看是一个有待解决的问题。如有必要，可以通过模块来确保移动性。

变体 2）可设计为不集成 CIP 的柔性全面系统，该系统也可以清洁"常规"的组件。然而，这对传感器技术和数据处理带来了更高的最低要求。要清洗的几何体和清洁任务的其他特征必须独立识别或分配。必须从这些信息中获得安全的、优化的和可验证的清洁程序。更简单的变体具有数据处理和通信接口的能力，可从待清理的模块中获取有关清理任务的所有必要信息。

变体 3）特别适用于可用智能物流系统或存在生产环境特定要求（如干燥）的模块。物流系统可以接管模块的运输，包括清洁所需信息。由于清洁条件在清洁站中就被定义了的，因此变体 2）更容易获得有效的清洁。对待清洁的对象要比对变体 2）进行参

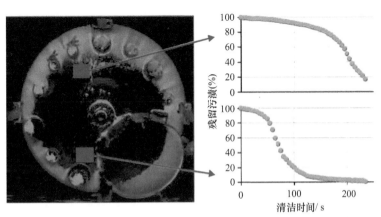

图 2-4-39 在机器表面上两个位置的清洁工艺的时间进程的评估（左：清洁后的表面和清洁过程被分析的位置；右：图表显示在清洁时间残留污染物污染的表面的定量减少，起始于 100% 的残余污染清洗。右上：该图显示了残留污染物缓慢降低和净化过程。右下：更快去除污染物和在这里有效的清洁过程）

数优化更容易，变体 2）本身具有许多自由度和不确定性。理想的情况是具有用于媒介、能源、信息和机械连接的统一接口的系统，它在生产环境中允许标准化的且尽可能简单的基础设施。

4.4.5 操作员辅助

本节旨在反映第一篇 3.2 节中加工设备的例子。由于更短的生产时间、更频繁的产品变化和启动阶段、更高的产品复杂性以及由此产生的日益复杂的技术解决方案（机械、电子和软件技术），消费品生产 4.0 的复杂性提高了。在 4.2 节和 4.3 节中，已经讨论了一些技术方法来满足对生产工艺的日益增长的需求。

这表明仅靠生产设备的自动化是无法在短期和中期满足要求的。这是因为，目前并非所有材料和工艺特性都可以通过传感器有效地检测以及使信息技术完全用于检测。

完全自动化的范例是一个（或多个）设备操作员的经典设备控制。然而，即使是合格的操作员（如食品工业中通常不需要操作员），日益增加的复杂性也会带来越来越困难的挑战。鉴于来自其自身工艺监控的同步或高频信息以及来自自动化系统的信息越来越多，他们越来越受到压力。如果过于复杂，增加操作员负荷意味着操作员不再能够有效地操作设备，因为检测、诊断和纠正错误需要花费他太多时间。在大量对加工生产线的效率分析中，由于评估所采集的数据，导致的平均故障间隔时间（MTBF）为 4.5min，其中 70% 的故障是持续时间不到 2min 的"微观故障"（Majschak 2015）。这些调查中意外停机占比约为 35%，且不是非典型的。该比例以及设置和清洁的平均计划停机时间为 20%，它将质量时间缩短至 45%（Majschak 2015）。

在这种情况下，除了少数特殊情况之外，在目前和可预见的未来，全自动且高效运行的加工设备

似乎不现实。除了复杂性原因之外，还有多次提到的异构和多变的工艺条件（见 4.3.2 节）。因此，在操作员的资质和经验要求以及满足这些要求的人的可用性之间存在越来越多的矛盾，鉴于食品市场的价格压力，通常使用半熟练和季节性劳动力，且他们仍在波动。

考虑到工艺条件的复杂性、波动性和具体性，大部分自主操作辅助系统（如汽车中）似乎是不适当的。它们还将加剧操作员与工艺分离的趋势以及相关的消极化。相反，可以通过面向资质的信息呈现和操作任务中的要求来增加操作员的主动性（Bauer 2005；Fietze 2011）。竞技元素和精心设计的奖励系统可以进一步积极地影响主动性。因此，辅助系统应该有效地支持操作员完成任务、使其融为一体、培训并激励他，例如通过：

1）提供备选解决方案，用于解决设备运行中的问题（策划专家系统）。

2）相关工艺参数的结构化显示和超出极限值的指示（Bauernhansel 2014）。

3）指示错误或生产力损失的原因以及错误定位的帮助。

4）根据操作员的资质进行信息结构化和工艺说明，不会由于过多的信息而过度要求操作员，或者因信息呈现的过度简化而过低的要求操作员（Zühlke 2012）。

5）在适当的场景和操作情况下，操作员在操作过程中进行资格培训。

6）引入竞技元素来激励操作员，并为尽职尽责的设备操作提供额外的激励（Niesenhaus 2013）。

很明显，良好的设备设计（见图 2-4-40）可以通过优化辅助操作、工艺跟踪、错误检测和分配、诊断和故障排除以及促进识别和激励来实现一个协同的整体（见第 1 篇 3.2 节）。

精心设计的辅助系统可用于根据情境调整操作

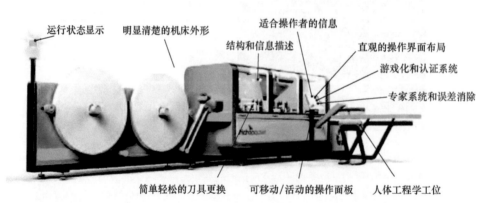

图 2-4-40　用户友好型机器设计方法（图片：技术设计中心，德累斯顿工业大学）

员的负荷。这里的负荷有物理的（如长距离、难活动的操作元件）、信息的（如难以浏览的信息、太多不相关信息）和心理的（如身心压力、时间压力）。通过优先考虑适用于操作员和当前情况的信息和行动建议（如对于"无压力"时期的预防措施），操作员的负荷可以随着时间的推移更有利地分配，并且可以提高其行动能力。

鉴于工艺知识、机器知识和操作知识的转化，加工设备的理想辅助系统具有以下多个功能：

认知上的操作员支持/感知辅助（见第 1 篇 3.2 节）。

通过相应的人机界面（如解决方案策略的直观输入和操作员具体行动的检测）获取操作员的隐性经验知识，从而以不断改进的方式用于评估和影响加工工艺（学习能力）。

不同操作员之间的知识积累和转移。

似乎不可能单独考虑以下形式的知识获取，以提供有效的操作员辅助（括号表示为什么该方法是有限的方法）：

完全预配置的系统已经配备了案例知识（由于缺乏这种知识的可用性，其特点是案例特异性高，并且由于隐性和明确包含的工艺知识和产品知识，竞争性利益可能阻碍这种广泛的转化）。

沿着价值链，将设备中的知识与设备的行为模型相结合（考虑到这些模型必须适应的复杂性以及可实时处理的复杂性，见 4.3.1 节）。

纯粹来自工艺数据和操作数据的自学习系统（学习时间长短与效率要求和加工任务/工艺条件多变性相关的复杂性，不成比例）。

纯粹来自操作员输入的学习系统（出于与上述类似的原因，最有经验的设备装配员工作为"老师"受到质疑）。

上述方法的调整组合似乎更适合于任务，形成了合作学习辅助系统的概念（见图 2-4-41）。它还能够访问有关诊断和解决问题的外部信息，并通过网络提供生成的知识，以便转移到该系统以外的类似案例，从而形成元学习层。

为了尽可能最优地详细说明和开发这样的概念，特别在以下方向需要研究（始终在 4.1.1 节的具体条件下）：

1）规划配置文件中员工的能力描述。

2）记录并考虑具体的操作员人口统计。

3）非熟练劳动力的主动性和绩效潜力。

4）特定于目标群体的知识提供。

5）故障数据与操作员行为的相关性，对效率的影响。

6）使用运行数据进行规划、开发、设计。

7）在机器使用期间，使用辅助系统中机器的产品开发的机器模型。

8）时间上、操作上和空间上隔离参与者的通信模型。

9）通过学习辅助系统获得经验知识和情景相关的可用性。

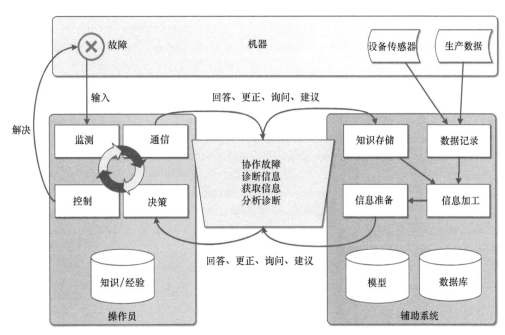

图 2-4-41　操作员和辅助系统之间的协同故障诊断（未显示水平和垂直环境的机器/设备联网）

（来源：Fraunhofer IVV Dresden/TU Dresden）

10）调整人 - 技术接口和信息密度以适应操作员资质和负荷水平。

参 考 文 献

Bach, S.; Stein, M.; Bunk, N.: Prozesssimulation beim Siegeln und Thermoformen. In: Tagungsband zur 8. wissenschaftlichen Fachtagung „Wissenschaft trifft Praxis " -VVD 2015. Dresden 2015, S. 237-50

Backhaus, J.; Ulrich, M.; Reinhart, G.: Classification, Modelling and Mapping of Skills in Automated Production Systems: Enabling Manufacturing Competitiveness and Economic Sustainability. In: Proceedings of the 5th International Conference on Changeable, Agile, Reconfigurable and Virtual Production (CARV) , München, Oktober 2013. Springer International Publishing 2014, S. 85-89

Bambach, M.; Heinkenschloss, M.; Herty, M. (Hg.) : A Method for Model Identification and Parameter Estimation. Aachener Graduiertenschule für computergestützte Natur-und Ingenieurwissenschaften (AICES) , Aachen 2012

Baudrit, B.; Stöhr, N.; Heidemeyer, P.; Bastian, M.; Majschak, J.-P.; Stephan, B.; Thürling, K.: Einblicke in den Ultraschallsiegelprozess. In: Joining plastics - Fügen von Kunststoffen, 8 (2014) , Nr. 1, S. 46-51

Bauer, Th. K.: High Performance Workplace Practices and Job Satisfaction:Evidence from Europe. In: RWI-Mitteilungen Nr. 54/55 2003/2004, S. 57-85

Bauernhansl, Th.; ten Hompel, M.; Vogel-Heuser, B.: Industrie 4.0 in Produktion. Automatisierung und Logistik. Anwendung - Technologien - Migration. Springer Vieweg 2014, S. 453 f./S. 482 f.

Berger, S.; Lottermoser, A.; Graf, J.; Reinhart, G.: Prozesssicheres Absortieren konturvarianter Faserverbundtextilien. In: MM Maschinenmarkt, Mai 2015

Berger, S.; Stich, P.; Reinhart, G.: Verarbeitungsmaschinen - Einordnung in die Produktionstechnik. In: wt Werkstatttechnik online, Ausgabe 9/2015, S. 657-661

Bleisch, G., Majschak, J.-P.; Weiß, U.: Verpackungstechnische Prozesse:Lebensmittel-, Pharma- und Chemieindustrie. Behr's Verlag 2011, S. 91 f./S. 107-14

Boog, M.: Steigerung der Verfügbarkeit mobiler Arbeitsmaschinen durch Betriebslasterfassung und Fehleridentifikation an hydrostatischen Verdrängereinheiten. Dissertation. Fakultät für Maschinenbau, Karlsruher Institut für Technologie (KIT) 2010

Boye, A.; Köhler, H.; Murcek, R.; Fuchs, E.; Mauermann, M.; Majschak,J.-P.: Spatially resolved determination of soil layer thickness on surfaces of 3D parts by measuring the fluorescence intensity. In: Journal of Hygienic Engineering and Design 3/2013, S. 3-8

Bracht, U.; Wenzel, S.; Geckler, D.: Digitale Fabrik - Methoden und Praxisbeispiele. VDI-Buch. Springer, Berlin/Heidelberg 2009

Braun, L.: Das RED-Verfahren zur Auswahl der wesentlichen Einflussgrösen.2007. S. 36-38 *(http://www.q-das.de/de/anwen dungen/destra/fachbeitraege*, Stand: Oktober 2016)

Brecher, C., Kozielski, S.; Schapp, L.: Integrative Produktionstechnik für Hochlohnlander, Springer, Berlin/Heidelberg 2011,S. 58-61

Brennan, J. G.; Grandison, A. S. (Hrsg.) : Food Processing Handbook. John Wiley & Sons 2012

Chen, J.; Daoming, G.: Multi-objective genetic algorithm for the optimization of road surface cleaning process. In: Journal of Zhejiang University, SCIENCE A, Jg. 7, Nr. 8, 2006, S. 1416-1421

Claus, R.; Stein, M.; Bach, S.; Majschak, J.-P.: Local Defined Contact Heating in Thermoforming. Poster presented at 14th TAPPI European PLACE Conference. Dresden 2013

Cosic, P.; Lisjak, D.; Antolic, D.: Regression Analysis and Neural Networks as Methods for Production Time Estimation. In: Tehnički vjesnik/Technical Gazette, 18. Jg., Nr. 4, 2011,S. 479-484

Daoming, G., Jie, C.: ANFIS for high-pressure waterjet cleaning prediction. In: Surface & Coatings Technology, 201. Jg., Nr. 3,2006, S. 1629-1634

Dickmann, P. (Hrsg.): Schlanker Materialfluss: mit Lean Production, Kanban und Innovationen. VDI-Buch. Springer 2008, S. 357 ff.

Eberhard, M.: Optimisation of Filtration by Application of data Mining Methods. Dissertation. Technische Universität München 2006

Endres, H.-E.; Hammerl, E.; Drost, S.; Menner, M.; Pfeiffer, T.: Reinigungssensor für die CIP Reinigung. Deutsche Molkerei Zeitung, 13. Jg., 2002, S. 34-38

Europäische Kommion: EU Guidelines for Good Manufacturing Practice for Medicinal Products for Human and Veterinary Use - Annex 15: Qualification and Validation. Europäische Kommission, Brussel 2015

Fietze, S.: Arbeitszufriedenheit und Persönlichkeit: „Wer schaffen will, muss fröhlich sein! " In: SOEPpapers, Bd. 388, Berlin 2011

Föllinger, O.; Weber, W.: Adaptive Regelsysteme I. In: Adaptive Regelungssysteme. Allgemeine Struktur und

Erkennungsmethoden. Oldenburg, München 1997

Föllinger, O.; Roppenecker, G.: Optimierung dynamischer Systeme: eine Einführung für Ingenieure. Oldenbourg, München 1988

Fraunhofer: Pneumatisch betätigtes flexibles Greifersystem für hygienische Anwendungen. *www.ivv-dresden.fraunhofer.de/de/ta/HD-Greifer.html* (Stand: Oktober 2016)

Gausemeier, J.; Lückel, J.: Entwicklungsumgebungen Mechatronik. Heinz Nixdorf Institut, Paderborn 2000

Gomez, F. J.; Mikkulainen, R.: Robust Non-linear Control through Neuroevolution. Dissertation. University of Texas, Austin 2003

Goode, K.; Asteriadou, K.; Robbins, P. T.; Fryer, P.: Fouling and Cleaning Studies in the Food and Beverage Industry Classified by Cleaning Type. In: Comprehensive Reviews in Food Science and Food Safety, 12. Jg. Nr. 2, 2013, S. 121-143

Govindhasamy, J. J.; McLoone, S. F.; Irwin, G. W.; French, J J.; Doyle, R. P.: Neural modelling, control and optimisation of an industrial grinding process. In: Control Engineering Practice, 13. Jg., Nr. 10, 2005, S. 1243-1258

Graf, J.; Dietrich, S.; Voit, M.; Reinhart, G.: Effiziente Fertigung von Faserverbundbauteilen. In: wt Werkstatttechnik online, Nr. 35, 2014a

Graf, J.; Stich, P.; Reinhart, G.: CFK-Handling leicht gemacht - Möglichkeiten und Grenzen bei der automatisierten Handhabung. In: Ingenieursspiegel 2014b

Günther, W.; Hompel, M.: Internet der Dinge in der Intralogistik. VDI-Buch. Springer, Berlin/Heidelberg 2010

Guthrie, B.; Beauchamp, J.; Buettner, A.; Lavine, B. K. (Eds.): The Chemical Sensory Informatics of Food: Measurement, Analysis, Integration. In: ACS Symposium Series, American Chemical Society, Washington/D. C. 2015

Hafner, R.; Riedmiller, M.: Reinforcement learning in feedback control. Challenges and benchmarks from technical process control. In: Machine learning, 84. Jg., Nr. 1-2, 2011, S. 137-169

Hefner, F.; Krotil, S.; Stich, P.; Reinhart, G.: Physikbasierte Simulation von Produktionssystemen. In: Forschungsreport für den Maschinenbau in Bayern 2014, S. 41-43

Hollot, C. V.; Misra, V.; Towsley, D.; Gong, W. B.: A Control Theoretic Analysis of RED. In: INFOCOM 2001. Twentieth Annual Joint Conference of the IEE Computer and Communications Societies. Proceedings of IEEE 2001. S. 1510-1519

Ilberg, V.: Überprüfung einer CIP-Anlage. In: LVT Lebensmittelindustrie, Nr. 3, 2007, S. 44-46

Jasperneite, J.; Hinrichsen, S.; Niggemann, O.: „Plug and Produce " für Fertigungssysteme. In: Informatik Spektrum, 38. Jg., Nr. 3,2015, S. 183-90

Joiko, K.; Illmann, B.; Krüger, J.; Schmauder M.; Winhold, I.: Mentale Modelle von Bedienern und Konstrukteuren aus Sicht der Fehlervermeidung am Beispiel Verpackungsmaschinen. In:Tagungsband zur 8. wissenschaftlichen Fachtagung - VVD 2012. Dresden 2012, S. 249-261

Kagermann, H. ; Wahlster, W. ; Helbig, J.: Umsetzungsempfehlungen für das Zukunftsprojekt Industrie 4.0: Abschlussbericht des Arbeitskreises Industrie 4.0. Frankfurt 2013

Köhler, H.; Stoye, H.; Mauermann, M.; Weyrauch; T., Majschak, J.-P.: How to assess cleaning? Evaluating the cleaning performance of moving impinging jets. In: Food and Bioproducts Processing, Nr. 39, 2015, S. 327-332

Korsmeyer, D.; Rajkumar, T.; Bardina, J.: Training data requirement for a neural network to predict aerodynamic coefficients. 2003

Krotil, S.; Reinhart, G.: Online-Simulation fluiddynamischer Prozesse in der Konzeptionsphase. In: Entwurf mechatronischer Systeme. WinTeSys 2015. Paderborn 2015

Krotil, S.; Reinhart, G.: Online Simulation Of Fluids In Early Design. In: 48th CIRP Conference on Manufacturing Systems (CIRP CMS 2015) , Ischia/Italien, 24.-26. Juni 2015. Procedia CIRP 41 (2016) , S. 387-392

Krotil, S.; Reinhart, G.: CFD-Simulations. In: The Early Product Development. 13th Global Conference on Sustainable Manufacturing (CIRP GCSM) . Ho Chi Minh City/Vietnam, 16.-18. September 2015. Procedia CIRP 40 (2016) , S. 443-448

Kühn, W.: Digitale Fabrik. Hanser, München 2006

Kwakernaak, H.: Robust control and H∞-Optimization. In: Automatica, 1993, 2. Auflage, S. 255-73

Lacour, F.-F.: Modellbildung für die physikbasierte Virtuelle Inbetriebnahme materialflussintensiver Produktionsanlagen. Dissertation. Technische Universitat Munchen 2011/Herbert Utz Verlag, München 2012

Lotze, A.: Steuerungsintegrierte Vorgangsdiagnose in Verarbeitungsmaschinen am Beispiel einer Quersiegeleinheit. Dissertation. Technische Universität Dresden 2008

Madaeni, S. S.; Hasankiadeh, N. Tavajohi; Tavakolian, H. R.: Modeling and Optimization of Membrane Chemical Cleaning by Artificial Neural Network, Fuzzy Logic, and Genetic Algorithm. In: Chemical Engineering Communications, 199. Jg. Nr. 3, 2012, S. 399-416

Majschak, J.-P.: Spannungsfeld Lebensmittelproduktion und -verpackung: Sicherheit, Hochleistung, Flexibilität. VDI-

Fachkonferenz Automation in der Lebensmittelindustrie. Düsseldorf, November 2015

Mauermann, M.: Methode zur Analyse von Reinigungsprozessen in nicht immergierten Systemen der Lebensmittelindustrie. Dissertation. Technische Universität Dresden 2012

Mironov, V.; Genovese, N. J.: Enabling technologies for scalable production of in vitro meat. In: Journal of Tissue Engineering and Regenerative Medicine, Vol. 6, 2012, Wiley-Blackwell, S. 379-379

Niesenhaus, J.: Industrie 4.0: Gamifikation in der industriellen Fertigung. In: SPS Magazin - Zeitschrift für Automatisierungstechnik, 10/2013

Nyhuis, P.; Heinen, T.; Reinhart, G.; Rimpau, C.; Abele, E.; Wörn, A.: Wandlungsfähige Produktionssysteme: Theoretischer Hintergrund zur Wandlungsfähigkeit von Produktionssystemen. In: wt Werkstattstechnik online, 98 (2008), Springer VDI, Düsseldorf 2008, S. 85-91

Oda, K.; Toyoda, Y.; Nakamura, H.: Model Reference Control for Steam Temperature of Power Plant at Start-Up Stage. In: SICE '95. Proceedings of the 34th SICE Annual Conference. International Session Papers. IEEE 1995, S. 1609-614

Prüßmeier, U.: XTS: Innovationspotenzial von der Motion-Aufgabe bis zum intelligenten Industrie-4.0-Element. In: PC Control - The New Automation Technology Magazine, 2015, S. 18-21

Ramesh, R.; Mannan, M., Poo, M. A.: Support Vector Machines Model for Classification of Thermal Error in Machine Tools. In:The International Journal of Advanced Manufacturing Technology, 20. Jg., Nr. 2, 2002, S. 114-120

Reinhart, G.; Lacour, F. F.; Spitzweg, M.: Einsatz eines Physikmodells zur Simulation des Materialflusses einer Produktionsanlage. In: Augmented & Virtual Reality in der Produktentstehung. Heinz Nixdorf Institut, Universität Paderborn 2008,S. 207-219

Ritchey, T.: Modelling Complex Socio-Technical Systems Using Morphological Analysis. Adapted from an address to the Swedish Parliamentary IT Commission. Stockholm 2002

Römisch, P.; Weiß, M.: Projektierungspraxis Verarbeitungsanlagen: Planungsprozess mit Berechnung und Simulation der Systemzuverlässigkeit. Springer Fachmedien, Wiesbaden 2014, S. 255 ff./S. 281-284/S. 482

Roßmann, J.; Jung, T.: Dynamiksimulation für Virtuelle Welten:Erfahrungen, Anwendungen, Methoden. In: Augmented & Virtual Reality in der Produktentstehung, Paderborn 2008, S. 232

Schmalz, J.; Kiefer, L.; Behncke, F.: Analysis of the System Hand-ling using Methods of Structural Complexity Management. In:Applied Mechanics & Materials 794/2015, S. 27-34

Schönitz, E.: Intelligentes Condition Monitoring erkennt realen Bauteilverschleiß. In: Maschinenmarkt 2010, Nr. 45

Simon, D.; Götz, G.; Dietrich, S.; Stich, P.; Reinhart, G.: Geometrieflexible Systeme zur Kunststoff- und CFK-Verarbeitung. In: MM MaschinenMarkt, Nr. 35, 2014a, S. 38-41

Simon, D.; Kern, L.; Wagner, J.; Reinhart, G.: A reconfigurable tooling system for producing plastic shields. In: Procedia CIRP 17/2014b, S. 853-858

Simon, D.; Zitzlsberger, S.; Wagner, J.; Maurer, Ch.; Haller, D.; Reinhart, G.: Forming plastic shields on a reconfigurable tooling system. In: International Conference on Changeable, Agile, Reconfigurable and Virtual Production (CARV), München 2013

Spitzweg, M.: Methode und Konzept für den Einsatz eines physikalischen Modells in der Entwicklung von Produktionsanlagen. Herbert Utz Verlag, München 2009

Stein, M.; Bach, S.; Claus, R.; Majschak, J.-P.: Mit innovativer Technologie und optimaler Auslegung zum effizienten Gesamtprozess - Integrative Produkt- und Prozessoptimierung beim Thermoformen. In: Entwerfen Entwickeln Erleben (EEE) 2014 - Methoden und Werkzeuge in Produktentwicklung und Design. Dresden, Juni 2014

Taki, M.; Ajabshirchi, Y.; Mahmoudi, A.: Prediction of output energy for wheat production using artificial neural networks in Esfahan province of Iran. In: Journal of Agricultural Technology 8 (2012) 4, S. 1229-1242

Ternès, A., Towers, I.; Jerusel, M.: Konsumentenverhalten im Zeitalter der Mass Customization: Trends: Individualisierung und Nachhaltigkeit. Springer, Wiesbaden 2015, S. 13-18

Throne J.; Beine, J.: Thermoformen, Werkstoffe - Verfahren - Anwendung. Hanser, Munchen 1999

Thürling, K.; Majschak, J.-P.: Inline seal failure detection in ultrasonic sealing of packaging films. In: 72nd Annual Technical Conference of the Society of Plastics Engineers (ANTEC) 2014. Vol. 2: The Plastics Conference. Las Vegas 2014, S. 1419-1424

Unbehauen, H.: Regelungstechnik III. 6. Auflage. Vieweg 2000

United Nations, Department of Economic and Social Affairs (DESA), Population Division, Population Estimates and Projections Section: World Urbanisation Prospects. 2011 Revision.New York 2012

United Nations Population Fund: State of world population 2011. New York 2011

VDI 4066 Richtlinienreihe: Hygienische Anforderungen an die

Herstellung und aseptische Abfüllung von Getranken. VDI 2013

Wagner, Th.; Göhner, P.: Flexible Automatisierungssysteme mit Agenten. In: VDE-Kongress 2006. VDE Verlag 2006

Wallmeier, M.; Linvill, E.; Hauptmann, M.; Majschak, J.-P.: Explicit FEM analysis of the deep drawing of paperboard. In: Mechanics of Materials, 89. Jg., 2015, S. 202-215

Weile, F.: Anforderungen an moderne Verpackungsanlagen aus Sicht des Anwenders. In: Tagungsband zur 8. Wissenschaftlichen Fachtagung - VVD 2003. Technische Universität Dresden 2003, S. 173-176

Wildbrett, G. (Hrsg.): Reinigung und Desinfektion in der Lebensmittelindustrie. Behr's Verlag, Hamburg 2006

Wilson, D. I.; Köhler, H.; Cai, L.; Majschak, Jens-Peter; Davidson, J. F.: Cleaning of a model food soil from horizontal plates by a moving vertical water jet. In: Chemical Engineering Science, 2015, S. 450-459

Windmann, S.; Niggemann, O.: Selbstdiagnose und Selbstoptimierung technischer Systeme. 2015

Wolters, T.: Verbesserte Webmaschineneinstellungen mittels Simulationsrechnungen. Dissertation. Fakultät für Maschinenwesen, RWTH Aachen 2003

You, K.: Adaptive Control. InTech Verlag 2009

Yong Lun, S.; Di, L.; Zong, L. Y. (Hrsg.): Proceedings of the International Joint Conference on Neural Networks (IJCNN '02). Honolulu 2002

Zühlke, D.: Nutzergerechte Entwicklung von Mensch-Maschine-Systemen. Springer 2012, S. 34

Weiterführende Literatur

Bing J.; Yongjian, Y.: The design of food quality supervision platform based on the Internet of Things. In: International Conference on Transportation, Mechanical, and Electrical Engineering (TMEE) 2011. Proceedings. S. 263-266

Doinea, M.; Boja, C.; Batagan, L.; Toma, C.; Popa, M.: Internet of Things Based Systems for Food Safety Management. In: Informatica Economica, Bd. 19, Nr. 1, 2015, S. 87-97

Eberhard, M.: Optimisation of Filtration by Application of Data Minig Methods. Dissertation. Technische Hochschule München 2006

Goldhahn, H.; Majschak, J.-P.: Hoch effiziente Maschinensysteme für die individualisierte Massenproduktion. In: Banse, G.; Reher, E.-O. (Hrsg.): Sitzungsberichte der Leibniz-Sozietät der Wissenschaften. Band 122. Technologiewandel in der Wissensgesellschaft- qualitative und quantitative Veränderungen. Leibniz-Sozietät der Wissenschaften zu Berlin 2015

Hammermann, A.; Stettes, O.: Qualität der Arbeit - zum Einfluss der Arbeitsplatzmerkmale auf die Arbeitszufriedenheit im europäischen Vergleich. In: IW-Trends, Bd. 40, Nr. 2, 2013, S. 93-109

Hanyu, H.; Shimura, T.; Fukui, T.: Sensor network for HACCP food safety management. In: IET International Conference on Communication Technology and Application (ICCTA) 2011

Jia, B.; Yang, Y.: The design of food quality supervision platform based on the Internet of Things. In: International Conference on Transportation, Mechanical, and Electrical Engineering (TMEE) 2011. Proceedings. S. 263-266

Knöfel, A.; Stelzer, R.; Groh, R.; Krzywinski, J.: Assistenzsysteme im industriellen Kontext - Interviews und Kontextanalyse. In: Tagungsband Entwerfen Entwickeln Erleben. Dresden 2014

Knöfel, A.; Stelzer, R.; Groh, R.: Kontextbasierte und nutzergerechte Maschinenbedienung. In: 35. GIL-Jahrestagung. Geisenheim 2015

Knöfel, A.; Stelzer, R.; Groh, R.; Krzywinski, J.; Herlitzius, Th.: Nutzerzentrierte Interfaces für Landmaschinen - Vergleich aktueller Nutzerschnittstellen mit Entwicklungen im Bereich der Mensch-Computer-Interaktion. In: 72th International Conference Agricultural Engineering, VDI-Berichte, Bd. 2226. VDI Verlag, Berlin 2014, S. 237-247

Koch, V.; Kuge, S.; Geissbauer, R.; Schrauf, S.: Industry 4.0 - Opportunities and challenges of the industrial internet. In: strategy & Formerly Booz & Company, PwC, Bd. 13/2014, S. 1-51

Leighty, A.: Packaging Market 2030. The packaging market - future impacts on packaging consumption. 2014

Lesch, H.; Schäfer, H.; Schmidt, J.: Arbeitszufriedenheit in Deutschland: Messkonzepte und Empirische Befunde. In: IWAnalysen- Forschungsberichte aus dem Institut der deutschen Wirtschaft Köln: Institut der Deutschen Wirtschaft Köln Medien-GmbH 2011

Ludwig, B.: Planbasierte Mensch-Maschine-Interaktion in multimodalen Assistenzsystemen. Springer, Berlin 2015

Lüder, A.: Integration des Menschen in Szenarien der Industrie 4.0. In: Industrie 4.0 in Produktion, Automatisierung und Logistik: Anwendung, Technologien, Migration. 2014. S. 492-507

Majschak, J.-P.: Industrie 4.0 - Hype, Vision oder Chance. In: Verpackungstechnik (Loseblattsammlung). Beuth Verlag, Heidelberg 2014

Majschak, J.-P.; Müller, T. Adaptive Verfahren für individuelle Produkte und effiziente Prozesse. Dresdner Transferbrief, Nr.

2, 2014

Neugebauer, R.; Pagel, K.; Bucht, A.; Drossel, W. G: Model-based position control of shape memory alloy actuators. In: International Journal of Mechatronics and Manufacturing Systems, 5. Jg., Nr. 2, 2012, S. 93-105

PriceWaterhouseCooper: Verpackungsfreie Lebensmittel - Nische oder Trend? Studie. 2015

Roland Berger: What the customer really wants. Studie. 2013

Shih, C. W.; Wang, C. H.: Integrating wireless sensor networks with statistical quality control to develop a cold chain system in food industries. In: Computer Standards & Interfaces, Bd. 45, 2015, S. 62-78

Shrivastava, A.: NextGen Pharma Takes Smart Strides with IoT. In: Pharmaceutical Processing, Bd. 30, Nr. 7, 2015, S. 14-15

Simone, F.; Motzki, P.; Holz, B.; Seelecke, S.: Ein bio-inspirierter 3-Finger-Greifer mit Formgedächtnisaktorik - A Bio-Inspired SMA-Based 3-Finger-Gripper. In: Erste transdisziplinäre Konferenz zum Thema „Technische Unterstützungssysteme, die die Menschen wirklich wollen ". April 2016. S. 420-26

Spath, D.; Gerlach, S.; Hämmerle, M.; Krause, T.; Schlund, S.: Industrie 4.0 - Produktionsarbeit der Zukunft. In: Werkstattstechnik, Bd. 103, 2013, S. 130-134

Voigt, T.; Flad, S.; Struss, P.; Langowski, H.; Kather, A.: Fehlerdiagnose bei verketteten Verpackungslinien. In: ATP-Automatisierungstechnische Praxis, Bd. 51, Nr. 12, 2009, S. 44

Wende, J.; Kiradjiev, P.: Eine Implementierung von Losgröße 1 nach Industrie-4.0-Prinzipien. In: Elektrotechnik und Informationstechnik, Bd. 131, Nr. 7, 2014, S. 202-206

Wiemer, H.; Müller, T.; Hauptmann, M.; Majschak, J.-P.: Effiziente Entwicklung komplexer Umformprozesse faserbasierter Materialien durch Methoden des Technologiedatenmanagements. In: Tagungsband zur 8. Wissenschaftlichen Fachtagung „Wissenschaft trifft Praxis" -VVD 2015. Dresden 2015. S. 301-321

Yue, T.: Internet of things technology application in the food supply chain management. In: 2nd International Conference on E-Business and E-Government (ICEE) 2011. S. 5151-5154

Zundel, M.; Müller, T.; Tiepmar, J.; Beitzen-Heineke, W.; Hauptmann, M.; Majschak, J.-P.: Umformen von Karton in innovativer Industrieanlage. In: Tagungsband zur 8. Wissenschaftlichen Fachtagung „Wissenschaft trifft Praxis" - VVD 2015. Dresden 2015. S. 347-65

第 5 章

输 送 系 统

Klaus Droder，Franz Dietrich，Alexander Tornow，Christian Lochte，
Birk Wonnenberg，Roman Gerbers，Paul Bobka

本章介绍如何运用工业 4.0 中重要的方法和技术，使传输系统如何促进设计柔性、增强适应性和促进生产系统更加高效。为此，重点在传输系统的（建设性）设计，工艺并行化的功能集成以及工艺和生产设施的数字联网。机器人系统由于它们的通用性，对于传送装置来说具有特别的意义。

术语"传输系统"可理解为整个设备技术上的传输设施，其在生产系统中用于工件和产品的传输（如供给、布置、定位）。通过使用传输系统，可以在时间上和空间上实现生产设备间的连接。传输系统的自动化程度可以从手动传输演变为全自动化解决方案。

在考虑它们对生产中价值创造的贡献时，与传输系统有关的基本经济利益冲突就变得可见。一方面，一旦产品被分工加工，通常需要链接传输。但另一方面，不能将与产品相关的增值直接分配给传输系统。这种困境促成了两个根本不同的发展方向：一方面，追求传输相关的费用最小化，例如这减少了传输设施中的资金和移动的半成品（减少周转时间）；另一方面，这种困境促使传输设备内部增值的最大化，使非增值的空闲时间成为尽可能创造价值的有效时期（减少非增值的空闲时间）。

接下来阐明第二个发展方向。因为上述所提的措施（设计、功能集成和数字网络）可用于扩展传输系统的既定方案以减少周转时间。在传输系统领域，工业 4.0 的长期目标是在高度柔性的生产系统中实现资源的数字网络化。通过转发分散获得的信息，可以实现工件、工件载体、夹具和生产系统之间的通信。

本章分为三个部分：设备连接、机器人传输系统和传输系统中的夹持技术。5.1 节（设备连接）主要介绍生产设备或流程的空间布置以及产品在生产系统中传输的可能性，空间布置对物料流具有重要

影响，对相应系统的柔性也有重大影响。5.2 节（机器人传输系统）中，工业机器人被视为连接的工具，尤其是它们与人的交互作用。在传输系统中，夹持技术作为最小系统单元在 5.3 节中讨论。

本概述深入介绍了工业 4.0 特征的传输系统的设计方法，从整个系统（连接）的空间布局到最小的系统单元（夹持系统）。图 2-5-1 所示为本章的结构和关于传输系统与柔性、多功能和高效生产系统之间关系。

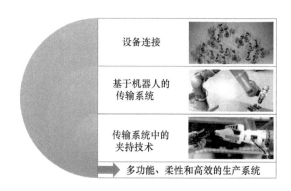

图 2-5-1　本章主要内容

5.1　设备连接

在下面的小节中，将基于待制造的示例性产品，来比较自动化生产中用于连接生产过程的基本空间布置（单元、生产线、网络、面积）及其传输设施。在各自的安排结构中，按照上述优先事项描述了工业 4.0 中的柔性化措施以及提高效率和可变性的措施。这些可以细分为传输系统的（建设性）设计以及用于操作设备和数字网络过程并行化的功能集成。与连接的传统方法相比较，这些措施的评估和评价很有成效。分析是在具有最大柔性的生产中的空间

无界串联背景下进行的。此外，还简要说明了生产柔性的概念以及风险和机遇的一般表述，以便在工业 4.0 的背景下对"设备连接"这一主题进行分类（Hagermann 等 2013）。

5.1.1   自动化生产中的连接

传输设备的主要功能是将工件和（半）成品搬运和供应到后续生产步骤。在分工中，连接传输占生产系统闲置时间的很大一部分。作为传输系统设计的基本要求，必须将生产自动化程度考虑在内，因为这对整个生产系统的性能具有深远的影响。原则上，自动化程度、产量和产品范围之间存在直接关系，该产品是可以在生产系统内经济地生产的。传统的生产系统是基于这样一种观念：为了提高资本回报率，不得不对产品组合进行专业化、狭义化地定义，以便在技术和经济上掌握生产系统的复杂性。产量越高，产品种类越少，生产过程中的自动化程度就越高，因此传输系统也就越有必要和有意义。这样的传输系统能够将增加的设备投资分摊到相应的数量更多的制造产品上（Feldmann 等 2013）。

原则上，必须始终检查自动化项目的经济效益，并确定适应自动化程度的相应要求（Ross 2002）。这种考虑产生的商业上的结果是，在提高自动化程度时应尽量减少复杂性，但这也基本上会降低生产系统的柔性（Lotter/Wiendahl 2013）。图 2-5-2 以抽象形式展示了不同程度的自动化［从左到右：严格连接生产，柔性可编程（移动）处理设备，半自动传输设备，手动传输］的连接方法。关于自动化生产中

的传输系统，实施工业 4.0 措施的目的是使生产变得柔性、高效和适应性强。在图 2-5-2 中，这对应于将要使用的传输系统转移到更柔性的生产，同时增加了吞吐量。

生产系统柔性的通用概念与生产系统中特征化背景下的产品柔性、变体柔性和数量柔性有关。为了诠释这些术语，下面列出了不同柔性概念的通用定义（Kratzsch 2000；Seebacher 2013；Seebacher/Winkler 2014）：

1）产品柔性是指生产系统以最少的人员工作量来生产不同产品的能力。

2）变体柔性是指生产系统以最少的人员工作量生产各种产品特性的能力。

3）数量柔性是指生产系统能够以最少的投资、最小的空间要求和最少的人员工作量来调整产品的产量。

5.1.2   传输系统的柔性化

以下部分介绍相互连接设备、工件或工件载体和人的（建设性）设计，功能集成和数字网络的方法。扩充现有方法将减少传输系统中循环时间。其目标是提高每个面积单位和时间单位的增值份额。原则上，通过使用以下措施之一或其组合，可以增加传输系统的柔性。

增加传输系统柔性的方法从结构性措施的角度提高生产系统的流动性。为此，一方面需要调整中央控制系统，让产品能够根据实际情况进行传输转移；另一方面，将实施传送装置的结构进行适当改

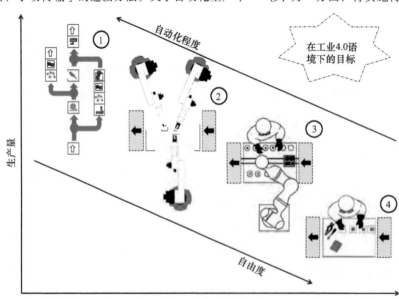

图 2-5-2   生产量和产品变体之间的定性关系以及自动化程度和柔性程度（Feldmann 等 2013）

变，这可以打破传统的刚性物料流，并且在传输装置中基于物料流产生额外的自由度。

通过传输设施的功能化，可以在技术上实现将非生产时间转换为有效时间的方法。这意味着，例如除了实际处理之外，夹持系统还执行至少一个附加功能，这在生产过程中产生增值贡献。这种功能化的关键在于通过更好地集成传输设施和制造操作来缩短工艺链，在生产系统中实现过程管理的全新战略（见 5.3 节）。

5.1.3　经典布置结构中柔性连接的潜力

为了说明使用工业 4.0 的方法和技术来连接机器和系统的基本潜力，下面介绍一个简单的生产实例。在这个例子中，以不同的方式说明齿轮盖的制造顺序。

示例产品变速箱盖（见图 2-5-3）可以通过 6 个按顺序排列的生产步骤（铣削、清洗、干燥、粘接、固化和检测）来生产。产品的变体需要改变各个工位以及传输设备的资源。

图 2-5-3　简单的示例：带注入垫圈的
铣削齿轮箱盖的变体

在下文中，基于变体柔性和产品柔性的要求，对工业 4.0 中描述的措施所提供的潜力进行分类。变速箱盖及其变体的制造顺序如图 2-5-4 所示。这 6 个单独的生产步骤以图标表示，在本节中使用。

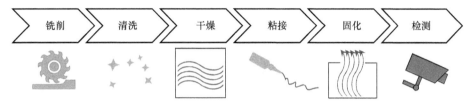

图 2-5-4　生产变速箱盖的制造顺序

原则上，产品及其变体可以根据不同的传输原理以不同的布置结构和时间在本地生产。此时，制造过程的局部布置对连接的影响是普遍的。单元、线结构和环形结构，网络和平面结构之间有所区别。

1. 单元内布局

生产过程中另一种广泛使用的局部布局是单元，在其中，产品有可能被完全制造出来。其特点是在工位加工步骤中安排多个工位，其中工件和产品的传输通过中心布置的处理装置实现（见图 2-5-5）。

由于要求所有加工工位都可以进入，经常使用高机动性和大范围的工业机器人（垂直铰接式机器人）。工业机器人在单元的使用确保了设备普遍和柔性的可用性。这就必须配备可更换的夹具用于处理不同类型的工件或不同的工具，如胶枪或焊枪。

与线路或网络布局相比，通过在处理设备周围布置所有加工步骤，通常可以实现对面积的良好利用，但是加工步骤的频率是有限的。另一方面，非生产时间的比例很高，因此生产率低，这是由单元内部的中央传输系统（此处是工业机器人）所致。

对于制造单元中的传输系统，可提供一些措施，比如夹具系统功能化（见 5.3 节），其参考所选示例齿轮盖，其中包括清洁、干燥、固化或检查等附加功能的工艺步骤，例如将摄像头集成到夹持系统中。

处理设备用于平衡基于各工艺数据的设备，可以看作是第七个工位。从而，时间密集的过程被并行化，生产效率得到提高。因此，工业 4.0 措施能够通过将非生产性份额转化为有效时间份额，来减少非生产性份额。

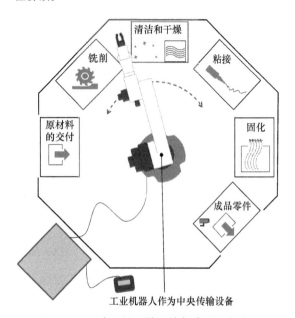

图 2-5-5　用中央处理装置抽象建造一个单元

制造单元中传输系统的这种功能化是有前提的，其前提通常是存在功能化的工件和工具，例如它能将产品或工艺的状态传输到单元计算机，该单元计算机可以动态且分别地计算系统所需时间。当单元必须同时处理多变体，且各个变体需要不同的工艺时间，这样（功能化）就显得尤为重要。就制造变速箱盖而言，制造单元提供了非常柔性的解决方案，但生产力有限。

2. 线布局和环布局

线布局代表一个局部的布局，其中所有的加工过程都是连续并沿着一个刚性连接的传输系统布局。

通常，使用具备或不具备工件载体的旋转传输机或链式传输机作为使用的传输系统（见图2-5-6）。

使用线布局的前提是产品加工或产品范围的离散分工。因为线布局具有连续不间断的工件引导，

与单元相比，可以实现非常好的投资与生产率比。由于工位分散，线结构在生产大量统一产品时总是具有显著优势。

生产线节拍对于相应的产品同步加工是一种挑战。不完全使用具有单独加工操作的节拍会导致生产率降低。线结构的主要缺点在于产品柔性和加工柔性非常有限。此外，个别流程的中断可能导致整条生产线停滞不前。变化加工顺序只能通过省略线内的各个工位来实现。加工顺序的变化或加工步骤的延伸也与结构性措施有关。

环结构是一种特殊形式的生产线布局；与生产线相比，环结构还可以在传输系统的回流中使用循环的工件载体以用于增值。从结构上来说可以在同一侧或者空间相近的位置引入和排放工件（见图2-5-7）。

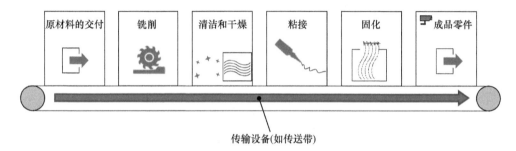

图 2-5-6　采用刚性传输系统的线布局抽象结构

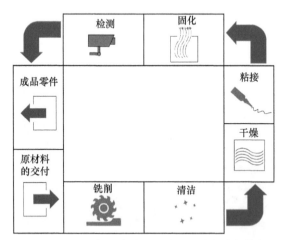

图 2-5-7　采用封闭式传输系统的环结构抽象结构

虽然线结构和环结构的柔性受到限制，但设计上的措施和传感器网络可以提高柔性。传输实施和与其连接的工件架是柔性的核心要素。

可以通过工件架与传输机构的局部或全部分离来实现物料流的柔性。在线结构或环结构中，可以拒绝或选择关于产品传输的替代路线，从而省略或

跳过工位。这里面临的一个决定性的挑战是，根据当前情况对线结构或环结构中的加工和故障进行控制。在这种情况下，必须持续保证信息的获取和处理。另外，须在传输系统中考虑扩大工件载体的驱动以提高移动性。除了线结构或环结构外，还可以使用自动导引运输车（AGV），从而实现加工顺序的完全解耦。这里的挑战也在于基于产品条件和工艺条件，根据情况确定 AGV 的运动路径。

在这个例子中，可以通过控制功能来实现工件架的功能化，如同在单元组织一样。多余的工件架可以连续控制选定的质量特征，从而用于扩大生产系统的控制。此外，通过将个别传输过程与较高速率的节拍分离，可以实现柔性。关于齿轮盖的例子，线布局和环布局提供了高生产力。通过在工业4.0中实施措施，可以改进有限的产品柔性和变体柔性。

3. 网络布局

如果要在没有转换过程的情况下生产产品系列或不同类型的产品，则网络布局很有用。在网络的分支机构中，过程可以并行化，并且集成替代加工

过程。在变速箱生产的例子中，增材制造可以用来作为替代选择。通常，所有路线中的物料流都是沿相同的方向进行的，因此一个网络是多个线路布局的组合（见图 2-5-8）。

与线结构相比，网络布局具有更高的柔性和运行平稳性能，因为即使当单个分支出现故障，网络布局也可以维持生产。一个更大的优势是不同加工技术的产品特定组合在不同的网络线路中。在网络不同部分，与单元布局、线布局或环布局相比，网络布局需要更多投资和更大的空间。此外，网络布局在更广泛的生产规划中也存在缺点，因为确保网络中所有工位的高利用率是具有挑战性的。

原则上，网络已经在基本配置中提供了高度的柔性。在这里也可以运用线布局和环布局中使用的方法。特别是，一个柔性的工件架系统，允许在分支机构对网络的其他部分进行自由导航、缓冲、检修和自动停止，从而改善网络布局中的节拍。网络布局与线布局和环布局具有同样的挑战，就是工件和产品的数字化连接以及工件架的移动性。另外，节点处的扩展有利于更柔性地布置工件架系统，这就需要额外的空间需求，使整个系统的面积利用率变得更差。

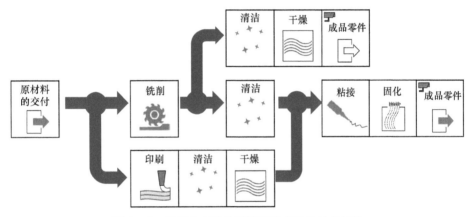

图 2-5-8　采用分支传输系统网络布局的抽象结构

5.1.4　以增量制造为例，传输系统柔性的最大化

除了加工顺序的典型空间布局之外，具有可自由选择工位的扁平布置（也称为矩阵布置）在生产系统中的加工过程顺序方面提供最高的柔性。这些系统的特征在于加工工位之间连接松散，并且通常在对产品柔性和变体柔性要求非常高的情况下使用。扁平布局系统中的相互连接通过手动传输（如通过手车）实现，这使得系统从任何工位启动都具有柔性。在工业 4.0 的背景下，提高自动化程度，可用于同时提高系统的生产率和提供产品柔性（见图 2-5-9）。

为实现这一目标，必须使用工业 4.0 中的措施来克服以下挑战：

1）根据单个产品数据和工艺数据构建分散的物料流控制。

2）在减少空闲时间的背景下，设计传输系统用于加工工位的可变连接。

3）将有效时间的份额整合到传输设备中，以提高单位面积的增值份额。

此外，可以通过加工步骤方面的局部冗余来提高系统的生产率，因为可以以此减少传输路径。

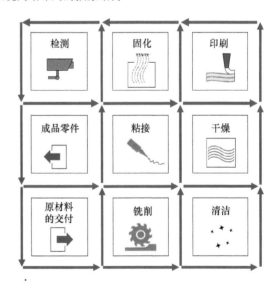

图 2-5-9　采用松散连接的扁平布置的抽象结构

生产系统中呈现的措施的组合可以通过制造单元的矩阵布局结合预期控制架构来生成（见图 2-5-10和图 2-5-11）。在这种情况下，制造单元在生产系统中的加工步骤方面提供上述冗余，并通过增材制造扩展传统生产。该制造概念仍处于研究阶段，被

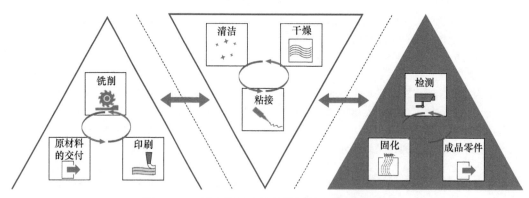

图 2-5-10　具有柔性连接的增量制造的示意结构

称为增量制造。该制造策略的基本方法是在一系列单独的加工步骤中创建不同的产品,其中不同的加工过程交替进行,并且产品可以从一个主体中相加或者减去来产生。该制造理念使得其结构实现了高度的方案多样性,而且允许单一材料设计和多材料设计。

通过安装在单元中的处理装置和自动传输设备以及系统中的人,实现增量制造概念中的各个生产单元的连接。为了减少非生产时间,可以使用工业机器人作为传输设备。

总之可以看出,在制造工艺的所有常见布局原则中,鉴于(建设性)设计、用于制造设施中过程并行化的功能集成以及传输系统的数字化联网,应用这些措施,在更高效、更多功能、更柔性的生产方面具有优势。

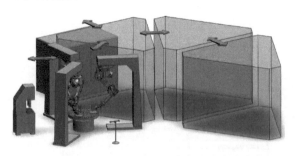

图 2-5-11　示例性制造单元(其具有基于机器人的
传输系统,可用于连接到其他工位)

5.2　机器人输送系统

基于路径的传输系统,如在刚性连接的生产系统中使用的带传动、滚筒传动、链传动或移动台式传输机,由于其固定的主要功能,而在柔性和多功能性方面具有固有限制。特别地,诸如传输中产品导向或设备导向的变化、非生产时间并行的处理或

质量保证以及生产系统的自由移动性等,这些特征不会或限制实施,然而可以在工业 4.0 中释放出巨大的潜力。

相比之下,可以自由编程运动顺序和流程顺序的工业机器人成为在多功能生产系统中进行连接的具有前途的替代方案。这些系统通常用于在传统生产环境中处理任务(堆叠、存储、保持、夹持等)以及加工任务(焊接、切割、涂装等),为上述性能提供了必要的基础。

为了利用工业 4.0 中生产系统的潜力,工业机器人的功能将通过功能化、建设性设计和数字化的措施得到扩展。通过与生产系统中核心人员的互动,可以最大限度地提高工业机器人的效率和多功能性。在下文,提出了所述方面的方法,其采用措施并使其可用于连接。

关于工业 4.0 背景下的数字化,第一步是为基于工业机器人的传输系统引入传感器支持。这里的重点是与生产系统中人的交互。接下来在产品柔性和变体柔性背景下,描述用于加速和简化调试与编程的程序。从工业机器人的直观编程,然后描述用于在系统中与人交互的机器人构造设计。该节以使用"箱子中抓取"为例的柔性工件传输的描述作为结束,其中组合了各种措施。

5.2.1　机器人传输系统中的传感器集成

本节概述了基于工业机器人的传输系统数字化中的传感器应用。在基于机器人的传输系统领域中,通过集成附加传感器,可以改善工艺控制,因此,人们可以更多地参与生产系统,这反过来又会增加生产系统的柔性。

工业机器人上已经有多种传感器,它们可以通过现有的接口读取。这些接口可以读取如轴位置、操作温度、加速度、速度以及在某些情况下还有力和力矩。这些信息可以通过附加的外部传感器来获得，从而获得合适的过程图像。图 2-5-12 所示为机器人传输系统中的传感器，这些传感器在工业 4.0 中变得越来越重要。这些传感器包括用于记录工作空间中的环境条件、物体以及人或机器。此外，在生产过程中，可以通过将传感器集成到工件架、工件、工具或人的服装上，例如通过射频识别（RFID）芯片交换信息（Hesse/Schnell 2014；Demant 等 2013）。

采集的数据可用于增强规划制造流程和改进流程控制所需的现有模型。除了改进流程控制之外，还可以通过附加传感器更好地检测和控制人的影响。传统上，出于安全原因，机器人系统配备有防护装置。工人干预处理步骤通常会导致安全关闭，从而导致整个设备停止。在机器人的环境中检测人，例如通过 3D 相机技术或激光扫描仪，当工人在场的情况下操作机器人时，可以建立额外的安全功能。此外，可以通过这种方式，根据人的距离来调整机器人速度，从而最终能够省去分离保护装置。在提高效率和质量的同时，允许系统柔性。机器人执行简单重复的任务，对可重复性和生产率有很高的要求。相反，人承担具有高感官要求和改变工作过程的任务。这种分工也称为人机协作（MRK）。在机器人的工作空间中，人的监控为简化操作和编程提供了进一步的潜力，这将在下一节进一步阐述。

5.2.2　机器人传输系统的直观编程

使用基于机器人的传输系统，在小批量生产和高变体与产品多样的情况下仍然不普遍，因为这些传输系统通过编程，以固定路径开始生产，且在该

过程期间不被改变或重新调整。这通常是因为传统的机器人编程是一个耗时且复杂的过程，需要经过培训的专家来进行编程。因此，频繁编程和将机器人系统更替为新的应用或工件是耗资巨大的。只有以最小的花费对机器人进行编程，使用工业机器人才能够经济地实现多功能生产系统。

在工业 4.0 背景下开发并依赖于更强大的网络和操作及编程系统数字化的技术可以弥补这种情况。目的在于提供一种直观界面，允许工业机器人适应与生产过程连接相关的新任务，而无需深入的编程知识。这样便不再需要真正意义上的编程，并且可以省去特殊资质，从而支持简短的学习阶段。一方面，降低了使用工业机器人作为多功能生产系统的机器人传输系统的进入障碍；另一方面提高了整个系统的生产率（Makrisa 等 2014；Schmid 2008）。

在工业 4.0 中直观编程接口的实现特别关注网络可穿戴设备的使用，如手持设备和数据眼镜。由于它们的直观操作，这些设备在私人用户中已经开始投入使用，在此特别适合于直观的界面。除了应用程序自适应、用户友好且用户界面设计清晰外，集成视觉和触觉描述对于成功实现直观界面至关重要。例如，对于机器人的编程，可以使用真实场景与计算机生成的附加信息或虚拟对象的叠加。通过相机记录的机器人工位场景显示在用户手持设备上，并且通过更多信息进行补充。在与虚拟对象的交互中，可以接着对机器人进行编程。触摸屏上的手势允许用户设置机器人的轨迹或在对象上定义装配任务。

可通过使用图像处理方法和数据库系统来实现

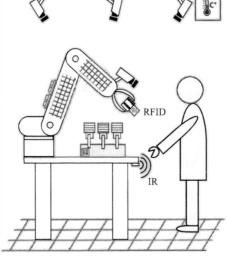

图 2-5-12　工业 4.0 和人机交互环境中基于机器人的传输系统中的传感器

这些功能。分割来自真实场景的记录，能够进行模式识别并匹配数据库，通过该匹配可以检测和分配对象。例如可以在场景中识别机器人、人、工具、工件或螺钉连接并将其定位。此外，可将必需的机器人功能存储在数据库中（如夹持、放回、拧紧等）。然后将这些功能自动分配给检测到的对象，并作为操作选项提供给用户。只有真正需要的功能才能供用户使用，这大大降低了编程的复杂性。在操作中，这种方法仍可用于编程。例如可用于显示下一个工作步骤，或已发生的错误的反馈，并且在用户界面上显示可能的操作选项。

除了手持设备之外，还可以使用其他通信手段，其原始模型可以在自然的人与人之间的交流中找到。语音、手持和手势以及所使用运动序列的演示如图 2-5-13 所示。

这些通信手段可以同时或按顺序在不同的应用中使用。语音控制在娱乐产业中被广泛使用。根据一项具有代表性的调查，在 2016 年初，52% 的德国人在智能手机上使用语音控制（Pentski 2016）。私人用户对语音控制的接受也促进了使用语音控制用于复杂的机器人单元。通过 3D 相机技术的使用来实现基于手指或手势的编程。人的手或手指运动在空间上被捕获、数字化并转换成机器人的控制命令。

1. 应用案例：用于拆卸的高效编程

在 BMBF 资助的研究项目 Lithorec II（锂离子电池回收）中，人们实现了机器人传输系统的直观编程，用于柔性的电池系统拆卸系统的应用示范（见图 2-5-14）。除了重复的拆卸步骤和处理步骤，电池系统的拆卸还需要电池系统的供应和输送。市场上使用的大量电池系统需要对机器人传输系统进行不断的重新编程。在研究项目中，通过直观的用户界面来实现编程，例如，可以在平板计算机上显示（见图 2-5-15）。此外，可以通过手势或演示进行编程（Wegener 2015）。

一旦为机器人选择了所有工作步骤，就可以从 3D 相机数据计算机器人的轨迹，并创建用于流程控制的程序代码。随后，与手动拆卸并行地启动和执行机器人过程。在拆卸过程中，操作人员可以通过手势干预机器人进程，并进行停止或调整（见图 2-5-14 右）。

2. 关于机器人传输系统中工业机器人特殊设计的研究

以下部分介绍了可在工业 4.0 中用作柔性传输系统的机器人系统。图 2-5-16 左侧展示了一个模块化机器人系统。该系统基于可组合模块，这些模块可被配置为功能齐全且应用优良的串行机器人结构。由于采用模块化设计，机器人结构能够适用于新的连接任务。重复使用系统的各个工件的可能性降低了增加多功能性的成本。

另一个例子是图 2-5-16 中间所示的双臂机器人。它允许执行需要两个串行结构协作的任务，例如定位两个工件的相对位置。除了两个同步臂之外，

通过演示控制   手势控制   手持式控制   语音控制

图 2-5-13   直观编程和控制的可能性

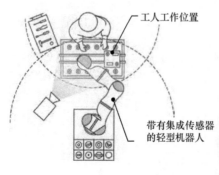

工人工作位置

带有集成传感器
的轻型机器人

图 2-5-14   具有机器人辅助的拆卸工位的概念（左）以及通过直接操纵机器人进行
直观编程和控制的可能性（右）

清除用户菜单

真实的工作场景

通过虚拟对象进行交互

图 2-5-15　使用手持设备进行直观编程和控制的可能性

该机器人还具有间接力矩监控功能。因此，该机器人系统使得与人协作进行活动或再现人体运动成为可能。

图 2-5-16 右侧所示为一个带有集成传感器和执行器的机器人，可在装载刀库时进行直观编程。通过末端执行器附近的控制环（橙色），可以操作机器人，例如用来定义传输过程的支撑点。基于机器人的传输具有优点，因为其能够以运动顺序的形式，直观且快速对传输任务进行重新设计。此外，该系统还可以通过末端执行器上的力传感器和集成的附加摄像头获取工艺数据，并将其用于工艺控制（见图 2-5-16 右侧）。

直观的编程减少了编程工作量，因此从经济的观点来看，在小批量生产中使用直观编程的吸引力也在增加。这也适用于可以使用该系统实现的传输操作。这里提到的机器人系统通过集成传感器来支持缩短编程时间，并允许与其他功能相连，如连续质量控制。

图 2-5-16　Schunk 公司的模块化机器人（左）、ABB 的双臂机器人（中间）、GomTec 公司的机器人操作环（右）

5.2.3　应用案例：高度柔性的工件传输

一个使用工业机器人作为高度柔性的传输系统的例子是被称为"箱子中抓取"的应用场景，用于分离和提供无序工件。此案例包括传感器技术、数据处理以及与生产系统持续连接的所有重要方面。

如 5.2 节所述，工件传输代表非生产时间，不能为产品创造具体的增值。特别是在高工资国家，人工操作意味着高生产成本，因此自动化具有吸引力。部件的自动供应是常规的，即由于机器人编程是固定的，需要在仓库中几何有序地输送部件。对于这种昂贵的包装元件或特殊的工件载体是必要的，这需要更复杂的操作来存储箱子中的部件。在变体更改中的工件调整或引入新产品也要求必须调整仓库。此外，对于确定的供应，必须在箱子规划更大的未使用空间，这可能导致随着单元数量的增加而在存储中不断增加的空间需求。为了实现工件作为散装物品供应、降低物流成本、工件供应柔性化，开发了"箱子中抓取"系统（Buchholz 2016；Siciliano/Khatib 2008）。

在汽车工业中，复杂的钣金零件在"车身和底盘"区域进行加工。例如，为了处理焊接单元中的部件，必须将它们以工件载体的形式提供给焊接设备。在该过程的基础上，将通过示例的方式呈现用于"箱子中抓取"的系统的功能。必要的流程步骤如图 2-5-17 所示。

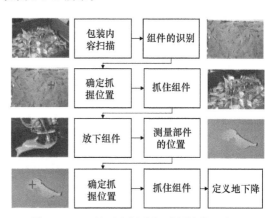

图 2-5-17　"箱子中抓取"示例性处理流程（FirmaBlumenbecker）

在所描述的应用中，大量工件以随机方式在箱子中传输，并且通过彩色相机的灰度值、三角测量传感器或飞行时间（TOF）传感器测量箱子内部。后一种系统提供了检测部件的距离、轮廓线和 3D 高度轮廓的可能性。与图像处理系统相比，激光扫描仪具有以下几个对箱子内部测量至关重要的优势。它们独立于照明情况工作，因此对反射或阴影不敏感。此外，它们稳健地工作于具有不同表面质量的不同材料。相比于图像处理系统的激光扫描仪通常提供工业应用更可靠的解决方案。激光扫描仪的另一优点是直接的几何表面扫描，高度和深度信息可用于机器人的路径规划（Hesse/Schnell 2014）。

扫描箱子中的工件表面之后，可以通过数据处理中的几何补偿来搜索已知特征。为此，基于数据库的系统适合于存储已知工件的特征。通过与更高级别的控制系统联网，可以实现从箱子选择不同的工件，从而使该过程进一步柔性化。搜索算法选择对夹持过程具有最佳位置的工件，并将夹持位置传送到传输设备。随后，工件移除和供应到系统中。在无法识别箱子中工件位置的情况下，不能抓取工件。为了解决这个问题，可将箱子混合功能集成到夹具中。

5.3　输送系统中的夹持技术

在实现工业 4.0 柔性、多功能和高效的生产系统时，夹持技术发挥着重要作用。由于工件趋向于多样性，这就需要在产品和变体柔性的生产系统中加工这些工件。

物理上的直接接触使得工件和设备之间相互关

联，但同时也对工件的柔性提出了最高要求。根据其设计，该领域针对特定工件开发成本和资金占用比较高，并且应变能力相应较弱。

前文所描述的目标与共享生产中的传输需求相冲突，但这不会产生产品的可见增值。工件特定的夹持技术是绝对必要的，然而为此所需的开发工作可能仅限于一个具体工件和一个具体应用。此外，夹具不能显示出与产品直接相关的增值。

以下描述了两种开发方法，它们展示了工业 4.0 意义上的夹持技术的柔性化方案。首先，在生产系统中，将夹具及其数字网络中的增值附加功能集成在一起（VDI-Richtlinie2740, Blatt 1, 1995）。其次，考虑增加夹持技术产品的柔性和变体柔性，通过几何形状可变性来实现柔性化。以下分析的出发点是夹持过程的基本要求，见表 2-5-1。通常，在处理过程和装配过程以及此处提到的传输系统中设计夹具时，要考虑它们。表 2-5-1 已经将要求扩展，涵盖了工业 4.0 方面。

从基本要求出发，建立了夹持技术设计的基本原则。这些基本原则如图 2-5-18 所示。

基于这些基本原则，设计了具有扩展功能的夹具，可满足工业 4.0 的要求。功能的集成使过程并行化可行，从而在传输系统的处理期间为生产系统做出增值贡献。

5.3.1　功能集成的夹持系统

夹持系统功能集成的目标是，允许更大的系统复杂性，实现在其他地方降低复杂性（如通过减少不同夹持系统的必要数量、避免重新装配操作）。

一方面，通过这种方法，可以将之前单独的功

表 2-5-1　夹持技术的基本要求

	属　性	处理设备	任　务	周　边	环　境
	➢质量 ➢尺寸 ➢数量 ➢材料 ➢表面 ➢灵敏度 ➢温度 ➢公差 ➢夹持点	➢有效载荷 ➢工作空间 ➢定位 ➢加速度 ➢编程选项 ➢本质安全 ➢法兰螺纹图案	➢过程力 ➢运动方式 ➢方案灵活性、产品灵活性和数量灵活性 ➢周期 ➢单个夹持，多个夹持	➢能源类型 ➢可访问性 ➢供应类型 ➢提供准确性 ➢清洁度 ➢清洗系统	➢污染等级/污染物 ➢粉尘污染/粒子污染 ➢温度 ➢振动 ➢辐射 ➢电流 ➢费用
工业 4.0	➢用于过程控制的对象属性的信息交换 ➢几何灵活性达到数量一	➢用于自配置和控制过程的接口，如即插即用、传感器指导	➢多功能流程的功能集成	➢数字模型扩展的数据收集 ➢安全系统的安全性	➢回收 ➢能源利用率 ➢生命周期

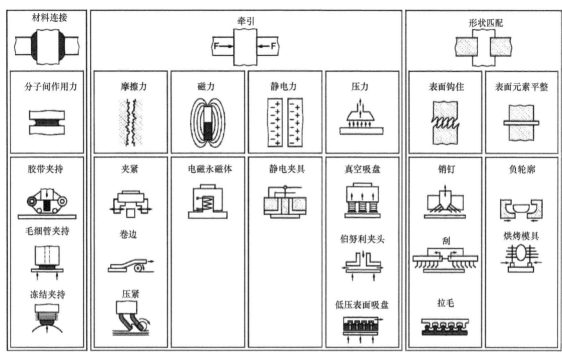

图 2-5-18 夹持原则作为基于功能集成和自适应夹持系统设计的基础（Monkman 等 2007）

能转移到夹持系统中完成，或者通过夹持系统中的附加功能完成其他生产流程，包括新的生产策略。

增加的功能可直接为工件增值。因此，除相互关联概念的重组以及通用处理设备的使用之外，功能集成同样具有重要性和战略意义，以便显著提高未来传输系统的柔性。在下文中，描述了集成功能的方法，该功能在工业 4.0 意义上扩展了夹具的主要功能。

1. 通过热管理支持连接工艺

在工业实践中，如果已建立了装配过程，则需要供热来激活连接工艺。

将这种功能集成到夹持系统中，需要考虑用于供热的热源、夹持系统中对接头的热传递以及从连接区域可控地散热。在这里，一个重要挑战是将不受控制的热流最小化，比如使热输入不影响所使用的机器人系统或传感器系统。以下示例显示了设计中要考虑的应用程序类型以及任务细节。

图 2-5-19 所示为传热夹具，其被设计用于在玻璃上安装小型发光二极管（SMD LED）。夹具的核心元件是用于夹持物体的真空吸管、带有加热垫（黄铜）的热载体和隔热体（以白色显示）。吸管垂直安装在弹簧上，因此在放置工件时它会向后滑动，并从顶部获得与工件接触的热量。在沉降之前，吸管和夹持部件与加热区域保持绝热，从而最小化从工件和向夹持系统传递的热量。该例子说明了如何将

热元件（热源、热传导、绝缘）集成到夹持系统中，使得供应和连接工艺紧凑并省去额外的设备。

图 2-5-19 用于安装带有热塑性胶粘剂的 SMD LED 的主动传热夹具（Deitrich 等 2008）

这意味着通过简化（更少的工艺站）和模块化（夹具可以作为整体替换）使得相关生产系统显著柔性化。图 2-5-20 所示为加热的可变形表面真空吸盘的热成像图像，该真空吸盘被设计用于纤维增强塑料部件（预成型）的预制材料的热塑性粘接。由于热源平坦且直接布置在作用表面上，因此可以省去其他热传导措施（如加热的模具或烘箱）。散热通过气流进行，无论什么条件下真空夹持功能都能使用。在工业 4.0 中，这种功能集成的夹持技术允许重新设计预成型过程。

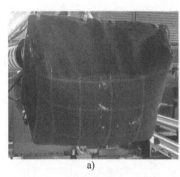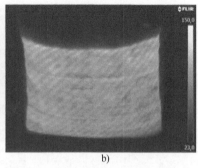

a)   b)

图 2-5-20　采用扁平加热技术、用于预成型纤维坯料的形状可变的处理系统（FormHand）
a) 形状可变夹持垫（外视图）　b) 加热夹持垫的热成像图像（Kunz 等 2013；Kunz 等 2015）

2. 通过局部受力支撑支持连接工艺

在当前工业应用中的机器人引导的装配中，几乎都是由所使用的机器人结构施加所需的连接力。为此，机器人结构必须设计得非常牢固，这需要结构复杂的机器人系统。通过局部受力支撑的功能集成方法，将连接力局部限制在末端执行器上并引导回工件或卡盘上，从而减轻所要求的机器人结构的负载。图 2-5-21 所示为局部受力支撑的基本原理与传统动力传动。

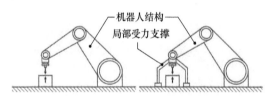

图 2-5-21　局部受力支撑的基本原理与传统动力传动
（Heyn 等 2016）

图 2-5-22 所示为通过使用夹具在多材料结构中插入和连接拉伸剪切试件这一原理的实现。通过保持磁铁产生局部力流，使得由热连接头施加的力以尽可能短的路径返回到夹紧中。对于较低负载的机器人系统使用局部力流的方法，其柔性是足够的，这使得机器人系统相应地更轻且更具有柔性，并且可以实现更柔性的部署方案。

3. 合并夹具中的多种功能

除了集成局部力流的原理，图 2-5-22 还显示了合并多个功能以便在夹具中执行不同子过程的原理。这种概念用于增加功能密度，产生更精简接口以及合并夹持系统和监控系统之间的数据流。图 2-5-22 所示的真空夹持元件，它用于插入半成品并移除已完成连接的拉伸剪切试件。为此，如果需要，它可以驱动真空元件，使其适当地突出。此外，夹具包括连接头，该连接头承载感应线圈以及用于力控制连接的力传感器。这使得可以执行完整

的工艺流程，从而仅用一个夹具就可以实现自动进给、热辅助压力连接以及移除和存储。尽管连接力很大，但可以通过局部力流的原理使用低负荷机器人，例如可以利用协作机器人，从而实现无保护栅栏的集成场景。

图 2-5-22　功能集成的夹具（Heyn 等 2016）
1—带有用于局部力流的保持磁铁　2—用于热辅助
连接的感应加热　3—真空夹持元件　4—局部驱动
5—快速更换法兰　6—用于监控连接力的传感器技术

4. 采集和预处理测量数据

在传输系统运行期间，夹具由于接近工件而提供用于获取信息和测量数据的特殊接口。通过将传感器集成到夹具中，可以获取关于工件几何形状、质量、位置和取向的数据。采集的数据可用于过程监控并显示系统状态。测量采集的一个重要功能是特点过程的数据预处理。为掌握数据的复杂性，应该寻求最可能的传感器相关数字化和预处理。有针对性的、分散式数据预处理增加了信息流中的信息内容，但减少了网络基础设施所需的工作量，并避免了对所采集数据的成本密集型处理（von Lipinski 等 2015）。

5. 通信功能

在工业 4.0 中，相关工件与生产系统中受影响系统之间的数据交换非常重要。由于夹具与工件架或工件本身在空间上非常接近，因此为发射器 - 接收器系统的集成提供了条件。可以省去用于检测相应工件的单独读取器或扫描仪的附加装置和空间。由于集成了通信功能，不仅可以减少处理步骤，还可以减少处理时间。具有集成监控功能的夹具可以使用状态消息来通知控制中心或中央控制系统其状态。由此，在功能受损前，就可以发送夹具的磨损及可能的损坏，从而可以缩短停机时间。这也提供了零件达到其实际磨损极限的可能性。夹具零件的使用寿命相对较长以及耐磨损的维护性能相对较好，这意味着可以节省材料和维护成本。

5.3.2　具有适应能力的夹持系统

作为工业 4.0 中所做努力的一部分，有必要进一步开发针对工件的夹具系统，以便通过传输系统的高适应性，在转换成本或设置成本不高的情况下能够处理多种产品。具有适应能力的夹持系统可以显著提高传输系统的效率和柔性（Hesse 2005 ）。

以下对实现夹持系统的适应能力的三种方法分别进行概述。它们分别是主动形状调整、被动形状调整和模块化形状调整。

1. 主动形状调整

具有主动形状调整的夹具可以在夹持过程中自动适应工件的形状。为了尽可能设计普遍适用的夹具，夹具结构通常基于人手的功能原理。通过执行器移动夹具的各个肢体来实现形状调整。肢体通常是刚性的并且与关节铰接。

图 2-5-23 所示为这种机电驱动的夹具，适用于各种工件尺寸和工件形状。三个钳口中，其中两个的活动范围都很大。第三个钳口是固定的，由可抽空的粒状橡胶垫组成。通过两种方式适应不同工件：一种是可以基于抓握点分析单独地闭合钳口以最佳地抓握；另一种是颗粒填充的橡胶垫适应于模具以实现组合形式或摩擦配合。

这种夹持系统没有机械定心功能。因此，它们必须与合适的控制算法相结合才能保持稳健。在这里，目标是获得执行器、传感器和规划算法之间的联网方法，以实现传感器引导的有效传输。

2. 被动形状调整

通常可以通过夹具的弹性元件实现被动形状调整。这些元件由可变形的弹性或可移动材料组成，或设计成具有确定变形行为的结构。这种结构被做成如鱼鳍或鸟翼状（见图 2-5-1 下方）。

图 2-5-23　通过活动钳口主动适应形状的夹具
（Dietrich 等 2012 ）

为了使夹具适应待夹持的物品，夹具通过移动单元或单个驱动器压在物体上，使得其他的元件围绕物体。图 2-5-23 中的主动夹具也是如此。操作相应的夹具通常不需要复杂的控制，这也导致不能调节夹爪到指定位置。

具有被动形状适应性的夹具是研究项目"FormHand——可变形处理用于更柔性的生产"的主题（Dröder 等 2016；Löchte 等 2014；Löchte 等 2014）。该项目研究了可变形和高适应性的处理系统。该系统与普遍适用的工业机器人相结合，可以实现新型工艺。所选择的方法基于与粒状垫结合的低压表面吸力原理。其中，粒状垫形状和强度可以适应任意任务。图 2-5-24 左侧显示了 FormHand 夹具的基本结构以及夹具垫针对物体的适应。由于夹具垫中自由移动的颗粒，颗粒可以适应各种各样的物体形状。颗粒的分布可受体积流量或工业机器人运动的影响。因此，不需要复杂的夹具控制。可变形的处理系统，例如 FormHand 概念，对于变体丰富的生产具有巨大潜力。高度适应能力使得仅用一个夹具就能够夹持各种不同的产品。因此在传输系统中，可以很容易地处理不同的产品，而设置或改装该夹持系统的成本并不高。此外，其他功能也可以集成到夹具垫（比如加热系统）中，此类系统通过形状适应进一步功能化。

3. 通过模块化系统的形状调整

形状调整的另一种可能性是模块化系统。夹持系统的适应不在夹持过程中进行，而是在传输系统的规划或设置期间进行。与被夹持的工件接触的夹具元件必须适合于此。然后，基于快速更换这些元件的可能性，实现生产系统的柔性，从而使得传输系统适应当前的产品范围。

通过组建套件，可以互换的元件与标准组件进行组合。因此，可以借助于与模块化系统的元件相关的连接元件（诸如型材或管材）快速地构建夹具

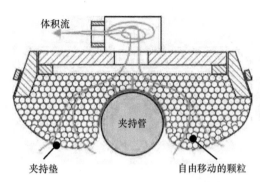

体积流

夹持管

夹持垫

自由移动的颗粒

图 2-5-24　基于 FormHand 概念，可被动形状调整、形状可变的低压表面吸盘（Dröder 等 2016）

（如冲压车间的夹具支架）。该组件的每个零件都具有特定的功能。只有通过组合才能创造出可操作的夹具。由于增材制造领域的发展，可以加快所需夹具元件或组件特定部分零件的生产制造。工件的轮廓来自数字化数据。随后，基于实际工件的轮廓，通过增材制造工艺制造钳口部分。这些零件可以添加到组件中并组装成夹持系统。通过这种方式可重复使用夹具大部分零件，而仅需要重新制造与工件接触的部分。

图 2-5-25 所示为带模块化元件的夹具示例。功能集成的末端执行器是在 BMBF 资助的研究项目 Lithorec II 中开发的，用于拆卸电池系统，并将传输系统与功能螺钉结合在一起。通过使用增材制造的夹持元件和普通的螺纹插入件，该系统可适用于任何类型的螺钉和螺母。

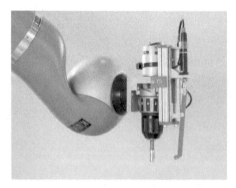

图 2-5-25　带有集成功能的模块化末端执行器，
用于拆卸牵引电池（Gerbers 等 2016）

参 考 文 献

Arbeitskreis Industrie 4.0: Umsetzungsempfehlungen für das Zukunftsprojekt Industrie 4.0. BMBF 2013

Buchholz, D.: Bin-Picking - New Approaches for a Classical Problem. Springer 2016

Demant, C.; Streicher-Abel, B.; Waszkewitz, P.: Industrielle Bildverarbeitung: Wie optische Qualitätskontrolle wirklich funktioniert. Springer 2013

Dietrich, F.; Maaß, J.; Kaiser, K.; Raatz, A.: Gripper Design for Tolerance Compensating Assembly Systems. 4th CIRP Conf. on Assembly Technology and Systems (CATS) , 2012, pp. 21-24

Dietrich, F.; Rathmann, S.; Repenning, A.; Raatz, A.: Aktiv beheiztes Wärmeführungskonzept für die Montage von SMD mit Schmelzklebstoffen. wt-online, 11, 12.2008

Dröder, K.; Dietrich, F.; Löchte, C.; Hesselbach, J.: Model based design of process-specific handling tools for workpieces with many variants in shape and material. CIRP Annals - Manufacturing Technology 2016

Feldmann, K.; Schöppner, V.; Spur, G.: Handbuch Fügen, Handhaben, Montieren. Carl Hanser Verlag 2013

Gerbers, R.; Mücke, M.; Dietrich, F.; Dröder, K.: Simplifying robot tools by taking advantage of sensor integration in human collaboration robots. CiRP Conference on Assembly Technology 2016

Hesse, S.: Robotergreifer. Funktion, Gestaltung und Anwendung industrieller Greiftechnik. Carl Hanser Verlag 2005

Hesse, S.: Greifertechnik. Effektoren für Roboter und Automaten. Carl Hanser Verlag 2011

Hesse, S.; Schnell, G.: Sensoren für die Prozess- und Fabrikautomation. Funktion, Ausführung, Anwendung. Springer 2014

Heyn, J.; Dietrich, F.; Dröder, K.: Self-Supporting End Effectors: Towards Low Powered Robots for High Power Tasks. CiRP Conference on Assembly Technology 2016

Kratzsch, S.: Prozess- und Arbeitsorganisation in Fliessmontagesystemen. Vulkan Verlag 2000

Kunz, H. et al.: Novel form-flexible handling and joining tool for automated preforming. Science and Engineering of Composite Materials, 2015, p. 5

Kunz, H. et al.: Form-flexible Heating Devices for Integration in a Preform Gripper. 19th international Conference on

Composite Materials (ICCM19) , August 2013

Lipinski, R. von; Richter, M.; Reiff-Stephan, J.: Informationsgewinnung im cyberphysischen Produktionssystem. Wissenschaftliche Beitrage 2015, Band 19, S. 55-60

Löchte, C. et al.: Design and experimental modeling of form-flexible handling (FormHand) devices for automated preforming. SAMPE EUROPE - SETEC 14. 2014

Löchte, C. et al.: Form-Flexible Handling and Joining Technology (FormHand) for the Forming and Assembly of Limp Materials. Procedia CIRP, 2014, p. 6

Lotter, B.; Wiendahl, H.-P.: Montage in der industriellen Produktion:Ein Handbuch für die Praxis. Springer 2013

Makrisa, S.; Tsarouchi, P.; Surdilovic, D.; Krüger, J.: Intuitive dual arm robot programming for assembly operations. CIRP Annals - Manufacturing Technology, 63 (1), 2014, p. 13-16

Monkman, G. J.; Hesse, S.; Steinmann, R.; Schunk, H.: Robot Grippers. Weinheim, Wiley-VCH Verlag 2007

Pentski, A.: Sprachsteuerung setzt sich bei Smartphones durch. 4. Februar 2016.

https://www.bitkom.org/Presse/Presseinformation/Sprachsteue rung-setzt-sich-bei-Smartphones-durch.html [Stand: August 2016]

Ross, P.: Bestimmung des wirtschaftlichen Automatisierungsgrades von Montageprozessen in der frühen Phase der Montageplanung. Herbert Utz Verlag 2002

Schmid, A.: Dissertation: Intuitive Human-Robot Cooperation. Universität Fridericiana zu Karlsruhe 2008

Seebacher, G.: Ansätze zur Beurteilung der produktionswirtschaftlichen Flexibilität. 2013

Seebacher, G.; Winkler, H.: Evaluating flexibility in discrete manufacturing based on performance and efficiency. International Journal of Production Economics, July 2014, p. 340-351.

Siciliano, B.; Khatib, O.: Springer Handbook of Robotics. Springer 2008

VDI-Richtlinie 2740 Blatt 1, 1995: Mechanische Einrichtungen in der Automatisierungstechnik. Greifer für Handhabungsgeräte und Industrieroboter

Wegener, K.: Mensch-Roboter-Kooperation zur Demontage von Traktionsbatterien. Vulkan Verlag 2015

第 6 章

物流 4.0

Christian Lieberoth-Leden，Marcus Röschinger，
Johannes Lechner，Willibald A. Günthner

物流在工业 4.0 中的作用和物流本身一样具有多样性和重要性。因此在第四次工业革命中物流的任务，即物流 4.0 的任务，将基本保持不变。所以物流是一个重要功能接口，用来负责确保正确的物品、适当的数量，并在正确的情况下，在正确的地方，在正确的时间以适合的费用和合格的质量提供给正确的顾客。物流 4.0 的重点在于使用新的创新技术。还可以继续改进各种物流关键参数，如可靠性、质量、柔性、能力和服务水平等。物流 4.0 必须建立和实施关于物料流和信息流的规划、管理、实施和控制的新概念。在此背景下，需要考虑到企业中各个层次的物流（见图 2-6-1），并确定适当的优化技术。物流 4.0 的解决方案不仅仅在企业内部，还是跨企业的。例如，日益复杂化和全球化的附加价值链和附加价值网络需要新的方法来管理供应链，用来协调供应给顾客的原材料的物料流和信息流。

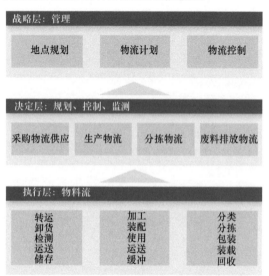

图 2-6-1　工业 4.0 涉及传统企业物流的所有层面
（来源：慕尼黑工业大学 FML 教席）

从技术角度看，物流 4.0 的目标是基于已经完成的机械化和自动化来实现输送技术设备和物流设备的数字化和虚拟化。这需要的不再仅仅只是简单且能自我控制的物流过程和物流系统，更确切地说应该是自主的物流过程和物流系统，其具有学习能力、智能和决策能力。企业内部物流（Günthner 2010）的物联网和服务互联网的概念和经验是物流 4.0 的基础。基于此物流的基础想法是，物流对象如箱子、工件或包裹可以通过物流系统找到自己的行进路线。为了实现这个目标，这些物流对象之间相互通信，并与诸如输送机模块或机器之类的技术设备通信，告诉这些设备应该如何处理它们。这种系统的一个基本特征是它们强大的分散性和模块化。因此，系统元素可以简单地连接到一起控制，从而实现一个新的系统配置。由于分散式管理方法，调整控制系统来适应新配置的费用非常低。这为整个系统带来了高度的通用性。考虑到目前的框架条件，如个性化产品的增加，不断增长的品种多样性和更短的产品生命周期等，因此这些是非常重要的功能。

除了物联网，互联网服务在工业 4.0 中也具有重要性。所以软件服务提供某些功能并支持各种各样的过程。服务可用于操作过程，例如，通过提供智能对象的详细信息来协调物料流的决策。其他服务涉及规划过程，为此目的提供功能和工具的支持。以服务为导向，即将信息技术和组织整合到业务流程的服务中，这种方式的一个特征及优点是：可以很容易地适应新的边界条件。这些服务不仅独立于系统配置、位置和可用时间，而且通常基于网络，比如从云端提供了各种终端设备的使用，包括平板计算机和智能手机，同样也允许用在运营领域。

为了明确物流 4.0 的目标和潜力，接下来将讨论所选定的运用方法，并提出了具体的行动建议。物流 4.0 的各个方面（见图 2-6-2）都会被考虑到。为

此还提出了创新的解决办法和概念，这种方法是可以移植到其他案例上应用的，从而有助于物流 4.0 的实施。6.1 节的重点首先是跨企业流程。一方面，在这一背景下，借助智能箱提出了跨企业箱管理的概念。另一方面，提出了一种用于企业刀具管理的云解决方案，它为相关流程提供服务，并允许在所有涉及刀具生命周期企业内部和企业之间的通用信息流。6.2 节还讨论了跨企业密切合作的各个方面。这是物料流系统协同规划的重点所在。为此提出了通过一个软件平台来实现同步的规划活动，如并行和跨公司地创建和调整布局。对虚拟现实技术的潜力进行了探讨，并说明了如何在高效且透明的人工分拣系统规划中使用这些技术。6.3 节致力于人与机器之间的新接口，以实现数字物流过程。还说明了如何通过增强现实技术来实现信息的高效提供，并协助人执行工作。6.4 节论述了可转换物流系统的实施情况。对分散和集中控制方法进行对照，并对各自系统架构进行了更详细的考量。无论其控制方式如何，可识别的对象是自动物流系统的一个重要组成部分。由于基于无线的自动识别和定位在这方面提供了巨大的潜力，所以专门在 6.5 节中阐述了 RFID 技术在物流 4.0 中的应用。该节同时还提出了概念和工具，实现识别系统的优化设计和有效调试。

图 2-6-2　本章内容简述
（来源：慕尼黑工业大学 FML 教席）

6.1　供应链 4.0 的数字化和网络化

　　工业 4.0 的主要目标是流程和 IT 系统的纵向和横向集成。纵向集成是指在普通 IT 系统中，传统控制金字塔的单个层级间的融合。另一方面，横向整合的目标是实现各种流程步骤的普遍信息技术网络化，甚至是跨企业的连接。因此，在相应解决方案中，除了考虑内部过程之外，还必须考虑其他公司的连接和总体流程。这增加了整个供应链的透明度，最终可以提高流程的安全性和稳定性（Kagermann 2013）。因此，重点应放在横向集成方面并说明如何在物流 4.0 过程中，重点在跨企业环境中，进行网络化，以及由此产生的潜力。

　　网络化的重要目标不仅仅是协调例如确保及时交付物料这类的物理过程，而且还要在数字化层面上进行过程集成。识别信息流中的连续结构也是一项重要的任务。只有在供应链中的每个流程步骤中，所需的数据能够及时且以正确的形式提供，才能进行优化。为了使其成为可能，应避免信息流的中断（如在不同系统之间进行手动数据传输的情况），使数据保持一致并始终保持所有流程步骤的最新状态。一个重要的先决条件是流程的数字化，不仅包括数据的储存，还包括数据的自动采集和传输。

　　为了展示数字网络化如何在供应链中取得成功，下面两节提出了对应的解决方案。这些虽然都是为具体应用而开发的，比如食品供应链和刀具供应链，但大部分也可转而运用在其他问题上。其中一个解决方案说明了现有对象是如何被赋予智能的，以便它们能够积极参与对物流过程的控制，并最终使其过程实现网络化。另一个解决方案探讨在云平台中对一致数据处理的方法，该平台可以自动向供应链中的所有流程步骤提供所需的数据。接下来进一步阐述两种方案对企业内部和跨企业过程的通用网络的适用性。

6.1.1　食品供应链中智能承载装置（冷藏箱）的使用

　　供应链的网络化在企业内部和跨企业流程的效率提升方面具有巨大的潜力。为了具体化这一说法，本节基于食品供应链（见图 2-6-3）提出了一个解决方案，其重点是使用智能冷藏箱进行过程控制和监测。基于目前的研究成果和工业实践中的实施原型（Prives 2014；Wang 2014），下面介绍技术布置，即装有智能组件的冷藏箱，以及建立适合数据收集和处理的基础设施。当前情况阐明了需要在食物供应链中进行更密切的合作和联网的原因。物流成本对最终消费者的食品价格产生了很大的影响。在高竞争压力的背景下，这些都是实现长期利润的重要控制杆。在这方面，物流还必须确保始终为终端用户提供产品。这些食品和一些短保质期的产品需要快速的多层级物流以及短周转时间物流。

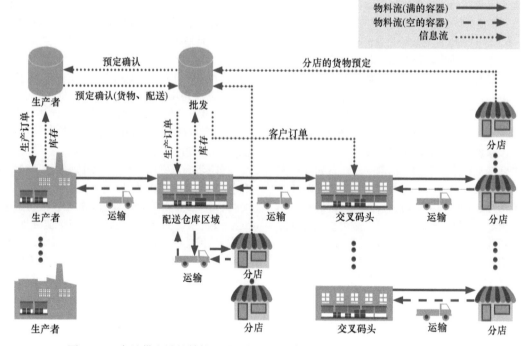

图 2-6-3   食品供应链的结构以及上级过程（来源：慕尼黑工业大学 FML 教席）

很明显，高效的物流过程是食品工业成功的必要条件。要做到这一点，重要的是不要单独优化供应链各部分的流程。更多的是需要制定同时考虑到所有参与者的需求的解决方案。因此，不仅是提高过程的效率，供应链的透明度也需要增加。这是一个重要方面，因为食品的可追溯性非常重要，需要相应的进出货物文件。为此，各个企业之间必须更紧密地合作。只有这样，才能在质量缺陷的情况下以更低的耗费召回食品，从而保护消费者和生产商免受更大的损失。在各种货物转运中（如在配送中心和交叉码头）和高水平运输的背景下，这些负责文件的记录（大部分是通过人工记录）通常是费力的。对于冷藏和冷冻产品来说更是如此，因为温度数据也必须被收集和记录。只有通过这种方法才能控制和证明冷藏运输链的质量。然而，目前通常很难明确供应链中哪部分应该使用哪种冷藏箱。由于只有冗繁的盘点之后才能获得关于实际位置、状况和库存的可靠描述，因此通常需要在供应链中保留比实际所需更多的冷藏箱。在适当地点集成自动检测系统可以弥补这种信息缺乏。此外，这种系统还可用于一些目前主要是手工进行的工作的进一步自动化，比如包装单元或运输的识别、完整性控制和记录。

从概述的初步情况可以清楚地看出，基于自动记录和安全储存和如温度、地点和运输量的数据传输，可以提升食品供应链中的透明度和效率。基于

一致的数据库，可以实现自动的冷链监控和食品追溯等新功能。这些方面是食品供应链中成功进行横向集成的基础，要在解决方案概念中考虑到这一点，下文将对此进行详细探讨。图 2-6-4 首先概述了总体概念，并将其划分为五个设计级别。两个较低的级别解决了必要的硬件，如智能冷藏箱和用于构建合适的通信基础结构的设备。在此基础上，三个软件级别确定了数据的交换方式（如传输协议），哪些数据库结构是适当的，以及如何评估和聚合有用的信息数据。基于特定硬件和特定软件相关方面的区别，见下文的相关内容。

1. 智能冷藏箱系统中的物理元素

什么情况下冷藏箱是智能的？尽管对此没有统一的答案，但智能冷藏箱通常具有以下特性和系统元素。首先，智能冷藏箱能够通过集成传感器独立地检测不同的数据，可以是环境或周边数据、状态数据和有关内容的数据。仅在应用背景下采集和存储数据只能带来一个小的附加值，所以智能冷藏箱的另一个重要特点就是对采集到的数据进行处理。为此，冷藏箱配备了计算能力，例如通过集成微控制器。基于附加的决策逻辑，冷藏箱可以对数据进行评估，并进行自主决策。这使得冷藏箱不仅可以通过供应链监测自己，而且还能根据当前的条件和边界条件进行主动控制。由于各自过程步骤中进行分散决策，整个供应链中协调工作减少了，且从智

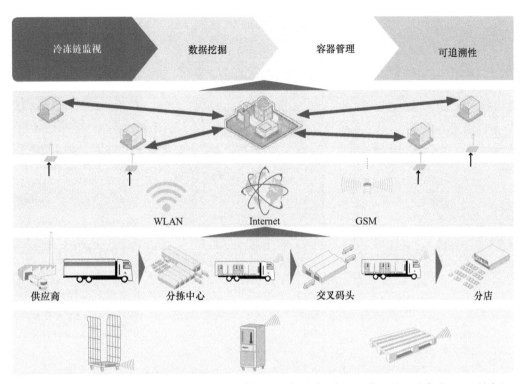

图 2-6-4　在食品供应链中集成智能容器的总概念和成形层（来源：慕尼黑工业大学 FML 教席）

能冷藏箱中创建了物联网。在这种情况下，智能冷藏箱的另一个基本属性显而易见，即通信能力。这一方面包括过程中涉及的其他对象，如输送设备和装卸设备，以及更高层次的 IT 系统交换数据。数据交换通常是通过无线方式进行的，例如在冷藏箱中安装无线电或 RFID 模块。另一方面，智能冷藏箱的一些概念是关于与过程中涉及的人直接交换数据。因此，可以通过视觉或听觉信号传达这些冷藏箱的当前状态，并在必要时提示进行人工干预。

在食品行业中，冷链的可追溯性，尤其是冷链的监测是非常重要的，图 2-6-5 所示为配备了智能模块的保温冷藏箱。它有多个温度传感器，能够精确检测冷藏箱内部及其周围空气的温度。记录的温度数据存储在集成内存中，并由微控制器进行处理，这样就可以实现在冷藏箱级别对冷链物品的监控。此外，还可以记录和评估温度曲线并预测其进一步的发展。因而，保温冷藏箱在到达食物所允许的临界温度之前进行警告通信。通过采集和记录外部温度，也可以清楚地跟踪冷藏箱是否一直处在合适的空间，比如是否在冷藏储存区和运输集装箱中。另外检测冷藏箱中的空气湿度和振动的传感器，可以检测运输物品是否受损。

如前所述，采集到的数据将由集成微控制器进一步处理。该系统元素的另一项任务是控制与过程

基础结构对象和相关参与人员的通信。后者主要是尽可能简单透明地展示冷藏箱的当前状态和其中的食品。为此，由微控制器控制的发光二极管连接到保温冷藏箱上。例如，可以通过这种方式给员工发出信号，冷藏箱已经超过了临界温度，需要立即进行干预。使用同样的方法，也可以保证智能冷藏箱的持续能源供应，特别是可以对电池低电量提前发出警告，而不必调用特殊显示器或需要员工对其进行测量。另一方面，与基础设施的自动无线通信基于超高频范围内的 RFID 进行。该技术的特点是读取范围广，因此被广泛用于物流中。

所使用的保温冷藏箱的优点之一是，其通信可以被划分成两个阶段。因此，从冷藏箱传输的数据首先写入集成在冷藏箱的 RFID 转发器的内部存储器中。为此，在传感器、微控制器和内存之间需要使用合适的接口和传输协议。然后，数据可以在供应链中的任何时刻被读取和处理。为了实现这一目的，建立合适的基础结构以确保数据在过程链中的读取和传输，是必要且合理的。重要的识别点主要是在生产商、分销中心、跨码头和分支机构的物品进出口。但是，在内部区域之间的转换过程中，例如在冷藏仓库区和装运区之间进行的数据读取和控制，也是重要的。为了清楚地识别智能保温冷藏箱并能够获取存储的数据，必须在识别点提供合适的设备。

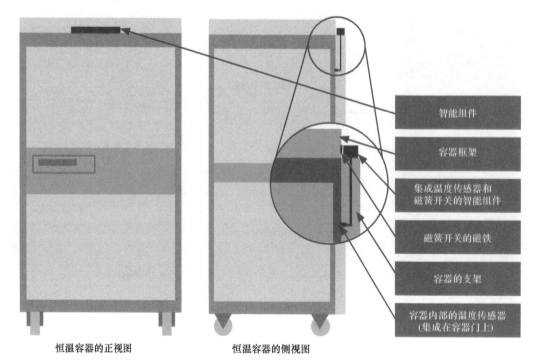

恒温容器的正视图　　　　　恒温容器的侧视图

智能组件

容器框架

集成温度传感器和
磁簧开关的智能组件

磁簧开关的磁铁

容器的支架

容器内部的温度传感器
（集成在容器门上）

图 2-6-5　食品行业中智能保温冷藏箱的草图（来源：慕尼黑工业大学 FML 教席）

可以使用固定的 RFID 读取器，并确保它们在任何情况下都能做到这一点。因此，建议将读取器安装在门上（见图 2-6-6）或者建造 RFID 进出口。

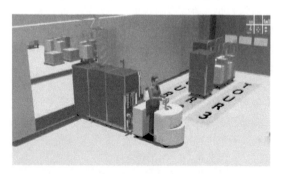

图 2-6-6　通过固定的读取器来识别智能恒温容器
（来源：慕尼黑工业大学 FML 教席）

或者，还可以使用移动读取器如手持设备。这虽然意味着不能实现完全自动化的数据采集，但它可以在多个识别点使用，从而降低建造基础结构的成本。其他功能如数据显示和其他标识符（如条码）的读取，增加了柔性，并使得移动识别设备对小型企业更加经济。实现这一目标的另一种方法是将读取器集成到载重货车上。对智能冷藏箱的识别是在装卸过程中进行的，然后通过集成的 GPS 模块对其定位。这可以减少要实施的识别点的数量，因为在食品供应链中物品都是有外包装的。如果考虑到需

要供应的大量分支机构，那么这种方法节省成本的潜力就变得清晰了。此外，这种方法还可以在传输过程中进行数据收集和传输，从而进一步提高食品供应链的透明度。

2. 食品供应链中数据的通信和评估

对于数据传输和存储，必须在供应链中选择并实施接口和协议。为了减少工作量并能够简单地进行扩展，建议使用标准化的信息服务。因此，提出了智能保温冷藏箱的 IT 基础结构基于电子产品代码信息服务（EPCIS），图 2-6-7 总结了该架构。其广泛应用于物流的标准化价值链数据交换系统，由 GS1 组织进行维护并根据新的要求扩展（GS1 Global 2014）。

实施 EPCIS 的一个重要方面是将识别码分配给对象。根据通用术语电子产品代码（EPC），有一系列不同的数字类型是可用的，实现对物品、运输单位、存货物品以及地点的识别。为了能够实现智能保温冷藏箱等对象的自动识别，必须为其提供用于编码 EPC 的标识符。例如 EPC 可以加密在条码中然后作为标签附加到对象上。另一种选择是将 RFID 转发器用作 EPC 的数据载体。当应答器数据被读出时，它被记录下来，从而实现数据和对象的明确分配。一个中间件对读取的数据进行收集和过滤，然后将它以某种标准化的形式（即所谓的 EPCIS 事件）通过一个采集接口（EPCIS 采集接口）存储在数据库（EPCIS 元数据库）中。EPCIS 事件是基于 XML 的

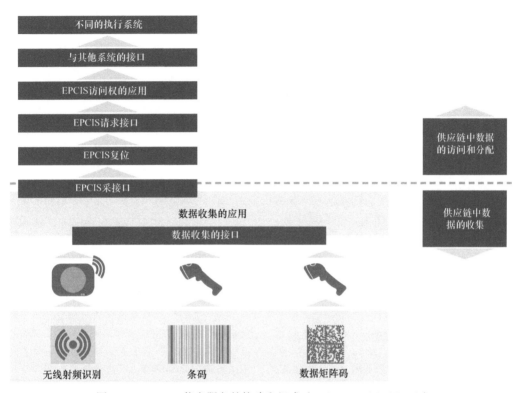

图 2-6-7　EPCIS 信息服务的构建和组成（nach GS1 Global 2014a）

并且有一个标准化的结构，其核心内容包含四个维度：什么（一个或多个 EPC）、何时（时间戳）、何地（位置号码）和为什么（核心业务词汇）。在某种附件中，可以在 EPCIS 事件中传输更多过程特定的数据，从而采集所有相关信息。在智能保温冷藏箱中，在所有识别点都能生成 EPCIS 事件，这不仅识别了那些冷藏箱在何时何地（如货物发行中心），还有为什么（如装载到货车）以及冷藏箱的状态及其内容（如表面温度和心部温度）。因此基于供应链的普遍事件是生成，能够对所有冷藏箱和食品进行广泛的评估和追踪。通过开发的软件应用对所存储事件进行访问是由查询接口（EPCIS-Query）完成的。为了能够考虑到存储在供应链中的某个对象的所有事件，应用了对象名称服务（ONS）。在此基础上，除了单纯对冷藏箱和食品进行跟踪（跟踪和追踪）之外，参与供应链的各方还可以提供额外的服务。另外根据目前的位置和库存信息，可以优化库存和高效地规划需求。将智能冷藏箱的信息服务集成到现有的 IT 领域中，比如与 ERP 系统联络，具有巨大的发展潜力（Wang 2014）。因此，可以丰富这两种系统中的信息并应用到更高效的预定管理和订单管理，最终可以进一步提高整个食品供应链的透明度。

智能冷藏箱的例子显示了分散数据的处理方法所产生的可能性和潜力。但是，这种在供应链中进行水平集成的方法并不是在所有案例中都有用。特别是当对象上有大量数据时，且数据由不同的供应链合作伙伴并行处理或者数据在对象生命周期中频繁更改，在中央平台上进行数据存储有时会显示出更大的潜力。这些方面将在下文中讨论，它描述了在刀具供应链中进行密切的跨企业合作的概念。

6.1.2　以刀具供应链为例的云中协同生命周期管理

在生产工厂，刀具管理是一个重要的责任领域。特别是在人员和货币开支较高的情况下，如刀具的采购、储存、提供、安装和维修，需要尽可能高效地设计刀具管理过程，以便后续实现最优的刀具应用。重要的内容之一是刀具规划，例如，处理生产订单和机床刀具选择和分配，以及新刀具的需求定义。另一方面是在刀具物流中管理刀具库存、确定刀具需求、将正确的刀具规划提供给正确的机床（Mayer 1988）。除了刀具的物料流，伴随的信息流在刀具管理中也起着决定性的作用。如此必须确保所需数据在每个进程步骤中都处于可用状态或能够被采集和传输。因此，在为通用信息物流创建合适的概念时，应尽可能考虑到刀具管理中的所有过程。这些信息可以具体到一个刀具生命周期中不同的阶段（见图 2-6-8）。反过来，刀具生命周期是由多家企业共同参与的，它们共同建立了刀具供应链且每个企业都需要并生成不同的数据：

1）刀具制造生成的设计数据（如名义几何数据）、与刀具应用相关的数据（如许用速度和实际几何数据）以及物流数据（如库存和运输数据）。

2）机床制造商需要刀具数据用于机床的建造和调试。

3）刀具使用人员依靠刀具数据来设置机床，使得机床能够实现零错误和零误差生产。此外，还必须对刀具进行库存管理和状态管理。

4）在生命周期的过程中，刀具通常会在使用过程中会被多次打磨和测量，从而导致几何数据的更改。

尽管对于企业和流程之间的交换数据存在多种概念，但这些大都是独立的解决方案，或者是基于手动数据传输和纸质文档的（如刀具说明卡）。因此，这不仅往往导致刀具管理方面缺乏透明度，如在实际库存、使用状况和使用地点方面，而且在过程可靠性方面也存在风险。因此并不能排除由于数据流中断，人工错误输入（如机床设置）在最坏的情况下可能导致机床崩溃。在这一背景下提出了以下概念，它是在一个研究项目的框架内开发的，其目标是刀具管理的跨企业数字化（Röschinger 2014）。这可确保始终提供最新的刀具数据以及所有流程步骤（基于网络服务和中央云平台，所有刀具供应链中的企业都可以访问）。为此，在刀具生命周期过程中自动采集各种数据，并在云中进行更新。该概念还允许从不同的终端设备进行检索（如台式 PC、智能手机、平板计算机）和自动数据检索，通过其可以填补如机床设置中的自动化缺口。

在创建跨企业和基于云的刀具管理概念时，涉及多种设计领域（见图 2-6-9）。必须确定所有相关的系统元素以及其位置，并为自动数据交换做好准备。此外，还必须详细分析现有流程，并确定实现自动数据采集和数据分配的过程步骤。应定义相应的目标流程，其中不仅有所需的云中访问点，还有各个流程步骤中所需或生成的数据。这些将被构建并记录在数据模型中，用来构成实施云数据库的基础。最后，重要的是要考虑数据传输的方式，即设计一个合适的通信基础结构。在这里，特别是在云解决方案的背景下，须解决安全问题。除了技术措施之外，还应创建详细的权限概念和角色概念，以确定谁有权访问哪些数据。

1. 相关系统要素的标识与识别

为了使数据显著地映射到对象上，并在此基础上实现过程的网络化，必须清楚地定义（跨企业的）过程中的对象。所考虑的工具管理应用概念需要使用中央数据存储的方法。这意味着数据存储和处理不在系统元素上，而是在一个中央平台上，即在云数据库中。因此，智能不在过程级别的系统元素中，而是在中央云主机中。由于集中和分散的数据管理有各种各样的优缺点（Diekmann 2007），这两个概念应根据具体应用情况进行权衡。在基于云的刀具管理系统中，选择了中央数据存储方法，因为数据不仅仅需要在标记对象所在的工位上被访问。更确切

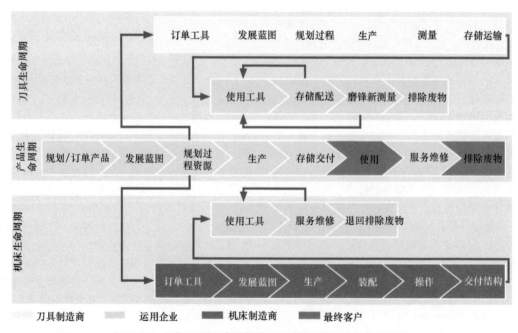

图 2-6-8　根据刀具生命周期和刀具供应链的过程简化表达

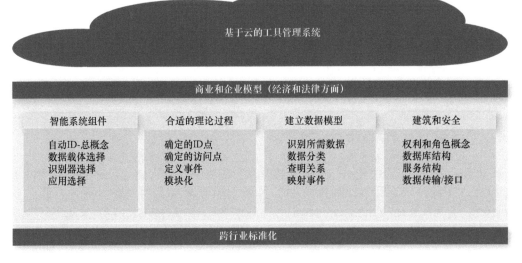

图 2-6-9　基于云技术的跨企业工具管理系统的塑造（来源：慕尼黑工业大学 FML 教席）

地说，数据应该始终是可用的，并可供所有供应链合作伙伴使用。其目的是避免中央云平台与分散式数据存储之间的数据同步，否则只能有限地确保云数据的及时性和一致性。

跨企业的刀具管理概念是基于一个中央数据存储系统的，这些刀具一开始被分配了唯一的识别码。为了确保这些识别码的重叠自由性，并使解决方案具有柔性的可扩展性，即其他企业可以与云平台进行连接，此处回顾一下在 6.1 节中描述的 EPC 标准。通过指定序列化的全球贸易物料编号（SGTIN），刀具可以被唯一地标识并在云中找到正确的数据记录。为了使整个刀具管理过程数字化，在刀具生命周期过程中与其交互的系统元素也必须是自动可识别的，并为其分配唯一的识别码。比如，在机床使用刀具安装的记录、机床主轴、机床。如何标记各种系统元素，如何在物理对象上编码标识号，在所考虑的概念中没有明确定义。相反，这与所选择的标签和识别技术无关。这意味着可以使用不同的技术以及现有的解决方案（如使用 RFID）。然而，一个有意思的标记刀具的方法是光学码，如数据矩阵码。其最适合上述挑战，因为它们可以缩放地非常小，因此也适用于非常小的刀具。此外，光学编码不需要物理的数据载体，但可以直接应用于刀具表面，例如使用激光设备。这可以避免额外生产技术上的加工步骤（如为 RFID 转发器钻一个孔），也可避免限制刀具功能的风险。

基于所分配的识别码和应用标记，系统元素可以唯一地自动识别，这是与云进行数据交换的必要前提。下一步是确定应该在何时何地进行这些操作。

除此之外还要对进行操作的位置进行定义，以便实现透明和统一的可追溯性（跟踪和追踪）。例如货物入口区域、装运区域和储存区域。通过使用识别设备（如 RFID 读取器、条码读取器和智能手机）以及通过为其分配的唯一的位置编号，可以获取刀具目前在什么位置或曾经在什么位置等信息。可以基于确定的识别点来定义目标过程。需要注意的是，在许多工位不仅是数据被传输到云（如刀具的 ID、时间和位置 ID），而且通常还需要从云中检索数据。这些方面通过以下讨论来解释，其简要概述了自动化机床设置的扩展流程：

1）所需的刀具必须首先从仓库或存储系统（如刀具柜）中取出。准确的位置（如存储仓）可以从云中查询，这种查询也可以使用智能手机或平板计算机。为了进行跟踪和追踪，该刀具在从存储系统中取出时就已被注销，并且相应地在云中更新其位置（如机床环境）或状态（如在传输中）。

2）为了能够在机床上使用，刀具必须首先被安装在存放架上。在实际安装之后，还必须进行数据技术连接，即特定刀具与存放架之间的关系。一方面这是必要的，以便能够追溯到什么刀具是在什么时候安装到存放架上的；另一方面，这可以明确的分配变化的几何数据，这些数据是由对刀具和存放架的组合测量产生的。

3）一旦刀具安装到机床中，无论是通过换刀系统还是直接安装在机床主轴上，都可以得到实时的和正确的数据。这些数据可以在识别刀具和存放架之后自动转移到机床控制系统中去，利用数据技术匹配通过两个对象引用所需的数据记录。除了数据检索之外，在云中还会更新该刀具的位置和记录，以便在后续评估中也考虑到机床的刀具分配。

4）在机床上安装该刀具时，可以将各种数据传输到云中并对其存储。例如使用时间、加工材料的数据、加工材料的体量（流量计）和可能的故障代码。这不仅为用户企业创建了一个有价值的数据库，而且刀具制造商还可以对加工过程中刀具的适用性进行评估，并进行产品优化。

5）刀具安装在机床后被存储或替换到机床的换刀系统中。还应更新刀具的位置以进行跟踪。在刀具再次存储之前，经常会从中卸下来。此过程步骤也被数字化，在云中进行记录。对采集的数据（如临界运行里程或标准路径数量）进行光学评估或分析，如果表明刀具不再符合进一步加工操作的要求，那么就必须对其进行维修。根据企业的情况，可以在

内部或与外部服务提供商进行，如果是后一种情况，则该刀具需要装运。基于刀具出口处的识别，更新云中该刀具的位置和状态（如不可用）。修复之后，刀具的位置信息应被更新，以确保整个供应链的持续可追溯性。

为了实现目标过程，要采集和提供的数据须记录在数据模型中，并建立相应的数据库。另外，须定义如何对数据库进行访问并创建合适的接口，下文将详细讨论这一点。

2. 跨企业刀具数据交换的系统架构

所提出的云概念的目标是自动的数据采集和数据分配，并根据过程要求柔性地应用。此时，基于云的刀具管理系统的各种功能可以被视为一种服务。其由服务提供商（云平台公司）提供，作为刀具供应链的网络服务。它们提供设计系统架构（见图 2-6-10），

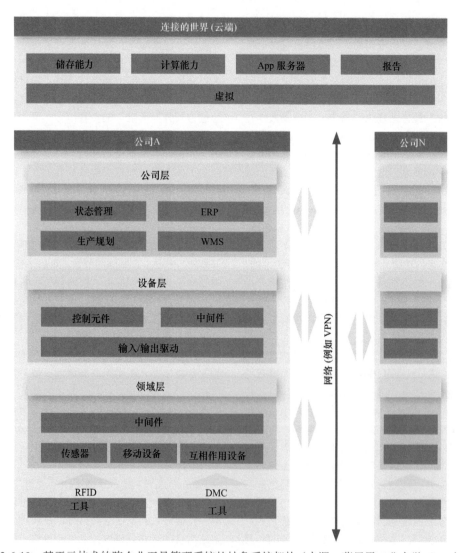

图 2-6-10　基于云技术的跨企业刀具管理系统的抽象系统架构（来源：慕尼黑工业大学 FML 教席）

并据此形成面向服务的架构（SOA）。因此，在现场级别上描述的识别点，识别设备读出在系统元素上编码的识别码。通过一个中间件，这些也可以发生在工厂控制层面的机床控制中。在云级别中进行基于网络的数据交换。或者，也可以直接发生在采集设备（如智能手机）中，但需要有互联网连接。

为了尽可能标准化地进行数据交换，此处回顾一下 6.1.1 节中提出的 EPCIS 概念。为所有流程步骤定义的 EPCIS 事件不仅可以实现数据的连续采集和提供，还能为整个刀具生命周期的评估建立一个广泛的数据基础。此时的一个重要方面是数据访问和数据安全性的明确定义。为此，必须对通信通道进行加密和保护（比如通过 HTTPS 和 VPN）。另一方面，应为供应链合作伙伴定义访问权限，将其记录在案并由登录功能来实现。这样可以保证各个企业不能获得所有供应链合作伙伴的数据，而是只能获取相关的和共享的数据。针对可扩展性，如相互连接的用户企业，有时彼此可能是竞争对手，这是一个关键的方面。但是，数据访问不仅要在跨企业时查看，还必须定义某个企业内部哪些人员可以访问数据。对于某些部门和员工组，可以拒绝其访问，或者设置只读权限或完全访问权限。

上文所提出的系统架构的一个最大优点是在使用不同的终端设备时具有柔性。这样，与云的数据交换不仅可以由计算机进行，也可以通过基于浏览器的工位进行。最后，还有可能通过智能手机访问云平台。由于解决方案依赖于现有的网络连接，在机床级别上并不总是能满足这种要求，所以使用智能手机可以成为实现全自动刀具管理的一个临时解决方案。在智能手机的应用程序中，可以使用设备的不同模块（如 GPS 接收器和摄像头）实现不同的功能。即使在所考虑的概念中，没有从智能手机向机床提供数据传输，如通过蓝牙，使用智能手机仍然可以减少刀具管理中手动和纸质的文档工作，而且能够始终提供实时数据。

最后可以确定，通过云解决方案能够在供应链合作伙伴之间实现密切联网。刀具供应链的例子表明，流程可以由所有参与的合作伙伴共同进行优化。通过自动采集和提供实时数据，可以实现各种新功能。自动识别刀具和显示附件数据提高了过程中的透明度和安全性，因为确保了数据是正确的和实时的。更深入的功能包括直接将数据传输到机床控制中、填补自动化缺口、消除错误源如手动数据传输期间的错误输入。从刀具生命周期的角度来看，评估功能可以提供关于最佳刀具使用以及刀具库存、刀具状态和刀具位置的透明信息的报告。

6.2 数字工具在物流规划中的应用

为了实现物流 4.0 的广泛实施，不仅要建立技术基础，而且还需要为物流 4.0 的应用和系统的规划提供相应的方法和工具。只有这样，才能有效地规划复杂的系统（Kagermann 2013）。在物流领域也需要规划工具，从而实现复杂技术系统的柔性和稳健的规划。除了要实现的物料流之外，还必须处理信息流和能源流以及与其他系统（如制造系统和装配系统）之间的接口。此外，必须详细分析和考虑人在技术系统中的作用。一方面，要规划系统中的员工。因此在规划阶段就必须确保后续人工活动的执行，例如能在分拣系统里占主导，不仅是尽可能高效的，而且是尽可能符合人体工程学的。另一方面，要研究规划人员的任务领域，其活动由创新工具支持。

从根本上说，对物流系统的规划有各种要求，无论该规划是新规划、扩展规划还是过渡规划。在这种情况下，重要的是已经提到的规划对象日益增加的复杂性以及规划范围的扩大。此外，还要求高效地实施规划项目，这不仅是为了提高规划的可靠性，同时也是为了提高规划的速度。这些要求可以通过使用创新的工具和方法来实现，其在整个规划过程中都需要使用。

为了说明如何利用数字工具来支持上述规划阶段，提出了以下两个重要方面，并给出了具体的解决方案。一是利用虚拟现实技术进行分拣系统的规划。这使人能够在系统实施之前尽早参与规划，并测试人与系统组件的交互。另一个方案是提出了数字协同规划的平台，其解决了多家企业参与同一个复杂系统的规划问题。它们需要交换和协调大量数据，在一致性和透明度方面往往存在问题。此外，企业之间有很大的一致性需求，以确保开发的系统组件是兼容的，最终可以组建成一个整体系统。该平台通过允许同步的和跨企业的布局查看和编辑，在协同规划中应对这些挑战。根据所提出的解决方案概念，可以了解数字工具在物流规划中的潜力，并且可以推导出对后续应用的行动需求。

6.2.1 虚拟现实在人工分拣系统规划中的应用

虚拟现实技术（VR）允许人与虚拟世界进行交互或沉浸其中，虚拟世界即在计算机上人工创造的现实图像。在 VR 中，这种浸入虚拟世界中被称为"沉浸"。由于这种独特的沉浸形式必须使用人机界面，使得用户与模拟环境之间产生强烈而逼真的交互（见图 2-6-11）。创建的虚拟世界可以是对现有系统、规划的未来系统模型或纯粹虚构环境的模仿。

一个对现有系统进行模仿的例子是飞行模拟器，其中人能非常逼真地理解控制飞机的任务，同时不用将自己暴露于真实情况的危险中去。就规划的未来系统而言，这种方法可用于评估人与系统之间的交互，以便作为系统设计的决策基础。单独考虑有待开发的系统的现实图像，允许直观地感知相互联系，从而提高评估机会。

图 2-6-11　虚拟现实环境
（来源：慕尼黑工业大学 FML 教席）

加强人与系统之间交互是一种必要的辅助手段，特别是为工业 4.0 规划未来系统时，因为人始终发挥核心作用。分拣是物流中的一个领域，而物流由于不断变化的产品范围和不断扩大的产品频谱已经面临着高的适应要求。"单件批量"的流行语在工业 4.0 中不断出现，不断增长的产品多样性也说明了这一点。在人工分拣系统规划中使用 VR 的另一理由是，在该领域存在着大量可能的设计备选方案。在规划过程中需要完成为人在不同的系统变体中创造最佳工作环境的艰巨任务，在该环境中人可以有效地完成工作。提高人的分拣能力，是人工分拣系统设计的一个主要评价标准。人因工程学方面不容忽视，利用 VR 方法支持规划过程，从而可以更好地考虑这些方面。

在这一点上，问题是如何将 VR 的使用集成到人工分拣系统中去，以便能够有效地使用这一方法。此外，关于在人工分拣中建立虚拟现实仿真需要何种技术手段，仍然没有明确的答案。研究项目 KomPlanVR（Günthner 2012a）考虑了这些问题并对其进行了深入的研究。作为利用实践中所发现的结果和开发方法的起点，将在下文中进行更详细的阐述。在 VR 可用于分拣系统规划之前，须将其他必要的活动以及由此产生的可能方法集成到规划过程中。下面将基于物流规划的经典阶段介绍 VR 的集成（见图 2-6-12）。

在准备工作阶段，即主要是为系统收集相关的系统框架条件和要求的数据，确定系统的后续虚拟图像的考虑范围是很重要的。然后，可以收集可能的 3D 模型数据。如果没有将要进行可视化的系统元素的模型，则须以适合 VR 目的的格式创建它们。在准备工作的最后，粗略规划是最重要和最具创造性的规划步骤。粗略规划可以进一步划分为结构规划和系统规划。在这些阶段中，将创建系统的多个备选解决方案。对于不同的结构，在该步骤中布局被创建为低细节的 VR 模型，可用于视觉检查。3D VR 模型的展示，尤其是对非技术性的参与人员来说，有助于诠释规划的布局，因为在考虑 2D 模型时通常没有这种实践。为了进一步具体化系统规划中的不同方案，对相应的 VR 模型进行改进。在评估这些模型时，VR 的使用范围可以从应用场景到更具体的系统模型的交互式模拟。即使在最基本的 VR 应用形式中，3D 的视觉展示也可以提供更深入的见解，有助于更好地评估解决方案的适用性。真实地映射系统或感知系统，其目的不仅是为了更好地评估可选方案，而且还能够在早期阶段识别错误的规划。类似于细化系统设计的解决方案，在接下来的精细规划步骤中进一步完善 VR 模型。可利用 VR 以及交互式模拟再次评估更复杂解决方案的模型。这种交互式模拟使人把人工分拣系统当作一个工作环境。因此，基于虚拟的发现对系统备选方案进行更深入的评估，而不需要在实现之前建立一个真实的环境。在实现阶段，VR 主要用于员工的培训。根据生成的三维可视化系统，可以清楚地说明工作流程，从而轻松地将其传达给员工。如果可以做到系统的交互式模拟，那么 VR 系统就可以用作熟悉工作流程的培训工具。

VR 方法在分拣系统的技术设计的规划过程中具有很大的作用。原则上，VR 是可以应用于各种类型的分拣系统的规划。仅基于三维图像的视觉检查这一方法，在各种变体的选择方面就发挥了关键作用。在研究中，这些可能性通过两种情况来展示：其一是从模拟中获得评估可能性的巨大潜力；另一个是技术可行性方面具有良好的特性。基于这两种情况之一是规划一个由存储货架组成的传统分拣系统（见图 2-6-13a）。在这里，员工根据各个通道来分拣订单，并将完成的订单退回到一个中心位置。另一个情况是规划一个带垂直拣选器的分拣系统（见图 2-6-13b），其中主要区别在于分拣员的推进运动。

为了构建交互式模拟的 VR 系统，一方面在输入输出设备领域需要特殊的硬件，另一方面必须使用 VR 软件。这不仅生成了虚拟环境，而且与系统的某些交互中生成了相应的输出，从而形成了系统

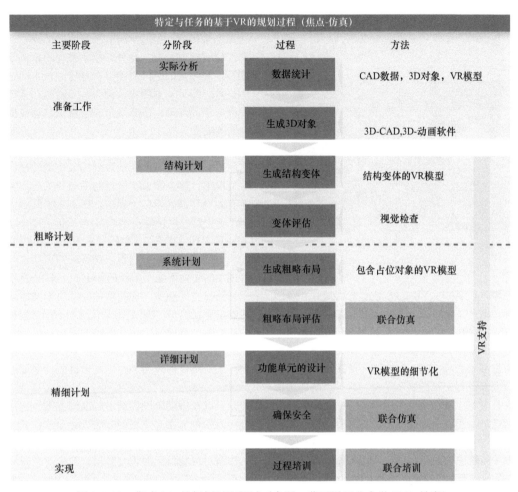

图 2-6-12 集成 VR 的规划过程阐述（来源：慕尼黑工业大学 FML 教席）

图 2-6-13 考虑 VR 支持的手动拣选系统规划的应用场景（Viastore GmbH）

a）传统拣选 b）垂直拣选器拣选

行为。其中一个例子是基于用户视野方向对显示图像进行持续的调整。必须在实时交互式仿真中进行 VR 系统的这些响应输出。在输出设备中，虚拟世界的增强沉浸表示是通过图像的立体投影的深度视觉完成的。已知能实现这些功能的显示设备有基于 VR 的头戴显示器（HMD），Powerwall（电墙）或 CAVE（洞穴自动虚拟环境）。HMD 直接连接到头部，通过单独的显示器提供不同的图像以生产三维图像。这些设备还集成了允许评估头部方向的传感器，以便能够调整 VR 引擎的显示。CAVE 需要一个精心设计的投影空间，其侧面墙通过多个投影仪提供图像，而用户位于虚拟空间的中间。研究项目中使用的方法是 Powerwall（见图 2-6-14）。Powerwall 是一个大屏幕，其中的立体显示是通过背部的两个投影仪产生的。

图 2-6-14　测试人员进行虚拟调试
（来源：慕尼黑工业大学 FML 教席）

在输入设备中，VR 系统中几乎总是有一个跟踪系统。这些系统可以跟踪对象的位置和方向（姿势）。在上面的示例中，这些系统用于确定用户头部的姿势，以便能够调整图像。然而，输入设备领域的主要挑战是为特定的 VR 应用选择甚至开发一个与虚拟世界进行交互的合适系统。这些系统的选择或开发有时是非常昂贵的，所以其应用是根据模拟量身定做的。在人工分拣领域，主要是要求将虚拟分拣系统中前进运动以及抓取运动转移到 VR 系统中。为了系统中的前进运动，建立了行业标准的传送带并且通过现有接口连接到 PC 上。为了实现虚拟的横向步骤，会在传送带上拓展一个侧面安装的踏板，其通过压力传感器检测使用人员的载荷，然后进行运动。传送带的控制是由使用人员所在的位置触发的。如果位于靠近 Powerwall 的区域，则会激活传送带并模拟虚拟环境中的前进。之后的位置检测通过跟踪系统进行，此跟踪系统可以利用特殊的空间跟踪标记和所谓的标记靶，来计算空间内不同物体或部位的位置和方向，应用所谓的数字手套输入抓取操作，这些手套基于不同的功能原理。例如在研究项目的功能模板中使用的手套，通过集成在手套中的光纤来评估手指的弯曲。手指弯得越多，导

体就越不透光。因此手指在手套中的弯曲可以通过透光度来评估。通过对所有手指弯曲的评估，从而允许检测抓取过程。此外，数字手套的位置是由跟踪系统来测量的，以便能够在分拣过程中确定正确的位置。除了基本的输入设备，为表达在分拣过程中最必要的互动，还开发了一个模拟移动数据终端的输入设备。

为了能够进行交互式模拟，另一个挑战是完成空间仿真模型中真实的或规划的系统的转换。在特定情况下，这意味着所规划的手动分拣系统要尽可能有效地转移到虚拟世界中。图 2-6-15 所示为慕尼黑工业大学物料传输技术 FML 教席的实验大厅，左侧是真实环境图片，右侧是 VR 模型。尽可能真实的映射是在虚拟分拣过程中获得的知识能具有高的可用性的先决条件。在研究项目中，采用 3D 动画软件来建立空间模型。这些软件的解决方案能够自由地创建逼真的 3D 对象，从而生成所有能想象得到的构造。为了有效地运用此解决方案，使用了专门开发的用户界面，允许通过对不同变量进行参数化来创建工厂组件的模型。在研究项目的功能模板中已经展示了使用 VR 技术的好处。通过 VR 支持规划过程，可以在初期阶段详细了解规划方案。这样，通过深入的可能性对规划的方法进行评估：一方面可以为规划提供更好的决策基础；另一方面，可以尽早检测出可能出现的规划错误，然后避免高成本的重新规划。借助 VR 将越来越多的人力整合到规划过程中去，可以获得关于员工和分拣系统的相互关系的重要信息。在 VR 输入和输出设备领域以及软件领域，当前和未来的发展都表明，功能模板中所展示的理念在未来的实际应用中可以更好、更容易地实施。

6.2.2　物流系统的协同规划和调试

为了满足物流系统的高重复使用性、适应性和可扩展性的要求，通常是使用分散控制的物流系统。各个系统元素独立并分散地做决策，并以这种方式控制物料流。因此，信息不必与中央控制单元交换，

图 2-6-15　真实环境和虚拟环境的比较（来源：慕尼黑工业大学 FML 教席）

就像分级控制物流系统中的情况一样。相反，在过程层面资源和推广产品之间的数据交换产生了被视为工业 4.0 的重要起点的物联网。由于大量的能够柔性合作的子系统，特别是当必须确保集成功能的和可转换的总系统时，各个组件的规划成本大大增加。对于分散控制的物流系统，需要各种柔性的交互接口。这在一定程度上可以通过使用通用通信模块来实现，这些模块可以处理各种标准化协议。由于该规划未来通常将由多家企业执行，每家企业都规划和实施物料流的部分硬件和软件，因此使用标准组件并不会显著减少协调成本。

针对不同企业在产品开发和实现阶段的合作，协同工程的研究领域有多种有条理和有组织的方法。然而，在实践中，物流系统的协同研发仍然伴随着高昂的通信和协调成本。通信和数据交换（如布局文件、设计图和硬件接口的定义）都是基于电子邮件发送。由于要在不同系统之间进行人工传输数据，彼此不兼容的数据格式使自动化过程复杂化，这不仅会导致自动信息流的中断，而且会导致不透明的过程。在许多情况下，当前的规划状态不是明确了解的，因为有时会在同一时间但不同的地点对不同的版本进行工作。研究项目 KoDeMat 研究了这些优化潜力，并为物流系统的协同和数字的规划过程

开发了一个软件平台（Kipouridis 2013；ten Hompel 2015）。该平台支持规划流程（如对当前布局的编辑）和配置工作（如接口的定义），以及对子系统的测试和整个系统的调试。解决方案的一个基本方面是工作的同步性，即确保每个参与者始终在当前的规划状态下工作。通过用户界面，所有的参与者都可以访问该平台并同时编辑文件。从不同规划阶段的角度来看，协同平台支持前期准备工作如实际状态分析和创建规划环境的数字模型（如建筑物）。在粗略布局规划中，可以协同地创建不同的结构方案，包含各种各样的规划对象的安排（如机器、传送带系统和建筑物对象）。在实现阶段有必要配置通信接口，这可以通过平台并行合作，也允许整个系统的联合虚拟调试。在各个阶段，对于参与者来说，各种各样的任务必须是由平台的相应功能来支持的。为此，协同平台的核心建立在三个模块之上（见图 2-6-16）。接口管理的重点任务是对平台的访问管理和物流系统组件之间的无冲突数据交换。为此，可以进行通信设置，并协同确定通信形式。为达到此目的，可以通过平台的用户界面调用一个功能（实时编辑器），它允许同时编辑一个包含所需通信参数（如命名法、数据类型、子系统 ID）的表格。根据已完成的表格，平台生成相应的通信电报模板。这些最终实现了运

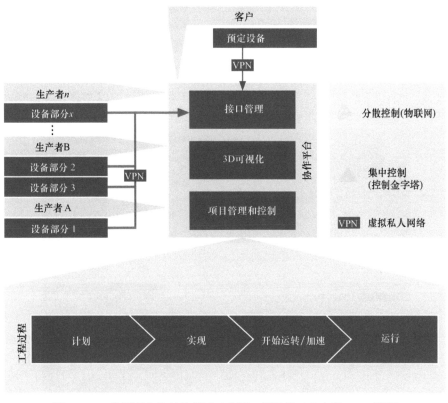

图 2-6-16 协同平台的结构概述（来源：慕尼黑工业大学 FML 教席）

行中的各子系统之间的数据交换。值得注意的是，具有代理架构的分散系统的接口以及具有分层控制架构的中央系统的接口都可以通过平台定义。此外，接口管理支持虚拟测试和调试，它扮演着控制代理的角色，因此是物流系统架构的一部分。其主要任务是协调各系统组件之间的通信，每一个组件有一个代理。在虚拟测试和调试的情况下，可以对各种系统组件之间的交互关系进行研究，在这个过程中还可以考虑未实现的系统组件。为此，将对缺少的设备组件和功能进行模拟，即虚拟仿真。状态数据和控制数据的交换也允许物流系统的过程模拟。

为了进行虚拟调试，协同平台有一个用于 3D 可视化的模块。用户可以通过可视化模块访问各种功能。这样，设备组件的 CAD 模型和布局规划就可以加载到平台中，并支持所有用户同时查看。还可以进行调整，如在平台上同步定位、移动、旋转或删除组件。其他用户当前对组件的编辑或选择操作都会由相应的标记和可视化来显示。为了高效的合作，还提供提示和注释，如高亮或笔记的形式。最后，可以在平台上进行已描述的设备仿真和模拟，也可以由所有用户并行分析。3D 可视化模块还可用于连接其他外围设备，以进一步提高用户对规划的物流系统的可视化访问性。此处的一个例子是使用 VR 眼镜（见图 2-6-17）。除了纯粹的观察，平台还允许 VR 眼镜对可视化系统的操作。此时可以使用 3D 鼠标等设备。

为了能够与同事同时编辑布局，可以将多点触摸屏连接到协同平台（见图 2-6-18）。根据输入板中已知的控制手势，可提供各种功能，如放大和旋转。

此外，用户界面还提供了附加功能，允许通过拖拽等操作来添加元素。除了用于 3D 可视化和接口管理的模块之外，协同平台还为项目管理和项目控制领域的任务提供了另一个模块。在该模块中实施了与会议中参与者通信的功能。除了留下评论之外，还可邀请其他与会者参加。另一个方面涉及不同版本的管理。一是记录会议中变化的参与者（见图 2-6-19）。这意味着，即使在以后也可以恢复和导出各种规划状态，并且任何更改都是透明的。此外，平台还支持对规划对象进行异步处理。这意味着参与者在用户界面中不同时工作，例如更改布局，而是在本地且不同时地来处理文件。这些更改由实施的版本管理收集和排序，使当前所有规划状态对所有参与者来说都是透明的。

协同平台基于一个面向服务的架构，其抽象形式如图 2-6-20 所示，其有三个主要层级。顶层（前端）包括允许用户访问平台的桌面应用程序。其他包括基于浏览器的应用程序以及与智能手机和平板计算机等移动终端设备的连接。所描述的功能如以服务的形式提供给用户，在底层中实现。为此，开发了各种软件组件来进行所描述的模块接口管理、3D 可视化以及项目管理和控制。连接的平台用户之间的数据分布（在此上下文中应称为客户端）安排在后端层进行。这能实现客户之间的数据同步，并允许集成外部系统（如物流系统和数据库系统）。基于分布式集群架构，可以为所有的层级提供实现功能所需的所有数据。为了实现数据的同步和异步处理，该架构包含两个系统内核。在对应于经典服务器的异步系统核心中，数据和版本在每个会议之后

图 2-6-17　虚拟现实眼镜与协同平台的耦合（Kipouridis 2013）

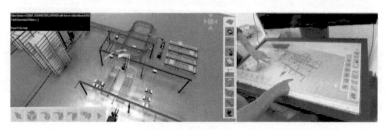

图 2-6-18　将多点触摸屏连接到协同平台（Kipouridis 2013）

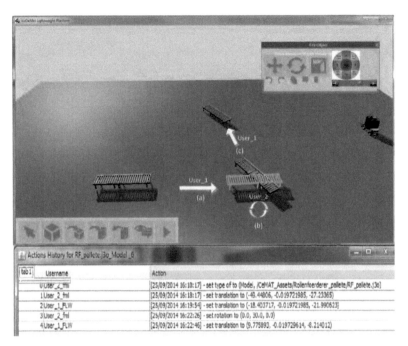

图 2-6-19　记录更改历史记录以便能够恢复任何计划状态（Kipouridis 2013）

保存，并在新会议开始之前进行检索。然而，同步系统核心中的数据只用于较短的时间，即仅在协同会议期间。为了确保快速的过程和短的访问时间，使用内存数据库系统进行访问，其中主要是使用内存。

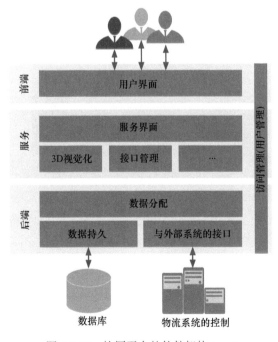

图 2-6-20　协同平台的软件架构（一）
（来源：慕尼黑工业大学 FML 教席）

所提供的软件架构使协同平台更易于集成到现有的 IT 结构中，并能集成其他的功能。因此，平台能够低成本地适应各种涉及跨企业的复杂系统规划和调试的应用。与物流系统分散控制的情况一样，规划过程中的协调和通信花费可以大大减少，各个过程步骤可以变得十分高效和更加透明。此外，所描述的潜力能够通过交互设备的连接来实现，从而进一步实现数字规划。

6.3　数字物流过程中与人连接的接口

在生产和物流领域中提高自动化程度、增加联网和进行计算机辅助优化的方法要求在计算机中的信息以可编译或数字形式出现。这种纯粹的数字信息不能简单地被人获取或生成以提供给电子处理。现在或者将来，人都不会从物流中消失。其原因是，比如人具有杰出的认知能力、柔性以及独特的体能。人工分拣只是人不可或缺的许多活动中的一个例子。要抓取不同形状和不同形状稳定性的不同东西，从这些任务就可以体现出人相比于机器的优势。为了能够在人工过程中应用数字信息处理的优势，一方面是要把这些信息转换成人可以理解的形式，另一方面，要使人工过程中的信息能够被计算机系统记录和处理。准确地说，这些任务是由人机接口执行的，使用它们在不同的感知渠道（如视觉、听觉、触觉）和各种技术（见图 2-6-21）中向人回传信息。反

信息呈现的方式			
数据眼镜	头戴显示器	投影映射	发光投影显示
依赖方向的信息呈现	依赖方向地生成一个虚拟图片	将信息投影至上方	激发使颗粒在膜中发荧光

图 2-6-21　协同平台的软件架构（二）（来源：慕尼黑工业大学 FML 教席）

之，为了将信息从人传输和转换到机器，传感器技术领域存在许多可能性。其范围从简单的按钮到通过加速度和转速传感器来捕捉运动。与数字系统交换信息的最知名和最常用的设备是键盘、计算机鼠标以及屏幕甚至打印机。但是，这些设备只允许在人与机器或计算机之间进行有限的交互。交互主要发生在操作过程中，手需要完成其他任务且眼睛必须瞄准工作环境，以便正确和安全地执行任务。为了能够通过提升工业 4.0 中数字数据处理能力来增强对这些领域的支持，还必须使用新技术。因此，可以高效地实现人与机器之间的数据交换。此处可用的新技术有数据眼镜或平视显示器。

在工作流程中高效地进行信息交换，除了该挑战以外，根据环境提供信息也是至关重要的。因此，只提供或查询各自情况最必要的信息，以便在信息交换中花费最少的时间并使得实际活动在过程链中不会延迟。特别是在物流领域，许多活动的执行主要是基于信息的交换。增强现实（AR）领域中的各种技术在这里提供了特殊的潜力，因为信息可以直接显示在视野中。例如，可以在执行活动期间接收这些信息，而无须去查看或搜索信息。如上所述，为员工提供数据，以及采集或输入数据的合适解决方案，都是至关重要的。下面介绍了这些内容，以及可能使用新接口额外采集数据。在下文中阐述了新的解决方案的例子，可在物流领域中实现人与机器或人与计算系统之间进行直观且与环境相关的信息交换。

6.3.1　针对高效人工分拣的信息交换的新形式

分拣是基于分拣任务从总数量中排列整理出部分数量的过程。分拣任务包含有关要放在一起的物料品的标签、数量和位置的信息。分拣员执行分拣和配送（VDI 3590，第 1 页）。特别是在人工分拣时，员工与管理软件系统、仓库管理系统（WMS）之间存在持续的信息交换。仔细研究分拣过程之后，信息交换变得特别清楚。在分拣员完成准备工作之后，可以开始使用收集器进行分拣。为此，分拣员的任务就是必须在第一个位置上接收系统提供的信息。

在位置上记录着在哪个地方哪些数量的哪些物品会被收取的信息。根据此信息，分拣员进入收取位置并收取所给定的数量的所需物品。员工在相应的工位中确认此过程。然后将信息传送到下一个位置并进行记录。在下一个分拣位置，之前所描述的活动将被再次执行。这样，所有位置的分拣任务都被处理。然后在交货点为后续的过程（如包装）提供完整订单，并确认完成。简单快速的信息接收以及并行的信息接收和订单执行，有助于提高整个分拣过程的效率。为此，慕尼黑工业大学的物料传输技术教席（Lehrstuhl für Fördertechnik Materialflüss Logistik）进行了两个研究项目（Günthner 2009；Günthner 2012b）。鉴于人的感知主要是以视觉接收信息为特征的，因此制定了信息提供准则并适用于分拣系统，即通过数据眼镜来提供信息（见图 2-6-22）。研究工作中开发的此原则现在被命名为 Pick-by-Vision®（视觉拾取）。

图 2-6-22　使用数据眼镜在拣货过程中显示信息
（来源：慕尼黑工业大学 FML 教席）

一般而言，分拣中的信息提供方式有许多可能性。提供必要数据的最普遍的手段是记录在纸张上的分拣清单或任务清单。分拣清单的缺点是其操作过程中有时需要费劲地搜索正确的数据或描述当前订单的那几行字。这伴随着错误的风险（如跳过字行）和查找当前相关数据所需的时间增加。基于纸质的信息提供方式的另一个风险发生在与软件系统交换数据时。因此，在使用纸质列表进行分拣时，WMS 中的数据只有在订单完成后更新。无纸化信息传递方式意味着与 WMS 的持续连接（在线），从而实现数据的高实时性。例如，移动数据终端，主要是条码扫描仪，可以用来确认 WMS 中的单个取出或存放操作。但是实际的分拣任务必须由相应的终端进行处理。此终端也必须用于读取下一个位置，并对视野进行明确的关注。虽然这些额外工作通常可以快速执行，但仍有可能通过并行操作对其实现改进。

并行的信息接收和活动执行，如物品的取出和存放，要求分拣员的双手保持自由。此时，根据语音拾取（Pick-by-Voice）的原则提供信息。数据交换在这里以自然语言进行。员工佩戴头戴式耳机，通过该设备连续地告知其每个订单数据。由分拣员语音传达对单个抓取的物品及其仓库位置的输入，并由语音识别模块进行翻译。尽管语音识别领域的发展水平很高，但还是经常存在强背景噪声的问题，需要语音重复传达数据。此外，员工单调的语音陈述和听觉的隔离通常是导致动力下降和潜在危险的原因。

Pick-by-Vision® 考虑了 Pick-by-Voice（语音拾取）的方法，通过该方法许多工作步骤可以并行进行。从名字中可以看出，这个系统不是使用听觉而是视觉感知。在这里，两只手在分拣时仍然是自由的，并且员工能够随时接收视野中显示的信息，而不必移动目光。因此，这种解决方案的效率在于最大限度地减少信息接收对实际分拣的干扰。这种系统的最基本结构包括数据眼镜、计算单元、无线基础设施和信息输入的交互组件。根据物品识别的不同技术，需要完成不同的必要基础结构，例如使用条码进行标记，并且在系统中提供适当的读取设备。Pick-by-Vision® 的设计可考虑员工在分拣系统中的本地化。为此，可以使用跟踪系统来捕获分拣员视野中的位置和方向（姿势）。利用这些信息，可通过数据眼镜进行动态的自定义显示，例如在哪个方向或哪个地方找到下一个位置。据此可以实现员工对存放位置的定位，显示正确的存放间隔和视野中的

存放位置，例如通过相关区域的一个动态包围。因此，信息是与环境相关的，并且显示在正确的位置和正确的角度。图 2-6-23a 所示为带有跟踪系统的 Pick-by-Vision® 的显示。另外，在 Pick-by-Vision® 的基本变体中放弃了跟踪系统，可以进行环境相关的信息显示。这些显示根据当前的分拣工作步骤进行调整，例如从仓库中取出物品。图 2-6-23b 所示为通过数据眼镜显示的例子。

根据所使用的硬件，系统的特性迥异。在较老的系统中，还需要数据眼镜来与移动计算机和输入设备连接，而新版本将使用嵌入式系统。这些使整个系统更精细、更舒适，从而在实际使用方面提高了性能。在这种情况下，嵌入意味着计算系统和输入选项的控制或数据输入已经集成到数据眼镜中。利用光学传感器，即集成相机，可以实现光学标记的获取，例如存储仓库或产品可以清楚地被识别。集成的传声器或触摸板也可作为输入设备。由于计算单元集成到了眼镜中，并通过 WLAN 实现了数据交换，因此硬件和所有基本组件都集成到了 Pick-by-Vision® 中。

除了数据眼镜外，可穿戴技术领域的其他发展也可以用于物流 4.0 的信息交换。Workaround 公司的 ProGlove 就是一个例子（见图 2-6-24），它可以用来扩展 Pick-by-Vision® 系统。通过将自动识别功能集成到手套中并与显示器结合使用，使之成为货物识别时的一种更高效的工作方式。该手套能够实现有针对性的且快速的条码扫描，而不像传统扫描仪那样需要一些额外的手动处理。最后，可以说通过 Pick-by-Vision® 提高了分拣能力，减少了分拣员失误，这已经在不同的研究中被证明了（Iben 2009；Rammelmeier 2012）。物流企业实施研究项目中开发的准则，是该方法带来的好处和收获的另一标志。这些系统可以在上述硬件领域发展的基础上进一步发展和改进。

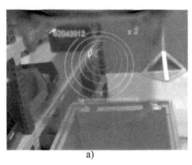
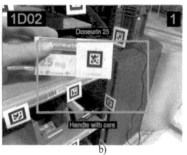

a)　　　　　　　　　b)

图 2-6-23　导航调试过程中信息依赖于上下文的显示和对工作步骤的支持
（来源：慕尼黑工业大学 FML 教席）

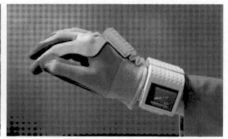

图 2-6-24　可穿戴计算的当前示例：GoogleGlass 和 ProGlove 的数据手套
（Google Inc，Work around GmbH 2016）

6.3.2　工艺数据表达和收集的叉车驾驶员辅助系统

工业叉车（FFZ）及其操作员也可以从物流 4.0 中日益增加的联网中获益。对工业叉车来说，一方面提供了更多的可用信息，另一方面可以采集和使用更多的信息。因此，本节的重点是对工业叉车的操作员提供高效的信息表达以及信息采集，如在大厅里工业叉车的实时定位。基于实时定位，可以在环境中提供诸如货运架内容之类的信息。工业叉车内的辅助系统提供信息，因此帮助驾驶员采集更多的相关信息。为此，该辅助系统可以确定哪些信息在当前情况下是相关的，并且只提供给驾驶员这些信息。另外，该辅助系统可以优化信息的表述，从而减少驾驶员采集信息的时间。

1. 增强现实技术在工业叉车中的应用与评价

借助 AR 技术，所述应用案例中（Günthner 2015a）信息直接在叉车驾驶员的视野中显示。这消除了环境和显示终端之间耗时的视野转换。由于 AR 技术把真实环境与所显示的信息叠加在一起，所以没有视野的持续约束。为在工业叉车中实现 AR，可以考虑各种技术，如平视显示器、数据眼镜、投影映射仪（Project Mapping）或发射投影显示器。但是，由于风窗玻璃几乎是垂直安装的，因此无法在工业叉车中使用平视显示器。平视显示器的图像源位于挡风玻璃的正下方。由于反射角，虚拟图像出现在驾驶员的视野下方即在地面上，而不是在他前面（见图 2-6-25 左下方）。或者，图像源可以安装在驾驶员的头部上方，其反过来会限制周围环境的视野（见图 2-6-25 右下方）。数据眼镜很容易会导致巨大的分心可能性，因为使用人员会集中关注虚拟信息。仅在一只眼睛中显示信息（Weisweiler 2006；Günthner 2009），可降低这种分心的可能性。或者也可以使用两只眼睛中都显示信息的数据眼镜。在安全关键任务如驾驶工业叉车时，数据眼镜隐藏了太多分心和遮蔽的风险。然而，投影映射仪可以将信息直接投射到实际

环境中。安装在工业叉车上的投影仪可以执行此任务。但是，并不能确保工业叉车的视野在环境中总是开阔的，因为提升架或负载可能挡在路前面。

图 2-6-25　FFZ 驱动器对具有不同倾斜窗口的平视显示器的虚拟图像的感知
（来源：慕尼黑工业大学 FML 教席）

发射投影显示器（EPD）使用透明的荧光胶片，它粘在工业叉车的风窗玻璃上。通过激光或紫外光源，胶片中荧光粒子被激发至发亮，从而产生从四面八方可见的图像。使用 EPD 技术的好处是，驾驶员可以从各个角度并且可以在整面风窗玻璃上获取信息。此外，图像源可以安装在工业叉车上的任何位置，因为不必固定投影角度或距离（见图 2-6-26）。因此，EPD 技术最适合在工业叉车上使用。

图 2-6-26　将激光投影仪安装到叉车上以使用发射型投影显示器（来源：慕尼黑工业大学 FML 教席）

在开始时，当前工作步骤和起始位置的标识将显示在工作进程的相关信息的前面部分。关于起始位置的信息包括，如工业叉车的当前状态，如支柱倾角或提升高度。这些信息已经可以从现代叉车上的CAN 总线信号中获得。一个任务通常被分配为一个工作步骤。因此，更高层次的控制系统可以提供有关任务的详细信息，例如存储柜的准确位置和高度。通过实时定位，可确定当前的工作步骤。如果叉车站在架子前面，该架子上有要拾起的货物箱，则下一步是拾起货物箱。例如，若要支持该工作步骤，则必须告知叉尖齿是否需要定位得更高或更深。信息显示尽可能适合真实环境。如果叉车启动推力杆，驾驶员的目光将跟随叉尖齿向上。因此信息显示也必须在前风窗玻璃上向上移动，这样驾驶员的视野中才能同时具有信息和相关的环境。驾驶员可以移动头部位置来适应信息显示的位置。3D 相机可利用深度传感器和适当的计算软件在空间里找到人的头部。专门为工业叉车开发的中间件可以根据工业叉车的状态信息和详细的订单资料，为驾驶员在风窗玻璃上提供环境相关的并与周围环境叠加的信息（见图 2-6-27）。

2. 通过功能集成采集数据

除了通过在工业叉车中的准备和表达来使用信息之外，物流 4.0 还采集重要信息，将信息实时提供给网络物流系统中的其他系统和组件。人工输入既不是实时的，也不能高效执行而且容易出错。因此，需要使用传感器来自动采集信息，并将数据提供给物流中的所有参与者，如控制系统。对自动采集信息的需求增加，导致使用越来越多的传感器。为了减少传感器的数量和种类，要使用功能集成。这样通过一个传感器能实现多个功能。此方法的一个例

图 2-6-27　工业叉车中与上下文相关的信息的呈现（Günthner 2015a）

子是使用图像处理技术来提取照相机接收的各种信息。例如，在工业叉车中，光学检测标记可以以某种方式附加到叉齿托架、提升架和天花板上，这样就可以用一台照相机（见图 2-6-28）捕捉到所有的图像。因此，如研究项目" Staplerauge "所展示的（Hohenstein 2014），单个传感器可以确定提升架倾角、叉齿高度和工业叉车在车间中的位置。

下文将根据位置采集的例子阐述额外获取信息以及在人工活动中的潜力。位置数据的自动采集旨在减轻叉车驾驶员的负担、提高效率和过程质量。如果有最新的位置数据，可以减少搜索、错误装载、分流操作或碰撞。同时，这些数据还能对物流和导航进行评估和优化。此外，还可以对工业叉车进行持续的订单监控。由于缺乏实时功能并且需要额外工作，叉车驾驶员手动输入当前位置具有很大的局限。因此，位置数据采集越连续，可以实现越多越高效的应用。因此，追求自动和实时信息采集，来实现网络物流中能够直接对事件做出反应并提高效率的新应用。

图 2-6-28　使用单个摄像头利用标记捕获工业叉车中的多条信息（Hohenstein 2014）

3. 通过基于相机的工业叉车定位系统确定位置数据

为了确定位置数据，工业叉车需要满足以下要求：叉车及其定位必须能够在一个平面上连续定位。为了清楚地识别托盘位置，400mm 的精度就足够了。这相当于欧式托盘短边长度的一半。对准精度为 45°，以便识别存放或装载（朝向存储仓的方向）。为了控制正确的存储柜，在实时方面，最大延迟 0.5s 足够了。这段时间是要进行工作流程分析，并且基于以下假设：驾驶员在对齐 FFZ 时仍然能够检测到错误的货架。满足上述要求的一个系统是使用安装在叉车上的相机定位并测量应用领域中的参考点。2D 相机用作定位传感器。它具有优于 3D 相机的优点，即它便宜得多，对照明条件的恒定性的要求较低并且对叉车的运动干扰较小。由于红外线和太阳光的多次反射，使用 3D 相机会发生干扰。

直接由叉车进行数据处理而获悉自己的位置，确保了可靠性和经济的实现，因为用于确定位置的大量原始数据不需要通过无线传输。为了获得叉齿托架的位置，将标记安装在天花板上，这样只需要使用一个相机。使用的标记是低分辨率的 2D 结构，从而鲁棒地确定信息内容和方向。在未来，自然特征也可以被使用，比如支柱、桥墩和门，其通过醒目的颜色过渡来区分，并且通过这种过渡可以清楚地识别。相机使用中等广角镜头，开口角度为 60°。这种镜头对图像边缘上的图像失真和覆盖视场尺寸的必要后续校正进行折表处理。另外为了在叉车的 15km/h 最高速度内达到所需的精度，无限焦距范围的高景深、良好光强度的最小光圈值、帧频大于每秒 15 帧都是必要的。通过使用动态阈值结合邻域分析来找到图像中矩形框架标记。可以通过使用动态的、适应当前照明条件的阈值来检测白色和黑色像素之间的边界。邻域分析可用于确定边界是否连续并产生需要的矩形。识别标记后，可以通过标记中编码的信息进行识别。对于上述功能，可以在软件库中使用，例如 Open Source-Entwicklung Aruco（开源开发 Aruco）。在姿势估计的范围内确定物料运输车的相对位置，即定位和定向的检测标记。从正交和迭代缩放扩展姿势（ePOSIT）和平面平行目标位姿（PPP）的方法已经证明其价值。通过使用标记，系统总体上集成费用较低。即使对于应用领域和参与者的后续调整，也可以始终保证方便的改装、布局柔性和可扩展性。

随着物流网络化程度的提高，工业叉车及其运营商成为数字化的焦点，相关信息是通过采集或查阅资料得到的。叉车中的 AR 技术可以为驾驶员提供基于环境的信息，从而使人的信息接收记录过程更加高效和安全。为了有效地生成附加信息，例如叉车的状况或其位置，可以使用基于相机的传感器，其通过单个传感器检测多个信息。附加信息既可用于过程优化和过程支持，也可用于提高工业叉车的安全性。

6.4　工业 4.0 生产和配送中自动柔性物料流的控制理念

自动物流系统通过输送系统进行货物运输，无需人工辅助。自动物流系统的典型应用场景是配送中心和生产。在内部物流中，自动物流系统主要用于存储和运输普通货物，如集装箱或托盘。市场提供各种不同的技术系统版本，每个版本都针对特定应用领域进行了优化。由于应用领域不同，因此用户与用户之间的要求存在很大差异。所以每个物流系统都是独一无二的，没有标准解决方案，必须为每个用户单独规划建设自动物流系统。除此之外，考虑到在控制中必须考虑工厂特定布局和控制中使用的输送媒介，用于自动物流系统的控制软件目前的特点是手动工作量大。

因此，通过提高控制系统开发过程中工作步骤的自动化，可以更方便、更快地调试新系统和更改现有系统。下文将特别关注对控制系统的后续更改，因为这些为自动物流系统的用户提供了能够柔性地响应不断变化的客户要求的功能。在配送中心，产品范围、订单数量或批量大小可在物流系统的生命周期内多次改变，对技术和控制提出了新的要求。由于客户要求在变化，物流系统的物理变化是必要的，其又导致控制系统的变化。但是，自动物流系统的使用之间的变化范围和时间范围不同。因此，在下文中，应用区域生产和配送中心被单独考虑，并且为此设置了特征要求。

生产中引入工业 4.0 需要对自动物流系统提出了很高的适应需求。工业 4.0 致力于更柔性的生产，其中包括满足个性化客户需求并实现最佳附加值（Dorst 2015）。因此，在工业 4.0 的生产中，可以预期频繁变化的动态物流关系。物流关系由起点和目的地组成，并具有平均运输量。柔性的物流系统可以在预定的框架内响应不断变化的需求，但在发生预期之外的变更时会达到极限。预期之外的更改包括工厂的扩张、引入新的输送设备或对输送设备更高的吞吐量要求。为了使物料系统能够有效地响应预期之外的变化，必须以可变的方式进行设计，且具有输送柔性、布局柔性和吞吐量柔性（Handrich

2001；Günthner 2008）。另一方面，配送中心的特征是相对恒定的物流关系和预定义的运输单元。其他任务（如分配或测试）也需要更多可变的物流关系，并且必须满足新的要求，如调整数量变化。因此，配送中心的重点是吞吐量。与生产相比，配送中心中的自动物流系统的可变性不是核心要求。

物流系统可转换的要求涉及输送技术和控制器。一个工厂将通过不同的输送设备来连接（见图 2-6-29）。为具有手动特征的开发过程中使用的工厂组件创建相关的控制软件造成了高成本。因此，下文讨论两个概念，其允许简化和缩短开发过程。第一个概念是作为研究项目 aComA（Spindler 2016）的一部分而开发的，旨在自动创建控制软件。第二个概念是基于内部物流中的物联网（Günthner 2010）并着重于硬件和软件的模块化，其中输送设备在这里被设计为自控的独立模块。

6.4.1　通过自动软件生成来有效地创建物流系统的控制系统

自动软件生成可以更有效、更快速地执行工厂专属的中央控制系统的创建。用于自动生成控制程序的应用领域是配送中心。在这里，恒定的物流关系占主导，其重点是物流系统的性能，而不是可变

性。可以针对性能和稳健性要求优化设计工厂专属的控制系统。控制器是专门为系统开发的，因此可以绘制特定设备的紧急策略。此外，可以在模拟和实施之后对控制进行实际测试。关键的特定设备的控制目前使用的是工业中的标准，因此确保了用户能更容易接受。简化创建过程会使基本控制原则到位。因此，通过更容易的定制可以实现增加的多功能性的好处，同时保持高接受度。

自动创建控制器的难点在于必须生成特定设备的控制器，即必须在自动生成过程中考虑到各个方面的个性化需求。此外，应掌握自动创建模型中各制造商的输送设备。尽管输送设备通常用来实现标准化的物流功能（如输送、分支或合并），但是输送设备的特性根据制造商和项目而变化，因此内置在输送设备中的执行器和传感器的类型和数量以及工作步骤各不同。例如，转盘和链轮都有直角转换过程，但是它们具有不同的步骤，因此对执行器的控制也不同。在研究项目 aComA 中，为模型驱动的软件生成开发了一个双层架构（见图 2-6-30），利用该架构可以为不同类型的传送带自动生成控制软件。这导致了标准化物流功能和单独设计的输送设备之间的区别。例如转运单元应该采取的物流决策在上层进行，在该层使用物流模块。现场级别的输送设

图 2-6-29　物流系统和传送种类的不同实施变体（来源：TGW 物流集团有限公司）

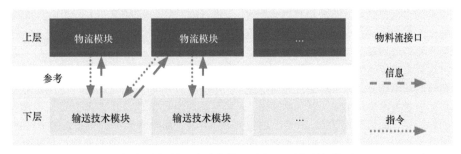

图 2-6-30　用于物料流控制的自动软件生成的双层控制架构（Spindler 2016）

备的控制发生在下层，在该层输送设备模块用作软件模块。这里的输送技术模块不是指定物理系统组件，而是指定用于控制输送设备的执行器和传感器的软件模块。在整个层次中，物流和输送技术模块之间的通信通过统一的物料流界面进行。

1. 通过输送技术模块提供统一的接口

输送技术模块是在计算机的设备驱动程序之后建模的，并允许通过统一的接口访问各个传感器和执行器。输送设备的每个设计都以各自的输送技术模块作为软件供应商。如果改变驱动类型，则必须相应地调整输送技术模块。在现有物料流系统或整个输送技术模块中更换不同的电动机类型时，只能更换相关的输送技术模块。物流模块和其他所有输送技术模块不受此过程的影响，从而可以在控制器中进行最小干预的情况下进行更改。因此，输送技术模块的核心任务是为物流模块提供统一的接口。有多种方法可以检测运输单元，例如光栅传感器或电感传感器，它们会产生不同的输入信号。对于更高级别的系统，只有在有无检测到运输单元时才有意义。这时输送技术模块诠释输入信号，并通过物料流接口提供是否检测到某物体的标准化信息。反之应该开始输送过程。输送技术模块诠释此命令并为安装在输送设备中的电动机生成所需的执行器信号。应该注意的是，几个物流模块也可以同时向输送技术模块发送命令。这种冲突的解决方案是直接在输送技术模块中进行的。因此，输送技术模块不能与其他输送技术模块交换信息，而是完全纵向地与物流模块通信。

2. 通过物流模块控制物料流

物流模块决定物料流，例如超出输送设备限制。它们协调多个输送设备，如在输送设备之间的交叉或转移。每个输送技术模块被分配给至少一个实现更高级系统协调的物流模块。在物流模块做出物料流决策之后，进行要执行的子步骤的计划。为此，在物流模块中实施过程逻辑，该过程逻辑确定运输单元的执行步骤的顺序并检查必要的条件。比如为了驱动通过由多个输送设备组装的交叉点，必须以固定顺序连续询问多个传感器并驱动执行器。物流模块没有任何已定义的输送技术模块。相反，物流模块具有放置在物料流界面上的要求。这些要求又分为必要和可选要求。可用的传感器数值越多，物流模块可以执行的功能越复杂。物料流界面由已分配给物流模块的输送技术模块组成，相关的输送技术模块提供物料流接口的信息和可执行命令，物流模块也可以手动参数化。因此，可以通过参数化为交叉点分配特定的通行权，也可以实施特定于工厂

的优化措施。如产生下一个运输订单的概率最高时，入口处横向移动小车的等待位置。除物料流接口外，物流模块还可通过附加接口与外部系统进行通信，例如物料流计算器或工厂可视化。

3. 通过模型驱动的软件生成创建物料流控制

通过自动软件生成来创建控制软件，其基于模型驱动的软件生成原理。所有输送设备的输送技术模块都存储在一个库中，并以抽象形式分块描述。该模型根据输送技术模块的抽象模型的布局组成（见图 2-6-31）。为了将输送设备或输送技术模块逻辑地建立连接，将做好的物流模块从库中通过"拖放"放置在接口上。在该步骤中，开发者仅需要决定是否应该使用例如两个 T 形交叉接头或一个 H 形交叉接头，因此其顺序几乎总是明确的。

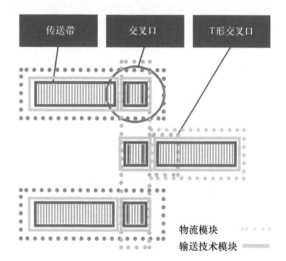

图 2-6-31 在抽象模型中创建带有驱动程序和物流模块的物料流控制（Spindler 2016）

在开发人员将驱动程序和物流模块组装成一个模型后，就会进行自动软件生成，而无需进行任何编程工作。在软件模块中，每个控制软件存储变量，为这些变量生成控制特定值。例如，通过链接的输送技术模块在 T 形交叉接头的入口前面的箱子等待区域与输送技术模块的相关传感器连接，现实中相关传感器就放置在输送设备上。自动生成的控制软件最终可以在可编程控制器（SPS）设备上运行并投入使用。

由于模型驱动的软件生成，控制器无需任何编程工作即可在短时间内通过预定义和可重复使用的软件组件实现。此外，标准化软件模块允许熟悉建模的其他设备开发人员快速浏览模型并进行更改。如果将来对物料流系统进行更改或扩展，则只需在构建模型中替换相应的驱动程序和物流模块。然后自动生成软件并上传到可编程控制器

（SPS）设备。这些过程可有效地用于创建和更改物料流系统的控制。

6.4.2 使用分布式物料流控制来实现可转换物料流系统

在前文中讨论了一种特定于工厂的控制方法，其特点是中央控制机构，本节涉及分布式控制。分布式控制旨在实现可变物料流控制，可以随时轻松地扩展或更改。这里的目标也是减少项目特定的手动开发和实施工作。

为此，中央控制任务被分解为若干子任务，并且创建各个任务之间的统一接口。子任务应该能够在它们各自的硬件（模块）上独立执行，并通过与其他模块定义的接口交换信息以进行跨模块协调。对于内部物流，这意味着将物料流的任务分解为加工、装配、测试、控制、运输、仓储（存储、缓冲）、收集、分配、分类和包装等一般任务（Arnold 1995）。每个模块（如输送设备）都有能够执行这些任务中的一个或多个的能力，并具有适当的控制逻辑。如果添加或更改了模块，它将使用相关控制逻辑将其可执行任务带入系统。因此，工厂特定的物料流控制源于输送技术模块各自能力的不同组合。因此，省去了用于创建物料流控制的很大一部分项目特定开发成本和实施成本。

图 2-6-32 所示为可以随时在系统中添加或删除不同输送设备的设想。通过为模块配备自主控制程序（控制代理），它们具有独立的控制器，可以通过标准接口与其他模块控制或更高级别的机制进行通信。创建或更改系统不再需要广泛的编程知识，尤其是在 PLC 编程中。由于各个模块已经带有其控制软件并且具有统一的接口，因此只需手动参数化，例如需要策略或者布局策略。这可由另外的软件工具来完成，它只需很少或无需编程工作。

内部物流中的物联网构成了分布式和分散式物料流控制研究的基础（Günthner 2010）。物料流系统建立在互联网模型上，其中输送设备和运输单元相连接并提供控制逻辑。输送设备能够相互交流，并通过自身智能做出决策。该配置通过现成的软件组件来完成，物料流控制由该软件组件组成。下面将在此基础上描述一个概念，即在没有配置的情况下进行管理。目的是开发符合即插即用的输送设备，它们能够自主感知其环境，从中推导出它们的配置并自动执行。

6.4.2.1 内部物流物联网的分布式物料流控制

如果将互联网的结构与自动化物流系统进行比较，则会出现不同的相似之处。因特网是一种网络，

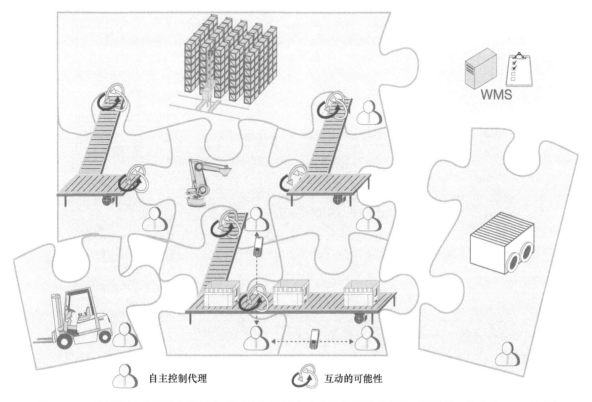

图 2-6-32　通过模块化硬件和软件实现可转换材料流动系统的愿景（来源：慕尼黑工业大学 FML 教席）

其中数据分组通过节点传输到目的地。这里的输送设备对应于运输单元作为数据包传输的线路，并且决策被分散到节点，例如在分支机构。因特网具有可扩展性和稳健性。网络可以随时被更改，例如，通过扩展或组件的故障，无需为此目的手动调整逻辑。控制是分散的，没有层次结构。为此，所有参与者都有自己的智能，并能够控制自己。如果将互联网概念转移到物流，则首先必须创建适当的控制基础架构。为了使输送设备或运输单元等事物（行动者）做出自主决策，它们需要自己控制。控制硬件可以由每个参与者的嵌入式 PC 提供。通过通信接口，嵌入式 PC 以及参与者能够彼此通信。参与者的控制器负责 PLC 和物料流计算机的任务，并在没有更高级别机制的情况下分散执行（见图 2-6-33）。

1. 物联网中的参与者控制

物联网的内部物流网络由参与者的运输单元、模块和软件服务组成，可以通过接口相互通信。运输单元和模块都作为实体由软件代理控制。代理可以在嵌入式 PC 上运行，嵌入式 PC 直接分配给模块，也可以在中央计算机上运行。为了确定应该执行什么任务，它们可以与其他代理进行通信。基于代理的控制的优点在于，可以将一个复杂的中央控制划分成多个更简单的控制任务，每个控制任务由代理自主执行。代理级通信接口允许容易地扩展或更改基于代理的控件。新代理在部署后立即与现有代理通信从而接管任务。可以随时交换现有的代理逻辑，而无需更改其他代理。相反，软件服务与特定组件无关，但可供任何人使用，并且纯粹是虚拟的。因此，它们提供了跨系统功能，例如工厂可视化。运输单元具有工作流程，

该工作流程由工厂逐步处理，例如运输到仓库并随后存储。为此，模块具有可由运输单元使用的功能。代理能够基于各种策略来选择模块，其能够执行所需工作流程。可以基于竞拍来进行选择，例如在模块中其服务可提供基于装载的虚拟价格。运输单元可以在此基础上选择以最低价格执行工作流程的模块。除了模块的选择之外，还可以改变工作步骤的顺序，例如取决于当前模块占用价格的变化，如果这是可行的，则不需要另一步骤。

2. 物联网中的通信

代理之间的通信有各种可能性。最简单的是一个代理直接调用另一个代理并随后传输适当的参数。但是，为此必须事先知道系统中哪些代理可用并且可以调用。使用黑板进行通信需遵循不同的策略。为此目的，可以使用公共中央平台，例如由数据库实现，并且所有代理都可以访问该中央平台。代理可以读取和写入信息。读取代理必须决定可用信息是否相关。然后，只有相关信息（如代理能够自己提供任务的请求）才由代理处理。相反，代理可以将可能与其他代理相关的信息写在黑板上，例如寻找可以称量运输单元的另一个代理。为使所有代理能够处理信息，描述必须被标准化。黑板的一个主要优点是可以随时添加或删除代理，而无需通知其他代理或系统。使用黑板可以提高数据一致性，因为与多个代理相关的数据可以在某个地方存储和检索。此外，黑板可以降低通信成本和通信复杂性，因为不必将有效的信息向每个代理单独发送（见图 2-6-34）。因此，黑板是物联网中最受欢迎的通信解决方案之一。

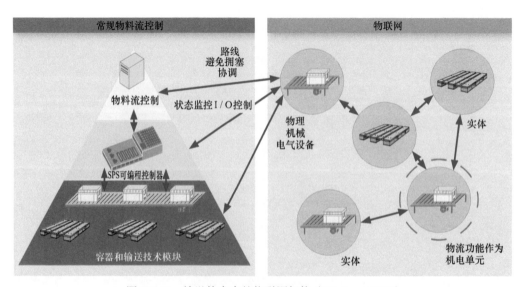

图 2-6-33   输送技术中的物联网架构（Günthner 2010）

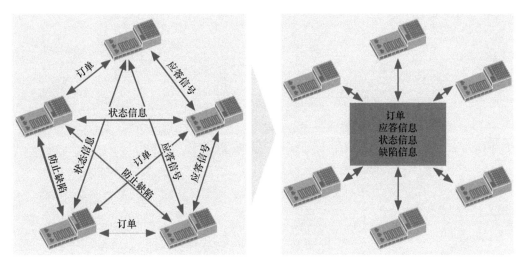

图 2-6-34　使用黑板系统降低通信复杂性（Günthner 2010）

6.4.2.2　用于物料流控制自配置的自主输送技术模块

以物联网为例，要为物料流系统创建控制软件，需要特定于系统的开发工作为预期的物料流系统配置模块。在进一步的开发中，模块具有自我配置的能力，因此能够在没有特定于系统的开发工作的情况下进行完全管理。以 CPS 为例，物流 4.0 的自控和自配置模块正在作为自动化物料流系统的 iSiKon（LieberothLeden 2016）研究项目的一部分进行研究，该系统在下文称为 CP 物料流模块。与物联网类似，单个输送设备被视为单独的模块。模块的系统限制可以自由释放。例如，单个辊式输送设备或整个分拣设备可以定义为单独的模块。每个模块都有自己的硬件，如设备技术、执行器、传感器和控制硬件。除了自己的硬件外，这些模块还有自己的软件。如果软件足够强大，则可以由自己的控制器执行。否则，在连接到现有系统之后，可以将控制器转移到中央服务器，随后在中央服务器上执行。模块本身仅需要低功率控制硬件，将控制器放置在系统中并将其发送到执行服务器。通过独立的硬件和软件，模块能够独立执行内部物料流任务。为了与其他模块一起形成一个系统，模块之间可以相互通信，甚至能够执行复杂的物料流任务，例如排序。

1. 信息物理物料流模块的控制和系统边界

如上所述，模块的横向系统边界可以自由地拉动，例如大小或功能范围。合适的限制可以通过输送设备的模块化来确定，即设备技术接口或内部要实现的功能。对于纵向系统边界的定义，图 2-6-35 所示为企业的自动化金字塔典型结构，它有一个自动物料流系统。系统边界向下延伸到现场层，以便能够物理地执行功能。在顶层，系统边界包含物料

流计算机。如此形成了简洁而清晰的界面。较高级别的系统生成了运输任务，其由物料流模块执行。跨部门优化和管理不包括在内，例如预订流程。优化和管理需要一个全面的数据库，该数据库应该是集中的，而不是分布在多个自主模块上。因此，模块结合了控制层和物料流计算机、PLC 和现场层的过程。目前，CP 物料流模块在其传感器和执行器的帮助下，仅接管物理的物料流的控制。WMS 过程层的各个任务的扩展，例如作为仓库管理，可以在以后补充。或者在将来，此类服务也可以由云提供，该云使用广泛且集中可用的数据做出战略决策，然后由 CP 物料流模块执行。

多代理系统是生产中控制 CPS 的理想系统（Vogel-Heuser 2015）。代理商知道自己的属性和能力，因此能够柔性地适应环境的变化，因为他们可以自主适应。在生产过程中，由于 CP 物料流模块是按照 CPS 模型设计的，因此这里也使用多代理系统。图 2-6-36 所示为用于控制和执行操作的代理控制的 CP 物料流模块的可能结构。在下文中，将更详细地介绍代理的任务，即跨系统物料流控制、跨模块功能控制和模块内部现场控制。

物料流系统的主要目标是执行运输订单。通过物流系统寻路是实现这一目标的基本前提。除了从源到接收器的纯传输之外，传输请求还可以具有执行条件，比如符合序列。这种订单的执行不能仅仅依靠寻路，例如必须检查不同运输订单之间的订单顺序限制。因此，寻路由其他过程支持，比如选择合适的排序点或等待位置。例如，"选择顺序点"过程可以检查一个运输单元是否允许进入轨道区段，或者必须等待前面的运输单元。无论是寻路过程还

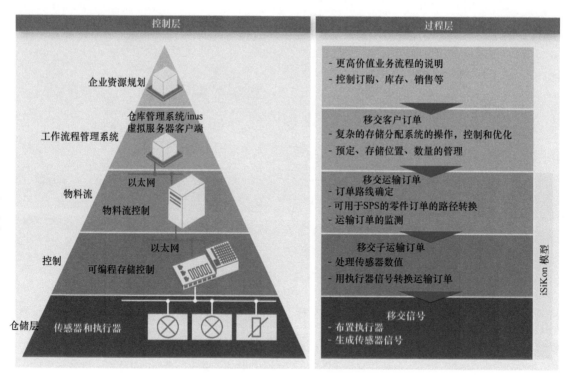

图 2-6-35　物料流系统的控制层和过程层（来源：慕尼黑工业大学 FML 教席）

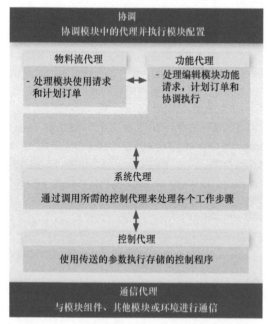

图 2-6-36　CP 物料流模块的基于代理的操作控制的
示意图（来源：慕尼黑工业大学 FML 教席）

是支撑过程，一般都可以用物料流控制这一术语来概括。物料流控制的一个核心要求是需要有关整个系统的知识来协调传输请求的执行。物料流控制的结果是模块分配计划，其中定义了传输请求通过系统的模块顺序。为此，每个模块都有一个物料流代理，通过该物料流代理模块可以参与跨系统的物料流规划。

除了对模块序列进行规划外，还对模块函数进行规划。模块功能是纯粹的内部功能，可以独立于其他模块或整个系统执行，例如通过扫描仪识别传输单元。此外，还有描述与相邻模块交互的传递函数。对于可以与之交互的每个相邻模块，都有一个单独的传递函数，为此目的，该传递函数经过了特殊的参数化。传递函数随后提供模块的输入和输出。由于通常传输时发射机和接收机模块都必须处于活动状态，所以这两个参与模块中的每个模块都被分配了一个传输函数来进行交互。切换是跨模块事件，必须与邻居模块协调进行。例如，要将一个运输单元从一个滚筒输送机转移到另一个滚筒输送机上，两者都必须以恒定的速度驱动。

为了能够在模块中实现更复杂的控制，可以使用内部函数。例如图 2-6-37 中概述的三种情况。考虑 CP 物料流模块"辊式输送机 H 结点""输送机矩阵"和"机器人"。每个模块上的输入和输出相同位置。在入口 A 和 C 处各自是一个运输单元，准备分别为输出 B 和 D 提供运输。对于外部观察者，所有模块的可观察结果都是相同的。然而，用于协调传输请求的内部控制在不同模块之间存在很大差异。

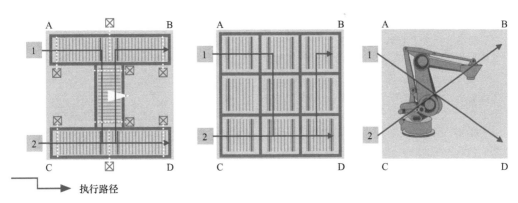

图 2-6-37　内部功能控制的不同模块相关要求（来源：慕尼黑工业大学 FML 教席）

H 结点的内部输送机功能必须协调中心的双向交通，而对于输送机矩阵，则要规划矩阵占用率，使输送单元不会相互妨碍。机器人在同一时间只能运输一个运输单元，因此没有协调工作。函数代理包括传递函数和内部函数。因此，代理的重点放在与直接邻近模块以及模块内部的功能，因此仅需要与更近的环境协调。

实际执行由现场控制完成，但是，必须事先确定子步骤。功能代理将计划的物料流分解为子步骤，确定执行所需的参数，并确定步骤的执行顺序。具有相应参数的执行步骤的顺序（如速度）被传送到系统代理。系统代理进一步将执行步骤分解为单独的传感器和执行器任务，并进而将它们分配给单独的控制代理，这些代理表示诸如演员之类的单个组件并表示与现场控制的连接。除了分层结构化的代理之外，每个模块还具有用于通信（模块内外）和协调的代理。这两个代理与模块内的所有代理相关，因此为模块提供了跨部门任务。

2. 信息物理（CP）物料流模块的自我配置

前文介绍了协调代理，负责模块配置，下面进行详细描述。模块协调器的结构如图 2-6-38 所示。使用分散模块的优点是冗余。如果一个模块发生故障，其他模块可以继续工作而不会有任何损坏，甚至可以在必要时更换故障模块。因此，每个 CP 物料流模块都有一个订单管理器，它接收来自例如 WMS 的订单并启动运输计划。如果一个模块发生故障，则该任务将由另一个模块接管。

除了中央作业管理任务之外，模块的配置也是协调器的核心。CP 物料流模块不执行任何静态编程任务，但能适应其环境要求。因此，对于配置，一方面需要对环境进行分析，另一方面必须从中得出正确的结论。分析范围可分为系统、邻域和内部三个类别。系统分析主要关注物料流代理的后期配置。信息对此有帮助，可以对模块在物料流系统中的作

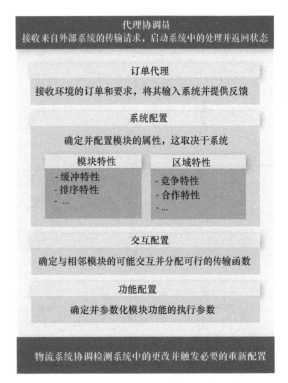

图 2-6-38　用于配置 CP 物料流模块的协调代理的示意图（来源：慕尼黑工业大学 FML 教席）

用进行分类。例如，作为分析阶段的结果，显示模块表示后续接收器的最后一个流出口。从这一点来看，不能再对物料流到确定的流出口的顺序进行改变。因此，要配置的物料流代理的任务是检查合规顺序和在不合规的情况下进行干预。除模块属性外，还可以为系统配置区域属性。例如，多个模块可以形成由中央协调器管理的集群。这允许这些模块彼此协作，为系统提供高级功能。另一种可能性是消除几个模块之间的竞争情况。例如，"横向移动小车"使用相同轨道，通过多个模块导致轨道使用的竞争。区域集群的形成可以比横向移动小车以纯粹和分散

的方式协调轨道的使用，更有效地解决这种冲突。因此，集群的形成代表了分散控制的部分解决方案，以便能够在自控模块系统中有针对性地利用中央控制的优势（Lieberoth-Leden 2016）。为了形成集群，必须再次配置各个模块的物料流代理，这也是协调代理的任务之一。

在分析类别"邻域"中，产生交互配置，其间确定与相邻模块可能的切换功能。切换功能在调试之前配置，可供功能代理使用以进行操作。功能实现取决于相应的相邻模块。因此，从一个辊式输送机到另一个辊式输送机的切换，需要切换到夹持机器人的配置。配置的基础是模块的相应知识库，其中 CP 物料流模块的特征和能力以统一的方式描述。知识库使用建模语言 SysML 制定（见图 2-6-39）。例如，针对每个模块描述的一个特征是工作空间（定位空间）。对于每个模块，定义一个或多个工作空间，其由几何形状描述，例如点、线、表面或空间。工作空间在每个点都具有相同的特征和能力，例如，以特定方向和速度转换运输单元的操作（Aicher 2016）。如果两个相邻模块的工作空间重叠，则交集

就会产生交互空间。在交互空间内，可检查是否可以利用参与工作空间的能力来执行联合切换。最终可以推导出切换功能的所需属性，并且可以将配置的切换功能传送到功能代理。

与切换功能类似，还必须配置内部模块功能。操作中正在进行的配置的示例是确定用于块派送的最佳传输单元。举例来说，可以提到上面介绍的 H 交叉接头，其中部分是双向操作的。运输单元在某个方向直接运输得越多，吞吐量就越高，因为每个方向在变化之前必须首先清空辊式输送机。然而，通过模块的最大通过时间相反却增加了，因为运输单元可能必须等待更长时间才能运输，直到中间部分的输送方向再次反转。因此，块派送的最佳时间间隔的设置是可以一次或连续进行的配置任务。要启动配置任务，需要一个额外的系统协调器。系统协调器检测诸如嵌入物料流系统中新添加的模块的变化。之后，模块的系统协调器决定因更改而必须触发哪些配置任务。然后，如果新模块是邻域模块，则每个模块自动执行相应的配置任务，例如确定切换功能。

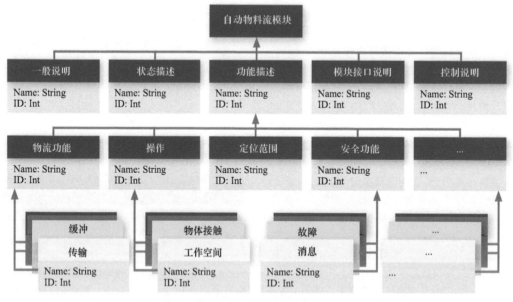

图 2-6-39　物料流模块知识库摘录（Aicher 2016）

6.5　引入和使用 RFID 进行分散数据管理

RFID（射频识别）是一种用于自动识别（Auto-ID）的技术。利用这种技术，可以通过无线技术的数据交换能够明确、快速、无接触地同时识别物体或人，且无需直接的视觉接触。最重要的是，作为两

个属性中的后者，即用于识别对象的应答器上的数据存储的能力，将该技术与当前最常用于识别的条码区分开。能够在工业 4.0 中，在应答器上存储和查询产品以及特定于生产的数据的能力，从而为产品提供基本的智能形式，并构建柔性且强大的连接。RFID 系统的主要特征如图 2-6-40 所示。应答器（也包括时间、标签、智能标签或无线电标签）用于识别

不同的对象。它由一个微芯片和一个天线组成，通过该天线接收和发送信号。数据交换通过无线电链路进行。由于其特性，无线电链路可能对系统的功能产生重大影响。例如，通过无线电传输的数据取决于要覆盖的距离、沿线路方向穿透的材料和空间等条件。(读取器)天线用于将高频信号转换为电磁波。这种设计会产生不同的场特性。天线通常通过同轴电缆或天线电缆与读/写设备连接，读/写设备也称为读取器。读取器输出高频信号以通过一个或多个分布式天线进行通信。它启动并协调与应答器的数据交换。使用外部计算机上的软件，可对其进行配置，并通过 RFID 控制通信。读取过程的简化流程概括了 RFID 的功能原理。读取器首先通过天线将信号发送到空间，从而穿透不同的材料。物体上应答器上的微芯片使用信号的电磁场作为能量源并被激活。然后，应答器接收信号并通过弱化或选择性地反射磁场来响应并传输数据，这取决于系统的性质。读取器可以通过在电感耦合的情况下检测弱磁或者在电磁耦合中接收反射的信号，来接收应答器的响应。

RFID 技术之间的一个基本区别是系统运行的频率或频带。根据使用的频率，会出现不同的属性和可能的应用。因此，应在项目早期阶段选择正确的应用频率。通常，各种 RFID 频率范围从几千赫兹到千兆赫兹不等。为了区分频率，它们可细分为四个频率范围：低频(LF)、高频(HF)、特高频(UHF)和超高频(SHF)。除了耦合形式的差异之外，不同

的 RFID 频率范围还存在许多差异，这些差异是由比如物质中介电常数与频率的关系造成的。这导致流体受到不同程度的影响，其随频率增大而增加。表 2-6-1 列出了四个频率范围的基本特征，仅供比较，价格和范围仅供参考。进一步的描述和以下小节重点关注在无源应答器的 UHF 范围内使用 RFID，因为该频率范围特别适用于物流。这是由于在该频率下可能的覆盖范围相对较高，同时无源应答器的成本低。

通过使用 RFID 应答器识别，对象接收的最小智能量用于特定于对象的数据交换并促进分散的方法。可从 RFID 的技术可能性中获得进一步的潜力。例如，加速识别的好处是有助于提高流程的效率，进一步的自动化有助于防止错误。使用 RFID 应答器的微芯片上的存储区域来分散管理特定于对象和过程的数据，从而允许用其他方法来创建透明度和实施分散控制方法。高频技术方法还有进一步的潜力，除了增加识别的可能性之外，还能够基于 RFID 进行定位。利用这些潜力的基本先决条件是技术在运行中能够可靠运行。特别是超高频(UHF)RFID 带来了一些挑战，引入这些系统需要特殊的途径和相关的测试方法。

6.5.1　引入 RFID 的创新概念和工具

优化利用 RFID 潜力的基本前提是这些 AutoID(自动识别)系统在物流和生产领域的技术可行性和可靠的功能。为了确保这一点，对要求和框架条件

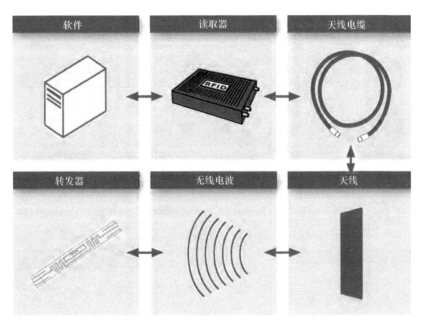

图 2-6-40　RFID 系统的主要特征(来源：慕尼黑工业大学 FML 教席)

表 2-6-1　RFID 频率及其特征的比较（来源：慕尼黑工业大学 FML 教席）

频率	125kHz (LF)	13,56MHz (HF)	868MHz (UHF) (passiv/aktiv)	2,45GHz (SHF) (passiv/aktiv)
耦合	电感近场	电感近场	电磁远场	电磁远场
流动性的影响	低	←———————————————→		很高
最大实用范围	0,2	1,5	10/100	3/300
数据传输率	低	←———————————————→		上层
量化能力	否	是	是/是	当前否/是
标准化	高	高	高	否
转发成本	1-5 €	0.50-5 €	0.07-150 € 被动 - 主动	20-150 € 被动 - 主动

进行全面消化和分析是起点。技术可行性的检查是另一个重要的因素，在引入 RFID 时不可被低估。在进行进一步投资之前，这不仅可以用于确定原则上是否能够满足 RFID 系统的要求，而且还可以预先获得关于所使用的系统组件的知识。RFID 系统的性能很大程度上取决于各个系统组件的特性以及许多外部影响因素和边界条件（见图 2-6-41）。在可行性分析中采用非结构化方法的情况下，大量可能参数的检查可能导致成本上升，同时也可能导致 RFID 项目的失败。因此，RFID-Machlog 研究项目（Günthner 2011）开发了一种方法和结构化程序，用于对物流中使用 RFID 的技术可行性进行检查。检查可行性的基础是了解 RFID 系统的各种影响参数和系统部件的特性及其对功能的影响。

1. RFID 组件的属性和影响参数

RFID 应用中的关键组件之一是应答器。应答器有多种变体，每种变体都满足使用场合及其要求。例如，有应用于不同材料的应答器或存储容量大小不同的应答器。应答器最重要的特性之一是在应答器上使用的微芯片所需的能量。这对于应答器可读取发送的范围起决定性作用。应答器的天线也对该范围有显著影响。仅天线的尺寸大小就影响了可达到的范围。原因在于较大的天线能够更好地吸收能量。

应答器的天线与应用材料之间还存在另一种重要的关系。应用材料被视为应答器的材料。根据材料特性，由于其靠近应答器，这可能会影响天线的接收特性。因此，最糟糕的情况是，应答器可实现的范围在 RFID 频率范围之外。与应用材料一样，即

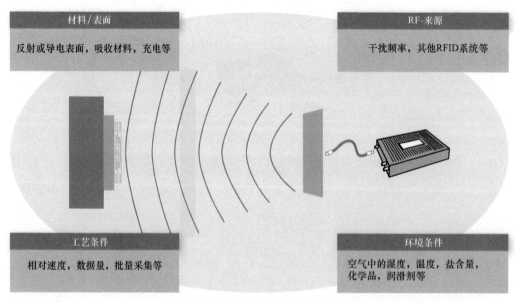

图 2-6-41　RFID 系统可能存在的干扰因素的概述（来源：慕尼黑工业大学 FML 教席）

使在直接环境中，材料也会影响应答器的功能。应答器领域的另一个研究主题是该过程中的物理压力或影响。RFID 应答器可以为强大的识别提供解决方案，远远超出了条码的可能性。例如，应答器不会像条码那样被划坏，还可以在涂装领域应用。此外，可以使用耐高温应答器。然而，任何额外的负载，无论是机械的还是通常环境条件产生的，都会对应答器的性能产生影响，必须将其考虑在内。

由于边界条件的存在，要实现的无线电链路也受到了许多影响，并且对相应系统组件的选择提出了各种要求。此处的重要因素是监测范围内的应答器的数量以及可用于监测的时间。这两个因素密切相关，因为每个应答器都需要一定的时间进行通信。例如，在物流中的使用，可能需要降低识别区域中的输送速度。无线电链路区域中的其他影响因素可能是高频干扰信号，其叠加通信，从而妨碍应答器的探测。这些干扰信号源可能是警报系统或较旧的无线电话，其通常使用相似的频率范围。电动机和电子设备也可能是电磁干扰源。还有其他因素可导致到达应答器的磁场减弱。首先是读取天线和应答器之间的较长距离。过于通透的材料如包装纸盒等会导致入射波的减弱。如果反射材料靠近读取区域，则可能产生正面和负面影响。干扰可能导致磁场增强和磁场弱化。最坏的情况是，在不希望的探测区域中探测到应答器，并且在实际读取区域中由于破坏性干扰造成的弱磁场影响了探测。图 2-6-42 所示为这种影响关系，其示意性地表示了理想天线场与受到反射影响的实际天线场。在设计无线电链路时要考虑的另一个点是读取器和应答器天线彼此的方向。每个天线具有方向特性，该方向特性确定它可以从哪个方向接收或发送是最佳或最差。因此，应答器的灵巧对准可以提高读取概率。

读取天线或读取器上的天线对 RFID 系统的性能也至关重要。最重要的是，RFID 识别装置的读取场的特征取决于读取器的天线的特性。具有方向性和极化的方向增益性在这里是决定性的特性，而这又取决于机械变量，例如天线的形状和尺寸。与理想偶极子或理想的各向同性辐射器相比，天线的方向增益描述了通过聚焦在主方向上辐射功率增加了多少。方向特性描述了天线的接收或传输特性的最终方向依赖性。反过来，根据天线的方向特性，推导出其开口角度，其通常被作为数据表中的特征说明。该角度产生于辐射功率的方向性降低为设定值一半的位置之间。

天线极化是指发射的电磁波的振动方向。线性偏振（水平、垂直）和圆偏振（左、右）之间存在区别。在线性极化中，振荡方向在一个方向上保持恒定。其可以水平或垂直对准天线。在圆极化的情况下，轴的振荡方向不断变化。确切地说，振荡的方向向右或向左转。天线的接收也取决于极化方向。因此，只要极化方向一致，辐射就能以全强度进行接收，否则就只能部分接收。因此，在发射天线和应答器天线之间不良方向上的辐射是不足的（见图 2-6-43）。圆极化波只能以损耗的方式通过线性极化天线来接收。在这种情况下，损耗至少是 3dB，也就是说辐射提供的能量只有一半可以被吸收。总之，天线的极化对应答器的可读取方向以及在哪个方向不利于应答器成功读取是决定性的。

系统的另一组件是天线电缆，它用于从读取器到天线的高频信号的传输。影响系统性能的天线电缆的基本特征是其衰减性。它提供了在通过电缆传输期间损失多少传输功率的信息。其他重要特性是对机械应力的抵抗力，如允许的弯曲半径。当读取器影响系统时，情况就不同了。目前可用的读取器

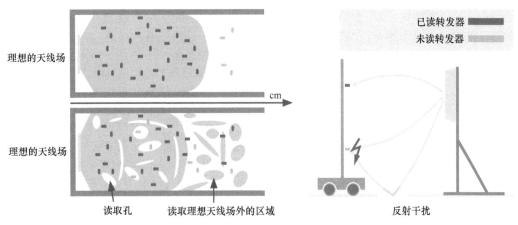

图 2-6-42　实际条件下读数场的传播（来源：慕尼黑工业大学 FML 教席）

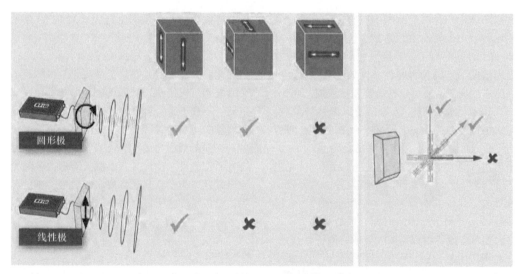

图 2-6-43　极化对转发器读数的影响（来源：慕尼黑工业大学 FML 教席）

具有多种功能，因此具有大量配置选项。读取器领域的基本设备属性是可操作的天线数量以及可实现的最大输出功率。最新一代的读取器提供了大量的评估和调整选项。用于信号评估的两个最重要的功能是确定应答器响应信号的相位和测量应答器信号强度，即所谓的 RSSI 值（接收信号强度指标）。此外，这些信号的分析可用于距离估算和除了纯粹识别以外的进一步陈述，例如检测标记物体的移动方向。这是特定应用程序的决定性优势。在探测应答器群时，读取器上的许多设置选项会影响其性能，即近乎同时地探测多个应答器。这些设置选项通常涉及防冲突程序，该程序旨在防止应答器响应的叠加，从而防止其混淆。如今读取器可以自动完成诸如许多设置。在特殊情况下，手动进行这些设置也是可行的，例如假如始终要读取相同数量的应答器。此时，手动设置可以帮助进一步提高与本应用情况相关的系统性能，例如通过将可用于应答器和读取器之间的通信时间间隙预先设置为已知的数值。

软件作为最后一个重要组件，对应答器的纯读取几乎没有影响。尽管可以从读取器的读取结果中有针对性地评估过程技术事件，它也可以为促成特定应用做出决定性的贡献，但基本要求是在读取区域中高性能且可靠地探测应答器。可行性检查应首先关注该问题，并在必要时检查所需数据是否可用于进一步软件评估读数。

2. 可行性检查的测试类型和方法

在解释了 RFID 系统的组件对识别性能的影响之后，将给出关于执行可行性检查的进一步细节。这些检查对 RFID 项目中的技术可行性的重要性也反映在一项研究结果中（Günthner 2011），其中被调查

的企业在调查时已经使用过 RFID 或准备使用 RFID。一项发现是，平均而言，该项目在对 RFID 系统选择进行可行性检查后的成功率高于对解决方案的初步定位。然而，为了在检查中做出合理的努力，结构化和系统化的方法是必不可少的。为了弥补不足，开发了在物流中使用 RFID 的可行性测试的方法，作为 RFID-MachLog 研究项目的一部分（Günthner 2011）。这提供了对 RFID 应用在综合测试和半综合测试以及实际测试中的可行性检查细分（见图 2-6-44）。综合测试的特点是排除外部影响和使用特殊的 RFID 测试技术。这些检查的核心要素是使用的应答器及其附件。在半综合检查中，模拟基本环境条件，并使用商业组件检查它们的影响，直到找到合适的硬件选择并调整以及识别装置的合适设计。最后，实际测试是评估先前在真实环境中检查结果的工具。以下部分详细介绍了不同类型的测试。

该流程的第一步通常是选择合适的应答器。即使应答器的类型是基于已经存在的 RFID 系统或者基于客户的限制预先定义的，至少有必要获得关于其实际性能的说明，以便获得后续测试的评估基础。如果应答器是可选的，则可以进行预选，比如关于应用材料的适用性和应用范围的基本信息。始终建议通过测试应答器来保护这些属性。为了测试应答器的性能，可以使用专门为此设计的测试系统。使用这种系统的优点在于获得独立于其他系统组件的测试结果。这种测试的最佳环境是 EMC 测试室。EMC 测试室用于测试电磁兼容性，因此通过衬有特殊的吸收材料来排除环境以及其他无线电源的影响。如果不使用测试室，则可以通过反射电磁场使吸收材料对环境的影响最小化。另一种方法是在自

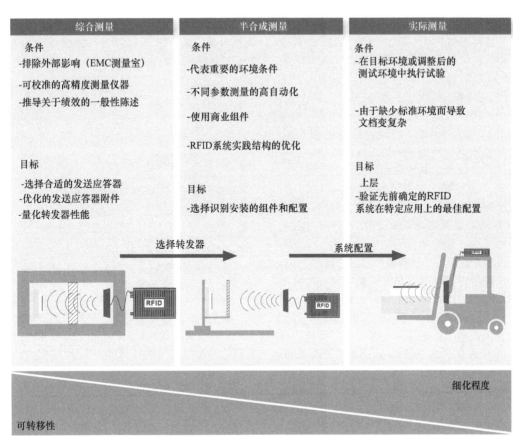

图 2-6-44　建立 RFID 引入技术可行性研究（Günthner 2011）

由空间中测试，因为自由空间中电磁场的传播也基本上不受干扰，因此不会发生掺杂反射。在这些测试中确定的主要特征之一是应答器在频率上的实现范围。首先，对于预选也包括在测试中使用的应用材料。根据要识别对象的尺寸和数量，可以在综合测试的另一步骤中预先检查先前选择的应答器到对象的附着，同时考虑它们对读取天线的位置和取向。由此获得适合于该对象的应答器，包括附着能力。对于大型物体，由于测试室的空间限制通常不可能进行安装测试。在这种情况下，这些检查应在半综合测试时进行。在综合测试中可以确定的另一个说明是应答器性能的影响。首先，必须确定与应答器性能相关的要求和框架条件。由此可以得出负载情况，模拟可能的负载，例如机械冲击或热效应。然后，在人工生成的应答器负载之前和之后进行测试，根据应答器的功率下降提供了一个说明，在选择应答器和进一步观察时可以考虑这一点。

选择了正确的应答器后，可以进行半综合测试。测试的目的是找到用于检测应答器结构的最佳配置。配置意味着除了应答器之外还要选择使用的组件及其设置。重要的是天线的数量，附件和方向关键配置选项。在考虑最重要的环境条件的情况下进行测试。因此，该测试仍然允许高度自动化。根据此目的开发了一种测试轨道，它允许自动通向 RFID 门，其中货物的真实设计与装载设备同时被识别。测试自动化通常有助于考虑大量的可变参数以及大量的测试。从单独使用的组件开始，潜在的测试变体的数量可能会有很大差异。通常，组件的选择会受某些规格的限制，例如要使用的读取器硬件。如果不是这种情况，则通常存在难以解决的大型解决方案空间。根据要考虑的参数数量，半综合测试应以部分因素或全因素形式进行。然而一般而言，参数选择尝试应在多种情况下进行，而不是一个接一个地进行，以便可以更好地识别可能的测试误差。此外，必须注意确保正确和完整地记录测试。由此产生的透明度增加使得测试结果更容易理解并得出有关参数变化的具体影响和结论。

可行性检查的最后一步同时也是最复杂的步骤是实际测试。此时，要验证先前找到的参数集。问题在于，在实际环境中的测试通常是不可能的或非常困难的，因为其他操作会导致长时间的干扰。该问题与所获得结果的可转移性相冲突，只有在实际现场使用时，该结果才会高质量地呈现。虽然在实际的系统应用过程中可以获得对所开发的系统配置的进一步的观察和额外保障，但仍然很难准确地说明使用地点的情况。

3. 用于检查在使用地点的读取场特征的测试概念

各个场特征是影响先前实验室中在实际使用地点设计和测试的系统的性能改变的主要因素，它非常依赖于识别环境。结构以及周围物体和材料的条件经常导致读取场的强烈变化，反过来这对成功读取应答器至关重要，如图 2-6-45 所示，衍射和反射现象会产生干扰，可以局部削弱或者放大设备的电磁读取场。由于 UHF 范围内的无源应答器仅在一定的场强下才能被激活，因此可能由于该应用被限定的读取范围而无法读取它们。相反，在读取区域外具有加强场强的地方可能需要读取应答器。这些地方也被称为超距区域。因此，在 FML 教席的研究项目（Günthner 2015b）中，开发了移动测试概念，它允许在实际使用地点测试并可视化识别装置的 UHF RFID 读取场。下文对其进行详细阐述。

测试读取场的目的是分析给定读取空间以内的弱点及其以外的超距区域。如上文所述，场强的空间分布情况是分析的必要条件。因此，需要快速并高效精确地测试场强值。空间场强分布的可视化给系统集成商或用户清楚地指示读取区域的质量，并且指出可能的调整螺钉以改进安装配置。测试概念的基础是通过跟踪系统将高频测试技术与位置测试相结合（见图 2-6-46）。用于场强测试的测试天线移动并通过读取区域的空间时，它可以通过跟踪系统

同时检测其位置和方向。该场强值及其各自空间参数同时被记录。然后将这些测试数据传送到软件，随后该软件基于场强生成读取场的视觉图像。

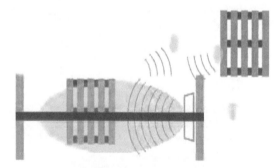

图 2-6-45　RFID 门上的极限
（来源：慕尼黑工业大学 FML 教席）

为了检验这个概念，建立了测试系统的功能范式，作为研究工作的一部分。这种功能范式的重要基础是选择合适的测试组件。通过比较不同的位置捕获技术得出基于红外光进行光学跟踪是合适的。这些系统能够通过三脚架将所需相机简单地放置在空间内，从而在现场进行柔性安装。即使在工业条件下，该系统也能对测试天线的位置进行稳定且精确的测试。

频谱分析仪用于测量高频电磁场的功率。它不仅能够精确测量 RFID 频带，还能够分析工业环境中发生的现场干扰信号。在功能范式中可使用双锥天线来提高性能。这类天线具有偶极子的特性。不同之处在于可测量更宽的频率范围。偶极子特性确保了结果对实际应用中应答器的对准具有良好的可转

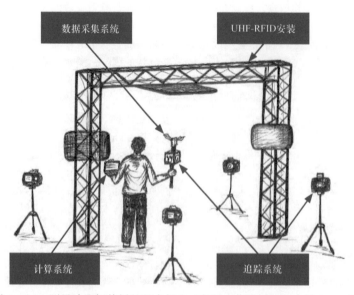

图 2-6-46　测量读取场传播的基本概念（来源：慕尼黑工业大学 FML 教席）

移性，由于它们通常具有偶极子状天线，因此具有类似的方向特性。

在对读取场进行记录时，通过软件对测试装置进行远程控制，该软件还负责测试过程和测试结果的可视化。在测试之前，该软件可通过跟踪系统记录安装配置。关于读取场特性的关键配置信息是现有 RFID 天线各自的位置和方向。在通过长方体的空间对角线的端点定义所考虑的测试体积之后，根据可选择的空间分辨率将其细分为更多观察单元（见图 2-6-47）。因此，空间分辨率确定了测试体积内各个长方体单元的大小，其被用作测试的观察单位。这种细分一方面有助于显示测试进度，另一方面有助于根据各个子区域的汇总值清晰地显示测试结果。通过测试体积的子范围内的横条指示来实现测试进度的可视化。显示的进度条随着该范围内场强测量数值的上升而增加。一旦每个测试单元的测量值达到一定数值，就不再显示相关单元。因此，该系统的用户可以方便地执行整个测试。然而，该显示功能的基础是逼真显示具有方向特性的测试天线的模型。图 2-6-47 所示为软件的一部分，其中测试天线表示为偶极子。相关的方向特性表现为圆环，圆环颜色指示了当前测量的场强。

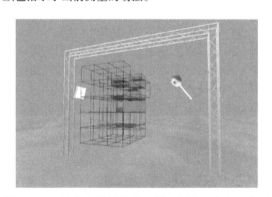

图 2-6-47　读数字段测量的三维可视化（来源：慕尼黑工业大学 FML 教席）

完成测试之后，可以使用各种过滤器显示 RFID 装置的场强分布（见图 2-6-48）。例如，透明区域可用于选择性地显示可调阈值之上和之下的场区域。基于可行性检查中提到的应答器功率测试来确定阈值。除透明度设置外，还可以使用特定的方向显示过滤值。通过这种方式评估标记对象上应答器取向的场。通过显示测试范围内各个子区域的代表性数值，可以更清晰地表示这些数值。总而言之，基于生成的读取场，RFID 安装评估的所有可视化功能用于评估当前配置的质量。

在许多情况下，为了使读取场在实际使用地点的安装中快速可见，可减少后续为了确保可行性而进行的实际测试的工作量。弱点的可视化使得在进行复杂的实际测试之前，让配置在真实环境状况的影响下得到优化。

本节首先考察了 RFID 系统及其组件在各种应用中的性能影响。这些知识解释了当前可行性检查方法的基础，可行性检查分析了综合测试、半综合测试和实际测试中可能的不同系统组成。提出了一种测试系统，以便在实际使用中实施，它允许对读取场的主要影响进行分析。由此获得的知识以及所提供的工具和方法有助于成功地在工业 4.0 中广泛使用 RFID。

6.5.2　工艺数据自动获取和提供

已经详细讨论了 RFID 系统的引入和实施，接着就会出现在使用 RFID 时的问题。应用程序的典型示例是收货过程中收货的自动化。与使用条码解决方案识别单个物品相比，由于 RFID 同时检测一群物品，所以节省了大量时间。在条码解决方案的情况下，每个条码必须由工作人员单独读取，例如使用手持读取器，以便在系统中执行相应的收货和过账。但是，如果在收货处使用 RFID 门（见图 2-6-49），则可以在通过仓库或进入仓库期间自动并同时登记物品。从而节省时间，并意味着整个过程的效率提高。此外，该过程不容易出错，因为它可以防止在收货时扫描物品被忽略或遗忘。此外，带有条码识别的收货过程，需要确保具有条码的可访问性。因此，需要增加供应商的处理工作量。通过使用

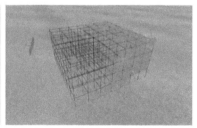

图 2-6-48　显示没有和过滤阈值以上值的测量结果（Günthner 2015b）

RFID，即使有不同材料的渗透，在一个封装中也可以识别多个部件。RFID 另一个优势的例子是简化货箱管理。通过增加 RFID 自动化，减少了企业内部各个位置以及供应商和客户识别货箱的工作量，从而使容易的广泛跟踪成为可能。因此它可以快速且方便地了解容货箱的位置和数量。此外，输入和输出时间可以存储在货箱的应答器上，以测量停留时间和周转时间。因此，可以快速检测和解决因库存过多或库存不足而导致的问题。通过分析周转时间，还可以识别和解决系统中可能的低效率问题，从而可以形成更敏捷的货箱库存。在货箱监控的情况下，通过将传感器连接到应答器上，RFID 的使用甚至可以产生额外的优势。例如，6.1.1 节描述了温度传感器如何连接到 RFID 应答器，以便在冷藏箱中进行监控，从而有助于高效的食品物流。该应用展示了如何使用 RFID，利用应答器上的微芯片功能及其存储功能，提供工业 4.0 中产品和机器所需的一些智能。

图 2-6-49　通过 RFID 门的通道
（来源：慕尼黑工业大学 FML 教席）

在上述考虑中，无线电信号被简化为传输信息的任务。然而，对反射波和返回波的高频特性的评估也可以确定位置数据。这使得基于 RFID 的定位成为可能，从而将这种位置确定视为工业 4.0 中的一项关键技术。这对于系统的自主性尤其重要，因为自主行为需要预先知道自己的位置或周围物体的位置，尤其是在机器移动的情况下。本小节将首先进一步讨论使用 RFID 进行定位的一些基本可能性。随后介绍智能读取器的概念，其采用工业 4.0 的指导原则。将用监测 FFZ 装载的具体实例来说明此概念。

使用 RFID 技术进行本地化，在 RFID 应用中各种信息的评估可以提供关于检测到的应答器位置的结论。以下是三种不同的选择：

1）评估应答器检测的读取场或读取天线。

2）评估应答器和读取天线之间的距离。

3）评估应答器和读取天线之间的角度。

获得位置信息的最简单方法是评估 RFID 系统上哪个读取器天线已经收到响应。在天线读取场的具体形式和方向上，检测到的应答器的位置可以限制在该区域。如果多个天线检测到应答器，则应答器所在的范围可以进一步缩小到天线读取范围的交集区域（见图 2-6-50a）。这一原理也适用于在当前的 RFID 系统中进行定位，这里使用了一种技术，该技术允许通过控制类型改变天线的读取锥头方向。因此，可以在天线上生成不同的读取场特征，并且由于仅利用一个或几个场特征来检测应答器，因此可以获得更详细的位置信息。通常，利用这种定位原理，如果没有使用大量具有重叠读取场的天线或大量读取场特性可调的天线，则只能获得不准确的位置信息。然而，大量天线或天线场会导致定位的长响应时间，因为它们一个接一个地被切换或读出。

计算应答器和读取天线之间距离的基础是测量信号强度。然后根据信号强度计算自由空间中电磁波的衰减，即根据一段距离后信号的衰减，计算相应的距离。计算距离的另一种方法是确定应答器响应所需的发射功率。基于应答器所需的激活功率，也可以估算距离。如果要从三个已知点确定距离，则可以通过三角测量来确定信号的原点（见图 2-6-50b）。三边测量是一种基于测量搜索点与三个已知参考点之间距离的定位方法。当转移到 RFID 系统时，这意味着如果应答器的响应信号已由三个读取器天线接收，则可以定位应答器。然而，该方法存在上文提到的反射环境中波的叠加问题以及由此导致的测量失真的影响。另外，商用读取器的信号强度测量通常是不准确的。获得发射器和接收器之间距离信息的另一种方法是评估入射波的相位，它是 0° 和 360° 之间的绝对值。此外，相同存在反射信号失真的可能性。通过评估应答器和读取器天线之间的距离进行定位，在原则上可以使用商用读取器设备，但是在大多数工业条件下是不准确的。对于应用来说，仅确定应答器距离的近似值就足够了，那么就可以开发一个简单的信号强度测量的解决方案，即使用滤波算法，无需特殊硬件就可以实现。

通过三角测量进行位置估计（见图 2-6-50c），是确定 RFID 系统中位置信息的另一种方法。一种测量应答器和读取点之间所需角度的方法是使用带角度传感器的旋转天线。另一种选择是使用上述带旋转读取场的天线。此外，还有高频技术的方法，如单脉冲方法，可以估计角度。如果现在从已知点估计出了两个角度，则可以反过来推断出应答器的位置。

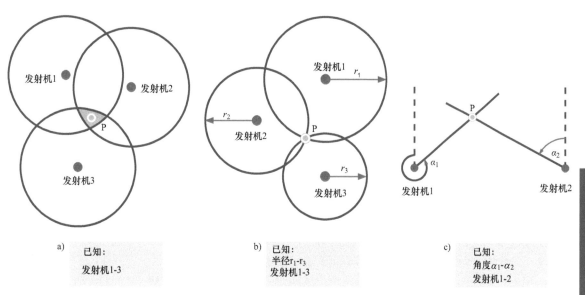

図 2-6-50　基于已知天线场特征的位置确定、通过三边测量确定位置、通过三角测量确定位置
（来源：慕尼黑工业大学 FML 教席）

研究项目 IntelliREAD（Lechner 2016）正在为智能 UHF-RFID 设计一个概念，该读取器使用定位无源 UHF-RFID 应答器的能力，并与更高级别的软件系统建立更多的链接，从而有效获得信息。来自软件系统的信息，例如用于布局规划的 WMS 甚至 CAD 软件，可以通过使用各种软件方法，包括人工智能领域，进一步改善测量位置。例如，可以通过

基于案例将记录的情况与存储在软件数据库中的数据进行最终比较。识别、定位和使用各种信息源，用于进一步诠释所获得的信息，目的是使智能读取器能够发现和诠释物流过程中的事件。因此，可以自动收集和传递过程信息，并检查错误。

图 2-6-51 所示为模型中表示的概念。该概念设想了动态和柔性地使用读取器。首先读取器可以使

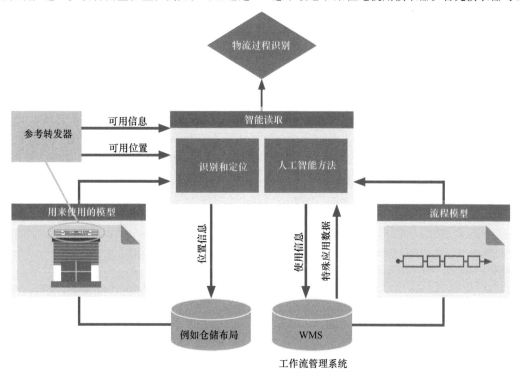

图 2-6-51　智能读取器的概念（来源：慕尼黑工业大学 FML 教席）

用应答器确定其使用地点和位置，以便应用和查询相关的布局信息。在使用地点处确定位置甚至可以用于检查读取器的正确位置和对准方式，从而支持使用地点的改变。然后通过诠释与管理系统的接口或交互可能性，例如通过 WMS，来查询关于应用程序和相关流程的信息。例如，通过提供关于使用地点"收货或发货"的信息，它可以确定在此处发生进货和发货登记。在此基础上，读取器能够解释用应答器标记的物品的移动，识别相关的事件或处理步骤，并依次将该信息传递给其他系统。

然而，智能读取器的概念不应局限于特定的应用领域，而应是一个系统，能够适应各自特定应用并通过增强型网络获得关于该过程的信息。因此，创建了一个系统，它基于工业 4.0 中使用的信息物理系统。智能读取器的特点还在于高度的柔性和多功能性，并且通过软件方法形式提高智能，这可以提高物流过程的透明度和效率。

参 考 文 献

Adolphs, P.; Bedenbender, H.; Dirzus, D.; Ehlich, M.; Epple, U.; Hankel, M.; Heidel, R.; Hoffmeister, M.; Huhle, H.; Kärcher, B. ;Koziolek, H.; Pichler, R.; Pollmeier, S.; Schewe, F.; Walter, A.; Waser,B.; Wollschlaeger, M.: Referenzarchitekturmodell Industrie 4.0 (RAMI4.0) . VDI, Düsseldorf/ZVEI, Frankfurt/Main 2015

Aicher, T.; Regulin, D.; Schütz, D.; Lieberoth-Leden, C.; Spindler, M.; Günthner, W. A.; Vogel-Heuser, B.: Increasing flexibility of modular automated material flow systems: A meta model architecture. Konferenzbeitrag. IFAC Conference on Manufacturing Modelling, Management & Control, Lively 2016

Arnold, D.: Materialfluslehre. Vieweg, Wiesbaden 1995

Diekmann, T.; Melski, A.; Schumann, M.: Data-on-Network vs. Data-on-Tag: Managing Data in Complex RFID Environments. Proceedings of the 40th Annual Hawaii International Conference on System Sciences, IEEE Computer Society, Los Alamitos 2007

Dorst, W.; Glohr, C.; Hahn, T.; Knafla, F.; Loewen, U.; Rosen, R.; Schiemann, T.; Vollmar, F.; Winterhalter, C.: Übergreifende Darstellung Industrie 4.0. In: Umsetzungsstrategie Industrie 4.0. BITKOM e. V./VDMA e. V./ZVEI e. V. 2015

Goldscheid, C.: Ermittlung der Wirbelsäulenbelastung in manuellen Kommissioniersystemen. Dissertation. Technische Universität Dortmund 2008

GS1 Global: EPC Information Service (EPCIS) - Version 1.1 Specifications.GS1 Global Office, Brüssel 2014

Günthner, W. A.; Heinecker, M.; Wilke, M.: Materialflusssysteme fur wandelbare Fabrikstrukturen. In: Industrie Management Jg. 5 (2008) 18

Günthner, W. A.; Blomeyer, N.; Reif, R.; Schedlbauer, M.: Pick-by-Vision: Augmented Reality unterstützte Kommissionierung. Forschungsbericht. Lehrstuhl für Fördertechnik Materialfluss Logistik, Technische Universität München 2009

Günthner, W. A.; ten Hompel, M. (Hrsg.): Internet der Dinge in der Intralogistik. Springer, Heidelberg/Dordrecht/London/New York 2010

Günthner, W. A.; Salfer, M.: RFID-MachLog - Methodik für UHFRFID-Machbarkeitsstudien. Forschungsbericht. München 2011

Günthner, W. A.; Steghafner A.: KomPlanVR - Kommissioniersystem-Planung mit VR. Forschungsbericht. Lehrstuhl für Fördertechnik Materialfluss Logistik (fml) , Technische Universität München 2012a

Günthner, W. A.; Rammelmeier T.: Vermeidung von Kommissionierfehlern mit Pick-by-Vision. Forschungsbericht. Lehrstuhl für Fördertechnik Materialfluss Logistik, Technische Universität München 2012b

Günthner, W. A.; Deuse, J.; Rammelmeier, T.; Weisner, K.: Entwicklung und technische Integration einer Bewertungsmethodik zur Ermittlung von Mitarbeiterbelastungen in Kommissioniersystemen. Forschungsbericht. Lehrstuhl für Fördertechnik Materialfluss Logistik (fml) , Technische Universität München 2014a

Günthner, W. A.; Koch, M.: Erstellung einer ergonomischen Lagerstrategie und -organisation durch ein Arbeitslast analysierendes Warehouse-Management-System. Forschungsbericht. Lehrstuhl für Fördertechnik Materialfluss Logistik (fml) , Technische Universität München 2014b

Günthner, W. A.; Bengler, K.; vom Stein, M.; Knott, V.: Einsatz der Augmented-Reality-Technologie zur Unterstutzung des Fahrers von Flurförderzeugen. Forschungsbericht. Lehrstuhl für Fördertechnik Materialfluss Logistik (fml) , Technische Universität München 2015a

Günthner, W. A.; Lechner, J.: RFID-MobiVis. Mobile Lesefelderfassung und -visualisierung von UHF-RFID-Installationen. Forschungsbericht. Lehrstuhl für Fördertechnik Materialfluss Logistik (fml) , Technische Universität München 2015b

Handrich, W.: Flexible, flurfreie Materialflusstechnik für dynamische Produktionsstrukturen. Dissertation. Lehrstuhl für Fördertechnik Materialfluss Logistik (fml) , Technische Universität München 2001

Hohenstein, F.: Systementwurf und Umsetzung einer funktionsintegrierenden Gabelstaplerlokalisierung für eine wandlungsfähige und effiziente Transportausführung. Dissertation. Lehrstuhl für Fördertechnik Materialfluss Logistik (fml) , Technische Universität München 2014

Iben, H.; Baumann, H.; Ruthenbeck, C.; Klug, T.: Visual Based Picking Supported by Context Awareness - Comparing Picking Performance Using Paper-based Lists Versus List Presented on a Head Mounted Display with Contextual Support. In: Proceedings of the ICMI-MLMI'09, Cambridge, MA/USA, 2009, S. 281-88

Jäger, M.: Belastung und Belastbarkeit der Lendenwirbelsäule im Berufsalltag. Ein interdisziplinarer Ansatz für eine ergonomische Arbeitsgestaltung. VDI Fortschritts-Berichte Reihe 17, Nr. 208. VDI Verlag, Düsseldorf 2001

Jung, M.: PräVISION. *http://www.fml.mw.tum.de/fml/index. php? Set_ID=1061 (*letzter Aufruf: August 2016) . Lehrstuhl für Fördertechnik Materialfluss Logistik (fml) , Technische Universität München, Garching 2016

Kagermann, H.; Wahlster, W.; Helbig, J.: Umsetzungsempfehlungen für das Zukunftsprojekt Industrie 4.0. Abschlussbericht des Arbeitskreises Industrie 4.0. acatech, Frankfurt/Main 2013

Kipouridis, O.; Roidl, M.; Gunthner, W. A.; ten Hompel, M.: Kollaborative Planung dezentral gesteuerter Materialflusssysteme in der Intralogistik. In: Tagungsband WGTL-Kolloquium, Verl. Praxiswissen, Dortmund 2013, S. 231-239

Kugler, M.; Bierwirth, M.; Schaub, K.; Sinn-Behrendt, A.; Feith, A.; Ghezel-Ahmadi, K.; Bruder, R.: Ergonomie in der Industrie -aber wie? Handlungshilfe für den schrittweisen Aufbau eines einfachen Ergonomiemanagements. Institut für Arbeitswissenschaft, Technische Universität Darmstadt 2010

Lechner, J.; Ascher, A.; Nosovic, S.; Günthner, W. A.: Concept for an intelligent UHF RFID reader according to the Ideas of Industry 4.0. Konferenzbeitrag. European Conference on Smart Objects, Systems and Technologies (Smart Sys Tech 2016) , Duisburg 2016

Lieberoth-Leden, C.; Regulin, D.; Günthner, W. A.: Efficient Messaging Through Cluster Coordinators in Decentralized Controlled Material Flow Systems. Konferenzbeitrag. International Conference on Transportation and Traffic Engineering. Luzern 2016

Lindl, R.: Tracking von Verkehrsteilnehmern im Kontext von Multisensorsystemen. Dissertation. Technische Universität München, Garching 2009

Mayer, J.: Werkzeugorganisation für flexible Fertigungszellen und -systeme. Springer, Berlin/Heidelberg/New York 1988

Prives, S.; Günthner, W. A.; Loibl, C.; Biebl, E.: Transparenz und Rückverfolgbarkeit in der Lebensmittel-Supply-Chain. In: Logistik für Unternehmen 11/12 2012, S. 50-51

Rammelmeier, T.; Galka, S.; Günthner, W. A.: Fehlervermeidung in der Kommissionierung. In: Logistics Journal Proceedings, 2012

Röschinger, M.; Stockenberger, D.; Günthner, W. A.: Werkzeugmanagement in der Cloud. In: Industrie Management 30, 2014, S. 52-56

Spindler, M.; Aicher, T.; Schütz, D.; Vogel-Heuser, B.; Günthner, W. A.: Efficient Control Software Design for Automated Material Handling Systems Based on a Two-Layer Architecture. Konferenzbeitrag. IEEE International Conference on Advanced Logistics and Transport, Krakau 2016

ten Hompel, M.; Günthner, W. A.; Roidl, M.; Kipouridis, O.: KoDe-Mat - Befähigung von KMU zur kollaborativen Planung und Entwicklung heterogener, dezentral gesteuerter Materialflusssysteme. Forschungsbericht. FLW, Dortmund/ FML, München 2015

*VDI 3590:*1994: Blatt 1: Kommissioniersysteme - Grundlagen. Verein Deutscher Ingenieure e. V./Beuth Verlag, Düsseldorf

Vogel-Heuser, B.; Lee, J.; Leitao, P.: Agents enabling cyber-physical production systems. In: at - Automatisierungstechnik 2015, 63 (10) . De Gruyter, Berlin 2015

Wang, R.: Konzeption und Entwicklung eines EPC-basierten Datennetzwerkes in der Lebensmittel-Supply-Chain. Dissertation. Lehrstuhl für Fördertechnik Materialfluss Logistik (fml), Technische Universität München 2014

Weisweiler, S.; Sauerland, M.; Walch, D.; Hammerl, M.: Mitarbeiterqualifizierung und -mobilität: Einflussfaktoren und Auswirkungen des flexiblen Mitarbeitereinsatzes im logistischem Umfeld. Forschungsarbeit. Lehrstuhl für Sozial- und Organisationspsychologie, Universität Regensburg 2006

第 7 章

装配 4.0

Julian Backhaus，VeitHammerstingl，Joachim Michniewicz，
Cosima Stocker，Marco Ulrich，Gunther Reinhart

7.1 动机

鉴于当前制造业的趋势和挑战，装配作为制造过程的最后阶段起着至关重要的作用。在整个价值链中，装配受到多方面因素的影响。不断增长的产品变体以及变化的产品生命周期对生产过程中的柔性和可变性提出了前所未有的要求（Abele 2011）。这要求能够更加迅速地规划装配设备，以及对于变化的生产条件具有很高的适应能力（Hedelind/Jackson 2007；Koren 等，1999；Reinhart 2000）。本文在第四次工业革命的背景下给出了许多新兴方法，这些方法在被装配的产品、装配设备及其装配方法中都使用了数字化模型。通过智能互联、产品和设备的信息收集及其自动化分析，给出了不同种类的方法以提高装配过程的自动化程度。本章涉及装配规划、集成、参数化、装配设备的驱动编程以及以输送系统为例的自动化硬件设计。

工业 4.0 中有关装配的原则是数字化产品以及设备描述的相互联系和影响。这一点可以通过提高网络化和数字化来实现。

1. 过去的情况

目前，手动装配线和自动装配线都是针对特定产品或产品系列进行规划和实施的。在这个过程中，工厂中可用的资源将会分配给重复的装配过程。可用资源的功能范围包括机器人、夹具、搬运系统、可编程光学传感器（Bullinger 1993；Konold 2009；Lotter 2012）。

传统意义上小批量产品系列的装配主要是手动的，而昂贵的自动化装配线则是针对预期产量较大的产品系列进行规划和调试的。手动装配相较于自动化装配线具有很高的柔性，当客户需求发生改变时可以快速地做出反应和调整。为了实现生产系统

的轻松配置以及模块化，需要充分考虑各种有效的解决方案，但由于当下手动装配方式的影响，尚不能有效地实现。

另一方面，由于高利用率，全自动装配线可以显著降低每个产品的生产成本。但由于各种与市场相关的不确定性，无法确保产能的利用率，所以具有相当大的投资风险。因此，需要增加自动装配设备的柔性，以便在中小批量生产中进行有效生产。

若想引入一个新的产品变体抑或对现有设备进行改装（如移除驱动装置），都将导致人力资源的浪费。因此必须对整个过程进行重新规划，相应地对其驱动设备进行结构化、参数化以及编程。

在装配的规划和保障过程中，当引入新产品或产品参数发生改变时，总会给设计人员和设备规划员带来繁冗的协商和更改。对于一些特殊的产品，其数据会以 CAD 模型、图样、说明书和数据表格的形式移交给设备管理员。设备管理员检查所需过程的可实施性，筛选出合适的设备以及将装配过程分配到相应的装配单元。需要知道在产品和设备上作出的更改，重复此过程直到实现最终产品。但是只能粗略地估计计划变更后的结果。如规划装配顺序、选择生产设备或者确定过程序列，往往需要大量地手动规划。随着生产过程的复杂化，找到最佳的装配解决方案对于工作人员来说变得越发困难。各式各样的产品变体会消耗大量的人力和时间（Bullinger 1993；Konold 2009；Lotter 2012；Zäh 2008）。

装配设备的规划还需要各种零件进行结构上的调整，如夹持工具和进给技术。作为确保装配过程的前提条件，设备会随个性化的产品特征进行调整。鉴于要考虑的零件种类越来越多，需要有效地

选择和设计零件。特别是进给技术，其在自动化生产设备上的成本达到了总成本的 50%（Abele 2011，Frädrich 2009）。由于原则上进给系统具有很高的个性化，同时需要配合所输送的零件，因此对其进行调整既耗时又耗费资源，严重限制了生产设备的可变性。

对于装配设备的技术调试和系统集成，其零件不仅必须机械化以及电子化地连接在一起，还必须进行信息化联网。特别是在信息技术领域，手动地集成对资源的消耗非常大，而且需要跨领域的专家团队进行支持（Hammerstingl/Reinhart 2015）。其原因包括接口的不统一，系统环境的异构（Feldmann 2014）以及缺少数字化描述（Hammerstingl/Reinhart 2015）。正是由于这些变化所带来的巨大资源消耗，使得生产装配的适应性变差，并导致现有组件的重复利用率很低。

特别是对于一些变化种类很多的产品，在柔性方面，手动装配的另一个障碍是创建新的工作指令，并指导工人采取新的步骤。这将使新产品交付周期更长，同时延缓装配线上的技术革新。

为了响应产品的日益多样化以及不断变化的市场需求，同时缩短反应时间，需要对中小批量的产品装配线进行高效规划、调试和重新配置。本章介绍了提高装配阶段自动化水平的解决方案，利用生产系统固有的柔性去实现该目标。

2. 本章结构

本章介绍了装配线的高效规划、调试和配置，并附上实例使读者更加容易理解。产品以及装配系统的实例见 7.2 节。对所提出的概念，7.3 节描述了所需要的模型零件，特别是"解决方案的功能描述"，其用于描述产品以及设备的使用过程。它们构成了后续步骤的基础，后续步骤包括如自动装配规划、设备调试以及编程。

7.4 节介绍了自动分析 CAD 产品数据的方法，以便轻松确定产品需求。从而能够轻松地制定有效的装配顺序以及实现装配过程的参数化。

7.5 节介绍了自动化装配规划，其基于 CAD 产品数据的自动分析，能够选择合适的资源并为设计人员或设备规划员提供适当的建议。其目标是加速新产品的引入、有针对性地选择资源和适应设备。这里的重点是充分利用生产系统和产品的柔性。

7.6 节介绍了模块化装配设备中的系统集成、参数化以及代码生成。

7.7 节将使用进给系统的自动化硬件设计作为例子进行介绍。

7.2 产品和设备实例

7.2.1 产品实例

该产品实例主要是关于电子设备，它由一个包含电路板的外壳组成（见图 2-7-1）。电路板通过螺钉固定，螺钉拧入带内螺纹的六角形垫片，之后螺钉拧入壳体内。电路板有一个同样用螺钉固定的冷却器。外壳用顶盖密封，同样用螺钉紧固。

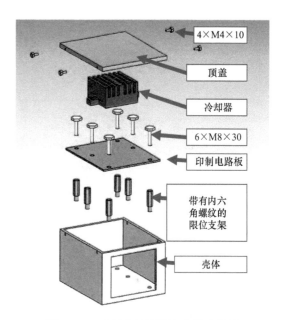

图 2-7-1　示例产品的结构及其示意图

7.2.2 设备实例

图 2-7-2 所示的生产系统是一个混合装配线，包括 7 个自动化装配单元（装配点 1~3 和 5~8）以及一个手动装配单元（装配点 4）。这些装配单元通过传送带互相链接，传送带根据所需工艺过程将壳体移动到正确的工位。壳体通过夹紧装置固定在每个工位上。为了探测到壳体，装配站均配备有光栅。在自动装配站由不同种类的机器人配备工具（卡爪以及装配轴）。借助于振动螺旋给料机将待拧紧的连接件（螺钉和六角垫片）输送给装配轴。待装配的电路板在装配单元 2 处由条码扫描器识别。冷却器也在装配单元 5 中以盒体的形式送出，并且机器人自动将其取出。待安装的顶盖通过装配单元 7 处的另一传送带提供。成品在传送带的末端离开装配线（出货）。

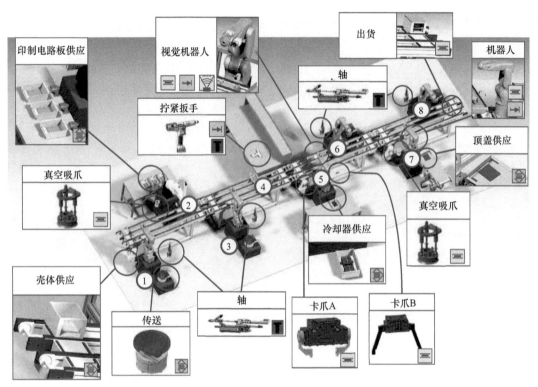

图 2-7-2　生产系统中可用设备示意图（装配站均标有数字）

7.3　解决方案中的中性能力描述

7.3.1　概念和实例

"能力"的概念或者英语词汇"Skill"已经在很多文献中得到使用（vgl.Backhaus 2015；Bengel 2008；Kluge 2011；Morrow/Khosla 1997；Pfrommer 2013；Smale 2011）。接下来将给出"能力"的定义。

能力是独立于生产商的可以分配资源的功能性描述。每种能力都有特定的属性，因此可以进行更为详细的定义。例如在装配过程中，移动、夹持、检测和测量都属于能力的范畴。这种不依赖资源的能力被称为基本过程步骤，并应用于装配任务中解决方案中立的描述。

装配系统中解决方案中立的生产工具能力是实现自动装配规划和自动集成的核心要素。图 2-7-3 所示为虚拟产品和虚拟装配系统部分的基本模型元素和零件，该图虚拟地展示了产品装配的优先级顺序。它是由与零件相关的装配任务构成的，这些任务可以进一步分解成单独的过程步骤。而在装配系统的层面上，各个生产工具模型组成了相关物料流的整体模型（见 7.1 节）。除了之后会提到的生产工具模型的组成部分，如接口描述，能力都是作为核心元素出现的。它们对应于基本的过程步骤，并且可以调整资源使其适应相应的生产任务。与能力相对应的生产步骤可以从 CAD 数据或者产品模型中自动导出，但也可以由用户自己定义。

如该示例设备所示，生产工具能力的组成部分如图 2-7-4 所示。

生产工具能力包括输入参数、输出参数和系统定义参数。例如对于螺钉来说，扭矩或者旋转角度即为它的输入参数。输入参数还可以指定其最大值和范围，同时与过程步骤所要求的参数进行比较。输出参数表示设备的返回值，例如在程序中可以设置一个要求程序停止的参数值。而对于系统定义参数，例如在拧紧螺钉的过程中，对于同一产品的不同拧紧类型，可在设备上对其进行进一步定义。

能力的另一个重要组成部分是将其输入和输出参数分配给相关设备的命令和接口。有关这方面的信息可以在 7.6.1 节中找到。

下文总结了设备的数字化模型（也称为虚拟现实，数字阴影或数字孪生）（见图 2-7-5）。

1）生产工具能力：要描述生产工具的可执行过程，必须将生产工具可用的能力（包括可能的参数和限制条件）存储在虚拟现实中（见 7.5.3 节）。

2）接口描述：生产工具具有输入接口和输出接

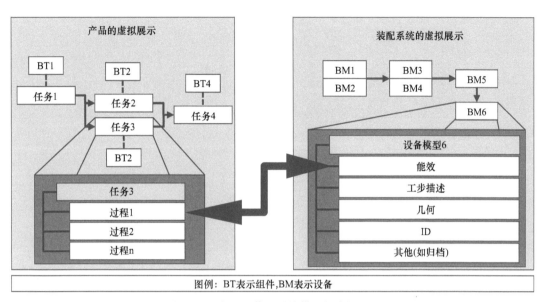

图 2-7-3　产品和装配系统模型的虚拟展示

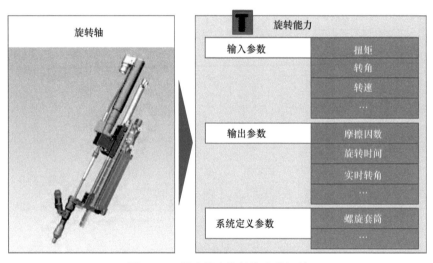

图 2-7-4　所选具有旋转能力的组件

口，例如机械接口、流体接口、电气接口或者通信接口。生产工具需要输入接口以保证其功能性。生产工具的输出接口与其他接口连接。执行功能的可用性依赖于接口是否成功连接。一个带有机械接口和气动（输入）接口的卡爪，如果未能连接到机器人的气动（输出）接口，那么它是不能正常夹紧的。在一个装配单元中检测几何参数时，需要互相连接的生产工具同时工作（如机器人和卡爪），这时接口的位置、方向和种类就显得尤为重要。

3）物理描述——生产工具的几何模型和运动学：碰撞检测需要用到生产工具的几何模型（CAD、空间几何数据）。这些生产工具的状态往往都是可变的（如打开或者关闭的卡爪、工业机器人），这就需

要相应的运动学模型。为了确保不发生碰撞，需要笛卡儿坐标系作为参考指标。

4）组件的行为模型：这也与生产工具的几何和运动学描述有关，并且集成在仿真模型中（如机器人控制的行为）。

5）识别属性：每个生产工具必须被明确无误地识别。有几种分类系统，全面产品分类（如 eCl@ss）制造商特定分类（型号和序列号），以及用户特定分类（如主数据编号）。除此之外还有一些动态条目，例如实时的网络地址。

6）设备状态：为了正确规划资源，规划算法需要设备的当前状态。包括运行模式、运行状态、任何报警信息，以及当前的能源和燃料消耗。

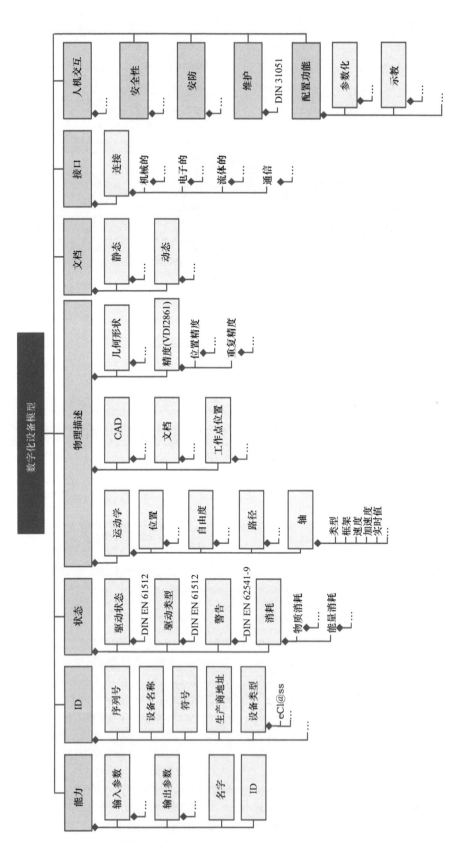

图 2-7-5　数字化设备模型概览

7）配置功能：设备不仅需要提供产能，还需要提供配置功能，以便为相应的生产任务配置设备。规划算法可以配置设备参数，例如图像处理系统中的亮度值和传感器中的距离设置。如果设备需要规划系统未知的特殊设置，则用户还可以通过此界面对设备进行配置（Teach-in）。

8）附加信息：除上述方面外，还有其他属性，例如设备文档、安全条目以及设备的可视化表示。

图 2-7-5 所示为所描述的设备属性的一部分。除大量静态条目（如序列号、接口）以外，参数值也可以在运行时动态变化（如当前轴的角度）。

结合工业 4.0 兼容的通信接口，数字的生产工具模型描述了适用于该生产的管理框架（Heidel 2015）。

7.3.2　优点

使用能力的结果会有以下一系列优点，具体介绍如下。基于解决方案的中立性，系统中如自动装配规划（见 7.5 节）和设备调试（见 7.6.1 节），都独立于具体的制造商厂家。因此组件可以很容易地互换，以至于能够实现更好的整体系统性能。组件之间也具有良好的可比性，可以得出应用情况的最佳解决方案。

如上所述，能力不仅仅在应用层面起作用。在规划阶段，则用于组件的比较和筛选。能力也会涉及之后装配系统中控制程序的生成。在设备运行过程中，提供能力锚点，以实现自适应的自动化过程。下文详细介绍了各阶段能力的使用情况。

7.3.3　能力的分类

为了把能力以及过程步骤应用到规划过程和配置过程中去，就必须了解并定义其分类或者分类方案。过程规划是建立在能力的基础之上的，且规划过程中的参数设置也来源于其中。所以只有定义好这些能力以及过程步骤，才能对其进行自动的比较。如果缺少参数，那么对比过程将不成立，但是允许用户对该参数进行后续添加。目前，并没有公认的能力分类标准或者指南。但在企业内部的使用过程中，可以基于现有的标准定义分类方法。对于一些企业而言，可以仅详细定义个别分类，也就是说并不需要定义所有分类。接下来将描述两种分类方法。

为了对能力进行分类，首先第一步要有区别地确定出特征来。由于装配过程中要用到资源，因此从这些过程中自然可以分离出特征来。VDI 2860 或 DIN 8593 等标准和指南描述了制造和装配过程的类别，因此可以作为其基础。但是由于它们之间没有交集（Schmidt 1991），因此无法直接采用这些标准。

例如 DIN 8593-1 中的生产工序"组装"可以由 VDI 2860 中的"移动"和"定位"组成。在 Schmidt 1991 中记载，对于装配过程中的状态以及状态的转换和检测，允许物理量和逻辑量的分离。在此基础上，Backhaus/Reinhart 2015 和 Hammerstingl 2015 建立了分类法，这些分类法已经得到了标准化和更新（见图 2-7-6）。自上往下有诸多功能，如：移动、连接、控制、存储以及特殊操作。利用源自过程或相关规范的分离特征，可以在第一步的基础上建立基本分类法。

在第二步中，必须详细说明输入参数和输出参数以及系统定义参数的分类。如果在企业内部使用分类法，收集好现有的典型生产工具信息并划分其类别的同时，对于生产工具所必需的输入参数、输出参数以及系统定义参数进行详细设定。例如根据传送带的类型，对其速度进行设定或者预先设定好其速度参数。原则上，以这种方式生成的类可以包含在收集的资源中发生的所有参数，或者甚至只包含其交集。

当然这也可能导致生产工具的浪费。因此提出了另一种分类方法。对于每种能力，都要考虑其基础的物理原理。为了确定执行时所需的最小参数（物理），此时需要软件模块将已定义的参数转换为各个设备的特殊规范。其优点是：即使不同设备上的参数（如速度）有不同的表示方法，不论英美单位或者 SI 单位，在软件的帮助下依旧可以转换为设备可用的参数。这些软件可以由用户或者外部公司（如制造商）提供。

除了系统定义的参数之外，输入输出参数可以分为过程参数和几何参数。过程参数描述要执行活动的几何无关的特征。例如，在装配任务中，应在装配过后检查散热器的安装方向。而这里的工艺参数是指大小的检测以及公差的检测（见表 2-7-1）。几何参数根据产品几何形状来确定装配过程中的工作区域。例如，检测的位置以及检测的区域范围。与其他参数相比，几何参数的文本输入十分复杂并且不是非常直观。因此对于用户来说，使用具有相应三维 CAD 界面的输入程序是十分有意义的。系统参数指定了相应的系统要求，在这里系统参数代表了系统的最大响应时间。这可能与执行过程中的时间不一致，因为生产工具的计算时间和通信时间也包括在响应时间中。响应时间对于生产节拍的计算或者确定性系统（如安全技术）都是十分必要的。

例如，从点 A 到点 B 的运动过程中，定义好能力层级以及过程步骤，那么已建立的分类法就可以直接支持过程步骤中任务的描述。因此可以甄别所有生产工具的所属类别（如传送带、带有卡爪的机器人、工人）以及生产任务的合理性。

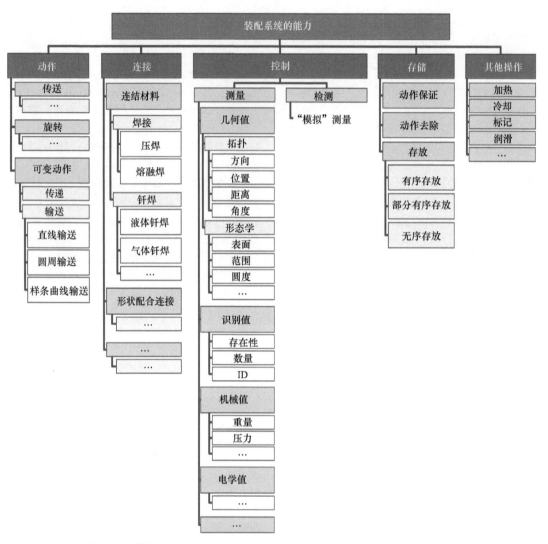

图 2-7-6　摘自 Backhaus/Reinhart 2015 和 Hammerstingl 2015 的能力分类法

表 2-7-1　能力参数

能力参数	举例：检测方向	举例：夹持零件
过程	检测大小 {<1°} 检测公差 {+0.001°}	夹持力：（20N） 夹持速度：（0.05m/s）
几何	检测位置：{x y z a b c} 检测表面：{ 右下角：H=30mm，W=32mm}	夹持位置：{x y z a b c} 夹持面：{ 右下角：H=12mm，W=25mm}
系统	最大反应时间：{1.5s}	最大反映时间：{2s}

7.4　CAD 产品分析 - 产品要求的生成

生产中需要借助 CAD 系统来开发和设计新的产品。产品模型是由各个零件的几何模型组成的。该模型不仅包括零件也包括其空间位置关系。产品模型还包含例如零件间的几何关系、材料特征以及组织信息（编号）等信息（Da Xu 2012；Ou 2013）。

CAD 中开发的产品模型主要用于可视化和确保产品的装配效果。因此，可以自动检测零件之间的干涉并将其显示给用户。在装配方面，现有的 CAD 系统并不能提供自动化的解决方案，例如装配时防止零件间碰撞或者装配顺序的确定，这些都属于非自动化过程。对于每个新产品及其变体产品，装配顺序的选择和记录以及所需过程的描述都必须手动来完成。在随后的步骤中，这些记录文档构成了规划新装配线或确保现有装配线适用性的基础。这就需要不同的数据来源。而有经验的规划员工负责最佳解决方案的选择（Da Xu 2012；Reinhart 2007；Westkämper 2006；Zäh 2008）。

在装配中有效引入新产品的一个障碍是将过程相关数据存储在多个文件中或不同位置。大量的参数（如压力和拧紧力矩）通常没有存放在同一个产品模型中，而是分布在各处（数据库、电子表格、打印机、工程图样）。因此，信息的收集以及不同数据的管理和更新将导致企业成本的增加，特别是当数据量增加和创新周期加快时更是如此。

在许多情况下，CAD 数据可以更为详尽地描述产品特征（VDI 2002）。信息技术元素完全可以附加在零件或者产品中。这些元素可以将不同生命周期阶段的任意信息存储起来（公差、加工类型、扭矩）。该特征技术可用于装配顺序和装配过程的集中存储。然而，鉴于产品的多样化和越来越频繁的产品变化，低成本地确定这些参数是十分必要的。

下文将会介绍一种通用方法，其根据 CAD 产品数据自动生成解决方案中立的产品要求。其中，重点是确定有效的装配顺序和装配动作。目标是使用通用 CAD 数据来降低集成成本。

7.4.1　逐个拆装——确定装配顺序和装配动作

在现有 CAD 产品数据的基础上自动生成装配顺序需要多方面的工作（Eng 等 1999；Kaufman 等 1996；Mosemann 2000；Thomas 2008）。装配规划不仅包括装配顺序还包括执行装配过程的形式，因此引入逐个拆装（Assembly-by-Disassembly）方法，以产品的 CAD 数据为基础对装配过程进行参数化。因此对待装配的产品进行模拟，将该产品的拆卸过程颠倒之后得出其正常的装配过程（见图 2-7-7）。通过逐渐移动零件，确定出与其他零件无碰撞的（拆卸）装配路径，从而保证可拆卸性。当该零件与其余零件达到足够距离时，将其从产品模型中移除。通过这些存储起来的拆卸路径确定出装配路径，装配步骤的参数化也会用到这些路径。如果一个零件不能被拆卸下来，那么该零件会被另一个零件替代，直到该产品能够拆解成一个个的最小单元。为了增加无碰撞路径的搜索效率，可以使用诸如零件坐标系之间的附加信息或零件之间的几何条件，因为这些通常与装配方向相关。主装配方向的规定适用于各类产品，也可用作无碰撞路径搜索过程中的首选位移方向（Alfadhlani 等 2011；Lambert 2002；Michniewicz/Reinhart 2015a；Michniewicz/Reinhart 2015b；Ou 2013；Romney 1995；Santochi 2002）。为了在无碰撞路径的生成期间有效地分拣部件，当零件无法拆卸时，存储该碰撞路径，并且检查与该碰撞相关的零件，然后重复拆卸，直到碰撞零件被拆卸以及拆卸路径是通畅的。

由于工业 CAD 产品数据中的零件数量巨大，因此必须对零件进行低成本的预分类，以确定仿真零件拆卸的有效顺序，并避免对不可拆卸零件进行耗时的测试。之后再进行拆卸模拟。预分类可以以不同的方式完成：

1）为了缩小解决方案的空间，可优先模拟拆卸某些零件。预设的零件一般是连接元件，例如装配中用于固定的螺钉或螺栓。通过唯一的零件名称或者其他的标识符可以将这些零件自动识别出来。此外，可以指定整个零件组的装配顺序。这对于互相关联的装配站以及具有统一产品结构的产品系列特别有效。

2）提前给出的基本零件，诸如外壳，使得解决方案空间变得更加紧凑。

图 2-7-7　所选装配过程的逐个拆装法展示：通过移动待安装部件从而确定无碰撞路径
（组件的无碰撞运动方向用箭头表示）

3）有时候会有这种假设：产品外部一些零件将在以后安装。因此，这些零件应该优先进行拆卸。有许多自动化方法，可确定哪些零件是外置的。举例来说，例如通过确定零件间彼此的重心位置，或者利用"平面法"，利用假想的平面显示对应零件间的干涉，见图 2-7-8。

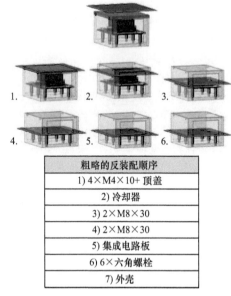

粗略的反装配顺序
1）4×M4×10+ 顶盖
2）冷却器
3）2×M8×30
4）2×M8×30
5）集成电路板
6）6×六角螺栓
7）外壳

图 2-7-8　图层：虚拟平面在产品中移动，与平面干涉的组件会被隐藏并保存，从而粗略确定拆卸顺序

贴合式零件装配的挑战：对于逐个拆装的一个巨大挑战是贴合式零件的装配（如弹簧连接、弹簧挂钩或者弹性垫片），对于这种装配，无法找到一个无碰撞的拆卸路径。针对这种挑战有多种解决办法。

1）在零件拆卸过程中可以利用可变形的 CAD 模型代替相应的贴合式零件模型。由此可以找出无

碰撞的拆卸路径来。

2）在碰撞检查中可以忽略相关的几何元素，如挂钩。使用基于物理的仿真，对相应的零件用形状不稳定或塑性行为建模。

7.4.2　工艺参数的定量确定

为了平衡要求与能效之间的关系，需要确定以及量化工艺参数。根据存储在 CAD 中的数据，例如可以通过零件上的相应特征自动导出以及读取这些参数数据。为此，特征中包含的信息必须对应于所描述工艺步骤的参数。倘若某些参数缺失，需要在 CAD 分析之后手动输入参数。

如果系统在任务描述中检测到参数缺失，则可以提示用户手动输入所缺失的参数，以确保模型的完整性。

此外，为了获得与装配相关的工艺参数，可以将自动化系统集成到 CAD 产品分析中。例如为了确定零件的可抓取性，通过所配置的材料即可确定其质量，而在 CAD 数据中通常不能获得螺钉的拧紧力矩或者预紧力，并且很难自动将其确定出来。根据规划过程中工艺参数（检测标准和检测频率）的相关性，可以建立相应的知识库，从而自动确定这些工艺参数值。举一个简单的例子，非动态施加的螺钉拧紧扭矩的确定是关于螺钉长度、螺钉直径和待拧紧零件的材料组合之间的关系。

基于 CAD 的产品分析结果是一种解决方案中性的产品要求（见图 2-7-9）。有效的装配顺序将作为图形结构存储起来，其节点由要执行的任务组成。由工艺步骤组成的任务是完全参数化的。

7.4.3　确定零件接口

要执行装配操作，必须固定好要装配的零件。夹持装置因零件种类的不同而不同。为了找出可能

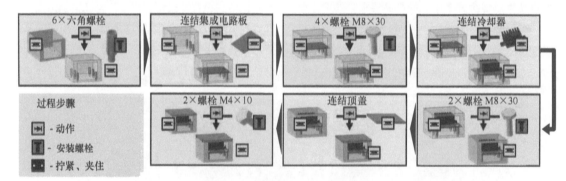

图 2-7-9　解决方案中性的产品要求是：要执行的任务中过程步骤参数化并且按照有效的装配顺序排列。零件的无碰撞运动由逐个拆装法生成，并且将动作过程步骤参数化，拧紧该步骤的参数化是基于特征信息或者手动输入

的夹持点，可以再次使用 CAD 模型。对于不同的夹持类型，文献（Röhrdanz 1998；Schmalz/Reinhart 2014）中描述了若干找到夹持点的方法。零件接口在 CAD 系统的坐标系中给出。作为之后碰撞检测的基础，根据设备的不同该接口会进行不同程度的扩展。一个吸式卡钳可以对应三种接口规格：单卡爪、双卡爪和三卡爪。

7.5 自动装配规划

7.5.1 引言及系统概况

在装配规划中有许多应用案例，视具体情况而定，装配规划具有不同的自由度。在规划新的装配线时，重要的是为产品选择最佳的设备以及使用最佳的配置以及布置。在现有装配线上引入新产品或装配线上的产品发生改变时，必须确保当前布局中的设备可以执行所有必需的装配流程，并且可以实现预期的产能。如果现有生产线适用于某产品的装配，则必须选择最佳的生产流程，从而将所需的装配流程正确地分配到合适的设备。如果装配线不适合生产新产品或改良某一产品时，则必须对其进行相应的调整，即重新设计或扩展该生产线。那么新的设备就要满足该调整的需求。或者为了避免生产系统发生较大的改动，可以对产品进行设计调整（Bullinger 1993；Konold 2009；Lotter 2012；Westkämper 2006）。

目前，上述决策方法和保障措施都是人为完成的。由于设计人员和设备规划员之间的协调工作很多，导致了产品和生产系统会发生一系列的变化。而他们决策的依据是相关人员的专业知识。

接下来展示的系统提供了一种有效的自动装配规划。基于产品数据的 CAD 分析生成出解决方案中立的产品要求（见图 2-7-10b）。它们不仅包含有效的装配顺序和零件特征，还包括所需的装配工艺类型（如零件间的连接）。这些又由基本工艺步骤的重复序列组成（移动零件、定位零件）。

自动地筛选出合适生产工具的前提是对它们的特征、约束以及功能进行建模。从生产工具库中可以加载这些可用生产工具模型，并用于生产工具的自动筛选（见 7.3.3 节和图 2-7-10e）。

工厂的布局模型（见图 2-7-10f）囊括了所有生产工具的布置，基于此在生产工具模型的帮助下整个生产系统的能效模型应运而生（见图 2-7-10g 和 7.5.2 节）。它包含可能的物料流以及所有可用能力。

考虑到工厂布局的情况，该模型作为装配规划的基础，将以生产图像的形式给出（Michniewicz/Reinhart 2015a；Michniewicz/Reinhart 2015b）。通过加载实际生产工具的数字化模型，生产系统以及生产工具库会随着设备的实时状态同步，从而实时更新仿真模型（见 7.6.1 节和图 2-7-10）。

为了在产品的装配过程中选择最佳生产工具，应自动平衡要求和能力（见图 2-7-10i 和 7.5.3 节）。也就是说在相应产品的装配步骤中，将产品所需的基本工艺步骤与生产工具或生产系统提供的能力进行比较。除了简单参数（如夹具的重量和有效负载，螺钉的拧紧力矩和主轴的许用扭矩）的定量以及定性分析外，在自由度的干涉以及运动的可行性方面，还会模拟地测试更加复杂的过程（如夹紧和移动）。这将十分有利于规划过程和保障过程的自动化。

应该自动考虑不同的固有柔性。由于涉及人工，这些柔性不能被有效地考虑以及被经济地利用。通过自动生成不同的装配顺序，以及将不同的装配过程分配到各个设备，可以有许多不同的装配规划方案（见图 2-7-10i）。而具体的方案会根据生产系统中所选生产工具以及次级过程决定（如零件的运输、供应以及中间产品）。基于用户所给的标准，权衡所生产的不同装配方案，然后确定最佳方案。

自动考虑的柔性可以总结如下（Sethi 1990）：

1）产品柔性：待装配的产品可以有不同的装配顺序。CAD 产品分析自动生成不同的装配顺序，这些装配顺序紧接着作为装配规划的基础。在此基础上，装配规划的柔性大大增加。

2）机器柔性：生产系统中的每一个设备以及每一个单元都提供了一定的功能范围。通过以解决方案中立能力的形式定量描述所提供的工艺，记录整个功能范围并在规划中将其考虑在内。此外，系统的模块化方法和设备接口的标准化描述允许包括重新配置，例如两个站之间的工具交换或工业机器人的自动工具更换以及相应的工具更换系统。

3）操作柔性：这里要特别注意生产系统中零件以及中间产品的操作路径。解决方案的空间大小自然取决于物料流系统的柔性（如设备间的自由连接）。

由于使用了独立的解决方案功能，产生的特定用于生产系统的装配计划可用于实际工厂中的生产工具或控制的调试或编程（见 7.6 节）。

2

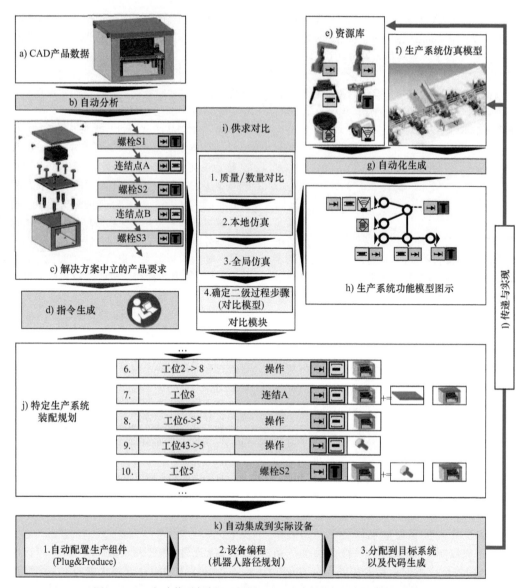

图 2-7-10   自动装配规划子系统概述，包括下游自动化集成的接口

7.5.2   利用已知布局生成设备能力模型

要将产品要求与具有已知布局的生产系统的能力进行平衡，必须首先生成其能力模型。所提出的解决方案是图像模型，其结点代表可用能力及其边界代表可能的物料流。基于图表的表示被称为生产图像（PG）（Michniewicz/Reinhart 2015a；Michniewicz/Reinhart 2015b），之所以选择它是因为它在众多可选方案中很适合寻找解决方案。生成工厂的能力模型的先决条件是现有的数字模型，包括要考虑的各生产工具的能力描述（见图 2-7-11）。

生产图像结点（PG 结点）汇总了装配站生产工具的能力。通过定义生产工具或者生产工具间

关联，生产图像的节点可以代表零件或者在产品上要执行的装配过程。由此，为了确定装配站功能范围，了解生产工具间的相互影响是很有必要的。生产工具间的依赖关系可以自动生成并存储在知识库中。生产工具间相互影响的典型例子：机器人的工作范围取决于其所使用的工具或者装有夹持工具时的负载。通过对生产工具的接口进行建模，可以使用重新配置选项自动扩展节点模型。特别是在模块化生产系统中，重新配置会产生大量的规划替代方案，这些方案将会用于平衡要求和能力。例如，可以自动为工厂中的每个工位选择合适的工具和传感器。

为了测试生产系统的适用性，必须要考虑到装

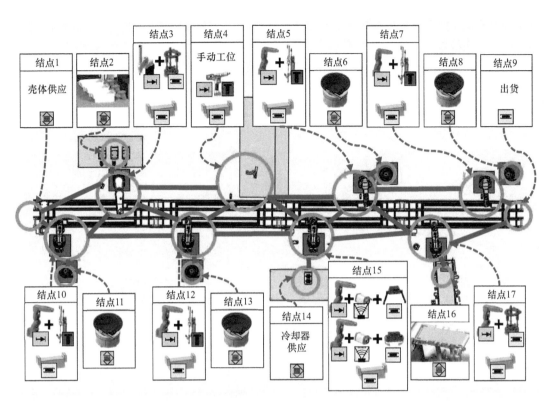

图 2-7-11　带有节点的生产系统俯视图可以对待组装的产品进行资源处理。节点的功能源于其所包含的
资源的相互影响。工位资源的重新配置也会映射到节点中（见节点 15，带有 2 个可能的夹具）
边缘表示可能流经生产系统的零件或者组件物料流

配站之间的连接。在使用的图像模型时，节点之间的边缘用于呈现所有可能的物料，以便用于确定工位之间的连接方式，比如串联连接或并联连接。无论有无电动机，许多技术方案都可用于装配站的连接（比如传送带、圆周进给台、斜式输送机），因此可以以解决方案中立的方式描述它们并且在装配规划时将其考虑在内。

　　能力模型以及设备间的连接可以从一个生产系统的仿真模型中自动生成。此方法也用于可以检查生产工具之间工作空间的干涉。如果机器人的工作空间中能够找到带有合适接口的工具，那么该工具将会作为节点储存在重新配置的可选方案中（见图 2-7-12）。如果在手动装配站的工作空间中找到合适的手动装配工具，这些工具连同装配站的可用能力也将被分配到对应的节点中。那些可以执行独立过程的生产工具（进给装置诸如振动给料器或传送带）被建模成独立的节点。

　　在模拟过程中，可能的物料流也可以由生产系统自动确定。装配站工作空间的干涉区域以及传送带将会被识别出来，并在生产图像中的相应节点之间生成和存储它们的边界。

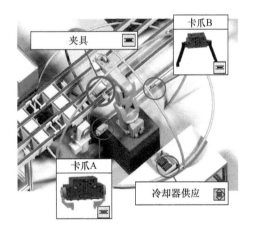

图 2-7-12　工位 5 处机器人工作空间示意图
（对应于节点 15 处，两个卡爪以及
夹具都在机器人的工作空间内）

7.5.3　自动装配规划中的要求 - 能力平衡

　　自动装配规划的核心要素是要求 - 能力的平衡，由下面提到的子步骤组成。为了确保能够很好地适应装配流程，应找出一种具有良好适应性的整体方

法，从而满足产品和设备的特殊要求。产品要求从 CAD 产品分析、附加产品特征或手动输入数据获得，这些指标应该合理地被分配到相应的设备和装配站中去。随后，应将生成的生产工具分配或装配计划相互比较，以便从中选择最合适的解决方案。

为了在不同的层级实现要求 - 能力平衡，必须首先确定在计划期间要调整的参数和测试的类型。相关选择标准如下：

1）测试频率：参数变化的频率（如夹紧零件经常性的几何形状变化）或产品上某参数的检查的频率（如测试产品上螺钉的扭矩及其碰撞的可能性）？

2）测试费用：该测试与哪些人员成本、时间成本或财务成本相关？

3）更改现有设备的原因：基于哪些基本工艺步骤或基于哪些参数必须采购新生产工具或重新规划现有设备？

4）关键性：哪些基本工艺步骤只能在安全性较低的情况下使用现有的生产工具？有哪些常见的规划错误？

5）差异：产品系列中的工艺步骤或工艺参数有哪些不同？

6）确定产品要求的自动化程度和成本：工艺参数的测试需要哪些产品数据？采购成本有多大？数据是完整且数字化的？这些数据可以轻易地通过现有数据生成吗？

根据要装配的产品类型，可能需要不同细化程度的要求 - 能力平衡。因此，测试类型根据产品、设备和企业的特定需求而定。对于简单的一维参数的定量分析和定性分析，如制动力和压紧力，通过所施加的扭矩或者明确定义的接口类型就已足够，而对于更复杂的问题，如生产工具以及产品之间有无碰撞，工业机器人所能完成的运动姿势，或者光学传感器的视觉检测，原则上必须以仿真的方式来完成。但是，随着要求 - 能力平衡细化级别的不断提高，设备的建模以及产品装配所需工艺步骤的参数化所带来的成本也随之增大。

7.5.3.1 测试类型

本节介绍了自动要求 - 能力平衡测试过程中不同的细化程度（见图 2-7-10i）。

1. 定性测试和定量测试

平衡要求和能力的第一步是对产品所需的基本工艺步骤和生产工具能力进行定量和定性的参数化对比。之后进行复杂的模拟计算。搜索生产工具库从而为要执行的增值过程选择适当的生产工具，目的是快速预选可用的生产工具（见图 2-7-13）。

根据与产品有关的任务，所有有效的分配方案都会被分类并相应地存储起来。它们构成了将生产工具分配到装配过程的基础，并可以在后续阶段进行仿真模拟。

在现有工厂布局中，基于生产图像中的节点，

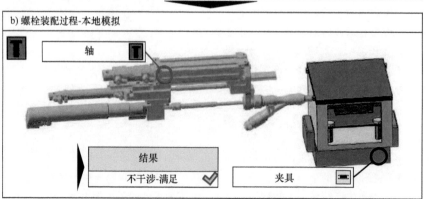

图 2-7-13　在工位 8/生产图像的结点 7 处检测装配螺栓过程中的质量、数量以及进行本地仿真

搜索合适的生产工具或生产工具组合以执行增值过程。产品所需的任务会被分配给生产图像中的节点以及节点中包含的生产工具。

应用示例：夹持力、扭矩、公差。

2. 局部仿真测试

在局部模拟测试中，待装配的零件通过先前选择的生产工具在零件接口处模拟扩展，并且处理产品要求中包含的装配路径。该测试专注于与产品直接接触的生产工具部分。如果检测出碰撞，将排除发生该碰撞时所用方案，并且缩小解决方案空间（见图 2-7-13 和图 2-7-14）。

应用示例：零件、螺钉和铆钉的固定以及焊接工艺。

3. 全局仿真测试

接下来，考虑到产品所处的整体环境，对装配过程中的可实施性以及可接触性进行仿真模拟。为此，在仿真模型中添加了诸如机器人和传送带之类的附加物体，以及诸如栅栏、墙壁或其他障碍物等环境元素。那些被检测到的碰撞或无法实现的动作姿态都会被识别以及存储起来。排除那些不稳定的分配方案。

应用示例：零件的操作、光学测试（如可见性、可识别性）。

7.5.3.2　次级过程的确定

如果已知装配线布局却不考虑操作过程和供应过程，就无法分析装配过程的可行性。虽然主要装配过程可以直接通过分析 CAD 产品数据得到，但是次级过程仍然依赖于该生产系统。须知道用于供应零件的生产工具以及装配站之间的连接关系，以便识别必要的次级过程，从而测试其可行性。当主要过程正确分配到合适的装配站之后，可以使用生产图像来确定生产系统中零件或者半成品的装配路径。因为只有已知主要过程，在自动装配规划过程中系统才会自动匹配装配站之间的有效切换。与此同时，还将执行定量测试、局部测试和全局测试，以确保装配站在转移期间没有碰撞以及零件能够被夹紧。使用适当的搜索算法，可以确定通过生产系统的可能物料流，从而保证装配线的操作柔性。

模拟确定次级过程可行性时的输送系统，如螺旋振动给料机，是作为特例存在的。测试输送过程的可行性需要进行物理仿真，该仿真必须能够反映出传送带以及零件的振动，包括物体之间产生的冲击。基于 CAD 数据的振动给料机的仿真设计和验证将在 7.7 节中描述。

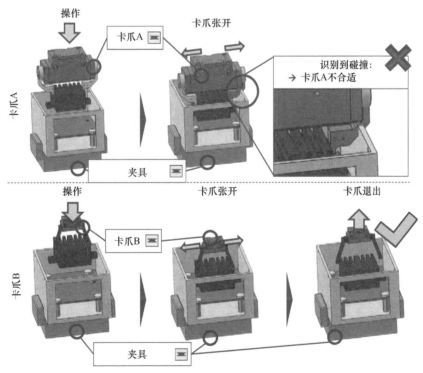

图 2-7-14　添加冷却器时的可行性检测（模拟并检查要执行的组装步骤的碰撞自由度。产品模型通过可能涉及的资源模型进行扩展。排除检测到碰撞的备选方案 A，成功装配后当卡爪退出时，其几何形状将被视为打开状态。而卡爪 B 适用于该过程）

7.5.4　平衡模块的举例说明

1. 夹持/可抓取性测试

在装配领域中，待装配零件的安全固定是安全过程的先决条件。无论力的传动类型如何，都应通过惯性力和摩擦力定量地检测夹持时的惯性、精度以及力的影响，从而排除不合适的生产工具。对于敏感零件，接触表面的表面质量也是相关的。

在几何测试中，必须在零件接触期间以及零件释放后考虑工具的碰撞自由度（见图 2-7-24）。因此，工具的运动学模型必须满足不同的操作条件。

2. 拧紧测试

螺钉的拧紧是装配中常见的过程。对于安装在产品上的螺钉，必须合适地选择带有控制器的拧紧工具。要定量测试的相关参数是扭矩、公差和螺钉头的类型。与此同时还应进行局部干涉检查，以确保拧紧工具与螺钉的配合。为此，螺钉的顶端将会延伸出一部分。如果检测到碰撞，则表示该设备不合适。根据旋转轴的类型以及生产工具的状态，拧紧工具所对应的几何形状也各不相同。

3. 可达性测试

可达性测试与所执行装配过程的生产工具相关，如线性单元或旋转单元或工业机器人。为了测试生产工具在装配过程中的适用性，可以通过比较所需的公差和运动自由度来定量测试。

可达性的全局测试前提是仿真模型，其包含生产工具的位置以及它们的运动学的描述。此外，特别是在运动自由度有限的情况下，必须使用自动路径规划的方法来生成有效的无碰撞路径（见 7.7.2

节），其将根据生产工具的运动学类型进行选择。

4. 传感器的考量

现代化生产线配备了大量的传感器，这些传感器能够实现识别（如条码、RFID 扫描仪）、工艺控制（如光电传感器）以及质量保证（如图像处理系统）。虽然这些传感器中的很大一部分只是实现了非增值的工艺步骤，但在装配环境中它们对于功能的正确执行至关重要，因此也必须以自动化的方式进行规划和编程。当执行相应任务时，应该尽可能地保证传感器的可靠性。然而事实不一定如此，可能由于物理原理发生识别性能的缺陷。例如，电感传感器不适用于识别非磁性材料，或者透明介质会阻碍光线传播。

为了选出合适的传感器，传感器的适用性将首先通过定性比较来说明。在这种情况下，所有可用生产工具的能力与所建模型的工艺步骤一一对应。基于合适的物理原理，将预选出可能的设备。知识系统可以基于因特网提供服务。基于知识系统还可以通过专家对实际情况以及各方面的关联性描述出来。目前，产品的物理特性总是与物理的作用原理（传感器原理）相关联（见图 2-7-15）。基于此，知识库（1）中存有作用原理（如光学）以及整体产品属性（如透射率）的分类。作用原理和产品属性通过定性关系和定量关系联系起来。例如基于磁效应的传感器，低的产品属性值对应差强人意的产品材料。此外，有一种将现有传感器的功能和其作用原理关联起来的分类方法，传感器的功能（检测是否有该功能）是基于磁效应的作用原理。装配规划软件会在运行时计算特定设备的所选功能，以及计算来自环

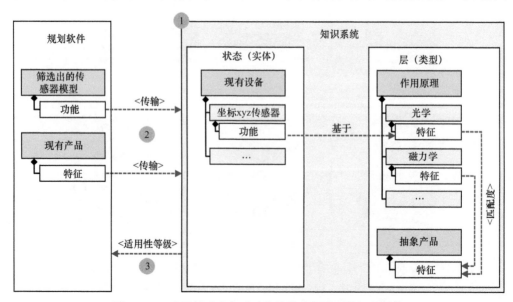

图 2-7-15　为了筛选出合适功能的传感器用到的知识系统

境模型的数据（2）。重要的是与产品相关的位置上，能够实现相应的功能（如测试产品存在与否的区域）。规划软件将计算产品特征，如材料特性，并传输这些值。通过已经建立好的联系，基于知识库系统便可以返回所需传感器在特定位置的适用性（3）。之所以应用这种规划软件，是为了能够优先地选择传感器。

预选之后会生成一个设备列表，表中所有设备都具有所要求的能力以及适用于所要求的作用原理。在考量的最后一步，将检测每个设备硬件的整体适用性，列表内容将会进一步缩减。这里的前提假设是相应的设备制造商非常了解其设备参数间的关系。由于规划系统中的核心模型无法反映各种硬件特性，这促成了一种分散式的方法：将某个过程的模型参数（见 7.3.3 节）发送到剩余的合适设备。每个设备计算它是否能够满足所需的过程并将计算结果返回规划工具。当规划软件收到所有设备的响应之后，可以根据其作用模式和过程变量生成适合所请求任务的设备列表。

应用示例：电感传感器在塑料产品上的适用性测试、光传感器用于透射或精细物体的适用性测试。

5. 可行性

产品要求和系统能力的平衡在次级过程中也具有高度相关性，如小部件的进给。目前进给单元的设计和保障通常是在零件视图中完成的，并且是一个冗长的、会产生错误的手动过程。在 7.7 节中详细描述了基于 CAD 数据的可行性的自动仿真检测。

7.5.5　推荐操作的自动导出

当通过要求 - 能力平衡仍不能将装配产品所需的所有基本工艺步骤分配给合适的生产工具时，则可以自动导出推荐操作。因此可以省去通过构建原型或模拟来对装配步骤进行耗时的手动分析。避免了设计人员和设备规划员之间费时的重复协商。生成的推荐操作可以是面向产品也可以是面向生产工具的（见图 2-7-16）。

7.5.5.1　面向产品的操作建议

面向产品的操作建议会尽力满足总的产品要求，倘若无法找到合适的生产工具或装配站，那么零件和过程会被自动识别和标记。基于所存储的零件组，相应的装配过程可以在 CAD 中显示给用户（见图 2-7-16a）。这样可以更快地识别出产品所必须的设计性调整，尤其是在要避免对系统进行更改时。另一方面对于产品装配所需的过程，可以快速确定生产工具是否可用于库中或生产系统中产品所要求的所有过程。

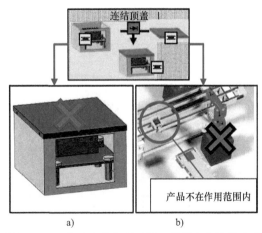

图 2-7-16　自动生成装配建议：机器人将被移动到生产节点 17 处的工位 7 附近。而夹紧产品的夹具并不在作用范围之内。因此 "连结顶盖" 的任务就不能执行，同时标记出受影响的组件（顶盖）和设备（机器人）

7.5.5.2　面向生产工具的操作建议

第二种情况是面向生产工具的操作建议。在装配规划软件的界面上，可以推导出现有生产工具不适用的原因，并且提前给出哪些生产工具是不适用的。所以在平衡要求 - 能力的过程中可以显示出不合适生产工具的具体原因（不合适的定量参数如负载、局部测试或者仿真测试所识别别出的碰撞，或无法执行次级过程），同时有目的地规避错误（见图 2-7-16b）。

另一个加速装配规划的方法是自动确定生产系统的必要变更。一种可能的形式是对生产系统中所更换的生产工具提出一些操作建议。其先决条件是在生产工具库中存在合适的生产工具。可以直接通过交换或者改变生产工具的仿真模型实施操作建议。相应地，生产图像会被更新，从而重复自动装配规划。

7.5.6　备选规划方案的评估和选择

所有要求的工艺步骤、任务以及次级过程将会分配给相应的生产工具，则会生成有效的并且特定于生产系统的装配计划（见图 2-7-17）。这些是某个生产系统所特有的，因为所分配的生产工具来自此生产系统，而次级过程取决于生产系统的结构。任务分配备选方案会被保存起来，从而对比不同的方案。支持选择不同的有效规划方案，从而简化装配规划员的工作。不同方法如下：

1）如果生产工具的虚拟表示包含定量描述的投资成本，则可以从备选规划方案中选择那些具有投资总和最低的方案。

装配壳体　结点1　结点10

6×六角螺栓　结点11　结点10

6×六角螺栓　结点10 + 结点10 = 结点10

零件组　结点11　结点3

集成电路板　结点2　结点3

连结集成电路板　结点3 + 结点3 = 结点3

零件组　结点3　结点4　结点14

操作螺栓 4×M6×30　结点13　结点12

添加螺栓 4×M8×30　结点4 + 结点4 = 结点4　结点12 + 结点12 = 结点12

图 2-7-17　针对生产系统的装配规划：为生产系统分配适当的节点，从而为其分配适当的资源。要执行的过程在逻辑上连接在一起。对于任务"拧紧 4×M8×30"，有两个解决方案

2）通过定量检测要求和能力，可以确定出过程执行中的安全性。因此，用户可以选择最为安全的装配规划方案。

3）如果通过全局仿真去检测整个装配过程，那么可以基于过程时间确定每个单独装配步骤的持续时间。其前提条件是能够仿真出控制过程、生产工具和零件的负载以及动态性能。其间会考虑到主要过程和次级过程，并且确定并行的子过程。因此可以对不同装配规划方案的装配时长进行对比。

7.5.7　自动生成装配规程

CAD 产品分析的副产品是自动创建产品的装配规程。

通过拆卸式组装成功进行 CAD 产品分析之后，会生成有效的装配顺序以及零件特定的装配动作。在 CAD 产品分析期间，整个产品相应的装配过程可以通过仿真过程中的截图自动呈现出来，甚至通过记录装配的仿真过程来生成整个过程的视频。其他文字信息或图形信息如拧紧扭矩可以根据过程参数集成在一起。

此外，为了更好地理解所要执行的任务，还可以通过生产工具模型以及装配位置显示来扩展自动创建的装配规程。该过程的前提条件是能够有效地进行局部和全局模拟测试。

7.6　自动化集成

前面涉及的规划阶段以及系统设计会用于系统的集成，在技术上实现指定要求的生产过程。它展示了从虚拟过程步骤到设备真实场景的过渡。系统集成可以理解为装配设备的机械以及电气结构、软件方面的配置和编程（Krug 2012）。除了涉及装配规划，系统集成还提供了极大的优化潜力，因为最终必须通过真实的技术零件来实现对每个装配过程的调整。这涉及装配线中实际设备间的联网、面向任务的编程以及装配过程中生产系统的控制。其基础是自动装配规划中所生成的能力序列，这些能力将会通过网络传输到装配系统。

7.6.1　生产组件的自动配置（即插即用）

作为 7.5 中自动规划方法的前提，考虑到现有设备状态，需要一种数字化的工厂实时图像，从而可以与生产过程要求进行对比（见图 2-7-11）。各个生产组件的数字化描述构成整体模型。为此，对于应用情况，各个组件的虚拟描述是必要的，并且其他系统可以与设备交换关于该描述的信息（管理框架）。

这里所说的组件是指对设备可用能力（服务）的描述（见 7.3.1 节）。调用设备能力时，设备必须制定相应的任务并应用在所需的生产层面上。

汇总之后可以建立表 2-7-2，从而设置多功能自动化组件的要求。

表 2-7-2　多功能自动化组件的要求

要求	作为如下所列条目的前提
1. 集成组件的自动化交互	信息传输 更少的手动集成
2. 合适的数字化设备描述（管理框架），如状态、功能、特征	自动规划 面向任务的编程
3. 为分配给他们的任务自动设置组件（利用知识库）	生产任务的可执行性
4. 从模型化生产过程和已规划好的设备资源生成过程程序	真正实施生产任务

根据 VDE 2013，要求 1 至要求 3 描述了信息物理系统（CPS）的个别特征。简而言之，经济高效的系统集成需要使用和控制信息物理系统。

为了分析各项要求的实施状态，针对上述应用，将研究国际生产商的工业自动化组件。结合对 19 家企业进行的调查（Hammerstingl 2015），由此开发出了当今装配系统的代表性系统架构（见图 2-7-18）。

一般而言，并行存在大量不同的通信类型：模拟信号、流体、IO- 接口、以太网、现场总线/实时以太网、USB 以及其他专有协议（Happacher 2016）。此外，可以看到分层通信结构，由于特别简单的设备没有配置总线协议，所以应该发展新的分层通信结构。将标准以太网扩展到包括实时组件（TSN），通信领域将在未来通过该方法进行调整。然而，无法在短时间内对现有设备做出改变。首先，所示分层结构通常用于物理信号的转换（电子器件、流体等）；其次，市场上还没有可用的 TSN 终端设备，并且举例来说，接下来的几十年中传统的现场总线会加装更多的实时以太网（RTE）（Happacher 2016）；第三，除了以太网之外会出现更多的通信协议，如USB；HDMI；Thunderbolt；Bluetooth 等。

该架构中所示的设备类型见表 2-7-3。在信息物理系统中除了自联网以及自描述以外，发现没有合适的设备满足要求。还有一些设备无法识别，也无法发送数字信息（如空气压缩组件或模电组件）。那些通过现场总线或实时以太网通信的复杂设备，可以进行数字信息的传输。然而，在此之前，必须首先在通信主站（如 PLC）中手动设置要传输的数据。

由于没有组件能够满足上述要求，因此开发了一个概念，使工业上的标准组件具有 CPS 能力。其可用于升级现有工厂（改造），以实现自动化组件的有效系统集成。

7.6.1.1　当前设备组件的特设联网概念

为了识别新连接的组件并且能够将其能力信息分享至其他工厂，必须在信息技术方面明确识别它们，并且与它们建立通信。为了使发送方和接收方能够正确地将发送的字节（Byte）转换成信息，合作双方必须使用相同的传输协议（转换），并且数据的含义必须明确（语义）。鉴于现有的约束（通信网

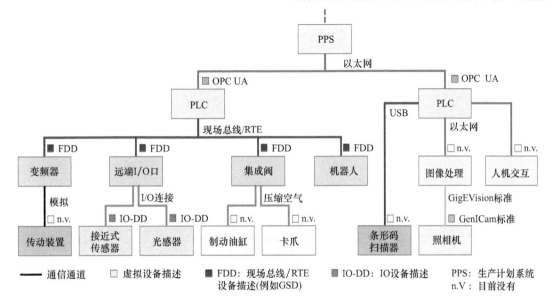

图 2-7-18　代表性系统架构

表 2-7-3   自动化组件分类

层	交互拓扑	决定论	自识别	连接	数字化描述	实际举例
原始	直接连接	是	否	模拟压缩空气	—	卡爪
基础		是	是	输入输出口	数据交互	距离传感器
标准	现场总线	否	是	以太网，USB	—	人机交互 HMI
现场设备		是	是	现场总线，RTE/TSN	数据交互	机器人
信息物理系统		是	是	RTE/TSN	功能（在线服务器）	—

络的互异性、多层性以及缺少数字化自描述），选择了一种递归的方法。在这种情况下，使用即插即用（Plug&Produce）软件从主机系统（如生产控制）搜索所有直接可用的通信通道。每个通信通道（KK）都会加载驱动程序，其作用是将一般的搜索命令转换为特定于此通信通道的搜索命令（见图 2-7-19）。

然后，软件在每个通信通道中识别现有设备。

对于每个识别反馈，从数据库加载出对应设备 ID 的虚拟呈现（VR，也是数字孪生）。其包含 7.3 节中描述的设备信息，如能力、生产特征、位置、CAD 模型等。

呈现时还有两个方面与系统配置相关。第一方面：例如，在信息技术接口内部描述如何与设备通信（协议信息）。现有的标准可直接用于此描述（如 Profinet 的 GSD）。它们会自动集成到更高级别的主

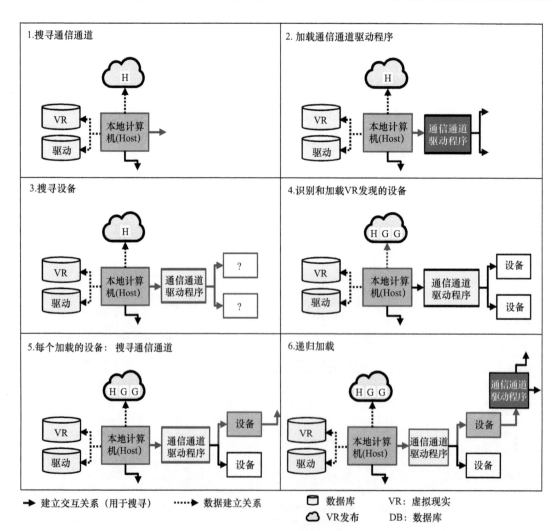

图 2-7-19   设备的递归原理图序列

机系统中，然后可以与检测到的设备建立联网。

第二方面：关于现有设备是否可以建立从属通信网络的问题。通信网关将返回后续的通信协议类型，如空气压缩系统的终端阀。为此，设备的 VR 将即插即用软件的一般命令转换为制造商特定的控制命令，并主动通过通信连接传输它们。因此该设备将会充当新的主机，并且重复上述过程直到不再找到新的关联设备（递归）。图 2-7-20 所示为执行搜索后的结构关系。

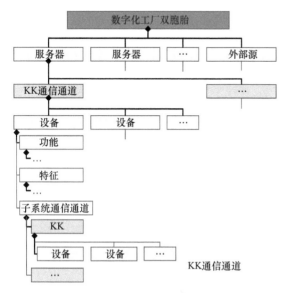

图 2-7-20 执行搜索后的结构关系

除了找出子网外，设备 VR 还描述了子网是否只能包含基础设备（如空气压缩机）。如果是这种情况的话，GUI 上会显示一个掩码，允许用户将原始设备添加到当前主机。为此对于要插入的设备 VR，可以在 GUI 中搜索和导入。为了将该过程部分自动化，诸如二维码之类的识别特征也可以附加到原始设备上，然后系统集成器只需要对其进行扫描。在基础设备上加载 VR 之后，用户可以看到当前主机系统可能的输入和输出接口以及主设备的相应输出和输入接口。两个设备的接口可以通过拖放（Drag & Drop）操作连接（见图 2-7-21）。然后将指定的连接加载到基础设备的 VR 中，从而便于控制。

由于即插即用软件不断执行相同的步骤（建立通信、搜索设备、加载驱动、询问子网）以及各个驱动程序的特殊化，该方法具有良好的可扩展性，并且可通过新接口很容易扩展。此外，该方法与现有标准 PLC 兼容，并已在代表性的装配线上成功测试。集成专业知识可以大大降低集成时间，从几天缩减到几分钟之内即可完成系统集成。集成成本得到降低，并在技术层面提高了多功能性。有关该方法的更多信息可在 Hammerstingl/Reinhart（2015）中找到。

7.6.1.2 工厂整体概念的自动生成

通过上述即插即用（Plug&Produce）方法，配置软件、虚拟呈现、物理设备都可以独立于制造商和通信协议。为了工厂中的其他系统，设备信息会被统一发布出来，获取的信息用于创建动态 OPC UA 服务器。OPC UA 的架构是面向服务的，可以使用它来交换服务信息和语义信息。许多自动化制造商已能在产品中提供 OPC UA，并且已经被 IEC 标准化委员会 TC65 认可为工业 4.0 通信技术（Kroll 2014）。

该概念不限于工业控制（PLC）领域，在机器人和图像处理领域中也有涉及。每个计算单元能够搜索子设备并且可以设置 OPC UA 服务器，它在 OPC UA 中作为代理提供其下级设备。所有 OPC UA 服务器的总和生成了工厂的整体虚拟概念（见图 2-7-22）。

所开发的 OPC UA 服务器可以接收任何种类和任意数量的对象，并在 OPC UA 信息模型中反映其内容。因此，用户或算法可以独立于通信路径和接口来读取或控制设备信息。这个统一的工厂构成了上述规划算法的基础。图 2-7-23 所示为机器人信息模型的一部分。

该概念可帮助没有通信服务器的标准设备参与工业 4.0 通信（改造）。由于 OPC UA 的结构和访问已经标准化，可以为动态工业 4.0 管理做准备（Heidel 等 2015）。

图 2-7-21 软件即插即用（Plug&Produce）和原始设备的连接掩码截图

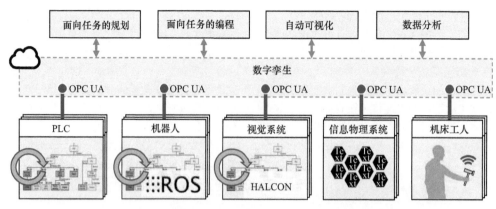

图 2-7-22　数字化工厂连结了所有的 OPC UA 服务器

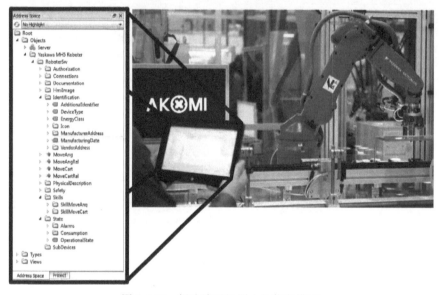

图 2-7-23　提取演示机器人的信息模型

7.6.2　时间最优的机器人系统路径规划

7.6.2.1　工业机器人的自编程

由于具有运动柔性、自由可编程性、高速度以及稳健性，工业机器人是工业 4.0 意义上智能生产的合适设备。在生产工程实践中，工业机器人所需的应用程序通过机器人位置的示教直接在机器人单元中创建，或基于 CAD 模拟环境独立于机器人系统进行创建（离线编程）。目标是最短的行程时间。一个必要的条件是生成的机器人路径是无碰撞的。

机器人路径的质量取决于用户。具有大量机器人目标位置的复杂任务需要耗费大量的精力和时间。因此，机器人系统的固有柔性没有被充分利用。一个解决方案是路径规划。路径规划是对抽象任务的解释，因此产生了琐碎的移动指令。它们由机器人执行意味着执行任务。各个子步骤由起点和终点组

成，它们通过无碰撞路径连接（Choset 2005）。为了能够为机器人配备自编程能力，必须将机器人系统和直接环境以及任务进行抽象建模。虚拟表示和将任务划分为基本过程步骤为此提供了基础。据此，可以使用下面描述的算法，用于生成无碰撞和循环时间优化的机器人路径。

为了成功实施，必须首先分析框架条件，以便结合已有的系统知识。在第二步中，必须通过随后对任务建模来跨越机器人的移动空间。在此模型中，计算连接目标坐标的路径。对行程时间进行最小化也就是找到最快的途径。另外，经过目标坐标的顺序会影响周期时间。但是，最高优先级始终是确保所有生成的轨迹是无碰撞的。

7.6.2.2　在配置空间中建模为图形和描述

为了以数学方式计算无碰撞机器人路径，必须对机器人系统和所有障碍物进行建模。一个适当的

工具是图论。图形由节点和边组成，其中节点代表工业机器人的位姿。根据 DIN EN ISO 8373，位姿又是指机器人运动学的位置和方向。图形的一条边连接两个节点并表示机器人在两个位姿之间的运动。如果机器人的移动空间被建模为图形，则图形中的所有节点必须对应于无碰撞位姿，所形成的边必须是无碰撞地穿过。图 2-7-24 所示为一个具有四个目标位姿的图形。

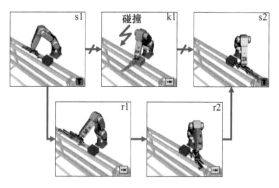

图 2-7-24　在生产节点 7 处的工位 8：路径［s1，k1，s2］导致了刀具和工件的碰撞。因此生成随机的躲避姿势（r1 和 r2），可将无碰撞路径［s1，r1，r2，s2］对之前的路径进行替代

对于处理特定任务，只有机器人工作点的位置和方向是决定性的。但是，为了确保无碰撞，必须考虑整体的运动学。例如，对于垂直多关节机器人，应考虑六个转动关节及其相关的轴件。工业机器人的每一个位姿都可以通过关节的角度位置来描述并在配置中总结。所有可能配置的集合称为配置空间。因此，工作空间中机器人系统的每一个位姿都可映射为配置空间中的一个点。两个位姿之间的机器人路径在配置空间中对应于一条连续曲线（Latombe 2003，Lozano-Perez 1983）。

工作空间中的障碍物被建模为配置空间中的子集。对于子集中包含的位姿，机器人将与障碍物碰撞。如果对所有障碍物建模，则可以计算自由配置空间。在自由配置空间，机器人可以在没有自身碰撞以及与环境零件碰撞的情况下做各种位姿（La Valle 2006）。

如果将自由配置空间建模为图形，则任务是搜索连接起点和目标的路径。在实际工作单元中，这对应于机器人在起始姿势和目标姿势之间的无碰撞路径。

7.6.2.3　以样本为基础的实用方法

为串联工业机器人生成路径的挑战在于计算时间以及机器人工作空间的适当建模。配置空间中障碍物的解析描述仅适用于普通的用例。经常使用的工业机器人具有六个连续串联的关节，且其工作环

境的特征在于各种几何形状复杂的障碍物（供应技术系统、存放架、夹紧装置、安全围栏等）。因此，实际运动空间的解析映射是不可行的（La Valle 2011）。

另一种可能性是使用基于抽样的方法。这些方法仅部分地描绘了机器人的自由运动空间，以便最小化碰撞检查的次数，因此最小化所需的计算时间。如果仅搜索两点之间的路径，则"快速搜索随机树"（Rapidly exploring random trees）的方法可以用作"单次查询计划程序"（Single Query Planer）。但是，工业相关的问题通常涉及多个目标点，需要多次查询计划程序（Multi Query Planer）。随机路线图方法已经建立为准标准，并且根据应用领域，这可以且必须适应现有要求（Choset 2005；Geraerts 2004）。如果将该方法应用于配置空间被映射为图形的工业机器人，则会产生以下过程。首先，将目标位姿添加到图形中。然后生成随机位姿并检查碰撞。无碰撞随机点也被集成到图中。边的产生，即位姿之间的无碰撞路径，由所谓的局部规划器执行，其将路径细分为中间位姿并测试每个离散位姿。此时，将再次考虑可以检测到的障碍物的最小尺寸。为了最小化碰撞检查的次数，仅连接临近的位姿。随机位姿被添加到图形中，直到图形是连续的并允许连接所有目标位姿。传统的路径查找算法将搜索到的路径作为图形的一系列节点返回，即机器人的位姿。图 2-7-24 所示为该方法的应用，随机生成了位姿 r1 和 r2，使得目标位姿 s1 和 s2 可以无碰撞地连接（Kavraki 1996）。

该方法的一种修改是终止准则。在最简单的情况下，一旦所有目标位姿彼此连接，就发生终止。图形必须是连续的。该终止准则将计算时间缩短到最短。或者花费更多的时间使图形更加密集，其中更多的随机位姿被添加。由于机器人的自由配置空间得到了更详细的映射，可以在随后的路径搜索中找到更好的解决方案。

如果在给定的计算时间内没有找到解决方案或如果图形不连贯，则可以使用其他策略以有针对性地连接剩余的位姿。其中一个策略是前面提到的"单次查询计划程序"（Single Query Planer），如"快速搜索随机树"（Rapidly exploring random trees）。为此，在已知位姿附近创建新配置，从而可以直接添加边，并逐渐扩大已知的运动空间。一旦达到目的，算法就会停止。

7.6.2.4　瓶颈——碰撞检测

为了确定一个位姿是否是自由配置空间的一部分，必须在整个工作单元的环境中执行碰撞检测。为此，需要使用碰撞检测器来解决任意场景中的物

体是否接触的问题。碰撞检测器是基于样本的路径规划方法的基本部分。在图 2-7-24 中，在姿态 k1 中检测到工件和工具之间的碰撞，将碰撞的部件用黄色标记显示。一个重要的特征是能够检测机器人自碰撞的能力（Christofiodes 1976；Applegate 2001）。

测试配置空间的位姿越多，机器人的实际运动范围映射得越好，路径规划中找到的路径更接近最优解。最好的情况是，在两个位姿之间的距离设置最小障碍物尺寸，并在此情况下测试机器人的整个运动范围。基于在机器人单元中要检测到至少 50mm 延伸的障碍物的假设，对于六轴的垂直多关节机器人，已经存在数十亿种可能的配置。具有已定义配置场景的碰撞检查持续时间为 30~90ms，具体时间取决于所使用的设备和软件。因此，自由配置空间的计算将花费数年时间，这在工业上是不可行的。虽然不需要在工业机器人路径规划中进行实时测试，但是由于频繁的调用指令，整个规划期间的碰撞测试占比的时间比例非常高。与许多其他应用程序一样，碰撞检测因而被视为规划过程的瓶颈，因此，有必要在规划期间最小化碰撞查询的数量（Lin 1998）。

7.6.2.5 优化行程时间

除了必要的碰撞自由条件外，还应尽量减少机器人系统的行程时间。行程时间的影响有三个层面。第一层面是与图形相邻的两个位姿之间的连接；第二层面包括任何两个位姿之间的路径的时间，这种情况下必须到达先前未知数量的中间位姿；在第三层面考虑整个任务，对所有目标位姿必须至少到达一次。行程时间主要取决于到达位姿的顺序。

两个相邻位姿之间的连接取决于机器人的运动类型。由于所考虑的应用总是涉及机器人的传递运动，并且工作点的确切路径与实施无关，因此可以使用点对点运动。目前的工业机器人通常采用同步设计，所有轴从开始位置到目标角位置的运动同时开始，同时结束。以最大速度完成给定运动，耗时最长的轴限制剩余轴的速度。这种类型的运动对于机器人来说是最快的，因此两个位姿之间的连接所需的行程时间是最少的（Siciliano 2008）。

在第二步骤中寻求由位姿序列组成路径。第一个位姿对应开始位姿，最后位姿对应目标位姿。如果位姿和连接的图形可用，则应在任意两个不一定相邻的位姿之间找到最快的路径。为了自动计算，图表是加权的。对于每个登记的连接，获取机器人在两个相应位姿之间移动的行进时间作为属性。前面描述的点到点运动的知识可以用来作为基础。加权因此对应于最慢轴的运动时间。在图 2-7-25 中，时间在相应的连接上注明。PTP 运动是方向独立的，因此往返是等效的。如果现在将路径确定为多个连接的序列，则可以将行程时间计算为该序列中各个连接的行程时间的

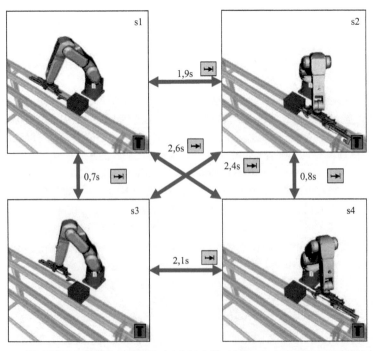

图 2-7-25　使用图形对机器人的移动空间进行建模（位姿通过无碰撞运动联系起来，这些运动由机器人的行进时间加权。图中显示的站点是站点 8/生产图节点 7）

总和。因此可以定量地比较不同的路径。对于路径搜索本身，可以使用根据 Dijkstra 或其扩展的算法 A* 算法。如果两种方法都存在，则可确保找到最佳解决方案（Dijkstra 1959；Hart 1698）。

最后，确定接近目标位姿的最佳顺序。根据该图，任务是找到一条包含每个目标位姿至少一次的路径。开始和结束位姿也应该一致，从而产生闭合路径。图 2-7-26 所示为图 2-7-25 中图形的所有可能性和结果周期时间。从数学角度讲，在图中搜索哈密尔顿（Hamilton）圆。可能存在许多不同的哈密尔顿圆，应该根据最短的行程时间找到它。这对应于旅行商的问题。该组合优化问题以原始形式描述了通过固定数量的城市，寻找最短可能往返路径的问题。1832 年德国中部旅行指南（Büsing 2010；Hussmann 2015）首次提出了这一问题。

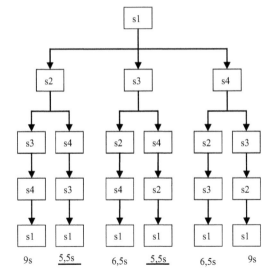

图 2-7-26　目标姿势的顺序会影响节拍时间

注：在该示例中，最佳路径是 [s1, s2, s4, s3, s1]。由于各个机器人运动是方向无关的，因此其反向路径 [s1, s3, s4, s2, s1] 是等效的。

解决问题的计算时间取决于目标位姿的数量。例如，可以假设具有五个节点的图。这种情况下，存在 12 个可能的哈密尔顿圆。如果图形延伸到 10 个节点，则存在 181440 个哈密尔顿圆。当有 15 个节点时，哈密尔顿圆的数量会增加到 43589145600。精确的解决方法能够保证找到最佳路径，但对于几十个节点的情况，计算是不可行的。因此，在实践中，使用启发式算法，即使对于数百个节点，其计算时间仍然是可控的。这样可以找到一个近似的解决方案，而不一定是对应最优的解决方案，保证一定的质量是最可行的方案。Christofides 作为双树启

发式扩展算法中的方法之一，其质量为 0.5。基于机器人路径，找到的解决方案偏离最佳解决方案最多 50%（Christofiodes 1976；Applegate 2001）。

应用 Christofides 启发式算法的先决条件是所有目标位姿的完全连接图形。因此，首先构造简化图，其仅包含目标姿态，而不包含随机姿态。随机姿态用于转移，但不一定必须到达。缩小的图形必须完全连接，即在任意两个节点之间创建一条边。机器人在任何两个位姿之间寻找路径。缩小图中的每条边对应于可包含随机位姿的路径，并且用机器人的相应行程时间加权，生成的图形完全连接。通过 Christofides 启发式算法计算目标姿态的最佳顺序的近似值。

结果就是通过点对点运动连接的一系列的机器人位姿。机器人顺序执行移动命令可以完成初始设置的任务。由此产生的机器人路径是无碰撞的，并能计算出最短的行程时间。

7.6.2.6　在装配中的应用

所描述的过程及其中包含的方法有助于在仿真或工作环境中，进行工业机器人自动化运动编程。对此至关重要的是工作环境的 CAD 建模。在所提出的方法中给出了这种情况，其中所有资源都虚拟表示。在这种情况下，须确保模型的相应质量。必须协调 CAD 模型的准确性、障碍物的最小尺寸和虚拟计划期间的碰撞容差。

相比于通过在机器人单元上或在离线模拟环境中进行示教而创建的传统手动程序，编程的自动化在最初阶段需要花费更多的工作量。在柔性尤为重要且小批量的生产情况下，这些花费总是值得的。

对于更高级别的规划系统，工业机器人可抽象地将末端执行器定位在工作空间中。自动路径规划的实施可以减轻使用人员的负担，并可以柔性地使用机器人系统，从而将这种能力提升到一个新的抽象层次。

7.6.3　目标系统的分配和代码生成

即使在今天，自动化系统的特点仍然是大量分散的控制系统，它们相互通信并协调整个任务。在未来，系统将进一步分散。在以能力的形式规划出装配任务并且已经参数化装配系统之后，将能力的顺序分配给所属目标系统。以下通过所提供的装配系统的示例解释必要的过程。随后，可以生成各个目标系统的控制代码。

分配给目标系统和随后的代码生成的一般过程可以描述如 Ehrmann（2007）、Backhaus（2015）和图 2-7-27 所示。

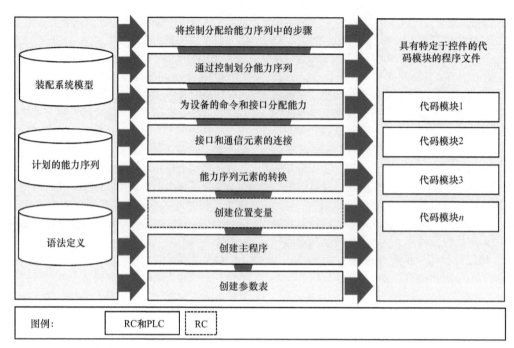

图 2-7-27   基于 Ehrmann（2007）和 Backhaus（2015）的目标系统分配和代码生成的顺序

基本流程涉及 8 个连续步骤。第一步是整个控制系统的结构。这里要特别注意设备的接口，通过该接口定义与控制器的相应连接。各个目标系统之间的通信类型与能力序列的分布无关。有了这些信息，序列的各个部分可以分配给各个目标系统（见图 2-7-28）。完成此操作后，可以在第二步中拆分序

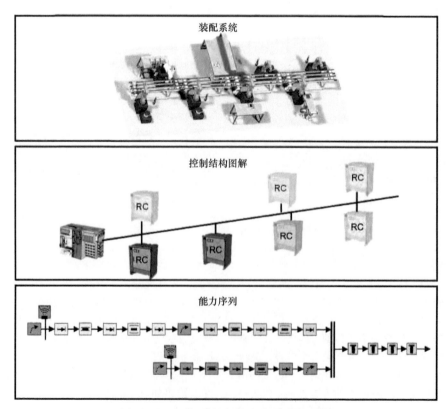

图 2-7-28   目标系统的能力序列分配图解

列。然后，从生产工具模型中，分配功能对应的命令、服务和接口。在第四步中，可以插入通信的同步或启动条件，然后可以通过语法定义生成各个代码模块，从而生成实际程序。另外，在机器人的控制器中需要生成位置变量。各个代码模块通过状态变量链接到主程序。最后，全局参数和相关数据类型汇总在列表中。

7.7　以供应系统为例的自动硬件设计

为了从经济上适应当前的发展，有必要针对变化对供应系统的柔性进行提升。由于虚拟化趋势，开发范围越来越多地被重新定位到虚拟世界，以节省时间和资源（Bauernhansl 2014）。在这方面有一些颇具前景的初步方法，如虚拟调试（Lacour 2012）或振动螺旋输送机的定位元件设计（Hofmann 2014）。

在下文中，在所提出的装配设备的背景下，以供应系统为示例，阐述基于仿真的自动硬件设计的可能性。物理模拟方法的应用借助于 CAD 数据逼真地描绘生产设备和工件的物理行为。优化方法的应用实现了基于仿真的自动硬件设计。最终得到相应的供应技术要素的设计方案，并在实际系统上生产和验证。为了更好地理解，首先简要介绍相关基础。

7.7.1　基础

一件产品需要零件的螺纹接合。出于经济性原因，需要螺钉和六角套筒的自动供应。在 80% 的情况下，振动螺旋输送机（VWF）用于供应颗粒状的小部件（Rockland 1995）。螺旋摆动的提升腔体迫使输送的物品进行微抛运动，使其沿螺旋形螺旋向上移动。在螺旋结束时，通过所谓的整理装置（OS）（Boothroyd 2005）将零件带入所需的方向以进行进一步处理。VWF 的目标变量和质量特性以及供应过程的目标变量和质量特性是供应速率（每分钟输送的部件数量）和效率（通过排列路线后正确定向零件的比例）（Boothroyd 2005）。

整理装置必须为每个供应物品单独开发和调整。在实践中，这通常需要长达三个月的开发工作，并且在很大程度上需要手工进行（Wolfsteiner 1999）。根据个人经验，专业开发人员为整理轨道创建初稿，通常由几个扰动元件组成。这通常直接在硬件上进行，而很少在设计数据和 CAD 程序的基础上进行。接下来是基于试验和误差的扰动元件调整，通过反复进行测试和更改，直到很好地完成整理功能。在此过程中，无法使用的设计将被抛弃。迄今为止，

VWF 的操作参数的调整仅在试验上是可能的，因此它的价格非常高昂（Hofmann 2014）。

出于这些原因，振动旋转输送机的设计提供了巨大的潜力，提供了一种开发方法来节省时间和资源。

7.7.2　物理仿真

物理仿真技术最初来自计算机游戏行业，现在也经常用于科学目的（Reinhart 2011; Reinhart 2010）。专门的程序库用于模拟物理现象，如重力或牛顿定律（Hofmann 2014）。仿真首先使用诸如重力的框架条件在限定的范围内生成物理世界。从任意对象的联网 CAD 数据中，在仿真中定义静态物体、动态物体或运动物体。它们在柔性和与其他机构互动的能力方面有所不同。在生成的世界中，对于每个时间步骤，离散地计算模拟物体的状态。对于每个连续的时间步长，基于作用力的重新计算，产生状态变化。如果几个物体相遇，特殊的算法会计算出所谓的碰撞反应，以响应的形式表示（Boeing 2007; Eberly 2004）。图 2-7-29 所示为振动螺旋输送机。

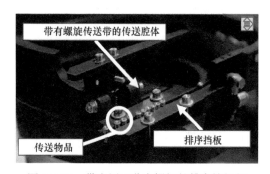

图 2-7-29　带有用于分离螺钉的排序挡板的振动螺旋输送机示例

与诸如多体仿真（MBS）或有限元方法（FEM）的仿真技术相比，物理仿真在计算上的成本要低得多。特别是对于构建许多碰撞体之间的接触问题，如已经多次验证的那样，在供应系统和物料流的模拟中，这种模拟技术特别适合，并且能提供足够精确的结果（Lacour 2012; Hofmann 2014; Spitzweg 2009）。所提到设备中的振动旋转输送机的自动硬件设计将基于物理仿真进行。

7.7.3　边界条件

首先，必须记录或确定与设计相关的不同边界条件。

待输送的工件通常由产品的设计决定。同样，期望的目标导向由生产过程定义，更准确地说，由

供应系统下游的步骤定义（Boothroyd 2005）。在目前的情况下，总共要安装 6 个套筒和 8 个螺钉。连接方向被明确定义，并指定元件的方向为站立或悬挂。零件应在整理轨道末端由工业机器人拾取。所需的供应速率由生产过程和所需的循环时间决定。

由于 VWF 的安装位置，定义了安装空间和环境影响。特别是，例如附近其他 VWF 或冲压设备的振动会严重干扰 VWF 的操作。目前还不能模拟这些影响，因此有必要之后在生产车间现场对仿真结果进行验证（Hofmann 2014）。

7.7.4　基于仿真的设计

构建仿真的必要先决条件是为输送物品和 VWF 创建 CAD 设计数据。这些数据将作为联网的表面模型被存储。在仿真时必须创建物理世界定义的框架。使用特殊程序读取联网的 CAD 数据，VWF 和输送工件被加载到仿真中（Hofmann 2014；Reinhart 2012）。以 VWF 为例，该设计包括两个步骤。首先，必须确定振动的最佳参数，由于输送料斗因输送材料的不同而有差异。此外，必须单独开发用于整理零件的整理装置（Boothroyd 2005）。

VWF 运行的基本参数是振动的频率和幅度。在实践中，由于可控频率的控制装置价格高昂，并且通常通过调节振幅就可以满足操作，因此激励频率通常设定为 100Hz（2 倍的电源频率）。通常，VWF 的振幅是任意设定的，输送工件被传送到输送盆中，然后通过工件的计数来评估进给速率，进而调整振幅并重复该过程。该过程相对复杂，因为必须同时手动调节振幅并对工件进行计数（Hofmann 2014）。

在仿真环境中，振幅的所有可能值都可以自动设置并一个接一个地模拟：仿真程序自动输送工件并进行计数。因此，确定最佳振动幅度所需的时间根据经验上升能从几小时缩短到几分钟，这是计算各种情况所必需的（Hofmann 2014）。图 2-7-30 所示为 VWF 的物理仿真，用于从示例产品中输送六边形套筒。根据参数 b_x（OS 上凹槽的宽度）优化扰动元件：首先，选择起始值 b_1（见图 2-7-30b）。大部分工件从扰动元件落下并且没有到达出口，因为槽的宽度对于输送工件来说太窄。因此，基础算法会改变此参数，直到达到宽度为 b_2 的合适结果（见图 2-7-30c）。

这种方法仍然需要大量的经验来定义初始设计。解决方案的空间将受到限制，从而可能无法实现全局最优的解。因此，将来拓扑优化技术将用于 OS 的设计：算法基于几何形状以及输送材料的动态特性自动计算工件整理所需的 OS 几何形状。专门设计的仿真流程用来分析输送工件的动态行为。与之相关的是优先部位，某些工件由于它们的力学性质（如重心）而具有倾向性。基于启发式算法，可预测表面的变化如何影响 VWF 的目标函数。为了优化 OS，从零件动力学和与目标函数的交互开始，进一步调整网格化 CAD 数据的几何形状，直到获得最佳结果。

然而，当前用于拓扑优化的程序和算法专门基于 FEM 模拟来优化部件重量或刚度（Bendsøe 2003）。因此，OS 的拓扑优化仍是当前研究的主题。图 2-7-31 所示为 OS 设计过程的不同阶段。因此，VWF 自动设计的结果可用于控制最佳振幅以及用于整理轨道的几何形状设计方案的 CAD 模型。该模型的可制造性最终仍需要经过检验，并根据需要进行调整。

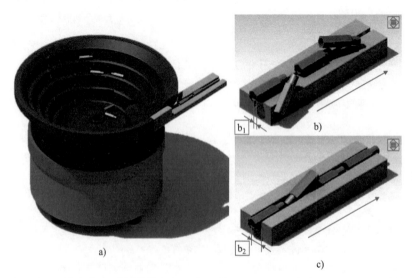

图 2-7-30　具有六边形限位架的振动螺旋输送机的物理模拟（站 1/PG 节点 11- 六边形限位架的输送工作）

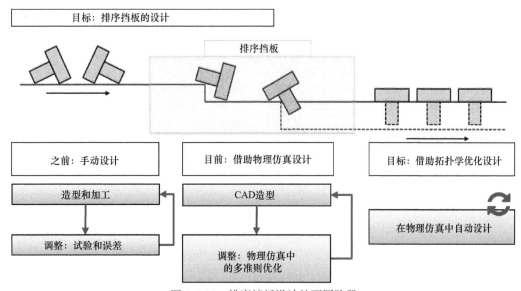

图 2-7-31　排序挡板设计的不同阶段

7.7.5　加工和验证

基于仿真计算的 OS 接下来可以用于验证实际中的功能和计算的振动幅度。对于资源使用率较低的首次尝试，3D 打印的方法切实有效。VWF 本身通常被当作标准规格，选择与传送物品适合的尺寸。如果 OS 的几何形状被验证了，则可以在生产中使用例如 CNC 机床来加工。传统上，OS 通常仍然是手动装配的，例如焊接装配。然而，就可实现的准确性而言，基于优化的 CAD 模型的自动化生产是优选的。

7.7.6　小结

供应系统的虚拟形式实现了最佳的运行参数确定，以及振动螺旋输送机中整理装置的功能优化结构。因此，在所提出的装配设备中，结合供应系统的示例，基于仿真的自动硬件设计显示出了其在工业 4.0 中，对机电系统的资源高效开发所具备的潜力。

7.8　总结

本章介绍了目前在装配中面临的众多挑战的解决方案。本章提供了不同的侧重点，从 CAD 或借助于解决方案中立的能力对设备进行建设性调整，基于产品模型的装配规划，到装配系统的编程和调试，所有这些都有数字产品模型和设备模型网络。通过对相应产品的自动化分析以及自动化模拟需求、能力匹配来加速新产品的引进或改进。因为在实际工厂中，设备联网的自动构建，以及生产并行的工厂模型的低成本建立，可以以相当低的成本来进行对装配系统的改造。从而降低了改造的成本，并使得设备具有柔性。

但是，本章所述方法的工业应用仍面临一些需要克服的障碍。一个重要方面是设备的数字模型。零件制造商通常提供 CAD 文件或配置文件等信息（如 Profinet 的 GSD 文件），但是，通常无法获得更详细的信息，如运动学或详细的行为模型。根据自动规划中使用的仿真系统，不同数据格式的要求增加了实施的难度。由于缺乏标准，无法实现资源的能力描述。为了使其能在企业中应用，需要进行额外的建模花费，这通常需要数个项目来分摊这些费用。但是，在虚拟调试等主题的推动下，可以发现零件供应商提供的模型的数量和内容不断增加。此外，必须有计划地成功引入企业中描述的方法，并考虑所用模型和运行过程的现状。

参 考 文 献

Abele, E.; Reinhart, G.: Zukunft der Produktion. München, Carl Hanser Verlag 2011

Alfadhlani; Samadhi, T. M.A.A.; Ma'Ruf, A.; Toha, I. S.: Automatic collision detection for assembly sequence planning using a three-dimensional solid model. In: Journal of Advanced Manufacturing Systems, 10(02), 277-291

Applegate, D. L.; Bixby, R. E.; Chvatal, V.; Cook, W. J.: The Traveling Salesman Problem. Princeton University Press 2011

Backhaus, J.; Reinhart, G.: Digital Description of Products, Processes and Resources for task-oriented Programming of

Assembly Systems. In: Journal of Intelligent Manufacturing (2015)

Backhaus, J.: Adaptierbares aufgabenorientiertes Programmiersystem für Montagesysteme. Dissertation. Technische Universität München 2015. *mediatum.ub.tum.de/node?id=1271525*

Bauernhansl, T.: Industrie 4.0 in Produktion, Automatisierung und Logistik. Springer Vieweg, Wiesbaden 2014

Bendsøe, M. P.; Sigmund, O.: Topology optimization. Springer, Berlin/New York 2003

Bengel, M.: Workpiece-centered Approach to Reconfiguration in Manufacturing Engineering. Dissertation. Universität Stuttgart 2010

Boeing, A.; Bräunl, T.: Evaluation of real-time physics simulation systems. In: GRAPHITE. ACM Association for Computing Machinery, New York 2007, S. 281-288

Boothroyd, G.: Assembly Automation and Product Design. Taylor & Francis, Boca Raton 2005

Bullinger, H. J.; Ammer, A.; Dungs, K.; Seidel, U.: Systematische Montageplanung. Handbuch für die Praxis. Carl Hanser Verlag, München 1993

Büsing, C.: Graphen- und Netzwerkoptimierung. 1. Auflage. Spektrum Akademischer Verlag, Heidelberg 2010

Choset, H. M.; Lynch, K.; Hutchinson, S.; Kantor, G.; Burgard, W.; Kavraki, L. E.; Thrun, S.: Principles of robot motion. In: Intelligent robotics and autonomous agents. MIT Press, Cambridge 2005

Christofides, N.: Worst-case analysis of a new heuristic for the travelling salesman problem. Technical Report. Graduate School of Industrial Administration, Carnegie Mellon University 1976

Da Xu, L. ; Wang, C.; Bi, Z.; Yu, J.: AutoAssem: An automated assembly planning system for complex products. In: IEEE Transactions on Industrial Informatics 8(3) 2012, S. 669-678

Dijkstra, E. W.: A note on two problems in connexion with graphs. In: Numerische Mathematik 1 (1959) 1, S. 269-271

Eberly, D. H.; Shoemake, K.: Game Physics. Morgan Kaufmann Series in Interactive 3D Technology. Morgan Kaufmann Publishers, San Francisco 2004

Ehrmann, M.: Beitrag zur Effizienzsteigerung bei der Programmierung flexibler, roboterbasierter Montagezellen. Konzeption und Realisierung eines nutzergerechten Programmiersystems. Fortschritt-Berichte pak Robotik, Nr.15. Dissertation. TU Kaiserslautern 2007

Eng, T.-H.; Ling, Z.-K.; Olson, W.; McLean, C.: Feature-based assembly modeling and sequence generation. In: Computers & Industrial Engineering 36 (1999) 1, S. 17-33

Frädrich, T.; Nyhuis, P.: Aerodynamische Zentrifuge - Vereinzeln und Orientieren mit Luft. In: Zäh M. et al. (Hrsg.): Zuführtechnik: Herausforderung der automatisierten Montage. Herbert Utz Verlag 2009

Geraerts, R.; Overmars, M. H.: A Comparative Study of Probabilistic Roadmap Planners. In: Boissonnat, J.-D. et al. (Hrsg.): Algorithmic Foundations of Robotics V. Springer, Berlin/Heidelberg 2004, S. 43-57

Hammerstingl, V.; Reinhart, G.: Unified Plug and Produce Architecture in Industrial Environments. In: IEEE International Conference on Industrial Technology (ICIT) 17.-19. 03. 2015, Seville, Spain, S. 1956-1963 (DOI: 10.1109/ICIT.2015.7125383)

Hammerstingl, V.; Moule, L.; Reinhart, G.: Bildverarbeitungssysteme als cyberphysische Sensoren. In: atp - Automatisierungstechnische Praxis 11/2015, S. 44-57

Hammerstingl, V.: Befragung zum heutigen Einsatz von Technologien in Montageanlagen. 2015. Veröffentlicht unter Creative Commons CC-BY-ND, abrufbar unter *www.iwb.mw.tum.de*

Happacher, M.: Verschwinden die Feldbusse? Zwei Experten-Statements. In: Computer-Automation, 16.03.2016 (*www.computer-automation.de/feldebene/vernetzung/artikel/128462*)

Hart, P.; Nilsson, N.; Raphael, B.: A Formal Basis for the Heuristic Determination of Minimum Cost Paths. IEEE Transactions on Systems Science and Cybernetics 4 (1968) 2, S. 100-107

Hedelind, M.;Jackson, M.: The Need for Reconfigurable Robotic Systems. In: Zäh, M. F. (Hrsg.) : 2nd International Conference on Changeable, Agile, Reconfigurable and Virtual Production (CARV 2007) , Toronto, Ontario/Canada, 22.-24. Juli 2007. Windsor 2007, S. 1253-1262

Heidel, R.; Döbrich, U.: Industrie 4.0, RAMI 4.0 und Industrie 4.0-Komponente: Ohne Normung geht es nicht. In: Manzei, Chr. (Hrsg.): Industrie 4.0 im internationalen Kontext. Kernkonzepte, Ergebnisse, Trends. VDE-Verlag/Beuth 2016, S. 77-91

Hofmann, D.; Huang, H.; Reinhart, G.: Automated Shape Optimization of Orienting Devices for Vibratory Bowl Feeders. In: ASME Journal of Manufacturing Science and Engineering 135 (2013) 5, S. 8

Hofmann, D.: Simulationsgestützte Auslegung von Ordnungsschikanen in Vibrationswendelförderern. Dissertation. Technische Universität München 2014

Hußmann, S.: Diskrete Mathematik erleben. 2., erweiterte Auflage. Springer Spektrum, Wiesbaden 2015

Kaufman, S. G.; Wilson, R. H.; Jones, R. E.; Calton, T. L.; Ames, A. L.: The Archimedes 2 mechanical assembly planning system. In: IEEE International Conference on Robotics and Automation. Minneapolis, MN/USA, 22.-28. April 1996, S. 3361-3368

Kavraki, L. E.; Svestka, P.; Latombe, J.-C.; Overmars, M. H.: Probabilistic roadmaps for path planning in high-dimensional configuration spaces. In: IEEE Transactions on Robotics and Automation 12 (1996) 4, S. 566-580

Kluge, S.: Methodik zur fähigkeitsbasierten Planung modularer Montagesysteme. IPA-IAO-Forschung und Praxis, Nr. 510. Dissertation. Universität Stuttgart 2011

Konold, P.; Reger, H.: Praxis der Montagetechnik: Produktdesign, Planung, Systemgestaltung. 2., überarbeitete und erweiterte Auflage. Vieweg Praxiswissen, Wiesbaden 2009

Koren, Y.; Heisel, U.; Jovane, F.; Moriwaki, T.; Pritschow, G.; Ulsoy, G.; van Brussel, H.: Reconfigurable Manufacturing Systems. In: CIRP Annals - Manufacturing Technology 1999, S. 527-540

Kroll, J.: IEC-Meeting: Normung für Industrie 4.0. In: Computer-Automation, 14.05.2014 (*www.computer-automation.de/feld ebene/vernetzung/artikel/108790/1*)

Krug, S. A.: Automatische Konfiguration von Robotersystemen. Dissertation. München 2012

Lacour, F.-F. R.: Modellbildung für die physikbasierte Virtuelle Inbetriebnahme materialflussintensiver Produktionsanlagen. iwb-Forschungsberichte 257. Herbert Utz Verlag, München 2012

Lambert, A. J.: Disassembly sequencing: A survey. International Journal of Production Research, 41 (16) 2001, S. 3721-3759

Latombe, J.-C.: Robot motion planning. 7th edition. The Kluwer international series in engineering and computer science Robotics 124. Kluwer, Boston 2003

LaValle, S. M.: Planning Algorithms. Cambridge University Press 2006

LaValle, S. M.: Motion Planning. In: IEEE Robotics & Automation Magazine 18 (2011) 1, S. 79-89

Lin, M.; Gottschalk, S.: Collision detection between geometric models: A survey. In: Mathematics of Surfaces. Proceedings. IMA Conference 1998, S. 602-608

Lotter, B.; Wiendahl, H. P.: Montage in der industriellen Produktion. Ein Handbuch für die Praxis. 2. Auflage. VDI-Buch. Springer, Berlin/Heidelberg 2013

Lozano-Perez: Spatial Planning. In: IEEE Transactions on Computers C-32 (1983) 2, S. 108-120

Michniewicz, J.; Reinhart, G.: Cyber-Physical-Robotics. Modelling of modular robot cells for automated planning and execution of assembly tasks. In: Mechatronics Journal 2015a

Michniewicz, J.; Reinhart, G.: Cyber-Physische Systeme in der Robotik. Automatische Planung und Durchführung von Montageprozessen durch Kommunikation zwischen Produkt und Produktionssystem. In: Reinhart, G. et al. (Hrsg.): Intelligente Vernetzung in der Fabrik. Industrie 4.0 in der Praxis. Fraunhofer Verlag 2015b, S. 229-262

Morrow, J. D.; Khosla, P. K.: Manipulation task primitives for composing robot skills. In: International Conference on Robotics and Automation. Albuquerque, USA, 20.-25. April 1997, S. 3354-3359

Mosemann, H.: Beiträge zur Planung, Dekomposition und Ausführung von automatisch generierten Roboteraufgaben. Dissertation, Universität Braunschweig/Fortschritte in der Robotik Bd. 6. Shaker Verlag, Aachen 2000

Ou, L. M.; Xu, X.: Relationship matrix based automatic assembly sequence generation from a CAD model. In: Computer-Aided Design, 45 (7) 2013, S. 1053-1067

Pfrommer, J.; Schleipen, M.; Beyerer, J.: PPRS: Production skills and their relation to product, process, and resource. In: IEEE 18th Conference on Emerging Technologies & Factory Automation (ETFA) . Cagliari, Italien, 10.-13. September 2013, S. 1-4

Reinhart, G.: Deutschland ist Montageland. In: wt Werkstatt-technik 9 (2000) , S. 336

Reinhart, G.; Zäh, M. F.: Intelligente und effiziente Automatisierung der Montage. In: wt Werkstattstechnik 97 (2007)

Reinhart, G.; Lacour, F.-F.: Physikbasierte mechatronische Simulation materialflussintensiver Produktionsanlagen. In: Gausemeier, J. (Hrsg.): 7. Paderborner Workshop „Entwurf mechatronischer Systeme" . Universität Paderborn 2010, S. 85-97

Reinhart, G.; Stich, P.: Auslegung von Transportprozessen mithilfe der physikbasierten mechatronischen Simulation. In: Gausemeier, J. (Hrsg.): Wissenschaftsforum Intelligente Technische Systeme 2011

Reinhart, G.; Hofmann, D.: Physiksimulation in der Zuführtechnik. In: wt Werkstattstechnik online 102 (2012) 6, S. 435-439

Rockland, M.: Flexibilisierung der automatischen Teilebereitstellung in Montageanlagen. Forschungsberichte iwb 87. Springer, Berlin 1995

Röhrdanz, F.: Modellbasierte automatisierte Greifplanung. Dissertation. TU Braunschweig 1998

Romney, B.; Godard, C.; Goldwasser, M.; Ramkumar, G.: An efficient system for geometric assembly sequence generation and evaluation. Computers in Engineering 1995, S. 699-712

Santochi, M.; Dini, G.; Failli, F.: Computer aided disassembly planning: state of the art and perspectives. In: CIRP Annals - Manufacturing Technology 51(2)2002, S. 507-529

Schmalz, J.; Reinhart, G.: Automated Selection and Dimensioning of Gripper Systems. Procedia CIRP 23 (2014), S. 212-216

Schmidt, M.: Konzeption und Einsatzplanung flexibel automatisierter Montagesysteme. Dissertation, Technische Universität München/Forschungsberichte IWB Nr. 41. Springer, Berlin/Heidelberg 1992

Siciliano, B.; Khatib, O.: Springer Handbook of Robotics. Springer, Berlin/Heidelberg 2008

Smale, D.: Towards an integrated framework for the configuration of modular micro assembly systems. Dissertation. University of Nottingham, United Kingdom 2011

Spitzweg, M.: Methode und Konzept für den Einsatz eines physikalischen Modells in der Entwicklung von Produktionsanlagen. iwb-Forschungsberichte 233. Herbert Utz Verlag, München 2009

Thomas, U.: Automatisierte Programmierung von Robotern für Montageaufgaben. Dissertation, Universität Braunschweig/ Fortschritte in der Robotik, Bd. 13. Shaker Verlag, Aachen 2008

Westkämper, E.: Research for Adaptive Assembly. First CIRP International Seminar on Assembly Systems, 15.-17. November 2006. Fraunhofer IRB-Verlag, Stuttgart 2006

*Verein Deutscher Ingenieure e. V.:*Cyber-Physical Systems: Chancen und Nutzen aus Sicht der Automation. VDI/VDE-Gesellschaft Mess-und Automatisierungstechnik (GMA) 2013. *www.vdi.de/uploads/media/Stellungnahme_Cyber-Physical_Systems.pdf*(Stand: August 2016)

VDI-Richtlinie 2218 (2002): Featuretechnologie

Wolfsteiner, P.: Dynamik von Vibrationsförderern. Fortschritt-Berichte VDI, Reihe 2, Nr. 511. VDI-Verlag, Düsseldorf 1999

Zäh M.-F.; Beetz M.; Shea K.; Reinhart G.; Stursberg O.; Ostgathe M.; Lau C.; Ertelt C.; Pangercic D.;Ruhr T. et al.: An Integrated Approach to Realize the Cognitive Machine Shop. In: Proceedings of the 1st International Workshop on Cognition for Technical Systems, München 2008

2

第 8 章

可变模块化的自动化系统

Dominic Gorecky，André Hennecke，Mathias Schmitt，
Stephan Weyer，Detlef Zühlke

我们的日常生活与智能和网络系统的联系日益密切。以 1969 年的大型计算机网络为开端，智能和网络系统将很快涵盖物联网和服务中几乎所有的日常物品。网络将消除现有的媒体缺口，实现人员、对象和服务的一致，以及信息的自动交换。在无数的应用领域，如家庭、商业、交通和医药，为自动化业务和日常流程开辟了新的可能性。

关注点在于，将物联网和服务传输到已经具有相对高的网络和自动化特征的知识领域中。在这种背景下，生产中的经典自动化技术正面临着概念上的重新审视。在"工业 4.0"的口号下，完全联网的生产自动化预示着未来自动化系统设计和运行方面将进行深远的技术变革，其中包括：

将刚性的、整体式的自动化系统转换为可变的模块化自动化系统。

动态、分散的工艺控制替换固定编程的集中工艺控制。

开放标准通信协议替换参差的专有通信协议。

在本章，现有的自动化技术概念将与工业 4.0 的方法进行比较和评估。出发点是由工业 4.0 引发的经典自动化金字塔的解体。

8.1　自动化金字塔

随着向工业 4.0 的转型，自动化金字塔必须被重新评估。多年来，自动化金字塔一直作为自动化技术中的基本分类模型。

作为自动化技术的既定标准，迄今为止它一直被用于进行系统功能和组件的分类和构建，从而支持自动化系统的规划和实施（DIN 62264-1）。通常，自动化金字塔分为四个层级（见图 2-8-1）。

1）现场层包括现场设备，它们是自动化系统和技术生产过程之间的接口。现场设备根据执行器和传感器进行区分。执行器基于控制信号（如机械运

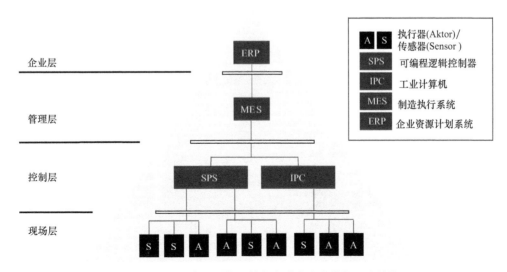

图 2-8-1　具有典型系统组件的自动化金字塔的示意结构

动）执行物理动作，而传感器记录生产过程的物理量并将其转换为与控制相关的信号。执行器的一个例子是气动活塞或电动机控制器，而传感器包含光电传感器、超声波传感器或温度传感器等。

2）控制层负责生产过程的控制和调节，这项工作通过处理现场层的传感器数据并反馈控制执行器的结果来实现。通常这些控制任务由可编程的自动化设备执行。可编程逻辑控制器（PLC）和工业用计算机（IPC）属于所使用的标准技术。

3）管理层包含用于规划、执行和监控生产过程和生产资料的所有活动。因此，它形成了生产规划和企业规划之间的接口，通常由面向过程的制造执行系统（MES）实施。

4）在企业层，处理生产系统中更高级别控制所需的所有业务流程。通常，企业资源规划系统（ERP）用于支持资源规划和业务流程控制。

基于该结构展开所有系统功能和组件的层级细分，从而在每个层级上仅描述相同类型的功能和组件。数据从生产过程到企业层变得越来越密集，对实时行为和可用性的要求也在不断下降（Nof 2009）。

工业 4.0 背景下自动化金字塔的分解如图 2-8-2 所示。

为了在工业 4.0 中重新审视自动化金字塔，下面将研究和描述三个关键的发展趋势：

1）借助智能产品的分散式工艺控制（现场层和控制层）。

2）借助智能现场设备的现场任务和控制任务的融合（现场层和控制层）。

3）纵向集成和基于云的模块化 IT 系统（管理层和企业层）。

8.1.1　借助智能产品的分散式工艺控制

如前所述，如今在自动化技术中大多数的控制功能和控制部件被严格地分层组织，分布在自动化金字塔的各个层级上。这也适用于工艺控制，其负责技术生产过程的正确执行，协调现场层和控制层的工作：当控制过程在控制层实施时，实际生产过程通过执行器和传感器在现场层执行。

在过去，工艺控制通常由控制层上单一的中央控制单元，通过在现场层访问大量执行器和传感器来实现。然而，工业 4.0 所要求的高产品可变性和更短的产品生命周期需要柔性多样的自动化系统，可以快速适应新产品的生产要求。纯集中控制方法（见图 2-8-3a）被证明过于僵化，因此它越来越多地被分布式控制方法所取代（Wünsch 等 2010）。

分布式控制方法允许将控制任务划分为若干任务区域，每个任务区域由专用控制单元负责。由于这种模块化的特性，生产过程可以快速柔性地重新配置，从而适应新产品和新生产要求。

分层分布式控制方法将控制任务划分为不同的控制单元，而控制单元又可以分布在两个或更多个层级上（见图 2-8-3b）。较低层级的单元充当较高级单元（服务器）的客户端。

另一方面，在分层分布式控制方法中，将控制任务划分为自主和平级的控制单元，它们彼此直接配合（见图 2-8-3c）（DIN 61499）。

分层控制方法为分散式控制架构的设计提供了先决条件，它们在工业 4.0 中经常被提到。

除了控制任务的模块化和分配这一趋势之外，还有在单件批量的客户定制产品的大量生产中，它决定了工业 4.0 中对自动化技术的要求。特别是离散

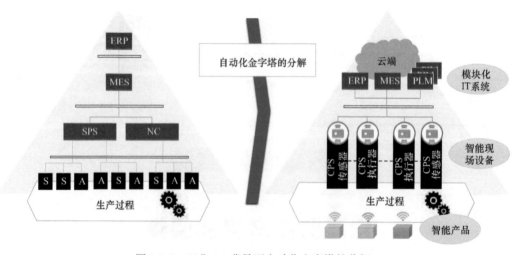

图 2-8-2　工业 4.0 背景下自动化金字塔的分解

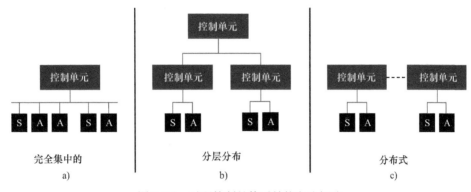

图 2-8-3　过程控制的体系结构方法概述

制造面临着对客户定制产品和产品变体更强烈的需求。变体丰富的小批量生产的趋势正在迅速将经典的工艺控制推到经济和技术的极限。未来的自动化系统必须能够随时明确地识别要制造的产品，并在生产过程中对其进行跟踪。通过这种方式，可以单独记录和处理产品相关的生产参数。这意味着要单独制造的产品将被作为控制生产过程的起点。产品配备了所谓的数字产品内存，从而成为一种智能产品，可以积极地影响生产过程本身，甚至可以对其进行完全自主的控制。基于这种方法，单件批量的客户定制产品的大量生产在技术上和经济上都是可行的。

智能产品可以使用数字产品内存主动影响生产过程，甚至可以完全自主地控制生产过程，如图 2-8-4 所示。

1. 数字产品内存

数字产品内存通常包括用于自动产品识别或读出产品数据的机制（自动识别技术）和用于存储和诠释存储的产品数据的信息模型。因此，数字产品内存的概念通过网络组件扩展了产品的物理组件，其中包含了工艺控制的适应性或性能（见图 2-8-5）。将传统产品转变为智能产品或信息物理产品，自主影响或控制其生产过程。

2. 作为数字产品内存部分的信息模型

信息模型的任务是为产品形式上的描述创建一个共享、稳定和有序的信息结构。通过创建对产品

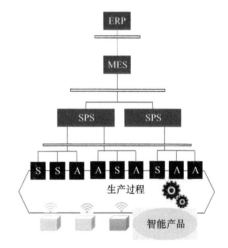

图 2-8-4　智能产品可以使用数字产品内存主动影响生产过程，甚至可以完全自主地控制生产过程

领域的全面理解，支持和促进不同自动化系统之间的产品信息交换。在商业实践中，"数据"和"信息"两个术语通常被作为同义词。因此，在处理信息模型之前，有必要首先将"数据"和"信息"两个术语做一界定。有关不同术语之间的关系如图 2-8-6 所示。根据基本字符集（如 ASCII）的某种顺序规则（语法）形成数据。在信息学中，数据通常被认为是机器可读的，但它仍然是从内容的含义中抽象出来的。只有通过在总体信息模型中注释语义，数据才

图 2-8-5　数字产品内存将信息产品组件添加到物理产品组件中，将传统产品转变为智能产品

图 2-8-6   由于语义，存储在数字产品内存中的数据可以被机器解释，因此可以触发控制动作

成为可诠释的信息。对于信息建模，诸如 XML 之类的标记语言是合适的。本体论对于复杂信息结构的建模变得越来越重要。8.2 节详细介绍了信息建模的重要标准和方法。

根据信息模型的语义，存储在产品内存中的数据可以由控制单元去诠释并用于生产过程的各种调整。如果产品数据没有明确的语义标记，则只有专有软件模块才能读取产品内存。通过定义普遍的、有效的语义信息模型，可以读取和评估跨企业的不同产品的产品内存。

数字产品内存通常由特定生产订单启动，并包括进一步指定各个产品及其制造过程的信息。它以面向未来和过去的观点描述了产品信息。

1）一般产品信息：订单号、产品描述、要执行的制造过程、优先级等。

2）附加产品信息：完成的制造过程、消耗的能量等。在实现数字产品内存过程中，可以区分两种类型的数据管理。

3）在分散数据管理的情况下，产品信息以物理形式存储在产品上（如通过 RFID 应答器）。因此，无论位置和时间如何，都可以从对象上获得信息（见图 2-8-7a）。

4）利用中央数据存储，产品信息被集中管理和存储（如在云中）。该产品仅存储可用于从外部源检索信息的引用（见图 2-8-7b）。

数字产品内存可以以闭环或开环系统的方式实现。当系统闭环时，信息载体保持在明确定义的区域中，如在企业内部。通常，闭环系统被设计为可重复使用的系统，其中信息载体可以被多次使用。在开环系统中，存储在产品内存中的信息可以跨企业使用，甚至可以涵盖整个价值链。为了跨企业读取和诠释信息，有必要定义可由各种自动化系统诠释且通用的语义信息模型。

3. 作为数字产品内存部分的自动识别技术

自动识别技术是指用于自动识别对象和相关数据采集的方法。识别是基于特征的、对象唯一的、明确的识别，且具有为相关目的确定的准确性（DIN 6763）。许多自动识别技术在性能和成本方面差异很大。经过考验且成本较低的系统被用于产品标签领域的大规模应用，以及用于个人识别的防伪系统。对于数字产品内存的实现，优先考虑一维/二维编码和射频识别（RFID）。

一维/二维编码方法是依赖于读取器和信息载体之间的视觉接触这一光学过程（见图 2-8-8）。一维代码，也称为条码，由黑条和空白组成，通过其相对宽度存储信息。通过起始和终止字符限制代码，通过结尾的代码校验可以提高读取安全性。二维码是从 20 世纪 80 年代后期发展起来的，用于满足更高存储容量的要求。目前的主要代表是矩阵代码、堆栈代码、复合代码和点代码。它们具有高信息密度，因此非常紧凑，应用领域与一维代码一样广泛。在生产和物流方面，它们都被广泛使用。一维/二维编码方法的使用特别适用于集中式数据管理。如仅对云中存储的信息引用进行编码。

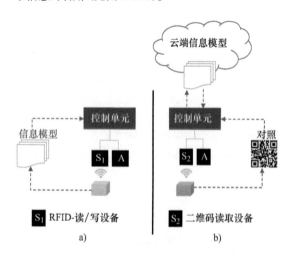

图 2-8-7   数字产品内存可以通过分散数据存储和中央数据存储实现

a）RFID- 读/写设备   b）二维码读取设备

图 2-8-8   一维代码（EAN-8 条码）和二维矩阵码（二维码，DataMatrix）示例

射频识别（RFID）利用电磁场实现非接触通信，也无需视觉接触。信息在电磁场中通过发射器传输到接收器。为此，将 RFID 标签（也包括由微芯片和天线组成的应答器）连接到待识别的产品上。通常会使用 HF 标签和 UHF 标签。他们可作为有源或无源的 RFID 系统。无源标签从读取器的电磁场中获取功

能所需的能量，而有源标签配备有自己的电源。有源标签范围更大，但价格更高昂，可用性取决于电池的寿命。其内存大小在一位到几千字节之间变化。存储器通常设计为可重写的，但也可以设计为完全硬编码或由制造商分成单独的段。RFID 读/写设备用于应用/控制单元与标签之间进行通信。用于控制读/写操作的附带组件与标签上的组件相同。在具有无源标签的系统中，RFID 读取器/写入器还具有激活标签并向其提供必要能量的功能。RFID 的使用特别适用于分散式数据管理。基于 RFID 的数字产品内存如图 2-8-9 所示。

8.1.2 借助智能现场设备的现场任务和控制任务的融合

当今的生产设备控制及在其上运行的生产工艺控制大多是通过中央控制单元进行的。如前所述，这种控制方法不再满足对生产中柔性和可变性不断增长的需求。有望解决该问题的方法是将控制任务分配给更小、更易管理的控制单元，这些控制单元负责如现场设备或模块的本地控制。自动化金字塔中现场任务和控制任务的经典分离因此受到了挑战（见图 2-8-10）。组合的现场组件和控制组件也称为智能现场设备或信息物理现场设备，其代表了一种信息物理系统。在下文中，先阐述迄今为止使用的经典控制单元，然后介绍智能现场设备的趋势。

1. 经典控制单元

其控制单元是可编程的自动化设备，用于传感器和执行器的评估、检测和控制。首先，可编程逻辑控制器（PLC）和工业计算机（IPC）具有两个符合自动化金字塔经典观点的通用标准，在控制单元和现场设备之间提供严格的功能分离。另一方面，存在信息物理系统的新理念，其允许将控制任务（或至

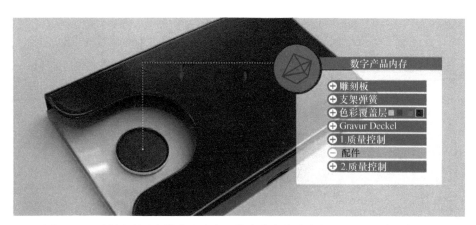

图 2-8-9 示例产品（个性化名片盒，其中数字产品内存通过 RFID 标签提供）

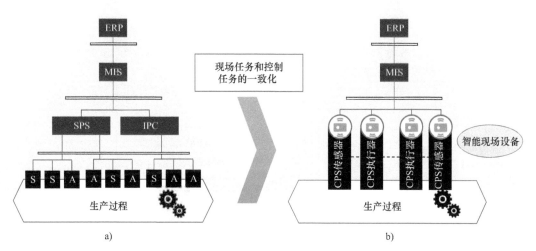

图 2-8-10 现场任务和控制任务的一致化

a）过去的 PLC/IPC 和现场设备 b）未来的智能现场设备

少部分控制任务）外包给现场设备。

自从 1969 年开发出第一台 PLC 起，PLC 就取代了连接编程的控制（Lauber/Göhner 1999），成为现今自动化技术的标准。经典 PLC 的硬件工程包括电源单元、中央处理单元以及模拟和数字的输入/输出模块（I/O 模块）。根据客户的要求和控制任务，PLC 可以通过其他功能模块进行扩展（如作为用户界面的 BDE 终端）。PLC 的中央控制逻辑根本上可细分为操作系统和实际的应用程序。应用程序的执行可以是面向循环的或事件控制的。操作系统处理设备内部资源（如存储器）和进行操作功能的管理。操作系统还集成了负责执行应用程序的固件或运行环境。

面向循环的 PLC 的应用程序的处理如图 2-8-11 所示。首先，检查 PLC 所有连接的传感器和执行器是否准备好运行。然后，输入信号通过输入单元转发到中央处理单元。存储在程序存储器中的应用程序处理输入信号，产生输出信号并通过输出模块将它们转发到连接的执行器从而进行工艺控制。执行循环程序通常每 1kB 指令耗时 1~100ms。

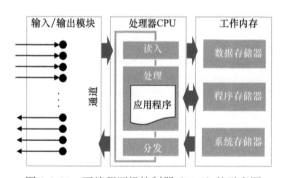

图 2-8-11　可编程逻辑控制器（PLC）的示意图

虽然操作系统和固件的开发由 PLC 制造商保留，但应用程序通常由最终用户使用特定的开发环境创建。DIN EN 61131-3 包含 PLC 编程的各种标准和指南，因此有助于制造商之间共同使用。为了创建用户程序，主要使用汇编程序或面向过程的编程语言。由于面向硬件的编程方法［如功能块（DIN EN 61499-1）］的抽象程度低，PLC 编程代码的模块化和重用程度是有限的。

工业计算机（IPC）通常被理解为 IBM 兼容的个人计算机，专门用于在工业领域的任务。除了过程自动化和可视化之外，测试台和实验台中使用是其典型的应用领域之一。工业环境对计算机的使用要求特别高，因此，必须保护工业计算机免受生产中普遍存在的环境影响，并且尽可能使其具有的安全保障功能。然而，基于传统计算机的工业计算机在大规模生产方面具有许多优势，如在硬件和软件方面的高标准化、柔性、丰富的外围组件和应用软件以及优惠的价格。由于高柔性，一台工业计算机可以用于操作、编程、可视化、长期的过程归档和仿真以及与传统 PLC 相结合。

2. 智能现场设备

随着低成本的计算能力和存储容量的可用性的增加，新一代现场设备除了具有实际的现场功能之外，还可以执行越来越多的控制功能。因此，工艺数据的处理以及配置和参数化数据的处理，可由技术过程中涉及的现场设备直接完成。在这种智能现场设备的背景下，信息物理系统被经常提及（CPS）。下文将描述 CPS 的发展，并针对微控制器或嵌入式系统进行划分。

微控制器（μC）是可编程的计算机系统，配备有微处理器、只读存储器和内存、外围设备和其他功能单元接口。所有组件都集成在单个电路（如微芯片）上，这正是系统单芯片（System-on-a-Chip）这一概念提出的原因。微控制器通常充当独立系统。该领域的持续发展促使其性能提升，同时还向微型化发展。

随着微控制器在工厂、机器和设备中的集成，嵌入式系统正在兴起，它们根据技术背景和工作环境承担特定的任务（Marwedel 2011）。嵌入式系统已经融入到了日常生活中，其中包括控制工程中的经典应用，以及娱乐、家用电子和汽车行业的应用。嵌入式系统总是构建一个硬件和软件组成的功能单元，用于完成确定的任务（BITKOM 2010）。与传统计算机相比，嵌入式系统的特征在于降低计算能力和存储容量。因此，它们通常没有完整的操作系统，而是标准操作系统的嵌入式版本（如 Linux Embedded）（Marwedel 2011）。在某些情况下，特殊操作系统（如 Windows CE 或 TIZEN）也被采用。另一个不同之处在于与微型计算机的交互。它们没有鼠标和键盘等外围设备，而是集成了操作和显示元件，如显示器和按钮。

应用程序软件采用专为嵌入式系统开发的程序。通常，它们要适应有限的计算和存储容量，因此具有相对较少的资源。嵌入式软件具有固定功能，因此仅支持相应的应用程序。出于这个原因，嵌入式系统通常是封闭的、不可变的单元，它们是为完成一项特定任务而设计和制造的（Marwedel 2011）。相对应的是信息物理系统（CPS）。它们是嵌入物理对象并通过网络互连的功能强大的微控制器（Loskyll/Schlick 2013）。它们配备了传感器，具有计算能力、存储容量和通信功能，可以动态且自主地与环境进行大量交互。它们通过网络扩展了传统嵌入式系统的概念。

CPS 的连接基于三个基本原则：①自我识别（我是谁？）；②服务探索（我提供哪些服务？）；③主动联网（谁在我的环境中？我的环境中发生了什么？）。

通信接口和信息模型实现的网络功能将传统的现场设备扩展为智能现场设备如图 2-8-12 所示。

在现场设备技术中 CPS 模式的应用，将催生智能的、相互联网的现场设备。实现网络的技术先决条件是开放式通信接口和相关的信息模型，这些模型利用形式化的语义描述现场设备。这样能实现必要的互通性，以便于之前未知的现场设备可以临时地、无缝地进行通信和协同工作。开放式通信接口确保了数据交换（语法互通性）的技术先决条件，而通用定义的信息模型确保交换的数据能被准确地理解（语义互通性）。OPC-UA，MTConnect 和 MQTT 是当前的通信标准，它除了开放式数据交换外还具有语义互通性。8.2 节详细介绍了 CPS 联网的技术方法。

用于实现 CPS 应用程序的典型编程语言是面向对象的编程语言，如 Java 和 C＃。CPS 应用程序通常遵循面向服务的架构这一基本思想，即在所谓的服务中提供软件组件和功能的模块化封装。这些服务通过标准化接口调用，调用系统不需要任何有关功能的具体信息。独立于平台和编程语言的转化，作为一种模块化封装服务，可以提高 CPS 功能的可重用性（Melzer 2010）。然而，与当前的行业标准不同，CPS 编程和集成仍然缺乏普遍适用的准则和标准，例如，对于服务接口的一般定义。

目前的发展趋势表明，CPS 在自动化技术中的推广和应用将继续增加（Zühlke/Ollinger 2012）。随着具有分布式处理智能的现场设备的比例越来越大，现场组件和控制组件之间的实时分工将进一步混合。这消除了现场任务和控制任务的经典分离，并最终导致自动化金字塔的两个较低级别融合在一起。

8.1.3 纵向集成和基于云的模块化 IT 系统

此前自动化金字塔内通信结构的特征在于专有技术，其仅具有较低的柔性和共用性。此外，使用

TCP/IP 或基于以太网的通信结构无法在自动化金字塔内实现一致的通信。然而，在未来，需要在自动化金字塔的不同级别内和之间进行一致且互通的通信，这也称为纵向集成。

与其紧密相关的是企业管理（顶层）和技术流程（自动化金字塔的较低层级）之间的沟通。这里，对每个层级组件的可靠性、时序和安全性要求各不相同。对技术过程的控制通常需要非常强大的、实时且安全的系统。到目前为止，PLC 或 IPC 能满足这些苛刻的要求标准。然而，由于技术进步，可以预计在未来会越来越多地使用基于 CPS 的系统来控制技术过程。相比之下，企业管理会被映射到典型的 IT 系统中，这些 IT 系统也被应用在商业社会中。在这里明显可以看出，云计算的趋势使得 IT 系统变得柔性，并且在很大程度上独立于本地可用的基础设施。

通过纵向集成和模块化的出现，基于云的软件模块解决了管理层级和企业层级的严格分离。

1. 纵向集成

由于技术流程和企业管理流程之间的区别，到目前为止，所使用的编程和建模语言以及基础范例也各不相同。例如，在公司层面和管理层面，传统上仍使用具有一定抽象程度的高级编程和建模语言（如 Java 和 C＃或 BPMN 和基于 XML 的形式）。这极大地简化了组件和应用程序的互换性和适应性。另一方面，在现场层面和控制层面，建模和编程通常遵循面向硬件的方法（DIN EN 61131 或 DIN EN 61499），这些方法具有明显较低的抽象级别，因此具有较低的互通性和柔性。然而，使用 CPS 的趋势意味着企业管理流程的抽象编程和建模范式也可以在未来转移到现场层面和控制层面。

因此，预计自动化金字塔的上层和下层之间的范式中断将逐渐消失，从而在自动化系统的设计中实现更大的互通性和柔性。虽然未来将保持企业管理和技术流程之间的逻辑分离，但是，点对点链接将出现在自动化金字塔的所有层级之间，这将促进从技术角度直接的层间通信。因此，企业层的系统

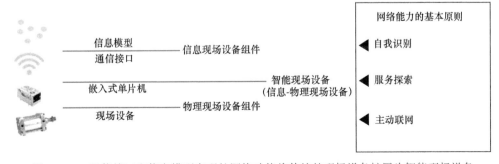

图 2-8-12　通信接口和信息模型实现的网络功能将传统的现场设备扩展为智能现场设备

可以直接访问现场层或控制层的组件，而不必在通信中连接中间的管理层或进行调整（见图 2-8-13）。

2. 基于云的模块化 IT 系统

另一种影响自动化技术的通信结构的现象，是云计算的出现。该概念描述了一种可能性，即通过网络柔性地提供面向需求的 IT 系统，而无需将它们安装在本地计算机上（Mell/Grance 2015）。云计算的方法在许多方面具有优势，特别是在云中管理的 IT 系统的操作、维护和调试中的效率和成本优势，其

可以在任何位置操作。因此，计算机辅助生产规划、生产控制和生产优化的所有功能都在企业特定的云中动态地提供。其中包括诸如订单计划、订单管理、设备工程、数据分析（大数据）和远程监控/维护，这些在未来将直接地接触和影响技术流程。这些功能中的每一个都被封装为模块化软件组件并得到同等对待。使用开放接口和标准化通信协议，新的软件模块可动态集成到现有的 IT 和 AT 基础设施中（见图 2-8-14）。

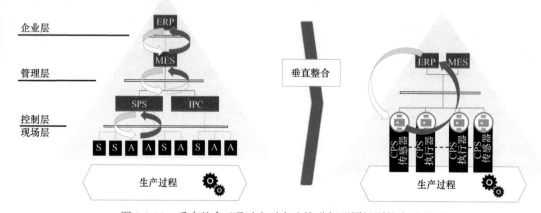

图 2-8-13　垂直整合（通过点对点连接进行不同级别的广泛联网）

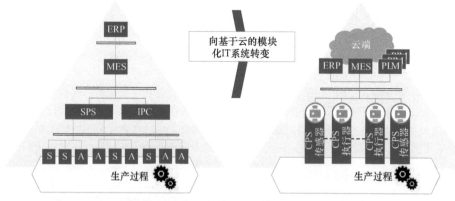

图 2-8-14　模块化 IT 系统灵活地、以需求为导向地由云分配并集成到现有 IT 和 AT 基础设施中

8.2　智能联网

通过与最先进的信息技术和通信技术相结合，工业生产中广泛而智能的联网将促使自动化技术发生明显的范式转变。互联网技术将用于机器、产品和人之间的通信，以使生产过程更加高效，而且在全球化推进的压力下也更柔性、适应性更强、更稳健。因此，迫在眉睫的数字化解决了日益波动的市场的迫切需求。智能网络的要求涉及三个主要考虑

领域：

1）技术和业务流程之间的纵向集成，这意味着，通过点对点连接实现自动化金字塔不同层级之间的广泛联网。

2）价值链的横向集成，即跨企业信息采集以及从原材料供应商到最终客户的增值过程中涉及的所有各方相关信息的传输和处理。

3）产品开发过程中的数字一致性，即在产品和生产设备的不同生命周期阶段中，建模和分析的所

有模型和信息都具有一致性，从产品构思到生产计划再到实际生产和报废。

在这三个考虑领域，实现智能联网的先决条件是一致的、开放的信息基础和通信基础。因此，下文介绍了与工业 4.0 相关的通信结构和通信协议以及信息模型。

8.2.1　工业 4.0 的通信标准

纵向集成的基本要求是在网络化生产中进行统一的数据交换。现场设备、机器、控制系统和 IT 系统必须"说"标准语言，以实现将严格分层的自动化金字塔向柔性的自动化网络的转换。但是，到目前为止使用的协议通常不能跨制造商共

用，并且不能轻易地集成到已建立的 IT 基础设施中。迄今为止，尚未实现从现场层到 ERP 的全面网络化。

因此要针对工业 4.0 开发和标准化基于面向服务的架构的新通信协议。相关协议包括 OPC UA、MTConnect（MT 连接）和 MQTT，它们除了开放式数据交换之外，不仅依赖于标准化通信协议（如 TCP/IP），而且还能够对数据进行有效的语义描述。图 2-8-15 所示为混合层模型中协议栈的归类（Tanenbaum/Wetherall 2010），如图所示，这三种变体都使用以太网上的 TCP/IP 协议，所以仅在应用层中有所不同。因此，下文将仅关注三个应用层协议的基本工作方式。

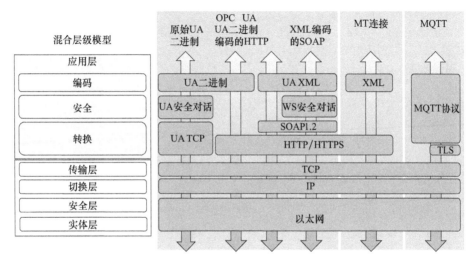

图 2-8-15　混合层模型中的工业 4.0 相关通信标准

1. OPC 统一架构

OPC 统一架构（简称 OPC UA）是 OPC 的进一步发展，如今被视为自动化技术中透明通信的准标准。尽管 OPC UA 是 OPC 的后续产品，但这种新的通信标准与原始 OPC-DA，OPCAlarm 或 OPCEvent 等 OPC 规范几乎没有共同之处。OPC 在 Windows 机制上构建 DCOM，但这同时带来了该技术的局限性，而 OPC UA 基于面向服务的架构（SOA）的范式创建了一个开放的通信标准。因此，OPC UA 提供了 SOA 的柔性，但仍然独立于操作系统，并允许传输复杂的数据类型，如图 2-8-16 所示，OPC UA 定义了四个协议绑定：原生 UA 二进制、HTTP 与 UA 二进制、SOAP 和 XML 编码、SOAP 与 WS 安全对话和 UA XML 编码，以上都基于 TCP/IP 协议和以太网，这些绑定通过消息传输和编码来区分。编码可以根据 OPC UA 二进制或 OPC UA XML 来完成。

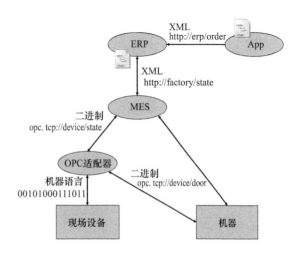

图 2-8-16　OPC UA 二进制和 XML 通信

OPC UA 二进制文件以二进制格式对数据进行编码，从而实现快速编码。因此该编码方法的特征是数据传输量高，并且替代工业以太网协议，以便能够在水平方向上进行开放和高性能的数据交换。但是，OPC UA 二进制文件也首选将 MES 系统连接到现场级别并支持纵向集成。传输通过简单的 TCP 连接（UA TCP）或 HTTP 进行。

相比之下，OPC UA XML 以人可读的 XML 格式对数据进行编码，并使用 Web 服务标准 SOAP 1.2 进行数据传输。虽然工作量更大，通信效率较低，但可以通过在 ERP 或更高 IT 系统中广泛使用 Web 服务轻松集成。

2. MTConnect

MTConnect 是一种轻量级的通信协议，与 OPC UA 一样，可以在现场设备或生产单元与更高级别的 IT 系统之间实现开放式数据交换。MTConnect 基于标准化 IT 技术。XML 用于对数据进行编码，从而以人可读和机器可读的形式获取数据；数据传输使用网络协议 HTTP 进行。这种无须证书的 IT 技术的一致用法使得该标准被广泛采用，尤其是在美国和日本，因为可以经济高效地使用 MTConnect 作为通信协议，并且可以轻松地集成到现有的 IT 基础设施中。但是，MTConnect 只能提供较小范围的功能。例如，只能进行对机器数据的阅读访问，不能控制设备或调整参数。

通信协议的系统架构和工作方式如图 2-8-17 所示。MTConnect 系统架构由以下三个组件组成（Edstrom 2013）：

1）适配器，代表 MTConnect 架构中的可选组件，并将设备或现场设备连接到代理。与代理的连接通常使用 SHDR 协议（简单分层数据表示）完成。

2）代理，将机器数据转换为 XML 格式，并为应用程序的数据访问提供 REST 接口。

3）应用程序，访问适配器以读取和处理数据。

有关更多信息，请参阅 MTConnect Standards⊖。

3. MQTT

消息队列遥测传输（MQTT）协议是一种轻量级的发布者/订阅者消息协议，它在物联网应用程序中变得越来越标准化。MQTT 成本低，易于部署，是安全数据传输的理想选择，尤其适用于不稳定的网络连接，如无线网络中的连接。

此发布者/订阅者协议的核心是所谓的 MQTT 代理（见图 2-8-18）。它从发布者接收新数据并将其分发给适当的订阅者。为了过滤数据，将这些数

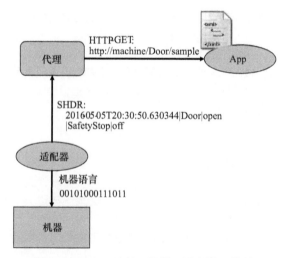

图 2-8-17　MT 连接 - 机器、适配器、代理

据归入主题，即发布者将包括主题描述在内的数据发送给代理，反之，订阅者可以订阅关于特定主题的数据。主题的结构类似文件路径，在图 2-8-18 的示例中，结构 factory/cell1/sps1 用于 PLC 数据的发布。

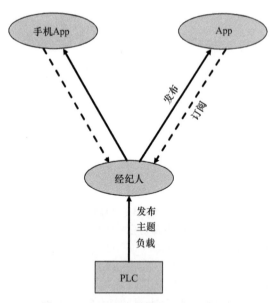

图 2-8-18　MQTT 发布者/订阅者系统

除了这个简单的发布者/订阅者概念和通过主题的消息过滤之外，MQTT 还提供了其他功能。例如，MQTT 支持三种服务质量级别：在客户端离线时发送消息的能力、提供持续会话并在代理中存储主题的最后一条消息以及主题的新订阅者可立即收到最后一条消息。

⊖　http://www.mtconnect.org/standard

8.2.2　自动化技术中的以太网

工业 4.0 将以太网的普遍化通信作为一种通用 IT 标准。目标是用基于以太网的普遍化通信基础设施取代以前孤立的专有现场总线解决方案。只有这样才能实现从现场级到 IT 系统的开放且互通的通信。所有用于在工业环境中发挥以太网优势的尝试统称为工业以太网。

工业以太网或实时以太网的概念用于概括各种工业标准，这些标准能够在以太网的基础上实现工业环境中的通信。正如实时以太网的名称所表明，这些以太网标准不仅需要实现与不同 IT 系统的互通性，还需要支持工业中对稳定性和实时性能的需求。在国际标准 IEC 61784-2 中可找到各种工业以太网协议总结。

由于实际的 IEEE 以太网标准不能轻易满足必要的实时要求，因此制定了不同的解决方案概念，这些概念分为三类（Klasen 2010）。图 2-8-19 所示为各类所属的通信堆栈。

类型 1 对使用基于 TCP/IP 的通信协议以及标准以太网硬件的解决方案概念进行了分类。如上所述，这实现了基于 TCP/IP 的同构基础设施，但实时能力是有限的。此类的典型代表是 EtherNet/IP。

类型 2 的工业以太网标准的特点是更好的确定性。自动化的通信协议不使用 TCP/IP 堆栈，因此可以直接访问 MAC 层。此外，优先化机制用于进一步改善确定性。作为此类的典型代表，PROFINET RT 使用 VLAN 标记来确定帧的优先级。但是，为了确定性通信协议而省略 TCP/IP 堆栈不会阻碍 IP 通信，IP 网络中的通信仍然可以实现。

类型 3 将标准进行分类，用于具有已修改的总线访问方法或扩展 MAC 层功能的以太网。与类型 2 一样，其用于自动化的通信协议直接基于 MAC 层，但是需要通过特殊访问过程来修改它们，或者需要特定功能以实现时间行为的改进。例如，EtherCat 使

用求和帧过程，因而需要特殊的从属硬件。相比之下，PROFINET IRT 需要特殊时隙方法的支持。与实现工业以太网的同构通信的实际意图相反的不兼容的标准，其仅满足其本地和标准化网络中的实时要求。这些不同的网络解决方案通常必须通过网关连接。不能通过不同网段进行实时通信。由于工业以太网解决方案的改进，即使是新的以太网开发的优势（如 400 Gb/s 以太网）也只能在有限的范围内使用。工业 4.0 所需的智能网络的柔性很难通过现有的工业以太网解决方案实现，因为它们通常需要严格的配置。但除了自动化之外，物联网还需要具有确定性的以太网标准。目前，IEEE 802.1 中的"时间敏感网络"工作小组指定了一系列子标准，这些子标准为标准以太网扩展了实时功能。

8.2.2.1　与时间敏感网络的实时通信

时间敏感网络（TSN）是指一组 IEEE 802.1 标准，它扩展了以太网的功能，包括确定性和持续可用的通信功能。TSN 建立在 AVB 标准（音频视频桥接）的基础上，其目标是改进或扩展它们。具体而言，增强功能包括改进时间同步、实时调度模式、流预留协议（SRP）的优化以及显式的路径控制和网络控制。此外，TSN 还经常被用作实时网络目标的总称。TSN 侧重于 OSI 层模型，而 IETF 工作小组侧重于在私有第 3 层网络的 DetNet（确定性的网络）。

表 2-8-1 列出了当前的 TSN 标准。所有这些标准仍处于标准化的不同阶段，但尚未完成任何标准化过程。

与 AVB 不同，TSN 工作小组一致认为实施 TSN 需要集中式网络管理组件来执行调度和路径控制。Ditzekl/Didier 2015 描述了 AVnu 联盟关于如何在行业中实施 TSN 系统的提案，涉及哪些组件以及这些组件包括哪些任务。图 2-8-20 所示为 TSN 系统的结构。

该系统的核心是中央网络配置器，为了满足 TSN 网络用户的要求，创建相关的网络配置。相应

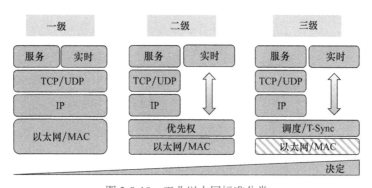

图 2-8-19　工业以太网标准分类

表 2-8-1　IEEE TSN 标准

标　准	标　题	功　能
IEEE 802 .1AS-rev	时间敏感应用的定时和同步	指定满足 TSN 应用程序的时间和同步要求的协议和方法
IEEE 802 .1Qbu	帧抢占	允许中断非关键帧和关键帧的首选项
IEE 802 .1Qbv	预定流量的增强功能	允许转发计划窗口中的帧
IEEE 802 .1Qcc	流预留协议（SRP）增强功能和性能改进	改进 SRP 并支持多个流
IEEE 802 .1CB	帧复制和消除可靠性	识别和复制帧。删除重复的帧
IEEE 802 .1Qch	循环排队和转发	定义如何在队列中处理帧以允许帧的同步转发
IEEE 802 .1Qci	按流过滤和管制	允许对流的帧进行计数、过滤、控制和分类
IEEE 802 .1Qca	路径控制和预留	定义启用基于 IS-IS 的显式路径控制的方法

的配置将被映射到 Yang 模型中，并使用 NETCONF 或 RESTCONF 进入网络。具体要求由网络参与者与中央参与者配置器协调决定。为此，中央参与者配置器应提供相应的 REST 网络服务，并将其与网络配置器进行比较。

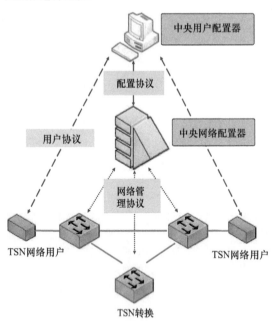

图 2-8-20　TSN 系统的结构（Ditzekl/Didier 2015）

TSN 系统的概念实际上并不新鲜。通过中央组件对网络的主动管理类似于"软件定义的网络"方法（见 8.2.2.2 节），该方法已经在 IT 界中成功使用，但它仍代表了自动化技术中的新网络范式。

8.2.2.2　软件定义的网络——自动化技术中的一种新的网络范式

正如前面提到的，在自动化技术中，专有的现场总线将来会越来越多地被标准的以太网和 TCP/IP 传输协议所取代。然而，与普遍观念相反，这种网络非常复杂且难以管理。在家庭网络中，通常只包含带有集成路由端口的级别 2 交换机，网络可能看起来像一种即插即用的应用程序。然而，在一个更复杂的环境中，情况是不同的。网络管理员必须始终拥有当前网络的全局视图，以便将新策略安全地部署到网络中，这就必须单独配置每个网络设备，但是，错误配置的交换机或路由器，或错误连接的电缆，都可能导致整个网络出现故障。随着自动化技术中基于以太网通信的增加，这是一种不可接受的情况，因为网络的故障导致机器停滞并因此造成生产停滞。因此，在多功能工厂系统中，机器的任何重新配置以及网络的任何重新配置都可能带来风险。由于工业 4.0 要求对自动化系统进行柔性和动态的调整，因此网络的重新配置正变得越来越普遍。因此，必须找到一种方法，该方法能降低工业中以太网网络的复杂性并因此降低重新配置的成本。IT 范例软件定义网络（SDN）有助于显著降低网络的复杂性，从而降低重新配置网络带来的风险。

1. 软件定义的网络

软件定义的网络（SDN）这一概念出自斯坦福大学，作为 OpenFlow 项目的一部分，将控制层和数据层的物理分离概念描述为网络基础设施的两个基本组成部分。控制层的智能在此迁移到中央网络操作系统（NOS）中，后者控制多个网络设备。因此，SDN 架构可以由以下三点来定义（Kreutz 2014）：

1）控制层和数据层应该彼此分离。所有控制功能都将迁移出网络设备，将其转换为简单的转发设备。

2）包的转发不再是基于目标的，而是基于流的。流包含用于过滤包的功能和用于修改或转发包的若干动作。

3）控制逻辑完全由逻辑上集中的 SDN 控制器或 NOS 实现，提供中央抽象网络视图。网络应该使用 SDN 控制器进行编程，在数据层和网络应用程序层之间提供接口。基于这些假设，出现了一种新的网络架构，如图 2-8-21 所示。所有网络组件仅包含一个数据层，该数据层通过适当定义的接口（南向 API）与控制器通信。控制器的北向 API 保证了网络的可编程性，该控制器具有多种功能。一方面，控制器必须提供网络的中心视图，其将分散的数据层抽象为中心视图。此外，必须通过 SDN 控制器将控制命令输入网络设备。控制器还负责显示当前网络视图。为此，其必须收集并准备有关网络设备和网络连接的信息。这种以逻辑集中式控制器为中心的新型网络架构带来了几个优势，可以解决目前 IT 网络中的问题或挑战。自动化网络向 IT 网络的靠拢可以解决其中的许多挑战并直接调整解决方案。

SDN 在工业 4.0 网络中提供的优势在下文中描述。

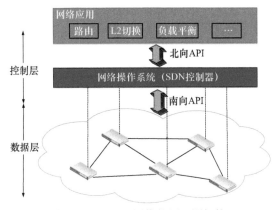

图 2-8-21　SDN 网络的原理图架构

2. WAN 通信

工业 4.0 不仅意味着生产的数字化处理，还意味着工业、手工业、贸易和客户之间的全球网络。因此，集成组件必须是广域网（WAN）（如 Internet）与生产设备的安全高效集成。不仅要实现当前生产数据的检索，还要实现跨企业的生产设备联网。其他应用场景，如将控制器重新定位到内部云甚至外部云，都可以通过这种方式实现。因为目前现场设备或服务器的计算能力较低是一个问题，而更多的是通过外部网络提供一定质量的通信。

图 2-8-22 所示为如何实现 SDN-WAN 网络。这里，需要在两个企业的网络 A 和 B 之间具有预定质量参数的安全连接。由于它们通过一个或多个 WAN 连接，因此这些 WAN 的供应商必须考虑其路由中的要求。通过在 SDN 上构建所有参与网络，可以通过控制器到控制器通信将需求和识别方法路由到所有控制器，因此可以在其网络内定义合适的路径，从而实现所需的通信质量。

3. 提高的网络安全性

安全的网络基础设施是工业 4.0 成功实施的必要条件之一，因为只有生产数据、企业专有技术和生产安全性足够完整，才能接受生产设施的数字化。然而，基于以太网的生产设施标准化网络和企业网络的开放可能使工业 4.0 面临安全风险。

在 Kreutz（2014）中，已经提出了一些建议来提高 SDN 的 IT 安全性，可以防止常见的攻击。随着未来的生产网络与 IT 结构越来越相似，今天的 IT 网络攻击也必须在生产中考虑。

对网络基础设施的常见攻击是通过大量的请求使网络超负荷——分布式拒绝服务攻击（DDoS）。然

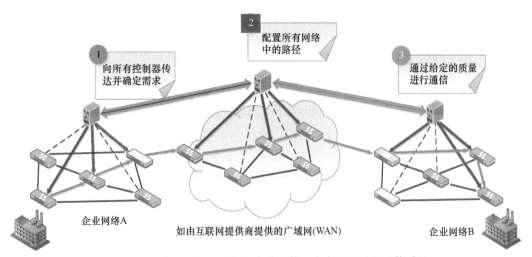

图 2-8-22　通过 WAN 进行的全球通信，考虑了所需的通信质量

1. 绿色—SDN 控制器之间的交换要求　2. 蓝色—控制器配置其网络中的路径　3. 红色—以所需的质量进行通信

而，如在 Braga 等，2010 中所述，可以在 SDN 网络中有效地检测和屏蔽这种攻击。在细粒度流规则的基础上，如果超过限制值，则可以将包的数量计算到特定地址并进行阻止或限制。其他用于提高网络安全性的机制也可以通过 SDN 简单、可靠且高性能地实现。这样可以使用 SDN 实现 IP 突变，以防止对静态 IP 地址的攻击。也可以检测网络异常并将其路由到专用硬件以进行深度包检测（Mehdi 等，2011）。

但是，不仅来自外部的攻击会带来安全风险，甚至在安全概念中也必须考虑来自内部未经授权的行为。通过 SDN，网络功能虚拟化（NFV）可以像防火墙一样进行虚拟化，其可以在网络中的任何位置使用和动态配对。例如，允许限制或完全禁止来自未经认证的网络参与者的通信。特别关键的网络段及其用户可以得到有效保护。

SDN 不仅可以有效地检测和防止来自内部或外部的攻击，还有助于更好地保护生产数据。例如敏感数据流可以首先通过安全服务器进行路由，该服务器可以在数据进入不安全的 WAN 之前对其进行解析和加密。

用于改善网络安全性的所有上述优点或方法都基于对网络的严密监控和动态适应。原则上 SDN 还可以更进一步。结合维护当前安全风险并提供 M2M 接口的数据库，SDN 控制器可以快速主动地对安全漏洞进行响应。

4. 自动网络配置

软件定义的网络，其背后的基本思想是基于从集中视图查看和（重新）配置网络的能力。与今天的分散算法和专有硬件接口相比，它简化了新网络功能的开发，并提供了一种控制网络的集中式程序化方法。网络的可编程性为提供更好的网络功能或网络应用创造了新的可能性。例如，可以实现适合于自己要求的新网络协议。此外，虚拟网络功能（网络功能虚拟化，NFV）的实现成为可能将简单的 SDN 设备转换为虚拟防火墙或负载平衡器。SDN 还提供了引入高级抽象的能力，极大地简化了管理过程和将新策略推广到网络中的过程，从而使得新网络配置不容易出错。这不仅可以通过编程完成，而且可以进行反应，因此可以实现许多步骤的自动化，直至网络控制的完全自动化。针对谁可以与谁通信这一问题的管理，可以从应用程序中派生出来。这将实现对新情况的快速响应以及准确无误的、更一致的配置。

8.2.2.3 工业 4.0 网络的新通信结构

为了能够在自动化中利用以太网的优点并因此建立柔性和高性能的通信网络，与传统的现场总线系统相比，新的通信基础设施是必要的。下文将讨论未来基于以太网的通信基础设施的规划和构造。

1. IAONA 的建议

在 IAONA（工业自动化网络联盟）（IAONA 2003）对工业以太网网络的规划建议中，提出了经典的分层星形拓扑结构。IAONA 预测未来的自动化技术拓扑结构与当今的办公环境相类似。

与办公环境中的布线相比，它仍然存在微小的差异。例如在办公室 IT 中，冗余链路和硬件主要用于骨干网络。另一方面，特别是在技术过程（现场层和控制层）中，自动化网络需要冗余以确保网络中可靠和安全的生产操作。同时，生产车间必须具有环形拓扑和线路拓扑的可能，以便能够继续运行老一代的生产设备。

为了满足行业对网络内低延迟和足够带宽的需求，IAONA 优先考虑目前在 IT 中使用的数据包（IEEE 802.1D）。然而，同时还要提供某些网络区域，这些网络区域具有非常短的等待时间和超大的带宽，以便能够满足对传输时间提出非常高要求的应用。这些区域应不受其他非关键网络流量的影响。类似的考虑在下文中会有涉及，其描述了集成拓扑的提议。

2. 集成拓扑

集成拓扑旨在将工业 4.0 和生产网络分开。因此将建立一个集成网络，它确立了工业中新型的通信解决方案，如 SOA，而不会危及稳定性、安全性和先前的投资。图 2-8-23 所示为用于生产操作的集成网络的示例性结构。

黑色网络象征着必须满足可用性、可靠性、耐久性和安全性方面高要求的生产网络。但是，没有进一步说明如何实现该网络。因此，可以继续使用传统的但具有新 IT 结构的网络。绿色网络象征着工业 4.0 网络。它旨在实现基于创新通信技术的新价值链，而不影响实际的生产网络。因此，网络对于生产设备的运行不是绝对必要的。这些设备和系统通过工业 4.0 接口连接到工业 4.0 网络。它们看起来必须是保持开发的，但是很明显这里需要独立于制造商的互通性。基于当前的知识，可以假设高性能的 TCP/IP 兼容接口，通过该接口可以访问语义丰富的工业 4.0 服务。此外，接口的进一步划分在图 2-8-23 中用蓝色和黄色端口象征性地标出。蓝色端口是只读接口，只能检索工业 4.0 价值链所需的机器数据或工艺数据，例如状态检测或预测性维护。通过黄色端口只能进行写访问。这些必须受到测试单元的保护，测试单元的实际实施仍然是一个开放的研究领域。

根据先前的网络结构，网络的分离可以由虚拟

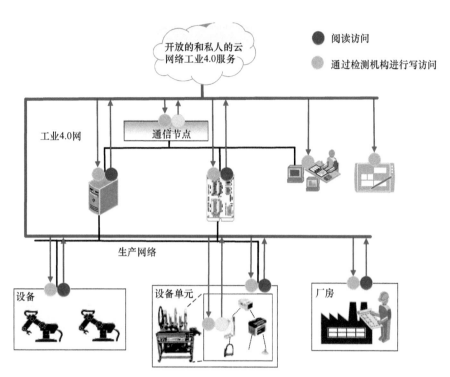

图 2-8-23　用于生产系统的工业 4.0 网络的工业拓扑（Drath 2014）

网络（VLAN）实现，或者也可以由另一个专用网络实现。后一种方法的优点是可以提供工业 4.0 服务而无需替换不兼容的系统或通信结构。此外，由于生产网络与工业 4.0 网络分离，安全概念更易于集成。然而，新物理网络的构建和维护费用是非常高昂的，从长远来看几乎不可行。

相反，VLAN 方法更具有成本效益，特别是如果已经存在相应网络结构的情况下。但是，因为必须制定监控和维护更复杂网络的规则，配置的工作量将大大增加。特别是在未来的工业 4.0 生产设备的假设动态中，手动配置将非常复杂。

3. 制造企业作为数据中心

另一种有远见的方法是将生产网络完全转移到数据中心拓扑（见图 2-8-24）。制造企业的功能以及生产控制，将转移到分布式的服务池或高可用性的服务器上。这些服务器通过高性能实时网络互连。服务器与生产的连接通过冗余且高性能的连接实现。这样可以将高性能数据中心的优势用于生产，如高冗余度、所有数据和服务的可用性以及集中管理和经济高效的操作（Dreher 2013）。

8.2.3　自动化技术中信息建模的标准

基于先前描述的通信基础设施和标准，信息模型是工业 4.0 的关键驱动因素。在异构生产系统和 IT 解决方案的深远数字化和网络化过程中，它们用于表达、表征和描述相关信息和数据，以便在增值链和产品开发过程中为不同的利益相关者清晰且可理解地处理相关信息和数据。因此，信息模型必须通过结构和机器可读性对异构的以及目前尚不存在的框架条件和商业模型开放，并尽可能提供广泛的集成选项（Kahlhoff 2016）。下文简要解释和描述了图 2-8-25 中最重要的信息建模标准。

1. ODVA 机器数据模型作为机器信息的数据结构

ODVA 机器数据模型是 ODVA 计划"机器集成优化"（OMI™）的结果。OMI 计划侧重于优化制造机械与工业生态系统集成的技术。机器集成的一个主要问题是异构通信接口的简化和统一，实现标准报告方法，以及支持机器管理和监控的跨机器 IT 工具（Beudert 2015）。为了研究和制定该领域的标准，ODVA 建立了机器数据特别兴趣小组（SIG）。

对于机器和管理人员之间的通信，该数据可以按逻辑分组排列，如基本的机器环境、状态监控、能源、安全和机器诊断、机器状态、生产配方以及产品信息。ODVA 机器数据模型代表基本的机器信息描述，包括用于配置的基本数据结构以及图 2-8-26 中所示的机器输入和输出数据。在配置数据中，指定了用于识别机器的基本信息，包括如制造商名称和型号、序列号、保修信息、机器描述和位置，甚至制造商的联系方式等数据。输入和输出数据包括有关状态、生产率、单位、ID 或材料数据（材料

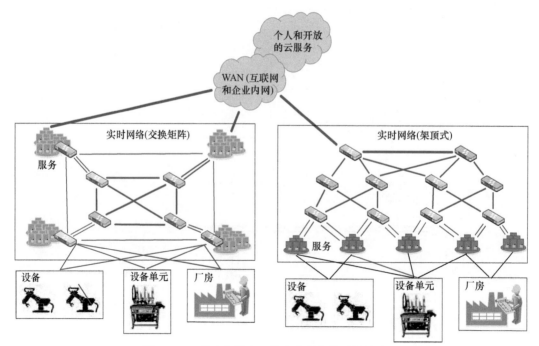

图 2-8-24 作为数据中心的生产网络的示例性表示

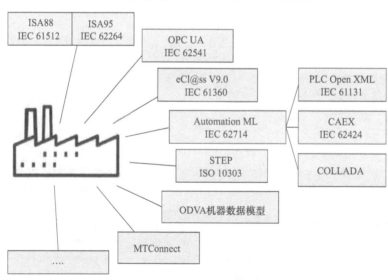

图 2-8-25 自动化技术中信息建模的标准

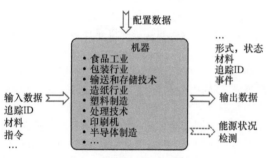

图 2-8-26 ODVA 机器数据模型的配置和
输入输出数据（Beudert 2015）

ID、材料名称等）的信息。给出了具有附加信息的
基本数据结构的可扩展性。

2. 基于 AutomationML（IEC 62714）**的设备规
划数据交换**

AutomationML 是一种中立的、开放的、独立于
供应商的交换格式，作为屋顶格式存在，结合了符
合 IEC 62424、PLCopen XML 和 COLLADA 的、现
有的、基于 XML 的、开放且已建立的标准 CAEX
（Khrohos Group 2008）。AutomationML 可以对工程
工作流程中所必需的其他标准进行补充。本质上分

布式文件系统支持海量数据的处理，简化了库概念的实施，从而促进了新子标准的整合（Drath 2009）。AutomationML 的开放结构如图 2-8-27 所示。

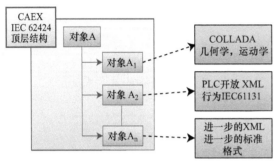

图 2-8-27　AutomationML 的开放结构
（AutomationML 2016）

AutomationML 的任务是参考上述子标准的具体用法和定义。CAEX 构成交换格式的基本架构，负责静态对象模型的映射。该格式基于面向对象的概念（类、对象、对象实例、继承、关系的定义），用于描述设备的拓扑结构。基于此，COLLADA 可以对几何和运动特性进行建模。根据 Lüder/Schmidt 2015，使用参考机制将各个几何和运动学描述绑定到结构和拓扑描述的相关对象。相应的逻辑和行为基于 PLC Open 注册协会开发的标准，用于制造商独立存储控制相关项目数据（PLCopen XML）。为此，AutomationML 支持描述语言甘特图、PERT 图、脉冲图、逻辑网络、状态图和顺序功能图（SFC），它们涵盖了工程工作流程中最重要的阶段（Lüder/Schmidt 2015）。

3. 基于 STEP（ISO 10303）的产品数据交换

国际标准 STEP（标准产品模型数据交换）规定了产品数据的映射，并在 ISO 标准 10303 中正式标准化。特别是在产品生命周期的早期阶段，该标准类似于 AutomationML，用于独立于制造商的产品设计和结构描述。STEP 提供了一致化的描述，指定了产品的抽象和通用特性，以及关系和特征间的依赖关系（John 2013）。根据 Nagl 2003，数据模型的优点在于，可以在语义级上实现不同制造商工具的互通性。因此，如来自各种应用程序领域或诸如CAD、CAM、PDM、DMU 或 CAE 系统的绘图可以通过所谓的应用协议，用统一的方式表达、诠释和交换，而不会在生命周期中的不同利益相关者之间丢失信息。

4. 基于 eCl @ ss V9.0 进行设备分类和功能分类

对于自动化技术中的设备的规划、安装和维护，需要大量的描述性设备数据。这些数据在每个应用程序域中以不同的方式被精心收集和存储，并与其他部门分开。设备制造商以自己的文档方式拥有其产品的所有可能数据。由于高冗余的数据搜索，此过程非常耗时且容易出错。为了解决这个问题，需要对设备数据进行统一的描述和分类。这是特征辞典和分类系统 eCl @ ss 的用武之地（eCl @ ss 2016）。

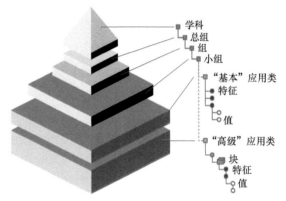

图 2-8-28　设备和特征分类（eCl @ ss 2016）

eCl @ ss 是用于分类以及准确描述产品和服务的跨行业数据标准。eCl @ ss 第四层的数字类结构中，可以分配不同主题领域的产品和服务。关键字和同义词可以在分类中有针对性地查找产品和服务。具有数值表和相应特征的特征列表能实现详细的描述，并在之后识别分类的产品和服务。

5. 通过 ISA-95 集成企业管理层和运营管理层

ISA-95 国际标准基于标准 ISA-88 的设计理念，该标准是为批量生产过程的控制系统开发的，并被IEC 作为 IEC 61512 收录。除了批量操作的指定工艺控制技术外，ISA-95 还采用工艺控制技术对其进行了补充，该技术也适用于离散和连续生产。因此，ISA-95 是描述企业管理层和运营管理层的国际标准。它包含一个模型和一些一致的术语，用于描述在销售、财务、物流、生产、维护和质量管理系统之间交换的信息。它们以 UML 模型的形式呈现，可用于开发 ERP 和 MES 系统之间的标准化接口。ISA-95 可用于多种用途，如作为定义要求的指南或作为MES 系统或数据库开发的基础（Kolberg 2015）。

美国标准分为几个部分：第 1 部分专门用于确定要交换信息的术语和对象模型；第 2 部分包含这些对象的属性；第 3 部分涉及功能和活动；第 4 部分是第 3 部分的技术补充；第 5 部分描述了业务流程和生产流程之间的接口。

ISA-95 用 5 个级别来描述生产环境，如图 2-8-29所示。级别 1 描述了生产过程；级别 2 描述了控制和监控所需的传感器和执行器；级别 3 包含用于监

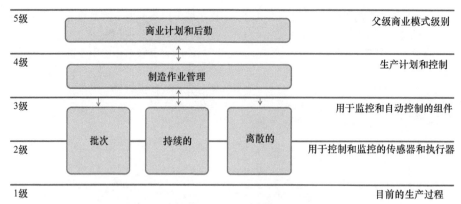

图 2-8-29　描述制造环境的五级 ISA-95

控和自动控制生产过程的组件；级别 4 描述了生产计划和生产控制的级别；级别 5 是最高级别，描述了上层的商业模型级别。从功能的角度将组件细分为：业务计划和物流、制造运营管理、批次控制、连续控制和离散控制（Metz 2013）。

此外，ISA-95 包含一个基础设施层次模型，该模型定义用于信息交换的对象，类似于 ISA-88 的设备模型。基础设施层次模型允许将制造企业的物理组件按照级别分类。ISA-95 在这里区分了四个级别。企业级别包含企业名称。下面是工位级别，其中包含公司的一个或多个生产工位。这里通常是根据城市名称的位置命名。一个工位又包含一个或多个根据生产区域（如加工、装配）描述的区域。反过来，每个生产区域可以包含一个或多个工作场所（工作中心）。工作场所是过程单元、生产单元、生产线或存储区的总称。确切的名称取决于生产类型（连续生产、离散生产、储存）。

6. 使用 MTConnect 组织检索过程信息

MTConnect 在通信标准中被描述为轻量级通信协议，用于现场设备或生产单元与更高级别的软件应用之间的开放式数据交换，从而系统地传达生产数据。MTConnect 标准的第 2 部分提供了适当的信息模型，用于描述设备功能和操作的规则和术语，以及有关的可用数据元素和类型的信息（Turner 2015）。

MTConnect 中的设备表示机器或机器人，但它也可以是一起工作和执行功能的设备的逻辑分组。信息模型的结构元素将设备的物理和逻辑部分定义为 XML 元素，将数据元素定义为 XML 模式，数据与设备相连。

图 2-8-30 所示为结构化设备层次以及不同层次结构级别上可用的数据元素。数据元素是 XML 元

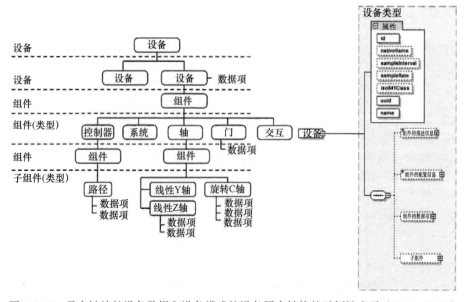

图 2-8-30　具有链接的设备数据和设备模式的设备层次结构的示例性表示（Turner 2015）

素，用于汇总代理可以访问或可以提供的所有数据。它们包含所属对象的强制属性和可选属性（如传感器），除诸如识别号、名称、类别、测量数据的类型、重复率和提供值的类型（如当前值、平均值）之类的管理信息之外，还可以是技术参数，如线性轴的位置或当前温度。此外，可以通过指定值的特性来对信息进行语义描述（Turner 2015）。

7. 使用 OPC UA（IEC 62541）在不同设备之间进行机器可读的信息交换

OPC UA 在前文中有过介绍，它是自动化技术中透明通信的标准规范。OPC UA 包含了一个自己的信息模型集合，其定义了不同现场设备之间数据交换的公共对象及其属性，从而扩展了 OPC UA 基础的元模型。该基础元模型首先定义规则，并构建块的概念，以将每个物理系统和每种类型的设备、功能或系统信息，通过基本类型转换为符合 UA 的模型，其中有四种信息模型：

1）用于自动化数据的建模，如模拟/离散变量、工程单位和质量代码（OPC UA 数据访问）。

2）用于状态的建模和处理，如作为对话或警报以及状态更改和事件触发（OPC UA 警报和条件）。

3）用于对历史变量值和事件的访问的建模，如读取、写入、更改数据库中的数据、存档、存储（OPC UA 历史访问）。

4）用于以状态机的形式对复杂任务进行建模，如批量处理操作和运行（OPC UA 程序）。

此外，OPC UA 指定了用于集成现有标准或其信息模型的接口，如 MTConnect 或 PLCopen。最后，OPC UA 还允许开发自己的信息模型。

参 考 文 献

AutomationML Konsortium (Hrsg.): Whitepaper AutomationML Part 1 - Architecture and general requirements. April 2016

Beudert, R.; Leurs, L.; Zuponcic, S.: A Standard Model for Machine to Supervisory Systems Data Exchange. ODVA Industry Conference & 17th Annual Meeting, 13.-15. Oktober 2015

Braga, R.; Mota, E.; Passito, A.: Lightweight DDoS flooding attack detection using NOX/OpenFlow. In: LCN 2010. The 35th IEEE Conference on Local Computer Networks (LCN), 11.-14. Oktober 2010

DIN 6763: 1985-12: Nummerung; Grundbegriffe

DIN EN 61131-1: 2004: Speicherprogrammierbare Steuerungen. Teil 1: Allgemeine Informationen

DIN EN 61131-3: 2003: Speicherprogrammierbare Steuerungen. Teil 3: Programmiersprachen

DIN EN 61499-1: 2006: Funktionsbausteine für industrielle Steuerungssysteme. Teil 1: Architektur

DIN EN 62264-1: 2008: Integration von Unternehmensführungs- und Leitsystemen. Teil 1: Modelle und Terminologie

Ditzekl, G. A.; Didier, P.: Time Sensitive Network (TSN) Protocols and use in EtherNet/IP Systems. ODVA Industry Conference & 17th Annual Meeting, 13.-15. Oktober 2015

Drath, R.: Integrationstopologie eines Industrie 4.0 Netzwerkes für Produktionssysteme. Plattform Industrie 4.0. *http://www.vvs.fraunhofer.de/servlet/is/10419/Exemplarische%20Integrationstopologie%20v01.pdf?command=downloadContent&file name=Exemplarische%20Integrationstopologie%20v01.pdf* (Stand: 10.04.2014)

Dreher, A.: Kommunikationstechnik für die Industrie 4.0: Intelligente Netzwerke in der Werkhalle. In: IT&Production, 11/2013. *http://www.it-production.com/index.php?seite=einzel_artikel_ansicht&id=60601*

eCl@ss e. V. (Hrsg.): Klassifikation und Datenbank Version 9.0: Alle Klassen und Merkmale. 2016

Edstrom, D.: MTConnect: To Measure Is To Know. 1. Auflage. Virtual Photons Electrons 2013

IAONA (Hrsg.): Industrial Ethernet Planning and Installation Guide. 10/2003

IEC 61784-2: 2015: Industrial communication networks - Profiles - Part 2: Additional fieldbus profiles for real-time networks based on ISO/IEC 8802-3 (IEC 61784-2: 2014)

IEEE 802.1D: Standard for Local and metropolitan area networks: Media Access Control (MAC). Bridges, 2004

John, H.: STEP - STandard for the Exchange of Product Model Data: Eine Einführung in die Entwicklung, Implementierung und industrielle Nutzung der Normenreihe ISO 10303 (STEP). Springer 2013

Kahlhoff, J.: Digitale Fabrik der Zukunft: Gemeinsame Regeln schaffen. In: IT&Production 04/2016, S. 52-53

Khronos Group (Hrsg.): COLLADA - Digital Asset Schema Release 1.5.0 - Specification. April 2008. *http://www.khronos.org/files/collada_spec_1_5.pdf*

Klasen F.; Oestreich V.; Volz M.: Industrielle Kommunikation mit Feldbus und Ethernet. VDE-Verlag 2010

Kolberg, D.: Informationsmodell für Cyber-Physische Systeme zur Beschreibung von Objekten von der Unternehmensebene bis zur Feldgerateebene. In: Automation 2015: Benefits of Change - the Future of Automation, 2015, S. 227-239

Kreutz, D.: Software-Defined Networking: A Comprehensive Survey. In: ArXiv e-prints, 08.10.2014. *http://arxiv.org/abs/1406.0440* (Stand: 24.05.2015)

2

Lauber, R.; Göhner, P.: Prozessautomatisierung 1.3. Auflage. Springer, Berlin/Heidelberg 1999

Lüder, A.; Schmidt, N.: AutomationML in a Nutshell. In: Vogel-Heuser, B. et al. (Hrsg.): Handbuch Industrie 4.0. Springer 2015

Marwedel, P.: Embedded Systems Design. Embedded Systems Foundations of Cyber-Physical Systems. Springer, Dordrecht/Niederlande 2011

Mell, P.; Grance, T.: NIST Definition of Cloud Computing. Recommendations of the NationalInstitute of Standards and Technology. *http://csrc.nist.gov/publications/nistpubs/800-145/SP800-145.pdf* (Stand: Oktober 2016)

Mehdi, S. A.; Khalid J.; Khayam, S. A.: Revisiting traffic anomaly detection using software defined networking. Springer, Heidelberg 2011

Melzer, I.: Service-orientierte Architekturen mit Web Services. Konzepte - Standards - Praxis. 4. Auflage. Spektrum Akademischer Verlag, Heidelberg 2010

Metz, D.: The Concept of a Real-time Enterprise in Manufacturing: Design and Implementation of a Framework Based on EDA and CEP. Springer Science & Business Media, 2013

Nagl, M.: Modelle, Werkzeuge und Infrastrukturen zur Unterstützung von Entwicklungsprozessen. John Wiley & Sons 2003

Nof, S. Y. (Hrsg.): Springer Handbook of Automation. Springer, Berlin/Heidelberg 2009

Tanenbaum A. S.; Wetherall D. J.: Computer Networks. 5. Auflage. Pearson 2010

Turner, J.: MTConnect® Standard Part 2 - Device Information Model: Version 1.3.1. MTConnect 2015

Winker, M.: Elektronik für Entscheider. Grundwissen für Wirtschaft und Technik. Vieweg, Wiesbaden 2008

Wünsch, D.; Lüder, A.; Heinze, M.: Flexibility and Re-Configurability on Manufacturing by Means of Distributed Automation Systems - an Overview. In: Kühnle, H. (Hrsg.): Distributed Manufacturing. Paradigm, Concepts, Solutions and Examples. Springer, London 2010

Zühlke, D.; Ollinger, L.: Agile Automation Systems Based on Cyber-Physical Systems and Service-Oriented Architectures. In: Lee, G. (Hrsg.): Advances in Automation and Robotics. Lecture Notes in Electrical Engineering, Vol. 122. Springer, Berlin/Heidelberg 2012. S. 567-574

第 **3** 篇

工业 4.0 的应用实例

第 1 章

联网设备在切削加工中的应用

Jürgen Fleischer，Heinz Gaub，Heiner Lang，Markus Klaiber，
Sebastian Schöning，Bastian Rothaupt

本章基于工业实践中四个完全不同的应用实例，阐述了工业 4.0 背景下网络化系统在金属切削加工中的应用潜力。首先解释了不同生产任务中的不同问题和边界条件，其范围包括从柔性的小批量生产到汽车行业的大批量生产。在此基础上，提出了已经实施的解决方案，其对应于企业当前实施工业 4.0 的程度。很明显，联网程度可以根据问题而变化。

1.1 机械组件的柔性小批量生产

个性化的客户要求、产品多样性以及定制的特殊解决方案使得切削加工中的批量越来越小。本章以 SCHUNK（雄克）公司的车床卡盘的卡爪生产为例，介绍了高度柔性的切削加工所面临的挑战，并提出了一个已经实施了的解决方案。

1.1.1 边界条件和生产环境

1. 卡爪生产中的多样性

车削加工在旋转对称工件的加工工艺链中起着关键作用。由此，根据待加工工件的形状和工艺步骤的不同，会产生不同的加工要求。这尤其适用于与工件直接接触的部件，如刀具和夹紧装置。对于旋转对称零件的夹持，大多采用车床卡盘，其中尤以自定心卡盘为多（见图 3-1-1）。它们的优点是，既能夹紧直径非常大的工件，也能夹紧直径非常小的工件，且具有高度的柔性。这些是通过使用各种卡爪实现的（Weck 2005）。

根据生产任务，使用不同的卡爪（见图 3-1-2）。对于粗加工，使用带铺路石状齿或者爪状齿的淬过火的卡爪。这样的卡爪能够通过抓住毛坯表面产生较高的夹持力。为了涵盖更大的直径范围，淬火卡爪被做成了阶梯式卡爪或翻转卡爪（Umkehrbacken）。对于棒状材料的加工，使用特制的杆式卡爪；然而

对于一般的夹持任务，使用带张紧力的卡爪。对于已加工过表面的工件，其表面的精加工是用软卡爪来完成的，对于所需直径的工件，首先在卡盘上进行车削，因此它们也被作为卡爪毛坯。此外，还有用于夹持薄壁工件和用于（实现）快速更换卡爪系统

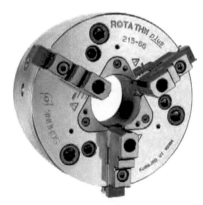

图 3-1-1　用于车削加工的自定心卡盘
（来源：SCHUNK）

图 3-1-2　用于车削加工的不同类型的卡爪
（来源：SCHUNK）

的悬摆卡爪和分段卡爪，它们能最大限度地缩短安装时间，并且覆盖规定的夹持直径范围。此外，还有针对具有特殊要求的夹持任务的特殊解决方案，可根据客户的要求进行开发。所有这些系统都需要有与所用的爪式卡盘适合的接口，其中有些是针对制造商特定的，根据卡盘类型不同，设计也不同。接口由齿组成，其通过尖齿或者交叉齿实现对接。对于快速更换卡爪系统，还有额外的接口可实现手动快速更换卡爪。为此提供了基爪，在基爪上可以用螺栓固定上述阶梯式卡爪。

由于存在不同组合可能性的形状特征，导致需要考虑非常多的加工多样性。但是对于所有类型的卡爪，可以概括为以下设计特征（见图 3-1-3）：

1）基体：所有的卡爪都是由长方体基本体铣削而成，这减少了原材料的种类。

2）工件夹紧面：加工一个或多个夹紧面，并使之与工件接触。这些夹紧面具有不同的齿型和表面条件要求。也有没有齿的夹紧表面。

3）用于传递夹紧力的接口：在卡爪的下侧形成与卡盘或基爪的对接接口。这通常是由特殊的齿或者肩部组成，它被用来定位和引导卡爪。此外可以引入孔，以便其固定在基爪上。

图 3-1-3　卡爪的设计特征（来源：SCHUNK）

2. 阶梯式卡爪的制造过程

该夹具的典型生产任务可以通过淬过火的阶梯式卡爪的示例来说明。

首先，提供原材料。它可以是表面淬火钢，一般是供应商量身定制的长方体形状。通常，卡爪在六个侧面上被加工成两个夹具。夹具的阶梯在原材料的上表面被铣削出来。

根据尺寸要求铣削各个表面，前表面和后表面被加工成相应的状态。

在所有的夹持表面中，无论是在台阶面还是在后表面，都采用了铺路石状齿。在后表面，齿和凹槽的加工精度对卡爪的质量是至关重要的。90°尖齿

先被粗铣，然后进行磨削加工。在表面硬化之后进行。由于凹槽的几何公差与尺寸公差紧密相关，因此在热处理后也应对其进行磨削加工。加工设备的目标是在兼顾多种类小批量的情况下，经济地进行生产。卡爪组根据卡盘的种类，由 3~6 个相同的卡爪组成。客户通常只订购 1 个或者几个卡爪组，因此生产的批量通常很小。多种卡爪的大批量生产（诸如阶梯式卡爪毛坯）是在单一的设备上加工出来的，然而这些设备只能生产种类不多的卡爪，因此如果进行小批量生产则需要对现有的系统进行优化。

1.1.2　联网生产的解决方案

为了实现合适的解决方案，采用结合了柔性夹持系统的自动化柔性生产系统。自动化柔性生产系统由两个五轴的加工中心组成，加工中心带有旋转工作台，工作台通过货架操作设备和联网的高层货架仓库相互连接（见图 3-1-4）。加工中心利用该连接通过托盘更换系统自动地上料和卸料。工件和夹具的设置与生产同时进行，它们在独立的安装工位上进行，因此尽可能地缩短了机器停机时间，从而使机器的利用率超过 90%。订单可以通过高层货架仓库进行准备，以实现超过 24h 的自动化生产。如此，只有在发生故障时员工才需要进行干预，这同样也实现了柔性的人员规划。柔性的夹持系统可以标准化大约 300 种不同的产品种类，为此，高层货架仓库中储存了 7 个种类总计 32 个装有不同夹紧装置的夹具塔（见图 3-1-5）。另一方面，夹具塔的下方装有和快速更换托盘系统之间的接口从而实现自动化地处理，而且加工中心的换装时间也能够尽可能地缩短。为了满足卡爪种类多样性的需求，夹具塔配备了磁性卡盘、中心夹具和不同尺寸的多功能夹具。还有磁性的和机械的卡爪快速更换系统，使机床操作员可以进行少错误且快速的更换。换装站允许夹具塔倾斜，使换装过程符合人因工程学。

图 3-1-4　钳口的柔性生产系统（来源：SCHUNK）

图 3-1-5　带有中心撑架的夹具塔（来源：SCHUNK）

设备由制造管理系统（MMS）控制，该系统与 ERP（企业资源计划）系统互联。MMS 控制物料存储设备和托盘更换器，管理高层货架仓库中的储存空间以及可用的夹具。此外，它还可以将相应的 CNC 程序分配给不同的生产任务。

来自 ERP 的生产任务首先加载到 MMS 中。系统根据 ID 号码选择必要的夹具和与夹具相对应的夹具塔，并为机床操作员生成换装任务。然后，机床操作员将处理生成的换装任务。如果操作员选择了相应的任务，MMS 就会在换装站为其提供相应的夹具塔。工件的夹持状况、必要的换装步骤和必要的原材料都在员工的屏幕上显示。

当换装完成后，由机床操作员确认，而更换的夹具塔将被存放在加工中心直到加工完成。这里可以反馈夹具的分配。例如，倘若一个多功能夹具只是简单地装夹原材料，该信息就会被储存下来，NC 程序只会处理实际的分配，因此避免了不必要的"空切"。由于通常需要双面加工，因此在第一个加工步骤之后重复该过程。将大约 300 个 NC 程序分配给订单，并将订单转移到加工中心，这一切都在 MMS 的后台完成。MMS 也预先检查加工所需的刀具以及相应加工中心的刀库中是否有这些刀具。此外，还会确定刀具的剩余使用寿命是否足够。如果刀具的剩余使用寿命不足，则刀库存储相应的刀柄，并使机床操作员更换刀具。所有刀架都可通过 RFID（射频识别）芯片明确地识别。通过读取刀具上的数据，操作员知道必须用哪个夹具来夹紧哪个刀具。当从刀库中取出或重新装入刀具时，系统会读取 RFID 芯片，以便系统始终知道可用的刀具。

系统状态和重要的关键参数可以通过大屏幕显示，操作员能够快速而又一目了然地发现故障和错误信息。对于每个设备组件，例如加工中心、存储空间或高层货架仓库，它们的可用性和使用率在定义的时间段内以图形方式显示。操作员可以在各自的面板上随时调用库存分配或任务顺序等更多信息。加工设备的本地联网以及 ERP 系统中的订单管理和 MMS 之间的接口实现了智能且自动化的订单分配，从而减少了机器停机时间。RFID 有助于避免混淆和反复查询。机器和刀具状态的数字化记录为问题分析提供了透明度，从而可以优化识别系统。

1.2　网络化大批量生产中的辅助解决方案

在汽车行业中，存在大量汽车的大规模生产，这对设备的可用性及其通过时间提出了很高的要求。由于复杂零件具有非常具体且很高的技术要求，如在发动机缸体或汽缸盖的生产中，使用了敏捷生产线的最新技术（见图 3-1-6）。敏捷生产线由多个配有换刀装置和刀库的加工中心组成。运输系统和处理系统将加工中心在工件和刀具供应上相互连接，由此实现了工件的离散加工（Fleischer 2005）。为满足这些高要求，设备停机时间必须尽可能短。在出现问题时，需要快速识别故障。然而，使用传统的系统，高度网络化和机床数量并不能简单地实现这个目标。下文描述了作为工业 4.0 方法的辅助解决方案，它支持机床操作员和维护人员进行故障探测、故障分析和故障排除，以提高设备的可用性。

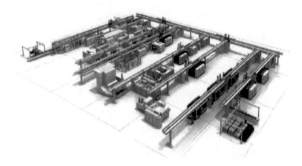

图 3-1-6　汽车行业的敏捷生产线（来源：MAG）

1.2.1　辅助解决方案的结构

由于所描述的高复杂性，故障探测和故障排除通常是耗时的且会导致机器长时间停机。车间中的维修通常使用试错法。解决方案的成功与否取决于有能力和经验丰富的员工，他们很熟悉设备和可能的错误来源。但如果有经验的工作人员失败了，或者尤其是面对新设备的时候由于缺乏足够的经验，通常不会有系统性的分析。因此，用户管理的故障排除的目标一定是通过首次正确的方法提高分析效率，并协助操作员系统地进行故障排除。

为此，需要对来自控制器的警报与错误消息、各种机器功能和各个机器组件之间的关系进行建模。通过为每个组件分配相应的功能，再将这些功能与可能的错误消息相关联，就可以根据该模型找出故障组件，并提出解决方案。因此，除了进行组件监控之外，还要进行功能监控。通过交互式检查表逐步引导操作者找出错误原因。检查表以故障树为基础，可以缩小故障范围，并且在其最后确定当前未实现的功能。如果发现了后续的错误，则会通过故障树进行预分割。因此，生成的检查表首先要有一定的先验知识。对于未知且无法分配的错误，进行相似性比较，并向操作者展现合适的处理方案。

1.2.2　操作员引导

在警报消息或错误消息的情况下，通常是通过每台机器上相应的指示灯来引起机器操作员的注意，或者可以将相应的警报消息发送到所有可用的终端。然后，责任员工可以通过基于浏览器的界面进入辅助解决方案。由于没有使用特殊应用软件（APP），辅助解决方案可以在所有支持浏览器的设备上使用，例如平板计算机、智能手机或笔记本计算机，它只需要连接到内部本地网络。所有机器都通过以太网连接到企业内部的局域网（LAN）。因此，辅助解决方案可以显示所有机器及其当前状态（见图 3-1-7）。然后操作员首先选中已传出错误信息的机器。

图 3-1-7　具有机器库和状态显示的解决方案向导的进入界面（来源：MAG）

当前显现的检查表为机器操作员提供了逐步界定错误所需的措施。这些可能仅仅是指令，例如必须由操作员确认的打开液压柜的请求。此外，

"是 / 否问题"必须通过例如油压的测量来验证（见图 3-1-8）。回答完这样的问题后，会显现以下内容：该措施纠正了错误，例如更换组件。还必须逐步确认后续处理，例如关上维修时打开的门，从而避免错误。

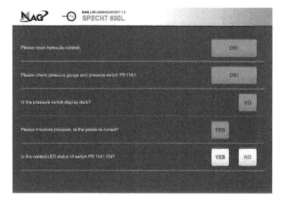

图 3-1-8　启用浏览器的设备上显示的错误分析清单（来源：MAG）

如果操作员无法根据辅助系统的建议纠正错误，则可以调用维护。设备操作员可以根据需要，选择配置辅助解决方案。这对于需要可视化的车间，以及用于生成数据分析和错误分析的标准报告尤其重要。

1.2.3　数据分析和错误评估

对机床制造商以及机床操作员来说，为了优化维护，分析出错频率是有意义的。对生产系统及其组件的持续诊断，有助于提高对设备利用率、性能要求和服务提供的理解，并最终使设备操作员能够优化生产。在制造商方面，可以得出关于服务、维护和产品开发的结论。

对于错误数据分析，可以自动创建错误组合，根据错误发生的频率并且删除之前的累计时间来表示错误。通过在矩阵中可视化，可以识别出错误，这些错误往往频繁发生并导致较长的机器停机时间。这对于整体系统的效率尤其重要，并且需要一个合适的改进解决方案策略。根据设备组成、加工任务和用户的内部组织，该错误矩阵具有很大差异性。诸如机床操作员数量或与过程相关的微停止之类的因素，使得用户之间的数据比较和信息转移变得困难。此外，由于工艺中的专有技术，数据处理非常严格。机床制造商的服务和维护人员可以通过个性化的数据评估为客户访问做好最佳准备，并专门解决相关错误，确定行动需求并制定解决方案以避免用户出错。

1.3　珩磨系统的数字化解决方案

在汽车动力传动系统零部件的生产中，除了柔性加工中心之外，珩磨机床还被用来加工气缸和轴承气孔上摩擦学功能表面。由于加工数量大，且要求周期短，因此珩磨加工领域的工业 4.0 方法旨在提高机床的使用性能。以下子章节介绍了一个智能接口，它旨在通过机床互联进行珩磨机床的远程维护并提供可能的云服务。

1.3.1　大规模生产中的珩磨

在汽车工业的大规模生产中，有很多与珩磨相关的加工过程。对于圆柱形零件功能表面的形状和尺寸精密加工来说，珩磨被认为是能够满足摩擦性能和形状公差高要求且极具经济性的加工工艺。多刃刀具（见图 3-1-9）配有珩磨石，可执行叠加的平移和旋转切削运动，因此可在待加工表面上加工交叉凹槽（Klink 2015）。

图 3-1-9　珩磨工具（来源：GEHRING）

对于零件加工，根据所需的柔性和数量使用模块化的珩磨中心或珩磨流水线。珩磨中心具有更大的柔性，适用于加工不同的气缸曲轴箱系列和气缸套（见图 3-1-10）。通过模块复制可以提高生产率。例如在模块化珩磨中心，每个模块使用多达六个主轴。刚性珩磨传输线（见图 3-1-11）允许以最小的变体多样性地实现最大输出，从而可扩展 4~18 个主轴。通过使用多达 24 个刀具的自动换刀系统，从而提高柔性。通常各个珩磨轴可以彼此独立地移动，从而能够在气缸曲轴箱的不同轴距处进行加工。

图 3-1-10　模块化链式珩磨中心（来源：GEHRING）

图 3-1-11　珩磨传输线
（来源：GEHRING）

1.3.2　珩磨机床的远程维护解决方案

对于汽车行业的 OEM（原始设备制造商），整体设备效率和相关的产出率起着决定性作用。后者在很大程度上取决于机床的可用性。由于故障或维护导致的机床停机是系统效率低的主要因素。如果出现无法通过内部维护进行纠正的故障，且必须要求机床制造商的服务人员来解决错误的情况，则会因为现场维护而产生额外成本。为了减少该成本，设备制造商可以进行远程维护。这里已经有了解决方案。远程服务需要激活 VPN（虚拟专用网）连接才能从外部访问连接到运营商网络的计算机。激活通过相应 OEM 的 IT 部门进行，这一过程有时可能需要几个小时，具体取决于员工工作时间和内部流程。与此同时，机床制造商最多可以通过电话提供支持，然而在很多情况下这被证明是比借助工程工具控制机器更低效的方式。

1. 系统架构

为了实现安全的满足 OEM 高度认可的远程维护，可以通过附加的通信网关（所谓的连接盒，

Connection Box）访问各个珩磨机或整个设备。此附加接口的准则使机床制造商能够通过因特网在所谓的 VPN 集合服务器上注册为经过验证的服务人员（见图 3-1-12）。连接盒利用 VPN 连接通过因特网登录到该服务器。为了提高数据的安全性，只有经过机床用户授权和身份验证的服务人员才能使用授权码和智能卡登录该服务器，这是识别员工身份所必需的。连接盒还通过这种智能卡确认其识别结果。接口的实现不需要 IT 系统架构的任何深度变化。连接盒通过以太网接口连接因特网（见图 3-1-13），该连接盒可以访问机床操作面板（GOP）、进给驱动器的 NC 控制（GCU）、PLC 控制以及用于数据备份和保存系统配置（CUSDP）的中央数据存储器。

如果通过以太网没有互联网连接或者连接失败，则连接盒还提供使用 GSM 移动无线标准的备用解

决方案。这种额外的通信冗余允许即使在互联网连接丢失时或在没有宽带接入的地区也能进行远程维护。

2. 维修案例：主轴循环超时

为了阐明连接盒的操作模式，下面介绍一个由珩磨系统中的主轴循环超时触发的维修案例。机床用户首先通过电话或电子邮件联系服务，这可以检查机床是否可通过 VPN 连接，并向客户提供关于是否可以进行远程服务的反馈。如果没有连接盒，客户首先必须准备连接路径，安装 VPN 客户端并通过 IT 部门启用相应的端口。此外，可能还需要签订保密协议。如果客户决定使用远程服务，可以通过按下连接盒上的旋转开关来启动远程维护的服务订单（见图 3-1-14）。因此，机床操作员可以随时手动控制它以防止再次访问。配置主权也取决于用户。它决定此次服务接收哪些

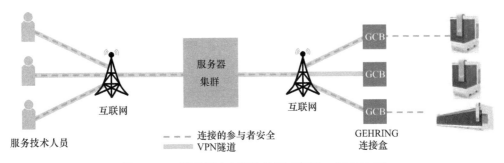

图 3-1-12　服务解决方案的界面（来源：GEHRING）

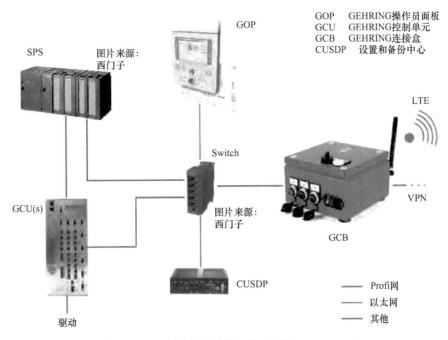

图 3-1-13　远程维护的系统架构（来源：GEHRING）

系统和组件，以及传输哪些数据。可在系统包括操作员面板上读取当前状态消息和错误消息。对于远程诊断，还可以通过启用对 CNC 和 PLC 控制的访问，以便能够跟踪故障消息并制定解决方案。通过存储在服务器上的机床历史记录，除调用系统的内置备件和特殊功能之外，还能推导出维护措施。在本案例中，错误分析得出控制器数据中的力设定值不正确，因此主轴的机电进给没有移动到基本位置而是漂移到最大终点。结果是循环超时，机床产出减少。维修技术人员可以通过用户界面上的诊断工具检索得到这些信息，确定正确的设置值，并将其输入控制器数据，从而纠正错误。机床运行多次加工循环，进行功能测试来确保校正。另一方面是可以在服务期间进行局部模拟，通过远程诊断读出更复杂的故障状况，从而找到原因。模拟环境不能在现场使用，因为这可能导致长时间的故障排除并延长机床停机时间。

图 3-1-14　GEHRING 连接盒
（来源：GEHRING）

1.3.3　通过机床连接实现云服务

1. 设备的持续状态监控

除了上述所描述的通过机床连接的远程诊断之外，将连接盒连接到云服务，也可以从设备向制造商持续发送状态消息。这种所谓的"万维心跳"（World Wide Heart Beat，WWH），是机床连接了活跃数据并且在发生故障时可以被访问。在 WWH 期间，不能通过该信道发送其他数据或仅由运营商明确选择的数据。如果没有与 WWH 信号的 VPN 连接，有无连接盒的 VPN 建立过程没有区别。只有通过 VPN 用简单信号进行持续的、受控的和容量密集的数据连接才能保持访问，并且可以在服务情况下

打开，而无须浪费时间来扩展数据流。为了传输数据，设备上游的防火墙通过通信协议定期向中央云服务器发送作为 Ping 信号的"生命体征"。如果设备操作员需要，也可以将数据交换减少到仅有事件通知。通过数据分析，设备制造商可以提出改进措施，例如，确定最佳维护周期，从而提高用户的设备可用性。

该数据还可以作为现有机床进一步开发或下一代机床新开发的基础（所谓的闭环开发）。

2. 用于磨损检测的应用程序

为减少停机时间并增加故障之间的正常运行时间，珩磨机床的诊断工具和预测性维护非常重要。这里必须考虑不同的机床状态。诊断的复杂性取决于是否仅需要纯诊断或还需要预测能力。待监控的机床部件，包括进给和工作驱动器、工件装载和卸载单元以及与过程相关的部件，尤其是珩磨刀具。因此，珩磨石的磨损监测和预测对于用户来说很有意义。由 GEHRING 与 Siemens Mindsphere 共同开发的应用程序使用数据托管平台来检索磨损检测所需的机床数据。这些可以存储在由设备运营商托管的私有云、基础设施服务提供商提供的云或共享基础架构中。该应用程序评估相应的数据，并为用户显示该数据。

为了识别珩磨石磨损，在状态诊断中运用刀具许用尺寸的经验极限值。因此，作为简单预测，可计算使用寿命或耐用度中的实际值和目标值之间的差异，并估计剩余使用寿命或剩余耐用度。这里数据基础是控制输入变量，例如钻孔操作的数量或每个孔的加工时间。随着珩磨石磨损的增加，这些机械调整可以确保尺寸精度达到微米级。通过校准时的传感查询和路径信息分析，可以检测到珩磨石的凸起点，然后根据进给距离计算刀具磨损。基于查询传感器值和控制输入量，分析逻辑提高了预测质量。

在将来的完成阶段，要求额外的传感数值用于诊断。通过在线评估可实现对初步工艺进行技术导向的监控，并作为工艺优化的基础。该应用程序向机床操作员选择性地可视化了刀具使用寿命、最大进给力或最大加工时间的极限值（见图 3-1-15）。对于每个孔或每个加工工件，该过程趋向于接近定义的极限值。如果超过阈值，则发出警告消息，以便机床操作员能够及时提供替换刀具。如果超过最大极限值，则可以生成错误消息，并且选择性地停止该过程以避免生产超出所要求公差的工件以及可能的重新加工。

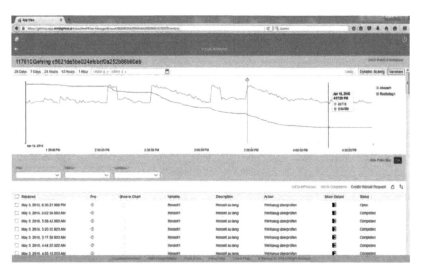

图 3-1-15　磨损检测应用程序（来源：GEHRING）

1.4　注塑机部件的生产

为了生产用于塑料加工的注塑机，需要对各种机器零部件进行机械加工，例如模具板、塑化螺杆或导柱。由于产品的多样性，客户特定的产品解决方案以及备件的高服务水平，因而对生产设备和生产组织的柔性提出了很高的要求。另外，由于零件种类繁多，装配过程复杂，因此内部物流和生产中加工设备的集成也是一个挑战。为了满足这些要求，注塑机制造商 ARBURG 在生产中使用了不同的工具，以便更接近智能工厂的愿景。除了生产管理中的纵向联网以外，还运用了全自动加工单元、智能生产设备和自组织过程。

1.4.1　注塑机

注塑机是用于生产塑料零件的通用机器之一。从用户的角度来看，它们基本上由 5 个模块组成（见图 3-1-16）。

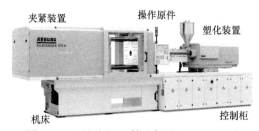

图 3-1-16　注塑机组件（来源：ARBURG）

塑化或注射单元的功能是融化并均匀化塑料，然后将其注入模具。现有技术是采用往复式螺杆机。螺杆在加热的气缸中旋转（见图 3-1-17），塑料以颗粒形式通过螺杆的漏斗，然后通过不同的加热区进行输送。通过加热和剪切，粒状塑料被熔化并通过螺杆经快速直线移动注入模具中。由于高热负荷和机械负荷，造成气缸、螺杆和喷嘴是易耗零件，但可以更换，因此必须始终向客户提供。制造不同的塑料零件，需要塑料的量和注射压力不同。因此，塑化单元及其组件有不同的尺寸和变体。

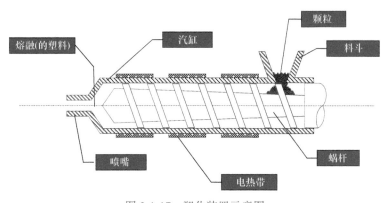

图 3-1-17　塑化装置示意图

塑化单元的对应部分是合模单元（见图 3-1-18）。它容纳成型模具并像水平压力机一样工作。在这种情况下，可动的半模移动到喷嘴侧的半模。运动由导柱引导，由于对传动精度的高要求，导柱必须具有非常严格的制造公差。有不同的驱动系统用于模具运动以及施加合模力。包括带有活塞行程、连杆或电驱动的全液压合模单元。为了从模具上移除工件，需要液压或电驱动的推料器单元。它通过可动模具板到达并与模具中的金属顶杆连接，然后将工件推出模具。此处，由于不同尺寸和类型的驱动器，且铸件种类繁多，因此必须以小批进行精加工。

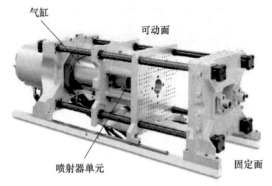

图 3-1-18 液压夹具（来源：ARBURG）

另一个重要的组件是机器床身，也称为机架，其容纳塑化单元和合模单元。它与机器的整体刚性相关。特别地，重量很大的三个铸造板和驱动器产生高静态载荷，合模运动和注射运动产生高动态载荷。同时，机器床身形成了液压油的回流容器，并作为液压驱动装置的壳体。在机器床身上还可以进行润滑和温度控制。完整的机器结构还包括操作员界面和控制柜。

1.4.2 机器部件的生产设备

1. 副主轴车削中心

为了生产注塑机的不同部件，需使用不同的切削加工机床。车削中心用于单个车削零件的经济生产。它可以加工长达 1300mm 的工件，且采用全自动化整体加工生产。只有热处理在其他设备上进行。此外，大量可用的换刀站可实现极佳的加工柔性，并减少对换刀操作的需求。车削中心连接到机床数据采集系统和 MES（制造执行系统），以便主计算机将生产订单直接分配给车削中心。

2. 螺杆生产线

对于塑化单元，螺杆是在螺杆生产线上制造的。该生产线由螺纹加工中心、车削和铣削中心组成，用于完整加工塑化螺杆。精加工需要外圆磨床和砂带磨床。相应的工件处理、加工中心的装载和卸载是完全自动的。所有机床都连接到机床数据采集系统和 MES。

3. 用于机筒加工的旋转中心

除了螺杆生产之外，塑化单元还需要机筒，它容纳螺杆并使塑料塑化。多样性和小批量生产需要使用车削、铣削和钻孔工艺进行经济高效的单件生产，这些零件的车削长度可达 3m，直径可达 600mm。可以通过高程度的标准刀具分配来优化设置时间。此外，模拟 NC 程序可达到高可靠度并缩短新组件的市场进入时间。旋转中心使用智能刀具和刀具寿命监控装置。

4. 导柱生产：全自动生产线

有独立的连接生产线用于合模单元和注射单元的完整加工（见图 3-1-19）。这包括若干台生产机床，它们通过搬运设备相互连接，并与高层货架仓库相连。该系统能够生产直径最大为 150mm、长度最大为 4000mm 的工件。高层货架仓库允许原料和半成品在货箱中供应。根据需要将完成的导柱从高层货架中出库。首先，原材料的粗加工是生产线加工步骤的第一步。在原材料中引入螺纹孔和倒角，设备的换装是完全自动的。在核心工艺（无芯磨削）之前，坯料必须在矫直压力机中矫直。磨削过程是自我优化的。如果激光测量设备检测到过大的直径，则重新调整磨削刀具。后面的工艺步骤是热处理之前的精加工、清洗和装料。该生产线由生产主计算机控制，该计算机通过 ERP 系统接口由高层货架仓库接管订单计划和物料处理。为了控制生产过程，主计算机还管理 NC 程序和过程中使用的资源。

图 3-1-19 链式柱生产（来源：ARBURG）

5. 立方铸件的柔性制造系统

在注塑机中，有各种立方体组件，例如合模单元中动力传动的曲杆，首先对其进行铸造，然后在柔性制造系统中进行加工（见图 3-1-20）。该系统由 4 个相连的加工中心组成。加工中心可以加工重达

1t，高达 1m 的工件。旋转主轴允许五轴加工。工件传输系统将加工中心与换装工位和存储工位连接起来。这允许系统在较长时间内自主操作，以及在夜间和周末进行无人操作。传输系统包括用于传输机器和工件托盘的货架操作设备、用于工件装卸的两个换装站，以及用于材料供应、入库和出库的三个材料站。上述设备可并行设置。高吞吐能力有助于在较长时间内实现自主生产。

图 3-1-20　柔性制造系统（来源：ARBURG）

柔性制造系统与 ERP 系统联网。主计算机控制生产过程，其中包括订单管理和 NC 程序分配相应的订单，以及必要的刀具和资源的处理。此外，主计算机能够模拟生产能力以确定生产顺序，并同时考虑生产率和准时交货。为了确保一致的质量，集成了过程控制和自动参数校正。例如，补偿机床的热量输出，这可对孔间距产生影响。

1.4.3　智能制造设备

智能制造设备在智能工厂的愿景中发挥着至关重要的作用。刀具和设备管理则在机械加工中起着重要作用，在 ARBURG（阿博格），这是通过生产设备上的 RFID 应答器来分散实施的。所有辅助设备如螺线管，都在制造设备管理系统中进行管理。应答器可明确识别辅助设备。该系统支持定期的维护计划，维护通知是自动的。除明确识别以外，剩余使用寿命还可以存储在刀具上，从而实现使用寿命监控。通过分散在生产中的读取设备来读取 RFID 芯片，将刀具的包络轮廓及其他刀具特定数据传送到机床控制系统。包络轮廓存储在刀具管理系统中，并在刀具测量时传送到 RFID 芯片。

夹紧装置管理尚未通过 RFID 解决。必要的夹紧装置可通过 NC 程序直接管理。对于每台机床，清洁计划存储在设施维护管理（FFM）中。目前有每周清洁和机床特定的定期维护。

1.4.4　纵向和横向联网

智能工厂的一个重要组成部分是联网生产，它适用于横向联网，即机床、设备和生产单元之间的信息交换，以及企业内部不同层级的网络，即所谓的纵向联网。在 ARBURG，这种网络是通过工业以太网实现的，其中集成了层级管理、生产管理和生产，允许设备在生产层面进行横向联网，从而实现机床到机床的通信。ARBURG 网络的核心组成部分是生产管理层面的制造执行系统（MES）以及高级规划系统（APS）。它们通过 SAP 认证的界面与管理层面的 PPS/ERP 系统进行通信。因此订单数据能够自动地被接管，且当出现问题时能够通过预约一览表确保快速的订单澄清。

APS 使用详细的订单数据和当前机床分配，通过自动的精细规划在可用加工机床上创建各个加工步骤的相应生产订单。对违反规定准时交货的关键操作进行相应标记，允许加工准备的员工进行手动干预。通过每天分配优先级，可以影响当前加工清单的加工顺序。可以在规划板上查看机床分配，并跟踪单个订单。通过彩色标记和百分比利用率的指示，可以识别拥堵或不足，并确定瓶颈和调度冲突（见图 3-1-21）。尽管通过算法可根据预定规则自动执行调度和机床分配，但员工仍可随时柔性地进行个人干预。同时，通过可视化可提供高透明度。

为了处理订单，机床操作员进入中央终端，在该终端上显示通过详细规划生成的订单。然后，机

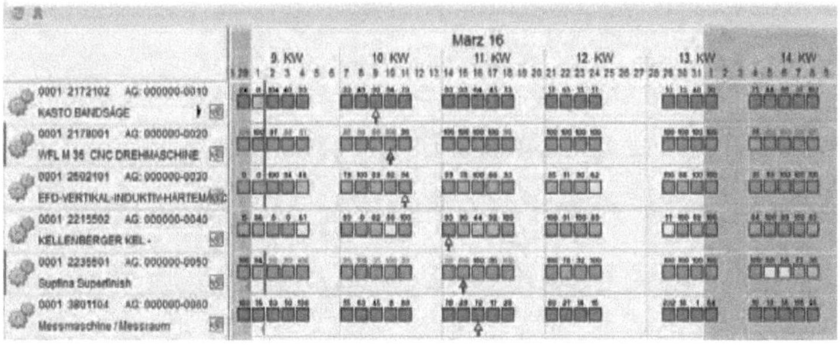

图 3-1-21　当前截止日期情况的规划表示例（来源：ARBURG）

床操作员为其机床选择下一个订单，并将状态设置为"加工中"。如果机床操作员需要有关订单的更多信息，他可以在终端单独调用这些信息。订单完成后，通过扫描终端上订单打印输出上的条形码，将状态设置为"已加工"。最后，自动打印运输单据并将其附在批次上以便下一步运输。

为了达到透明化生产的目标，除订单规划和订单可视化以外，机床状态和生产设备效率的显示也是必要的。为此，建立了机床数据采集系统，它能够通过主计算机在线评估机床状态。它们被传送到运行时间日志，该日志输出工作站的运行状态报告（见图 3-1-22），以便分析问题并采取改进措施。因此，可通过分析来评估，例如换装时间在整个运行使用中的占比或故障占比。将 65 台机床连接到机床数据采集系统，包括车削中心、螺杆生产线和旋转中心。为了实现可视化，以每日报告的形式输出四个关键性能指标（KPI），以转速表的形式显示特征值。此概览可实现过程数据目标值与实际值的直接比较，并可用作优化各台设备的基础。

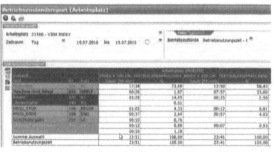

图 3-1-22   工作站的运行状态报告
（来源：ARBURG）

1.4.5   自组织的运输过程

为了确保不同设备的连接以及实现连续生产步骤间的待加工工件的物料流，ARBURG 使用运输管理系统（见图 3-1-23）。这样就能够通过生产对物料流进行自组织，从而尽可能高效地使用所有可用资源，并及时为下一个生产步骤提供资源。该系统可与其他 IT 系统联网，使用算法来计算最佳传输过程，包括优化路径和时间，以及计算替代路线（如果某些路线因转换措施、中断或其他原因而关闭，或者某些传输设备不可用）。订单数据从 ERP 系统传送到控制系统，如果某台设备上的加工步骤报告为已完成，则自动生成传输请求。待加工的工件通过托盘在生产中批量运输。因此，ERP 系统中的生产订单被分配了一个附有印刷条形码的托盘。为了确认当前的加工步骤，员工可扫描设备中固定的条形码。

ERP 系统在传输管理系统中生成传输请求，该管理系统使用可用传输设备的运行数据。存储前区的占用及其可用性对于该管理系统也是已知的。托盘通过合适的传输设备来传输。对于较长距离或涉及多种传输工具，可能需要转换托盘。叉车驾驶人通过叉车屏幕上在线显示的信息，来获得传输订单的执行顺序。为了确认传输步骤，每次拾取或存储货物时都会扫描条形码。叉车上的扫描仪通过无线网络与管理系统通信，通过彩色标记向员工显示高优先级的工作。如果加工机床上缺少零件，则可以触发快速传输，该传输是单独的并尽可能直接地传输到机床。这意味着员工可以随意设置自己的优先级并干预系统。当一个批次全部完成并需要存储时，传输管理系统与仓库管理系统通信，从而分配相应的存储空间。反之，如果需要仓库中的物料供应，出库订单也可以被自动创建。传输系统的主要优点是除了准时的物料控制（实现与机床相关的物料供应）以外，还体现在高效的传输组织中。通过所有相关传输媒介的数据交换、短途传输路线以及独立的传输选择和替代方案选择，使得以前复杂的人工规划的自动化成为可能。通过直接数据交换保证了安全和快速的流程。此外，通过数据存档创建了可用于进一步优化的透明数据库，例如使得布局变更或新生产工艺中的运输路线调整得更方便。

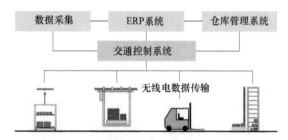

图 3-1-23   运输管理系统（来源：ARBURG）

1.5   结论

机械加工中采用工业 4.0 方法的目的尤其在于提高机床的可用性和智能订单规划。基于计算机集成制造（CIM）的方法，使用本地以太网和全球互联网技术实现了机床与设备之间经济的数据互联。机床状态和过程数据的透明显示能够支持结构化故障诊断和故障排除，并为过程优化提供决策基础。设备与互联网的连接可实现快速而又安全的远程维护。通过云服务，还可以在工厂外围监控机床状态和刀具磨损。订单规划和处理以及加工系统链接中的自组织过程允许高效的自动化流程。因机器停机时间的减少和过程的透明化而提高了生产率，从而产生了更多经济效益。

参 考 文 献

Fleischer, J.; Stepping, A.; Wieser, J.: Simulationsgestützte Optimierung in Agilen Fertigungssystemen. In：ZWF - Zeitschrift für wirtschaftlichen Fabrikbetrieb. Carl Hanser Verlag，München 2005

Klink, U.: Honen. Umweltbewusst und kostengünstig Fertigen. Carl Hanser Verlag，München 2015

Weck, M.; Brecher, C: Werkzeugmaschinen. Maschinenarten und Anwendungsbereiche. Springer，Berlin/Heidelberg 2005

3

<table>
<tr><td>**第 2 章**</td><td>装配系统：“全球生产”学习
工厂中的可扩展自动化</td></tr>
</table>

Gisela Lanza，Sebastian Greinacher，Fabio EchslerMinguillon

2.1 工业 4.0 背景下的学习工厂

2.1.1 “全球生产”学习工厂的目标设定

位于卡尔斯鲁厄理工学院（KIT）生产技术研究所（wbk）的“全球生产”学习工厂（见图 3-2-1）是一个集教学、培训、研究和展示为一体的创新平台（见图 3-2-2）。除教学和深造的目的外，它还是一个科学研究平台和示范平台，旨在探索全球生产领域的创新技术和概念，并在实际条件下展示其应用。在此，通过使用实际的装配工位和控制元件来展示电动机的装配系统（Lanza 2015）。学习工厂把注意力放在那些从全球增值网络生产中出现的挑战上，例如，考虑当地具体因素的特定生产规划，包括成本结构、质量要求、资格等级、不断缩短的产品生命周期和不断增多的产品种类。若要成功地应对这些挑战，企业就必须要发展新的战略和新的创新理念。一个极有前景的理念是要不断调整装配中的自动化等级以适应不断变化的影响因素［也就是所谓的转变推动者，参见（Nyhuis 2008）］，以便能够始终在最佳工作点操作装配系统。可扩展的自动化是可变性的一个特征——特别是由于工业 4.0 所确定的，比如，工业 4.0 允许生产线通过“即插即用”解决方案实现快速调整。如果将工业 4.0 应用于生产线，则可由此实现可扩展的自动化。

图 3-2-2　学习工厂是一个以实践为导向的教学、
培训、研究和展示平台

2.1.2 学习工厂中的工业 4.0 观点

根据在生产过程中扮演的不同角色，对工业 4.0 技术的不同观点非常的重要（Acatech 2013）。从供应商的角度上来看，其关注点在产品的功能性上。对于引领行业发展的大企业来说（被称为“主供应商”），它们将智能产品作为具有适当接口的独立解决方案供应给市场，所追求的目标是更大的市场份额、更多的需求量和更高的销售额。技术创新是主供应商的产品的主要特点。在后续的发展阶段中，

图 3-2-1　wbk 的“全球生产”学习工厂

客户可以从基于服务创新的新型商业模式更多地获益。然而从用户的角度来看，通过使用智能产品和智能组件增加生产过程中的附加价值才是最重要的。此处，起引领作用的企业被称为主要用户。通常来说，技术上的流程创新要通过使用具有增强功能的创新产品（例如生产设备）来实现。其目标就是提高生产过程的效率，并且使先前在技术上不受控制的过程透明化。从技术出发，诸如调整组织结构、关键人物和管理流程的组织创新在第二个发展步骤中进行（见图 3-2-3）。该学习工厂则将两种角度整合在了一起。该供应商展示了它们的工业 4.0 产品的功能和兼容性，而运营商则可以对比当下的科技来感受由此带来的潜力和各方面的优势。

2.1.3　学习工厂的结构

1. 产品

在该学习工厂中，使用罗伯特博世有限公司的集成传动机构组装成一个真实的电动机（见图 3-2-4）。

其中使用了两种具有不同传动单元的电动机尺寸，它们可以由此组合成十多种产品种类。电动机由一个带有压入式永磁体和轴承的壳体组成。外壳包含一个带有固定的电刷架和螺纹蜗轮的缠绕转子。在外壳上，相应的传动方式是通过螺纹连接在一起的。一方面，产品和装配过程的要求都很高，是为了反映在实际生产过程中的各种挑战；另一方面，在演示平台上的复杂性仍然是可控的。

2. 工艺链

该学习工厂描述了发动机最终装配和质量检验的生产步骤。相应的工艺步骤分别在 10 个装配工位中实施，并根据图 3-2-5 布置为 U 形生产线。该学习工厂没有模拟轴的生产和电枢的装配这样的上游生产环节，而是将上游生产环节作为供应件输入该装配系统中。操作范围从低科技工艺（例如轴承压入）到高科技工艺（例如磁化）。在压力机 1~3 上，磁铁和轴承被压入壳体中。随后，被压入的磁铁在磁化工位中被磁化。在压力机 4 处进行的是电枢与

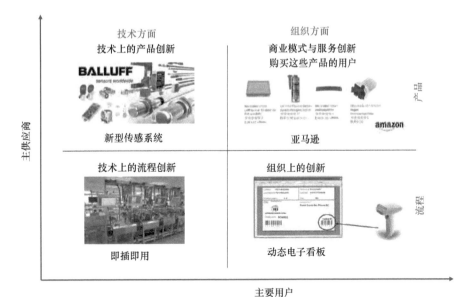

图 3-2-3　学习工厂对工业 4.0 的看法：主供应商和主要用户（基于 Allianz Industrie 4.0）

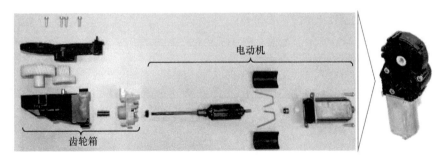

图 3-2-4　带集成齿轮箱的博世 AHC 电动机演示产品组件（Robert Bosch GmbH）

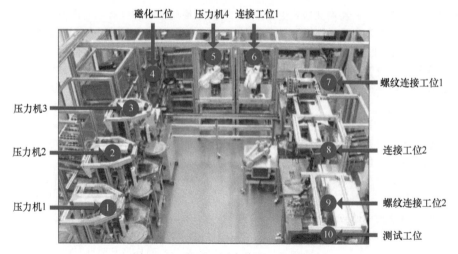

图 3-2-5　学习工厂中装配工位的分布

壳体的连接以及把止推环按压在衔铁上。在连接工位 1 处推动电刷架，并且将齿轮蜗杆安装在电枢轴上。在通过螺纹连接工位 1 时，电刷架被拧紧。在连接工位 2 时，在发动机上安装齿轮盖和相应的齿轮，然后在螺纹连接的工位 2 上用螺栓固定它们。最后，完成装配的电动机会在检测工位中进行功能检测。

2.2　可扩展自动化的概念

2.2.1　装配自动化面临的挑战

在如今这个全球分布式生产的复杂商业环境中，企业正面临着越来越多的挑战，迫使企业必须更快地做出调整。最大的挑战包括用人成本上升、产品种类增多、产品生命周期缩短、客户需求波动加剧、质量要求提高以及人口结构变化。传统的装配概念和组织方法（如工作时间模式、加班、工厂停工）已经在冲突区域的部分达到了极限。每个生产单元降本的目的在于通过更高程度的自动化来实现更高的利用率。然而，自动化程度的高低取决于变体多样性的高低（Kampker 2014）。新产品变体的投产和装配系统中的结构变化与传统的刚性生产线概念相关联，并表现出很高的适应性。"此外，由于市场不确定性的增加，所需的高产能利用率就不能再得到保障。"（参见第 2 篇第 7 章"装配 4.0"）。这种目标冲突会因为随时间变化的因素而加剧。中国的例子正说明了这一挑战，由于劳动力成本的急剧上升，人工装配系统在那里变得越来越不经济，而完全自动化的成本仍然太高，并且在生产的产品变体数量方面没有柔性（Oebels 2015）。战胜这种挑战对投资项目的决策者来说是一项艰巨的任务。

2.2.2　可扩展自动化的原则

可扩展自动化概念的核心是自动化程度的柔性化。对于装配系统的各个工位，可以在完全手动和（完全）自动化之间进行调节。因此，此概念被归类为混合装配系统（Kampker 2014）。相比于具有长调整间隔的自动化程度，可扩展自动化的特点在于在装配系统中能快速短周期且细微地进行调整。其目的是在任何时间、尽可能实时且经济地调整装配系统的工作点，从而对外部影响做出响应。由此可以显著降低经常出现的最优自动化程度与实际自动化程度之间的巨大偏差（见图 3-2-6）。

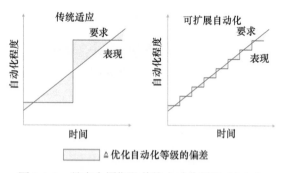

图 3-2-6　具有大周期的传统自动化适应（左）与短周期的可扩展自动化适应（右）对比

调整的细微程度则可通过工位上人和机器之间逐步划分工作内容来实现。例如，装配工位可以通过轻型机器人进行自动化扩展，并且任务处理可以从人传递到机器人。具有确定接口的装配系统的一致模块化是可扩展自动化原则的前提。除了工位以外，连接元件（例如传输设施和载体）的模块化设计可使工位之间的物料流容易适应自动化程度（Kampker 2014）。这意味着系统可以根据需要进行自动化扩展，并且各子系统（例如加工、处理和物料供应）可以彼此独立设计。例如，在订单负荷较低时，轻型机器人可以将零件送至下一个工位，而当订单负荷增加时，可再购买第二个机器人用于该工艺步骤。提升单位时间的产出并不是可扩展自动化的主要目标。个别装配工位选择性提升自动化程度仅仅缩短了这些工位的加工时间，而生产线周期并不受影响。只有通过长时间更换瓶颈工位，单位时间的产出才会增加。短时自动化扩展的基本原理是工业 4.0 的组成部分。只有通过这些最新可用的技术才能将自动化/半自动化、模块化的系统通过标准化接口轻松地集成在一起。由于刚性连接被分解，因此可以在其中添加或替换单个装配工位（Kampker 2014）。因此，工业 4.0 是学习工厂中可扩展自动化的推动者。

2.2.3 可扩展自动化的潜力

可调自动化概念允许变体柔性地、经济地运行具有自动化程度差异的装配系统。这是通过人与机器各自优势的最优组合以及扩展边界条件实现的。与生产线生命周期开始时的刚性全自动化相比，这种状况可以在一段很长的时间内将投资分散，从而降低了投资风险和利息负担（Kampker 2014）。由此产生了一个可调整的操作点，允许在通道内以成本低廉、高质量、符合人因工程学且变体柔性地来面向当下市场需求进行生产。具有不同时间范围的可扩展自动化的应用典型示例如图 3-2-7 所示，其根据时间范围在不同程度上反应了柔性和可变性两个维度。所需的响应时间越短，工业 4.0 技术集成的要求就越高。

1. 长时转变

基于手动配置，装配工位的自动化程度在以后随着区域因素的时间性发展逐步适应劳动力成本，以保持其经济性。随着劳动力成本的增加，首先基

于更小的变体多样性，进行工艺步骤的选择性自动化。然而，在达到质量瓶颈时，质量关键且复杂的工作流程首先是自动化的。因此，装配系统总是以成本最优的配置运行，并且可以避免产能过剩和高成本的错误投资。类似地，自动化/半自动化装配系统的自动化程度可以在产品生命周期结束时降低，这避免了产能过剩。由于模块化，通过适当的调整成本可在其他地方再次使用该自动化的工位。

2. 中时转变

如果使用多条平行装配线，就可以通过分段的临时自动化来消化峰值负载。前提条件是自动化对于平均的客户周期来说是不必要的，因为在采用了自动化之后剩余员工的主要产能将保持闲置状态。通过在线路段中临时使用移动的、可自由编程的通用机器人，被释放的产能可以在短期内缩短周期时间。一旦峰值负载发生在另一条线上，机器人就会相应地移动。因此，可以使用单个机器人来消化多个并行的装配线上的峰值负载。

3. 短时转变

如果标准产品和外来产品的产品组合的完全自动化仅仅由于高变体多样性而无利可图，那么标准产品可以在夜班期间自动装配，从而节省工资补贴。对于白班，可以转换为手动配置，以便以合理的劳动力成本来装配不能自动化操作的外来产品，并避免在具有相应空间的并行装配线上进行额外投资。另外，具有不同时间调整范围的许多其他应用也是可以考虑的。

2.2.4 可扩展自动化概念的结论

可扩展自动化概念对装配系统的可变性提出了很高的要求，这需要持续实现可变性。装配系统的扩展首先需要其系统元件模块化。反过来，只有持续地实现兼容的、多功能的和移动的可变性，才能确保这一点（见图 3-2-8）相关的复杂性只能通过工业 4.0 的支持技术来控制。结果是，柔性和可变性相互之间变得越来越模糊。在此情况下，可以在多个

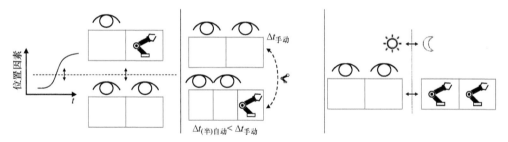

图 3-2-7 具有长时（左）、中时（中）和短时（右）时间范围的可扩展自动化的应用典型示例
（Greinacher 2016）

3

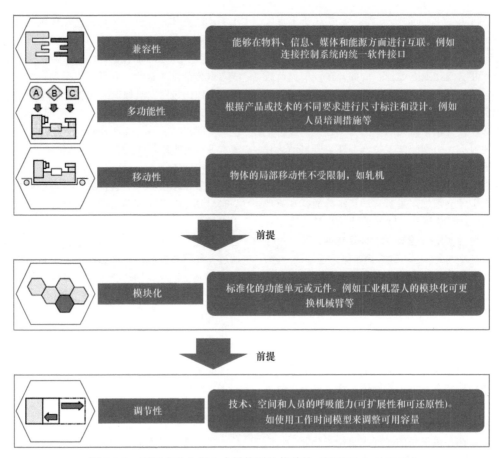

图 3-2-8   可调自动化概念中转换器的依赖性（基于 Nyhuis 2008）

线路上规划其他措施，并且不再将投资明确分配给特定措施。

2.3 可扩展自动化在"全球生产"学习工厂中的实施

2.3.1 学习工厂的扩展等级

1. 组织的边界条件

可扩展自动化的概念在"全球生产"学习工厂中进行研究和示例性实施。在装配可扩展自动化过程中，以下影响因素及其随时间发展尤为重要：

1）上升的人员成本：它是对更高自动化水平的关键推动因素，特别是在劳动力成本上升速度快于生产率上升速度的新工业化国家，企业正面临着全新的挑战。从成本的角度来看，那里经常需要部分自动化。但是在变体多样性方面，完全自动化成本太高且没有柔性。

2）资质等级：最合适的自动化水平的选择与资质等级和现场工作人员的可用性密切相关。一方面，低水平的资质排除了高科技的解决方案；另一方面，高资质的人员成本高，阻碍人工活动的开展。

3）变体多样性的日益增长：它是由客户导向性的提高以及个性化的增强导致的。变体多样性由于不断的复杂化而成为自动化的主要障碍。

4）更短的产品生命周期：这种情况伴随着不断增长的变体多样性而出现；此外，现有的装配系统必须在越来越短的周期内进行改造和调整，以适应新一代产品。

5）增长的质量要求：它源于客户要求的提高，是关键质量工艺自动化的推动因素。

6）人口变化：许多企业正面临着劳动力老龄化的挑战，这对员工的劳动强度提出了新的要求。对关键工作步骤采取符合人因工程学的自动化/半自动化可减轻劳动强度，并为员工提供辅助支持。

2. 自动化程度的扩展

为了连续统一地贯彻这一概念，并确保快速完成转变，学习工厂的元素是按照模块化设计的。从技术上可以使大多数装配步骤不同程度地实现自动化。自动化程度从手动［压制、紧固、接合（包括铆接、焊接、粘合等连接方式）〕到半自动（压制、螺纹连接）到带有柔性六轴机器人的全自动化（连接、工位之间的物料处理）。因此，应有一个比较大的解决空间，以便能够使装配系统尽可能地适应现场特定的条件。

由于学习工厂中所选工位（例如 4 个压力机工位）在技术上和组织上的相似性，使这些工位可以组合成具有统一自动化程度的集群。若这些装配工位

中某一个工位不再能够以当前自动化程度经济地运行，则这些在技术上和组织上相似的工位也是如此。因此，学习工厂的整个装配系统可以细分为图 3-2-9 所示的 4 个自动化等级：手动式、半自动化式、高度自动化式和完全自动化式。由于投资成本高，学习工厂中没有展示完全自动化式。这个扩展阶段作为对博世 Bühl 工厂的实地考察融入了学习工厂的培训理念中。

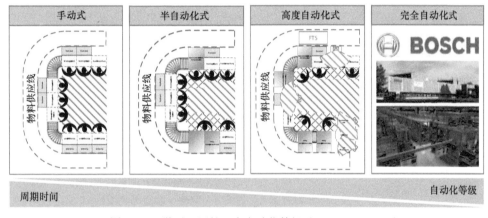

图 3-2-9 学习工厂的 4 个自动化等级（Greinacher 2016）

3. 学习工厂的手动式结构

在最简单的配置中，所有装配操作都是完全手动执行的。压制工位上使用的是手动压力机（见图 3-2-10）。连接工位由装配台组成，其中组件支架用于固定组件。螺纹连接工位还配备了手持电动螺旋刀具。在手动配置中，不需要工业 4.0 元素，可以用独立的解决方案作为辅助，例如用于数字化显示工作指令的平板计算机。然而由于 IT 基础设施有限，与较高自动化配置相比，它们的作用十分有限。

化不大的压制和螺纹连接操作（见图 3-2-11）。零件进给、移除和传送均由手动完成。因为附件情况的变体多样性较高，所以连接过程是手动执行的。所有半自动化工位都配备了离散的可编程逻辑控制器（PLC）。此外，它们连接到中央顶端控制器，以确保整个系统的紧急关停功能。此外，半自动站的关键质量工艺参数（如压力、转矩）可以传输到中央数据库或更高级别的制造执行系统（MES）。它们在那里被记录和评估，并在必要情况下被可视化，例如通过数字车间管理进行可视化。

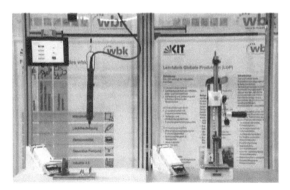

图 3-2-10 配有手动压力机的手动压制工位（右）和配有电动螺旋刀具的手动螺纹连接工位（左）

图 3-2-11 半自动压制工位（Greinacher 2016）

4. 学习工厂的半自动化式结构

在半自动化式结构中，机械化工位用于相对变

5. 学习工厂的高度自动化式结构

在高度自动化的配置中，连接工位由两台通用

机器人（Bosch Turbo AR8）实现了完全自动化（见图 3-2-12 和图 3-2-13）。它们通过物理和光学保护装置与工作人员分开。工件通过传送带系统输送到机器人的抓取区域。在那里，连接过程由机器人执行。随后，工件通过输送带系统传输到机器人抓取区域以外的后续工位，其余工位则是半自动化配置。

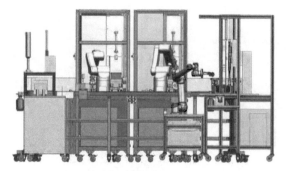

图 3-2-12　带有通用机器人（Bosch Turbo AR8）和人机协作（Universal Robot UR5）的高度自动化的装配站

图 3-2-13　学习工厂的高度自动化建设

高度自动化式的结构可通过人机协作（MRC）进行扩展，即人与机器人之间可以进行交互。为此，在生产线上使用了通过 MRC 认证的机器人（Universal Robot UR5）。为了快速调试，学习工厂的机器人扩展了通过使用参考标记进行独立定位的功能，因此可以自动补偿地面不平和少许定位误差，从而减少工人的校准工作。MRC 机器人在自动连接工位和后续工艺之间搬运部件。在这里，它为员工提供符合人因工程学的有利位置，以便进行后续的螺纹连接操作。由于较高的变体多样性和待安装的变速箱壳体上分布着非常不均匀的夹持点，它必须要手动安装。只有对额外的夹具进行高昂的投资，才能实现完全自动化。然后机器人将螺纹组件放在下一个工位（见图 3-2-12）。

每个（或部分）自动化工位都配备了离散的 PLC 用于设备控制，而且这些工位也都连接到中央顶端控制器上。除了确保急停功能之外，所需的变量信息也一并被发送到自动化工位，以便能够调用相应的处理程序。为此，每个组件都配有一个 RFID 标签。它在开始处理之前被读取，并与更高级别的 MES 系统进行比较。在其他工位，变体信息用于在各个工位特定的平板计算机上动态显示相应的工作指令。除半自动化式结构外，工艺数据、质量特征和检测特征会被传输到更高级别的测量系统中进行评估，并根据需要进行可视化。

6. 可扩展自动化对上下游区域的影响

装配工位的不同自动化程度对上游和下游区域（例如物流、物料供应）具有相当大的影响。这些工位将适应各自的自动化程度。与创造价值的工位一样，组件处理、物料供应和信息传输都可以被模块化设计，并根据自动化程度进行扩展。

以下学习工厂中的示范应用阐明了自动化程度对上下游区域的影响。

1）物流：在自动化配置中，必须在明确的转移点为机器人提供特定于变体的部件。由于变体多样性高且空间有限，因此无法在学习工厂的每个工位中存储所有变体。因此，在自动连接工位采用了"按顺序"（Just in Sequence）物料供应，其在上游物流中产生相应更高的费用。

2）物料供应：在使用机器人时，必须确保物流员工在提供附件时不能进入机器人的运动空间。因此，物料供应必须是自动化/半自动化的。与使用简单重力辊式输送机的连接工位的手动配置相比，在机器人自动操作中使用了物料闸。位于物料闸内部的辊式输送机部分可旋转地安装，并可通过气缸上下移动（见图 3-2-14）。类似装配工位，物料供应模块安装在辊子上，并通过夹子连接到工位。

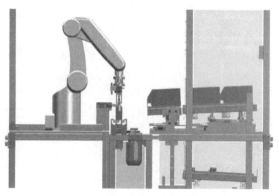

图 3-2-14　在物流员工方向上带有保护设施的自动连接工位的物料供给

3)工件运输:在手动工位之间,工件运输由员工手动执行。在自动化操作中,由于安全原因,员工不得进入机器人的运动空间。因此,学习工厂的自动化工位之间使用了循环传送带来运输工件。

7. 确定适当的自动化程度和切换时刻

可扩展自动化面临的主要挑战是选择合适的自动化等级、切换时刻以及可能的调整范围。适应当地的位置因素以及未来的发展(例如劳动力成本增加)至关重要。因此,应基于具体情况规划,并且通过多种措施(例如单位成本、设备综合效率 OEE、工艺时间)来阐明不同配置的效果。该概念的决定应以考虑以下因素的经济评估作为基础:

1)动态性:需要通过动态评估来考虑外部影响和内部配置随时间的变化,评估可以基于虚拟租赁费率或每期折旧而非投资成本。

2)后续成本:除硬件的纯采购成本外,后续成本还应包括在整个生命周期内(参见总体拥有成本)。例如,考虑到所有工程成本(如控制柜、夹具、员工工时),工业机器人的调试可能再次导致额外的硬件成本。此外,应该对硬件进行模块化设计,从而只需要微调硬件就可以重复使用在其他装配线上。

3)可操作性:许多"软"评估标准在金钱方面是不充分的,如装配工人的人因工程学优势。因此,除了纯粹的成本观点之外,还要考虑成本、时间和质量的相互作用。例如,通用机器人的使用通常涉及空间需求的增加,该需求必须在规划中被考虑到。

4)转换视界:根据可扩展自动化的计划实施深度出现了更进一步的挑战。在短时调整(每班次转换)的情况下,必须定义新的组织流程和结构。例如,有必要确定谁来操作和执行人员的变更,如装配员工自己或技术员。因此,规划由装配团队离散组织或由中央部门来组织。

5)系统边界:该评估必须与应用范围相适应。由于设计模块化工位和系统的复杂性增加,独立装配系统的应用与具有全球标准化模块化系统的企业范围内应用(例如,全球标准化的、统一的工艺参数,规模效应)在可扩展自动化方面体现出的优势是不同的。

为了确定调整自动化程度的合适切换时刻,需要持续监视外部影响和内部生产指标。

2.3.2 学习工厂中可扩展自动化的技术性实施

可扩展自动化概念的技术实现需要高程度的柔性和可变性。为了实现该目标,必须持续考虑和实施装配系统的规划和设计中的转换使能因素。图 3-2-15 展示了学习工厂中实施的一系列解决方案,它们分别针对不同的转换使能因素。下文介绍学习工厂中示例的技术性实施,这些示例分为以下几个类别:产品、生产设备、安全技术、IT 基础架构和可视化。

1. 产品

产品是规划装配系统的起点,而该系统需要对产品做出调整。经济上可行的最高自动化等级可能由此已受到限制。在物理维度和组织流程方面,高

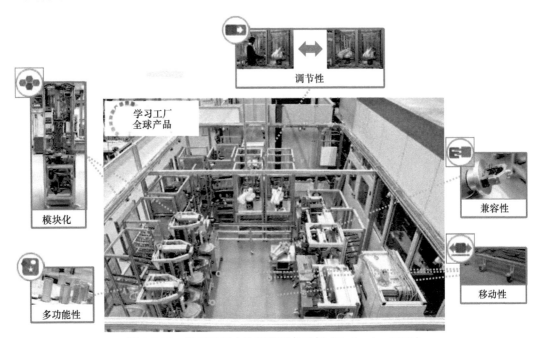

图 3-2-15 学习工厂中的可变设备示例(Greinacher 2016)

变体多样性是关键。物理上不规则的产品变体会导致高自动化成本，如多个夹具或复杂的通用夹具。不同工艺顺序的组织偏差主要受生产控制的限制。

在学习工厂中，外壳变体的物理变化限制了螺纹连接过程的经济自动化。相反，在这个工位可以使用人机协作，以便结合人与机器的优势。

2. 生产设备

装配系统和可扩展自动化的核心要素是生产设备。为了实现装配系统的短时重新配置，生产设备必须支持即插即用。在学习工厂中，只需简单插拔即可连接或断开装配工位。机器采用分散式 PLC 控制。更换工位时，只需连接电源和接通压缩空气，并且必须通过以太网建立与中央顶端控制器的连接。随后，在顶端控制器中进行工位的一次性登记。因此，工位的即插即用解决了通用性、兼容性和模块化问题。为了便于工位互换，在学习工厂中始终实施转换使能因素——"移动性"，所有装配工位和物料输送模块都配有辊轮。因此，每个工位只需一个人就可以轻松快速地实现转换。

由于其高度柔性，可自由编程、小巧轻便的机器人具有可互换的工具和低负载，是可扩展装配系统的重要组成部分（Lotter 1992）。在学习工厂中，使用了两个通用机器人，它们在高度自动化式配置中安装发动机的电枢和止推杆（Bosch Turbo AR8，见图 3-2-16）。由于它们的重量相对较小且移动性非常好，可以在不调整硬件的情况下进行重新编程，因此特别适合应用于学习工厂。在使用机器人时，应考虑到采购成本并非投资决策的唯一标准，例如，除了安全技术的后续成本之外，与传统工位相比，通常还有增加的空间需求。

图 3-2-16　学习工厂中为小部件装配安装的机器人：
Universal Robot UR5（左）和 Bosch Turbo AR8（右）

在学习工厂中使用 UR5 型轻型机器人进行人机协作（见图 3-2-16）。它与人一起工作，"在同一个时间、同一个空间中有共同的目标"（参见第 1 篇

3.5 "人 - 机器人交互"）。在使用轻型机器人时，精确定位是一个巨大的挑战。定位的微小偏差（如地面不平）对夹持过程的准确性有直接影响。为了缩短轻型机器人的配置时间、提高定位精度且不将机器人固定在地面上，学习工厂中的轻型机器人已扩展了自定位算法。工人只需将机器人带到大致位置，然后机器人就会借助参考孔对准。

3. 安全技术

不同的自动化程度需要特定的安全概念。人和机器人工作区域邻近，而且在协作的情况下也会直接接触。安全概念中必须包含必要的调整。一方面，学习工厂通过经典的护栏实现人与机器人的物理分离。另一方面，使用相机系统（PILZ 安全眼）对机器人的移动空间进行光学监视。类似于光栅，一旦物体进入定义的警告和保护区域会触发声音和视觉警告信号，机器人的操作速度就会减慢或触发紧急停止。虽然刚性的护栏使得快速改建变得困难，但是相机系统的使用提供了能够在软件一侧快速且灵活地应用监视区域中的变化的优势。同时还必须记住：由于相机的刚性透视，可能会出现视觉盲区，并且系统需要良好的照明条件。此外，光学监测的空间需求要根据安全距离（例如考虑到检测期间的时间延迟，机器人的跳动路径）而增加（见图 3-2-17）。因此，学习工厂使用了由光学距离检测和刚性安全护栏组成的混合解决方案。沿着物料供应方向的护栏在物理上阻碍了机器人的抓取路径并降低了所需的安全裕度。这允许物流员工可以非常靠近工位地提供物料而无须停止机器人。在 U 形流水线内部，传送带作为机器人与员工之间的物理隔离，减少了员工与机器人之间的最小许可距离。

4. IT 基础架构

在学习工厂中，异构的传感器、控制器和输入/输出媒介通过集中和分散的元件被联网并集成到混合控制结构中（参见第 1 篇第 6 章 "用于规划和生产的组织、质量及 IT 系统"），如图 3-2-18 所示。

整个 IT 基础架构由博世 Opcon Suite 的 MES（制造执行系统）控制。MES 在主计算机上实现，包括各种数据库和服务。一方面主计算机通过安全连接与研究所自己的网络进行连接，研究所的网络在此应用中代表下一个更高的通信层。另一方面，主计算机通过自身的现场总线系统与多组用户联网。它们分别是顶端 PLC、输入/输出连接主站和多个服务设备。

PLC 通过安全现场总线系统（PILZ SafetyNET）连接到顶端 PLC。顶端 PLC 形成与主计算机的接口，并具有捆绑各个工位的离散 PLC 的中央功能。

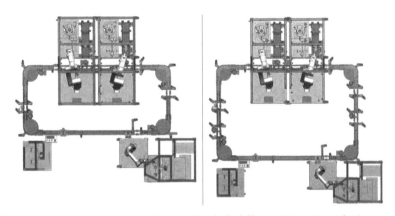

图 3-2-17　配置"护栏"(左)和"光学安全技术"(右)中自动装配工位的空间要求对比(Greinacher 2016)

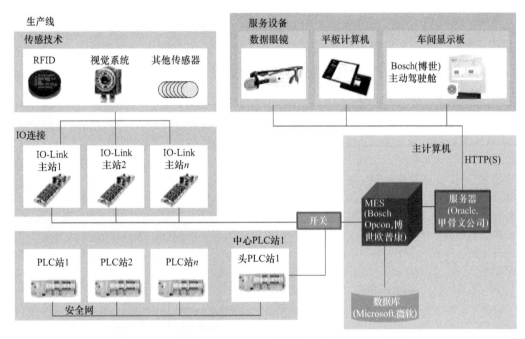

图 3-2-18　学习工厂中的 IT 基础架构(Greinacher 2016)

该结构基于学习工厂的安全概念：单个工位的紧急停止必须触发线路上所有工位的紧急停止。信息通过顶端 PLC 传输。每个工位也必须定期向上级控制器发送"Ping 信息"。这确保了每个工位的可访问性以及可能的紧急停止信号的正常传输。如果没有 Ping，则不再激活相应的工位。

IO-Link 主站通过自己的现场总线系统直接与主机相连。每个 IO-Link 主站都为不同的传感器提供连接。通过使用 IO-Link 主站，可以将整个传感器系统捆绑在一个接口上，并通过标准协议将其传输到现场总线系统，以实现模块化工位的概念。因此，无需额外的布线工作即可在工位添加或更换现有传感器。

在学习工厂中，RFID 读写头和视觉传感器通过 IO-Link 主站连接。RFID 技术使用唯一的 ID 和时间戳检测每个工位的组件。该信息在 MES 中与产品变体和工艺步骤的信息相关联。因此，在自动化工位调用产品变体特定的控制参数，并且给其他工位的工作人员产品变体特定的安装指令。此外，还能自动计算工艺指标，如通过时间、生产效率、进展等。

5. 可视化

为了确保自动化系统和员工之间的流畅通信，各种服务设备已经在学习工厂中以人机界面(HMI)的形式实施了。为了在具有高变体多样性的物料供应中协助分拣员工作，利用数据眼镜采用了"通过视觉分拣"(Pick by Vision)的方法。对于部件仓库的分拣任务，用颜色突出显示待抓取零件的抽屉。只需按一下眼镜上的按钮，分拣员就可以确认过程并显示下一个抽屉。为了在变体丰富的装配中最佳地协助员工，将平板计算机安装在工位上，并显示待装配变体的装配指示。此外，平板计算机还可以作为员工的输入媒介，比如确认缺失的零件。为了让员工和生产经理对装配线的当前状态有量化的概念，学习工厂使用了数字车间显示板（Bosch Active Cockpit），实时显示在 MES 中计算出的关键指标（如产出量、合格率、OEE、生产时间），由此可提供最大的透明度。此外，车间显示板还用于车间会议、可视化和分析上一个装配周期中的汇总指标。

2.4　展望

学习工厂中实施的可扩展自动化概念可以缓解高生产率和产品变体柔性之间的冲突，其基本前提是坚持不懈地实现装配系统的可变性，它可以快速且轻松地添加、移除或更换安装系统的组件和工位。根据学习工厂已实现的结果，可以看出只有通过使用工业 4.0 技术才能解决由此产生的复杂问题。

作为一个研究和演示平台，wbk "全球生产" 学习工厂正在不断扩展和增加功能。除了装配工位和相关基础设施的可扩展性之外，质量保障的可扩展性也具有巨大的潜力，特别是针对那些重视加工质量的高端工艺过程。随着传感器的综合使用，学习工厂的高度自动化程度已经能够全面记录工艺数据和产品数据，而无需额外投资。如果将来实时评估这些数据，则可以得出例如可以用于质量保障之类的结论。基于手动式等级的纯功能测试，可以在高度自动化等级中设想用于上游生产的控制回路，其可以利用异常的装配质量数据实时地调整工艺参数。此外，还需要进一步研究并开发对组件层、工位层、流水线层，到工厂层再到网络的适当评估方法。例如，用于可扩展装配系统的企业范围模块化系统在哪些条件下是经济实惠的。

参 考 文 献

Allianz Industrie 4.0 Baden-Wurttemberg: Betriebliche Innovationsfelder von Industrie 4.0. Karlsruhe 2015

*Brecher, C.; Kozielski, S.; Schapp, L.:*Integrative Produktionstechnik für Hochlohnländer. In: acatech Workshop - Wertschöpfung und Beschäftigung in Deutschland. Hannover 2010

Greinacher, S.; Echsler Minguillon, F.; Häfner, B.; Stricker, N.; Lanza, G.: Skalierbare Automatisierung und Industrie 4.0. In: wt Werkstattstechnik online, Nr. 9, 2016, S. 659-665

Kampker, A.: Skalierbare Montagestrukturen. In: Elektromobilproduktion. Springer Vieweg, Berlin/Heidelberg 2014

Lanza, G.; Moser, E.; Stoll, J.; Häfner, B.: Learning Factory on Global Production. The 5th Conference on Learning Factories 2015

*Lotter, B.:*Wirtschaftliche Montage. Ein Handbuch für Elektrogerätebau und Feinwerktechnik. 2., erweiterte Auflage. VDI, Dusseldorf 1992

*Nyhuis, P.; Reinhart, G.; Abele, E.:*Wandlungsfähige Produktionssysteme. Heute die Industrie von morgen gestalten. Produktionstechnisches Zentrum, Garbsen 2008

*Oebels, H.:*Bosch in China: Competitive scalable automization. wbk Frühjahrstagung - Wertschöpfung in China 2015

acatech - Deutsche Akademie der Technikwissenschaften e. V., Promotorengruppe Kommunikation der Forschungsunion Wirtschaft - Wissenschaft: Deutschlands Zukunft als Produktionsstandort sichern. Umsetzungsempfehlungen für das Zukunftsprojekt Industrie 4.0. Abschlussbericht des Arbeitskreises Industrie 4.0. 2013

第 3 章

工业 4.0 在加工技术领域的应用

Jens-Peter Majschak, Gunther Reinhart, Georg Götz, Christoph Richter,
Marc Mauermann, Simon Berger, Marcel Wagner

加工系统服务于消费品工业中的中间产品或者可销售的最终产品的生产，比如加工纸张、塑料或者纺织品的机器以及包装机器，特别是用于食品的包装机器。食品加工也是属于整个工业生产技术的分支。其中发生了材料成型过程、形状改变过程、形状依赖过程及其相关的位置变化（Majschak 2014），并且工业 4.0 也不会仅仅停留在加工系统和加工机械上。相反，可预期通过传感网络和数据分析提高质量，通过网络化和辅助系统（如机器人的利用）提高柔性以及通过数字投影和数字孪生改善规划性。本章将会介绍三个实例：为企业餐厅柔性自动准备菜单，包括瞬态产品行为；基于传感和模拟的肉类精细分割来提高质量和效率；通过对高性能印刷机认知上的调整来改善产品质量并减少废品。

3.1 FORFood——个性化食品加工和包装的批量定制

日常生活中的产品日益个性化（比如食品的个性化）是一个未来趋势（Götz 2013）。特别是对于短期消费品而言，核心产品及包装的差异、动态变化，以及与此同时的资源消耗都非常大。在消费品生产方面，目前的重点是利用大批量生产的规模效应，特别是终端消费者与包装生产企业之间数字联网允许个性化客户需求的映射。网上食品销售商不断上升的销售额也清楚表明数字联网已经进入食品和包装行业。

在由巴伐利亚研究基金会支持的研究联盟 FORFood（AZ921-10）中，个性化食品生产和包装的技术开发已经完成。研究结果将在下文简要进行介绍。

3.1.1 为客户个性化餐饮定制（单件批量）的食品加工

单件批量的餐饮生产的应用案例来源于餐饮领域的集体饮食。其目标即为减少生产过剩，从而避免浪费。此外，应该显著增加客户利益，因为在日常生活中没有什么比味道更具有主观性。

基于目前的人员投入，在一间大厨房烹饪个性化菜品，并不经济可行。因此，需要研究和尝试自动化烹饪的可行性。已实现的示范装置利用了现有的自动化技术方法（见图 3-3-1），例如，工业机器人或专门为该应用精心设计的装置会在模块 4 投入使用。此外，加工机器 5 通过自主行动和移动的机器人平台与物料流柔性地联网。与无人驾驶运输系统（FTS）类似，这些机器人平台的优点是能够通过地面标记（1 和 6）在其周围环境中被任意导航（Wagner 2013）。食品组分（配料）由存放在仓库的专门开发的传送单元存储仓库 3 来提供。通过模块 4 进行订单特定的出货，以便饭菜可以直接盛入准备的餐盘中。这些都是通过可移动的机器人在相应的操作站 2 完成装载的。

为了确定主观规划目标并将其纳入规划和控制环境，开发了一种合理方法，这种方法用三个核心步骤描述了如何根据时间优化的生产计划实现对客户个性化质量要求的改善，如图 3-3-2 所示。由此产生的智能设备控制系统将三餐都纳入规划，设置的加工参数（温度、空气湿度和时间）优化了设备运行（Wagner 2013；Wagner 2014），并且同时达到主观最优的加工结果。为此，为加工食品制定了一个质量模型的方法（Wagner 2014；Wagner 2012b），它参考食品加工参数定义了食品加工质量的公差范围（Wagner 2012a）。利用这种建模，可以更好地规划有关加工参数的配料（Wagner 2013）。时间安排上需要注意的是，餐饮中不同配料需要不同的加工时间，尽管如此，也必须及时地与顾客同步。顺序的依赖性是由加工过程预先确定的，因此应选择混合流水生产车间的系统方法。根据成功的个性化生产实现

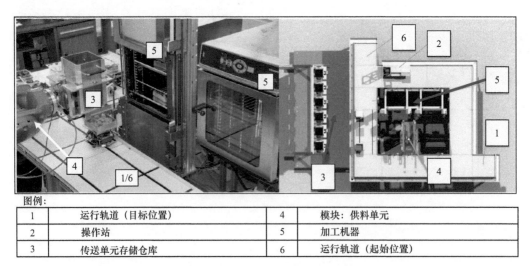

图例：

1	运行轨道（目标位置）	4	模块：供料单元
2	操作站	5	加工机器
3	传送单元存储仓库	6	运行轨道（起始位置）

图 3-3-1　自动化食品加工演示平台

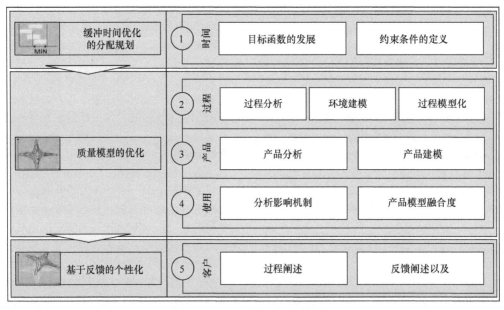

图 3-3-2　PPS 系统中主观规划

了对顾客的供应。FORFood 项目采用了两种不同的解决方法：一种是根据烹饪 - 服务原则（Cook-and-Serve-Prinzip）直接提供给客户，另一种是以打包外卖的方式。为此提出了一种规格自适应的包装的新概念。

3.1.2　适用于个性化包装的规格柔性的加工过程

餐饮个性化也体现在以下包装过程中。作为产品的组成部分，包装是必不可少的，因为只有这样才能为客户提供质量符合要求和卫生的交付。没有个性的和太大的包装都不是以客户为中心的。出于经济和生态原因，采用规格灵活的包装工艺是十分必要的。规格灵活性的提升不仅包括包装机可以经济地进行单件批量的包装，还包括机器可以经济地进行小批量生产。但目前使用的包装机和自动化解决方案并不是针对批量大小设计的。因此，对目前的机器技术进行缩放是不可能实现的，而必须实施新的方法。下面将展示一种用于热成型包装机的柔性成型模具和轮廓可变密封模具。此外，采用产品和尺寸规格灵活的顶部装载机，即使在小批量生产时，散装包装的生产也很经济。该方法的可靠性已得到证实。

3.1.3 适用于规格柔性化热成型的数字成型

热成型包装由于其多种优点而越来越受欢迎，通常这些包装都是消费者最初接触的包装，即销售包装。这导致初步包装中不同包装的种类特别多。热成型包装生产由高度自动化的包装机器完成，使用的模具大多是铝合金的，并通过机械加工制成。其几何形状直接取决于包装设计。因此，生产新的热成型包装，就需要新的铝合金模具。在包装机运行期间，必要的调试设置导致了较长的机器停机时间，因此小规模生产是不经济的。该研究工作基于第 2 篇 4.3.3 中提到的工作机构离散化的设计原则。因此，模具生产和模具更应该是在线可行的。在这种情况下，工作机构即为成型模具。特定应用情况的要求包括：

1）集成在单台热成型包装机器上。

2）调整时间短（小于 1min）。

3）模具深度浅、安装高度低。

4）满足要求的设备技术，比如稳健性。

5）包装的表面质量。

成型的有效表面经过离散化处理后，各个表面网格的位置是可自动调整的（Götz 2015）。第 2 篇 4.3.3 中描述的功能原理基于活动杆和夹紧单元，与此相比，此处使用了线性致动器（见图 3-3-3）。选择的机电升降液压缸的空间分辨率为 20mm × 20mm，最大型腔体积为 100mm × 100mm × 30mm。这种方法的优点包括能实现各个气缸集成的位置控制、型腔体积的易扩展性、方便的控制以及安装空间小。实现的演示装置由 25 个单独的执行器组成。编程是运用 LabVIEW 软件独立开发的。由于压缩空气和真空用于成型过程，形成的细微不连续性如间隙和台阶在触觉和视觉上都是可识别的。此外，半径和形状元素用作热成型包装中的几何特征。因此，需要研究不同的方案来达到所要求的表面质量。应用几毫米厚的硅胶插入层被证实是一种有前景的方案。

在市场销售的热成型包装机上对所述结构进行实际验证，结果表明，采用这种方法，热成型的柔性非常好，只需按一下按钮即可完成模具制造和必要的更改过程。

3.1.4 基于多轮廓模具的柔性密封工艺

除热成型外，密封是热成型包装机的主要包装专用程序之一。目前，在这些包装机中几乎只使用永久加热模具进行粘合连接。这些模具通常设计为框架密封板，以最大限度地减少产品的热量输入。但是这种密封模具的规格是特定的，因此在规格改变的情况下必须更换密封模具。为了使密封柔性化，使用多轮廓密封板是一种很有前途的方法。使用厚膜技术制造密封模具，可以将多个加热轨道相互叠加，这些加热轨道可以单独通电并被加热。几个通电的加热轨道产生闭合的密封缝轮廓（见图 3-3-4）。例如，给加热轨道 A-A2 和 B-B 通电，由此产生尺寸为 90mm × 70mm 的封闭密封缝且密封缝宽度为 3mm。每一个加热轨道对应一个功能增量，这意

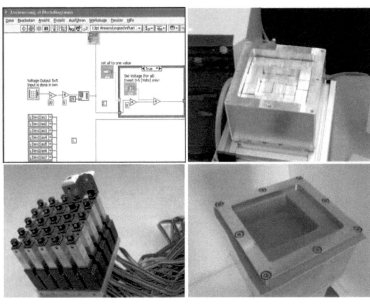

图 3-3-3 控制程序选录（左上）无平头/成型头的执行器矩阵（左下）
带平头的执行器矩阵（右上）具有防真空插补层的执行器矩阵（右下）

着工作机构的离散化（参见第 2 篇 4.3.3 "可变的作用对"）。目前使用的通过厚膜技术制造的脉冲密封模具通常只有一个加热轨道，它们已经在包装机械的许多应用中得到使用。然而，就多轮廓密封板的使用而言，对工艺要求还缺乏应用相关的、科学的认识，例如应当满足的气密性或密封缝强度。由于多轮廓密封板的层结构，各个加热轨道会重叠在某些密封轮廓段上，目前尚没有任何关于这些部位如何影响密封结果的有效发现。因此对两个能够产生相同二维密封缝几何形状，但层结构不同的多轮廓密封板进行了试验研究，并对其密封结果进行了比较。从不同的试验中得出的试验结果表明，这两个多轮廓密封板都可以生产出质量合格的密封接缝（Götz 2016）。

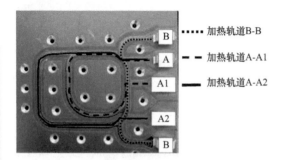

图 3-3-4　试验的多轮廓密封板的加热轨道
及其密封缝轮廓

加热轨道 B-B
加热轨道 A-A1
加热轨道 A-A2

3.1.5　个性化合装包的自动化生产

如果客户订单中包含不同的产品，则需要生成客户特定的合装包，例如在远程销售的 B2C（Business To Customer）业务中。由于冷链的要求，将许多自冷却、可重复使用的运输箱用于食品的在线邮购。对冷藏没有特殊要求的物品以及许多产品，例如媒介，瓦楞纸包装由于其良好的可回收性是最合适的包装形式。为了将不同产品自动包装到客户特定的订单中，必须首先要使包装货物的处理变得更加柔性。而高度动态和柔性的机器人可以用于该处理，例如 Delta 机器人。当前柔性化的障碍是夹具技术。通过自动更换夹具，使得各种包装货物可以通过各自最适合的夹具来进行处理。研究项目对其进行了实际测试。

个性化的产品组装以及由此产生的运输量也会产生另一个作用领域。必须减少客户特定的合装包中的空隙，并应当最大限度地减少包装材料和衬垫材料的使用。因此，应采用规格合适的瓦楞纸箱，这样可提高运输密度并且能够更好地在随后的

物流和运输过程中进行装载。所选择的方法是基于瓦楞纸箱无卷曲而规格柔性的整形。纸箱坯料 FEFCO-0201 由于非常普遍而被选用。为了实现无卷曲且规格柔性的运输包装生产的目标，需要寻求一种新型的整形运动学。在已开发的功能库的基础上，对不同的安装运动学进行了研究和评估（Götz 2016）。选择差动带原理作为工作原理，将传送带的功能和在平面状态下提供纸箱坯料的必要整形结合在一起（见图 3-3-5）。扁平的折叠纸箱坯料受到双向压力，该力使得最初扁平的纸箱坯料变形。通过由两个同步带传动的两个止动凸轮来施加所必需的力，并基于功能模式，评估所描述的功能原理。在此基础上，产生了功能演示器。为了提高差动带原理的稳健性和速度，用侧装平面吸盘元件替换两个止动凸轮中的一个，此外，这种措施也可以用于加工价格便宜的较低质量的折叠纸箱坯料。除了规格灵活的整形，功能演示器还包括功能模块"底部密封"和"产品柔性地填充"。此外，还考虑了诸如规格独立性和开发的合理自动化程度等设计措施。因此，功能演示器可以加工不同的纸箱规格而无须设置时间，从而实现最高水平的规格柔性。

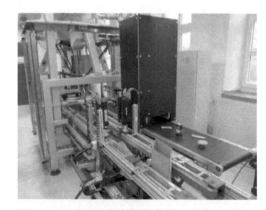

图 3-3-5　用于生成个性化合装包的功能演示器

3.2　自动化的火腿精细分割

3.2.1　问题提出

近年来，全球对肉类产品的需求日益增加。例如，德国 2012 年生产了 800 万 t 肉，其中 550 万 t 是猪肉（联邦统计局，2016 年）。这种需求使得生产者希望在屠宰和切割工厂中实现更多的自动化。与粗切割分离相反，由于自动化的缺乏，猪肉产品（火腿生产）的精细分割目前主要由手工完成。除了提高食品安全性和优质肉类的产量外，精细分割的

自动化还有助于减轻工人劳动强度（Franke 2010；Hinrichsen 2010）。然而，鲜肉对自动化提出了新的要求。肉类是一种天然产品，特别是各种肉块（上腿肉、下腿肉、Nuss⊖）的可变性是非常具有挑战性的（见图 3-3-6）。因此，有必要为此天然产品及其状态分析提供新的解决方案。切割时高质量肉块不受到损坏，这对于零售连锁店和消费者能否接受它们来说至关重要。为了生产优质肉类，必须检测肉的内部结构、骨骼和软骨的位置以及屠宰体的表面细菌含量。但是，必须保证用于此处花销的经济性，且所获得的数据必须在最短的时间内用于该过程。根据 HACCP 原则（危害分析和关键控制点），自动化概念还应对设备的自动清洁进行规划。在食品加工工业 4.0 的背景下，以下研究和开发目标尤为重要：

1）适合卫生和具体产品特色的数据采集。

2）过程建模和模拟的方法。

3）更高层次的过程控制策略。

4）基于实时过程优化的自适应过程控制概念。

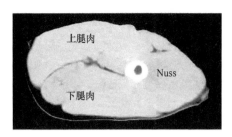

图 3-3-6　猪肉火腿上腿肉、下腿肉和 Nuss 的位置

3.2.2　设备

图 3-3-7 所示为猪肉火腿自动分割的可能过程。为了对这种概念进行机械实施，提出了以下要求：

- 火腿垂直固定。
- 火腿绕其自身垂直轴旋转。
- 获取外部轮廓、骨骼位置、软骨、表面细菌含量和肉内部结构。
- 在不拆卸火腿固定的情况下连接到各个工位。
- 适合清洁的结构设计（卫生设计）。

图 3-3-7　猪肉火腿自动分割过程的概念

基于加工工位顺序的设计实现如图 3-3-8 所示。

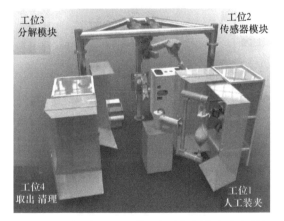

图 3-3-8　用两台工业机器人自动切割猪肉火腿的机器概念（基本部分功能示范机）

模块化机器概念的核心元件是一个可旋转的火腿固定单元，在其附近以 90° 间隔布置四个加工工位。借助核心元件，通过绕其自身的轴线实现火腿的旋转。这是全面获取火腿卫生状况、火腿几何形状、火腿拓扑结构以及分解火腿的先决条件。

通过在上方夹紧火腿以及在下方用肉钩自动夹紧来固定火腿。当旋转臂旋转时，固定单元依次通过每个加工工位：夹紧火腿、传感器模块、分解模块和清洁模块。

为了确定火腿的卫生状态，在传感器模块中通过 UV 照射、合适的相机和滤光器检测微生物污染物特有的荧光来完成（FEI 2014）。基于表面污染程度，确定火腿是否适合于进一步处理并且相应地控制该过程。同时通过立体相机获取火腿的几何形状和拓扑结构。

⊖　Nuss：德语，动物腿上的条形肉。

在分解模块中，有两个 6 轴工业机器人悬挂在不锈钢框架上。在精细分割之前，必须首先收集有关火腿的更多信息。此外，通过机器人，用拉曼传感器和超声波传感器在火腿上进行检测。拉曼传感器提供有关肉质及其分解或切除后的非侵入信息（FEI 2014）；超声波探头获取肉的结构。根据这些数据，可以得出各个肉块分离的切割模式。该任务中的挑战是原则上用很短的计算时间确定三维切割模式所必需的准确性、复杂性。机器人 1 实现切割引导，同时也是超声波传感器的载体。机器人 2 引导拉曼传感器。在人工操作中使用的切割开口工具，诸如：钳子、吸盘、筋膜撑开器（用于撑开筋膜的带有小尖头的钝工具），对协助分割是有益的。为此所需的工具必须能够柔性地布置在火腿和切割工具上。因此，设置机器人 2 用于切割开口工具的移动以及将取出的肉块放置在运输系统上。由于卫生要求，为切割工具和切割开口工具提供了一个特殊的清洁平台。在清洁模块中，也需要清洁固定单元。两个单元均采用模拟优化的喷雾清洁系统，它能够对设备进行有效清洁。该布局所在的地面上基本上没有不符合卫生标准的地方，并且可以自由清洁。

3.2.3　火腿特征的获取

为了能够获得足够精度的切割，必须从立体摄像机和超声波扫描的数据中得出骨骼和筋膜相对于所定义的坐标原点的精确位置。由于各个动物之间的高度差异，已经证明了在切割模式的计算中利用先验火腿的数据集以及基于该数据集的机器人控制器是有利于改进数据处理的（传感器数据和火腿特征）。先验火腿应该被理解为"平均火腿"，它是根据不同猪肉火腿的计算机断层扫描数据创建的，包含骨骼和筋膜的位置、它们的平均尺寸和相对于整体尺寸的偏差（FEI 2014）。通过立体相机和超声探头进行数据采集的顺序如下：

1）通过立体相机获取外部形状。

2）利用立体相机，根据脚后跟（后部）和分离点（内部）的确定来识别左右火腿（见图 3-3-9）。

3）为了超声探头的初始定位，通过立体相机界定膝盖骨位置的限制（见图 3-3-10）。

4）通过超声波确定膝盖骨的确切位置。

5）用超声波获取膝关节和筒子骨的位置。

6）通过超声波确定上腿肉和 Nuss 之间以及下腿肉和 Nuss 之间筋膜的位置及其走向。起点：膝盖骨，然后反复跟随筋膜（见图 3-3-10），通过先验数据集进行初始定位。

7）通过超声波获取上腿肉和下腿肉之间筋膜的

位置及其走向。参考点：脚后跟下方（见图 3-3-11）。

8）通过超声波检测锁骨的位置，可识别为两个椭圆形或一个细长骨（见图 3-3-12）。

9）通过超声波确定锁骨和尾骨的位置和确切形状。可以使用先验数据集来界定骨骼的大约位置以及超声探头的安装点。

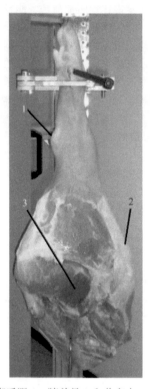

图 3-3-9　脚后跟 1、膝盖骨 2 和分离点 3 的位置　左部

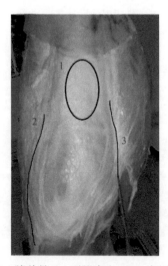

图 3-3-10　膝盖骨 1、下腿肉和 Nuss 之间的筋膜 2 以及上腿肉和 Nuss 之间的筋膜 3 的位置　中部

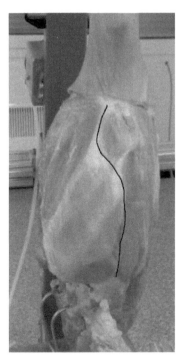

图 3-3-11　火腿后视图，右部下腿肉和
上腿肉之间的筋膜位置

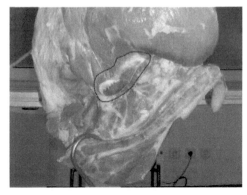

图 3-3-12　锁骨在图中相应位置可被识别为细长骨

3.2.4　切割顺序

在自动分割期间，为了不影响肉的形态稳定性，骨头连接必须保持完整，否则自动分割将变得更加困难。必须确保在切割过程中肉的形态不会由于其自身重量改变或有无肉的支撑而改变。此外，必须注意刀的路径是否无阻碍。切下来的肉不得遮盖切割路径。基于这些准则的考虑，提出了以下机器人的切割顺序和工具使用。其目标是分割上腿肉、下腿肉、Nuss。

1）用刀从分离点切入尾骨和锁骨。骨头是自由的，且预计不会发生任何偏移。

2）用刀切开筋膜（上腿肉与 Nuss 之间、上腿肉和下腿肉之间，以及下腿肉与 Nuss 之间），深度为 20~30mm。

3）用刀分开上腿肉与 Nuss 之间的筋膜直到筒子骨，用钳子帮助深切。

4）用筋膜扩张器分开上腿肉和下腿肉之间的筋膜。

5）用刀分解上腿肉。首先是分开沿着筋膜的部分，然后是筒子上的上腿肉。

6）分割 Nuss。在用刀将筋膜从下腿肉分离后，将 Nuss 与下腿肉分离，露出膝盖骨并将 Nuss 从骨头上分离。

7）分解下腿肉。用两个水平切口分开从臀部到肘子的下腿肉，最后，将臀部与骨头分开。

3.2.5　过程步骤和整体过程的建模与仿真的参考 Petri 网络的方法

为了优化自动化工艺链中物料和能源的传输，采用了（Nagel 2009）追求的参考 Petri 网络的方法（FEI 2014）。有意思的是 Petri 网络的二元性。在 Petri 网络中，可以执行数据库条目并可以启动控制命令。因此，不仅可以模拟工艺规划，还可以控制工厂。这样能够通过在虚拟设备/代理中进行的仿真来实现循环优化，并验证优化过程中调整的参数对实现优化目标的作用。

使用不同级别的 Petri 网络进行物料流建模的基础有：renew 2.3 软件，每个步骤中的传感数据和能量数据。基于简化了的整体流程的上级主网络，建模进一步发展为流程步骤及其物料流的精细粒度映射（见图 3-3-13）。

面向对象的参考 Petri 网络上的加工物流的混合模型，可以在能源使用、产品质量和资源效率方面优化流程步骤。

Delgado 等人在 2013 年展示了 10 个样本数据集的能量流模拟，以及该方法通过合理的能源消耗和符合卫生规范的产品分类，以提高资源利用的潜力。

3.2.6　总结

所提出的机器概念和流程为自动化解决方案进一步经济地发展提供了答案和方法。在食品加工工业 4.0 中特别提及：

- 柔性且以质量为导向的工艺设计的可转移概念。
- 过程建模的一般化方法。
- 食品加工中虚拟工厂/代理的概念。
- 面向产品和过程的数据采集和存储，以及基于它的建模和仿真。

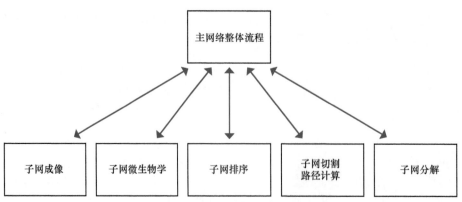

图 3-3-13　流程建模层次示意图

- 在过程控制中将特定质量标准和食品卫生的传感器信息集成在一起。
- 考虑在线测量数据和历史运行数据时基于实时过程优化的自适应过程控制。

尤其是为了高质量的精细分割，必须进一步开发用于快速且准确地检测肉内部结构的解决方案。还将检查通过重新调整切割来改善切割结果的可能，例如借助光学过程提供的信息。

致谢

波恩食品工业研究组的 IGF 项目，在 AiF/DFG 集群项目"肉类加工自动化过程链中的最小加工"由德国联邦经济和技术部通过 AiF 资助，作为促进工业联合研究与开发（IGF）计划的一部分由德国联邦议院资助。

3.3　印刷业的认知系统

3.3.1　印刷业日益增加的成本压力

由于受到电子书和使用平板计算机阅读的影响，对杂志和报纸的需求正在下降（BVDM 2012）。与此同时，由于技术创新，印刷机的工作性能和可用性也在日益提升（Drsam 2010）。这增加了印刷企业的成本压力。除印刷厂外，印刷机制造商、纸张供应商和油墨供应商等配套供应商也受到了影响（Feiler 2004）。

为了降低印刷企业的生产成本，首先必须有效地使用纸张，因为纸张成本在生产成本中明显占主导地位。纸张和油墨等耗材的年度成本超过 1500 万欧元（基于中型胶印机）。对应于不可销售的印刷样张的废纸份额约占 6%，其中很大一部分是在印刷开始时产生的启动浪费。光学密度不足通常是打印质量不良的原因（Heidelberger Druckmaschinen AG 2010）。

光学密度反映了纸张上的颜色，该值太高或太低都会导致不自然的色差，客户无法接受。因此，有必要调节印刷过程，以便从印刷开始就尽快达到目标光学密度。光学密度直接取决于转移到纸张上的墨水量和颜色强度。

3.3.2　减少浪费作为可能的控制杆

到目前为止，由于印刷过程与死区时间强烈相关，因而光学密度的控制相对缓慢。另外，不可能在打印开始时测量光学密度，因为油墨密度传感器不能识别为此所需的打印标记。因此，一旦可以确定测量值，则应静态地预设并相应地校正打印开始时的调节值。默认值取决于使用的纸张和打印的图像。图 3-3-14 显示了在印刷开始时的光学密度变化

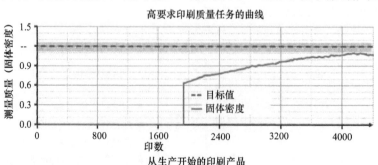

图 3-3-14　印刷开始时的光学密度变化曲线（个人试验）

曲线，其中目标密度可以达到 1.2。

在打印第一个样张时，由于与工艺相关的死区时间和印刷标记的缺失，无法测量光学密度 Dv。然后使纸张上有足够的油墨，以便检测打印标记并开始测量。这样可以获得第一个测量值，并且开始控制。随后将达到允许公差带。预设的动态启动序列，其中包括定义的上墨单元的预填充，可以显著加速启动过程。为了防止上墨单元过满，从而防止光学密度过调，需要考虑纸和油墨的特性。这些和其他变量改变了油墨的接受度，从而也改变了颜色强度。

3.3.3 调节方法

根据这一要求，印刷机也必须考虑四个层级：模型、控制器、提取和转移（见第 2 篇 4.4.2 "自我监控和自我优化的机床"）。下面按照该系统的构建顺序来介绍。

图 3-3-15 所示的印刷机 1 可以显示以印刷机上可调参数的形式的输入变量以及可控制的影响变量。输出变量描述产品的质量。对于控制回路，有必要知道哪些参数与质量相关。利用现有的和可扩展的机器传感器，接收由质量变量和影响变量组成的过程数据，并将其合并到最重要的特征参数中（在过程 2 中）。为此，有必要依靠印刷机操作员的专业知识。合并的数据作为数据变量集存储在数据库 3 中。在进行的打印操作中，数据库以上述方式填充。利用数百个有代表性的数据集，可以创建和训练神经网络（在过程 4 中）。利用神经网络，确定过程动态的特征值，其解析地集成到了过程模型 5 中。据此，在印刷机每次开始生产（在过程 6 中）之前，可以将合适的参数传输给控制回路中的控制器。利用运作的控制器，控制回路中的印刷机可以进入生产运行。控制器通过

比较输出变量（即质量）和设定值来调整打印机的输入变量。在此过程中需要注意的是，一方面要确保控制器是动态的以及时避免废品，另一方面具有必要的惯性以抑制不稳定的行为。随着打印操作的进行，操作参数的当前数据变量集被添加到数据存储器中（在过程 2 中），从而更新打印机的知识库。即使在老化过程中，数字表示也可以持续呈现。因此，产品质量持续保持高水平，或者说废品率很低。

使用模拟模型实时计算光学密度。尽管存在各种决定性影响因素，为了确保足够的模拟质量，模拟参数是基于过去的生产通过认知系统来确定的，该认知系统描述了系统行为和影响变量之间的静态关联。因此，可以确定用于仿真模型的合适参数。其数值被传输到控制器，以便在打印开始后直接启动控制（在过程 7 中）。

3.3.4 技术评估

图 3-3-16 比较了传统印刷机控制系统与具有优化控制器参数的系统之间的使用结果。可以看出，原有的机器控制系统需要在打印 3200 份样张之后才能达到允许的公差。这些样张不能出售，只能处理掉。相比之下，认知的控制系统在打印 400 份样张之后就可以达到目标。

在多个生产中同时采用目前的控制系统和认知系统并进行评估，表明认知系统平均节省了约 850 份样张，并缩短了 150s 的样张打印。

3.3.5 胶印机的经济性评估

生产数据的分析基于 850 份样张和 3200 份正式打印件。这样每年可节省总共 50h 的机器运行时间，其可用于其他订单。同时，明显减少了纸张和油墨

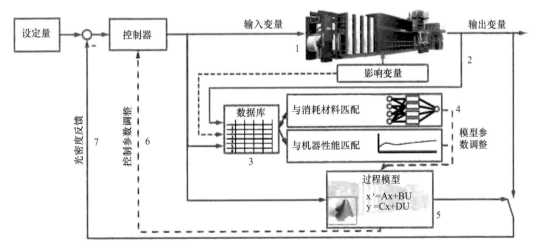

图 3-3-15 基于各种影响因素的过程模型调整

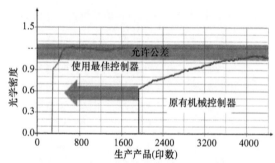

图 3-3-16　当前控制与认知系统使用的比较

的消耗。在正式打印方面，每年会减少 100t 纸张，在样张打印方面，可节省约 40t 印刷材料。根据纸张价格（约 700 欧元/t），每台打印机实际节省约 81000 欧元（这里考虑了通过回收纸张的收益）。

纸张和油墨的消耗占最大份额，约为 83%，这与纸张数量直接相关，加上可直接节省的与时间有关的能源和人员成本、辅料成本和原材料成本等可变成本。折旧费以及空间费用和直接费用构成了固定成本，这些是不能直接减少的。如果节省的时间可用于实现其他订单，则每台打印机创造的价值还会增加。

3.3.6　总结

由于印刷工业中批量尺寸的持续减少，印刷机必须在更短的时间间隔内完成设置。结果导致启动阶段更加频繁，并且总成本中的不可销售样张比例上升了。为了更快地完成启动阶段并因此降低成本，建立了自主学习系统，该系统基于已运行的启动进行训练。为此，连续收集生产数据并将其压缩成几个关键数值。基于此，创建了一个模型，使用该模型可以在打印之前配置控制器，结果显示废品可减少 40%。

参 考 文 献

Bundesverband Druck und Medien e. V. (bvdm): Jahresbericht 2011/2013. Wiesbaden 2013

Delgado, A.; Heinz, V.; Xie, Q.; Franke, K.; Groß, F.; Hupfer, S.; Nagel, M.: Automatisiertes Minimal Processing in der roboterbasierten Feinzerlegung von Schweinefleisch. In: Fleisch Wirtschaft 2013, 95. Jg., Nr. 6, S. 170-174

Dörsam, E.: Konstruktionsprinzipien im Druckmaschinenbau. Konstruktionssystematik- Randbedingungen. In: Konstruktionsprinzipien im Druckmaschinenbau. Darmstadt 2010

Forschungskreis der Ernährungsindustrie e. V. (FEI): Zentrale Ergebnisse des DFG/AiF-Clusterprojektes Minimal Processing in automatisierten Prozessketten der Fleischverarbeitung. 2014

Feiler, M.: Adaptive Control in the Presence of Disturbances. Dissertation. Technische Universität München 2004

Götz, G.; Wagner M.: Mass Customization bei Lebensmitteln. Automatisierungsansätze für die Lebensmittelverarbeitung und-verpackung. In: Food Technologie 5/2013, S. 26-29

Götz, G.; Stich, P.; Thunig, S.; Glasschröder, J.; Reinhart, G.: Improving Resource and Energy Efficiency of Packaging Machines: Contribution of an Increasing Format Flexibility. In: Applied Mechanics and Materials 2015, Bd. 805, S. 257-264

Götz, G.; Stich, P.; Backhaus, J.; Reinhart, G.: Design Approach for the Development of Format-Flexible Packaging Machines. International Journal of Mechanical, Aerospace, Industrial. In: Mechatronic and Manufacturing Engineering 2016, Bd. 10, Nr. 1

Heidelberger Druckmaschinen AG: Heidelberg verstärkt sein Umweltengagement. Pressemitteilung. 2010

Hinrichsen, L.: Manufacturing technology in the Danish pig slaughter industry. In: Meat Science 2010, Bd. 84, Nr. 2, S. 271-275

Majschak, J.-P.: Grundlagen für Maschinensysteme der Stoffverarbeitung. In: Dubbel- Taschenbuch für den Maschinenbau, 24. Auflage. Springer Vieweg 2014

Nagel, M.: Extending approaches for production planning, process simulation and optimization. Proceedings of the 32nd EBC Congress 2009

Statistisches Bundesamt 2016: https://www-genesis.destatis.de/ genesis/online (Suchbegriff: 41331-0004)

Wagner, M.; Götz, G.; Reinhart, G.: Maschinenbelegung unter Berücksichtigung der Verarbeitungsqualität. Herausforderungen und Ansätze für die Auftragsreihenfolgebildung bei der Verarbeitung bedingt pufferbarer Güter. In: Zeitschrift für wirtschaftlichen Fabrikbetrieb 2013, Nr. 7/8, S. 535-540

Wagner, M.; Schleimer, T.; Seeberger, T.; Reinhart, G.: Product-Quality Based Scheduling of Automated Food Processing. In: Advanced Materials Research 2014, Bd. 1018, S. 563-570

Wagner, M.; Schleimer, T.; Martens, T.: Lebensmittelproduktion in LOSGRÖSSE 1. In: Aktuelle Technik 2012, Nr. 8, S. 24-26

Wagner, M.; Schleimer, T.: Nachhaltige Lebensmittelverarbeitung. Mit effizienter Produktionssteuerung Ressourcen schonen. In: wt Werkstattstechnik online 2012, Nr. 9, S. 598-602

Heidelberger Druckmaschinen AG: Gesamtaussage des Vorstands zur wirtschaftlichen Entwicklung. 2011

Huang, S.H; Zhang, H. C.: Artificial neural networks in manufacturing: concepts, applications, and perspectives. In: IEEE Transactions on Components, Packaging and Manufacturing Technologies 1994, 17. Jg., Nr. 2, S. 212-228

Sturm, M.: Neuronale Netze zur Modellbildung in der Regelungstechnik. Dissertation. Technische Universität München 2000

第4章

工业 4.0 在飞机制造领域的应用

Thorsten Schüppstuhl，Christian Schlosser

4.1 对行业的考量

4.1.1 经济的应用条件

根据空中客车集团的预测，2012 年至 2031 年间，飞机乘客人数每年将增长 4.7%。这相当于 20 年内空中交通量将翻一番（BMWi 2014）。由庞巴迪的一项市场调查得出，多达 150 个座位的中程喷气式飞机的市场将会剧烈扩张。到 2034 年，预计将售出这种飞机 12700 台，价值近 500 亿欧元（dpa 等 2015b）。根据目前的订单情况，欧洲飞机制造商空中客车集团的生产预计将在未来九年内都是满负荷的（dpa 等 2014）。由于订单数量众多，近年来 A320 型飞机的生产率不断提高。2010 年底的生产率是每月 36 架飞机，2014 年就已经增加到 42 架，并且计划 2017 年每月生产 50 架飞机。市场的需求是每月生产 60 架飞机（Reuters 2015a）。然而飞机制造中的人工生产工艺如今正逐渐达到极限（Reuters 2015b）。在此背景下，2014 年德国柏林航空展期间（ILA 2014），空中客车集团首席运营官（COO）表示："为了实现我们未来的生产率目标，同时也为了保障我们的生产率目标以及改善人因工程学，我们正在深入讨论进一步的生产自动化。"（Hartbrich 2014）。美国飞机制造商波音公司也在 2014 财政年度创下了新的交付和利润记录。2014 年的 55 亿美元收入相比 2013 年增加了 19%。2014 年的飞机交付量增加到 723 架，预计 2015 年将增加到 750 架至 755 架（dpa 2015a）。

尤其重要的是，飞机制造商空中客车集团和波音公司颁布了在未来几年内不会开发新机型而是仅对现有机型进行修改的战略决策，以此来优化现有生产流程。例如效率优化模型已经应用于短程飞机领域（A320 和 B737），并将中长期内应用于长程飞机（A330 和 B777）。然而，此次机型修改仍然保留了飞机的基本结构。因此，飞机制造商的期望很大，特别是改进现有的生产工艺。

空中交通量的增加导致飞机维修领域（维护、修理和翻修，即 MRO）的需求显著增加。例如，2015 年汉莎技术股份有限公司的收入较去年增长了 17.6%。然而，全球 MRO 供应的增加也提升了对维修成本、通过时间和质量优化的压力。汉莎技术股份有限公司首席执行官在 2015 年宣布公司业绩时表示："对我来说决定性的大趋势是数字化。数据也决定了我们业务的未来。"因此他认为，为了能够在必要时尽早地干预业务流程和飞行运营，收集和评估大量数据是一项挑战。此次活动中，该公司宣布将同比增加一倍的投资额，以保持其在 MRO 领域的领先地位（dpa 2016）。OEM（原始设备制造商）进入维护业务后，竞争特别激烈。这种情况使 MRO 行业目前面临的挑战是开发更高效、更柔性的流程，并将其整合到现有的运营结构中（Kirschfink 2013）。

4.1.2 技术和组织上的特征

在整个行业中比较来看，自动化程度低是飞机生产和维护的技术和组织特征。由于贯穿飞机寿命各个方面的、从制造到运营再到维护的高安全性要求，这些工艺通过的相应批准程序相对固定。由于相关保守的工艺设计，快速创新周期只能在有限的范围内实现。除了这些工艺以外，航空中使用的工具和涉及的员工也必须能够获得相应的批准。许多柔性轻质结构部件具有相对较大的几何公差，其中很大一部分是通过手动操作来制造的，且同时具有高变体多样性，这导致了即使在生产自身多个"相同"部件时，也变成了具有单件批量特性的个性化工艺。例如，相同型号的飞机的几何尺寸在厘米范围内变化，并且诸如天线或传感器的个性化辅助设备的位置也在这个数量级上变化。

由于基本结构的尺寸，在生产中无法实现"纯粹的"流水作业。虽然飞机制造在不同工位同步进行，然而在各个工位，生产具有工地式制造的特征。这为物料和生产设备的内部物流带来了特别的挑战。在 60 多年的时间内，即在开始开发到该系列最后一架飞机退役的过程中，已经取得了相当大的技术进步，来自机队运营的知识需要不断应用到生产工艺和 MRO 上，也就是将创新转移到现有机队上。航空的又一个特点在于飞机维护的重要性。这是由于飞机巨大的价值以及目前各种型号飞机 26 年平均期望寿命高达 50000 飞行小时（Forsberg 2015）。为了能够保障在整个生命周期内的飞行业务，定期检查和维护是必不可少的。飞行间隔和要进行的工作由 OEM 和航空管理局规定，并且航空公司必须遵守。由于这些基本条件，存档在生产和维护的工艺链中起着重要作用。航空合作伙伴相对较少的复杂国际供应链对现有订单情况构成了进一步的挑战，而这已经导致了现有供应商的能力瓶颈。

4.1.3　工业 4.0 方法及实际情况

由于工业 4.0 概念在该行业中具有很高的预期优化潜力，相关人士做了很多努力将其引入飞机的生产和维护中。空中客车集团和波音公司目前正在采用大规模方法，通过对工艺环境的整体考虑实现工业 4.0 的主题。空中客车集团于 2016 年初启动的"航空业务未来工厂"计划侧重于生产流程的工艺优化，并考虑整个企业集团的工艺环境。

该计划非常注重自动化领域和数字化领域，但不仅仅关注与生产直接相关的工艺，还包括人员发展和运营基础设施建设的主题。波音公司的"黑钻石"项目旨在通过持续的工艺和部门生产的自动化来显著提高效率。例如，在"机身自动直立构建"（FAUB）项目中，通过机器人钻出了超过 60000 个用于铆接接头的孔。在汉莎技术公司发起的创新计划中确定了应该改善维护的技术趋势。这些趋势将首次汇集在"技术路线图"中，并从中确定研究项目。在这种环境下，通过自动化进行工艺优化起着重要作用。

这些努力旨在将现有的工艺环境整体或部分地转移到"智能工厂"中。通过工艺的网络化、数字化和自动化，显著提高生产力，而这是目前自给自足的孤岛解决方案无法实现的（见图 3-4-1）。

智能工厂的核心要素通常是产品以及生产的虚拟实时图像。其基础是在下文称为集成技术的方法，如数字化、网络化、模型化和接口标准化。虚拟图像是各个生产解决方案以及与外部合作伙伴（如客户、供应商或 MRO 服务提供商）进行通信的信息基础。这可以在交互中提高各种解决方案的生产力，且还能实现新的业务模型。

然而，智能工厂的先决条件是存在数量足够多的生产解决方案，可以在上述意义上建模和记录。这是为自动化生产解决方案提供的，并通过相应的接口访问。另一方面，必须通过特殊措施来实现手动工艺，以控制和引导员工、工艺或组件。在这里考虑的行业中，自动化生产解决方案的比例仍然很低，手动工艺的参与度还不够高。因此，当前工业

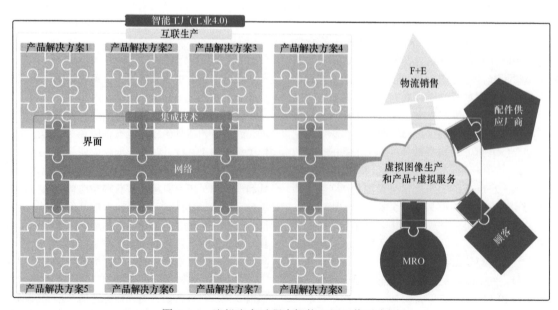

图 3-4-1　飞机生产过程中智能工厂工作示意图

4.0 的大部分工作都集中在自动化生产解决方案，或通过其他措施使智能工厂可以访问它们。因此，必须强制开发作为缺失的构建基石的"支持技术"（见图 3-4-2），并细分为两个相关的类别。

1）优先为工艺寻找支持技术。由于其频率、复杂性、时间要求或对错误的敏感性，对公司具有高度重要性（"用于重要任务的支持技术"）。通过单个解决方案的贡献实现生产解决方案的生产率

提高。

2）"横截面支持技术"是补充部分。它们是许多工艺所需的解决方案基石，主要通过许多生产解决方案的贡献总和来提高生产率。

用于重要任务的支持技术和横截面支持技术是各种开发项目的目标，后面两章将以实例的形式进行阐述。接下来是对集成技术的讨论。

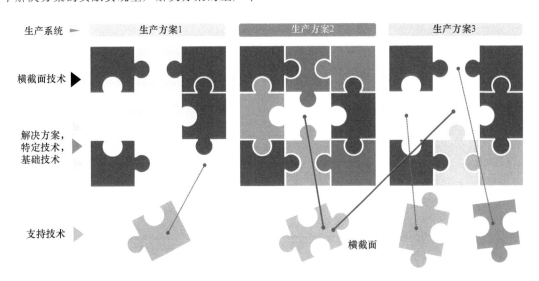

图 3-4-2　这里所用到的支持技术

4.2　用于重要任务的支持技术

在飞机结构装配工艺中，机身部分的装配属于最昂贵且最容易出错的工艺。相比之下，发动机是在 MRO 中最复杂、最需要保障安全性的关键部件之一，同时在与此相应的拆卸、安装和诊断这些困难的工艺中具有非常高的质量要求。在发动机领域，OEM 使得 MRO 行业的竞争愈发激烈。以下列举一些当下关于"重要主题"的自动化计划。

4.2.1　机身装配

如今的客机，构成飞机机身的部分通常是由各个壳体组装成客机中所谓的筒。飞机结构的装配仍然主要是手动过程。为了支持弓形的建造形式，将使用与真实轮廓一致的加工模板。用于将壳体组装到机身的模板和具有其他几何功能的元件是专门的构件。通过部分可调节的装置可以补偿零件公差，但是对于不同扇形外壳的装置的使用对现在来说仍然是一种挑战。

RePlaMo 项目（Müller 等 2013）在德国萨尔布吕肯的机电一体化与自动化技术中心（ZEMA）提出

了一种用于固定壳体元件的通用装配概念，以此可以让来自标准构件的不同机电元件对相应的任务进行配置（见图 3-4-3）。除此之外该标准构件还包括钢塔结构和可调节连接器。这样就可以轻松创建单独且柔性的装配模板。

所有互相协调配合的模块都设在同一个上级控制单元中，每个模块又具有自己专属的控制，并在其中设置了各个模块的运行模式。装配计划将在元件和加工者的基础上开展。对应计划好的组建路径，通过信息变换完成手动控制夹具的目标位姿的计算。借助投影激光器和激光跟踪器可以在模拟之后建立真实的系统，其中投影激光器用于向工人展示从模拟中推测出来的模块的大致位置；激光跟踪器可以记录测量数据，并利用该数据调整模拟的模型，使之适应真实的设备。通过短暂的动作测试，追踪手动控制夹具的末端执行器的位姿，可以确定基准坐标系中的系统参数。在测试中不仅机身外壳的位姿很重要，而且它们真实的几何形状也很重要。这里通过测量几个周向分布的测量目标来确定实际轮廓。然后，这些数据将会通过最佳拟合与 CAD 模型进行比对，并计算用于执行器的向量修正。

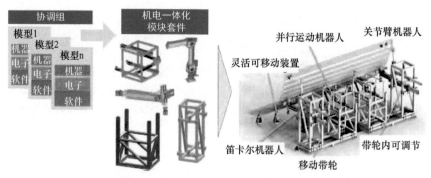

图 3-4-3　计划概念展示

4.2.2　涡轮叶片的装配

在发动机翻修领域中，时间压力和成本压力尤为明显。为了使飞机发动机的维护等待间隔不依赖于飞机停机时间，需要更换的相应发动机必须提前准备完毕。由于导致的使用损失和额外成本，因此在大修过程中减少发动机的通过时间是非常有意义的。

压缩机和涡轮机叶片的手动安装占了对各个叶片进行翻修的绝大部分时间（见图 3-4-4）。例如，对于型号为 CFM56 的高压压缩机，必须整理并安装大约 550 个叶片来形成 9 个压缩机等级的匹配组。在这种情况下，特别要必须确保遵守规定的间隙尺寸，并且要避免失衡。在目前汉堡工业大学飞行器生产技术研究所（IFPT）开发的"AutoMoK"研究项目中，实现了发动机叶片的全自动安装。该项目以 CFM56 发动机的高压压缩机为例，由于与径向叶片组件的线轴形式的其他发动机类型的压缩机的结构基本类似，使其功能能够转移并应用到其他压缩机的安装工艺中。该项目的主要目标是提高装配工艺的生产率，完成为使安装的组件可以按规定追溯而所需的大量文件工作。

图 3-4-4　带有径向安装的涡轮叶片的阀芯

手动过程的关键组成部分是合适叶片组的复杂组合。由径向 68~72 个叶片的阀芯装配组件共同产生长公差链，其中每个叶片都会对最后的间隙产生影响。由于操作磨损或更换损坏的叶片，在这些情况下都需要单个叶片组的重新安装。宽窄不同的叶片可用于调整间隙尺寸，因其宽度略有不同故可以按照所需的比例生产要求的标称尺寸。此外，通过有针对性地分配叶片来使质量差异最小化，从而避免因此导致的失衡。

该项目的方法计划是通过提前选择必需的叶片数量来减少各个操作和装配步骤的数量。所有叶片在翻修之后用标记标识，其允许叶片的唯一识别。在另一步骤中相应的测量系统记录下为了叶片组合安装所必需的信息，例如叶片的质量及其宽度。然而叶片宽度的测量特别对精度提出了很高的要求，因为长的公差链和窄的公差带宽仅允许每个叶片的偏差小于 0.01mm。通过在数据库中提供特定组件的信息，可以在叶片实际安装开始之前选择合适的叶片，并确定其在阀芯上的最佳分配。在项目中，通过标准工业机器人来实现交付地点和测量系统之间的部件转移以及装配过程。由于叶片有很大的倾斜，在凹槽中移动时会卡住，因此给工业机器人配备了力矩传感器，可检测锁死并允许释放补偿运动。

该工艺的组成部分之一是维护处理大量单个组件以及连接现有在多次翻修中经历了重大变化的组件信息。以上这些为提前计划尚未进行的装配任务打下了基础。

4.2.3　燃烧室检查

检查在维护中起着重要作用。只有在检查期间检测到的损坏才能在随后的维修中得到修复，故障信息是维修类型的输入变量。在航空航天中的发动机燃烧室的部件除了由于伴随凹痕和凸起产生的燃烧而形成裂纹，还可能由于高热应力和高机械应力而产生裂纹。如果裂纹在材料中扩展，在极端情况下可能导致部件失效，因此必须在早期阶段，可靠地检测到裂纹的存在，为此使用耗时的手动进行着色探伤法。另一方面，对于 IFPT 等公司开发的自动化解决方案要求光学测量方法的分辨率在微米范围内，以便可靠地检测相关的裂纹，并显示结果，同时在几何坐标上确定裂纹位置，以便能够将这些信息用于后续的修复工作。

在光学三维测量方法中，二维白光干涉仪（WLI）既满足高分辨率的要求，又在变化的表面和工业照明条件下，依然保持稳定。但是，在上述分辨率下使用 WLI，基于当前的芯片技术，测量体积仅为几立方毫米。这些小的测量区域互相组合，也就是由此得到的大量图像要在毫米范围的燃烧室部件中，通过局部和整体的操作进行自动处理，并且需要几何适应能力。

其对振动的敏感性是对于迄今为止仅少量使用的测量技术的一个特殊挑战。在测量期间，不得从外部或从处理系统本身将振动引入传感器，否则会降低记录的质量，且在测量数据中会存在噪声。F+E 项目成功找到了一种解决方案，通过特殊的芯片技术、低振动技术、续流处理技术和运动策略以及与工业水平相关的振动相关解耦，降低了对振动的敏感性。

由于所述的部件存在公差，在操作时一成不变的测量路径将导致表面在体积测量中并不总是可靠的，同时损坏的部件可能没有被注意到。在这种要求下开发的处理系统中，WLI 通过工业机器人和外部旋转轴定位来旋转对称部件（见图 3-4-5）（Domaschke 等 2014）。除了 WLI 实际裂纹的适应性测试之外，该系统还使用了额外的激光传感器（LLS），使其具有大的测量范围，但分辨率较低。实际上最初的单个表面用这种传感器进行高速数字化，利用该方式生成的几何数据用于为 WLI 创建或调整特定于组件的机器人路径。

图 3-4-5　用于发动机部件自动裂纹检测的传动机构组件

然而必须高精度地确定两个传感器的 TCP，因为这种精度校准对于检查过程的准确性至关重要。TCP 使用估计或优化方法，它使用机器人上的两个传感器测量空间固定球体作为输入变量（Kötter 等 2015）。

最终由 WLI 在完全自动化工艺中获得的组件表面总共包括 12 亿个三维点和超过 50000 次采集（见图 3-4-6）。通过相应的采集位姿将各个图像变换为公共坐标系，并且使用迭代算法互相进行精细配准。借助图像处理在混合的数据中检测裂纹（Otto 等 2015）。自动化的整个工艺目前只需要不到 7h。与手动检查的情况不同的是，所检查的部件的各个几何形状数据和裂纹数据，可数字化地用于相应的后续工艺。后续项目则可以使用这些数据进行特定组件的自动修复（Schwienbacher 等 2016）。

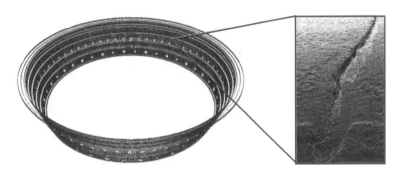

图 3-4-6　由燃烧室的 WLI 测量数据产生的裂纹自动检测生成的放大视图

4.3　横截面支持技术

基于飞机及其主要组件（例如机翼、尾翼单元或发动机）的尺寸，在自动化生产中，通用系统用于各种操作中的大型工作空间。而对于大型工作空间中的连续加工工艺（例如机身外壳的圆周铣削），还需要配套的大型配件，主要应用于更频繁且不连续的工艺，使用移动的或位置灵活的方案。子工序主要限于总工作空间中较小的一部分。虽然移动机器人可以独立地改变它们在整个工作空间中的位置以便用于下一个子工序，但对于位置灵活的解决方案，必须通过手动完成。替代这些自动化方法的一种更柔性的方案是，通过人机系统支持移动工人的手动工作，并提高自动化程度。以下描述了移动和便携式系统以及具有不同自动化方法的两个人机系统。

4.3.1　用于机身外部结构的移动机器人

维护飞机时的目标不断改变，检查飞机机身的外壳是一项繁杂且昂贵的任务。因为在飞机上要进行非常多且不同的检查，包括雷击情况分析、CFK（碳纤维增强塑料）结构的分层调查或者对于某些类型飞机的裂缝控制。根据检查的类型来使用不同的传感器，包括从电流涡流探针和亚声速探头到热成像传感器。然而目前的检查任务仍然需要手动执行，并且要具有丰富的经验才能得出结论，同时为了使工人可以实施检查，要花费大量时间用梯子和工作平台建立起脚手架。

在铝制机身的波音 737 Classic 飞机上，需要定期在蒙皮的各个区域进行裂缝测试。在检查期间电流涡流探头沿检查区域移动，并在所显示的相位图像中手动搜索裂缝类型的特征。在研究项目"Thermas"中，IFPT 与其他合作伙伴共同开发的移动机器人系统"MORFI"可以自动地执行该检查过程（见图 3-4-7）。此时机器人的任务是，将热成像传感器定位于待检查的位置，并将其设置为垂直于表面。机器人方法的一个重要方面是，与相关方法相比，不是开发用于特定任务的专用机器，而是应该开发普通适用的移动机器人。为此，它必须能够在整个机身的外表面自由移动，并且在工作位置，使其刀架与六个自由度对齐。

图 3-4-7　移动机器人系统"MORFI"在飞机上的
实践验证

在垂直或悬垂位置的移动中附着系统十分必要，即使在像钣金接头和铆钉头等的粗糙表面上它也能可靠地工作。机器的前进运动通过两个可以相对运动的连接框架的交替位移来完成，其中一个连接框架要始终牢固地连接在机身上。通过这种方式产生机器人的渐进运动。

法兰作为机械接口定义了允许的制造空间以及工具的许用总质量。此外，还有负责能源供应和信息交换的尽可能涵盖广泛的任务以及工具的接口。如果机器人的任务发生变化，则可以在接口内更换工具，而无须更改机器结构。

机器人的控制器使用机床控制器，其利用经过工业验证的伺服电动机作为驱动器来工作。首先，通过独特的混合运动学实现了机器人必要的轻量化结构，这是由两个并联运动的串联连接创建的。使用更加稳健可靠的驱动技术来简化工业化。因此一方面可以使用已集成的安全功能，另一方面可以很轻易地获得组件及其备件。机床控制器的另一个优点是使用了已经检验的用户界面，因而可以通过简单的 NC 程序控制移动机器人。这简化了操作人员对控制工作的培训，并且增加了使用的可接受性。然而，这种使用机床控制器的方法也面临着许多挑战。因为这些控制方式不是专门为移动机器设计的，这需要单独的设计来选择和定位机器坐标系。此外，自适应轨迹的传感器数据的实时评估仅在非常有限的范围内可用，且必须相应地对其应用范围进行扩展（Schlosser 2016）。

为了使这类机器可以普遍投入到不同的任务中，有必要提供一种独立于工艺的定位系统。在飞机生产中，高价值传感器应用在有高精度要求的位置检测中。因此，使用激光跟踪器或基于激光的三角测量系统将可以精确地连接诸如飞机机身段等大型结构。对于精度要求较低的工艺，例如物流，可以使用像基于无线电的定位传感器这类不太精确的传感器。在飞机维护检查领域，现有的位置检测系统目前已达到应用极限，其原因是大量具有不同状态和不同机龄的飞机等待维修。这需要在飞机系列内进行高度的几何分布。为了能够使用单个传感器系统捕获精确位置，每架飞机都需要其当前及各自的数字模型，然而这在实践中是不可行的。具体的问题主要是由于飞机上的位置确定很大程度上仍然主要依靠人工完成，而且该领域的自动化程度较低。

因此后续项目"AutoPro"开发了一种定位系统，它允许在飞机具有复杂几何分布的情况下进行位置确定。该项目的目的是通过定位系统使移动机器人能够在飞机表面上进行导航。

该系统通过多阶段得以实现（见图 3-4-8，Deneke 等 2015）。在第一阶段，通过绝对测量传感器确定机器人在飞机上的位置。由于所描述的几何分布问题，这种方式可能导致不精确的相对位置确定。然而，粗略位置足以用于局部特征组的清晰空间分类。在第二阶段，系统参考飞机结构上的这些局部特征组，特别是用于连接飞机外壳与桁条和肋骨的铆钉。对于飞行中的飞机，与在可见波长范围内移动的系统相比，热成像可以实现对铆钉的可靠检测。

根据铆接位置，可以相对于飞机结构高精度地确定与大多数工艺相关的机器人的当前位置。将此方法集成到移动机器人中，为其普遍使用创造了另一个重要的先决条件。此外，这可以很好地与裂缝检测结合起来。

图 3-4-8　两个阶段的定位概念：三维扫描数据的粗略定位（左）和基于局部特征的精细定位（右）

4.3.2　用于加工任务的可移动机器人系统

可移动的机器实现了位置变化工艺的自动化，目前这些工艺通常是手动实现的。自动化通常是由提高工艺的质量和稳健性的愿望所驱动的。该领域的主要问题是难以经济地实施这种自动化工作，因为需要开发昂贵的特殊机器。解决此问题的方法是使用标准的自动化组件，例如小型工业机器人。

位置变化工艺的一个例子是修复由碳纤维增强塑料（CFRP）制成的大型航空结构。在最新一代商用飞机（波音 787，空客 A350）中，机身和机翼主要由 CFRP 制成。这些结构相对受损比较频繁，而且不能在短时间内拆除和更换（Popp 2012）。因此，在时间很紧的情况下必须直接在飞机上进行修理。这种修理仍然由铆接折叠机进行。在使用 CFRP 的情况下，由于力的渐进性传递，这种修复方法将导致结构负载能力的显著降低，并最后导致 CFRP 在航空中的轻质结构潜力不能充分发挥，因此在设计中必须考虑到这一点。

CFRP 的材料导向修复可以通过结构连接和材料转移实现，从而几乎可以完全恢复结构的初始强度（Katnam 等 2013）。然而，这种粘合的强度取决于各种工艺参数，并且其效果不稳定。因此，现在通常不允许对航空中的关键安全结构进行胶合修复。其中一个重要的不确定因素是通过手动磨削执行铆接，

这是当今最先进的技术。因此，在航空领域人们正在努力使铆接作为粘合修复的准备，并通过自动化的方式进行，从而建立稳固、可靠的工艺链，用于长期执行结构性连接。

"CAIRE"项目开发了基于多关节工业机器人的便携式移动处理系统（见图 3-4-9，Höfener/Schüppstuhl 2014a）。它由一个基本单元、一个加工单元、一条供应线以及一个装配系统和安全系统组成。通过专门开发的固定系统，加工单元可以通过真空夹具固定在多面的自由曲面上。为此使用了装配系统，该系统在加工过程中起到了防坠落的作用。随后通过在组件上的 4 个点来定义工作区域。为了便于使用，操作员可以借助力控制器手动将机器人引导至边界点。在随后的传感器控制的自动数字化中，机器人将使用激光传感器跟踪未知表面，并通过其内部测量系统确定其几何形状。这样就定义了理想的铆接轮廓和铆接深度。然后将铆钉自动展开到之前数字化的部件表面上，并计算相应的加工程序，该程序由机器人执行。其中，近吸式抽气消除了有害纤维粉尘的排放。

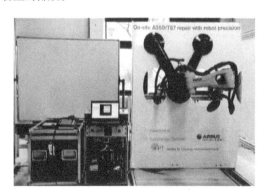

图 3-4-9　"CAIRE"项目的演示

通过应用相关的尝试表明该系统的加工精度比手动磨削高出许多。此外，还研究了处理系统合规性的方法（Höfener/Schüppstuhl 2014b）。自动攻螺纹工艺的另一个优点是即使是较为复杂的轮廓也仍然可以执行而不增加加工时间。CFRP 贴片的后续生产也得到了显著的加速，因为各个贴片层的轮廓可以通过软件计算，并且这些层可以通过数控切割台自动切割。通过使用工业机器人作为系统的核心组件，可以在将来容易地补充其他功能，比如可以集成用于保证质量的工具或用于表面处理的工具。

4.3.3　人机系统

飞机的性能可以在飞机生产、维护和修理这些对体力要求很强的作业中体现（例如提升重物、高空

作业）。由于人口变化以及由此导致的员工平均年龄的增加，这个问题的影响进一步加剧。由于柔性的要求，自动化通常在经济上或技术上是不可行的。

一种解决方案是使用人机系统。该系统将人和机器的特征结合到一个整体系统中，利用了人的积极特性（特别是认知能力、柔性）和机器的积极特性（处理重负荷、精确度等）。人机系统有不同的使用方法，从提升辅助设备到外骨骼，再到合作机器人。这里介绍的功能之一是支持系统，帮助人执行对身体条件有挑战的或高要求的任务。

在"SupCrafted"项目中，IFPT 公司正在开发一种用于铣削加工的支持系统。这涉及本篇 4.3.2 中已经介绍的通过铆接的 CFRP 结构的修复准备。该支持系统旨在帮助没有专业知识的员工创建精确的几何预先定义的铆接。同时该工艺将会被记录在案，并且不同于之前提到的采用移动机器人的全自动化方案，工人仍然处在工艺链中积极地影响加工工艺。此外员工仍然对工艺负责，这大大简化了审批过程。

这个想法是通过一个三轴运动控制系统来实现的，该系统只包含一个电动轴，它借助真空吸盘固定在元件上，并且带动作为末端执行器的铣削主轴和激光传感器一起移动（见图 3-4-10）。两个轴由使用人员被动地引导，并在大致平行于略微弯曲

的工作表面的平面中移动。第三轴实现进给，并根据其所在平面中的位置以及存储的铆接几何形状进行自动控制。作为用于几何形状计算所需输入的参数，利用运动的激光传感器在上游工艺步骤中将其周围区域的误差数字化，并确定误差位置和程度（Rodeck 等 2016）。特别的挑战在于操作员在进给控制回路中的预期集成，在集成中人将获知其手动控制的运动部分的"质量"的信息，并且获得改进指示。与全自动解决方案相比，由于 3 个轴和小工作空间的限制，该系统仅可用于铆接工作的一部分，但其特点是直观的可操作性、低成本、小体积和轻重量。

基于汉堡赫尔穆特施密特大学 smart ASSIST 工作组的"人类混合机器人"（Human Hybrid Robot, HHR）概念而开发的系统，展示了一种相关的方法（见图 3-4-11）。这种方法将生物机械（人）的和技术的要素（例如技术系统、工具和技术功能）串行或并联耦合，以便能够同时使用人和技术的相互矛盾的部分积极特征。为此开发了一种模块化系统，它包含硬件模块和软件模块，这些模块可以相互组合，并适应于特定任务以及各个使用者。

一个应用示例就是支持系统，它能够减轻在头部或者以上高度的工作负担，从而改善人因工程学。

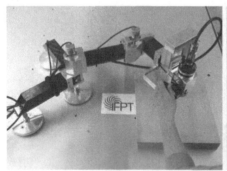

图 3-4-10　SupCrafted 的应用展示（左）机身上的应用场景展示（右）

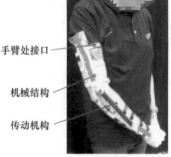

图 3-4-11　人类混合机器人实例（Weidner 2016）

通过重力平衡补偿，并将力转移到其他能承受负担的身体区域，在飞机生产的特殊工作中可以极大地减轻工作人员肩部和颈部的负担。

有不同的方法可用于人和技术系统的耦合以及两个子系统之间力的传递。例如，工具以及人的前臂可以固定到一种"起重机系统"，以便通过人的脊柱结构优先部分地（仅为避免过载，但原理上不减轻负荷）传递所承载的力。另一种方法将扶手与人的上臂连接，为了平衡力，可以安装被动元件（例如气压弹簧）或主动元件（驱动器）(Otten 等 2016)。

另一个应用是通过软硬元件的适当组合来支持人四肢的弯曲和拉伸。这种情况的一个例子是将由（软）纸板条或易于变形的塑料元件制成的机械结构连接到坚硬的支持关节上，预期的运动由适当的传感技术检测并由执行机构（例如电动马达、气动人工肌肉）支持。这个应用可用于降低吊装任务的难度(Weidner 2016)。

4.4　集成技术

集成技术为不同技术或不同生产方案在具体生产方案中的合作创建了技术上的先决条件。集成的总体目标是实现"智能工厂"，这里智能工厂可以理解为生产企业或部分生产企业高度自动化地通过基于 CPS 和高度互联的生产解决方案，经济地完成多样且综合的生产任务（见图 3-4-1 ）。

在飞机生产和 MRO 中，由于其详细清楚的应用条件和特点，人们产生了深远的共识：智能工厂是该领域可持续性的基本方案基础。但是，目前关于以哪种具体形式或基于哪种集成技术可以实现这一愿景，仍然没有明确的共识。目前更多是实现程度较低的概念或指导思想。这种缓慢发展的一个主要原因是该行业的自动化程度相对较低，因此缺乏通过集成方法来获得足够利益的基础。而且这种情况还会因为与集成技术的开发和实现通常相关的高成本、高风险而加剧。

4.4.1　目标和方法

虽然目标方面仍缺乏具体实现措施，但对目标人们达成了广泛的一致意见。不论是在生产中还是在 MRO 中，核心目标都是优化时间、优化成本并且优化质量（见图 3-4-12 ）。

这里提到的两个子行业目前正试图通过提高生产、装配和物流的自动化程度来实现这一目标。同样重要的是显著提高生产计划质量和生产控制质量的目标，以便尽可能消除与该领域特殊的生产条件有关的不确定性。虽然要求的自动化程度明显提高，但是可以假设在未来，大部分由此产生的活动将继续在高质量和资格要求以及技术工人日益短缺的背景下手动进行。工人应该在安排背景信息、文件以及身心需求方面得到更多支持。与引入智能工厂相关的另一个目标是通过改造或者通过设计生产和组装兼容的产品设计或组件设计，在长期生产和全球现有企业中持续优化产品。产生新的商业理念是智能工厂的核心目标之一，并且目前的飞机行业正在愈发追求这种新的商业理念。最重要的是，由于双方都渗透到相应的相关市场，因此人们可以观察到生产与 MRO 之间传统界限的消失。在这种背景下，在生产和运营的长期优化中起决定性作用的是：在数字化环境中大量使用来自生产、运营和维护的明确"所有权"的高质量数据。特别是在 MRO 领域还可以观察到，通过产品创新扩展了传统 MRO 领域的服务范围，但与此同时，在新的、通常是半自动化的 MRO 技术的开发和许可中也可以看到另一个活动领域。

这种共同目标的交叉方法与目前实现目标的各种相关方法大相径庭（见图 3-4-13 ）。为了更好地阐述，可以根据不同的方法将解决方案大致分为四组。其中一组正在寻求全局解决方案。它旨在开发一个影响深远且几乎无所不含的解决方案，它可以快速、整体并且全面地发挥其影响力，但它的实现需要付出巨大的费用，且具有高风险。这些想法与特定方

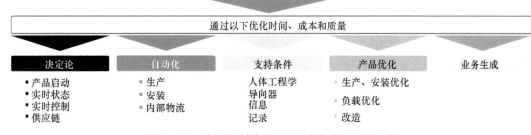

图 3-4-12　在飞机制造和 MRO 中智能工厂的目标

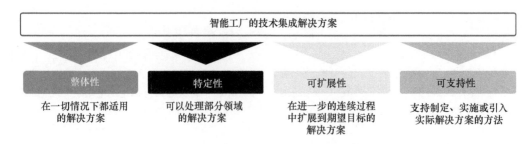

图 3-4-13   智能工厂的技术集成解决方案

法或部分解决方案形成对比，其范围虽然小得多，并且限于明确定义的应用领域，但可以显著降低成本。第三组解决方案是一种折中方法。它开始于简单部分的实现，可以在工作范围和功能上不断或逐步制定更优化的解决方案，以便将费用分摊到更长的研发周期中，及时提出应用方案并且使实施风险最小化。最后一组总结了所有不具有集成效果的方法，但这些方法在开发、实施或引入方面支持上述各组的方法，因此也有助于最大限度地降低费用和风险。以下是为了清楚地描述上文提到的目标和方法所举的一些具体示例。

4.4.2   解决方案示例

目前正在追求的一种全局方法是生成实时生产的数字化图像，特别包括了产品本身的实时模型。其主要目的是提高生产的可控性，以便能够更有效地应对环境中不可预见和不可避免的事件。除了这种动态优化的纵向集成之外，还将在中期实施前端和后续流程（如开发和服务）以及供应商和客户的横向集成。纵向集成和横向集成目标本质上是相同的，且额外的方面也得到了解决，例如快速生产、复杂的部分国际供应链的优化问题。然而只有在尽可能完整且没有并行的替代方案运行的情况下实施，这种方法才能展示预期的效果。由于产品的复杂性和必要的内部物流以及生产的手动工作占比很高和部分个性化任务，导致全面快速引入的壁垒非常高。另一个复杂因素是动态化的纵向集成和横向集成相结合的方法必须在持续的产品生产中实施，该产品的设计源于 80 年代。

但这些风险也面临更多机会。因此，当前的产品模型可以用作下面讨论的主题的基础，包括定位、基于位置的服务和语境敏感的信息系统。这些技术可以同时用于保持生产模型和产品模型的更新。

同时，工业用的各种室内定位系统，由于其精度、测量频率、测量尺寸、范围、屏蔽倾向、易感性、多用户能力和成本等方面的不同而有显著的区别。定位提供相对于空间固定的坐标系，具有 2~6

个确定维度的位置。通过轮廓或模型，可以将该位置信息转换为对环境的真实对象的相对位置。仅基于这种"无用"的相对参考就可以建立基本生产任务的服务来使用。

这些服务包括：

- 引用（查找几何参考）。
- 定位（在任何轨迹上确定目标位置）。
- 导航（通过特定轨迹建立目标位置）。
- 质量保障（工艺的在线监控）。
- 存档（记录和保护与位置相关的信息）。
- 分析（工艺的历史调查）。
- 信息（提供基于位置的信息）。
- 安全（操作前保护人员和设施）。
- 安全（保护企业）。
- 绩效和薪酬制度。
- 制图（地图或环境模型的创建和维护）。

定位系统需要尽可能广泛地实施，它代表了一种全局方法。由于定位系统通过基于它的服务满足其实际使用，因此这也是一种支持性的集成方法。尽管存在大量已经部分用于特定任务的定位系统，但还没有广泛地使用，因为单一的操作原理不能够满足所有涉及服务的广泛而不同的要求。解决方案在于不同系统的智能连接，以及自动且依赖于上下游的系统选择，该系统选择具有所期望的属性。大多数服务都有一个支持目标。大多数服务通过部分自动化以前主要由人工执行的任务来实现支持目标。由于大多数情况下，服务需要以生产环境中的实际对象作为相对参考，因此该主题与产品和生产的建模紧密相关。

经典的、数字化的、固定或移动的信息系统目前已经广泛用于飞机领域，并作为特定的辅助系统。它们经常用于快速提供大规模的文档，即使位置更改，也可以部分地接收用户手动输入的信息并保证信息汇集的安全。然而，这仍然主要是以前在纸质信息中可用的"纯粹"的数字化。搜索功能可以很好地支持与当前上下文及其正确诠释相匹配的信息，而对用户更强大的支持在于可以实现语境敏感的信息自动分配。为此需要了解对象的引用和生产中的操作。这种知识可以"渐进地"构建，例如，可以从上述的定位和同样提到的生产模型及产品模型中来生成，作为基于位置的服务。

最常见的任务之一是在飞机 MRO 中识别和评估飞机及其系统的当前状态。它们的自动化已经成为一种重要的横截面支持技术。除了错误类型和错误特征之外，错误位置也是基本信息错误之一。错误位置的确定是小部件的诊断系统和诊断设备的一部分，而对于较大的结构，则需要用于移动的（或位置灵活的）诊断单元的更高级别的定位系统。当数据被存储在生产循环周期产品模型中，并且可用时，它们可以随着时间的推移为各个产品的进一步开发或为损伤的产生和扩展建模提供重要信息。因此，将结果信息映射到生命周期产品模型中是一种基本的 MRO 集成技术，其目标是持续的产品改进和部署优化，并且可以在不同的产品类别中逐步引入。通过跨域信息的进一步联网（例如从飞行操作中），可以进一步提高数据使用的质量。原则上，还可以考虑用于高度个性化的维护、修理和翻修的新型服务。

增材制造是飞机工业中讨论很多的横截面支持技术，并且已经在生产中广泛应用。最重要的是它允许轻量化的构造方法，这在以往的生产方法中是不可能的，诸如长生产时间和高生产成本的典型缺点使其不能完全发挥作用，但在数量级上是可以容忍的。当把增材制造集成到数字产品开发和优化过程中时，除了轻量化构造，还可以快速无工具地生产个性化的、优化的或已经不可用的产品。通过消除其他不必要的工艺步骤产品可以显著缩短开发过程，同时生产地点和研发地点互不关联。特别是在备件业务中，可以在全球范围内传输组件数据，并在所需地点制造。

因此，如果将增材制造引入面向工艺的产品开发中，则特殊的集成技术将成为整体解决方案。考虑到智能工厂的上述目标，这种集成技术将会十分有效，以此缩短加速阶段，简化供应链和提高自动化水平，促进产品开发甚至产生新的商业模式。

4.4.3　集成的支持条件

所给的示例展示了目前工业中正在讨论和开发或已经在工业中使用的一些集成方法。飞机生产和 MRO 的要求理想地符合工业 4.0 方法的目标。然而，这种良好的适应性被最初提出的行业的困难条件所困扰。所提出方法成功的决定性因素不仅是它们的技术质量，而且通过适当的战略引入、员工接受的考虑、员工的适应性培训、安全问题的尽早考虑以

及供应商、开发合作伙伴和客户的参与，在有条理地确定工业 4.0 潜力方面提供支持。这些方法对加速尚未充分发展的工业 4.0 实施至关重要，并使得该行业中非常有前景的方法可用。

参 考 文 献

Bundesministerium für Wirtschaft und Energie (BMWi): Die Luftfahrtstrategie der Bundesregierung. 2014. *http://www. bmwi.de/BMWi/Redaktion/PDF/J-L/luftfahrtstrategie-der-bundes regierung,property=pdf,bereich=bmwi2012,sprache= de,rwb=true.pdf* (Stand: Oktober 2016)

Deneke, C.; Schlosser, C.; Mehler, S.; Schüppstuhl, T.: Positioning NDT Sensors with a mobile robot for efficient aircraft inspections. In: 7th International Symposium on NDT in Aerospace, Bremen 2015

Domaschke, T.; Schuppstuhl, T.; Otto, M.-A.: Robot Guided White Light Interferometry for Crack Inspection on Airplane Engine Components. In: Proceedings of ISR/Robotik 2014 - 45th International Symposium on Robotics and 8th German Conference on Robotics. Munchen 2014

dpa et al.: Airbus kann für 2013 Rekordergebnisse verbuchen. In: airliners, 13.01.2014. *http://www.airliners.de/airbus-kann-fuer-2013-rekordergebnisse-verbuchen/31149* (Stand: Oktober 2016)

dpa et al.: Flugzeugbauer schwingt zu neuen Höhen auf. In: Handelsblatt, 28. 01. 2015a. *http://www.handelsblatt.com/ unterneh men/industrie/boeing-flugzeugbauer-schwingt-zu-neuen-hoehenauf/11295022.html* (Stand: Oktober 2016)

dpa et al.: Bombardier - Kampfansage an Airbus und Boeing. In: Handelsblatt, 14. 06. 2015b. *http://www.handelsblatt.com/ tech nik/bourget2015/bombardier-kampfansage-an-airbus-undboeing/11915936.html* (Stand: Oktober 2016)

dpa: Technik-Tochter verdoppelt die Investitionen. In: Handelsblatt, 21. 03. 2016. *http://www.handelsblatt.com/ unternehmen/handel-konsumgueter/lufthansa-technik-tochter-verdoppelt-dieinvestitionen/13349596.html* (Stand: Oktober 2016)

Forsberg, D.: Aircraft Retirement and Storage Trends: Economic Life Analysis Reprised and Expanded. Avolon, Dublin 2015

Hartbrich, I.: Airbus geht neue Wege in der Flugzeugproduktion. In: VDI-Nachrichten, 23. 05. 2014 (21) , S. 1. *http://www.vdi-nach richten.com/Technik-Gesellschaft/Airbus-geht-neue-Wege-in-Flugzeugproduktion* (Stand: Oktober 2016)

Höfener, M.; Schüppstuhl, T.: A method for increasing the accuracy of „on-workpiece" machining with small industrial robots for composite repair. In: Production Engineering. Research and Development - Assembly, Handling and Industrial Robotics. 2014a

Höfener, M.; Schüppstuhl, T.: Small Industrial Robots for On-Aircraft Repair of Composite Structures. In: 45th International Symposium on Robotics/8th German Conference on Robotics. München, Juni 2014b

Katnam, K. B.; Da Silva, L. F.M.; Young, T. M.: Bonded repair of composite aircraft structures. A review of scientific challenges and opportunities. In: Progress in Aerospace Sciences 61, S. 26-42 (DOI: 10.1016/j.paerosci.2013.03.003)

Kirschfink, F.-J.: New MRO - Extending Competence to New Aircraft Types. In: 4th International Workshop on Aircraft System Technologies. Hamburg, 23. April 2013

Kötter, T.; Domaschke, T.; Schwienbacher, C.; Schüppstuhl, T.: Workcell calibration for robot based maintenance of airplane engine components. In: AST 2015 - 5th International Workshop on Aircraft System Technologies. Hamburg 2015

Müller, R.; Reinhart, G. und Spath, D. (Hrsg.): Zukunftsfähige Montagesysteme - Wirtschaftlich, wandlungsfähig und rekonfigurierbar. Fraunhofer Verlag 2013

Otten, B.; Stelzer, P.; Weidner, R.; Argubi-Wollesen, A.; Wulfsberg, J. P.: A Novel Concept for Wearable, Modular and Soft Support Systems Used in Industrial Environments. In: 49th Hawaii International Conference on System Sciences 2016 (HICSS) , S. 542-550

Otto, M.-A.; Domaschke, T.; Eschen, H.; Bahr, S.; Gehlen, S.; Neddermeyer, W.; Schüppstuhl, Thorsten: 3D-Präszisionsvermessung von Bauteilen. Automatische Erkennung von Bauteilfehlern und Datenanalyse durch Virtual-Reality-Methoden. In: VDI-Fachkonferenz Geometriemesstechnik in der Automobilproduktion. München, 9. Dezember 2015

Popp, J.: Advances in Composite Repair. In: 4th International Conference on Reducing the Environmental Impact of Future Air Transport.Berlin, 13. September 2012

Reuters: Airbus muss Produktion des A320 ausweiten. In: Handelsblatt, 28.05.2015a. *http://www.handelsblatt.com/ unterneh men/industrie/nachfrage-hoeher-als-erwartet-airbus-mussproduktion-des-a320-ausweiten/11838270.html* (Stand: Oktober 2016)

Reuters: Order-Boom bringt Flugzeugfabriken an ihre Grenzen. Airbus vs. Boeing. In: Handelsblatt, 13. 06. 2015b. *http:// www.handelsblatt.com/technik/bourget2015/airbus-vs-boeing-orderboom-bringt-flugzeugfabriken-an-ihre-grenzen/11912798.html* (Stand: Oktober 2016)

Rodeck, R.; Schüppstuhl, T.: Repair of Composite Structures with a Novel Human-Machine System. In: Proceedings of the 47th International Symposium on Robotics 2016

Schlosser, C.: Modellierung einer mobilen Hybridkinematik und Umsetzung am Beispiel der Flugzeuginspektion. Dissertation. Schriftenreihe Flugzeug-Produktionstechnik. 1. Auflage. Books on Demand, Norderstedt 2016

Schwienbacher, C.; Domaschke, T.; Otto, M.-A.; Kötter, T.; Schüppstuhl, T.: Analysis and reduction of errors in an automated robot-based repair process chain. In: 1st MHI Colloquium. TTPVerlag, Zürich 2016

Weidner, R.: Physische und mentale Entlastung - Unterstützung des Mitarbeiters in der Produktion. In: handling 2016 (3), S. 30-31

第 5 章

智能联网在电子品生产中的应用

Eva Bogner，Christopher Kästle，Jörg Franke，Gunther Beitinger

5.1 电子系统是物联网的基础和典范

物联网及服务联网正在改变我们日常生活的方方面面：联网的家用电器、信息系统和通信系统、传感器和供暖设备保障了我们舒适、安全和节能的居家生活。只要我们愿意，我们可以使用功能强大的智能手机、佩戴智能手表和联网设备，甚至将其植入身体中。在交通方面，车辆与中央信息系统、工厂和车辆彼此间进行通信等，以此增加可靠性，最小化燃料消耗并增加安全性。购物时，数字广告向我们展示货物的当前价格，并且在不久的将来，自动驾驶或自动飞行的机器人会将我们在线订购的商品递送上门。此外，这些设备技术层面的创新正在创造全新的服务，这些新的服务通过动态的变化率、满足未知的客户利益、最低成本和最少资本的要求，以及生成不可估量的知识，将旧行业推入了困境。

这种革命性的信息技术爆炸的技术基础正是所谓的信息物理系统（CPS）：通过互联网通信与智能的、大多数是嵌入式的机电一体化对象，用于监控周围环境、存储和处理信息、做出决策，并在必要时能够自己采取行动。由于永恒的成本压力、适应客户不断变化的需求，同样重要的是，由于在工艺开发、机器和设备以及网络化生产系统中的进步、数字化进程中动态技术的进步，数字化进程多年来在生产中一直有目的地且持续地进行着。在工业 4.0 这个概念下，这些巨大的努力引起了社会广泛而高度的关注。

电子行业是不断电子化的一个主要例子，也展现了人们在计算机集成方法的基础上为使生产更快、更好、成本更低等方面做出的努力。电子行业表现出色：一方面，电子系统性能在降低成本和小型化方面的同时自由快速地发展，且不受限制（见本篇5.1.1）。另一方面，这种无可比拟的动态改进速度通过计算机系统基于最先进的加工工艺和物流过程得以实现（见本篇 5.1.2）。

5.1.1 基于先进电子制造技术的物联网推动者

与 CPS 联网的信息网络物理对象（CPO）始终将不同的机电一体化功能融合成一体，它由电气或电子、机械和信息技术组成。它们部分应用其他物理组件，比如光学效应件、热学效应件或磁学效应件（见图 3-5-1）。实质上，CPO 主要由微型电子电路组成，它们或是构造为裸露的或封装的集成电路（IC），或是与其他智能的电子元件共同构造在电路板上、陶瓷基板上、薄膜电路上或注塑电路板上。传统或微机电设计中（MEMS）传感器或集成传感器系统将物理、化学或复杂的生物信息转换成电信号、数字化、存储、处理并传递。CPO 的基本通信功能也将通过电子高频组件实现，它们能够在网络中有线或无线地交换信息。电力电子致动器能够基于弱逻辑数据串转化电能，比如驱动电动机、储存能量或产生光。

早在 1965 年，英特尔的创始人戈登·E·摩尔（Gordon E.Moore）就用以其名字命名的摩尔定律描绘了电子性能稳定快速的增长规律。其中指出，大约每间隔 1.5~2 年的时间，在确定的空间大小范围内集成电路可容纳的晶体管数量便会增加一倍，这意味着计算机的处理能力也增加一倍。因此在 2016 年，微电子开关电路中的结构已达到 14nm 的量级。此外，"超越摩尔"的口号还被用来假设：逻辑电路及其制造技术中融入越来越多的功能，特别是被动、模拟、微机电、传感、生物功能以及性能功能。

作为微电子技术的替代品，印刷电子技术为将智能功能应用于物理对象开辟了额外的潜力。微型逻辑电路、天线、传感器、光伏元件和有机发光表面能够在塑料、纸张、陶瓷或其他材料的薄膜上印刷，这种印刷微型化且成本低廉。这些功能将来

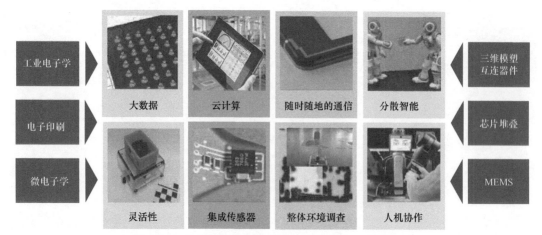

图 3-5-1　电子系统作为物联网的基础（Kästle 等 2017）

也可以直接应用于机械部件，例如结构元件、轴或滚柱轴承；还可以用于纺织材料，例如监测其负载状态或温度、从环境中收集电能、传输信息或做出离散决策。如图 3-5-2 所示，机电一体化设备（3D-MID）的技术，非常适合于信息物理对象的构造，因为它可以在注射成型的立体基体上结合电气以及电子、机械等其他功能（Goth 等 2013）。例如，可以借助激光、通过冷活性等离子喷涂、气溶胶喷射或双组分注射工艺，在任意形状的表面上实现结构化导体图案（见图 3-5-2，Hörber 等 2014）。

传统的表面贴装器件（SMD）组件也在蓬勃发展。具有多台贴片机的普通生产线每小时可以安放多达 100000 个元件，其精度约为 20μm（3σ），当前结构尺寸在 01005~0201m[一]范围内的最小元件，其边长仅为 250μm × 125μm，必须可靠地进行加工（Härter 等 2015）。无表层或裸露的集成电路可以黏附到数百个沿表面排列的球形端子，其直径仅为 30μm。

总之，第四次工业革命只有在电子装配和连接的大发展阶段才能实现，即将到来的第四次工业革命将带来工业和私人领域的进一步彻底变革。

5.1.2　电子系统生产是工厂数字化的典范

基于工业 4.0 的制造系统应能够以具有高设计性差异和尽可能低的成本，即尽可能完全自动化的方式，单件批量地生产客户的定制产品。应最小化周转时间和换模时间，尽可能提高产品质量，废品率可忽略不计。生产每种产品的工艺参数和测试数据，

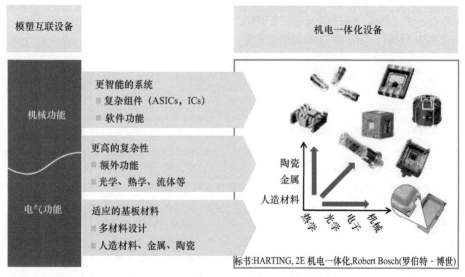

图 3-5-2　三维模塑互连器件（MID）作为信息物理对象的功能载体（Kuhn/Franke 2015）

[一]　原文即为 01005 至 0201m。

以及所安装的部件和材料的所有交付批次应该是完全可追溯的。使用的机器和设备应能够及时自我识别问题,为诊断和维修提供技术支持,甚至能够自主排除故障。

电子组件的现代生产系统在很长一段时间内能够完全满足这些要求,这得益于电子模块的标准化组装技术和统一的装配过程,部分具有高差异性的产品可在同一条流水线上大批量生产。焊膏印刷机、自动贴片机、焊接炉和测试系统具有高度柔性是由于数控程序能够在运行中加载以及在一分钟内更换元件的供给系统以及自动交换工具和设备(例如吸管、针头适配器)。软件支持的换模过程优化了对现有装配线和贴片机的订单分配,为组件供料器提供了理想的位置,并且通过合适的放置顺序最小化贴片机头的移动路径。

现有技术是通过非接触式识别系统(RFID)、条形码或数据矩阵码(DMC)在每个装配点、测试点和物流点检测和定位工件、印制电路板(PCB)、元件和印制电路板(FBG)。RFID 标签可以黏附到FBG 上,集成到多层印制电子电路中,嵌入多层印制电路板的中间层中或制成集成元件(见图 3-5-3)。在此基础上,可为单个电子模块建立详细的过程报告,从而保证了许多行业所要求的可追溯性。

电子产品装配的出错率通常在万分之一以下(在半导体制造中已经以万亿分之一为单位计算缺陷),这是首个通过率大幅超过 99% 的领域。因为对关键元件的寿命模型有清晰的了解,因此电子模块的可靠性明显高于机械功能模块。这种极高质量标准的实现一方面是通过受控的流程,另一方面是通过流程监控和过程检测的巨大努力。因此,在电子产品的生产中,在每个工艺步骤之后,都必须鉴定工件的质量(见图 3-5-4)。

在印制 100μm 的精细焊膏之后,使用光学 3D测试系统确定每个焊膏沉积点的位置、旋转位置、尺寸和形状以及整个打印图像变形,误差在几微米内。将偏差传达给打印机,然后打印机可以对齐模板,调整工艺参数或清洁模板以便更好地执行后续操作。如果需要,也可以将信息转发给随后的贴片机,使得相关电子元件的位置调整到与焊膏沉积点相适应的位置。

在贴片之后,借助图像处理系统测量电路板上的组件(从顶部/底部)的身份和位置。在回流焊接工艺之后,使用自动光学检测系统(AOI)来验证焊点的质量(位置、尺寸、形状、表面)。最后,所有组件通常都经过电气测试其功能(在线测试流程或飞针检测)。有时用老化或磨合测试来避免早期故障。在几秒钟内生成的大量数据可以存储在中央计算机系统中,并通过数据挖掘永久性地检查可穿孔图案,在错误不明显的情况下,确定错误原因(见图 3-5-4,Kästle 等 2017)。

每个装配步骤的工艺特定参数不仅精细地用于所需的可追溯性,而且还能够在早期阶段识别设备的技术问题。基于知识的诊断系统(例如基于案例的推理)能够检测异常,并推断出潜在的故障原因,并立即向操作员报告(见图 3-5-5)。对于有些错误,机器能自身排除(例如吹掉堵塞了的真空吸嘴)。通过在允许范围内工艺参数的持续边界变化,可以确定临界状态并且增加工艺的稳定性。

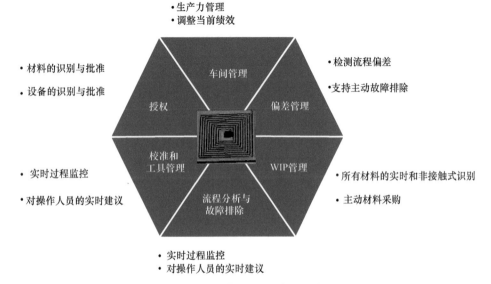

图 3-5-3　用于识别和定位工件及部件的 RFID

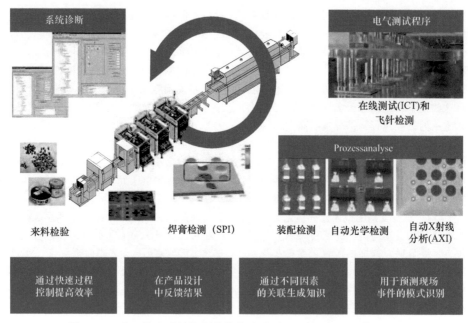

图 3-5-4   基于综合质量控制的数据关联过程监控（Kästle 等 2017）

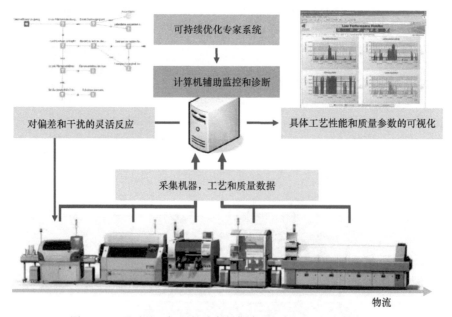

图 3-5-5   通过基于知识的诊断早期发现问题（Franke 等 2011）

机器与生产线间刚性连接的瓦解决定了工业 4.0 进一步优化的潜力。到目前为止，工艺步骤之间缺乏缓冲而导致的机器故障会使整个生产线陷入停顿。不同系统的处理时间因产品类型往往差异很大，因此并非所有机器都能得到充分利用。并且如果订单没有固定在一条线上，则使用机器各自的换模情况，可进一步降低换模成本。此外，利用机器的技术或性能导向布局，还可以缩短材料供应或呼叫专家的

行程时间。利用小型、快速、经济、自主导航的运输系统，并通过大量机器的物流技术联网，将来可消除现有的一些薄弱环节。因为这些所谓的信息物理传输系统（CPTS）需要尽可能多地使用传感技术来降低成本，所以用安装在天花板上的摄像机引导它们（Scholz 等 2016）。

在 CPTS 的帮助下，满足了订单自我控制甚至每个平面电路板（自行控制）的先决条件。如果出

现故障，要装配的印制电路板可以独立地寻找具有所需功能和状态的备选机器，并在与所需资源协商的情况下获得合适的生产插槽。除了物流弹性之外，还有一个目的是自动生成针对复杂问题的合理解决方案。因此如果技术能力不足（例如机器上的特定组件的放置精度不够），必须拆分放置顺序，也需要手动操作关键步骤来弥补。但是，如果缺少计划的组件，则有必要自动检查来自其他制造商的组件是否可用于特殊用途。在某些情况下，甚至可以重新设计电路布局，用替代解决方案替换特定组件，比如用两个 5Ω 电阻替代 10Ω 电阻。有时甚至只有先咨询客户（例如通过调整要求），才能找到可接受的解决方案。上述所有示例都会改变产品的开发过程，因此需要目前尚未实现的强大功能，且要求

知识处理系统具有前所未有的决策能力（见图 3-5-6，Bogner 等，2016）。此时，因为已建立 CAE（计算机辅助工程）系统中电子系统功能的完整逻辑描述，并已广泛使用电子设备中功能强大的设计工具（EDA：电子设计自动化）和工作规划工具（CAP：计算机辅助规划），计算机辅助实施的产品设计规则（DRC：设计规则检查）和可制造性规则（MRC：制造规则检查）预计将取得良好进展。

下文展示了西门子股份公司安贝格电子工厂（EWA）在多大程度上实现了工业 4.0 技术的生产现场例子。其分为生产和物流的完全自动化（见 5.2 节），动态价值链（见 5.3 节），零缺陷生产和综合信息系统（见 5.4 节）。最后，介绍了一个参考模型，用于工业 4.0 领域活动的规划和实施的示例工作。

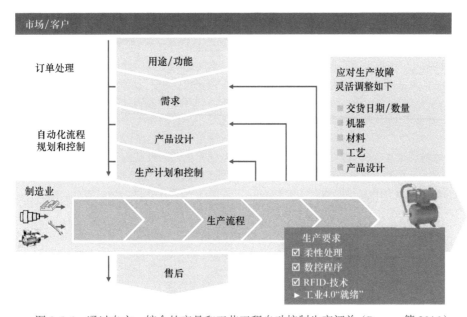

图 3-5-6　通过自主、综合的产品和工艺工程自动控制生产订单（Bogner 等 2016）

5.2　生产和物流的完全自动化

为了能在高工资国家生产有竞争力的电气组件，不可避免地要实现制造过程、物料流和信息流的完全自动化。制造过程的高度自动化使大批量生产成为可能，也是生产率的重要驱动因素。同时，可以实现产品的高质量以及高质量再现性。只有相应的自动化专有技术才能加工 5.1 节中提到的高度微型化的组件。全自动物流具有运输平稳的优点，可不间歇地持续利用生产系统。因此，考虑到必要的换模柔性，必须建立平衡的流水作业基础，减少批量，并最终减少物料库存。信息自动化与工艺和运输的机械自动化相比，偏重于物料数据、工艺数据和产

品数据，及其加工和透明度。在工艺自动化、物流自动化和信息自动化的基础上，创造了可追溯系统的先决条件，其目标是实现更低的错误率和更高的生产率，从而可以在总体上降低制造成本。在此基础上，电子产品生产可以转换为信息物理生产系统，通过实际生产的完整虚拟映射，实现所有生产和生产伴随工艺（可以对所有生产过程和与生产相关的过程进行仿真上的安全验证和优化。）的模拟保障和优化。

5.2.1　工艺自动化和信息自动化

电子产品的特点是生产线无缝连接，生产工艺高度标准化和高度自动化。在下文中，关于完全填

充和焊接的电路基板以及电子产品制造的电子模块生产被理解为将电气组件安装在外壳中（Cnyrim 等 2014）。为了解释所述技术，下面以 EWA 生产的三个主要产品系列为例，如图 3-5-7 所示。本章的重点是世界上应用最广泛的表面贴装技术（Surface Mount Technology，SMT），这项技术利用了与插入式封装技术（Through Hole Technology，THT）、压入技术或电子制造中其他工艺技术相同的方法。

表面贴装的工艺链主要包括焊膏涂敷、元件填充和回流焊接等步骤。之后是检测步骤和处理工艺，通常与高度自动化的物流工艺结合，图 3-5-8 展示了使用 EWA 常用检测步骤的 SMD（表面贴装器件）工艺链。作为纯系列制造商，EWA 在其产品组合中没有任何可重构产品。在这种形势下，全自动化生产的优点特别明显。通过这种方式，在 EWA 中，产品可以每分每秒地在传送带上运行。

以下电子生产的工艺、工具更换和程序变化以及物料供应和工件传输自身是高度自动化的，各个工艺步骤之间也是高度自动化的。通过传送带，SMD 生产线根据内联原理连接在一起，结合相关的物料配送中心，依据拉动原理可实现全面自动化且自主的运输系统。

在 EWA，物料运输基于 85000 个欧洲标准箱进行，如图 3-5-9 所示，可通过条形码的箱子编号确保识别。通过全自动且自主的物料供应系统，在 15min

内从中央仓库提供生产所需元件。它取代了任何手动的运输规划。中央物料仓库通过地下室的传送带与生产车间的 9 个分散存储单元连接，从而最大限度地节约了昂贵生产场地的物料储存和物料运输费用。此外，生产中大约有 300 个物料卸载点和装载点直接终止于 SMD 和装配线的工位，从而实现点对点服务。这样能实现自主运输控制，运输中产品或运输箱使用循环工件载体中的条形码或 RFID 标签找到通过生产系统的路径。

在每个 SMD 流水线的开始和结束处有一个自动提供物料的物料工位。电路板在那里被转移到缓冲器。SMD 元件经预先装配有进料称重器的送料机输送到安装器。每个送料机和每个组件辊子利用其独特的条形码（见图 3-5-9）来识别和明确分配，因此受到数字换模的控制。根据中央数据库准备的要求，通过无线的个人数字辅助（Personal Digital Assistant，PDA）的独有 ID 来实现调整。该采集是实时进行的，因此位置更改、维修和维护将记录在错误统计中。工具更换在装配过程中是自动进行的。所有必要的滴管都在安装器中，如有需要可独立配备。目前尚无法在模板印刷工艺中实现模板的自主更换。在后续的检测过程中，可以通过测试设备用模块的条形码识别的方式，来实现全自动数控程序或检测程序的改变，以及加载检测程序。这是 AOI 检测中建立的独特标准。最后，平面电路板

图 3-5-7 EWA 将 1600 种产品组合分为三个主要产品系列

可编程逻辑控制器 SIMATIC S7　　分布式IO系统 SIMATIC ET200　　操作员控制和监控系统SIMATIC HMI

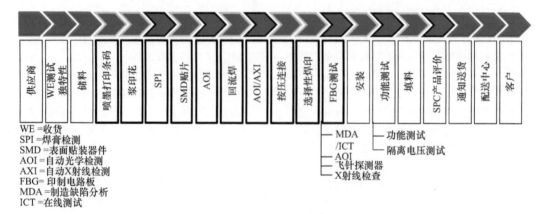

WE ＝收货
SPI ＝焊膏检测
SMD ＝表面贴装器件
AOI ＝自动光学检测
AXI ＝自动X射线检测
FBG ＝印制电路板
MDA ＝制造缺陷分析
ICT ＝在线测试

供应商　WE测试独特性　储料　喷墨打印条码　浆印花　SPI　SMD贴片　AOI　回流焊　AOI/AXI　按压连接　选择性焊印　FBG测试　安装　功能测试　填料　SPC产品评价　通知送货　配送中心　客户

—MDA /ICT　—功能测试
—AOI　—隔离电压测试
—飞针探测器
—X射线检查

图 3-5-8 SMD 生产的物流、制造和测试过程

条形码

图 3-5-9　编码欧元标准容器（左）和唯一标识的组件卷，用于设置控制和自动物料运输（右）

被传送到物料传输系统或直接传送到设备安装，并通过交付中心交付给客户，交付中心再通过超市仓库存储供货。因此，通过电子看板并根据拉动原理，控制从流经仓库和生产的货物接收到运输的物料流。

除了生产流程本身以及物流之外，现代电子产品生产中的信息流也是高度自动化的。被集中纳入 Siemens Teamcenter 中的已存储和已处理的记录数据构成了集成化可追溯系统和信息物理生产系统的建设基础。信息自动化包括：

- 机器数据及企业数据的记录。
- 平面电路板上条形码的自动采集。
- 工作指示和程序的自主加载。
- 生产步骤的独立反馈。
- 检测结果的存储。

除了数据接收外，信息的直接提供也非常重要。这在工作指示部分作了很清楚的介绍，例如在统计过程控制（Statistical Process Control，SPC）工位上进行额外的人工视觉检测 FGB（印制电路板）。这里为了让工作人员可以使用增强现实技术在平面电路板上明确识别组件，待测元件在 CAD 文件中应突出显示。另一个应用是为额外的人工装配过程提供信息支持。例如，Poka Yoke 系统仅按照包含下一个需要安装的组件的顺序打开抽屉。在自动装配中，自动显示物流控制和换模控制，还显示在何时、哪个送料器需要补给，由此自动地进行物料重新排序。此外，还能可视化输出、质量、周期时间、装配、当前组件库存的范围、下一个所需组件的存储位置或综合设备效率（Overall Equipment Effectiveness，OEE）。最后，基于电子的工作计划、订单和生产状态反馈的生产控制（例如 Simatic IT）也是自动的。在规划和产品生产的实施过程中生产是结构化的，从链式的整体流水线到柔性连接的单个工作系统，根据零件数量和方差使用不同的系统配置。

5.2.2　可追溯性

根据 DIN EN ISO 9000：2015-11，可追溯性是"通过记录标识来追踪单元的过程、应用或位置的能力"。因此可以实现对于每个产品、每个过程和每个系统在任意时间知晓何时、何地、由谁制造、加工、检测、储存、运输、运行、使用和处置（DIN ENISO 15378：2015）。优化的流程和协议确保了电子制造业客户的质量。通过对所有物理对象（如容器、FBG、材料库、产品和机器）的集成编码，可提供在线数据以及明确的识别（唯一的）。此外，还可以自动采集运行数据、生产数据、测试数据、质量数据和简历。最后，确保产品、数控程序、机器和物料的正确分配（Büttner/Brück 2014）。

可追溯性的实施程度可以使用两个维度范围和五步模型的覆盖范围来评估，该方法如图 3-5-10 所示。

第一步是物料可追溯性，是产品相关序列号的可追溯性以及产品耗费或使用的物料。为此，需要记录物料数据并与适当的物料标识一同存储在诸如 Simatic IT 中。对于组件辊子或具有 SMD 组件的物料库，通常生成编号独有的标签并将其贴在辊子上，从而将工厂内部数据与制造商数据的批次信息建立关联。在 SMD 流水线中，第一工艺步骤通常是打印条形码或二维码、激光刻蚀或胶粘到印制电路板上，并为每个条形码生成制造识别号，还为每一个识别编号创建简历。该简历是一个完整的文档，包含所有工作计划中的工艺步骤和测试步骤、必要的维修、与其他独有编号结合的信息或应用的数控程序。在生产过程中，该简历还将补充已实现可追溯性的生产过程和测试结果。图 3-5-11 展示了产品的自动识别、相应程序的加载以及相关产品简历的创建。

第二步是检测可追溯性，追踪检测过程和可能

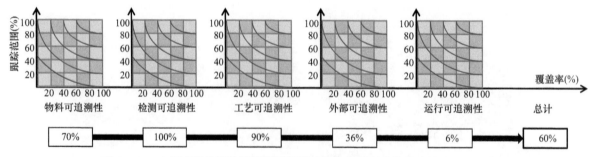

图 3-5-10 应用虚拟关键数据示例评估可追溯性实施程度的方法（ZVEI 2009）

图 3-5-11 综合的产品可追溯性与工艺可追溯性

的维修过程及其数据。每个组件的检测及维修过程的数量及类型都会被全无遗漏地记录，包括在线检测、AOI 控制、ICT 测试、功能测试和系统测试，以及电气检测数据和修复数据。产品特定地对存储数据进行分类。工作计划中每一步都包含每个检测步骤和工艺步骤的"通过"或"失败"。

第三步是工艺可追溯性，显示了使用何种技术和参数来生产组件。包含工作计划中所有工艺步骤的完整文档。通过对目标工作计划和实际工作计划的比较，可以使所有所需工艺步骤的处理得到保障。此外，还可以依据记录的工艺步骤优化工作计划。在工艺方面会自动记录所有相关参数，例如回流焊接过程中使用的曲线，包括温度、速度或残余含氧量，以及使用的线路、系统和环境条件。因此，诸如检测结果、当前使用的数控程序、加工时间等工艺数值将被全面记录，并以对应产品的方式按顺序存储到各个物料库和设备中。

广泛分布的物料可追溯性、检测可追溯性和工艺可追溯性是工艺锁定的前提条件。在换模控制时，该情况下基于唯一标签的物料可追溯性数据用于清楚地识别和验证 SMT 组件的身份。不仅要检查是否在正确的送料器中配备了正确的组件，还要检查是否有湿度敏感组件的有效日期、装填状态、开放性等组件数据。此时，可能会有消息报告或出现消息阻塞。在自动化生产期间，在每个工艺之前，对产品和后续过程的设定参数进行比较。例如

在焊接过程中，检查焊接工序、焊接框架和下压支架是否与所识别的产品匹配。每个工艺步骤之间应实行互锁匹配，这里检查各个模块是否已完成所有先前的工艺步骤，且所有先前的检查都应该是"通过"的。如果为"否"，则会发生互锁。互锁时，则组件被分拣到缓冲区并转移到返工，或者完全停止工艺步骤，随后，工人会去排除故障。因此，通过实施 Jidoka（自働化）[⊖]精益原则，可防止故障组件影响进一步的增值。当检测到错误后，停止运行或分拣有缺陷的产品。最终可以请求技术支持来解决问题，以便可持续性地确保终端客户免受缺陷产品的影响。

追踪数据还用于系统性地避免风险和潜在错误，以及持续改进生产流程和工艺。当前质量等级能够显示，并且可以在特定级别上检测质量偏差，在达到公差极限之前自动采取措施。此外，还可优化物料流以及维护和停机方案。

第四步是外部可追溯性，为了预防性和系统性地避免错误，可以追溯从物料供应商到中间供应商再到终端客户的所有关键且值得关注的组件、产品和工艺。即使在转售后，也可以得到关于供应商方面零件的来源以及客户方面产品使用问题的答案。因此，可以创建有针对性的补救措施，来避免产品因故障或不合格而被召回产生的成本。

第五步是运行可追溯性，它描述的是客户运行和使用条件的可追溯性，包含当前环境条件的使用

⊖ 自働化：精益生产领域的行业用语。

类型和使用位置将被记录。典型的数据有位置、运行时间和持续时间、产出、负荷、运行强度、设备参数、环境条件或周围的生产设备。由此可见，运行追踪涵盖了客户的使用及运行，并考虑了运行条件和使用条件。

5.2.3　CPS 的识别与互联

信息物理生产系统的特点是将真实的物理对象和工艺与被信息化处理的、虚拟的对象和工艺通过开放的、部分全球的和互联的信息网络联系起来（Broy/Geisberger 2012）。这样做的前提条件是每个对象都有一个明确可识别的名称或识别码。出于此原因，物料可追溯性、检测可追溯性、产品可追溯性和工艺可追溯性是创建信息物理生产系统的前提条件。与 CPS 联网可实现"数字孪生"的映射。通过这种方式，每个物理对象都分配有一个数字身份（Büttner/Brück 2014），通过条形码或二维码、RFID 芯片或迷你计算机以及实时传输和存储数据搭建这些数字身份。与此有关的所有对象都可能是作为可追溯性的一部分被记录，从而创建了自主运动和自主决策、彼此通信和与环境通信的基础（Büttner/Brück 2014）。

为了将所有实体转移到 CPS，在 EWA 中制订了全工厂标准。西门子 Simatic S7-1500 CPU 1518-4 PN/DP（见图 3-5-12）可实现机器与制造执行系统（MES）的统一连接，例如 Simatic IT。这不仅可以实现可追溯性功能、工艺锁定、生产进度的自动通知和状态查询，还可以实现标准化的机器通信、网络服务连接以及传感器 - 执行器连接。因此，它是满足即插即用功能要求的重要组成模块。

使用信息物理生产系统，可通过创新的通信技术和 IT 技术优化生产工艺，创造将可追溯性带来的管控转化为主动行动的机会。通过对工艺过程更好的理解，基于统计评估模式进行检测并采取主动对策。CPS 扩展了现有的生产工艺自动化，可长期发展成自我优化的生产网络。以这种方式，可以在工艺方面实现改善概念的部分自主化。CPS 此时被作为具有自主智能的自我记录系统使用，其具有自主的分散处理单元，并且能够通过因特网直接通信（Kagermann 等 2013）。学习和动态适应生产环境的能力是实现智能工艺控制和自主工艺优化的前提。图 3-5-13 展示了基于生产数据和质量数据，跨工艺关联地优化打印工艺。

生产复杂组件的过程中的相互作用只能通过数字化的统计数据分析方式获取。如图 3-5-13 所示，

- PROFINET接口，最多3个端口
- 用于串行机器，特殊机器和工厂构造的跨行业自动化任务
- 用作具有中央和分布式I/O的生产线的中央控制
- 广泛的集成系统诊断
- 支持使用SIMATIC工程工具
- 独立于位置的CPU查询 通过Web服务器的状态
- 集成安全概念

图 3-5-12　西门子 Simatic S7-1500 CPU 1518-4 PN/DP 的解构和功能

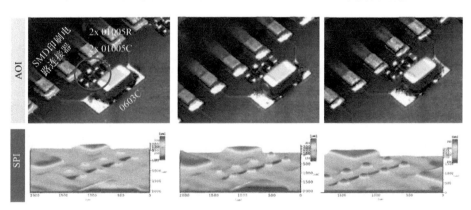

图 3-5-13　生产数据和质量数据的跨工艺关联（Härter 等 2016）

从混合组件到尺寸为 01005（0.4mm×0.2mm）的 SMD 工艺表明，模板印刷后 SPI（锡膏检测）中没有错误。各板的焊膏体积差异小于 10%，即使在装配过程和焊接过程中，也不会在各个过程的层面上发现异常。然而，在 AOI 中观察到的错误率显著增加。墓碑效应的故障率（SMD 中的一种现象）增加的原因是 01005 焊料沉积物在较大的 0603 组件附近熔化不均匀。SMD 生产的数字化以工艺数据和检测数据相关联为基础，允许基于不断增加的异常结果统计自动推导设计规则。以这种方式获得的信息和已建立的因果关系可以反过来用于后续产品和生产过程的虚拟保障。

信息物理生产系统的建立不仅使更柔性的生产和客户定制的生产成为可能，还能够以虚拟地保护所有生产流程为基础来减少生产错误。

5.3   动态价值链

在个性化日益提升的背景下，为应对需求波动柔性地做出响应并尽快满足客户需求，需要不断增加动态、适应性和客户导向。其前提条件是最高的劳动力柔性和生产系统柔性，这需要从物流入口到生产再到服务的整个价值链的组织和控制的新形式。在整个增值网络中，产品的配置、订购、规划和生产起着至关重要的作用。连续和延迟增值应该由不断沟通和灵活互动的单元网络取代（Sattelberger 等 2015）。最重要的是，实现了高度的柔性和需求导向的生产（Acatech 2013）。

5.3.1   个性化的产品配置

客户个性化生产被普遍地理解为根据顾客的个人愿望生产个性化产品。这种生产类型与仓储生产相反，仓储生产中的标准产品是为大众市场生产的（van Brackel 2009）。不过也有混合类型存在，不应在考虑时被忽略。因此，变体产品的生产在一定程度上也是客户个性化生产。所以要求用库存中的标准化组件进行独立于客户的预生产，然后根据客户特定的配置进行组装。根据可能的变体产品的预定义级别，可以组装具有变体形式的标准产品以及客户特定的变体产品（Eversheim 1989）。在确定个性化程度时，一方面必须探究有多少个性化是满足客户需求所必要的，另一方面要探究所追求的个性化在经济上是否可行（Brecher 2011）。

西门子是在自动化系统领域的客户特定变体产品的供应商。主要出于经济性的原因，在自动化技术中不会进行单个组件级别的客户个性化定制。个

性化是在自动化系统的配置和编译以及相应的编程中实现的。

客户个性化产品工程的首要步骤是与客户交流。西门子工业商城（Industry Mall）和 TIA 选择端口为自动化和驱动技术的在线目录和订购系统做准备，并将客户融入产品配置过程中。利用智能工具，客户可以在产品和系统配置过程中得到关于自动化解决方案的支持（见图 3-5-14 和图 3-5-15）。同时，工业商城为客户提供软件下载、文档记录和订单追踪的服务。

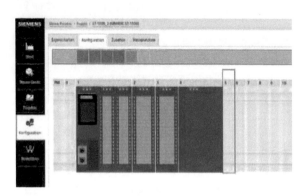

图 3-5-14   用于单个设备配置的 TIA 选择工具

5.3.2   优化的订单处理

供应链管理的基本目标是在维持高产能利用率和最低库存水平的前提下实现 100% 准时交货。

为实现这一目标，需要有三个关键的成功因素：透明度、标准化和自动化。

■ 透明度指了解自身状态、了解环境并在初始阶段识别趋势和偏差。

■ 通过标准化，实现工艺可预测、可控制和可自动化。

■ 自动化指实现安全可靠和快速地响应当前事件，并反过来为透明化提供基础。

为了在整条复杂的供应链中保持一致的透明度，西门子开发了供应链管理（Supply Chain Management，SCM）工具箱，该工具箱支持以上三个关键的成功因素。SCM 工具箱是一个直观且跨领域的在线平台，它连接了 SCM 的所有主题，如图 3-5-16 所示。它可以作为所有报告、工艺、方法、项目（文档）、系统和工具的中心入口，其功能范围从供应商管理延伸到订货管理、计划编排、订单管理、生产和运输至客户。

处于最高规划层面的是未来 24 个月内需要完成的季度销售计划，该计划涉及经济信息、销售信息

图 3-5-15 西门子工业中心

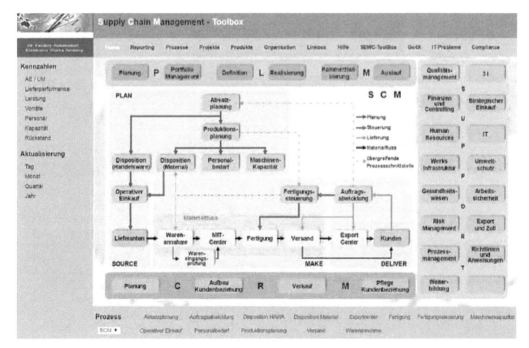

图 3-5-16 供应链管理工具箱示意图

和产品信息，例如新产品的推出。销售规划在滚动变化，将这一在整个产业链中的均衡化精益思想高度整合到规划和采购流程，有助于平滑和平衡客户时间差。这使得供应链中的资源需求（包括供应商）能够迅速且持续地适应市场需求。订单处理流程技术中供应链的重要工艺如下所述。

客户个性化生产的目标是对订单处理技术的各个环节；从设计到加工准备，再到最终装配进行优化。其中重要的是对产品数据和工艺数据进行统一管理，尤其是各个工艺无缝结合。只有价值链整体自动化和数字化后才能满足未来的要求（Bogner 等2016）。

1. 承接订单

客户既可以通过西门子工业商城在因特网上配置自动化系统，也可以直接在销售代表处配置。这些客户订单将根据交货地点，被转发至德国、北美和中国的三个出口及客户中心之一。在出口中心由一系列标准配件组装成订单，然后在接收订单请求24h 内根据先到先得的原则，分拣并发送给客户。该过程也称为"按订单分拣"（Pick-to-Order）。

作为按库存生产意义上的系列制造商，EWA主要负责出口中心。类似于看板逻辑或超市逻辑，这里的每种物料都会保留库存。额定库存的大小取决于周转率和生产产品的柔性程度，且不断优化。

2. 采购模式

将客户订单转移到电子设备工厂分为两个基本步骤。首先，制定粗略的销售计划。其中，每三个月对未来两年的需求进行预测，并制定普通生产计划。如果在三个月内发生严重偏离预测需求的情况，则启动临时计划。

每天两次自动运行系统，检查所有库存，并在必要时自动输入生产需求，通过面向库存的生产订单开放（SOFA）对需求优先级进行排序，如图 3-5-17 所示。生产需求根据以下标准按降序加权：

1）客户订单。

2）通过时间。

3）额定库存。

执行生产订单具有最高优先级，这是直接满足客户订单所必要的，例如在现有缓冲库存不足的情况下，优先执行生产订单。优先级 2 用于输入不必直接满足客户要求，但是其库存范围小于交货期的生产订单，直至后期生产。最低优先级用于处理剩余的生产订单，用于设定额定库存或存储缓冲区。因此，紧急订单始终是完全自动的首选这种面向客户和负荷能力的处理顺序可同时实现高交付可靠性和高利用率。协调所有生产参与者之间的成本趋近于零。

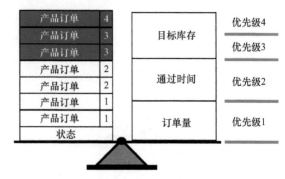

图 3-5-17　SOFA 余额

最后，由生产规划员手动发布详细计划中的订单，并由其决定何时分派哪一个订单，这一决定也可以在与优先级顺序相反的情况下做出。其原因可能是保证适当的产品组合。为确保所有装配线总是均衡运作，单个生产订单可由生产规划员在某个时间段内优先处理。

3. 批量规划

在电子工厂中，根据收到的生产订单自动计算生产批量的大小。每天确定批量计划，并依据当天交货量的变化调整该计划。参照技术和经济标准优化批量大小，该优化的决定性标准是换模成本和库存成本的成本最优化。

4. 物料供应

内部和外部的物料供应也是自动进行的，其中最大的一部分物料供应是根据拉动原则通过固定的额定库存实现的。通过特殊工具，供应商获得预测需求的大致情况以及物料库存的上限和下限，并负责安排物料供给。根据产品类型，交货时间从比如包装的一天到特殊物料的 12 个月不等。小部分的物料供应是根据推动原则，由需求驱动产生的订货。图 3-5-18 是供应商的整合情况。

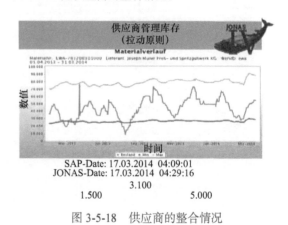

图 3-5-18　供应商的整合情况

5.3.3 柔性生产系统

生产系统的柔性是个性化客户需求的结果，要求快速的响应能力。柔性既包含体量柔性，又包含变体柔性。体量柔性是企业能够使生产系统适应波动的数量；变体柔性体现了企业使用现有生产系统制造不同产品的能力，以及使生产系统适应不断变化的产品的能力（Aurich 等 2013）。在工业 4.0 的进程中，柔性主要意味着分解刚性连接的生产线，其中硬件和 IT 都满足明确定义的功能范围。目标是动态的生产系统，其中各种智能产品通过具有 CPS 功能的流程模块自主查找路线，然后前往它们需要的工位（Acatech 2013）。不论是大批量生产还是单件批量生产，生产系统都必须经济地进行生产。

在电子产品的生产中，经典生产线通常按照传送带经过的工艺顺序，将从焊膏印刷到元件贴装和焊接再到质量分析的各工艺连接起来。电子产品生产中这些刚性连接的生产线可实现高效、高质量的批量生产，但会受到柔性的生产策略、生产顺序的快速改变和平衡多条生产线等方面的限制（Scholz 等 2016）。

EWA 的批量为 10~10000 件，高效地生产 1100 种不同平面电路板。下文介绍了提升其体量柔性和变体柔性的方法。

1. 自主柔性的运输路线

如图 3-5-19 所示，由西门子 SCADA 软件 WinCC 执行的自主运输控制创造了生产精细控制的柔性。通过 RFID 或条形码标记的运输箱对工件载体进行独特编码，可以在生产过程中独立地控制产品路径。详细说明见 5.2.1。

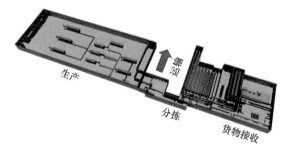

图 3-5-19　自主运输控制

2. 旁路装配工位

此外，还有带旁路方式的总装线。在该方式下产品只能被送往必要的工位，如果工位正好被占用，则进行"停歇"，由此可最多允许 4 个不同的加工订单并行完成。旁路装配结合了手动工位和自动工位。通过手动工位和自动工位的交换进一步提高了自动化程度，从而实现装配线的经济可扩展性和体量可扩展性。

3. 离线流程

如上所述，SMD 生产是一种高度标准化的流程，确定的生产概念已经在其流程中建立。但是，由于某些产品变体［例如故障安全产品（Fail-safe Product）或防爆组件］需要包含更高级别的验证功能的非标准测试，因此内联概念的统一应用并不总是有利的。相应的检测如电路线测试（ICT：In-Circuit-Tests）、飞针测试、快速功能测试或功能测试导致周期时间延长，使得这些产品不能够满足规定的周期时间，成为生产线上的瓶颈产品。为防止这些产品导致整体利用率下降，对于某些测试技术，使用离线结构。由于个别生产系统在生产过程中作为单个自动机或生产岛参与其中且不与刚性传输系统连接，离线结构保障了高度的柔性（Cnyrim 等 2014）。

这种离线结构还支持单件批量的生产。以飞针测试为例（见 5.4.1），生产客户个性化变体变得可行。为此，将创新的生产资源理念作为进一步基础是必要的，例如在某个即时测试程序的供应中，通过扫描相关条形码自动执行与工艺步骤以及产品相符的数控程序。提高变体柔性的另一种方法是线上直接形成最新的变体。

4. 优化换模

除了刚性连接之外，制约生产线柔性的瓶颈主要是贴装系统。这些装配系统必须以最高技术水平处理最广泛的元件范围，且要避免出错。同时，因为各生产线上的贴装系统对生产工艺和产品组成产生显著的影响，所以必须通过改装贴装系统，保持尽可能低的停工和停机时间（Cnyrim 等 2014）。

为了能够柔性地响应变体改变，采用高效的换模流程尤为重要。换模优化扮演着重要角色，例如使用 "60s 即时换模"（Single Minute Exchange of Die，SMED）方法优化换模时间。根据订单类型的不同，自动贴装机每隔 4~8h 进行换模。使用 Siplace Pro 软件进行换模工艺规划。该规划的基础是多层优化模型（见图 3-5-20）。第一优化层的目标是生产订单的跨生产线、换模最小化的调度。第二层的目标是寻求单个生产线的均匀平衡的途径。然而，这个优化仅针对生产线上的自动贴装机。第三和第四层分别优化送料器的布置和各个元件的贴装顺序（Rothhaupt 1995）。

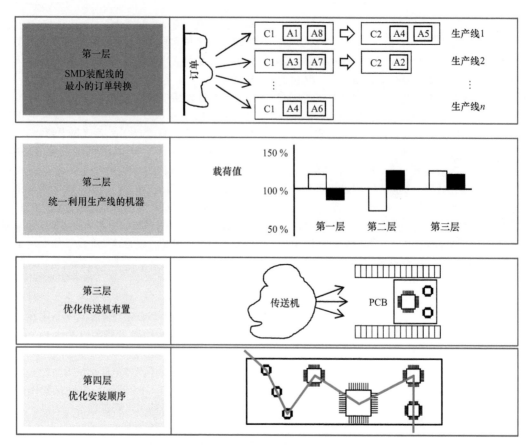

图 3-5-20   多层优化模型：参考（Rothhaupt 1995）

5.4 零出错生产

在 5.1 中描述了电子制造领域无限增加的复杂性。这种复杂性在无源元件的逐步微型化过程和高度集成化元件（例如 QFN、QFP、倒装芯片等）的加工过程中为生产过程不断带来新的挑战。由于电子生产中的制造工艺越来越复杂，工艺控制就具有特殊意义。因为即便是简单部件的故障也会导致整个组件出故障，所以将零出错生产作为目标的质量保证具有极高的价值。在工业 4.0 的背景下，智能且有针对性地应用多种工艺数据、测试数据和质量数据，并将这些应用与支持人的生产系统结合，是很有前景的办法。

5.4.1 质量保证

零出错生产旨在避免有缺陷部件造成的浪费。除了生产高质量的产品外，零出错生产还意味着从精益思想的意义上讲，致力于"零废弃物生产"。质量保证是其中不可或缺的一部分。像 5.2 中所描述的生产流程一样，电子产品生产中的质量保证也必须实现高度的自动化。应在设计和开发阶段就确定后期生产流程中可选的质量检验方法。在元件多样化、工艺多样化和产品多样化提升的背景下，"质量设计"的重要性正逐步上升。如图 3-5-21 所示，在线和离线测试方法可分为光学检测法和电气检测法以及可靠性分析。

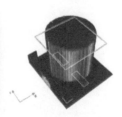

图 3-5-21   印制焊盘的 SPI 图像（左）和杯形电容的 3D AOI 拾取（右）

焊膏检测（Solder Paste Inspection，SPI）、自动装配检测及自动光学检测（AOI）和自动 X 射线检测（AXI）是最重要的在线检测方法。因为焊接缺陷经常来自焊膏印刷工艺（Rösch 2011），所以焊膏检测在焊膏印刷机中发挥着重要的作用。全自动检测过程直接与焊膏印刷集成在一起，可实现 100% 可视化检测。印制电路板在返回系统后，一般由相机系统在不同的光照条件或光照模式下以及不同的位置上捕捉，并汇总成三维图像，这样除了可以检测是否存在缺陷，还可以测量焊膏库的高度、面积、体积和环境。通过与存储在数控程序中的设定值相比较，随后得出关于印刷结果的评估。根据 Jidoka 的精益原则，通过"合格"或"不合格"的评估，将有问题的印制电路板分拣出来，送至返工流程，再进行进一步的价值创造。（Hörber/Daneschwar 2013）。

自动光学检测的工作原理类似。自动光学检测既可以在焊接过程之后进行，也可以在装配过程之后进行。相机系统获取印制电路板的图像，并与从 EWA 中的 Teamcenter 软件获取的目标数据相比较。自动光学检测除了检测元件的存在和几何特征外，还可以检测电子元件（例如标记、极性）和接触点的形成（例如几何形状、冷焊点、钎料沿导体轨道的流动）（Hörber/Daneshwar 2013）。

为了能检测到印制电路板上的不可见位置，例如元器件下的连接点或相邻元件的遮挡点，可以在必要时采用自动 X 射线检测。除了自动检测元件的存在和位置之外，还可以检测钎料和线路中的裂纹和气孔，以及位于元件上的引脚，例如 BGA（球栅阵列）中的引脚（Hörber/Daneschwar 2013）。

在印制电路板安装完成后，进行电气质量检测。这种检测可通过在线检测仪（ICT）或飞针探测器实现，并可通过功能检测和边界扫描检测进行扩展（见图 3-5-22）。ICT 检测和飞针探测器追求的目标都是检测印制电路板整个电路网络的各个部件的电气值。因此需要通过检测探针电接触，在印制电路板表面增加额外的检测点，然后可以执行与电压和电源相符的功能和负载检测。ICT 检测系统可以测量如电阻、电容或电感等元件的模拟参数。当检测数字组件时，可以输入定义的检测信号，并且可以测量其效果。上述两种检测方法在柔性方面差别很大。在经典的 ICT 检测中，所有测量点平行且同时与有多达数百个弹簧机针的针床适配器接触（Cnyrim 等 2014）。相对地，飞针检测系统具有多达 4 个可自由编程的接触爪，这些接触爪可彼此独立地移动，因此特别适用于大量参数的检测（Cnyrim 等 2014）。

边界扫描检测是一种检测模拟组件和数字组件的方法。这种检测包含一个由各种组件构成的电路网。通过网络发送二进制的图像并检查它是否无改变地送达，如果没有，则显示已检测网络中存在的错误。

功能检测在所有上述电气检测方法之后执行。功能检测的范围应尽可能满足模块的负载电路或模块供电的要求，以便尽可能准确地对实际运营状态进行描绘。当模块进入实际运行状态后，检测软件会自动检查检测程序。功能检测的优点是可以实现其他检测技术无法识别的组件故障检测（例如集成电路 IC）（Cnyrim 等 2014）。

在将可能需要的灌注料用于绝缘或安装散热器组装之后，进行最终系统检测和绝缘电压检测以检测功能。这些与功能检测类似，但由于控制、电压隔离和冷却完全集成在模块结构中，故所有功能都可以在满负载下进行检测。

EWA 的检测范围是 100%，即所有处于使用的 FBG 都将被检测。希望检测尽可能大的深度，所以必须始终在提升小型化和增加检测深度之间进行协调。特别是对于 ICT，当组件彼此紧密排列时，必须取消检测点。在产品设计过程中，使用仿真来估算增加一个检测点所产生的额外质量增益。

在 EWA 中，商定了产品质量和工艺质量的具体目标。这些目标是以每百万个焊点的缺陷数（dpm-A）来衡量的。标准化确保了不同技术和产品的可比性。

图 3-5-23 显示了从 1990—2015 年产品质量和工艺质量的发展进步情况。此外，还为供应商设定了与质量相关的目标，以便发现进货检验中的弱点，并能够制定措施。

目前，EWA 所有生产线和工艺的缺陷数均低于

图 3-5-22　在线检测仪（左）、飞针探测器（中）、边界扫描和功能检测（右）

11.0dpm-A。这相当于高于 5σ 水平的质量。为了能够在复杂多样的制造环境中进一步提高质量水平，必须对采集到的数据进行智能评估。

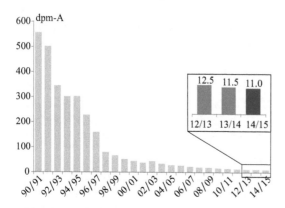

图 3-5-23　产品质量与工艺质量的发展进步情况

5.4.2　大数据与智能数据

近年来每天采集到的工艺数据数量猛增，从最初 1995 年的约 5000 条跃升至 2000 年的约 50000 条，到 2015 年每天约 5000 万条数据。这些数据是由当前约 1000 个在线检查点、1000 个扫描仪工位以及连接到计算机网络的 1000 多台机器产生的。生产中大规模的运行数据采集和机器数据采集（BDE 和 MDE）导致采集到的数据集异构化、非结构化、非常复杂，且部分短时有效，这些数据集存储在 EWA 的 Teamcenter 中。这些数据由于数据体量、数据速度和数据异质性（数量、种类、速度），被称为大数据（Kagermann 等 2013）。智能数据则是指从大数据中提取的，并转化为生产相关信息和质量相关信息的数据（Beigl 等 2015），从而产生了实时识别数据库中隐藏的趋势、模式和关系的需求。通过对未来发展进行预测并评估行动方案，可以就如何应对趋势以及如何影响趋势提出建议（规范性分析）（Fleischmann 等 2016）。生成数据的实施深度和使用程度可以使用图 3-5-24 所示的 7 步模型进行评估。反过来，可以按时间划分成多个阶段，从而显示发生了什么以及为什么发生。在此基础上，可以预测将会发生什么，并就如何应对提出建议。

如果只是以异质无序的形式采集零星的和非系统的生产数据、工艺数据及质量数据，则无法处理该数据。例如，纯粹基于文本的机器特定的数据，通常由较旧的产品特定的测试系统提供。

只有以适当的数据处理方式进行数据采集，才可以称为系统数据采集。这些数据可以被存储在统一的数据库中，因此能够以可分析的形式呈现。

要回答"何时发生了什么"，必须根据产品和工艺的具体情况记录事件的数量、频率和原因。需要自动化处理大量的数据。以这种方式来分析过去，可回答有关当前经济形势的问题。从这些数据中可以得出运营和战略指标。将目标与实际比较，其评估结果可支持生产决策和运营决策。在大多数情况下，生产效能的在线监控数据会在生产中显示在屏幕上。因此，可以看到所有员工有关产出效率、质量或周期时间的数据。通用数据库可以实现更详细的生产监控，以完成 OEE 报告、利用率报告和使用情况报告。在设备效率的采集和分析基础之上，可以制定用于改善设备使用状况的措施。通过使用 Scout 软件挖掘有效的数据，可以在 EWA 无中断地监控整个价值链。该软件可实现基于网络的实时报告和监控所有工艺步骤，因而能够保障检测从工厂层面直到产品层面的分析深度（见图 3-5-25）。

利用数据的另一个关键步骤是解决为什么发生特定事件的问题。监控功能用于工艺的自动监控，例如在超过阈值或低于阈值时触发警报。在 EWA 中，Q-Watchdog 信息过程将启动推送电子邮件。然

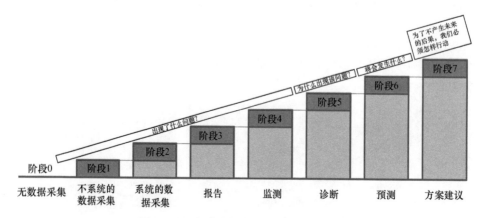

图 3-5-24　评估大数据应用程度的 7 步法

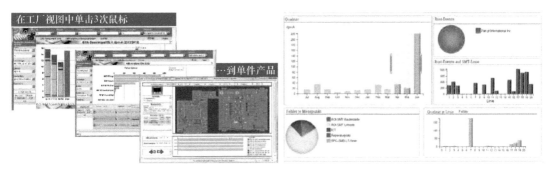

图 3-5-25　基于网络的实时报告，具有"向下钻取功能"和材料特性

后，设备操作员可以启动故障排除措施。对错误原因的记录可作为进一步优化产品的知识库。记录的数据也可用于监测能耗（Kohl 等 2014）。只要所有主要能源消费者在线连接，基础设施或制造设备的在线消费就可以基于网络进行可视化。以这些数据为基础，EWA 能根据待机时间、运行时间和使用时间，采取智能待机或自动开启管理和关闭管理等措施。

诊断分析这一理念总结了智能数据模型的第 5个发展阶段。为查明结果的原因、影响、相互作用或后果，该理念描述了数据统计分析的应用与使用。工艺数据的相关性构成专家系统的基础，如 5.4.3 中将要描述的，其确定工艺质量（或定义并记录的目标值）与生产参数和收货参数之间的关系。这样可以减少相关性分析的人工，且如 5.2.3 中所述，基于统计分析得出参数之间的关系。广泛结构化的且尽可能完整的数据采集和数据诊断是预测的先决条件。只有这样才能通过其他行动方案，测试各种参数的影响。

预测性分析是第 6 个阶段，描述的是对未来的第一个展望，它基于数据挖掘、模式识别、机器学习和其他统计方法，对未来可能发生的事件的概率进行预测，从而形成图 3-5-26 所示方法的基础。预测性维护是该方法的一个突出示例，意味着工厂维护不再是时间或事件驱动的，而是以需求为导向的，且是可规划的。

在使用数据的最后阶段，根据已确定的未来的发展和事件，利用关键词"规范分析"得出行动建议。提出建议或者采取行动能够以预期的方式影响某种趋势，防止预测的事件或者对未来事件做出反应。在各个工艺之间构建基于智能数据的闭环时，EWA 数据用于调节基于先前自相关的过程（Franke 等 2011）。其中错误原因会自动与设备和产品层面的各种输入参数相关联。然后将更详细地考虑相关的或具有统计意义的影响因素，并且可以自动调整。通过这种方式，可以筛选出重要因素，避免数

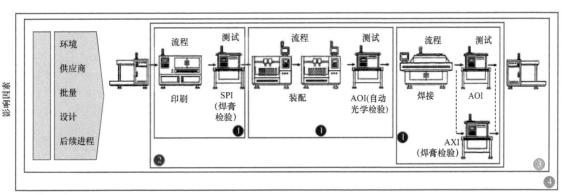

❶ 层级1
　优化子流程
❷ 层级2
　沿工艺链优化工艺参数和测试算法
❸ 层级3
　材料，环境和测试数据的自动关联；对设计过程的反馈
❹ 层级4
　集成用户和现场数据，将生产和可靠性数据关联起来

图 3-5-26　优化整个生产过程控制回路的分层系统

据量过大。从长远来看，这些因素会被自动跟踪。图 3-5-26 示意性地展示了分层系统，其用于优化整个制造工艺的控制回路。

层级 1 是子流程的优化。可以在线和离线以及向前或向后进行。在层级 2 中，力求通过将测试数据和流经各个工艺的参数关联起来以持续优化工艺参数和测试算法。最后，在层级 3 中，通过自动关联材料、环境和测试数据来确定质量偏差产生的原因，从中得出对设计过程的反馈。这三个层级在每个阶段都执行如下相同的过程。

- 筛选：根据 AOI 确定维修工位上识别的错误事件。
- 识别模式：识别检测到的错误事件中的群集或模式。
- 缩减：提取代表所选错误事件的数据集。
- 可视化：提取选定的工艺参数，并可视化相关的总体错误案例。
- 诠释：基于已发现的模式诠释错误事件。

SMD 生产中的闭环示例是焊膏印刷机和 SPI 之间的自主控制，比如可以进行独立的偏移校正（Franke 等 2011）。此外，还可以找出错误的原因。例如，如果通过对钎料偏移的分析发现，当某一特定部件经过长时间的船运和随后在不利的气候条件下储存之后，总是有某种原因出现，则可认为出错的原因在于供应链的识别或其自身的存储条件方面。

这种多层次方法的目标是大幅改进与生产相关的关键绩效指标（KPI），以实现稳健的大规模生产。如此可以提高质量和产量，降低错误成本。

5.4.3　人机交互

尽管自动化程度很高，而且自动化过程的灵活性也在不断提高，但是人仍然是现代电子产品生产的支柱。由于电子产品的复杂性和微型化的不断提升，人已达到能力极限，人为活动总是导致错误。因此，将人与零出错生产联系起来的想法是很有意义的。

生产和测试过程的自动化主要是为了减轻人们的日常工作。最小化错误的关键因素是系统的直观操作，包括消除可能出现的错误，以及基于能力模型对未来技术创新的持续培训。提供面向应用的结构化信息是自我决策和有能力决策的基础。通过对大数据的收集和评估，就智能数据模型而言，可以在数据使用的所有 7 个步骤中为用户提供支持，例如，通过提供辅助系统以支持用户。

从反馈报告中衍生出的支持功能示例包括在线性能监控和 Q-Watchdog（看门狗），如图 3-5-27 所示。它反馈了系统中已有的信息，并向操作人员显示必须在何处重新补充哪些组件，以及关于换模、范围和存储位置的信息。按照工位、地点和通道进行显示，并标明组件的编号和存放位置。这样操作人员就可以知道何物在何时何地以及如何进行安装，就可以避免生产线停机。

Q-Watchdog 代理，是触发人为反应的自动信息过程。能够在故障发生时发送推送邮件到主机或移动设备上。同样，现有信息的反馈促成了人与信息系统之间的互动。

在大数据较高的应用水平下，专家系统为操作人员和工艺专家提供生产以及生产优化方面的支持。图 3-5-28 展示了在生产过程中操作人员的支持方法。在实现高可追溯性的基础上，通过即时显示的已知对象数据和履历数据来独立地识别每个装配工位上的对象，并且可以显示每个工作步骤的详细分配信息，通过网站服务可以显示所需的数据，如特定工作的信息、数控程序、履历、质量信息或交互式工作指示等。通过 Poka-Yoke 设计的工作场所为工人提供支持，例如，只打开装配需要的材料抽屉，或

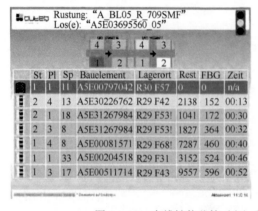

图 3-5-27　在线性能监控（左）和 Q-Watchdog（右）

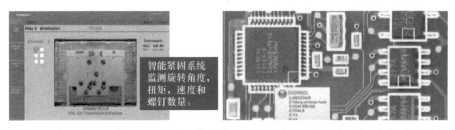

图 3-5-28　在生产过程中通过交互式工作指令（左）和增强现实元素（右）的操作人员支持

使用智能紧固系统监控螺钉的旋转角度、扭矩、速度和螺钉数量。

在维修场所，具有增强现实功能的目测检查能够在维修工位上提供支持。摄像机图像富含 CAD 数据，或者组件及其测试内容在虚拟工作指令中自动顺序显示。通过这种方式，即使是大量的变体，也能得到可靠的处理和检查，因为所有要检查的组件和接头都可以与目标标签一起被清晰地记录下来。此外，还可实现符合人体工程学的身体姿势、较短的测试持续时间和较深的测试程度。

未来，用虚拟元素支持现实方式可以转移到其他与制造相关的主题上，例如通过使用数据眼镜进行机器设置或维护，这样就可以进行不受地点限制的测试，因为不一定非要在测试工作场所才能看到信息丰富的图像，比如可以在设置和拼接期间使用这种眼镜，并仅显示下一个与当前需求相关的信息。工作人员通过擦拭眼镜或有意识地将眼睛停留在"增强"符号几秒钟来确认拟定的处理需求，这就触发了原材料的供应。随后，彩色突出显示相关的进料器。通过眼镜上的相机记录条形码，省去了使用 PDA 的手动扫描。该过程的完成还可以通过视觉自动识别，以及检查是否已经选择了正确的送料器。数据眼镜的好处在于避免了观看屏幕以及在 PC 上选择组件的动作。显示要设置的进料器以避免混淆。通常来说，用户看到更少但相关度更高的信息。

一个特别的好处是在专家系统推导出数据关联决策时获得人的支持。其目的是减少相关的手动操作，并在整个生产链中实现这种数据关联，以达到最佳的生产质量（Michl 2013；Michl 等 2011）。

5.5　综合信息系统

工业 4.0 中生产的进一步发展在很大程度上需要信息系统的进一步发展。在传统的自动化技术中，系统布置基于自动化金字塔。当前通信结构的特点是严格的通信分层结构。

如图 3-5-29 所示，突破这种分层结构和实现开放式沟通是 CPS 的基本要求，也是对未来愿景中工业 4.0 的基本要求。因此，工业 4.0 中的自动化金字塔必须逐渐发展成为一个多维信息系统。这就需要信息网络中的每个节点可以自动访问所有相关数据，以便提供最大限度上的联网和柔性。图 3-5-30 展示了用于数字化的西门子自动化产品组合，它构成了创建整体信息结构的基础。

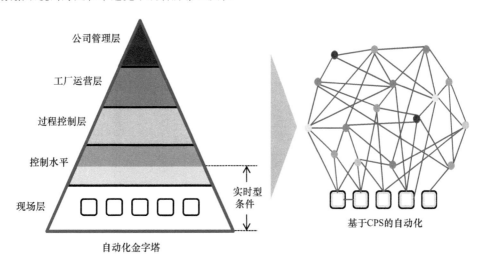

图 3-5-29　CPS 与分布式服务的分层自动化金字塔解决方案（VDI/VDE 2013）

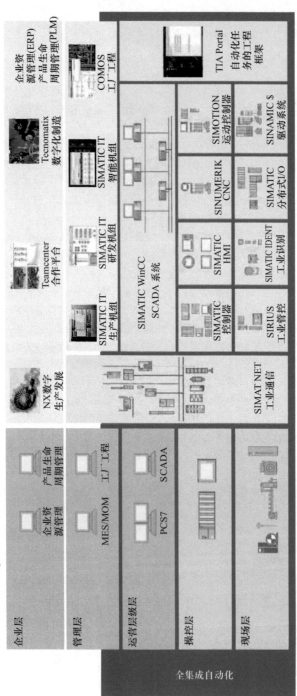

图 3-5-30 从现场层到 MES 的数字化完整自动化产品组合：全集成自动化（TIA）

5.5.1　产品开发

从产品开发开始，整个价值链中的工程数字化整合便起着决定性的作用。前提条件是 PLM 工具链，它提供方法与工具，以促进和支持跨学科合作，并创建联网的工程结构（Götz 2015）。

PLM 系统的 Teamcenter 在此起着关键作用，因为它是所有产品生命周期数据的集成平台。数字化产品开发软件组合包括 NX 系列中的所有 CAD/CAM/CAE 产品。该软件的解决方案用于创建机械和机电一体化设计、模拟和数控程序。机械设计在设计程序 NX 中完成，在 EPLAN 中进行后续的电路图设计，并利用 Zuken 程序进行导线的布线。电路图则根据给定的电子和功能要求进行设计。与此同时，对设计相关的和电气的固定准则进行检查，这意味着可以提前发现并避免许多开发错误。此外，还要在进一步的控制循环中进行生产测试，对印制电路板的基本可制造性进行模拟，并做合理性检查。

数字制造紧随数字化产品开发之后。开发系统和生产工程系统在内容和工艺方面都是标准化的，是统一协调的。产品开发中的产品数据及其组件数据为电子重复利用做准备，例如在数控程序和工作计划中。因此，Teamcenter 用作映射整个产品生命周期的软件，如图 3-5-31 所示。

通常情况下，印制电路板的开发是基于机电系统产品开发的 V 模型，但采用的是敏捷方法，基于 V 模型的经典开发仅适用于故障安全产品。敏捷方法的策略不是尽可能地缩短开发周期，而是一个接一个地处理功能。为此，需要创建一个包含所有必要的和所有功能的列表，根据其重要性对它们进行优先级排序，并开始开发最重要的功能。在有多个工作组的情况下，还可以并行开发不同的功能。如此，在开发下一个功能之前，总是要完成前一个功能的开发。这样做的好处是：可以在开发过程中对未处

理的功能重新设置优先级排序或修改，也可以添加新的功能。这样一来，在产品开发的早期阶段就可以根据客户的要求进行灵活调整，如图 3-5-32 所示。

目标不是实现较短的开发周期，而是为了在开发中实现更高的敏捷性和柔性。优先考虑的是尽可能灵活地响应客户的需求，因为市场是无法预测且不断变化的，需要在开发过程中进行灵活的调整，但这在传统的 V 模型开发模式下是不可能的，因为必须建立一个固定的需求、功能和性能规范，并有详细的时间安排，直到最终产品达到市场成熟度。如果在开发过程中市场发生变化，则无法对此做出响应。相比之下，Scrum 流程模型所追求的敏捷开发并没有错失市场，因为可以随时对客户的愿望做出响应。

5.5.2　CAD/CAM 耦合

CAD/CAM 耦合基本上基于 PLM 工艺到制造执行系统（MES）的信息系统的一致性。所有开发的工程数据和模型都在 Teamcenter 中进行标准化、结构化、索引、存储、编辑和重复使用。Teamcenter 在此处扮演了中央数据骨干的角色。在补充工艺数据之后，该产品数据库的核心任务一方面是自动生成数控程序，另一方面是生成交互式工作计划或路线。生成加工订单后，信息、数控程序和加工计划都会完全自动整合，并制造产品（见图 3-5-33）。

1. 生成加工计划

如图 3-5-34 所示，加工计划的生成是半自动的，并得到 Teamcenter 应用程序的交互式支持。开发物料清单（EBOM）是起点。通过用生产相关的数据（如尺寸、重量和公差）进行扩展，然后将其保存为制造物料清单（MBOM）。这个扩展（MBA 数据）由 Teamcenter 工作流程自动触发。开发人员可以从库中自动继承可用技术的当前拓扑。因此，物料清单可作为基础使用，通过将 MBOM 内容与可用的工厂设备联系起来，将其组合为加工计划，MES 提供的

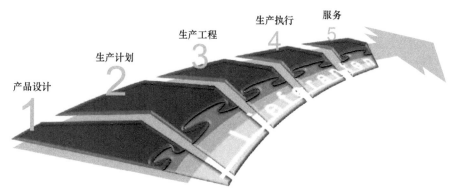

图 3-5-31　整个价值链中的整体自动化方法

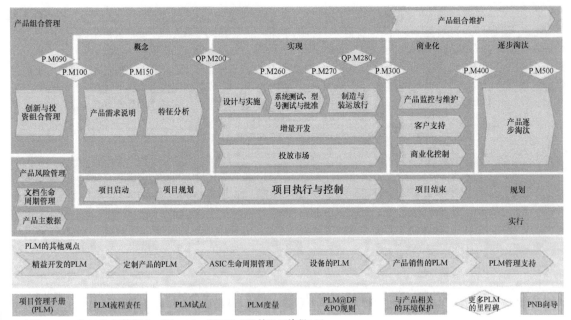

由Ninnemann,Peter发表(替代Menzi,Franz-josef DF Fa TP) 的PLM流程5.34
PLM流程适用于以下组织单元: DF FA、DF PL DER MOM 、PD PA AE。如果关于下层具体工艺流程发生重要变化,发布编号会随之更新

图 3-5-32 PLM 流程示意图

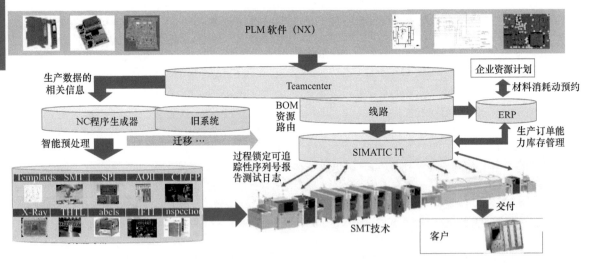

图 3-5-33 EWA 从设计到生产的整合

信息完善了该加工计划。

为每个产品保存加工计划, 它可以加载到 MES 中, 作为后续计算、求解和模拟的基础。

2. 生成数控程序

要生成图 3-5-35 所示的数控程序, 需要从 Teamcenter 中提取相应的物料清单。随后, 加载诸如单片机、激光和标签文档等相关文档以及尺寸和重量等基础组件数据, 然后汇总所有数据, 并将其解析为 XYZ 坐标命令。然而, 由于使用数控程序的所有设备使用不同的机器代码, 所以需要对聚合数据进行相应地翻译以供各个设备使用。完成的程序被存储在数据库中, 并可以随时由各个设备检索。

当需要对印制电路板进行开发时, 程序总是自动生成的。如上所述, 从 Teamcenter 加载 PLM 数据, 检查其合理性并进行预处理。数控程序的生成对于贴装程序、激光程序和大多数检测程序来说是完全自动的。在创建一些测试程序时, 需要进行少量的手动干预。转移到 MES 也是自动化的。程序创

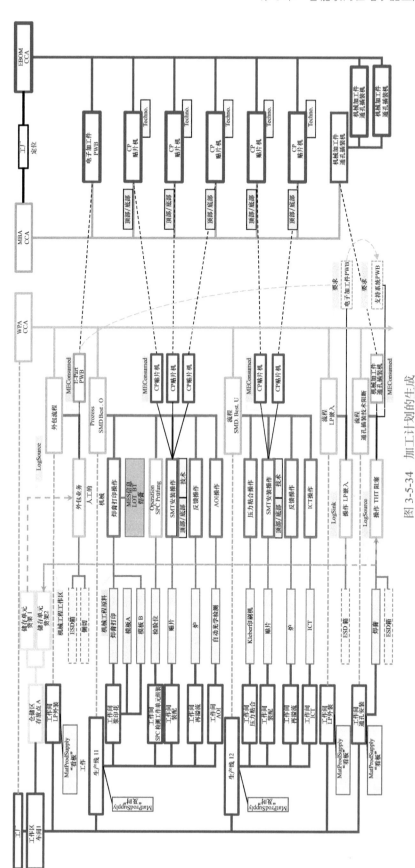

图 3-5-34　加工计划的生成

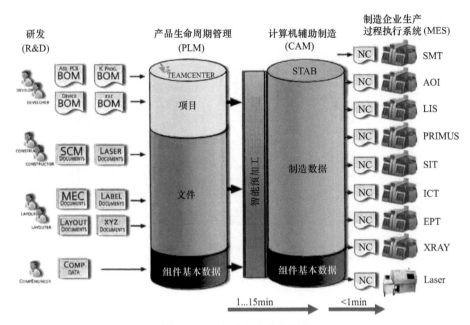

图 3-5-35　自动生成数控程序

建通常持续 1~15min，而程序转移只需不到 1min。

5.5.3　与制造执行系统（MES）连接

在生产中，一个特殊的挑战是将机器和设备连接到 MES，并保证从现场到 MES 的所有自动化级别的互操作性，反之亦然。该连接遵循即插即用功能的原则。

EWA 还面临着 Simatic S7 可编程逻辑控制器与更高级别服务器系统之间的高效机器连接的挑战。从该任务中开发出了一种技术解决方案，它已成为 COMESCO（连通性 MES 控制）的标准。COMESCO 追求以下目标：

- 短时响应（<30ms）。
- 最高的可用性。
- 操作简单。

- 迅速简单的通信诊断。
- 在不更改客户端时服务系统更换柔性。
- 车间内标准化的客户端连接。

这些目标通过实施标准化的客户端 - 服务器模式来实现。客户端具有积极的作用，并使用标准化的网络服务。在请求 - 响应原则中，客户端主动请求数据（请求），负责的网络服务器将所请求的数据发回（响应）。

由于客户端既可以是不同的控制系统和 PC 系统，也可以是网络服务器，每个都有不同的通信语言，因此需要在控制层和 MES 层之间建立透明的接口。为此，根据标准化原则（Seiketsu），COMESCO 被定义为统一通信标准，其结构示意图如图 3-5-36 所示。

为了实现和配置机器接口和系统接口，供应商和工厂的 IT 部门都以图 3-5-36 中所示的功能块作为标准。除了来自客户端操作系统的标准之外，还考虑了自动生成的网络服务。它使用已建立和开放的

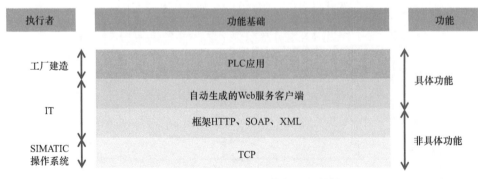

图 3-5-36　COMESCO 通信标准的结构

标准，如 XML 作为描述语言，HTTP、SOAP 以及 TCP/IP 作为传输协议。使用开放标准支持了许多不同的客户端的连接。因此，COMESCO 不仅要保证完成功能特定的任务，而且还可以保证与功能无关的任务。硬件方面则使用 ProfiNet 实现系统之间的实时通信。系统通过基于 TCP/IP 的交换机与更高级别的 IT 系统通信，从而使办公室和生产网络被防火墙隔开。

由于新客户端的连接和编程主要由系统供应商完成，因此在开发阶段已经为它们提供了可移植版本的 MES。这是为了能够尽早且有效地配置和测试机器连接。COMESCO 标准允许在客户端上配置网络服务参数，例如服务器系统的 IP 地址、端口或 URL。对于实际生产中的调试，随后只需要调整实际 MES 的路径即可。通过这种简单的参数化，可确保机器连接的高度柔性，并为设备所需的即插即用功能创造了重要的先决条件。

通过使用标准化功能块实现统一连接，可以通过模块化、可重复使用的代码生成自动创建所需的网络服务。目前已经存在各种网络应用程序，涵盖广泛的任务范围。从产品识别和生命周期数据的检索，到数控程序的加载，以及工艺数据和质量数据的采集和转发。

为了能够在发生意外事件时快速响应并确保方便维护，所有生成的日志（包括访问时间和错误报告）都会被记录。这些可以在所谓的 COMESCO 监视器中被显示和评估。

图 3-5-37 所示的 COMESCO 原理图系统地使用了自动代码生成、模块化和可重复使用的原则，是将机器和生产设备联网到信息物理生产系统的重要组成部分。这样就不再需要创建网络服务的专业知识，还可以避免编程错误，并缩短开发时间。

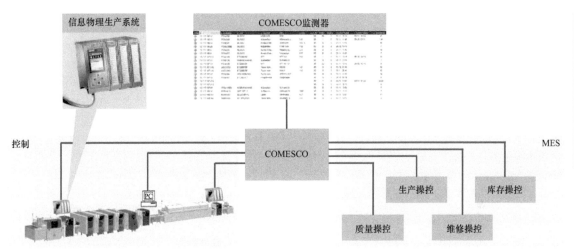

图 3-5-37　COMESCO 作为 MES 和控制层之间的接口以及 COMESCO 监测器

5.6　参考模型

在最初的对工业 4.0 持观望态度后，越来越多的公司认识到数字化的好处。无论是在提高生产效率、缩短产品上市时间和提高柔性方面，还是基于个性化客户需求、创新的业务模式或员工的新角色考虑方面，都可以看到数字化蕴藏着的巨大潜力（Acatech 2013）。然而在实践方面，企业通常只希望在企业自身内部推进数字化进程，并缺乏对工业 4.0 愿景的全面理解（Hörber/Daneschwar 2013）。有一些企业在数字化的道路上担当了先锋，并展示了示范性应用场景。但这些例子往往不适用于转化到各自行业或各自企业中。此外，规划和实施的方案在已建立的预定生产中（棕地环境）与新环境中（绿地环境）有所不同，在后面也将讨论其定义和方法。这就产生了问题：不同的企业如何逐步满足工业 4.0 的要求？

5.6.1　发展成为数字化企业

正如 5.2 中所述，工艺链的高度标准化是电子工业的特点，并且电子行业迫于强烈的竞争不断优化自身。因此，为了能够发挥上述潜力，电子工业向工业 4.0 方向的进一步发展是极其重要的。企业要逐步发展工业 4.0 的生产能力，一个合适的途径就是评估工业 4.0 成熟度的参考模型。这种模型将工业 4.0 的实施状态与运行时间或已完成的投资进行对照。企业为了改善自身工业 4.0 的生产能力，要定义一个企业必须形成的未来图景作为愿景。该参考点的定义可得出逐步实现的一般开发阶段。下面将更详细地描述这种参考模型。另外，EWA 在内部 Go4Excellence 评估的框架下每年针对其生产能力进行评估。通过可视化实际状态评估生产系统的各个方面有助于挖掘潜力，并根据改善原则不断自我改进。

上述参考模型的核心是有条理地评估工业 4.0 实施状态，为此必须总结工业 4.0 的各种关键核心主题，并按照工业 4.0 的最高要求阐释这些核心主题。为了能够进行评估，核心主题被分解为数个开发阶段，或设计可比较的评估模型。这使得每个核心主题都可以得到单独和客观的衡量和评估。将核心问题的评估整合到一个共同的绩效指标中，就是工业 4.0 的成熟程度。通过为每个主题定义工业 4.0 的最高要求，形成称为"数字企业"的基准。为了让企业进一步沿着工业 4.0 的方向发展，在制定工业 4.0 的发展目标以及确定个性化的小型开发步骤的过程中，展示让企业进入"数字企业"的理想道路。在理想情况下，走上该道路的发展路径取决于随着时间的推移或通过对工业 4.0 技术的投资所取得的进展。图 3-5-38 阐明了该过程。

如果企业还不具有数字化工艺或技术，则其起点位于所示图表的原点处。由于计算机的应用，一般可以假设第一段数字化进程已经结束。特别是在电子工业中，由于数字化进程已经高度标准化，电子工业通常已经实现了高水平的自动化。比如，

若图 3-5-38 中所示的"工厂 A"想进一步提高工业 4.0 的能力，那么它必须应对各个阶段的核心问题。

但是，想要在"数字企业"方向走多远，这是值得企业仔细权衡考虑的。随着工业 4.0 的愈发成熟以及技术转化程度的提高，企业获得了技术优势。企业利用先锋作用，既可以提升生产效率，又可以提高其柔性，因此通过持续的技术转化可以获得更高的利润。另一方面必须考虑到，在工业 4.0 技术中持续增加的投资使得短期成本增加，实施措施的经济性会随之下降。从更长远的角度则必须考虑长期投资增加的企业风险，新技术的高支出可能导致其他技术的预算下降。由于对自身潜力的错误预期，这些技术有变为失败投资的风险。除了这些需要权衡的目标条件之外，图 3-5-39 还展示了实施这些技术的预期成本将随着时间的推移而降低。出于这两个因素的考虑，能够得出当前工业 4.0 实施程度的最佳状态。

该参考模型的一个优点是它可以动态地适应未来的发展和工业 4.0 的要求。任何时候都可以根据需求的进一步发展、观点的转变、技术的更迭或投资成本重新修正"数字企业"参考点的最优解。同样，可以通过添加、改进或删除单个一般开发步骤，调整自身通往工业 4.0 的道路。电子工业格外需要应对技术和产品的快速发展（参见摩尔定律）。根据所列举的适应性，参考模型允许简单地适应不断变化的条件。

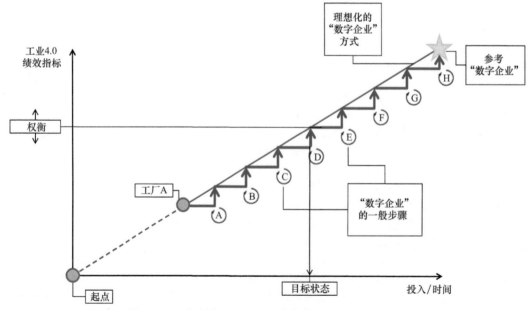

图 3-5-38　参考模型：通用开发步骤，平衡和目标状态

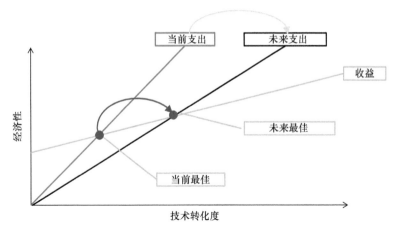

图 3-5-39　平衡目标状态

5.6.2　绿地方法与棕地方法

此外，通过参考模型，可以更深入地了解绿地方法和棕地方法不同的规划和实施。绿地方法是指在尽可能少的指定边界条件下进行规划，即在"绿地"中的新地点进行规划（Schönefeld 2011）。相比之下，棕地方法意味着在给定位置和边界条件下进行规划，暗指工业的"棕色"景观（Schönsleben 2011）。图 3-5-40 也阐明了这些关系。

"工厂 A"是一个"棕地"的示例，该工厂希望在"数字企业"方向上进一步发展。为了达到计划的目标条件，可以按照上述方式和方法确定多个开发阶段（A、B、C 和 D），它们可以在逐步的解决方案过程中实现。

相比之下，接下来的绿地方法是以"工厂 B"为例的。在权衡了三种不同的规划方案后，确定了目标状态。基于从属成熟度级别，可以精确地确定工厂 B 的技术实施要求。这意味着，在规划时就已经知道了工业 4.0 的成熟度应该达到什么程度，也知道了应该如何进一步发展。然而在绿地方法中，最初可能会出现成熟度的小幅下滑。其原因在于工厂及其员工的文化尚未展开，为此要使工业 4.0 愿景的进一步发展和持续改进才能实现。绿地方法的规划和实施通常具有的优点是不必从头起步，而是直接从更高的性能等级开始，且能够自由选择。在工厂 B 投入使用后，再次采用棕地方法提出的参考模型，

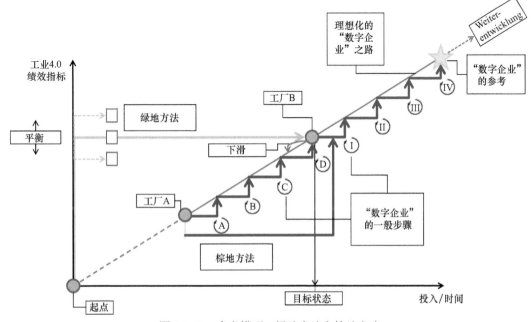

图 3-5-40　参考模型—绿地方法和棕地方法

有助于分阶段规划和实施工业 4.0。

5.6.3   示例：在安贝格和成都的西门子工厂

对于西门子数字工厂自动化制造（DF FA MF）加工网络而言，进入棕地环境或绿地环境的相关问题非常有趣。除了前文详细描述的安贝格电子工厂（EWA）外，中国成都西门子电子工厂（SEWC）已于 2013 年投入运营。

此处，EWA 可以被视为所述棕地方法的例子。EWA 建立于 1989 年，此后生产系统不断改变。发现的问题、漏洞或潜力促使了技术、资源和工艺的新发展和优化。这已随着时间的推移而被证实，并且仍在经历不断的变化。相比之下，可以认为 SEWC 是一种绿地的做法。有机会重新规划，并将其设计为已建立的 EWA 的姐妹工厂。EWA 担任非正式的牵头工厂的角色，仅在必要时为 SEWC 提供支持。在中国建立新工厂的原因是自动化技术市场正在强劲增长（Heuser/Reinartz 2014），并且由于法律要求以及与客户的紧密联系，在亚洲市场的布局具有很大的潜力。

新工厂设置的目标是确保项目运转持续时间少于两年，并达到与 EWA 相当的质量、交付准时率和效率。为了实现这个具有挑战性的目标，EWA 提供了生产技术、资源、IT 系统和工艺的样本。因此，生产系统的规划遵循经过验证了的组织形式和方法，并受益于已经获得的经验。但是，这里还需要对技术解决方案进行严格的考究。除了运营问题之外，必须仔细检查每个工艺和每个 IT 系统，以确定是否存在更简单或更有效的解决方案。最终无论是预算还是进度表都能通过这种方式无明显偏差地达成。装配线和 SMD 流水线逐步增加后，新工厂才能正常有序地运行。尽管产品范围包括了与 EWA 中相同的产品系列，但两个工厂的制造产品种类存在明显的区别。由于这种明确的关系，EWA 和 SEWC 之间不存在相互竞争。

将 EWA 的文化带入新的姐妹工厂是一个重要的任务，这种文化反映在制造网络的愿景中。这作为核心要素为客户提供了完美前景。除了帮助缔造数字化企业、生产世界一流的产品和建立全面的战略合作伙伴关系外，它还意味着社会责任和文化，全球化的价值创造结构以及最高的质量和效率。此外，在 EWA 中强有力地贯彻精益原则。文化传播的第一块基石是将项目管理逐步移交到中国人手中。虽然在项目开始时，关键岗位几乎全部由德国员工担任，但这些岗位也逐步转移至中方的领导和组织。最后，现在的 SEWC 全部都是中国人任领导层，他们拥有丰富的 EWA（领导）文化。此外，很大一部分中国本地员工在 EWA 接受了较长时间的培训，德国和中国同事经过密切接触和交流，对生产系统的理解达成了共识。此外，到目前为止，定期举行了员工交流，并对总体问题相互支持。通过解决方案和合作方面的共同工作，制造网络得到了进一步发展。SEWC 应逐步承担更多的责任。未来，它应该能够实施自己的开发项目。

总体而言，成都电子厂项目获得了非常积极的评价。制造网络内的密切合作使得两个工厂可以一直向彼此看齐。如此，它们可以并行且逐渐进一步发展为"数字企业"。

参 考 文 献

acatech e. V.- Deutsche Akademie der Technikwissenschaften: Umsetzungsempfehlungen für das Zukunftsprojekt Industrie 4.0: Deutschlands Zukunft als Produktionsstandort sichern. Abschlussbericht des Arbeitskreises Industrie 4.0. April 2013

Aurich, J. C., Barbian, P., Wagenknecht, C.: Prozessmodule zur Gestaltung flexibilitätsgerechter Produktionssysteme. In: Zeitschrift für wirtschaftlichen Fabrikbetrieb 98 (5) 2003, S. 214-218

Bogner, E.; Kästle, C.; Franke, J.: Enhanced Organizational Ambidexterity in Electronics Manufacturing through the Automation of Production-Related Processes. In: Proceedings of the 6th International Conference on Industrial Engineering and Operations Management (IEOM). Kuala Lumpur 2016, S. 1642-1648

Büttner, K.-H.; Brück, U.: Use Case Industrie 4.0-Fertigung im Siemens Elektronikwerk Amberg. In: Bauernhansl, T.; Hompel, M. ten; Vogel-Heuser, B. (Hrsg.): Industrie 4.0 in Produktion, Automatisierung und Logistik: Anwendung, Technologien, Migration. Springer, Wiesbaden 2014, S. 121-144

Beigl, M.; Boden, C.; Heinz, C.; Lenk, A.; Markl, V; Neumair, B.; Oppermann, H.; Riedel, T.; Schlitter, N.: Smart-Data-Technologien des BMWi-Technologieprogramms „Smart Data - Innovationen aus Daten". Berlin, 1. November 2015

Brecher, C.: Integrative Produktionstechnik für Hochlohnländer. VDI-Buch. Springer, Berlin/Heidelberg 2011

Broy, M.; Geisberger, E. (Hrsg.): Integrierte Forschungsagenda Cyber-Physical Systems. acatech-Studie. Springer, Berlin 2012

Cnyrim, H.; Feuerstein, R, Holzmann, R.: Montagesysteme in der Elektronik. In: Feldmann, K.; Schöppner, V.; Spur, G. (Hrsg.): Fügen, Handhaben, Montieren. Handbuch der

Fertigungstechnik. Hanser, München 2014, S. 770-798

DIN EN ISO 15378: 2015-10-01: Primary packaging materials for medicinal products - Particular requirements for the application of ISO 9001: 2008, with reference to Good Manufacturing Practice (GMP) NORM DIN EN ISO 9000: 2015-11

Eversheim, W.: Arbeitsvorbereitung. 2., neubearbeite Auflage. Studium und Praxis/Walter Eversheim (Band 3). VDI Verlag, Düsseldorf 1989

Fleischmann H.; Kohl, J.; Franke, J.: A modular web framework for socio-CPS-based condition monitoring. In: IEEE World Conference on Factory Communication Systems (WFCS). Aveiro 2016, S. 1-8 (doi: 10.1109/WFCS.2016.7496509)

Franke, J.; Michl, M.; Rösch, M.: Optimierung des Schablonendruckprozesses unter Verwendung innovativer Inspektionsverfahren und wissensbasierter Diagnosesysteme. In: Internationales Forum Mechatronik. Chilipaper GmbH 2011, S. 507-519

Götz, J.: Community-basierte Optimierung des Anlagenengineerings. Dissertation. Fertigungstechnik Erlangen 265. Meisenbach, Bamberg 2015

Goth, C.; Kuhn, T.: Mechatronische Integrationspotenziale durch MID. In: Franke, J. (Hrsg.): Räumliche elektronische Baugruppen (3D-MID): Werkstoffe, Herstellung, Montage und Anwendungen für spritzgegossene Schaltungsträger. Hanser, München 2013, S. 1-22

Härter, S.: Evaluation of the Stencil Printing for Highly Miniaturized SMT Components with 03015mm in Size. In: SMTA (Hrsg.): Proceedings Surface Mount Technology Association International Conference (SMTAI). Rosemont, Illinois/USA, 27. September bis 1. Oktober 2015, S. 756-764

Härter, S.; Klinger, T.; Beer, D.; Franke, J.: Comprehensive Correlation of Inline Inspection Data for the Evaluation of Defects in Heterogeneous Electronic Assemblies. In: SMTA (Hrsg.): Proceedings Pan Pacific Microelectronics Symposium (SMTA) 2016. Kohala Coast, Hawaii 2016

Heuser, H; Reinartz, P.: Industrie-Report: Industrielle Automationstechnik. Aktuelle Marktentwicklungen und deren Auswirkungen auf Unternehmenstransaktionen.Düsseldorf, September 2014

Hörber, J.; Daneschwar, P.: Qualität und Zuverlässigkeit. In: Franke, J. (Hrsg.): Räumliche elektronische Baugruppen (3D-MID): Werkstoffe, Herstellung, Montage und Anwendungen für spritzgegossene Schaltungsträger. Hanser, München 2013, S. 183-211

Hörber, J.; Glasschröder, J.; Pfeffer, M.; Schilp, J.; Zäh, M.;

Franke, J.: Approaches for Additive Manufacturing of 3D Electronic Applications. In: Procedia CIRP. 5th CIRP Conference on Assembly Technologies and Systems. Elsevier B. V. (17) 2014, S. 806-811

Kagermann, H.; Wahlster, W.; Helbig, J.: Umsetzungsempfehlungen für das Zukunftsprojekt Industrie 4.0. Abschlussbericht des Arbeitskreises Industrie 4.0. Frankfurt 2013

Kästle, C.; Fleischmann, H.; Scholz, M.; Härter, S.; Franke, J.: Cyber-Physical Electronics Production. In: Jeschke, S.; Brecher, C.; Song, H.; Rawat, D. B. (Hrsg.): Industrial Internet of Things. Springer Series in Wireless Technology. Springer, Cham 2017, S. 47-78

Kohl, J.; Spreng, S.; Franke, J.: Discrete event simulation of the individual energy consumption for product-varieties. In: Procedia CIRP. Variety Management in Manufacturing. Proceedings of the 47th CIRP Conference on Manufacturing Systems. Windsor, Ontario/Canada, 28.-30. April 2014. Elsevier B. V. (17) 2014, S. 517-522

Kuhn, T.; Franke, J.: Mechatronic Integrated Devices - Innovative Lösungen für mechatronische Systeme. In: electronic fab (1) 2015, S. 21-22

Laney, D: 3D Data Management: Controlling Data Volume, Velocity and Variety. 6. Februar 2001

Michl, M.: Webbasierte Ansätze zur ganzheitlichen technischen Diagnose. Dissertation. Fertigungstechnik Erlangen 242. Meisenbach, Bamberg 2013

Michl, M.; Fischer, C.; Merhof, J.; Franke, J.: Comprehensive Support of Technical Diagnosis by Means of Web Technologies. In: 7th International Conference on DigitalEnterprise Technology (DET) . Athen 2011, S. 73-82

Rösch, M.: Potenziale und Strategien zur Optimierung des Schablonendruckprozesses in der Elektronikproduktion. Fertigungstechnik Erlangen 221. Meisenbach, Bamberg 2011

Rothaupt, A.: Modulares Planungssystem zur Optimierung der Elektronikfertigung. Fertigungstechnik Erlangen 44. Hanser, München 1995

Sattelberger, T.; Boes, A.; Welpe,I.: Das demokratische Unternehmen: Neue Arbeits- und Führungskulturen im Zeitalter digitaler Wirtschaft. Haufe Lexware 2015

Schönsleben, P.: Integrales Logistikmanagement: Operations und Supply Chain Management innerhalb des Unternehmens und unternehmensübergreifend. Springer, Berlin/Heidelberg 2011

Scholz, M.; Kolb, S.; Franke, J.: Operation-oriented One-piece-flow Manufacturing: Autonomous and Smart Systems as Enabler for a Full-meshed Production Network. In:

Proceedings of the 49th CIRP Conference on Manufacturing Systems. Stuttgart 2016

van Brackel, T.: Adaptive Steuerung flexibler Werkstattfertigungssysteme: Nutzung moderner Informations- und Kommunikationstechnologien zur effizienten Produktionssteuerung unter Echtzeitbedingungen. Gabler-Edition Wissenschaft: Schriften zur quantitativen Betriebswirtschaftslehre. Gabler, Wiesbaden 2009

VDI/VDE-Gesellschaft Mess- und Automatisierungstechnik: Cyber-Physical Systems: Chancen und Nutzen aus Sicht der Automation. Thesen und Handlungsfelder. April 2013

ZVEI: Identifikation und Traceability in der Elektro- und Elektronikindustrie. 2009

3

第6章 小批量个性化生产的智能工厂

Stephan Weyer，Fabian Quint，Stefanie Fischer，
Dominic Gorecky，Detlef Zühlke

工业 4.0 这一概念是对于全面数字化、网络化生产系统价值创造的根本性重新定义，该系统由模块化、可通信的工厂对象组成。除了产品之外，该生产系统还包括其他工具、现场设备、生产模块和设备。工业 4.0 假设的技术示范保证了柔性且可变的生产的新兴要求，而该生产方式的创新周期日益缩短，并且越来越趋向以客户为导向的价值创造（Weyer 2015）。然而，至今仍缺乏实际开发和引入新生产设备的解决方案模型来首次充分实现机电一体化的可变性，并发挥全面联网的潜力（Weyer 2015）。为了创建适当的解决方案模型，根据智能工厂[KL]协会的技术倡议设计了一个高度模块化的生产设备作为测试和演示对象，它使用独立于制造商的规范，并演示了异构工厂对象的联网和可变性。它是离散制造的应用示例，本章将对此进行更详细的阐述。

尤其是离散制造，其特点是各种原材料、物料和涉外零件，通过各种制造工艺和装配工艺制造出最终产品；且相对而言，对于客户个性化产品和产品变体的强烈需求正日益增长。小批量的生产趋势给在实际生产中常用的传统自动化解决方案带来了挑战，并且很快达到了经济极限。市场渗透消费品承受着巨大的成本压力和创新压力，因为它们的使用寿命越来越短，并且必须同时在短时间内提供许多客户个性化的产品变体（Kaufmann 2015）。

为了应对这一挑战，需要更加柔性的制造方法。在实践中，已经可以找到许多例子，其中产品是个性化的并且是根据客户需求制造的。例如，阿迪达斯（Adidas 2016）和耐克（NIKEiD 2016）允许客户个性化设计自己的鞋子，他们可以针对特定的鞋类款式，挑选材料和各种多样的颜色组合进行设计。在食品行业，如 myMüsli（MyMüsli 2016）或巧克力生产商 M&M（M&M's 2016）等供应商允许通过互联网订购定制的产品变体。卫生用品行业也提供定制化妆品等产品，例如带有个性化的照片、文字以及选定的图案、形状和颜色的自己设计的香水、沐浴露、肥皂和护肤霜（UNIQUE by MyParfum 2016；Rossmann 2016）。此外，如今已经在汽车行业内广泛应用的设备组合和配置选项表明，客户可以使他的理想汽车个性化到最小的细节。

个性化制造以及减少传统大规模生产的趋势日益明显。在工业 4.0 进程中，统一的变体管理方法已被广泛采用，且正在向某种新的形式转变。到目前为止，产品多样性处于十分重要的地位，其丰富的种类可以通过形成固定产品系列或定义固定设备组合的方式来实现。随着全球化的进行以及产品个性化销售市场向单件批量的细分，客户的不同需求将得到满足（见图 3-6-1）。因此，每个制造商可以根据特定需求生产对应产品，从而确保与竞争对手之间的竞争优势（Wahlster 2014）。但是，给出的示例并未达到客户个性化，或者说仅仅是通过使用柔性的自动化工艺在一定程度上达到要求。特别地，它们的特性可以通过在批量生产中包含许多手动加工步骤（例如鞋和衣服），或者仅要求部分实现个性化的工艺步骤（例如混合麦片）来实现。

工业 4.0 旨在将传统大规模生产的优势与对个性化产品不断增长的需求相结合。为了今后个性化产品的生产，必须建立更柔性和可扩展性更好的生产方式，而这些产品目前是通过传统大批量生产方式生产的。因此新型生产方式必须具有以下三个目标标准（Gorecky 2016）：

1）机电一体化的可变性：为了最大限度地在换模时减少停机时间并节省成本，生产设备是可变的，

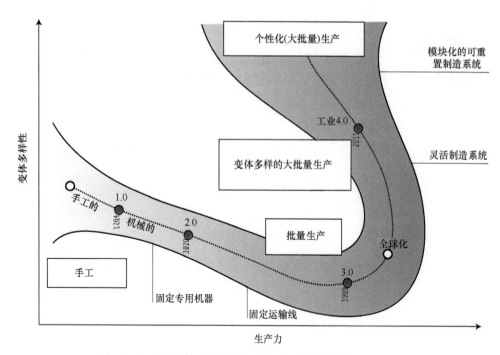

图 3-6-1　基于变体多样性和生产力的工业生产（Koren 2009）

并且是模块化构造的，可以快速且经济地投入运行，从而适应新的生产要求。

2）个性化大批量生产：在大批量生产的条件下，生产设备具有个性化产品的经济性生产和制造多种产品变体的能力，即小批量生产。

3）企业内部和企业之间联网：具有通信功能的产品和生产设施可以快速且轻松地连接到 IT 系统，从而实现对正在进行的生产过程提供建议和干预，即可以预测故障，并优化流程（见图 3-6-2）。

下面介绍的系统架构基于 Smart Factory[KL] 项目（Gorecky 2016）。其目标是根据工业 4.0 的范例，与业界的合作伙伴共同设计离散制造系统，并将其整合在一个演示器中（Weyer 2015）。系统架构已经开发完成，并被实例化为离散且松散连接的流水线生产的一部分。该项目由此理解为：只有通过跨制造商的规范或标准才能增加工业 4.0 的潜力。与万维网的发展类似，需要通用协议和信息模型才能将"智能"工厂对象相互联网，并使它们之间运行的过程易于人们理解和访问（Müller 等 2016）。

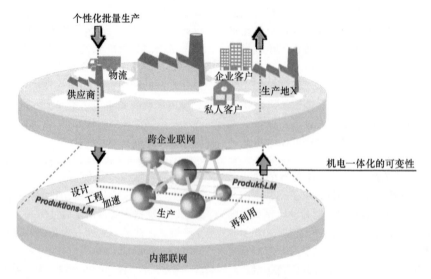

图 3-6-2　新型生产系统的目标标准

SmartFactory[KL] 是一个非营利性的行业和研究协会，它拥有近 50 个成员，是欧洲最大的技术平台，用于在现实工业生产环境中创新信息和通信技术的研究、应用和演示。

SmartFactory[KL] 协会自 2005 年成立以来，会员数量稳步增长，来自德国国内外的国际研究机构以及工业公司，从全球参与者到创新型中小企业，形成了一个协作项目的网络。与德国人工智能（DFKI）研究中心的密切合作使其与德国创新软件技术领域的尖端研究对接，并通过应用"智能技术"为生产制造提供新的动力。

为了实施当前第四次工业革命的核心示范，独立于制造商的技术平台已开展多年的先驱工作。早在 2011 年，在汉诺威工业博览会上首次开发并展示了一个完全联网的研究设施，并将其作为未来生产的指导愿景，从而出现了 DFKI 创造的关键词"工业4.0"。2014 年，世界上第一个产业成熟的工业 4.0 生产系统得以展示。其独有的特征是由 SmartFactory[KL] 合作伙伴共同定义的独立于制造商的规范和标准，并通过这些规范和标准 SmartFactory[KL] 将不同行业合作伙伴的不同硬件和软件模块灵活地组合成一个完整的工厂。

6.1　智能工厂 [KL] 系统架构

6.1.1　系统架构的概念

在前述机电一体化可变性、个性化大批量生产以及企业内部和企业之间联网的目标标准下，下文描述了适用于工业 4.0 生产工厂的通用系统架构（见图 3-6-3），它是一种新型生产方式的解决方案模型，它将生产系统分解为 5 个部分（Gorecky 2016）。

除产品外，它还包括生产层、供应层、集成层和 IT 系统层。就关注点分离（Separation of Concerns）方法而言，每层通过专用的任务、功能、属性和职责来分离，这降低了各个组成部分特定元素的全局依赖性。其通用特性使得智能工厂 [KL] 系统架构的方法可以应用到类似生产设备的重新规划。

6.1.2　系统构架的要求与规范

下文将介绍对系统构架各个组成部分的要求，并将其转换为通用规范。

1. 产品

要制造的产品是生产工艺概念的起点。根据个性化大批量生产的目标标准，生产工艺未来将完全面向待生产的个性化产品。目标是在大批量生产条件下经济地生产出符合客户要求的特定产品。根据

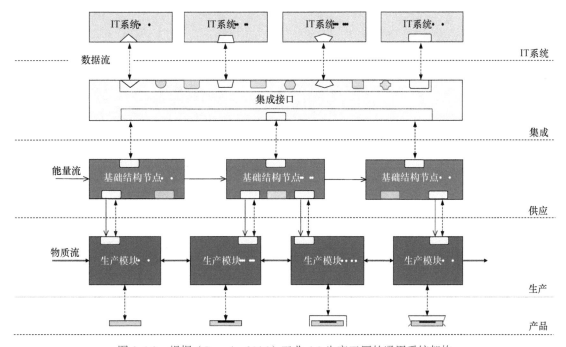

图 3-6-3　根据（Gorecky 2016）工业 4.0 生产工厂的通用系统架构

所需的个性化要求，生产工艺的控制必然会受到每个产品的影响。这导致需要为产品配备数字"存储器"，该存储器携带着产品所有与生产相关的信息，并在产品自身加工过程中根据需要提供这些信息（信息物理产品，参见第1篇第1章）。通过数字产品存储器，可以进行自动且最好是非接触式识别和定位。在产品生命周期的所有阶段，数字产品存储器可以进行信息累积、读取和评估。信息可以直接存储在产品上（例如在无源和有源转发器上）或存储在外部（间接地，例如在服务器上，参见第1篇第1章中的数字孪生）并且可供使用。如果产品数据模型不是存储在本地，则必须至少进行一次识别（如通过应用代码），以便将物理组件与数字产品数据模型相关联。

2. 生产层

生产层承担实际的价值创造工作，即为客户个性化生产执行制造、装配、检测和处理过程。这种多样化产品的柔性制造对满足需求的生产结构组合提出了要求。在未来，将个性化生产工艺与标准化工艺模块结合起来（特别是以最小的工作量，将其结合起来）。这也意味着新的工艺模块可以以最小的工程工作量，独立于现有生产结构的工程设计，整合到现有和正在进行的生产过程中。每个工艺模块都必须具有专用的生产功能模块，这些功能模块在生产模块中被实例化（见图 3-6-4）。

因此，生产模块必须不仅能够单独运行，还可以与其他生产模块一起运行，为此，必须规划好各个生产模块之间的松散连接。尽管功能性已封装，

但必须确保产品在各模块中的畅通。与此要求相关的指导范式称为"即插即用"，它意味着以最少的配置成本就可完成新组件的简单集成。因此，生产模块之间不应直接通过机械、电气或者通信技术彼此连接。然而，必须为生产模块可互操作的组合功能定义总体规范，例如，这包括基本机械结构、传输系统、用于检测相邻模块的机制或与供应基础设施的连接。

关于个性化大批量生产的目标标准，系统架构还必须预先拟定一种解决方案，允许在生产过程中实时地明确识别和跟踪待生产的产品。该解决方案必须使生产模块能够单独采集和处理存储在数字产品存储器中的信息。生产模块中映射的工艺模块必须尽可能是通用的且可参数化的，以确保可以处理更高的变体多样性。

3. 供应层

供应层确保上述生产模块的运行准备和功能准备。为了能够以最少的配置成本广泛地将生产模块与生产工艺相连接，柔性的基础设施是必需的，这为生产模块提供了基本的供应功能和管理功能，其中包括能源供应和采集、数据路由和安全性功能。

这样，供应基础设施就把生产模块连接起来了，否则这些模块完全是自主运行的。另一方面，供应基础设施本身必须是模块化的，这样才能确保生产工厂建设中获得的柔性不因复杂或严格的基础设施规划而受到影响。

4. 集成层

从企业内部和企业之间联网的目标标准来看，

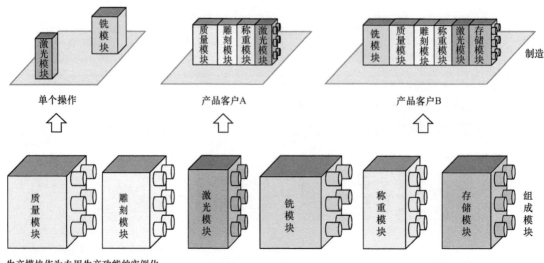

图 3-6-4　通过"即插即用"的柔性个性化生产模块连接的系统架构

综合通信是未来生产方式的基本原则。集成层负责产品、生产层与基础设施层之间的信息交流，也负责与 IT 系统层之间的信息交流。有关生产设备和待生产产品的信息必须以统一的数字方式实时提供，以简化生产企业内部和企业之间的决策过程和优化过程。

系统架构必须为 IT 系统和生产设备之间的松散连接预设一个开放接口（见图 3-6-5）。信息接口必须拥有集成功能，并将生产设备中所有的相关信息和设置参数合乎逻辑地汇总在一个统一的表示方案中。连接的 IT 系统必须确保有对生产设备的信息和设置参数的读写访问权限。

5. IT 系统层

最终，只有当个性化产品的高度模块化生产设计为可规划的、可控的且在操作期间是可分析的，才能有效地使用模块化生产结构。这背后是物理过程及其数字图像之间同步的主要示范（参见第 1 篇第 1 章中的数字孪生相关内容）。有关生产模块和待生产产品的信息必须以统一的数字方式实时提供，以便在生产企业内部以及企业之间实现更快且更精确的协调和决策。

因此，系统架构必须预先拟订更高层面上 IT 系统的柔性连接，进而完成生产设备的规划、控制和优化。新 IT 系统必须以尽可能低的成本连接到预设接口。为此，应规划 IT 系统在模块化功能块中的封装，该功能块可以为特殊用途集成和更换（图 3-6-6）。

6.1.3　总结

根据新型生产方式的要求，表 3-6-1 总结了系统架构实施的一般规范（Gorecky 2016）。这里介绍了纯机械的、机电一体化的和信息技术的必要规范的区别。

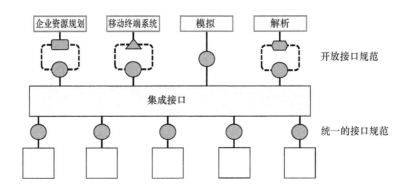

图 3-6-5　通过开放接口规范集成层与 IT 系统的连接

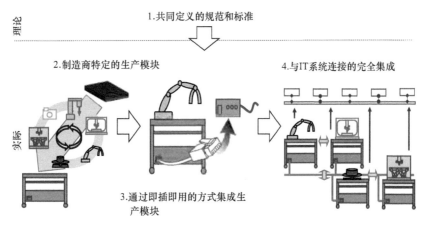

图 3-6-6　通过共同定义的标准和规范实现系统架构

表 3-6-1　系统架构一般规范一览表（Gorecky 2016）

机械规范	
模 块 层 （生产模块）	■ 统一生产模块的基本结构，例如模块尺寸，输送高度等 ■ 具有确定的产品连接点和确定的物料流向的模块化运输系统
机电一体化规范	
产品层	■ 数字产品存储器，用于存储所有产品和生产相关信息
模块层	■ 识别和定位产品以及对数字产品存储器进行读写访问的机制 ■ 检测相邻生产模块和一般工厂拓扑结构的机制 ■ 与供应基础设施的统一连接
供应层	■ 生产模块的统一连接
信息技术规范	
产品层	■ 数字产品存储器的统一信息模型，用于存储所有产品和生产专用数据
生产层	■ 生产模块的统一信息模型，用于识别、解释工厂整体结构以及与集成层的数据技术连接
集成层	■ 统一的通信协议，用于对生产层和模块信息模型的读/写访问
IT 系统层	■ 通信协议，用于 IT 系统层对表示方案中描述的信息和设置参数的读/写访问

6.2　系统架构的实现

为了实现上述工业 4.0 生产工厂的系统架构，设计了用于种类丰富的小零件生产的示范工厂。通过绿地/棕地相组合的方法，可确保该方法的迁移能力。采用绿地方法后，为模块化生产工厂的网络化设定了新的技术标准，而封装生产模块的设计可以建立在现有技术的基础之上。重点在于通过共同定义的规范（见 SmartFactory[KL] 的定义），将上述不同厂家的异构硬件和软件组件进行联网。

通过共同定义的规范和标准，进一步详细介绍了 6.1 中描述的系统架构的通用规范，并在示范工厂中加以实施。其结果是一个高度模块化的、独立于制造商的生产系统，该系统作为工业 4.0 未来发展的基础而得到积极使用，并进一步发展（见图 3-6-7）。

6.2.1　产品层

上述系统架构技术实现的核心主要在于生产层、供应层、集成层和 IT 系统层。因此，实际产品只起很小的作用。相应的示例产品应该根据自身生产工艺调整要求，并保留数字产品存储器。在示范工厂内，每个单独的产品都有 RFID 标签，其中包含大量与生产信息相关的特定数据结构。该存储器在本书中被称为数字产品存储器。RFID 标签连接到输出组件，即使在完全装配状态情况下也可以从外部读取。

下面以名片盒的制作为例，在演式模式下直接为客户进行个性化定制。这个由三部分组成的名片盒可以通过多种方式进行个性化设计（见图 3-6-8）。客户在订货时指定有机玻璃底板的雕刻花纹以及金属盖的颜色和激光雕刻。此外，客户还可以在制造过程结束时选择两个免费的宣传品。

输入订单时，产品和生产特定信息存储在数字产品存储器中，因此，产品存储器反映了客户个性化的生产方案，并包括订单号、日期、生产状态、优先级、生产步骤、每个模块的能耗、加工步骤的持续时间、金属盖颜色、底板雕刻、QR 码等客户数据以及可选的免费产品。在各个生产步骤实施过程中，各个生产模块独立处理用于执行工艺步骤的相关信息（参见生产层）。

以用于激光雕刻的生产模块为例来说明生产步骤的顺序：当产品到达时，通过相应的 RFID 读/写器读取数字产品存储器中的信息。根据所存储的产

图 3-6-7　生产设备的总体结构，包括制造商特定的生产模块（后部）和
供应基础结构（前部）(照片来源：C.Arnoldi)

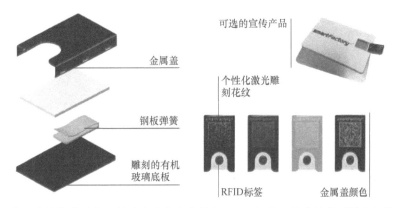

金属盖

可选的宣传产品

钢板弹簧

个性化激光雕刻花纹

雕刻的有机玻璃底板

RFID标签　　　　金属盖颜色

图 3-6-8　作为个性化产品的三件式名片盒由存储在 RFID 标签上的产品存储器进行数字化描述

品信息，例如当前的生产状态或产品的优先级，生产模块可以自主决定是否执行客户要求的激光加工。根据存储在 RFID 标签上的客户数据（名称、地址、电子邮件等）生成 QR 码，并对激光器进行参数化处理，以匹配指定的金属盖的颜色。在加工完成后，更新后的生产状态以及能耗、生产持续时间和生产状态的数据被存储在数字产品存储器中。

6.2.2　生产层

从系统架构的概念设计中可以看出，有必要在产品增值活动层面确定个性化、多品种生产的专用生产功能。为了执行生产、装配、检测和处理过程，必须在封装的生产模块中提供必要的工艺模块。这使得生产模块可以根据订单情况和生产条件，在孤岛内操作，或结合其他模块进行操作。这种灵活性可以为设备操作员节省时间和金钱，特别是在设备配置或维护和维修方面。例如，如果某个生产模块由于组件缺陷而出现错误，则可以从生产设备中移除相应的模块并修复，而生产网络的其余部分可继续生产。目前有 8 个封装的模块化单元，用于个性化名片盒的处理、生产、装配、质量检测和存储（见

图 3-6-9）。每个模块形成一个独立的生产单元，可以根据需要将其集成到示范工厂中或从中删除。模块概念还根据系统架构进行设计，以使网络中的各个模块之间不存在直接连接。制造商特定的生产模块通过共同定义的接口连接，从而形成功能性的整体设备结构。

机械的规范包括生产模块的尺寸、传送带的高度和边界以及连接器的位置。它们构成了生产模块的可互操作组合功能的基本前提。因此，待加工产品在传送带上以规定的高度和位置在各个生产模块之间传递。每个模块都有一个进给和返回的传送带，通过传送带上的工件托盘可以在模块内单一模式循环。每个模块中集成的闸门系统确保工件托盘仅在相邻模块可用时才离开自己的生产单元。安装在模块两侧的闸门在模块内的闭合状态下偏转工件托盘。如果两个相邻模块的闸门打开，则产品被传送到相邻模块的传送带上。原则上，可以在工件托盘上安装不同的产品支架，因此，除了名片盒，还可以生产其他产品。

相邻模块通过以 RFID 为基础的"相邻识别"来实现相互识别，这种识别在每个模块的连接侧进行。接触表面配备有相应的 RFID 标签和读取单元。"相邻识别"在短距离处读出相邻 ID，并且在验证相邻

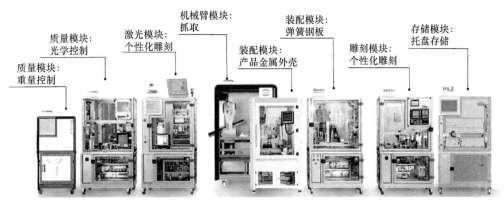

质量模块：光学控制

激光模块：个性化雕刻

机械臂模块：抓取

装配模块：产品金属外壳

装配模块：弹簧钢板

雕刻模块：个性化雕刻

存储模块：托盘存储

质量模块：重量控制

图 3-6-9　选择具有专用任务、功能和属性的制造商专用生产模块构成生产网络

模块之后，打开用于工件转移的闸门。此外，它还准备整个 IT 系统处理相关的数据，例如功能和模块位置（见图 3-6-10）。

根据"即插即用"模式，用于能源供应和模块联网的通用连接器同样也是设备柔性调整的先决条件。所有模块都通过一个插头连接到供应层。在示范工厂中，电源包括与压缩空气系统、400V 三相电流、内联网和互联网以及到全局紧急停止回路的连接。相应的插头连接器如图 3-6-11 所示。

每个生产模块都有一个 OPC UA 服务器，用于模块化生产层的 IT 连接。上述提到的变量已总结在一个共同且特定的信息模型中，该模型包括相关模块化生产结构中监测和控制的所有变量。其中的相关信息，例如，相邻模块或当前加工的产品的生产状态和优先级，这些信息持续稳定更新并在 IT 系统层中提供。设备拓扑结构，即模块的安排无关紧要，因为上述产品在通过设备时，在模块环境中自主搜索生产必需的生产工艺。

对模块内部的生产工艺、装配工艺、检测和处理工艺的技术实现没有其他要求。除了能够满足上述规范之外，即能够"即插即用"地集成到生产网络中，模块制造商在各个生产模块中使用的自动化技术以及实施的控制架构方面具有高自由度。

> **生产个性化名片盒的生产工艺如下：**
>
> 　　生产工艺从第一生产模块，即托盘存储模块中移除空的工件开始。第一个部件是一个个性化雕刻的有机玻璃产品基座，包括用订单数据描述的 RFID 标签，被放到第二生产模块中提供的工件托盘中。随后，在另一个生产模块中插入用于托住名片的金属弹簧。为了压入客户所需的彩色金属盖，产品在下一个模块中进行个性化雕刻之前，它会被传送到另一个相邻的模块。随后，下一个生产模块执行光学和计量的质量控制，并插入免费产品。如果由于缺少生产模块而无法完全加工某些产品，则将半成品缓存在托盘存储模块中，直到缺少的生产功能（再次）可用，并且可用于完成产品制造。

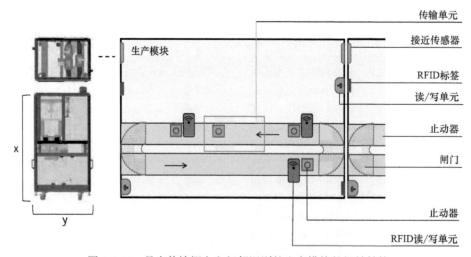

图 3-6-10　具有传输概念和相邻识别的生产模块的机械结构

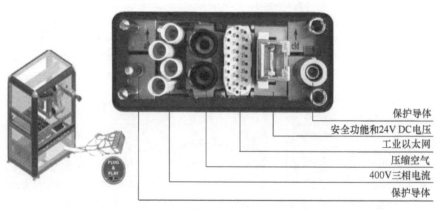

图 3-6-11　通用连接器可以根据"即插即用"模式进行柔性系统调整

6.2.3 供应层

根据系统架构,实现模块化工厂概念的一个基本前提是一个柔性且可扩展的供应基础设施,通过"即插即用"的方式将生产模块投入运行,并将基础设施规划的成本降至最低。在示范工厂内部,供应层根据系统架构通过当前 4 个不同的基础设施节点得以实现。这里特别的地方是,各个基础设施节点可以跨制造商地进行组合和运行,尽管它们的结构和附加功能可能完全不同(见图 3-6-12)。类似于生产层,联合开发的规范和标准还阐明了制造商特定的基础设施节点之间可互操作的合作。对于工厂运营商而言,这种跨制造商的基础架构概念在未来不仅为生产设备的安装和(重新)配置提供了更大的柔性,而且还显著降低了对各个技术供应商的依赖性。

此外,供应基础设施应该能够自我管理,保护自己免受未经授权的访问,并采集相关的运营数据。例如,当集成在基础设施节点的防火墙保护示范工厂的通信技术时,能通过智能的能源管理来检测输出插座连接处的能量消耗。

6.2.4 集成层

根据系统架构,集成层的任务是实时采集生产模块的数据,这些数据通过供应层提供,并将这些数据永久存储,使其可供整个 IT 系统使用。作为开放的集成接口,它可以预设 IT 系统和生产设备之间的松散连接,承担逻辑数据集成的功能,并根据访问权限管理双向读写访问。在示范工厂中,集成层通过 OPC UA 协议实现,该协议统一汇总来自生产模块的所有运行数据和产品数据。因此每个生产模块都配有一个 OPC UA 服务器。上述提到的变量被总结在一个共同且特定的信息模型中,该模型包括相关模块化生产结构中监测和控制的所有变量。例如,可以从当前设备状态和数据图像以及历史数据记录中推导分析结果,以避免瓶颈、废品、返工和停机时间或实现预测性维护和质量保证。

但是,对于从 IT 系统层到集成层的访问,没有规定固定的通信协议。从系统架构的概念设计中可看出,可以通过各种通信协议进行访问;例如使用 MQTT,SOAP 或 RESTful 网络服务。

6.2.5 系统层

IT 系统层的目标是实现模块化生产结构的动态监测、控制、规划、分析和模拟。根据系统架构的要求,将所有计算机辅助的规划功能、控制功能和优化功能封装在模块化软件组件中,实现这些软件组件与集成层的柔性连接是非常重要的。示例生产中相关的 IT 系统如图 3-6-13 所示,并在下文进行简要说明。

异构模块化生产设备的规划系统必须在未来能够有效地整合离散的三层局部规划。在各个生产模块调试完毕,并且将第一状态数据传输到集成层之后,资源管理器的软件模块采用拓扑识别,即检测生产模块的位置。工厂的结构源于此,并通过集成层提供给其他 IT 系统模块。

ERP 系统负责管理可用资源和物料的使用以及订单管理。根据客户的意愿直接通过 ERP 系统的输入窗口进行订单输入。一旦输入相应的订单,在生产过程集成层就会被启动,会跟踪相应的产品处于哪个生产模块或加工步骤。基于该信息,可以根据客户的授权,对相应的销售订单的生产进行实时规划和控制。

第一个生产步骤是使用个性化生产订单初始化数字产品存储器。在与工艺相关的层面上,由 MES

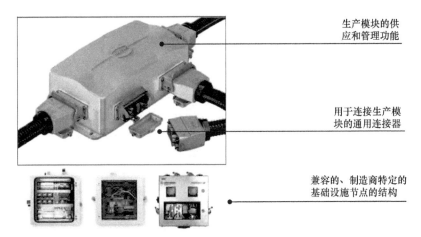

生产模块的供应和管理功能

用于连接生产模块的通用连接器

兼容的、制造商特定的基础设施节点的结构

图 3-6-12 基础设施节点的制造商特定结构,作为柔性的、可扩展的供应基础设施的一部分

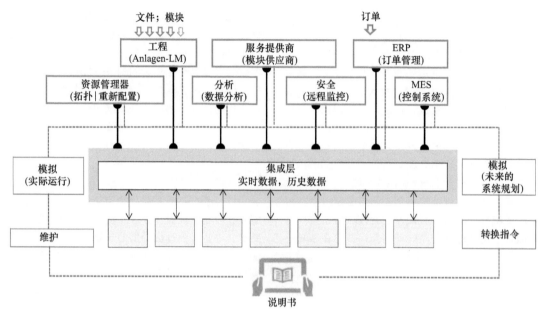

图 3-6-13　封装的软件组件可实现模块化生产结构的监测、控制、规划、分析和模拟

模块辅助负责数据采集和再处理，用于实时控制生产。另一个软件模块承担数据分析功能，并根据提供的实时数据集侧重于描述性、预测性和规范性维护。如 6.2.4（集成层）中提到的，来自生产模块的运行数据和产品数据通过 OPC UA 协议采集并结构化，且永久存储。根据历史数据推导出分析的结果，以避免瓶颈、废品、返工和停机，或实现预测性维护和质量保证。在维护案例中，另一个 IT 组件提供多媒体远程访问用于远程维护任务，还记录用于实时和历史生产监控的视频序列，并将其连接到相应产品的订单和生产数据中。因此，服务提供商的软件组件可以执行原因诊断、估计维护类型和持续时间，并根据生产过程与其他相关方协商处理服务订单。

CAD 数据和电路或电气图样等文档可通过集成工程模块申请和调用，这不仅适用于维护和服务任务，也适用于设备结构的重新设计。设备的生命周期越来越短，未来设备必须更快地进行规划、转换或维护，以满足客户个性化的生产需求。虽然重新规划涉及当前高成本的协调过程及不同的学科，但未来（重新）设计将直接在现场，即在生产过程中进行。在重新配置时，所有相关文档都可由设备操作员临时使用。

6.3　应用场景

下面的应用场景描述了工业 4.0 生产系统在个性化小零件制造方面的功能和优势：一家中小型公司生产多种型号的骰子，这些骰子可以个性化地提供给客户，并可以小批量地生产，如单件批量。在个性化的情况下，顾客可以定制面积、材料、颜色和钻孔。该企业有两条按照智能工厂[KL] 系统架构设计的模块化生产线。使用来自不同技术供应商的生产模块，并且根据当前的边界条件在两条生产线中可变地使用。

1. 动态的模块交换和柔性的设备扩展

在当前配置中，在两条生产线的其中一条上生产具有激光钻孔的彩色塑料六面体。除相关的处理模块和生产模块外，设备操作员还可使用合适的激光雕刻模块。为了完成新的、短时的客户订单，类似的骰子目前由木材制成并有钻孔。激光模块不能再用于钻孔，因此，必须更换模块。该企业已经有合适的生产模块，目前正使用在相邻的生产线上。通过 ERP 系统可以确定生产模块的可用性，从而确定改装时间和新订单的生产时间。通过"即插即用"功能，可以在最佳时间点进行模块更换，而无须关停整个系统（见图 3-6-14）。当相邻的处理模块和生产模块已经完成木质骰子坯料的生产后，用于钻孔的模块将引入现有生产网络中。

之前集成的激光雕刻模块最初成为系统结构内唯一一个停止运行的生产模块，并通过资源管理器向相邻的生产模块传达停止运行命令，然后自主关闭通道闸门。这样可以防止产品流入停用的生产模块。由于封装的生产模块之间没有机械接口，也没有电气接口，因此可以直接从网络中移除生产模块。然后可以将用于钻孔的生产模块插入相同的位置。

之后由设备操作员通过通用连接器将生产模块连接到供应基础设施。在资源管理器上登记模块后，启用电源切换，生产模块即可投入运行。当以类型和实例数据的形式提供模块信息，并通过邻域检测确定模块位置时，就会启动并安装执行器系统和传感器系统。设备操作员确认无故障后电源连接，并将生产模块设置为"正常"运行模式。相邻模块的通道闸门打开，然后可以完成带有钻孔的产品。模块交换时序图如图 3-6-15 所示。

图 3-6-14　当生产操作正在进行时一个现有生产模块的停止运行（来源：C.Arnoldi）

2. 生产线的维护和修理过程

不同技术供应商的生产模块构成了这家中小企业的整体工厂结构，并进行个性化骰子的生产、装配、检测和处理过程。制造商或供应商充当服务公司，即服务提供商，除了实际的生产模块，他们还提供维护和保养服务。设备操作员不具备且不需要掌握所有生产模块的广泛知识。因此，模块的运行数据作为原始数据资料被连续地转发给相应的服务提供商，以便进行数据分析和评估，从而监控生产过程，并在必要时提出适当的处理建议。

基于对历史运行数据的分析，生产模块中的某个伺服电动机在运行约 200h 后自行预告故障。设备操作员被告知可能的故障和待处理的服务订单。虽然受影响的生产模块在当前订单的生产中很重要，但是没有可用的相同功能的替换模块。为了避免停产，设备操作员决定及时更换伺服电动机。根据订单计划和人员情况，由他确定服务订单的最佳时间点。如前所述，可以在生产网络的运行期间移除生产模块。由于没有相同功能的可用替换模块，因此在维护时间窗口内通过人工生产来弥补缺少的生产步骤，以便维持整个生产。为此，首先将等待生产模块替换为所谓的弥补模块。该模块本身并没有生产能力，仅仅满足机电和信息技术规范，可以从自动过程中提取半成品进行下一步人工加工。基于数字产品存储器，在弥补模块中识别和移除相关产品。然后，员工可以将产品从弥补模块中取出，并继续在手动工位上进行下一步加工（见图 3-6-16）。

手动工位具有各种辅助功能，可支持员工生产和装配多种不同产品。与生产模块一样，在现场使用 RFID 读写器读取数字产品存储器中的数据，自动获得待加工产品的生产状态，并输出相应的辅助指

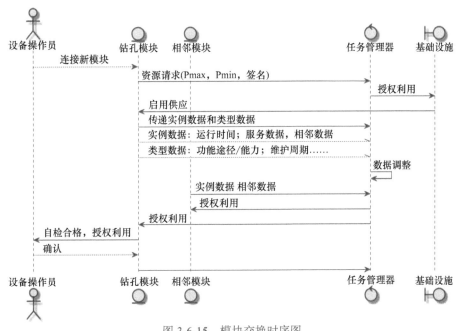

图 3-6-15　模块交换时序图

示。完成手动步骤后，更新数字产品存储器，然后产品可以重新进入弥补模块，并在系统中继续自动生产过程。因此，所有产品都可以在生产系统中的任何位置被移除，进行人工处理，再重新引入。

图 3-6-16　用于手动执行缺失生产步骤的辅助手动工位可实现的可扩展的自动化程度
（照片来源：C.Arnoldi）

与此同时，在移除的生产模块上进行维修。此时，移动的辅助系统为服务技术人员提供支持（见图 3-6-17）。

图 3-6-17　移动辅助系统为生产模块的维护工作提供支持（照片来源：C.Arnoldi）

为了执行操作任务，服务提供商提供相关的维护信息和指示。这些信息和指示可以由员工直接在现场智能设备上基于增强现实来调用。员工使用智能眼镜来更换伺服电动机。对于更复杂的维护工作，

必须咨询模块制造商或供应商的维护人员。更换执行器后，可将模块重新集成到生产中。为此，关闭并断开虚拟模块（弥补模块），并用常规生产模块替换。

6.4　总结与展望

本章主要介绍基于通用系统架构的工业 4.0 生产设备的构建和运行。所提出的系统架构以 SmartFactory[KL] 示范工厂为例，并围绕制造商独立的规范进行具体化。

该示范工厂可作为一种实用的解决方案模型，并提供有关如何在离散且松散连接的流水生产线中设计、构建和运行先进生产设备的一般性指导。最后，通过应用场景说明了 SmartFactory[KL] 示范工厂的功能和优势。

系统架构和示范工厂的具体规范会根据其实际适用性进行持续评估，并在 SmartFactory[KL] 中进一步开发。在示范工厂中，系统架构的技术可行性和预期的技术优势得到了证实。此外，系统架构的某些方面已成功转移到工业产品和工厂中（参见 Harting1，Belden 和 Weidmüller2）。是否有市场成熟的可用解决方案模块和相应的实施能力，对系统架构的进一步普及至关重要。

参考文献

Adidas: miadidas - Design your own. Lebe deinen eigenen Style. *www.miadidas.com* (Stand: Dezember 2016)

Dirk Rossmann GmbH: Mein Design. *http://www.rossmann-foto welt.de/mein-design* (Stand: Dezember 2016)

Gorecky, D.; Weyer, S.: SmartFactoryKL Systemarchitektur für Industrie 4.0-Produktionsanlagen. Whitepaper SF-1.1: 04/2016. Technologie-Initiative SmartFactoryKL e. V., Kaiserslautern 2016

Kaufmann, T.: Geschäftsmodelle in Industrie 4.0 und dem Internet der Dinge: der Weg vom Anspruch in die Wirklichkeit. Springer 2015

Koren, Y.; Jun N.: Competitive Sustainable Manufacturing: Personalized production paradigm. University of Michigan 2009

Müller-Seitz, G.; Zühlke, D.; Gorecky, D.; Braun, T.: Netzwerkbasierte Geschäftsmodellinnovationen - Das Beispiel der Industrie 4.0-Anlage SmartFactory[KL]. Schmalenbachs Zeitschrift für betriebswirtschaftliche Forschung (ZfbF). Sonderheft. 2016

M&M's: Gestalten Sie Ihre m & m's. *www.mymms.de* (Stand:

Dezember 2016)

MyMüsli: Musli mixen. *http://www.mymuesli.com/mixer* (Stand: Dezember 2016)

NIKEiD: Gestalte deine Schuhe & Ausrustung. *http://www.nike.com/de/de_de/c/nikeid* (Stand: Dezember 2016)

UNIQUE by MyParfum. http://www.uniquefragrance.de (Stand: Dezember 2016)

Wahlster, W.: Semantic technologies for mass customization. In: Wahlster, W.; Grallert, H.-J.; Wess, S.; Friedrich, H.; Widenka, Th.: Towards the Internet of Services: The THESEUS Research Program. Springer International Publishing 2014, S. 3-13

Weyer, S. et al.: Towards Industry 4.0. Standardization as the crucial challenge for highly modular, multi-vendor production systems. IFAC-PapersOnLine 48.3 (2015), S. 579-584

第7章　工业 4.0 在汽车制造领域的应用

Gunther Reinhart，Dino Knoll，Ulrich Teschemacher，Gregor Lux，Joscha Schnell，
Florian Endres，Fabian Distel，Christian Seidel，Christoph Berger，
Jan Klöber-Koch，Julia Pielmeier，Stefan Braunreuther

工业 4.0 和数字化已经在汽车行业中发挥着非凡的作用。特别是德国的汽车制造商们已经密集地投入这一课题中，并且在竞争中快速实施工业 4.0 解决方案。例如，奥迪[一]以智能工厂为标题总结了这些活动，宝马[二]强调了物联网和虚拟工厂，梅赛德斯 - 奔驰报道了戴姆勒[三]的数字化转型，其目的是提高生产力。除了成本、时间和质量的三大生产衡量标准外，目前还包括柔性、多样性、复杂性和人因工程学。汽车制造商表示，变体数量是难以想象的巨大数字（1 后面有 39 个零）。只有在高度柔性、模块化和可配置的生产和物流系统中积极使用数字技术，才能掌控这种复杂性。所以人们不仅讲人机协作，还特别讲大数据、智能数据、数据分析、数据湖和移动计算或云计算。人们希望借此稳定处理变化，期望稳健的工艺和快速启动。

在车身装配中预期有更多优势。包括从减少计划性工作和加快流程，到增加数量、顺序和多种混合柔性（按需用车），缩短员工的步行距离，改善人们的身心健康，以及能力变化的无故障连接。人们期望减少返工或完成工作量，从而提高产品质量和工艺质量。图 3-7-1 所示为汽车零件或整个车身的无人驾驶运输平台。

通过客户、生产商和供应商的数字化网络也将建立汽车制造的新流程。因此，上述数字化方法将突破原始设备制造商（OEM）的范围，并产生全球数据网络。通过这种物联网，各种机器、机器人和设备都可以联网，并构成信息物理生产系统。

下文介绍与汽车行业联合研究项目的示例，这些项目基于经典的汽车制造工艺链。从冲压车间到车身制造，再到装配。此外，还对电池和变速器的生产进行了研究。这里示范性地处理基本任务，对以下问题进行了解答：

- 如何有效利用数字孪生和数字孪生方法？
- 工业机器人如何辅助车身生产，如何提高质量？
- 数据挖掘的方法如何帮助识别错误并对其进行分类？
- 3D 打印设备如何用于齿轮的数字化生产？
- 如何使生产人员熟练掌握工业 4.0 技术，并接受新的数字培训？

图 3-7-1　汽车零件或整个车身的无人驾驶运输平台
（来源：Audi AG）

7.1　以物料流分析为例：生产物流中的大数据分析

市场的全球化使产品趋于客户个性化，并且生命周期日益缩短，这极大地改变了制造企业的边界

⊖ https://www.audi-mediacenter.com/de/publikationen/magazine/dialoge-smart-factory-2017-364 vom 01.02.2017
⊜ https://www.welt.de/wirtschaft/article125058412/BMW-plant-sichselbst-abstimmende-Maschinen.html
⊝ https://www.daimler.com/innovation/digitalisierung/industrie4.0/einleitung.html

条件。在汽车行业中，产品种类繁多，因此 OEM 为客户提供汽车衍生产品和设备变体。为了能够顺应这样的全球化趋势，OEM 降低了价值创造深度并将主动性转移给供应商。结果导致各个部件都有大量不同的材料编号，这些部件必须在恒定的高装配周期下，在正确的时间、以正确的数量、在正确的位置、以合适的成本和良好的质量供应。例如，宝马股份有限公司在雷根斯堡的工厂共有 31000 个物料编号（Wendt 2016），其中超过 11000 物料编号是通过各种物流流程和存储等级提供给装配线的（Knoll 等 2017）。

在此背景下，现有的物料流分析或价值流分析等确定生产物流薄弱环节的方法，仅适用于个别情况，且成本较低。与此同时，在工业 4.0 时代，生产物流中产生了大量可用于这些方法和分析的数据。然而，由于在工厂内每月生产物流的物料流动超过 500 万（Knoll 等 2017），这些数据量无法使用传统的软件（如办公工具等）进行处理和分析。但是，大数据分析技术可以帮助分析，因此通过整合数据可以在变体丰富的批量生产中持续有效地应用现有方法（Knoll 等 2017）。

7.1.1　生产物流中的分析技术和数字孪生

分析项目总是从选择能够包含必要信息的数据源开始（Bauernhansel 等 2016）。这些必要的数据可以在工业 4.0 时代的数字孪生中找到（参见第 1 篇第 1 章）。实际上，必须有针对性地识别并根据具体情况评估数据源，表和列几乎是无限的，这可以在结构化知识库的基础上进行，例如本体论（Knoll 等 2016）。在生产物流的应用实例中，数字孪生包括所有相关的（物流）流程和库存、物料需求、工厂、供应商、部件和物料编号以及包装的数据。

随后，必须尽早连接相关数据源，并永久保存，以便在源系统中的短暂停留时间内不会导致数据丢失。由于异构的 IT 环境，必须首先在语法和语义上对不同的数据进行标准化，以便进行可靠的分析（Bauernhansel 等 2016）。特别是数据的验证通常起着重要的作用，并且是耗时的过程，这是由于它必须与物理过程进行比较：数据产生的方式、地点和时间。

在此基础上，可以采用分析技术，例如自主开发的算法、现有的数据挖掘方法或机器学习。为了改善实际生产过程或物流过程，需要进行数据分析、结果诠释并得出操作建议（Bauernhansel 等 2016）。下面将以物料流分析为例，介绍分析技术和数字孪生的集成。

7.1.2　数字孪生中的物料流分析

物料流分析的目的是找出薄弱环节及其原因，以及物料流成本的分布（Martin 2015）。为了避免手动记录、计算以及可视化显示所有物料编号的物料流，应使用分析技术从数字孪生中获取物料流。

企业资源计划（ERP）系统用于生产物流的运营控制，该系统解决了传输设备（例如叉车和拖车）在运输订单中需要物料编号的要求（Günthner 等 2010）。第一步，将运输订单数据以及相关的产品数据和包装数据作为相关数据进行识别并链接（Knoll 等 2017）。为了减少工作量，首先在原始数据模型中接收来自数字孪生的相关数据。随后，根据质量和有效性验证这些数据的可靠性。

在下一步中，将自动从经过验证的数据中得出物料流并将其可视化。所开发的方法分为 4 个步骤：①过滤相关传输订单；②计算矩阵的建模和创建；③根据给定的计算规则进行迭代变换；④时间归一化。最后，该方法在网络（Web）应用程序中实现，并以 Sankey 图的形式进行可视化（Knoll 等 2017）。

该 Web 应用程序随后应用于宝马的雷根斯堡工厂。该应用程序分析了大约 1500 万个传输订单，共有 11000 种不同的材料编号。特别地，由于 Web 应用程序可视化的灵活性，在实践中证明了是有价值的（见图 3-7-2）。因此，可以通过一键分析并可视化单个物料编号、完整的产品组、不同的时间段以及运输关系。单击相应的运输关系可以精确计算运输的容器或运输的物料数量。此外，在生产中可以直接在平板计算机上调用 Web 应用程序（Knoll 等 2017）。因此，这种方法不仅减少了记录和计算物料流所涉及的人工，而且还直接在车间开辟了新的应用场景（Knoll 等 2017）。

7.1.3　结论和展望

用于物料流分析的 Web 应用程序已付诸实施，并展示了分析技术与数字孪生在生产物流中的集成。利用该方法允许连续且柔性地使用，从而在生产物流中产生高透明度。在这种透明度的基础上，将会首先审视现实的物料流和物流过程，并不断改进。智能算法和分析技术（如工艺挖掘、数据挖掘和机器学习）在未来可以用于自动识别生产物流中的浪费，从而为客户提供主动支持。

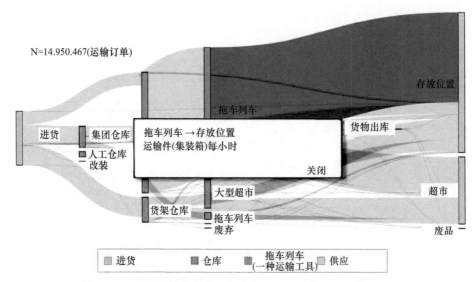

N=14.950.467(运输订单)

进货
集团仓库
人工仓库
改装
货架仓库
拖车列车
拖车列车
废弃
大型超市
拖车列车 → 存放位置
运输件(集装箱)每小时
存放位置
货物出库
关闭
超市
废品

进货　　仓库　　拖车列车(一种运输工具)　　供应

图 3-7-2　所推导的物料流可视化为 Sankey 图（Knoll 等 2017）

7.2　物流 4.0- 提升动态性能的优化方法

7.2.1　动力

由于产品种类的多样性快速增加，并且生产过程的柔性不断提高，工厂内的物料供应正成为一个越来越重要的主题。高效的优化法可以极大地提高柔性和动态性能。这不仅必须考虑到运输工具所经过的路径，而且其他方面累积的时间也非常重要。如果提前将各个运输载体运输到工位上，则根据所使用的单个容器原理和与之相关的 1：1 交换，旧容器中的剩余产品可能需要重新装入新容器中。这在时间方面有着显著的缺点。此外，这些重新装载时间还取决于交付时间，在路径设计时必须考虑到这一点。尽管如此，如今对拖车的控制通常基于固定路径或由拖车驾驶员个人决定，这种影响没有被考虑。

7.2.2　目标设定

该项目旨在开发一种算法控制逻辑，该逻辑能够考虑与生产节拍相关的重新装货时间，从而使工厂内部物流的时间和资源得到最佳利用。一方面，特地为项目创建的软件可以对不同方法进行试验，但另一方面，目前已经开发出可以在工厂内进行实际测试的软件。

目前，原则上可用的数据是在工厂数字化进程中全面的数据采集时所获得的。然而，在工业领域，实际的适用性目标要求是实时数据的需求，由于用来进一步处理的接口通常仍然必须像之前那样人工开发，从而增加了实际应用的障碍。

7.2.3　方式方法

由于技术上可以获得较高的计算能力，而且与预定义的路线相比，在优化结果方面具有优势，因此实现了一种确定最佳路线的算法。该算法被定义为蚁群算法，它模仿蚂蚁在觅食时的群体行为，即使对于复杂问题也能快速找到好的解决方案，并能根据变化自发地对新条件的变化做出响应。对于目前的情况，将问题用数学方法表示为图表形式，并将相应的次要条件如订货量、最晚交货时间或拖车的最大容量等进行相应的存储，并且在优化中加以考虑（见图 3-7-3）。在模型中还存储了随时间变化的服务时间，并且相应地调整了算法，以便能够处理额外的约束条件。

此外，还整合了宝马集团雷根斯堡工厂的车身车间的布局，并且所考虑范围内的所有工位都添加到软件中。即使没有明确了解车间里的路线，也可以获得有关预期行程时间的精确信息。尽管如此，驾驶员潜在的认识仍可用于规划最短路线或应对当前路段中的障碍，从而改进路线。

为了与实际路线时间达到尽可能高的吻合度，利用回归分析确定了必要的参数，例如平均行驶速度或重新装载时间。这样可以确保在参数中包含实际操作的所有可能情况。在进一步的测试运行中，验证了模型和确定的参数都与实际情况有很好的对应关系，因此模拟结果可以作为进一步测试的可靠依据。此外，宝马公司的进一步实际测试还确定了一些额外的组织方面的限制和特殊功能，通过这些限制和特殊功能扩展了进一步试运行的模拟模型。

7.2.4　结论

为了进行验证和确认，将所开发的概念在软件工具（见图 3-7-4）中进行实现，一方面用于算法的进一步研究和算法开发，另一方面已经在试验工厂

中进行了实际使用。因此，可以证明该方法是实际可用的，并且在使用中具有优势。

在许多情况下，可以省去用于准备毛坯的大部分拖车。由于只需要很少的投资（使用软件界面），很快就会产生巨大的财务节省。目前正在研究关于未来物料检索的预测，即使是自发容量瓶颈，也不必提供不必要的拖车。

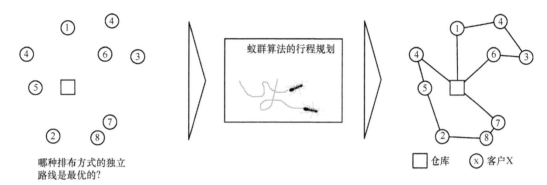

图 3-7-3　蚁群算法的主要任务

图 3-7-4　宝马公司使用的软件工具（来源：宝马，慕尼黑工业大学）

7.3　机器人测量系统的自校准

7.3.1　初始状态

产品质量直接影响客户满意度，特别是对于优质产品。为了满足客户的期望，对产品几何公差的要求越来越严格。例如，车身尺寸的数量级为 1m，而几何公差在 0.1mm 左右。为实现数字化和网络化

生产的目标，需要将数字产品的图像和现实情况在数量级上进行匹配，在这种情况下，生产中坐标测量技术的任务是为这些特性的匹配而创建数据技术基础。

为了实现柔性生产，生产中使用的测量系统必须能够适应生产变化，同时具有成本效益。特别是，由工业机器人和光学 3D 传感器组成的机器人测量系统具有满足这些要求的巨大潜力。图 3-7-5 显示了机

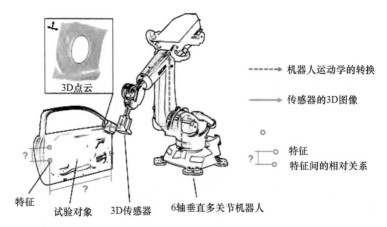

图 3-7-5 用于产品特征的几何分析及其相互关系分析的机器人测量系统的组件和结构

器人测量系统的结构和用于记录特征位置的测量链。由于广为熟知的机器人系统的柔性、其低投资成本和运营成本，以及与光学 3D 传感器相结合的高测量速度，这种测量系统注定要在生产中使用。

7.3.2 目标设定

为了能够将产品的几何特征相互关联，机器人运动学必须基于各个特征来定位 3D 传感器。必要的点云交叉参考是通过测量系统模型"数字孪生"来完成的。因此，需要将测量系统的虚拟模型与实际使用的系统相匹配，以满足精度要求。值得注意的是，偏差是由于机器人运动学的位姿精度造成的，其通常在 1mm 的范围内。在实际应用中，这类模型对比是校准系统，目前仍然需要高人工成本来实现。因此，机器人在以不同位姿运转时，通常使用附加

的外部测量系统来测量其位姿，最后，用数值方法确定模型参数。

因此，力争达到的目标是机器人测量系统能够自校准而无须附加外部系统技术，特别是减少操作人员的人工，并且提高自主程度。

7.3.3 方式方法

这种能够进行自校准的机器人测量系统可以满足对较高自主程度和可检测数据的使用需求。该方法的基础是检测对象的各个特征的空间不变性。例如，如果从多个位姿获取同一个选定特征，利用虚拟模型计算出的特征位置必须是相同的。基于该基本假设，图 3-7-6 介绍了自校准的过程。

第一步，基于虚拟表示（见图 3-7-6 中的 1a）自动生成用于捕获校准数据的可执行程序（见第 2 篇

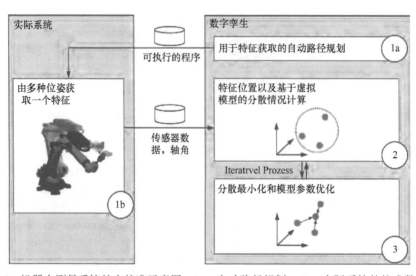

图 3-7-6 机器人测量系统的自校准示意图：1a—自动路径规划 1b—实际系统的校准数据采集
2—特征位置分散性的计算 3—模型参数的优化

7.6.2）。除了无碰撞之外，还必须根据传感器的特性考虑特征的可获取性。在程序执行期间获取的数据以传感器数据（例如特征中心在传感器坐标系中的位置）和相关的轴角信息（例如电动机角度）的形式存储（见图 3-7-6 中的 1b）。

第二步，使用"数字孪生"将特征位置传送到公共参考坐标系。实际系统和虚拟图像之间的偏差表现在不同特征位置，可确定其分散性。因此，假设一个固定特征，通过计算位置的分散情况判断虚拟模型的质量。在随后的步骤中，可以通过迭代改变模型参数，直到计算出的特征位置的分散情况最小。因此，"数字孪生"的特性与实际系统相匹配，并在后续测量过程中提高系统精度。

7.3.4　结论

自校准是在由 KUKA 机器人 KR90 R3100 extra HA 和 Perceptron 公司的激光扫描仪（Perceptron 2017）组成的系统上进行的，用于验证车身部件。所提出的方法已被扩展用于校准测试对象的若干特征，并且利用自动选择合适位姿的方法来完善。在这种情况下，"数字孪生"描述几何的（例如运动构件的长度）和非几何（例如齿轮的弹性）的系统特性。

通过这些方法，可以在参考检测对象上实现 0.13mm（2σ）的测量精度（与坐标测量仪上的基准测量相比）。图 3-7-7 展示了参考检测对象①，自校准前的假色显示②和自校准后的假色显示③。

除了完全依靠测量系统的自校准外，还可以通过类似的方法来补偿操作的影响。在这种情况下，只有那些在系统运行过程中发生变化的参数才会在校准过程中被处理。

总之，使用包括虚拟表示的自主数据采集，可自主提高机器人测量系统的精度。这为机器人测量系统的能力提升做出了巨大贡献，该测量系统在生产中能灵活应用且适用性强。

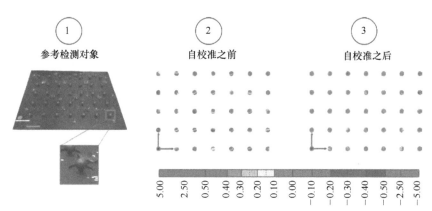

图 3-7-7　与坐标测量仪上的基准测量相比参考检测对象①在自校准之前②和自校准之后③的假色显示

7.4　电动汽车电池生产中的数据挖掘

在许多大城市，由于私家车的不断增加导致了烟雾和颗粒物污染，对健康和环境造成了巨大危害。此外，使用内燃机的车辆排放的二氧化碳也会导致全球变暖。目前市场上电动汽车缺乏竞争力的原因主要是蓄电池成本较高，而这又主要是由于在锂离子电池生产之后和电池模块组装之前需要进行大量的质量检测。

锂离子电池的基本结构由两个相反的电极组成，它们在空间上和电气上被离子渗透隔膜隔开。为了确保电池中离子的传输，需要将电解液装满整个电池。电池生产包括三个生产阶段：电极生产、电池组装和电池测试（Pettinger 2013）。首先，电极生产包括工艺流程，例如电极的混合、涂敷、干燥和滚

压。在电池组装中，电极与隔膜在电池被包装并填充电解液之前，一并组装到电池组件中。最后，将电池存放数天，并进行第一次充电。只有这样才能检验电池的质量和功能。

电池质量是一个不容忽视的成本因素。相当长的存储和测试时间占锂离子电池生产成本的三分之一（Wood 等 2015）。电池生产中的高废品率是另一个成本动因（Dinger 等 2010）。未来为了节省成本并满足电动汽车的质量要求，可以采用对锂离子电池的生产进行全面质量管理的方法（Westermeier 等 2013；Schnell/Reinhart 2016）。除了确定生产启动期间的相关质量参数外，目标还包括对整个生产链进行实时控制，从而控制质量波动。因此，通过早期发现偏差来降低废品率，实现信息反馈和过程控制。

为了实现这一点，在电极制造和电池组装中进行连续的数据采集和数据评估是必要的。标准过程是所谓的跨行业数据挖掘标准程序（CRISP-DM）。这需要全面了解电池生产中的工艺过程和相互关系。由于大量的工艺步骤及其多样性、工艺过程可变性以及工艺之间的交互作用，系统的方法是必不可少的。在确定与质量相关的工艺参数和中间产品特性的基础上，例如借助专家采访，可以建立用于收集最重要的特性的 SQL 数据库（Westermeier 等 2013）。

这里非常重要的是记录电池生产的数据，如图 3-7-8 所示。每个电池都通过条形码拥有一个明确的 ID。对于每个工艺步骤，生产参数和质量特征都会被记录到数据库中。通过大量协议书和接口（如 OPC-UA），采集和传输机器数据。借助带有条形码扫描仪的平板计算机，将数据分配给各个电池。也可以由工厂负责人通过操作界面手动补充数据，例如带有注释。

可以借助数据挖掘工具来评估和分析收集到的数据。首先，检查上述数据的相容性和数据质量。随后，准备、补充并校对数据以获得用于评估的完整记录项。可以使用各种建模技术进行信息提取。典型的方法有人工神经网络、支持向量机、决策树和多元线性回归等。若建立的模型达到令人满意的质量，则在使用模型之前进行最终的关键评估。

这种跨工艺过程的应用案例是利用生产数据预测锂离子电池的质量。实际质量只能在生产的最后阶段（部分需要几周的储存之后）确定。因此，在电池生产过程中，早期的质量预测可以通过早期检测废品，为降低成本做出决定性的贡献。这里面临的主要挑战是工艺链的复杂性以及许多质量相关的影响变量难以测量（Schnell & Reinhart 2016）。通过对样车生产线的记录参数进行有针对性的分析和还原，通过对大约 60 个电池单元的数据集进行多元线性回归，可以确定相关的影响参数。在具体应用情况中，特别是涂敷过程中的干燥曲线、涂层厚度和填充电解液体积的波动都是关键参数（Günther 等 2016）。通过使用决策树研究同一个数据集从而确定相互关系，并且仅基于生产数据预测电池容量。虽然模型还有待完善，还需对更大的数据集进行扩展，但利用上述数据挖掘方法能够有效地、可靠地并在早期识别出电池生产中的废品。

数据挖掘在单一工艺中的应用实例是在电池复合材料生产之前对隔膜进行质量检测。膜的缺陷可能在后续工艺步骤或使用阶段中导致短路，甚至点燃并引爆电池。利用光学相机系统和智能图像处理，可以实时检测隔膜中的孔、异物颗粒或其他缺陷。其基础是建立一种分类模型，该模型能够在隔膜检测时可靠地检测出关键缺陷并最大限度地减少废品（Huber 等 2016）。

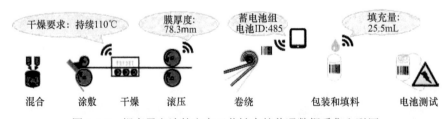

图 3-7-8　锂离子电池的生产工艺链中的普通数据采集和联网

7.5　使用增材制造工艺的数字化生产

7.5.1　增材制造和工业 4.0

增材制造工艺（AM，3D 打印）对工业生产的重要性及其长期改变工业价值创造的巨大潜力已被多次描述，并促使全球范围内致力于 3D 打印的研究工作。作为实施整体工业 4.0 的"最后一环"，增材制造工艺在未来的生产系统中具有很大的竞争意义。无须成形模具，也不需要人工生产或装配步骤，就能够使复杂的数字模型直接转化为实体部件，这使得增材制造成为数字化生产的杰出典范。与工业 4.0

相关的增材制造属性在组件层面和工艺层面表现为：

■ 由于采用分层或分元件的制造方法，能够制造几何形状复杂、功能优化和部分机电一体化的组件，而几乎无须额外费用。

■ 即使是小批量生产，甚至是单件批量，都可以实现客户个性化且高度功能优化的组件生产。

在设备层面和机器层面，以下特性有助于增材制造工艺在未来的生产系统中实质性地发挥核心作用：

■ 最大限度的无工具生产以实现生产规划和生产控制（PPS）的柔性化。

■ 时间上高效的半成品供应，加速并柔性化生产工艺，例如利用高聚集直接能量沉积工艺生产。

■ 直接安装传感器来实现 PPS 的柔性化，以便后续追踪制造过程和质量状况（目前仍处于研究阶段）。

■ 原型工艺和成型工艺的柔性化，例如通过时间上高效的复合制造、针对工具的部分调整或几何复杂的型芯的增材制造来实现。

■ 基于 3D-CAD- 数据离散供应需求，彻底变革备件业务以及相关的物流和仓储成本。

■ 通过离散制造创建新的供应链模型。

7.5.2　现有增材制造工艺类别的简要概述

近年来，市场上增材制造设备的数量显著增加。出于这个原因，ISO/ASTM 52900：2015 和 VDI 指南 3405：2014 为对该技术感兴趣的人以及技术专家提供了巨大的附加价值，使有时混乱的技术范围变得有序。图 3-7-9 概述了基于 ISO/ASTM 52900：2015 的 7 个定义的工艺类别，可按此对市场上现有的增材制造工艺进行分类。

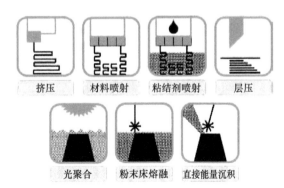

图 3-7-9　根据 ISO/ASTM 52900：2015 的增材制造工艺类别概述（来源：Fraunhofer IGCV）

在汽车行业中，目前所使用的工艺都是来自已命名的工艺类别，旨在区分不同的应用。有用于原型制造的（也称为快速原型）、用于生产模具的（快速模具）和直接用于生产最终产品的增材制造工艺（快速制造）的。例如在原型制造方面使用聚合物喷射模型，在构建过程中可应用具有不同弹性和颜色的 UV 敏感聚合物材料。因此，所得零部件不仅具有弹性区，还有硬区和耐磨区。在工具制造领域以及最终产品的生产中，通常采用激光熔覆。该方法以粉末形式的金属合金作为原材料来生产高性能部件。在该工艺中，根据可用的层数据并通过激光照射使粉末（熔化再）凝固。在模具制造中，可以通过激光熔覆复合制造具有复杂轮廓的冷却管道的成型模具。出于经济因素的考虑，此时模具的大部分通

常通过铣削加工，只有对应于轮廓复杂的冷却管道的小部分是通过激光熔覆制造的。由于汽车生产通常数量较大，因此增材制造的快速制造目前主要用于定制的豪华领域或注重性能的汽车运动领域。但是许多研究项目目前致力于提高堆积速度，因此可以预期：将来在汽车工业中会越来越多地使用增材制造工艺。这不仅针对聚合物材料，也包括金属合金的加工。

7.5.3　案例分析：齿轮的增材制造

齿轮目前是所有汽车的核心部件，并且对材料特性的要求也最高。因此，本节将对齿轮的增材制造进行案例分析。这并不是说目前在汽车制造领域中通过增材制造的齿轮能够广泛使用，这在现有技术水平上是不具有经济性的，但更多地证明了现如今通过增材制造（这里是指激光熔覆）生产的部件已经可以用于技术要求极高的应用中。

使用层构造方法的优点在于，齿轮在设计中不仅可以考虑轻量化设计，还能实现功能集成。例如，可以通过内置复杂轮廓的冷却管道，实现有针对性地冷却轮齿。通过在轮齿上引入带孔的内置冷却管道，还可以实现局部有效的润滑剂供应。图 3-7-10 是在奥古斯堡的弗朗恩霍夫研究所 IGCV 使用激光熔覆制造实例，用于功能设计的齿轮。为便于说明，中心线下方的区域以半剖视图显示，从而可以清晰地看到内置管道。

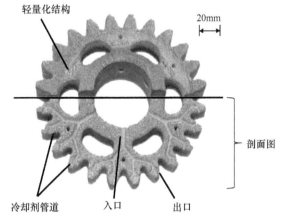

图 3-7-10　带内置通道的增材制造的轻量化齿轮（来源：弗朗恩霍夫研究所 IGCV）

此处所示增材制造的 16MnCr5 毛坯在经过增材制造工艺之后，其相对密度达到 99.9% 以上，在后续工序中仍然要经过热处理和精加工。弗朗恩霍夫研究所 IGCV 与慕尼黑工业大学的齿轮和齿轮传动研究中心（FZG）合作的 DFG 资助研究项目（DFG

商标：SPP1551：RE 1112/33-1），已经证明了增材制造的齿轮在齿轮传动设计中具有极大的技术潜力，完全可以满足极其苛刻的强度要求。尤其是对于高负载的齿轮传动，更能体现这种潜力，例如农业机械用的齿轮。由于增材制造的进一步发展，预计会提高堆积速度，从而使经济前景广阔，例如可明显改善激光熔覆技术。

7.6　构建和实施工业 4.0 环境中维护人员技能的培训环境

人将何去何从？未来的工作世界是怎样的？并且要如何为它做准备？技术创新和重新安排，如价值创造链的数字化和网络化，正由于未来愿景"工业 4.0"而受到越来越多的关注（Spath 等 2013）。目标是经济本质：经济应该得到可持续地加强（Kagermann/Wahlster 2013）。与此同时，政治、经济、研究和教育对回答最初问题的需求也在增长。这包括，在数字化工作环境的就业能力方面培训现有员工、扩展其专业知识并评估其潜能（Bauer 等 2014）。在英戈尔施斯塔特的奥迪股份公司的数字化程度不断提高，这使得公司未来对培训学员、维护人员和生产规划人员的要求越来越高。本文将介绍进一步拓展职工的措施。首先，明确培训环境所必需的要求。上述群体可以在现实环境中，训练对生产设备运行的 IT 故障图像进行故障排除，并查找故障原因。

培训环境旨在确保奥迪股份公司员工的技能和进一步拓展。力争发挥出的潜能还有：降低启动成本、避免返工、加速解决汽车装配中数字系统引起的错误。如此设计培训，从而能够根据参与者（如维护人员、规划人员和培训学员）的能力，对他们进行进一步的培养。这意味着在故障排除时可以选择不同级别的难度，具体取决于参与者群体。在下文中，模块以"错误解决方法""装配中的数据流"和"故障排除软件"为主题来进行介绍。总的来说，促进了不同陪训学员对系统的理解。

在初步研究的基础上，制定受训者在维护和规划方面所需的目标能力。维护人员与计划人员的技能兴趣略有不同。两个参与群体的主要区别在于对生产中不同拓扑结构（计算机网络的网络结构）和数据流的认识。对于培训学员来说，主要是对装配工艺的 IT 结构进行总体了解。

为了在培训期间不断激励培训学员，会逐步改变任务的性质和难度等级。这可以通过在培训期间的不同应用场景下灵活运用先前所学的理论知识来实现。

制订的培训方法具有很高的实用性。这是在 IT 学习单元中借助真实和模拟硬件实现的（见图 3-7-11）。培训环境设置了 4 个节拍（工位），它与现有的装配工位有很多交集。IT 学习单元包括由受训学员在日常工作中运行、规划或维护的技术系统。

为此，将具有控制设备、螺钉旋具以及 Poka Yoke 货架（一种防错纠偏的货架）的实际结构与装配过程模拟相结合。这种方法的优点是模拟的硬件可以适应各个行业的要求，因此不必为每个应用重新采购。因此，IT 学习单元可以在更多的专业领域或新技术的集成上有所作为。

为了使培训措施的质量始终保持在较高水平，需要获取持续的评估和反馈。与此同时，可以显示出技术上和教学方法上的知识空白点，而这些知识空白点在培训时可直接得到填补。通过在每个培训课程的开始和结束时的交互式任务，可以有针对性地检验参与人员掌握的知识。因此，如果评估学习控制是必要的，则可以随时调整方法。使用不同媒体的教学旨在促进交互性并实现信息的多样化和多模式传输。重点是培训的模块化结构，因此从受训学员到经验丰富的维护人员，可以广泛考虑参与者的知识和经验。同样，这也为未来的扩张和适应工业 4.0 意义上的生产结构变化提供了可能。

构建的 IT 学习单元是为员工未来的生产创新做好准备的第一步。通过强有力的以实践为导向的实施，学习就应该以一种积极的、发现性的且基于经

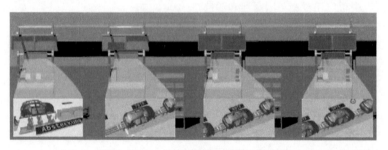

图 3-7-11　4 个工位的 IT 学习单元

验的方式进行。培训方法的内容是基于真实问题和实践中已知（IT）错误而制订的。这有助于员工为即将到来的数字化挑战做好准备。在生产中，大量的系统将减少低水平的日常工作，而高难度的任务只能由专业人员来完成。可利用所述 IT 学习单元对这些发展做好有针对性的准备，从而培养所必需的技能。

参 考 文 献

Bauer W.; Schlund S.; Marrenbach D.; et al.: Studie Industrie 4.0. Volkswirtschaftliches Potenzial für Deutschland. Fraunhofer-IRB-Verlag, Stuttgart 2014

Bauernhansel, T.; Krüger, J.; Reinhart, G. & Schuh, G.: WGP-Standpunkt Industrie 4.0. Wissenschaftliche Gesellschaft für Produktionstechnik WGP e. V. 2016

Dinger, A.; Martin, R.; Mosquet, X.; Rabl, M.; Rizoulis, D.; Russo, M.; Sticher, G.: Batteries for electric cars: Challenges, opportunities, and the outlook to 2020.Boston Consulting Group 2010

Günther, T.; Billot, N.; Schuster, J.; Schnell, J.; Spingler, F. B.; Gasteiger, H. A.: The Manufacturing of Electrodes. Advanced Materials Research 1140, 2016, S. 304-311

Günthner, W. A.; Ten Hompel, M.; Chisu, R.; Nettsträter, A.; Roidl, M.: Internet der Dinge in der Intralogistik. Heidelberg, Springer 2010

Huber, J.; Tammer, C.; Krotil, S.; Waidmann, S.; Hao, X.; Seidel, C.; Reinhart, G.: Method for Classification of Battery Separator Defects Using Optical Inspection. Procedia CIRP 57, 2016, S. 585-590

Kagermann H.; Wahlster W.: Umsetzungsempfehlungen für das Zukunftsprojekt Industrie 4.0: Abschlussbericht des Arbeitskreises Industrie 4.0. 2013

Knoll, D.; Prüglmeier, M.; Reinhart, G.: Predicting Future Inbound Logistics Processes Using Machine Learning. Procedia CIRP, 2, 2016, S. 145-150

Knoll, D.; Prüglmeier, M.; Reinhart, G.: Materialflussanalyse mit ERP-Transportaufträgen. Automatisierte Ableitung und Visualisierung von Materialflüssen in der Produktionslogistik. In: wt Werkstattstechnik online 2017 (3)

Martin, H.: Transport-und Lagerlogistik. Planung, Aufbau und Steuerung von Transport. Springer-Verlag, 2015

Perceptron: Firmenschrift mit In-line Lösungen für die Berührungslose Messtechnik. *http://perceptron.de/produkte/spalt pruefung/*, 01. 02. 2017

Pettinger, K.-H.: Fertigungsprozesse von Lithium-Ionen-Zellen. In: Korthauer, R. et al. (Hrsg.): Handbuch Lithium-Ionen-Batterien. Springer Verlag, Berlin 2013. S. 221-237

Schnell, J.; Reinhart, G.: Quality Management for Battery Production. Procedia CIRP 57, 2016, S. 568-573

Spath D.; Ganschar O.; Gerlach S.; Hämmerle M. et al.: Produktionsarbeit der Zukunft- Industrie 4.0. Fraunhofer-Verlag, Stuttgart 2013

Wendt, A.: Gelungene Synergien aus digitaler Fabrik und wertschöpfungsorientierter Realität - erfolgreiche Praxisbeispiele aus dem Hause BMW. Produktionskongress 2016. München, 29. 11. 2016

Westermeier, M.; Reinhart, G.; Zeilinger, T.: Method for Quality Parameter Identification and Classification in Battery Cell Production. In: Franke, J. (Hrsg.): Electric Drives Production Conference (EDPC). Nurnberg, 29.-30. 10. 2013, S. 285-295 (ISBN 978-1-4799-1102-8, online verfügbar)

Wood, D. L.; Li, J.; Daniel, C.: Prospects for reducing the processing cost of lithium ion batteries. In: Journal of Power Sources, 275 (2015), S. 234-242